L'obligation de délivrance dans les baux commerciaux

Logiques Juridiques

Fondée par Gérard Marcou
Dirigée par Jean-Claude Némery et Thomas Perroud

Le droit n'est pas seulement un savoir, il est d'abord un ensemble de rapports et pratiques que l'on rencontre dans presque toutes les formes de sociétés. C'est pourquoi il a toujours donné lieu à la fois à une littérature de juristes professionnels, produisant le savoir juridique, et à une littérature sur le droit, produite par des philosophes, des sociologues ou des économistes notamment.

Parce que le domaine du droit s'étend sans cesse et rend de plus en plus souvent nécessaire le recours au savoir juridique spécialisé, même dans des matières où il n'avait jadis qu'une importance secondaire, les ouvrages juridiques à caractère professionnel ou pédagogique dominent l'édition, et ils tendent à réduire la recherche en droit à sa seule dimension positive. À l'inverse de cette tendance, la collection « Logiques juridiques » des éditions L'Harmattan est ouverte à toutes les approches du droit. Tout en publiant aussi des ouvrages à vocation professionnelle ou pédagogique, elle se fixe avant tout pour but de contribuer à la publication et à la diffusion des recherches en droit, ainsi qu'au dialogue scientifique sur le droit. Comme son nom l'indique, elle se veut plurielle.

Dernières parutions

Louise FORT et Jean-Baptiste GUYONNET (dir.), *Consentement et droit public,* 2021.
Souleymane DIARRA, *La responsabilité contractuelle, du transporteur aérien, en droit malien, Contribution à l'étude de l'application des conventions internationales dans un contexte africain,* 2021.
Mariam Hamzeh TARCHICHI, *Le droit international de la délimitation des frontières,* 2021.
Rahma Bentirou Mathlouthi, *Le droit à un environnement sain en droit européen, Dynamique normative et mise en œuvre jurisprudentielle*, 2020
Serge SURIN, *Les travaux préparatoires dans l'interprétation constitutionnelle. Étude d'une stratégie interprétative du Conseil consitutionnel français*, 2020.
Romain SOUSTELLE, *Réchauffement climatique et droit des brevets. Carcan du pollueur et turbine de l'innovation verte*, 2020.
Christophe AUGER, *Discours d'un procureur de province illustrés et expliqués*, 2020.
Ariane CONUS, *La conciliation judiciaire*, 2020.
André KAZADI, *L'interprétation du droit pénal au Canada et en France. Entre la lettre et l'objectif de la loi*, 2020.

Marie-Laure BESSON

L'OBLIGATION DE DELIVRANCE DANS LES BAUX COMMERCIAUX

Préface d'Anne Marie LUCIANI

Prix Garrigou
de l'Académie de Législation
2020

L'Harmattan

Thèse pour le doctorat en droit de l'Université de Corse Pascal Paoli présentée et soutenue publiquement le 13 septembre 2019

MEMBRES DU JURY DE THÈSE

Directrice :
Mme Anne Marie LUCIANI,
Professeur, Université de Corse Pascal Paoli

Jury :
M. Jean-Louis BERGEL,
Professeur émérite, Université d'Aix-Marseille
Mme Marie-Pierre DUMONT-LEFRAND,
Professeur, Université de Montpellier
M. Hugues KENFACK,
Professeur, Université de Toulouse 1 Capitole
M. Matthieu POUMARÈDE,
Professeur, Université de Toulouse 1 Capitole
M. Claude SAINT-DIDIER,
MCF-HDR, Université de Corse Pascal Paoli

5-7, rue de l'École-Polytechnique ; 75005 Paris

http://www.editions-harmattan.fr

ISBN : 978-2-343-22380-3

EAN : 9782343223803

À mon père, décédé il y a peu, qui n'a pas pu assister à la soutenance et qui serait heureux de voir ce travail publié et enfin récompensé.

À ma mère, qui a toujours su se réjouir pour moi et qui n'a jamais failli, malgré toute la peine endurée.

À I. et L., toujours près de moi.

REMERCIEMENTS

La thèse est une aventure longue, sinueuse, semée d'embuches. Il m'est impossible de remercier ici tous ceux qui ont contribué, de près ou de loin, à l'aboutissement de ce travail et surtout qui m'ont aidée à surmonter les douloureuses épreuves qui ont ponctué ces six années de recherche. Toutefois, il y a des personnes dont le nom ne peut être passé sous silence.

Au premier chef, je tiens à adresser mes remerciements à Mmes Béatrice VIAL-PEDROLETTI et Isabelle GROSSI qui m'ont initialement dirigée vers cette passionnante discipline des baux commerciaux. À leurs côtés, il me faut remercier Mme le Professeur Laetitia TRANCHANT, le G.R.E.D.I.A.U.C. et l'Université d'Aix-Marseille pour leur accueil durant mes études de droit et mes premières années de doctorat.

Je tiens ensuite à adresser mes remerciements très particuliers à Mme le Professeur Anne Marie LUCIANI qui m'a offert une opportunité exceptionnelle en me permettant de donner un souffle nouveau à mes travaux doctoraux. Les mots ne cesseront de me manquer pour lui exprimer toute ma gratitude. Qu'elle veuille bien trouver ici l'expression de ma sincère reconnaissance et de tout mon respect.

J'adresse tout naturellement mes remerciements aux membres du jury, Mme le Professeur Marie-Pierre DUMONT-LEFRAND, M. le Professeur Jean-Louis BERGEL, M. le Professeur Hugues KENFACK, M. le Professeur Matthieu POUMARÈDE et M. Claude SAINT-DIDIER, qui me font l'immense honneur d'évaluer cette thèse.

Je remercie également M. le Doyen de l'Université de Corse, Claude SAINT-DIDIER, qui m'a donné une chance inouïe en me recrutant en qualité d'A.T.E.R. et en me permettant d'enseigner. Je le remercie aussi pour sa profonde bienveillance et pour avoir pris le temps d'apaiser mes nombreux doutes.

Que soit remerciés l'Université de Corse, l'École Doctorale et l'ensemble de mes collègues, qui m'ont admirablement accueillie et offert un cadre de travail exceptionnel. Mes pensées particulières vont à Hortensia, Florence, Marie-Hélène et Marica, ces belles personnes qui ont croisé mon chemin.

Je tiens à exprimer ma reconnaissance à M. le Professeur William DROSS pour son précieux regard et ses remarques constructives.

Je souhaite aussi remercier les enseignants-chercheurs que j'ai eu la chance de rencontrer, qui m'ont inspirée, qui m'ont fait confiance et qui ont su, chacun à leur manière, m'encourager à différentes étapes de mon parcours universitaire.

Je me dois également de remercier les praticiens avec qui j'ai pu avoir de riches échanges à propos de cette épineuse obligation de délivrance, spécialement Me Aracelli CERDA, Me Emmanuelle CHAVANCE, Me Sébastien REGNAULT et Me Jean-Pierre BLATTER.

Je remercie tout spécialement Mme Simone MOREAU et M. Jean-Baptiste GIORGETTI pour leur aide à la bibliothèque et leur grande flexibilité.

Mes remerciements vont ensuite et inévitablement à mes parents sans qui rien n'aurait été possible. Leur soutien indéfectible m'aura transmis la force suffisante pour achever ce périple.

Merci à la Chambre de Commerce et d'Industrie de Marseille et le Groupe École Pratique de Commerce pour m'avoir permis d'enseigner en parallèle de mes recherches.

Merci également au Groupe Editimmo, particulièrement à Nicolas FARAUT et à mon fidèle ami Johann FARAUT, pour la confiance qu'ils m'ont accordée en me permettant de collaborer à leur formidable projet et en me confiant la délicate tâche de rédiger les clauses de leurs formulaires de baux commerciaux.

Je remercie du fond du cœur « ma Flo », ma précieuse amie qui veille sur moi depuis le début, pour ses relectures et son soutien de tous les instants. Je dois évidemment remercier « ses fistons » pour leur aide et leur extrême gentillesse.

Je remercie profondément mes deux amies, Audrey A. et Mélanie, pour leur présence rassurante et leurs relectures.

Un grand merci à mon collègue, Yan CARPENTIER, pour ses relectures attentives et ses conseils.

Je remercie chaleureusement les membres de L'Essentiel Droit de l'Immobilier et Urbanisme qui ont accepté de publier mes contributions en parallèle de mes recherches.

Je remercie sincèrement toute l'équipe du JurisData et du Bulletin d'Aix qui m'a accueillie et fait confiance. Mes pensées vont à M. Julien COUARD, Mme Emmanuelle BONIFAY, Mme Delphine GIRARD-DORMEUIL et Mme Nadine BERNA.

À mes amis et collègues, tout spécialement à Me Emmanuelle PESSEGUIER, celle qui a inspiré mon parcours, mais aussi à Cynthia, Sarah, Nathalie, Pascal, Loïc, François, Audrey P. et Maxime, pour leur aide et leur soutien. Leur présence réconfortante aura largement rendu ces six années moins difficiles.

Enfin, j'adresse un immense merci à l'ensemble de mes étudiants qui m'ont redonné le sourire toutes les fois où je sombrais dans les méandres de l'obligation de délivrance, qui m'ont rappelé maintes fois toutes les joies de l'enseignement et par là même, les raisons qui me poussaient à ne pas abandonner ce dur labeur.

LISTE DES PRINCIPALES ABRÉVIATIONS

Act.	Actualité
Adde	Ajoutez
AEC	Autorisation d'exploitation commerciale
AJCA	Actualité Juridique Contrat d'affaires - Concurrence - Distribution
AJ Contrat	Actualité juridique du contrat
AJDA	Actualité juridique de droit administratif
AJDI	Actualité juridique de droit immobilier
AJ Famille	Actualité juridique de la famille
AJ pénal	Actualité juridique de droit pénal
Al.	Alinéa(s)
An.	Analyse
Anc.	Ancien(s)
Ann. loyers	Annales des loyers
Arch. phil. dr.	Archives de philosophie du droit
Arch. phil. dr. soc.	Archives de philosophie du droit et de sociologie juridique
Arr.	Arrêté
Art.	Article(s)
Art. cit.	Article cité précédemment
Ass.	Assemblée du contentieux
Ass. plén.	Assemblée plénière
Aud. sol.	Audience solennelle
BDEI	Bulletin du droit de l'environnement industriel
BEFA	Bail en état futur d'achèvement
BICC	Bulletin d'information de la Cour de cassation
BJS	Bulletin Joly Sociétés
BRDA	Bulletin rapide de droit des affaires
Bull. Ass. plén.	Bulletin des arrêts de l'Assemblée plénière de la Cour de cassation
Bull. civ.	Bulletin civil des arrêts de la Cour de cassation
CA	Cour d'appel
Cah. Dr. Entr.	Cahiers de droit de l'entreprise
Cah. soc.	Les cahiers sociaux
Cass.	Cour de cassation
CCC	Contrats Concurrence Consommation
CCH	Code de la construction et de l'habitation
C. civ.	Code civil
C. com.	Code de commerce
C. consom.	Code de la consommation
Ch.	Chambre
Ch. civ. et com.	Chambre civile et commerciale
Ch. com. éco. et fin.	Chambre commerciale économique et financière
Circ.	Circulaire
Civ.	Chambre civile

Chron.	Chronique
CNB	Conseil national des barreaux
CNUDCI	Commission des Nations Unies pour le Droit Commercial International
Coll.	Collection
Collab.	Collaboration
Com.	Chambre commerciale
Comm. Com. élec.	Communication Commerce électronique
Comp.	Comparez
Conc.	Avec le concours de
Cons. const.	Conseil constitutionnel
Constr.-urb.	Construction - Urbanisme
Contra	Au contraire
C. org. jud.	Code de l'organisation judiciaire
Corr.	Correctionnelle
CPC	Code de procédure civile
CPP	Code de procédure pénale
CREP	Constat des risques d'exposition au plomb
CRIDON	Centre de recherches, d'information et de documentation notariales
Crim.	Chambre criminelle
CSI	Code de la sécurité intérieure
C. tourisme	Code de tourisme
C. urb.	Code de l'urbanisme
CVIM	Convention des Nations Unies sur les contrats de vente internationale de marchandises du 11 avril 1980
D.	Recueil Dalloz
D. avocats	Dalloz avocats - Exercer et entreprendre
Dalloz IP/IT	Revue Dalloz Droit de la propriété intellectuelle et du numérique
Defrénois	Répertoire général du notariat Defrénois
D.H.	Dalloz hebdomadaire
DIMAG	Le magazine du diagnostic du bâti
Dir.	Sous la direction de
D. n°	Décret n°
Doctr.	Doctrine
Doss.	Dossier
D.P.	Dalloz périodique
DPE	Diagnostic de performance énergétique
Dr. & patr.	Droit et patrimoine
Dr. pén.	Revue droit pénal
Dr. rur.	Revue droit rural
Dr. soc.	Revue droit social
Dr. sociétés	Revue droit des sociétés
Éd.	Édition
Énergie - Env. - Infrastr.	Revue Énergie - Environnement - Infrastructures

Entr.	Entretien
Environnement	Revue Environnement et développement durable
ERNT	État des risques naturels et technologiques
ERP	Etablissements recevant du public
Et alii	Et les autres
Europe	Revue Europe
Ext.	Extrait
Form.	Formule
GAJC	Grands arrêts de la jurisprudence civile (Dalloz)
Gaz. pal.	Gazette du palais
Ibid.	*Ibidem*, au même endroit
IGH	Immeuble de grande hauteur
IMH	Immeuble de moyenne hauteur
In	Dans
Infra	En dessous
Inf. rap.	Informations rapides
JA	Juris associations
J.-Cl.	Juris-Classeur
JCP A	La semaine juridique administrations et collectivités territoriales
JCP G	La semaine juridique édition générale
JCP E	La semaine juridique édition entreprise et affaires
JCP N	La semaine juridique édition notariale et immobilière
J.O.	Journal officiel
JORF	Journal officiel de la République française
Jur.	Jurisprudence
L.	Loi
LEDA	L'essentiel droit des assurances
LEDC	L'essentiel droit des contrats
LEDICO	L'essentiel droit de la distribution et de la concurrence
LEDIU	L'essentiel droit de l'immobilier et urbanisme
L.G.D.J.	Librairie générale de droit et de jurisprudence
Loc. cit.	*Locus citato*, à l'endroit cité précédemment
Loyers et copr.	Loyers et copropriété
LPA	Les petites affiches
N°	Numéro(s)
Nouv.	Nouveau(x)
Nouvelle Revue historique de droit fr. et étr.	Nouvelle Revue historique de droit français et étranger
Obs.	Observation
OHADA	Organisation pour l'Harmonisation en Afrique du Droit des Affaires
Op. cit.	*Opus citatum*, dans l'ouvrage cité
Ord.	Ordonnance
Pan.	Panorama de jurisprudence

Part.	Avec la participation de
PLU	Plan local d'urbanisme
PMR	Personne à mobilité réduite
POS	Plan d'occupation des sols
Postf.	Postface
P. / Pp.	Page / Pages
Préc.	Précité
Préf.	Préface
PUAM	Presses universitaires d'Aix Marseille
PUF	Presses universitaires de France
Rappr.	Rapprochez de
RCP	Responsabilité civile professionnelle
RD banc. fin.	Revue de droit bancaire et financier
RDC	Revue des contrats
RDI	Revue de droit immobilier
RDP	Revue du droit public et de la science politique en France et à l'étranger
RDSS	Revue de droit sanitaire et social
Rééd.	Réédition
Réimp.	Réimpression
Rep.	Repère
Rép. civ. Dalloz	Répertoire de droit civil de l'encyclopédie Dalloz
Rép. com. Dalloz	Répertoire de droit commercial de l'encyclopédie Dalloz
Rép. dr. int. Dalloz	Répertoire de Droit International de l'encyclopédie Dalloz
Rép. imm. Dalloz	Répertoire de droit immobilier de l'encyclopédie Dalloz
Rép. pénal Dalloz	Répertoire de droit pénal et de procédure pénale de l'encyclopédie Dalloz
Rép. proc. civ. Dalloz	Répertoire de procédure civile de l'encyclopédie Dalloz
Rép. resp. puiss. publ. Dalloz	Répertoire de la responsabilité de la puissance publique de l'encyclopédie Dalloz
Req.	Requête
Resp. civ. et assur.	Responsabilité civile et assurance
Rev. crit. leg. jur.	Revue critique de législation et de jurisprudence
Rev. fid. FH	La revue fiduciaire Feuillet Hebdo
Rev. franç. sociol.	Revue française de sociologie
Rev. loyers	Revue des loyers et des fermages
Rev. notariat	Revue du notariat
Rev. proc. coll.	Revue des procédures collectives
Revue historique de droit fr. et étr.	Revue historique de droit français et étranger
RGDA	Revue générale de droit des assurances
RIDC	Revue internationale de droit comparé
RID éco.	Revue internationale de droit économique

RIN	Règlement Intérieur National
RJE	Revue juridique de l'entreprise
RLC	Revue Lamy de la concurrence
RLDA	Revue Lamy droit des affaires
RLDC	Revue Lamy de droit civil
RLDI	Revue Lamy Droit de l'Immatériel
RRJ	Revue de la recherche juridique, droit prospectif
RSC	Revue de science criminelle et de droit pénal comparé
RSS	Really Simple Syndication
RTD civ.	Revue trimestrielle de droit civil
RTD com.	Revue trimestrielle de droit commercial
RTD eur.	Revue trimestrielle de droit européen
S.	Suivant
SARL	Société à responsabilité limitée
SCI	Société civile immobilière
SCP	Société civile professionnelle
Sect.	Section
Sem.	Semestre
Soc.	Chambre sociale
Spéc.	Spécialement
Ss.	Sous
Supra	Au-dessus
T.	Tome
TGI	Tribunal de grande instance
Th.	Thèse
Trad.	Traduction
TTC	Toutes taxes comprises
UNDI	Union nationale des diagnostiqueurs immobiliers
V.	Voyez
Vol.	Volume

.

PRÉFACE

L'obligation de délivrance dans les baux commerciaux déconcerte autant les praticiens que la doctrine.

Mme Besson avait commencé par l'envisager essentiellement du point de vue des premiers puisque son sujet de thèse s'intitulait initialement : *« Le rédacteur de baux commerciaux face à l'obligation de délivrance »*. Ayant constaté qu'elle ne parvenait pas à synthétiser les solutions jurisprudentielles et à dégager une ligne directrice pour analyser la validité des clauses relatives à l'aménagement de l'obligation de délivrance, elle a acquis la conviction qu'il était nécessaire d'étudier la notion de l'obligation de délivrance, d'analyser les prestations qu'elle comporte et de préciser sa fonction.

Au terme de cette réflexion, Mme Besson nous livre une théorie générale de l'obligation de délivrance dans les baux commerciaux.

Le travail est d'une facture classique puisqu'après la démonstration de l'unité de la notion est envisagée la cohérence du régime. Cependant, cette approche ne doit pas masquer la profonde et véritable originalité de la thèse.

Dans une première partie, Mme Besson débute en envisageant successivement deux approches. La première, analytique, permet de décrire l'obligation de délivrance et révèle *« une structure générale invariable se décomposant en deux objets »* : *« une prestation de mise à disposition »* et *« une prestation de mise en état »*, toutes deux nécessaires pour que la délivrance soit parfaite. Cette démarche doit être complétée car elle ne suffit pas pour circonscrire le domaine de la liberté contractuelle dans l'aménagement de l'obligation de délivrance, elle ne révèle pas les caractères essentiel et continu qui lui sont inhérents et surtout elle ne rend pas compte de l'unité de la notion. La seconde approche, fonctionnelle, permet à Mme Besson de proposer une définition renouvelée de l'obligation de délivrance dans le bail commercial qu'elle considère comme *« une mise en capacité d'exercice du droit de jouissance du preneur »* ou plus concrètement comme *« une mise en capacité d'exercice de l'activité économique »*. Il s'agit là de la proposition centrale de sa thèse, à partir de laquelle s'ordonnent ensuite plusieurs démonstrations. Elle permet de justifier les caractères essentiel et continu de l'obligation de délivrance dans le bail commercial, l'extension de son contenu par l'intégration de règles d'ordre public et la subsistance néanmoins d'une marge de liberté contractuelle dont bénéficient les parties pour l'aménager. En découle aussi dans la seconde partie l'explication du régime de l'obligation de délivrance. À l'aune de l'étude notionnelle menée dans la première partie, Mme Besson analyse la validité d'un grand nombre de clauses classiques récapitulées dans un clausier. Un aménagement contractuel cohérent est admissible, à condition de prévoir des modalités qui permettent la réalisation de la finalité du bail commercial. Enfin, Mme Besson préconise que les sanctions de l'inexécution de l'obligation de délivrance participent elles aussi, malgré leur diversité, dans la mesure du possible, à un rétablissement de la réalisation de la finalité du bail commercial. Et lorsque celle-ci se révèle impossible, il lui semble nécessaire d'anéantir le contrat pour que le

preneur puisse poursuivre son activité dans le cadre d'une autre relation contractuelle.
Le travail est d'une remarquable rigueur scientifique. L'étude d'une abondante jurisprudence (présentée de manière très judicieuse dans une table) et d'une doctrine foisonnante n'est pas seulement descriptive, mais apporte un éclairage nouveau. Elle donne lieu à une analyse pertinente, mais aussi à des propositions très argumentées.
L'auteure fait habilement le lien entre l'analyse notionnelle et les solutions pratiques préconisées. Les références historiques servent elles aussi la démonstration.
La rédaction d'un clausier témoigne tant d'une volonté d'apporter des solutions pratiques que d'une réflexion sur la théorie générale des obligations. L'intérêt de l'étude de Mme Besson ne saurait en effet se limiter au seul droit spécial du bail commercial, mais s'étend bien au droit commun des contrats.
Il s'agit d'une belle œuvre théorique dont les conséquences pratiques sont exposées de manière très didactique par l'auteure. Elle a été récompensée en 2020 par le Prix Garrigou de l'Académie de Législation (Droit des affaires).
Elle révèle que Mme Besson présente les qualités essentielles d'une chercheuse : une volonté d'aller toujours plus loin et une capacité à se remettre en cause.
La clarté et la logique de la présentation empêchent l'importance et la longueur des développements de décourager le lecteur. Elles témoignent de la pédagogie que les étudiants de Mme Besson louent de manière unanime et dont il est à espérer qu'elle puisse être mise au service d'une longue carrière universitaire.

Anne Marie LUCIANI

Professeure de Droit à l'Université de Corse Pascal Paoli
Responsable du Master de Droit des affaires
Responsable de l'axe « Patrimoine et entreprise » de l'Équipe Méditerranéenne de Recherche Juridique

SOMMAIRE

INTRODUCTION

« Quelque aveugle transport qu'il témoigne aujourd'hui,
Il n'attentera rien tant qu'il craindra pour lui,
Tant qu'il présumera son effort inutile.
Ici la délivrance en paraît trop facile, »
Corneille, *Nicomède*, V

1. Nécessité d'une étude théorique de l'obligation de délivrance dans les baux commerciaux. L'obligation de délivrance dans les baux commerciaux suscite un contentieux foisonnant et une jurisprudence difficilement systématisable abondamment commentée dans les revues juridiques. Les incertitudes pesant sur ses contours et ses modalités de mise en œuvre inquiètent bailleurs, preneurs et praticiens. Cependant, aucune étude théorique d'ensemble ne lui est consacrée. La clarification de son régime impose pourtant de cerner la notion de l'obligation de délivrance[1]. La logique des solutions consacrées ne peut apparaître qu'au regard de sa raison d'être, de sa fonction. La consultation des ouvrages de référence en matière de baux commerciaux démontre que la façon d'aborder les obligations qui pèsent sur le bailleur et particulièrement son obligation de délivrance n'envisage pas véritablement cette approche. Aussi, on dénote une certaine routine ou un certain classicisme dans la façon d'aborder les obligations qui pèsent sur le bailleur. En effet, si l'on compare la première et la dernière édition du *Traité des baux commerciaux*, il est aisé de s'apercevoir que l'obligation de délivrance y est traitée de façon quasiment identique[2]. Les matières voisines n'ont pas non plus fait preuve d'inventivité ou d'originalité. Pour s'en convaincre, on peut feuilleter les ouvrages de référence en matière de fonds de commerce[3].

Les premiers jalons du sujet venant d'être posés, il est maintenant possible de découvrir plus en profondeur son intérêt qui non seulement, vient s'inscrire dans une perspective de renouveau du droit des obligations et des contrats, mais qui présente de surcroit des enjeux indéniables (I). Une fois l'attrait de cette étude démontré, il deviendra nécessaire de préciser son contexte (II), d'en délimiter les frontières (III) et de fixer le cadre dans lequel s'insère notre raisonnement (IV), avant d'exposer le chemin à suivre pour tenter de trouver des réponses éclairantes à propos de la place occupée par l'obligation de délivrance dans le bail commercial (V).

---

[1] J.-L. BERGEL, *Théorie générale du droit*, 5e éd., Dalloz, coll. Méthodes du droit, 2012.

[2] J.-P. BLATTER, *Droit des baux commerciaux*, 1e éd., Le Moniteur, 1994, pp. 33-34 ; J.-P. BLATTER et W. BLATTER-HODARA (collab.), *Traité des baux commerciaux*, préf. P. CHAUVIN, 6e éd., Le Moniteur, 2018, pp. 410 et s., n° 786 et s.

[3] G. CENDRIER, *Le fonds de commerce. Traité général théorique et pratique avec formulaires et textes législatifs*, par R. MARTIN et R. MAUS, 6e éd., Dalloz, 1934, pp. 369 et s., n° 496 et s. ; A. COHEN, *Traité théorique et pratique des fonds de commerce*, 2e éd., Sirey, 1948, pp. 308 et s., n° 487 et s.

I - Enjeux de l'étude

2. L'obligation de délivrance : une source d'insécurité pour les contractants des baux commerciaux. Comme l'ont très justement écrit Mmes Auque et Vaissié, l'obligation de délivrance se présente comme *« l'élément majeur »* du contrat de louage[4], *« la principale obligation du bailleur de locaux commerciaux »*[5], celle qui orchestre la relation contractuelle des parties[6]. Présente dans tous les types de baux, quel que soit le bien qui en fait l'objet, cette obligation affiche, tel que l'expose M. Blatter, une *« coloration particulière »* dans les baux commerciaux en raison d'une part, *« des contraintes spécifiques résultant de la destination des lieux »*[7] et d'autre part, *« des obligations de conformité à de multiples normes (hygiène, sécurité incendie, accessibilité aux personnes à mobilité réduite, etc.) imposées par divers textes (règlement sanitaire départemental, Code du travail, réglementation des établissements recevant du public ou des installations classées pour la protection de l'environnement, réglementation vétérinaire, notamment) »*[8]. L'ampleur particulière que prend l'obligation de délivrance dans les baux commerciaux s'explique en effet par la destination des biens objets des baux commerciaux en raison spécifiquement de leur vocation à accueillir l'exercice d'une activité commerciale et sa clientèle. Cela fait naître des contraintes et des exigences bien spécifiques que l'on ne retrouve pas dans d'autres baux, tels que les baux d'habitation ou de droit commun.

Ce sont précisément ces contraintes et exigences particulières, appréciées de façon fluctuante par les juges, qui font de l'obligation de délivrance la préoccupation constante des parties au bail commercial. Il apparait en effet que le bailleur cherchera à tout prix à s'en exonérer en la transférant sur la tête du preneur, alors même que ce dernier se demandera s'il doit vraiment supporter un tel transfert[9]. Dès lors, elle devient un véritable enjeu pour les parties[10]. Elle est le souci du preneur, le montant des charges pesant assez lourdement sur son compte d'exploitation, et constitue à certains égards une complète inconnue. Ainsi, un tel manque de lisibilité à moyen terme est peu confortable pour un commerçant. Elle est d'autant plus préoccupante pour les preneurs de centres commerciaux ou les locataires de bailleurs institutionnels en centre-ville, pour lesquels les montants

---

[4] F. AUQUE, *Les baux commerciaux. Théorie et pratique*, L.G.D.J., 1996, p. 92, n° 99 ; V. aussi pour cette idée : A. CHATTY, *Les baux commerciaux*, 4e éd., Légis-France, 2015, p. 37, n° 75.

[5] M.-O. VAISSIÉ, « L'obligation de délivrance, un puits sans fond ? », *Opérations immobilières* avr. 2012, n° 44, p. 28.

[6] V. aussi en ce sens : P. DE PLATER, « Point d'étape sur l'appréhension de la décence au regard du décret du 30 janvier 2002 et des réglements sanitaires départementaux », *AJDI* déc. 2018, n° 12, p. 837.

[7] J.-P. BLATTER, « La délivrance de la chose louée et la responsabilité du bailleur », *Loyers et copr.* nov. 2000, hors série, p. 4 ; J.-P. BLATTER et W. BLATTER-HODARA (collab.), *Droit des baux commerciaux*, préf. J.-F. WEBER, 4e éd., Le Moniteur, coll. Analyse juridique, 2006, p. 233, n° 463.

[8] J.-P. BLATTER et W. BLATTER-HODARA (collab.), *Traité des baux commerciaux*, 6e éd., *op. cit.*, p. 410, n° 788 ; V. aussi : J.-P. BLATTER et W. BLATTER-HODARA (collab.), *Droit des baux commerciaux*, *op. cit.*, p. 233, n° 463 ; V. aussi en ce sens : D. HOUTCIEFF, *Droit commercial*, 4e éd., Sirey, 2016, p. 275, n° 554.

[9] E. CHAVANCE, « Les travaux du preneur », *Ann. loyers* mai 2014, n° 5, p. 694.

[10] E. MIRON, *Le statut des baux commerciaux à l'épreuve des réalités économiques*, L'Harmattan, 2015, p. 77, n° 194.

des charges sont très élevés. D'ailleurs, les enjeux actuels de salubrité des immeubles et l'actualité dramatique qui s'est récemment illustrée dans les médias[11] montre à quel point l'obligation de délivrance peut être lourde de conséquences, si bien qu'elle est au cœur de la politique immobilière menée par l'État et relayée par les communes et constitue de façon générale un enjeu de politique immobilière[12]. Mme Chavance, avocate spécialiste des baux commerciaux, explique que *« les travaux dans les lieux loués restent [...] la source d'un important contentieux qui pourrait se révéler être un frein au développement ou à l'évolution du commerce des preneurs à une époque et dans un contexte économique qui suppose bien au contraire de la souplesse »*[13]. De façon générale, l'obligation de délivrance toute entière est source de contentieux[14]. L'incertitude règne aussi pour les bailleurs, compte tenu des tentatives faites en jurisprudence pour rééquilibrer la relation locative en faveur du preneur, au prix quelquefois d'une certaine dénaturation de clauses pourtant claires. En effet, le contenu de plus en plus étendu de l'obligation de délivrance et son caractère incertain génèrent un alourdissement des engagements du bailleur, mais aussi de sa responsabilité en cas de manquement[15]. De surcroît, la Cour de cassation est de plus en plus frileuse à admettre le jeu de la liberté contractuelle afin de légitimer le transfert de l'obligation sur le preneur. Le respect de cette obligation représente bien souvent un investissement financier important pour le bailleur qui va devoir engager des travaux pour délivrer un bien conforme. De plus, le montant de cette mise en conformité peut se révéler très élevé. Alors, pour échapper à cette lourdeur financière, de nombreux bailleurs souhaitent se décharger de cette obligation ou l'amoindrir par des clauses du bail. Par le biais de ces clauses, soit ils s'exonèrent totalement ou partiellement de leur responsabilité, soit ils transfèrent l'obligation sur la tête du locataire. La jurisprudence a été assez fluctuante à propos de la licéité de ces clauses, si bien qu'elle a tendance à les rendre inefficaces de plus en plus fréquemment[16]. Alors qu'elle admettait anciennement le jeu de la clause de prise des lieux en l'état[17], elle ne semble plus encline à le faire aujourd'hui[18], au point qu'il

---

[11] *L'effondrement d'immeubles à Marseille rappelle que la guerre contre l'insalubrité est sans fin*, https://www.lemonde.fr/idees/article/2018/11/13/la-lutte-sans-fin-contre-les-taudis_5382790_3232.html.

[12] M. BOUTONNET, « L'obligation de délivrance confrontée à la vente d'immeubles pollués, une nouvelle technique de gestion du risque environnemental ? », *Environnement* nov. 2013, n° 11, étude 24, p. 17 : l'auteure qualifie l'obligation de délivrance dans la vente immobilière, mais la formule est transposable au bail.

[13] E. CHAVANCE, « Les travaux du preneur », art. cit.

[14] M.-P. DUMONT-LEFRAND, « Baux commerciaux, juin 2017 - juin 2018 », *D.* juill. 2018, n° 27, p. 1511.

[15] A. CONFINO, « Obligations et précautions documentaires dans la rédaction du bail commercial », *AJDI* déc. 2011, n° 12, p. 858.

[16] *Ibid.*

[17] Cass. 3e civ., 12 nov. 1975, n° 74-14.878, Bull. civ. III, n° 327.

[18] Cass. 3e civ., 10 déc. 2008, n° 07-20.277, JurisData n° 2008-046248, *Loyers et copr.* mars 2009, n° 3, comm. 54, p. 11, obs. B. VIAL-PEDROLETTI ; *RTD com.* déc. 2009, n° 4, p. 694, obs. F. KENDÉRIAN ; *AJDI* mars 2009, n° 3, somm. p. 198, obs S. PORCHERON ; *JCP N* nov. 2009, n° 47, chron. 1316, p. 23, obs. C. YANG-TING ; Cass. 3e civ., 5 juin 2002, n° 00-19.037, Bull. civ. III, n° 123, *D.* sept. 2002, n° 29, p. 2303 ; *AJDI* nov. 2002, n° 11, p. 759, obs. P. BRIAND ; *Administrer* août-sept. 2002, n° 347, p. 44, obs. B. BOCCARA et D. LIPMAN-BOCCARA ; *RDC* déc. 2003, n° 1, p. 118, obs. G. LARDEUX ; *Gaz. pal.* sept. 2012, n° 255, p. 17, obs. F. GHILAIN ;

est difficile de trouver la ligne de conduite à tenir. Le non-respect de l'obligation de délivrance et l'illicéité de clauses de décharge ou de transfert y afférentes exposent le bailleur à de lourdes conséquences tant juridiques que financières au titre desquelles se retrouvent la résiliation du bail, l'exécution forcée ou encore l'indemnisation du preneur. En effet, il faut garder à l'esprit que le bail commercial est analysé comme une source de revenus et de flux financiers[19]. Cette source de revenus est d'autant plus importante pour le bailleur qui loue son ou ses locaux dans le cadre d'un investissement locatif. Si le bailleur perd son bail, il perd son revenu issu des loyers. De même, s'il est condamné à mettre le bien en conformité ou à indemniser son preneur, il percevra certes ses loyers, mais il perdra l'argent nécessaire pour remédier à son manquement. À cela s'ajoutent les frais de procédure lorsque le litige est soumis à la justice. Le bailleur peut ainsi voir son investissement locatif dans des murs commerciaux complètement ruiné par les déconvenues liées à l'obligation de délivrance, car dans de telles hypothèses celui-ci ne sera plus rentable.

Ainsi, les contractants se retrouvent-ils plongés au cœur d'une insécurité juridique et d'un opulent contentieux[20]. Qui plus est, ils ne sont pas les seuls à souffrir cette insécurité : les gestionnaires de locaux commerciaux et les rédacteurs de baux commerciaux en pâtissent aussi.

3. L'obligation de délivrance : une source d'insécurité pour les gestionnaires de locaux commerciaux. Les gestionnaires de biens, précisément de locaux commerciaux, en tant que personnes agissant au nom des bailleurs et pour leur compte, par la voie d'un mandat, sont eux aussi touchés par l'insécurité qui règne autour de l'obligation de délivrance.

À côté des gestionnaires de locaux commerciaux, ce sont les rédacteurs de baux commerciaux qui doivent faire face à l'insécurité qui règne autour de l'obligation de délivrance.

4. L'obligation de délivrance : une source d'insécurité pour les rédacteurs de baux commerciaux. Selon une acception large, la dénomination de rédacteur d'actes désigne *« toute personne, professionnelle ou non, cocontractant ou tiers au contrat, qui réalise l'acte matériel de mettre par écrit ou compose l'opération intellectuelle qui traduit la volonté de ceux qui s'obligent »*[21]. Dans une approche plus restrictive, *« ici retenue et justifiée par les spécificités que présente leur responsabilité civile, la qualité de rédacteur d'actes n'est reconnue*

Cass. 3e civ., 20 janv. 2009, n° 07-20.854, JurisData n° 2009-046681, *RDC* oct. 2009, n° 4, p. 1495, obs. C. GRIMALDI ; *JCP N* nov. 2009, n° 47, chron. 1316, p. 23, obs. A. MBOTAINGAR ; *JCP E* nov. 2009, n° 47, chron. 2083, p. 15, obs. A. MBOTAINGAR ; *Loyers et copr.* mars 2009, n° 3, comm. 63, p. 17, note E. CHAVANCE.

[19] F. CHALVIGNAC, *La rédaction d'un acte juridique : le bail commercial*, préf. J.-P. MARTY, L.G.D.J., 1999, p. 13, n° 29.

[20] E. CHAVANCE, « Les travaux du preneur », art. cit. ; V. en ce sens : J. DEBEAURAIN, « Propos introductifs », *Ann. loyers* mai 2014, n° 5, p. 669.

[21] C. COUTANT-LAPALUS, « L'amélioration de la clarté du contrat : l'influence de la responsabilité civile du rédacteur d'actes », *RDC* mars 2015, n° 1, p. 182.

qu'aux seuls professionnels tiers au contrat »[22]. Ce n'est que sous cette approche restrictive que le rédacteur de baux commerciaux sera exposé à l'insécurité générée par l'obligation de délivrance, car le rédacteur professionnel va être soumis à des obligations spécifiquement liées à son statut de professionnel, ce à quoi ne sera pas soumis le rédacteur non professionnel.

En l'absence d'un statut spécial et autonome du rédacteur d'actes, ce sont la jurisprudence et les législations propres à chaque catégorie de professionnels susceptibles d'endosser ce rôle qui instaurent les obligations auxquelles ils sont tenus dans le cadre de cette mission. En droit français, la rédaction de baux commerciaux peut être exercée par divers professionnels du droit et de la gestion, tels que les avocats, les notaires, les experts comptables, les agents immobiliers, les géomètres-experts ou encore les huissiers de justice[23]. Alors que l'avocat[24] rédacteur[25] se doit d'assurer *« la validité et la pleine efficacité de l'acte selon les prévisions des parties »*[26], le notaire[27], en tant que *« rédacteur impartial »* de la volonté des parties, doit

---

[22] *Ibid.*

[23] V. pour tous ces professionnels : C. DELZANNO, « Le rêve de la profession du droit unique », *Dr. & patr.* sept. 2014, n° 239, p. 6 ; J.-J. ALEXANDRE, *La prestation de conseil juridique en droit français*, t. II, th. Aix-Marseille, 1990, pp. 618 et s. ; V. aussi : *L.* n° 71-1130, 31 déc. 1971, Loi portant réforme de certaines professions judiciaires et juridiques, art. 54-56. Ces articles autorisent les avocats, les notaires, les huissiers de justice, les commissaires-priseurs judiciaires, les administrateurs judiciaires et les mandataires-liquidateurs disposent concurremment, dans le cadre des activités définies par leurs statuts respectifs, à rédiger des actes sous signature privée. Ils autorisent également d'autres professionnels, tels que les agents immobiliers ou les experts comptables, à rédiger des actes à titre accessoire.

[24] L'avocat a pu être défini comme *« celui dont la vocation est d'être appelé à l'aide »*. V. pour cette définition : J.-M. VARAUT, « La déontologie des avocats », Actes du 10e colloque de la Saint-Yves, *Barreau de Saint-Brieuc* mai 2003, p. 10. Plus concrètement, l'avocat se définit comme *« un auxiliaire de justice qui fait profession de donner des consultations, rédiger des actes et défendre, devant les juridictions, les intérêts de ceux qui lui confient leur cause, et dont la mission comprend l'assistance (conseil, actes, plaidoiries) et/ou la représentation (postulation devant les juridictions où son intermédiaire est obligatoire) »*. V. pour cette définition : G. CORNU (dir.) *et alii*, *Vocabulaire juridique*, 12e éd., PUF, coll. Quadrige, 2018, p. 114.

[25] L'article 7.1 du Réglement Intérieur National (RIN) de la profession d'avocat (Déc. 12 juill. 2007, Décision portant adoption du RIN de la profession d'avocat (art. 21-1 de la loi du 31 décembre 1971 modifiée) qualifie de rédacteur, *« l'avocat qui élabore, seul ou en collaboration avec un autre professionnel, un acte juridique pour le compte d'une ou plusieurs parties, assistées ou non de conseils, et qui recueille leur signature sur cet acte »*, étant précisé que *« le seul fait pour un avocat de rédiger le projet d'un acte dont la signature intervient hors de sa présence, ne fait pas présumer de sa qualité de rédacteur »*. V. en ce sens : J.-J. UETTWILLER, « La responsabilité de l'avocat rédacteur d'acte », *Dr. & patr.* mai 2011, n° 203, doss. p. 66. L'article ajoute que *« l'avocat peut faire mention de son nom et de son titre sur l'acte qu'il a rédigé, ou à la rédaction duquel il a participé, s'il estime en être l'auteur intellectuel »*, mais ce n'est plus une obligation depuis l'abrogation de la disposition y afférente de la loi du 31 décembre 1971, en 1997. C'est pourquoi, lorsqu'il rédige un bail commercial, celui-ci étant un acte juridique, l'avocat endosse la qualité de rédacteur d'actes. V. en ce sens : S. BORTOLUZZI, D. PIAU, T. WICKERS, H. ADER et A. DAMIEN, *Règles de la profession d'avocat*, 16e éd., Dalloz action, 2018/2019, p. 1286, n° 632.21.

[26] *D.* n° 2005-790, 12 juill. 2005, Décret relatif aux règles de déontologie de la profession d'avocat, art. 9 al. 1er.

[27] À la différence de l'avocat, pour qui la rédaction d'actes n'est pas la mission première, le notaire est avant tout un rédacteur. Il est d'ailleurs désigné comme *« l'officier public établi pour recevoir tous les actes et contrats auxquels les parties doivent ou veulent faire donner le caractère d'authenticité attaché aux actes de l'autorité publique et pour en assurer la date, en conserver le dépôt, en délivrer des copies exécutoires et copies authentiques »*. V. en ce sens : Réglement Interieur National et Intercours du Conseil Supérieur du Notariat, I, p. 5 ; V. aussi : G. CORNU (dir.) *et alii*, *Vocabulaire juridique*, *op. cit.*, p. 692 : le notaire se définit comme *« l'officier public*

faire *« connaître toute l'étendue des obligations qu'elles contractent »*, rédiger *« leurs engagements avec clarté »*, assurer *« la moralité et la sécurité de la vie contractuelle »* et *« choisir les moyens les plus appropriés pour parvenir au résultat désiré par le client, en conformité avec la loi »*, l'intérêt du client devant toujours primer le sien[28]. De la même manière, l'expert-comptable, bien qu'étant rédacteur d'actes seulement à titre occasionnel, est tenu d'assumer la validité et l'efficacité des actes qu'il rédige[29]. L'agent immobilier, bien qu'étant lui aussi rédacteur d'actes seulement à titre accessoire, est soumis à ces mêmes obligations[30]. Le géomètre-expert, bien qu'étant rédacteur d'actes seulement à titre occasionnel[31], est de la même manière bridé par ces obligations[32]. Quant à l'huissier, lui aussi rédacteur occasionnel de baux commerciaux[33], il est investi d'une obligation de validité et d'efficacité des actes ainsi que d'un devoir de conseil vis-à-vis de ses clients[34].

Si tous ces professionnels n'ont pas le même statut, force est de constater que leurs obligations sont similaires et qu'ils sont tous animés par un objectif principal commun : préserver les intérêts des contractants tout en respectant leurs volontés. Si la rédaction des baux commerciaux se révèle défaillante, le rédacteur engage alors sa responsabilité civile professionnelle, de sorte qu'il devra réparer le dommage en résultant[35].

Partant, il faut bien comprendre que le rédacteur professionnel, en se substituant aux contractants pour rédiger le contrat de bail commercial, se voit touché par les dangers liés à l'obligation de délivrance. Effectivement, celui-ci n'est ni le débiteur de l'obligation de délivrance, celle-ci étant à la charge du bailleur, ni le créancier de cette obligation, celle-ci étant due au preneur, mais dans le cadre de sa mission de professionnel du droit, il a la maîtrise de cette obligation : les parties, bailleurs ou preneurs, s'en remettent à sa compétence pour sauvegarder au mieux leurs intérêts. En sa qualité de professionnel, il doit garantir la sécurité de la relation locative et préserver les intérêts du bailleur ou du preneur, voire des deux, des risques engendrés par l'obligation de délivrance. En cas de défaut de délivrance, les parties, tant bailleur que preneur, vont pouvoir mettre en cause la responsabilité du

---

qui a pour fonction de recevoir, dans l'étendue de son ressort, les actes auxquels les parties doivent ou veulent donner un caractère authentique, d'en assurer la date, d'en conserver le dépôt et d'en délivrer des copies exécutoires et des expéditions ».

28 Réglement intérieur national et intercours des notaires, art. 3.2.1.

29 J. ZORGNIOTTI, « Légitime parce qu'utile ! », *Dr. & patr.* févr. 2010, n° 189, p. 16.

30 J.-L. BERGEL (dir.) *et alii*, *Le Lamy droit immobilier*, 2015, n° 4964.

31 *L.* n° 46-942, 7 mai 1946, Loi instituant l'Ordre des géomètres experts, art. 8 : *« Ils peuvent établir des procès-verbaux de bornage, donner des consultations juridiques relevant de leur activité principale et rédiger des actes sous seing privé qui constituent l'accessoire direct des prestations prévues à l'article 1er. En outre, lorsqu'ils ont été autorisés par l'ordre à exercer une activité d'entremise immobilière, ils peuvent rédiger les actes sous seing privé relevant de cette activité. »*.

32 J.-L. BERGEL (dir.) *et alii*, *Le Lamy Droit immobilier*, *op. cit.*, n° 3491.

33 O. BLANCHET et X. BARIANI, *Huissiers de justice*, J.-Cl. Responsabilité civile et Assurances, Fasc. n° 395, mars 2011, n° 51.

34 *Ibid.*, n° 4-5, 86 et 88.

35 J.-P. BLATTER et W. BLATTER-HODARA (collab.), *Traité des baux commerciaux*, 6e éd., *op. cit.*, pp. 72 et s., n° 97 et s.

rédacteur[36] qui est intervenu, en vue d'obtenir réparation[37]. La jurisprudence a illustré à plusieurs reprises la mise en cause de la responsabilité professionnelle du rédacteur de baux commerciaux spécifiquement liée à l'obligation de délivrance[38]. La mise en cause d'une telle responsabilité n'est pas négligeable dans le sens où elle peut avoir une incidence sur la réputation du rédacteur ou sa notoriété si la clientèle en a connaissance, et surtout sur son patrimoine puisqu'il peut être condamné à une réparation financière[39]. Ce risque pourrait encore s'accroître en raison de la loi de modernisation de la justice du XXIe siècle[40], dont le décret d'application vient de paraître[41], qui a introduit la possibilité de recourir à la sollicitation personnalisée, notamment par voie numérique, et proposer des services en ligne. Effectivement, au-delà de la question de l'utilité et de la légitimité des professions juridiques

---

[36] Il est évident que la responsabilité du rédacteur de l'acte ne va pas être engagée toutes les fois où une mauvaise exécution de l'obligation de délivrance est constatée ou lorsque l'effet de la délivrance n'est pas celui attendu par les parties : des conditions strictes vont s'appliquer, ce qui permettra d'éviter une mise en cause outrancière de la responsabilité des rédacteurs. Concrètement, il faut une faute, un dommage et un lien de causalité entre les deux. V. en ce sens : J.-J. ALEXANDRE, *La prestation de conseil juridique en droit français*, t. I, *op. cit.*, pp. 423 et s.

[37] C. CHALVIGNAC, *La rédaction d'un acte juridique : le bail commercial*, *op. cit.*, p. 243, n° 403 ; J. FISCHER, « Certitude du dommage et éventualité du préjudice », *D.* avr. 2003, n° 15, p. 998 : Si les notions de responsabilité et de réparation semblent censément différentes, en réalité, celles-ci sont étroitement liées et sont même dépendantes puisque la responsabilité civile suppose la réparation.

[38] V. d'une manière générale sur l'idée que l'obligation de délivrance peut être une source de défaillance contractuelle : P. LE TOURNEAU (dir.) *et alii*, *Droit de la responsabilité et des contrats 2021/2022*, 12e éd., Dalloz, coll. Dalloz Action, 2020, p. 1261, n° 3121.21 ; CA Aix-en-Provence, 1e civ., 20 mars 2008, n° 06/03667 (responsabilité de l'avocat en raison de l'insertion d'une clause « tous commerces » alors que les locaux ne pouvaient pas acceuillir toutes les destinations) ; Cass. 3e civ., 25 nov. 2009, n° 08-16.734, JurisData n° 2009-050538, *RJDA* févr. 2010, n° 2/10, obs. 123, p. 130 (confirmation de l'arrêt précédent) ; CA Paris, 1e ch., sect. A, 3 mars 2003, *Gaz. pal.* juill. 2003, n° 184, p. 29 (responsabilité d'un notaire pour la rédaction d'un bail commercial dont l'activité « laverie, nettoyage à sec en libre-service... » est incompatible avec le règlement de copropriété) ; Cass. 3e civ. 28 nov. 2007, n° 06-17.758, Bull. civ. III, n° 213, (responsabilité du notaire pour impossibilité d'affecter les locaux à un usage commercial, ces derniers ne pouvant être ouverts au public), JurisData n° 2007-041625, *Gaz. pal.* sept. 2008, n° 250, p. 15 ; *JCP N* déc. 2007, n° 50, act. 814, p. 4 ; *JCP E* janv. 2008, n° 3, pan. 1082, p. 21 ; *RDI* juill. 2008, n° 6-7, p. 326, obs. F.-G. TRÉBULLE ; *Rev. loyers* févr. 2008, n° 884, jur. 677, p. 91, note C. QUÉMENT ; *D.* janv. 2008, n° 2, p. 85, obs. Y. ROUQUET ; *Dalloz actualité* 19 déc. 2007, obs. Y. ROUQUET ; *D.* juill. 2008, n° 24, p. 1645, chron. L. ROZÈS ; Cass. 1e civ., 28 oct. 2015, n° 14-17.518, Bull. civ. I, n° 838, (responsabilité du notaire pour défaut de demande d'autorisation de changement d'affectation des lieux mais à l'égard du locataire seulement), JurisData n° 2015-023958, *Resp. civ. et assur.* janv. 2016, n° 1, comm. 17, p. 12 ; *JCP N* nov. 2015, n° 46, act. 1076, p. 5 ; *Defrénois* janv. 2016, n° 2, p. 78, note L. RUET ; *Gaz. pal.* janv. 2016, n° 3, p. 39, obs. M. MEKKI ; *RDC* juin 2016, n° 2, p. 224, obs. O. DESHAYES ; *Defrénois* juin 2016, n° 12, p. 701, obs. M. LATINA : *RLDC* janv. 2016, n° 133, act. 6080, p. 25, obs. C. G. ; *Dalloz actualité* 17 nov. 2015, obs. N. KILGUS ; Cass. 3e civ., 14 juin 2018, n° 17-13.422 et 17-15.498, Publié au bulletin, (responsabilité du notaire retenue à la suite de la réception d'un acte de bail irrégulier, en raison d'une affectation illégale de locaux), JurisData n° 2018-010175, *CCC* oct. 2018, n° 10, comm. 172 ; *JCP N* juin 2018, n° 25, act. 561 ; *LEDIU* sept. 2018, n° 8, p. 5, obs. M.-L. BESSON ; *Gaz. pal.* juin 2018, n° 23, p. 38, obs. C. BERLAUD ; *RLDC* sept. 2018, n° 162, act. 6470, p. 8, obs. K. SIDIME ; *RLDA* sept. 2018, n° 140, act. 6512, p. 11 ; *Dalloz actualité* 5 juill. 2018, obs. C. DREVEAU ; *AJDI* mars 2019, n° 3, p. 201, obs. N. DAMAS.

[39] C. COUTANT-LAPALUS, « L'amélioration de la clarté du contrat : l'influence de la responsabilité civile du rédacteur d'actes », art. cit.

[40] *L.* n° 2016-1547, 18 nov. 2016, Loi de modernisation de la justice du XXIe siècle, art. 2.

[41] *D.* n° 2019-257, 29 mars 2019, Décret relatif aux officiers publics ou ministériels.

traditionnelles[42], cette nouveauté pose la question de l'efficacité de l'acte et du bon accomplissement du devoir de conseil. Un bail commercial rédigé en ligne, sans rencontre des contractants, sans discussion de vive voix à propos du projet envisagé, revêtira-t-il l'efficacité nécessaire ? Un client qu'on ne rencontre pas physiquement, avec qui l'on échange exclusivement par voie électronique est-il réellement bien conseillé ? Il est permis d'en douter. Cette obligation devient ainsi pour le rédacteur professionnel un véritable enjeu, qui est d'autant plus important au regard des missions accessoires de cet intervenant. En effet, il n'est pas rare que la mission de rédaction du bail commercial ne se limite pas à la pure prestation rédactionnelle, mais soit élargie à la représentation du client qui consiste à se substituer à celui-ci dans l'accomplissement de certaines tâches et actes divers destinés à satisfaire ses intérêts[43]. Lorsque les parties font appel à un professionnel, elles lui confient bien souvent une tâche globale d'établissement du bail commercial qui englobe la négociation de ce contrat[44]. De même, avec l'attribution à l'avocat et au notaire de la possibilité d'intervenir en tant qu'intermédiaires en transactions immobilières, la mission du rédacteur peut aussi englober la phase transactionnelle[45], lorsque cette mission est accessoire, c'est-à-dire rattachée à la rédaction de l'acte[46].

Cette acception restreinte du rédacteur présente une vigueur particulière au regard du contentieux qu'elle génère. Selon M. Confino, la rédaction des baux commerciaux se présente comme une opération complexe et considérablement risquée en raison d'un alourdissement des obligations des bailleurs, tant par la jurisprudence que par le législateur[47]. La conclusion d'un bail commercial ne peut plus, si tant est qu'elle ait pu l'être un jour, et ne doit plus se résumer à *« un formulaire de quatre pages recto verso avec conditions générales préimprimées »*[48]. Elle doit faire l'objet d'un acte soigneusement élaboré et adapté aux réalités économiques et juridiques. Cependant, cet objectif est bien souvent difficile à atteindre face à l'insécurité juridique résultant de l'obligation de délivrance.

---

42 M. JULIENNE, « Pratique notariale et numérique : état des lieux », *Dalloz IP/IT* févr. 2019, n° 2, p. 96.

43 M.-L. DEMEESTER, *Avocat (responsabilité)*, Rép. civ. Dalloz, janv. 2009, n° 55.

44 RIN, art. 6.3 ; *D.* n° 2005-790, 12 juill. 2005, préc., art. 8 al. 1er.

45 C. DELZANO, « Les avocats et notaires "agents immobiliers" », *Dr. & patr.* déc. 2010, n° 198, p. 6 ; M. MAS, I. LACOMBE-BRISOU et N. ABRAN, « L'aube d'une mutation culturelle : les avocats s'ouvrent à la transaction immobilière », *JCP G* avr. 2012, n° 14, p. 429 ; M. VAUTHIER, « L'activité nouvelle d'avocat mandataire en transactions immobilières : une jeune pousse pleine de promesses », *Gaz. pal.* mai 2012, n° 126, p. 21 ; CONSEIL NATIONAL DES BARREAUX, *L'activité de l'avocat mandataire en transactions : Le mandat en transactions immobilières. Guide Pratique*, Les cahiers du CNB, 2014, p. 3 ; G. ROUZET, *Précis de déontologie notariale*, préf. J. DERRUPPÉ, 3e éd., Presses universitaires de Bordeaux, 1999, p. 6566, n° 69.

46 RI Barreau Paris, annexe XV, art. 1er ; Sur la notion d'activité accessoire : M. VAUTHIER, « Les problématiques pratiques de l'activité d'avocat mandataire en transactions immobilières », *Gaz. pal.* mai 2010, n° 128, p. 14 ; CONSEIL NATIONAL DES BARREAUX, *L'activité de l'avocat mandataire en transactions : Le mandat en transactions immobilières. Guide Pratique*, *op. cit.*, p. 12 ; Réglement Interieur National et Intercours du Conseil Supérieur du Notariat, Annexe au réglement national, p. 35, art. 1er.

47 A. CONFINO, « Obligations et précautions documentaires dans la rédaction du bail commercial », art. cit.

48 *Ibid.*

5. L'obligation de délivrance : une source d'insécurité particulière dans les « e-baux commerciaux ». Avec la reconnaissance du bail commercial électronique ou « e-bail commercial » par la Cour d'appel de Paris[49], qui a qualifié la « Cession de site Internet - acte réitératif » de cession de fonds de commerce[50], l'obligation de délivrance est amenée à évoluer et très probablement à arborer de nouveaux aspects. En effet, la dimension virtuelle du nom de domaine pourrait bien incarner le nouveau profil de l'obligation de délivrance. Quel serait le profil de l'obligation de délivrance d'un nom de domaine ou que pourrait attendre le cyber locataire de la délivrance d'un nom de domaine ? L'obligation de délivrance étant déjà une source d'insécurité lorsqu'elle porte sur des biens immobiliers commerciaux, elle devrait sans doute voir son intensité décupler eu égard à la nature complexe du nom de domaine. D'ailleurs, une telle complexité a été mise en exergue en matière de logiciels[51].

L'insécurité inhérente à l'obligation de délivrance dans les baux commerciaux est d'autant plus importante au regard de la place prépondérante de ce contrat dans la vie des affaires.

6. Une insécurité non négligeable au regard de l'importance des baux commerciaux dans la vie des affaires et des entreprises. Le rôle économique et social de premier plan du bail, qu'il s'agisse d'habitation, de boutique ou d'atelier, a été démontré par plusieurs auteurs[52]. Une thèse spécialement consacrée à la rédaction du bail commercial affirmait en 1998 la place importante des baux commerciaux dans la vie des affaires par la fréquence de conclusion de ces contrats[53]. Aujourd'hui, bien que le e-commerce supplante le commerce traditionnel réduisant ainsi les espaces immobiliers de ventes, la Direction Générale des Entreprises compte tout de même 170 070 surfaces de ventes commerciales en

---

[49] V. sur ce point l'analyse de Mme Merland : L. MERLAND, « Le bail commercial électronique ? Du possible à l'impossible… », *Ann. loyers* mai 2014, n° 5, p. 815.

[50] CA Paris, 5e ch., sect. B, 20 nov. 2003, n° 2001/16985, JurisData n° 2003-248813, *Comm. Com. élec.* déc. 2004, n° 12, comm. 159, p. 29, note P. STOFFEL-MUNCK ; V. plus largement sur la reconnaissance du fonds de commerce électronique : S. CASTAGNÉ, *Fonds de commerce. - Fonds de commerce électronique. - Cession*, J.-Cl. Notarial Formulaire, Fasc. n° 1932, janv. 2014, n° 2 ; A. MENDOZA-CAMINADE, « La notion de fonds de commerce à l'épreuve de l'internet : faut-il admettre le fonds de commerce électronique ? », *in Mélanges en l'honneur de Philippe Le Tourneau*, Dalloz, 2008, p. 763 ; P. STOFFEL-MUNCK et G. DECOCQ, « L'avènement du fonds de commerce électronique », *Gaz. pal.* mai-juin 2009, n° 3, p. 1781 ; T. VERBIEST, « Le fonds de commerce électronique : vers une reconnaissance juridique ? », *Comm. Com. élec.* avr. 2008, n° 4, étude 10, p. 14.

[51] V. sur ce point : H. BITAN, *L'obligation de délivrance en matière de logiciels*, th. Orléans, 1994 ; P. LE TOURNEAU, *Contrats informatiques*, Rép. com. Dalloz, févr. 2019, n° 108 et s.

[52] Y. FIJALKOW, *Sociologie du logement*, La Découverte, 2011 ; S. MAGRI, « Les propriétaires, les locataires, la loi. Jalons pour une analyse sociologique des rapports de location, Paris 1850-1920 », *Rev. franç. sociol.* 1996, n° 37-3, p. 397 ; J. MONÉGER, « Propos conclusifs », *Loyers et copr.* oct. 2018, n° 10, doss. 17, p. 52 : l'auteur qualifie le bail commercial de *« contrat de première importance économique pour les commerçants comme pour les propriétaires d'immeubles affectés à cet usage au regard des normes et droits fondamentaux ».*

[53] F. CHALVIGNAC, *La rédaction d'un acte juridique : le bail commercial*, *op. cit.*, p. 2, n° 3 ; E. MIRON, *Le statut des baux commerciaux à l'épreuve des réalités économiques*, *op. cit.*, p. 21, n° 16.

France[54] et l'Insee enregistre un essor des grandes surfaces alimentaires et des centres commerciaux[55], ce qui ne fait que confirmer cette affirmation. De plus, la rédaction de baux commerciaux peut être pratiquée par de nombreux juristes de différentes professions[56]. Elle est aussi intéressante en ce qu'elle sert de base d'appréciation aux magistrats.

Le bail commercial étant l'un des contrats majeurs de la vie des affaires et des entreprises, et plus largement le droit des baux commerciaux étant *« un droit savant, un droit mouvant, […] un droit évolutif parce que en prise directe avec les réalités économiques qui dévoilent des enjeux financiers pouvant être considérables »*[57], il ne saurait laisser les juristes insensibles à l'insécurité juridique à laquelle ils sont confrontés en manipulant l'obligation de délivrance. L'obligation de délivrance se retrouve ainsi au cœur des enjeux économiques des entreprises.

Par ailleurs, cette insécurité générée par l'obligation de délivrance est d'autant plus préoccupante qu'elle est à l'origine de nombreux sinistres professionnels chez les administrateurs de biens et les rédacteurs d'actes.

7. Une insécurité non négligeable au regard de l'importance de l'activité d'administration de biens et de sa sinistralité. S'agissant de la responsabilité du gestionnaire de biens locatifs, la Direction Générale de la Concurrence, de la Consommation et de la Répression des Fraudes enregistrait un taux de croissance des réclamations entre 2012 et 2013 dans le secteur de l'« immobilier/logement/BTP » s'élevant à 4,5 %[58]. Entre 2015 et 2016, une hausse des réclamations des consommateurs s'observe également dans ce secteur[59]. Les litiges relatifs à l'obligation de délivrance font partie de la catégorie des mises en cause les plus fréquentes chez les professionnels de l'immobilier[60]. Il en va de même pour les rédacteurs d'actes.

8. Une insécurité non négligeable au regard de l'importance de l'activité de rédaction d'actes et de sa sinistralité. Tout d'abord, il est aisé de constater que la rédaction d'actes est une activité en pleine expansion chez les professionnels du droit. Pour s'en persuader, il suffit de consulter les chiffres publiés par la profession notariale, au 30 novembre 2017, qui inscrivent plus de 3,8 millions d'actes authentiques passés par les 11 630 notaires que compte la France[61].

---

[54] *Etudes économiques - Chiffres clés du commerce*, https://www.entreprises.gouv.fr/files/files/directions_services/etudes-et-statistiques/Chiffres_cles/Commerce/2015-11-Chiffres-cles-commerce.pdf.

[55] *À la campagne, comme à la ville, des commerces traditionnels proches de la population*, https://www.insee.fr/fr/statistiques/1280728.

[56] V. *supra* n° 4.

[57] P. CHAUVIN, « Préface », *in* J.-P. BLATTER et W. BLATTER-HODARA (collab.), *Traité des baux commerciaux*, 6e éd., *op. cit.*, p. 11.

[58] *Baromètre des réclamations de consommateurs*, https://www.economie.gouv.fr/files/files/directions_services/ dgccrf/documentation/barometre/barometre_reclamations2016.pdf.

[59] *Ibid.*

[60] *Plus de souplesse pour les professionnels de l'immobilier*, https://www.argusdelassurance.com/tendances/plus-de-souplesse-pour-les-professionnels-de-l-immobilier.49941.

[61] *Le notariat en chiffres*, https://www.notaires.fr/fr/profession-notaire/rapport-annuel-du-notariat/le-notariat-en-chiffres.

La rédaction de baux en général fait partie de l'activité majeure des notaires[62]. En matière de bail commercial, bien que certains bailleurs ou preneurs ne soient pas encore conscients de l'importance de l'obligation de délivrance dans le bail commercial et de ses conséquences, d'autres l'ont bien compris et préfèrent faire appel à un professionnel pour protéger leurs intérêts. Ce faisant, la rédaction d'actes par les professionnels, et spécifiquement celle des baux commerciaux, mérite qu'une étude lui soit consacrée.

Par ailleurs, d'un point de vue statistique, les chiffres enregistrés par un des trois principaux courtiers d'assurances des avocats sont significatifs. Les sinistres imputables à une erreur liée à la rédaction d'un acte ont représenté, pour la période de 2002 à 2012, 15,03 % du coût total des sinistres, soit la deuxième cause la plus importante de sinistres après les sinistres imputables à une erreur liée à la conduite du procès[63]. Les baux font partie du droit des contrats qui est la matière la plus *« sinistrogènes »* (24,67 %)[64]. En outre, les courtiers constatent une augmentation du nombre des mises en cause des professionnels et des montants de réclamation, quels que soient leurs domaines d'intervention, qui s'explique, selon eux, par un contexte économique défavorable et une judiciarisation de la société[65]. La doctrine y voit une profonde modification des responsabilités professionnelles guidée par des individus *« hantés par l'idée de protéger leurs biens et les droits qu'ils ont pu acquérir »* et des victimes qui ne sont plus résignées, mais qui exigent réparation[66]. Les chiffres divulgués par la doctrine révèlent une mise en cause judiciaire des professionnels dans 40 % des cas[67].

Là encore, les intervenants de la sphère juridique ne sauraient manifester leur désintérêt pour une thématique telle que celle qui affère aux difficultés inhérentes à la rédaction des baux commerciaux, bien qu'elles ne concernent que celles résultant de l'obligation de délivrance, dans la mesure où cette activité et les conséquences qui en découlent occupent une place importante sur la scène juridique.

Pour l'ensemble de ces raisons, il devient nécessaire de rétablir la sécurité juridique qui fait défaut à l'obligation de délivrance en clarifiant sa situation.

---

[62] *Ibid.* : Répartition de l'activité notariale suivant le chiffre d'affaires : Immobilier, ventes construction, baux : 50,1 % ; Actes liés au crédit : 10 % ; Actes de famille, succession : 31,9 % ; Négociation immobilière : 2,7 % ; Droit de l'entreprise, conseil, expertise, conseil patrimonial : 5,3 %.

[63] ORDRE DES AVOCATS DU BARREAU DE PARIS, *Guide des assurances des avocats au barreau de Paris*, Aon, mai 2013, p. VI ; *Les principales causes de sinistre*, http://www.scb-assurances.com/fr/sinistre-rc/principales-causes-sinistre.

[64] *Les principales causes de sinistre*, http://www.scb-assurances.com/fr/sinistre-rc/principales-causes-sinistre.

[65] *Responsabilité Civile Professionnelle Complémentaire*, https://www.aonassurances.com/Professionnels/Assurance/Avocat/Avocat_RC_Complementaire ; V. aussi les propos de M. Avril : Y. AVRIL, *Responsabilité des avocats*, 3e éd., Dalloz, 2014, p. 202, n° 42.09.

[66] J. DE POULPIQUET, *Notaire. - Fonction et responsabilité. - Généralités*, J.-Cl. Civil Code, Fasc. n° 420-10, mars 2015, n° 2.

[67] R. BIGOT et P. ROGER, « L'assurance des professionnels du procès », *RGDA* juill. 2010, n° 2010-03, p. 904.

9. Un impérieux besoin de sécurité juridique : la nécessité d'une clarification du statut de l'obligation de délivrance. L'obligation de délivrance dans les baux commerciaux suscite une jurisprudence abondante et difficilement synthétisable qui marque un recul incontestable de la liberté contractuelle. Cette incertitude crée une imprévisibilité des solutions dans un domaine où les acteurs, tant cocontractants que professionnels de la rédaction des baux commerciaux ou magistrats, et plus généralement les acteurs économiques, ont un impérieux besoin de sécurité juridique[68]. C'est à ce titre qu'il nous paraît nécessaire de faire le point sur cette obligation complexe et d'y apporter un éclairage nouveau. Un regard neuf doit être porté sur l'étendue et l'interprétation de cette obligation de délivrance à la charge du bailleur ainsi que sur l'efficacité des clauses de transfert de charges dans les baux commerciaux. Cette vision renouvelée doit aussi permettre de préciser les sanctions encourues par le débiteur en cas de manquement à cette obligation ainsi que par le rédacteur lorsqu'il en est à l'origine. Autrement dit, il semble fondamental de clarifier la situation de l'obligation de délivrance.

Toutefois, cette clarification ne peut être apportée que si elle est fondée sur une véritable théorie juridique, spécifiquement une théorie de l'obligation de délivrance. La théorie juridique peut être générale ou spéciale. Et l'on connaît, tant elle est évidente, l'importance pratique du droit des obligations dans notre droit[69]. *« Mise en forme juridique des rapports économiques entre les hommes ou, plus simplement encore, de la vie courante et de la vie des affaires »*, « *base du droit des contrats sur lesquels repose toute la vie économique et sociale d'un pays* », réglant aussi *« les problèmes de responsabilité civile »*[70], comment ne pas reconnaître la portée pratique du droit des obligations ? Quant à la portée théorique, elle n'est plus à démontrer. Réunion des principes fondamentaux et tendance à l'universalité, voilà les éléments dans lesquels se cristallise toute la portée théorique de la théorie générale des obligations[71].

C'est ainsi que s'est fait jour la nécessité d'élaborer une théorie de l'obligation de délivrance, ou plus humblement d'essayer d'y contribuer.

II - Contexte de l'étude

10. Absence de définition légale de l'obligation de délivrance dans le cadre des baux commerciaux. Le Code de commerce, dans ses articles L. 145-1 à L. 145-60, ne définissant pas les obligations des parties quant à l'exécution du contrat de bail commercial, celui-ci est soumis au droit commun du bail régi par les

---

[68] V. d'une manière générale sur la liberté contractuelle et la sécurité juridique : L. DEJOIE *et alii*, *94e congrès des notaires de France, Le contrat, Liberté contractuelle et sécurité juridique*, Maury-Eurolivres, 1998.

[69] E. GAUDEMET, J. GAUDEMET et H. DESBOIS, *Théorie générale des obligations*, réimp. éd. 1937, Sirey, 1965, pp. 9-18 ; C. LARROUMET et S. BROS, *Traité de droit civil*, t. 3, *Les obligations. Le contrat*, 9e éd., Economica, 2018, p. 2, n° 2 ; P. MALINVAUD, D. FENOUILLET et M. MEKKI, *Droit des obligations*, 15e éd., LexisNexis, 2019, p. 19, n° 30.

[70] Pour ces trois citations : P. MALINVAUD, D. FENOUILLET et M. MEKKI, *Droit des obligations*, *op. cit.*, p. 19, n° 30.

[71] P. MALINVAUD, D. FENOUILLET et M. MEKKI, *Droit des obligations*, *op. cit.*, p. 19, n° 31 et s.

articles 1714 et suivants du Code civil, tant en ce qui concerne les obligations du bailleur que celles du preneur[72]. Le bail commercial n'est pas non plus défini par le Code de commerce et il faut, là encore, s'en remettre au droit commun. Toutefois, la définition du bail commercial pose bien moins de difficulté que celle de l'obligation de délivrance.

Le bail est présenté par le Code civil comme le louage de choses et est défini à son article 1709 comme *« un contrat par lequel l'une des parties s'oblige à faire jouir l'autre d'une chose pendant un certain temps, et moyennant un certain prix que celle-ci s'oblige de lui payer »*[73]. Le bail commercial, quant à lui, s'entend pour la doctrine, d'une combinaison de la définition traditionnelle du louage et de conditions particulières relatives à la nature du bien et à la durée de la convention[74]. Celui-ci se distingue d'autres contrats tels que la vente, le prêt, le dépôt, la location-gérance ou l'usufruit[75].

S'agissant des obligations du bailleur, et précisément son obligation de délivrance de la chose louée, il faut donc se référer à ses articles du Code civil, mais le législateur n'a pas défini l'obligation de délivrance dans le cadre du bail de droit commun et encore moins dans le cadre du bail commercial. C'est là, il faut bien le reconnaître, la première carence de la notion. Effectivement, les articles 1719, 1° et 1720 alinéa 1er du Code civil se contentent d'instituer l'obligation, mais ne la définissent nullement. L'article 1719, 1° dispose seulement que *« le bailleur est obligé, par la nature du contrat, et sans qu'il soit besoin d'aucune stipulation particulière de délivrer au preneur la chose louée »*. Et l'article 1720 alinéa 1er ajoute que *« le bailleur est tenu de délivrer la chose en bon état de réparation de toute espèce »*. Quant au Code de commerce, il est totalement silencieux à son égard. Par ailleurs, si le droit spécial du bail, dans le régime des baux d'habitation, consacre cette obligation[76], il ne la définit pas non plus. La seule définition établie par le législateur a été élaborée dans le cadre du contrat de vente par l'article 1604 du Code civil. Cet article dispose que *« la délivrance est le transport de la chose vendue en la puissance et possession de l'acheteur »*. D'une part, cette définition n'est pas évidente à comprendre en ce qu'elle introduit les notions de puissance et de possession. Si l'on voit à peu près ce que peut recouvrir la possession, la perception de la puissance est moins palpable. D'autre part, cette définition a été remise en question par la doctrine au motif qu'elle serait dépassée,

---

[72] F. AUQUE, *Les baux commerciaux. Théorie et pratique*, *op. cit.*, p. 6, n° 6 ; C. DENIZOT, *Droit civil et bail commercial*, th. Paris XI, 2003, pp. 214 et s., n° 251 et s.

[73] V. en ce sens : C. AUBERT DE VINCELLES et C. NOBLOT, *Bail*, Rép. civ. Dalloz, sept. 2018, n° 1 ; G. CORNU (dir.) *et alii*, *Vocabulaire juridique*, *op. cit.*, p. 117 ; J. GHESTIN (dir.) et J. HUET, *Traité de droit civil. Les principaux contrats spéciaux*, 2e éd., L.G.D.J., 2001, p. 679, n° 21103 ; P. MALAURIE, L. AYNÈS et P.-Y. GAUTIER, *Droit des contrats spéciaux*, 11e éd., L.G.D.J., coll. Droit civil, 2020, p. 367 ; J. RAYNARD et J.-B. SEUBE, *Droit des contrats spéciaux*, 10e éd., LexisNexis, coll. Manuels, 2019, p. 259, n° 262 ; J. AZEMA *et alii*, *Le Lamy Baux commerciaux*, 2020, n° 101-3.

[74] D. ALFROY, *Bail commercial. - Champ d'application du statut. - Définition. Objet du bail*, J.-Cl. Civil Code, Fasc. n° 1240, mai 2018, n° 7 et s. ; M.-P. DUMONT-LEFRAND, *Bail commercial*, Rép. civ. Dalloz, sept. 2009, n° 11 et s.

[75] J. AZEMA *et alii*, *Le Lamy Baux commerciaux*, 2018, n° 901.

[76] *L.* n° 89-462, 6 juill. 1989, Loi tendant à améliorer les rapports locatifs et portant modification de la loi n° 86-1290 du 23 décembre 1986, art. 6, modifiée par *L.* n° 2014-366, 24 mars 2014, Loi pour l'accès au logement et un urbanisme rénové.

car elle *« ne reflète pas […] la réalité de la délivrance, qui n'est plus indispensable au transfert de la propriété »*[77]. Enfin et surtout, cette définition siège dans une partie du Code civil spécialement dédiée à la vente. Or, rien ne dit que cette définition est transposable au bail en général et au bail commercial en particulier. Par ailleurs, les dispositions du Code de la consommation engendrent une certaine ambiguïté dans la compréhension de l'obligation de délivrance. Sans plus utiliser la dénomination d'« obligation » de délivrance, les mesures consuméristes jonglent entre les notions de livraison et de garantie de conformité[78], tout en continuant à faire référence seulement à la délivrance[79]. Surtout, ce code s'inspire de la définition de la délivrance posée à l'article 1604 du Code civil pour définir la livraison comme un *« transfert au consommateur de la possession physique ou du contrôle du bien »*[80].

Alors que l'opération de définition consiste à déterminer les limites et le contenu d'un concept[81], soit l'ensemble des caractères qui appartiennent à ce concept[82], comment parvenir à une compréhension éclairée de l'obligation de délivrance si elle n'est pas définie ? Cela semble impossible !

Au sens courant, le vocable « délivrance » est polysémique, en devenant presque *« trompeur »*[83]. Nous admettrons volontiers que *« la signification du terme de "délivrance" n'est pas aussi claire qu'elle le paraît »*[84]. Il est possible d'avoir une vision plus ou moins aboutie de sa matérialité, mais il n'en va pas de même de l'élaboration d'une définition précise. Autrement dit, si chacun peut à peu près avoir une notion intuitive et immédiate de la délivrance, il n'est pas certain d'en percevoir, de prime abord, toute la complexité et d'en dresser les contours exacts[85]. La question de savoir ce qu'est l'obligation de délivrance peut donc, *de facto*, sembler simple. Pour autant, celle-ci ne se laisse pas appréhender facilement. Pour pallier ce manque, diverses définitions ont été étayées par la doctrine, sans toutefois véritablement percer le mystère de l'obligation de délivrance.

11. Insuffisance des définitions doctrinales. Dans son sens premier, la délivrance peut signifier l'action de délivrer, le résultat de cette action, mais aussi l'*« expulsion naturelle ou extraction provoquée des annexes fœtales (dont la sortie termine l'accouchement) »* ou bien encore l'*« action de débarrasser de ce qui gêne ou nuit, de soulager*

---

[77] J. LE BOURG, *La remise de la chose - Essai d'analyse à partir du droit des contrats*, th. Savoie, 2010, p. 118, n° 97.

[78] C. consom., art. L. 216-1 à L. 216-6 et L. 217-4 à L. 217-14.

[79] V. en ce sens : C. consom., art. L. 217-4 al. 1er, L. 217-7 al. 1er et L. 217-12 ; V. aussi sur la différence entre ces notions : O. SALVAT, « La garantie spéciale de conformité et l'obligation générale de délivrance conforme : quel choix d'action pour l'acheteur ? », *CCC* août-sept. 2006, n° 8-9, étude 18, p. 10 ; L. GAUDIN, « Regards dubitatifs sur l'effectivité des remèdes offerts au consommateur en cas de défaut de conformité de la chose vendue », *D.* mars 2008, n° 28, p. 631.

[80] C. consomm., art. L. 216-1 al. 3.

[81] P.-E. LITTRÉ, *Littré Dictionnaire*, t. 2, Gallimard, Hachette, 1967, p. 1789.

[82] A. REY, *Le grand Robert de la langue française*, t. 2, 2e éd., Dictionnaires Le Robert - Vuef, 2001, p. 1115.

[83] J. MONÉGER, « L'obligation de délivrance ou la conjonction de l'impératif et de la liberté contractuelle », *Loyers et copr.* févr. 2013, n° 2, rep. 2, p. 1.

[84] J. LE BOURG, *La remise de la chose - Essai d'analyse à partir du droit des contrats*, *op. cit.*, p. 117, n° 96.

[85] *Ibid.*, *loc. cit.*

d'un mal »[86]. Dans son sens second, la délivrance peut désigner l'*« action de remettre après l'accomplissement de formalités déterminées »*[87]. Le verbe « délivrer » est lui aussi polysémique. Dans sa première version, il peut avoir pour sens *« rendre libre »*, *« mettre en liberté, tirer de captivité »*, *« dégager de ce qui gêne, fait obstacle »*, *« sauver de, arracher à »*, mais aussi *« mettre au jour, faire apparaître »* ou *« accoucher »* ou bien encore *« faire sortir* - quelqu'un - *d'un état de dépendance »*, *« débarrasser quelqu'un d'une contrainte, d'un mal, d'un sujet d'inquiétude »*[88]. Dans sa seconde version, il peut vouloir dire *« donner, remettre, après avoir rempli certaines formalités »*[89].

D'un point de vue juridique, la doctrine s'est attelée, pour combler les lacunes du législateur, à définir l'obligation de délivrance. Selon elle, la délivrance désigne de façon générale l'*« action de remettre à une personne une chose ou un acte [...] ; remise effective d'un objet ou d'un document ; en ce sens la délivrance s'opère, en matière mobilière, par la tradition ou correspond à la livraison d'une marchandise »*[90]. Cette définition varie quelque peu selon les matières du droit dans lesquelles la délivrance est employée. En matière de vente, la délivrance est définie comme l'*« action consistant, de la part du vendeur, à mettre la chose vendue à la disposition de l'acquéreur au moment et au lieu convenus ; action qui [...] suppose seulement pour se réaliser, dans les autres cas,* - ceux où la chose n'est pas portable comme les biens immobiliers - *que la chose soit tenue à la disposition de l'acquéreur au lieu et au temps où il est en droit de se la faire remettre »*[91]. En cette même matière, la délivrance arbore un second sens, celui d'une *« remise par le vendeur à l'acquéreur d'une chose conforme au contrat (la délivrance englobe en ce sens la mise à disposition [...] et la conformité) »*[92]. En matière de legs, la délivrance vise l'*« action, pour les héritiers, de mettre l'objet légué à la disposition du légataire »*[93]. Plus spécifiquement, dans le louage de choses, qu'il s'agisse de choses mobilières ou immobilières[94], l'obligation de délivrance est traditionnellement définie comme une triple obligation comportant celle *« de mise à disposition du bien entre les mains du locataire et qui constitue l'acte de délivrance [...], celle d'une délivrance d'un bien conforme à la destination prévue [...], et enfin celle d'un bien "en bon état de réparations" »*[95]. La doctrine la définit aussi comme une mise en possession ou plus précisément une mise en possession physique[96] et suggère d'en faire l'analogie avec l'article 1604 du Code civil au détail près que le bailleur est investi d'une délivrance plus étendue qui comprend une délivrance en bon état de

---

[86] P.-E. LITTRÉ, *Littré. Dictionnaire de la langue française*, t. 2, Encyclopaedia Britannica Inc. (Chicago), 1982, p. 1543 ; A. REY, *Le grand Robert de la langue française*, t. 2, *op. cit.*, pp. 1173-1174.

[87] *Ibid.*, *loc. cit.*

[88] P.-E. LITTRÉ, *Littré. Dictionnaire de la langue française*, t. 2, *op. cit.*, p. 1544 ; A. REY, *Le grand Robert de la langue française*, t. 2, *op. cit.*, p. 1174.

[89] *Ibid.*, *loc. cit.*

[90] G. CORNU (dir.) *et alii*, *Vocabulaire juridique*, *op. cit.*, p. 322.

[91] *Ibid.*, *loc. cit.*

[92] *Ibid.*, p. 323.

[93] *Ibid.*, *loc. cit.*

[94] J. GHESTIN (dir.) et J. HUET, *Traité de droit civil. Les principaux contrats spéciaux*, *op. cit.*, p. 716, n° 21141.

[95] C. AUBERT DE VINCELLES et C. NOBLOT, *Bail*, *op. cit.*, n° 144 ; V. aussi dans le même sens : J. GHESTIN (dir.) et J. HUET, *Traité de droit civil. Les principaux contrats spéciaux*, *op. cit.*, p. 739, n° 21161.

[96] J. GHESTIN (dir.) et J. HUET, *Traité de droit civil. Les principaux contrats spéciaux*, *op. cit.*, *loc. cit.* ; P. MALAURIE, L. AYNÈS et P.-Y. GAUTIER, *Droit des contrats spéciaux*, *op. cit.*, p. 409, n° 675 ; J. RAYNARD et J.-B. SEUBE, *Droit civil, Contrats spéciaux*, 8e éd., LexisNexis, 2015, p. 277, n° 341.

réparations de toute espèce[97]. Dans le cadre du bail commercial, cette obligation consiste, selon Mme Dumont-Lefrand, *« à délivrer la chose louée au preneur, c'est-à-dire à mettre à sa disposition le local convenu »*[98] et prend *« une coloration particulière [...] parce qu'elle ne concerne pas que le bien loué lui-même »*, mais *« s'apprécie au regard de son aptitude à recevoir la destination choisie par les parties »*, si bien que *« cette appréciation de l'aptitude de la chose à être délivrée est à la fois matérielle, juridique et immatérielle »*[99].

Face au contentieux généré par l'obligation de délivrance, cette définition se révèle manifestement insuffisante. S'il semble relever du truisme que de dire que l'obligation de délivrance correspond à la mise à disposition d'une chose conforme, pourtant, il n'en est rien. Cette simple définition qui inclut les éléments constitutifs de la délivrance est déjà riche de sens et de conséquences. Par cette simple réponse se dessine une corrélation, ou tout du moins, un lien de complémentarité entre ceux-ci. Toutefois, ce constat est incomplet pour établir pleinement le sens de l'obligation de délivrance. Il s'agit d'une définition matérielle et non fonctionnelle de l'obligation de délivrance. Or, c'est la définition fonctionnelle de cette obligation qui permettra d'en cerner le contenu. Ensuite, les définitions traditionnelles de l'obligation de délivrance utilisent des termes synonymes - livraison, mise à disposition, remise, tradition - qui prêtent à confusion, car ils sont utilisés dans des cadres différents et n'ont pas la même signification selon le cadre dans lequel ils s'inscrivent[100]. Elle est donc définie soit par des notions voisines dont elle devrait se différencier (livraison, transfert de propriété ou de droit...), soit par les prestations qu'elle implique. Cependant, aucune définition fonctionnelle n'est proposée. Enfin, ces définitions se concentrent principalement sur une partie de la notion, la délivrance, laissant de côté la définition de l'obligation. Or, les deux termes étant associés, la définition de la notion d'obligation de délivrance doit être globale. La définition de la notion d'obligation est inexistante dans la loi, qu'elle soit ancienne ou nouvelle[101], laissant demeurer l'ambiguïté. Quant aux définitions doctrinales, elles sont multiples[102], mais classiquement, l'obligation est définie comme le *« lien entre deux ou plusieurs personnes, en vertu duquel l'une d'entre elles est tenue envers une ou plusieurs autres de faire quelque chose »*[103].

---

[97] P. MALAURIE, L. AYNÈS et P.-Y. GAUTIER, *Droit des contrats spéciaux*, *op. cit.*, p. 410, n° 675 ; J. RAYNARD et J.-B. SEUBE, *Droit civil, Contrats spéciaux*, *op. cit.*, *loc. cit.* ; V. aussi pour un rapprochement entre l'obligation de délivrance du vendeur et du bailleur : J. DERRUPÉ, *La nature juridique du droit du preneur à bail et la distinction des droits réels et des droits de créance*, th. Toulouse, 1952, p. 149, n° 122 ; G. PIGNARRE, « L'obligation de donner à usage dans l'avant-projet Catala - Analyse critique », *D.* févr. 2007, n° 6, p. 384.

[98] V. aussi pour cette définition : V. ZALEWSKI, « L'obligation de délivrance et les vices structurels de l'immeuble », *AJDI* nov. 2008, n° 11, p. 841.

[99] M.-P. DUMONT-LEFRAND, *Bail commercial*, *op. cit.*, n° 207.

[100] J. GHESTIN (dir.) et J. HUET, *Traité de droit civil. Les principaux contrats spéciaux*, *op. cit.*, p. 213, n° 11239.

[101] V. en ce sens : N. HAGE-CHAHINE, « La notion d'obligation dans le projet d'ordonnance portant réforme du droit des contrats, du régime général et de la preuve des obligations », *LPA* nov. 2015, n° 219, p. 7.

[102] V. en ce sens : C. LARROUMET et S. BROS, *Traité de droit civil*, t. 3, *Les obligations. Le contrat*, 9e éd., *op. cit.*, pp. 14-30, n° 15-38.

[103] G. CORNU (dir.) *et alii*, *Vocabulaire juridique*, *op. cit.*, p. 701 ; M. FABRE-MAGNAN, *Les obligations*, 1e éd., PUF, coll. Thémis, 2004, p. 1 ; M. FABRE-MAGNAN, *Droit des obligations. 1 - Contrat et engagement*

12. Utilisation intempestive du terme « délivrance » dans le langage juridique et distinction entre « délivrance » et « obligation de délivrance ». Le terme « délivrance » se retrouve à maintes reprises dans la loi et la jurisprudence. Le terme est tantôt utilisé pour désigner la délivrance du congé ou la délivrance d'un objet, tantôt adjoint à l'obligation pour désigner spécifiquement l'obligation de délivrance. Or, doit-on conférer le même sens à ce terme, peu importe le contexte dans lequel il est utilisé, ou doit-on lui attribuer un sens particulier lorsqu'il est adjoint au vocable « obligation » ? On ne trouve guère plus de réponses immédiates quant au sens que recouvre véritablement cette obligation de délivrance en remontant à ses origines.

13. Des origines floues et qui restent à déchiffrer. Il est bien difficile de dater l'origine de l'obligation de délivrance, de savoir à quel moment elle a fait son apparition en droit. Les manuels d'histoire du droit sont à ce propos lacunaires[104]. Étymologiquement, le verbe « délivrer » a pour origine latine *« deliberare »*, terme issu lui-même de la contraction du préfixe « de », qui marque la séparation, et de *« liberare »*, *« mettre en liberté »*[105]. Or, dans les ouvrages juridiques romains, on ne trouve aucune trace de ce terme. Il se pourrait d'ailleurs bien que le terme « délivrer » soit une spécificité française, car il semble absent des législations étrangères proches comme l'Italie ou l'Espagne, qui utilisent le terme « remettre »[106].

La définition de l'obligation en général est elle-même tardive. En effet, les juristes romains de l'époque de César et d'Auguste distinguaient le contrat de l'obligation, mais une véritable définition de la notion d'obligation n'était pas encore élaborée[107]. Chez Gaius, par exemple, il n'y a pas encore de définition de l'obligation[108]. C'est dans les *Institutes* de Justinien, écrites plus tard, que l'on trouve la définition de la notion d'obligation. La définition est traduite diversement :

---

unilatéral, 5e éd., PUF, coll. Thémis, sous coll. Droit, 2019, p. 1, n° 1 ; C. LARROUMET et S. BROS, *Traité de droit civil*, t. 3, *Les obligations. Le contrat*, 9e éd., *op. cit.*, p. 18, n° 22 ; P. MALINVAUD, D. FENOUILLET et M. MEKKI, *Droit des obligations*, *op. cit.*, pp. 3-4, n° 7.

104 E. CHEVREAU, Y. MAUSEN et C. BOUGLE, *Introduction historique au droit des obligations*, LexisNexis, coll. Litec, 2007 ; D. DEROUSSIN, *Histoire du droit des obligations*, 2e éd., Economica, coll. Corpus, sous coll. Histoire du droit, 2012 ; J. GAUDEMET et E. CHEVREAU, *Droit privé romain*, 3e éd., Montchrestien, coll. Domat, 2009 ; J.-L. GAZZANIGA, *Introduction historique au droit des obligations*, 1e éd., PUF, coll.Droit fondamental, 1992 ; P. OURLIAC et J. DE MALAFOSSE, *Histoire du droit privé, 1/ Les obligations*, 2e éd., PUF, coll. Thémis, 1969 ; R. SZRAMKIEWICZ et O. DESCAMPS, *Histoire du droit des affaires*, 3e éd., Montchrestien, coll. précis Domat, 2019.

105 O. BLOCH et W. VON WARTBURG, *Dictionnaire étymologique de la langue française*, 1e éd., PUF, 2002, p. 184 ; E. LITTRÉ, H. WALTER et G. ROUSSINEAU, *Littré étymologies : Dictionnaire étymologique*, Garnier, 2015, p. 112 ; A. REY, *Le grand Robert de la langue française*, t. 2, *op. cit.*, p. 1174 ; F. GAFFIOT, *Dictionnaire Latin Français*, Hachette, 1934, p. 489 : v. « delibero ».

106 Le Code civil italien, dans son article 1575 énonce : *« Il locatore deve : 1) consegnare al conduttore la cosa locata in buono stato di manutenzione »*. Le Code civil espagnol dispose quant à lui sous son article 1554 : *« El arrendador está obligado : 1.° A entregar al arrendatario la cosa objeto del contrato »*. Les termes *« consegnare »* et *« entregar »* se traduisent en français par « remettre ».

107 J. GAUDEMET et E. CHEVREAU, *Droit privé romain*, *op. cit.*, pp. 256-257.

108 V. en ce sens : M. L. DOMENGET, *Institutes de GAIUS*, 6e éd., par E. DUBOIS, A. Marescq Aîné, 1881.

« L'obligation est un lien de droit (vinculum juris), par la rigueur duquel nous sommes astreints (adstringimur) à exécuter une prestation conformément au droit de notre cité »[109] ; *« L'obligation est un lien de Droit qui nous oblige de payer quelque chose, selon les Loix de la Ville où nous avons notre domicile »*[110] ; *« L'obligation est le lien de droit par lequel nous sommes tenus de payer quelque chose à quelqu'un en vertu du droit de notre cité »*[111] ; *« L'obligation est un lien de droit par l'effet duquel nous nous trouvons contraints à la nécessité d'exécuter une prestation selon le droit de notre cité »*[112]. En tout état de cause, c'est l'idée de lien de droit qu'il convient de retenir de cette définition[113]. Cette définition est en réalité complétée par celle qui se trouve dans le Digeste de Paul, car elle serait plus complète[114]. Paul, dans le *Digeste*, a pu préciser que *« l'essence des obligations n'est pas de nous faire acquérir la propriété ou une servitude sur un objet déterminé, mais de contraindre une autre personne à nous transférer quelque chose, ou à faire quelque chose pour nous, ou à nous garantir un certain résultat »*[115]. En droit romain, la notion d'obligation se voyait donc attribuer deux sens complémentaires : un sens passif et un sens actif[116]. Au sens passif, l'obligation est regardée du côté du débiteur : la contrainte qui pèse sur lui. Au sens actif, l'obligation est regardée du côté du créancier : l'effet produit. Elle était donc, à cette époque, caractérisée par deux éléments : la prestation à accomplir par le débiteur et le pouvoir de contrainte reconnu au créancier[117].

Plus en amont, ce sont les origines mêmes de la vente et du louage qui sont obscures[118]. Alors que dans le droit français actuel, le contrat de vente se différencie nettement du louage, en ce qu'il opère un transfert de propriété, il n'en est pas de même en droit romain où vente et location sont difficiles à distinguer d'autant plus que cette dernière peut être perpétuelle[119]. Empreints d'une certaine confusion dans la première phase de leur existence romaine, ces contrats entretenaient à l'époque un lien étroit[120]. À suivre les travaux menés sur la question, c'est la vente qui serait apparue la première, sous forme d'échange d'objets mobiliers[121]. Le louage ne serait apparu que plus tard, car la location des immeubles ne se

---

[109] J. GAUDEMET et E. CHEVREAU, *Droit privé romain*, *op. cit.*, p. 257.

[110] JUSTINIEN Ier, *Les Institutes de l'empereur Justinian, avec des observations pour l'intelligence de ce qui est obscur ou de ce qui a été abrogé par le Droit des Novelles*, t. 2, par M. CLAUDE DE FERRIERE, 2e éd., D. Thierry (Paris), 1962, p. 123.

[111] J.-L. GAZZANIGA, *Introduction historique au droit des obligations*, *op. cit.*, p. 18.

[112] R.-M. RAMPELBERG, « L'obligation romaine : perspective sur une évolution », *Arch. phil. dr.* 2000, t. 44, p. 51.

[113] D. HOUTCIEFF, *Droit des contrats*, 5e éd., Bruylant, coll. Paradigme, 2020, p. 21, n° 2.

[114] J.-L. GAZZANIGA, *Introduction historique au droit des obligations*, *op. cit.*, p. 18 ; E. CHEVREAU, Y. MAUSEN et C. BOUGLÉ, *Introduction historique au droit des obligations*, *op. cit.*, p. 9, s. § 2.

[115] R. ROBAYE, *Le droit romain*, Bruxelles, 3e éd, Bruylant, 2005, p. 191.

[116] D. DEROUSSIN, *Histoire du droit des obligations*, *op. cit.*, pp. 11-12.

[117] C. LARROUMET et S. BROS, *Traité de droit civil*, t. 3, *Les obligations. Le contrat*, 9e éd., *op. cit.*, p. 19, n° 23.

[118] P. OURLIAC et J. DE MALAFOSSE, *Histoire du droit privé, 1/ Les obligations*, *op. cit.*, p. 299, n° 273 ; P. RAVIER DU MAGNY, *Droit romain : les origines de la vente et du louage, Droit français : le contrat de fondation*, th. Grenoble, X. Jevain, 1894, p. 11.

[119] P. OURLIAC et J. DE MALAFOSSE, *Histoire du droit privé*, *op. cit.*, p. 291, n° 265.

[120] P. RAVIER DU MAGNY, *Droit romain : les origines de la vente et du louage, Droit français : le contrat de fondation*, *op. cit.*, pp. 38, 40-42 et 61.

[121] *Ibid.*, p. 40.

concevait pas dans une société où tout chef de famille était propriétaire et faisait cultiver ses terres par ses enfants et ses esclaves[122]. C'est le bail à ferme qui serait la première forme de louage, non pas encore comme un contrat juridique bien défini, mais comme une opération d'ordre économique, et il était vraisemblablement envisagé comme la vente des fruits et des récoltes[123]. Tout comme la vente, le louage, contrat consensuel, est signalé par la loi des XII Tables, mais à cette époque, seul semble être connu le louage de bêtes de somme alors que la location des biens immobiliers paraît avoir été pratiquée plus tardivement, au début de l'époque classique, et sous l'influence du droit public[124]. À l'origine, le bail était une vente : celle des fruits produits par la chose[125], ce qui témoigne de la parenté conceptuelle entre le bail et la vente. L'analogie entre la vente et le louage est maintes fois signalée par les juristes romains et le louage de choses frugifères n'était pas autre chose à l'origine qu'une vente de fruits[126]. Il est d'ailleurs très difficile de différencier ces deux contrats à cette époque en ce que le louage de choses peut être perpétuel et seul le but économique permettrait de le faire dans la mesure où le locataire n'a pas l'intention d'acquérir un droit définitif, mais de jouir du bien conformément à sa nature, et en simple détenteur comme le dépositaire[127]. Avec le développement du consensualisme, le louage de choses frugifères, considéré comme une vente des fruits produits, se dissocie peu à peu du contrat de vente. Gaius présente d'ailleurs la vente et le louage comme des contrats similaires dans le sens où ils exigent tous deux une *merces*, mais les distingue ensuite[128].

De plus, les divisions entre les différentes espèces de louage en droit romain ont été établies tardivement puisqu'on ne constate pas dans les textes du Digeste, ni même du Code, une subdivision de la matière[129]. Ce n'est que dès le IIe siècle avant J.-C. qu'une distinction est faite entre le louage de services et le louage d'ouvrage[130]. Le louage de choses était censément *« le contrat par lequel le bailleur s'engage à fournir au locataire la jouissance temporaire d'une chose, moyennant une redevance (merces) proportionnelle au temps (créance successive) »*[131].

Par ailleurs, il convient de rappeler que le droit romain ne connaissait pas notre distinction entre le droit commercial et le droit civil[132]. Pour un auteur, ce manque résulterait des conquêtes de Rome, car selon lui, *« le droit commercial spécialisé n'existe*

---

122 *Ibid.*, *loc. cit.*

123 *Ibid.*, *loc. cit.*

124 P. OURLIAC et J. DE MALAFOSSE, *Histoire du droit privé, 1 / Les obligations*, *op. cit.*, p. 35, n° 23.

125 P. MALAURIE, L. AYNES et P.-Y. GAUTIER, *Les contrats spéciaux*, 7e éd., L.G.D.J., coll. Droit civil, 2014, p. 48, n° 79.

126 P. OURLIAC et J. DE MALAFOSSE, *Histoire du droit privé, 1 / Les obligations*, *op. cit.*, p. 270, n° 242.

127 *Ibid.*, pp. 291-292, n° 265.

128 F.-O. MARTIN, « Des divisions du louage en droit romain », *Revue historique de droit fr. et étr.* 1936, p. 419.

129 *Ibid.*

130 P. OURLIAC et J. DE MALAFOSSE, Histoire du droit privé, 1/ Les obligations, *op. cit.*, p. 40, n° 25.

131 *Ibid.*, p. 291, n° 263.

132 *Ibid.*, p. 45, n° 30 ; A. HUVELIN, *Etudes d'histoire du droit commercial romain*, par H. LÉVY-BRUHL, Sirey (Paris), 1929 ; M. DE JUGLART et B. IPPOLITO, *Traité de droit commercial*, t. 1, par E. DU PONTAVICE et J. DUPICHOT, 4e éd., Montchestien, 1988, pp. 23-24, n° 10.

que là où il a pu se développer comme droit international », de sorte qu'avec la conquête *« le droit du marché est devenu un droit privé interne »*[133].

À en croire l'étude approfondie de Mme Bussmann sur l'obligation de délivrance en droit romain de la vente, cette obligation existait en droit romain classique, mais sous une forme différente de celle que l'on connaît aujourd'hui[134]. Reprenant les travaux de Bonfante[135], elle la définit seulement comme le transfert d'un pouvoir de fait sur la chose, soit *« la remise de la chose avec intention de renoncer à la maîtrise sur la chose et d'acquérir cette maîtrise »*[136]. Cependant, elle reconnaît quand même qu'il est difficile d'affirmer avec certitude que les expressions utilisées par le droit romain désignaient *« proprement la délivrance »*[137]. D'autres conceptions ont été soutenues plus anciennement[138]. Il ressort de ces analyses une certaine difficulté d'appréhension du transfert de propriété en droit romain et surtout un certain lien entre l'obligation de délivrance et les transferts de propriété et de possession. Ces interprétations s'expliquent très probablement par les liens originels entre la *mancipatio*, l'*in jure cessio*, la *traditio* et le transfert de propriété en ce qu'ils représentaient des modes formalistes du transfert de la propriété[139]. En effet, alors que le transfert de propriété occupe une place particulière en droit romain dans la

---

[133] A. HUVELIN, *Histoire du droit commercial romain*, *op. cit.*, p. 81.

[134] M. BUSSMANN, *L'obligation de délivrance du vendeur en droit romain classique*, th. Lausanne, C. Risold et fils, 1933, spéc. p. 92 : Elle soutient qu'elle n'était *« pas une obligation au plein transfert de la chose »* (*« rem dare »*), mais seulement *« une obligation à possessionem (vacuam) tradere, à transférer la possession de la chose »*.

[135] P. BONFANTE, *Istituzioni di diritto romano*, F. Vallardi (Milan), 1925, p. 261, § 87 : *« il venditore non è obbligato a trasferire la proprietà dell'oggetto, ma solo il possesso, e propriamente dicevasi ch'egli era tenuto a tradere ut habere ticeat »*.

[136] M. BUSSMANN, *L'obligation de délivrance du vendeur en droit romain classique*, *op. cit.*, p. 124.

[137] *Ibid.*, pp. 19 et 93-123.

[138] V. pour un récapitulatif de ces conceptions : *Ibid.*, pp. 8-17. Il a ainsi pu être avancé que l'obligation de délivrance du vendeur est une obligation à faire un acte de transfert de propriété, complétée par une obligation à transférer la possession : E. BONNET, « Le vendeur obligé de donner », *in Mélanges GERARDIN*, L. Larose & L. Tenin (Paris), 1907, p. 43 ; A. BECHMANN, *Der Kauf Nach Gemeinem Recht*, Erlangen, A. Deichert, 1876, pp. 204 et 417 ; E. COSTA, *Storia delle fonti, Del diritto romano*, 2e éd., Fratelli Bocca Editori, 1925, p. 388 ; O. KARLOWA, *Römische Rechtsgeschichte*, Verlag von vert & Comp., 1901, pp. 612-613 et 623 ; S. PEROZZI, *Istituzioni di diritto romano*, 2e éd., Athenaeum (Roma), 1928, pp. 271-272 et 277-278 ; R. VON MAYR, *Römische Rechtsgeschichte*, Leipzig, G.J. Göschen, 1912-1913, p. 65 ; E. RABEL, *Die Haftung des Verkäufers wegen Mangels im Rechte*, Leipzig, Von Veit, 1902, pp. 89-90 et 103-104. Il a été accrédité par d'autres que l'obligation de délivrance du vendeur est une obligation de transférer la propriété et que l'obligation à faire un acte de transfert de propriété y est comprise : P.-F. GIRARD, « La garantie d'éviction dans la vente consensuelle », *in Mélanges de Droit Romain*, t. 11, Paris, 1923, pp. 106 et s. ; P.-F. GIRARD, « La garantie d'éviction dans la vente consensuelle », *Nouvelle Revue historique de droit fr. et étr.* 1884, p. 395 ; P.-F. GIRARD, *Manuel élémentaire de droit romain*, *op. cit.*, pp. 550-553. Enfin, a été plaidée l'idée que cette obligation est une obligation à transférer la possession et que l'obligation à faire un acte de transfert de propriété dérive de l'obligation à s'abstenir du dol (*a purgari dolo malo*) : M. MONIER, « Le caractère de bonne foi du contrat de vente et l'obligation de manciper », *in Mélanges de droit romain dédiés à Georges Cornil*, Sirey, 1926, p. 139 ; M. CUQ, *Manuel des Institutions juridiques des Romains*, 2e éd., Plon et L.G.D.J., 1928, pp. 404 et 458-459 ; P. COLLINET et A.-E. GIFFARD, *Précis de droit romain*, Dalloz, 1929, pp. 51-52.

[139] V. en ce sens : C. BUFNOIR, *Propriété et contrat - Théorie des Modes d'acquisition des droits réels et des Sources des Obligations*, A. Rousseau, Paris, 1900, pp. 39-58 ; J. DUBARRY, *Le transfert conventionnel de propriété - Essai sur le mécanisme translatif à la lumière des droits français et allemand*, préf. B. DAUNER-LIEB et R. LIBCHABER, L.G.D.J., 2014, pp. 28-42, n° 25-57 ; J. LE BOURG, *La remise de la chose - Essai d'analyse à partir du droit des contrats*, *op. cit.*, pp. 27-31, n° 12-15.

mesure où il existait une séparation entre l'acte d'acquisition de la propriété[140] et le contrat qui le justifiait[141], au point que l'existence d'une obligation de transférer la propriété est même défendue[142], et que l'obligation de délivrance n'existait manifestement pas en droit romain sous sa forme actuelle, les juristes cherchent à la rattacher à d'autres concepts connus du droit romain ou à l'en distinguer. Les manuels de droit romain traitent classiquement la tradition dans les parties consacrées au transfert de propriété, aux côtés d'autres moyens d'aliénation plus formalistes et solennels qu'elle a pu remplacer, tels que la *mancipatio* ou l'*in jure cessio*[143]. La tradition est envisagée comme *« la remise de la possession de la chose »*, qui constitue l'élément matériel, et selon un élément d'ordre intentionnel qui constitue la *justa causa traditionis*, c'est-à-dire *« l'accord des deux volontés tendant l'une à aliéner, l'autre à acquérir une certaine chose »*[144]. La *mancipatio*, quant à elle, est décrite comme un *« mode d'acquisition dérivé volontaire formaliste »* distinguée de l'*in jure cessio* qui n'est pas un *« mode extrajudiciaire »* et qui, lui, a lieu devant un magistrat[145]. La *mancipatio*, *« véritable comédie extra-judiciaire »*, se réalisait par le rituel de l'airain et de la balance devant des témoins et consistait dans le transfert de la propriété quiritaire[146]. L'*in jure cessio* a des effets similaires à la *mancipatio* mais beaucoup plus simples[147].

Dans le louage de choses, les évocations de la délivrance sont timides et incertaines. S'il est établi que *« l'opération économique consistant à remettre la jouissance d'une chose moyennant une rétribution »* s'est pratiquée très tôt, avant même qu'apparaisse dans le droit romain classique le contrat de *locatio-conductio*, les historiens du droit restent silencieux à propos de l'apparition de l'obligation de délivrance[148]. La doctrine affirme que le bailleur avait déjà à cette époque l'obligation de mettre la chose à la disposition du locataire, et cela se faisait par la tradition qui correspondait à la remise de la main à la main[149]. Elle est aussi évoquée par l'*actio empti* en délivrance, comme ayant existé probablement dès le temps de Plaute et certainement au temps de Varron, mais elle ne reflétait peut-être pas encore l'idée d'obligation contractuelle[150]. Très vite, par la suite, il sera mis à la

---

[140] D'après plusieurs auteurs ces actes étaient réellement translatifs de propriété car tant qu'ils n'étaient pas réalisés, le vendeur demeurait propriétaire alors même que le contrat de vente était parfait. V. en ce sens : J. DUBARRY, *Le transfert conventionnel de propriété - Essai sur le mécanisme translatif à la lumière des droits français et allemand*, *op. cit.*, pp. 33-34, n° 40 ; Y. LOUSSOUARN, *Le transfert de propriété par l'effet des contrats, Cours doctorat de droit privé*, Paris, 1969-1970.

[141] J. DUBARRY, *Le transfert conventionnel de propriété - Essai sur le mécanisme translatif à la lumière des droits français et allemand*, *op. cit.*, pp. 26-35, n° 23-44.

[142] V. pour cet argument : J. DUBARRY, *Le transfert conventionnel de propriété - Essai sur le mécanisme translatif à la lumière des droits français et allemand*, *op. cit.*, pp. 25 et s., n° 21 et s.

[143] A. CASTALDO et J.-P. LEVY, *Histoire du droit civil*, 2e éd., Dalloz, coll. Précis, 2010, pp. 559-672, n° 367-435 d'une manière générale et pp. 583-598, n° 382-385 plus spécialement.

[144] *Ibid.*, pp. 593-597 ; C. ACCARIAS, *Précis de droit romain*, t. 1, 3e éd., A. Cotillon et Cie, Librairie du Conseil d'Etat, 1879, p. 510, n° 226.

[145] A. CASTALDO et J.-P. LEVY, *Histoire du droit civil*, *op. cit.*, p. 583, s. section 1.

[146] *Ibid.*, p. 585.

[147] *Ibid.*, p. 591.

[148] D. DEROUSSIN, *Histoire du droit des obligations*, *op. cit.*, p. 246.

[149] *Ibid.*, pp. 248-249.

[150] V. en ce sens : P. RAVIER DU MAGNY, *Droit romain : les origines de la vente et du louage, Droit français : le contrat de fondation*, *op. cit.*, p. 58.

charge du bailleur les réparations essentielles visant à la conservation de la chose. Cette vision de l'obligation de délivrance sera conservée[151] jusqu'à l'élaboration du Code civil qui lui consacre une place dans le *« Livre III : Des différentes manières dont on acquiert la propriété »*, au *« Titre VIII : Du contrat de louage »*, au *« Chapitre I : Du louage des choses »*, aux articles 1719 1° et 1720 alinéa 1er.

Outre des origines floues, qui n'aident pas à saisir la notion d'obligation de délivrance, l'interprétation fluctuante que fait la jurisprudence de cette obligation complexifie encore cette tâche.

14. Contenu et étendue incertains de l'obligation de délivrance : fluctuations jurisprudentielles. Le contenu de l'obligation de délivrance dans le bail commercial semble être aujourd'hui à géométrie variable, au point que l'on est incapable de synthétiser ce contenu, de proposer une formule explicite pour le délimiter. Il n'est traité que de façon « catalogue », par un « listing » de ses illustrations et applications jurisprudentielles[152].

Les difficultés rencontrées pour délimiter le contenu de l'obligation de délivrance sont sans doute dues au fait que les différentes obligations du bailleur - obligation d'entretien, obligation de jouissance paisible et obligation de garantie - ne sont pas réellement autonomes. Il n'est pas évident d'affirmer où s'arrête l'obligation de délivrance et où commencent les autres obligations. La jurisprudence interprète de plus en plus extensivement cette obligation, au point d'englober parfois l'obligation d'entretien et de garantie. Elle jongle avec ces obligations, sans qu'il ressorte une ligne directrice claire. Cette réflexion amène une autre question à propos de l'obligation de délivrance : obligation instantanée ou continue ? L'obligation de délivrance à laquelle est tenu le bailleur commercial à la conclusion du bail ne perdurerait-elle pas pendant toute la durée de vie du contrat ? La doctrine ne s'accorde pas sur l'étendue conceptuelle de l'obligation de délivrance.

En outre, l'étendue de cette obligation fait l'objet de développements spécifiques aux galeries marchandes ou centres commerciaux, à tout le moins pour ce qui concerne le maintien de la commercialité des lieux loués ou l'implantation effective des commerces envisagés par le bailleur lors de la commercialisation initiale. La tendance interprétative extensive pratiquée par les juges en la matière interroge : cette interprétation va-t-elle jusqu'à englober dans la délivrance, une obligation de maintien de la commercialité ? Là encore, la réponse n'est pas tranchée en doctrine.

Aussi, en droit français, l'obligation de délivrance s'est muée en obligation de délivrance conforme, ce qui la rattache à la liberté contractuelle. Une souplesse dans la détermination de son contenu par les parties devrait donc être permise.

---

151 V. en ce sens : R.-J. POTHIER, *Traité du contrat de louage selon les règles tant du for de la conscience que du for extérieur*, Debure l'Aîné (Paris) et J. Rouzeau-Montaut (Orléans), 1764, pp. 48-55, n° 53 et s.

152 V. en ce sens : M.-P. DUMONT-LEFRAND, *Bail commercial*, *op. cit.*, n° 207-214 ; C. QUÉMENT, *Bail commercial. - Obligations des parties*, J.-Cl. Bail à Loyer, Fasc. n° 1275, févr. 2020, n° 5-20.

Pourtant, l'observation de la jurisprudence est sans appel : les juridictions refusent quasi systématiquement de reconnaître le jeu de cette liberté contractuelle.

15. Une liberté contractuelle mise à mal. La Cour de cassation est frileuse à admettre le jeu de la liberté contractuelle, si bien qu'elle refuse de légitimer le transfert de l'obligation de délivrance sur la tête du preneur, sans que l'on comprenne pourquoi. Alors que les dispositions du Code civil relatives au bail - les articles 1719 et 1720 - ne sont que supplétives, la Cour régulatrice semble attribuer, dans de nombreuses décisions, un caractère d'ordre public à l'obligation de délivrance qui pèse sur le bailleur, soit à l'occasion de la prise de possession des lieux loués par le preneur, soit en cours de bail, notamment en raison de la présence dans celui-ci de clauses l'exonérant de toute responsabilité en cas de travaux réalisés dans l'immeuble ou les lieux loués, sans toutefois justifier ou expliquer sa position. Nous le verrons, les avis doctrinaux sont partagés à ce sujet.

Cette exécution complexe de l'obligation de délivrance qui pèse sur le bailleur de locaux commerciaux semble être une situation typiquement française ou tout du moins latine, sûrement expliquée par le fait que la situation locative commerciale française, caractérisée par son statut protecteur des baux commerciaux, est exceptionnelle par rapport à celles des autres pays européens[153]. Il est rapporté que l'obligation de délivrance, comme les autres obligations de droit commun du bailleur, fait partie d'un socle commun qui se retrouve dans diverses législations[154], de sorte que cette obligation se retrouve dans d'autres droits, mais ailleurs elle n'engendre pas de telles difficultés. La divergence se situe apparemment dans les modalités et la portée de l'obligation[155]. À l'appui de cette affirmation sont fournis divers exemples. Ainsi, en droit anglais et nord-américain, le jeu de la liberté contractuelle fait pleine foi : les parties décident contractuellement de leurs obligations et la Common Law n'oblige pas le bailleur à réparer les lieux lorsque le contrat ne le prévoit pas[156]. Aux États-Unis d'Amérique, le jeu de la liberté contractuelle est restreint par des réglementations, lorsqu'il s'agit d'habitation et de « vices » de l'immeuble[157]. Il en va de même en droit anglais où les contrats imputent habituellement les travaux de réparation au preneur[158]. En Afrique, l'OHADA réglemente les obligations des parties grâce à un acte uniforme qui

---

[153] J. DEBEAURAIN et A. CERATI-GAUTHIER, *Guide des baux commerciaux*, 18e éd., Edilaix, 2018, p. 13, § V ; J.-P. DUMUR, « Étude de droit comparé sur le statut des baux commerciaux, France, Belgique, Grand-Duché de Luxembourg, Principauté de Monaco », *AJDI* oct. 2013, n° 10, p. 651 ; F. KENDÉRIAN, « L'influence de la Convention européenne des Droits de l'Homme sur les baux commerciaux », *in Liber Amicorum en l'honneur du Professeur Joël Monéger*, LexisNexis, 2017, p. 209 ; J. MONÉGER (dir.) *et alii*, *Pour un bail commercial adapté aux réalités économiques, Aspects juridiques, financiers, fiscaux et urbanistiques*, LexisNexis Litec, 2010, pp. 3 et s., n° 6 et s. ; L. ROZÈS, « L'exception locative française », *AJDI* juin 2000, n° 6, p. 480.

[154] J.-M. TALAU, *Bail commercial. - Droit international privé et droit comparé des baux commerciaux*, J.-Cl. Bail à Loyer, Fasc. n° 1600, oct. 2012, n° 69 ; F. BLAISE et A. VAN PARYS, « La Belgique, pays de compromis », *AJDI* oct. 2018, n° 10, p. 673.

[155] J.-M. TALAU, *Bail commercial. - Droit international privé et droit comparé des baux commerciaux*, *op. cit.*, n° 69.

[156] *Ibid.*, n° 77.

[157] *Ibid.*, n° 78.

[158] *Ibid.*, n° 79.

prévoit que le bailleur est tenu de délivrer les locaux (présumés) en bon état, met les grosses réparations devenues nécessaires et urgentes à la charge du bailleur et instaure une diminution du montant du loyer pour tenir compte de la durée de la privation de jouissance[159]. Il est encore possible d'évoquer la situation espagnole dont la loi 29/1994 régit les locations urbaines et instaure une situation très claire s'agissant de l'obligation de délivrance, en fixant le principe selon lequel cette obligation *« est l'essence même du contrat, et toute stipulation contraire serait sans effet »*[160]. La position belge peut elle aussi être évoquée dans la mesure où elle instaure, par la loi sur les baux commerciaux du 30 avril 1951, une règle sur les travaux à réaliser dans les lieux loués par le locataire pour éviter qu'il se heurte à des refus abusifs du bailleur[161].

16. Des acteurs juridiques en quête de réponses. Il est clair que la tendance jurisprudentielle complique singulièrement la tâche des rédacteurs et toute la difficulté réside, pour eux, dans le fait d'apprécier l'étendue de cette notion d'obligation de délivrance afin d'assurer l'efficacité des clauses des contrats de baux commerciaux. Le monde juridique est donc en quête d'explications et de justifications pour élucider la question de la liberté individuelle et de sa sphère pour le bailleur commercial. L'obligation de délivrance est le siège du débat sur la place que l'impératif locatif doit occuper au regard du principe de la liberté contractuelle. Les baux, particulièrement les baux commerciaux, sont riches de clauses, plus ou moins inventives, plus ou moins précises, visant bien souvent à faire du preneur, la « vache à lait » du bailleur. Comprendre pourquoi, alors que les articles 1719 et 1720 du Code civil ne sont en principe pas d'ordre public, la Cour de cassation est aussi peu encline à la reconnaissance de l'aménagement contractuel de l'obligation de délivrance est une nécessité impérative. Les praticiens ont besoin, au vu d'une analyse détaillée de la jurisprudence, d'être alertés sur les clauses qui sont dorénavant jugées inefficaces, notamment la clause d'acceptation de lieux en l'état, et sur les clauses de décharge qui restent possibles, mais dont la rédaction doit être soignée afin de ne pas tomber sous le joug de l'obligation de délivrance. L'apport de réponses à la question de l'efficacité des clauses de transfert de charges s'impose d'autant plus que ces clauses deviennent de plus en plus fréquentes par la pratique des baux dits « investisseurs » ou « triple net » puisqu'en matière de baux commerciaux, il était communément admis que bailleurs et locataires pouvaient aménager à leur convenance la répartition des travaux entre eux[162]. En d'autres termes, les praticiens sont désireux de savoir comment la délivrance assurée *ab initio* et au cours du bail peut voir son étendue modulée par le bail et quels principes

---

[159] *Ibid.*, n° 80.

[160] P. MARTINEZ-FRANCO, « Le bail commercial : le position du droit espagnol », *in* F. AUQUE (dir.) *et alii*, *Baux commerciaux, Quel modèle pour l'Europe ?*, Larcier, 2009, p. 51.

[161] F. BLAISE et A. VAN PARYS, « La Belgique, pays de compromis », art. cit. ; P.-A. FORIERS, « Les fondements de la loi (belge) sur les baux commerciaux », *in* F. AUQUE (dir.) *et alii*, *Baux commerciaux, Quel modèle pour l'Europe ?*, Larcier, 2009, p. 31.

[162] J. MONÉGER et F. KENDÉRIAN, « Premiers regards sur les dispositions de la loi n° 2014-626 du 18 juin 2014 relatives au bail commercial », *RTD com.* oct. 2014, n° 3, p. 535.

rédactionnels doivent être développés pour rédiger les clauses contractuelles de transfert de charges et assurer leur efficacité.

Ces réponses auraient pu être apportées aux praticiens grâce à la réforme du statut des baux commerciaux, mais celle-ci ne s'est pas vraiment penchée sur l'obligation de délivrance.

17. Un vent de réforme pour clarifier la situation de l'obligation de délivrance ? Les baux commerciaux se sont vus attribuer un régime spécial par une première loi de 1926, suivie d'un décret en 1953[163]. Avant ces législations, ils étaient régis exclusivement par les dispositions des articles 1709 et suivants du Code civil[164]. D'ailleurs, le droit romain ne connaissait pas notre distinction du droit commercial et du droit civil alors même qu'il s'agissait d'un peuple commerçant, fait de techniciens et pragmatistes[165].

Comme nous l'avons déjà constaté, le statut spécial accordé aux baux commerciaux était jusqu'à présent resté silencieux à l'égard de l'obligation de délivrance qui incombe au bailleur, de sorte qu'il convenait d'appliquer le droit commun du bail. Plus récemment, une loi relative à l'artisanat, au commerce et aux très petites entreprises, dite loi Pinel, promulguée le 18 juin 2014, est venue réformer le statut des baux commerciaux, entre autres, dans l'objectif d'éviter les évolutions arbitraires des charges locatives et dans un souci de transparence.

L'ensemble des acteurs juridiques, même s'il ne clamait pas l'anéantissement du statut des baux commerciaux, poussait en tout cas à le réformer, au moins partiellement. En 2003, un groupe de travail a même été créé à l'initiative du garde des Sceaux pour réfléchir à l'opportunité d'une mise à jour de la législation sur les baux commerciaux[166]. Outre une volonté de réformer des dispositions phares du statut, certains auteurs appellent à une réforme de dispositions plus spécifiques telles que celles qui touchent à la répartition des travaux dans le bail commercial[167]

---

[163] M.-P. DUMONT-LEFRAND, *Bail commercial*, *op. cit.*, n° 1 ; F. AUQUE, *Les baux commerciaux. Théorie et pratique*, *op. cit.*, pp. 3-5, n° 2-4 ; D. HOUTCIEFF, *Droit commercial*, *op. cit.*, p. 253, n° 527 ; L. RUET, *Les baux commerciaux*, 5e éd., Defrénois, coll. Expertise notariale, 2020, pp. 12-14, n° 5-6.

[164] *Ibid.*, *loc. cit.* ; La loi du 17 mars 1909, dite « Cordelet » relative à la vente du fonds, ne prévoyait pas de dispositions.

[165] G. SCHILPEROORT, *Le commerçant dans la littérature française du Moyen-âge (caractère, vie, position sociale)*, J. B. Wolters (Groningue-La Haye), 1933, p. 22, n° 30 ; A. HUVELIN, *Etudes d'histoire du droit commercial romain*, *op. cit.*, 1929 ; P. OURLIAC et J. DE MALAFOSSE, *Histoire du droit privé, 1 / Les obligations*, *op. cit.*, p. 45, n° 30.

[166] P. PELLETIER, Rapp. au garde des sceaux, ministre de la justice, avr. 2004, Propositions pour une modernisation du régime juridique des baux commerciaux et professionnels ; V. aussi : CONSEIL NATIONAL DES SUCCURSALISTES DE L'HABILLEMENT, FEDERATION PROFESSIONNELLE DES ENTREPRISES DU SPORT ET DES LOISIRS et SYNDICAT NATIONAL DU COMMERCE DE LA CHAUSSURE ET LE SYNDICAT SAINT-ÉLOI (DETAILLANTS ET SUCCURSALISTES DES SECTEURS DE LA BIJOUTERIE ET DE L'HORLOGERIE), « La réforme du droit des baux commerciaux : contre l'instabilité spéculative », *Gaz. pal.* févr. 2004, n° 52, p. 11.

[167] F. CHALVIGNAC, « La répartition des travaux dans le bail commercial : appel à une réforme législative », *D.* oct. 2004, n° 36, p. 2637 ; F. AUQUE, « Les propositions de réforme du statut des baux commerciaux », *JCP G* juill. 2004, n° 30, act. 371, p. 1065.

et par conséquent à l'obligation de délivrance[168]. Dans un environnement où la pratique contractuelle de la répartition des travaux fait apparaître un contentieux important et où l'ancienneté des règles législatives ne permet pas de le limiter, une réforme serait en effet souhaitable[169]. Plusieurs arguments sont développés en faveur d'une telle réforme. Tout d'abord, il faut noter que la répartition des travaux au cours du bail commercial entre le preneur et le bailleur a toujours été une clause délicate à rédiger. La première difficulté a trait à la fréquence des travaux et des réparations ainsi qu'à l'évolution des activités exercées dans le local. Au-delà de ça, les objectifs des parties sont quasiment toujours antagonistes, ce qui détériore leurs relations[170]. Le preneur prône la qualité sans vouloir en supporter les frais et le bailleur veut accroître son revenu foncier en déduisant un maximum de charges. Cette opposition peut parfois avoir de lourdes conséquences économiques puisqu'elle peut ralentir l'exécution des clauses et des conditions du bail commercial, amoindrir la qualité de l'activité commerciale, et à terme diminuer la valeur vénale du bien. Enfin, c'est l'insuffisance des textes du Code civil qui est soulevée, car ils n'imposent pas une répartition non équivoque entre les parties de la charge des travaux, le rédacteur devant arbitrer entre les intérêts des contractants.

18. Des promesses annoncées par la réforme du statut des baux commerciaux. De façon à fixer le cadre de cette nouvelle loi, il est opportun de se demander quels ont été les motifs et les objectifs qui ont conduit le législateur à modifier pour partie le statut des baux commerciaux. Ces modifications, d'après M. Blatter, sont loin d'être anodines, notamment sur les questions de sanction des clauses irrégulières, d'état des lieux et de charges[171]. Au-delà des motifs, il sera bon de relater les difficultés issues des travaux de commission et les apports qui ont été faits relativement à l'article 13 de la loi Pinel, de manière à comprendre sa rédaction finale.

Mme Pinel, ministre de l'Artisanat, du Commerce et du Tourisme, présentait en Conseil des ministres, le 21 août 2013, un projet de loi relatif à l'artisanat, au commerce et aux très petites entreprises[172]. Le communiqué de presse du même jour présente ce projet de loi comme rassemblant *« les mesures de nature législative annoncées dans le cadre du pacte pour l'artisanat, de la communication relative à l'adaptation du régime de l'autoentrepreneur et du soutien à l'entrepreneuriat individuel et du plan d'action pour le commerce et les commerçants »*[173]. L'exposé des motifs établi par la ministre précise

---

168 E. MIRON, *Le statut des baux commerciaux à l'épreuve des réalités économiques*, *op. cit.*, pp. 77-79, n° 201.

169 F. CHALVIGNAC, « La répartition des travaux dans le bail commercial : appel à une réforme législative », art. cit

170 J. DEBEAURAIN, « Propos introductifs », art. cit.

171 J.-P. BLATTER, « Le bail commercial dans le projet de loi relatif à l'artisanat, au commerce et aux TPE », *AJDI* févr. 2014, n° 2, p. 118 ; J.-P. BLATTER, « La loi du 18 juin 2014 ou la grande cuisine des baux commerciaux », *Dr. & patr.* oct. 2015, n° 251, doss. p. 28.

172 Projet de loi AN n° 1338, session 21 aout 2013, Projet de loi relatif à l'artisanat, au commerce et aux très petites entreprises.

173 Sylvia PINEL a présenté en conseil des ministres le projet de loi relatif à l'artisanat, au commerce et aux très petites entreprises, Communiqué de presse 21 aout 2013, Ministère de l'artisanat, du commerce et du tourisme.

que cette loi vise à rassembler dans un même texte l'ensemble des dispositions législatives annoncées dans le cadre du Pacte national pour la croissance, la compétitivité et l'emploi, du pacte pour l'artisanat et du plan d'action pour le commerce et les commerçants présentés en 2013[174]. L'étude d'impact du projet de loi déclarait en outre que les *« mesures* - du projet de loi - *[…] visent à améliorer les relations entre bailleurs et locataires, et devraient principalement bénéficier aux plus petites entreprises commerciales ou artisanales, exposées à la pression concurrentielle autour des meilleurs emplacements notamment des centres-villes. La concurrence entre enseignes et commerçants indépendants devient critique pour ces derniers et face à l'augmentation des baux commerciaux sur ces locaux très disputés des grandes villes, la préservation de tous les formats de commerces et formes de ventes est un impératif, en particulier au regard de la diversification des offres de choix aux consommateurs. »*[175]. L'objectif est de maintenir une offre commerciale et artisanale diversifiée sur l'ensemble du territoire, de promouvoir le développement des très petites entreprises, notamment artisanales et de conforter l'assise juridique des leviers traditionnels d'intervention de l'État[176]. La conception de cette loi repose sur des motifs économiques et sociaux.

Porteuse d'espérances sur la clarification de l'obligation de délivrance, cette réforme n'a pourtant que très partiellement comblé les lacunes y afférentes.

19. Des lacunes très partiellement comblées par le nouveau statut des baux commerciaux. Cette loi est étayée par des mesures phares dont l'éditorial d'août 2013 fait état[177]. On y trouve la volonté de garantir l'équilibre des relations entre bailleur et commerçant en maîtrisant la hausse des loyers, en améliorant la transparence et en facilitant l'implantation des commerces ; la volonté de développer les très petites entreprises en valorisant les entreprises artisanales et en mettant en place un parcours de l'entrepreneuriat ; et enfin la volonté d'adapter les modalités de l'intervention publique aux besoins des territoires en simplifiant l'urbanisme commercial, en le rendant plus efficace, en renforçant la diversité des commerces dans les territoires et en développant l'action des chambres consulaires. C'est donc sur ces objectifs généraux que la loi a été bâtie.

Plus spécifiquement aux baux commerciaux, le même communiqué de presse prônait le maintien d'une offre commerciale et artisanale diversifiée sur les territoires par une amélioration de la situation locative des entreprises grâce à un aménagement du régime des baux commerciaux. Mieux encore, la ministre a déclaré, lors de son discours du 21 août 2013, vouloir des baux commerciaux

---

[174] *Le Sénat adopte le projet de loi relatif à l'artisanat, au commerce et aux très petites entreprises, Comprendre les enjeux*, http://www.senat.fr/espace_presse/actualites/201404/projet_de_loi_relatif_a_lartisanat_au_commerce_et_aux_tres_petites_entreprises.html#c604709.

[175] Etude d'impact du Projet de loi relatif à l'artisanat, au commerce et aux très petites entreprises, 20 aout 2013.

[176] V. en ce sens : A. FARACHE, « Adoption du projet de loi Pinel en première lecture par l'Assemblée nationale », *RLDA* mars 2014, n° 91, act. 4984, p. 22.

[177] S. PINEL, *Projet de loi relatif à l'artisanat, au commerce et aux très petites entreprises*, Editorial aout 2013, Ministère de l'artisanat, du commerce et du tourisme.

équitables et adaptés à la vie économique des entreprises[178]. Pour ce faire, elle entend équilibrer les rapports qu'entretiennent les entreprises locataires avec leurs bailleurs, pour que l'un et l'autre puissent dialoguer sur un pied d'égalité. À ce sujet, celle-ci explique dans son éditorial, que depuis quelques années, les charges locatives ont augmenté sensiblement et souvent d'une manière incompréhensible pour le commerçant, ce qui constitue une source de conflits de plus en plus nombreux entre bailleurs et locataires[179]. Effectivement, le commerçant n'est pas en mesure d'anticiper ces hausses et, de plus, il peine à comprendre l'augmentation, ce qui le conduit à la contester. Plus concrètement, le commerçant n'a pas les moyens de prévoir les sommes qu'il devra verser à son bailleur, ce qui peut le placer dans une situation économique difficile. À cela s'ajoute l'opacité du calcul des charges qui le conduit à contester leur montant et accroît le risque de conflit pendant et à l'issue du bail. Il faut également soulever l'existence d'abus. Certains commerçants se voient présenter des factures extrêmement élevées, supérieures aux loyers, alors que le propriétaire n'assume presque plus de charges. L'objectif est donc ici d'éviter les évolutions arbitraires des charges locatives.

Le premier volet du projet de loi Pinel, dans ses sept thèmes, portait de nombreuses dispositions[180], notamment celles relatives à la répartition claire des charges entre bailleur et commerçant avec l'annexion obligatoire au bail d'un inventaire des charges locatives revenant à chacune des parties, qui donnera ensuite lieu à un récapitulatif annuel permettant au locataire de connaître le détail des sommes acquittées, à l'établissement obligatoire d'un état des lieux contradictoire d'entrée et de sortie ou encore à l'extension de la médiation entre bailleur et commerçant aux hypothèses de la révision du loyer, des charges et des travaux et non plus seulement aux *« litiges nés de l'application de l'article L. 145-34 du Code de commerce »*.

Bien que certains trouvaient encore critiques à faire, l'Assemblée nationale a adopté le texte en première lecture[181], le 18 février 2014, après un large remaniement, dont le rapport Verdier fait mention[182]. Après l'Assemblée nationale, le Sénat a, à son tour, voté le projet de loi Pinel, le 17 avril 2014. Là encore, de

[178] S. PINEL, Discours de Sylvia PINEL, ministre de l'Artisanat, du Commerce et du Tourisme lors de la conférence de presse de présentation du projet de loi pour l'Artisanat, le Commerce et les Très Petites Entreprises, 21 aout 2013, Ministère de l'artisanat, du commerce et du tourisme.

[179] *Ibid.*, *loc. cit.*

[180] X. DELPECH, J.-M. PASTOR et Y. ROUQUET, « Présentation du projet de loi sur l'artisanat, le commerce et les très petites entreprises », *Dalloz actualité* 2 sept. 2013 ; A. FARACHE, « Adoption du projet de réforme des baux commerciaux », art. cit.

[181] A. FARACHE, « Adoption du projet de loi Pinel en première lecture par l'Assemblée nationale », art. cit.

[182] F. VERDIER, Rapp. AN n° 1338, session 29 janv. 2014, Rapport fait au nom de la commission des affaires économiques sur le projet de loi, après engagement de la procédure accélérée, relatif à l'artisanat, au commerce et aux très petites entreprises ; V. aussi : Y. ROUQUET, « Projet de loi relatif à l'artisanat, au commerce et aux TPE : baux commerciaux », *Dalloz actualité*, 18 févr. 2014.

sensibles remaniements ont été effectués[183]. Après d'énièmes modifications[184], le projet de loi a été définitivement adopté par l'Assemblée nationale, le 26 mai 2014, entériné par le Sénat, le 5 juin 2014, et promulgué le 18 juin 2014[185].

20. Mesure de l'incidence du nouveau statut des baux commerciaux sur l'obligation de délivrance. De façon assez évidente, au regard de l'objectif de garantie de *« l'équilibre des relations entre les bailleurs et les commerçants »* annoncé par la ministre de l'Artisanat, du Commerce et du Tourisme de l'époque[186] et alors que des dispositions ont été prises s'agissant de la répartition des charges entre bailleur et preneur, l'obligation de délivrance doit inévitablement être étudiée en regard de la réforme du statut des baux commerciaux[187].

Des réponses sont donc attendues quant à l'avenir de l'obligation de délivrance, à la suite de l'entrée en vigueur des nouvelles dispositions instituées par la réforme du statut des baux commerciaux, mais aussi quant au rééquilibrage du bail commercial[188].

De façon moins directe, d'autres réformes ont touché le cadre législatif de l'obligation de délivrance.

21. Un contexte législatif bousculé par l'ordonnance de réforme du droit des obligations et des contrats. Puisque l'obligation de délivrance se conçoit dans un contrat, bien que spécial[189], en l'occurrence de bail commercial, on ne peut ignorer la réforme opérée par l'ordonnance relative au droit des contrats, au régime général et à la preuve des obligations, promulgué le 10 février 2016[190] et entrée en vigueur le 1er octobre de la même année[191]. En effet, alors que les nouvelles dispositions instaurées par cette ordonnance touchent à la formation et à

---

183 X. DELPECH, Y. ROUQUET et J.-M. PASTOR, « Projet de loi "artisanat, commerce et TPE" : les apports du Sénat », *Dalloz actualité* 30 avr. 2014 ; Y. VAUGRENARD, Rapp. Sénat n° 440, session 9 avr. 2014, Rapport fait au nom de la commission des affaires économiques sur le projet de loi, adopté par l'assemblée nationale après engagement de la procédure accélérée, relatif à l'artisanat, au commerce et aux très petites entreprises, pp. 167-332 ; Y. ROUQUET, « Baux commerciaux dans le projet de loi "artisanat, commerce et TPE" : apports du Sénat », *AJDI* mai 2014, n° 5, p. 328.

184 F. VERDIER et Y. VAUGRENARD, Rapp. CMP n° 557, session 21 mai 2014, Rapport fait au nom de la commission paritaire mixte chargée de proposer un texte sur les dispositions restant en discussion du projet de loi relatif à l'artisanat, au commerce et aux très petites entreprises.

185 *L.* n° 2014-626, 18 juin 2014, Loi relative à l'artisanat, au commerce et aux très petites entreprises.

186 S. PINEL, Sylvia PINEL a présenté en conseil des ministres le projet de loi relatif à l'artisanat, au commerce et aux très petites entreprises, Communiqué de presse 21 août 2013, n° 250.

187 J.-P. BLATTER et W. BLATTER-HODARA (collab.), *Traité des baux commerciaux*, 6e éd., *op. cit.*, pp. 28-29.

188 V. pour l'intérêt de cette problématique : F. PLANCKEEL, « L'équilibre du bail commercial. De la loi Pinel à la réforme du droit des contrats : propos introductifs », *Loyers et copr.* oct. 2016, n° 10, p. 9.

189 V. sur le lien qu'entretient le bail commercial avec le droit spécial et le droit général des obligations : J.-P. BLATTER et W. BLATTER-HODARA (collab.), *Traité des baux commerciaux*, 6e éd., *op. cit.*, pp. 13 et 40-49, n° 41-53.

190 *Ord.* n° 2016-131, 10 févr. 2016, Ordonnance portant réforme du droit des contrats, du régime général et de la preuve des obligations.

191 J.-P. BLATTER et W. BLATTER-HODARA (collab.), *Traité des baux commerciaux*, 6e éd., *op. cit.*, pp. 40-49.

l'exécution du contrat ou au nouveau régime général de l'obligation[192], leur incidence doit être mesurée dans le cadre de notre étude. Selon l'idée de M. Chantepie, *« le contrat est tout à la fois le produit de la rencontre de volontés individuelles et de sa formalisation sous la plume d'un rédacteur »*[193]. Le Code civil définissait, quant à lui, dans son ancien article 1101, le contrat comme *« une convention par laquelle une ou plusieurs personnes s'obligent, envers une ou plusieurs autres, à donner, à faire ou à ne pas faire quelque chose »*. Le nouvel article 1101 dudit code le définit désormais comme *« un accord de volontés entre deux ou plusieurs personnes destiné à créer, modifier, transmettre ou éteindre des obligations »*. Cette nouvelle conception du contrat et des obligations est-elle en phase avec la conception actuelle de l'obligation de délivrance dans les baux commerciaux ?

Si cette ordonnance, ratifiée par une loi du 20 avril 2018[194] et dont la nouvelle mouture est entrée en vigueur le 1er octobre 2018, ne transcende pas le droit commun des contrats et des obligations, puisqu'elle est pour beaucoup une consécration légale de solutions jurisprudentielles déjà connues, elle ne doit pas pour autant être négligée. En revanche, avec le pouvoir conféré au juge, par l'article 1195 issu de la réforme du droit des contrats, de redéfinir *a posteriori* les conditions de l'engagement des parties, la doctrine affirme que cette nouvelle disposition risque de multiplier les cas de mise en jeu de la responsabilité du rédacteur et les recours remettant en cause l'économie des conventions[195]. C'est donc eu égard à cette réforme, notamment concernant l'équilibre contractuel[196], que la réflexion relative à l'obligation de délivrance dans le cadre des baux commerciaux doit être conduite[197].

---

[192] En ce sens, l'ancien article 1107 et le nouvel article 1105 du Code civil indiquent que le droit commun s'applique à tous les contrats, y compris ceux qui ont une dénomination spéciale. L'adage *spécialia generalibus derogant* est également consacré en prévoyant une solution en cas de conflit entre le droit commun et le droit spécial, le droit spécial l'emportant sur le droit commun.

[193] G. CHANTEPIE, « La rédaction enseignée : l'enseignement des formules notariales », *JCP N* mai 2015, n° 21, étude 1157, p. 26.

[194] *L.* n° 2018-287, 20 avr. 2018, Loi ratifiant l'ordonnance n° 2016-131 du 10 février 2016 portant réforme du droit des contrats, du régime général et de la preuve des obligations (1) ; M. MEKKI, « La loi de ratification de l'ordonnance du 10 février 2016 - Une réforme de la réforme ? », *D.* mai 2018, n° 17, p. 900 ; M. MEKKI, « Réforme du droit des obligations, une ratification minimaliste de l'ordonnance du 10 février 2016 », *JCP N* avr. 2018, n° 17, 1175, p. 29 ; O. DESHAYES, T. GENICON et Y.-M. LAITHIER, « Ratification de l'ordonnance portant réforme du droit des contrats, du régime général et de la preuve des obligations », *JCP G* avr. 2018, n° 18, doctr. 529, p. 885 ; D. HOUTCIEFF, « Loi de ratification de l'ordonnance de réforme du droit des contrats, de la preuve et du régime général des obligations : le droit schizophrène », *Gaz. pal.* avr. 2018, n° 15, p. 14.

[195] P. MORELON, « Quels sont les dangers de la réforme annoncée du droit des contrats pour les professionnels du conseil et de la rédaction d'acte ? », *Dr. & patr.* mai 2015, n° 247, p. 52.

[196] F. CHÉNEDÉ, « L'équilibre contractuel dans le projet de réforme », *RDC* sept. 2015, n° 3, p. 655 ; L. FIN-LANGER, « L'équilibre contractuel du bail commercial », *in* D. ABARCHI *et alii*, *Liber amicorum en l'honneur du Professeur Joël Monéger*, LexisNexis, 2017, p. 181 ; S. LE GAC-PECH, « Les nouveaux remèdes au déséquilibre contractuel dans la réforme du Code civil », *LPA* août 2016, n° 162-163, p. 7.

[197] V. pour l'intérêt de cette problématique : F. PLANCKEEL, « L'équilibre du bail commercial. De la loi Pinel à la réforme du droit des contrats : propos introductifs », art. cit. ; C.-E. BRAULT, « Vers un nouvel équilibre contractuel », *Gaz. pal.* juill. 2016, n° 25, p. 49 ; F. AUQUE, « Le temps et la réforme du droit des contrats - . - Incidences sur les baux commerciaux », *Loyers et copr.* mars 2017, n° 3, doss. 5, p. 28 ; F. AUQUE, « Ratification de l'ordonnance du 10 février 2016 portant réforme du droit des contrats : impact sur les baux commerciaux », *AJDI* juill. 2018, n° 7-8, p. 497.

22. Un contexte législatif mouvant au regard du projet de réforme du droit de la responsabilité. Faisant suite à la réforme du droit des obligations et des contrats, l'avant-projet de réforme de la responsabilité civile a été présenté le 29 avril 2016[198], puis remanié en mars 2017, et a dernièrement donné lieu à une proposition de loi[199]. La Garde des Sceaux entend à ce titre améliorer l'accessibilité et la prévisibilité du droit de la responsabilité civile, le clarifier et le moderniser[200].

Bien que ce projet de réforme ne devrait pas chambouler le droit de la responsabilité en général[201], et donc pas non plus l'environnement de l'obligation de délivrance dans les baux commerciaux et de ses intervenants, lorsqu'il entrera en vigueur, la réflexion ici considérée ne doit pas pour autant occulter ces nouvelles règles. D'abord, la place de l'obligation et plus précisément de son intensité dans le futur droit de la responsabilité civile doit être approchée[202]. Ensuite, un tel projet appelle nécessairement quelques commentaires eu égard à la responsabilité du bailleur et des rédacteurs.

À côté des réformes de ces grands pans du droit civil, celle des contrats spéciaux pourrait bien heurter le domaine de l'obligation de délivrance.

23. Un contexte législatif mouvant au regard de l'avant-projet de réforme du droit des contrats spéciaux. Estimant une certaine perte d'accessibilité et d'intelligibilité du droit français des contrats spéciaux, l'Association Henri Capitant s'est investie d'une nécessité impérieuse de réformer ce droit et a proposé en août 2016 son avant-projet de réforme du droit des contrats spéciaux[203].

L'avant-projet de réforme du droit des contrats spéciaux introduit une définition sensiblement différente du contrat de bail tel qu'il est défini par le Code civil. Le bail est présenté par le Code civil comme le louage de choses et défini à l'article 1709 comme *« un contrat par lequel l'une des parties s'oblige à faire jouir l'autre d'une chose pendant un certain temps, et moyennant un certain prix que celle-ci s'oblige de lui payer ».* L'avant-projet déclare que *« le contrat de location, aussi dénommé bail, est celui par lequel le*

---

198 V. sur la nécessité de cette réforme : G. VINEY, « Après la réforme du contrat, la nécessaire réforme des textes du Code civil relatifs à la responsabilité », *JCP G* janv. 2016, n° 4, doctr. 99, p. 169.

199 A. PORTMANN, « Jean-Jacques Urvoas dévoile l'avant-projet de réforme de la responsabilité civile », *Dalloz actualité* 14 mars 2017 ; M. DUGUÉ et S. PRÉTOT, « Regards sur le projet de réforme de la responsabilité civile », *Dr. & patr.* mai 2017, n° 269, an. p. 25 ; *Proposition de loi* Sénat n° 678, session extraordinaire 2019-2020, Proposition de loi portant réforme de la responsabilité civile.

200 J.-S. BORGHETTI, « L'avant-projet de réforme de la responsabilité civile », *D.* juill. 2016, n° 25, p. 1386.

201 V. en ce sens : *Ibid.* ; S. BECQUÉ-ICKOWICZ, « L'impact de la future réforme des effets de la responsabilité civile et des causes d'exonération », *RDI* déc. 2017, n° 12, p. 588 ; M. MEKKI, « Le projet de réforme du droit de la responsabilité civile : maintenir, renforcer et enrichir les fonctions de la responsabilité civile », *Gaz. pal.* juin 2016, n° 22, p. 17 ; G. DURAND-PASQUIER, « L'incidence de la future réforme des conditions de la responsabilité civile sur le droit immobilier et de la construction », *RDI* déc. 2017, n° 12, p. 579 ; A.-S. CHONÉ-GRIMALDI, « Le projet de réforme de la responsabilité civile : observations article par article », *Gaz. pal.* juin 2017, n° 23, p. 16.

202 V. sur ce point : C. LARROUMET, « L'intensité de l'obligation dans la responsabilité contractuelle - . - Avant-projet de réforme de la responsabilité civile », *JCP G* oct. 2016, n° 40, 1031, p. 1795.

203 L'avant-projet de réforme du droit des contrats spéciaux présenté à la Chancellerie le 26 juin 2017 est librement consultable sur le site de l'Association Henri Capitant : www.henricapitant.org.

loueur confère au locataire un droit personnel de jouissance sur un bien en contrepartie du paiement d'un loyer »[204]. Le groupe de travail de cet avant-projet de réforme a aussi entendu définir l'obligation de délivrance, qui existe, selon lui, dans la vente, la location et le prêt notamment, et qui emporte l'obligation de conserver le bien jusqu'à ce qu'il soit retiré ou livré. Il a ainsi affirmé, dans son article 5 : *« Le débiteur de la délivrance doit mettre le bien et ses accessoires à disposition du créancier. L'obligation de délivrance emporte celle de conserver le bien jusqu'à ce qu'il soit enlevé ou livré. En cas d'inexécution ou d'exécution imparfaite de l'obligation de délivrance, le créancier peut émettre des réserves lors de réception ou refuser de réceptionner le bien, de l'enlever ou d'en prendre livraison, sans préjudice de la mise en œuvre les mesures prévues à l'article 1217. »*. Le groupe de travail a précisé, corrélativement à l'article 6, que *« la délivrance exige que le créancier procède à l'enlèvement du bien chez le débiteur, sauf s'il est convenu qu'il sera livré, et de le réceptionner »*.

L'avant-projet d'édiction de ces nouvelles règles pourrait bien bouleverser le contexte de l'obligation de délivrance dans les baux commerciaux. Ce faisant, c'est à l'aune de cet avant-projet de réforme que la réflexion relative à l'obligation de délivrance dans le cadre des baux commerciaux doit être menée.

III - Champ de l'étude

24. Délimitation du champ de l'étude : exclusions et inclusions. Les présents travaux de recherche ne sauraient épuiser toutes les questions relatives à l'obligation de délivrance et certaines lacunes ne manqueront alors pas d'exister, mais l'axe de recherche choisi nous commande d'évacuer certains domaines de réflexion. Bien que certains d'entre eux présentent des liens plus ou moins étroits avec l'obligation de délivrance, ils ne se trouveront pas au cœur de cette étude, car leur analyse ne s'est pas révélée pertinente au regard de l'axe de réflexion choisi. À l'inverse, ce même axe nous impose parfois d'établir des liens ou de faire des comparaisons avec des thèmes qui ne s'inscrivent pas directement dans l'intitulé du sujet.

Avant d'exclure les domaines que nous n'aborderons pas ou peu et d'inclure ceux que nous traiterons en raison de leur pertinence, il nous faut circonscrire le propos en posant un cadre juridique. Scientifiquement, il est nécessaire de s'intéresser aux contours de l'objet pour mieux s'y concentrer. Les domaines de réflexion choisis doivent tous participer à apporter des réponses éclairantes sur le statut de l'obligation de délivrance et à lever le voile sur les obscurités et énigmes qu'elle renferme. Le parti pris de cette recherche est celui d'étudier l'obligation de délivrance dans un genre de contrat spécial qu'est le bail commercial qui se décline en plusieurs espèces représentées par les divers baux commerciaux.

25. « E-baux commerciaux ». La question du e-bail commercial est alors particulièrement intéressante, puisque l'on soupçonne les nouveaux enjeux de cette obligation plongée dans un environnement virtuel. La chose louée sur laquelle porte l'obligation de délivrance n'étant plus un bien immobilier, mais un bien

[204] Art. 53.

virtuel, ladite obligation pourrait bien prendre une toute autre conformation. Une thèse pourrait même être spécialement consacrée à ce sujet.

Bien que des travaux de grande envergure puissent justifier à eux seuls de s'emparer d'une telle question, celle-ci sera tout de même évoquée dans notre étude dans la mesure où l'on ne peut ignorer l'avenir des locaux commerciaux, dont les perspectives se dessinent dans l'avènement du local commercial virtuel. Cependant, la problématique de l'obligation de délivrance pesant sur le bailleur de locaux commerciaux virtuels ne sera évoquée que ponctuellement, afin de mettre en évidence certaines difficultés qui lui sont propres.

26. Baux commerciaux et autres contrats spéciaux. Ainsi que nous l'avons énoncé précédemment, l'obligation de délivrance présente une conformation particulière dans les baux commerciaux à la différence des autres contrats. C'est pour cette raison principale que nous avons choisi de circonscrire les recherches relatives à l'obligation de délivrance aux seuls baux commerciaux dans le titre de notre sujet. Toutefois, l'existence de l'obligation de délivrance dans d'autres contrats ne doit pas être éludée. Si ces contrats ne s'inscrivent pas directement dans le cadre du présent sujet, ils permettent sans nul doute de comparer les différents fonctionnements que peut connaître l'obligation de délivrance et par là même, de cerner cette obligation. De ce fait, les occurrences de l'obligation de délivrance dans d'autres contrats seront évoquées.

27. Exclusion des cessions de bail et de fonds de commerce. De la même façon, la cession du bail commercial et du fonds de commerce ne sera abordée qu'au besoin de l'argumentaire, occasionnellement, dans la mesure où le sujet vise au premier plan les baux commerciaux en eux-mêmes et non leur cession, ni même celle du fonds qu'ils abritent.

28. Pourquoi s'intéresser au rédacteur du bail commercial ? D'autre part, il est vrai que pour traiter d'un tel sujet, ces travaux commandent de s'orienter vers les parties au bail commercial uniquement puisqu'elles sont les actrices majeures de ce contrat et de cette obligation, et non vers son rédacteur. Cependant, la situation du rédacteur professionnel de baux commerciaux mérite d'être évoquée ponctuellement, au service de la démonstration.

Toutefois, si la rédaction de baux commerciaux peut être réalisée par divers professionnels, notaires, avocats, experts comptables, agents immobiliers ou encore huissiers de justice[205], il est possible de constater que l'avocat se présente comme l'intervenant privilégié par la clientèle pour rédiger ses baux commerciaux[206]. À ce titre, un notaire rapporte que *« du point de vue de la gestion de*

---

[205] V. *supra* n° 4.

[206] C. MERRICHELLI, « Baux commerciaux : les réponses interprofessionnelles à vos questions », *Les petites affiches des alpes maritimes* mai 2015, https://www.petitesaffiches.fr/actualites,069/droit,044/baux-commerciaux-les-reponses,5320.html ; A.-C. SANTRAILLE, « L'acte d'avocat, un nouveau moyen de garantir vos engagements », *La Lettre de l'UPP@* juin 2011, n° 17, http://www.univ-pau.fr/live/newsletter/newsletter-n17/avocat?isPdf=1.

leur patrimoine immobilier, les bailleurs ont le réflexe de venir voir le notaire. À l'inverse, d'un point de vue commercial, là où l'avocat est plus présent au quotidien, les preneurs vont avoir davantage tendance à aller vers eux. »[207]. Bien que les notaires soient titulaires d'un monopole pour certains baux commerciaux, à savoir les baux portant sur un débit de boissons ou sur des locaux où sont entreposées les boissons du débitant (cave, cellier) ainsi que les baux d'une durée supérieure à douze années, qu'ils puissent intervenir comme intermédiaires en transactions immobilières et que l'acte notarié soit revêtu de la force exécutoire et de la date certaine assurant grandement les intérêts du bailleur et du preneur, l'avocat peut largement rivaliser avec les nouvelles prérogatives qui lui ont été attribuées. Pour s'en convaincre, on peut évoquer le nouvel article P.6.2.0.4 du règlement intérieur du barreau de Paris qui leur permet d'élargir leur mission en intervenant comme mandataires à une transaction immobilière, mais aussi la loi de 2011 qui introduit l'acte d'avocat. C'est ainsi que nous avons choisi de circonscrire nos recherches à l'avocat et au notaire.

29. Histoire du droit : des éléments de réflexion puisés dans le droit romain et l'ancien droit. Bien que l'obligation de délivrance ou le droit des baux commerciaux ne tissent pas de liens directs avec le droit romain et l'ancien droit, leur étude renseigne et offre une certaine compréhension du droit actuel des obligations et donc de l'obligation de délivrance. À ce titre, Bigot de Preameneu déclarait que les dispositions relatives aux obligations *« sont puisées presque en entier dans le droit romain »*[208]. Et, si les Romains ne sont pas les premiers à avoir connu un droit des obligations, ils sont les premiers à avoir dégagé un corps de règles cohérent, un ensemble de définitions et de classifications[209]. Partant, l'appréhension de l'obligation de délivrance par le spectre du droit romain et de l'ancien droit, qui a assuré la transmission du précédent[210], apporte des précisions pour comprendre cette obligation et expliquer sa situation actuelle.

Pour autant, il ne s'agit pas d'une thèse en Histoire du droit. Ainsi, les références au droit romain et à l'ancien droit ne seront que ponctuelles, servant uniquement à étayer ça et là nos propos. Ne seront pas évoqués les droits de l'Orient ancien (Mésopotamie), de l'Égypte pharaonique ou de Grèce.

30. Droit international. De façon analogue, le droit comparé, interne et international, qui a recours à des notions proches de l'obligation de délivrance, permettra encore de tracer et justifier les frontières de cette obligation dans le cadre des baux commerciaux. Toutefois, l'obligation de délivrance sera traitée telle qu'elle est perçue par le droit interne et non par le droit international. Si une approche comparatiste peut avoir été empruntée dans certains développements, l'étude de l'obligation de délivrance se bornera à l'appréhender en droit français et non sous

---

[207] C. MERRICHELLI, « Baux commerciaux : les réponses interprofessionnelles à vos questions », art. cit.

[208] P.-A. FENET, *Recueil complet des travaux préparatoires du Code civil*, t. 1, Videcoq (Paris), 1836, p. 46.

[209] J.-L. GAZZANIGA, *Introduction historique au droit des obligations*, *op. cit.*, p. 36.

[210] V. en ce sens : C. LARROUMET et S. BROS, *Traité de droit civil*, t. 3, *Les obligations. Le contrat*, 9e éd., *op. cit.*, p. 19, n° 23.

le prisme du droit international. Les difficultés inhérentes à l'obligation de délivrance dans les baux commerciaux sont une typicité largement française. Or, le droit international n'a pas vocation à régler ces difficultés. Au mieux, il peut être force de proposition ou de meilleure compréhension, mais rien de plus. Il ne sera donc évoqué qu'occasionnellement.

De même, les répercussions de cette obligation de délivrance sur les rédacteurs professionnels de baux commerciaux ne seront étudiées qu'en droit français. Même si la comparaison des statuts de ces professionnels en droit interne et dans d'autres droits n'est pas inintéressante, au regard des spécificités observables, il reste que l'objectif de ce travail se limite à l'élaboration de solutions juridiques destinées aux rédacteurs professionnels français. Dans les pays latins, le notariat est à peu près organisé comme en France[211]. À l'image de la France, dans la plupart de ces pays, la profession de notaire est incompatible avec celle d'avocat, à l'exception de l'Allemagne et de certains cantons suisses où des notaires exercent également la profession d'avocat, et des Pays-Bas où des notaires sont associés à des avocats[212]. Ainsi, le notaire ou l'avocat pourra, comme en droit français, se présenter comme rédacteur privilégié des baux commerciaux. En droit belge, par exemple, c'est le notaire qui détient la première place en matière de rédaction de baux commerciaux. En droit italien, l'avocat et le commercialiste sont les rédacteurs prioritaires de baux commerciaux.

IV - Démarche de l'étude

31. Synthèse des questionnements. Plusieurs questions importantes restent encore sans réponses à propos de l'obligation de délivrance dans les baux commerciaux. Tout d'abord, on ne sait pas véritablement ce qu'est l'obligation de délivrance. On ne sait pas dire si elle a une nature et un régime identiques ou différents selon les contrats dans lesquels elle figure. L'obligation de délivrance présente dans les baux commerciaux est-elle identique à celle présente dans la vente par exemple ? On ne sait pas non plus si elle est véritablement autonome par rapport aux autres obligations qui pèsent sur le bailleur (entretien ; jouissance paisible ; garantie ; réparation). Ces obligations sont-elles des prolongements de l'obligation de délivrance, de sorte qu'elles seraient des éléments de celle-ci, ou sont-elles pleinement autonomes ?

Pareillement, on ne sait pas comment la percevoir temporellement. Est-elle instantanée ou continue ?

De plus, on ne connaît le contenu de l'obligation de délivrance dans le bail commercial qu'à travers ses applications, mais on n'est pas capable d'expliquer en une formule synthétique ce qu'il recouvre exactement. Que doit exactement le débiteur de cette obligation ?

En outre, l'aménagement contractuel des modalités d'exécution de l'obligation de délivrance est une véritable énigme. La justification des solutions

[211] M. REVILLARD, *Notaire*, Rép. Dr. Int. Dalloz, janv. 2020, n° 15 et s.
[212] *Ibid.*, *loc. cit.*

jurisprudentielles est obscure et on ne sait pas s'il existe une marge de liberté contractuelle. Le débiteur peut-il transférer tout ou partie de cette obligation sur la tête du preneur ? Quelle est la place de la liberté contractuelle face à l'obligation de délivrance ? Existe-t-elle ?

Aussi, les sanctions encourues en cas de manquement à cette obligation, qu'il provienne d'une inexécution de celle-ci ou d'un aménagement contractuel défaillant, ne sont pas claires. La formule de « clause inefficace » employée par la doctrine dans la continuité de celle des juges, selon laquelle *« une clause ne peut décharger le bailleur de son obligation de délivrance »*, est ambiguë. Signifie-t-elle que la clause est totalement éradiquée, qu'elle est nulle, qu'elle est réputée non écrite ou qu'elle ne joue simplement pas dans une circonstance précise, mais demeure applicable pour le reste du contrat ? Alors qu'une obligation ressort normalement de l'exécution d'un contrat et non de sa formation, l'obligation de délivrance ne pourrait-elle pas provoquer la nullité du bail commercial ?

Enfin, on ne sait pas dans quelle mesure les effets de cette obligation vont être répercutés sur le rédacteur. Que devra-t-il réparer exactement au titre de sa responsabilité professionnelle ?

On constate donc que le présent sujet fourmille d'interrogations.

32. Des questionnements à la formulation de la problématique juridique. Assurément, les questions soulevées par l'obligation de délivrance fusent. Ces divers questionnements peuvent se rassembler dans une problématique juridique générale : comment appréhender l'obligation de délivrance dans les baux commerciaux ? Cette problématique se résume en fait à rechercher comment saisir par l'entendement, par un acte précis de la pensée conceptuelle, l'obligation de délivrance[213]. La réponse à ce problème juridique appelle l'élaboration d'une théorie de l'obligation de délivrance.

33. Objectif : élaboration d'une théorie de l'obligation de délivrance dans les baux commerciaux. L'objectif qui nous a occupés a donc été celui de contribuer à la construction d'une théorie juridique, c'est-à-dire, selon le sens que lui donne le vocabulaire Capitant, une *« activité doctrinale fondamentale dont l'objectif est de contribuer à l'élaboration scientifique du droit, en dégageant les questions qui dominent une matière, les catégories qui l'ordonnent, les principes qui en gouvernent l'application, la nature juridique des droits et des institutions, l'explication rationnelle des règles de Droit »*[214]. Selon M. Bergel, la théorie juridique *« a pour objet de saisir, dans le champ des possibles, le phénomène juridique tel qu'il est, par l'étude de la raison d'être de ses finalités, de ses concepts fondamentaux, de sa mise en œuvre, de ses instruments, de ses méthodes, de ses modes d'application »*[215]. En d'autres termes, il s'agit de bâtir un ensemble organisé de principes et de règles qui seraient à même d'apporter des réponses à ces multiples questions, de les expliquer et surtout de les justifier. Cela vise à *« saisir le tout de*

---

[213] A. REY, *Le grand Robert de la langue française*, t. 1, 2e éd., Dictionnaires Le Robert - Vuef, 2001, p. 671.
[214] G. CORNU (dir.) *et alii*, *Vocabulaire juridique*, *op. cit.*, p. 1025.
[215] J.-L. BERGEL, *Théorie générale du droit*, *op. cit.*, p. 4, n° 3.

l'institution considérée »[216] et plus précisément, de répondre à l'idée d'*« une construction intellectuelle, méthodique et organisée, visant à ériger en synthèse cohérente la pensée relative à une matière déterminée »*[217]. Nous avons cherché à expliquer le droit positif en lui donnant un sens, une logique et des applications, à donner le fondement, éclairer le fonctionnement et résorber les dysfonctionnements de cette obligation. Autrement dit, nous étions en quête des éléments qui pourraient clarifier la situation de l'obligation de délivrance afin de lui rendre sa cohérence.

L'ambition de notre étude est de proposer une « grille de lecture » de l'obligation de délivrance, qui soit claire et synthétique, qui offre aux contractants une meilleure lisibilité et permet aux rédacteurs de baux commerciaux de se prémunir contre les risques attachés à l'obligation de délivrance, mais aussi d'informer et conseiller dûment leurs clients au sujet de cette obligation.

34. Méthode adoptée : le choix de l'objet de l'obligation. Il existe différentes manières d'étudier les obligations. Celles-ci peuvent être étudiées selon leur objet, leurs sources, leurs effets, leurs sanctions ou encore selon leur contenu. Ces diverses façons d'appréhender les obligations ne sont pas imperméables, mais peuvent se recouper et se servir d'explications mutuelles.

Notre choix s'est tourné vers une étude de l'obligation de délivrance sous l'angle de son objet. Ce choix est le résultat de l'observation des manifestations multiples et variées de l'obligation de délivrance. L'examen de l'obligation de délivrance fait apparaître une originalité, une singularité, des traits de caractère particuliers, qui se situent, en premier lieu, au niveau de son contenu que l'on peine à délimiter et aménager sans risque dans les contrats de baux commerciaux. Le reste des particularités de l'obligation de délivrance, notamment celles afférentes à ses effets et ses sanctions, ne font que découler de son contenu protéiforme. Or, l'étude du contenu d'une obligation se réalise traditionnellement par son objet. Partant, l'objet s'est imposé comme la méthode à suivre. C'est selon cette approche « objetiste » que la thèse propose une définition fonctionnelle de cette obligation de délivrance permettant d'en cerner le contenu.

35. L'objet stratifié de l'obligation : le révélateur. Les recherches menées à l'aune de l'objet de l'obligation de délivrance ont fait apparaître sa place prépondérante dans l'appréhension de cette dernière. L'objet se présente comme le point de ralliement de tous les questionnements intrinsèques à l'obligation de délivrance. Il serait à même d'apporter des réponses à ces multiples interrogations,

---

[216] E. SAVAUX, « La notion de théorie générale, son application en droit des contrats. Théorie générale du contrat et théorie générale des contrats spéciaux », *LPA* nov. 2012, n° 238, p. 4 ; V. aussi : P.-Y. GAUTIER, « Prolégomènes à une théorie générale des contrats spéciaux », *RDC* avr. 2006, n° 2, p. 610 ; J.-J. BARBIERI, « Pour une théorie spéciale des relations contractuelles », *RDC* avr. 2006, n° 2, p. 621 ; P. PUIG, « Pour un droit commun spécial des contrats », *in Le monde du droit. Ecrits rédigés en l'honneur de Jacques Foyer*, Economica, 2008, p. 825.

[217] V. en ce sens la préface de M. Martin dans la thèse de M. Duclos : J. DUCLOS, *L'opposabilité (essai d'une théorie générale)*, préf. D. MARTIN, L.G.D.J., 1984.

de les expliquer et les justifier. C'est donc lui qui pourrait clarifier la situation de l'obligation de délivrance afin de lui rendre sa cohérence.

Dans le but de comprendre où se situent les difficultés attachées à l'obligation de délivrance, il paraît évident d'étudier les multiples applications de cette obligation dont la jurisprudence a dû répondre. Ce n'est que l'étude de ses mises en pratique qui offrira une appréciation objective de celle-ci. Néanmoins, l'étude des applications de l'obligation de délivrance doit s'organiser. Elle ne peut se résoudre à une simple liste de solutions jurisprudentielles, mais doit plutôt faire ressortir les traits de caractère de cette obligation qui se dégagent de ces solutions. La double approche de l'objet de l'obligation va typiquement permettre de structurer ladite étude.

36. Une double approche de l'objet de l'obligation : de l'approche analytique à l'approche fonctionnelle. L'étude de l'objet de l'obligation repose sur la perception que l'on a du contrat et le contrat peut être perçu de diverses manières, à plus forte raison aujourd'hui, époque où l'évolution contemporaine du contrat en général, mais aussi des contrats spéciaux, est clamée par bon nombre d'auteurs. L'étude de l'objet de l'obligation peut être analytique, lorsqu'elle repose sur la conception classique du contrat, qui est une conception abstraite héritée du droit romain, selon laquelle le contrat est *« vu de l'intérieur, en la personne même des contractants »*, comme un *« choc de volontés librement exprimées, comme un compromis entre des intérêts antagonistes, âprement défendus »*[218], c'est-à-dire plus précisément comme un rapport d'obligations[219]. Il en résulte que l'obligation créée par le contrat est un lien de droit par lequel une personne est tenue envers une autre d'une prestation, d'un fait ou d'une abstention[220]. L'obligation est regardée exclusivement du côté du débiteur et son objet est essentiellement descriptif. Si cette approche descriptive est nécessaire en ce qu'elle permet de démêler certains aspects de l'obligation de délivrance, elle n'est toutefois pas suffisante.

C'est alors que l'approche fonctionnelle prend le relais. L'analyse fonctionnelle de l'objet de l'obligation ressort de la conception finaliste du contrat qui adopte une vision économique et globale du contrat et non plus seulement analytique ou statique, c'est-à-dire comme l'opération juridique globale voulue par les parties[221].

---

[218] J. MESTRE, « L'évolution du contrat en droir privé français », *in L'évolution contemporaine du droit des contrats*, Journées René Savatier, PUF, 1986, p. 45 ; V. aussi dans le même sens : C. LARROUMET et S. BROS, *Traité de droit civil*, t. 3, *Les obligations. Le contrat*, 8e éd., Economica, 2016, p. 76, n° 93.

[219] M. FABRE-MAGNAN, *Droit des obligations, 1 - Contrat et engagement unilatéral*, *op. cit.*, p. 197, n° 226.

[220] *Ibid.*, *loc. cit.* ; M. FABRE-MAGNAN, *Les obligations*, *op. cit.*, pp. 143-144 ; E. GAUDEMET, J. GAUDEMET et H. DESBOIS, *Théorie générale des obligations*, *op. cit.*, pp. 9 et 12 ; C. LARROUMET et S. BROS, *Traité de droit civil*, t. 3, *Les obligations. Le contrat*, 9e éd., *op. cit.*, p. 18, n° 22 ; P. MALAURIE, L. AYNÈS et P. STOFFEL-MUNCK, *Droit des obligations*, 11e éd., L.G.D.J., coll. Droit civil, 2020, p. 15, n° 1 ; P. MALINVAUD, D. FENOUILLET et M. MEKKI, *Droit des obligations*, *op. cit.*, pp. 3-4, n° 7.

[221] V. d'abord : A. BÉNABENT, *Droit civil. Les obligations*, 12e éd., Montchrestien, coll. précis Domat, sous coll. Doit privé, 2010, p. 121, n° 156 : l'objet de l'opération contractuelle doit s'envisager *« dans son ensemble, dans son économie générale »* ; F. TERRÉ et P. SIMLER et Y. LEQUETTE, *Droit civil. Les obligations*, 11e éd., Dalloz, coll. Précis, 2013, p. 300, n° 265 : *« l'expression objet du contrat, employée à contre temps par les rédacteurs du Code civil, […] permet en effet de désigner l'opération juridique réalisée par les parties, en la considérant non plus dans ses éléments, mais dans son tout »* ; V. ensuite : A. ETIENNEY, *La durée de la prestation, Essai sur le*

Il en découle que l'obligation se conçoit comme une technique de réalisation d'un résultat économique et vise alors à réaliser la finalité poursuivie par le contrat[222]. C'est précisément cette approche qui a vocation à clarifier les aspects les plus obscurs et ardus de l'obligation de délivrance. La recherche de la fonction assignée à cette obligation permet d'y apporter un éclairage nouveau[223]. La pertinence de l'analyse fonctionnelle a été démontrée pour étudier d'autres notions juridiques[224].

La circonscription de la notion d'obligation de délivrance rend alors possible l'étude de son régime.

37. De la notion au régime. Le régime juridique se définit en théorie générale du droit comme un *« système de règles, considéré comme un tout, soit en tant qu'il regroupe l'ensemble des règles relatives à une matière, soit en raison de la finalité à laquelle sont ordonnées les règles »*[225]. L'étude de la notion étant indispensable pour prétendre à une quelconque mise en ordre du régime de l'obligation de délivrance, ce n'est que la première étape passée qu'une prévision du régime peut s'envisager. En effet, la prévision d'un régime cohérent de l'obligation de délivrance se fait en fonction de ses caractéristiques notionnelles. Il s'agit là d'appliquer la méthodologie juridique de M. Bergel, selon laquelle la nature détermine le régime[226] et inversement[227]. Autrement dit, c'est la caractérisation de la notion d'obligation de délivrance, sa conceptualisation, qui permet de prévoir son régime.

V - Structure de l'étude

38. Annonce du plan. L'appréhension de l'obligation de délivrance, et par là même l'esquisse d'une théorie de cette obligation, suppose de cerner ce qu'est véritablement cette obligation et comment elle doit s'exécuter pour ne pas faire courir de risques aux contractants et aux rédacteurs de baux commerciaux. L'édification de cette théorie s'organise en deux temps, autour d'une idée maîtresse qu'est la maîtrise[228] de l'obligation de délivrance dans les baux commerciaux.

Le premier volet, d'ordre notionnel, sera l'occasion de circonscrire l'obligation de délivrance (Partie 1). Cette première étape s'attachera à convaincre qu'il existe,

---

temps dans l'obligation, préf. T. REVET, L.G.D.J., 2008, pp. 111-113, n° 161 ; A.-S. LUCAS-PUGET, *Essai sur la notion d'objet du contrat*, préf. M. FABRE-MAGNAN, L.G.D.J., 2005, p. 90-91, n° 149 et s.

222 A.-S. LUCAS-PUGET, *Essai sur la notion d'objet du contrat*, *op. cit.*, pp. 184-186, n° 339-342.

223 V. sur le sens de notre démarche, la méthode utilisée par Aristote pour étudier les animaux : ARISTOTE, *Les parties des animaux*, trad. P. LOUIS, Les Belles lettres, Paris, 1990, pp. XII-XV.

224 M.-O. BARBAUD, *La notion de contrat unilatéral : analyse fonctionnelle*, préf. B. TEYSSIÉ, L.G.D.J., 2014.

225 G. CORNU (dir.) *et alii*, *Vocabulaire juridique*, *op. cit.*, p. 879.

226 J.-L. BERGEL, « Différence de nature égale différence de régime », *RTD civ.* janv.-mars 1984, n° 1, p. 255 ; J.-L. BERGEL, *Méthodologie juridique Fondamentale et appliquée*, 3e éd., PUF, coll. Thémis, 2018, pp. 128-129, n° 69 ; J.-L. BERGEL, *Théorie générale du droit*, *op. cit.*, pp. 225-226, n° 169.

227 F. ROUVIÈRE, « Le revers du principe, Différence de nature (égale) différence de régime », *in* J. CHÉROT *et alii*, *Le Droit entre autonomie et ouverture. Mélanges en l'honneur de Jean-Louis Bergel*, Bruylant, 2013, p. 415.

228 Ce terme doit s'entendre comme le fait de dominer techniquement, intellectuellement et scientifiquement. V. en ce sens : A. REY, *Le grand Robert de la langue française*, t. 4, 2e éd., Dictionnaires Le Robert - Vuef, 2001, pp. 1064-1065.

contrairement aux apparences premières de désordre indissoluble, une manière d'appréhender de façon unitaire l'obligation de délivrance et ainsi de révéler l'unicité de cette notion. Il s'agira de tracer les contours de cette obligation à géométrie variable et, par là même, de faire apparaître des éléments de définition. À ce titre, un état des lieux précis devra être dressé en contemplation des textes fondateurs de cette obligation, des solutions jurisprudentielles rendues à son égard et des interprétations doctrinales qu'elle a suscitées. À l'aune des diverses réformes qui sont intervenues, cet état des lieux est d'autant plus nécessaire et justifié. La limite entre l'impératif et le supplétif devra se dessiner. L'existence et la place d'une marge de liberté contractuelle devront être délimitées.

Le second volet, de l'ordre du fonctionnement ou du régime, suscitera une réflexion sur la façon dont peut être mise en œuvre l'obligation de délivrance, mais surtout dont elle doit être mise en œuvre pour éviter que son débiteur soit sanctionné (Partie 2). Cette seconde étape tentera de faire apparaître qu'il est possible, contrairement aux apparentes incohérences de mise en œuvre, de prévoir une exécution sécurisée de l'obligation de délivrance qui découle précisément de la définition établie préalablement et en conséquence de révéler la cohérence de son régime. Il est indispensable de déterminer les risques que cette obligation est susceptible de faire courir aux contractants et plus indirectement aux rédacteurs de baux commerciaux. Sans cela, il serait impossible de construire une quelconque méthode pérenne d'exécution. Tout l'intérêt est de savoir s'il est possible d'éradiquer complètement le risque attaché à l'obligation de délivrance ou simplement de l'atténuer et surtout grâce à quel(s) procédé(s). Cela exigera de se demander s'il faut agir uniquement sur l'obligation de délivrance ou bien sur d'autres éléments, soit de s'interroger sur l'efficience d'un traitement à la source et de traitements alternatifs. Les perspectives d'une exécution efficace de l'obligation de délivrance, notamment par une sécurisation de la rédaction des baux commerciaux, devront se tracer.

PARTIE 1 - L'UNICITÉ DE LA NOTION D'OBLIGATION DE DÉLIVRANCE

PARTIE 2 - LA COHÉRENCE DU RÉGIME DE L'OBLIGATION DE DÉLIVRANCE

PARTIE 1
L'UNICITÉ DE LA NOTION D'OBLIGATION DE DÉLIVRANCE

39. Circonscription de la notion d'obligation de délivrance selon deux approches. Cerner la notion d'obligation de délivrance demande *a minima* de dresser un portrait de cette obligation, de la profiler, de faire apparaître sa physionomie, de mettre l'accent sur ses caractéristiques et ses particularités. Cela n'est toutefois pas suffisant pour comprendre comment elle fonctionne. De prime abord, l'obligation de délivrance fait preuve d'une relative incohérence qu'il faudrait parvenir à dissiper. Il convient donc d'être à même non seulement d'expliquer, mais encore de justifier ses caractéristiques et ses particularités. L'apport d'un éclairage nouveau consiste donc à identifier clairement les particularités et les difficultés inhérentes à cette obligation pour en extraire une synthèse cohérente.

À l'image des deux approches qui divisent aujourd'hui la pensée scientifique - l'approche analytique et l'approche systémique[229] - la pensée juridique, et plus précisément celle qui s'intéresse au contrat et à l'obligation, peut elle aussi être abordée selon deux approches[230]. Pour bien comprendre, précisons que l'approche analytique est isolée, elle se concentre sur les éléments, s'appuie sur la précision des détails, modifie une variable à la fois et est efficace lorsque les interactions sont linéaires et faibles[231]. À côté d'elle, l'approche systémique relie les composants entre eux, se concentre sur les interactions entre les éléments, s'appuie sur la perception globale, modifie des groupes de variables simultanément et est efficace lorsque les interactions sont non linéaires et fortes[232]. De la même manière, le droit des obligations et des contrats peut s'étudier selon ces deux approches : l'approche analytique et l'approche systémique ou fonctionnelle.

La définition de la notion d'obligation de délivrance peut donc en premier lieu être recherchée selon une approche analytique, laquelle doit permettre de dresser un état des lieux fixant les vérités connues à propos d'elle, et de relater les points obscurs, les éléments difficiles à établir. Cette première étape se doit de décoder la signification de cette mystérieuse obligation en remontant jusqu'à ses origines, en comparant ses formes selon les contrats dans lesquels elle est susceptible d'exister et en examinant les rapports de ressemblance dans d'autres systèmes juridiques. Toutefois, une telle analyse n'épuise pas la question de la circonscription de cette notion. Aussi, est-il nécessaire en second lieu de la compléter par une approche systémique ou fonctionnelle pour expliquer les aspects obscurs et résoudre les difficultés relevées à l'étape précédente.

---

[229] J. DE ROSNAY, *Le macroscope. Vers une vision globale*, Editions du Seuil, 1975.
[230] V. en ce sens : J.-L. BERGEL, *Méthodologie juridique*, *op. cit.*, pp. 8 et s., n° 6 et s.
[231] J. DE ROSNAY, *Le macroscope. Vers une vision globale*, *op. cit.*, pp. 107 et s. ; V. aussi sur l'analyse fonctionnelle : A. AZARIAN et Y. POLLET, *Analyse fonctionnelle des systèmes*, Presses des Mines, coll. Les Cours, 2016.
[232] *Ibid.*, pp. 83 et s., spéc. pp. 107 et s.

Dans un premier temps, nous nous attacherons à faire apparaître l'unicité de la notion d'obligation de délivrance à l'aide de l'approche analytique (Titre 1). Dans un second temps, il nous faudra compléter notre réflexion par l'approche fonctionnelle pour mettre au jour la pleine unicité de cette notion (Titre 2).

TITRE 1 - L'UNICITÉ INSUFFISAMMENT RÉVÉLÉE PAR L'APPROCHE ANALYTIQUE DE LA NOTION D'OBLIGATION DE DÉLIVRANCE

40. Une approche fondée sur la conception classique du contrat de bail commercial. D'une manière générale, l'approche analytique de la notion d'obligation repose sur la conception classique du contrat[233]. Par transposition, l'approche analytique de la notion d'obligation de délivrance repose sur la conception classique du contrat de bail commercial.

En théorie générale des obligations, selon la conception classique, qui est une conception abstraite héritée du droit romain et que l'on retrouve dans d'autres pays qui ont adopté et conservé le Code Napoléon, tels que la Belgique, le Luxembourg ou Malte, ou qui s'en sont inspirés, tels que l'Autriche, l'Espagne ou l'Italie[234], le contrat est *« vu de l'intérieur, en la personne même des contractants »*, comme un *« choc de volontés librement exprimées, comme un compromis entre des intérêts antagonistes, âprement défendus »*[235]. Ainsi, est-il est perçu comme un rapport d'obligations, une somme d'obligations[236]. Autrement dit, cette perception analytique du contrat conduit à l'envisager comme un accord de volontés créateur d'obligations qui le porteraient entièrement[237]. En vertu de cette conception classique, le Code civil définit le contrat comme un accord de volontés entre deux ou plusieurs personnes destiné à créer, modifier, transmettre ou éteindre des obligations[238]. À cet égard, la réforme du droit des contrats et des obligations intervenue en février 2016 n'a pas renouvelé l'optique de l'article 1101 du Code civil, lequel disposait dans sa rédaction antérieure : *« Le contrat est une convention par laquelle une ou plusieurs personnes s'obligent*

---

[233] V. en ce sens : J. MESTRE, « L'évolution du contrat en droir privé français », art. cit. ; C. LARROUMET et S. BROS, *Traité de droit civil*, t. 3, *Les obligations. Le contrat*, 8e éd., *op. cit.*, p. 76, n° 93 ; M. FABRE-MAGNAN, *Droit des obligations, 1 - Contrat et engagement unilatéral*, *op. cit.*, p. 197, n° 226 ; M. FABRE-MAGNAN, *Les obligations*, *op. cit.*, pp. 143-144 ; E. GAUDEMET, J. GAUDEMET et H. DESBOIS, *Théorie générale des obligations*, *op. cit.*, pp. 9 et 12 ; C. LARROUMET et S. BROS, *Traité de droit civil*, t. 3, *Les obligations. Le contrat*, 9e éd., *op. cit.*, p. 18, n° 22 ; P. MALAURIE, L. AYNÈS et P. STOFFEL-MUNCK, *Droit des obligations*, *op. cit.*, p. 15, n° 1 ; P. MALINVAUD, D. FENOUILLET et M. MEKKI, *Droit des obligations*, *op. cit.*, pp. 3-4, n° 7.

[234] R. CABRILLAC, *Droit européen comparé des contrats*, 2e éd., L.G.D.J., coll. Systèmes, 2016, pp. 19-21, n° 16-19 ; C. JAUFFRET-SPINOSI, « Les grands systèmes contractuels européens », *in* R. CABRILLAC, D. MAZEAUD et A. PRÜM, *Le contrat en Europe aujourd'hui et demain*, Société de législation comparée, 2008, p. 9 ; Comp. avec les conceptions allemande et anglaise : R. CABRILLAC, *Droit européen comparé des contrats*, *op. cit.*, pp. 21-26, n° 20-26.

[235] J. MESTRE, « L'évolution du contrat en droir privé français », art. cit. ; V. aussi dans le même sens : C. LARROUMET et S. BROS, *Traité de droit civil*, t. 3, *Les obligations. Le contrat*, 8e éd., *op. cit.*, p. 76, n° 93.

[236] M. FABRE-MAGNAN, *Droit des obligations, 1 - Contrat et engagement unilatéral*, *op. cit.*, p. 197, n° 226.

[237] A.-S. LUCAS-PUGET, *Essai sur la notion d'objet du contrat*, *op. cit.*, pp. 1-2, n° 2-5.

[238] G. CHANTEPIE et M. LATINA, *La réforme du droit des obligations, Commentaire théorique et pratique dans l'ordre du Code civil*, Dalloz, 2016, pp. 70-77, n° 75-84 ; F. CHÉNEDÉ, *Le nouveau droit des obligations et des contrats, Consolidations - Innovations - Perspectives*, Dalloz, 2016, pp. 16-17, n° 21.11 ; M. FABRE-MAGNAN, *Droit des obligations, 1 - Contrat et engagement unilatéral*, *op. cit.*, pp. 185 et s., n° 200 et s. ; P. MALAURIE, L. AYNÈS et P. STOFFEL-MUNCK, *Droit des obligations*, *op. cit.*, p. 227 ; B. ATTIAS *et alii*, *Droit des contrats. Bilan de la réforme et loi de ratification*, Editions Législatives, 2018, p. 18.

envers une ou plusieurs autres, à donner, faire ou ne pas faire quelque chose. »[239]. Il demeure donc plus généralement un accord de volontés visant à produire des effets de droit liant les parties qui consistent en la création de normes juridiques[240].

Quant à l'obligation, la définition des *Institutes* a été reprise par la suite[241], si bien qu'elle sert encore de référence dans le droit français actuel[242]. En effet, au-delà du sens général selon lequel l'obligation se rapporte à un devoir, résultant en général de la loi[243], elle est définie, au sens technique, comme *« un lien de droit (vinculum juris) par lequel une ou plusieurs personnes, le ou les débiteurs, sont tenues d'une prestation (fait ou abstention) envers une ou plusieurs autres - le ou les créanciers - en vertu soit d'un contrat (obligation contractuelle), soit d'un quasi-contrat (obligation quasi contractuelle), soit d'un délit ou d'un quasi-délit (obligation délictuelle ou quasi délictuelle), soit de la loi »*[244]. Plus simplement, elle est un lien personnel[245]. C'est cette définition qui est majoritairement retenue[246]. Cette idée de lien a traversé les époques[247]. Si la manière d'envisager le contrat s'est aujourd'hui quelque peu diversifiée[248], en raison notamment de l'entrée en vigueur de la réforme du droit des contrats, l'acception de l'obligation comme un lien de droit reste néanmoins valable[249]. Il en résulte que l'obligation créée par le contrat est un lien de droit par lequel une personne est tenue envers une autre d'une prestation, d'un fait ou d'une abstention[250], obligatoire pour les parties dans les termes où il a été conclu et exécutoire de sorte que le créancier peut en poursuivre

---

239 V. pour cette définition : M. FABRE-MAGNAN, *Les obligations*, *op. cit.*, pp. 137-144 ; E. GAUDEMET, J. GAUDEMET et H. DESBOIS, *Théorie générale des obligations*, *op. cit.*, p. 21 ; J. GHESTIN, G. LOISEAU et Y.-M. SERINET, *La formation du contrat*, t. 1, *Le contrat - Le consentement*, 4e éd., L.G.D.J., 2013, pp. 31-35 ; R.-J. POTHIER, *Œuvres de Pothier, Traité des obligations*, t. 1, nouv. éd., M. Siffrein (Paris), 1824, pp. 80-81, n° 3.

240 J. GHESTIN, G. LOISEAU et Y.-M. SERINET, *Traité de droit civil. La formation du contrat*, t. 1, *Le contrat, le consentement*, *op. cit.*, pp. 47-84, n° 57-100 ; J. GHESTIN, « La notion de contrat », *D.* juin 1990, n° 23, p. 156 ; J. GHESTIN, « Le contrat en tant qu'échange économique », *Rev. éco. ind.* avr.-sept. 2000, n° 92, p. 81 ; V. aussi en ce sens : C. ATIAS, « Qu'est-ce qu'un contrat ? », *in* C. JAMIN (dir.) *et alii*, *Droit et économie des contrats*, L.G.D.J., 2008, p. 3.

241 V. en ce sens : R.-J. POTHIER, *Traité des obligations*, t. 1, préf. J.-L. HALPÉRIN, rééd. 1821, Dalloz, 2011, p. 2, n° 1.

242 R.-M. RAMPELBERG, « L'obligation romaine : perspective sur une évolution », art. cit.

243 G. CORNU (dir.) *et alii*, *Vocabulaire juridique*, *op. cit.*, p. 701 ; P. MALINVAUD, D. FENOUILLET et M. MEKKI, *Droit des obligations*, *op. cit.*, pp. 3-4, n° 7.

244 *Ibid.*, *loc. cit.* ; M. FABRE-MAGNAN, Les obligations, *op. cit.*, p. 1 ; M. FABRE-MAGNAN, *Droit des obligations, 1 - Contrat et engagement unilatéral*, *op. cit.*, p. 1, n° 1 ; C. LARROUMET et S. BROS, *Traité de droit civil*, t. 3, *Les obligations. Le contrat*, 9e éd., *op. cit.*, p. 18, n° 22.

245 E. GAUDEMET, H. DESBOIS et J. GAUDEMET, *Théorie générale des obligations*, *op. cit.*, p. 12.

246 P. MALINVAUD, D. FENOUILLET et M. MEKKI, *Droit des obligations*, *op. cit.*, pp. 3-4, n° 7.

247 V. sur la conservation de cette conception de l'obligation : M. PLANIOL, *Traité élémentaire de droit civil*, t. II, 9e éd., L.G.D.J., 1923, p. 55, n° 156 ; M. PLANIOL et G. RIPERT (collab.), *Traité élémentaire de droit civil*, t. I, 11e éd., L.G.D.J., 1928, p. 700, n° 2154.

248 C. civ., art. 1101 nouv.

249 C. LARROUMET et S. BROS, *Traité de droit civil*, t. 3, *Les obligations. Le contrat*, 9e éd., *op. cit.*, p. 18, n° 22.

250 M. FABRE-MAGNAN, *Les obligations*, *op. cit.*, pp. 143-144 ; M. FABRE-MAGNAN, *Droit des obligations, 1 - Contrat et engagement unilatéral*, *op. cit.*, p. 197, n° 226 ; E. GAUDEMET, J. GAUDEMET et H. DESBOIS, *Théorie générale des obligations*, *op. cit.*, pp. 9 et 12 ; C. LARROUMET et S. BROS, *Traité de droit civil*, t. 3, *Les obligations. Le contrat*, 9e éd., *op. cit.*, p. 18, n° 22 ; P. MALAURIE, L. AYNÈS et P. STOFFEL-MUNCK, *Droit des obligations*, *op. cit.*, p. 15, n° 1 ; P. MALINVAUD, D. FENOUILLET et M. MEKKI, *Droit des obligations*, *op. cit.*, pp. 3-4, n° 7.

l'exécution forcée[251]. Cette conception amène à envisager l'objet de l'obligation exclusivement du côté de son débiteur. Cet objet ne semble concerner que ce que doit le débiteur : *quid debetur*[252].

Pour préciser et affiner cette approche analytique de l'obligation, il est possible, au sein même de l'objet de l'obligation, d'appliquer une gradation, laquelle est apparue en France en 1838 sous la plume d'Aubry et Rau[253] et est aujourd'hui consacrée par le nouvel article 1163 du Code civil. Ainsi, il est depuis longtemps d'usage de distinguer l'objet de l'obligation qui correspond à la prestation due par le débiteur et l'objet de la prestation qui correspond au bien promis par ce même débiteur[254].

Spécifiquement appliquée au contrat de bail commercial, la conception classique implique de voir ce contrat comme un accord de volontés entre le bailleur et le preneur, visant à produire des effets de droit. Il en découle l'approche analytique de l'obligation de délivrance selon laquelle elle correspond au lien de droit par lequel le bailleur est tenu envers le preneur d'une prestation. Cette approche conduit à considérer les obligations du bail commercial, et spécifiquement l'obligation de délivrance, exclusivement du côté de leur débiteur, en l'occurrence du bailleur. L'objet de l'obligation de délivrance est donc ce que doit le bailleur.

En affinant encore cette approche analytique de l'obligation de délivrance, il est possible de distinguer l'objet de l'obligation de délivrance qui correspond à la prestation due par le bailleur et l'objet de cette prestation qui correspond au bien promis, la chose louée, par ce même bailleur.

L'approche analytique, qui tend à étudier l'obligation de délivrance de façon isolée, met en relief les diverses facettes de l'obligation de délivrance dans le bail commercial. Elle permet néanmoins d'une part, de rendre compte de la richesse du contenu de cette obligation (Chapitre 1) et d'autre part, de comparer ce contenu avec celui de notions voisines (Chapitre 2).

---

[251] M. FABRE-MAGNAN, *Les obligations*, *op. cit.*, pp. 143-144.
[252] F. TERRÉ et P. SIMLER et Y. LEQUETTE, *Droit civil. Les obligations*, *op. cit.*, p. 301, n° 266.
[253] V. en ce sens : M.-E. ANCEL, *La prestation caractéristique du contrat*, préf. L. AYNÈS, Economica, 2002, pp. 76 et s., n° 1065 et s. ; A.-S. LUCAS-PUGET, *Essai sur la notion d'objet du contrat*, *op. cit.*, p. 100, n° 162.
[254] J. GHESTIN, G. LOISEAU et Y.-M. SERINET, *Traité de droit civil. La formation du contrat*, t. 2, *L'objet et la cause - Les nullités*, 4e éd., L.G.D.J., 2013, pp. 34-45, n° 39-56 et pp. 55-208, n° 65 et s.

Chapitre 1 - La détermination du contenu de l'obligation de délivrance dans le bail commercial

41. Teneur de l'obligation de délivrance. Déterminer le contenu de l'obligation de délivrance revient à mesurer la teneur de cette obligation. Alors que l'obligation est, d'une manière générale, apparentée à une contrainte, il paraît indispensable d'identifier exactement ce qu'elle recouvre. Dans cet objectif, il faut se demander à quoi est obligé le bailleur commercial au titre de l'obligation de délivrance. Autrement dit, *quid debetur* ? Que doit le bailleur, débiteur de l'obligation de délivrance, à son preneur, le créancier ? Il est possible de trouver des réponses plus ou moins satisfaisantes dans les ouvrages ou manuels dédiés à l'étude de l'obligation de délivrance, mais la plupart d'entre eux traitent du contenu de cette obligation de façon énumérative, voire même « catalogue ». Or, une telle démarche offre tout au mieux aux juristes une vision exhaustive des diverses manifestations de cette obligation. Celle-ci est certes nécessaire, mais bien insuffisante, car elle ne permet pas d'appréhender ladite notion de façon synthétique et encore moins de justifier ces diverses manifestations. Cela étant l'objectif que nous nous sommes assigné dans le cadre de cette étude, nous ne pouvions adopter une méthode purement énumérative, car elle nous aurait conduits à emprunter les mêmes sentiers que nos prédécesseurs. Notre parti pris est celui d'une démonstration qui s'attèle à synthétiser ce contenu protéiforme selon une structure invariable plutôt qu'à répertorier ses manifestations. Malgré l'apparente géométrie variable de l'obligation de délivrance, la clarification que nous proposons vise à mettre en exergue ses éléments singuliers permettant de dégager une structure immuable. À cette fin, c'est l'approche analytique, dont l'objet de l'obligation est l'élément clé, qui sera éprouvée.

42. Évolution doctrinale de la notion d'objet de l'obligation : de la *praestatio* à la prestation objet de l'obligation. Selon une perception traditionnelle, *« l'objet certain qui forme la matière de l'engagement »* visé dans l'ancien article 1108 du Code civil était compris comme la somme des objets des obligations que le contrat faisait naître[255]. Cette assimilation entre l'objet du contrat et celui des obligations est constatée dans l'exégèse de Demolombe[256] ou encore chez Carbonnier[257]. Pourtant, la distinction entre les effets de l'obligation et ceux de la convention, c'est-à-dire l'idée selon laquelle les effets du contrat ne peuvent se

---

[255] *Ibid.*, p. 34, n° 41 ; A.-S. LUCAS-PUGET, *Essai sur la notion d'objet du contrat*, *op. cit.*, pp. 87-88, n° 143.

[256] C. DEMOLOMBE, *Cours de Code Napoléon. Traité des contrats ou des obligations conventionnelles en général*, t. 1, L. Auguste Durand et L. Hachette et Cie, 1868, p. 278, n° 300 : *« l'objet du contrat n'est autre chose que l'objet même de l'obligation qui en résulte. Le contrat, en effet, n'ayant d'autre but que de produire des obligations, a nécessairement lui-même pour objet ce qui fait la matière des obligations qui en dérivent ».*

[257] J. CARBONNIER, *Droit civil*, t. 4, *Les obligations*, 22e éd., PUF, coll. Thémis Droit privé, 2000, p. 117, n° 54 : *« il y est question indifféremment tantôt de l'objet du contrat (a. 1126-1128), tantôt de l'objet de l'obligation (a. 1129-1130). Rigoureusement, le contrat a pour objet les obligations qu'il fait naître, et chacune de ces obligations, à son tour, a un objet. ».*

réduire aux obligations qu'il fait naître, aurait été faite plus tôt par Kelsen[258]. Ce dernier estime que le contrat ne se résume pas seulement à l'application individuelle de règles générales, mais est lui-même créateur de règles[259]. Dans cette théorie, la notion d'objet de l'obligation devient autonome et cela justifie une gradation au sein même de l'objet de l'obligation[260]. Les analyses doctrinales ont précisément montré comment celle-ci est apparue et plus exactement comment la *praestatio* romaine est devenue peu à peu la prestation objet de l'obligation[261]. Initialement, l'objet de l'obligation correspondait, selon Pothier et selon l'ancien article 1126 du Code civil[262], à la chose proprement dite que le débiteur s'oblige à donner ou à un fait que le débiteur s'oblige à faire ou ne pas faire[263]. Ce n'est qu'au XIXe siècle, que l'idée d'une gradation de l'objet est née. Comme le fait remarquer Mme Lucas-Puget, il y avait pourtant en droit romain un concept de *praestatio* qui dérive du *praestare*[264] puisqu'en droit romain, le *« dare »* se dissociait du *« facere »* et du *« praestare »*, ces trois éléments constituant le triple objet des obligations[265]. C'est l'abandon de la procédure formelle de la *solutio*[266] qui aurait conduit à une évolution admettant que l'exécution de ce qui avait été promis, ce qui était dû, était libératoire sans condition, et concevant génériquement la *praestatio* comme un acte d'accomplissement[267]. Le *praestare* désignait alors l'action de *« fournir quelque chose en vertu d'une obligation »*[268].

---

258 J. GHESTIN, G. LOISEAU et Y.-M. SERINET, *Traité de droit civil. La formation du contrat*, t. 2, *L'objet et la cause - Les nullités*, *op. cit.*, p. 35, n° 42 ; J. GHESTIN, G. LOISEAU et Y.-M. SERINET, *Traité de droit civil. La formation du contrat*, t. 1, *Le contrat, le consentement*, *op. cit.*, p. 53, n° 66.

259 H. KELSEN, « La théorie juridique de la convention », *Arch. phil. dr. soc.* 1940, n° 1-4, Sirey, p. 33 ; R. ENCINAS DE MUNAGORRI, « Kelsen et la théorie générale du contrat », *in* C. M. HERRERA (dir.) *et alii*, *Actualité de Kelsen en France*, L.G.D.J., coll. La pensée juridique, 2001, p. 109.

260 J. GHESTIN, G. LOISEAU et Y.-M. SERINET, *Traité de droit civil. La formation du contrat*, t. 2, *L'objet et la cause - Les nullités*, *op. cit.*, p. 37, n° 42.

261 *Ibid.*, pp. 37-39, n° 45 ; M.-E. ANCEL, *La prestation caractéristique du contrat*, *op. cit.*, pp. 73 et s., n° 100 et s. ; A.-S. LUCAS-PUGET, *Essai sur la notion d'objet du contrat*, *op. cit.*, pp. 98-101, n° 158-162.

262 Selon cet article, tout contrat avait pour objet une chose qu'une partie s'oblige à donner ou qu'une partie s'oblige à faire ou à ne pas faire.

263 R.-J. POTHIER, *Œuvres de Pothier, Traité des obligations*, t. 1, *op. cit.*, p. 164, n° 130.

264 A.-S. LUCAS-PUGET, *Essai sur la notion d'objet du contrat*, *op. cit.*, pp. 50 et s., n° 69 et s., p. 99, n° 159-160.

265 P. VAN WETTER, *Les obligations en droit romain*, t. 1, A. Hoste (Gand) et A. Durand et Pedone-Lauriel (Paris), 1883, p. 3 ; P.-F. GIRARD, *Manuel élémentaire de droit romain*, 5e éd., Arthur Rousseau (Paris), 1911, p. 443.

266 Le terme *solutio* dans son acception la plus large désigne la rupture du lien qui constituait l'obligation et par suite la libération des personnes dont l'engagement a cessé par un moyen quelconque. Dans un sens moins étendu, le vocable exprime la libération obtenue par l'accomplissement même de l'obligation. Dans un sens encore plus restreint, le mot correspond à l'accomplissement de l'obligation. V. pour ces définitions : F. MACKELDEY, *Manuel de droit romain contenant la théorie des institues, précédé d'une introduction à l'étude du droit romain*, trad. J. BEVING, 3e éd., Société typographique Belge, Ad. Wahlen et Cie, 1846, p. 246 ; J.-M. BOILEUX, *Commentaire sur le Code civil*, t. 2, 5e éd., Joubert, 1843, p. 585.

267 M.-E. ANCEL, La prestation caractéristique du contrat, *op. cit.*, pp. 73 et s., n° 100 et s. ; J. GHESTIN, G. LOISEAU et Y.-M. SERINET, *Traité de droit civil, La formation du contrat*, t. 2, *L'objet et la cause - Les nullités*, *op. cit.*, pp. 37-38, n° 45 ; A.-S. LUCAS-PUGET, *Essai sur la notion d'objet du contrat*, *op. cit.*, p. 99, n° 160.

268 M.-E. ANCEL, *La prestation caractéristique du contrat*, *op. cit.*, p. 74, n° 101.

Toutefois, pour reconnaître pleinement la prestation comme l'objet de l'obligation, il faudra attendre une seconde évolution, car à ce stade, la prestation reste acte d'accomplissement de la *solutio*[269]. Ce n'est qu'en 1838, qu'une autre évolution intervient pour percevoir la prestation, acte d'accomplissement, comme l'objet de l'obligation[270]. Les prémisses de cette gradation de l'objet de l'obligation seraient issues des travaux de Zachariae[271], adaptés en droit français par Aubry et Rau[272] qui énoncèrent que *« tout contrat exige un objet, c'est-à-dire une prestation à laquelle l'une des parties s'engage envers l'autre »*, étant précisé que cette prestation *« peut consister dans la livraison d'une chose, ou dans l'accomplissement de tout autre fait positif ou négatif »*[273]. En d'autres termes, *« le débiteur s'engage à un accomplissement, et cet accomplissement, la prestation, est l'objet de son obligation »*[274]. L'objet de l'obligation, lequel est assimilé à l'objet du contrat, est donc ce à quoi s'oblige le débiteur, *« ce que le débiteur a promis »*, *« ce qu'il doit »*, autrement dit la prestation promise[275]. Ainsi, ces auteurs ne distinguaient-ils pas l'objet du contrat de celui de l'obligation, pour considérer que l'obligation a pour objet une prestation de donner, faire ou ne pas faire quelque chose.

Si l'objet du lien de droit est une prestation, il ne peut s'agir de n'importe qu'elle prestation. Alors que l'ancien article 1129 du Code civil exigeait que *« l'obligation ait pour objet une chose au moins déterminée quant à son espèce »*, étant précisé que *« la quotité de la chose peut être incertaine, pourvu qu'elle puisse être déterminée »*, et que l'ancien article 1130 permettait que la chose soit future, le nouvel article 1163 du Code civil précise désormais que c'est la prestation qui peut être présente ou future et doit être possible et déterminée ou déterminable. Ces articles, bien qu'ayant une formulation qui diffère légèrement, concourent en une même idée, car dans la mesure où l'objet de l'obligation réside dans une prestation ayant elle-même une chose pour objet, c'est en réalité de la chose que vont dépendre les caractères de la prestation (présente ou future, possible, déterminée ou déterminable)[276].

43. Apparition de l'objet de la prestation : la chose à fournir ou le fait à accomplir, objet médiat ou matériel de la prestation promise. Dans la suite

---

[269] J. GHESTIN, G. LOISEAU et Y.-M. SERINET, *Traité de droit civil. La formation du contrat*, t. 2, *L'objet et la cause - Les nullités*, *op. cit.*, p. 38, n° 45 ; A.-S. LUCAS-PUGET, *Essai sur la notion d'objet du contrat*, *op. cit.*, p. 100, n° 161.

[270] A.-S. LUCAS-PUGET, *Essai sur la notion d'objet du contrat*, *op. cit.*, p. 100, n° 162.

[271] K. S. ZACHARIAE, *Handbuch des Französischen Civilrechts*, Heidelberg, 1827.

[272] J. GHESTIN, G. LOISEAU et Y.-M. SERINET, *Traité de droit civil. La formation du contrat*, t. 2, *L'objet et la cause - Les nullités*, *op. cit.*, pp. 38, n° 45 ; A.-S. LUCAS-PUGET, *Essai sur la notion d'objet du contrat*, *op. cit.*, p. 100, n° 162.

[273] C. AUBRY et C. RAU, *Cours de droit civil français d'après la méthode de Zachariae*, t. 4, *Obligations*, par BARTIN, 6e éd., Paris Librairie Marchal et Billard, 1935, p. 456, § 344.

[274] A.-S. LUCAS-PUGET, *Essai sur la notion d'objet du contrat*, *op. cit.*, p. 100, n° 162.

[275] *Ibid.*, p. 130, n° 236.

[276] N. DISSAUX et C. JAMIN, *Réforme du droit des contrats, du régime général et de la preuve des obligations (Ordonnance n° 2016-131 du 10 février 2016), Commentaire des articles 1100 à 1386-1 du Code civil*, *op. cit.*, p. 58 ; M. FABRE-MAGNAN, *Droit des obligations, 1 - Contrat et engagement unilatéral*, *op. cit.*, pp. 465 et s., n° 601 et s. ; J. GHESTIN, G. LOISEAU et Y.-M. SERINET, *Traité de droit civil. La formation du contrat*, t. 2, *L'objet et la cause - Les nullités*, *op. cit.*, pp. 55-56, n° 65-67 et p. 75, n° 91.

de la gradation de l'objet de l'obligation apparaît l'objet de la prestation qui n'est autre que la chose ou le fait promis. Si la considération de l'objet de la prestation s'observe chez Demogue qui affirmait que *« de la prestation, c'est-à-dire du contenu de l'obligation, il faut distinguer l'objet médiat, c'est-à-dire son objet matériel »*[277], ce sont Marty et Raynaud qui auraient contribué à l'adoption de cette gradation en France[278]. Cette conception est retenue par plusieurs auteurs et se retrouve notamment chez M. Ghestin ou Mme Fabre-Magnan qui font le départ entre l'objet de l'obligation et l'objet de la prestation[279]. Cette dichotomie provient d'une interprétation des articles 1126[280] et 1128[281] anciens du Code civil qui ont conduit les auteurs à s'interroger sur le sens à donner au vocable « chose », terme que ces articles visaient expressément et auquel il convenait donc de réserver une place[282]. Pour certains, le terme « chose » doit recevoir une acception générale, du moins dans son utilisation par l'article 1126 du Code civil, et doit être perçu à la fois comme un bien qu'il faut donner et un fait qu'il faut accomplir ou dont il faut s'abstenir[283]. À titre d'exemple, M. Ghestin évoque l'obligation du vendeur en indiquant que son objet est la délivrance de la chose vendue et que l'objet de cette prestation peut alors désigner la chose vendue en elle-même[284]. Il précise ensuite à l'appui de l'article 1127 ancien du Code civil, disposant que *« le simple usage, ou la simple possession d'une chose peut être, comme la chose même, l'objet du contrat »*, que l'objet de la prestation peut être une chose matérielle ou immatérielle (droit ou créance)[285]. Ainsi, l'objet de l'obligation est *« ce que doit le débiteur, c'est-à-dire la prestation promise qui se réduit à donner, faire ou ne pas faire, et que cette prestation a elle-même un objet qui peut être un bien ou un service »*[286]. Cela aboutit à un rattachement de la chose au donner et du fait au faire[287].

Pour Mme Lucas-Puget, l'objet de la prestation - la chose à fournir ou le fait à accomplir - correspond uniquement à un résultat, en l'occurrence le résultat promis par le débiteur, ce qu'il doit, et non aux moyens de le réaliser, c'est-à-dire qu'il

---

[277] R. DEMOGUE, *Traité des obligations en général. Effets des obligations*, t. VII, Rousseau et Cie, 1933, p. 75, n° 57.

[278] V. en ce sens : J. GHESTIN, G. LOISEAU et Y.-M. SERINET, *Traité de droit civil. La formation du contrat*, t. 2, *L'objet et la cause - Les nullités*, *op. cit.*, pp. 38-39, n° 45 ; A.-S. LUCAS-PUGET, *Essai sur la notion d'objet du contrat*, *op. cit.*, p. 101, n° 163 ; V. spéc. pour les travaux de ces auteurs : G. MARTY et P. RAYNAUD, *Droit civil. Les obligations*, t. 1, *Les sources*, 2e éd., Sirey (Paris), 1988, p. 171, n° 171.

[279] M. FABRE-MAGNAN, *Droit des obligations, 1 - Contrat et engagement unilatéral*, *op. cit.*, pp. 463-464, n° 594-598 ; J. GHESTIN, G. LOISEAU et Y.-M. SERINET, *Traité de droit civil. La formation du contrat*, t. 2, *L'objet et la cause - Les nullités*, *op. cit.*, pp. 55-208, n° 65-267.

[280] Cet article indiquait : *« Tout contrat a pour objet une chose qu'une partie s'oblige à donner, ou qu'une partie s'oblige à faire ou à ne pas faire. »*.

[281] Cet article disposait : *« Il n'y a que les choses qui sont dans le commerce qui puissent être l'objet des conventions. »*.

[282] J. GHESTIN, G. LOISEAU et Y.-M. SERINET, *Traité de droit civil. La formation du contrat*, t. 2, *L'objet et la cause - Les nullités*, *op. cit.*, p. 39, n° 46 ; A.-S. LUCAS-PUGET, *Essai sur la notion d'objet du contrat*, *op. cit.*, p. 101, n° 163.

[283] C. DEMOLOMBE, *Cours de Code Napoléon. Traité des contrats ou des obligations conventionnelles en général*, t. 1, *op. cit.*, p. 280 ; T. HUC, Commentaire théorique et pratique du Code civil, t. 7, F. Pichon (Paris), 1894, p. 94, n° 64.

[284] J. GHESTIN, G. LOISEAU et Y.-M. SERINET, *Traité de droit civil. La formation du contrat*, t. 2, *L'objet et la cause - Les nullités*, *op. cit.*, p. 39, n° 46.

[285] *Ibid.*, pp. 39-40, n° 46.

[286] A.-S. LUCAS-PUGET, *Essai sur la notion d'objet du contrat*, *op. cit.*, p. 103, n° 166.

[287] *Ibid.*, p. 104, n° 169-170.

n'englobe pas ce que le débiteur doit faire pour accomplir sa promesse[288]. La définition contractuelle de l'objet, quant à elle, porte à la fois sur le résultat et sur les moyens à mettre en œuvre pour l'obtenir, car l'obligation impose toujours un accomplissement du débiteur[289]. Justement, l'autre idée de Mme Lucas-Puget est que l'objet de la prestation n'est pas seulement une chose à donner ou un fait à accomplir, mais s'entend en réalité de tout ce sur quoi porte la prestation[290].

44. Détermination des objets de l'obligation de délivrance. Afin d'appréhender la notion d'obligation de délivrance, notre démonstration s'astreindra à déterminer son objet et donc à circonscrire les prestations qu'il comporte. Selon nous, l'obligation de délivrance est en effet le lien de droit par lequel le bailleur est tenu non pas d'une prestation, mais de prestations envers le locataire en vertu du contrat de bail commercial. Le Code de commerce ne définissant pas les obligations des parties quant à l'exécution du bail commercial, celui-ci est soumis au droit commun. À ce titre, l'obligation de délivrance du bailleur commercial est une pure création du Code civil. Elle demeure soumise aux articles 1719, 1° et 1720 alinéa 1er qui disposent que d'après la nature du contrat, le bailleur est obligé, sans nul besoin d'une stipulation particulière, de délivrer au preneur la chose louée en bon état de réparations de toute espèce. Si ces textes constituent les fondements de la délivrance, il reste qu'ils ne la définissent pas et laissent place à une large interprétation.

La conception analytique de l'obligation de délivrance, complétée par une gradation de la notion d'objet, permet d'examiner l'objet des prestations qui est en fait la chose promise (Section 1) et l'objet de l'obligation qui consiste en réalité en plusieurs prestations (Section 2). Il paraît judicieux de les envisager dans cet ordre, le résultat à atteindre déterminant les moyens jugés indispensables à son obtention[291].

---

288 *Ibid.*, p. 101, n° 163.

289 *Ibid.*, p. 130, n° 236 ; J. GHESTIN, G. LOISEAU et Y.-M. SERINET, *Traité de droit civil. La formation du contrat*, t. 2, *L'objet et la cause - Les nullités*, *op. cit.*, p. 40, n° 49.

290 J. GHESTIN, G. LOISEAU et Y.-M. SERINET, *Traité de droit civil. La formation du contrat*, t. 2, *L'objet et la cause - Les nullités*, *op. cit.*, p. 40-41, n° 50 ; A.-S. LUCAS-PUGET, *Essai sur la notion d'objet du contrat*, *op. cit.*, p. 104, n° 169-171 et pp. 107-110, n° 182-186.

291 J. GHESTIN, G. LOISEAU et Y.-M. SERINET, *Traité de droit civil. La formation du contrat*, t. 2, *L'objet et la cause - Les nullités*, *op. cit.*, p. 40, n° 49.

Section 1 - L'objet des prestations : la chose à délivrer

45. Objet des prestations : la chose promise. L'objet de l'obligation de délivrance dans le bail commercial correspond aux prestations nécessaires pour que la chose puisse être délivrée, et de surcroît qu'elle soit délivrée dans un certain état. L'objet desdites prestations dues par le bailleur correspond à la chose promise[292], c'est-à-dire la chose ou le bien[293] loués en bon état de réparations de toute espèce. La chose promise peut être spécifiquement un local commercial seul ou un local commercial accompagné d'un logement d'habitation soumis pour le tout au statut des baux commerciaux ou encore un bien immobilier soumis volontairement au statut des baux commerciaux. Le bien loué peut être défini matériellement : nature du bien loué (emplacement géographique, superficie ou encore équipements) ou bien matériellement et fonctionnellement : usage du bien de façon générale (commerce, habitation ou plus précisément : tel type de commerce, telle profession).

Depuis son insertion dans le Code civil, l'article 1719, 1° a connu plusieurs modifications rédactionnelles dues à l'adoption de nouvelles lois, mais aucune d'entre elles n'apporte d'éléments de définition de l'obligation de délivrance. La loi du 13 avril 1946[294] sur le statut du fermage et du métayage, portant modification d'un certain nombre de textes, est venue ajouter à l'article 1719 l'obligation, concernant exclusivement les baux ruraux[295], d'assurer *« la permanence de la qualité des plantations »*. La loi du 25 mars 2009[296] relative à la mobilisation pour le logement et la lutte contre l'exclusion, dite loi MOLLE, que nous évoquerons dans un développement futur[297], a également apporté des précisions. Au-delà de ces législations, on compte deux modifications législatives marquantes pour notre étude. La première fut introduite par la loi du 17 mars 1804[298] relative au contrat de louage. La seconde fut la loi du 13 décembre 2000[299] relative à la solidarité et au renouvellement urbains, dite loi SRU. Pour le législateur du Code civil, il était indispensable de réunir dans un même cadre et dans un ordre méthodique, les principes relatifs au contrat de louage de choses, le but global du Titre VIII du Code civil étant de protéger la propriété et favoriser le développement de l'industrie[300]. Pour ce faire, ses rédacteurs ont tâché de déterminer ce qui pouvait

---

[292] V. ZALEWSKI, « Délivrer ou non », *AJDI* janv. 2012, n° 1, p. 32 : cet auteur considère, contrairement à nous, que l'objet de l'obligation de délivrance correspond seulement à l'engagement pris par le bailleur de mettre le bien loué à la disposition du preneur et que l'objet de la prestation issue de cette obligation, soit l'objet de la mise à disposition, est un bien immobilier.

[293] Si une distinction peut être faire entre la chose et le bien, nous utiliserons ces deux termes de façon synonyme. V. sur cette distinction : W. DROSS, *Droit civil, Les choses*, L.G.D.J., 2012, p. 1, n° 1.

[294] *L.* n° 46-682, 13 avr. 1946, Bailleur, preneur, arbitrage des conflits.

[295] V. en ce sens : J. DE RICHEMONT, *Les modifications du droit en matière de baux ruraux : commentaire juridique de la loi du 13 avril 1946*, Fédération nationale de la propriété agricole (Paris), 1947.

[296] *L.* n° 2009-323, 25 mars 2009, Loi de mobilisation pour le logement et la lutte contre l'exclusion.

[297] V. *infra* n° 609.

[298] *L.* n° 1804-03-07, 17 mars 1804, Loi sur le contrat de louage.

[299] *L.* n° 2000-1208, 13 déc. 2000, Loi relative à la solidarité et au renouvellement urbains.

[300] P.-A. FENET, *Recueil complet des travaux préparatoires du Code civil*, t. 14, Videcoq (Paris), 1836, pp. 321 et 358.

faire la matière d'un bail, comment il pouvait être constaté, sa durée, les obligations du bailleur et du preneur, mais également la cessation du bail et sa reconduction, ainsi que les règles particulières à certains baux[301]. C'est ainsi que l'article 1719, 1° fut initialement rédigé : *« Le bailleur est obligé, par la nature du contrat, et sans qu'il soit besoin d'aucune stipulation particulière : 1°) de délivrer au preneur la chose louée ; »*.

L'obligation de délivrance trouve également sa source dans l'article 1720 alinéa 1er du Code civil. Comme l'article 1719, l'article 1720, dans sa version originale, celle créée par la loi du 17 mars 1804, a été placée dans le *« Livre III : Des différentes manières dont on acquiert la propriété »*, au *« Titre VIII : Du contrat de louage »*, au *« Chapitre I : Du louage des choses »*, et n'en a pas bougé depuis. Sa numérotation, tout comme sa rédaction, n'a pas subi de modification depuis cette date. Là encore, aucun élément de définition n'est apporté, mais des précisions quant à la chose à délivrer sont données.

Face à ce vide, les travaux préparatoires du Code civil révèlent que l'obligation de délivrance doit être perçue comme la mise à disposition du bien loué au preneur à la date convenue[302]. Elle correspond au dessaisissement de la chose, peu importe ses caractéristiques matérielles physiques, pourvu que la chose existe au moment de la prise d'effet du bail[303] et qu'elle soit susceptible d'un bail commercial[304]. Autrement dit, la chose objet de la prestation de mise à disposition est la chose louée et plus précisément une chose identifiée. Toutefois, cela est insuffisant à épuiser la notion d'obligation de délivrance, puisque l'article 1719, 1° du Code civil vise « la chose louée » et l'article 1720 alinéa 1er du même code ajoute que la chose doit être délivrée dans un bon état de réparations de toute espèce. Cela implique donc que la chose se trouve dans un état spécifique. Cette exigence de bon état de la chose dévoile le second aspect de l'obligation de délivrance et constitue l'objet de la seconde prestation objet de l'obligation de délivrance qui n'est autre que la mise en état.

Partant, seront étudiées successivement l'identification de la chose louée (§ 1) et la conformité de cette chose (§ 2).

---

[301] *Ibid.*, pp. 320-348.

[302] V. ZALEWSKI, « Délivrer ou non », art. cit. ; M.-P. DUMONT-LEFRAND *et alii*, « L'obligation de délivrance en matière de bail commercial », *in* J. MONÉGER (dir.) *et alii*, *États généraux des baux commerciaux*, LexisNexis, 2014, p. 35 ; Cass. 3e civ., 19 mai 2004, n° 03-12.541, Bull. civ. III, n° 99, JurisData n° 2004-023636 ; *JCP G* juill. 2004, n° 28, pan. 2408, p. 1292 ; *JCP G* avr. 2005, n° 15-16, chron. 132, p. 727, obs. G. VINEY ; *AJDI* nov. 2004, n° 11, p. 803, obs. Y. ROUQUET.

[303] R.-J. POTHIER, *Traité du contrat de louage, selon les règles tant du for de la conscience que du for extérieur*, *op. cit.*, p. 7-9, n° 6 et s. ; R.-T. TROPLONG, *Droit civil expliqué. De l'échange et du louage. Commentaires des Titres VII et VIII du Livre III du Code civil*, t. 1, C. Hingray (Paris), 1852, pp. 228-229, n° 95 ; Sur la chose future : C. AUBERT DE VINCELLES et C. NOBLOT, Bail, *op. cit.*, n° 25 ; J.-L. TIXIER, « 10 questions sur… Le bail commercial en l'état futur d'achèvement », Opérations immobilières avr. 2013, n° 54, p. 26.

[304] R.-J. POTHIER, *Traité du contrat de louage, selon les règles tant du for de la conscience que du for extérieur*, *op. cit.*, pp. 7-8, n° 6-7 ; M.-P. DUMONT-LEFRAND, *Bail commercial*, *op. cit.*, n° 39 et s. ; V. sur l'interdiction de conclure un bail sur un bien appartenant au domaine public d'une personne publique : M.-P. DUMONT-LEFRAND, *Bail commercial*, *op. cit.*, n° 92.

§ 1 - Une chose identifiée

46. Choses présente et future. Le Code civil autorise que la prestation objet de l'obligation soit présente ou future. Cela implique que l'objet de la prestation, soit la chose, puisse être elle-même présente ou future, si bien que l'obligation de délivrance pourra porter sur une chose présente ou future.

Or, la délivrance de la chose future, qui n'existe pas encore, affiche quelques particularités (B) par rapport à la chose présente (A).

A - La chose présente : cas classique

47. Interprétation de la notion de local commercial. Si la chose objet de la prestation du bailleur commercial s'entend traditionnellement d'un local commercial correspondant à une chose immobilière[305], celui-ci s'est modernisé avec le développement des centres commerciaux et galeries marchandes[306]. Aussi, une interprétation encore plus contemporaine et surtout récente, provenant de la qualification de la « Cession de site Internet - acte réitératif » de cession de fonds de commerce[307], pourrait propulser le local virtuel au rang d'objet de la prestation du bailleur.

Ainsi, le local commercial, en tant qu'objet de la prestation du bailleur, sera abordé dans son sens traditionnel (1), puis sous son sens contemporain (2).

1 - Le local commercial au sens traditionnel

48. Nature variable du local. Le bail commercial bénéficiant d'un statut spécial, les locaux sur lesquels ce contrat peut porter sont encadrés par ce statut[308]. Ce faisant, l'objet des prestations du bailleur commercial va lui aussi suivre cet encadrement. La chose à délivrer peut donc être un local commercial tel qu'on l'entend classiquement ou bien un local commercial par extension.

En vertu de l'article L. 145-1 du Code de commerce, l'objet du bail commercial et des prestations du bailleur commercial peut être un immeuble ou un local dans lesquels un fonds est exploité.

Aux termes de l'article L. 145-1, I, 1° du Code de commerce, la chose à délivrer peut être un local ou un immeuble *« accessoires à l'exploitation d'un fonds de commerce*

---

[305] V. pour une explication complète sur ce point : C. DENIZOT, *Droit civil et bail commercial*, *op. cit.*, pp. 205-207, n° 236-239.

[306] J.-M. POUPARD, *Les centres commerciaux. De nouveaux lieux de socialité dans le paysage urbain*, L'Harmattan, coll. Logiques sociales, 2005, pp. 9 et s.

[307] CA Paris, 5e ch., sect. B, 20 nov. 2003, n° 2001/16985, JurisData n° 2003-248813, *Comm. Com. élec.* déc. 2004, n° 12, comm. 159, p. 29, note P. STOFFEL-MUNCK.

[308] M.-P. DUMONT-LEFRAND, *Bail commercial*, *op. cit.*, n° 39 et s. ; D. HOUTCIEFF, *Droit commercial*, *op. cit.*, pp. 260-261, n° 534.

quand leur privation est de nature à compromettre l'exploitation du fonds et qu'ils appartiennent au propriétaire du local ou de l'immeuble où est situé l'établissement principal ».

De surcroît, la jurisprudence admettant qu'un bail à destination mixte commerciale et autre est soumis pour le tout au statut des baux commerciaux[309], le local peut être un local d'habitation ou un local abritant une activité civile[310].

Aussi, les terrains nus peuvent éventuellement être l'objet des prestations du bailleur commercial, bien qu'il ne s'agisse pas de locaux[311], dans la mesure où l'article L. 145-1, I, 2° du Code de commerce prévoit l'application du statut à ces terrains lorsqu'ils accueillent l'édification avant ou après le bail, *« des constructions à usage commercial, industriel ou artisanal, à condition que ces constructions aient été élevées ou exploitées avec le consentement exprès du propriétaire ».*

De plus, l'article L. 145-2 du Code de commerce élargit la liste des locaux pouvant faire l'objet d'un bail commercial alors même qu'ils ne sont pas commerciaux. Celui-ci vise les locaux ou immeubles abritant des établissements d'enseignement ; les immeubles ou locaux affectés, soit au moment de la location, soit ultérieurement et avec le consentement exprès ou tacite du propriétaire, à des services exploités en régie ; les immeubles ou locaux principaux ou accessoires, nécessaires à la poursuite de l'activité des entreprises publiques et établissements publics à caractère industriel ou commercial, dans les limites définies par les lois et règlements qui les régissent et à condition que ces baux ne comportent aucune emprise sur le domaine public ; les locaux ou immeubles appartenant à l'État, aux collectivités territoriales et aux établissements publics, dans le cas où ces locaux ou immeubles satisfont aux dispositions de l'article L. 145-1 ou aux 1° et 2° ci-dessus ; les immeubles abritant soit des sociétés coopératives ayant la forme commerciale ou un objet commercial, soit des sociétés coopératives de crédit, soit des caisses d'épargne et de prévoyance ; les locaux consentis à des artistes admis à cotiser à la caisse de sécurité sociale de la maison des artistes et reconnus auteurs d'œuvres graphiques et plastiques, tels que définis par l'article 98 A de l'annexe III du Code général des impôts ; par dérogation à l'article 57 A de la loi n° 86-1290 du 23 décembre 1986 tendant à favoriser l'investissement locatif, l'accession à la propriété de logements sociaux et le développement de l'offre foncière, les locaux affectés à un usage exclusivement professionnel si les parties ont conventionnellement adopté ce régime.

En outre, la jurisprudence admet qu'un local non commercial fasse l'objet d'un bail commercial soumis au statut lorsque les contractants s'y soumettent volontairement de façon conventionnelle et en l'absence de volonté de faire échec

---

[309] Cass. 3e civ., 16 oct. 1974, n° 73-13.720, Bull. civ. III, n° 360 ; Cass. 3e civ., 1er oct. 1997, n° 95-14.322, Bull. civ. III, n° 177, *Loyers et copr.* mars 1998, n° 12, comm. 72, p. 14, obs. P.-H. BRAULT et C. MUTELET.

[310] M.-P. DUMONT (dir.), H. KENFACK (dir.) *et alii*, *Droit et pratique des baux commerciaux 2021/2022*, 6e éd., Dalloz, coll. Dalloz Action, 2020, p. 292, n° 262.21.

[311] Cass. 3e civ., 22 avr. 1971, n° 70-10.242, Bull. civ. III, n° 248 ; Cass. 3e civ., 4 janv. 1995, n° 92-21.084, *AJPI* mai 1995, n° 5, p. 409, obs. J.-P. BLATTER.

à l'application d'un statut d'ordre public plus protecteur, notamment pour le preneur[312].

49. Les caractéristiques d'existence, de détermination ou de déterminabilité de la chose louée. Alors que pour une doctrine ancienne la chose ne demande pas à être déterminée pour que le contrat existe[313], pour la doctrine actuelle la chose louée doit être déterminée ou au moins déterminable[314], ce qui suppose une identification précise de celle-ci, sous peine de nullité du bail[315]. Pour illustrer cette nécessité, M. Bénabent affirme même que *« la location d'un animal non spécialement identifié n'est pas un bail : elle peut seulement constituer une promesse d'une obligation de faire, exposant son auteur à des dommages et intérêts si, le jour venu, il ne peut fournir à son client un objet correspondant. »*[316]. De même, il estime que la location d'un studio de vacances ne constitue pas un bail.

Avec la réforme du droit des obligations, le nouvel article 1163 alinéa 3 dispose que c'est la prestation qui doit être possible et déterminée ou déterminable, sachant que la prestation déterminable est celle qui peut être déduite du contrat ou par référence aux usages ou aux relations antérieures des parties, sans qu'un nouvel accord des parties soit nécessaire. Cet article vise l'objet de l'obligation, lequel consiste dans des prestations[317].

Dès lors, pour que la mise à disposition et la mise en état soient possibles, il faut que la chose existe et qu'elle soit susceptible de contrat de bail, et ce pour que l'objet des prestations soit déterminé ou déterminable. En effet, comment la mise à disposition et la mise en état pourraient-elles être possibles si la chose n'existe pas ?

---

[312] Cass. 3e civ., 6 juill. 1982, n° 80-12.958, Bull. civ. III, n° 167 ; Cass. 3e civ., 20 mars 1984, n° 82-12.753, Bull. civ. III, n° 71 ; Cass. 3e civ., 4 mars 1987, n° 85-17.137, Bull. civ. III, n° 38 ; Cass. 3e civ., 20 juin 1990, n° 89-12.283, Bull. civ. III, n° 152, *RTD com.* juin 1991, n° 2, p. 183, obs. M. PÉDAMON ; Cass. 3e civ., 23 mars 1994, n° 92-15.035, Bull. civ. III, n° 60 ; Cass. 3e civ., 20 mars 1996, n° 94-13.662, *Gaz. pal.* févr. 1997, n° 2, p. 547, note J.-D. BARBIER ; Cass. 3e civ., 8 déc. 1999, n° 98-12.405, *Administrer* mars 2000, n° 320, p. 30.

[313] R.-T. TROPLONG, *Droit civil expliqué. De l'échange et du louage. Commentaires des Titres VII et VIII du Livre III du Code civil*, t. 1, *op. cit.*, p. 229, n° 96 ; R.-J. POTHIER, *Traité du contrat de louage, selon les règles tant du for de la conscience que du for extérieur*, *op. cit.*, p. 9, n° 8.

[314] A. BÉNABENT, *Droit des contrats spéciaux civils et commerciaux*, 11e éd., L.G.D.J., coll. précis Domat, sous coll. Droit privé, 2015, p. 257, n° 333 ; J. LAFOND, B. VIAL-PEDROLETTI, F. KENDERIAN, E. CHAVANCE et C. COUTANT-LAPALUS (part.), *Code des baux*, LexisNexis, 2017, p. 6, n° 7 ; C. AUBERT DE VINCELLES et C. NOBLOT, *Bail*, *op. cit.*, n° 25.

[315] Cass. 3e civ., 28 oct. 1992, n° 90-16.858, *Loyers et copr.* janv. 1993, n° 1, comm. 2, p. 2, obs. B. VIAL-PEDROLETTI.

[316] A. BÉNABENT, *Droit des contrats spéciaux civils et commerciaux*, 11e éd., *op. cit.*, p. 257, n° 333 ; Comp. avec R.-J. POTHIER, *Traité du contrat de louage, selon les règles tant du for de la conscience que du for extérieur*, *op. cit.*, *loc. cit.* : exemple de la location d'un cheval indéterminé ; Comp. aussi avec R. T. TROPLONG, *Droit civil expliqué. De l'échange et du louage. Commentaires des Titres VII et VIII du Livre III du Code civil*, t. 1, *op. cit.*, p. 229, n° 96 : exemple de la location de fiacres.

[317] N. DISSAUX et C. JAMIN, *Réforme du droit des contrats, du régime général et de la preuve des obligations (Ordonnance n° 2016-131 du 10 février 2016), Commentaire des articles 1100 à 1386-1 du Code civil*, *op. cit.*, p. 58 ; M. POUMARÈDE, « Le contenu du contrat », *RDI* juin 2016, n° 6, p. 331 ; D. MAINGUY, « Réforme du droit des contrats, du régime général et de la preuve des obligations », *JCP E* févr. 2016, n° 7, act. 151, p. 9.

Il est essentiel de comprendre que l'obligation de délivrance dépend de l'exécution du contrat et non de sa formation, et que par conséquent, celle-ci ne peut être exigible qu'à condition que la chose existe et soit déterminée ou déterminable. Comment pourrait-on invoquer un quelconque défaut de délivrance si la chose n'est pas déterminée ? Le bail formé créant l'obligation de délivrance, cette dernière suppose que la chose soit identifiée.

De plus, contrairement aux choses mobilières qui peuvent être identiques[318], les choses immobilières sont uniques. Elles le sont, en premier lieu, par leur situation géographique (références cadastrales : emplacement et délimitation de la parcelle)[319]. Elles le sont, en second lieu, par leur aspect physique (parcelle nue ou construite ; différents types de constructions ; différentes élévations des lots d'un immeuble ; matériaux de construction ; conformation des constructions).

50. Disponibilité de la chose : une chose libre de toute occupation. Par ailleurs, la mise à disposition de la chose exige que le bien soit libre de toute occupation au moment où la délivrance doit avoir lieu[320]. Et cela vaut pour toutes sortes de baux, mobiliers ou immobiliers, qu'ils soient ou non régis par un statut spécial[321].

À ce titre, manque à son obligation de délivrance le bailleur qui n'enjoint pas le locataire précédent de quitter les lieux de manière à ce que le nouveau puisse y entrer[322]. De même, en cas de dualité de baux sur un même local commercial, le bailleur n'exécute pas son obligation de délivrance, car seul un locataire peut jouir des lieux[323]. Dans cette logique, la jurisprudence a jugé qu'une chose délivrée en vertu d'un premier contrat de bail ne peut matériellement faire l'objet d'une seconde délivrance[324].

2 - Le local commercial au sens contemporain

51. Les locaux commerciaux d'aujourd'hui et de demain. Dans la société actuelle, le local commercial ne peut être regardé simplement comme la « petite boutique de quartier ». Le développement de l'urbanisation et l'évolution sociétale

---

318 Par exemple, il est possible d'avoir dix véhicules totalement identiques.

319 J.-L. BERGEL (dir.) *et alii*, *Le Lamy droit immobilier*, 2015, *op. cit.*, n° 48.

320 C. AUBERT DE VINCELLES et C. NOBLOT, *Bail*, *op. cit.*, n° 26 et 145 ; Cass. 3e civ., 2 juill. 2013, n° 12-20.189, *AJDI* juin 2014, n° 6, p. 449, obs. D. LIPMAN-W. BOCCARA ; Cass. 3e civ., 19 mai 2004, n° 03-12.541, Bull. civ. III, n° 99, JurisData n° 2004-023636 ; *JCP G* juill. 2004, n° 28, pan. 2408, p. 1292 ; *JCP G* avr. 2005, n° 15-16, chron. 132, p. 727, obs. G. VINEY ; *AJDI* nov. 2004, n° 11, p. 803, obs. Y. ROUQUET.

321 J. GHESTIN (dir.) et J. HUET, Traité de droit civil. Les principaux contrats spéciaux, *op. cit.*, p. 739, n° 21161.

322 Cass. 3e civ., 11 févr. 2016, n° 14-25.357, *AJDI* juin 2016, n° 6, p. 423, obs. F. DE LA VAISSIÈRE.

323 CA Paris, 16e ch., sect. A, 5 nov. 1991, *JCP E* 1993, n° 22, p. 284, note J. MONÉGER.

324 Cass. 3e civ., 19 mai 2010, n° 09-12.640, Bull. civ. III, n° 96, JurisData n° 2010-006615, *JCP E* juin 2010, n° 23, pan. 1554, p. 16 ; *Gaz. pal.* juin 2010, n° 154, p. 26, obs. C. BERLAUD ; *Dalloz actualité* 15 juin 2010, obs. D. CHENU.

ont conduit à la construction de nouveaux types de locaux commerciaux : les centres commerciaux et galeries marchandes[325].

Par ailleurs, le développement du numérique et d'Internet pourrait bien nous porter vers la reconnaissance d'un type de local commercial tout à fait original : le local virtuel[326].

Sous une acception contemporaine du local commercial, il faut donc envisager les spécificités des centres commerciaux et galeries marchandes d'une part (a), et celles du local virtuel d'autre part (b).

a - Les centres commerciaux et galeries marchandes

52. Difficulté de détermination des locaux dans un centre commercial. La pratique assez fréquente dans les baux commerciaux de locaux se trouvant situés dans un centre commercial est de louer une surface indéterminée et variable[327]. Or, cette pratique pose indéniablement une difficulté quant à la détermination ou déterminabilité de la chose louée normalement exigée pour conclure le bail et ensuite exécuter l'obligation de délivrance. À ce sujet, la Cour d'appel de Rennes s'est justement prononcée en estimant que *« l'indétermination de l'assise territoriale et de l'emplacement paraît incompatible avec la notion de louage et de local »*[328]. Plus encore, c'est l'application même du louage spécifiquement commercial qui pourra être incompatible[329]. Dès lors que l'espace loué n'est pas clos et situé dans l'enceinte d'une galerie marchande ou d'un supermarché dont, aux termes de la convention, le découpage, la situation et la surface sont laissés à la discrétion du bailleur qui peut imposer des modifications de superficie et d'implantation, l'identification s'avère compliquée. Cette difficulté se retrouve avec le développement des espaces de *coworking* qui consistent à mettre en commun des espaces de travail (bureaux, salles de réunion, outils numériques) afin que plusieurs entreprises puissent

---

325 L. DE PANAFIEU, « Le mythe de la propriété de la clientèle dans les centres commerciaux » *AJDI* déc. 2001, n° 12, p. 1062 ; M.-A. LE FLOCH, *Le bail commercial dans les centres commerciaux*, th. Paris II, 2018, p. 156 et s. ; J.-L. KOEHL, *Les centres commerciaux*, 1e éd., PUF, coll. Que sais-je ?, 1990, pp. 5, 8 et s., 102 et s.

326 M. LEVIS, « Le site Internet : de l'incorporel au virtuel », *AJDI* déc. 2001, n° 12, p. 1073.

327 J.-L. KOEHL, Les centres commerciaux, *op. cit.*, p. 52.

328 CA Rennes, 2e ch., 21 mai 1974, *JCP G* oct. 1974, n° 43, jur. 17835, obs. Y. GUYON.

329 Cass. 3e civ., 24 févr. 1976, n° 74-13.314, Bull. civ. III, n° 80, *JCP G* sept. 1976, n° 39, jur. II, 18427, p. 275, note B. BOCCARA ; *D.* 1976, somm. 20e cah., p. 45 ; TGI Lyon, 1e ch. civ., 18 févr. 1976, *JCP G* nov. 1976, n° 45, prat. p. 337 ; *Ann. loyers* avr. 1977, n° 4, p. 1351 ; Cass. 3e civ., 1er déc. 1976, n° 75-14.592, Bull. civ. III, n° 436, *D.* 1977, inf. rap. 110 ; Cass. 3e civ., 20 févr. 1985, n° 83-16.019, Bull. civ. III, n° 38, *JCP G* mai 1985, n° 20, jur. IV, p. 159, obs. R. DEPEYROT, D. AUTIÉ, F. DANIEL, Y. LAGARDÈRE, G. MAREC et M.-J. YDRAC ; *RDI* avr.-juin 1986, n° 2, p. 254, obs. G. BRIÈRE DE L'ISLE et J. DERRUPÉ ; Cass. 3e civ., 7 oct. 1987, n° 86-11.407, *D.* 1987, 35e cah., inf. rap. 203.

cohabiter[330]. L'utilisation commune de ces espaces semble incompatible avec la qualification de local commercial[331].

b - Le local virtuel

53. Vers le « e-bail commercial ». Puisque la jurisprudence semble reconnaître le « e-bail commercial »[332], le local commercial ne peut plus seulement s'envisager comme un bien immobilier, mais pourrait aussi correspondre à un local virtuel, c'est-à-dire une chose immatérielle, un hébergement Internet. Le fonds de commerce virtuel, initiateur d'une potentielle reconnaissance du « e-bail commercial », présente des spécificités en ce qui concerne ses éléments constitutifs, particulièrement le contrat d'hébergement, qui pose la question d'une assimilation au bail commercial[333]. En effet, si le commerçant se trouve contractuellement lié à un fournisseur d'hébergement qui met à sa disposition de l'espace disque connecté à l'Internet, afin que le site soit accessible sur le réseau, comment qualifier ce contrat d'hébergement ? Est-ce un contrat de louage d'ouvrage au sens de l'article 1710 du Code civil[334] ou un contrat de louage de chose au sens de l'article 1709 du même code[335] ?

Eu égard à la définition doctrinale[336] du contrat d'hébergement, selon laquelle celui-ci est un *« contrat par lequel le prestataire met à la disposition de son abonné une partie des ressources de ses machines : espace disque dur et capacité de traitement en temps machine »*[337], la qualification de contrat de louage de choses (bail) devrait donc être retenue pour tout contrat d'hébergement[338]. Ce faisant, ne pourrait-on pas assimiler le contrat d'hébergement au bail commercial ? Pour répondre, un auteur s'est d'abord placé à l'aune de l'article L. 145-1 du Code de commerce qui prévoit que les dispositions du chapitre V dudit code *« s'appliquent aux baux des immeubles ou locaux dans lesquels un fonds est exploité »*, et affirme que la condition d'existence d'un immeuble ou local

---

330 B. BOULET, « Coworking et centres d'affaires : des espaces à conquérir pour les avocats », *D. avocats* 2019, p. 317.

331 L. DE ALMEIDA, « L'application du statut des baux commerciaux à la location de bureaux : prolégomènes à une définition des locaux à usage exclusif de bureaux », *LPA* janv. 2020, n° 5, p. 7.

332 V. *supra* n° 5.

333 T. VERBIEST, « Le fonds de commerce électronique : vers une reconnaissance juridique ? », art. cit.

334 Cet article dispose que le louage d'ouvrage est « un contrat par lequel l'une des parties s'engage à faire quelque chose pour l'autre, moyennant un prix convenu entre elles ».

335 Selon cet article, le louage de chose est *« un contrat par lequel l'une des parties s'oblige à faire jouir l'autre d'une chose pendant un certain temps, et moyennant un certain prix que celle-ci s'oblige de lui payer »*.

336 La loi n° 2001-575 du 21 juin 2004 sur la confiance en l'économie numérique, dite LCEN, qui pose une définition fonctionnelle, en son article 6-I, 2, selon laquelle les hébergeurs sont *« les personnes physiques ou morales qui assurent, même à titre gratuit, pour mise à disposition du public par des services de communication au public en ligne, le stockage de signaux, d'écrits, d'images, de sons ou de messages de toute nature fournis par des destinataires de ces services »*, n'apporte aucun élément de compréhension quant à la qualification juridique du contrat d'hébergement.

337 G. HAAS et O. DE TISSOT, « L'activité de fournisseur d'hébergement à l'épreuve des droits des tiers », *Comm. com. élec.* juill.-août 2000, n° 7-8, chron. 14, p. 16 ; O. ITEANU, « Les contrats du commerce électronique », *Dr. & patr.* déc. 1997, n° 55, p. 52.

338 V. pour ce raisonnement : T. VERBIEST, « Le fonds de commerce électronique : vers une reconnaissance juridique ? », art. cit.

dans lesquels le fonds est exploité n'est pas remplie, de sorte qu'il faut écarter une telle assimilation. Si l'on comprend sa réponse s'agissant de l'immeuble, celle-ci est moins évidente concernant le local. Il s'appuie, pour ce deuxième point, sur l'interprétation jurisprudentielle du « local » comme un « espace clos et couvert » où l'exploitant, sinon la clientèle peuvent entrer[339], mais la Cour de cassation a précisé, à l'occasion d'une question prioritaire de constitutionnalité, qu'*« il ne résulte pas d'une jurisprudence constante que l'application de l'article L. 145-1 du Code de commerce soit soumise à l'exigence d'un local clos et couvert et qu'en soit exclue une surface d'exploitation si l'emplacement concédé est stable et permanent »*[340]. De plus, la jurisprudence est tout de même fluctuante[341] en la matière, et semble aujourd'hui se placer du côté des critères de stabilité et de permanence[342]. Puis, il s'est interrogé sur l'utilité d'accorder au locataire d'un espace disque qui héberge son commerce virtuel la même protection que le preneur d'un bail commercial « traditionnel »[343]. Il affirme à ce titre que, contrairement à la réglementation relative aux baux commerciaux qui vise à protéger certaines activités commerciales et artisanales pour lesquelles le législateur a considéré qu'elles étaient étroitement liées aux locaux où elles sont

---

[339] Cass. 3e civ., 25 janv. 1977, n° 74-15.293, Bull. civ. III, n° 38, JurisData n° 1977-098038, *Rev. loyers* avr. 1977, n° 576, p. 217, note J. V.

[340] Cass. 3e civ., QPC, 20 mars 2014, n° 13-24.439, Bull. civ. III, n° 40, JurisData n° 2014-005324, *Adminstrer* juin 2014, n° 477, p. 32, obs. J.-D. BARBIER ; *Dalloz actualité* 1er avr. 2014, obs. Y. ROUQUET ; *AJDI* déc. 2014, n° 12, p. 898, chron. J.-P. BLATTER ; *AJDI* déc. 2015, n° 12, p. 890, chron. J.-P. BLATTER ; *AJDI* juin 2015, n° 15, p. 359, obs. R. HALLARD ; *LPA* juill. 2014, n° 144, p. 18, note R. RAFFI ; *JCP E* mars 2015, n° 11, chron. 1130, p. 38, obs. H. KENFACK ; *RLDA* mai 2014, n° 93, act. 5091, p. 30, obs. A. FARACHE.

[341] V. pour des vitrines d'exposition qualifiées de locaux : CA Paris, 15 févr. 1982, Gaz. pal. 1983, I, somm. p. 16, note P.-H. BRAULT ; CA Lyon, 6e ch., 16 nov. 1989, JurisData n° 1989-600239, *Rev. loyers* févr. 1991, n° 714, p. 76, note J.-C. B. ; CA Nîmes, 13 déc. 1990, JurisData n° 1990-001493, *Loyers et copr.* juill. 1991, n° 7, comm. 304, p. 7 ; pour des étalages qualifiés de locaux : Cass. com., 23 févr. 1959, *Rev. loyers* 1959, p. 229 ; pour des emplacements dans une enceinte commerciales qualifiés de locaux : Cass. 3e civ., 1er juin 2010, n° 09-65.482, *AJDI* sept. 2010, n° 9, p. 638 ; *AJDI* déc. 2011, n° 12, p. 910, chron. J.-P. BLATTER ; *RJDA* oct. 2010, n° 10/10, obs. 917, p. 882 ; Comp. avec des vitrines d'exposition non qualifiées de locaux : Cass. com., 20 juill. 1954, *Gaz. pal.* 1954, sem. 2, p. 134 ; CA Paris, 2 oct. 1958, *JCP G* 1959, II, 10920 ; CA Paris, 29 juin 1971, *JCP G* 1971, IV, p. 247 ; des étalages, éventaires, guérites et kiosques non qualifiés de locaux : CA Paris, 20 mai 1959, *Rev. loyers* 1959, p. 546 ; Cass. 3e civ., 16 oct. 1979, n° 78-12.010, *Ann. loyers* nov. 1980, n° 11, p. 1173 ; des murs, toitures ou panneaux non qualifiés de locaux : Cass. com., 11 mai 1949, *JCP G* 1949, jur. II, 4967, p. 41, obs. J. G. L. ; des emplacements dans une enceinte commerciale non qualifiés de locaux : Cass. 3e civ., 24 févr. 1976, n° 74-13.314, Bull. civ. III, n° 80, *JCP G* sept. 1976, n° 39, jur. II, 18427, p. 275, note B. BOCCARA ; *D.* 1976, somm. 20e cah., p. 45 ; Cass. 3e civ., 20 févr. 1985, n° 83-16.019, Bull. civ. III, n° 38, *JCP G* mai 1985, n° 20, jur. IV, p. 159, obs. R. DEPEYROT, D. AUTIÉ, F. DANIEL, Y. LAGARDÈRE, G. MAREC et M.-J. YDRAC ; *RDI* avr.-juin 1986, n° 2, p. 254, obs. G. BRIÈRE DE L'ISLE et J. DERRUPÉ ; Cass. 3e civ., 7 oct. 1987, n° 86-11.901, Bull. civ. III, n° 161, *RDI* avr.-juin 1988, n° 2, p. 250, chron. G. BRIÈRE DE L'ISLE et J. DERRUPÉ ; Cass. 3e civ., 5 avr. 1995, n° 93-14.864, *RDI* sept. 1995, n° 3, p. 602, chron. F. COLLART-DUTILLEUL et J. DERRUPÉ ; Cass. 3e civ., 5 juill. 1995, n° 93-17.674, Bull. civ. III, n° 166, JurisData n° 1995-001823, *RDI* mars 1996, n° 1, p. 117, obs. F. COLLART-DUTILLEUL et J. DERRUPPÉ.

[342] J. DEBEAURAIN et A. CERATI-GAUTHIER, *Guide des baux commerciaux*, *op. cit.*, pp. 43-45, n° 30 ; CA Aix-en-Provence, 11e ch., sect. A, 20 janv. 2015, n° 13/00940, JurisData n° 2015-000699, *Loyers et copr.* mars 2015, n° 3, comm. 68, p. 23, note E. CHAVANCE.

[343] T. VERBIEST, « Le fonds de commerce électronique : vers une reconnaissance juridique ? », art. cit.

exercées[344], l'Internet ne nécessiterait pas une telle protection pour le contrat d'hébergement, puisqu'il existe des milliers d'hébergeurs, de sorte que le choix d'un de ceux-ci n'implique aucune conséquence sur la visibilité du site, et le fait de changer d'hébergeur n'affecte en rien la survivance du fonds de commerce virtuel. Il affirme également, pour appuyer sa conclusion, que le droit au bail n'est pas un élément essentiel du fonds de commerce, si bien que ce dernier peut parfaitement exister sans lui.

Pour notre part, nous pensons, au regard de l'évolution récente de la jurisprudence, que celle-ci pourrait admettre la notion de local virtuel, surtout face à la concurrence qui règne entre les fournisseurs d'hébergements pour apparaître au cœur des recherches[345], contrairement à ce que prétend l'auteur sus-cité. Si la jurisprudence venait à reconnaître explicitement le local commercial virtuel, l'obligation de délivrance pourrait alors prendre de nouvelles orientations.

54. Des caractéristiques spécifiques. Ne portant plus sur une chose immobilière ou mobilière, mais sur une chose immatérielle, l'objet de la prestation objet de l'obligation de délivrance va forcément voir ses caractéristiques changer. En effet, la chose promise impliquera des caractéristiques spécifiques dues à sa nature.

En premier lieu, l'immatérialité de cette chose spéciale qu'est le site Internet complexifie l'objet puisqu'il faut connaître les caractères identitaires de la chose pour savoir si elle existe en tant que chose déterminée dont les parties ont fait l'objet de la prestation ou si elle est en réalité autre chose : à partir de quel degré de réalisation concrète peut-on considérer qu'il existe en tant qu'objet prévu au contrat[346] ?

B - La chose future : cas particulier du bail commercial en état futur d'achèvement

55. Bail commercial en état futur d'achèvement. Le bail commercial en état futur d'achèvement est une création de la pratique qui n'est consacrée ni par un texte ni par la jurisprudence, et qui consiste en la conclusion d'un bail d'immeuble à construire, souvent commercial, c'est-à-dire avant même que l'immeuble ne soit construit ou restructuré et qui porte donc sur une chose future[347]. Il s'agit d'un montage contractuel important de la commercialisation des immeubles

[344] V. sur la protection statutaire du local : M.-L. SAINTURAT, « La prédominance d'un élément : la protection statutaire du local », *AJDI* sept. 2001, n° 12, p. 1049.

[345] M. MALAURIE-VIGNAL, « Les valeurs immatérielles et virtuelles de l'entreprise, entre protection et liberté », *D.* août 2013, n° 28, p. 1919.

[346] V. sur ce point : G. LOISEAU, « La divisibilité conventionnelle dans un groupe de contrats », *Comm. com. élec.* juill.-août 2013, n° 7-8, comm. 76, p. 34.

[347] B. BOUTONNET, « Le bail en état futur d'achèvement ou le bail sous conditions suspensives », *Rev. loyers* avr. 2010, n° 906, entr. 1159, p. 152 ; M. MEKKI, « Le bail en l'état futur d'achèvement (BEFA) : un contrat sur mesure », *Loyers et copr.* févr. 2016, n° 2, doss. 3, p. 14 ; P. RIGLET et J.-L. TIXIER, « Le bail de locaux en l'état futur d'achèvement », *RDI* nov. 2014, n° 11, p. 546 ; J.-L. TIXIER, « 10 questions sur… Le bail commercial en l'état futur d'achèvement », art. cit.

commerciaux, industriels et de bureaux, qui s'est développé ces vingt dernières années, et dont les principales applications concernent la construction de centres commerciaux, de *retail parks*[348], d'entrepôts et de locaux à usage de bureaux[349]. Ce montage présente des intérêts d'ordre principalement financier : les intérêts du promoteur-vendeur qui souhaite mettre en place un projet de construction de grande envergure ; ceux de l'investisseur-bailleur qui recherche un actif dans lequel il pourrait investir en prenant le moins de risques possible par rapport aux futurs revenus locatifs ; ceux de l'utilisateur-preneur qui conclut un contrat de bail souvent sur mesure, adapté à ses besoins[350]. Malgré ses avantages, le bail commercial en état futur d'achèvement présente quelques dangers notamment à propos de l'obligation de délivrance.

56. Détermination de la chose future : descriptif du bien donné à bail. Portant sur une chose qui n'existe pas encore, l'objet de la prestation objet de l'obligation de délivrance va forcément voir ses caractéristiques changer. En effet, la chose promise impliquera des caractéristiques spécifiques dues à sa nature de chose future.

Il faut alors jongler entre flexibilité et précision quant à la détermination de la chose qui n'existe pas encore[351]. Effectivement, la première difficulté du bail en état futur d'achèvement tient au fait que les opérations sont réalisées avant l'obtention du permis de construire, si bien qu'elles interviennent très tôt, parfois même avant que le bailleur ne soit encore propriétaire du terrain[352]. Bien souvent, la promesse d'achat du terrain est signée chez notaire sous conditions suspensives de signature de baux en état futur d'achèvement[353].

§ 2 - Une chose conforme

57. Une notion élaborée par la jurisprudence, mais en réalité induite par la formule même de l'article 1719, 1°. À l'instar de l'obligation de délivrance du vendeur, la jurisprudence a élevé l'obligation de délivrance du bailleur en une obligation de délivrance conforme[354]. En réalité, les termes de l'article 1719, 1°

---

[348] Un *retail park* est l'expression anglaise consacrée pour désigner un parc d'activités commerciales. À titre d'exemple, le Outlet de Val d'Europe situé à Marne-la-Vallée est un *retail park*.

[349] M. MEKKI, « Le bail en l'état futur d'achèvement (BEFA) : un contrat sur mesure », art. cit.

[350] *Ibid.*

[351] O. HERRNBERGER, « VEFA et BEFA : de quelques questions induites par la coexistence du contrat de construction de l'immeuble et du bail en état futur d'achèvement », *Loyers et copr.* févr. 2016, n° 2, doss. 2, p. 8.

[352] B. BOUTONNET, « Le bail en état futur d'achèvement ou le bail sous conditions suspensives », art. cit.

[353] O. HERRNBERGER, « VEFA et BEFA : de quelques questions induites par la coexistence du contrat de construction de l'immeuble et du bail en état futur d'achèvement », art. cit.

[354] C. AUBERT DE VINCELLES et C. NOBLOT, *Bail*, *op. cit.*, n° 144-146 ; J.-P. BLATTER et W. BLATTER-HODARA (collab.), *Traité des baux commerciaux*, 6e éd., *op. cit.*, p. 410, n° 788 ; J. GHESTIN (dir.) et J. HUET, *Traité de droit civil. Les principaux contrats spéciaux*, pp. 740-743, n° 21162 ; J. RAYNARD et J.-B. SEUBE, *Droit civil, Contrats spéciaux*, *op. cit.*, p. 277, n° 341 ; R. BOFFA,

visent précisément *« la chose louée »* si bien que la simple évocation de la chose louée implique la notion de conformité[355]. En effet, la chose louée sous-entend que cette chose est propre à chaque location. Il ne suffit pas de délivrer une chose, encore faut-il délivrer la chose convenue au contrat de bail, soit une chose conforme à ce contrat. Et pour reprendre la formule choisie par un auteur, *« le locataire [...] ne saurait se contenter d'une simple remise matérielle, dans la mesure où l'état et les caractéristiques de la chose louée déterminent de manière décisive l'intérêt qu'il peut y avoir à la conclusion du contrat »*[356]. Le locataire commerçant recherche des locaux aptes à *« permettre pleinement l'exploitation de l'activité qu'il projette »*[357].

Si les travaux d'élaboration de notre législation constituent une base utile pour comprendre la volonté du législateur, c'est aussi vers le juge qu'il faut se tourner, car il est venu apporter des précisions non négligeables à propos de l'obligation de délivrance, notamment en l'érigeant en une obligation de délivrance conforme[358], bien que cette précision découle de la formule même de l'article 1719, 1°.

Par ailleurs, il faut noter que les évolutions législatives sont aussi à prendre en compte, dans le sens où elles sont bien souvent le reflet d'évolutions sociales auxquelles le législateur a souhaité s'adapter. Les évolutions législatives traduisent un accroissement des critères de la conformité.

Aussi, bien que le législateur et les juges français soient peu loquaces à propos de la façon dont doit être définie l'obligation de délivrance, ils divulguent quelques éléments qui peuvent aider à élucider le mystère de l'obligation de délivrance.

La conformité a en réalité deux origines. Elle s'apprécie au regard du contrat qui concrétise la volonté des parties (A), mais aussi eu égard à d'autres critères imposés par la loi et les règlements ou dégagés par le juge qui tendent à standardiser la chose (B).

A - La chose conforme selon le contrat : expression de la volonté des parties

58. Le bail : référent de la conformité contractuelle revêtant un double aspect. Le rôle fondateur du contrat de bail se trouve dans l'objet sur lequel porte le bail : la chose louée. La chose louée est convenue dans le bail. La détermination de la chose est donc établie par les parties. C'est donc le bail qui fixe initialement la

---

La destination de la chose, préf. M.-L. MATHIEU-IZORCHE, Defrénois, coll. Doctorat & Notariat, 2008, p. 296, n° 425.

[355] F. COHET-CORDEY, « L'obligation de délivrance du bailleur dans les contrats de location d'un bien immeuble », *AJDI* déc. 1998, n° 12, p. 1014.

[356] E. MIRON, *Le statut des baux commerciaux à l'épreuve des réalités économiques*, *op. cit.*, p. 79, n° 204.

[357] *Ibid.*, *loc. cit.*

[358] V. pour l'obligation de délivrance conforme du vendeur : P. MALAURIE, L. AYNÈS et P.-Y. GAUTIER, *Droit des contrats spéciaux*, *op. cit.*, p. 201, n° 237 ; V. pour l'obligation de délivrance conforme du bailleur : J. RAYNARD et J.-B. SEUBE, *Droit civil, Contrats spéciaux*, *op. cit.*, p. 277, n° 341 ; V. plus généralement sur l'évolution jurisprudentielle de l'obligation de délivrance du vendeur : F. COLLART-DUTILLEUL et P. DELEBECQUE, *Contrats civils et commerciaux*, 11e éd., Dalloz, coll. Précis, 2019, p. 439, n° 488.

conformité que devra respecter la chose louée et par là même, le contenu de l'obligation de délivrance du bailleur[359].

À l'image de l'obligation de délivrance conforme du vendeur, l'obligation de délivrance conforme du bailleur se décompose en une conformité matérielle ou quantitative et une conformité fonctionnelle ou qualitative[360], c'est-à-dire une conformité aux stipulations contractuelles du bail et une conformité à la destination de la chose[361]. En effet, la chose louée peut être plus ou moins définie dans le contrat de bail[362]. Lorsque le bail est écrit et détaillé, la conformité s'apprécie relativement facilement. En revanche, lorsque le bail est écrit, mais bref ou peu détaillé (taisant certains points) ou lorsque le bail est verbal, la source, constituée par le contrat de bail, perd son intensité puisque la description de la chose convenue n'est pas inscrite intégralement dans le texte du bail ou est totalement absente.

Seront ainsi étudiés successivement l'aspect quantitatif (1) et l'aspect qualitatif (2) de l'obligation de délivrance conforme.

1 - La chose conforme d'un point de vue quantitatif : les caractéristiques physiques

59. Désignation. Le premier aspect de la conformité s'apparente à une conformité matérielle ou quantitative, c'est-à-dire une chose qui corresponde quantitativement à la description qui en est faite dans le bail (nature du bien loué, emplacement géographique, superficie, équipements, etc.)[363]. Cette conformité matérielle renvoie alors à l'idée de contenance de la chose louée.

60. Contenance de la chose louée. L'article 1719 du Code civil ne dit mot quant à la contenance de la chose louée. Les travaux préparatoires du Code civil et les travaux doctrinaux de l'époque évoquent la contenance en matière de vente. En matière de bail, ils parlent de différence de la chose louée, dans laquelle on peut voir une différence de contenance.

Pour les auteurs d'aujourd'hui, il est évident que la chose louée doit correspondre à la description qui en est faite dans le bail[364]. En effet, il est indispensable que la chose délivrée corresponde à la chose objet du bail. Sinon,

---

[359] J. MOUSSERON, J.-M. MOUSSERON, P. MOUSSERON, J. RAYNARD et J.-B. SEUBE, *Technique contractuelle,* 5e éd., Francis Lefebvre, 2017, p. 127, n° 302 et p. 187, n° 542 et s.

[360] V. en ce sens : M. BOUTONNET, « Jurisprudence civile », *BDEI* 2012, n° 40, p. 37 ; F. COHET-CORDEY, « L'obligation de délivrance du bailleur dans les contrats de location d'un immeuble », art. cit.

[361] J. RAYNARD et J.-B. SEUBE, *Droit civil, Contrats spéciaux*, *op. cit.*, p. 277, n° 341 ; V. ZALEWSKI, « Délivrer ou non », art. cit.

[362] V. ZALEWSKI, « Délivrer ou non », art. cit. ; V. sur la possibilité du bailleur de renforcer contractuellement le contenu de l'obligation de délivrance : J. GHESTIN (dir.) et J. HUET, *Traité de droit civil. Les principaux contrats spéciaux*, *op. cit.*, p. 742, n° 21162 ; V. ZALEWSKI, « L'obligation de délivrance et les vices structurels de l'immeuble », art. cit.

[363] V. ZALEWSKI, « Délivrer ou non », art. cit.

[364] C. QUÉMENT, *Bail commercial. - Obligations des parties*, *op. cit.*, n° 5.

comment apprécier la délivrance ? Comment dire que celle-ci est insuffisante ? À ce compte-là, n'importe quel bailleur pourrait se prévaloir d'avoir délivré une chose alors même qu'elle ne correspondrait pas à la description des locaux établie dans le bail.

À ce titre, un arrêt de la troisième chambre civile de la Cour de cassation du 13 juillet 1999 ne manque pas d'appliquer, pour un bail commercial à usage de pharmacie, le principe selon lequel le bailleur est obligé de délivrer au preneur la chose louée, telle qu'elle est décrite dans le bail[365]. En l'espèce, il était question d'une parcelle, comprise en entier dans les biens donnés à bail, qui a été partiellement vendue quelques semaines plus tôt par le bailleur. Seule la partie de superficie réduite conservée par le bailleur aurait dû faire l'objet du bail. Les juges d'appel rejettent la demande en dommages-intérêts en retenant, d'après l'adage *« nemo plus juris ad alium transferre potest quam ipse habet »*, que les propriétaires ne pouvaient conférer plus de droits qu'ils n'en disposaient eux-mêmes, le preneur ne pouvant alors être rétabli dans la jouissance de biens dont le bailleur ne dispose pas, et que si le preneur a pu, par tolérance, bénéficier de l'usage des lieux jusqu'à leur aménagement en place publique, il ne pouvait se plaindre de ce que par suite des agissements de l'acquéreur de la partie vendue, ils auraient été dépourvus de clôture. La Cour de cassation casse et annule l'arrêt sur le refus de la demande en dommages-intérêts pour privation de l'usage d'une partie des lieux loués.

Dans le même ordre d'idée, un arrêt de la Cour d'appel d'Amiens a jugé que c'est à juste titre que le preneur demande que le bailleur soit condamné à délivrer la chose louée telle qu'elle figure dans le descriptif du bail, dès lors que ce bail n'a pas été résilié et que la preuve n'est pas rapportée que le preneur ait accepté un nouveau bail[366]. En l'espèce, après la conclusion du bail, le bailleur a vendu les parts sociales qu'il détenait dans la société propriétaire de l'immeuble et s'est mis d'accord avec l'acquéreur pour la réalisation de travaux dans les lieux. Or, ces travaux modifiaient la consistance des lieux loués, en les amputant de certaines dépendances comprises dans le bail. Le projet de bail prenant en compte la nouvelle disposition des lieux n'avait pas été signé par le preneur et n'avait pas non plus été accepté tacitement par lui, puisqu'il n'a fait que prendre possession des lieux conformément au bail initial et moyennant le prix convenu dans ce bail.

61. Surface de la chose louée. Pour poursuivre le raisonnement, l'idée de contenance de la chose louée prend une coloration particulière en matière immobilière et donne suite à celle de quantité et donc de surface[367]. Les auteurs de référence en droit civil affirment que l'article 1616 du Code civil, tenant le vendeur de délivrer la contenance telle qu'elle est portée au contrat, est susceptible de

---

[365] Cass. 3e civ., 13 juill. 1999, n° 98-10.009, JurisData n° 1999-003129, *LPA* sept. 1999, n° 175, p. 5, note A. P.

[366] CA Amiens, 1e ch., 22 oct. 2002, n° 02/02483, JurisData n° 2002-198171.

[367] J. GHESTIN (dir.) et J. HUET, *Traité de droit civil. Les principaux contrats spéciaux*, *op. cit.*, p. 740, n° 21162.

s'étendre au louage[368]. Il faut rappeler que dès les travaux préparatoires du Code civil, un rapprochement est établi entre le louage et la vente[369].

Relativement à un bail donné à une clinique, il a été jugé que le bailleur n'est tenu de délivrer que les surfaces prévues au bail[370]. Il convient de délivrer la surface stipulée dans le bail[371], à moins que le contrat stipule une surface approximative n'ayant pas été déterminante du consentement du preneur[372].

Par ailleurs, à propos d'erreurs de surface, des solutions ont été rendues en matière de bail rural[373]. Ainsi, il a été admis que si la location a été faite à raison de tant la mesure, une différence en moins ou plus autorise soit l'exécution en nature pour le complément au profit du preneur si elle est possible, soit une diminution du prix pour l'insuffisance de contenance, soit enfin une augmentation proportionnelle du prix au profit du bailleur[374]. En revanche, si le contrat mentionne une contenance, mais qui n'a pas été faite à tant la mesure, il n'y a rectification que si la différence excède un vingtième, en plus ou en moins[375], et ce conformément à l'article 1619 du Code civil.

Là encore, les auteurs affirment que ces solutions ne doivent pas être limitées au bail rural, mais doivent, au contraire, être étendues à tous les baux immobiliers[376], y compris aux baux commerciaux[377]. Nous retiendrons donc cette analyse.

62. Difficulté liée à la conformité quantitative de la chose future. La conformité quantitative de la chose objet du bail commercial en état futur d'achèvement présente une difficulté. Celle-ci tient à la potentielle évolution de la chose, entre le moment de conclusion du bail commercial en état futur d'achèvement et l'état des lieux d'entrée, indépendamment de la volonté des parties en raison de problèmes relatifs à un permis de construire ou concernant les Commissions départementales d'aménagement commercial[378]. Compte tenu de ces

---

368 *Ibid.*, *loc. cit.* ; M. PLANIOL et G. RIPERT, *Traité pratique de droit civil français*, t. X, par J. HAMEL, F. GIVORD et A. TUNC, 2e éd., L.G.D.J., 1956, p. 503, n° 499 ; M. PLANIOL, *Traité élémentaire de droit civil*, t. II, *op. cit.*, p. 560, n° 1677.

369 P.-A. FENET, *Recueil complet des travaux préparatoires du Code civil*, t. 14, *op. cit.*, p. 321.

370 Cass. 3e civ., 1er févr. 2012, n° 10-28.558, *Rev. loyers* mars 2012, n° 925, p. 104 ; E. CHAVANCE, A. COLIN et M.-O. PETIT, *Guide des baux commerciaux 2014*, LexisNexis, 2014, p. 136.

371 CA Colmar, 3e ch. civ., sect. A, 16 nov. 2015, n° 15/01550, *Rev. loyers* janv. 2016, n° 963, jur. 2231, p. 559, obs. S. BRENA.

372 CA Aix-en-Provence, 11e ch., sect. A, 18 déc. 2015, n° 14/09762, JurisData n° 2015-028880, *Loyers et copr.* avr. 2016, n° 4, comm. 93, p. 22, note S. REGNAULT.

373 Cass. soc., 7 mai 1953, Bull. civ. IV, n° 341 ; Cass. soc., 10 déc. 1954, Bull. civ. IV, n° 807.

374 J. GHESTIN (dir.) et J. HUET, *Traité de droit civil. Les principaux contrats spéciaux*, *op. cit.*, p. 740, n° 21162.

375 *Ibid.*, p. 741 ; Cass. soc., 4 nov. 1955, Bull. civ. IV, n° 794.

376 J. GHESTIN (dir.) et J. HUET, *Traité de droit civil. Les principaux contrats spéciaux*, *op. cit.*, *loc. cit.* ; M. PLANIOL et G. RIPERT, *Traité pratique de droit civil français*, t. X, *op. cit.*, p. 503, n° 499 ; Cass. 3e civ., 17 déc. 1923, DP. 1924, 1. 14.

377 M.-P. DUMONT (dir.), H. KENFACK (dir.) *et alii*, *Droit et pratique des baux commerciaux 2021/2022*, *op. cit.*, p. 290, n° 261.21.

378 B. BOUTONNET, « Le bail en état futur d'achèvement ou le bail sous conditions suspensives », art. cit.

circonstances, la doctrine suggère de prévoir ces évolutions dans le contrat par une clause qui permettrait sous certaines conditions et avec conséquences sur le montant du loyer ou des charges, au preneur d'envisager une modification sans remise en question du permis de construire[379]. La doctrine suggère aussi d'annexer au bail un descriptif le plus précis possible de la chose donnée à bail, notamment quant aux surfaces qui peuvent avoir un impact sur le loyer[380].

63. Spécificité de la conformité quantitative de la chose virtuelle. D'un point de vue quantitatif, la délivrance conforme de la chose virtuelle pourrait soulever de nouvelles exigences au regard de sa nature immatérielle particulière[381].

64. Délivrance des accessoires de la chose louée : entre conformité quantitative et qualitative. La conformité quantitative implique que la chose soit *« livrée »* avec tous ses accessoires, car à défaut, la délivrance ne serait pas complète[382]. Troplong dans son commentaire du Code civil en 1852, tout comme Pothier en 1764[383], reprend cette idée que l'obligation de délivrance s'étend aux choses qui constituent les accessoires de la chose louée[384]. Parmi les exemples cités à l'époque, il est fait référence à la location d'une maison dont les dépendances, le bûcher, le hallier, les greniers, la cour, le vestibule ou encore les clés des portes intérieures constitueraient les accessoires de la chose louée[385]. D'autres accessoires sont cités dans le cadre du bail à ferme, tels que les pailles, les engrais, les fourrages ou les vases vinaires[386]. À cette époque, le bail commercial n'ayant pas encore de statut juridique propre, il n'y a pas d'exemple en la matière. Néanmoins, certaines illustrations pourraient s'en rapprocher comme les usines dont les machines attachées à l'établissement, ou les agrès constitueraient des accessoires[387].

À propos de la délivrance des accessoires, Troplong prétend que cette dernière, à la différence de la délivrance de la chose louée, n'est pas de l'essence du louage, mais que de sa nature et que par conséquent, il peut y être dérogé par convention[388]. La question de l'accessoire soulevait déjà à cette époque la controverse à propos du droit de chasse et du droit de pêche dans le bail à ferme[389]. Pour trancher la question de l'accessoire, l'auteur se réfère à la qualité d'immeuble par destination ou au caractère nécessaire de l'accessoire à l'utilisation de la chose principale[390], qui appelle la notion de conformité qualitative.

---

379 *Ibid.*
380 *Ibid.*
381 P. LE TOURNEAU, *Contrats informatiques*, *op. cit.*, n° 108 et s.
382 P.-A. FENET, *Recueil complet des travaux préparatoires du Code civil*, t. 14, *op. cit.*, p. 325.
383 R.-J. POTHIER, *Traité du contrat de louage, selon les règles tant du for de la conscience que du for extérieur*, *op. cit.*, p. 50, n° 54.
384 R.-T. TROPLONG, *Droit civil expliqué. De l'échange et du louage. Commentaires des Titres VII et VIII du Livre III du Code civil*, t. 1, *op. cit.*, p. 301, n° 160 et p. 328, n° 188.
385 *Ibid.*, p. 301.
386 *Ibid.*, *loc. cit.*
387 *Ibid.*, *loc. cit.*
388 *Ibid.*, p. 302.
389 *Ibid.*, pp. 302-314.
390 *Ibid.*, p. 301.

2 - La chose conforme d'un point de vue qualitatif : la destination

65. Affectation, usage et destination des lieux. Le second aspect de la conformité se révèle dans la qualité de la chose louée, c'est-à-dire l'utilisation qui doit être faite de la chose louée. Elle doit donc être conforme à l'utilisation établie dans le bail. Toutefois, l'utilisation de la chose louée renvoie à d'autres notions plus juridiques, celles d'affectation, d'usage ou encore de destination[391].

Avant toute chose, il faut différencier la destination, l'usage ou l'affectation prévus dans le bail selon la volonté des parties, que nous appellerons destination contractuelle[392], usage contractuel ou encore affectation contractuelle, de la destination légale, l'usage légal ou l'affectation légale[393], qui eux sont prévus par la loi. En matière de bail commercial, les notions de destination et d'usage contractuels sont utilisées de manière indifférenciée[394], certainement parce que le Code civil, lui-même, les utilise indifféremment dans ses articles 1719, 1728 et 1729. La destination des lieux comprend à la fois l'intention d'affecter les locaux à une exploitation à caractère commercial, industriel ou artisanal et la délimitation exacte des activités autorisées[395]. À côté de la destination ou l'usage contractuels, il faut ensuite distinguer la notion d'usage (légal) qui s'est substituée à celle d'affectation par l'ordonnance du 8 juin 2005[396] et qui dépend du Code de la construction et de l'habitation, de la notion de destination qui dépend du Code de l'urbanisme[397], notions sur lesquelles nous reviendrons ultérieurement[398]. La chose louée devra donc être délivrée conformément à la destination ou l'usage ou l'affectation prévus dans le bail, même en cas de cession de bail[399] ou d'apport partiel d'actif[400]. Autrement dit, la conformité qualitative recouvre l'aptitude de la chose à recevoir la destination convenue et l'état de permettre la réalisation de la destination qui doit être faite de la chose louée[401].

---

391 Sur la distinction de ces notions : JURIS-COMPACT, « Affectation et destination du local de l'entreprise », *JCP N* mars 2003, n° 11, étude 1216, p. 438.

392 P. GARBIT *et alii*, *Le Lamy droit commercial*, 2015, n° 1023.

393 E. BRIAND, « Bail et changement d'usage », *Rev. loyers* avr. 2012, n° 926, doctr. 1432, p. 146.

394 M. CORNATON et J.-P. BLATTER, « Au commencement... était la destination », *AJDI* déc. 2000, n° 12, p. 1091.

395 P. GARBIT *et alii*, *Le Lamy droit commercial*, 2015, *op. cit.*, n° 1022.

396 *Ord.* n° 2005-655, 8 juin 2005, Ordonnance relative au logement et à la construction.

397 J.-L. BERGEL (dir.) *et alii*, *Le Lamy droit immobilier*, 2015, *op. cit.*, n° 2316 ; *Transformer un logement en local professionnel*, http://vosdroits.service-public.fr/professionnels-entreprises/F2751.xhtml.

398 V. *infra* n° 84 et s.

399 Cass. 3e civ. 14 nov. 2012, n° 11-21.105, *AJDI* févr. 2014, p. 130, n° 2, obs. N. DAMAS.

400 Cass. 3e civ., 3 mai 2007, n° 06-11.092, Bull. civ. III, n° 66, JurisData n° 2007-038654, *Gaz. pal.* juill. 2007, n° 207, p. 21, note P.-H. BRAULT ; *Rev. loyers* juill. 2007, n° 879, p. 326, an. M.-O. VAISSIÉ ; *D.* juin 2007, n° 21, p. 1430, obs. Y. ROUQUET ; *D.* juill. 2008, n° 24, p. 1645, chron. L. ROZÈS ; *RLDA* juill. 2007, n° 18, act. 1064, p. 19, obs. A. FAUSSURIER ; *RLDA* juin 2007, n° 17, act. 1003, p. 28, obs. A. CERATI-GAUTHIER ; *Dr. sociétés* juill. 2007, n° 7, comm. 129, p. 16, obs. H. LÉCUYER.

401 R. BOFFA, *La destination de la chose*, *op. cit.*, p. 296, n° 425 ; M.-P. DUMONT-LEFRAND *et alii*, « L'obligation de délivrance en matière de bail commercial », art. cit.

Cette conception fonctionnelle[402] de l'obligation de délivrance sous-entend que le bien soit conforme aux prévisions contractuelles et soit donc apte à remplir l'usage pour lequel il a été loué[403]. Cette fonctionnalité comprend la susceptibilité du local à recevoir la destination convenue (possibilité juridique) et son aptitude à réaliser la destination convenue (état matériel)[404]. On prend en compte ses potentialités d'usage[405]. En somme, la conception matérielle de l'obligation de délivrance se voit nécessairement complétée par cette conception fonctionnelle. Et, bien que la conception fonctionnelle soit différente de la conception matérielle, elle est nécessairement dépendante de la conception matérielle. Cette dépendance se décline sous deux aspects. En premier lieu, s'il n'y a pas de délivrance matérielle, il ne peut pas y avoir de délivrance fonctionnelle. Il faut d'abord que le bien ait été mis à disposition du preneur pour que celui-ci puisse espérer remplir l'usage auquel il est destiné. Mais, il ne faut pas se méprendre, ce n'est pas parce que le bien a été mis à disposition qu'il remplit forcément sa fonction. À l'inverse, la conception matérielle est indépendante de la conception fonctionnelle : on peut mettre un bien à disposition sans que celui-ci ne remplisse l'usage auquel il est destiné. En second lieu, c'est donc l'aptitude matérielle du bien à remplir sa fonction qui est visée[406]. Il faut que le bien ait été mis à disposition du preneur, dans un certain « état matériel » qui le rende apte à remplir son rôle fonctionnel, c'est-à-dire à servir à l'usage auquel il est destiné.

66. Aptitude matérielle, juridique et immatérielle. En matière de bail commercial, l'aptitude du bien à recevoir la destination convenue a été décomposée par la doctrine selon trois aspects : l'aptitude matérielle, juridique et immatérielle[407]. C'est parce que cette obligation prend une coloration particulière ici en ce qu'elle ne concerne pas que le bien loué lui-même, mais s'apprécie au regard de son aptitude à recevoir la destination choisie par les parties que l'aptitude de la chose à être délivrée est à la fois matérielle, juridique et immatérielle[408]. Effectivement, la délivrance d'un logement d'habitation est différente de la délivrance d'un local commercial : elle n'exige pas les mêmes attentes. De façon encore plus poussée, la délivrance d'un local commercial à usage de restaurant n'exige pas le même

---

402 *Ibid.* ; P. ANCEL, « Location mobilière de longue durée sans option d'achat : opération de crédit et/ou bail de droit commun », *D.* avr. 1991, n° 17, p. 225.

403 Cass. 3e civ., 26 mars 1997, n° 95-14.103, Bull. civ. III, n° 70, JurisData n° 1997-001375, *JCP N* juill. 1997, n° 30, jur. p. 1043 ; *JCP G* mai 1997, n° 21, somm. 1071, p. 65 ; *D.* nov. 1997, n° 40, p. 325, obs. C. ATIAS ; R. BOFFA, *La destination de la chose*, *op. cit.*, pp. 296-299, n° 425 et s.

404 R. BOFFA, *La destination de la chose*, *op. cit.*, p. 296, n° 425 ; M.-P. DUMONT-LEFRAND *et alii*, « L'obligation de délivrance en matière de bail commercial », art. cit. ; C. GRIMALDI, « La clause de prise des locaux loués en l'état à l'aune de l'obligation de délivrance », *RDC* oct. 2009, n° 4, p. 1495.

405 R. BOFFA, La destination de la chose, *op. cit.*, *loc. cit.*

406 Cass. 3e civ., 11 oct. 2011, n° 10-17.257, JurisData n° 2011-021760, *AJDI* janv. 2012, n° 1, p. 32, obs. V. ZALEWSKI.

407 J.-P. BLATTER et W. BLATTER-HODARA (collab.), *Traité des baux commerciaux*, 6e éd., *op. cit.*, pp. 410 et s., n° 786 et s.; J.-P. BLATTER et W. BLATTER-HODARA (collab.), *Droit des baux commerciaux*, *op. cit.*, pp. 53 et s., n° 93 et s., pp. 232 et s., n° 462 et s. ; M.-P. DUMONT-LEFRAND, *Bail commercial*, *op. cit.*, n° 207 et s.

408 J.-P. BLATTER, « La délivrance de la chose louée et la responsabilité du bailleur », art. cit.

aménagement que la délivrance d'un local à usage de laboratoire. Enfin, le local situé dans une avenue très passante ne présente pas le même potentiel que le local situé dans une rue transversale beaucoup moins fréquentée. On comprend donc bien que le contenu de l'obligation de délivrance changera en fonction de ce qui est prévu dans le contrat et en fonction de la chose objet du contrat. Chaque contrat, même de nature identique, sera différent et unique. L'appréciation de la conformité contractuelle va varier en fonction du bail considéré et de la chose considérée.

67. Local clos et couvert. Il semble que le local commercial à l'instar du local d'habitation doive lui aussi être clos et couvert non pas sur le fondement de la décence, mais sur celui de l'utilisation conforme. La Haute Cour a considéré qu'en retenant, pour dire irrecevable l'action d'une société de joaillerie, que les infiltrations étaient le fait non pas d'un défaut d'entretien, mais d'un vice de construction et qu'une clause du bail interdisait au preneur d'exercer contre le bailleur un recours quelconque pour vices cachés ou apparents, défauts ou malfaçons, sans répondre au moyen de la société de joaillerie qui faisait valoir que le bailleur était, en application des articles 1719 et 1720 du Code civil , tenue d'une obligation de délivrance et de réparation de la chose louée afin que le preneur puisse en jouir paisiblement pendant la durée du bail, et qu'ayant manqué à ces obligations contractuelles en ne rétablissant pas le clos et le couvert des locaux loués, elle était responsable de l'arrêt de l'exploitation, la Cour d'appel n'a pas satisfait aux exigences du texte susvisé[409]. De la même manière, l'étanchéité d'une toiture a été incluse dans l'obligation de délivrance du bailleur. C'est la Cour d'appel de Paris qui l'a précisé en estimant que le bailleur doit être débouté de sa demande de paiement du coût des travaux d'étanchéité de la totalité de la surface de la toiture de l'entrepôt, dès lors que sans l'exécution de ses travaux il aurait failli à son obligation de délivrance[410]. Il faut comprendre de ces solutions, et la Cour l'a clairement affirmé, que c'est l'impossibilité d'utiliser la chose comme le bail le prévoit qui est sanctionnée et non le caractère indécent.

Il faut tout de même noter que la jurisprudence a une appréciation restrictive du clos et du couvert. Elle a déclaré, en matière d'habitation, que la mise à disposition, par un bailleur à son locataire, d'un appartement, en lui assurant le clos avec des fenêtres non dépourvues de système de fermeture satisfait son obligation de délivrance et que cette obligation ne pouvait être appréciée au regard des exigences des assureurs vis-à-vis de leurs clients[411]. Bien que cette solution ait été rendue dans le cadre d'un bail d'habitation, nous pensons qu'elle peut s'appliquer aux baux commerciaux.

---

[409] Cass. 3e civ., 18 mars 2009, n° 08-11.011, JurisData n° 2009-047515, *AJDI* juill. 2009, n° 7-8, p. 539, obs. M.-P. DUMONT-LEFRAND.

[410] CA Paris, 1e ch., sect. G, 13 mai 1998, n° 97/02903, JurisData n° 1998-021446 ; V. aussi dans le même sens : Cass. 3e civ., 27 avr. 2017, n° 16-12.434, *Gaz. pal.* juill. 2017, n° 298, p. 77, obs. R. CONSEIL.

[411] Cass. 3e civ., 17 juill. 1997, n° 95-19.045 ; Comp. avec Cass. 3e civ., 12 mars 1985, n° 83-16.406, Bull. civ. III, n° 48, JurisData n° 1985-000652.

68. Difficulté liée à la conformité qualitative de la chose future. La conformité qualitative de la chose objet du bail commercial en état futur d'achèvement soulève la même difficulté que la conformité quantitative. Celle-ci tient à la potentielle évolution de la chose, entre le moment de conclusion du bail commercial en état futur d'achèvement et l'état des lieux d'entrée, indépendamment de la volonté des parties en raison de problèmes relatifs à un permis de construire ou concernant les Commissions départementales d'aménagement commercial[412]. Compte tenu de ces circonstances, la doctrine suggère de prévoir ces évolutions dans le contrat par une clause qui permettrait au preneur sous certaines conditions et avec conséquences sur le montant du loyer ou des charges, d'envisager une modification sans remise en question du permis de construire[413].

69. Spécificité de la conformité qualitative de la chose virtuelle. D'un point de vue qualitatif, la délivrance de la chose virtuelle pourrait induire de nouvelles exigences[414]. À ce titre, de nouveaux enjeux pourraient alors intégrer le champ de l'obligation de délivrance tels que la garantie de la protection des données par l'hébergeur[415] ou des exigences relatives à la nature des produits vendus notamment médicaux[416].

70. Spécificité de la conformité de la chose digitalisée. Dans cette dynamique, le développement des technologies numériques tend à transformer la conception de l'immeuble : *« le bâtiment ne serait plus tant un abri qu'un outil performant au bénéfice de ses utilisateurs »*[417]. Cela donne lieu à la construction de biens immobiliers connectés ou *smart buildings*[418], parmi lesquels on trouve les bâtiments autonomes et les bâtiments intelligents[419]. La révolution numérique pourrait donc

---

412 B. BOUTONNET, « Le bail en état futur d'achèvement ou le bail sous conditions suspensives », art. cit.

413 *Ibid.*

414 P. LE TOURNEAU, *Contrats informatiques*, *op. cit.*, n° 108 et s. ; M. GRIGUER, « Mettre en conformité son site Internet », *Cah. Dr. Entr.* mars-avr. 2013, n° 2, prat. 10, p. 74.

415 V. sur la responsabilité de l'hébergeur à propos de la protection des données personnelles : D. SIMON, « Protection des données personnelles », *Europe* août-sept. 2018, n° 8-9, comm. 298, p. 13.

416 V. par exemple sur la conformité aux exigences légales d'un hébergement de site internet de vente en ligne de produits pharmaceutiques : M. GRIGUER, « Pharmaciens et e-commerce : le nouveau défi », *Cah. Dr. Entr.* janv-févr. 2014, n° 1, prat. 5, p. 58. Une standardisation de la chose virtuelle semble aussi exister comme pour le local commercial : v. *infra* n° 73 et s.

417 S. BOURDIN, « Immeuble connecté, droit déconnecté ? », *Le Moniteur* août 2018, n° 5988, p. 1.

418 P. DESSUET, « De l'immeuble écoresponsable à l'immeuble connecté », *RDI* juill. 2019, n° 7-8, p. 376 ; ANONYME, « Bâtiments intelligents : c'est déjà demain ! », *Le Moniteur* juin 2020, publidossier, p. 1 et s.

419 C. JEANNE, « Vocabulaire de l'aménagement et de l'urbanisme, de l'habitat et de la construction », *Rev. loyers* févr. 2019, n° 994, p. 99 : L'immotique s'installe dans les immeubles, que ce soit dans les lieux de vie résidentiels ou professionnels, afin d'apporter un maximum de confort quotidien, grâce notamment à des ascenseurs intelligents, un chauffage pilotable à distance ou encore des accès de plus en plus sécurisés. ; L'immotique désigne *« une technique d'automatisation ou de gestion informatisée de certaines fonctions des bâtiments comprenant la surveillance, la sécurité (incendie, fermetures), la régulation (chauffage, conditionnement de l'air, éclairage) et la communication (réseaux multimédia) »* : J.-L. BLIN-LACROIX et J.-P. ROY, *Le dictionnaire professionnel du BTP*, 3e éd., Eyrolles, 2011.

sensiblement modifier l'étendue de la destination[420]. Pour ces immeubles du futur, la délivrance implique une conformité digitale à laquelle se rattachent certains accessoires numériques[421].

71. Délivrance des accessoires de la chose louée non mentionnés spécifiquement dans le bail. Outre la chose louée, celle-ci s'accompagne parfois d'accessoires tels qu'une cave ou un parking qui vont, parce qu'ils sont indispensables à l'utilisation normale de la chose, tomber sous le joug de l'obligation de délivrance, et cela même en l'absence de clause[422]. Cette idée se concevait déjà à l'époque[423].

La plupart du temps, ces accessoires seront mentionnés au bail dans la description des locaux loués et le bailleur sera alors tenu de les délivrer[424]. Parfois, les accessoires de la chose louée ne sont pas mentionnés dans le bail et pourtant, ils doivent être délivrés avec la chose louée. Dans ce cas, il est d'usage, dans le silence du contrat, de se référer à l'intention présumée des parties en se fondant sur ce qui est habituel en la matière, compte tenu de la destination des locaux[425]. Ce principe figure parmi les principes de droit commun des contrats[426].

En matière de bail commercial, il a été jugé que l'obligation de délivrance du bailleur porte sur la chose louée telle qu'elle a été définie au bail, mais également sur les accessoires de cette chose louée qui sont indispensables à son utilisation normale[427]. Dans ce litige, le locataire, qui occupait les lieux depuis une dizaine d'années, ne disposait d'aucun autre moyen de chauffage que la chaudière installée dans la cave et indiquait avoir toujours disposé de la clé de la cave, sachant que le bailleur ne s'est jamais prévalu d'une occupation indue de la cave. L'ensemble de ces éléments démontre que les parties avaient bien décidé d'inclure la cave dans les lieux loués. On retrouve ici l'idée de nécessité de l'accessoire pour l'utilisation de la chose louée évoquée par Troplong[428].

La jurisprudence s'est également prononcée sur la valeur d'éléments de nature à permettre l'exploitation du commerce en les considérant comme des accessoires de la chose louée. La Cour d'appel de Montpellier a considéré que constituait un

---

420 S. GUILLAUME, « Quelques incidences du e-commerce sur les baux commerciaux », *Rev. loyers* févr. 2013, n° 934, doctr. 1535, p. 68 ; *Le bail commercial à l'épreuve de la mutabilité des immeubles*, https://www.cheuvreux.fr/wp-content/ uploads/2020/10/LCDJ-1_6.-Le-bail-commercial-%C3%A0-l%C3%A9preuve-de-la-mutabilit%C3%A9.pdf.

421 V. sur la prise en compte de l'outil numérique dans la destination : CA Aix-en-Provence, ch. 4, sect. C, 6 mars 2008, n° 06/00854 ; CA Paris, ch. 16, sect. A, 3 mai 2006, n° 05/03970.

422 M.-P. DUMONT-LEFRAND, *Bail commercial*, *op. cit.*, n° 208.

423 R.-T. TROPLONG, *Droit civil expliqué. De l'échange et du louage. Commentaires des Titres VII et VIII du Livre III du Code civil*, t. 1, *op. cit.*, p. 301, n° 160.

424 CA Rouen, 2e ch., 22 mars 2007, n° 06/00482, JursiData n° 2007-333402.

425 C. QUÉMENT, *Bail commercial. - Obligations des parties*, *op. cit.*, n° 7 ; M.-P. DUMONT-LEFRAND, *Bail commercial*, *op. cit.*, *loc. cit.*

426 C. civ., art. 1166 nouv.

427 CA Paris, 16e ch., sect. B, 28 janv. 2000, n° 1999/05521, JurisData n° 2000-105085.

428 R.-T. TROPLONG, *Droit civil expliqué. De l'échange et du louage. Commentaires des Titres VII et VIII du Livre III du Code civil*, t. 1, *op. cit.*, *loc. cit.*

accessoire de la chose louée, une installation de climatisation réversible[429]. Elle justifie sa position en considérant qu'à défaut d'avoir été écarté par le bail, le bon fonctionnement d'une installation de climatisation réversible destinée à distribuer alternativement air froid et air chaud dans les parties communes d'un centre commercial est nécessairement entré dans le champ contractuel, dans la mesure où il s'agit d'un élément d'équipement de nature à permettre l'exploitation normale d'un commerce d'alimentation (boucherie) dans un centre commercial du sud de la France sensible aux variations climatiques. Ce faisant, elle reconnaît que le bailleur a manqué à ses obligations légales de délivrance et de jouissance paisible du locataire à raison du dysfonctionnement de la climatisation.

72. Accessoire particulier des locaux commerciaux : l'enseigne. La jurisprudence s'est aussi prononcée sur la valeur de l'enseigne[430] en la considérant comme un accessoire de la chose louée. Dans une espèce du 5 janvier 2011[431], un bailleur avait donné à bail des locaux commerciaux en fond de cour d'un immeuble et le fonds de commerce était signalé en façade par l'apposition d'une plaque. Après ravalement de l'immeuble, le bailleur avait fait savoir aux locataires commerçants qu'il n'entendait pas procéder à la repose, ni au remplacement des plaques signalétiques, la signalisation installée sous le porche de l'immeuble lui semblant suffisante. Au refus du bailleur de procéder à la repose de la plaque, la Cour d'appel répond, en application des dispositions de l'article 1719 du Code civil, que *« l'enseigne commerciale est un attribut du fonds de commerce, au même titre que le droit au bail, la clientèle et l'achalandage d'une part, le mobilier commercial, le matériel et l'outillage servant à l'exploitation du fonds d'autre part »* et que *« dès lors, la bailleresse a manqué à son obligation de délivrance en ayant fait interdiction à sa locataire d'apposer désormais son enseigne en façade de l'immeuble ou s'exerce son activité commerciale ».*

Dans une décision du 29 septembre 2011[432], un locataire pharmacien reproche à son bailleur la suppression de la croix apposée en façade de la pharmacie, côté extérieur, en se prévalant des dispositions des articles 1719 et 1723 du Code civil. La Cour d'appel de Versailles retient d'abord que la suppression par le bailleur de la croix apposée en façade de la pharmacie, sans le consentement du preneur, constitue une violation grave par le bailleur de ses obligations qui porte atteinte à l'exercice paisible par la société locataire de son activité, en lui causant un trouble manifestement illicite. Puis, en ce qui concerne la signalétique apposée en façade

---

[429] CA Montpellier, 2e ch., setc. B, 26 mars 2002, n° 01/00827, JurisData n° 2002-187909.

[430] P. GARBIT *et alii*, *Le Lamy droit commercial*, 2015, *op. cit.*, n° 89 et 100 : Selon ces auteurs, l'enseigne correspond à l'apposition de l'identification du fonds de commerce sur le local même d'exploitation du fonds aux regards des passants. Celle-ci est différente du nom commercial. ; C. QUÉMENT, *Bail commercial. - Obligations des parties*, *op. cit.*, n° 6 : Pour cette auteure, l'enseigne identifie le local d'exploitation et fait partie du fonds de commerce.

[431] CA Paris, 5e pôle, 3e ch., 5 janv. 2011, n° 09/12098, JurisData n° 2011-000086, *Loyers et copr.* mars 2011, n° 3, comm. 82, p. 21, note E. CHAVANCE ; *Gaz. pal.* mars 2011, n° 71, p. 20, chron. J.-D. BARBIER et C.-E. BRAULT.

[432] CA Versailles, 12e ch., 2e sect., 29 sept. 2011, n° 10/05949, JurisData n° 2011-022837, *Loyers et copr.* mars 2012, n° 3, comm. 78, p. 24, obs. P.-H. BRAULT ; *Gaz. pal.* févr. 2012, n° 49, p. 46, note C.-E. BRAULT.

du centre à distance de la pharmacie, elle estime, tout en relevant que les croix lumineuses présentaient une utilité certaine pour l'exercice de son activité, que l'existence d'un trouble manifestement illicite ou d'un dommage imminent n'est pas démontrée dans des conditions permettant au juge des référés de prescrire les mesures de remise en état sollicitées. Bien que rendu au titre de l'obligation de jouissance paisible, un commentaire doctrinal affirme que cette solution s'oriente vers la reconnaissance d'un véritable droit à l'enseigne au titre de l'obligation de délivrance[433]. Cela se justifie pleinement si l'on s'en remet à nos explications ultérieures relatives aux prolongements de la délivrance[434], selon lesquelles si le retrait d'une enseigne en cours de bail est sanctionné au titre de l'obligation de jouissance paisible du bailleur alors l'enseigne est un élément qui était présent à la prise d'effet du bail et qui fait, à ce titre, partie de l'obligation de délivrance.

D'autres arrêts ont également affirmé que la signalétique entrait dans l'obligation de délivrance du bailleur[435].

Si la conformité, qu'elle soit qualitative ou quantitative, s'apprécie initialement à l'aune du contrat, il reste que celui-ci n'est pas le seul critère d'appréciation. Effectivement, la loi, les règlements ou le juge sont venus imposer des critères particuliers qui devront être respectés alors même que le contrat ne le prévoit pas.

B - La chose conforme selon la loi, les règlements ou le juge : vers une standardisation

73. La conformité implicitement induite par le bail. Au-delà de ce qui est clairement inscrit dans le bail, il faut prendre en compte une conformité plus subtile, qui n'y est pas mentionnée clairement, mais qui se déduit ou qui est induite par la chose objet du bail. Le simple fait que le bail porte sur une chose affectée à telle destination, se trouvant dans telle situation ou encore abritant telle activité, peut entraîner l'application d'autres lois ou d'autres règles qui vont régir la propriété, la destination, la situation de l'immeuble ou l'activité commerciale qui s'exercera dans les lieux loués. Par exemple, le simple fait que le bail porte sur un local d'une surface de vente supérieure à 1 000 m^2 et loué à usage de commerce de détail va déclencher le respect de la réglementation relative aux autorisations d'exploitation commerciale pour ce type de locaux. Le bail ne mentionne pas expressément que ce type de locaux est soumis à cette réglementation et pourtant son respect est nécessaire à l'exploitation du local. Ici, c'est la simple caractéristique de surface du local qui induit le respect d'une autre réglementation. La conformité contractuelle va donc sous-entendre une conformité légale qui va se retrouver dans

---

433 *Ibid.*

434 V. *infra* n° 186.

435 CA Paris, 5e pôle, 3e ch., 15 sept. 2010, n° 08/22187, JurisData n° 2010-018352, *Loyers et copr.* janv. 2011, n° 1, comm. 18, p. 26, obs. E. CHAVANCE ; CA Paris, 5e pôle, 3e ch., 5 janv. 2011, n° 09/12098, JurisData n° 2011-000086, *Loyers et copr.* mars 2011, n° 3, comm. 82, p. 21, note E. CHAVANCE ; *Gaz. pal.* mars 2011, n° 71, p. 20, chron. J.-D. BARBIER et C.-E. BRAULT ; CA Versailles, 12e ch., 2e sect., 29 sept. 2011, n° 10/05949, JurisData n° 2011-022837, *Loyers et copr.* mars 2012, n° 3, comm. 78, p. 24, obs. P.-H. BRAULT ; *Gaz. pal.* févr. 2012, n° 49, p. 46, note C.-E. BRAULT.

bon nombre d'autres réglementations. On constate une fois de plus la nécessité du contrat de bail pour apprécier le contenu de l'obligation de délivrance.

En matière de bail commercial, la doctrine évoque aussi une délivrance immatérielle et juridique qui oblige le bailleur à délivrer des locaux conformes à diverses normes environnementales, d'hygiène, de sécurité, etc., et de garantir une certaine commercialité des lieux[436]. En matière de baux d'habitation, la conformité à diverses normes, notamment celle de décence, existe aussi, mais est peut-être moins lourde[437]. En outre, l'obligation d'information du bailleur quant à l'état de la chose louée voit son champ s'étendre de plus en plus.

Partant, la conformité de la chose à délivrer a tendance à se standardiser au gré des lois, règlement et des exigences jurisprudentielles.

Cette standardisation de la conformité de la chose se décline de façon directe selon des normes précises (1), mais aussi de façon indirecte à travers l'information délivrée (2).

1 - La chose conforme strictement

74. Exigences légales et jurisprudentielles. En imposant, par le biais de l'article 1720 alinéa 1er du Code civil, de délivrer la chose en bon état de réparations de toute espèce, le législateur a fixé la première exigence de l'état standard dans lequel doit se trouver cette chose. Il a fixé une seconde exigence en imposant de délivrer une chose décente en application de l'article 1719, 1°. Il a également fixé d'autres exigences en permettant un encadrement de la destination de la chose ou en fixant des normes de sécurité. Le juge a aussi contribué à la standardisation de la chose louée en sanctionnant l'état de dangerosité ou en se prononçant sur l'environnement commercial.

La conformité d'un point de vue strict révèle une partie de la richesse du contenu de l'obligation de délivrance en exigeant que la chose soit en bon état de réparations de toute espèce (a), décente (b), qu'elle ait une destination licite (c), qu'elle soit exempte de danger (d) et dotée d'un environnement commercial particulier (e).

a - La chose en bon état de réparations de toute espèce

75. Perception extensive de la délivrance en bon état de réparations de toute espèce ? Un auteur explique que cette obligation de délivrance en bon état tend à être englobée dans l'obligation de délivrance conforme[438]. L'interprétation

---

[436] M.-P. DUMONT-LEFRAND, *Bail commercial*, *op. cit.*, n° 211-214.

[437] C. AUBERT DE VINCELLES et C. NOBLOT, *Bail*, *op. cit.*, n° 6 et 146-148 ; P. MALAURIE, L. AYNÈS et P.-Y. GAUTIER, *Droit des contrats spéciaux*, *op. cit.*, pp. 410-411, n° 475 ; J. RAYNARD et J.-B. SEUBE, *Droit civil, Contrats spéciaux*, *op. cit.*, pp. 279-280, n° 343.

[438] C. AUBERT DE VINCELLES et C. NOBLOT, *Bail*, *op. cit.*, n° 149.

semble tout à fait convaincante dans le sens où la conformité de la chose suppose un bon état de réparations et nous la partageons.

En revanche, certains auteurs recoupent cette obligation de délivrance en bon état avec d'autres obligations. En effet, un auteur voit dans cette obligation de délivrance en bon état, l'obligation de décence imposée à la partie à usage d'habitation de locaux commerciaux[439]. Pour notre part, nous ne rejoignons pas cette solution. Nous pensons que l'obligation de décence et de bon état sont deux obligations distinctes, l'une étant établie par l'article 1719, 1° et l'autre par l'article 1720 alinéa 1er. Effectivement, un local peut tout à fait être en bon état de réparations, mais pour autant ne pas être décent, car une des pièces principales ne bénéficierait pas d'un éclairement naturel suffisant et d'une ouverture à l'air libre par exemple[440].

Si certains auteurs ont tendance à voir dans cette obligation de bon état d'autres obligations, il reste que pour la majorité de la doctrine, elle se conçoit comme l'obligation du bailleur de mettre le local en l'état et cela, en effectuant aussi bien de grosses réparations que des réparations d'entretien, pour que le preneur puisse effectivement exercer l'activité prévue au contrat de bail[441]. Ils précisent, par ailleurs, que cette obligation de mise en état des locaux ne pèse pas sur le bailleur lorsqu'elle a été expressément exclue. Cette interprétation rejoint celle des juristes de l'époque[442], à quelques nuances près dans l'exclusion expresse puisque la Cour est assez frileuse à admettre le jeu des clauses de prise des lieux en l'état[443]. Nous livrerons une interprétation quelque peu différente sur cette exclusion dans des développements ultérieurs[444] et considérons pour l'heure que l'exigence de bon état fait bien partie de l'obligation de délivrance qui pèse sur le bailleur.

b - La chose décente

76. Idée nouvelle du législateur : la décence. Jusqu'à la promulgation de la loi SRU[445], le législateur n'avait jamais envisagé la notion de décence, ni dans sa rédaction de l'article 1719 du Code civil ni dans les réglementations propres aux

---

[439] M.-P. DUMONT-LEFRAND, *Bail commercial*, *op. cit.*, n° 209.

[440] Critère faisant partie des critères de qualification d'un logement décent énoncé par le décret du 30 janvier 2002.

[441] M.-P. DUMONT-LEFRAND, *Bail commercial*, *op. cit.*, *loc. cit.* ; J. LAFOND *et alii*, Code des baux, 2020, p. 20, n° 1.

[442] R.-T. TROPLONG, *Droit civil expliqué. De l'échange et du louage. Commentaires des Titres VII et VIII du Livre III du Code civil*, t. 1, *op. cit.*, p. 314, n° 165.

[443] Cass. 3e civ., 10 déc. 2008, n° 07-20.277, JurisData n° 2008-046248, *Loyers et copr.* mars 2009, n° 3, comm. 54, p. 11, obs. B. VIAL-PEDROLETTI ; *RTD com.* déc. 2009, n° 4, p. 694, obs. F. KENDÉRIAN ; *AJDI* mars 2009, n° 3, somm. p. 198, obs S. PORCHERON ; *JCP N* nov. 2009, n° 47, chron. 1316, p. 23, obs. C. YANG-TING.

[444] V. *infra* n° 323 et 330.

[445] Cette loi s'inscrit dans la continuité des lois d'orientation pour l'aménagement et le développement durable du territoire (*L.* n° 99-533, 25 juin 1999, Loi d'orientation pour l'aménagement et le développement durable du territoire et portant modification de la loi n° 95-115 du 4 février 1995 d'orientation pour l'aménagement et le développement du territoire) et celle relative au renforcement et à la simplification de la coopération intercommunale (*L.* n° 99-586, 12 juill. 1999, Loi relative au renforcement et à la simplification de la coopération intercommunale).

baux, tant d'habitation que commerciaux ou encore professionnels[446]. Pourtant, la question de l'insalubrité des logements n'est pas récente puisqu'elle remonte à la fin du XVIIIe et au début du XIXe siècle[447].

C'est donc par cette loi[448] que le législateur intègre une nouvelle donnée à l'obligation de délivrance, la notion de décence, qui ne reste pas sans incidence pour les baux commerciaux (α) et génère quelques difficultés (β).

α - L'application de l'exigence de décence aux baux commerciaux mixtes

77. Exigence de délivrer un logement décent et critères d'appréciation. C'est à l'initiative de l'Assemblée nationale, que le II-2° de l'article 187 de la loi SRU, malgré une large contestation de la conformité de ce texte à la Constitution[449], complète l'article 1719, 1° du Code civil en imposant au bailleur l'obligation de délivrer *« un logement décent ne laissant pas apparaître de risques manifestes pouvant porter atteinte à la sécurité physique ou à la santé et doté des éléments le rendant conforme à l'usage d'habitation »*[450]. Initialement, c'est l'article 1720, et non l'article 1719, qui était touché en se voyant ajouter une interdiction de louer *« un local à usage d'habitation principale ne présentant pas les caractéristiques de décence »*[451]. Mais, cette version a été abandonnée par le Sénat en raison de la difficulté d'introduire une disposition

---

[446] V. en ce sens : *L.* n° 48-1360, 1er sept. 1948, Loi portant modification et codification de la législation relative aux rapports des bailleurs et locataires ou occupants de locaux d'habitation ou à usage professionnel et instituant des allocations de logement, p. 8659 ; *L.* n°86-1290, 23 déc. 1986, Loi tendant à favoriser l'investissement locatif, l'accession à la propriété de logements sociaux et le développement de l'offre foncière, p. 15531 ; *L.* n° 89-462, 6 juil. 1989, Loi tendant à améliorer les rapports locatifs et portant modification de la loi n° 86-1290 du 23 décembre 1986, p. 8541 ; *D.* n° 53-960, 30 sept. 1953, Décret réglant les rapports entre bailleurs et locataires en ce qui concerne le renouvellement des baux, p. 8618.

[447] T. LEROUX, « La mise à distance de l'insalubrité et du risque industriel en ville : le décret de 1810 mis en perspectives (1760-1840) », *Histoire et Mesure* févr. 2009, n° 2, p. 31 ; C. LEVY-VROELANT, « Le diagnostic d'insalubrité et ses conséquences sur la ville : Paris 1894-1960 », *Population* juill.-oct. 1999, n° 4-5, p. 707.

[448] Projet de loi AN n° 2131, session 2 fév. 2000, Projet de loi relatif à la solidarité et au renouvellement urbains : Dans l'objectif d'agir contre un modèle de ville à deux vitesses, reflet des inégalités sociales les plus marquées, la loi SRU qui avait pour but de rénover le cadre juridique des politiques d'aménagement de l'espace, afin d'assurer un développement et un renouvellement urbain cohérents, solidaires et durables, va prendre, entres autres, des mesures touchant à l'insalubrité et au péril des immeubles.

[449] Con. const., 7 déc. 2000, n° 2000-436 DC ; *Conseil constitutionnel, Observations du gouvernement - 2000-436 DC*, http://www.conseil-constitutionnel.fr/conseil-constitutionnel/francais/les-decisions/acces-pardate / decisions-depuis-1959/2000/2000-436-dc/observations-du-gouvernement.100830.html ; J.-E. SCHOETTL, « Le Conseil constitutionnel et la loi relative à la solidarité et au renouvellement urbains », *AJDA* janv. 2001, n° 1, p. 18.

[450] J.-P. BROUANT, « La loi SRU et l'habitat », *AJDA* janv. 2001, n° 1, p. 56.

[451] L. ALTHAPÉ, Rapp. Sénat n° 17, session ordinaire 2000-2001, Rapport présenté au nom de la commission des Affaires économiques et du Plan sur le projet de loi, adopté avec modifications par l'assemblée nationale en nouvelle lecture, relatif à la solidarité et au renouvellement urbains, p. 211 ; J.-P. BLATTER, « Les modifications apportées par la loi SRU à la loi du 6 juillet 1989 et au droit commun du bail d'habitation et mixte », *AJDI* mars 2001, n° 3, p. 210 ; C. GIVERDON, « Solidarité et renouvellement urbains : les modifications apportées par la loi du 13 décembre 2000 au contrat de location des locaux à usage d'habitation ou à usage professionnel et d'habitation », *Loyers et copr.* févr. 2001, n° 2, chron. 2, p. 5.

spécifique dans un article de portée générale du Code civil et de la contradiction qu'il y avait à prescrire une interdiction de louer, alors même que le paragraphe II de l'article 85, A modifie la loi du 6 juillet 1989, pour permettre au juge de sanctionner la non-mise en conformité des locaux loués par une réduction du loyer perçu[452].

L'Assemblée nationale a alors adopté une modification de l'article 1719, 1° du Code civil comme suit : *« Le bailleur est obligé, par la nature du contrat, et sans qu'il soit besoin d'aucune stipulation particulière : 1° De délivrer au preneur la chose louée et, s'il s'agit de son habitation principale, un logement décent ; »*. Avec cette formulation, l'obligation de délivrance se retrouve complétée, lorsqu'il s'agit d'un logement destiné à l'habitation, par la notion de décence. Le rapport Althapé conclut que cette nouvelle rédaction paraît plus acceptable et n'interdit pas le maintien dans les lieux de l'occupant d'un logement dont l'état cesserait d'être décent en cours d'occupation et dans lequel le propriétaire serait amené à faire des travaux[453].

Comme le fait remarquer très justement un auteur, si le Conseil constitutionnel a rappelé dans sa décision du 7 décembre 2000 que l'expression de logement décent trouve sa définition dans la subdivision II de l'article 187, le Code civil, quant à lui, ne donne pas de définition du logement décent[454], alors que l'article 6 de la loi du 6 juillet 1989[455], modifié significativement par la loi du 17 août 2015[456], intégrant *« un critère de performance énergétique minimale »*[457] et dernièrement modifié par la loi du 23 novembre 2018 venant quelque peu élargir cette définition[458], l'a intégrée dans sa formule.

Pour structurer cette notion de décence, le décret du 30 janvier 2002 relatif aux caractéristiques du logement décent[459], modifié par le décret du 9 mars 2017[460]

---

452 L. ALTHAPÉ, Rapp. Sénat n° 17, préc., p. 212.

453 *Ibid.*, *loc. cit.*

454 J.-P. BLATTER, « Les modifications apportées par la loi SRU à la loi du 6 juillet 1989 et au droit commun du bail d'habitation et mixte », art. cit.

455 *L.* n° 89-462, 6 juill. 1989, Loi tendant à améliorer les rapports locatifs et portant modification de la loi n° 86-1290 du 23 décembre 1986, art. 6 al. 1 et 2 : *« Le bailleur est tenu de remettre au locataire un logement décent ne laissant pas apparaître de risques manifestes pouvant porter atteinte à la sécurité physique ou à la santé, exempt de toute infestation d'espèces nuisibles et parasites, répondant à un critère de performance énergétique minimale et doté des éléments le rendant conforme à l'usage d'habitation. Un décret en Conseil d'Etat définit le critère de performance énergétique minimale à respecter et un calendrier de mise en œuvre échelonnée.*
Les caractéristiques correspondantes sont définies par décret en Conseil d'Etat pour les locaux à usage de résidence principale ou à usage mixte mentionnés au deuxième alinéa de l'article 2 et les locaux visés aux 1° à 3° du même article, à l'exception des logements-foyers et des logements destinés aux travailleurs agricoles qui sont soumis à des réglements spécifiques. ».

456 *L.* n° 2015-992, 17 août 2015, Loi relative à la transition énergétique pour la croissance verte.

457 Y. ROUQUET, « Loi "transition énergétique" : gestion immobilière », *Dalloz actualité* 1er sept. 2015.

458 *L.* n° 2018-1021, 23 nov. 2018, Loi portant évolution du logement, de l'aménagement et du numérique, art. 141 et 142 ; L. TRANCHANT, « L'impact de la loi ELAN sur les baux civils », *RDI* janv. 2019, n° 1, p. 30 ; N. DAMAS, « La loi ELAN et les baux d'habitation », *AJDI* janv. 2019, n° 1, p. 26.

459 *D.* n° 2002-120, 30 janv. 2002, Décret relatif aux caractéristiques du logement décent pris pour l'application de l'article 187 de la loi n° 2000-1208 du 13 décembre 2000 relative à la solidarité et au renouvellement urbains.

460 *D.* n° 2017-312, 9 mars 2017, Décret modifiant le décret n° 2002-120 du 30 janvier 2002 relatif aux caractéristiques du logement décent pris pour application de l'article 187 de la loi n° 2000-1208 du 13 décembre 2000 relative à la solidarité et au renouvellement urbains.

validé par le Conseil d'État[461] et plus récemment par le décret du 11 janvier 2021 fixant le critère de performance énergétique dans la définition du logement décent[462], est venu préciser les normes minimales qui doivent être respectées au regard de la sécurité physique et de la santé des locataires ainsi que les éléments d'équipement et de confort qui doivent être mis à la disposition de ces derniers[463]. Bien que certains auteurs trouvent cette définition encore incomplète[464], il paraît nécessaire de s'y référer.

En sus de ce décret, interviennent également comme autres règles de décence locative les règlements sanitaires départementaux[465].

---

[461] CE 5e et 6e ch. réunies, 20 déc. 2018, n° 414123, JurisData n° 2018-024054, *Loyers et copr.* avr. 2019, n° 4, comm. 47, p. 13, note B. VIAL-PEDROLETTI.

[462] *D.* n° 2021-19, 11 janv. 2021, Décret relatif au critère de performance énergétique dans la définition du logement décent en France métropolitaine.

[463] En premier lieu, il précise que le logement doit satisfaire à certaines conditions au regard de la sécurité physique et de la santé des locataires. En ce sens, le logement doit assurer le clos et le couvert, étant précisé que le gros œuvre du logement et de ses accès doit se trouver en bon état d'entretien et de solidité et doit protéger les locaux contre les eaux de ruissellement et les remontées d'eau, que les menuiseries extérieures et la couverture avec ses raccords et accessoires doivent assurer la protection contre les infiltrations d'eau dans l'habitation. Pour les logements situés dans les départements d'outre-mer, il est indiqué qu'il peut être tenu compte, pour l'appréciation des conditions relatives à la protection contre les infiltrations d'eau, des conditions climatiques spécifiques à ces départements. De plus, ce logement doit être protégé contre les infiltrations d'air parasites, sachant que les portes et fenêtres du logement ainsi que les murs et parois de ce logement donnant sur l'extérieur ou des locaux non chauffés doivent présenter une étanchéité à l'air suffisante et que les ouvertures des pièces donnant sur des locaux annexes non chauffés doivent être munies de portes ou de fenêtres, mais aussi que les cheminées doivent être munies de trappes. Ces dispositions ne sont pas applicables dans les départements situés outre-mer. En outre, les dispositifs de retenue des personnes, dans le logement et ses accès, tels que les garde-corps des fenêtres, escaliers, loggias et balcons, doivent se trouver dans un état conforme à leur usage. Par ailleurs, la nature et l'état de conservation et d'entretien des matériaux de construction, des canalisations et des revêtements du logement ne doivent pas présenter de risques manifestes pour la santé et la sécurité physique des locataires. Du reste, les réseaux et branchements d'électricité et de gaz et les équipements de chauffage et de production d'eau chaude doivent être conformes aux normes de sécurité définies par les lois et règlements et sont en bon état d'usage et de fonctionnement. Aussi, le logement permet une aération suffisante. Les dispositifs d'ouverture et les éventuels dispositifs de ventilation des logements sont en bon état et permettent un renouvellement de l'air et une évacuation de l'humidité adaptés aux besoins d'une occupation normale du logement et au fonctionnement des équipements. Enfin, les pièces principales, au sens du troisième alinéa de l'article R. 111-1-1 du Code de la construction et de l'habitation, sont tenues de bénéficier d'un éclairement naturel suffisant et d'un ouvrant donnant à l'air libre ou sur un volume vitré donnant à l'air libre. En second lieu, il ajoute que le logement doit comporter certains éléments d'équipement et de confort, notamment une installation permettant un chauffage normal du logement ; une installation d'alimentation en eau potable avec pression et débit suffisants ; des installations d'évacuation des eaux ménagères et vannes adaptées ; une cuisine ou un coin cuisine aménagé ; une installation sanitaire intérieure (w.-c.) séparé de la cuisine et de la pièce où sont pris les repas, et un équipement pour la toilette corporelle (baignoire ou douche) aménagé de manière à garantir l'intimité personnelle, alimenté en eau chaude et froide ; un réseau électrique suffisant pour toutes les pièces. En dernier lieu, il impose que le logement ait une surface habitable minimum de 9 mètres carrés avec une hauteur sous plafond au moins égale à 2,20 mètres, soit un volume habitable au moins égal à 20 mètres cubes, sachant qu'un logement qui fait l'objet d'un arrêté d'insalubrité ou de péril ne peut être considéré comme un logement décent.

[464] C. GIVERDON, « Solidarité et renouvellement urbains : les modifications apportées par la loi du 13 décembre 2000 au contrat de location des locaux à usage d'habitation ou à usage professionnel et d'habitation », art. cit.

[465] P. DE PLATER, « Point d'étape sur l'appréhension de la décence au regard du décret du 30 janvier 2002 et des réglements sanitaires départementaux », art. cit.

Si ces critères sont relativement précis, des interrogations ont été soulevées quant à leur mise en application, ayant des effets sur la délivrance.

78. Difficultés de mise en application. Il a été soulevé, à propos des enjeux relatifs à la présence de plomb dans l'eau potable, la question de la charge des travaux de remplacement pour les propriétaires qui devront répondre des conduites placées à l'intérieur des bâtiments. Il a été indiqué qu'un programme d'action et d'information serait mis en place pour les propriétaires et que les travaux de mise en conformité des réseaux d'immeubles, y compris le branchement des logements, peuvent être financés à l'aide de la subvention de l'Agence Nationale pour l'Amélioration de l'Habitat[466].

A également été soulevée la problématique de l'évolution constante des normes et de leur adaptation par les bailleurs, notamment en matière d'installation électrique. La réponse ministérielle indique que l'état de l'installation électrique doit s'apprécier en fonction du risque apparent qu'elle peut présenter pour un non-technicien sans qu'il soit nécessaire de procéder, si l'installation, bien qu'ancienne, n'est pas dangereuse, à une quelconque mise aux normes, sachant que seuls les travaux qui seraient exécutés sur cette installation devraient être conformes à la réglementation en vigueur au moment de leur réalisation[467].

Par ailleurs, sur l'obligation de fournir l'équipement de chauffage ou simplement de prévoir une alimentation en énergie adéquate, alors qu'une réponse ministérielle de 2002 précisait que le bailleur doit doter chaque logement des éléments nécessaires à l'installation d'équipements de chauffage et que dès lors qu'un logement dispose d'une alimentation en électricité ou gaz de ville, ainsi que d'un conduit d'évacuation des fumées, il doit être considéré en conformité avec les textes réglementaires sur le logement décent[468], la Cour de cassation n'a pas retenu cette analyse, estimant que la seule alimentation électrique ne peut être considérée comme un équipement ou une installation permettant un chauffage normal[469].

Enfin, s'agissant du contrôle de l'obligation de respecter ces nouvelles dispositions pour les propriétaires bailleurs, il a été répondu qu'il s'agit d'une procédure qui s'inscrit dans les rapports privés entre le bailleur et son locataire, qui est mise en œuvre à la seule initiative du locataire, et non d'une procédure publique telle que l'insalubrité ou les bâtiments menaçant de ruine, sachant que le locataire pourra demander au propriétaire la mise en conformité du logement et faute d'accord entre les parties, s'adresser au juge, qui pourra, à son tour, prescrire les

---

[466] Rép. min. à QE n° 61837, JO AN Q, 11 mars 2002, p. 1454 ; Rép. min. à QE n° 56097, JO AN Q, 12 avr. 2005, p. 3856.

[467] Rép. min. à QE n° 73576, JO AN Q, 6 mai 2002, p. 2428 ; Rép. min. à QE n° 2481, JO AN Q, 4 nov. 2002, p. 4042.

[468] Rép. min. à QE n° 6501, JO AN Q, 14 juill. 2003, p. 5624.

[469] Cass. 3e civ., 4 juin 2014, n° 13-17.289, Bull. civ. III, n° 73, JurisData n° 2014-013364, *JCP N* déc. 2014, n° 49, comm. 1353, p. 27, note J.-J. BARBIERI ; *AJDI* déc. 2014, n° 12, p. 873, obs. N. DAMAS ; *Dalloz actualité* 16 juin 2014, obs. Y. ROUQUET ; *D.* juin 2014, n° 22, p. 1274, obs. Y. ROUQUET ; *D.* juin 2015, n° 20, p. 1178, chron. N. DAMAS ; *Rev. loyers* juill. 2014, n° 949, p. 359, an. B. HUMBLOT-CATHELAND.

travaux à réaliser, voire une réduction de loyer si la mise en conformité n'intervient pas dans le délai fixé[470].

79. Extension du champ d'application de l'exigence de décence aux baux commerciaux ? Au regard de cette nouvelle rédaction, se pose inévitablement la question de l'incidence de l'obligation de décence dans le champ du sujet qui nous préoccupe, celui des baux commerciaux. À première vue, il faut bien admettre que l'idée de décence ne trouve guère sa place au sein du droit des baux commerciaux, en tout cas des locaux commerciaux. Effectivement, de la lecture simple de cet article, se dégage clairement l'idée que l'obligation de décence n'est conditionnée qu'aux locaux d'habitation. De plus, la définition même de *« local commercial »*, comparativement à celle de local d'habitation, ne justifie pas cette obligation de décence[471]. Il paraît évident qu'un local d'habitation, qui n'est autre qu'un logement, exige des conditions de confort et d'habitabilité qui ne sont pas nécessaires dans un local commercial.

Cette différence étant établie, qu'en est-il d'un bail mixte, à usage d'habitation et commercial, soumis pour le tout au statut des baux commerciaux ? La réponse à cette question, nous tâcherons de le démontrer, est positive lorsqu'il s'agit d'un bail mixte soumis pour le tout au statut des baux commerciaux, ce qui introduit la difficulté d'appréciation de l'habitation principale.

La doctrine suggère que le texte pourrait s'appliquer aux sous-locations à usage d'habitation ou aux baux à usage mixte d'habitation et commercial[472].

Néanmoins, le fait que la définition du logement décent soit apportée par le décret du 30 janvier 2002, alors même que ce texte découle de la modification apportée par la loi SRU à l'article 6 de la loi du 6 juillet 1989, inapplicable au bail commercial, apparaît incohérent à une partie de la doctrine[473]. Pourtant, aussi bien la Cour de cassation, dans son fameux arrêt d'octobre 2009, que la Cour d'appel[474] font référence à la description du logement décent établie dans le décret du 30 janvier 2002. Et, la Haute Cour a déclaré que lorsqu'il s'agit de baux à usage mixte, commercial et d'habitation, soumis pour le tout au statut des baux commerciaux, l'obligation de délivrance d'un logement décent s'applique[475]. Elle a

---

[470] Rép. min. à QE n° 73577, JO AN Q, 8 avr. 2002, p. 1924.

[471] CCH, art. L. 631-7 al. 2 : *« Constituent des locaux destinés à l'habitation toutes catégories de logements et leurs annexes, y compris les logements-foyers, logements de gardien, chambres de service, logements de fonction, logements inclus dans un bail commercial, locaux meublés donnés en location dans les conditions de l'article L. 632-1. »*.

[472] B. VIAL-PEDROLETTI, *Bail d'habitation. - Locations régies par le droit commun du louage (Code civil). - Obligations du bailleur : délivrance de la chose*, J.-Cl. Bail à loyer, Fasc. n° 260, mars 2015, n° 18.

[473] P.-H. BRAULT, « Sur les modalités d'application de l'obligation de délivrance d'un logement décent à l'égard des baux commerciaux mixtes », *Loyers et copr.* janv. 2010, n° 1, étude 1, p. 8.

[474] CA Paris, 16e ch., sect. A, 1er juill. 2009, n° 06/20191, JurisData n° 2009-007079, *Loyers et copr.* janv. 2010, n° 1, comm. 14, p. 17, note P.-H. BRAULT ; V. aussi : CA Agen, 1e ch., 13 sept. 2006, n° 05/00931, *AJDI* 2007, p. 922, obs. C. DENIZOT.

[475] Cass. 3e civ., 14 oct. 2009, n° 08-10.955 et n° 08-17.750, Bull. civ. III, n° 220, JurisData n° 2009-049880, *Loyers et copr.* janv. 2010, n° 1, comm. 14, p. 17, note P.-H. BRAULT ; *Rev.loyers* janv. 2010, n° 903, jur. 1107, p. 10, an. B. HUMBLOT-GIGNOUX ; *RLDA* janv. 2010, n° 45, act. 2651, p. 17, note H. KENFACK ; *RTD com.* mars 2010, n° 1, p. 63, obs. F. KENDÉRIAN ; *Dalloz actualité* 22 oct. 2009, obs. Y. ROUQUET ; *D.* oct. 2009, n° 38, p. 2549, obs. Y. ROUQUET ;

réitéré sa solution récemment[476]. En d'autres termes, la partie des locaux à usage d'habitation principale d'un bail commercial est assujettie à l'obligation de décence[477]. D'après la doctrine, cette solution de la Cour de cassation s'explique par la volonté du législateur de recouvrir, par le biais du Code civil et donc du droit commun du bail, tout le droit du louage d'immeubles à usage d'habitation, notamment tous les cas dans lesquels l'article 6 de la loi du 6 juillet 1989 ne s'applique pas, dès lors qu'il s'agit de l'habitation principale du locataire[478]. Ainsi, un bailleur commercial qui loue des locaux, dont une partie est affectée à l'habitation, va se retrouver soumis à une obligation de délivrance assortie d'un critère de décence, alors même que c'est un bail commercial qui régit sa relation avec son preneur.

80. Caractère impératif de la décence dans le cadre des baux commerciaux. Au vu de la complexité des règles relatives aux baux d'habitation et de son interférence avec celles des baux commerciaux, la question s'est posée de savoir s'il n'était pas possible pour les bailleurs commerciaux de déroger au critère de décence ? Nonobstant le caractère habituellement supplétif des dispositions du Code civil, on peut penser que cette nouvelle disposition doit être revêtue du caractère d'ordre public étant donné que l'article 6 de la loi Mermaz est d'ordre public[479]. Un auteur affirme le caractère impératif de la décence[480] en s'appuyant sur un arrêt de la Cour de cassation dans lequel cette dernière vise l'article 1719, 1° du Code civil et les textes de la loi du 6 juillet 1989 relatifs à la décence, pour affirmer que *« l'exigence de la délivrance au preneur d'un logement décent impose son alimentation en eau courante »*[481]. L'évocation de cette décision laisse penser que l'exigence de décence est impérative. Pour autant, il est difficile de le justifier de façon cohérente.

B. VIAL-PEDROLETTI, *Bail d'habitation. - Locations soumises à la loi du 6 juillet 1989. - Obligations du bailleur : délivrance*, J.-Cl. Bail à Loyer, Fasc. n° 140-10, juill. 2019, n° 5.

476 Cass. 3e civ., 22 juin 2017, n° 15-18.316, *AJDI* déc. 2018, n° 12, p. 898, chron. J.-P. BLATTER.

477 B. VIAL-PEDROLETTI, *Bail d'habitation. - Locations régies par le droit commun du louage (Code civil). - Obligations du bailleur : délivrance de la chose*, *op. cit.*, n° 18 ; H. KENFACK, « Obligation de délivrer un logement décent et bail commercial », *RLDA* janv. 2010, n° 45, act. 2651, p. 17 ; B. HUMBLOT-GIGNOUX, « Bail commercial : la décence peut-elle s'appliquer ? », *Rev. loyers* janv. 2010, n° 903, jur. 1107, p. 10 ; P. DE PLATER, « Point d'étape sur l'appréhension de la décence au regard du décret du 30 janvier 2002 et des réglements sanitaires départementaux », art. cit.

478 J.-P. BLATTER, « Les modifications apportées par la loi SRU à la loi du 6 juillet 1989 et au droit commun du bail d'habitation et mixte », art. cit.

479 *Ibid.*

480 B. VIAL-PEDROLETTI, *Bail d'habitation. - Locations régies par le droit commun du louage (Code civil). - Obligations du bailleur : délivrance de la chose*, *op. cit.*, n° 19.

481 Cass. 3e civ., 15 déc. 2004, n° 02-20.614, Bull. civ. III, n° 239, JurisData n° 2004-026183, *Loyers et copr.* févr. 2005, n° 2, comm. 29, p. 14, note C. COUTANT-LAPALUS ; *JCP G* janv. 2005, n° 1-2, jur. II 10000, p. 27, comm. A. GARIAZZO ; *Rev. loyers* févr. 2005, n° 854, jur. 66, p. 88, an. B. HUMBLOT-GIGNOUX ; *D.* févr. 2005, n° 5, p. 305, obs. J. MONÉGER ; *RDI* mars 2005, n° 2, p. 113, obs. H. HEUGAS-DARRASPEN ; *AJDI* févr. 2005, n° 2, p. 125, obs. Y. ROUQUET.

β - Les difficultés d'application de l'exigence de décence aux baux commerciaux mixtes

81. Usage mixte et caractère principal de l'habitation. L'affectation des locaux loués peut être pour partie à usage commercial et pour partie à usage d'habitation : il s'agit alors d'un bail mixte[482]. Ce bail est soumis au statut pour le tout sans qu'il y ait à rechercher l'importance respective de chaque affectation[483], conformément à une jurisprudence ancienne[484], et cela, même si les locaux sont matériellement divisibles[485]. Un auteur déduit de cela que le statut des baux commerciaux est exclusivement applicable à cette convention, et ce même si la plus grande partie des locaux est affectée à l'habitation[486].

En outre, les juridictions font également référence au caractère « principal » de l'habitation. Comme le fait remarquer un auteur[487], la notion de résidence principale est étrangère au statut des baux commerciaux puisqu'elle relève des critères énoncés par la législation relative aux baux d'habitation ou mixtes[488]. La loi du 6 juillet 1989 ne donnant pas de définition de l'habitation principale, la jurisprudence l'avait distinguée des notions juridiques de résidence, de domicile et d'habitation[489]. La notion d'habitation principale s'entendait alors comme le *« lieu de principal établissement »*[490]. Cela peut correspondre au lieu où la personne a l'intention de fixer le centre de ses activités avec une certaine permanence, au lieu où elle est inscrite sur les listes électorales, au lieu où elle paie ses impôts ou encore au lieu où sa famille est installée. Depuis, la loi pour l'accès au logement et un urbanisme rénové du 24 mars 2014[491], dite loi ALUR, a modifié l'article 2 de la loi du 6 juillet 1989, en substituant la notion de résidence principale à celle d'habitation principale et précise qu'elle doit être entendue comme celle *« occupée au moins huit mois par an sauf obligation professionnelle, raison de santé, ou cas de force majeure, soit par le preneur ou son conjoint, soit par une personne à charge au sens du Code de la construction et de l'habitation »*[492]. C'est ce dernier critère qu'il faudra dorénavant retenir pour apprécier la qualification de résidence principale.

---

482 J. LAFOND *et alii*, Code des baux, 2017, *op. cit.*, p. 455.

483 *Ibid.*, *loc. cit.*

484 Cass. com, 5 mai 1966, Bull. civ. III, n° 229.

485 Cass. 3e civ., 16 oct. 1974, n° 73-13.720, Bull. civ. III, n° 360.

486 P.-H. BRAULT, « Sur les modalités d'application de l'obligation de délivrance d'un logement décent à l'égard des baux commerciaux mixtes », art.cit.

487 *Ibid.*

488 *L.* n° 48-1360, 1er sept. 1948, art. 10, 3°: Cet article fait référence au principal établissement. ; *L.* n° 89-462, 6 juill. 1989, art. 2 : Cet article fait référence aux locaux à usage d'habitation principale ou à usage mixte professionnel et d'habitation principale.

489 CA Paris, 6e ch., sect. B, 17 nov. 2005, n° 04/21820, JurisData n° 2005-287028 ; J.-M. ROUX, « De la notion d'habitation principale dans la loi du 6 juillet 1989 », *Ann. loyers* avr. 2009, n° 4, p. 589.

490 J. LAFOND *et alii*, *Code des baux*, 2017, *op. cit.*, p. 86, n° 7 ; J.-P. BLATTER, *Bail d'habitation - Locations soumises à la loi du 6 juillet 1989 - Domaine d'application*, J.-Cl. Bail à Loyer, Fasc. n° 115, juill. 2013, n° 24.

491 *L.* n° 2014-366, 24 mars 2014, Loi pour l'accès au logement et un urbanisme rénové.

492 J.-P. BLATTER, *Bail d'habitation - Locations soumises à la loi du 6 juillet 1989 - Domaine d'application*, *op. cit.*, n° 22.

Si l'on applique cette notion de résidence principale au bail commercial mixte, la doctrine indique qu'étant fondée sur des éléments de fait, cette notion implique que le preneur apporte la preuve requise, sans que l'immatriculation au registre du commerce au titre des activités commerciales puisse être considérée comme une condition suffisante[493]. En somme, il semble que, peu importe le bail dont il s'agit, dès lors que l'on est présence d'un usage d'habitation principale, ne serait-ce que pour une partie des locaux, il faut se référer, pour l'obligation de décence, à la réglementation des baux d'habitation. Ce serait donc l'usage qui serait visé et non le type de bail. Cette solution rejoint celle de M. Blatter[494], que nous partageons.

Cependant, si le preneur est une personne morale, comment apprécier la qualification d'habitation principale à son égard ?

82. Personnes morales et habitation principale. La jurisprudence a affirmé clairement que la réglementation relative aux baux d'habitation[495] ne régit pas les baux conclus au bénéfice d'une personne morale[496]. Cette hypothèse est fréquente dans le cadre des baux commerciaux qui sont souvent établis au nom de la société commerciale. Un auteur conclut à l'incompatibilité de la notion d'habitation principale avec la personnalité morale du bénéficiaire du bail[497]. Ainsi, le fait de louer à un preneur, personne morale, serait un moyen, pour les bailleurs, d'échapper à l'obligation de délivrer un logement décent dans le sens où la partie des locaux qui serait affectée à l'usage d'habitation ne le serait pas à titre principal.

Toutefois, si le bail venait à être cédé, avant son terme, à une personne physique, celle-ci pourrait, si elle occupe les locaux d'habitation comme résidence principale, faire valoir les critères de logement décent[498]. Le preneur étant devenu une personne physique, le critère de résidence *« principale »* peut de nouveau s'apprécier.

83. Occupation occasionnelle de la partie à usage d'habitation. Par ailleurs, la doctrine fait état, à très juste titre, de l'hypothèse selon laquelle, compte tenu de leur configuration, certains locaux situés dans le prolongement de la boutique et de ses dépendances pourraient être considérés par le bail comme affectés exclusivement à une occupation occasionnelle à titre d'habitation, et ce dans des conditions exclusives de toute habitation principale[499]. Cette hypothèse serait un second moyen, pour les bailleurs, d'échapper à l'obligation de délivrer un

---

493 P.-H. BRAULT, « Sur les modalités d'application de l'obligation de délivrance d'un logement décent à l'égard des baux commerciaux mixtes », art. cit.

494 J.-P. BLATTER, « Les modifications apportées par la loi SRU à la loi du 6 juillet 1989 et au droit commun du bail d'habitation et mixte », art. cit.

495 *L.* n° 82-526, 22 juin 1982, Loi relative aux droits et obligations des locataires et des bailleurs ; *L.* n° 86-1290, 23 déc. 1986, Loi tendant à favoriser l'investissement locatif, l'accession à la propriété de logements sociaux et le développement de l'offre foncière ; *L.* n° 89-462, préc.

496 Cass. 3e civ., 12 janv. 1994, n° 91-22.055, Bull. civ. III, n° 3, JurisData n° 1994-000263, *AJDI* juin 1994, n° 6, p. 455, obs. J.-P. BLATTER ; P.-H. BRAULT, « Sur les modalités d'application de l'obligation de délivrance d'un logement décent à l'égard des baux commerciaux mixtes », art. cit.

497 P.-H. BRAULT, « Sur les modalités d'application de l'obligation de délivrance d'un logement décent à l'égard des baux commerciaux mixtes », art. cit.

498 *Ibid.*

499. *Ibid.*

logement décent puisque les lieux loués, par leur configuration, constitueraient une habitation occasionnelle et non principale.

Cependant, cette situation particulière doit faire l'objet, dans le bail, d'une rédaction appropriée et restrictive. La Cour d'appel semble admettre cette solution puisqu'elle indique, dans son arrêt de 2009, *« qu'à partir du moment où le bail, fût-il commercial, inclut, comme en l'espèce, un logement, le preneur est en droit, sauf stipulation contraire du bail, d'y fixer son habitation principale et, partant, d'exiger du bailleur dans le cadre de son obligation de délivrance telle que prévue à l'article 1719 du code civil la mise à disposition d'un logement décent »*[500]. Il faut comprendre que si le bail avait stipulé que le preneur ne pouvait fixer son habitation principale dans le logement composant les locaux commerciaux, ce dernier n'aurait pu exiger la mise à disposition d'un logement « décent ». Toutefois, une telle rédaction présente des risques dans la mesure où l'obligation de délivrance a tendance à être appréciée strictement.

Cette obligation de décence vient étoffer l'obligation de délivrer un bien *« en bon état de réparations de toute espèce »* instituée par l'article 1720 alinéa 1er du Code civil.

c - La chose à destination licite

84. Statut de l'immeuble loué, limitation du droit de propriété et autorisation d'exercice de l'activité. L'article 544 du Code civil, définissant le droit de propriété comme *« le droit de jouir et disposer des choses de la manière la plus absolue, pourvu qu'on n'en fasse pas un usage prohibé par les lois ou par les règlements »*, annonce tout de suite la couleur : le droit de propriété est absolu tant qu'il n'est pas restreint par d'autres droits[501]. Lorsque propriété se mêle avec location, il y a une première restriction, qui s'accentue lorsque la location est commerciale. C'est précisément ce que va subir le bailleur commercial en délivrant la chose louée puisqu'il ne pourra pas délivrer exactement ce qu'il veut[502]. La destination des lieux va être encadrée.

Ces autres droits qui vont interférer avec le droit de propriété se trouvent parmi la multitude de réglementations qui touchent au droit du bail commercial, comme la réglementation d'urbanisme et d'aménagement du territoire (α), le droit de la copropriété et les régimes similaires (β) ou encore la réglementation propre à chaque activité commerciale exercée dans les lieux loués (γ).

α - La destination encadrée par la réglementation d'urbanisme et d'aménagement du territoire

85. Le commerce au sein du projet urbain. Le bail commercial est à l'interface de plusieurs réglementations, notamment de la réglementation

---

[500] CA Paris, 16e ch., sect. A, 1er juill. 2009, n° 06/20191, JurisData n° 2009-007079, *Loyers et copr.* n° 1, janv. 2010, comm. 14, p. 17, note P.-H. BRAULT.

[501] J.-L. BERGEL (dir.) *et alii*, *Le Lamy droit immobilier*, 2015, *op. cit.*, n° 3 ; C. DELCONT, « Mise aux normes de l'immeuble et obligations du propriétaire : l'état des lieux », *Defrénois* juin 2004, n° 11, p. 763.

[502] J. COURNEROUX, « La destination du bail : une liberté encadrée », *AJDI* juill. 2009, n° 17, p. 430.

d'urbanisme[503], dans la mesure où le commerce fait partie intégrante du projet urbain[504].

Originellement, l'implantation des « grandes surfaces commerciales » se heurtait à deux types de réglementations[505], la législation relative à l'urbanisme général (autorisations d'urbanisme) et la législation afférente à l'urbanisme commercial régie par la loi d'orientation du commerce et de l'artisanat du 27 décembre 1973[506], dite loi Royer, modifiée par l'article 1er de la loi du 5 juillet 1996[507], dite loi Raffarin. Depuis l'entrée en vigueur de la loi du 18 juin 2014[508], dite loi Pinel, modifiée par la loi du 6 août 2015[509], et son décret d'application[510], une nouvelle articulation a été mise en place par le législateur entre le permis de construire et l'autorisation d'exploitation commerciale, le permis de construire valant autorisation d'exploitation commerciale[511]. L'autorisation d'exploitation commerciale est nécessaire à partir de certains seuils de surface et doit être obtenue préalablement à l'autorisation d'urbanisme, avant l'ouverture au public de la surface de vente si une autorisation d'urbanisme n'est pas exigée[512]. Plus récemment, par l'insertion des articles L. 752-1-1 et L. 752-1-2 du Code de commerce et des modifications apportées aux articles L. 752-1 et suivants, la loi du 23 novembre 2018[513], dite loi ELAN, est venue réformer l'urbanisme commercial. Ladite loi allège l'exigence d'une autorisation d'exploitation commerciale dans les centres-villes, crée un « moratoire » pour éviter l'implantation des équipements commerciaux dans les périphéries, modernise la composition de la commission départementale d'équipement commercial, révise les modalités de délivrance de l'autorisation et renforce les contrôles susceptibles d'être exercés *a posteriori*[514].

86. Principe en matière d'urbanisme : l'encadrement de la destination et de l'usage du bien loué. Par principe, l'occupation et l'utilisation du sol sont encadrées par des règles d'urbanisme telles que celles qui ressortent du plan local d'urbanisme (anciennement appelé plan d'occupation des sols), des schémas

---

503 D. MORENO, « L'adaptation du bail aux contraintes d'urbanisme », *RLDA* déc. 2012, n° 77 suppl., colloque 4384, p. 13.

504 *Ibid.* ; B. BOULLÉ, D. GROSSE et V. GUINOT, *L'urbanisme commercial, Planification - AEC - Commissions d'aménagement commercial*, Le Moniteur, 2015, pp. 19 et s., spéc. p. 23.

505 J.-L. BERGEL (dir.) *et alii*, *Le Lamy droit immobilier*, 2020, n° 2063.

506 *L.* n° 73-1193, 27 déc. 1973, Loi d'orientation du commerce et de l'artisanat.

507 *L.* n° 96-603, 5 juill. 1996, Loi relative au développement et à la promotion du commerce et de l'artisanat.

508 *L.* n° 2014-626, 18 juin 2014, Loi relative à l'artisanat, au commerce et aux très petites entreprises.

509 *L.* n° 2015-990, 6 août 2015, Loi pour la croissance, l'activité et l'égalité des chances économiques.

510 *D.* n° 2015-165, 12 févr. 2015, Décret relatif à l'aménagement commercial.

511 C. urb., art. L. 425-4 ; V. en ce sens : J.-M. TALAU, « Revue de détail des questions sur l'urbanisme commercial après les lois ALUR et ACTPE », *JCP A* janv. 2015, n° 3, étude 2014, p. 1.

512 V. sur le champ d'application de l'AEC : B. BOULLÉ, D. GROSSE et V. GUINOT, *L'urbanisme commercial, Planification - AEC - Commissions d'aménagement commercial*, *op. cit.*, pp. 53 et s.

513 *L.* n° 2018-1021, 23 nov. 2018, Loi portant évolution du logement, de l'aménagement et du numérique.

514 R. VANDERMEEREN, « Une nouvelle réforme pour l'urbanisme commercial », *JCP A* janv. 2019, n° 3, étude 2016, p. 1 ; S. LE GOUILL, « Le législateur donne de l'ELAN aux créations de surfaces commerciales dans les centres-villes », *LEDICO* janv. 2019, n° 1, p. 1.

directeurs ou des cartes communales[515]. Par exemple, les plans locaux d'urbanisme vont fixer, *« en cohérence avec le projet d'aménagement et de développement durables, les règles générales et les servitudes d'utilisation des sols permettant d'atteindre les objectifs mentionnés aux articles L. 101-1 à L. 101-3 »*[516], délimiter *« les zones urbaines ou à urbaniser et les zones naturelles ou agricoles et forestières à protéger »* et peuvent préciser *« l'affectation des sols selon les usages principaux qui peuvent en être faits ou la nature des activités qui peuvent y être exercées et également prévoir l'interdiction de construire »* ou *« définir, en fonction des situations locales, les règles concernant la destination et la nature des constructions autorisées »*[517].

Cela implique que toute construction est soumise à l'obtention préalable d'une autorisation ou d'une déclaration préalable, selon la nature des travaux envisagés, à moins que la construction ne soit exonérée de formalité[518]. Ces autorisations sont délivrées, par les services de l'urbanisme, en cohérence avec les documents d'urbanisme locaux[519], mais aussi les législations en vigueur. À ce titre, un bien immobilier va se voir attribuer une destination, fixée *ab initio*, au moment de sa construction, dans le permis de construire ou la déclaration préalable[520]. Cette destination, au sens de l'article L. 421-1 du Code de l'urbanisme, correspond à ce pourquoi l'immeuble a été conçu, réalisé ou transformé[521] et tend à préserver la fonction principale de l'immeuble que la conception et les caractéristiques physiques de la construction lui donnent vocation à assurer. Les destinations possibles d'un bien immobilier sont limitativement énumérées par chaque plan local d'urbanisme : habitation, hébergement hôtelier, bureaux, commerces, artisanat, industrie, entrepôts ou autres. À côté de la destination, le bien va également se voir attribuer un usage qui, lui, se rapporte à l'utilisation qui en est faite[522], soit les modes d'occupation qui peuvent s'exercer dans celui-ci, et qui est défini par les articles L. 631-7 et suivants du Code de la construction et de l'habitation[523]. Il n'existe que deux catégories d'usages[524] : « habitation » et « autres qu'habitation ».

---

515 M.-C. MEHL-SCHOUDER et P. IBANEZ, *Autorisations et déclarations d'urbanisme (Champ d'application des autorisations et déclarations d'urbanisme)*, Rép. imm. Dalloz, juin 2008, n° 2 ; C. urb., art. L. 151-1 et s., L. 161-4.

516 C. urb., art. L. 151-8.

517 C. urb., art. L. 151-9.

518 M.-C. MEHL-SCHOUDER et P. IBANEZ, *Autorisations et déclarations d'urbanisme (Champ d'application des autorisations et déclarations d'urbanisme)*, *op. cit.*, n° 4.

519 *Ibid.*, n° 82 ; E. BRIAND, « Bail et changement d'usage », art. cit.

520 M.-C. MEHL-SCHOUDER et P. IBANEZ, *Autorisations et déclarations d'urbanisme (Champ d'application des autorisations et déclarations d'urbanisme)*, *op. cit.*, n° 82 ; E. BRIAND, « Bail et changement d'usage », art. cit.

521 G. DAUDRE et P. WALLUT, « De l'affectation, de l'usage et de la destination des immeubles », *Defrénois* juill. 2012, n° 13-14, p. 679.

522 *Ibid.*

523 E. BRIAND, « Bail et changement d'usage », art. cit.

524 *Ibid.* ; C. VICARI, *L'élasticité du domaine d'application du statut et la notion de commercialité*, th. Montpellier I, 2008, p. 149, n° 95.

Par la suite, tout changement de destination ou d'usage, seul ou résultant de travaux de construction, sera soumis soit à autorisation, soit à déclaration[525]. Lorsqu'il s'agit d'une opération ou de travaux qui portent sur une construction existante (l'entretien, la réfection, l'adaptation, l'extension)[526], seuls font l'objet d'une formalité préalable ceux expressément énumérés par le décret du 5 janvier 2007[527], à condition qu'ils ne modifient pas la destination[528]. Seul le changement d'usage d'un local, qui était à usage d'habitation au 1er janvier 1970 ou lors de son édification, est soumis à la réglementation des articles L. 631-7 et suivants du Code de la construction et de l'habitation[529]. Ainsi, le propriétaire d'un local à usage « autre qu'habitation » pourra librement modifier l'usage de son local, mais devra néanmoins se soumettre aux règles d'urbanisme, en sollicitant un changement de destination du bien, par le biais soit d'une déclaration préalable, soit d'une demande de permis de construire, suivant que ce changement s'accompagne ou non de travaux. L'autorisation de changement d'usage peut être accordée à titre personnel et à ce moment-là, le local doit revenir à l'usage d'habitation, lorsque le bénéficiaire de l'autorisation cesse d'exercer l'activité autorisée, ou elle peut être délivrée à titre définitif et à ce moment-là elle est attachée au local, et non à la personne du demandeur, si celui-ci offre, en contrepartie du changement d'usage d'un local d'habitation, et concomitamment, le changement d'usage, d'un local affecté à un autre usage en local d'habitation[530].

La destination et l'usage étant des composantes de la conformité qualitative qui découle de l'obligation de délivrance[531], cette dernière va se trouver affectée par ce principe d'encadrement.

87. Non-conformité de la destination contractuelle des locaux commerciaux avec les règles d'urbanisme : manquement à l'obligation de délivrance. Ainsi, il a été jugé que le bailleur, qui ne vérifie pas si la chose louée pouvait être affectée à l'usage prévu au bail, alors qu'une disposition du POS empêche l'exercice de l'activité prévue, manque à son obligation de délivrance[532]. La Haute Cour a également estimé que l'autorisation administrative prévue par la

---

525 E. BRIAND, « Bail et changement d'usage », art. cit. ; M.-C. MEHL-SCHOUDER et P. IBANEZ, *Autorisations et déclarations d'urbanisme (Champ d'application des autorisations et déclarations d'urbanisme), op. cit.*, n° 278 et s.

526 *Ibid.*, n° 209.

527 *D.* n° 2007-18, 5 janv. 2007, Décret pris pour l'application de l'ordonnance n° 2005-1527 du 8 décembre 2005 relative au permis de construire et aux autorisations d'urbanisme.

528 M.-C. MEHL-SCHOUDER et P. IBANEZ, *Autorisations et déclarations d'urbanisme (Champ d'application des autorisations et déclarations d'urbanisme), op. cit.*, n° 238 et s.

529 E. BRIAND, « Bail et changement d'usage », art. cit. ; C. VICARI, *L'élasticité du domaine d'application du statut et la notion de commercialité, op. cit.*, pp. 150 et s., n° 96 et s.

530 *Ibid.* ; S. PÉRIGNON, « L'autorisation de changement d'usage d'un local d'habitation est-elle réelle ou personnelle ? », *AJDA* nov. 2008, n° 37, p. 2077 ; V. en ce sens : Cass. 3e civ., 7 avr. 2004, n° 02-19.062, JurisData n° 2004-023412, *AJDI* déc. 2004, n° 12, somm. p. 882, obs. S. PORCHERON.

531 V. *supra* n° 65 et s.

532 Cass. 3e civ., 2 juill. 1997, n° 95-14.151, Bull. civ. III, n° 159, JurisData n° 1997-003148, *JCP G* sept. 1997, n° 39, somm. 1865, p. 292 ; *JCP E* sept. 1997, n° 39, act. 973, p. 331 ; *AJDI* juin 1994, n° 6, p. 455, obs. J.-P. BLATTER.

loi aurait dû être obtenue par le propriétaire préalablement à la signature du bail initial[533]. Dans la même veine, il est possible d'évoquer le cas du bailleur de locaux n'étant pas, dans leur intégralité, susceptibles d'être affectés à un usage commercial au regard de la loi (défaut d'autorisation de changement de destination), qui manque à son obligation de délivrance[534]. Un tel défaut peut entraîner la nullité du bail[535]. Il en va de même pour le bailleur qui loue un local pour l'exploitation d'un centre équestre, avec une clause de destination « tous commerces » alors que le maire de la commune rejette une demande de permis de construire pour l'édification d'un restaurant au motif que le domaine était situé dans une zone réservée à la production agricole[536].

À travers ces solutions, nous voyons comment la réglementation d'urbanisme vient encadrer le contenu de l'obligation de délivrance : pour satisfaire son obligation de délivrance, le bailleur doit délivrer un local ayant une destination contractuelle conforme aux règles d'urbanisme en vigueur, conforme à la destination et l'usage que le bien peut effectivement recevoir au regard des règles d'urbanisme.

88. Conformité de la chose aux prescriptions administratives : travaux prescrits par l'administration. Au-delà du principe sus-énoncé, l'autorité administrative peut imposer des mesures touchant à l'aménagement du territoire comme la réalisation de certains travaux[537]. La majorité des décisions y afférentes retiennent que ces travaux incombent au bailleur au titre de l'article 1719 du Code civil, en visant quelquefois l'obligation d'entretien (1719, 2°)[538] et quelquefois l'obligation de délivrance (1719, 1°)[539], sauf clause contraire[540]. Donc, ces travaux

---

[533] Cass. 3e civ., 29 avr. 2002, n° 00-20.213, JurisData n° 2002-014264, *Rev. loyers* juill. 2002, n° 829, p. 410, an. M.-O. VAISSIÉ.

[534] Cass. 1e civ., 20 févr. 2001, n° 99-13.848, JurisData n° 2001-008324.

[535] CA Paris, 16e ch., sect. B., 11 oct. 2007, n° 06/10625, JurisData n° 2007-349969, *Loyers et copr.* mars 2008, n° 3, comm. 57, p. 16, note E. CHAVANCE.

[536] Cass. 3e civ., 25 nov. 2009, n° 08-16.734, JurisData n° 2009-050538, *RJDA* févr. 2010, n° 2/10, obs. 123, p. 130.

[537] C. QUÉMENT, *Bail commercial. - Obligations des parties*, *op. cit.*, 33 et s. ; A. CHATTY, *Les baux commerciaux*, *op. cit.*, p. 37, n° 76.

[538] Cass. 3e civ., 24 mars 1993, n° 91-18.322, Bull. civ. III, n° 40, JurisData n° 1993-000554, *JCP G* juin 1993, n° 21, somm. 1343, p. 159, obs. D. AUTIÉ, G. MARREC, A. ARNOUX, F. JACOMY, Y. LAGARDÈRE et M.-J. YDRAC ; *RDI* sept. 1993, n° 3, p. 433, obs. G. BRIÈRE DE L'ISLE et J. DERRUPPÉ ; *AJDI* avr. 1994, n° 4, p. 291 ; Cass. 3e civ., 22 janv. 2008, n° 06-21.439, *Gaz. pal.* juill. 2008, n° 190, p. 30, note J.-D. BARBIER.

[539] Cass. 3e civ., 19 juin 2013, n° 12-18.337, *Gaz. pal.* juill. 2013, n° 192, p. 26, obs. C. BERLAUD ; *RJDA* déc. 2013, n° 12/13, obs. 981, p. 921 ; Cass. 3e civ., 28 sept. 2004, n° 03-12.189, *Gaz. pal.* déc. 2005, n° 344, p. 24, note C.-E. BRAULT ; *Rev. loyers* déc. 2004, n° 852, jur. 23, p. 692 ; CA Rouen, 1e et 2e ch. civ. réunies, 15 sept. 1992, n° 3292/89, Juris Data n° 1992-047889, *JCP G* mars 1993, n° 13, jur. 806, p. 91 ; *AJDI* déc. 1995, n° 12, p. 949, chron. J.-P. BLATTER.

[540] J. LAFOND, « Baux commerciaux : la charge des travaux exigés par l'administration », *Administrer* oct. 1991, n° 227, p. 10 ; CA Montpellier, 5e ch., sect. A, 8 oct. 2001, n° 01/00876, JurisData n° 2001-163639 ; Cass. 3e civ., 19 mars 2003, n° 01-17.187, *Gaz. pal.* oct. 2003, n° 291, p. 24, note J.-D. BARBIER ; *Rev. loyers* juill.-sept. 2003, n° 839, p. 454 ; Cass. 3e civ., 28 mai 2003, n° 01-16.992, JurisData n° 2003-019336, *Gaz. pal.* oct. 2003, n° 291, p. 24, note J.-D. BARBIER ; *AJDI* sept. 2003, n° 9, p. 577, obs. L. ASCENSI ; Cass. 3e civ., 1er dé. 2016, n° 15-22.248, JurisData n° 2016-025612,

peuvent s'inscrire dans le contenu de l'obligation de délivrance. La chose doit donc être conforme aux prescriptions administratives.

Une difficulté persiste tout de même à propos des travaux émanant d'un simple avis d'une commission administrative ou de simples recommandations[541] : font-ils partie des obligations du bailleur dans la mesure où ils ne sont pas obligatoires ? Pour répondre, la notion de « prescriptions administratives » qui s'entend, d'après la doctrine, d'une décision de l'autorité administrative matérialisée par un arrêté municipal ou une mise en demeure[542], demanderait à être précisée. Nous pensons que ces travaux-là peuvent s'inscrire au titre de la délivrance, s'ils se révèlent nécessaires pour permettre l'utilisation normale de la chose.

Outre les règles générales d'urbanisme, il existe d'autres règles, propres à l'urbanisme commercial, auxquelles les locaux commerciaux peuvent être soumis[543].

89. Conformité de la chose subordonnée à l'obtention d'une autorisation d'exploitation commerciale. La notion d'urbanisme commercial a été considérée dès 1961 avec la circulaire interministérielle afférente aux conditions dans lesquelles l'équipement commercial est pris en compte dans les plans d'urbanisme[544]. De nombreux textes lui ont ensuite succédé[545]. À l'heure actuelle, les règles qui régissent l'urbanisme commercial sont issues des articles 1 à 4 de la loi de 1973, modifiée par la loi de 1996[546], codifiés aux articles L. 752-1 et suivants du Code de

---

AJDI mai 2017, n° 4, p. 270, obs. F. DE LA VAISSIÈRE ; *Gaz. pal.* nov. 2018, n° 40, p. 62, obs. C.-E. BRAULT ; Cass. 3e civ., 11 oct. 2018, n° 17-18.553, JurisData n° 2018-017536, *Gaz. pal.* nov. 2018, n° 40, p. 62, obs. C.-E. BRAULT.

[541] Cass. 3e civ., 28 sept. 2005, n° 04-14.577, Bull. civ. III, n° 183, JurisData n° 2005-029923, *JCP N* juill. 2006, n° 27, chron. 1235, p. 1295, obs. H. KENFACK ; *Loyers et copr.* janv. 2006, n° 1, comm. 4, p. 13, note B. BIAL-PEDROLETTI ; *Gaz. pal.* déc. 2005, n° 344, p. 24, note C.-E. BRAULT ; *AJDI* févr. 2006, n° 2, p. 114, obs. V. ZALEWSKI ; *Rev. loyers* déc. 2005, n° 862, p. 550, an. M. PIALOUX.

[542] INFOREG, « Local commercial : à qui incombe la charge des travaux prescrits par l'Administration ? », *Cah. dr. entr.* janv.-févr. 2010, n° 1, prat. 3, p. 57.

[543] J.-F. JOYE, « Intégrer l'urbanisme commercial dans l'urbanisme général », *AJDA* juin 2007, n° 28, p. 1063.

[544] Circ. intermin. n° 61-43, 24 aout 1961.

[545] Circ. intermin., 29 juillet 1969 : création d'un comité consultatif départemental, réunissant les représentants des différentes activités commerciales pour examen du projet, s'il y avait risque de voir *« bouleverser les structures commerciales existantes, sans assurer pour autant une saine concurrence »* ; L. n° 69-1263, 31 déc. 1969, Loi portant diverses dispositions d'ordre économique et financier : création de la Commission Départementale d'Urbanisme Commercial (CDUC), pour instruire les projets de magasins d'une surface de vente supérieure à 3 000 m² ; Circ. min., 27 mai 1970, Circulaire relative à la place de l'équipement commercial dans le développement urbain : l'administration peut refuser ou d'accorder sous conditions, le permis de construire des grandes surfaces (non-respect des prescriptions réglementaires en matière d'urbanisme, avis de la CDUC, saisine de la commission centrale de coordination, décision du Ministre de l'Equipement et du Logement, appréciation objective des difficultés économiques sociales et politiques « qui pourraient résulter de l'implantation de nouvelles grandes surfaces » dans le département.

[546] J.-P. MENG, « L'application du droit existant des autorisations d'exploitation commerciale depuis la loi Raffarin », *RDI* nov. 2007, n° 6, p. 465.

commerce, des lois Doubin[547] et Sapin[548]. À ces textes de base s'ajoute une multitude d'autres textes qui servent aussi de références[549].

Le principe posé par l'article L. 752-1 du Code de commerce, modifié récemment par la loi ELAN[550], soumet à une autorisation d'exploitation commerciale sept types de projets commerciaux[551]. Pour tous ces projets, une autorisation d'exploitation commerciale devra donc être obtenue préalablement à l'exercice de l'activité[552]. De plus, l'article R. 752-7 du Code de commerce prévoit que la demande d'autorisation d'exploitation, à l'instar des règles applicables en matière de permis de construire, peut-être formulée par le propriétaire de l'immeuble ou par une personne justifiant d'un titre habilitant à construire[553].

L'obligation de délivrance supposant une conformité qualitative satisfaite par l'aptitude du local à permettre l'exercice de l'activité envisagée[554], il est permis de se demander si elle ne pourrait pas être touchée par ce principe d'obtention de l'autorisation d'exploitation commerciale.

Dans un arrêt de 2010[555], la Cour de cassation a été saisie, entre autres, de la question de l'obtention de l'autorisation d'exploitation commerciale au regard de

---

547 *L.* n° 89-1008, 31 déc. 1989, Loi relative au développement des entreprises commerciales et artisanales et à l'amélioration de leur environnement économique, juridique et social.

548 *L.* n° 93-122, 29 janv. 1993, Loi relative à la prévention de la corruption et à la transparence de la vie économique et des procédures publiques.

549 V. J.-L. BERGEL (dir.) *et alii*, *Le Lamy droit immobilier*, 2015, *op. cit.*, n° 2121 ; R. SAINT-ALARY, « Les centres commerciaux (Conclusion du colloque du 23 septembre 1994) », *RDI* déc. 1994, n° 4, p. 587.

550 *L.* n° 2018-1021, 23 nov. 2018, Loi portant évolution du logement, de l'aménagement et du numérique, art. 172.

551 Il s'agit de la création d'un magasin de commerce de détail d'une surface de vente supérieure à 1 000 m², résultant soit d'une construction nouvelle, soit de la transformation d'un immeuble existant, sachant que pour les pépiniéristes et horticulteurs, la surface de vente est celle qu'ils consacrent à la vente au détail de produits ne provenant pas de leur exploitation, dans des conditions fixées par décret ; l'extension de la surface de vente d'un magasin de commerce de détail ayant déjà atteint le seuil des 1 000 m² ou devant le dépasser par la réalisation du projet, sachant qu'est considérée comme une extension l'utilisation supplémentaire de tout espace couvert ou non, fixe ou mobile, et qui n'entrerait pas dans le cadre de l'article L. 310-2 ; tout changement de secteur d'activité d'un commerce d'une surface de vente supérieure à 2 000 m², sachant que ce seuil est ramené à 1 000 m² lorsque l'activité nouvelle du magasin est à prédominance alimentaire ; la création d'un ensemble commercial tel que défini à l'article L. 752-3 et dont la surface de vente totale est supérieure à 1 000 m² ; l'extension de la surface de vente d'un ensemble commercial ayant déjà atteint le seuil des 1 000 m² ou devant le dépasser par la réalisation du projet ; la réouverture au public, sur le même emplacement, d'un magasin de commerce de détail d'une surface de vente supérieure à 2 500 m² dont les locaux ont cessé d'être exploités pendant trois ans, ce délai ne courant, en cas de procédure de redressement judiciaire de l'exploitant, que du jour où le propriétaire a recouvré la pleine et entière disposition des locaux ; et enfin la création ou l'extension d'un point permanent de retrait par la clientèle d'achats au détail commandés par voie télématique, organisé pour l'accès en automobile sauf lorsque le point créé est intégré à un magasin de détail ouvert au public à la date de publication de la loi n° 2014-366 du 24 mars 2014 pour l'accès au logement et un urbanisme rénové, et n'emporte pas la création d'une surface de plancher de plus de 20 m².

552 F. BOUYSSOU, « Centre commercial et champ d'application de l'autorisation d'équipement commercial », *RDI* déc. 1994, n° 4, p. 548.

553 J.-P. MENG, « L'application du droit existant des autorisations d'exploitation commerciale depuis la loi Raffarin », art. cit.

554 V. *supra* n° 65 et s.

555 Cass. 3e civ., 28 sept. 2010, n° 08-20.387, JurisData n° 2010-017255.

l'obligation de délivrance du bailleur. Dans l'espèce visée, un bailleur a conclu un bail qui prévoyait l'exploitation d'un magasin spécialisé dans la distribution aux professionnels et aux particuliers de matériel de bureautique. Or, à la date prévue, un arrêté municipal n'autorisait que l'activité de grossiste, excluant ainsi l'activité de commerce de détail. Conformément à cet arrêté, l'obtention de l'autorisation d'exploitation commerciale exigée par l'article L. 752-1 du Code de commerce pour ce type d'activité devenait impossible. La Haute Cour n'a pas répondu sur le fondement de l'obligation de délivrance, comme le lui suggérait le moyen du pourvoi incident, mais a retenu la faute du bailleur pour avoir annoncé une possibilité d'exploitation qui n'avait pas été totalement autorisée à la date prévue, à concurrence de 70 % seulement.

Bien que la Cour de cassation ne l'ait pas affirmé, il nous semble qu'en n'obtenant pas l'autorisation d'exploitation commerciale nécessaire pour exercer le commerce de détail alors que cette activité était prévue au bail, le bailleur ne délivre pas la chose annoncée et manque à son obligation de délivrance. La délivrance de cette chose sous-entendait non seulement le local en lui-même, mais également la possibilité d'exploiter l'activité de commerce de détail, et donc d'obtenir l'autorisation qui y est rattachée.

90. Autorisations d'exploiter l'activité commerciale dans les installations classées pour la protection de l'environnement : un pendant de l'obligation de délivrance ? Le Code de l'environnement, via ses articles L. 511-1 à L. 517-2, impose d'obtenir une autorisation administrative, une déclaration simplifiée appelée enregistrement ou une déclaration pour l'exploitation d'une installation classée pour la protection de l'environnement[556]. Peuvent être concernés par cette législation l'exploitation d'entrepôts logistiques ou de centres commerciaux dans certaines conditions[557]. La jurisprudence est venue préciser, à plusieurs reprises, l'application de ce texte. Dans une espèce en 2007, elle a jugé que l'obligation de délivrance impose que le bien loué ait fait l'objet d'une déclaration ou d'une demande d'autorisation[558]. Cet arrêt précise comment l'obligation de solliciter l'autorisation d'exploiter une installation influence l'obligation de délivrance du bailleur. Dans la suite logique, un arrêt de 2009[559], dans lequel une société acquiert en l'état de futur achèvement un entrepôt à fin de stockage de substances combustibles, qu'elle décide de louer par la suite, et qui sera même sous-loué, sans

---

[556] C. QUÉMENT, *Bail commercial. - Obligations des parties*, *op. cit.*, n° 9.

[557] B. WERTENSCHLAG et T. GEIB, « Environnement et bail commercial », *AJDI* avr. 2014, n° 4, p. 259.

[558] Cass. 3e civ. 28 nov. 2007, n° 06-17.758, Bull. civ. III, n° 213, JurisData n° 2007-041625, *Gaz. pal.* sept. 2008, n° 250, p. 15 ; *JCP N* déc. 2007, n° 50, act. 814, p. 4 ; *JCP E* janv. 2008, n° 3, pan. 1082, p. 21 ; *RDI* juill. 2008, n° 6-7, p. 326, obs. F.-G. TRÉBULLE ; *Rev. loyers* févr. 2008, n° 884, jur. 677, p. 91, note C. QUÉMENT ; *D.* janv. 2008, n° 2, p. 85, obs. Y. ROUQUET ; *Dalloz actualité* 19 déc. 2007, obs. Y. ROUQUET ; *D.* juill. 2008, n° 24, p. 1645, chron. L. ROZÈS.

[559] Cass. 3e civ., 4 juin 2009, n° 08-12.126, Bull. civ. III, n° 134, JurisData n° 2009-048510, *Environnement* oct. 2009, n° 10, comm. 114, p. 29, note M. BOUTONNET ; *RLDC* mars 2010, n° 69, chron. 3757, p. 53, obs. B. PARANCE ; *D.* juin 2009, n° 16, p. 2976, obs. G. FOREST ; *D.* déc. 2009, n° 44, p. 2976, note M. BOUTONNET.

avoir demandé d'autorisation d'exploiter, retient que *« la société Klepierre, bailleur, avait acheté en l'état de futur achèvement cet entrepôt dont la finalité intrinsèque était le stockage dix ans avant de le louer à la société Heppner sans qu'il ait fait l'objet ni de déclaration, ni de demande d'autorisation d'exploiter tant au moment de la construction que de l'installation du premier locataire »* et en déduit que *« la cour d'appel, qui a constaté que les autorisations qui faisaient défaut n'étaient pas spécifiques à l'activité des sociétés Heppner et Woehl, mais procédaient de l'usage normal de l'entrepôt, a pu déduire de ces seuls motifs, sans se contredire, ni violer l'article L. 511-1 du code de l'environnement, que la première faute ayant été commise par le bailleur, la société Klepierre ne démontrait pas que les loyers qu'elle avait pu perdre ou la moins-value de l'immeuble lors de sa vente étaient imputables à la faute des sociétés Heppner et Woehl »*[560]. Même si la Cour n'utilise pas expressément les termes d'obligation de délivrance, nous comprenons, comme la doctrine l'affirme, qu'elle fonde la responsabilité du bailleur sur un manquement à cette obligation[561]. La solution montre comment une obligation légale environnementale se fond dans l'obligation de délivrance issue du droit commun du bail puisque l'autorisation d'exploiter conditionne l'usage du bien à sa destination.

Ces solutions peuvent toutefois être nuancées par une décision de 2009 dans laquelle la Cour de cassation a considéré, alors que le bail contenait une stipulation par laquelle *« le preneur devait s'assurer de détenir toutes les autorisations nécessaires à l'exercice de ses activités et faisait son affaire personnelle de l'obtention de ces autorisations »*, que l'obligation de solliciter les autorisations administratives incombait au preneur, s'en tenant aux autorisations nécessaires à l'activité du preneur sans faire référence à l'usage normal de l'entrepôt[562]. Tout laisse penser qu'en l'absence d'une telle stipulation, la Cour de cassation aurait considéré que l'obtention de l'autorisation d'exploiter incombait au propriétaire. L'obligation de délivrance du bailleur contient donc celle d'obtenir une autorisation d'exploiter au titre de la réglementation des installations classées pour la protection de l'environnement afin que le preneur puisse exercer son activité dans le bien loué[563]. Une seconde nuance peut être faire avec un arrêt par lequel la Cour d'appel de Paris a estimé, le préfet n'ayant pas ordonné la suspension de l'activité comme cela lui est permis au titre de l'article L. 514-1 du Code de l'environnement, qu'il n'était pas prouvé un manquement à l'obligation de délivrance[564]. Autrement dit, l'absence de non-conformité au regard du droit des installations classées n'entraîne pas nécessairement l'absence de conformité au regard du droit du bail. Il faut selon nous que la non-conformité légale entraîne un défaut de conformité contractuelle.

---

[560] *Ibid.*
[561] *Ibid.*
[562] Cass. 3e civ., 28 oct. 2009, n° 08-19.454, JurisData n° 2009-050095, *JCP N* juill. 2010, n° 30-34, étude 1254, p. 11, obs. X. LIÈVRE et F. MÜLLER ; *Rev. loyers* janv. 2010, n° 903, jur. 1113, p. 20.
[563] M.-A. FICHET, « Les obligations du bailleur et du preneur au regard du droit de l'environnement », *BDEI* mai 2014, n° 51, 1740, p. 5.
[564] CA Paris, 17 janv. 2012, *BDEI* juill. 2012, n° 40, p. 37, note M. BOUTONNET.

91. Un acte nécessaire au respect de l'obligation de délivrance. Le Code de l'environnement ne précise pas à qui il incombe d'obtenir cette autorisation[565] : incombe-t-elle au locataire en tant qu'exploitant de l'installation ou au bailleur en tant que débiteur de l'obligation de délivrance des lieux ? Néanmoins, les articles L. 512-15 et L. 514-2 de ce code visent l'exploitant, de sorte que la sollicitation de l'autorisation devrait logiquement être imputée au preneur et non au bailleur[566]. Pourtant, nous venons de le voir dans le développement précédent, ce n'est pas la solution retenue par la Cour suprême.

La doctrine s'est alors demandée si le droit du bail, en fondant cette obligation administrative dans l'obligation de délivrance, ne dérogeait pas à *« la force impérative personae du droit des installations classées, autrement dit à écarter une règle de police administrative »*[567]. La réponse est négative si l'on distingue bien la situation contractuelle de la situation administrative. C'est parce que le bailleur est tenu d'une obligation de délivrance qui lui impose de délivrer un bien dans lequel pourra s'exercer l'activité commerciale et que la possibilité d'exercer l'activité commerciale est subordonnée à l'obtention d'une autorisation qu'il doit solliciter l'autorisation administrative[568]. Moralité, cette sollicitation ne résulte pas d'une obligation administrative du bailleur, mais *« constitue un acte nécessaire au respect de son obligation de délivrance »*[569].

β - La destination encadrée par le régime de la copropriété et les régimes similaires

92. Locaux commerciaux situés au sein d'un ensemble immobilier. Il arrive fréquemment que les locaux commerciaux ne soient pas isolés, mais plutôt situés au sein d'un ensemble immobilier, soit en rez-de-chaussée d'immeuble, soit dans une zone d'activité commerciale, ou encore dans un centre commercial. Ces locaux se voient alors soumis aux contraintes des ensembles immobiliers dont ils font partie. Parmi eux, on compte les régimes de la copropriété des immeubles bâtis, certainement le plus connu et le plus fréquent, puis on compte d'autres régimes comme le lotissement[570] ou la division en volumes[571], qui vont trouver à

---

565 M. BAUCOMONT, « La qualité d'exploitant d'installation classée : ombres et lumières », *BDEI* nov. 2012, n° 42 suppl., chron. 1502, p. 30 ; B. PARANCE et V. PERRUCHOT-TRIBOULET, « Droit des biens (mai 2009 - septembre 2009) », *RLDC* mars 2010, n° 69, chron. 3757, p. 53.

566 M. BOUTONNET, « Quand le droit de l'environnement invite à clarifier les obligations issues d'un contrat de bail », *Environnement* oct. 2009, n° 10, comm. 114, p. 29.

567 *Ibid.*

568 *Ibid.*

569 *Ibid.*

570 L'article L. 442-1 du Code de l'urbanisme définit le lotissement comme la division en propriété ou en jouissance d'une unité foncière ou de plusieurs unités foncières contiguës ayant pour objet de créer un ou plusieurs lots destinés à être bâtis.

571 Il s'agit d'une technique juridique, créée par les notaires pour échapper au régime de la copropriété, qui consiste à diviser la propriété d'un immeuble en fractions distinctes mesurées dans les trois dimensions : les volumes.

s'appliquer lorsque celui de la copropriété se révèle inadapté[572]. La contenance de notre étude étant limitée, nous nous résoudrons à n'évoquer que le régime de la copropriété qui pourra servir d'exemple aux autres régimes[573].

Voyons donc comment le régime de la copropriété va encadrer l'obligation de délivrance en fixant la destination du lot de copropriété et les règles relatives aux travaux réalisés sur le lot, prescriptions auxquelles la destination contractuelle devra correspondre[574].

93. Des restrictions aux droits des copropriétaires : pouvoir du règlement de copropriété. Conformément au régime de la copropriété régi par la loi du 10 juillet 1965[575], le bailleur propriétaire d'un lot de copropriété peut librement le louer[576], mais il n'en demeure pas moins restreint par certaines limites inhérentes à ce régime[577]. En application de l'article 8 alinéa 1er de cette loi d'ordre public, les restrictions aux droits des copropriétaires figurent dans le règlement de copropriété[578]. Bien que la relation contractuelle qui lie le bailleur au preneur soit autonome par rapport à la copropriété, il reste que le bail ne pourra pas échapper aux contraintes de la copropriété de sorte que l'on considère communément, selon l'adage romain *« nemo plus juris ad alium transferre potest quam ipse habet »*, que le bailleur ne saurait conférer au preneur plus de droits qu'il n'en possède lui-même au sein de la copropriété[579]. En tout état de cause, bien que le locataire soit considéré comme un tiers vis-à-vis du syndicat des copropriétaires[580], le règlement de copropriété, qui a valeur contractuelle, va s'imposer à tous les copropriétaires et leurs locataires[581], à moins de se faire autoriser à modifier la destination du lot.

Le règlement de copropriété indique en premier lieu la destination générale de l'immeuble[582]. On pourra trouver dans les règlements de copropriété des clauses d'habitation bourgeoise exclusives de tout autre usage que celui d'habitation, des clauses d'habitation avec possibilité d'exercer certaines professions, des clauses

---

[572] S. CHAIX-BRYAN, « Pour la possibilité de déroger conventionnellement, dans des hypothèses particulières, à certaines dispositions de la loi du 10 juillet 1965 », *RDI* nov. 2007, n° 6, p. 493 ; B. VALEYRE, « La structure juridique du centre commercial », *RDI* déc. 1994, n° 4, p. 577.

[573] Sur le rôle similaire de la destination dans le lotissement : JURIS-COMPACT, « Affectation et destination du local de l'entreprise », art. cit.

[574] E. BRIAND, « Bail et changement d'usage », art. cit.

[575] *L.* n° 65-557, 10 juill. 1965, Loi fixant le statut de la copropriété des immeubles bâtis.

[576] J.-N. BEAULIEU, *Droits et obligations des copropriétaires. - Location de lot*, J.-Cl. Construction - Urbanisme, Fasc. n° 91-51, juin 2017, n° 2.

[577] *Ibid.*, n° 4 et s.

[578] *Ibid.*, *loc. cit.* ; G. VIGNERON, *Droits et obligations des copropriétaires. - Destination des parties privatives. - Considérations générales*, J.-Cl. Construction - Urbanisme, Fasc. n° 91-10, avr. 2019, n° 2.

[579] G. VIGNERON, *Règlement de copropriété - Établissement - Modification - Force obligatoire*, J.-Cl. Construction - Urbanisme, Fasc. n° 93-20, déc. 2011, n° 101 ; Cette considération est critiquée par certains auteurs qui voient plutôt, dans la nature du bail d'un local en copropriété, une stipulation pour autrui implicite : C. ATIAS, « La portée du réglement de copropriété face aux conventions locatives », *AJDI* juill. 2004, n° 7-8, p. 541.

[580] G. VIGNERON, *Règlement de copropriété - Établissement - Modification - Force obligatoire*, *op. cit.*, n° 101.

[581] *Ibid.*, n° 102.

[582] G. VIGNERON, *Droits et obligations des copropriétaires. - Destination des parties privatives. - Considérations générales*, *op. cit.*, n° 29 et s.

prévoyant que l'immeuble est mixte habitation/activités professionnelles, habitation/activités commerciales ou bien les trois[583]. Au regard de la destination générale de l'immeuble, le règlement de copropriété, par le biais de clauses, doit ensuite indiquer la destination[584] de chacun des lots de copropriété[585]. Celle-ci ne doit pas être en contradiction avec la destination générale de l'immeuble[586]. Il est fréquent que le règlement de copropriété ne précise pas l'affectation de chaque lot, mais se contente d'indiquer que les locaux de l'immeuble sont réservés à l'habitation, à un usage mixte, commercial et d'habitation par exemple[587]. Enfin, le règlement de copropriété a le pouvoir de fixer les modalités d'utilisation du lot[588], c'est-à-dire le pouvoir d'autoriser ou d'interdire le type d'activité commerciale exercée dans le lot[589].

En dépit du principe d'intangibilité de la destination des lots, des changements restent possibles sous certaines conditions[590], qu'une réponse ministérielle de 2004[591] est venue préciser. Par ailleurs, lorsque la modification de la destination du lot provient d'une actualisation ou adaptation du règlement de copropriété

---

583 M. LATINA, « La clause d'habitation bourgeoise », *LEDC* mai 2016, n° 5, p. 2.

584 Bien que les termes destination et affectation soient en principe distincts, nous les utiliserons indifféremment ici.

585 G. VIGNERON, *Droits et obligations des copropriétaires. - Destination des parties privatives. - Considérations générales*, *op. cit.*, n° 10.

586 Par exemple, il n'est pas possible d'avoir un immeuble d'habitation bourgeoise au sein duquel il y aurait un local commercial.

587 G. VIGNERON, *Droits et obligations des copropriétaires. - Destination des parties privatives. - Considérations générales*, *op. cit.*, n° 10-11 : Dans ce cas, l'affectation de chaque lot se trouve généralement dans l'état descriptif de division, étant précisé que l'état descriptif de division est un document sans caractère contractuel même s'il est inclus dans le règlement de copropriété, et qu'à ce titre, il ne crée aucune obligation ou interdiction pour les copropriétaires à propos de la destination et de l'utilisation des locaux leur appartenant. ; V. en ce sens : CA Paris, 19 févr. 1997, 23e ch., sect. A, n° 95/24147, JurisData n° 1997-020252.

588 G. VIGNERON, *Droits et obligations des copropriétaires. - Destination des parties privatives. - Considérations générales*, *op. cit.*, n° 13.

589 Le local reste commercial, mais le commerce exercé à l'intérieur change. Il peut s'agir, par exemple, d'une activité de garage, épicerie, magasin de chaussures, d'habillement, salon de coiffure, pharmacie, laboratoire, restaurant, etc.

590 G. VIGNERON, *Droits et obligations des copropriétaires. - Destination des parties privatives. - Considérations générales*, *op. cit.*, n° 12 et s.

591 Rép. min. à QE n° 35328, JO AN Q, 2 nov. 2004, p. 8678 ; ANONYME, « Actualité », *JCP N* nov. 2004, n° 48, act. 238 : Elle indique que le changement d'affectation d'un lot de copropriété n'est pas soumis à l'autorisation de l'assemblée générale s'il est autorisé par le règlement de copropriété, c'est-à-dire si la modification est compatible avec la destination de l'immeuble. Toutefois, elle ajoute que lorsque le règlement de copropriété prévoit que le copropriétaire doit au préalable soumettre à l'assemblée générale son projet de modification, celui-ci doit se conformer à cette obligation. Enfin, la réponse prévoit qu'un changement d'affectation contraire à la destination de l'immeuble ou prohibé par le règlement de copropriété ne peut être autorisé qu'à l'unanimité. ; V. en ce sens : G. VIGNERON, *Droits et obligations des copropriétaires. - Destination des parties privatives. - Considérations générales*, *op. cit.*, n° 16-17 et 21.

résultant de nouvelles règles législatives et réglementaires[592], l'article 49 de la loi du 10 juillet 1965 soumet ces adaptations à la majorité de l'article 24[593].

Quant aux travaux, soit ils ne touchent qu'aux parties privatives sans affecter les parties communes et ils sont soumis à la simple volonté du propriétaire[594], soit ils affectent les parties communes de l'immeuble, même à usage privatif[595], et ils peuvent modifier ou non la destination du lot, mais s'ils la modifient, il conviendra de se reporter au principe énoncé précédemment à propos du changement de destination. Lorsque les travaux affectent les parties communes ou l'aspect extérieur de l'immeuble, au sens de l'article 25 b, de la loi du 10 juillet 1965, ceux-ci vont être soumis à l'autorisation de l'assemblée générale, mais celle-ci ne dispose pas d'un pouvoir discrétionnaire[596]. Ainsi, en cas de refus de sa part, le ou les copropriétaires intéressés ont la possibilité de saisir le tribunal de grande instance en vue d'obtenir de lui l'autorisation nécessaire pour exécuter les travaux[597]. L'autorité judiciaire est habilitée à se substituer au syndicat pour décider d'approuver le projet qui lui est soumis si elle estime que sa réalisation, dans l'intérêt, soit de la collectivité, soit d'un copropriétaire seulement, peut être poursuivie dans l'immeuble[598].

Par ailleurs, les différentes réglementations en vigueur peuvent imposer aux propriétaires soumis au régime de copropriété l'exécution de travaux, notamment exigée par l'autorité administrative. Ces travaux étant obligatoires, il serait légitime de penser qu'ils ne soient pas assujettis à autorisation[599]. Pourtant, la jurisprudence a indiqué que ces travaux de mise aux normes ne peuvent être entrepris sans l'autorisation de l'assemblée générale[600].

C'est dans cette logique que le bailleur doit garantir que l'activité prévue dans le bail pourra bien être exercée dans le local loué, sous peine de ne pas satisfaire à son obligation de délivrance[601].

---

[592] G. VIGNERON, *Réglement de copropriété - Établissement - Modification - Force obligatoire*, *op. cit.*, n° 117-119 ; J.-M. LE MASSON, « La mise à jour des réglements de copropriété », *AJDI* déc. 2003, n° 12, p. 837 ; J. LAFOND, « L'adaptation des réglements de copropriété anciens à l'évolution de la législation », *JCP N* sept. 2003, n° 38, étude 1500, p. 1314 ; P. LEBATTEUX, « Le nouvel article 49 de la loi du 10 juillet 1965 modifiée : la chose la plus étonnante... », art. cit. ; D. SIZAIRE, « Article 49 de la loi du 10 juillet 1965 : avis de tempête », *Constr.-urb.* mars 2004, n° 3, rep. 3, p. 3.

[593] V. sur ce point : G. VIGNERON, *Réglement de copropriété - Établissement - Modification - Force obligatoire*, *op. cit.*, n° 18, 70, 119 et s. ; P. LEBATTEUX, « Le nouvel article 49 de la loi du 10 juillet 1965 modifiée : la chose la plus étonnante... », *Gaz. pal.* avr. 2003, n° 116, p. 3.

[594] G. VIGNERON et C. COUTANT-LAPALUS, *Travaux réalisés à l'initiative de copropriétaires. - Règles générales*, J.-Cl. Copropriété, Fasc. n° 98, juill. 2018, n° 10.

[595] *Ibid.*, n° 22-26.

[596] G. VIGNERON, *Travaux à l'initiative de copropriétaires - Procédure d'autorisation*, J.-Cl. Copropriété, Fasc. n° 99, avr. 2017, n° 1-2.

[597] *Ibid.*, n° 124.

[598] CA Paris, 4e pôle, 2e ch., 14 nov. 2012, n° 11/21174, JurisData n° 2012-026067, *Loyers et copr.* avr. 2013, n° 4, comm. 125, p. 31, note G. VIGNERON.

[599] G. VIGNERON, *Travaux réalisés à l'initiative de copropriétaires. - Règles générales*, *J.-Cl. Copropriété*, Fasc. n° 98, mars 2013, n° 17.

[600] Cass. 3e civ., 8 nov. 2006, n° 05-19.141, JurisData n° 2006-035845, *Constr.- urb.* janv. 2007, n° 1, comm. 7, p. 16, note D. SIZAIRE ; *Loyers et copr.* janv. 2007, n° 1, comm. 19, p. 22, note G. VIGNERON ; *D.* sept. 2007, n° 31, p. 2184, chron. P. CAPOULADE et C. ATIAS.

[601] J. COURNEROUX, « La destination du bail : une liberté encadrée », art. cit.

94. Locaux impropres à leur destination au regard des dispositions du règlement de copropriété : manquement à l'obligation de délivrance. La jurisprudence a précisé que la location de locaux impropres à leur destination au regard des dispositions du règlement de copropriété constitue un manquement à l'obligation de délivrance du bailleur[602]. Dans une autre espèce[603], une bailleresse a conclu un bail commercial prévoyant que toutes activités commerciales pourraient être exercées dans le local, y compris la restauration rapide avec réchauffage, alors que le règlement de la copropriété dans laquelle se trouvait le local interdisait l'exploitation d'un commerce bruyant et malodorant. La question qui se posait ici était de savoir si l'activité de restauration rapide avec réchauffage constituait une activité commerciale bruyante et malodorante. La Cour de cassation a répondu positivement en jugeant que le bail devait être résilié aux torts exclusifs du bailleur pour manquement à son obligation de délivrance[604].

Pour satisfaire son obligation de délivrance, le bailleur doit donc rendre la destination contractuelle du bail conforme au règlement de copropriété[605]. Il faut donc comprendre que la destination du local, inscrite dans le bail, devra être, non seulement conforme à la destination générale de l'immeuble, mais également à la destination spécifique du lot, telles qu'établies par le règlement de copropriété[606]. On comprend également que si le règlement de copropriété mentionne une destination précise, la délivrance sera limitée à cette destination, alors que si le règlement permet tous types de commerces, le champ de la délivrance s'élargit. Toute la difficulté tient à l'interprétation des clauses du règlement de copropriété. Ces développements illustrent bien le pouvoir du règlement de copropriété d'augmenter ou de diminuer la matière de la délivrance.

γ - La destination encadrée par les règles spécifiques des activités commerciales

95. Règles multiples. Il existe, en plus des règles que nous avons déjà exposées, toute une série d'autres règles qui concerne la mise en conformité des locaux avec l'activité spécifique du locataire ou des règles propres au fonctionnement de l'établissement[607]. Une activité de pharmacie n'est pas soumise à la même réglementation qu'une activité de restauration par exemple. De la même façon, une discothèque ne génère pas les mêmes nuisances qu'un magasin de vêtement. Le bailleur devra donc vérifier la réglementation en vigueur pour

---

602 CA Paris, 16e ch., sect. B, 2 mars 2001, *Rev. loyers* mars 2001, n° 818, p. 302.

603 Cass. 3e civ., 3 mars 2009, n° 08-10.956, *AJDI* juin 2010, n° 6, p. 456, note C. DENIZOT ; *Rev. loyers* mai 2009, n° 897, jur. 979, p. 222.

604 *Ibid.*

605 CA Paris, 5e pôle, 3e ch., 30 juin 2010, n° 08/23647, *AJDI* déc. 2010, n° 12, p. 882.

606 E. BRIAND, « Bail et changement d'usage », art. cit.

607 J. DOUCET, « La mise aux normes et le bail commercial », *Defrénois* juin 2004, n° 12, p. 843 ; J. MONÉGER *et alii*, *Douze ans de baux commerciaux - 1993 - 2005, Sélection des principaux arrêts et commentaires*, 2e éd., LexisNexis, coll. Litec Immo, 2006, p. 163.

l'activité visée dans le bail et devra également considérer les gênes occasionnées par cette activité au regard du voisinage.

Recenser exhaustivement l'innombrable quantité de règles spécifiques à chaque activité commerciale étant infaisable, tant les activités commerciales sont nombreuses et variées, nous n'évoquerons que quelques illustrations, les plus significatives notamment celles relatives aux commerces de bouche et aux bureaux, pour démontrer ce que peut recouvrir l'obligation de délivrance du bailleur en fonction de l'activité commerciale considérée.

96. Activité de restauration. Il a été jugé qu'il appartient au bailleur qui donnait à bail un local à usage de restaurant, de s'assurer qu'il mettait à disposition l'équipement de base nécessaire pour installer une extraction d'air vicié conforme aux règles de l'art et aux règlements sanitaires et de nature à permettre la pleine utilisation des locaux[608]. Il a également été jugé que, pour ne pas manquer à son obligation de délivrance, le bailleur devait autoriser son preneur à installer un système d'aération suffisamment performant pour se mettre en conformité avec l'arrêté du 26 septembre 1980[609]. De la même manière, il a été jugé que le bailleur qui loue des locaux situés dans l'enceinte d'un camping à usage de bar-restaurant et de vente de plats cuisinés à emporter ne respectant pas les exigences des services vétérinaires de l'arrêté ministériel du 9 mai 1995 manque à son obligation de délivrance conforme[610].

97. Activité de débits de boisson. Selon la même logique, a manqué à son obligation de délivrance, le bailleur de locaux à usage de snack-bar et petite restauration dès lors qu'aucune autorisation ne pouvait être délivrée, empêchant l'exploitation dans les lieux d'un débit de boissons de quatrième catégorie, en raison de la proximité d'un édifice religieux[611]. Le bailleur doit donc réparer le préjudice subi par le preneur.

98. Activité de bureaux. Il n'existe pas de définition légale des bureaux[612], mais la Cour de cassation les a caractérisés comme des lieux incompatibles avec le fait d'y recevoir clients et fournisseurs, dès lors que le local ne sert ni au dépôt ni à la livraison de marchandises[613]. Ces locaux supposent que soit effectué dans leur

---

608 Cass. 3e civ., 1er oct. 1997, n° 96-11.150, JurisData n° 1997-003915.

609 CA Montpellier, 1e ch., sect. B, 24 janv. 1996, n° 93/5118, JurisData n° 1996-034039 ; Cass. 3e civ., 27 mai 2003, n° 02-11.709, JurisData n° 2003-019337, *AJDI* déc. 2003, n° 12, somm. p.852.

610 Cass. 3e civ., 11 oct. 2011, n° 10-17.257, JurisData n° 2011-021760, *AJDI* janv. 2012, n° 1, p. 32, obs. V. ZALEWSKI.

611 CA Paris, 23e ch. B, 31 mai 2000, JurisData n° 2000-109431.

612 P. GARBIT *et alii*, *Le Lamy droit commercial*, 2015, *op. cit.*, n° 1593.

613 Cass. 3e civ., 25 févr. 1976, n° 75-10.613, Bull. civ. III, n° 91, *Rev. loyers* mars 1976, n° 565, p. 147, note J. V. ; Cass. 3e civ., 12 oct. 1976, n° 75-11.166, Bull. civ. III, n° 333, JurisData n° 1976-700333, *Rev. loyers* janv. 1977, n° 573, pp. 41-42 ; Cass. 3e civ., 8 janv. 1980, n° 78-13.060, Bull. civ. III, n° 4, *Rev. loyers* avr. 1980, n° 606, p. 205, note J. V. ; Cass. 3e civ., 21 oct. 1980, n° 79-13.572, *Rev. loyers* févr. 1981, n° 614, p. 81, note J. V. ; Cass. 3e civ., 27 févr. 2002, n° 00-20.380, Bull. civ. III, n° 49, JurisData n° 2002-013241, *JCP E* avr. 2002, n° 15, pan. 604, p. 679 ; *Gaz. pal.* avr. 2002, n° 101, p. 13, obs. F. GHILAIN ; *Rev. loyers* mai 2002, n° 827, p. 292, an. M.-O. VAISSIÉ ; *RLDA* juin 2002,

enceinte un travail purement intellectuel ou administratif qui n'est pas nécessairement lié à la présence dans les lieux de la clientèle[614]. Ils font l'objet d'une réglementation spéciale en termes de surface[615], de sécurité incendie, d'aération et d'assainissement, d'hygiène ou encore d'éclairage[616]. À ce titre, la jurisprudence a notamment jugé le bailleur qui loue des locaux à usage de bureaux ne respectant pas les normes de sécurité incendie en vigueur, empêchant le preneur de les utiliser comme tels, manque à son obligation de délivrance[617].

99. Activité de karting. Dans une espèce de 2008, une société locataire, titulaire d'un bail commercial au titre duquel elle exerce une activité de karting, provoquant une gêne sonore pour le voisinage, se voit condamnée à réaliser des travaux pour mettre le local en conformité avec la réglementation sonore[618]. La Cour de cassation se retranche derrière la Cour d'appel en retenant que les locaux pris à bail en vue de l'exploitation par la société de son activité de karting en intérieur ne comportaient aucun dispositif d'insonorisation spécifique et qu'il ressortait d'une expertise judiciaire que les essais acoustiques n'étaient pas conformes à la réglementation, de sorte que la commune n'avait pas satisfait à son obligation de délivrance. La troisième chambre révèle que l'obligation de délivrance du bailleur couvre les travaux de mise en conformité du local avec la réglementation sonore. Ce même arrêt révèle également l'existence d'un trouble anormal de voisinage, ce qui nous amène au développement suivant.

100. Théorie des troubles anormaux de voisinage. Les troubles anormaux de voisinage sont des nuisances qui excèdent les inconvénients normaux du voisinage[619]. La théorie qui leur est dédiée repose sur une formule, utilisée à maintes reprises par la Cour de cassation, posant le principe selon lequel *« nul ne doit causer à autrui un trouble anormal de voisinage »*[620]. La responsabilité pour troubles anormaux de voisinage est une responsabilité autonome, différente de celles visées aux articles

---

n° 50, jur. 3190, p. 21, obs. J. HABERER ; *Dr. & patr.* sept. 2002, n° 107, jur. 3144, p. 107, obs. P. CHAUVEL.

614 P. GARBIT *et alii*, *Le Lamy droit commercial*, 2015, *op. cit.*, *loc. cit.*

615 *Quelles sont les surfaces minimales pour un espace de travail ?*, http://vosdroits.service-public.fr/professionnels-entreprises/F24505.xhtml.

616 *Vos bureaux sont-ils aux normes ?* : http://lentreprise.lexpress.fr/gestion-fiscalite/immobilier-entreprise/vos-bureaux-sont-ils-aux-normes_1508935.html.

617 CA Lyon, 1e ch. civ., 7 juin 2007, n° 06/01698, JurisData n° 2007-344989, *JCP E* janv. 2008, n° 1, pan. IV 1030, p. 54, obs. Y. REINHARD et R. BESNARD GOUDET ; V. aussi : Cass. 3e civ., 16 sept. 2008, n° 07-18.303, *Rev. loyers* déc. 2008, n° 892, jur. 871, p. 549 ; *RJDA* déc. 2008, n° 12/08, obs. 1224, p. 1182.

618 Cass. 3e civ., 10 déc. 2008, n° 07-20.277, JurisData n° 2008-046248, *Loyers et copr.* mars 2009, n° 3, comm. 54, p. 11, obs. B. VIAL-PEDROLETTI ; *RTD com.* déc. 2009, n° 4, p. 694, obs. F. KENDÉRIAN ; *AJDI* mars 2009, n° 3, somm. p. 198, obs S. PORCHERON ; *JCP N* nov. 2009, n° 47, chron. 1316, p. 23, obs. C. YANG-TING.

619 J.-L. BERGEL *et alii*, *Le Lamy droit immobilier*, 2015, *op. cit.*, n° 281.

620 Cass. 2e civ., 19 nov. 1986, n° 84-16.379, Bull. civ. II, n° 172, JurisData n° 1986-702120 ; Cass. 3e civ., 24 oct. 1990, n° 88-19.383, Bull. civ. III, n° 205, JurisData n° 1990-702675, *D.* oct. 1991, n° 35, p. 309, obs. A. ROBERT ; J. GHESTIN (dir.), G. VINEY, P. JOURDAIN et S. CARVAL, *Traité de droit civil, Les régimes spéciaux et l'assurance de responsabilité*, 4e éd., L.G.D.J., 2017, pp. 224-226, n° 180.

1382 et suivants du Code civil, qui n'est aucunement fondée sur une faute : il suffit que l'activité litigieuse soit excessivement dommageable[621]. D'origine prétorienne, celle-ci pourrait bien faire l'objet d'une consécration légale puisque la proposition de réforme de la responsabilité civile entend la faire vivre sous son article 1249[622]. Majoritairement reprise à l'identique, cette disposition consacrant la théorie des troubles anormaux de voisinage pourrait néanmoins, si elle demeure ainsi formulée, engendrer une difficulté particulière liée à la restriction des troubles « provoqués » puisqu'elle conduirait à éluder les responsables voisins non directement auteurs des troubles alors que la jurisprudence actuelle les reconnaît[623].

En matière de location, c'est le bailleur qui est garant à l'égard des tiers des troubles occasionnés au voisinage par son locataire et les tiers peuvent agir directement à son encontre sans qu'il puisse se décharger de toute obligation en invoquant l'envoi d'une mise en demeure au locataire[624]. À l'inverse, on peut imaginer que ce soit le locataire qui subisse un trouble empêchant le bon fonctionnement de son activité et dans ce cas, soit le locataire s'en remet à son propriétaire bailleur afin qu'il mette fin au trouble, soit il agira directement contre l'auteur du trouble, sans attendre une action de la part de son propriétaire[625].

Face à ces deux situations, on se demande inévitablement si l'obligation de délivrance ne sous-entend pas de délivrer, non seulement un local commercial qui ne cause aucun trouble anormal au voisinage, mais en plus un local dont l'exercice de l'activité qu'il abrite ne soit pas gêné par un trouble anormal du voisinage.

101. Troubles causés par le locataire au voisinage. Pour reprendre l'arrêt sus-cité, relatif à l'activité de karting[626], la troisième chambre, comme la Cour d'appel, a considéré que le bailleur, qui met à la disposition du preneur un bien dont l'insonorisation ne suffit pas à prémunir le preneur de toute responsabilité vis-à-vis de tiers riverains du fait de son activité, manque à son obligation de délivrance. La jurisprudence a aussi estimé que le propriétaire bailleur en sa qualité de propriétaire du site et de maître de l'ouvrage des installations litigieuses était tenu de fournir au locataire des locaux conformes à son activité, mais également de veiller à ce que les riverains ne subissent pas du fait de l'exploitation des installations des troubles qui excèdent les inconvénients normaux de voisinage[627]. En 2011, la Cour de cassation a jugé que si le bail mettait à la charge du preneur les travaux liés aux conséquences sonores de son activité, en l'occurrence un supermarché abritant dans un entresol des compresseurs, le bailleur ne pouvait se voir reprocher un

---

621 J.-L. BERGEL *et alii*, Le Lamy droit immobilier, 2015, *op. cit.*, *loc. cit.*

622 Anciennement 1244 ; G. DURAND-PASQUIER, « L'incidence de la future réforme des conditions de la responsabilité civile sur le droit immobilier et de la construction », art. cit.

623 *Ibid.*

624 P. GARBIT *et alii*, *Le Lamy droit commercial*, 2015, *op. cit.*, n° 1124 ; O. ABRAM, « Responsabilité du bailleur à l'égard des tiers en cas de troubles de voisinage commis par son locataire », *AJDI* mars 2003, n° 3, p. 162.

625 P. BRUN (dir.), P. PIERRE (dir.), N. LACOSTE-MASSON (dir.) *et alii*, *Le Lamy droit de la responsabilité*, 2020, n° 355-25.

626 V. *supra* n° 99.

627 CA Nîmes, 1e ch. civ., sect. B, 6 janv. 2009, n° 07/04333, JurisData n° 2009-001492.

manquement à son obligation de délivrance en raison de troubles sonores dès lors qu'une solution existait, dont le locataire devait prendre l'initiative, pour les faire cesser[628]. On peut en déduire qu'en l'absence d'une telle clause dans le bail, les travaux d'isolation nécessaires pour pallier les troubles sonores auraient pu être retenus sur le fondement de l'obligation de délivrance.

102. Troubles causés par le voisinage au locataire. Un ouvrage explique que le locataire peut, dans le cas où il est victime d'un trouble, se retourner contre son bailleur sur le fondement contractuel pour manquement à l'obligation de délivrer la chose louée et de l'entretenir en état de servir à l'usage pour lequel elle a été louée[629].

Certains verront dans cette hypothèse l'application de l'obligation de jouissance paisible et nous ne le contestons pas[630]. Mais, pour justifier ses propos, l'ouvrage s'appuie sur l'affaire de l'activité de karting. Or, cette solution ne nous semble pas appropriée à l'hypothèse soutenue puisque ce n'est pas le locataire qui est victime d'un trouble (il en est l'auteur), mais le voisinage. Nous pensons, en vertu de l'article 1725 du Code civil qui dispose que *« le bailleur n'est pas tenu de garantir le preneur du trouble que des tiers apportent par voies de fait à sa jouissance, sans prétendre d'ailleurs aucun droit sur la chose louée ; sauf au preneur à les poursuivre en son nom personnel »* et dans la mesure où le locataire a la possibilité d'agir directement contre l'auteur du trouble, que le jeu de l'obligation de délivrance sera difficilement recevable. D'ailleurs, la Cour d'appel s'est positionnée en ce sens dans un litige opposant un bailleur à son locataire pour nuisances (odeurs dues à un engorgement des canalisations des eaux usées sur les parties communes de l'immeuble) subies dans le local commercial objet du bail[631]. Alors que le locataire invoquait un manquement à l'obligation de délivrance de son bailleur, la Cour a estimé que sans contrevenir à l'article 1719 du Code civil, qui oblige à la délivrance de la chose louée, effective en l'espèce, le bailleur était fondé à opposer à son locataire la fin de non-recevoir selon laquelle le syndicat des copropriétaires est un tiers par rapport au bailleur, et que le preneur devait rechercher directement le syndicat.

À l'heure actuelle, la seule possibilité, qui semble se dégager de la jurisprudence, pour faire tomber un trouble de voisinage sous la coupe de l'obligation de délivrance du bailleur est que ce trouble soit aggravé par un manquement du bailleur[632]. La solution serait-elle identique si le trouble était occasionné par un voisin locataire ayant le même bailleur ?

---

[628] Cass. 3e civ., 27 sept. 2011, n° 10-21.550, *Rev. loyers* nov. 2011, n° 921, jur. 1347, p. 412.

[629] P. BRUN (dir.), P. PIERRE (dir.), N. LACOSTE-MASSON (dir.) *et alii*, *Le Lamy droit de la responsabilité*, *op. cit.*, n° 355-25.

[630] V. en ce sens : Cass. 3e civ., 20 avr. 2005, n° 03-18.390, Bull. civ. III, n° 96, JurisData n° 2005-028171, *JCP N* oct. 2005, n° 40, 1400, p. 1617, comm. A. DJIGO ; *Gaz. pal.* oct. 2005, n° 277, p. 17 ; *Rev. loyers* juill.-sept. 2005, n° 859, jur. 174, p. 386, an. J. RÉMY ; *RLDA* juin 2005, n° 83, jur. 5245, jur. 5223, p. 42, obs. P. MENDAK ; *RLDA* juill. 2005, n° 84, p. 23, obs. A. LEFÈVRE et J. VASA ; *AJDI* juill. 2005, n° 7-8, p. 565, obs. Y. ROUQUET.

[631] CA Montpellier, 1e ch., sect. D, 22 janv. 2013, n° 11/04765, *AJDI* sept. 2013, n° 9, p. 608.

[632] Cass. 3e civ., 16 avr. 2008, n° 06-21.821, JurisData n° 2008-043712, *AJDI* mai 2009, n° 5, p. 355, note C.DENIZOT ; *R ev. loyers* juin 2008, n° 888, jur. 774, p. 320.

103. Troubles causés au locataire par un voisin locataire ayant le même bailleur. La Cour d'appel de Montpellier s'est prononcée au sujet d'un trouble de jouissance fondé sur les articles 1719, 3° et 1721 du Code civil. Il s'agissait d'un dégât des eaux en provenance de l'appartement situé à l'étage supérieur. Elle a jugé que le bailleur ne pouvait se prévaloir de la clause l'exonérant de sa responsabilité en cas de troubles apportés par des tiers puisque l'occupant du dessus, responsable du sinistre, était également locataire de la société bailleresse et n'était donc pas un tiers à son égard au sens de l'article 1725 du Code civil[633]. La bailleresse ne pouvait donc s'exonérer de son obligation de faire jouir paisiblement le preneur de la chose louée pendant la durée du bail et de réparer les conséquences de ce sinistre. On pourrait transposer cette solution à un trouble de voisinage fondé sur l'obligation de délivrance et considérer alors qu'en pareille situation le bailleur peut être tenu de faire cesser le trouble au titre de son obligation de délivrance.

d - La chose exempte de danger

104. Source légale et rôle créateur de la jurisprudence. La rubrique qui nous occupe à présent envisage la jurisprudence comme source de l'obligation de délivrance sous un autre rôle : le rôle créateur[634]. On constate ainsi que la Cour suprême, avec le pouvoir d'interprétation qu'on lui connaît, a la possibilité de créer le droit et de façonner alors le contenu de certaines obligations[635]. Elle va ainsi créer des obligations à la charge du bailleur en interprétant l'article 1719, 1° du Code civil, duquel naît l'obligation de délivrance[636], et préciser le contenu de cette obligation en créant une obligation de sécurité.

À côté de cette source prétorienne, la sécurité peut encore trouver son origine dans diverses législations et intégrer le champ de la délivrance. Étroitement liée aux risques sanitaires, la sécurité des immeubles occupe également une place importante dans notre société. On le constate largement avec la multiplication des normes de sécurité des bâtiments. Les cibles visées par ces risques sont alors les constructeurs, les occupants (propriétaires, bailleurs, locataires, travailleurs) ou encore les producteurs des matériaux de construction. Nous tenterons ainsi de détecter par quelles réglementations les bailleurs de locaux commerciaux doivent faire face à ces risques, en démontrant comment elles peuvent retentir sur l'obligation de délivrance.

---

[633] CA Paris, 5e pôle, 3e ch., 14 déc. 2011, n° 09/19876, JurisData n° 2011-029102 ; C. QUÉMENT, *Bail commercial. - Obligations des parties*, *op. cit.*, n° 50.

[634] Précisons, ici, qu'il s'agit d'étudier les créations *ex nihilo* de la jurisprudence et non les applications qu'elle a pu faire du droit existant, que nous avons déjà pu détailler au gré de nos développements antérieurs et que nous continuerons à détailler au gré de nos développements futurs. Autrement dit, nous allons évoquer les éléments qu'elle a pu inclure comme faisant partie de l'obligation de délivrance et qui n'existent pas dans la loi.

[635] P. ETAIN, « L'obligation de maintenir un environnement commercial favorable », *Rev. loyers* janv. 2007, n° 873, jur. 464, p. 19 ; M.-P. DUMONT-LEFRAND, « La force créatrice de la jurisprudence en question ? », *AJDI* mai 2007, n° 5, p. 353.

[636] *Ibid.*

La délivrance conforme s'exprime donc à travers une exigence de sécurité d'origine prétorienne (α), mais aussi à travers d'autres règles légales de sécurité des bâtiments (β).

α - La sécurité prétorienne

105. Rattachement de l'obligation de sécurité à l'obligation de délivrance : une obligation à l'autonomie non clairement affirmée. Contrairement à d'autres droits, comme le droit italien qui reconnaît une obligation de sécurité pour la santé qu'il a consacrée dans la garantie des vices[637], le droit français ne consacre pas une telle obligation au titre du louage de choses. Cette obligation de sécurité qui a largement nourri le développement de la responsabilité contractuelle[638], est relativement absente de la réforme de la responsabilité civile dont la proposition dans sa dernière version ne lui dédie qu'une infime place à l'article 1233 au titre la responsabilité extracontractuelle[639]. La plupart des solutions rendues par la jurisprudence pour retenir l'obligation de sécurité du bailleur reposent sur l'obligation de garantie du bailleur énoncée par l'article 1721 du Code civil[640]. Les mêmes solutions se constatent dans la vente[641].

Toutefois, dans un arrêt significatif de 1998, la Cour suprême semble se détacher de ce principe et laisse entrevoir l'idée d'une obligation de sécurité autonome à la charge du bailleur[642]. En l'espèce, une personne, qui avait pris en location une salle des fêtes, a été brûlée par l'explosion d'une cuisinière à gaz qui se trouvait dans cette salle. La personne a alors assigné en réparation de son préjudice la commune et son assureur. La Haute Cour rejette la demande en estimant que *« le Tribunal, statuant à bon droit sur le seul fondement de la responsabilité contractuelle, et sans inverser la charge de la preuve, a exactement décidé que, la victime n'établissant pas que la commune avait manqué à son obligation de moyen de sécurité envers elle, sa demande devait être rejetée »*. Ici, l'obligation de sécurité est expressément visée, sans être rattachée à une autre obligation. Elle a réitéré sa position dans un arrêt ultérieur[643].

637 L'article 1580 du Code civil italien s'intéresse aux choses dansgereuses pour la santé : *« Se i vizi della cosa o di parte notevole di essa espongono a serio pericolo la salute del conduttore o dei suoi familiari o dipendenti, il conduttore può ottenere la risoluzione del contratto, anche se i vizi gli erano noti, nonostante qualunque rinunzia. »*. Cet article dispose que si les vices de la chose ou d'une partie importante de celle-ci à un sérieux danger pour la santé du locataire ou des membres de sa famille ou de ses employés, le locataire peut obtenir la résolution du contrat, même si les vices étaient connus, malgré quelconque renonciation.

638 V. en ce sens les travaux de M. Bloch : C. BLOCH, *L'obligation contractuelle de sécurité*, préf. R. BOUT, PUAM, 2001.

639 Anciennement 1233-1 ; V. en ce sens les propos de M. Poumarède : P. LE TOURNEAU (dir.) *et alii*, *Droit de la responsabilité et des contrats 2021/2022*, *op. cit.*, p. 1433, n° 3213.31.

640 Cass. 3e civ., 21 nov. 1990, n° 89-15.922, Bull. civ. III, n° 236, JurisData n° 1990-703133, *RDI* juin 1991, n° 2, p. 264, chron. G. BRIÈRE DE L'ISLE et J. DERRUPPÉ ; Cass. 3e civ., 12 juin 2003, n° 01-13.613, JurisData n° 2003-019571, *D.* févr. 2004, n° 8, p. 523, obs. S. BEAUGENDRE ; *AJDI* févr. 2004, n° 2, p. 113, obs. S. BEAUGENDRE ; *Rev. loyers.* oct. 2003, n° 840, p. 515, an. J. RÉMY.

641 V. aussi sur cette interprétation dans le cadre du contrat de vente : H. LAROCHE, *Les concours de responsabilités civiles*, th. Tours, 2014, p. 45, n° 40.

642 Cass. 2e civ., 2 déc. 1998, n° 96-22.197, *RTD civ.* juin 1999, n° 2, p. 407, obs. P. JOURDAIN.

643 Cass. 3e civ., 8 déc. 2004, n° 03-17.694, *AJDI* mars 2005, n° 3, p. 204, obs. V. ZALEWSKI.

Un peu plus tard c'est la Cour d'appel de Paris qui sème à nouveau le doute, en déclarant, à propos de travaux de désamiantage, qu'il y avait *« obligation impérative pour la bailleresse de supporter ces travaux de "bouchage" pour isoler le plénum en vertu du principe selon lequel l'obligation de délivrance emporte obligation de sécurité des lieux loués même en l'absence de texte applicable au cas d'espèce »*[644]. Elle condamne donc en partie la bailleresse *« au titre de l'obligation de délivrer des lieux exempts d'insécurité »*.

Bien que la doctrine ait pu émettre une mise en garde quant au rattachement de l'obligation de sécurité à l'obligation de délivrance[645] et bien que cette solution soit une décision d'appel, nous croyons qu'il ne faut pas pour autant sous-estimer l'analyse. Nous voyons difficilement comment une chose dangereuse pourrait être conforme.

106. La délivrance en bon état de réparations de toute espèce : un gage de sécurité. Il est bien délicat de trancher l'épineuse question de l'obligation de sécurité lorsque la jurisprudence est fluctuante. Qui plus est, la nature même de l'obligation de sécurité est controversée, tantôt contractuelle, tantôt délictuelle ou encore tantôt autonome, tantôt pas[646].

En ce qui nous concerne, prétendre que l'on peut délivrer impunément une chose dangereuse nous paraît aberrant, à moins d'en informer le débiteur et encore. Un auteur a même affirmé, à très juste titre, que *« délivrer au locataire un immeuble, qu'il serait impossible d'investir sans mettre en danger la vie des occupants (en raison de la présence de composants ou substances nuisibles à leur santé), est contradictoire et conduirait à constater que cette obligation n'a pas été exécutée »*[647].

De plus, si le législateur impose de délivrer une chose en bon état de réparations, c'est bien qu'il y a un intérêt. Un de ces intérêts serait selon nous d'assurer une certaine sécurité : il y a plus de chance d'être en sécurité lorsque la chose est en bon état, que lorsqu'elle ne l'est pas. C'est en ce sens que le bon état constitue, d'après nous, un gage de sécurité et que l'obligation de délivrance renfermerait une certaine obligation de sécurité. Comme l'a expliqué un auteur à propos de l'obligation de délivrance du vendeur, *« si l'on retient une définition large de l'obligation de délivrance conforme du bien vendu selon laquelle le bien doit correspondre non seulement à ce qui est expressément convenu dans le contrat, mais aussi à ce que tout vendeur s'attend, objectivement, à recevoir lorsqu'il achète un bien de cette nature, il est évident que la sécurité de la chose vendue fait partie des attentes de l'acheteur, et peut entrer dans le champ de l'obligation de délivrance »*[648].

D'ailleurs, on constate bien que le législateur impose que la chose soit conforme aux normes de sécurité, notamment pour les immeubles de grande et moyenne hauteur, ainsi que les établissements recevant du public.

---

[644] CA Paris, 16e ch., sect. A, 14 sept. 2005, n° 03/13912, JurisData n° 2005-281149, *AJDI* nov. 2005, n° 11, p. 830.

[645] J. CALAIS-AULOY, « Ne mélangeons plus conformité et sécurité », *D.* mai 1993, n° 18, p. 130.

[646] V. en ce sens : C. BLOCH, *L'obligation contractuelle de sécurité*, *op. cit.*, pp. 23 et s., n° 13 et s.

[647] B. WERTENSCHLAG, « Les obligations sanitaires du bailleur de locaux commerciaux ou professionnels », *AJDI* sept. 2006, n° 9, p. 627.

[648] H. LAROCHE, *Les concours de responsabilités civiles*, *op. cit.*, p. 45, n° 40.

β - La sécurité légale

107. Dispositions de sécurité relatives aux immeubles de grande hauteur et de moyenne hauteur ainsi qu'aux établissements recevant du public. Les articles L. 122-1 et L. 122-2 du Code de la construction et de l'habitation instaurent pour les immeubles de grande hauteur[649] un certain nombre de règles de sécurité, auxquelles ils doivent se référer pour être conformes[650]. Les articles R. 122-1 et suivants fixent les règles destinées à assurer la sécurité des personnes contre les risques d'incendie et de panique dans les immeubles de grande hauteur. La commission centrale de sécurité de l'article R. 123-29 du Code de la construction et de l'habitation donne son avis sur toutes les questions intéressant la sécurité dans ces immeubles. Récemment, la loi ELAN[651] a créé une nouvelle catégorie d'immeubles, les immeubles de moyenne hauteur[652]. Suivant l'article 30 de la loi, les immeubles de moyenne hauteur devront se conformer à des règles de sécurité fixées différemment que pour les immeubles de grande hauteur[653]. De la même manière, le *« Chapitre III : Protection contre les risques d'incendie et de panique dans les immeubles recevant du public »* du Code de la construction et de l'habitation, contenant les articles L. 123-1 et suivants, fixe les règles de sécurité relatives aux établissements recevant du public[654]. La commission consultative départementale

---

[649] M. KECHICHIAN, *Sécurité du public (Prévention des risques)*, Rép. pénal Dalloz, oct. 2008, n° 33 : Sont considérés comme des IGH, d'après les articles R. 122-2 à R. 122-29 du CCH, tout corps de bâtiment dont le plancher bas du dernier niveau est situé, par rapport au niveau du sol le plus haut utilisable pour les engins des services publics de secours et de lutte contre l'incendie, à 50 mètres pour les immeubles à usage d'habitation et à plus de 28 mètres pour tous les autres immeubles, ainsi que les corps de bâtiments contigus, quelle que soit leur hauteur, lorsqu'ils ne sont pas isolés de l'immeuble de grande hauteur, sachant que fait partie intégrante d'un IGH l'ensemble des éléments porteurs et des sous-sols de l'immeuble. Sont exclus de cette définition les parcs de stationnement situés sous un IGH, certains volumes situés en partie basse de l'IGH, les immeubles dont le plancher bas du dernier niveau est situé à plus de 28 mètres et au plus à 50 mètres et dont les locaux, autres que ceux à usage d'habitation, répondent, pour ce qui concerne le risque incendie, à des conditions d'isolement par rapport aux locaux à usage d'habitation, ainsi que les immeubles de grande hauteur dont la destination implique normalement la présence de moins d'une personne par 100 mètres carrés de surface de plancher à chacun des niveaux.

[650] Le CCH édicte aux articles L. 129-1 et suivants des règles de sécurité pour les locaux d'habitation qui pourraient s'appliquer dans le cadre d'un bail mixte soumis pour le tout au statut des baux commerciaux. Le raisonnement tenu ici est donc transposable à ces locaux. V. en ce sens pour exemple : G. DURAND-PASQUIER, « L'obligation d'installer des détecteurs de fumée dans les lieux d'habitation : fin de la valse hésitation et édiction d'une nouvelle norme obligatoire », *Constr.-urb.* mai 2010, n° 5, alerte 39, p. 3.

[651] *L.* n° 2018-1021, 23 nov. 2018, Loi portant évolution du logement, de l'aménagement et du numérique.

[652] G. DURAND-PASQUIER, « L'incidence de la loi ELAN sur les normes et les règles de construction », *RDI* janv. 2019, n° 1, p. 8.

[653] *Ibid.*

[654] M. KECHICHIAN, *Sécurité du public (Prévention des risques)*, *op. cit.*, n° 40 : En application de l'article R. 123-2 du CCH, constituent des établissements recevant du public tous bâtiments, locaux et enceintes dans lesquels des personnes sont admises, soit librement, soit moyennant une rétribution ou une participation quelconque, ou dans lesquels sont tenues des réunions ouvertes à tout venant ou sur invitation, payantes ou non, sachant que font partie du public toutes les personnes admises dans l'établissement à quelque titre que ce soit en plus du personnel. La présence du public est donc l'élément déterminant. Cela recouvre les établissements les plus divers : stades, magasins, restaurants…

de sécurité et d'accessibilité émet un avis consultatif sur toutes les questions intéressant la sécurité des établissements recevant du public[655].

Pour les établissements recevant du public, un auteur affirme qu'il est de jurisprudence constante que les travaux de mise aux normes touchant à la sécurité incendie et les risques de panique sont à la charge du bailleur au titre de son obligation de délivrance et d'entretien de la chose à l'usage pour lequel elle a été louée[656]. Dans un arrêt de 2001[657], la Haute Cour a retenu qu'en n'ayant que partiellement exécuté les prescriptions de la commission départementale de sécurité, la bailleresse avait *« manqué à son obligation d'entretenir la chose à l'usage pour lequel elle avait été louée et plus précisément de maintenir les locaux en conformité avec les normes de sécurité applicables aux établissements recevant du public »*. Ici, la troisième chambre vise l'obligation d'entretien en mentionnant un maintien en conformité. Prise en sens inverse, cette formule implique qu'il y avait au départ une certaine conformité, qui dépend selon nous de l'obligation de délivrance conforme. Plus récemment, dans un arrêt de 2007[658], la Cour de cassation a déclaré expressément le manquement à l'obligation de délivrance de la bailleresse de locaux qui, un mois après la prise d'effet du bail, ne pouvaient être affectés à un usage commercial, ceux-ci ne pouvant pas être ouverts au public en raison d'un arrêté municipal motivé par des arguments de sécurité publique. La jurisprudence retenue pour les établissements recevant du public paraît transposable aux immeubles de grande hauteur. Ainsi, les travaux de mise aux normes touchant à la sécurité incendie et aux risques de panique dans les immeubles de grande hauteur seront à la charge du bailleur au titre de son obligation de délivrance.

108. Mise aux normes de l'accès des locaux aux personnes handicapées : un pendant de l'obligation de délivrance ? La loi du 13 juillet 1991[659] aménage des règles d'accessibilité dans le Code de la construction et de l'habitation, l'objectif étant d'améliorer l'accès des locaux de travail, des locaux d'habitation et des établissements recevant du public aux personnes handicapées[660]. Lui a fait suite la loi pour l'égalité des droits et des chances, la participation et la citoyenneté des personnes handicapées, du 11 février 2005[661]. Le principe de cette réglementation se trouve à l'article L. 111-7 du Code de la construction et de l'habitation prévoyant

---

[655] *Ibid.*, n° 44.

[656] J.-P. BLATTER, « Le bailleur qui n'exécute pas les prescriptions de la commission de sécurité peut voir le bail résilié à ses torts », *AJDI* mai 2001, n° 5, p. 424.

[657] Cass. 3e civ., 21 mars 2001, n° 99-14.462, *AJDI* mai 2001, n° 5, p. 424, obs. J.-P. BLATTER.

[658] Cass. 3e civ. 28 nov. 2007, n° 06-17.758, Bull. civ. III, n° 213, JurisData n° 2007-041625, *Gaz. pal.* sept. 2008, n° 250, p. 15 ; *JCP N* déc. 2007, n° 50, act. 814, p. 4 ; *JCP E* janv. 2008, n° 3, pan. 1082, p. 21 ; *RDI* juill. 2008, n° 6-7, p. 326, obs. F.-G. TRÉBULLE ; *Rev. loyers* févr. 2008, n° 884, jur. 677, p. 91, note C. QUÉMENT ; *D.* janv. 2008, n° 2, p. 85, obs. Y. ROUQUET ; *Dalloz actualité* 19 déc. 2007, obs. Y. ROUQUET ; *D.* juill. 2008, n° 24, p. 1645, chron. L. ROZÈS.

[659] *L.* n° 91-669, 13 juill. 1991, Loi portant diverses mesures destinées à favoriser l'accessibilité aux personnes handicapées des locaux d'habitation, des lieux de travail et des installations recevant du public.

[660] F. KESSLER et S. MEHIER DE MATHUISIEULX, « L'accessibilité : la prise en compte du handicap dans le code de la construction et de l'habitation », *RDSS* mars 1992, n° 1, p. 179.

[661] *L.* n° 2005-102, 11 févr. 2005, Loi pour l'égalité des droits et des chances, la participation et la citoyenneté des personnes handicapées.

que les locaux d'habitation, les établissements recevant du public, les installations ouvertes au public[662] ainsi que les lieux de travail[663] *« doivent être tels que ces locaux et installations soient accessibles à tous, et notamment aux personnes handicapées, quel que soit le type de handicap, notamment physique, sensoriel, cognitif, mental ou psychique »*, et ce au plus tard le 1er janvier 2015. L'article L. 111-7-3 du même code prévoit l'existence d'une attestation d'accessibilité établissant la conformité des établissements recevant du public aux normes d'accessibilité ou la soumission d'un agenda d'accessibilité programmée. L'article R. 111-19-32 dudit code dispose que c'est le propriétaire de l'établissement ou de l'installation qui est responsable de la transmission de l'attestation d'accessibilité ou du dépôt de la demande d'approbation de l'agenda d'accessibilité, à moins que le contrat de bail ou la convention de mise à disposition transfère ces obligations au preneur. En outre, le législateur permet, via le décret du 17 mai 2006[664], de déroger à ces règles dans certains cas.

En 2012, la Cour d'appel de Colmar a jugé que le bailleur qui loue un local commercial dans lequel il est impossible d'entreprendre les travaux nécessaires à la mise aux normes de l'accès handicapés en raison d'un refus d'accord de l'assemblée générale des copropriétaires manque à son obligation de délivrance[665]. Plus récemment, la Cour d'appel de Nancy a considéré que le bailleur d'un immeuble destiné à l'exploitation d'un hôtel et petite restauration avec licence de débit de boissons ne permettant pas le reclassement en deux étoiles en raison notamment d'une non-conformité des accès handicapés, manque à son obligation de délivrance d'une chose conforme à sa destination[666].

109. Sécurité spécifique à certaines activités. Certains commerces requièrent des normes de sécurité spécifiques. Il s'agit notamment des

[662] *Circ. intermin.* n° 2007-53 DGUHC, 30 nov. 2007, Circulaire relative à l'accessibilité des établissements recevant du public, des installations ouvertes au public et des bâtiments d'habitation : Cette circulaire indique que doivent être considérés comme des IOP, les espaces publics ou privés qui desservent des ERP, les équipements qui y sont installés dès lors qu'ils ne requièrent pas, par conception, des aptitudes physiques particulières, sachant que n'ont pas à respecter de règles d'accessibilité : les jeux en superstructure pour enfants ; les aménagements permanents et non rattachés à un ERP, tels que les circulations principales des jardins publics, les parties non flottantes des ports de plaisance ; les aménagements divers en plein air incluant des tribunes et gradins, etc. ; les parties non bâties des terrains de camping et autres terrains aménagés pour l'hébergement touristique, étant précisé que les éléments de mobilier urbain doivent être accessibles lorsqu'ils sont intégrés à une IOP.

[663] J.-F. PERICAUD, « L'accessibilité au bâti des personnes handicapées et à mobilité réduite », *Gaz. pal.* mai 2013, n° 138, p. 11 : L'article R. 4221-1 du Code du travail définit les lieux de travail comme les lieux destinés à recevoir des postes de travail, situés ou non dans les bâtiments de l'établissement, ainsi que tout autre endroit compris dans l'aire de l'établissement auquel le travailleur a accès dans le cadre de son travail, à l'exception des champs, bois et autres terrains faisant partie d'un établissement agricole ou forestier mais situés en dehors de la zone bâtie d'un tel établissement. Plus simplement, sont considérés comme des lieux de travail, les locaux qui ne reçoivent pas de clientèle.

[664] *D.* n° 2006555, 17 mai 2006, relatif à l'accessibilité des établissements recevant du public, des installations ouvertes au public et des bâtiments d'habitation et modifiant le Code de la construction et de l'habitation.

[665] CA Colmar, 1e ch. civ., sect. A, 17 oct. 2012, n° 12/00648, JurisData n° 2012-027605.

[666] CA Nancy, 1e ch. civ., 8 déc. 2015, n° 14/02344, JurisData n° 2015-029368, *Loyers et copr.* févr. 2016, n° 2, comm. 42, p. 38, note E. CHAVANCE.

établissements bancaires[667] dont l'exploitation exige des normes de sécurité particulières des locaux[668]. Ces exigences spécifiques intègrent le champ de l'obligation de délivrance. D'autres normes spécifiques invitent à s'interroger quant à leur intégration dans l'obligation de délivrance conforme. Il s'agit des règles de surveillance et de gardiennage imposées dans certains espaces commerciaux[669]. Cette interrogation s'impose avec une acuité particulière face au risque d'attentat, sujet qui a monopolisé l'actualité de ces dernières années. Le décret qui instaure ces règles de sécurité vise l'exploitant, mais conformément au raisonnement de la jurisprudence à l'égard de cette qualification[670], il est permis de penser que le bailleur est concerné par ces règles au titre de son obligation de délivrance.

e - La chose dotée d'un environnement commercial particulier

110. Intérêt de l'environnement commercial pour le locataire. Dans les ensembles commerciaux, tels que les centres commerciaux ou les galeries marchandes, la réussite commerciale de chaque local est liée à l'attractivité et la dynamique commerciale du centre lui-même ainsi qu'à la localisation du local au sein de l'ensemble immobilier, mais aussi aux activités exercées concurremment dans le centre[671]. En effet, la commercialité de chaque local, l'implantation de celui-ci ou encore l'exclusivité de l'activité qui y est exercée sont liés au centre commercial lui-même en raison du potentiel de clientèle qu'elle est susceptible de créer[672]. Les questions du maintien de la commercialité, de l'implantation effective et de l'exclusivité de l'activité soulèvent des difficultés importantes dans le cadre des centres commerciaux[673], notamment au regard de l'obligation de délivrance puisque la question se pose de savoir si ces éléments font partie de cette obligation.

Nous tenterons donc une réflexion afin de savoir si le maintien de la commercialité (α), de l'emplacement des lieux loués (β) et de l'exclusivité de l'activité (γ) font partie du champ de l'obligation de délivrance.

α - La question du maintien de la commercialité des locaux

111. Maintien de la commercialité ou d'un environnement commercial favorable au preneur. Bien qu'il n'existe pas de définition légale de la

---

[667] M.-A. LE FLOCH, Le bail commercial dans les centres commerciaux, *op. cit.*, pp. 338-339, n° 336.
[668] CSI, art D. 613-73.
[669] *D.* n° 97-46, 15 janv. 1997, Décret relatif aux obligations de surveillance ou de gardiennage incombant à certains propriétaires, exploitants ou affectataires de locaux professionnels ou commerciaux.
[670] V. *supra* n° 91.
[671] R. D' HEUCQUEVILLE, « La notion de centre commercial », *RDI* déc. 1994, n° 4, p. 531.
[672] M.-P. DUMONT-LEFRAND, *Bail commercial*, *op. cit.*, n° 214 ; C. QUÉMENT, *Bail commercial. - Obligations des parties*, *op. cit.*, n° 64.
[673] V. pour l'importance de ces problématiques dans les centres commerciaux mais sur le fondement de l'obligation de garantie ou de jouissance : M.-A. LE FLOCH, *Le bail commercial dans les centres commerciaux*, *op. cit.*, pp. 238 et s., n° 225 et s. ; C. DENIZOT, *Droit civil et bail commercial*, *op. cit.*, pp. 235 et s., n° 276 et s.

commercialité, l'article R. 145-6 du Code de commerce évoque les termes de « facteurs locaux de commercialité » et dispose qu'ils *« dépendent principalement de l'intérêt que présente, pour le commerce considéré, l'importance de la ville, du quartier ou de la rue où il est situé, du lieu de son implantation, de la répartition des diverses activités dans le voisinage, des moyens de transport, de l'attrait particulier ou des sujétions que peut présenter l'emplacement pour l'activité considérée et des modifications que ces éléments subissent d'une manière durable ou provisoire »*[674]. Au regard de ces informations, Boccara a proposé une définition qui serait toujours d'actualité[675], selon laquelle la commercialité correspond à *« l'aptitude plus ou moins grande d'un secteur à permettre aux commerçants qui y sont installés, en bénéficiant d'une destination adéquate, de réaliser des profits sur le seul fondement des qualités propres de ce secteur, abstraction faite de l'aptitude des exploitants »*[676].

À ce titre, de nombreux preneurs, peut-être supportant mal que la réussite ne soit pas au rendez-vous ou qu'elle ne soit pas la même pour tous, agissent contre leurs bailleurs, les tenant responsables de la commercialité du centre[677]. Or, des années 1990 à 2000, la Cour de cassation a toujours vu les bailleurs de centres commerciaux comme des bailleurs ordinaires, refusant de les déclarer responsables de la commercialité du centre *« sauf stipulations particulières »*[678] et estimant qu'ils n'étaient tenus d'aucune autre obligation que celle de délivrance, d'entretien et de jouissance paisible de la chose louée[679]. En 2013, la Cour de cassation a d'ailleurs, par une formule très claire, confirmé sa position : *« Il n'existe pas d'obligation légale*

---

674 V. en ce sens : C. MAMONTOFF, « Les relations entre petits commerces et grande distribution », *RDI* mars 1998, n° 1, p. 29.

675 P.-H. BRAULT, *Bail commercial - Loyer - La valeur locative et ses critères légaux*, J.-Cl. Bail à Loyer, Fasc. n° 1405, nov. 2010, n° 99.

676 B. BOCCARA, « Baux commerciaux. La modification des facteurs locaux de commercialité », *AJDI* juill. 1993, n° 7-8, p. 494.

677 J. DERRUPPÉ, « La vie du centre commercial », *RDI* déc. 1994, n° 4, p. 565 ; J. LAFOND, « Les recours des locataires contre le bailleur en cas d'échec d'un centre commercial », *JCP E* oct. 1997, n° 40, étude 688, p. 397.

678 F. AUQUE, « Le bailleur de centre commercial : un bailleur comme les autres ? », *AJDI* juill. 2007, n° 7-8, p. 536 ; V. en ce sens : Cass. 3e civ. 28 nov. 2007, n° 06-17.758, Bull. civ. III, n° 213, JurisData n° 2007-041625, *Gaz. pal.* sept. 2008, n° 250, p. 15 ; *JCP N* déc. 2007, n° 50, act. 814, p. 4 ; *JCP E* janv. 2008, n° 3, pan. 1082, p. 21 ; *RDI* juill. 2008, n° 6-7, p. 326, obs. F.-G. TRÉBULLE ; *Rev. loyers* févr. 2008, n° 884, jur. 677, p. 91, note C. QUÉMENT ; *D.* janv. 2008, n° 2, p. 85, obs. Y. ROUQUET ; *Dalloz actualité* 19 déc. 2007, obs. Y. ROUQUET ; *D.* juill. 2008, n° 24, p. 1645, chron. L. ROZÈS ; Cass 3e civ., 5 sept. 2012, n° 11-17.394, *AJDI* déc. 2012, n° 12, p. 886, chron. J.-P. BLATTER ; *AJDI* déc. 2013, n° 12, p. 882, chron. J.-P. BLATTER ; *JCP N* août 2013, n° 35, 1206, p. 41, chron. J. MONÉGER et H. KENFACK.

679 Cass. 3e civ., 16 nov. 1993, n° 91-21.553, *Rev. loyers* 1994, n° 147 ; CA Paris, 16e ch., sect. A, 7 oct. 1998, n° 1997/14945, JurisData n° 1998-022600, *AJDI* déc. 2001, n° 12, p. 958, chron. J.-P. BLATTER ; *D.* nov. 1998, n° 40, p. 242 ; *D. aff.* 1998, n° 139, p. 1843, obs. Y. ROUQUET ; *JCP E* 1999, n° 47, p. 1869, obs. J. MONÉGER ; Cass. 3e civ., 12 juill. 2000, n° 98-23.171, Bull. civ. III, n° 137, JurisData n° 002875, *JCP N* nov. 2001, n° 46, pan. p. 1653 ; *D.* oct. 2000, n° 34, p. 377, obs. Y. ROUQUET ; *Dr. & patr.* déc. 2000, n° 88, jur. 2706, p. 74, obs. P. CHAUVEL ; *Gaz. pal.* sept. 2000, n° 274, p. 13, obs. F. GHILAIN ; *RDI* déc. 2000, n° 4, p. 613, obs. J. DERRUPÉ ; *Loyers et copr.* déc. 2000, n° 12, comm. 274, p. 11, note P. H. BRAULT et P. PEREIRA ; *Rev. loyers* oct. 2000, n° 810, p. 415, an. J. RÉMY ; Cass. 3e civ., 13 juin 2001, n° 99-17.985, Bull. civ. III, n° 78, *D.* déc. 2001, n° 43, p. 3524, obs. L. ROZÈS ; *RLDA* oct. 2001, n° 42, jur. 2649, p. 20, obs. J. HABERER ; *Gaz. pal.* févr. 2003, n° 32, p. 24, note J.-D. BARBIER ; *Gaz. pal.* juill. 2002, n° 208, p. 10, note S. MORNET ; *Gaz. pal.* sept. 2001, n° 256, p. 9, obs. F. GHILAIN ; Cass. 3e civ., 24 sept. 2002, n° 01-11.334, *AJDI* déc. 2002, n° 12, p. 851, obs. S. BEAUGENDRE.

pour le bailleur d'un local situé dans un centre commercial ou une galerie commerciale d'assurer le maintien de l'environnement commercial et, en l'absence de stipulation particulière, le bailleur s'était uniquement engagé à mettre à disposition les locaux visés au bail. Ni la complémentarité des activités des cocontractants ni les clauses relatives aux modalités d'exploitation n'établissent la commune intention des parties d'obliger le bailleur, preneur à bail d'un ensemble immobilier, à maintenir son activité dans l'immeuble aussi longtemps que la location perdure. »[680]. L'idée des preneurs a alors été de demander réparation en se fondant expressément sur une de ces obligations[681]. Ainsi, a-t-on pu se demander si l'obligation de délivrance à la charge du bailleur ne couvrait pas aussi une obligation de maintien de la commercialité, soit une obligation de maintenir un environnement commercial favorable[682].

112. Parties communes : un accessoire nécessaire à l'usage de la chose louée. À défaut de s'être prononcée sur le terrain de l'obligation de délivrance, la Cour de cassation a commencé par se placer sur le plan de l'obligation d'entretien (art. 1719, 2°) en estimant que le bailleur qui a laissé se dégrader les parties communes d'un centre commercial à l'abandon, privant les preneurs des avantages qu'ils tenaient du bail, n'a pas rempli son obligation d'entretien des lieux loués[683]. Puis, dans des arrêts plus récents, elle a visé les obligations légales du bailleur issues de l'article 1719 tout entier en considérant qu'un défaut d'entretien des parties communes du centre commercial y constituait un manquement[684].

Face à ces décisions, nous nous interrogeons inévitablement quant aux déductions à en tirer à propos de l'obligation de délivrance. Alors qu'elle avait refusé de reconnaître qu'un mail commercial était nécessaire à l'utilisation du

---

[680] Cass. 3e civ., 3 juill. 2013, n° 12-18.099, Bull. civ. III, n° 88, *D.* juill. 2013, n° 26, p. 1743, obs. Y. ROUQUET ; *Dalloz actualité* 23 juill. 2013, obs. Y. ROUQUET ; *D.* nov. 2013, n° 38, p. 2544, chron. A. PIC ; *AJDI* déc. 2014, n° 12, p. 898, chron. J.-P. BLATTER ; *JCP E* févr. 2014, n° 7, 1074, p. 30, chron. R. LENOIR.

[681] F. AUQUE, « Le bailleur de centre commercial : un bailleur comme les autres ? », art. cit.

[682] M.-P. DUMONT-LEFRAND, *Bail commercial*, *op. cit.*, n° 214 ; C. QUÉMENT, *Bail commercial. - Obligations des parties*, *op. cit.*, n° 64 ; J. MONÉGER *et alii*, *Douze ans de baux commerciaux - 1993 - 2005, Sélection des principaux arrêts et commentaires*, *op. cit.*, pp. 165-166.

[683] Cass. 3e civ., 31 oct. 2006, n° 05-18.377, Bull. civ. III, n° 215, JurisData n° 2006-035652, *AJDI* mai 2007, n° 5, p. 353, obs. M.-P. DUMONT-LEFRAND ; *AJDI* mars 2007, n° 3, p. 198, obs. D. ALFROY ; *Dalloz actualité* 5 déc. 2006, obs. Y. ROUQUET ; *JCP N* mars 2007, n° 12, comm. 1137, p. 35, note A. DJIGO ; *Loyers et copr.* mars 2007, n° 3, comm. 54, p. 16, note P. PEREIRA-OSOUF ; *CCC* févr. 2007, n° 2, comm. 41, p. 15, note L. LEVENEUR ; *JCP E* mai 2007, n° 18, chron. 1563, p. 17, obs. H. KENFACK ; *LPA* mai 2007, n° 95, p. 12, note D. MANCEL ; *Defrénois* déc. 2006, n° 24, p. 1886, note L. RUET ; *Gaz. pal.* mai 2007, n° 142, p. 17, note C.-E. BRAULT ; *Rev. loyers* janv. 2007, n° 873, p. 19, an. P. ÉTAIN ; *RLDA* déc. 2006, n° 11, act. 613, p. 21, obs. A. LEFÈVRE.

[684] Cass. 3e civ., 5 juin 2013, n° 12-14.227, *Gaz. pal.* août 2013, n° 215, p. 30, obs. C.-E. BRAULT ; *AJDI* déc. 2014, n° 12, p. 898, chron. J.-P. BLATTER ; Cass. 3e civ., 19 déc. 2012, n° 11-23.541, Bull. civ. III, n° 190, *Gaz. Pal.* avr. 2013, n° 110, p. 17, note C.-E. BRAULT ; *Loyers et copr.* févr. 2013, n° 2, comm. 47, p. 26, note E. CHAVANCE ; *Administrer* févr. 2013, n° 462, p. 31, note J.-D. BARBIER ; *Gaz. pal.* sept. 2012, n° 273, p. 23, note J.-D. BARBIER et E. TARNAUD ; *RLDA* avr. 2013, n° 81, p. 19, note H. KENFACK ; *Dr. & patr. L'hebdo* janv. 2013, n° 904, p. 2, obs. C. L. G. ; *Rev. loyers* févr. 2013, n° 934, jur. 1536, p. 76, an. H. CHAOUI ; *JCP E* juill. 2013, n° 27, chron. 1410, p. 40, obs. H. KENFACK.

local[685], elle revient sur sa position en déclarant que *« le bailleur d'un local situé dans un centre commercial dont il est propriétaire étant tenu d'entretenir les parties communes du centre, accessoires nécessaires à l'usage de la chose louée »*[686]. S'il existe depuis un certain temps une divergence d'appréciation sur le contenu de l'obligation de délivrance incombant au bailleur d'un centre commercial[687], nous croyons qu'une telle déclaration plonge l'environnement commercial au rang d'objet de l'obligation de délivrance[688] dans la mesure où l'obligation d'entretien est un prolongement de l'obligation de délivrance[689].

Ces solutions peuvent être comparées avec celle de la Cour d'appel de Paris qui s'est prononcée à propos de la désertification d'une galerie commerciale en considérant qu'il existait une obligation de maintien de la jouissance de l'organisation commerciale convenue, de la forme physique et immatérielle de la galerie[690]. En raisonnant non plus sur l'obligation d'entretien comme prolongement de l'obligation de délivrance, mais sur celle de ne pas modifier la chose louée, y compris dans l'environnement qui l'entoure, la solution se comprend. On peut encore citer un récent un jugement dans lequel les juges ont considéré que *« lorsque le bail met à la charge du bailleur une obligation particulière liée au prestige de la galerie marchande, la responsabilité du bailleur peut être retenue s'il est constaté que la galerie commerciale ne correspond pas au standing contractuellement prévu »*[691].

Pourtant, la doctrine n'inclut pas la commercialité dans l'obligation de délivrance[692]. À défaut d'inclure une véritable commercialité dans l'obligation de délivrance du bailleur de centres commerciaux, nous croyons qu'il existe une certaine attractivité liée à ces biens particuliers que le bailleur doit non pas garantir avec certitude, car une telle charge serait illusoire, mais essayer d'assurer par tous les moyens au titre de cette obligation.

---

685 Cass. 3e civ., 28 juin 2005, n° 04-14.087, JurisData n° 2005-029226, *Loyers et copr.* nov. 2005, n° 11, comm. 203, p. 23, note P. PEREIRA-OSOUF.

686 Cass. 3e civ., 5 juin 2013, n° 12-14.227, *Gaz. pal.* août 2013, n° 215, p. 30, obs. C.-E. BRAULT ; *AJDI* déc. 2014, n° 12, p. 898, chron. J.-P. BLATTER.

687 V. sur ce point : C. LAVABRE et P. RIGLET, « Baux commerciaux : chronique jurisprudentielle », *LPA* déc. 2000, n° 256, p. 4.

688 P. MALINVAUD, « Quelles réformes juridiques pour les centres commerciaux ? », *RDI* nov. 2007, n° 6, p. 507.

689 V. *infra* n° 188.

690 CA Paris, 16e ch., sect. A, 7 oct. 1998, n° 1997/14945, JurisData n° 1998-022600, *AJDI* déc. 2001, n° 12, p. 958, chron. J.-P. BLATTER ; *D.* nov. 1998, n° 40, p. 242 ; *D. aff.* 1998, n° 139, p. 1843, obs. Y. ROUQUET ; *JCP E* 1999, n° 47, p. 1869, obs. J. MONÉGER.

691 TGI Paris, 31 mai 2018, n° 17/04641, JurisData n° 201 8-016993, *JCP E* oct. 2018, n° 42, comm. 1540, p. 50, note S. LEGRIX DE LA SALLE.

692 Cass. 3e civ., 19 déc. 2012, n° 11-23.541, Bull. civ. III, n° 190, *Gaz. Pal.* avr. 2013, n° 110, p. 17, note C.-E. BRAULT ; *Loyers et copr.* févr. 2013, comm. 47, p. 26, note E. CHAVANCE ; *Administrer* févr. 2013, n° 462, p. 31, note J.-D. BARBIER ; *Gaz. pal.* sept. 2012, n° 273, p. 23, note J.-D. BARBIER et E. TARNAUD ; *RLDA* avr. 2013, n° 81, p. 19, note H. KENFACK ; *Dr. & patr. L'hebdo* janv. 2013, n° 904, p. 2, obs. C. L. G. ; *Rev. loyers* févr. 2013, n° 934, jur. 1536, p. 76, an. H. CHAOUI ; *JCP E* juill. 2013, n° 27, chron. 1410, p. 40, obs. H. KENFACK ; M.-A. LE FLOCH, *Le bail commercial dans les centres commerciaux*, *op. cit.*, pp. 243-245, n° 230 ; L. RUET, *Les baux commerciaux*, *op. cit.*, pp.104-105, n° 103.

β - L'exclusion de l'implantation effective des locaux

113. Implantation effective et localisation : des composantes de l'obligation de délivrance ? Il faut entendre par les termes d'implantation effective, la localisation ou disposition géographique du local, c'est-à-dire sa place dans un secteur déterminé. L'implantation effective et la localisation génèrent des difficultés particulières dans les centres commerciaux puisque selon la localisation du local dans le centre commercial, l'attractivité va différer.

Saisie de la question du sort de l'implantation effective au regard de l'obligation de délivrance du bailleur et non sur l'obligation de garantie[693], la Cour de cassation a estimé, alors que la situation d'un local à l'angle de deux rues dont l'accès par l'extérieur, particulièrement visible, était le mieux à même de provoquer la venue des clients, que *« les stipulations du bail ne comportaient aucune garantie d'une immutabilité physique ou commerciale par le propriétaire du centre commercial qui conservait la faculté de réaliser des modifications du plan de commercialisation et retenu souverainement que la société preneuse ne considérait pas l'accès à la galerie commerciale comme faisant partie de l'obligation de délivrance de son bailleur »*[694].

Le rejet de la Cour tient à deux motifs, d'abord l'absence de stipulation dans le bail pouvant engager le bailleur, et ensuite l'appréciation souveraine des juges[695]. Si le premier élément de la solution des juges est incontestable, le second est bien plus subjectif. Toutefois, contrairement à d'autres solutions ayant inclus les parties communes dans le champ contractuel[696], qui permettent de raisonner sur l'obligation d'entretien comme prolongement de l'obligation de délivrance, la solution sus-évoquée ne le permet pas. On voit mal par quel biais l'implantation effective ou la localisation pourrait être assurée par l'obligation de délivrance en l'absence de clause venant précisément indiquer une telle chose[697]. En ce sens, les hauts magistrats ont opposé le même refus dans d'autres arrêts en indiquant que la localisation dans un centre commercial n'est pas une clause de garantie d'un environnement commercial stable[698].

---

[693] V. sur le fondement de l'obligation de garantie les développements de Mme Le Floch : M.-A. LE FLOCH, *Le bail commercial dans les centres commerciaux*, *op. cit.*, pp. 246 et s., n° 231 et s.

[694] Cass. 3e civ., 14 févr. 2012, n° 11-13.393, JurisData n° 2012-007972, *Loyers et copr.* mai 2012, n° 5, comm. 142, p. 24, note P.-H. BRAULT ; *AJDI* juill. 2012, n° 7-8, p. 512, obs. H. GUYADER ; *D.* juill. 2012, n° 28, p. 1844, chron. M.-P. DUMONT-LEFRAND ; *AJDI* déc. 2013, n° 12, p. 882, chron. J.-P. BLATTER.

[695] « Obligation de délivrance du bailleur : commerce implanté dans une galerie marchande », *Loyers et copr.* mai 2012, n° 5, comm. 142, p. 24.

[696] CA Montpellier, 2e ch., sect. B, 26 mars 2002, n° 01/00827, JurisData n° 2002-187909 ; CA Paris, 16e ch., sect. A, 8 juin 2005, n° 04/03125, JurisData n° 2005-278760 ; CA Nancy, 2e ch. com., 26 sept. 2001, n° 00/03157, JurisData n° 2001-198226 ; Cass. 3e civ., 15 déc. 1993, n° 92-12.324, Bull. civ. III, n° 168, JurisData n° 1993-002404, *D.* sept. 1994, n° 33, p. 462, note M. STORCK ; *RDI* juin 1994, n° 2, p. 308, obs. G. BRIÈRE DE L'ISLE et J. DERRUPÉ.

[697] V. en ce sens : S. BEAUGENDRE, « Une clause de localisation dans un centre commercial n'est pas une clause de garantie d'un environnement commercial stable », *AJDI* déc. 2002, n° 12, p. 851.

[698] Cass. 3e civ., 24 sept. 2002, n° 01-11.334, *AJDI* déc. 2002, n° 12, p. 851, obs. S. BEAUGENDRE ; Cass. 3e civ., 13 juin 2001, n° 99-17.985, JurisData n° 2001-010087, *D.* déc. 2001, n° 43, somm. p. 3524, obs. L. ROZÈS.

γ - L'exclusion de l'exclusivité de l'activité exercée dans les locaux

114. Exclusivité : une composante de l'obligation de délivrance ? L'exclusivité vise en fait l'absence d'une activité commerciale concurrente au sein du centre commercial. La doctrine s'est interrogée quant à l'intégration de l'exclusivité dans le champ de l'obligation de délivrance à travers la notion de destination : *« La destination permise au locataire oblige-t-elle le bailleur à lui accorder l'exclusivité de celle-ci dans l'immeuble au titre de son obligation de délivrance et de jouissance paisible telle qu'elle est énoncée par l'article 1719 du Code civil ? »*[699]. La jurisprudence répond par la négative et plutôt sur le fondement de l'obligation de jouissance paisible[700]. Transposée à l'obligation de délivrance, la solution nous paraît logique dans la mesure où on ne voit pas par quel détour l'exclusivité pourrait être rattachée ni à l'obligation de délivrance ni à celle de jouissance paisible. En effet, il n'est pas possible de raisonner par l'intermédiaire de l'obligation d'entretien, ni même par l'interdiction de modifier la chose. Partant, l'exclusivité ne semble pouvoir intégrer le champ de l'obligation de délivrance que lorsque cela est prévu par une clause du contrat de bail commercial[701]. La jurisprudence admet bien les clauses expresses d'exclusivité[702].

2 - La chose conforme par le biais d'une information

115. L'obligation d'information comme corollaire de l'obligation de délivrance. Alors que différents textes sont venus progressivement mettre à la charge des propriétaires, qui plus est bailleurs notamment d'immeubles commerciaux, l'obligation d'établir des diagnostics, certains étant relatifs à la présence dans les immeubles de certains produits, substances (plomb, amiante), et animaux (insectes xylophages) et d'autres ayant pour objet la conformité de certains équipements des immeubles (ascenseurs, installations individuelles de gaz, bientôt installations électriques, équipements de climatisation) ou visant à évaluer la performance énergétique des locaux[703], le résultat de ces recherches imposées par la loi conduit, lorsque ces investigations révèlent la présence des éléments sus-évoqués, à la nécessité de surveiller l'immeuble, voire de réaliser des travaux, afin de porter le niveau des immeubles, diagnostiqués à ces divers titres, à la hauteur des normes ou référentiels en vigueur[704]. La doctrine prétend que ce *« devoir d'investigation a pour corollaire [...] l'obligation pesant sur les propriétaires d'en communiquer le*

---

[699] M. CORNATON et J.-P. BLATTER, « Au commencement... était la destination », art. cit.

[700] Cass. 3e civ. 4 déc. 1991, n° 90-11.569, Bull. civ. III, n° 300, JurisData n° 1991-003044, *JCP G* févr. 1992, n° 7, somm. IV, 458, p. 23 ; *Gaz. pal.* 1992, n° 1, pan. p. 84.

[701] M. CORNATON et J.-P. BLATTER, « Au commencement... était la destination », art. cit.

[702] Cass. 3e civ., 28 mai 1974, n° 73-10.047, Bull. civ. III, n° 228, JurisData n° 1974-098228 ; Cass. Ass. plén., 29 mai 1970, n° 67-14.497, Bull. Ass. plén, n° 5, *JCP G* avr. 1971, n° 16, jur. 16708, p. 86.

[703] D. BOULANGER, « États, diagnostics, informations et baux d'immeubles », *JCP N* juill. 2017, n° 28, act. 512, p. 3 ; A. CONFINO, J.-P. CONFINO *et alii* (collab.), *Baux commerciaux - L'essentiel de l'actualité*, Éditions Législatives, 2020, pp. 49 et s.

[704] B. WERTENSCHLAG, « Les obligations sanitaires du bailleur de locaux commerciaux ou professionnels », art. cit.

résultat à différentes personnes », notamment les locataires[705]. En effet, on comprend bien que ces investigations vont intégrer le champ de l'obligation d'information puisque l'information est la suite naturelle de ces investigations. Par là même, le devoir d'information devient le corollaire de l'obligation de délivrance.

Effectivement, une obligation d'information portant sur l'état sanitaire de l'immeuble est traditionnellement reconnue au bailleur[706] et renforcée aujourd'hui par la consécration de l'obligation d'information précontractuelle instituée aux nouveaux articles 1112-1 et 1112-2 du Code civil[707]. La doctrine analyse *« ce devoir d'information comme un corollaire de l'obligation de délivrance »*[708]. On comprend là encore que l'information délivrée à l'issue du devoir d'investigation vient préciser les conditions de délivrance de la chose louée puisqu'elle va préciser la nécessité de réaliser des travaux préventifs ou des travaux d'éradication pour délivrer un local exempt d'éléments nocifs[709]. L'obligation de délivrance est ainsi la suite naturelle de cette obligation d'information, comme en matière de vente[710]. Partant, la conformité va s'apprécier au regard de l'information délivrée. Elle en devient donc le critère d'appréciation.

116. Élargissement des normes de conformité : la face cachée de l'obligation de délivrance. S'ajoute à ce phénomène, le fait que « la conformité à l'usage voulu par les parties » cache en filigrane une multitude d'éléments qui vont affecter la délivrance puisque la mise en œuvre et la sanction des obligations des mises aux normes peuvent survenir à l'occasion de la conclusion ou de l'exécution du contrat de bail commercial et reposent, entre autres, sur l'obligation générale de délivrance de l'immeuble édictée par les articles 1719, 1° et 1720 alinéa 1er du Code civil[711]. Tel que l'ont soutenu MM. Collart-Dutilleul et Derruppé, *« l'obligation de délivrance peut avoir un objet qui va au-delà du bien prévu et désigné au contrat »*[712]. La grande préoccupation qui anime ce thème porte sur l'aptitude du local commercial à

---

705 *Ibid.*

706 D. BOULANGER, « États, diagnostics, informations et baux d'immeubles », art. cit. ; F. COHET-CORDEY, « Obligation d'information du bailleur », *AJDI* mars 2001, n° 3, p. 240 ; B. WERTENSCHLAG, « Les obligations sanitaires du bailleur de locaux commerciaux ou professionnels », art. cit. ; V. aussi en ce sens : Cass. 3e civ., 19 juill. 2000, n° 98-22.200, JurisData n° 2000-003087, *AJDI* mars 2001, n° 3, p. 240, obs. F. COHET-CORDEY.

707 N. DISSAUX et C. JAMIN, *Réforme du droit des contrats, du régime général et de la preuve des obligations (Ordonnance n° 2016-131 du 10 février 2016), Commentaire des articles 1100 à 1386-1 du code civil*, *op. cit.*, pp. 16-21.

708 B. WERTENSCHLAG, « Les obligations sanitaires du bailleur de locaux commerciaux ou professionnels », art. cit.

709 V. pour cette idée dans le cadre de la vente : X. HENRY, *La technique des qualifications contractuelles*, th. Nancy II, 1992, pp. 433-434, n° 379.

710 M. FABRE-MAGNAN, *De l'obligation d'information dans les contrats, Essai d'une théorie*, préf. J. GHESTIN, L.G.D.J., coll. Anthologie du droit, 2014, pp. 356 et s., n° 446 et s. ; H. LAROCHE, *Les concours de responsabilités civiles*, *op. cit.*, p. 48, n° 44 ; Y. PICOD, *Le devoir de loyauté dans l'exécution du contrat*, préf. G. COUTURIER, L.G.D.J., 1989, p. 114, n° 97.

711 C. DELCONT, « Mise aux normes de l'immeuble et obligations du propriétaire : l'état des lieux », art. cit.

712 F. COLLART-DUTILLEUL et J. DERRUPPÉ, « L'obligation de délivrance peut avoir un objet qui va au-delà du bien prévu et désigné au contrat », *RDI* déc. 1995, n° 4, p. 801.

recevoir l'activité commerciale envisagée[713]. Par exemple, la délivrance d'un local à usage de pharmacie et celle d'un local à usage de restaurant ne demandent pas le même aménagement ni les mêmes équipements, et ne répondent pas aux mêmes réglementations. De la même manière, la surface du local ou son implantation dans l'environnement le soumettent à des règles différentes. Elles pourront concerner autant les locaux d'une façon générale, que l'activité spécifique exploitée par le locataire à l'intérieur des locaux[714]. De plus, un auteur attire l'attention sur les risques liés au bâti qui sont multiples et qui vont affecter certains locaux[715]. La raison principale de la prise en compte de ces autres éléments réside dans la complexité du droit immobilier[716] qui place le local commercial au carrefour de plusieurs réglementations[717], de sorte que la propriété immobilière ou plus précisément le cadre juridique de l'immeuble va être affecté par d'autres matières du droit.

L'idée est de détecter ici les différentes informations qui doivent ou peuvent être communiquées et qui sont susceptibles de servir de référence à la conformité de la chose. Il peut s'agir d'informations obligatoires (a) ou non (b).

a - L'information obligatoire

117. Liens entre santé, environnement et constructions bâties. La problématique des risques sanitaires occupe donc une place importante au sein de notre société[718], notamment lorsqu'ils concernent l'immeuble objet du bail commercial et de l'obligation de délivrance[719]. Les risques présentés par le bien sont envisagés dans le Code de la santé publique, par des dispositions[720] relatives à la

---

[713] J. COURNEROUX, « La destination du bail : une liberté encadrée », art. cit.

[714] J. DOUCET, « La mise aux normes et le bail commercial », art. cit.

[715] B. WERTENSCHLAG, « Le dossier de diagnostic technique en matière de vente et de location », *AJDI* févr. 2007, n° 2, p. 113.

[716] V. en ce sens : *Ibid.* ; J.-N. CLEMENT, « L'immeuble au carrefour des polices environnementales », *Dr. & patr.* juin 2010, n° 193, p. 56 ; A. LEGARS, « La souveraineté des droits du propriétaire d'un immeuble limitée par le droit de l'environnement », *LPA* déc. 2012, n° 254, p. 9.

[717] M. POUMARÈDE, « L'immeuble dans son environnement », *Dr. & patr.* juin 2010, n° 193, p. 48.

[718] V. ARNAUD *et alii*, *Le Lamy Droit de la Santé*, 2018, n° 605 et s.

[719] Les bâtiments, en tant que construction abritant des hommes, des animaux ou des choses sont susceptibles de constituer un facteur de risques importants pour la santé humaine. Plusieurs sources de pollution liées aux bâtiments existent, telles que les produits de construction, les produits d'entretien, l'air extérieur, les équipements de bureau, les appareils de combustion, le chauffage, l'air conditionné et la ventilation. Les fonds de terre constituent également un facteur de risques pour la santé humaine.

[720] G. DURAND-PASQUIER, « De nouvelles obligations du propriétaire d'immeuble face aux risques de santé présentés par le bien », *Constr.- urb.* nov. 2009, n° 11, alerte 55, p. 3.

présence de divers matériaux dans les lieux pouvant contenir du plomb[721] ou de l'amiante[722] et à la présence de radon[723].

Par ailleurs, l'article 1er de la Charte de l'environnement déclare que *« chacun a le droit de vivre dans un environnement équilibré et respectueux de la santé »*[724]. Pour reprendre la formule de M. Reygrobellet, *« la montée en puissance des préoccupations environnementales dans notre législation contemporaine s'affirme incontestablement comme un mouvement de fond irriguant toutes les branches du droit, sans guère d'exceptions semble-t-il »*[725], si bien qu'elle n'épargne pas le droit des baux commerciaux[726], en s'immisçant au cœur de la relation contractuelle[727]. Un auteur explique qu'on assiste à une extension des obligations contractuelles, notamment dans le bail, au point que les obligations qui en découlent, comme l'obligation de délivrance qui joue déjà un rôle indéniable dans le respect de l'environnement, vont être renforcées par les lois issues de la politique environnementale[728]. Le bail commercial portant sur une chose bâtie, ces règles vont interférer avec les obligations du bailleur, notamment son obligation de délivrance[729]. Dans une société où la problématique environnementale occupe une place de plus en plus importante, le foisonnement des réglementations en attestant, la doctrine s'est demandée comment les prescriptions environnementales touchant à la consommation d'énergie pouvaient s'articuler au regard des spécificités du bail commercial, notamment de l'obligation de délivrance du bailleur[730]. Certains annonçaient, au lendemain du Grenelle de 2007, une nouvelle lecture de

---

[721] V. ARNAUD *et alii*, *Le Lamy Droit de la Santé*, *op. cit.*, n° 630-50 : Le plomb est un métal lourd toxique qui s'introduit dans l'environnement par le biais notamment de certains procédés industriels, de l'enfouissement de déchets contenant du plomb ou encore de l'écaillage de peinture à base de plomb, susceptible de se trouver dans l'eau et les peintures des bâtiments.

[722] *Ibid.*, n° 630-11 : L'amiante est un matériau d'origine naturelle, roche fibreuse très répandue présentant des qualités dans l'industrie et le bâtiment, utilisé au début du XXème siècle pour les constructions, les chantiers navals et l'industrie textile. Elle présente des propriétés chimiques, physiques et isolantes particulières ; V. aussi : F.-G. TRÉBULLE, « Environnement et santé : le cas de l'amiante », *BDEI* févr. 2004, n° 1, p. 3.

[723] V. ARNAUD *et alii*, *Le Lamy Droit de la Santé*, *op. cit.*, n° 630-40 : Le radon est un gaz radioactif d'origine naturelle, incolore, inodore et insipide, issu de la désintégration de l'uranium et du radium présent partout à la surface de la terre, en particulier dans les poches granitiques et volcaniques, qui pénètre dans les bâtiments à partir du sol par toutes les failles d'étanchéité, telles que les fissures ou la porosité de la surface en contact avec le sol, les joints entre les parois, les passages de canalisations, et qui se trouve souvent piégé à l'intérieur des bâtiments, pouvant alors atteindre des concentrations dangereuses pour la santé humaine. Le radon présent dans les bâtiments découle essentiellement de deux sources : les matériaux de construction et le sol. Le radon provenant des matériaux de construction n'atteint pas, en principe, un seuil dangereux, alors que celui venant du sol peut présenter un niveau de concentration dangereux.

[724] L. constit. n° 2005-205, 1er mars 2005, Loi relative à la Charte de l'environnement.

[725] A. REYGROBELLET, « La problématique environnementale en droit des baux commerciaux », *JCP N* oct. 2011, n° 42, étude 1279, 1, p. 37 ; *Environnement* janv. 2012, n° 1, étude 1, p. 9.

[726] J. DEBEAURAIN et A. CERATI-GAUTHIER, *Guide des baux commerciaux*, *op. cit.*, pp. 13-14, § VI.

[727] M. BOUTONNET, « Le contrat et le droit de l'environnement », *RTD civ.* mars 2008, n° 1, p. 1 ; S. REGNAULT, « Les normes environnementales et le bail commercial : l'avenir d'un futur immédiat », *Loyers et copr.* nov. 2011, n° 11, étude 10, p. 9.

[728] *Ibid.*

[729] Sur l'intégration du droit de l'environnement dans les régimes général et spécial du bail : C. AUBERT DE VINCELLES et C. NOBLOT, *Bail*, *op. cit.*, n° 16-17.

[730] A. REYGROBELLET, « La problématique environnementale en droit des baux commerciaux », art. cit.

l'obligation de délivrance[731]. L'information obligatoire dans les baux commerciaux et mixtes se fait par une panoplie de mesures et diagnostics. Notre étude étant limitée, nous n'évoquerons pas l'impact des certifications et labels[732] sur l'obligation de délivrance.

118. Annexe environnementale : une information précisant les conditions de délivrance de la chose louée dans les baux conclus ou renouvelés portant sur des locaux de plus de 2 000 m² à usage de bureaux ou de commerces. La loi du 12 juillet 2010[733], dite loi Grenelle II, a créé une obligation nouvelle à l'article L. 125-9 du Code de l'environnement qui indique que les baux conclus ou renouvelés portant sur des locaux de plus de 2 000 m² à usage de bureaux ou de commerces doivent comporter une annexe environnementale[734]. L'alinéa 3 du même article donne la possibilité à l'annexe environnementale de *« prévoir les obligations qui s'imposent aux preneurs pour limiter la consommation énergétique des locaux concernés »*. Le décret du 30 décembre 2011[735] a mentionné le contenu de cette annexe dans les articles R. 136-1, R. 136-3 du Code de la construction et de l'habitation devenus les articles R. 137-1, R. 137-2 et R. 137-3 par décret du 19 avril 2012[736]. Les articles R. 137-1 et R. 137-2 fixent respectivement les éléments de cette annexe[737] qui doivent être fournis par le bailleur et le preneur[738]. À l'issue, l'article R. 137-3 prévoit que le *« preneur et le bailleur établissent, selon la périodicité qu'ils fixent, un bilan de l'évolution de la performance énergétique et environnementale du bâtiment et des locaux*

[731] J. MONÉGER, « Premières réflexions sur les lois estivales en matière de baux », *Loyers et copr.* sept. 2009, n° 9, étude 10, p. 12 ; P.-H. BRAULT, J. MONÉGER et M.-L. SAINTURAT, « Actualité des baux commerciaux », *Cah. dr. entr.* mai-juin 2010, n° 3, entr. 3, p. 9.

[732] V. sur l'impact des certifications et labels sur l'obligation de délivrance : G. DURAND-PASQUIER, « Certifications, attestations et diagnostics au service des objectifs du Grenelle », *RDI* janv. 2011, n° 17, p. 15 ; V. sur la distinction entre normes et labels : J.-M. DELPÉRIER, « Le rôle du professionnel dans la mise aux normes de l'immeuble », *Defrénois* juill. 2004, n° 13, p. 938.

[733] *L.* n° 2010-788, 12 juill. 2010, Loi portant engagement national pour l'environnement, art. 8.

[734] B. WERTENSCHLAG, « Le bail vert », *AJDI* oct. 2010, n° 10, p. 693 ; M.-P. DUMONT-LEFRAND, « L'annexe environnementale : un risque de performance énergétique à géométrie variable », *D.* juin 2012, n° 22, p. 1472.

[735] *D.* n° 2011-2058, 30 déc. 2011, Décret relatif au contenu de l'annexe environnementale mentionnée à l'article L. 125-9 du code de l'environnement.

[736] *D.* n° 2012-517, 19 avr. 2012, Décret relatif à l'annexe environnementale mentionnée à l'article L. 125-9 du code de l'environnement.

[737] Le bailleur doit fournir *« la liste, le descriptif complet ainsi que les caractéristiques énergétiques des équipements existants dans le bâtiment et relatifs au traitement des déchets, au chauffage, au refroidissement, à la ventilation et à l'éclairage ainsi qu'à tout autre système lié aux spécificités du bâtiment »*. Le preneur est, quant à lui, tenu de fournir *« la liste, le descriptif complet ainsi que les caractéristiques énergétiques des équipements qu'il a mis en place dans les locaux loués et relatifs au traitement des déchets, au chauffage, au refroidissement, à la ventilation, à l'éclairage ainsi qu'à tout autre système lié à son activité spécifique »*. Les parties devront ensuite renseigner les consommations énergétiques réelles des équipements *« dont le bailleur a l'exploitation »* et, pour le locataire, *« situés dans les locaux loués ou dont il a l'exploitation »* ; ainsi que *« les consommations annuelles d'eau des locaux loués et des équipements et systèmes dont il a l'exploitation »*. Enfin, elles devront indiquer *« la quantité annuelle de déchets générée par le bâtiment »* pour l'un, *« générée à partir des locaux loués »* pour l'autre, dans la mesure qui leur incombe, c'est à dire dont ils assurent le traitement. Chacun devra aussi, le cas échéant, délivrer une information sur la quantité de déchets *« qu'il a fait collecter en vue d'une valorisation ou d'un traitement spécifique »*.

[738] M.-P. BLIN-FRANCHOMME, « L'avènement d'une reddition environnementale de nature contractuelle : l'annexe "verte" du bail commercial », *RLDA* sept. 2012, n° 74, rep. 4241, p. 85.

loués », sur la base duquel, *« les deux parties s'engagent sur un programme d'actions visant à améliorer la performance énergétique et environnementale du bâtiment et des locaux loués »*. Par ailleurs, aux termes de l'article L. 111-10-3 du Code de la construction et de l'habitation, *« des travaux d'amélioration de la performance énergétique sont réalisés dans les bâtiments existants à usage tertiaire ou dans lesquels s'exerce une activité de service public »*. Alors que le décret du 9 mai 2017[739] précisant les modalités d'application de cet article a été annulé par le Conseil d'État[740], un autre décret est attendu probablement défini au regard de la loi ELAN qui contient plusieurs mesures consacrées à la performance énergétique du bâtiment[741]. Par le biais de ce programme d'actions, le bailleur va s'engager à effectuer certains travaux.

On s'interroge alors sur l'incidence de ces dispositions au regard de l'obligation de délivrance du bailleur[742]. Est-ce que l'information issue de l'annexe verte a une incidence sur l'obligation de délivrance, soit en hissant le degré de cette obligation, soit au contraire en exonérant le bailleur[743] ? Autrement dit, est-ce que la délivrance conforme implique que le local corresponde aux caractéristiques fixées par l'annexe verte ? Plus encore, est-ce que la correcte information du preneur de la situation du bien loué par le bailleur suffit pour satisfaire son obligation de délivrance conforme ? Si l'obligation légale de joindre une annexe environnementale à certains baux commerciaux est une obligation à part entière[744], celle-ci vient tout de même fixer l'état énergétique initial du bien et affecter son état futur en instaurant l'engagement de réaliser certains travaux[745]. À ce titre, elle vient, selon nous, préciser les conditions d'accomplissement de l'obligation de délivrance[746] et va en quelque sorte compléter le rôle du contrat en y étant annexée. Autrement dit, elle va permettre, en apportant des indications sur les consommations du bien et donc sur son état énergétique, d'apprécier la conformité à laquelle la délivrance devra correspondre.

Bien qu'un auteur pense que lorsque l'annexe environnementale sera obligatoire pour tous les baux commerciaux, celle-ci n'aura qu'une fin informative, empêchant

---

739 D. n° 2017-918, 9 mai 2017, Décret relatif aux obligations d'amélioration de la performance énergétique dans les bâtiments existants à usage tertiaire.

740 CE 5e et 6e ch. réunies, 18 juin 2018, n° 411583, JurisData n° 2018-010723, *Énergie - Env. - Infrastr.* juill. 2018, n° 7, alerte 146, p. 1, veille A. PIBOYEUX.

741 AGMS *et alii*, *Guide du Responsable HSE*, Wolters Kluwer, 2019, n° 330-14.

742 V. sur l'interrogation de l'exécution du verdissement des travaux sous la dénomination d'« amélioration de la performance énergétique », dans le cadre de l'obligation de délivrance, de l'obligation d'entretien, ou d'un considérant juridique quelconque : J.-M. BRANCHUT, *L'évolution de la norme environnementale dans le secteur immobilier : l'exemple du bail vert*, th. Paris II, 2015, p. 270.

743 A. REYGROBELLET, « La problématique environnementale en droit des baux commerciaux », art. cit., n° 29.

744 M. BOUTONNET, « Des obligations environnementales spéciales à l'obligation environnementale générale en droit des contrats », *D.* févr. 2012, n° 6, p. 377 ; M. BOUTONNET et L. NEYRET, « La consécration du concept d'obligation environnementale », *D.* juin 2014, n° 23, p. 1335.

745 M.-P. BLIN-FRANCHOMME, « L'avènement d'une reddition environnementale de nature contractuelle : l'annexe "verte" du bail commercial », art. cit. ; J.-B. GOUACHE, « L'annexe environnementale est obligatoire à compter du 1er janvier 2012 : bailleurs et utilisateurs doivent s'y préparer », *RLDA* sept. 2010, n° 52, act. 2996, p. 25.

746 Cette idée est également défendue par un auteur : J.-M. BRANCHUT, *L'évolution de la norme environnementale dans le secteur immobilier : l'exemple du bail vert*, *op. cit.*, p. 302.

le locataire de s'en prévaloir contre son bailleur, les textes n'affirment pas une telle chose, ce qui nous fait pencher en faveur de la valeur contractuelle de celle-ci, de sorte que l'obligation de délivrance suppose de délivrer un bien qui soit conforme aux caractéristiques issues de cette annexe. Pour s'en convaincre, imaginons que le bien délivré ne soit pas dans l'état énergétique annoncé par l'annexe verte. La non-correspondance de l'état énergétique du bien à l'état résultant de l'annexe verte pourrait provenir d'une falsification des documents par le bailleur, d'une modification matérielle du bien par le bailleur ou encore d'une dégradation du bien, entre le moment où les documents de l'annexe verte sont fournis et le moment de la délivrance du bien. Dans ce cas, ne pourrait-il pas y avoir manquement à l'obligation de délivrance ? À notre connaissance la jurisprudence n'a pas été amenée à se prononcer sur un pareil cas, mais on peut consolider notre réponse en faisant référence à un arrêt de 2014[747] dans lequel la Cour de cassation a jugé que l'installation d'un chauffage au gaz et la production d'eau chaude figuraient au nombre des éléments décisionnels, de sorte que manque à son obligation de délivrance le bailleur qui remplace une chaudière à gaz par une chaudière électrique, et doit rembourser le préjudice alors provoqué au preneur[748]. Ainsi, la conformité instaurée par l'annexe verte pourrait être sanctionnée par le jeu de l'article 1134 du Code civil, mais aussi au titre de l'obligation de délivrance.

S'agissant de l'engagement de réaliser des travaux, il semble également légitime de voir dans ce dispositif un impact sur l'obligation de délivrance, et même un renforcement de celle-ci, dans la mesure où l'annexe va donner lieu à un programme d'actions qui va générer des travaux de mise en conformité que le bailleur s'engage à réaliser pour partie et qui vont affecter l'état du bien[749]. En effet, le bilan périodique de l'évolution des performances énergétiques des locaux va servir de bases aux travaux d'amélioration et va orienter la nature des travaux à réaliser par période. Si peut être défendue l'idée que les travaux périodiques étalés pendant la durée du bail interviennent au titre d'autres obligations (jouissance paisible, garantie[750]), puisque l'article R. 137-3 parle d'« amélioration » et que la jurisprudence ne considère pas les travaux d'amélioration comme incombant au bailleur au titre de son obligation de délivrance[751], nous estimons qu'il faut distinguer les améliorations obligatoires, des améliorations non obligatoires. En effet, celles qui sont obligatoires renvoient à l'idée de conformité et peuvent

---

[747] Cass. 3e civ., 19 nov. 2014, n° 12-27.061, Bull. civ. III, n° 151, JurisData n° 2014-028061, *Loyers et copr.* janv. 2015, n° 1, comm. 14, p. 27, note E. CHAVANCE ; *RDC* juin 2015, n° 2, p. 270, obs. J.-B. SEUBE ; *Gaz. pal.* déc. 2014, n° 338, p. 25, obs. C. BERLAUD ; *Rev. loyers* janv. 2015, n° 953, jur. 1961, p. 29, an. C. LEBEL ; *RLDC* févr. 2015, n° 123, p. 19 ; *Dalloz actualité* 26 nov. 2014, obs. Y. ROUQUET ; *AJDI* déc. 2015, n° 12, p. 890, chron. J.-P. BLATTER.

[748] V. pour cette interprétation de l'arrêt : C. LEBEL, « Étendue de l'obligation de délivrance du bailleur : mode de chauffage et production d'eau chaude », *Rev. loyers* janv. 2015, n° 953, jur. 1961, p. 29.

[749] M.-P. BLIN-FRANCHOMME, « L'avènement d'une reddition environnementale de nature contractuelle : l'annexe "verte" du bail commercial », art. cit. ; J.-B. GOUACHE, « L'annexe environnementale est obligatoire à compter du 1er janvier 2012 : bailleurs et utilisateurs doivent s'y préparer », art. cit.

[750] Nous écartons l'obligation d'entretien puisque la formulation de l'article R. 137-3 parle d' « amélioration », terme qui exclut l'entretien.

[751] CA Paris, 16e ch., sect. B, 6 juill. 1989, *D.* 1990, p. 254.

alors entrer dans le champ de l'obligation de délivrance, de sorte que ces travaux correspondent à une délivrance échelonnée dans le temps.

119. Diagnostic de performance énergétique : une information précisant les conditions de délivrance de la chose louée dans les baux d'immeubles bâtis. Le *« Chapitre IV : Diagnostics techniques »* de la partie législative du Code de la construction et de l'habitation institue, aux articles L. 134-1 à L. 134-5, la réalisation d'un diagnostic de performance énergétique[752], document issu de la loi du 9 décembre 2004[753]. Les articles L. 134-3 et L. 134-3-1 précisent que le bailleur doit tenir à la disposition du candidat à la location le diagnostic de performance énergétique de tout ou partie d'un immeuble bâti. Ainsi, depuis la loi Grenelle II[754], les baux commerciaux sont concernés par ce diagnostic, y compris dans les centres commerciaux[755] depuis l'arrêté du 18 avril 2012[756]. Le décret du 14 septembre 2006 a précisé le contenu de ce diagnostic[757].

À l'instar de notre raisonnement précédent au sujet de l'annexe environnementale, il convient de se demander si l'information du preneur, par le biais de ce diagnostic, va restreindre l'obligation de délivrance du bailleur ou bien la renforcer. Si l'obligation légale de joindre ledit diagnostic aux baux commerciaux est une obligation à part entière[758], celle-ci vient tout de même, par l'information qu'elle apporte, fixer l'état énergétique initial du bien et éventuellement affecter l'état futur de ce bien en prévoyant des recommandations en vue d'améliorer les

---

752 L'article L. 134-1 définit le diagnostic de performance énergétique comme le « document qui comprend la quantité d'énergie effectivement consommée ou estimée pour une utilisation standardisée du bâtiment ou de la partie de bâtiment et une classification en fonction de valeurs de référence afin que les consommateurs puissent comparer et évaluer sa performance énergétique. Il est accompagné de recommandations destinées à améliorer cette performance ».

753 *L.* n° 2004-1343, 9 déc. 2004, Loi de simplification du droit ; F.-G. TRÉBULLE, « Etats et constats permettant l'information et la protection des acquéreurs et des preneurs de biens immobiliers - Diagnostics de performance énergétique », *RDI* mai 2005, n° 3, p. 191.

754 *L.* n° 2010-788, 12 juill. 2010, Loi portant engagement national pour l'environnement.

755 Y. ROUQUET, « Diagnostic de performance énergétique dans les centres commerciaux », *Dalloz actualité* 11 mai 2012.

756 *Arr.* 18 avr. 2012, Arrêté relatif au diagnostic de performance énergétique pour les centres commerciaux existants proposés à la vente ou à la location en France métropolitaine.

757 Il indique qu'il comprend notamment les caractéristiques pertinentes du bâtiment ou de la partie de bâtiment et un descriptif de ses équipements de chauffage, de production d'eau chaude sanitaire, de refroidissement, de ventilation et, dans certains types de bâtiments, de l'éclairage intégré des locaux en indiquant, pour chaque catégorie d'équipements, les conditions de leur utilisation et de leur gestion ayant des incidences sur les consommations énergétiques ; l'évaluation de la quantité d'émissions de gaz à effet de serre liée à la quantité annuelle d'énergie consommée ou estimée ; l'évaluation de la quantité d'énergie d'origine renouvelable produite par les équipements installés à demeure et utilisée dans le bâtiment ou partie de bâtiment en cause ; le classement du bâtiment ou de la partie de bâtiment en application d'une échelle de référence établie en fonction de la quantité annuelle d'énergie consommée ou estimée et de la quantité d'émissions de gaz à effet de serre pour le chauffage, la production d'eau chaude sanitaire et le refroidissement, rapportée à la surface du bâtiment ou de la partie du bâtiment ; des recommandations visant à améliorer la performance énergétique du bâtiment ou de la partie de bâtiment, accompagnées d'une évaluation de leur coût et de leur efficacité. ; V. sur ce point : J.-L. BERGEL, « L'impact de la loi "Grenelle 2" sur la vie de l'immeuble (vente, bail et copropriété) », *RDI* janv. 2011, n° 20, p. 50.

758 M. BOUTONNET, « Des obligations environnementales spéciales à l'obligation environnementale générale en droit des contrats », art. cit.

performances énergétiques de ce bien. Peut-on alors transposer notre raisonnement relatif à l'annexe verte et prétendre que le diagnostic de performance énergétique vient en quelque sorte compléter le rôle du contrat en y étant annexé ? Imaginons que le bien délivré ne corresponde pas à l'état énergétique annoncé par le diagnostic de performance énergétique. L'hypothèse en présence est un peu différente de celle de l'annexe environnementale puisqu'ici le diagnostic n'est pas réalisé par le bailleur, mais par un diagnostiqueur. De plus, compte tenu de la durée de validité relativement longue dudit diagnostic et de sa mise à disposition anticipée induite par l'article L. 134-3 du Code la construction et de l'habitation (dès qu'une offre est formulée)[759], le cas d'une divergence de l'état énergétique entre le moment où le diagnostic a été établi et celui de la délivrance, entraînant une non-conformité, n'est pas à exclure. Celle-ci pourrait provenir d'une dégradation du bien ou d'une erreur dans le diagnostic. En pareil cas, la non-concordance entre l'état énergétique réel et l'état énergétique annoncé pourrait-elle constituer un manquement à l'obligation de délivrance ? Notre réponse s'appuie essentiellement sur le second alinéa de l'article L. 134-3-1 du Code de la construction et de l'habitation, qui vient d'être nouvellement touché par la loi ELAN venue instaurer une nouvelle rédaction qui sera applicable au 1er janvier 2021[760]. En raisonnant au regard de la version actuelle de l'article qui dispose que *« le locataire ne peut se prévaloir à l'encontre du bailleur des informations contenues dans le diagnostic de performance énergétique »*, le locataire semble empêcher de s'appuyer sur le diagnostic de performance énergétique pour prétendre à un quelconque manquement du bailleur, y compris à son obligation de délivrance.

S'agissant des recommandations, visant à améliorer la performance énergétique du bâtiment ou de la partie de bâtiment, qui figurent dans le diagnostic de performance énergétique, elles semblent, à la différence des travaux découlant de l'annexe verte qui sont imposés, par leur terme même ne pas revêtir un caractère obligatoire. En effet, comme le font remarquer plusieurs auteurs[761], le diagnostic de performance énergétique est un outil de sensibilisation et d'incitation, ce qui paraît écarter le caractère obligatoire des travaux recommandés. Il semble alors difficile de se prévaloir de ces travaux de mise en conformité, à valeur « recommandataire », au titre de l'obligation de délivrance. Au contraire de l'annexe verte qui prévoit un échelonnement des travaux d'amélioration via un plan d'actions, le diagnostic de performance énergétique ne prévoit que des recommandations, ce qui laisse penser que les travaux seront ou non réalisés, à la convenance des parties et la problématique du transfert des travaux perd alors son intérêt.

Si le diagnostic de performance énergétique et l'information qui en est issue ne semblent pas, à première vue, empiéter sur l'obligation de délivrance, cette

---

759 V. sur ce point : P. PELLETIER et S. FRAÎCHE-DUPEYRAT, « Diagnostics et audits », *Rev. loyers* oct. 2010, n° 910, doctr. 1199, p. 354.

760 *L.* n° 2018-1021, 23 nov. 2018, Loi portant évolution du logement, de l'aménagement et du numérique, art. 179.

761 J.-L. BERGEL, « L'impact de la loi "Grenelle 2" sur la vie de l'immeuble (vente, bail et copropriété) », art. cit. ; P. PELLETIER et S. FRAÎCHE-DUPEYRAT, « Diagnostics et audits », art. cit.

affirmation demande à être nouvellement considérée lorsque le locataire subit un préjudice. Des auteurs affirment que la responsabilité contractuelle du bailleur pourrait être mise en œuvre, malgré l'article L. 134-3-1 alinéa 2, si le locataire subit un préjudice comme une dépense énergétique excédant la consommation annoncée ou excédant la consommation « normale » par exemple[762]. Reste à savoir au titre de quelle obligation contractuelle la responsabilité du bailleur pourrait être engagée. Si le diagnostic est erroné, le bailleur devrait pouvoir se décharger de sa responsabilité en prouvant l'erreur du diagnostiqueur[763] et le problème est alors évacué. Si le diagnostic n'a pas été réalisé purement et simplement, la doctrine suggère que le défaut d'annexion du document soit sanctionné au titre du droit commun de la responsabilité[764], plutôt pour manquement à son obligation environnementale qu'à son obligation de délivrance. S'il ne s'agit pas d'une erreur de diagnostic ou d'une absence de diagnostic, mais d'une dégradation du bien au regard du diagnostic, on imagine que le droit commun de la responsabilité s'appliquera également. Mais, dans le droit fil de la jurisprudence énoncée précédemment[765] à propos des éléments décisionnels et nonobstant l'article L. 134-3-1 alinéa 2, on peut légitimement penser que le bailleur soit responsable, dans ce cas, au titre de son obligation de délivrance puisqu'il est censé délivrer un bien conforme aux attentes contractuelles du preneur.

En raisonnant selon la version différée en 2021 qui change légèrement et indique qu'*« en cas de location de tout ou partie d'un immeuble bâti, le diagnostic de performance énergétique prévu par l'article L. 134-1 est joint au contrat de location lors de sa conclusion, sauf s'il s'agit d'un contrat de bail rural ou lorsque ce sont des contrats de location saisonnière »*, sachant que *« le locataire ne peut se prévaloir à l'encontre du bailleur des recommandations accompagnant le diagnostic de performance énergétique qui n'ont qu'une valeur informative »*, la réponse peut être différente. Si les recommandations accompagnant le diagnostic de performance énergétique n'auront qu'une valeur informative, tous les autres éléments de ce diagnostic mentionnés à l'article R. 134-2 du Code de la construction et de l'habitation quant à eux deviendront opposables[766]. Partant, même en l'absence de préjudice, le locataire pourrait s'appuyer sur ledit diagnostic pour prétendre à un manquement du bailleur à son obligation de délivrance.

---

[762] *Ibid.* ; P. PELLETIER et S. FRAÎCHE-DUPEYRAT, « Le bail et le diagnostic de performance énergétique : questions/réponses », *Rev. loyers* juin 2007, n° 878, doctr. 547, p. 262 ; P. PELLETIER et S. FRAÎCHE-DUPEYRAT, « Diagnostics et audits », art. cit.

[763] J. AZEMA *et alii*, *Le Lamy baux commerciaux*, 2020, *op. cit.*, n° 201-7.

[764] A. REYGROBELLET, « La problématique environnementale en droit des baux commerciaux », art. cit.

[765] Cass. 3e civ., 19 nov. 2014, n° 12-27.061, Bull. civ. III, n° 151, JurisData n° 2014-028061, *Loyers et copr.* janv. 2015, n° 1, comm. 14, p. 27, note E. CHAVANCE ; *RDC* juin 2015, n° 2, p. 270, obs. J.-B. SEUBE ; *Gaz. pal.* déc. 2014, n° 338, p. 25, obs. C. BERLAUD ; *Rev. loyers* janv. 2015, n° 953, jur. 1961, p. 29, an. C. LEBEL ; *RLDC* févr. 2015, n° 123, p. 19 ; *Dalloz actualité* 26 nov. 2014, obs. Y. ROUQUET ; *AJDI* déc. 2015, n° 12, p. 890, chron. J.-P. BLATTER.

[766] V. ZALEWSKI-SICARD, « Le SAV de la loi ELAN », *Constr.-urb.* févr. 2019, n° 2, alerte 1, p. 3 ; N. DAMAS, « La loi ELAN et les baux d'habitation », art. cit. ; C. JEANNE, « Opposabilité du DPE », *Rev. loyers* déc. 2018, n° 992, p. 571 ; M. LETOURMY, « Quelques modifications en matière de logement par la loi Élan », *Rev. loyers* janv. 2019, n° 993, doctr. 3033, p. 14.

120. État des risques naturels et technologiques : une information précisant les conditions de délivrance de la chose louée dans les baux commerciaux situés en zone à risques et ayant subi un sinistre indemnisé. L'article L. 125-5, I du Code de l'environnement impose que les *« locataires de biens immobiliers situés dans des zones couvertes par un plan de prévention des risques technologiques ou par un plan de prévention des risques naturels prévisibles, prescrit ou approuvé, ou dans des zones de sismicité définies par décret en Conseil d'État »*, soient informés par le bailleur de l'existence des risques[767]. L'alinéa 2 du II du même article précise que cet état des risques naturels et technologiques sera fourni par le bailleur et joint aux baux commerciaux[768]. L'alinéa V de l'article L. 125-5 sanctionne le non-respect de cette disposition en permettant au locataire de poursuivre la résolution du contrat ou demander au juge une diminution du prix. De plus, l'article L. 125-5, dans son alinéa IV, exige que le bailleur de l'immeuble informe par écrit le locataire de *« tout sinistre survenu pendant la période où il a été propriétaire de l'immeuble ou dont il a été lui-même informé en application des présentes dispositions »*[769]. L'alinéa V du même article s'applique ici en cas d'irrespect de cette disposition.

Il est alors permis de s'interroger sur l'impact de ces dispositions au regard de l'obligation de délivrance. Est-ce que cette obligation d'information légale[770] a une incidence sur l'obligation de délivrance ? Bien qu'une sanction spécifique soit prévue en cas de manquement, pourrait-on considérer qu'une sanction soit également prononcée sur le terrain du droit commun et de l'obligation de délivrance ? À l'image de nos démonstrations précédentes, on aurait pu prétendre que l'état des risques naturels et technologiques établit l'état du bien loué puisqu'il est annexé au contrat de bail et qu'à ce titre, l'obligation de délivrance devrait être conforme à cet état. Cependant, il faut ici reconsidérer le propos. D'abord, ledit état des risques ne fixe pas l'état du bien, mais détermine simplement l'environnement dans lequel se trouve le bien. Ensuite, le bailleur n'a pas de maîtrise de l'environnement qui peut fluctuer. Enfin, se prévaloir du fait que le bailleur, connaissant les risques existants, n'a pris aucune mesure pour lutter contre ces risques, pour dire qu'il a manqué à son obligation de délivrance nous semble très difficile à mettre en œuvre vu que l'article ne prévoit pas de mesures de lutte. L'hypothèse de l'erreur dans l'état des risques naturels et technologiques nous semble aussi à écarter, celle-ci étant peu probable puisque ledit état est établi par rapport à une cartographie déterminée. Éventuellement, il faudrait jouer sur la sécurité des lieux au regard de la zone à risque puisque nous avons défendu que la délivrance recouvrait une obligation de sécurité.

---

[767] V. PERRUCHOT-TRIBOULET, « Les obligations d'information contractuelles sur les risques technologiques et naturels », *RLD civ.* juin 2004, n° 6, p. 53 ; O. HERRNBERGER, « Les nouvelles obligations pesant sur les rédacteurs d'actes de vente et de bail », *JCP N* sept. 2004, n° 38, étude 1433, p. 1374.

[768] J. AZEMA *et alii*, *Le Lamy baux commerciaux*, 2020, *op. cit.*, n° 201-2.

[769] O. HERRNBERGER, « Les nouvelles obligations pesant sur les rédacteurs d'actes de vente et de bail », art. cit.

[770] J.-L. BERGEL (dir.) *et alii*, *Le Lamy droit immobilier*, 2015, *op. cit.*, n° 5515 ; G. PALAIS, « Risques naturels et technologiques majeurs : encore une obligation légale d'information », *AJDI* nov. 2006, n° 11, p. 808.

Toutefois, ne serait-il quand même pas loisible de penser qu'en cas de risque avéré empêchant l'utilisation du local, l'état des risques naturels et technologiques puisse avoir une incidence sur la délivrance ? La Cour d'appel de Metz a retenu le manquement du bailleur à son obligation de délivrance au motif que les locaux destinés à la vente de vins, situés en zone inondable, interdisaient la réception du public sous réserve de la réalisation de travaux touchant à la structure même du bâtiment[771]. Bien que cet arrêt soit à relativiser, on peut penser qu'en pareil cas l'état des risques naturels et technologiques vient préciser les conditions d'accomplissement de l'obligation de délivrance.

121. L'information afférente aux sinistres antérieurs : un renforcement de l'obligation de délivrance. Un auteur pense qu'un manquement à l'obligation d'information justifie une sanction sur le terrain de la violation de l'obligation de garantie de l'article 1721 du Code civil[772], mais n'évoque pas le fondement de l'obligation de délivrance. Cela se comprend facilement dans le sens où l'article 1721 met en place une garantie des vices dont le preneur n'a pas eu connaissance.

Néanmoins, est-ce qu'un manquement à l'obligation d'information pourrait justifier une sanction sur le fondement de l'obligation de délivrance, puisque l'obligation de garantie en est un prolongement ? Cette information ne pourrait-elle pas avoir un impact sur l'obligation de délivrance puisqu'elle donne une information sur l'état du bien et donc sur sa qualité ? Si l'immeuble a subi un sinistre, l'obligation de délivrance ne sous-entend-elle pas que le sinistre ait été réparé avant la mise en location ? Nous pensons que cela doit être le cas et qu'en conséquence cette information va renforcer l'obligation de délivrance du bailleur en y inscrivant une réparation précise et effective, mais également en facilitant la possibilité du preneur de s'en prévaloir. Nous croyons, comme un auteur[773], que cette obligation, par la conséquence de réparation qu'elle implique, s'inscrit dans la circonférence de l'obligation de délivrance.

122. L'état d'un risque de pollution du sol : une information précisant les conditions de délivrance de la chose louée dans les baux portant sur des terrains situés en secteur d'information sur les sols. Le nouvel article L. 125-6 du Code de l'environnement, issu de la loi du 12 juillet 2010[774] portant engagement national pour l'environnement et renforcé par la loi ALUR[775], impose que *« l'État élabore, au regard des informations dont il dispose, des secteurs d'information sur les sols qui comprennent les terrains où la connaissance de la pollution des sols justifie, notamment en cas de changement d'usage, la réalisation d'études de sols et de mesures de gestion de la pollution pour préserver la sécurité, la santé ou la salubrité publiques et l'environnement »* et qu'il en informe

---

771 CA Metz, 14 juin 2011, n° 06/02262, *Gaz. pal.* oct. 2011, n° 295, p. 47, obs. C.-E. BRAULT.
772 V. PERRUCHOT- TRIBOULET, « Les obligations d'information contractuelles sur les risques technologiques et naturels », art. cit.
773 D. BOULANGER, « États, diagnostics, informations et baux d'immeubles », art. cit.
774 *L.* n° 2010-788, 12 juill. 2010, Loi portant engagement national pour l'environnement.
775 *L.* n° 2014-366, 24 mars 2014, Loi pour l'accès au logement et à un urbanisme rénové.

les propriétaires des terrains concernés[776]. Un nouvel article L. 125-7 du même code ajoute que *« lorsqu'un terrain situé en secteur d'information sur les sols mentionné à l'article L. 125-6 fait l'objet d'un contrat de vente ou de location, le vendeur ou le bailleur du terrain est tenu d'en informer par écrit l'acquéreur ou le locataire »* en communiquant les informations rendues publiques par l'État[777]. L'article poursuit en indiquant que si une pollution constatée rend le terrain impropre à la destination précisée dans le contrat, dans un délai de deux ans à compter de la découverte de la pollution, le locataire aura le choix de demander la résolution du contrat ou d'obtenir une réduction du loyer[778]. Enfin, dans sa dernière formule, l'article s'adresse uniquement à l'acquéreur en lui permettant de demander *« la réhabilitation du terrain aux frais du vendeur lorsque le coût de cette réhabilitation ne paraît pas disproportionné par rapport au prix de vente »*.

Là encore, il est permis de s'interroger sur l'impact de ces dispositions au regard de l'obligation de délivrance du bailleur. Bien que la loi ne prévoit pas d'obligation de réaliser des travaux de dépollution des sols pour les bailleurs, cette obligation s'adressant seulement aux vendeurs, est-ce que ceux-ci pourraient louer un bien pollué sans contrevenir à leur obligation de délivrance ? Des auteurs expliquaient dès 2006, bien avant que la loi ALUR n'instaure l'obligation d'information de l'article L. 125-7, qu'étant donné que la délivrance comprend une conformité de la chose avec la destination prévue au contrat de bail ainsi qu'un bon état de réparations de toute espèce de cette chose, on pouvait largement supposer que la mise à disposition du bien dont le sol est pollué empêche, entre autres[779], un bon accomplissement de l'obligation de délivrance et entraîne la sanction de la résiliation, l'indemnisation ou l'exécution forcée, à défaut de clause expresse d'exonération[780]. S'il a été jugé que la pollution du sol pouvait constituer un facteur d'impropriété à la destination contractuelle, la jurisprudence ne s'est pas prononcée sur le facteur de mauvais état et n'impose pas au bailleur de dépolluer le site dès

---

776 J. AZEMA *et alii*, *Le Lamy baux commerciaux*, 2020, *op. cit.*, 201-10 ; L. BALZANO et C. BILLMANN, « Les apports de la loi "ALUR" dans le domaine des sites et sols pollués », *RDI* sept. 2014, n° 9, p. 432 ; B. WERTENSCHLAG, « Le volet "environnement" de la loi ALUR », *AJDI* mai 2014, n° 5, p. 372 ; D. DEPREZ, « Droit des sites et sols pollués : impact de la loi Alur », *BDEI* mai 2014, n° 51, p. 11 ; O. HERRNBERGER, « Les secteurs d'information sur les sols », *BDEI* déc. 2014, suppl. n° 54, p. 39 ; J.-P. BUS, « La remédiation des sites pollués à l'épreuve des évolutions juridiques récentes (le bail, la vente) », *AJDI* avr. 2019, n° 4, p. 259.

777 *Ibid.* ; J.-L. BERGEL (dir.) *et alii*, *Le Lamy droit immobilier*, 2015, *op. cit.*, n° 5516 ; J.-P. BUS, « La remédiation des sites pollués à l'épreuve des évolutions juridiques récentes (le bail, la vente) », art. cit.

778 L. BALZANO et C. BILLMANN, « Les apports de la loi "ALUR" dans le domaine des sites et sols pollués », art. cit.

779 B. WERTENSCHLAG, « Propriétaires immobiliers : les réflexes en matière de pollution des sols », *AJDI* janv. 2003, n° 1, p. 20 ; F.-G. TREBULLE, « Environnement et baux », *Dr. & patr.* juin 2010, n° 193, p. 77 ; Ces auteurs ajoutent qu'un tel état pourrait constituer un vice de nature à empêcher l'usage du terrain donné en location conformément à sa destination et tomber sous le joug de la garantie des vices cachés de l'article 1721 du Code civil ou encore du dol ou de l'erreur sur une qualité substantielle de la chose louée.

780 M. BOUTONNET, *Contentieux civil - Responsabilité contractuelle*, J.-Cl. Environnement et Développement durable, Fasc. n° 4965, févr. 2014, n° 4, 60 et s. ; F. TERRIER, « Regards du juge judiciaire sur le droit des sites et sols pollués », *Dr. & patr.* mars 2013, n° 224, doss. p. 52 ; B. WERTENSCHLAG, « Propriétaires immobiliers : les réflexes en matière de pollution des sols », art. cit. ; F.-G. TRÉBULLE, « Environnement et baux », art. cit. ; Cass. 3e civ., 6 mai 1991, n° 89-20.687.

lors que le preneur a été en mesure d'exploiter son activité conformément aux stipulations du bail[781].

Pour autant, est-ce que la mise à disposition d'un bien pollué ne contrevient pas à l'obligation de délivrance d'une chose en bon état de réparation ? Dans la première espèce, la Cour n'a pas reconnu de manquement à l'obligation de délivrance en considérant, d'une part, que sont licites les clauses du bail prévoyant que le preneur prendra les lieux loués dans leur état au jour de l'entrée en jouissance et, qu'à défaut d'état des lieux dressé contradictoirement entre les parties, elles seront réputées les avoir reçus en parfait état et, d'autre part, que le preneur ne démontre pas que la pollution du sol lui a occasionné une gêne dans l'exercice de son activité ni avoir été destinataire d'une mise en demeure de procéder à une remise en état de la chose louée. Dans la seconde espèce, la Cour n'a pas non plus reconnu de manquement à l'obligation de délivrance du bailleur en estimant qu'il ne lui appartenait pas de procéder à la dépollution dès lors que le site bénéficiait des agréments administratifs pour l'exploiter conformément à son objet et que le preneur avait pu l'exploiter durant la période d'exécution du bail commercial sans incident. De la même façon, la Cour d'appel de Paris a estimé que la société locataire *« ne rapporte pas plus qu'en première instance la preuve qui lui incombe de ce que l'agrément "produits frais", conditionnant sa faculté de résilier le bail par anticipation, lui a été refusé en raison d'une prétendue pollution du site, ni même qu'elle ait sollicité cet agrément dès la signature du bail ainsi qu'elle l'avait déclaré »* et qu'alors le défaut d'objet et de cause de l'obligation de délivrance n'était pas établi[782]. Comme le preneur ne démontre pas que la pollution l'empêche d'exercer l'activité prévue au bail et qu'il ne démontre pas plus qu'elle est la raison du refus d'agrément, la Cour estime qu'il n'y a pas de manquement à l'obligation de délivrance. Force est de constater que dans ces espèces les baux contenaient des clauses exonérant les bailleurs de leur obligation de délivrance en bon état de réparations de toute espèce. En l'absence de telles clauses, nous pensons que la mise à disposition d'un bien pollué constitue un manquement à l'obligation de délivrance en bon état de réparations de toute espèce. Donc, à partir du moment où la pollution n'empêche pas l'usage prévu au bail et où le bailleur s'est exonéré de son obligation de délivrance en bon état de réparations, celle-ci ne constitue visiblement pas un manquement à l'obligation de délivrance[783], mais dès qu'elle devient un obstacle à l'usage conforme de cette chose, elle est susceptible de constituer un manquement à l'obligation de délivrance et donc un facteur d'impropriété à la destination contractuelle. Un auteur en conclut que *« le bailleur devra s'assurer que le niveau de pollution du bien loué est compatible*

---

781 M.-A. FICHET, « Les obligations du bailleur et du preneur au regard du droit de l'environnement », art. cit. ; CA Douai, 2e ch., sect. 2, 21 janv. 2010, n° 08/05859 ; CA Toulouse, 2e ch., sect. 1, 13 févr. 2013, n° 11/04831.

782 CA Paris, 5e pôle, 3e ch., 7 mars 2012, n° 10/03744, *BDEI* juill. 2012, n° 40, p. 37, note M. BOUTONNET.

783 M.-A. FICHET, « Les obligations du bailleur et du preneur au regard du droit de l'environnement », art. cit.

avec l'activité devant y être exercée et ne pose notamment aucun problème de sécurité pour les occupants »[784].

L'évocation de l'obligation de sécurité, pendant de l'obligation de délivrance, se comprend facilement dans le sens où la pollution du sol peut aussi compromettre la sécurité des lieux et de ce fait occasionner un manquement à l'obligation de délivrance. Cette fois encore, puisque l'état de pollution du sol détermine la pollution présente ou non dans le sol et où celle-ci peut constituer un manquement à l'obligation de délivrance, l'information issue de l'article L. 125-7 constitue, selon nous, une obligation environnementale à part entière, qui vient encadrer l'obligation de délivrance en précisant les conditions de délivrance de la chose louée. En effet, celle-ci va indiquer l'état de pollution du sol ou l'absence de pollution. Si l'information est négative (absence de pollution), l'obligation d'information restreint alors le champ de l'obligation de délivrance. Si l'information est positive (présence de pollution) et qu'elle porte atteinte à la conformité contractuelle de la chose, l'obligation d'information va élargir le champ de l'obligation de délivrance.

123. Le dossier technique amiante : une information précisant les conditions de délivrance de la chose louée dans les baux portant sur des immeubles bâtis dont la délivrance du permis de construire est antérieure au 1er juillet 1997. L'article L. 1334-12-1 du Code de la santé publique impose aux propriétaires, ou à défaut aux exploitants, des immeubles bâtis d'y faire rechercher la présence d'amiante et lorsque la recherche révèle la présence d'amiante, de faire établir un diagnostic de l'état de conservation de l'amiante dans les matériaux et produits repérés et de mettre en œuvre, le cas échéant, les mesures nécessaires pour contrôler et réduire l'exposition[785]. L'article R. 1334-29-4 du même code prévoit que les propriétaires des parties privatives d'immeubles collectifs d'habitation constituent, conservent et actualisent un dossier intitulé « dossier amiante - parties privatives » et l'article R. 1334-29-5 prévoit, à son tour, que les propriétaires, notamment des immeubles à usage commercial ou professionnel, doivent constituer et conserver un dossier intitulé « dossier technique amiante » qui devra être tenu à jour par le propriétaire en intégrant les éléments relatifs aux matériaux et produits contenant de l'amiante découverts à l'occasion de travaux ou d'opérations d'entretien, comprenant tous deux un certain nombre d'informations[786]. Ces articles indiquent également que les dossiers seront tenus à la disposition des occupants des parties privatives concernées ou de l'immeuble bâti concerné. L'article R. 1334-14 précise enfin que ces dispositions s'appliquent aux immeubles bâtis dont le permis de construire a été délivré avant le

---

784 *Ibid.*

785 C.-H. GALLET, « L'obligation de repérage de l'amiante dans les immeubles collectifs d'habitation ou à usage commercial ou professionnel », *Rev. loyers* nov. 2011, n° 921, doctr. 1342, p. 402.

786 G. AZÉMA *et alii*, *op. cit.*, 201-14 ; B. WERTENSCHLAG, « Les obligations sanitaires du bailleur de locaux commerciaux ou professionnels », art. cit. ; A. HINFRAY, « Amiante... "en avant toute" », *Rev. loyers* déc. 2001, n° 822, p. 486 ; O. BEJAT, « Les obligations du bailleur en cas de désamiantage », *AJDI* avr. 2004, n° 4, p. 266.

1er juillet 1997. À l'issue du repérage, les articles R. 1334-26 à R. 1334-29-3 du Code de la santé publique prévoient une série de préconisations à mettre en œuvre en fonction des résultats du repérage. Celles-ci consistent, soit en une évaluation périodique de l'état de conservation des matériaux et produits contenant de l'amiante, soit en une mesure d'empoussièrement dans l'air, soit en des travaux de confinement ou de retrait de l'amiante.

Compte tenu de ces dispositions, un état de la jurisprudence rendue en la matière est nécessaire pour se prononcer quant à la place à donner au repérage d'amiante et ses conséquences vis-à-vis de l'obligation de délivrance. Dans un arrêt notable du 2 juillet 2003[787], à la suite de la signature d'un bail auquel était annexé un diagnostic « amiante » négatif, le preneur a entrepris des travaux d'aménagement autorisés par le bail et a découvert de l'amiante dans les flocages. Il assigne son bailleur qui conteste l'irrespect de son obligation de délivrance en arguant qu'il résultait des clauses du bail que toutes les obligations de réparation du bailleur en matière d'hygiène et de sécurité avaient été transférées au preneur, donc que ce dernier supportait également le risque de la présence d'amiante dans l'immeuble, même préexistante à la délivrance. La troisième chambre relève que l'obligation de délivrance n'est pas entièrement satisfaite lorsque les travaux de désamiantage, à la charge du bailleur indépendamment de toute clause contractuelle, n'ont pas été réalisés avant l'entrée dans les lieux au motif que le bail ne décharge pas le bailleur de son obligation de délivrer un local immédiatement utilisable à l'usage voulu par les parties[788]. En effet, la Cour de cassation a estimé que le bailleur ne pouvait se prévaloir d'une telle clause, car les travaux de désamiantage auraient dû être réalisés par lui avant l'entrée en jouissance du preneur dans les lieux.

De cette décision découle une interrogation : les travaux de désamiantage font-ils toujours partie de l'obligation de délivrance ou bien en font-ils partie lorsqu'ils empêchent d'utiliser les locaux à la date convenue et conformément à l'usage choisi par les parties ? Ici, la formule de la Haute Cour est suffisamment claire : les travaux de désamiantage font partie de l'obligation de délivrance parce qu'ils empêchaient l'utilisation immédiate des locaux à l'usage voulu par les parties[789].

---

787 Cass. 3e civ., 2 juill. 2003, n° 01-16.246, Bull. civ. III, n° 141, JurisData n° 2003-019712, *Loyers et copr.* oct. 2003, n° 10, comm. 201, p. 16, note P.-H. BRAULT et P. PEREIRA-OSOUF ; *RDI* nov. 2003, n° 6, p. 557, obs. F.-G. TRÉBULLE ; *AJDI* nov. 2003, n° 11, p. 751, obs. Y. ROUQUET ; *Gaz. pal.* mai 2004, n° 139, p. 9, obs. H. CAUSSE ; *Gaz. pal.* oct. 2003, n° 291, p. 18, note P.-H. BRAULT ; *LPA* oct. 2004, n° 203, p. 5, chron. M. CHAGNY, H. CLARET, V. FORRAY, G. PAISANT, S. PIMONT et G. PIGNARRE ; *Rev. loyers* oct. 2003, n° 840, p. 501, an. C. QUÉMENT.

788 Rappr. CA Paris, 16e ch., sect. A, 5 nov. 2003, *Gaz. pal.* 21 févr. 2004, n° 52, p. 44, note P.-H. BRAULT.

789 Cass. 3e civ., 2 juill. 2003, n° 01-16.246, Bull. civ. III, n° 141, JurisData n° 2003-019712, *Loyers et copr.* oct. 2003, n° 10, comm. 201, p. 16, note P.-H. BRAULT et P. PEREIRA-OSOUF ; *RDI* nov. 2003, n° 6, p. 557, obs. F.-G. TRÉBULLE ; *AJDI* nov. 2003, n° 11, p. 751, obs. Y. ROUQUET ; *Gaz. pal.* mai 2004, n° 139, p. 9, obs. H. CAUSSE ; *Gaz. pal.* oct. 2003, n° 291, p. 18, note P.-H. BRAULT ; *LPA* oct. 2004, n° 203, p. 5, chron. M. CHAGNY, H. CLARET, V. FORRAY, G. PAISANT, S. PIMONT et G. PIGNARRE ; *Rev. loyer* oct. 2003, n° 840, p. 501, an. C. QUÉMENT.

Cela veut-il forcément dire que lorsque les travaux de désamiantage n'empêchent pas l'utilisation du local à la date convenue ou ne compromettent pas l'usage contractuellement établi, ceux-ci ne font plus partie de l'obligation de délivrance ? Notre premier réflexe est de nous reporter au « bon état de réparation de toute espèce » imposé par l'article 1720 alinéa 1er du Code civil. Bien qu'il n'existe pas de définition légale du *« bon état de réparations de toute espèce »*, nous pensons que la présence d'amiante dans un local commercial va à l'encontre de l'exigence de bon état. Ainsi, les mesures relatives à l'amiante feraient partie de l'obligation de délivrance sur le fondement de l'article 1720 alinéa 1er, en l'absence de clause de transfert valide bien entendu.

Dans la suite logique, on pourrait également faire référence à la notion de sécurité des lieux, pour considérer qu'un local contenant de l'amiante ne constitue pas un lieu exempt de dangerosité pour le preneur, en admettant bien sûr que l'obligation de délivrance recouvre une obligation de sécurité, ce que nous défendons[790]. Un auteur affirme, à ce propos, que la réglementation relative à l'amiante étant un texte de sécurité, *« il est certain que, dans tous les cas où soit l'enlèvement, soit le confinement s'avère nécessaire, les travaux ont bien pour objet de rendre les locaux conformes à leur destination, quelle que soit par ailleurs la destination du bail »*[791]. À notre sens, la réglementation fixe en fait un état standard du bien (état non amianté), dans lequel il ne présente pas de danger et en l'absence duquel le bien ne peut être conforme à sa destination.

Pour poursuivre notre cheminement, il convient d'évoquer la remarque d'un auteur à propos du fondement de ces mesures avant qu'elles ne soient devenues obligatoires, puisque ce n'est que depuis le décret du 7 février 1996[792] modifié par le décret du 12 septembre 1997[793], que le propriétaire doit rechercher la présence de produits ou matériaux contenant de l'amiante et effectuer les travaux nécessaires pour mettre l'immeuble en conformité avec ce texte. Il rapporte que lorsque le bail a été conclu avant cette date, les décisions qualifient différemment la présence d'amiante, notamment de vice rendant l'immeuble impropre à sa destination[794] ou de grosse réparation au sens de l'article 606 du Code civil[795]. On comprend que la qualification intervienne sur un autre fondement que celui de l'obligation de délivrance conforme puisqu'avant l'entrée en vigueur de la réglementation, il n'y avait pas d'obligation de repérage et de désamiantage. Donc, la conformité ne

---

790 V. *supra* n° 104 et s.

791 A. JACQUIN, « Quelques réflexions à propos de l'amiante dans les rapports bailleurs/locataires », *Gaz. pal.* août 2001, n° 221, p. 9.

792 *D.* n° 96-97, 7 févr. 1997, Décret relatif à la protection de la population contre les risques sanitaires liés à une exposition à l'amiante dans les immeubles bâtis.

793 *D.* n° 97-130, Décret pris pour l'application de l'article 25 de la loi n° 96-987 du 14 novembre 1996 relative à la mise en œuvre du pacte de relance pour la ville et portant organisation de l'Etablissement public national d'aménagement et de restructuration des espaces commerciaux et artisanaux.

794 A. JACQUIN, « Quelques réflexions à propos de l'amiante dans les rapports bailleurs/locataires », art. cit. ; F.-G. TRÉBULLE, « Conséquence du nécessaire désamiantage de locaux donnés à bail », *RDI* nov. 2003, n° 6, p. 557.

795 CA Versailles, 18 janv. 2002, *RJDA* juill. 2002, n° 8-9/02, obs. 858, p. 734 ; *Administrer* 2003, n° 351, p. 34.

laissait pas auparavant sous-entendre que l'immeuble devait être délivré sans amiante. Toutefois, comme un auteur l'écrit très justement à propos de l'arrêt du 2 juillet 2003, puisqu'un repérage doit désormais obligatoirement être réalisé, fixant l'état d'amiantage du bien à la conclusion du bail, peu importe que la présence d'amiante soit découverte après la remise des clés : le fondement retenu, s'il y a lieu, sera celui de la délivrance[796].

Puisque le « dossier amiante » détermine l'amiante présent ou non dans le bien et où celui-ci peut constituer un manquement à l'obligation de délivrance, l'information issue du « dossier amiante » est, selon nous, une obligation préalable qui encadre les conditions d'accomplissement de l'obligation de délivrance. En fixant l'état d'amiantage du bien, elle va préciser le contenu de la délivrance. Si l'information est négative (absence d'amiante), l'obligation d'information restreint alors le champ de la délivrance. Si l'information est positive (présence d'amiante) et qu'elle porte atteinte à la conformité contractuelle de la chose, le champ de la délivrance est élargi.

124. Constat des risques d'exposition au plomb : une information précisant les conditions de délivrance de la chose louée dans les baux commerciaux portant sur des locaux construits avant le 1er janvier 1940 et comprenant une partie à usage d'habitation. L'article L. 1334-5 du Code de la santé publique institue le constat de risque d'exposition au plomb qui *« présente un repérage des revêtements contenant du plomb et, le cas échéant, dresse un relevé sommaire des facteurs de dégradation du bâti »*. L'article L. 1334-7 exige que le constat des risques d'exposition au plomb soit annexé à tout nouveau contrat de location d'un immeuble affecté en tout ou partie à l'habitation construit avant le 1er janvier 1949 et précise que sa réalisation est à la charge du bailleur, nonobstant toute convention contraire. Bien que cet article ne vise que la location affectée à l'habitation, cette obligation peut concerner les baux commerciaux lorsqu'ils sont mixtes, à usage commercial et d'habitation[797]. L'article poursuit en prévoyant, lorsque le constat des risques d'exposition au plomb met en évidence la présence de revêtements dégradés contenant du plomb à des concentrations supérieures aux seuils définis par l'arrêté mentionné à l'article L. 1334-2, que le bailleur doit, non seulement en informer les occupants et les personnes amenées à faire des travaux dans l'immeuble ou la partie d'immeuble concerné, mais aussi procéder aux travaux appropriés pour supprimer le risque d'exposition au plomb, tout en garantissant la sécurité des occupants. Les articles L. 1334-7 alinéa 3 et L. 1334-9 indiquent respectivement que l'absence de constat de risques d'exposition au plomb dans le contrat de location et l'absence de travaux de suppression de ce risque lorsqu'ils sont nécessaires constituent un manquement du bailleur à ses obligations particulières de sécurité et de prudence susceptible d'engager sa responsabilité pénale. Il est également prévu, si le constat des risques d'exposition au plomb

---

[796] C. QUÉMENT, « Le désamiantage fait partie de l'obligation de délivrance du bailleur », art. cit.

[797] B. WERTENSCHLAG, « Les obligations sanitaires du bailleur de locaux commerciaux ou professionnels », art. cit.

établit l'absence ou la présence de revêtements contenant du plomb à des concentrations inférieures aux seuils définis par arrêté des ministres chargés de la santé et de la construction, qu'il n'y a pas lieu de faire établir un nouveau constat à chaque nouveau contrat de location. Le constat initial sera joint à chaque contrat de location. Lorsque le contrat de location concerne un logement situé dans un immeuble ou dans un ensemble immobilier relevant du régime de la copropriété, ou appartenant à des titulaires de droits réels immobiliers sur les locaux, ou à des titulaires de parts donnant droit ou non à l'attribution ou à la jouissance en propriété des locaux, l'obligation d'établir un constat des risques d'exposition au plomb ne vise que les parties privatives dudit immeuble affectées au logement.

Ainsi, il paraît légitime de se demander si ce constat et les travaux qu'il peut nécessiter tombent sous la coupe de l'obligation de délivrance ? Est-ce que le fait qu'une sanction soit spécifiquement prévue sur le plan pénal au titre des obligations de sécurité et de prudence empêche une sanction civile au titre de l'obligation de délivrance ? Un auteur répond positivement en expliquant que les sanctions peuvent être prononcées tant sur le plan civil que pénal et de façon complémentaire, de sorte que l'absence de constat des risques d'exposition au plomb ou l'absence de travaux de suppression dudit risque peuvent engager la responsabilité pénale du bailleur, mais aussi sa responsabilité civile pour manquement à son obligation de délivrance[798]. D'ailleurs, un ouvrage aborde le thème des travaux de suppression du risque d'exposition au plomb comme un principe régissant l'obligation de délivrance du bailleur[799]. À ce titre, un autre auteur les rejoint et se demande, prenant en compte le fait qu'avant le 12 août 2008 - soit avant que l'annexion du constat des risques d'exposition au plomb au bail ne soit obligatoire -, la règle était plutôt *« la non-recherche et la non-information sur la présence de plomb »*[800], si le bailleur était alors exonéré de toute responsabilité. Il répond par la négative, en s'appuyant sur le principe de précaution, pour affirmer qu'en présence de revêtements dégradés contenant du plomb au-delà des seuils légaux, le bailleur violerait les articles 1719 et 1720 du Code civil qui lui imposent de faire jouir paisiblement le preneur de la chose louée en lui délivrant une chose en bon état de réparations de toute espèce et en état de servir à l'usage pour lequel elle a été louée, et même de délivrer un logement décent. Partant, tous les baux semblent visés, y compris les baux commerciaux classiques. Cela signifie que de tels travaux sont nécessaires à une délivrance de la chose en bon état de réparations et conforme à l'usage auquel elle est destinée.

À notre connaissance, la jurisprudence ne s'est pas prononcée en la matière au titre de l'obligation de délivrance, mais il est loisible de penser qu'un local exposé au plomb ne satisfait pas l'obligation de délivrance conforme, ni même celle de bon état et de sécurité des lieux. Ici encore, puisque le constat des risques d'exposition au plomb détermine l'absence ou la présence de plomb dans le bien et où celle-ci

---

798 A. CONFINO, « Obligations et précautions documentaires dans la rédaction du bail commercial », art. cit.

799 J.-L. BERGEL (dir.) *et alii*, *Le Lamy Droit immobilier*, 2015, *op. cit.*, n° 5969.

800 C. SABATIÉ et U. LEPOUTRE, « Diagnostics et obligations du bailleur : contours d'une nouvelle chape de plomb », *Rev. loyers* janv. 2007, n° 873, doctr. 462, p. 2.

peut constituer un manquement à l'obligation de délivrance, l'information issue de ce constat vient, selon nous, préciser les conditions d'accomplissement de l'obligation de délivrance. Si l'information est négative (absence de plomb), l'obligation d'information restreint alors le champ de l'obligation de délivrance. Si l'information est positive (présence de plomb) et qu'elle porte atteinte à la conformité contractuelle de la chose ou à son bon état de réparations, l'obligation d'information va élargir le champ de l'obligation de délivrance.

125. La mesure d'exposition au radon : une information précisant les conditions de délivrance de la chose louée dans les baux portant sur des lieux ouverts au public ou catégories d'immeubles bâtis situés dans des zones géographiques exposées à des rayonnements naturels portant atteinte à la santé. L'article L. 1333-10 du Code de la santé publique fait peser sur les propriétaires ou exploitants de lieux ouverts au public ou de certaines catégories d'immeubles bâtis situés dans les zones géographiques où l'exposition aux rayonnements naturels est susceptible de porter atteinte à la santé (ces catégories étant définies par décret), une mesure de surveillance de l'exposition au radon[801]. L'arrêté de 2004[802] liste les départements concernés par l'exposition au radon ainsi que les catégories de lieux ouverts au public concernées par les mesures de radon, à savoir les établissements d'enseignement, y compris les bâtiments d'internat ; les établissements sanitaires et sociaux disposant d'une capacité d'hébergement ; les établissements thermaux ; et les établissements pénitentiaires. Par suite, l'article prévoit que, lorsque le niveau d'activité du radon et de ses descendants atteint le seuil fixé en application du dernier alinéa, les propriétaires, ou à défaut les exploitants, des immeubles concernés sont tenus de mettre en œuvre les mesures nécessaires, qui sont définies par décret, pour réduire l'exposition et assurer la santé des personnes. L'article R. 1333-15 ajoute que dans les zones géographiques où le radon d'origine naturelle est susceptible d'être mesuré en concentration élevée dans les lieux ouverts au public, les propriétaires ou, à défaut, les exploitants de ces lieux sont tenus de faire réaliser, par l'Institut de radioprotection et de sûreté nucléaire ou par des organismes agréés par l'Autorité de sûreté nucléaire, des mesures de l'activité du radon et de ses descendants dans les locaux où le public est susceptible de séjourner pendant des durées significatives.

Ainsi, il paraît légitime de se demander si la mesure d'exposition au radon et les travaux qu'elle peut demander tombent sous la coupe de l'obligation de délivrance ? Comme nous l'avons déjà fait remarquer pour le plomb, la sanction pénale spéciale n'empêche pas une sanction civile basée sur le droit commun du bail, précisément sur les articles 1719,1° ou sur l'article 6 de la loi du 6 juillet 1989 en matière de bail mixte (délivrance d'un logement décent) ou encore sur celui de

---

[801] B. WERTENSCHLAG, « Les obligations sanitaires du bailleur de locaux commerciaux ou professionnels », art. cit.

[802] *Arr.* 22 juill. 2004, Arrêté relatif aux modalités de gestion du risque lié au radon dans les lieux ouverts au public.

l'obligation de sécurité dégagée par la jurisprudence[803]. À notre connaissance, la jurisprudence n'offre hélas pas d'illustrations en la matière, mais d'après la doctrine, le raisonnement tenu jusqu'à présent pour les autres prescriptions peut s'appliquer au radon[804]. Nous sommes d'accord avec cette idée dans la mesure où la présence de radon compromet avant toute chose la sécurité des lieux (et que nous avons rattaché l'obligation de sécurité à celle de délivrance), mais aussi parce qu'elle est susceptible de compromettre l'usage des lieux et leur bon état. Ainsi, les travaux visant à réduire l'exposition au radon pourraient s'inscrire au titre de l'obligation de délivrance. Dans la suite logique de notre raisonnement, l'obligation de surveillance de l'exposition au radon, en ce qu'elle permet de déterminer le taux de radon présent et va appeler la réalisation de mesures de réduction au-delà d'un certain seuil, constitue une obligation légale préalable précisant les conditions d'accomplissement de l'obligation de délivrance. Celle-ci va préciser le contenu de l'obligation de délivrance en fonction du taux de radon.

126. États prévisionnel et récapitulatif des travaux. Dans son second alinéa, l'article L. 145-40-2 du Code de commerce exige que le bailleur communique à chaque locataire, lors de la conclusion du contrat de location, puis tous les trois ans, un état prévisionnel des travaux qu'il envisage de réaliser dans les trois années suivantes, assorti d'un budget prévisionnel, et un état récapitulatif des travaux qu'il a réalisés dans les trois années précédentes, précisant leur coût[805]. L'article L. 145-37 du Code de commerce impose que ces états prévisionnel et récapitulatif soient communiqués au locataire dans un délai de deux mois à compter de chaque échéance triennale, étant précisé que tout document justifiant le montant de ces travaux devra être communiqué par le bailleur au locataire, à sa demande.

De cet article se dégage une obligation d'information[806]. Cette obligation, qu'elle concerne les travaux déjà réalisés ou à réaliser, va informer sur l'état du bien à la prise d'effet du bail, mais également sur l'état futur de ce bien. D'après la doctrine, tous les travaux semblent concernés : menues et grosses réparations, mise en conformité[807]. En ce sens, elle constitue, selon, nous une obligation préalable à l'accomplissement de l'obligation de délivrance puisqu'elle va donner des indications sur l'état dans lequel le bien sera délivré.

Par ailleurs, qu'il s'agisse de faire connaître au locataire les travaux passés ou à venir, cette obligation nous paraît objectivement difficile à réaliser. En effet, le bailleur n'a pas toujours connaissance des travaux qui ont été réalisés sur le bien, surtout lorsqu'il l'a acquis depuis moins de trois ans. En outre, il lui est bien souvent impossible, même dans l'hypothèse où il serait bailleur propriétaire unique d'un

---

803 A. CONFINO, « Obligations et précautions documentaires dans la rédaction du bail commercial », art. cit.

804 B. WERTENSCHLAG, « Les obligations sanitaires du bailleur de locaux commerciaux ou professionnels », art. cit.

805 *Ibid.*

806 M. FILIOL DE RAIMOND, « Répartition des charges locatives entre le bailleur et le locataire et autres dispositions du décret d'application Pinel », *RLDA* déc. 2014, n° 99, act. 5369, p. 23.

807 C. DENIZOT, « Les nouvelles dispositions révolutionnaires sur les charges », art. cit.

immeuble, de connaître à l'avance tous les travaux prévus dans les trois ans suivant la conclusion du bail et encore moins le budget qu'ils représentent[808]. Le bailleur n'a pas encore de pouvoir divinatoire lui permettant de prévoir les travaux qui devront être réalisés. Il existe un certain nombre d'hypothèses dans lesquelles des travaux peuvent survenir sans que l'on puisse les prévoir. C'est notamment le cas des travaux imposés par des obligations légales et réglementaires[809], mais aussi lorsque le local loué se trouve dans une copropriété dont l'assemblée générale va voter certains travaux, ou encore lorsque des événements particuliers, tels que des intempéries, catastrophes naturelles, etc., endommagent le bien, nécessitant des travaux de réparation, ou plus simplement lorsque le bailleur a fait l'acquisition du local depuis moins de trois ans et qu'il n'a pas connaissance des travaux réalisés antérieurement. À en croire l'interprétation de la sénatrice, une telle obligation semble avoir été conçue pour de grands bailleurs gestionnaires d'ensembles commerciaux ou de bureaux, qui peuvent programmer les travaux sur l'ensemble des bâtiments et des locaux[810]. Cette analyse nous semble critiquable, car même si les grands bailleurs ont une vision à long terme, que les petits bailleurs n'ont pas les moyens d'avoir, il reste qu'ils ne sont pas devins.

b - L'information non obligatoire

127. Risques liés aux parasites et bactéries. Moins médiatisés que les précédents, les risques liés aux parasites et bactéries qui affectent l'immeuble sont non moins importants. Parmi eux, on compte les termites[811] qui peuvent occasionner des dégâts importants dans les bâtiments, notamment des désordres importants dans leur structure même, en dégradant le bois et ses dérivés utilisés dans la construction. On trouve aussi le mérule[812] qui peut causer des dommages irréversibles au bois des bâtiments et être nuisible à la santé. Enfin, on recense la légionelle[813] qui représente une source de pollution liée à l'habitat et à l'intérieur des bâtiments[814] et dont la contamination la plus répandue s'opère par la voie de

---

808 N. BONNEFOY, Avis Sénat n° 446, session ordinaire 2013-2014, 9 avr. 2014, Avis présenté au nom de la commission des lois constitutionnelles, de législation, du suffrage universel, du Réglement et d'administration générale (1) sur le projet de loi, adopté par l'Assemblée Nationale après engagement de la procédure accélérée, relatif à l'artisanat, au commerce et aux très petites entreprises, p. 30.

809 Voir en ce sens la réglementation sur l'accès des locaux aux personnes à mobilité réduite : v. *supra* n° 108.

810 N. BONNEFOY, Avis Sénat n° 446, préc., p. 30.

811 Insecte social blattoptéroïde, xylophage, aux pièces buccales broyeuses, à deux paires d'ailes égales pouvant se détacher par autotomie, abondant dans les régions tropicales, qui ronge le bois.

812 V. ARNAUD *et alii*, *Le Lamy Droit de la Santé*, *op. cit.*, n° 630-72 : Le mérule est un champignon destructeur qui s'attaque aux bois résineux ayant une humidité excessive et qui se développe en se nourrissant de la cellulose du bois qui va se transformer en poussière.

813 *Ibid.*, n° 630-31 : La légionelle est une bactérie aérobie présente dans l'eau, vivant dans les eaux douces de surface comme les cours d'eau, les lacs ou les étangs, milieux naturels à partir desquels elle se déporte vers des milieux artificiels tels que les réseaux d'eau chaude sanitaire ou encore les réseaux de refroidissement utilisés en climatisation.

814 *Ibid.*, n° 630-30.

l'inhalation, via des installations techniques qui en permettent la diffusion par les aérosols.

128. Le dispositif de lutte contre les termites : une information précisant les conditions de délivrance de la chose louée dans les immeubles bâtis et non bâtis situés dans les secteurs délimités par le conseil municipal. Le Code de la construction et de l'habitation prévoit, aux articles L. 133-1 à L. 133-6, des dispositions ayant pour objectif de lutter contre les termites et indique que *« dans les secteurs délimités par le conseil municipal, le maire peut enjoindre aux propriétaires d'immeubles bâtis et non bâtis de procéder dans les six mois à la recherche de termites ainsi qu'aux travaux préventifs ou d'éradication nécessaires »* et si l'immeuble est soumis au régime de la copropriété, c'est le syndicat des copropriétaires pris en la personne du syndic qui sera destinataire de l'injonction et qui devra en informer sans délai chaque copropriétaire par lettre recommandée avec demande d'avis de réception. Il est également indiqué que le propriétaire, le syndicat des copropriétaires ou encore l'occupant, lorsqu'il a connaissance de la présence de termites dans un immeuble bâti ou non bâti, doit en faire la déclaration en mairie.

Bien que ces articles ne prévoient pas l'obligation de porter à la connaissance du preneur à bail les informations issues de la recherche de termites, à l'inverse de la vente immobilière, peut-on ériger les obligations issues de ce dispositif au rang de la délivrance, de sorte que le locataire puisse s'en prévaloir contre son bailleur ? Dans une affaire de 2005[815], un preneur avait demandé la résiliation judiciaire du bail pour manquement à l'obligation de délivrance du bailleur, en raison de la présence de termites dans l'immeuble. Ce cas est un peu particulier dans le sens où le preneur était informé avant la conclusion du bail de la présence de termites dans les lieux loués et où le bail contenait en plus une clause de prise des lieux en l'état ainsi qu'une clause mettant à la charge du preneur tous les travaux et réparations nécessaires, y compris celles visées par l'article 606 du Code civil, ainsi que tous les travaux imposés par l'autorité administrative. C'est précisément sur ce point que la Cour d'appel de Toulouse refuse de retenir le manquement du bailleur à son obligation de délivrance. On comprend tout à fait cette première partie de solution puisque l'information du preneur combinée à une clause expresse de décharge peut exonérer le bailleur de son obligation de délivrance[816]. Mais par la suite, la Cour met les travaux de réparation liés à ces termites à la charge du bailleur en retenant d'abord que, la présence de termites dans les lieux loués étant nettement plus ancienne que la conclusion du bail et le traitement curatif contre les insectes étant nécessaire avant la conclusion du contrat, ces travaux n'entraient pas dans le champ de la clause de décharge qui ne concernait que les réparations devenues nécessaires en cours de bail, et ensuite que le preneur n'avait pas accepté de prendre à sa charge le coût du traitement, puisque la lettre dans laquelle il énumère les travaux qu'il accepte d'effectuer ne mentionnait pas le traitement des parasites et que ces travaux

---

815 CA Toulouse, 3e ch., sect. 1, 5 avr. 2005, n° 03/04418, JurisData n° 2005-282032.

816 B. WERTENSCHLAG, « Les obligations sanitaires du bailleur de locaux commerciaux ou professionnels », art. cit.

n'étaient pas non plus inclus dans la compensation de remise de loyer[817]. Force est de constater que la condamnation du bailleur a été prononcée sur un autre fondement que celui de son obligation de délivrance, mais selon nous, cet arrêt d'appel est à relativiser compte tenu de sa curieuse articulation. Néanmoins, nous pouvons en tirer une déduction : en l'absence de clause de décharge, les travaux d'éradication des termites pourraient faire partie de l'obligation de délivrance en bon état de réparation.

De même, ces travaux d'éradication pourraient faire partie de l'obligation de délivrance conforme à l'usage convenu si les parasites empêchent l'exercice de l'activité[818].

Par ailleurs, nous pensons, tout comme un auteur[819], que l'hypothèse d'une prise en charge de l'éradication des termites par l'obligation de délivrance du bailleur ne peut s'envisager que lorsque la présence des termites est avérée avant la conclusion du bail. Si la présence de termites n'est avérée qu'après la conclusion du bail ou en cours de bail et que l'origine de l'infestation par des termites ne peut être datée antérieurement à la conclusion du bail, d'autres obligations prendront le relais telles que l'obligation de garantie des vices cachés[820], ou pourquoi pas l'obligation de jouissance paisible ou encore peut-être l'obligation d'entretien.

Sur la recherche en elle-même, là encore, nous pensons que l'obligation de rechercher la présence ou l'absence de termites est une obligation à part entière, provenant d'une autorité administrative et permise par un article de loi, de sorte que le bailleur qui ne la respecte pas manque à cette obligation sur le fondement de l'article L. 133-1 du Code de la construction et de l'habitation. À ce titre, elle constitue, pour nous, une obligation préalable à l'accomplissement de l'obligation de délivrance puisqu'elle va préciser la nécessité de réaliser des travaux préventifs ou des travaux d'éradication pour délivrer un local exempt de termites. Un auteur qualifie même l'obligation d'information relative aux termites de *« corollaire de l'obligation de délivrance »*[821].

Toutefois, dans le cas où la recherche de termites et les travaux en découlant ne proviendraient pas d'une injonction de l'autorité administrative, est-ce que l'obligation de délivrance serait impactée ? La déclaration en mairie vise le propriétaire bailleur, l'occupant ou le syndicat des copropriétaires. En conséquence, nous pensons que si la déclaration résulte de la personne du bailleur, et que ce dernier ne procède pas aux travaux de déparasitage, il pourrait être recherché sur le terrain de l'obligation de délivrance. Par contre, si la déclaration résulte de l'occupant locataire, cela suppose que les termites sont apparus en cours de bail, à moins que les termites ne fussent présents avant la

---

817 *Ibid.*

818 CA Pau, 2e ch., sect. 1, 29 oct. 2012, n° 11/00916, JurisData, n° 2012-030047 : les dégradations causées par les termites, notamment sur des poutres maîtresses de l'immeuble, ont entraîné pour le preneur une impossibilité totale d'utiliser les locaux et une fermeture annuelle.

819 B. WERTENSCHLAG, « Les obligations sanitaires du bailleur de locaux commerciaux ou professionnels », art. cit.

820 CA Bordeaux, 1e ch., sect. A, 16 sept. 2004, n° 03/00834, JurisData n° 2004-254830.

821 B. WERTENSCHLAG, « Les obligations sanitaires du bailleur de locaux commerciaux ou professionnels », art. cit.

conclusion du bail et que le bailleur n'ait pas fait de déclaration, mais dans ce cas on retombe sur l'hypothèse précédente. Sinon, il faut s'en remettre aux obligations qui prolongent l'obligation de délivrance (vice caché, entretien, jouissance paisible) et aux stipulations contractuelles (clauses de décharge).

129. Dispositif de lutte contre le mérule : une information précisant les conditions de délivrance de la chose louée dans les immeubles bâtis situés dans les zones délimitées par arrêté préfectoral. Depuis la loi ALUR, le Code de la construction et de l'habitation prévoit aux articles L. 133-7 à L. 133-9 des règles visant à lutter contre le mérule. Ces articles disposent que le propriétaire, le syndicat des copropriétaires ou encore l'occupant, lorsqu'il a connaissance de la présence de mérule dans un immeuble bâti, doit en faire la déclaration en mairie. Il est en outre précisé que lorsque, dans une ou plusieurs communes, des foyers de mérule sont identifiés, un arrêté préfectoral, consultable en préfecture, pris sur proposition ou après consultation des conseils municipaux intéressés, délimite les zones de présence d'un risque de mérule.

Bien que ces dispositions ne prévoient pas l'obligation de rechercher la présence de mérule et encore moins de porter à la connaissance du preneur à bail les informations issues de cette recherche, peut-on ériger les obligations issues de ce dispositif au rang de la délivrance, de sorte que le locataire puisse s'en prévaloir contre son bailleur ? La première idée qui nous vient à l'esprit nous pousse à penser que si le mérule affecte le local, au point d'empêcher l'usage contractuellement prévu, le bailleur manque à son obligation de délivrance en délivrant un local touché par ce champignon. Encore faut-il, d'après nous et en cohérence avec la solution retenue à propos des termites[822], que l'infestation par le mérule soit antérieure à la conclusion du bail, car si elle est postérieure, d'autres obligations du droit commun du bail prendraient le relais[823].

De même, quand on sait que le mérule est susceptible de compromettre en quelques mois ou années la solidité d'un édifice, faute de résistance mécanique de ses parties en bois rongées par le champignon et des joints du bâti disloqués[824], on pourrait admettre que la location d'un local affecté par la mérule, menaçant l'immeuble de ruine, puisse constituer un manquement à l'obligation de délivrer un local exempt de risques pour le preneur. Un auteur prétend d'ailleurs, en s'appuyant sur deux arrêts de la Cour de cassation[825] et un arrêt d'appel[826], que le mérule est de nature à nuire à la santé et à la sécurité des personnes[827]. Ce danger est *a fortiori*

---

[822] V. *supra* n° 128.
[823] V. *infra* n° 185 et s.
[824] S. PRIGENT, « Pas de diagnostic obligatoire pour le mérule ! », *AJDI* déc. 2005, n° 12, p. 944.
[825] Cass. 1e civ. 11 oct. 1967, Bull. civ. I, n° 290, et Cass. 2e civ., 17 févr. 2005, n° 02-10.770, Bull. civ. II, n° 36, JurisData n° 2005-026976, *AJDI* mai 2005, n° 5, p. 420 ; *Gaz. pal.* août 2005, n° 214, p. 13 (pour une chute causée par la rupture de la balustrade d'un balcon).
[826] CA Paris, 14e ch., sect. B, 2 juill. 2004, n° 04/01512, JurisData n° 2004-245239 : L'expert signale le risque pour la sécurité des personnes en raison du développement du mérule et le juge décide que *« la situation de péril [...] justifie qu'il soit fait droit à la demande d'expulsion immédiate »* d'un occupant sans titre des locaux.
[827] S. PRIGENT, « Pas de diagnostic obligatoire pour le mérule ! », art. cit.

à prendre en compte avec l'essor des constructions en bois[828], ce champignon étant friand de ce matériau.

Enfin, bien qu'il n'existe pas de définition légale du bon état, on peut largement supposer qu'un bien parasité par le mérule n'est pas en bon état de réparations. Ainsi, en l'absence de clauses de transfert, la location d'un local touché par le mérule pourrait constituer un manquement à l'obligation de délivrance en bon état qui pèse sur le bailleur.

Bien qu'il n'existe pas de diagnostic obligatoire pour la détection du mérule[829] et encore moins d'obligation de procéder à des travaux de déparasitage, même dans les zones à risques, manque justifié par l'impact financier des diagnostics[830], l'information issue de la recherche de mérule ou ne serait-ce que l'information issue de l'arrêté préfectoral fixant les zones touchées par ce parasite va préciser les conditions de délivrance de la chose puisqu'elle va faire apparaître la nécessité de réaliser des travaux préventifs ou des travaux d'éradication pour délivrer un local sain ou de transférer ces travaux à la charge du preneur.

130. Prescriptions de lutte contre la légionelle : une information précisant les conditions de délivrance de la chose louée contenant des installations de refroidissement par dispersion d'eau dans un flux d'air. Les installations de refroidissement par dispersion d'eau dans un flux d'air régies par le décret du 14 décembre 2013[831], modifiant la nomenclature des installations classées, l'arrêté du 14 décembre 2013[832], relatif aux prescriptions générales applicables aux installations relevant du régime de la déclaration au titre de la rubrique n° 2921 de la nomenclature ICPE et l'arrêté du 14 décembre 2013[833], relatif aux prescriptions générales applicables aux installations relevant du régime de l'enregistrement au titre de la rubrique n° 2921 de la nomenclature ICPE, s'érigeant à ce titre au rang des installations classées, doivent, pour lutter contre les risques d'apparition et de développement de la légionellose (*legionella*), être conformes à des prescriptions techniques spécifiques[834].

On se demande alors logiquement à qui incombe cette conformité. Incombe-t-elle au bailleur au titre de son obligation de délivrance ou bien incombe-t-elle au locataire ? Le premier obstacle qui se pose à notre réponse est la problématique du débiteur de cette charge. En effet, les textes suscités mettent les

---

[828] *La construction en bois en plein essor*, http://www.bois.com/construire/choisir-bois/marche-maison-bois ; *La construction de maisons en bois en France est en plein essor*, http://www.immobilier-danger.com/La-construction-de-maisons-en-bois-235.html.

[829] S. PRIGENT, « Pas de diagnostic obligatoire pour le mérule ! », art. cit.

[830] Rép. min. à QE n° 64429, JO AN Q, 23 août 2005, p. 8021 ; Rép. min. à QE n° 52321, JO AN Q, 19 août 2014, p. 7056.

[831] *D.* n° 2013-1205, 14 déc. 2013, Décret modifiant la nomenclature des installations classées.

[832] *Arr.* 14 déc. 2013, Arrêté relatif aux prescriptions générales applicables aux installations relevant du régime de l'enregistrement au titre de la rubrique n° 2921 de la nomenclature des installations classées pour la protection de l'environnement.

[833] *Ibid.*

[834] B. WERTENSCHLAG, « Les obligations sanitaires du bailleur de locaux commerciaux ou professionnels », art. cit.

prescriptions techniques à la charge des exploitants de telles installations, ce qu'un auteur ne manque pas de noter[835]. Il ajoute ensuite que l'exploitant d'un tel équipement est en principe le propriétaire et qu'il est garant vis-à-vis des occupants de l'immeuble, de son fonctionnement conforme. Si le propriétaire est effectivement l'exploitant, alors il sera tenu par cette réglementation. Pour autant est-ce qu'il peut en être tenu au titre de son obligation de délivrance ? Un arrêt de la Cour d'appel de Grenoble[836] a jugé qu'en cas de contamination bactériologique du réseau d'eau chaude sanitaire de l'immeuble à l'origine du décès du preneur, le bailleur manque à son obligation de délivrance d'un logement d'habitation décent et doit, par conséquent, être déclaré entièrement responsable. Cette décision a été rendue pour un logement d'habitation et se comprend parfaitement au regard de l'obligation de décence. D'autres arrêts ont été rendus en ce sens[837]. Nous pouvons donc en conclure que l'obligation de délivrer un bien non infesté par la légionelle fait partie de l'obligation de délivrance et précisément de l'obligation de décence qui en découle. Donc, les baux commerciaux mixtes sont concernés.

En sera-t-il de même pour un local commercial classique ? Par transposition de nos raisonnements antérieurs, la légionelle peut représenter un facteur d'impropriété à la destination, d'insécurité et de mauvais état de sorte que la location d'un local commercial touché par cette bactérie peut constituer un manquement à l'obligation de délivrance du bailleur. Une analyse doctrinale de 2007[838] soutient que la réglementation applicable à propos du risque de légionellose, concernant les réseaux collectifs de distribution d'eau chaude sanitaire à partir de ballons d'eau chaude dans un immeuble en copropriété à vocation d'habitation[839], bien qu'étant limitée, constitue une information que l'obligation de délivrance du bailleur lui impose de fournir au preneur. Si notre étude ne s'intéresse pas à légionellose dans le cadre de l'habitation, pour laquelle il n'existe pas de réglementation spécifique hormis des circulaires[840], cette analyse mérite toutefois attention puisque l'information, lors de l'établissement du bail ou de son renouvellement, sur les dangers liés à ces réseaux collectifs de distribution d'eau chaude, pourrait se transposer en matière commerciale. Faut-il comprendre que la réglementation liée à la légionellose fait partie de l'obligation de délivrance ou faut-il comprendre plutôt qu'elle constitue une obligation préalable, précisant les conditions de délivrance du bien ? La formule soulève le doute et il est difficile de le dissiper. Nous serions tentés de croire, en cohérence avec nos développements antérieurs, que l'information vient préciser les conditions de délivrance. En tout état de cause, que l'obligation d'information soit préalable ou fasse partie de l'obligation de délivrance, on peut en déduire que les travaux de mise en conformité

---

835 *Ibid.*

836 CA Grenoble, 28 juin 2006, *BICC* 1er juin 2007, n° 1217.

837 CA Paris, 4e pôle, 4e ch., 24 sept. 2013, n° 12/03123, *AJDI* févr. 2014, n° 2, p. 132 ; CA Douai, 3e ch., 8 sept. 2011, n° 09/09187.

838 D. BOULANGER, « États, diagnostics, informations et baux d'immeubles », art. cit.

839 V. sur ce point : J. LAFOND, *Vente d'un lot - Information de l'acquéreur sur l'état de l'immeuble*, J.-Cl. Notarial Formulaire, Fasc. n° 208, juill. 2014, n° 105.

840 *Ibid., loc. cit.*

en cas de risque avéré incomberont au bailleur au titre de son obligation de délivrance, en l'absence de clause de transfert efficace.

131. État de l'installation intérieure d'électricité : une information précisant les conditions de délivrance de la chose louée dans les baux commerciaux ? Depuis la loi ALUR, un état de l'installation intérieure d'électricité, dont l'objet est d'évaluer les risques pouvant porter atteinte à la sécurité des personnes, doit être annexé aux contrats de locations de locaux à usage d'habitation ou à usage mixte professionnel et d'habitation, et qui constituent la résidence principale du preneur, ainsi qu'aux garages, aires et places de stationnement, jardins et autres locaux, loués accessoirement au local principal par le même bailleur[841].

La conclusion d'un bail commercial n'exige pas qu'un diagnostic électrique soit réalisé[842]. Pourtant, l'état de l'installation électrique, compte tenu de la réglementation qui existe en ce domaine[843], semble avoir son importance face à l'obligation de délivrance qui pèse sur le bailleur commercial qui délivre un local dans lequel on utilise l'électricité. Dans une affaire de 2005[844], des preneurs ont pris à bail un local dont la vétusté de l'installation électrique et son état non réglementaire ont été constatés dans un rapport d'expertise. La Cour d'appel en a déduit que le bailleur a manqué à son obligation de délivrer la chose louée en état de servir à l'usage convenu, dans des conditions de sécurité suffisantes, puisque l'installation électrique des locaux loués était totalement vétuste et était dépourvue de protections réglementaires, ce qui la rendait dangereuse. Cet arrêt met en exergue que l'idée de conformité à l'usage convenu sous-entend une conformité légale issue de la réglementation électrique. C'est parce que cette réglementation électrique pourvoit à la sécurité du bien, et que la délivrance de ce bien doit se faire dans des conditions de sécurité suffisantes, qu'elle entre dans le champ de l'obligation de délivrance. Ainsi, l'obligation de délivrance suppose de délivrer un local qui répond aux normes de sécurité électrique.

Bien que la réalisation de l'état de l'installation intérieure d'électricité ne soit pas une obligation en matière de bail commercial, l'information qui en est issue va préciser les conditions de délivrance de la chose puisqu'elle va préciser la nécessité de réaliser des travaux de mise aux normes de sécurité électrique pour délivrer un local conforme.

---

[841] *L.* n° 2014-366, 24 mars 2014, Loi pour l'accès au logement et un urbanisme rénové, art. 1.

[842] A. REYGROBELLET, « La problématique environnementale en droit des baux commerciaux », art. cit.

[843] V. sur la réglementation électrique : I. DUFFAURE-GALLAIS, « Installations électriques : la réglementation s'émancipe de la norme NF C 15-100 », *Le Moniteur* 9 août 2016, http://www.lemoniteur.fr/article/installations-electriques-la-reglementation-s-emancipe-de-la-norme-nf-c-15 -100-32883776.

[844] CA Bourges, ch. civ., 23 mars 2005, n° 04/00710, JurisData n° 2005-282026 ; Rappr. Cass. 3e civ., 27 sept. 2011, n° 10-24.065, *Loyers et copr.* nov. 2011, n° 11, comm. 302, p. 26, obs. E. CHAVANCE ; *Rev. loyers* nov. 2011, n° 921, jur. 1348, p. 414.

132. État de l'installation intérieure de gaz : une information précisant les conditions de délivrance de la chose louée dans les baux commerciaux ? Depuis la loi ALUR, un état de l'installation intérieure de gaz, dont l'objet est d'évaluer les risques pouvant porter atteinte à la sécurité des personnes, doit être annexé aux contrats de locations de locaux à usage d'habitation ou à usage mixte professionnel et d'habitation, et qui constituent la résidence principale du preneur, ainsi qu'aux garages, aires et places de stationnement, jardins et autres locaux, loués accessoirement au local principal par le même bailleur[845]. De même que pour l'électricité, la conclusion d'un bail commercial n'exige pas qu'un diagnostic de l'installation intérieure de gaz soit réalisé[846].

Bien que n'étant pas obligatoire pour les baux commerciaux, il est loisible de s'interroger sur l'impact des règles relatives à cette installation au regard de l'obligation de délivrance du bailleur commercial qui louerait un local dans lequel on utilise le gaz. À notre connaissance, la jurisprudence n'a pas eu l'occasion de se prononcer dans un pareil cas, mais un auteur affirme que la délivrance conforme peut concerner une mise aux normes de l'installation de gaz qui doit être exempte de danger[847]. À l'instar de la solution retenue à l'égard de l'installation électrique et par transposition des développements précédents, on peut penser que la réalisation d'un état de l'installation de gaz, porté à la connaissance du preneur par annexion au bail, précise les conditions de délivrance de la chose louée en indiquant la nécessité de réaliser des travaux de mise aux normes de sécurité et, combinée à une clause expresse de transfert, puisse exonérer le bailleur de son obligation de délivrance.

133. Rapport de contrôle des installations d'assainissement non collectif : une information non obligatoire précisant les conditions de délivrance de la chose louée. L'article L. 1331-11-1 du Code de la santé publique instaure, dans le cadre particulier de la vente de tout ou partie d'un immeuble à usage d'habitation non raccordé au réseau public de collecte des eaux usées, la transmission d'un document établi à l'issue du contrôle des installations d'assainissement non collectif , daté de moins de trois ans au moment de la signature de l'acte de vente est joint au dossier de diagnostic technique prévu aux articles L. 271-4 et L. 271-5 du Code de la construction et de l'habitation.

Si cette information ne s'applique pas aux baux commerciaux, elle est cependant recommandée par la doctrine, au prétexte qu'une non-conformité du système d'assainissement pourrait entraîner un manquement à l'obligation de délivrance[848]. À notre connaissance, la jurisprudence n'a pas eu l'occasion de se prononcer dans un pareil cas, mais par transposition des développements précédents, on peut

---

845 L. n° 2014-366, 24 mars 2014, Loi pour l'accès au logement et un urbanisme rénové, art. 1.

846 A. REYGROBELLET, « La problématique environnementale en droit des baux commerciaux », art. cit.

847 J. DOUCET, « La mise aux normes et le bail commercial », art. cit.

848 A. CONFINO, « Obligations et précautions documentaires dans la rédaction du bail commercial », art. cit.

penser que la réalisation d'un tel rapport, porté à la connaissance du preneur par annexion au bail, précise les conditions de délivrance de la chose louée.

L'objet des prestations étant circonscrit, il est désormais possible d'envisager précisément les prestations que le débiteur de l'obligation de délivrance doit accomplir.

Section 2 - L'objet de l'obligation : les prestations à accomplir

134. Objet de l'obligation : les prestations promises. Si *« la première pierre qui a été posée à l'édifice de l'objet est la définition qui a été donnée de l'obligation »* par les juristes romains[849], il n'est question à ce stade que des prémices de l'objet de l'obligation. À cette époque, l'objet avait une fonction exclusivement descriptive du contenu de la créance invoquée dans l'*intentio* et n'avait aucun impact sur la sanction de l'obligation[850]. Au contraire, le droit français prévoyait, jusqu'à il n'y a pas si longtemps, des sanctions différentes selon qu'il s'agissait d'une obligation de donner ou de faire[851]. L'obligation en droit romain et dans l'ancien droit revêtait une forme essentiellement matérielle fondée sur la notion de contrat consensuel et arborant une structure duale. Son objet était alors principalement descriptif et se limitait à l'*id quod debetur*. C'est dans la description abstraite des prestations élaborées par le droit romain que s'observent les premières marques de la notion d'objet. En effet, le droit romain va traduire l'infinité des comportements du sujet de droit non plus par des exemples concrets, mais par une catégorisation abstraite[852]. Comme l'explique la doctrine, l'idée de prestation due par le débiteur est en réalité mise en évidence dans la définition même de l'obligation en droit romain[853], puisque celle-ci énonce la nécessité de *« payer quelque chose à quelqu'un »*. Le paiement désigne en fait la prestation. Ce qui est mis en valeur ici, c'est le comportement que doit adopter le sujet de droit débiteur de l'obligation, car ce sont bien les personnes - et non les choses - qui s'obligent[854]. Et, comme le sujet de droit s'oblige forcément à « quelque chose », il convient alors de considérer « ce à quoi on s'oblige », l'*id quod debetur* qui correspond à la prestation promise[855]. Ainsi, le droit romain admettait déjà l'idée de prestation due par le débiteur, si bien qu'il a classé les diverses prestations dues en catégories : *dare*, *facere*, *praestare*[856]. Le Digeste reprend la définition de Paul : *« Obligationum substantia non in eo consistit, ut aliquod corpus nostrum, aut servitutem nostram faciat : sed ut alium nobis obstringat ad dandum aliquid, vel faciendum, vel praestandum. »*, qui signifie : *« la substance des obligations ne consiste pas à nous rendre propriétaire d'une chose ou titulaire d'une servitude, mais à astreindre une autre personne envers nous soit à transférer la propriété, soit à faire, soit à fournir quelque chose »*[857]. Bien qu'il existe

---

849 A.-S. LUCAS-PUGET, *Essai sur la notion d'objet du contrat*, *op. cit.*, p. 46, n° 60.
850 *Ibid.*, p. 54, n° 73.
851 *Ibid.*, *loc. cit.*
852 *Ibid.*, pp. 46 et s., n° 60 et s.
853 *Ibid.*, pp. 46-48, n° 62-63.
854 G. CORNU (dir.) *et alii*, *Vocabulaire juridique*, *op. cit.*, p. 1000 ; B. BEIGNIER et J.-R. BINET, *Droit des personnes et de la famille*, 4e éd., L.G.D.J., coll. Cours, 2019, pp. 23-24, n° 6 ; J. HENRIOT, « De l'obligation comme chose », *Arch. phil. dr.* 1979, t. 24, p. 235 ; A.-S. LUCAS-PUGET, *Essai sur la notion d'objet du contrat*, *op. cit.*, p. 47, n° 63.
855 A.-S. LUCAS-PUGET, *Essai sur la notion d'objet du contrat*, *op. cit.*, p. 47, n° 63.
856 P. VAN WETTER, *Les obligations en droit romain*, t. 1, *op. cit.*, p. 3 ; P.-F. GIRARD, *Manuel élémentaire de droit romain*, *op. cit.*, p. 443.
857 JUSTINIEN, *Les cinquante livres du Digeste*, t. 6, par H. HULOT, Behmer et Lamort (Metz) et Rondonneau (Paris), 1804, p. 599, n° 3.

des controverses quant au sens à reconnaître au *« dare »*[858], au *« facere »*[859] et au *« praestare »*[860], il semble possible de les rapprocher de nos anciennes obligations de donner, faire et ne pas faire.

En réalité, l'objet précis de l'obligation de délivrance que l'on va détailler est bien plus affiné aujourd'hui. La chose ne pouvant être mise à la disposition du locataire dans n'importe quel état, puisqu'elle doit se trouver conforme, la

---

[858] M. FABRE-MAGNAN, « Le mythe de l'obligation de donner », *RTD civ.* mars 1996, n° 1, p. 85 : Selon cette auteure, dans son sens particulier, elle viendrait de « *donare* », signifiant transférer la propriété à titre gratuit, étant précisé néanmoins que le « *dare* » ne présume pas le caractère gratuit du transfert. ; P. VAN WETTER, *Les obligations en droit romain*, t. 1, *op. cit.*, p. 3 : Pour d'autres auteurs, l'obligation de donner aurait un sens plus large et consisterait en *« une translation de propriété ou une constitution de droit réel »*, ou encore à un *« transfert de la propriété d'une chose et la concession d'un autre droit réel »*, soit plus synthétiquement un transfert de droit réel sur une chose. ; P. VAN WETTER, *Les obligations en droit romain*, t. 1, *op. cit.*, *loc. cit.* : Un vieil ouvrage rapporte encore que le « dare » pouvait se voir attribuer un sens plus large et sous-entendre « la remise d'une chose à un titre quelconque » : le « tradere ». Étymologiquement, le « tradere » se traduit par faire la remise, transmettre, remettre ou faire passer. ; C. DEMOLOMBE, *Cours de Code Napoléon. Traité des contrats ou des obligations conventionnelles en général*, t. 1, *op. cit.*, p. 280 et 281, n° 103 : Dans un autre ouvrage, un auteur explique encore que le mot donner a plusieurs acceptions, celle de transférer la propriété et celle de livrer ou « prester » seulement l'usage ou la simple possession , qui correspondrait d'après la doctrine au « paestare ». ; G. PIGNARRE, « À la redécouverte de l'obligation de praestare », *RTD civ.* mars 2001, n° 1, p. 41 : Une autre auteure, qui a étudié la question de près, distingue l'obligation de donner, en prétendant qu'elle s'articule autour de la remise d'une chose, de l'obligation de faire, en considérant qu'elle s'article autour d'une action de la personne. ; M. FABRE-MAGNAN, « Le mythe de l'obligation de donner », art. cit. : Cette auteure affirme encore qu'expliquer laquelle de ces conceptions est la plus juste nécessite de définir précisément le concept de propriété. ; G. LARDEUX, « Qu'est-ce que la propriété ? », *RTD civ.* déc. 2013, n° 4, p. 741 : L'idée précdente pourrait, d'après cette auteure, effectivement permettre de trancher entre les deux premières propositions : transfert de propriété ou transfert de droit réel. Toutefois, une tentative de définition du concept de propriété se révèlera insuffisante pour retenir ou écarter la troisième proposition qui ne parle plus de propriété, mais de remise de choses, tout comme la quatrième proposition qui évoque la livraison de l'usage.

[859] D. 45, 1, de V. 0., L. 2, pr., L. 72, pr. Initio, D. 50, 16, de V.S.,l. 189, D. 45, de V. O., L. 75, § 7, D. 45, 1, de V. 0., L. 72, pr. initio, L. 75, § 7 initio, D. 19, 1, de A. E. et V., L. 11, § 2 initio et D. 19, 2, locati, L. 15, § 1-2, L. 19, § 2 cités *in* P. VAN WETTER, *Les obligations en droit romain*, t. 1, *op. cit.*, p. 3 : Le *« facere »* couvre tous les autres faits de l'homme, y compris les faits négatifs, le *« non facere »*, ainsi que la remise d'une chose dans un but autre que celui de concéder un droit réel, c'est-à-dire le *« tradere »* ou le *« praestare »*. Le *« praestare »*, quant à lui, se traduit du latin au sens, entre autres, de mettre à la disposition, procurer ou fournir, voire même remplir ses devoirs ou son office. Selon le sens que l'on attribue au *« dare »*, le *« facere »* s'en voit réduit. Assurément, si l'on inclut dans le *« dare »*, le *« tradere »* ou « praestare », le *« facere »* ne s'applique alors plus qu'aux faits proprement dits. Pour certains, donc, le *« praestare »* serait inutile. C'est la position que semble adopter le droit positif actuel, en dissociant toutefois faire et ne pas faire. Il semble falloir différencier ici le fait de remettre une chose au sens de bien et le fait de fournir ou ne pas fournir une chose au sens de prestation. Une fois de plus, expliquer laquelle de ces définitions est la plus juste demanderait de définir le concept de chose.

[860] F. GAFFIOT, *Dictionnaire Latin Français*, *op. cit.*, p. 1228 : v. *« 2 praesto »* ; Le « *praestare* », quant à lui, se traduit du latin au sens, entre autres, de mettre à la disposition, procurer ou fournir, voire même remplir ses devoirs ou son office . Selon le sens que l'on attribue au « dare », le « facere » s'en voit réduit. ; P. VAN WETTER, *Les obligations en droit romain*, t. 1, *op. cit.*, p. 3 : Assurément, si l'on inclut dans le « dare », le « tradere » ou « praestare », le « facere » ne s'applique alors plus qu'aux faits proprement dits . Pour certains, donc, le « praestare » serait inutile. C'est la position que semble adopter le droit positif actuel, en dissociant toutefois faire et ne pas faire. ; C. DEMOLOMBE, *Cours de Code Napoléon. Traité des contrats ou des obligations conventionnelles en général*, t. 1, *op. cit.*, p. 279 et 280 : Il semble falloir différencier ici le fait de remettre une chose au sens de bien et le fait de fournir ou ne pas fournir une chose au sens de prestation . Une fois de plus, expliquer laquelle de ces définitions est la plus juste demanderait de définir le concept de chose.

prestation de mise à disposition n'est en réalité pas la seule prestation due par le bailleur. Celle-ci est complétée par une prestation de mise en état de la chose. En ce sens, Mme Cohet-Cordey déclare qu' *« il est tout à fait logique d'attacher à l'obligation de délivrance toutes obligations dont le respect permettra seul d'assurer au preneur la jouissance de la chose louée conformément à la destination prévue, compte tenu de la nature du contrat »*[861]. De cette déclaration, nous avons gardé l'idée d'un rattachement de plusieurs prestations puisque c'est ce vers quoi semble tendre le juge. Un autre auteur attribue d'ailleurs à la mise à disposition du bien loué au preneur à la date convenue, la conception matérielle, et à la conformité du bien aux prévisions contractuelles ainsi qu'à son aptitude à remplir l'usage pour lequel il a été loué, la conception fonctionnelle[862]. À la lumière du nouvel article 1163 du Code civil, nous pensons que l'objet de l'obligation de délivrance est en réalité multiple. Sous cette conception matérielle, il comprend évidemment la prestation de mise à disposition, mais également les prestations qui permettent à la chose d'atteindre un certain état matériel. Selon nous, la conception matérielle de l'obligation de délivrance doit donc se décomposer en une prestation de mise à disposition et une prestation qui permet à la chose d'atteindre un certain état matériel.

Partant, l'objet de l'obligation de délivrance du bailleur consiste aujourd'hui en une double prestation : une prestation de mise à disposition (§ 1) et une prestation de mise en état (§ 2).

§ 1 - La prestation de mise à disposition de la chose

135. Engagement de mettre la chose à disposition du preneur : combinaison d'actions. La prestation de mise à disposition de la chose louée sous-entend, pour se réaliser, que soient effectuées une ou plusieurs actions en fonction de la chose promise, si bien que cette prestation consiste en réalité en une combinaison d'actions.

On décèle des traces de cette prestation en droit romain. Un auteur explique en ce sens qu'en droit romain, *« le louage de choses fait naître immédiatement à la charge du locateur une obligation de fournir la jouissance de la chose appelée (praestare uti frui) »*[863]. De cette phrase, on comprend que la prestation de fournir la jouissance d'une chose se traduit en latin par *« praestare uti frui »*. L'emploi du terme *« praestare »* ici semble constituer la preuve que la catégorie des obligations de « *praestare* » couvre l'obligation issue du louage de choses, soit la mise en jouissance. Étymologiquement, le *« praestare »* reçoit plusieurs acceptions[864]. Selon le dictionnaire franco-latin, ce terme aurait une triple origine : *« prae, sto »*, *« praes, sto »* et *« praesto »*. Le terme *« prae »* signifie *« en avant, devant »*, *« au regard de, en comparaison*

[861] F. COHET-CORDEY, « L'obligation de délivrance du bailleur dans les contrats de location d'un immeuble », art. cit.
[862] V. ZALEWSKI, « L'obligation de délivrance et les vices structurels de l'immeuble », art. cit.
[863] P.-F. GIRARD, *Manuel élémentaire de droit romain*, *op. cit.*, p. 572.
[864] F. GAFFIOT, *Dictionnaire Latin Français*, *op. cit.*, p. 1227 et 1228 : v. 2 praesto, stiti, statum, are.

de » ou encore « en raison de »[865] et *« praes »* signifie *« garant »*[866]. Quant à *« praesto »*, il signifie *« sous la main, là (ici) présent »* ou *« à la disposition »*[867]. Le *« praestare »* s'est donc vu reconnaître les significations suivantes : « se tenir en avant, se distinguer, se signaler, exceller », « l'emporter sur », « il vaut mieux », « se porter garant de, répondre de », « assurer, garantir », « prouver, faire preuve de, montrer », « remplir, exécuter » et enfin « mettre à la disposition, procurer, fournir ». Difficile alors de dire quel sens lui reconnaissaient les Romains lorsqu'ils le consacraient dans la trilogie des obligations[868]. Au sein de la doctrine, chacun s'est échiné à apporter une définition précise de cette mystérieuse obligation de *« praestare »*. Certains évacuent le problème en pensant que cette obligation n'est pas autonome au motif qu'elle n'est qu'une subdivision du *« facere »*[869] ou du moins qu'elle n'en est pas distincte[870] ou encore qu'elle doit s'inclure dans le *« dare »*[871]. D'autres auteurs pensent, au contraire, que le *« praestare »* est une catégorie d'obligations à part entière, distincte du *« dare »* et du *« facere »*. Pour M. Gazzaniga, si le *« praestare »* ne représentait pas une catégorie spécifique d'obligations, il ne se retrouverait pas aussi systématiquement dans les définitions romaines[872]. D'après lui, l'obligation de *« praestare »* en droit romain correspondait à l'obligation de *« livrer une chose corporelle au créancier sans lui transférer la propriété »*. On retrouve cette idée chez Beudant, pour qui l'obligation de *« praestare »* consiste à *« livrer la chose, autrement dit à en conférer ou à en restituer soit la possession soit même la simple détention, comme il arrive par exemple dans le louage »*[873]. Pour M. Sériaux, *« praestare signifie transférer un bien, en remettre à autrui la possession ou la détention pour une durée plus ou moins longue, à charge pour qui se voit ainsi légitimement investi, de le restituer à son maître »*[874]. Plus récemment, Mme Pignarre s'est penchée sur cette catégorie oubliée. En premier lieu, elle établit que le transport en possession est le fait générateur de l'obligation de *« praestare »*, en précisant que la possession devait s'entendre, ici, au sens large, c'est-à-dire comme la maîtrise matérielle et continue sur une chose[875]. Elle affirme à ce titre que cette obligation *« naît du dessaisissement (présent ou futur) du débiteur et de la mise en possession consécutive du créancier relativement au bien vendu, loué, prêté... »*. Elle poursuit en soutenant que *« la mise en possession permettra la détention ou la jouissance d'une chose ou d'un droit »* et qu'elle *« constitue ainsi la substance de l'obligation de délivrance du vendeur ou du bailleur »*. S'il est extrêmement délicat d'expliquer laquelle de ces définitions est la plus adéquate, on peut tout de même leur trouver un point commun : l'idée de mise à disposition de

---

865 *Ibid.*, p. 1211 : v. prae.

866 *Ibid.*, p. 1224 : v. praes.

867 *Ibid.*, p. 1227 : v. 1 praesto.

868 P.-F. GIRARD, *Manuel élémentaire de droit romain*, *op. cit.*, p. 443.

869 *Ibid.*, *loc. cit.* ; P. VAN WETTER, *Les obligations en droit romain*, t. 1, *op. cit.*, p. 3.

870 M. F.-C. DE SAVIGNY, *Traité de droit romain*, t. 5, trad. M.-CH. GUENOUX, 2e éd., Firmin Didot Frères, Fils et Cie, 1858, pp. 564-566, appendice XIV.

871 C. DEMOLOMBE, *Cours de Code Napoléon. Traité des contrats ou des obligations conventionnelles en général*, t. 1, *op. cit.*, p. 280 et 281, n° 303.

872 J.-L. GAZZANIGA, *Introduction historique au droit des obligations*, *op. cit.*, p. 19.

873 C. BEUDANT, P. LEREBOURGS-PIGEONNIÈRE et G. LAGARDE (collab.), *Cours de droit civil français*, t. VIII, *Les contrats et les obligations*, 2e éd., Rousseau et Cie (Paris), 1936, p. 114, n° 166.

874 A. SÉRIAUX, *Contrats civils*, PUF, coll. Droit fondamental, 2001, p. 20, n° 5.

875 G. PIGNARRE, « À la redécouverte de l'obligation de praestare », art. cit.

la chose. Pour que le *« praestare »* puisse se réaliser, quel que soit le sens qu'on lui confère, il faut une mise à disposition de la chose. Le droit romain semblait donc concentré sur l'obligation de *praestare* mais pas véritablement sur l'obligation de délivrance que l'on connaît aujourd'hui et qui comprend une double prestation. Il semblait davantage tourné vers une prestation plus générale de mise en jouissance.

Dans notre droit, la prestation de mise à disposition peut se décomposer en plusieurs aspects qui touchent à l'existence de la chose promise (A) et au dessaisissement de cette chose (B).

A - L'existence de la chose

136. Maintien et création de l'existence de la chose. Afin que la prestation de mise à disposition puisse se réaliser, elle suppose que la chose existe. Il faut alors prendre en compte deux situations, celle de la conservation de la chose qui existe déjà et celle de la construction de la chose qui n'existe pas encore.

Partant, les aspects relatifs à l'existence de la chose se concrétisent soit par la conservation de la chose existante (1), soit par la construction de la chose future (2).

1 - La conservation de la chose existante

137. Conservation de la chose existante jusqu'au dessaisissement. Dans son titre dédié au contrat de louage de choses, le Code civil n'évoque pas cette idée de conservation de la chose, ni même dans son titre relatif à la vente. En revanche, dans ses anciennes dispositions générales régissant le droit des obligations, précisément dans un article 1136, il était affirmé que *« l'obligation de donner emporte celle de livrer la chose et de la conserver jusqu'à la livraison, à peine de dommages et intérêts envers le créancier »*. L'obligation de livrer du vendeur étant assimilée à une obligation de donner, il était admis que l'obligation du vendeur emportait celle de conserver la chose[876]. Une telle déduction n'a pu être faite à l'égard du bailleur puisque son obligation était assimilée à une obligation de faire[877].

Pourtant, il semble logique que l'obligation de délivrance qui pèse sur le bailleur englobe l'obligation ou l'action de conserver la chose devant être louée, puisque nous avons établi précédemment que la chose devait exister. Or, sa conservation participe au maintien de son existence. Justement, l'avant-projet de réforme du droit des contrats spéciaux consacre l'existence d'une telle obligation de conservation du bien jusqu'à ce qu'il soit enlevé ou livré, comme une sous-obligation de l'obligation de délivrance tant du bailleur que du vendeur[878]. L'obligation de conservation est alors définie par cet avant-projet comme

[876] D. MAINGUY, *Contrats spéciaux*, 12e éd., Dalloz, coll. Cours, 2020, pp. 150 et s., n° 138.
[877] G. PIGNARRE, « À la redécouverte de l'obligation de praestare », art. cit.
[878] Avant-projet de réforme du droit des contrats spéciaux, préc., art. 5, 55 et 57.

l'obligation *« d'assurer la sauvegarde d'un bien »*, à l'exception de *« ce qui a été dégradé ou a péri par la vétusté ou la force majeure »*[879].

2 - La construction de la chose future

138. Construction de la chose future dans le bail commercial en l'état futur d'achèvement. De la même manière, le Code civil reste silencieux à l'égard d'une éventuelle obligation ou action de construction de la chose future. Pourtant, il paraît évident que lorsque la chose n'existe pas encore et que le bail porte sur celle-ci, l'obligation de délivrance et plus précisément la prestation de mise à disposition de cette chose présupposent que la chose soit au préalable construite. À ce sujet, M. Tournafond a fait apparaître l'obligation de construire au sein de l'obligation de délivrance du vendeur d'immeubles à construire[880]. Ainsi, dans un bail commercial en état futur d'achèvement, l'obligation de délivrance emportera celle de construire la chose[881].

B - Le dessaisissement de la chose

139. Remise des clés de la chose louée ou de tout autre élément permettant l'accès à la chose. La prestation de mise à disposition va se concrétiser par le dessaisissement de la chose qui va elle-même se matérialiser par la remise matérielle de la chose au preneur qui rend possible la jouissance de cette chose par le preneur[882]. Un auteur a écrit que la délivrance est *« un acte purement matériel qui s'effectue par la remise de la chose louée au preneur »*[883]. Si l'on conçoit la délivrance strictement, cette affirmation est défendable, mais nous ne serons pas aussi tranchants. D'autres auteurs parlent de *« mise en possession »* physique de la chose louée[884].

Cette remise matérielle de la chose va s'opérer généralement par la remise des clés au preneur[885]. Les textes du droit commun du bail n'indiquent pas une telle chose, mais cette idée est certainement empruntée au droit de la vente qui par l'article 1605 du Code civil indique que *« l'obligation de délivrer les immeubles est remplie de la part du vendeur lorsqu'il a remis les clés, s'il s'agit d'un bâtiment »* puisque les travaux

---

[879] *Ibid.*, art. 10.
[880] O. TOURNAFOND, *L'obligation de délivrance dans la vente d'immeuble à construire, Contribution à l'étude de la responsabilité des vendeurs*, th. Paris XII, 1987, p. 18, n° 13.
[881] P. RIGLET et J.-L. TIXIER, « Le bail de locaux en l'état futur d'achèvement », art. cit.
[882] C. AUBERT DE VINCELLES et C. NOBLOT, *Bail*, *op. cit.*, n° 145.
[883] Y. MERCHIERS, *Le bail en général*, Larcier, 1997, p. 167.
[884] J. GHESTIN (dir.) et J. HUET, *Traité de droit civil. Les principaux contrats spéciaux*, *op. cit.*, p. 739, n° 21161.
[885] *Ibid.*, p. 740, n° 21161 ; C. QUÉMENT, *Bail commercial. - Obligations des parties*, *op. cit.*, n° 5 ; M.-P. DUMONT-LEFRAND, *Bail commercial*, *op. cit.*, n° 208 ; Cass. 3e civ., 13 sept. 2011, n° 10-24.626, *AJDI* janv. 2012, n° 1, p. 32, obs. V. ZALEWSKI ; *Rev. loyers* déc. 2011, n° 922, jur. 1367, p. 464, an. C. LEBEL.

préparatoires rapprochent étroitement la vente et le louage[886]. L'application de ce principe aux baux commerciaux nous semble logique[887].

140. Remise d'un autre élément permettant l'accès à la chose : nécessité d'une clause expresse ? Une analyse doctrinale fait remarquer, alors que la délivrance de la chose louée s'assure par la remise des clés, que l'inaccessibilité des immeubles invoquée par les preneurs n'était pas due au refus par la bailleresse de mettre à leur disposition les « clés » de la résidence, mais à leur propre refus de les utiliser[888]. En effet, la jurisprudence a refusé, dans un arrêt de 2002[889], de reconnaître une quelconque obligation spécifique du bailleur relative à des considérations religieuses[890]. Dans cette affaire, une société bailleresse, après en avoir avisé ses locataires, a fait modifier les systèmes de clôture de la résidence dans laquelle se trouvaient les appartements loués, l'accès à celle-ci n'étant plus possible que par l'utilisation soit d'un digicode, soit d'une carte magnétique. Certains preneurs, dont la religion interdit pendant les fêtes juives d'utiliser ce type de « clés », assignent la bailleresse afin qu'elle soit condamnée à faire installer une serrure mécanique dont l'utilisation était, elle, autorisée par ladite religion. Alors que la Cour d'appel leur donne gain de cause, la Cour de cassation déclare, au visa notamment de l'article 6, a de la loi Mermaz qui reprend l'obligation de délivrance dans le cadre des baux d'habitation, que *« les pratiques dictées par les convictions religieuses des preneurs n'entrent pas, sauf convention expresse, dans le champ contractuel du bail et ne font naître à la charge du bailleur aucune obligation spécifique »*.

On comprend donc bien la position de la Cour de cassation qui a considéré qu'en l'absence de précision expresse dans la convention, comme c'était le cas en l'occurrence, le seul usage logique de la chose dans le cadre d'un bail d'habitation est d'habiter l'immeuble et non d'y pratiquer une religion. Bien que cette solution ait été rendue pour un bail d'habitation, on peut légitimement penser qu'elle soit transposable à un bail commercial.

---

[886] P.-A. FENET, *Recueil complet des travaux préparatoires du Code civil*, t. 14, *op. cit.*, p. 321 : *« La plupart des règles relatives au contrat de vente s'appliquent au contrat de louage ; et cela devait être, puisque celui-ci ne diffère de celui-là qu'en ce qu'il ne transmet qu'une jouissance ou un usage à temps, au lieu d'une propriété ou d'un usufruit. Les deux contrats se ressemblent en tout le reste. »*.

[887] V. en ce sens : Cass. 3e civ., 13 sept. 2011, n° 10-24.626, *AJDI* janv. 2012, n° 1, p. 32, obs. V. ZALEWSKI ; *Rev. loyers* déc. 2011, n° 922, jur. 1367, p. 464, an. C. LEBEL.

[888] G. LARDEUX, « Liberté contractuelle du bailleur et libertés fondamentales du preneur », *RDC* avr. 2004, n° 2, p. 348.

[889] Cass. 3e civ., 18 déc. 2002, n° 01-00.519, Bull. civ. III, n° 262, JurisData n° 2002-017038, *RTD civ.* juin 2003, n° 2, p. 383, obs. J.-P. MARGUÉNAUD ; *AJDI* mars 2003, n° 3, p. 182, obs. O. GUÉRIN ; *AJDI* mars 2003, n° 2, p. 182, obs. Y. ROUQUET ; *RTD civ.* juin 2003, n° 2, p. 290, obs. J. MESTRE et B. FAGES ; *RJPF* avr. 2003, n° 4, p. 9, obs. E. GARAUD ; *Rev. loyers* avr. 2003, n° 836, p. 217, an. G. LEJWI ; *Dr. & patr.* juill. 2003, n° 117, p. 85, obs. G. LOISEAU ; *RLDA* mars 2003, n° 58, jur. 3681, p. 39, obs. P. MENDAK ; *RDC* avr. 2004, n° 2, p. 348, obs. G. LARDEUX.

[890] J.-L. BERGEL (dir.) *et alii*, *Le Lamy droit immobilier*, 2014, n° 5523.

§ 2 - La prestation de mise en état de la chose

141. Double aspect. Si la doctrine reconnaît volontiers la prestation de mise à disposition, elle ne mentionne pas la prestation de mise en état mais affirme néanmoins que cette mise à disposition ne suffit pas pour accomplir la délivrance puisque la chose doit être conforme. C'est ainsi que nous avons dégagé une seconde prestation, celle de mise en état, si bien que ces deux prestations sont nécessaires pour réaliser l'obligation de délivrance.

De toute évidence, le droit romain qui accueillait de façon générale la prestation de fournir la jouissance d'une chose ne connaissait pas la prestation de mise en état que nous mettons en exergue. Aujourd'hui, la mise en état de la chose peut requérir une multitude d'actions diverses. Toutefois, il faut là encore distinguer deux situations, celle du maintien en l'état de la chose, c'est-à-dire de son entretien, et celle de la modification de l'état de la chose. Dans la mesure où les actions qui les concrétisent se recoupent, nous établirons une distinction transversale de l'état. Effectivement, cet état peut s'entendre de façon matérielle, en touchant la configuration et les caractéristiques physiques de la chose[891], ou de façon juridique[892], puisqu'il s'agit d'une chose immobilière dont l'utilisation est réglementée.

La prestation de mise en état de la chose comprend donc les aspects relatifs à son maintien en l'état (α) ainsi qu'à la modification de son état (β).

A - Le maintien en l'état de la chose

142. Maintien en l'état de la chose jusqu'au dessaisissement : diversité des actions. Là encore, les actions participant au maintien en l'état de la chose sont diverses parce qu'elles peuvent toucher à son état physique comme juridique, mais aussi parce qu'elles peuvent être réalisées directement par le bailleur ou par un professionnel ou encore parce qu'elles peuvent nécessiter l'achat de produits ou le paiement d'un service.

Elles peuvent ainsi consister en la réalisation de travaux, à payer des dépenses ou des charges ou encore à renouveler des autorisations déjà obtenues.

143. Réalisation de travaux. Principalement, la mise en état physique de la chose se fait par la réalisation de travaux. Ces travaux peuvent participer tant à l'entretien de la chose pour la maintenir en état qu'à sa modification pour lui faire atteindre un état dans lequel elle ne se trouve pas encore. Il peut s'agir de travaux

---

[891] J.-P. BLATTER et W. BLATTER-HODARA (collab.), *Traité des baux commerciaux*, 6e éd., *op. cit.*, p. 410, n° 786 ; J.-P. BLATTER et W. BLATTER-HODARA (collab.), *Droit des baux commerciaux*, *op. cit.*, p. 232, n° 462 ; M.-P. DUMONT-LEFRAND, *Bail commercial*, *op. cit.*, n° 207.
[892] *Ibid.*, *loc. cit.*

prescrits par l'administration[893]. Il est alors de jurisprudence bien établie que les travaux nécessaires à assurer la conformité de la chose louée incombent au bailleur au titre de son obligation de délivrance, sauf stipulation contraire[894]. Il peut encore s'agir de travaux ayant pour but d'éradiquer un risque sanitaire ou de se mettre en conformité avec une norme de sécurité.

Dans la mesure où la délivrance doit se faire aux frais du bailleur, qui ne peut laisser à la charge du preneur que les frais d'entrée en jouissance[895], les frais de délivrance, notamment le paiement de travaux s'ils ne les réalisent pas lui-même, sont à la charge du bailleur, tandis que les frais d'entrée en jouissance sont à la charge du preneur. La doctrine est d'accord sur ce point[896]. La question des frais trouve sa place au travers de l'exigence de bon état, car il faut comprendre que le bailleur doit au preneur la chose en bon état et que pour cela, il doit la faire réparer à ses frais, de toutes les dégradations, quelles qu'elles soient[897]. Si la délivrance n'avait été que matérielle, sans condition de bon état, la question des frais ne se serait certainement pas posée. Pothier ne manque pas ici de rappeler, une fois de plus, l'analogie avec la vente[898]. Pour approfondir la question, Troplong occulte la problématique des frais en affirmant qu'il est possible de déroger à l'obligation de délivrance en bon état si le locataire consent à prendre les lieux dans l'état où ils se trouvent[899]. De cette façon, les frais de mise en bon état disparaissent.

144. Paiement de charges. Il faut bien comprendre que certaines charges exposées dans l'intérêt du fonctionnement de l'immeuble, et donc dans l'intérêt du locataire, sont associées à l'obligation de délivrance du bailleur dans le sens où le paiement de ces charges permet à la chose de se trouver dans un certain état de fonctionnement. Certaines de ces charges se voient aujourd'hui encadrées par la loi Pinel et son décret d'application, ayant introduit les articles L. 145-40-2 et R. 145-35 nouveaux du Code de commerce[900], qui imposent une nouvelle répartition de celles-ci entre les parties au bail commercial. Il s'agit des dépenses de travaux visées par l'article R. 145-35, les autres charges telles que les impôts, honoraires et autres

---

[893] J.-P. BLATTER et W. BLATTER-HODARA (collab.), *Traité des baux commerciaux*, 6e éd., *op. cit.*, p. 411, n° 789 ; M.-P. DUMONT-LEFRAND, *Bail commercial*, *op. cit.*, n° 209 ; C. QUÉMENT, *Bail commercial. - Obligations des parties*, *op. cit.*, n° 33.

[894] INFOREG, « Bail commercial : qui doit payer les travaux de mise en conformité ? », *Cah. dr. entr.* sept. 2012, n° 5, prat. 21, p. 21.

[895] P.-A. FENET, *Recueil complet des travaux préparatoires du Code civil*, t. 14, *op. cit.*, p. 324.

[896] R.-T. TROPLONG, *Droit civil expliqué. De l'échange et du louage. Commentaires des Titres VII et VIII du Livre III du Code civil*, t. 1, *op. cit.*, p. 315, n° 167 ; R.-J. POTHIER, *Traité du contrat de louage, selon les règles tant du for de la conscience que du for extérieur*, *op. cit.*, pp. 50-51.

[897] M. PLANIOL, *Traité élémentaire de droit civil*, t. II, *op. cit.*, p. 560, n° 1678.

[898] R.-J. POTHIER, *Traité du contrat de louage, selon les règles tant du for de la conscience que du for extérieur*, *op. cit.*, *loc. cit.*

[899] R.-T. TROPLONG, *Droit civil expliqué. De l'échange et du louage. Commentaires des Titres VII et VIII du Livre III du Code civil*, t. 1, *op. cit.*, p. 314, n° 165-166.

[900] F. VERDIER et Y. VAUGRENARD, Rapp. CMP n° 557, préc., pp. 29-31 ; Y. VAUGRENARD, Rapp. Sénat n° 440, préc., p. 180.

dépenses relatives aux locaux vacants étant exclues puisqu'elles ne compromettent *« d'aucune manière la jouissance des lieux loués »*[901].

B - La modification de l'état de la chose

145. Modification de l'état physique et juridique. Comme précédemment, les actions participant à la modification de l'état de la chose sont diverses parce qu'elles peuvent toucher à son état physique comme juridique, mais aussi parce qu'elles peuvent être réalisées directement par le bailleur ou par un professionnel, mais encore parce qu'elles peuvent nécessiter l'achat de produits ou le paiement d'un service. Elles peuvent ainsi consister en la réalisation de travaux, à payer des dépenses ou des charges ou encore à demander des autorisations.

146. Travaux. Les locaux étant affectés à une utilisation commerciale, leur état matériel doit permettre d'accueillir la destination prévue au bail. Partant, le bailleur peut être amené à réaliser certains travaux. Pour illustration, on peut citer une espèce dans laquelle le preneur avait la charge des travaux résultant des articles 605 et 606 du Code civil et où la cour d'appel l'avait condamné à effectuer les travaux de ravalement de l'immeuble alors que la Cour de cassation a cassé la décision[902].

147. Actions administratives : demande d'autorisation. La chose louée, précisément les locaux étant affectés à une utilisation commerciale, exige que son statut juridique permette d'accueillir cette destination. Ainsi, le bailleur pourra être amené, pour remplir cet état juridique de la chose louée, à demander diverses autorisations administratives telles que les autorisations d'exploitation commerciale ou les autorisations d'urbanisme de changement d'usage[903] ou des autorisations auprès de la copropriété[904]. Tout bailleur devra donc vérifier, avant la conclusion du bail, que l'affectation voulue du local concorde avec celle autorisée par la réglementation d'urbanisme (plan local d'urbanisme, carte communale, schéma de cohérence territoriale, etc.)[905], d'autant que, comme l'indique un auteur[906], la

---

901 F. PLANCKEEL, « L'encadrement des charges exorbitantes en matière de bail commercial », *Rev. loyers* nov. 2013, n° 941, doctr. 1675, p. 434.

902 Cass. 3e civ., 10 mai 2001, n° 96-22.442, JurisData n° 2001-009621, *RJDA* juill. 2001, n° 7/01, obs. 756, p. 673 ; *D.* déc. 2001, n° 43, p. 3523, obs. L. ROZÈS.

903 J.-P. BLATTER et W. BLATTER-HODARA (collab.), *Traité des baux commerciaux*, 6e éd., *op. cit.*, pp. 95 et s., n° 147 et s. ; J.-P. BLATTER et W. BLATTER-HODARA (collab.), *Droit des baux commerciaux*, *op. cit.*, pp. 53 et s., n° 93 et s. ; M.-P. DUMONT-LEFRAND, *Bail commercial*, *op. cit.*, n° 211-213 ; C. QUÉMENT, *Bail commercial. - Obligations des parties*, *op. cit.*, n° 9 et 17-20 ; J. MONÉGER *et alii*, *Douze ans de baux commerciaux - 1993 - 2005, Sélection des principaux arrêts et commentaires*, *op. cit.*, p. 162.

904 M.-P. DUMONT-LEFRAND, Bail commercial, *op. cit.*, n° 211-213 ; C. QUÉMENT, *Bail commercial. - Obligations des parties*, *op. cit.*, n° 20.

905 C. QUÉMENT, *Bail commercial. - Obligations des parties*, *op. cit.*, n° 16 ; E. BRIAND, « Bail et changement d'usage », art. cit.

906 E. BRIAND, « Bail et changement d'usage », art. cit.

jurisprudence refuse toute régularisation ultérieure[907]. Si ce n'est pas le cas, il lui appartient de solliciter l'autorisation administrative de changer d'affectation[908].

148. Obtention d'une autorisation d'exploitation commerciale à concurrence de 70 % : manquement à l'obligation de délivrance. Dans un arrêt de 2010[909], la Cour de cassation a été saisie, entre autres, de la question de l'obtention de l'autorisation d'exploitation commerciale au regard de l'obligation de délivrance du bailleur. Dans l'espèce visée, un bailleur a conclu un bail qui prévoyait l'exploitation d'un magasin spécialisé dans la distribution aux professionnels et aux particuliers de matériel de bureautique. Or, à la date prévue, un arrêté municipal n'autorisait que l'activité de grossiste, excluant ainsi l'activité de commerce de détail. Conformément à cet arrêté, l'obtention de l'autorisation d'exploitation commerciale exigée par l'article L. 752-1 du Code de commerce pour ce type d'activité devenait impossible. La Haute Cour n'a pas répondu sur le fondement de l'obligation de délivrance, comme le lui suggérait le moyen du pourvoi incident, mais a retenu la faute du bailleur pour avoir annoncé une possibilité d'exploitation qui n'avait pas été totalement autorisée à la date prévue, à concurrence de 70 % seulement.

Bien que la Cour de cassation ne l'ait pas affirmé, il nous semble qu'en n'obtenant pas l'autorisation d'exploitation commerciale nécessaire pour exercer le commerce de détail alors que cette activité était prévue au bail, le bailleur ne délivre pas la chose annoncée et manque à son obligation de délivrance. La délivrance de cette chose sous-entendait non seulement le local en lui-même, mais également la possibilité d'exploiter l'activité de commerce de détail, et donc d'obtenir l'autorisation qui y est rattachée.

149. Respect de l'obligation de délivrance : le bailleur doit solliciter l'autorisation de l'assemblée générale des copropriétaires pour modifier la destination de son lot. Dans la continuité de ce que nous avons évoqué dans les paragraphes précédents, le bailleur qui souhaite louer son local situé dans un immeuble soumis au régime de la copropriété en lui attribuant une affectation ou destination différente de celle prévue initialement devra, pour ne pas manquer à son obligation de délivrance, recueillir l'accord de l'assemblée générale[910] et faire ensuite régulariser de façon authentique la modification[911].

---

[907] Cass. 3e civ., 14 févr. 2012, n° 11-10.559, JurisData n° 2012-002116, *AJDI* avr. 2012, n° 4, p. 269 ; *AJDI* déc. 2013, n° 12, p. 882, chron. J.-P. BLATTER ; Cass. 3e civ., 29 avr. 2002, n° 00-20.213, JurisData n° 2002-014264, *Rev. loyers* juill. 2002, n° 829, p. 410, an. M.-O. VAISSIÉ ; Cass. 3e civ., 7 avr. 2004, n° 02-19.062, JurisData n° 2004-023412, *AJDI* déc. 2004, n° 12, somm. p. 882, obs. S. PORCHERON.

[908] M.-P. DUMONT-LEFRAND, *Bail commercial*, *op. cit.*, n° 212.

[909] Cass. 3e civ., 28 sept. 2010, n° 08-20.387, JurisData n° 2010-017255.

[910] G. VIGNERON, Réglement de copropriété - Établissement - Modification - Force obligatoire, *op. cit.*, n° 53.

[911] *Ibid.*, n° 56.

150. Défaut d'autorisation de la copropriété de réaliser des travaux dans les lieux loués : manquement du bailleur à son obligation de délivrance. La Cour de cassation a considéré qu'une société bailleresse avait manqué à son obligation de délivrance en ne s'assurant pas auprès de la copropriété de l'autorisation de procéder aux travaux de raccordement sur les parties communes pour que le local commercial à usage de restaurant puisse bénéficier des raccordements des canalisations d'eaux usées et d'aération sur les équipements collectifs de l'immeuble nécessaires à son utilisation conforme[912].

De même, le bailleur ne prévoyant pas dans le bail de condition suspensive relative à l'autorisation des travaux par les copropriétaires alors qu'il savait que ces travaux étaient nécessaires à l'exploitation d'un restaurant dans les lieux loués, n'a pas satisfait son obligation de délivrance[913].

151. Travaux de faible importance : le bailleur qui les réalise sans demander l'autorisation de la copropriété manque-t-il à son obligation de délivrance ? Il peut arriver que le règlement de copropriété autorise, par une de ses clauses, les copropriétaires à entreprendre des travaux susceptibles d'affecter les parties communes ou l'aspect extérieur de l'immeuble. Dans ce cas, il suffisait de les exécuter conformément aux stipulations[914].

Pourtant, la jurisprudence actuelle déclare ces clauses nulles car elle les juge contraires aux dispositions impératives de l'article 25, b de la loi du 10 juillet 1965, de sorte que, même en présence de ces clauses, l'autorisation préalable de l'assemblée générale est requise.

Toutefois, ce principe est à relativiser lorsqu'il s'agit de travaux de faible importance comme la pose d'une enseigne, la pose d'une plaque professionnelle ou encore l'installation d'un appentis. Alors que certains auteurs[915] considèrent que le règlement de copropriété ne peut interdire la pose de plaques professionnelles ou d'enseignes, sur le fondement d'un arrêt d'appel de 1995[916], et que d'autres affirment[917], au visa de plusieurs arrêts[918], que lorsque le règlement de copropriété

---

[912] Cass. 3e civ., 18 mars 1998, n° 96-15.277, JurisData n° 1998-001320, *LPA* mars 1998, n° 37, p. 21, obs. A. P. ; *RDI* sept. 1998, n° 3, p. 428, obs. F. COLLART-DUTILLEUL et J. DERRUPPÉ.

[913] CA Reims, aud. sol., 14 juin 1994, n° 91/2464, JurisData n° 1994-045541, *JCP N* janv. 1996, n° 1, pan. p. 37.

[914] G. VIGNERON, *Travaux réalisés à l'initiative de copropriétaires. - Règles générales*, *op. cit.*, n° 22-24.

[915] CA Paris, 5e pôle, 3e ch., 5 janv. 2011, n° 09/12098, JurisData n° 2011-000086, *Loyers et copr.* mars 2011, n° 3, comm. 82, p. 21, note E. CHAVANCE ; *Gaz. pal.* mars 2011, n° 71, p. 20, chron. J.-D. BARBIER et C.-E. BRAULT ; CA Versailles, 12e ch., 2e sect., 29 sept. 2011, n° 10/05949, JurisData n° 2011-022837, *Loyers et copr.* mars 2012, n° 3, comm. 78, p. 24, obs. P.-H. BRAULT ; *Gaz. pal.* févr. 2012, n° 49, p. 46, note C.-E. BRAULT.

[916] CA Paris, 23e ch., sect. A, 28 juin 1995, n° 94/2431, JurisData n° 1995-021674, *Loyers et copr.* déc. 1995, n° 12, comm. 535, p. 17.

[917] G. VIGNERON, *Travaux réalisés à l'initiative de copropriétaires. - Règles générales*, *op. cit.*, n° 44-50.

[918] Cass. 3e civ., 24 nov. 1987, n° 86-13.527, *Loyers et copr.* janv. 1988, n° 1, comm. 36, p.13 ; Cass. 3e civ., 24 oct. 1990, n° 88-17.514, Bull. civ. III, n° 199, JurisData n° 1990-002674, *JCP G* déc. 1990, n° 50, somm. p. 413 ; *D.* nov. 1990, n° 38, somm. p. 259 ; CA Paris, 8e ch., sect. A, 14 nov. 1990, n° 89/11217, JurisData n° 1990-024440 ; CA Paris, 23e ch., 8 avr. 1994, *Loyers et copr.* juin 1994, comm. 265, p. 16 ; CA Paris, 23e ch., sect. B, 11 avr. 2002, n° 2001/17883, JurisData n° 2002-173805,

n'a pas déjà prévu ce type d'installations, l'autorisation du syndicat des copropriétaires est requise, notamment lorsque l'installation, par ses caractéristiques et ses dimensions, affecte les parties communes et même privatives de l'immeuble, il semble que le règlement de copropriété puisse valablement les autoriser à l'avance dès lors qu'ils s'inscrivent dans la perspective de la destination à la fois de l'immeuble et des parties privatives concernées et que les modalités précises de leur aménagement sont définies, dispensant alors les copropriétaires de les soumettre à l'approbation de l'assemblée générale. C'est d'ailleurs ce que la jurisprudence a admis à propos de la pose d'une enseigne commerciale[919]. Ainsi, on pourrait admettre que le bailleur qui ne sollicite pas l'autorisation de procéder à ces travaux de faible importance ne manque pas à son obligation de délivrance.

152. Travaux d'achèvement de locaux « bruts » : l'absence d'autorisation de les réaliser constitue-t-elle un manquement à l'obligation de délivrance ? Parfois, les locaux sont livrés « bruts », c'est-à-dire pas complètement achevés. La loi ELAN étend justement la technique du « prêt à finir » à la vente en état futur d'achèvement[920]. Par exemple, dans un immeuble à construire comprenant des lots à usage de commerces, il arrive qu'aux termes des contrats de vente et des actes constitutifs de copropriété, les locaux en cause soient livrés « bruts » aux acquéreurs, à charge pour eux de compléter leur aménagement pour répondre à leur destination conventionnelle[921]. Il est alors admis que leur achèvement, à condition qu'il soit indispensable à leur utilisation normale, ne soit pas soumis à autorisation de l'assemblée générale des copropriétaires[922]. Cependant, si les modifications envisagées concernent les aménagements réalisés à l'origine sur des locaux livrés bruts de décoffrage, celles-ci doivent se soumettre à autorisation[923].

Avec le développement des baux en l'état futur d'achèvement, la question du sort de l'obligation de délivrance pour de tels travaux n'est pas sans intérêt[924]. Selon la vocation de ces travaux, indispensables à l'utilisation normale des locaux ou non, leur réalisation sera soumise à autorisation de sorte qu'à défaut le bailleur pourrait manquer à son obligation de délivrance.

153. Autorisation spécifique de travaux d'installation d'antenne de télévision et de raccordement à un réseau câblé. En théorie les travaux d'installation d'antenne de télévision et de raccordement à un réseau câblé sont

---

Loyers et copr. sept. 2002, n° 9, comm. 214, p. 19, obs. G. VIGNERON ; CA Paris, 14e ch., sect. A, 12 sept. 2007, n° 07/04207, JurisData n° 2007-341289.

[919] CA Paris, 23e ch., sect. A, 29 nov. 1995, *Defrénois* juin 1996, n° 12, art. 36358, p. 799, obs. C. ATIAS.

[920] CCH, art. L. 261-11 ; M. FAURE-ABBAD, « L'impact de la loi ELAN sur les contrats spéciaux de construction immobilière », *RDI* janv. 2019, n° 1, p. 17.

[921] G. VIGNERON, *Travaux réalisés à l'initiative de copropriétaires. - Règles générales*, *op. cit.*, n° 18.

[922] G. VIGNERON et C. COUTANT-LAPALUS, *Travaux réalisés à l'initiative de copropriétaires. - Règles générales*, *op. cit.*, n° 14-17 ; J.-R. BOUYEURE, « Les modifications apportées par les copropriétaires de boutiques à la façade de l'immeuble en copropriété », *AJPI* sept. 1973, n° 9, p. 786.

[923] CA Paris, 23e ch., sect. A, 20 mars 1991, *Loyers et copr.* mai 1991, n° 5, comm. 234, p. 14.

[924] J.-L. TIXIER, « 10 questions sur… Le bail commercial en l'état futur d'achèvement », art. cit.

soumis à l'autorisation de l'assemblée générale des copropriétaires[925], mais cette règle se trouve en concurrence avec la loi du 2 juillet 1966[926], modifiée par la loi du 4 août 2008[927], qui s'applique aux immeubles en copropriété[928]. Désormais, tout copropriétaire est habilité à utiliser la procédure instaurée par le décret d'application du 22 décembre 1967 modifié[929] pour installer une antenne ou le raccordement à un réseau câblé. Cette procédure spécifique déroge ainsi aux dispositions de la loi du 10 juillet 1965, de sorte que l'absence de recours, formé par le syndicat contre la résolution de l'assemblée générale refusant l'installation de l'antenne parabolique, ne rend pas irrecevable la demande d'autorisation judiciaire de travaux[930].

Puisqu'il a été admis en matière d'habitation que le mauvais fonctionnement de l'antenne de télévision relève de l'obligation de délivrance du bailleur[931], on peut penser que cette solution s'étende aux baux commerciaux en copropriété, notamment lorsqu'ils sont mixtes. Dans une pareille situation, l'obligation de délivrance serait modulée par cette procédure spécifique. Le bailleur qui ne respecte pas cette procédure manquerait à son obligation de délivrance.

---

[925] G. VIGNERON, *Travaux réalisés à l'initiative de copropriétaires. - Règles générales*, *op. cit.*, n° 33.

[926] *L.* n° 66-457, 2 juill. 1966, Loi relative à l'installation d'antennes réceptrices de radiodiffusion.

[927] *L.* n° 2008-776, 4 août 2008, Loi de modernisation de l'économie.

[928] G. VIGNERON, *Travaux réalisés à l'initiative de copropriétaires. - Règles générales*, *op. cit.*, n° 34.

[929] *D.* n°67-1171, 28 déc. 1967, Décret fixant les conditions d'application de la loi n° 66-457 du 2 juillet 1966 relative à l'installation d'antennes réceptrices de radiodiffusion.

[930] CA Versailles, 4e ch., 13 oct. 1998, n° 96/00007480, JurisData n° 1998-046725.

[931] Cass. 3e civ., 30 nov. 2005, n° 04-14.508, Bull. civ. III, n° 232, JurisData n° 2005-031004, *Loyers et copr.* févr. 2006, n° 2, comm. 31, p. 14, note B. VIAL-PEDROLETTI ; *AJDI* juin 2006, n° 6, p. 468, obs. F. DE LA VAISSIÈRE.

Conclusion du chapitre 1

154. Structure invariable complexe de l'obligation de délivrance. En définitive, l'approche analytique de la notion d'obligation de délivrance apporte un éclairage utile en ce qu'elle permet de la synthétiser au regard de ce qu'elle recouvre. Son contenu peut alors se décomposer selon une structure générale invariable qui découle de la combinaison de cette approche et de la gradation de l'objet de cette obligation. La gradation de l'objet distingue l'objet de l'obligation qui correspond à une ou plusieurs prestations et l'objet même de cette ou ces prestations. Appliquée à l'obligation de délivrance dans le bail commercial, elle permet d'identifier son objet qui consiste selon nous en deux prestations : une mise à disposition et une mise en état de la chose. Ces deux prestations portent chacune sur le même objet qui est la chose promise. Lesdites prestations comprennent l'ensemble des actions qui assurent la mise à disposition de la chose et des actions qui tendent à mettre la chose louée dans un certain état matériel, fonctionnel ou juridique. La chose promise doit, quant à elle, être toujours identifiée et conforme.

Si la prestation de mise à disposition ne pose guère de difficultés, il n'en va pas de même pour la prestation de mise en état compte tenu de l'exigence de conformité qui arbore aujourd'hui une géométrie variable, particulièrement complexe à résumer clairement et simplement. En effet, on assiste à une inflation législative des critères de cette conformité et une interprétation extensive de cette dernière par les tribunaux. La raison principale de la prise en compte de ces autres éléments réside dans la complexité du droit immobilier qui place le local commercial au carrefour de plusieurs réglementations, de sorte que la propriété immobilière ou plus précisément le cadre juridique de l'immeuble va être affecté par d'autres matières du droit. Partant, la chose conforme suppose de correspondre non seulement aux stipulations contractuelles, mais également à toutes autres normes en vigueur ou canons jurisprudentiels. Cette chose doit alors être en bon état de réparations de toute espèce, exempte de danger, décente dans le cadre d'un bail mixte dont une partie est affectée à l'usage d'habitation principale, et avoir une destination licite. Cette conformité est encore accrue par l'exigence d'information omniprésente dans tous les contrats, y compris le bail commercial. Cette exigence est particulièrement balisée dans le cadre de la conclusion des baux puisque le législateur impose toute une série de diagnostics. L'information qui en est issue, relative à l'état de la chose louée, qu'elle soit obligatoire (issue d'une obligation légale) ou non (simple recommandation, précaution ou précision volontaire des parties), représente le corollaire de l'obligation de délivrance en ce qu'elle va préciser les conditions de délivrance de la chose louée et donc son contenu. On constate alors que cette obligation, au départ issue exclusivement du droit commun du bail, a vu sa teneur croître au gré des évolutions législatives, réglementaires, normatives et sociétales. On s'aperçoit ainsi qu'elle répond à une norme standardisée par la loi, les règlements ou la jurisprudence. La face cachée de l'obligation de délivrance se dévoile alors. Par exemple, la délivrance d'un local à usage de pharmacie et celle d'un local à usage de restaurant ne demandent pas le même aménagement ni les mêmes équipements, et ne répondent pas aux mêmes réglementations ou normes. De la même manière, la surface du local ou son implantation dans l'environnement le soumettent à des règles différentes. Elles pourront concerner tant les locaux, d'une façon générale, que l'activité spécifique exploitée à l'intérieur des locaux par le locataire.

Face au contenu protéiforme de l'obligation de délivrance, il devient prégnant de parvenir à jongler avec ses différentes composantes, d'autant plus que la confusion est palpable quand on compare cette obligation lorsqu'elle se trouve dans un autre contrat ou par rapport à des notions voisines.

Chapitre 2 - La comparaison du contenu de l'obligation de délivrance avec ses formes voisines

155. Dissipation des confusions. Tel qu'il l'a été exposé en introduction[932], la doctrine en quête d'une définition de l'obligation de délivrance, a émis plusieurs propositions. Elle a notamment suggéré de la définir comme une mise en possession ou plus précisément une mise en possession physique[933] et d'en faire l'analogie avec l'obligation de délivrance du vendeur[934]. Elle a également eu recours, pour la définir, à des termes synonymes - livraison, mise à disposition, remise, tradition - qui prêtent à confusion, car ils sont utilisés dans des cadres différents et n'ont pas la même signification selon le cadre dans lequel ils s'inscrivent[935]. Effectivement, on constate qu'elle est définie soit par des notions voisines dont elle devrait se différencier (livraison, transfert de propriété ou de droit…), soit par les prestations qu'elle implique.

Ainsi, paraît-il indispensable afin d'appréhender au mieux la notion d'obligation de délivrance qui pèse sur le bailleur commercial et de dissiper toute confusion possible, de déterminer jusqu'à quel point la comparaison avec l'obligation de délivrance du vendeur peut être menée et d'établi des critères qui puissent la distinguer de ses notions voisines. C'est précisément ce que l'approche analytique de l'obligation de délivrance dans le bail commercial va permettre de faire. L'approche analytique offrant une approche descriptive de l'objet de l'obligation et de ce fait une description précise du contenu de l'obligation de délivrance, il va être possible d'établir une comparaison entre ce contenu et les formes voisines de l'obligation de délivrance. Cette comparaison de contenus s'avère indispensable pour distinguer pleinement la notion d'obligation de délivrance.

Grâce à l'approche analytique, le contenu de l'obligation de délivrance du bailleur commercial sera donc comparé avec celui de celle du vendeur (Section 1) ainsi qu'avec ses notions voisines (Section 2).

---

[932] V. *infra* n° 11.

[933] J. GHESTIN (dir.) et J. HUET, *Traité de droit civil. Les principaux contrats spéciaux*, *op. cit.*, *loc. cit.* ; P. MALAURIE, L. AYNÈS et P.-Y. GAUTIER, *Droit des contrats spéciaux*, *op. cit.*, p. 409, n° 475 ; J. RAYNARD et J.-B. SEUBE, *Droit civil, Contrats spéciaux*, *op. cit.*, p. 277, n° 341.

[934] P. MALAURIE, L. AYNÈS et P.-Y. GAUTIER, *Droit des contrats spéciaux*, *op. cit.*, p. 410, n° 475 ; J. RAYNARD et J.-B. SEUBE, *Droit civil, Contrats spéciaux*, *op. cit.*, *loc. cit.* ; V. aussi pour un rapprochement entre l'obligation de délivrance du vendeur et du bailleur : J. DERRUPÉ, *La nature juridique du droit du preneur à bail et la distinction des droits réels et des droits de créance*, th. Toulouse, 1952, p. 149, n° 122 ; G. PIGNARRE, « L'obligation de donner à usage dans l'avant-projet Catala - Analyse critique », *D.* févr. 2007, n° 6, p. 384.

[935] J. GHESTIN (dir.) et J. HUET, Traité de droit civil. Les principaux contrats spéciaux, *op. cit.*, p. 213, n° 11239.

Section 1 - La comparaison avec le contenu de l'obligation de délivrance du vendeur

156. Délimitation et rapprochement. L'obligation de délivrance du bailleur et du vendeur sont souvent rapprochées par la doctrine[936], au point qu'on ne sait pas si on doit les confondre ou si on doit les distinguer. Effectivement, les obligations de délivrance du bailleur et du vendeur sont-elles vraiment les mêmes ? Peut-on vraiment faire l'analogie entre ces deux obligations ?

La comparaison de l'obligation de délivrance du bailleur et du vendeur commande de délimiter dans un premier temps le contenu de l'obligation de délivrance du vendeur (§ 1), ce qui permettra dans un second temps de nous prononcer sur l'éventuelle analogie entre ces obligations (§ 2).

§ 1 - Le contenu de l'obligation de délivrance du vendeur

157. Une définition légale inadaptée. D'une part, le législateur a pris soin de définir légalement l'obligation de délivrance du vendeur dans le Code civil, à l'article 1604. D'autre part, il crée la confusion en introduisant des termes voisins. S'il a judicieusement escamoté certaines confusions entre l'obligation de délivrance et ses notions voisines, notamment en supprimant la référence à l'obligation de livrer dans les nouveaux articles 1196 et 1197 du Code civil, quelques autres persistent.

Par ailleurs, la conception de l'obligation de délivrance bâtie par les prêteurs dénote certaines particularités, qui renforcent l'inadaptation de la définition légale.

C'est ce que nous nous attacherons à démontrer en présentant d'abord l'obligation de délivrance du vendeur au regard de la loi (A), puis de la jurisprudence (B).

A - Les critiques doctrinales de la définition légale

158. À la recherche d'indices dans les sources de l'obligation de délivrance du vendeur. Depuis leur insertion dans le Code civil, les articles 1603 et 1604, instituant l'obligation de délivrance du vendeur, n'ont pas connu de modification rédactionnelle. Toutefois, l'obligation de délivrance du vendeur s'est vue consacrer de nouveaux articles dans le droit commun des contrats[937]. Les codificateurs fournissent une définition de l'obligation de délivrance qui pèse sur le vendeur, mais celle-ci semble inadaptée. Pour tenter de la décrypter, il aurait pu être intéressant d'étudier ses origines romaines mais les recherches dédiées à l'étude de l'obligation de délivrance en droit romain ne sont pas nombreuses et surtout limitées au contrat de vente[938].

---

[936] V. *supra* n° 11.
[937] C. civ., art. 1197 nouv.
[938] V. *supra* n° 13.

159. L'absence de transfert du droit de propriété par l'obligation de délivrance du vendeur. Avant d'aborder l'article 1604 du Code civil, seul article qui propose une définition de l'obligation de délivrance, il convient de régler la situation de cette obligation au regard du transfert de propriété, qui a évolué depuis l'époque romaine. La conception moderne du transfert de propriété, celle que le droit français connaît aujourd'hui, permet de trancher la question de savoir si l'obligation de délivrance emporte un transfert du droit de propriété[939]. Effectivement, le Code civil consacre un principe de transfert de propriété *solo consensu*, devenu aujourd'hui *solo contractu*, c'est-à-dire que le transfert du droit de propriété se réalise par le seul effet des consentements ou plus exactement par la conclusion du contrat[940]. Ce principe provient des articles 711, 938, 1196 nouveau (1138 ancien)[941] et 1583 du Code civil.

Depuis la réforme du droit des contrats et des obligations, l'effet translatif du contrat est clairement énoncé comme tel sous un titre explicite. La nouvelle rédaction du principe du transfert de propriété s'est délestée d'une confusion gênante en supprimant toute référence à l'obligation de livrer[942]. Le nouvel article 1196, qui pose le principe actuel du transfert de propriété *solo contractu*, arbore une formule différente de celle de l'ancien article 1138 et étend, selon la doctrine, le

---

[939] V. pour l'utilisation de la conception moderne du transfert de propriété, la démonstration de la remise en cause de l'utilité de la tradition par les conceptions modernes du transfert de propriété : J. LE BOURG, *La remise de la chose - Essai d'analyse à partir du droit des contrats*, *op. cit.*, pp. 34-45, n° 20-33. Nous utiliserons la conception moderne du transfert de propriété mais en l'appliquant à l'obligation de délivrance.

[940] P. BLOCH, « L'obligation de transférer la propriété dans la vente », *RTD civ.* oct.-déc. 1988, n° 4, p. 673 ; A-S. COURDIER-CUISINIER, « Nouvel éclairage sur l'énigme de l'obligation de donner : Essai sur les causes d'une controverse doctrinale », *RTD civ.* sept. 2005, n° 3, p. 521 ; W. DROSS, « Le transfert de propriété en droit français », *RDC* oct. 2013, n° 4, p. 1694 ; N. DISSAUX et C. JAMIN, *Réforme du droit des contrats, du régime général et de la preuve des obligations (Ordonnance n° 2016-131 du 10 février 2016), Commentaire des articles 1100 à 1386-1 du Code civil*, *op. cit.*, pp. 96-98 ; T. DOUVILLE (dir.) *et alii*, *La réforme du Droit des contrats - Commentaire article par article - Ordonnance du 10 février 2016 portant réforme du droit des contrats, du régime général et de la preuve des obligations*, Gualino Lextenso, 2016, p. 182 ; M. FABRE-MAGNAN, « Le mythe de l'obligation de donner », art. cit. ; J. GHESTIN (dir.) et J. HUET, *Traité de droit civil. Les principaux contrats spéciaux*, *op. cit.*, p. 179, n° 11203 ; P. MALAURIE, L. AYNÈS et P.-Y. GAUTIER, *Droit des contrats spéciaux*, *op. cit.*, pp. 183-184, n° 221-222 ; V.-N. MARCADÉ, *Explication théorique et pratique du Code Napoléon*, t. 4, Delamotte, 6e éd., 1866, pp. 401 et s., n° I.-480 et s. ; M. PLANIOL, *Traité élémentaire de droit civil*, t. II, *op. cit.*, p. 487, n° 1447 ; J. RAYNARD et J.-B. SEUBE, *Droit civil, Contrats spéciaux*, *op. cit.*, pp. 139-141, n° 156 ; D. TALLON, « Le surprenant réveil de l'obligation de donner », *D.* mars 1992, n° 9, p. 67 ; P. VEAUX-FOURNERIE et D. VEAUX, *Typologie des obligations*, J.-Cl. Contrats - Distribution, Fasc. n° 85, déc. 2003, n° 33.

[941] N. DISSAUX et C. JAMIN, *Réforme du droit des contrats, du régime général et de la preuve des obligations (Ordonnance n° 2016-131 du 10 février 2016), Commentaire des articles 1100 à 1386-1 du Code civil*, *op. cit.*, pp. 96-98 ; T. DOUVILLE (dir.) *et alii*, *La réforme du Droit des contrats - Commentaire article par article - Ordonnance du 10 février 2016 portant réforme du droit des contrats, du régime général et de la preuve des obligations*, *op. cit.*, p. 181 ; C. LARROUMET et S. BROS, *Traité de droit civil*, t. 3, *Les obligations. Le contrat*, 9e éd., *op. cit.*, pp. 165-166, n° 190-191 ; P. MALAURIE, L. AYNÈS et P.-Y. GAUTIER, *Droit des contrats spéciaux*, *op. cit.*, *loc. cit.* ; G. MARAIN, « Le transfert de propriété après la réforme du 10 février 2016 », *AJ Contrat* janv. 2016, n° 12, p. 526.

[942] N. DISSAUX et C. JAMIN, *Réforme du droit des contrats, du régime général et de la preuve des obligations (Ordonnance n° 2016-131 du 10 février 2016), Commentaire des articles 1100 à 1386-1 du Code civil*, *op. cit.*, p. 97.

principe à d'autres droits, tant réels que personnels[943]. Cependant, cet effet est assigné aux contrats portant sur *« l'aliénation de la propriété ou la cession d'un autre droit »*. Ne sont donc concernés que les contrats qui grèvent la propriété de façon non définitive[944]. Il peut ainsi s'agir de la propriété d'un droit réel ou de celle d'un droit personnel[945]. Ce nouvel article semble donc reconnaître la propriété des droits[946], si controversée en doctrine[947]. Toutefois, une partie de la doctrine critique la largesse de la formule, expliquant qu'elle est en réalité destinée uniquement aux droits réels et non aux droits personnels. D'une part, elle prétend que l'adage *res perit domino* ne s'applique qu'aux droits réels, laissant l'adage *res perit debitori* aux droits personnels, ce qui va à l'encontre du troisième alinéa de l'article 1196 selon lequel le transfert des risques de la chose suit le transfert de propriété[948]. D'autre part, elle prétend que les termes utilisés dans la suite de l'article 1196, tels que ceux de « chose » et « délivrance »[949], induisent une limitation de la formule aux droits réels[950]. La présence d'un chapitre spécialement dédié aux *« opérations sur obligations »* dans le Code civil, qui règle la question du transfert des droits personnels, appuie aussi cette idée[951].

---

[943] C. civ., art. 1196 nouv. : *« Dans les contrats ayant pour objet l'aliénation de la propriété ou la cession d'un autre droit, le transfert s'opère lors de la conclusion du contrat. »* ; V. pour cette interprétation : N. DISSAUX et C. JAMIN, *Réforme du droit des contrats, du régime général et de la preuve des obligations (Ordonnance n° 2016-131 du 10 février 2016), Commentaire des articles 1100 à 1386-1 du Code civil*, *op. cit.*, p. 98 ; C. LARROUMET et S. BROS, *Traité de droit civil*, t. 3, *Les obligations. Le contrat*, 9e éd., *op. cit.*, pp. 165-166, n° 190.

[944] A. REY, *Le grand Robert de la langue française*, t. 1, *op. cit.*, pp. 354 et 2075 : le vocable « aliénation » est défini comme *« l'action d'aliéner »*, c'est-à-dire de *« céder par aliénation »*, et le vocable « cession » est défini comme *« l'action de céder (un droit, un bien) à titre onéreux ou à titre gratuit »* ; P.-E. LITTRÉ, *Littré. Dictionnaire de la langue française*, t. 3, Encyclopaedia Britannica Inc. (Chicago), 1982, p. 157 : ici, le terme « aliéner » est défini comme le fait de *« transférer à un autre une propriété »*.

[945] P. CHAUVIRÉ, « Les effets du contrat dans le projet d'ordonnance portant réforme du droit des obligations », *Gaz. pal.* avr. 2015, n° 120, p. 29, précisément n° 18 ; N. DISSAUX et C. JAMIN, *Réforme du droit des contrats, du régime général et de la preuve des obligations (Ordonnance n° 2016-131 du 10 février 2016), Commentaire des articles 1100 à 1386-1 du Code civil*, *op. cit.*, p. 98 ; T. DOUVILLE (dir.) *et alii*, *La réforme du Droit des contrats - Commentaire article par article - Ordonnance du 10 février 2016 portant réforme du droit des contrats, du régime général et de la preuve des obligations*, *op. cit.*, p. 181

[946] Toutefois, si l'article vise les droits, il parle de *la* propriété et non *du droit de* propriété. Cela s'explique très probablement par la difficulté d'appropriation du droit de propriété en ce qu'il serait l'instrument de sa propre appropriation. V. sur ce point : J. LAURENT, *La propriété des droits*, préf. T. REVET, L.G.D.J., 2012, pp. 21-22, n° 25-25 *bis*.

[947] V. pour l'approbation de la reconnaissance de la propriété des droits : P. CHAUVIRÉ, *L'acquisition dérivée de la propriété - Le transfert volontaire des biens*, préf. T. REVET, L.G.D.J., 2013, pp. 64-65, n° 98 ; J. LAURENT, *La propriété des droits*, *op. cit.* ; V. pour l'inapprobation de la reconnaissance de la propriété des droits : J.-L. BERGEL, S. CIMAMONTI, J.-M. ROUX et L. TRANCHANT, *Traité de droit civil. Les biens*, 3e éd., L.G.D.J., coll. Traités, sous coll. Traité de droit civil, 2019, pp. 45 et s., n° 35 et s. ; J. CARBONNIER, *Droit civil*, t. 3, *Les biens*, 19e éd., PUF, 2000, p. 47, n° 43 ; J. GHESTIN, M. BILLIAU et G. LOISEAU, *Traité de droit civil. Le régime des créances et des dettes*, L.G.D.J., 2005, pp. 13 et s., n° 5 et 11 ; W. DROSS, *Droit des biens*, 4e éd., L.G.D.J., coll. précis Domat, 2019, p. 415, n° 491.

[948] N. DISSAUX et C. JAMIN, *Réforme du droit des contrats, du régime général et de la preuve des obligations (Ordonnance n° 2016-131 du 10 février 2016), Commentaire des articles 1100 à 1386-1 du Code civil*, *op. cit.*, p. 98.

[949] Si l'on admet la propriété des droits, la lettre de l'article 1196 implique qu'on fasse délivrance du droit. Or, il est question de la délivrance de la chose. Sauf à reconnaître le droit comme une chose incorporelle (V. sur ce point : J. LAURENT, *La propriété des droits*, *op. cit.*, p. 14, n° 15), la formule pèche.

[950] T. DOUVILLE (dir.) *et alii*, *La réforme du Droit des contrats - Commentaire article par article - Ordonnance du 10 février 2016 portant réforme du droit des contrats, du régime général et de la preuve des obligations*, *op. cit.*, p. 181.

[951] *Ibid.*, *loc. cit.*

Concernant la vente, une telle formulation ne pose pas véritablement de difficulté puisque, qu'il s'agisse de la vente d'une chose, de la cession d'un droit réel ou de celle d'un droit personnel, les dispositions du Code civil convergent en un point : le transfert du droit de propriété sur la chose ou du droit réel sur la chose et le transfert du droit personnel interviennent lors de la conclusion du contrat ou à la date de l'acte, soit par le titre. Si l'on s'en tient à ce principe, l'obligation de délivrance[952] n'emporte aucunement un transfert du droit de propriété puisque celui-ci est réalisé automatiquement par la convention ou le contrat. L'idée d'un transfert de propriété par l'obligation de délivrance proviendrait de l'ancien droit dans lequel la propriété se transférait par la tradition et non par la vente, mais celle-ci n'est plus valable dans le droit moderne[953].

Par ailleurs, il faut relever une nuance à ce principe qui se trouve dans l'article 1196 : *« ce transfert peut être différé par la volonté des parties, la nature des choses ou par l'effet de la loi »*. Dans ce cas, il se pourrait que le transfert de propriété coïncide avec la délivrance, ce qui peut inciter à les confondre. S'agissant du transfert différé par la volonté des parties, il ne contredit pas notre déduction puisqu'il dépend du pur choix des contractants, qui n'a aucun lien avec la délivrance. Un transfert différé par la nature des choses ou par l'effet de la loi est un peu plus complexe. Il concerne les choses futures, fongibles, incorporelles[954]. Pour ces choses particulières, si le transfert peut coïncider avec la délivrance, cela ne signifie pas pour autant qu'il se réalise par son biais.

Cette analyse peut coïncider avec une évolution historique constatée chez les juristes de l'époque jusnaturaliste[955], d'après qui la propriété peut se transmettre par le seul effet des consentements, si bien que l'obligation de délivrance ne serait pas nécessaire au transfert de propriété[956]. Ce dernier s'opèrerait par la convention, la

---

[952] Quand bien même on contesterait l'idée de délivrance d'un droit.

[953] F. LAURENT, *Principes de droit civil français*, t. 24, Bruylant-Christophe et Comp. (Bruxelles) et A. Durand et Pedone-Lauriel (Paris), 1877, pp. 159-160, n° 158.

[954] P. CHAUVIRÉ, « Les effets du contrat dans le projet d'ordonnance portant réforme du droit des obligations », art. cit.

[955] V. pour cette évolution : J.-P. CHAZAL et S. VICENTE, « Le transfert de propriété par l'effet des obligations dans le Code civil », *RTD civ.* sept. 2000, n° 3, p. 477 ; J. DUBARRY, *Le transfert conventionnel de propriété - Essai sur le mécanisme translatif à la lumière des droits français et allemand*, *op. cit.*, pp. 48-53, n° 70-80 ; J.-L. HALPERIN, *L'impossible Code civil*, PUF, 1992, pp. 64, 122 et 260 ; J. LE BOURG, *La remise de la chose - Essai d'analyse à partir du droit des contrats*, *op. cit.*, pp. 32-33, n° 18 ; G. MARTY, et P. RAYNAUD, *Droit civil, Les Biens*, par P. JOURDAIN, Dalloz, 1995, p. 49, n° 52 ; M. PLANIOL, *Traité élémentaire de droit civil*, t. II, *op. cit.*, pp. 456-457, n° 1346-1347 ; G. RIPERT et J. BOULANGER, *Traité de droit civil d'après le traité de Planiol*, t. 2, *Obligations, Contrats, Responsabilité, Droits réels, Biens, Propriété*, L.G.D.J., 1957, p. 458, n° 2443.

[956] H. GROTIUS, *Le droit de la guerre et de la paix*, t. 1, trad. J. BARBEYRAC, Centre de philosophie politique et juridique, Université de Caen, 1984, pp. 355 et 373, § XXV et XXV ; S. PUFENDORF, *Le droit de la nature et des gens*, t. 2, trad. J. BARBEYRAC, J. Nours (Londres), 1740, p. 325, § V et p. 328, § VII ; C. WOLF, *Principes du droit de la nature et des gens*, trad. M. FORMEY, Marc Michel Rey (Amsterdam), 1758, p. 50, § IX ; V. aussi pour la restitution de cette idée : J. DUBARRY, *Le transfert conventionnel de propriété - Essai sur le mécanisme translatif à la lumière des droits français et allemand*, *op. cit.*, p. 49, n° 71 ; J. LE BOURG, *La remise de la chose - Essai d'analyse à partir du droit des contrats*, *op. cit.*, pp. 32-33, n° 18.

déclaration ou le titre[957]. Il ressort de leur analyse une distinction entre, semble-t-il, la titularité du droit de propriété et le pouvoir d'usage ou d'exercice de ce droit[958] ainsi qu'une assimilation entre la possession, qui est distinguée du droit de propriété, et le pouvoir d'usage ou d'exercice du droit de propriété[959]. Sur ce dernier point, cette évolution ne paraît pas embrasser la conception actuelle de l'obligation de délivrance.

160. L'absence de transfert de possession par l'obligation de délivrance du vendeur. À la lecture de l'article 1604 du Code civil, qui reprend la définition de Domat[960], l'obligation de délivrance serait *« le transport de la chose vendue en la puissance et possession de l'acheteur »*. L'idée selon laquelle la délivrance correspond au transfert de la possession est controversée[961]. Pour tenter de savoir si cette acception de l'obligation de délivrance est correcte, il est tout d'abord indispensable de définir la possession. Le Code civil, dans son article 2255 (ancien article 2228), définit la possession comme *« la détention ou la jouissance d'une chose ou d'un droit que nous tenons ou que nous exerçons par nous-mêmes, ou par un autre qui la tient ou qui l'exerce en notre nom »*. Planiol et Ripert, jugeant insuffisante la définition du Code civil, ont défini la possession comme *« un état de fait qui consiste à détenir une chose d'une façon exclusive et à accomplir sur cette chose les mêmes actes matériels d'usage et de jouissance que si l'on en était propriétaire »*[962] et plus précisément comme *« l'exercice sur une chose d'un pouvoir de fait qui correspond, dans sa manifestation extérieure, à l'exercice d'un droit »*[963]. La doctrine s'accorde pour voir dans la possession deux éléments et précise qu'elle est un *« pouvoir de fait (corpus, détention matérielle) exercé sur une chose avec l'intention de s'en affirmer le maître (animus domini), même si - le sachant ou non - on ne l'est pas ; maîtrise effective manifestée sur la chose possédée par des actes de propriétaire (les faits de possession : cultiver, clore, habiter) accomplis - de bonne ou de mauvaise foi - avec une âme de propriétaire et qui, ainsi*

[957] H. GROTIUS, *Le droit de la guerre et de la paix*, t. 1, *op. cit.*, p. 372, v. note n° 2 et p. 314 : *« Mais il faut, outre la Délivrance, un titre légitime, qui emporte une véritable aliénarion dont l'acte de délivrer, la chofe n'est au fond qu'un signe »* ; S. PUFENDORF, *Le droit de la nature et des gens*, t. 2, *op. cit.*, p. 325, § V-VI.

[958] V. note n° 5 in H. GROTIUS, *Le droit de la guerre et de la paix*, t. 1, *op. cit.*, p. 314 : *« Autre chose est le droit de Propriété, & autre chose est l'usage actuel de ce droit. On n'a pas à la vérité le dernier avant la Délivrance : mais le droit n'en est pas moins réel, & indépendant du pouvoir physique de l'exercer »*.

[959] H. GROTIUS, *Le droit de la guerre et de la paix*, t. 1, *op. cit.*, p. 314, v. la suite de la note n° 5 : *« Il n'est pas plus nécessaire d'être mis en possession d'une chose, pour en être véritablement propriétaire, qu'il ne l'est de conserver perpétuellement la possession de son bien, pour ne pas perdre le droit de propriété. »*.

[960] J. DOMAT, *Les lois civiles dans leur ordre naturel, Oeuvres complètes de J. Domat*, t. I, par M. CARRÉ, Kleffer, 1821, p. 313, n° 5.

[961] V. pour une reconnaissance d'un transfert de possession par la délivrance : F. LAURENT, *Principes de droit civil français*, t. 24, *op. cit.*, p. 465, n° 474 ; J. DOMAT, *Les lois civiles dans leur ordre naturel, Oeuvres complètes de J. Domat*, t. I, *op. cit.*, p. 314, n° 7 ; V. *contra* : H., L. et J. MAZEAUD, *Leçons de droit civil*, t. 3, Montchrestien, 6e éd., 1984, p. 595, n° 930 ; J. LE BOURG, *La remise de la chose - Essai d'analyse à partir du droit des contrats*, *op. cit.*, pp. 128-130, n° 104.

[962] M. PLANIOL, G. RIPERT et M. PICARD, *Traité élémentaire de droit civil*, par G. RIPERT et J. BOULANGER, L.G.D.J., 1926, p. 250, n° 143 ; M. PLANIOL et G. RIPERT (collab.), *Traité élémentaire de droit civil*, t. I, *op. cit.*, p. 746, n° 2263.

[963] M. PLANIOL, *Traité élémentaire de droit civil*, t. I, *Principes généraux. Les personnes - Les biens*, par G. RIPERT et J. BOULANGER (conc.), R. Pichon et R. Durand-Auzias (Paris), 1942, p. 908, n° 2760.

constituée copore et animo, permet au possesseur d'un immeuble, à certaines conditions, d'en acquérir la propriété par la prescription (possessio ad usucapionem) et de jouir de la protection possessoire (possessio ad interdicta) » et plus précisément un *« pouvoir de fait consistant à exercer sur une chose des prérogatives correspondantes à un droit réel autre que la propriété (ex. à se comporter en usufruitier ou en bénéficiaire d'une servitude) avec l'intention de s'affirmer titulaire de ce droit (animus) ; possessio juris, quasi-possession »*[964]. La possession implique la réunion de deux éléments : le *corpus*, qui est l'élément matériel et qui peut s'exercer *corpore alieno* (par l'intermédiaire d'autrui), et l'*animus*, qui est l'élément intentionnel ou intellectuel, c'est-à-dire l'intention de se comporter comme le propriétaire de la chose[965]. Ainsi, MM. Caron et Lecuyer, estiment que la possession est *« le pouvoir de fait qu'exerce une personne sur une chose comme si elle en était légitime propriétaire »*[966]. Carbonnier considère la possession comme *« la maîtrise de fait, le pouvoir physique exercé sur une chose, que ce pouvoir de fait coïncide ou non avec le pouvoir de droit, avec la propriété »*[967]. Pour d'autres auteurs encore, elle est *« l'exercice de fait d'un droit »*[968], *« l'exercice d'une emprise matérielle sur une chose corporelle »*, soit *« l'exercice d'un droit »*[969]. Elle *« n'est pas une prérogative juridique, mais un pouvoir de fait sur un bien »*[970]. Quant au projet de réforme du droit des biens, il proposait de la définir comme *« l'exercice paisible, public et non équivoque d'un droit par celui qui, alors même qu'il n'en serait pas titulaire, se comporte, en fait et en intention, comme s'il l'était »*[971]. L'avant-projet de réforme du droit des obligations dirigé par Catala suggérait de définir la possession comme *« la détention ou la jouissance d'une chose ou d'un droit que nous tenons ou que nous exerçons par nous-mêmes, ou par un autre qui la tient ou qui l'exerce en notre nom »*[972]. Sans être identiques, ces définitions convergent en un point : la possession serait l'exercice d'un pouvoir de fait qui coïncide ou non avec un droit. Traditionnellement, la possession est donc différenciée de la propriété en ce qu'elle relève du fait et non du droit[973].

À notre sens, considérer l'obligation de délivrance comme l'obligation de transférer la possession se heurte à la critique. Nous citerons en premier lieu l'argument qui réfute la mutation de l'*animus* par l'obligation de délivrance[974] : alors

---

964 G. CORNU (dir.) *et alii*, *Vocabulaire juridique*, *op. cit.*, p. 779.

965 *Ibid.*, *loc. cit.* et pp. 268-274, n° 278-291 ; W. DROSS, *Droit civil, Les choses*, *op. cit.*, pp. 441-469, n° 235 et s.

966 C. CARON et H. LÉCUYER, *Le droit des biens*, Dalloz, 2002, p. 70.

967 J. CARBONNIER, *Droit civil*, t. 3, *Les biens - Monnaie, immeubles, meubles*, 19e éd., PUF, coll. Thémis Droit privé, 2000, p. 202, n° 118.

968 P. MALAURIE et L. AYNÈS, *Droit civil. Les biens*, 8e éd., L.G.D.J., coll. Droit civil, 2019, p. 165, n° 482.

969 W. DROSS, *Droit civil, Les choses*, *op. cit.*, pp. 438-438, n° 233, p. 440, n° 234.

970 F. ZENATI-CASTAING et T. REVET, *Les biens*, 3e éd., PUF, coll. Droit fondamental, 2008, p. 647, n° 441.

971 ASSOCIATION HENRI CAPITANT, *Propositions de réforme du Livre II du Code civil relatif aux biens*, art. 543.

972 P. CATALA *et alii*, Rapp. Avant-projet de réforme du droit des obligations (Articles 1101 à 1386 du Code civil) et du droit de la prescription (Articles 2234 à 2281 du Code civil), Doc. fr., sept. 2005, p. 179, art. 2243.

973 N. REBOUL-MAUPIN, *Droit des biens*, 8e éd., Dalloz, Coll. HyperCours, 2020, p. 309, n° 279.

974 V. H., J. et L. MAZEAUD, *Leçons de droit civil*, t. 3, par M. DE JUGLART, 6e éd., Montchrestien, 1984, p. 595, n° 930 ; V. aussi pour la reprise de cet argument : J. RAYNARD et J.-B. SEUBE, *Droit civil, Contrats spéciaux*, *op. cit.*, p. 153, n° 174.

que la possession pleine et entière suppose la réunion de l'*animus* et du *corpus*, celle-ci ne pourrait être transférée par l'obligation de délivrance, car l'*animus* suivrait le transfert du droit et serait transmis dès le transfert de propriété[975]. Ainsi, dès la conclusion du contrat de vente, l'acheteur serait propriétaire et possesseur, mais ne possèderait que *corpore alieno*[976]. Concevoir l'obligation de délivrance comme l'obligation de transférer la possession reviendrait à contester, à l'instar d'auteurs anciens, la prédominance de l'*animus* dans la possession[977], et ne correspondrait pas aux solutions que la jurisprudence a développées et que nous présenterons dans la prochaine subdivision.

161. L'absence de transfert de puissance par l'obligation de délivrance du vendeur. S'agissant maintenant de la puissance, le terme est assez confus. Il désigne couramment le *« moyen ou droit grâce auquel on peut faire quelque chose »*, soit la capacité ou la possibilité[978]. D'un point de vue juridique, certains auteurs utilisent le terme sans le définir[979]. D'autres ont tenté de le justifier en le définissant de diverses manières. Pour un auteur, l'adjonction du terme puissance à celui de possession exprimerait *« énergiquement la nature de la possession que doit procurer le vendeur à l'acheteur, et toute l'étendue des droits qu'il est obligé de lui transmettre »*[980]. Pour d'autres auteurs, par la conservation du vocable « puissance », les codificateurs auraient voulu *« ajouter quelque chose à l'idée qui découlait du mot "possession" […]. Ils ont voulu indiquer qu'il ne suffisait pas au vendeur de conférer à l'acheteur la détention matérielle de la chose vendue […], mais que le vendeur devait de plus transmettre à l'acheteur le moyen de disposer en maître de la chose »*[981]. D'autres encore le dénient. Pour Planiol, le mot « puissance »

---

975 Cet argument a été repris par M. Le Bourg dans sa thèse : J. LE BOURG, *La remise de la chose - Essai d'analyse à partir du droit des contrats*, *op. cit.*, pp. 129-130, n° 104 ; V. aussi pour le paradoxe entre le transfert de propriété *solo contractu* et la définition de l'obligation de délivrance posée à l'article 1604 du Code civil : P. CHAUVIRÉ, « Présentation de l'avant-projet de réforme du droit des contrats spéciaux de l'Association Henri Capitant », *RDC* déc. 2017, n° 4, p. 43.

976 J. LE BOURG, *La remise de la chose - Essai d'analyse à partir du droit des contrats*, *op. cit.*, pp. 129-130, n° 104.

977 Comp. M. F.-C. DE SAVIGNY, *Traité de la possession en droit romain*, trad. H. STAEDTLER, par M. Ad. Fr. RUDORFF, 2e éd., A. Durand & Pedone Lauriel, 1870, pp. 87-107 : pour cet auteur, qui défend une théorie subjective de la possession, l'élément déterminant de la possession est l'*animus*, puisque les actes matériels d'utilisation, le corpus, peuvent être exercés à des titres divers par d'autres que le propriétaire ; R. VON IHERING, *Fondement de la protection possessoire*, trad. O. MEULENAERE, 1865 et *Études complémentaires de l'esprit du droit romain, II Fondement des interdits possessoires, Critique de la théorie de Savigny*, trad. O. MEULENAERE, 2e éd., A. Marescq Aîné, 1880, pp. 30-39 et 42-66 et *Rôle de la volonté dans la possession*, trad. O. MEULENAERE, 1891 : pour cet auteur, qui défend une théorie objective de la possession, c'est l'extériorité, c'est-à-dire le fait extérieur, qui est important dans la qualification de la possession, sans supprimer pour autant l'élément intentionnel.

978 A. REY, *Le grand Robert de la langue française*, t. 5, 2e éd., Dictionnaires Le Robert - Vuef, 2001, p. 1390.

979 C. AUBRY et C. RAU, *Cours de droit civil français*, t. 3, 3e éd., Imprimerie et Librairie Générale de Jurisprudence, 1856, pp. 251 et s., § 354 ; J. DOMAT, *Les lois civiles dans leur ordre naturel*, *Oeuvres complètes de J. Domat*, t. I, pp. 313 et s., n° 5 et s.

980 C.-B.-M. TOULLIER, *Le droit civil français, suivant l'ordre du code*, t. 16, par J.-B. DUVERGIER, Jules Renouard (Paris), 1835, p. 293, n° 245.

981 G. BAUDRY-LACANTINERIE et L. SAIGNAT, *Traité théorique et pratique de droit civil*, t. XVII, *De la vente et de l'échange*, L. Larose, 1900, p. 254, n° 286.

est de trop[982]. D'après lui, *« les auteurs du Code ne se sont pas aperçus qu'en empruntant cette définition à Domat (Loix civiles, liv. I, tit. II, sect. 2, n° 5), ils définissaient la tradition translative de la propriété, telle que la pratiquait le droit romain »*, de sorte que *« pour rendre cette définition exacte, il faudrait supprimer le mot "puissance" et ne parler que de la possession, car la vente moderne française ne comporte plus de tradition, acte juridique, valant transfert de propriété, mais bien une simple livraison, acte matériel »*[983]. Pour Laurent, la délivrance ne peut emporter un quelconque transport de puissance de la chose puisque l'acheteur *« en est déjà le maître au moment où la tradition lui est faite »*[984]. D'autres auteurs défendent cette idée en assimilant la puissance au transfert du droit[985]. Troplong perçoit la puissance comme une innovation du Code napoléonien[986]. Enfin, il a pu être proposé de remplacer la puissance par la jouissance pour redéfinir la délivrance comme *« le transport de la chose vendue en la jouissance et possession de l'acheteur »*[987].

Au-delà des errances terminologiques dont est victime l'appellation « puissance » et qui incitent vivement à abandonner ce terme pour définir la délivrance, les définitions suggérées de la puissance n'apportent aucun élément différent de ceux que procurent déjà le transfert de propriété ou la possession. Par ailleurs, la substitution du mot « jouissance » à celui de « puissance » nous semble correcte et souhaitable pour des raisons qui seront livrées ultérieurement[988].

162. Le transfert de la détention : une définition insuffisante de l'obligation de délivrance. Si l'on procède par élimination, à défaut d'être un transfert de puissance et de possession, la délivrance ne serait qu'un transfert de détention[989], ce que défend une importante partie de la doctrine[990]. L'idée de la détention se retrouve à l'article L. 216-1 alinéa 3 du Code de la consommation qui, bien que définissant la livraison et non la délivrance, fait référence à la *« possession*

---

982 M. PLANIOL, *Traité élémentaire de droit civil*, t. II, *op. cit.*, p. 487, n° 1448.

983 *Ibid.*, *loc. cit.*

984 F. LAURENT, *Principes de droit civil français*, t. 24, *op. cit.*, p. 160, n° 158.

985 J. RAYNARD et J.-B. SEUBE, *Droit civil, Contrats spéciaux*, *op. cit.*, p. 153, n° 174.

986 R. T. TROPLONG, *De la vente ou Commentaire du titre VI du livre III du Code Napoléon*, t. 1, 5e éd., C. Hingray (Paris), 1856, p. 348, n° 263.

987 F. LAURENT, *Principes de droit civil français*, t. 24, *op. cit.*, p. 160, n° 158 ; Rappr. L. GUILLOUARD, *Traités de la vente et de l'échange*, t. 1, A. Durand et Pedone-Lauriel (Paris), 1889, p. 228, n° 205.

988 V. *infra* n° 164.

989 V. en ce sens : J. LE BOURG, *La remise de la chose - Essai d'analyse à partir du droit des contrats*, *op. cit.*, p. 130, n° 105.

990 O. BARRET et P. BRUN, *Vente : effets*, Rép. civ. Dalloz, janv. 2020, n° 196 : Pour séparer la délivrance du transfert de la propriété, la doctrine explique que ce dernier porte sur *« la maîtrise de droit exercée par le vendeur sur la chose »*, alors que la première porte sur *« la maîtrise matérielle de la chose, reposant alors sur un acte de fait »* ; L. JOSSERAND, *Cours de droit civil positif français*, t. II, *Théorie générale des obligations - Les principaux contrats du droit civil - Les suretés*, 3e éd., Recueil Sirey (Paris), 1939, p. 646, n° 1084 ; P.-H. ANTONMATTEI et J. RAYNARD, *Droit civil. Contrats spéciaux*, 7e éd., LexisNexis, coll. Manuel, 2013, pp. 157-158, n° 174 ; J.-J. BARBIERI, *Contrats civils, contrats commerciaux*, Masson-A. Colin (Paris), 1995, p. 60 ; A. BÉNABENT, *Droit des contrats spéciaux civils et commerciaux*, 13e éd., L.G.D.J., coll. précis Domat, sous coll. Droit privé, 2019, p. 145, n° 181 ; J.-L. BERGEL, *Les ventes d'immeubles existants*, Litec, 1983, p. 342, n° 471 ; E. LAMAZEROLLES, *Les apports de la convention de Vienne au droit interne de la vente*, préf. P. RÉMY, L.G.D.J., 2003, p. 190, n° 199 ; C. SAINT-ALARY-HOUIN, « Réflexions sur le transfert différé de la propriété immobilière », *in Mélanges offerts à Pierre Raynaud*, Dalloz, 1985, p. 733, n° 25.

physique », c'est-à-dire au *corpus*, élément matériel de la possession, qui correspond à la détention[991]. Comme l'explique justement M. Le Bourg, si l'on suit ce raisonnement alors il faut admettre que la détention ne peut être transférée que par la remise du *corpus*, c'est-à-dire par la tradition[992]. Or, il soutient que cette analyse est contraire à l'article 1607 du Code civil qui permet d'exécuter la délivrance autrement que par la tradition : *« du fait du consentement du vendeur »* pour les droits incorporels.

Si l'obligation de délivrance peut parfois comporter une idée de détention, il reste que cette dernière n'est pas suffisante pour épuiser le concept de délivrance. Par ailleurs, la mutation de la délivrance en une obligation de délivrance conforme montre encore qu'une définition par la détention est insuffisante. Quant à l'idée de transfert, elle peut être remise en question.

163. La remise en question d'un quelconque transport ou transfert par l'obligation de délivrance. Les mots « transport » et « transfert » sont synonymes[993]. L'idée récurrente dans les définitions de ces termes est celle d'un transport d'une chose, d'une personne ou encore d'un élément ou d'une valeur, d'un point vers un autre ou d'une personne à une autre[994].

Or, l'idée de mutation semble pouvoir être remise en question. En ce sens, il faut se reporter à certains écrits qui font référence non pas au transfert de la possession[995], mais à l'abandon de celle-ci[996]. Cette idée est également soutenue par M. Le Bourg qui affirme, tout en confondant le transfert d'un droit, d'un pouvoir et de la chose elle-même[997], que dans la mesure où *« la délivrance peut s'exécuter par le fait de ne pas empêcher l'acheteur de retirer, il n'est pas évident qu'une mutation de pouvoir sur la chose puisse intervenir. L'acheteur est tenu de retirer, c'est donc de son fait que le pouvoir est transmis »*[998]. En effet, le transport ou transfert d'une chose[999] concrète ou abstraite, matérialisable ou non, d'une personne à une autre suppose l'abandon de celle-ci par une personne et la réception[1000] ou l'acceptation de la recevoir par une autre personne. Si l'obligation de délivrance transférait un droit, un pouvoir ou une chose, elle comprendrait à la fois l'abandon et la réception ou l'acceptation de

---

991 N. REBOUL-MAUPIN, *Droit des biens*, *op. cit.*, p. 309, n° 279.

992 J. LE BOURG, *La remise de la chose - Essai d'analyse à partir du droit des contrats*, p. 130, n° 105.

993 D. LE FUR, *Le Robert dictionnaire de synonymes, nuances et contraires*, Le Robert, Library edition, coll. Les usuels, 2011, pp. 1006 et 1008.

994 A. REY, *Le grand Robert de la langue française*, t. 6, 2e éd., Dictionnaires Le Robert - Vuef, 2001, pp. 1403 et 1421 ; P.-E. LITTRÉ, *Littré. Dictionnaire de la langue française*, t. 4, Encyclopaedia Britannica Inc. (Chicago), 1982, pp. 6433-6434 et pp. 6441-6442.

995 L'exemple de la possession a été conservé ici pour rester fidèle aux propos énoncés par les auteurs, mais nous rejetons l'idée de possession conformément à nos propos précédents.

996 Rappr. G. BAUDRY-LACANTINERIE et L. SAIGNAT, *Traité théorique et pratique de droit civil*, t. XVII, *De la vente et de l'échange*, *op. cit.*, p. 256, n° 293 : *« le vendeur doit d'abord abandonner la possession de la chose vendue »* ; V. aussi pour l'utilisation de cet argument : J. LE BOURG, *La remise de la chose - Essai d'analyse à partir du droit des contrats*, *op. cit.*, p. 129, n° 104.

997 Nous réfutons cette confusion.

998 J. LE BOURG, *La remise de la chose - Essai d'analyse à partir du droit des contrats*, *op. cit.*, p. 130, n° 105.

999 Le vocable « chose » s'entend ici au sens courant, c'est-à-dire comme un objet ou une entité.

1000 Le terme « réception » est entendu ici différemment de la réception d'ouvrage : recevoir.

celle-ci[1001]. Or, le vendeur ne peut forcer l'acheteur à accepter le droit, mais seulement lui proposer d'en être le titulaire grâce au contrat. De la même manière, le vendeur ne peut forcer l'acheteur à accepter le pouvoir, mais seulement lui proposer d'en être le titulaire grâce au contrat ou le mettre en mesure de l'exercer. De même encore, alors que l'article 1604 évoque non pas le transport d'un droit ou d'un pouvoir, mais le transport de la chose vendue, le vendeur ne peut forcer l'acheteur à réceptionner la chose, mais seulement le mettre en mesure de la réceptionner ou d'avoir la mainmise sur celle-ci. Le transport requiert donc une manifestation du vendeur et de l'acheteur, que la délivrance ne peut résumer à elle seule.

Par ailleurs, l'article 1608 du Code civil distingue les frais de délivrance à la charge du vendeur (débiteur de l'obligation) des frais d'enlèvement incombant à l'acquéreur (créancier de l'obligation), ce qui paraît bien démontrer la différence entre la délivrance (abandon) et l'enlèvement (réception).

164. Critique de l'insertion d'une obligation de conservation dans l'obligation de délivrance. Le nouvel article 1197 du Code civil (fusion des anciens articles 1136 et 1137) affirme que l'obligation de délivrance de la chose *« emporte obligation de la conserver jusqu'à la délivrance, en y apportant tous les soins d'une personne raisonnable »*. Auparavant, l'obligation de conservation était introduite comme une composante de l'obligation de donner par les anciens articles 1136 et 1137 du Code civil.

Au-delà de la remise en question de la définition fournie par l'article 1604 du Code civil pour les raisons sus-évoquées, le présent article, en ce qu'il développe un autre aspect de la délivrance, vient à son tour remettre en question la définition légale de la délivrance. En effet, le transport de la chose en la puissance et possession de l'acheteur n'envisage aucunement l'aspect « conservatoire » de l'obligation de délivrance. Une telle définition aurait été en tout état de cause insuffisante à couvrir les contours de l'obligation de délivrance.

D'ailleurs, à propos de ce nouvel article, on constate qu'il s'est délesté des références à l'obligation de donner et de livrer[1002], ce qui est plutôt judicieux, car la délivrance entretient des confusions avec de nombreuses notions voisines.

B - L'insuffisance de la définition légale au regard des solutions jurisprudentielles

165. Exigence d'une délivrance conforme. L'observation de la jurisprudence révèle que l'obligation de délivrance du vendeur s'est, comme celle

[1001] V. pour l'aspect dualiste de l'opération de délivrance : J. LE BOURG, *La remise de la chose - Essai d'analyse à partir du droit des contrats*, *op. cit.*, pp. 146-148, n° 118-119 ; V. aussi pour les actions d'enlèvement et de réception qui doivent être réalisée de la part du créancier de l'obligation de délivrance : Avant-projet de réforme du droit des contrats spéciaux, préc., art. 6 et 7 ; P. CHAUVIRÉ, « Présentation de l'avant-projet de réforme du droit des contrats spéciaux de l'Association Henri Capitant », art. cit.

[1002] N. DISSAUX et C. JAMIN, *Réforme du droit des contrats, du régime général et de la preuve des obligations (Ordonnance n° 2016-131 du 10 février 2016), Commentaire des articles 1100 à 1386-1 du Code civil*, *op. cit.*, p. 98.

du bailleur, muée en une obligation de délivrance conforme[1003]. En effet, selon un fameux attendu de la première chambre civile de la Cour de cassation, l'obligation de délivrance exige que le vendeur mette *« à la disposition de l'acquéreur une chose qui correspond en tous points au but recherché par lui »*[1004]. Ainsi, le seul abandon ou délaissement de la chose ne suffit pas à couvrir la délivrance. Cela rejoint l'idée développée par Atias selon laquelle *« il ne suffit pas toujours de dire que la chose livrée doit être conforme à ce qui avait été convenu entre les parties pour échapper à toute condamnation [...] il lui faut parfois aller au-delà. Il doit "mettre à la disposition de l'acquéreur une chose qui corresponde en tout point au but recherché par lui" »*[1005].

166. Des solutions jurisprudentielles similaires à celles consacrées par d'autres systèmes juridiques. Cette exigence de correspondance aux attentes de l'acquéreur se retrouve dans d'autres droits sous des formes extrêmement diverses. Ainsi, le droit européen de la vente de marchandises réglementé par la Convention de Vienne qui ne connaît pas la notion d'obligation de délivrance[1006] a recours à deux obligations : celles de livraison et de conformité[1007]. De la même manière, les droits anglo-saxon et allemand ne consacrent pas la notion d'obligation de délivrance. Ils n'ont d'ailleurs pas non plus la même conception que nous du contrat. Le droit allemand a bien une conception abstraite du contrat, héritée elle aussi du droit romain, mais il confie à la déclaration de volonté un rôle central et recourt à la théorie des attentes légitimes et de la bonne foi[1008]. Au contraire, le

---

[1003] P. MALAURIE, L. AYNÈS et P.-Y. GAUTIER, *Droit des contrats spéciaux*, *op. cit.*, p. 201, n° 237.

[1004] Cass. 1e civ., 20 mars 1989, n° 87-18.517, Bull. civ. I, n° 140, JurisData n° 1989-701599, *D.* 1989, inf. rap., p. 178.

[1005] C. ATIAS, « L'obligation de délivrance conforme », *D.* janv. 1991, n° 1, p. 1.

[1006] P. SCHLECHTRIEM et C. WITZ, *Contrats de vente internationale de marchandises*, Dalloz, 2008, p. 130, n° 184.

[1007] CVIM, art. 30 : *« Le vendeur s'oblige, dans les conditions prévues au contrat et par la présente Convention, à livrer les marchandises, à en transférer la propriété et, s'il y a lieu, à remettre les documents s'y rapportant. »* ; CVIM, art. 31 : *« Si le vendeur n'est pas tenu de livrer les marchandises en un autre lieu particulier, son obligation de livraison consiste : a) lorsque le contrat de vente implique un transport des marchandises, à remettre les marchandises au premier transporteur pour transmission à l'acheteur ; b) lorsque, dans les cas non visés au précédent alinéa, le contrat porte sur un corps certain ou sur une chose de genre qui doit être prélevée sur une masse déterminée ou qui doit être fabriquée ou produite et lorsque, au moment de la conclusion du contrat, les parties savaient que les marchandises se trouvaient ou devaient être fabriquées ou produites en un lieu particulier, à mettre les marchandises à la disposition de l'acheteur en ce lieu ; c) dans les autres cas, à mettre les marchandises à la disposition de l'acheteur au lieu où le vendeur avait son établissement au moment de la conclusion du contrat. »* ; CVIM , art. 35 : *« 1) Le vendeur doit livrer des marchandises dont la quantité, la qualité et le type répondent à ceux qui sont prévus au contrat, et dont l'emballage ou le conditionnement correspond à celui qui est prévu au contrat. 2) A moins que les parties n'en soient convenues autrement, les marchandises ne sont conformes au contrat que si : a) elles sont propres aux usages auxquels serviraient habituellement des marchandises du même type ; b) elles sont propres à tout usage spécial qui a été porté expressément ou tacitement à la connaissance du vendeur au moment de la conclusion du contrat, sauf s'il résulte des circonstances que l'acheteur ne s'en est pas remis à la compétence ou à l'appréciation du vendeur ou qu'il n'était pas raisonnable de sa part de le faire ; c) elles possèdent les qualités d'une marchandise que le vendeur a présentée à l'acheteur comme échantillon ou modèle ; d) elles sont emballées ou conditionnées selon le mode habituel pour les marchandises du même type ou, à défaut du mode habituel, d'une manière propre à les conserver et à les protéger. 3) Le vendeur n'est pas responsable, au regard des alinéas a) à d) du paragraphe précédent, d'un défaut de conformité que l'acheteur connaissait ou ne pouvait ignorer au moment de la conclusion du contrat. »*.

[1008] R. CABRILLAC, *Droit européen comparé des contrats*, *op. cit.*, pp. 21-23, n° 20-23, spéc. n° 21 et pp. 29-32, n° 33-36 ; C. JAUFFRET-SPINOSI, « Les grands systèmes contractuels européens », art. cit. ;

droit anglais a une conception pragmatique du contrat, qui ne repose pas tant sur le lien qui unit les contractants que sur la promesse faite et accorde une place prépondérante à l'*estoppel*[1009].

Pourtant, ces droits obtiennent des solutions similaires à celles du droit français, quant à la nécessité d'une correspondance aux attentes de l'acquéreur.

§ 2 - L'impossible analogie entre l'obligation de délivrance du bailleur et celle du vendeur

167. Silence du Code civil. Si les articles 1719 et 1720, instituant l'obligation de délivrance du bailleur, ont connu depuis leur insertion dans le Code civil, quelques modifications rédactionnelles, celles-ci n'ont pas clarifié la situation de cette obligation. De plus, l'obligation de délivrance, sans que l'on sache vraiment s'il s'agit de celle qui est à la charge du vendeur exclusivement ou de l'obligation de délivrance d'une manière générale est évoquée dans le droit commun des contrats[1010]. La question d'une éventuelle analogie avec la vente s'en voit ainsi renforcée. Par ailleurs, la jurisprudence a édifié une construction particulière de l'obligation de délivrance.

Si l'obligation de délivrance du bailleur ne réalise un quelconque transfert, comme l'obligation de délivrance du vendeur (A), l'analogie entre ces deux obligations se révèle toutefois impossible en ce que celle du bailleur est plus étendue (B).

A - L'absence de réalisation d'un transfert par l'obligation de délivrance du bailleur et du vendeur

168. Distinction historique tardive entre vente et louage et absence d'éléments concernant la délivrance dans le louage. Cette volonté de faire l'analogie entre la vente et le louage est probablement historique en raison de la dissociation tardive entre les contrats de vente et de louage, mais aussi entre les différents types de louage. Dans l'ancien droit, la remise du fonds au preneur ne paraissait manifestement pas nécessaire à la conclusion du contrat, si bien que le contrat ne se formait pas *re* et le caractère consensuel du contrat était accusé par la mention de la *fides* ou la prestation d'un serment[1011]. L'intensité du droit du preneur varie selon les régions, de sorte qu'il se trouve à certains endroits, comme à Toulouse par exemple, opposable à l'acquéreur du fonds, ou à Avignon, garanti

J. BALMACEDA, *La vente de marchandises dans les systèmes de droit civil et de common law. Une étude des droits anglais, chilien et français*, th. Paris I, 2017, pp. 215 et s., n° 240 et s.

1009 R. CABRILLAC, *Droit européen comparé des contrats*, *op. cit.*, pp. 23-26, n° 24-27, spéc. n° 26 et pp. 39-40, n° 41-42 ; C. JAUFFRET-SPINOSI, « Les grands systèmes contractuels européens », art. cit. ; J. BALMACEDA, *La vente de marchandises dans les systèmes de droit civil et de common law. Une étude des droits anglais, chilien et français*, *op. cit.*, pp. 225-226, n° 251.

1010 C. civ., art. 1197 nouv.

1011 P. OURLIAC et J. DE MALAFOSSE, *Histoire du droit privé, 1/ Les obligations*, *op. cit.*, p. 297, n° 272.

avec même une indemnité pour les dommages subis du fait d'une éviction[1012]. C'est dans le contrat de vente que l'obligation de délivrance serait d'abord apparue puisqu'il semble être le premier des contrats consensuels, au point de servir de modèle[1013]. Effectivement, avant que la vente consensuelle remplace la vente-transfert, c'est-à-dire avant que la vente-contrat se substitue à la vente au comptant, l'obligation de délivrance n'avait aucune utilité puisque la vente au comptant était un contrat réel et se réalisait par la remise de la chose[1014].

Par ailleurs, les manuels d'histoire du Droit n'évoquent pas expressément l'obligation de délivrance, mais affirment que les obligations du bailleur étaient sanctionnées par l'*actio conducti* et consistaient à procurer la jouissance de la chose louée[1015]. L'analogie entre la vente et le bail étant souvent rappelée, il est engageant d'assimiler les obligations issues du bail à celles issues de la vente. Si la tentation de rapprocher ces deux contrats est grande, la prudence est cependant de mise. Il semble en effet que si le droit de jouissance était bien protégé en droit romain, les obligations du bailleur n'étaient pas aussi précises et définies que dans notre droit. Ces obligations ne semblaient pas avoir de fondements distincts comme c'est le cas dans notre droit actuel. Seule semblait importer la protection du droit de jouissance, quelle que soit l'obligation violée. De toute évidence, on ne décèle alors que des prémices d'une obligation de délivrance, mais en aucune façon une véritable obligation de délivrance telle que la connaît le droit positif actuellement.

169. L'absence de transfert ou d'octroi du droit de jouissance par l'obligation de délivrance du bailleur. Dans la mesure où il n'est pas contesté que le bail n'emporte aucun transfert de droit de propriété[1016], puisque le locataire n'a pas les prérogatives détenues par le propriétaire[1017] contrairement à l'acquéreur, la question du transfert du droit de propriété par l'obligation de délivrance du bailleur ne se pose pas. En revanche, la question du transfert du droit de jouissance du locataire se pose[1018]. Le principe du transfert de propriété *solo consensu*, tel qu'il était posé par l'ancien article 1138 du Code civil, n'éclaire que la situation de l'obligation de délivrance du vendeur dans la mesure où il visait exclusivement l'obligation de livrer propre à la vente. Or, il nous faut éclaircir celle de l'obligation de délivrance du bailleur. Le nouvel article 1196, qui pose le principe actuel du transfert de propriété *solo contractu*, arbore une formule différente de celle de l'ancien

---

1012 *Ibid.*, *loc. cit.*

1013 J.-L. GAZZANIGA, *Introduction historique au droit des obligations*, *op. cit.*, p. 125.

1014 Sur l'évolution de la vente : P. OURLIAC et J. DE MALAFOSSE, *Histoire du droit privé, 1 / Les obligations*, *op. cit.*, p. 34, n° 23 et pp. 282-284, n° 258.

1015 *Ibid.*, p. 291, n° 265.

1016 J. GHESTIN (dir.) et J. HUET, *Traité de droit civil. Les principaux contrats spéciaux*, *op. cit.*, pp. 685-686, n° 21112 ; P. MALAURIE, L. AYNÈS et P.-Y. GAUTIER, *Droit des contrats spéciaux*, *op. cit.*, p. 368 ; J. RAYNARD et J.-B. SEUBE, *Droit civil, Contrats spéciaux*, *op. cit.*, pp. 232-233, n° 267-270.

1017 Par exemple, il n'a pas l'*abusus*.

1018 V. d'une manière générale sur la conception du contrat comme transfert de droit : M. PÉCHARMAN, « Le contrat comme transfert volontaire de droit, Sur le contrat générique chez Thomas Hobbes », *in* G. LEWKOWICZ (dir.), M. XIFARAS (dir.) *et alii*, *Repenser le contrat*, Dalloz, coll. Méthodes du droit, 2009, p. 39.

article 1138 et étend, selon la doctrine, le principe à d'autres droits, tant réels que personnels[1019]. En sous-entendant la reconnaissance de la propriété des droits, l'article amène à s'interroger quant à la situation du droit du preneur dans la mesure où le contrat de bail confère un droit, mais de façon temporaire et non définitive[1020]. Ce faisant, peut-on affirmer que le contrat de bail rend le locataire propriétaire du droit de jouissance ? Bien au-delà de la controverse relative la nature du droit du preneur, faisant l'objet d'un important débat doctrinal tiraillé entre la reconnaissance du caractère réel du droit du preneur[1021] ou de son caractère personnel (droit de créance)[1022] qui n'est à ce jour toujours pas tranché[1023], bien que la jurisprudence ait eu l'occasion de préciser que le bail ne concédait qu'un droit personnel et mobilier, qu'il s'agisse d'un bail d'habitation[1024] ou commercial[1025], une telle lecture de l'article 1196 pose le problème du caractère temporaire de la titularité du droit du preneur. Compte tenu de cette difficulté, il paraît difficile de raisonner sur le fondement de l'article 1196.

Toutefois, l'idée selon laquelle le bail opère un transfert du droit de jouissance qui se réalise automatiquement et immédiatement, à l'image du transfert de propriété, a été soutenue par un auteur pour justifier que le droit de jouissance du preneur est un droit réel[1026], bien que celui-ci qualifie un tel procédé d'obligation[1027]. À contre-courant, il est défendu que les droits ne sont pas conférés par le contrat, mais sont transférés par la délivrance[1028]. La première idée pourrait être reprise pour démontrer que le transfert du droit de jouissance n'est pas effectué par l'obligation de délivrance. Cependant, cette idée n'est pas si évidente, car elle se heurte à l'adage *res perit debitori* qui maintient les risques à la charge du débiteur[1029].

1019 V. *supra* n° 159.

1020 J. RAYNARD et J.-B. SEUBE, *Droit civil, Contrats spéciaux*, *op. cit.*, p. 232, n° 267-268 ; V. aussi sur la prohibition des baux perpétuels : Cass. 3e civ., 15 déc. 1999, n° 98-10.430, Bull. civ. III, n° 242, JurisData n° 1999-004458, *JCP G* janv. 2000, n° 4, jur. 10236, p. 151, concl. J.-F. WEBER ; *JCP N* mars 2000, n° 13, p. 559, étude M. BILLIAU.

1021 V. pour le soutien de cette idée : R.-T. TROPLONG, *Droit civil expliqué. De l'échange et du louage. Commentaires des Titres VII et VIII du Livre III du Code civil*, t. 1, *op. cit.*, pp. 61-80, n° 4-14 ; V. aussi pour le rejet du caractère réel du droit du preneur : C. AUBERT DE VINCELLES et C. NOBLOT, *Bail*, *op. cit.*, n° 34-35 ; J. DERRUPÉ, *La nature juridique du droit du preneur à bail et la distinction des droits réels et des droits de créance*, th. Toulouse, 1952, pp. 303 et s., n° 262 et s.

1022 V. pour le soutien de cette idée : R.-J. POTHIER, *Traité du contrat de louage selon les règles tant du for de la conscience que du for extérieur*, *op. cit.*, pp. 243-244, n° 261-263.

1023 V. pour un récapitulatif de ce débât : W. DROSS, *Droit civil, Les choses*, *op. cit.*, pp. 259-264, n° 135 et s. ; J. GHESTIN (dir.) et J. HUET, *Traité de droit civil. Les principaux contrats spéciaux*, *op. cit.*, pp. 686-687, n° 21113 ; P. MALAURIE, L. AYNÈS et P.-Y. GAUTIER, *Droit des contrats spéciaux*, *op. cit.*, pp. 373-374, n° 441.

1024 Cass. req., 6 mars 1861, GAJC, 11e éd., n° 255.

1025 La Cour a déclaré que le bail commercial confèrait un droit personnel comportant droit de sous-louer ; J. MONÉGER, N. DAMAS, M. THIOYE et Y. ROUQUET, *Code des baux*, 31e éd., Dalloz, coll. Codes Dalloz Professionnels, 2020, p. 14.

1026 J. DERRUPÉ, *La nature juridique du droit du preneur à bail et la distinction des droits réels et des droits de créance*, *op. cit.*, p. 150, n° 123.

1027 Ce que nous contestons.

1028 J. GHESTIN (dir.) et J. HUET, *Traité de droit civil. Les principaux contrats spéciaux*, *op. cit.*, p. 744, n° 21164.

1029 J. DERRUPÉ, *La nature juridique du droit du preneur à bail et la distinction des droits réels et des droits de créance*, *op. cit.*, p. 150, n° 124-125 ; V. aussi pour cet adage : C. civ., art. 1722.

En réponse à cet argument, il est possible de s'interroger sur le lien établi entre l'effet translatif et la nature du droit. En quoi la nature personnelle du droit empêche-t-elle le transfert de celui-ci ? Pour se persuader que la nature du droit n'interfère pas dans l'effet translatif du contrat, on peut évoquer les cessions de créance ou de dette prévues par le Code civil dans ses articles 1321 et suivants et la cession de contrat visée aux articles 1216 et suivants[1030]. Si l'on peut comprendre que le transfert des risques de la chose soit inhérent à la nature réelle du droit, le transfert des risques ne conditionne pas le transfert du droit. Lorsque le droit est personnel, c'est-à-dire qu'il ne porte pas sur une chose, il n'est pas anormal que les risques de la chose ne soient pas transférés puisque ce n'est pas l'objet du droit. D'ailleurs, l'alinéa 3 de l'article 1196 du Code civil, lorsqu'il évoque le transfert des risques, ne vise que le transfert de propriété et pas le transfert des autres droits. Enfin, cette règle relative au transfert des risques n'est pas d'ordre public, si bien que les parties peuvent y déroger[1031], ce qui conforte notre position. Outre ces arguments, il est possible de justifier cette idée en se positionnant du côté de la protection du droit de jouissance du locataire et spécialement de l'action en exécution de l'obligation de délivrance. Lorsque le preneur n'a pas été mis en jouissance de la chose louée, c'est-à-dire qu'il ne peut exercer son droit de jouissance, il invoque non pas un manquement à l'obligation de jouissance, mais un défaut de délivrance[1032], de sorte qu'il ne semble pas y avoir d'obligation de faire jouir, mais plutôt un droit de jouissance dont la titularité est conférée par le contrat, mais dont l'exécution est permise grâce à l'exécution de l'obligation de délivrance.

Si la reconnaissance de l'effet translatif du bail n'est pas généralisée par la doctrine[1033], il y a *au minimum* l'octroi, la concession ou la constitution d'un droit, celui de jouissance[1034]. À l'instar du contrat de vente, le bail est un contrat consensuel qui se forme dès l'échange des consentements[1035]. La Cour de cassation a aussi précisé à maintes reprises que la promesse de bail valait bail dès lors que les

---

[1030] V. sur ce point : C. LARROUMET et S. BROS, *Traité de droit civil*, t. 3, *Les obligations. Le contrat*, 9e éd., *op. cit.*, pp. 168-171, n° 195-197 ; V. aussi : D. HOUTCIEFF, « De l'effet translatif de la cession du contrat de bail », *Gaz. pal.* juill. 2014, n° 184, p. 19.

[1031] J. DERRUPÉ, *La nature juridique du droit du preneur à bail et la distinction des droits réels et des droits de créance*, *op. cit.*, p. 151, n° 125.

[1032] C. AUBERT DE VINCELLES et C. NOBLOT, *Bail*, *op. cit.*, n° 62-63 et 143 : *« manquant à conférer au preneur la jouissance promise, le bailleur viole alors son obligation de délivrance » ;* Cass. 3e civ., 16 janv. 1980, n° 78-12.389, Bull. civ. III, n° 13, *JCP G* mars 1980, n° 12, jur. p. 120 ; Cass. 3e civ., 28 sept. 2005, n° 04-13.720, Bull. civ. III, n° 175, JurisData n° 2005-029912, *Loyers et copr.* déc. 2005, n° 12, comm. 215, p. 12, note B. VIAL-PEDROLETTI ; *AJDI* déc. 2005, n° 12, p. 901, obs. Y. ROUQUET ; *D.* oct. 2005, n° 36, p. 2480 ; *D.* avr. 2006, n° 14, p. 958, pan. N. DAMAS ; *Gaz. pal.* déc. 2005, n° 363, p. 11 ; *Rev. loyers* déc. 2005, n° 862, p. 573, an. J. PRIGENT.

[1033] V. pour la reconnaissance de l'effet translatif du bail : J. GHESTIN (dir.) et J. HUET, *Traité de droit civil. Les principaux contrats spéciaux*, *op. cit.*, p. 669, n° 20000 ; C. AUBRY et C. RAU, *Cours de droit civil français*, t. 3, *op. cit.*, p. 337, § 363.

[1034] Cass. req., 6 mars 1861, GAJC, 11e éd., n° 255.

[1035] C. AUBERT DE VINCELLES et C. NOBLOT, *Bail*, *op. cit.*, n° 77 ; J. GHESTIN (dir.) et J. HUET, *Traité de droit civil. Les principaux contrats spéciaux*, *op. cit.*, pp. 713-715, n° 21138 ; P. MALAURIE, L. AYNÈS et P.-Y. GAUTIER, *Droit des contrats spéciaux*, *op. cit.*, p. 385, n° 457 ; J. RAYNARD et J. B. SEUBE, *Droit civil, Contrats spéciaux*, *op. cit.*, p. 273, n° 331.

parties s'étaient accordées sur la chose et le prix[1036]. Peu importe qu'il s'agisse d'un transfert ou d'un simple octroi du droit de jouissance, il reste que celui-ci s'opère par le contrat, de sorte que le locataire en est titulaire avant que n'ait lieu la délivrance.

170. L'absence de transfert de possession, de puissance et de détention par l'obligation de délivrance du bailleur. Pour des raisons identiques à celles évoquées précédemment[1037], l'obligation de délivrance du bailleur ne réalise ni transfert de possession ni de puissance, et ne peut se résumer à un transfert de la détention de la chose. Plus encore, c'est l'idée même de mutation (transfert ou transport) qu'elle n'est pas apte à recouvrir. En ce sens encore, elle se rapproche de l'obligation de délivrance du vendeur, mais ce rapprochement s'arrête ici, car leur étendue diffère.

B - L'étendue plus large de l'obligation de délivrance du bailleur

171. Délivrance en bon état de réparations de toute espèce. L'article 1720 du Code civil qui fait directement suite à l'article 1719 et qui n'est pas non plus d'ordre public vient préciser, dans son premier alinéa, les conditions dans lesquelles doit se faire la délivrance[1038]. Il indique que *« le bailleur est tenu de délivrer la chose en bon état de réparations de toute espèce »*. L'article de la loi du 6 juillet 1989 aggrave cette obligation en ce qu'il exige au bailleur qui loue un logement d'habitation de délivrer *« les équipements mentionnés au contrat de location en bon état de fonctionnement »*[1039]. Le bailleur est tenu d'une obligation de délivrance plus étendue que celle du vendeur qui n'est obligé que de délivrer la chose dans l'état où elle se trouve[1040].

172. Illustration comparative de la délivrance d'une chose vendue et d'une chose louée contenant de l'amiante. La jurisprudence offre également un exemple topique de la divergence d'étendue entre l'obligation de délivrance du vendeur et celle du bailleur. À ce titre, il convient de faire le rapprochement entre deux arrêts relatifs à la délivrance d'une chose contenant de l'amiante dans le cadre

---

1036 Cass. 3e civ., 7 avr. 1976, n° 74-14.507, Bull. civ. III, n° 138 ; Cass. 3e civ., 20 mai 1992, n° 90-21.109, Bull. civ. III, n° 152, JurisData n° 1992-001825, *JCP G* juill. 1992, n° 31, somm. 2035, p. 23 ; *Gaz. pal.* nov. 1992, n° 318-319, pan. p. 259 ; Cass. 3e civ., 28 mai 1997, n° 95-17.953, Bull. civ. III, n° 116, JurisData n° 1997-002333, *CCC* août-sept. 1997, n° 7, comm. 131, p. 8, obs. L. LEVENEUR ; *LPA* avr. 1998, n° 41, p. 17, note C.-H. GALLET ; *D.* juill. 1997, n° 24, p. 141.

1037 V. *supra* n° 160-162.

1038 C. AUBERT DE VINCELLES et C. NOBLOT, *Bail, op. cit.*, n° 149 ; M.-P. DUMONT-LEFRAND, *Bail commercial, op. cit.*, n° 209 ; J. GHESTIN (dir.) et J. HUET, *Traité de droit civil. Les principaux contrats spéciaux, op. cit.*, p. 743, n° 21163 ; P. MALAURIE, L. AYNÈS et P.-Y. GAUTIER, *Droit des contrats spéciaux, op. cit.*, pp. 409-410, n° 475 ; J. RAYNARD et J.-B. SEUBE, *Droit civil, Contrats spéciaux, op. cit.*, p. 278, n° 342.

1039 P. MALAURIE, L. AYNÈS et P.-Y. GAUTIER, *Droit des contrats spéciaux, op. cit.*, p. 411, n° 475.

1040 J. DERRUPÉ, *La nature juridique du droit du preneur à bail et la distinction des droits réels et des droits de créance, op. cit.*, p. 149, n° 122 ; J J. LE BOURG, *La remise de la chose - Essai d'analyse à partir du droit des contrats, op. cit.*, pp. 227-228, n° 181 ; J. RAYNARD et J.-B. SEUBE, *Droit civil, Contrats spéciaux, op. cit.*, p. 278, n° 342.

d'un contrat de vente et d'un contrat de bail. Alors que le vendeur ne manque pas à son obligation de délivrance lorsque le bien vendu contient de l'amiante en l'absence de clause mentionnant spécifiquement un engagement à délivrer un immeuble exempt d'amiante[1041], le bailleur ne remplit pas entièrement son obligation de délivrance lorsque le bien loué contient de l'amiante même en présence d'une clause de transfert des travaux de désamiantage[1042].

Irréductible à l'obligation de délivrance dans la vente, l'obligation de délivrance dans le bail commercial l'est aussi à des notions voisines.

1041 Cass. 3e civ., 23 sept. 2009, n° 08-13.373, Bull. civ. III, n° 204, JurisData n° 2009-049550, *D.* oct. 2009, n° 35, p. 2343, obs. G. FOREST ; *JCP N* déc. 2009, n° 50, comm. 1332, p. 15, obs. L. LEVENEUR.

1042 Cass. 3e civ., 2 juill. 2003, n° 01-16.246, Bull. civ. III, n° 141, JurisData n° 2003-019712, *Loyers et copr.* oct. 2003, n° 10, comm. 201, p. 16, note P.-H. BRAULT et P. PEREIRA-OSOUF ; *RDI* nov. 2003, n° 6, p. 557, obs. F.-G. TRÉBULLE ; *AJDI* nov. 2003, n° 11, p. 751, obs. Y. ROUQUET ; *Gaz. pal.* mai 2004, n° 139, p. 9, obs. H. CAUSSE ; *Gaz. pal.* oct. 2003, n° 291, p. 18, note P.-H. BRAULT ; *LPA* oct. 2004, n° 203, p. 5, chron. M. CHAGNY, H. CLARET, V. FORRAY, G. PAISANT, S. PIMONT et G. PIGNARRE ; *Rev. loyers* oct. 2003, n° 840, p. 501, an. C. QUÉMENT.

Section 2 - La comparaison avec le contenu de notions voisines

173. Extension de la comparaison aux notions proches. La comparaison doit être menée entre l'obligation de délivrance dans le bail commercial et des notions proches avec lesquelles elle pourrait être confondue, et ce d'autant plus que son autonomie a été parfois critiquée par la doctrine[1043]. Dès lors, comment l'obligation de délivrance se différencie-t-elle de ses notions voisines ?

Les notions sont voisines soit parce qu'elles sont similaires (§ 1), soit parce qu'elles sont complémentaires (§ 2).

§ 1 - Les notions similaires

174. Des notions synonymes se servant parfois de définitions mutuelles. Il s'agit de notions qui se recoupent avec l'obligation de délivrance soit parce qu'elles sont parfois utilisées comme synonymes, soit parce qu'elles se servent mutuellement de définitions.

Parmi ces notions similaires, on compte naturellement la livraison (A), la remise (B), la mise à disposition (C) et la conformité (D).

A - La livraison

175. Obligation de délivrance et obligation de livrer. La première confusion concerne l'obligation de délivrance et l'obligation de livrer. Celle-ci est entretenue par l'absence de définition légale satisfaisante de l'une et de l'autre ainsi que par la polysémie de la dernière. En effet, selon les textes, l'obligation de livrer ne semble pas toujours recouvrir la même teneur.

Dans le bail, au-delà de l'analyse purement textuelle de l'article 1719, le législateur du Code civil, dans ses travaux préparatoires, assimile le fait de délivrer la chose louée à celui de livrer la chose louée[1044]. Les codificateurs semblent vouloir les amalgamer, d'autant qu'en matière de louage de choses, le Code civil n'emploie pas, dans ses articles même, les termes « livraison » ou « livrer ».

Dans la vente, même si les références à l'obligation de livrer des anciens articles 1136 et 1138 du Code civil ont disparu, l'article 1582 définit toujours la vente comme *« une convention par laquelle l'un s'oblige à livrer une chose, et l'autre à la payer »*. De plus, l'article 1583 du même code fait référence à la livraison, tout comme l'article 1601-2 le fait à propos de la vente à terme d'immeubles à construire. Le droit spécial de la vente internationale de marchandises et le droit de la consommation entretiennent cette confusion en instaurant une obligation de

[1043] V. *supra* n° 14.

[1044] P.-A. FENET, *Recueil complet des travaux préparatoires du Code civil*, t. 14, *op. cit.*, pp. 324-325.

livraison[1045]. Enfin, les termes « livrer » et « délivrer » sont très proches tant d'un point de vue terminologique qu'étymologique[1046].

Pour éviter la confusion, la logique voudrait que l'on s'en remette aux travaux préparatoires du Code civil, mais ces derniers renforcent l'imbroglio de ces notions en affirmant, à propos de l'article 1603, que *« le vendeur a deux principales obligations : il doit livrer la chose ; il doit la garantir »*[1047]. Une telle formule sous-entend un enchevêtrement des deux termes. Or, l'article 1603 dans sa rédaction officielle emploie le terme « délivrer » et non « livrer ». À l'image de ces travaux, une partie de la doctrine utilise de façon synonyme les deux verbes[1048]. C'est notamment le cas dans l'avant-projet de réforme du droit des obligations dirigé par Catala[1049]. Mais cette analyse ne fait pas l'unanimité. Pour un auteur, il y a *« deux espèces de livraisons (la livraison fictive ou tradition de droit, qui s'opère par le consentement même, et la livraison réelle ou tradition de fait), et [...] la première n'est définitivement rien autre chose que la convention même, ou du moins la conséquence immédiate de cette convention »*[1050]. Son idée revient à admettre que *« la convention de transférer la propriété d'une chose individuellement déterminée* - qui correspond en fait à l'obligation de donner visée dans l'ancien article 1136 du Code civil et à l'obligation de livrer évoquée par l'ancien article 1138 dudit code - *crée de plein droit deux obligations : celle de faire livraison de la chose, et celle de la conserver jusqu'à cette livraison »*[1051]. L'obligation de livraison ne serait, selon lui, que celle de l'ancien article 1136 et se distinguerait de l'obligation de livrer des articles 1582 et 1138 ancien qui serait en réalité non pas une obligation, mais une convention de transférer la propriété. Puis, dans un autre tome de l'ouvrage, ce même auteur ne s'attache pas à différencier l'obligation de délivrance de l'obligation de livraison, mais affirme que la tradition, qu'il a dans le tome sus-cité assimilée à la livraison, est un acte d'accomplissement de l'obligation de délivrance[1052]. Ce raisonnement

---

[1045] CVIM, art. 30-31 ; C. consom., art. L. 216-1, L. 216-2, L. 216-5, L. 217-4 al. 1er, L. 217-7 al. 1er et L. 217-12.

[1046] D. LE FUR, *Le Robert dictionnaire de synonymes, nuances et contraires*, *op. cit.*, pp. 258-598 ; E. LITTRÉ, H. WALTER et G. ROUSSINEAU, *Littré étymologies : Dictionnaire étymologique*, *op. cit.*, pp. 112 et 274-275 ; En complément de l'article 1582, il faut pour bien comprendre la confusion se référer à l'ancien article 1136 du Code civil selon lequel *« l'obligation de donner emporte celle de livrer la chose et de la conserver jusqu'à la livraison, à peine de dommages et intérêts envers le créancier »* et l'ancien article 1138 du même code affirmant que *« l'obligation de livrer la chose est parfaite par le seul consentement des parties contractantes »*.

[1047] P.-A. FENET, *Recueil complet des travaux préparatoires du Code civil*, t. 14, *op. cit.*, p. 159.

[1048] G. BAUDRY-LACANTINERIE et L. BARDE, *Traité théorique et pratique de droit civil*, t. XII, *Des obligations*, 3e éd., L. Larose & L. Tenin, 1906, p. 410, n° 363 : cet auteur estime que la définition posée par l'article 1604 du Code civil devrait être généralisée à toutes les conventions faisant naître une obligation de livrer ; H., L. et J. MAZEAUD, *Leçons de droit civil*, t. 3, Montchrestien, 6e éd., 1984, p. 934 ; C. LARROUMET et S. BROS, *Traité de droit civil*, t. 3, *Les obligations. Le contrat*, 9e éd., *op. cit.*, pp. 166-167, n° 191 : l'idée de ces auteurs, selon laquelle *« il n'y a qu'une obligation de livrer indépendante, qui est indépendante du transfert de la propriété, lequel a lieu dès la conclusion du contrat et avant toute remise de la chose »*, amène à déduire une assimilation de l'obligation de délivrer à celle de livrer.

[1049] L. LEVENEUR et H. LECUYER, « Exécution des obligations (art. 1152 à 1156-2) », *in* P. CATALA *et alii*, Rapp. Avant-projet de réforme du droit des obligations (Articles 1101 à 1386 du Code civil) et du droit de la prescription (Articles 2234 à 2281 du Code civil), préc., p. 50.

[1050] V.-N. MARCADÉ, *Explication théorique et pratique du Code Napoléon*, t. 4, *op. cit.*, p. 401, n° 479.

[1051] *Ibid.*, *loc. cit.*

[1052] *Ibid.*, p. 264, n° VI.

est soutenu par un autre auteur[1053]. Il a également été affirmé par une autre partie de la doctrine que la délivrance est une espèce d'un genre plus large constitué par l'obligation de livrer, de sorte que l'article 1582 du Code civil retrouve sa cohérence et que la délivrance peut ainsi se différencier de l'obligation de livrer, sans expliquer toutefois en quoi elle s'en différencierait[1054]. Il a encore pu être soutenu que la livraison tient *« dans la remise matérielle d'un bien meuble à l'acheteur, remise qui n'incombe pas, en principe, au vendeur »* tandis que la délivrance *« consiste simplement à mettre la chose à la disposition de l'acheteur »*[1055]. En droit international de la vente de marchandises, la livraison consiste *« à remettre les marchandises au premier transporteur pour transmission à l'acheteur »* ou à *« à mettre les marchandises à la disposition de l'acheteur »*[1056]. En droit de la vente d'immeubles à construire, la livraison est perçue comme une composante de l'obligation de délivrance, au même titre que l'obligation d'édifier l'immeuble[1057]. Quant au droit de la consommation, l'article L. 216-1 alinéa 3 du Code de la consommation définit la livraison comme un *« transfert au consommateur de la possession physique ou du contrôle du bien »*. Au sein de la doctrine, les avis sont partagés. Pour certains juristes la délivrance ne s'identifie pas à la livraison de la chose qui est purement matérielle[1058], si bien que la délivrance consisterait *« en la dessaisine de la chose par le vendeur »* alors que la livraison serait la *« remise matérielle de la chose chez le destinataire »*[1059].

Il est bien difficile d'affirmer que ces deux notions - obligations de délivrance et de livrer - sont différentes ou identiques. M. Le Bourg s'est essayé à l'exercice[1060] et nous reprendrons ses arguments à quelques détails près. Selon ses conclusions, l'obligation de livrer est *« l'obligation générale du vendeur, comprenant la délivrance, mais*

1053 A.-E. BOUVIER-BANGILLON, *De la tradition considérée comme mode translatif de propriété en Droit romain et dans l'Ancien droit français - De la transmission de la propriété par l'effet des conventions en droit français actuel*, th. Paris, F. Pichon, 1877, p. 128 : *« obligation de livrer signifie, selon nous, faire tradition »*.

1054 F. COLLART-DUTILLEUL et P. DELEBECQUE, *Contrats civils et commerciaux*, 10e éd., Dalloz, coll. Précis, 2015, p. 219, n° 226 ; J. LE BOURG, *La remise de la chose - Essai d'analyse à partir du droit des contrats*, *op. cit.*, p. 125, n° 101.

1055 O. BARRET et P. BRUN, *Vente : effets*, *op. cit.*, n° 196.

1056 CVIM, art. 31 ; J.-D. AKPACA, *La livraison de marchandises dans les contrats internationaux de vente, de transport et d'assurance*, th. Aix-Marseille, 1992, p. 44, n° 15 ; J. BALMACEDA, *La vente de marchandises dans les systèmes de droit civil et de common law. Une étude des droits anglais, chilien et français*, *op. cit.*, p. 267, n° 281 ; M. FAHIM NIA, *Les obligations de livraison et de conformité du vendeur dans les contrats de vente internationale de marchandises : (étude comparative de la Convention de Vienne du 11 avril 1980 et du droit français des ventes internes)*, th. Paris I, 2011 ; SA'ED ABDUL HAFEZ AL-MUHTASEB, *L'obligation de conformité dans le contrat de vente internationale : étude comparée du droit français, du droit jordanien et de la CVIM*, th. Strasbourg, 1999 ; P. SCHLECHTRIEM et C. WITZ, *Contrats de vente internationale de marchandises*, *op. cit.*, pp. 129 et s., n° 181 et s.

1057 D. SIZAIRE et J.-P. TRICOIRE, *Vente d'immeubles à construire. - Régime général. - Dispositions communes à la vente à terme et à la vente en l'état futur d'achèvement*, J.-Cl. Construction - Urbanisme, Fasc. n° 82-20, janv. 2014, n° 7-52 ; O. TOURNAFOND, *Vente d'immeuble à construire*, Rép. civ. Dalloz, mars 2004, n° 151 ; O. TOURNAFOND, *L'obligation de délivrance dans la vente d'immeuble à construire, Contribution à l'étude de la responsabilité des vendeurs*, *op. cit.*, p. 18, n° 13.

1058 P.-H. ANTONMATTEI et J. RAYNARD, *Droit civil. Contrats spéciaux*, *op. cit.*, pp.157-158, n°174 ; *Adde* J. GHESTIN (dir.) et J. HUET, *Traité de droit civil. Les principaux contrats spéciaux*, *op. cit.*, p. 213, n° 11239 : *« il importe de ne pas confondre la délivrance et la livraison »*.

1059 A. BÉNABENT, *Droit des contrats spéciaux civils et commerciaux*, 13e éd., *op. cit.*, p. 145, n° 181 ; J. LE BOURG, *La remise de la chose - Essai d'analyse à partir du droit des contrats*, *op. cit.*, p. 123-128, n° 101-102.

1060 J. LE BOURG, *La remise de la chose - Essai d'analyse à partir du droit des contrats*, *op. cit.*, p. 126, n° 102.

également la garantie de la chose » et la livraison *« correspond à l'acheminement de la chose du vendeur vers l'acheteur et doit être nécessairement prévue par les parties »*[1061]. Il faut reconnaître que la formulation de l'article 1603 établissant les *« deux obligations principales »* du vendeur incite à ériger l'obligation de livrer de l'article 1582 comme une espèce générale, comprenant des sous-espèces. La cohérence intellectuelle incite également à la percevoir ainsi[1062]. Toutefois, l'observation de la jurisprudence montre que les manquements du vendeur à ses obligations sont retenus pour défaut de délivrance, pour éviction ou pour vices cachés, mais pas pour absence de livraison au sens de l'article 1582, comme si cette obligation n'existait pas ou n'était pas autonome. D'ailleurs, l'avant-projet de réforme du droit des contrats spéciaux a totalement abandonné cette formule pour la remplacer par une autre - celle du transfert d'un droit réel - qui rend la définition de la vente plus compréhensible et cohérente[1063]. Pour nous, l'obligation de livrer est bien distincte de l'obligation de délivrance, mais elle est surtout inutile en l'état. L'existence des notions de transfert de propriété, d'obligations de délivrance et de garantie est suffisante.

176. Obligation de délivrance et livraison. Quant à la livraison, l'auteur sus-cité la différencie de l'obligation de délivrance à l'appui d'un attendu de la chambre commerciale de la Cour de cassation selon lequel la livraison se définit comme *« l'opération par laquelle le transporteur remet la marchandise à l'ayant droit qui l'accepte »*[1064]. Il nous semble effectivement logique d'appréhender la livraison, en droit commun de la vente, non comme une obligation, mais comme une opération matérielle d'acheminement de la chose par le vendeur ou un intermédiaire et de réception de cette chose par l'acheteur. Le premier aspect de la livraison serait ainsi une modalité d'exécution de l'obligation de délivrance des choses transportables exclusivement. En droit consumériste, la livraison semble également se distinguer de l'obligation de délivrance : mélange d'une sous-espèce de la délivrance et de modalité d'exécution. Enfin, le droit de la construction semble lui aussi reconnaître la livraison comme une sous-espèce de la délivrance. La seule synonymie que l'obligation de délivrance peut entretenir avec la livraison se situe dans le cadre de la vente internationale de marchandises, comme l'a démontré M. Le Bourg, car elle recouvre seulement le dessaisissement de la chose et n'englobe pas la réception de cette chose[1065].

177. Comparaison avec les obligations de livraison et de conformité dans la vente internationale de marchandise. Comme nous l'avons déjà indiqué, le droit européen de la vente de marchandises ne connaît pas la notion d'obligation

---

1061 *Ibid.*, p. 127, n° 102.

1062 V. sur ce point : *Ibid.*, p. 125, n° 101.

1063 Avant-projet de réforme du droit des contrats spéciaux, préc., art. 12.

1064 J. LE BOURG, *La remise de la chose - Essai d'analyse à partir du droit des contrats*, *op. cit.*, p. 126, n° 102 ; V. aussi sur l'idée de transport la thèse suivante : R. HERRO, *Vente et transport : Indépendance ou interdépendance ?*, préf. P. DELEBECQUE, PUAM, 2011, p. 168, n° 295.

1065 J. LE BOURG, *La remise de la chose - Essai d'analyse à partir du droit des contrats*, *op. cit.*, p. 126, n° 102.

de délivrance[1066], mais a recours à deux obligations : celles de livraison et de conformité[1067]. Partant, il est légitime de se demander si l'obligation de délivrance du bailleur de locaux commerciaux ne pourrait pas se décomposer en une obligation de livraison et une obligation de conformité, à l'image des obligations qui pèsent sur le vendeur international de marchandises. Autrement dit, pourrait-on se passer de l'obligation de délivrance dans le droit des baux commerciaux ? Nous démontrerons précisément que s'il peut paraître séduisant de décomposer l'obligation de délivrance du bailleur selon les obligations du vendeur international de marchandises, il reste que l'impossible rapprochement entre la mise à disposition - prestation que nous avons dégagée de l'obligation de délivrance[1068] - et l'obligation de livraison fait échec à cette idée.

En réalité, la notion de délivrance était bien présente à l'origine, mais a été abandonnée par la CNUDCI puisque ce terme apparaît dans le projet de Convention sur les Contrats de Vente Internationale de Marchandises[1069]. Cet abandon s'est fait au profit de deux obligations de livraison et de conformité. Comme nous l'avons déjà signalé, en droit international de la vente de marchandises, la livraison consiste *« à remettre les marchandises au premier transporteur pour transmission à l'acheteur »* ou à *« à mettre les marchandises à la disposition de l'acheteur »*[1070]. Conformément à nos idées précédentes, la notion de livraison sous-tend l'idée d'un acheminement ou d'un transport de la chose[1071], idée qui calque parfaitement à la vente internationale de marchandises puisqu'il s'agit de meubles[1072]. Et, lorsque les marchandises ne sont pas à acheminer, mais doivent seulement être retirées par l'acheteur, la livraison devient une mise à disposition. Cela revient, pour nous, à déformer le concept de livraison pour le calquer à une réalité pratique qu'il ne recouvre pas dans son sens originel. La notion de livraison est adaptée aux meubles parce qu'ils sont transportables, mais se révèle inadaptée aux immeubles parce qu'ils ne le sont pas. En ce cens, le concept d'obligation de délivrance qui comprend une mise à disposition de la chose paraît bien plus approprié aux choses immobilières qui ne peuvent se mouvoir. La mise à disposition est une catégorie hiérarchiquement au-dessus de la livraison et non l'inverse comme le présente la convention sur la vente internationale de marchandises.

Selon nous, cette discordance s'explique par le remplacement de la délivrance par la livraison[1073]. En conservant l'obligation de délivrance, la convention sur la vente internationale de marchandises utilisait de façon logique la mise à disposition,

---

1066 P. SCHLECHTRIEM et C. WITZ, *Contrats de vente internationale de marchandises*, *op. cit.*, p. 130, n° 184.

1067 CVIM, art. 30.

1068 V. *supra* n° 135 et s.

1069 Commentaire sur le projet de Convention sur les Contrats de Vente Internationale de Marchandises, établi par le Secrétariat, art. 28 et s., https://www.uncitral.org/pdf/french/texts/sales/cisg/a-conf-97-5-f.pdf.

1070 CVIM, art. 31.

1071 V. *supra* n° 175-177.

1072 R. HERRO, *Vente et transport : indépendance ou interdépendance ?*, *op. cit.*, p. 168, n° 295.

1073 V. en ce sens : Commentaire sur le projet de Convention sur les Contrats de Vente Internationale de Marchandises, établi par le Secrétariat, art. 28 et s., préc.

mais avec le remplacement de la délivrance par la livraison, le recours à la mise à disposition devient incohérent.

178. Comparaison avec la livraison de l'immeuble en droit de la construction. Par ailleurs, le recours à la notion de livraison risquerait de créer une confusion en raison de son utilisation particulière en droit de la construction. En droit de la vente d'immeubles à construire, la livraison est perçue comme une composante de l'obligation de délivrance, au même titre que l'obligation d'édifier l'immeuble[1074] et qui correspond au parachèvement de l'ouvrage et qui se distingue de l'achèvement et de la réception[1075]. L'utilisation de ce terme polysémique engendre un grand risque de confusion et s'avère manifestement inappropriée.

B - La remise

179. Obligation de délivrance et remise de la chose. La seconde confusion est celle qui règne entre la délivrance et la remise de chose. Tantôt, la délivrance est définie comme une remise de chose[1076]. Tantôt, elle correspondrait à *« la remise du bien vendu à la disposition de l'acheteur pour qu'il en prenne livraison »*, au motif que la définition du code ne s'accorde pas avec le principe du transfert immédiat de la propriété, énoncé par l'article 1583, le vendeur n'étant, dès lors, plus que le détenteur de la chose vendue[1077]. Ainsi que l'a défendu M. Le Bourg dans sa thèse spécialement dédiée à la thématique de la remise de chose, la remise serait un *« acte juridique bilatéral »* défini comme *« la combinaison de deux mouvements : l'un est celui du tradens, la mise à disposition du bien, l'autre est celui de l'accipiens, l'enlèvement du bien »*, qui se distingue de l'obligation de délivrance comprenant seulement le premier élément de la remise[1078]. La mise à disposition serait plus apte à traduire cette idée[1079]. D'ailleurs, le mélange observé chez certains par l'expression *« la remise du bien vendu à la disposition »* en est un signe. Du point de vue du Code civil, la remise n'est pas évoquée dans les dispositions relatives au louage de choses, mais la doctrine emploie ce terme comme une modalité d'accomplissement de l'obligation de délivrance[1080], à l'image des dispositions relatives à la vente.

Doit-on traiter ces notions séparément ou les confondre en matière de bail ? Pour répondre à cette question, le plus naturel serait d'en faire l'analogie avec la

---

1074 D. SIZAIRE et J.-P. TRICOIRE, *Vente d'immeubles à construire. - Régime général. - Dispositions communes à la vente à terme et à la vente en l'état futur d'achèvement*, *op. cit.*, n° 7-52 ; O. TOURNAFOND, *Vente d'immeuble à construire*, *op. cit.*, n° 151 ; O. TOURNAFOND, *L'obligation de délivrance dans la vente d'immeuble à construire*, *op. cit.*, p. 18, n° 13.

1075 P. MALINVAUD (dir.) *et alii*, *Droit de la construction 2018/2019*, 7e éd., Dalloz, coll. Dalloz Action, 2018-2019, p. 2015, n° 532.31.

1076 P. VEAUX-FOURNERIE et D. VEAUX, *Typologie des obligations*, *op. cit.*, n° 33.

1077 O. BARRET et P. BRUN, *Vente : effets*, *op. cit.*, n° 95.

1078 J. LE BOURG, *La remise de la chose - Essai d'analyse à partir du droit des contrats*, *op. cit.*, pp. 495, n° 391.

1079 V. sur la distinction entre la remise de chose et la mise à disposition : J. LE BOURG, *La remise de la chose - Essai d'analyse à partir du droit des contrats*, *op. cit.*, pp. 138-140, n° 112.

1080 C. QUÉMENT, *Bail commercial. - Obligations des parties*, *op. cit.*, n° 5 ; J. GHESTIN (dir.) et J. HUET, *Traité de droit civil. Les principaux contrats spéciaux*, *op. cit.*, p. 740, n° 21161.

vente, au moins pour les définir, puisqu'en cette matière, le Code civil emploie ces termes dans des articles différents, ce qui suppose que leurs définitions soient aussi différentes. Conformément à nos déductions précédentes[1081], l'obligation de délivrance doit se distinguer de la remise, de la mise à disposition et de la livraison. Et, l'obligation de mise à disposition est bien insuffisante pour regrouper l'ensemble des obligations du bailleur.

180. Modalités d'exécution. À ce sujet, les articles 1605, 1606 et 1607 du Code civil expliquent les différentes manières dont peut s'exécuter l'obligation de délivrance en fonction du type de la chose qui est vendue. Sont ainsi évoqués les modes d'exécution de l'obligation de délivrance[1082]. Selon ces articles, elle peut donc se réaliser par la remise des clés ou des titres de propriété s'il s'agit d'un immeuble, par la remise de la chose elle-même s'il s'agit d'un meuble ou par la remise des clés du bâtiment dans lequel se trouve le meuble et enfin, par la remise des titres ou l'usage que l'acquéreur fait du consentement du vendeur lorsqu'il s'agit de droits incorporels. Bien que le concept de remise englobe deux actions[1083], il contribue à l'exécution de l'obligation de délivrance dans son élément premier.

Le rapprochement opéré par certains auteurs entre la *traditio*, la *mancipatio* ou *l'in jure cessio* et l'obligation de délivrance[1084] semble incorrect : ces formes romaines sont au mieux des formes primitives d'une délivrance matérielle, mais ne paraissent pas coïncider avec l'obligation de délivrance actuelle.

C - La mise à disposition

181. Obligation de délivrance et mise à disposition : lien avec la prestation de mise à disposition. Une autre confusion est celle que la délivrance entretient avec la mise à disposition. Alors que l'expression de « mise à disposition » n'est pas légale, on la retrouve fréquemment en droit des contrats, souvent associée à la délivrance en ce que les deux se servent de définitions mutuelles. La mise à disposition est souvent utilisée pour définir l'obligation de délivrance[1085]. Un auteur prétend même que les obligations du bailleur (délivrance, entretien, jouissance paisible, garantie) peuvent se regrouper *« en une seule et même obligation : celle de mettre le bien à la disposition du preneur »*[1086].

Quelques travaux doctrinaux ont suggéré des définitions de la mise à disposition. Elle correspondrait à *« la délivrance d'un bien ou* [un] *mode* [de] *constitution de garantie »*[1087]. Son minimum irréductible devrait *« permettre au créancier d'exercer*

1081 V. *supra* n° 175 et s.

1082 P. MALAURIE, L. AYNÈS et P.-Y. GAUTIER, *Droit des contrats spéciaux*, *op. cit.*, p. 201, n° 238 ; J. RAYNARD et J.-B. SEUBE, *Droit civil, Contrats spéciaux*, *op. cit.*, pp. 161-162, n° 182.

1083 V. *supra* n° 179.

1084 V. *supra* n° 13.

1085 V. *supra* n° 10-11.

1086 J. LE BOURG, *La remise de la chose - Essai d'analyse à partir du droit des contrats*, *op. cit.*, p. 231, n° 183.

1087 N. DECOOPMAN, « La notion de mise à disposition », *RTD civ.* avr.-juin 1981, n° 4, p. 300.

certaines prérogatives sur le bien qui en est l'objet »[1088]. Le concept de mise à disposition d'une chose pourrait encore être un mode de concéder un pouvoir sur une chose[1089]. Bien plus récemment, il a été soutenu qu'elle s'apparenterait à une licence d'utilisation, soit une autorisation d'utilisation[1090].

Cependant, au regard de l'évolution de la délivrance en une obligation de délivrance conforme, il paraît incorrect de la limiter à la mise à disposition de la chose, car cette dernière ne recouvre pas l'idée de conformité[1091]. Si la mise à disposition peut représenter une facette de l'obligation de délivrance, il reste qu'elle n'en est qu'une prestation.

D - La conformité

182. Obligation de délivrance et obligation de conformité : lien avec la prestation de mise en état. Alors que l'obligation de délivrance du bailleur correspond dans l'une de ses composantes à la mise en état conforme de la chose louée[1092], elle semble calquer sous cet aspect à l'obligation de conformité qui pèse sur le vendeur dans le cadre de la vente internationale de marchandises. Cette obligation de conformité réside dans les conditions auxquelles doivent répondre la marchandise qui reposent principalement sur la volonté des parties et, à défaut, sur des règles supplétives, mais aussi sur la disponibilité juridique de ces marchandises[1093].

183. Structure duale de l'obligation de délivrance du bailleur. Dans la mesure où l'obligation de délivrance qui pèse sur le bailleur arbore une structure duale en ce qu'elle se compose à la fois d'une mise à disposition de la chose louée et d'une mise en état conforme de cette chose, et où l'obligation de livraison ne peut recouvrir la première composante, il ne semble pas possible de substituer ou de dissocier l'obligation de conformité à l'obligation de délivrance du bailleur.

§ 2 - Les notions complémentaires

184. Association dans la mise en œuvre de l'obligation de jouissance. Ces notions répondent à des définitions sensiblement différentes de l'obligation de

---

[1088] C. REGNAULT-MOUTIER, *La notion d'apport en jouissance*, préf. J. PRIEUR, L.G.D.J., 1994, p. 13, n° 11.

[1089] J. LE BOURG, *La remise de la chose - Essai d'analyse à partir du droit des contrats*, *op. cit.*, p. 138, n° 111.

[1090] S. COUDERT-PIATKOWSKI, *La mise à disposition d'une chose*, th. Montpellier, 2016, p. 187, n° 339.

[1091] V. *supra* n° 57 et s.

[1092] V. *supra* n° 141 et s.

[1093] J. BALMACEDA, *La vente de marchandises dans les systèmes de droit civil et de common law. Une étude des droits anglais, chilien et français*, *op. cit.*, pp. 268-269 et s., n° 282-283 ; M. FAHIM NIA, *Les obligations de livraison et de conformité du vendeur dans les contrats de vente internationale de marchandises : (étude comparative de la Convention de Vienne du 11 avril 1980 et du droit français des ventes internes)*, *op. cit.* ; SA'ED ABDUL HAFEZ AL-MUHTASEB, *L'obligation de conformité dans le contrat de vente internationale : étude comparée du droit français, du droit jordanien et de la CVIM*, *op. cit.* ; P. SCHLECHTRIEM et C. WITZ, *Contrats de vente internationale de marchandises*, *op. cit.*, pp. 137 et s., n° 198 et s.

délivrance, mais lui sont associées dans sa mise en œuvre. Il en est ainsi des obligations qui sont posées à l'article 1719 du Code civil et qui lui font suite.

Partant, il convient de se demander en quoi l'obligation de délivrance se distingue des obligations de jouissance (A), d'entretien (B), de garantie (C) et de réparation (D).

A - Les obligations de jouissance

185. Distinction entre obligations de délivrance et jouissance : conséquence directe de l'obligation de faire jouir le preneur ou première obligation du bailleur ? Le rapport du tribun Mouricault dégage une première obligation, celle de *« faire jouir le preneur »*, de laquelle il déduit alors trois conséquences directes : *« 1° il doit lui délivrer la chose louée ; 2° il doit entretenir cette chose en bon état ; 3° il doit garantir le preneur du trouble et des évictions »*[1094]. Ces conséquences consistent en fait en trois obligations principales et automatiques à la charge du bailleur : une obligation de délivrance, une obligation d'entretien et une obligation de jouissance paisible[1095]. L'obligation de délivrance est donc perçue comme une conséquence directe de l'obligation de faire jouir le preneur[1096]. Le rapport du tribun Mouricault, précise également, à propos de l'obligation de délivrer la chose louée *« en bon état de réparations de toute espèce »*, qu'il s'agit d'une conséquence qui dérive du devoir de *« faire jouir le preneur »*[1097]. De son côté, Planiol reprend l'idée du tribun Mouricault et affirme que l'obligation de procurer au preneur la jouissance des lieux loués pendant la durée du bail constitue l'obligation principale du bailleur et qu'elle est la base de toutes les autres obligations énoncées par l'article 1719[1098]. C'est dire alors que l'obligation de procurer au preneur la jouissance des lieux loués est la base, entre autres, de l'obligation de délivrance. Il compare l'obligation du bailleur de procurer au preneur la jouissance des lieux loués à l'obligation du vendeur de transférer la propriété de la chose vendue et qualifie ainsi l'obligation de délivrance d'obligation secondaire, soit d'obligation spéciale du bailleur dérivant de son obligation générale de procurer la jouissance des lieux au preneur. L'auteur des commentaires du Code civil en 1852, quant à lui, écrit que l'obligation de délivrance est la première obligation du bailleur[1099], comme Pothier l'avait affirmé auparavant[1100]. Il poursuit son commentaire en réaffirmant la rédaction de l'article 1719, 1° faite par le législateur et en écrivant clairement que l'obligation de délivrance est de la nature même du contrat, ce qui signifie qu'il n'est pas nécessaire

---

1094 P.-A. FENET, *Recueil complet des travaux préparatoires du Code civil*, t. 14, *op. cit.*, p. 324.
1095 P. LE TOURNEAU (dir.) *et alii*, *Droit de la responsabilité et des contrats 2021/2022*, *op. cit.*, p. 2214, n° 3372.04.
1096 X. HENRY, *La technique des qualifications contractuelles*, *op. cit.*, p. 438, n° 382.
1097 P.-A. FENET, *Recueil complet des travaux préparatoires du Code civil*, t. 14, *op. cit.*, p. 324.
1098 M. PLANIOL, *Traité élémentaire de droit civil*, t. II, *op. cit.*, p. 560, n° 1675-1676.
1099 R.-T. TROPLONG, *Droit civil expliqué. De l'échange et du louage. Commentaires des Titres VII et VIII du Livre III du Code civil*, t. 1, *op. cit.*, p. 300, n° 159.
1100 R.-J. POTHIER, *Traité du contrat de louage, selon les règles tant du for de la conscience que du for extérieur*, *op. cit.*, pp. 48-50, n° 53-54.

de la stipuler expressément dans le bail pour que le bailleur en soit tenu. Il va même plus loin en affirmant que cette obligation est de l'essence du contrat de louage. À cette réaffirmation, il donne pour explication la solution que Pothier avait énoncée bien plus tôt, avant la création du Code civil, selon laquelle pour qu'il y ait jouissance d'une chose, il faut bien qu'il y ait délivrance de cette chose par le bailleur entre les mains du preneur, sans quoi le droit de jouir serait impossible[1101]. Rejoignant cette idée, un auteur explique que l'obligation de délivrance du bailleur *« ne se limite pas à la seule mise à disposition matérielle du bien, mais au contraire, s'étend tout au long du contrat »*, si bien que *« les obligations de délivrer en bon état de réparation, d'entretenir et même de garantir contre l'éviction ne sont que les moyens d'assurer l'exécution complète de l'obligation de praestare du bailleur »*[1102].

Comme nous l'avons évoqué précédemment, lorsque le preneur n'a pas été mis en jouissance de la chose louée, c'est-à-dire qu'il ne peut exercer son droit de jouissance, il invoque non pas un manquement à l'obligation de jouissance, mais un défaut de délivrance, de sorte qu'il ne semble pas y avoir d'obligation de faire jouir, mais plutôt un droit de jouissance dont la titularité est conférée par le contrat, mais dont l'exercice est permis grâce à l'exécution de l'obligation de délivrance[1103]. Ainsi, l'obligation de délivrance se distingue de la jouissance qui fait l'objet d'un droit et non d'une obligation. L'obligation de délivrance du bailleur est en fait le pendant du droit de jouissance du preneur.

La présentation de l'obligation de délivrance comme une suite logique de l'obligation de jouissance aux côtés des obligations d'entretien, de jouissance paisible et de garantie conduit à la distinguer de ses voisines.

186. Distinction entre obligations de délivrance et jouissance paisible. Pour certains auteurs, les obligations qui se dégagent de l'article 1719 du Code civil (délivrance, entretien et jouissance paisible) sont des obligations dont les contours sont difficiles à dessiner parce qu'elles interfèrent les unes avec les autres, à tel point qu'elles ne seraient pas véritablement autonomes[1104]. La distinction entre l'obligation de délivrance et l'obligation de jouissance paisible n'est pas évidente, notamment en raison de la proximité entre la jouissance, la jouissance paisible et les garanties d'éviction et des vices cachés et du fait personnel. L'autonomie de l'obligation de jouissance paisible ne fait pas l'unanimité au sein de la doctrine. Pour une partie des auteurs, la jouissance paisible se rapporte à la garantie d'éviction et à celle contre les vices cachés[1105]. Pour une autre partie d'auteurs, la

[1101] R.-T. TROPLONG, *Droit civil expliqué. De l'échange et du louage. Commentaires des Titres VII et VIII du Livre III du Code civil*, t. 1, *op. cit.*, p. 301, n° 159.

[1102] J. LE BOURG, *La remise de la chose - Essai d'analyse à partir du droit des contrats*, *op. cit.*, pp. 232-233, n° 184.

[1103] V. *supra* n° 169.

[1104] P.-H. ANTONMATTEI et J. RAYNARD, *Droit civil. contrats spéciaux*, *op. cit.*, p. 275, n° 321 ; F. COLLART-DUTILLEUL et P. DELEBECQUE, *Contrats civils et commerciaux*, 10e éd., *op. cit.*, p. 430, n° 497 ; V. aussi sur les difficultés liées à l'autonomie et la valeur de ses obligations : X. HENRY, *La technique des qualifications contractuelles*, *op. cit.*, pp. 436-438, n° 382.

[1105] G. BAUDRY-LACANTINERIE et A. WAHL, *op. cit.*, n° 251 et s. ; M. PLANIOL, *Traité élémentaire de droit civil*, t. II, *op. cit.*, p. 561, n° 1680 ; C. AUBRY et C. RAU, *Cours de droit civil français*, t. 3, *op. cit.*,

jouissance paisible est une obligation autonome, distincte desdites garanties, qui consiste à faire jouir le preneur, *« c'est-à-dire accomplir tous les faits et actes nécessaires pour lui procurer constamment une jouissance paisible et complète, et, à plus forte raison, s'abstenir de tous ceux qui pourraient entraver, amoindrir ou gêner cette même jouissance en quoi que ce soit »*[1106]. Quant à la différence entre la jouissance et la jouissance paisible, elle n'accorde pas plus les juristes. La jouissance paisible est perçue tantôt comme l'obligation vers laquelle converge l'ensemble des obligations à la charge du bailleur[1107], tantôt comme l'obligation tendant à la réalisation de la jouissance qui serait, elle, l'obligation caractéristique pour qualifier le contrat de bail[1108], tantôt encore comme l'obligation générique du bailleur dont la réalisation est permise grâce à toutes les autres obligations[1109]. Pour d'autres, l'obligation de jouissance paisible de l'article 1719, 3° serait en fait une obligation de ne pas troubler la jouissance du preneur et l'obligation de jouissance de l'article 1709 serait l'obligation de jouissance paisible[1110]. Un autre auteur affirme au contraire qu'il ne faut pas les distinguer, la jouissance paisible étant simplement une conception large de la jouissance[1111]. La solution la plus plausible semble être celle qui voit dans l'obligation de jouissance paisible de l'article 1719, 3° une obligation de ne pas troubler la jouissance du preneur, et dans l'obligation de jouissance de l'article 1709, une obligation de jouissance paisible.

Toutefois, si l'on va plus loin, en reprenant notre raisonnement précédent tendant à réfuter l'existence d'une obligation de jouissance, mais à reconnaître plutôt l'existence d'un droit de jouissance, l'obligation de ne pas troubler la jouissance (1719, 3°) est en réalité une obligation de ne pas troubler l'exercice du droit de jouissance du preneur. Ainsi, elle vient pérenniser la situation créée par l'exécution de l'obligation de délivrance : l'obligation de délivrance précède donc l'obligation de ne pas troubler.

---

pp. 341 et s., § 366 ; J. CAYRON, *La location de biens meubles*, préf. P. DELEBECQUE, PUAM, 1999, pp. 232 et s., n° 231 et s.

1106 V.-N. MARCADÉ, *Explication théorique et pratique du Code civil*, t. 6, *op. cit.*, p. 582, n° XI ; V. aussi en ce sens : F. COLLART-DUTILLEUL et P. DELEBECQUE, *Contrats civils et commerciaux*, 11e éd., *op. cit.*, p. 438, n° 486.

1107 J. GHESTIN (dir.) et J. HUET, *Traité de droit civil. Les principaux contrats spéciaux*, *op. cit.*, p. 745, n° 21164 ; P. MALAURIE, L. AYNÈS et P.-Y. GAUTIER, *Droit des contrats spéciaux*, *op. cit.*, p. 416, n° 479 : *« il s'agit de l'exécution par le bailleur de son obligation principale : assurer au preneur la jouissance de la chose louée »* ; J. RAYNARD et J.-B. SEUBE, *Droit civil, Contrats spéciaux*, *op. cit.*, p. 277, n° 339 : *« toutes les obligations du bailleur tendent à assurer au locataire la jouissance paisible de la chose louée [...] le maintien en jouissance du preneur est ainsi l'âme du bail. Elle sert de toile de fond aux obligations de délivrance (A), d'entretien (B) et de garantie »*.

1108 J. CAYRON, *La location de biens meubles*, *op. cit.*, p. 50, n° 31 et s. et pp. 232 et s., n° 231 et s.

1109 A. BÉNABENT, *Droit des contrats spéciaux civils et commerciaux*, 13e éd., *op. cit.*, p. 272, n° 353.

1110 F. COLLART-DUTILLEUL et P. DELEBECQUE, *Contrats civils et commerciaux*, 10e éd., *op. cit.*, p. 430, n° 497.

1111 J. LE BOURG, *La remise de la chose - Essai d'analyse à partir du droit des contrats*, *op. cit.*, pp. 230-231, n° 183.

B - L'obligation d'entretien

187. Définition doctrinale de l'obligation d'entretien. Le Code civil dans son article 1719, 2° ne donne aucune définition de l'obligation d'entretien puisqu'il se contente d'énoncer que le bailleur doit *« entretenir cette chose en état de servir à l'usage pour lequel elle a été louée »*. Les auteurs définissent donc couramment l'obligation d'entretien comme *« le fait de maintenir une chose en bon état »*[1112]. Cette idée se retrouve dans le droit italien qui connaît également cette obligation qu'il traduit par un terme unique[1113].

188. Différence entre obligations de délivrance et d'entretien : état initial de la chose et maintien en l'état. Comme le démontre Mme Cohet-Cordey, la délivrance ne doit pas être confondue avec l'entretien[1114]. Pour reprendre sa démonstration[1115], il nous semble évident que ces deux obligations doivent être distinguées en ce que l'une doit précéder l'autre : comment la chose louée pourrait-elle être entretenue en l'état si, dès le départ, elle ne se trouve pas dans cet état ? L'obligation d'entretien n'est destinée qu'à assurer le maintien de l'état de la chose louée en cours de bail alors que l'obligation de délivrance fixe l'état initial de cette chose[1116]. L'obligation d'entretien prend le relais de l'obligation de délivrance[1117].

C - L'obligation de garantie

189. Départ entre obligations de délivrance et de garantie des vices cachés. Le Code civil instaure à l'article 1721 une garantie des vices ou défauts cachés de la chose louée, si bien qu'il semble falloir distinguer le vice caché du défaut de conformité. Alors que le défaut de conformité provient d'une différence entre la chose convenue et la chose livrée trahissant l'inexécution par le vendeur de son obligation de délivrance, le vice caché concerne une chose qui, quoique conforme à celle convenue, se révèle atteinte d'un défaut affectant son usage normal. Cela revient à dire qu'une chose peut ne pas être conforme aux prévisions contractuelles tout en étant conforme à son usage normal. En pratique, cependant, la distinction est moins nette. Si elle se comprend bien lorsque le défaut de conformité provient d'une différence de nature ou de quantité entre la chose commandée et la chose livrée, elle devient floue dès que le défaut de conformité porte sur une qualité de la chose. En effet, lorsque la qualité en cause est liée à

1112 G. CORNU (dir.) *et alii*, *Vocabulaire juridique*, *op. cit.*, p. 410.

1113 L'article 1575, 2° du Code civil italien dispose en effet : *« mantenerla in istato da servire all'uso convenuto »*. Le terme « mantenere » signifie à la fois « maintenir » et « entretenir ».

1114 F. COHET-CORDEY, « L'obligation de délivrance du bailleur dans les contrats de location d'un bien immeuble », art. cit.

1115 *Ibid.*

1116 *Ibid.*

1117 F. AUQUE, « Quelques remarques sur la location dans l'avant-projet de réforme du droit des contrats spéciaux », *D.* mars 2018, n° 8, p. 423.

l'usage de la chose et que sa diminution atteint un certain degré, le défaut de conformité tend à devenir un vice affectant l'usage normal de la chose.

S'agissant d'une éventuelle confusion entre délivrance et garantie, là encore elle ne doit pas demeurer. Cette même auteure réitère son argument[1118], que nous partageons, à propos de l'obligation de garantie : celle-ci n'est destinée qu'à assurer le maintien de la jouissance. En somme, les obligations d'entretien et de garantie ne sont que les prolongements de l'obligation de délivrance[1119].

190. Obligation de délivrance et obligation de garantie. On constate enfin une certaine difficulté à isoler l'obligation de délivrance conforme de l'obligation de garantie en raison de la proximité entre le défaut de conformité et le vice caché[1120] et surtout de la position fluctuante de la Cour de cassation quant à l'appréciation plus ou moins extensive de ces deux obligations[1121] . En effet, alors que la jurisprudence a édifié une obligation de délivrance conforme, l'article 1641 prévoit une garantie des défauts cachés de la chose vendue. Traditionnellement, l'obligation de garantie est définie comme l'*« obligation accessoire qui naît de certains contrats (vente, bail, entreprise, etc.) à la charge d'une partie et qui renforce la position de l'autre lorsqu'en cours d'exécution celle-ci n'obtient pas les satisfactions qu'elle était en droit d'attendre »*[1122]. Selon M. Gross, l'obligation de garantie peut s'envisager différemment, comme *« une notion complexe, d'origine légale ou conventionnelle, qui, dans certains contrats à titre onéreux où le créancier peut craindre d'être trompé sur les droits que son contractant lui transmet sur la chose, ou sur l'utilité de celle-ci, vient se superposer à certaines obligations nées du contrat et assure le garanti du résultat pratique de l'exécution normale de la convention, tout en lui promettant une réparation très efficace du dommage causé au cas où ce résultat ne serait pas atteint définitivement »*[1123].

Dans la logique de l'article 1641 du Code civil qui définit le vice comme l'élément qui rend la chose impropre à l'usage auquel on la destine ou qui le diminue tellement que l'acheteur ne l'aurait pas achetée ou n'en aurait donné qu'un prix plus bas s'il l'avait connu, la doctrine fait la différence entre le vice caché qui *« est*

[1118] *Ibid.*

[1119] *Ibid.* ; M.-P. DUMONT-LEFRAND, *Bail commercial*, *op. cit.*, n° 206.

[1120] P. MALAURIE, L. AYNÈS et P.-Y. GAUTIER, *Droit des contrats spéciaux*, *op. cit.*, pp. 193-194, n° 228-229, §2 et pp. 196-197, n° 233 ; J. RAYNARD et J.-B. SEUBE, *Droit civil, Contrats spéciaux*, *op. cit.*, p. 152, n° 170 ; F. ROUVIÈRE, « L'inconstructibilité : entre non-conformité, erreur et vice caché », *RDI* mai 2010, n° 5, p. 253 ; J. RAYNARD, « Pour une théorie générale des contrats spéciaux : des insuffisances respectives du droit général et du droit spécial », *RDC* avr. 2006, n° 2, p. 597 ; O. SALVAT, « La garantie spéciale de conformité et l'obligation générale de délivrance conforme : quel choix d'action pour l'acheteur ? », art. cit. ; W. DROSS, « La déception contractuelle, Proposition d'un droit commun », *RTD civ.* déc. 2018, n° 4, p. 787 ; N. DISSAUX, « Délivrance ou garantie, comment choisir ? », *AJ contrat* févr. 2017, n° 2, p. 93.

[1121] V. pour un historique de cette fluctuation jurisprudentielle : J. RAYNARD et J.-B. SEUBE, *Droit civil, Contrats spéciaux*, *op. cit.*, pp. 156-159, n° 178.

[1122] G. CORNU (dir.) *et alii*, *Vocabulaire juridique*, *op. cit.*, p. 487 ; V. aussi pour cette définition traditionnelle : F. ROUVIÈRE, « L'obligation comme garantie », *RTD civ.* avr. 2011, n° 1, p. 1.

[1123] B. GROSS, *La notion d'obligation de garantie dans le droit des contrats*, préf. D. TALLON, L.G.D.J., 1964, pp. 103-104, n° 106.

caractérisé par ses conséquences, l'inaptitude à l'usage que l'on en attend » de la chose[1124], et le défaut de conformité qui se limite à une concordance « matérielle » de la chose aux stipulations contractuelles[1125]. Si la jurisprudence a été changeante en la matière[1126], elle semble aujourd'hui se retrancher derrière la séparation entre conformité matérielle et fonctionnelle pour individualiser ces deux obligations[1127], c'est-à-dire une *« conformité, soit aux exigences contractuelles particulières, soit aux exigences légales générales »*[1128].

D - L'obligation de réparation

191. Limite entre obligations de délivrance et réparation : bon état et réparations de toute espèce. Le rapport du tribun Mouricault indique que la chose doit être livrée en bon état, sans quoi la délivrance serait illusoire, puisque le

---

[1124] J. HUET, *Contrats civils et commerciaux. Responsabilité du vendeur et garantie contre les vices cachés,* Litec, coll. Connaissance et pratique du droit, 1987, p. 162, n° 159.

[1125] P. MALAURIE, L. AYNÈS et P.-Y. GAUTIER, *Droit des contrats spéciaux*, *op. cit.*, p. 196, n° 233 ; J. RAYNARD et J.-B. SEUBE, *Droit civil, Contrats spéciaux*, *op. cit.*, pp. 156-159, n° 178.

[1126] La première chambre civile de la Cour de cassation et même l'Assemblée plénière ainsi que la chambre commerciale ont longtemps adopté une interprétation extensive de l'obligation de délivrance en considérant qu'elle recouvrait une conformité matérielle : Cass. 1e civ., 20 mars 1989, n° 87-18.517, Bull. civ. I, n° 140, JurisData n° 1989-701599, *D.* 1989, I.R., p. 178 ; Cass. 1e civ., 5 nov. 1985, n° 83-12.621, Bull. civ. I, n° 287, JurisData n° 1985-702753 ; Cass. 1e civ., 8 nov. 1988, n° 86-19.040, Bull. civ. I, n° 314, JurisData n° 1988-702984 ; Cass. 1e civ., 14 févr. 1989, n° 87-13.539, Bull. civ. I, n° 83, JurisData n° 1989-700500 ; Cass. 1e civ., 13 déc. 1989, n° 87-14.360, Bull. civ. I, n° 293 ; Cass. 1e civ., 29 janv. 1991, n° 88-13.097, Bull. civ. I, n° 41, JurisData n° 1991-000217, *RTD com.* déc. 1991, n°4, p. 637, obs. B. BOULOC ; Cass. Ass. plén., 7 févr. 1986, n° 84-15.189, Bull. Ass. plén., n° 2, *JCP G* juin 1986, n° 24, jur. II, 20616 ; *D.* 1986, p. 293, obs. A. BÉNABENT ; *RDI* avr.-juin 1986, n° 2, p. 210, obs. P. MALINVAUD ; Cass. com., 22 mai 1991, n° 89-15.406, Bull. civ. IV, n° 176, JurisData n° 1991-001494, *D.* juin 1992, n° 21, p. 200, obs. O. TOURNAFOND ; Cass. com., 18 févr. 1992, n° 89-20.251, Bull. civ. IV, n° 82, JurisData n° 1992-000414, *RTD com.* déc. 1992, n° 4, p. 856, obs. B. BOULOC ; Cass. com., 1er déc. 1992, n° 91-10.275, Bull. civ. IV, n° 389, JurisData n° 1992-002698, *D.* juill. 1993, n° 27, p. 240, obs. O. TOURNAFOND. La troisième chambre civile, quant à elle, résistait à cette interprétation extensive de l'obligation de délivrance en maintenant la distinction entre défaut de conformité et vice caché : Cass. 3e civ., 25 janv. 1989, n° 86-11.806, Bull. civ. III, n° 20, JurisData n° 1989-700224 ; Cass. 3e civ., 27 mars 1992, Bull. civ. III, n° 107 ; Cass. 3e civ., 23 oct. 1991, n° 87-19.639, Bull. civ. III, n° 249, JurisData n° 1991-002628, *RDI* mars 1992, n° 1, p. 76, obs. P. MALINVAUD et B. BOUBLI ; *D.* juill. 1993, n° 27, p. 239, obs. O. TOURNAFOND ; *RTD com.* juin 1992, n° 2, p. 442, obs. B. BOULOC.
Par un revirement de jurisprudence, la première chambre civile revient sur sa position pour décider que *« le défaut de conformité de la chose vendue à sa destination normale »* relevait de l'action en garantie des vices cachés : Cass. 1e civ., 8 déc. 1993, n° 91-19.627, Bull. civ. I, n° 362, JurisData n° 1993-002509, *RTD com.* sept. 1994, n° 3, p. 544, obs. B. BOULOC ; *D.* avr. 1994, n° 15, p. 115, obs. A. BÉNABENT ; Cass. 1e civ., 5 mai 1993, n° 90-18.331, Bull. civ. I, n° 158, JurisData n° 1993-000889, *D.* oct. 1993, n° 35, p. 506, obs. A. BÉNABENT ; *D.* juill. 1993, n° 27, p. 242, obs. O. TOURNAFOND ; Cass. 1e civ., 27 oct. 1993, n° 91-21.416, Bull. civ. I, n° 305, JurisData n° 1993-002066, *D.* avr. 1994, n° 15, p. 115, obs. A. BÉNABENT ; *D.* sept. 1994, n° 31, p. 239, obs. O. TOURNAFOND ; Cass. 1e civ., 14 mai 1996, n° 94-13.921, Bull. civ. I, n° 213, JurisData n° 1996-001831, *RTD com.* mars 1997, n° 1, p. 134, obs. B. BOULOC ; *D.* déc. 1997, n° 42, p. 345, obs. O. TOURNAFOND ; Cass. 1e civ., 1er déc. 1998, n° 96-21.951, JurisData n° 1998-004666, *RDI* juin 1999, n° 2, p. 262, obs. P. MALINVAUD.

[1127] J. RAYNARD et J.-B. SEUBE, *Droit civil, Contrats spéciaux*, *op. cit.*, p. 158, n° 178.

[1128] W. DROSS, « La déception contractuelle, Proposition d'un droit commun », art. cit.

preneur ne pourrait en tirer le service sur lequel il a le droit de compter[1129]. La doctrine précisait, avant même l'édification du Code civil, que la chose devait être livrée dans un état qui permet au preneur de jouir de la chose[1130]. Troplong explique que la délivrance uniquement matérielle est insuffisante, la délivrance doit se faire *« en bon état de réparations de toute espèce, de manière qu'elle puisse servir à l'usage pour lequel elle est louée »*[1131]. Et lorsqu'ils parlent de réparations, les juristes font référence à la destination[1132]. Les réparations doivent permettre à la chose de remplir sa destination.

Au regard de cette formulation, une première remarque s'impose : à quoi correspond le bon état ? Correspond-il à l'état de servir à l'usage pour lequel la chose a été louée ? Ou bien, correspond-il à l'état de remplir la destination convenue ? Ou encore, correspond-il à un autre état, plus conditionné que le fait de servir à l'usage pour lequel la chose a été louée ou de remplir sa destination ? Le Code civil ne définit pas le bon état. Les travaux préparatoires n'apportent pas non plus de précisions. Le dictionnaire juridique de l'époque n'envisage pas plus de définition[1133]. Troplong poursuit son analyse en adoptant un raisonnement *a contrario*. Il affirme que s'il est mis à la charge du bailleur une obligation d'entretien de la chose louée en état de servir à l'usage prévu (C. civ., art. 1719, 2°), c'est qu'au moment de la délivrance, elle doit déjà se trouver dans cet état[1134]. Cette solution est partagée par une large partie de la doctrine[1135].

Concernant les *« réparations de toute espèce »*, force est de constater que ni le Code civil ni ses travaux préparatoires ne précisent ce qu'il faut entendre par ces termes. Comme un auteur le fait très justement remarquer, cette obligation de délivrance en bon état de réparations se distingue de l'obligation de réparation, issue de l'article 1720 alinéa 2, qui ne comprend que les réparations autres que locatives, les réparations dites locatives étant à la charge du preneur[1136]. De façon opposée, l'obligation de délivrance n'implique pas de distinction entre les types de réparations : par son obligation de délivrance, le bailleur doit supporter toutes les réparations, y compris celles qui, par la suite, pèsent sur le preneur[1137]. Il peut s'agir

---

1129 P.-A. FENET, *Recueil complet des travaux préparatoires du Code civil*, t. 14, *op. cit.*, p. 325.

1130 L.-M. DEVILLENEUVE et P. GILBERT, *Jurisprudence du XIXe siècle*, t. 1, Sirey, 1850.

1131 R.-T. TROPLONG, *Droit civil expliqué. De l'échange et du louage. Commentaires des Titres VII et VIII du Livre III du Code civil*, t. 1, *op. cit.*, p. 314, n° 164.

1132 *Ibid.*, p. 320, n° 177.

1133 Constater en ce sens l'absence de définition du « bon état » dans les différentes éditions de l'ouvrage suivant : G. CORNU (dir.) *et alii*, *Vocabulaire juridique*, *op. cit.*

1134 R.-T. TROPLONG, *Droit civil expliqué. De l'échange et du louage. Commentaires des Titres VII et VIII du Livre III du Code civil*, t. 1, *op. cit.*, p. 320, n° 175.

1135 J. GHESTIN (dir.) et J. HUET, *Traité de droit civil. Les principaux contrats spéciaux*, *op. cit.*, pp. 743 et 748-749, n° 21163 et 21166 ; P. MALAURIE, L. AYNÈS et P.-Y. GAUTIER, *Droit des contrats spéciaux*, *op. cit.*, p.412, n° 476 ; J. RAYNARD et J.-B. SEUBE, *Droit civil, Contrats spéciaux*, *op. cit.*, p. 278, n° 342.

1136 F. COHET-CORDEY, « L'obligation de délivrance du bailleur dans les contrats de location d'un bien immeuble », art. cit.

1137 J. GHESTIN (dir.) et J. HUET, *Traité de droit civil. Les principaux contrats spéciaux*, *op. cit.*, p. 743, n° 21163 ; P. MALAURIE, L. AYNÈS et P.-Y. GAUTIER, *Droit des contrats spéciaux*, *op. cit.*, *loc. cit.* ; J. RAYNARD et J.-B. SEUBE, *Droit civil, Contrats spéciaux*, *op. cit.*, p. 278, n° 342 ; M.-L. SAINTURAT, « Entretien, réparations et mise en conformité de l'immeuble et du local loué », *Loyers et copr.* nov. 2006, n° 11, étude 20, p. 16.

par exemple de réparations relatives à la structure de l'immeuble[1138]. Les auteurs s'accordent à penser que cette formulation vise toutes sortes de réparations, qu'elles soient ou non locatives[1139]. On comprend donc que le bailleur doit fournir, dès le départ, le local dans un état considéré comme bon, en effectuant tous types de réparations.

Par conséquent, l'obligation de délivrance englobe au départ une obligation de réparation sans distinction, mais en cours de bail, celle-ci s'amoindrit en se délestant des réparations locatives[1140].

1138 Cass. 3e civ., 9 juill. 2008, n° 07-14.631, Bull. civ. III, 2008, n° 121, JurisData n° 2008-044786, *JCP E* sept. 2008, n° 38, pan. 2131, p. 25 ; *JCP N* juill. 2009, n° 29, chron. 1241, p. 24, obs. H. KENFACK ; *AJDI* nov. 2008, n° 11, p. 841, obs. V. ZALEWSKI ; *Dalloz actualité* 15 juill. 2008, obs. Y. ROUQUET ; *D.* sept. 2008, n° 29, p. 1999, obs. Y. ROUQUET ; *RLDA* nov. 2008, n° 32, act. 1922, p. 19, note H. KENFACK ; *RLDA* oct. 2008, n° 31, act. 1870, p. 43, obs. M. FILIOL DE RAIMOND ; *Rev. loyers* oct. 2008, n° 890, jur. 821, p. 432, note B. HUMBLOT-GIGNOUX ; *RLDC* oct. 2008, n° 53, act. 3140, p. 16, obs. V. MAUGERI.

1139 J. GHESTIN (dir.) et J. HUET, *Traité de droit civil. Les principaux contrats spéciaux*, *op. cit.*, p. 743, n° 21163 ; P. MALAURIE, L. AYNES et P.-Y. GAUTIER, *Les contrats spéciaux*, *op. cit.*, p. 380, n° 680.

1140 J. GHESTIN (dir.) et J. HUET, *Traité de droit civil. Les principaux contrats spéciaux*, *op. cit.*, p. 743, n° 21163.

Conclusion du chapitre 2

192. Particularité de la structure invariable complexe de l'obligation de délivrance : mise en lumière d'une relative singularité et d'une certaine autonomie. Finalement, l'approche analytique de la notion d'obligation de délivrance permet de la comparer d'une part, avec l'obligation de délivrance dans le contrat de vente et d'autre part, avec des notions voisines. Dans la mesure où l'obligation de délivrance du bailleur est souvent rapprochée de celle du bailleur et où la distinction avec ses obligations voisines n'est pas clairement déterminée, une telle comparaison est indispensable. L'approche analytique offre une approche descriptive de l'objet de l'obligation en général et de ce fait, une description précise du contenu de l'obligation de délivrance. Grâce à cette vocation descriptive, il est possible d'établir une comparaison entre ce contenu et les formes voisines de l'obligation de délivrance. C'est cette comparaison de contenus qui permet de distinguer pleinement la notion d'obligation de délivrance et de dissiper les confusions possibles. Surtout, elle détermine jusqu'à quel point la comparaison avec l'obligation de délivrance du vendeur peut être menée et offre des critères pour la distinguer de ses notions voisines.

L'approche analytique révèle ainsi que l'assimilation de l'obligation de délivrance du bailleur à celle du vendeur n'est pas possible puisque cette obligation est plus étendue pour le bailleur que pour le vendeur. Toutefois, elle permet tout de même de constater des similitudes et d'écarter l'idée de puissance, de possession et plus encore de transport, de transfert ou de mutation, pour rendre compte de l'obligation de délivrance tant dans le bail que dans la vente. Elle amène donc à abandonner la définition légale de l'obligation de délivrance du vendeur, posée par l'article 1604 du Code civil qui affirme que *« la délivrance est le transport de la chose vendue en la puissance et possession de l'acheteur »*. La délivrance n'emporte aucun transport, ni d'un droit, ni d'un pouvoir, ni de la chose elle-même. En effet, si l'obligation de délivrance emportait le transfert d'un droit, d'un pouvoir ou de la chose, alors elle reconstituerait ce droit, ce pouvoir ou cette chose chez l'acheteur ou le bailleur. Or, cette reconstitution n'est permise que par l'activité de l'acquéreur ou du locataire. Si l'on peut y voir un abandon de la détention de la chose au profit du vendeur ou du bailleur, l'idée de détention est insuffisante à absorber le concept de délivrance, car cette obligation recouvre d'autres facettes telles que la conformité de la chose vendue ou louée, la conservation de la chose vendue ou encore le bon état de la chose louée.

Cette approche s'avère aussi intéressante, car elle permet de comparer l'obligation de délivrance dans le bail commercial avec des notions voisines. Il apparaît que l'obligation de délivrance du bailleur doit se différencier de la livraison et de la remise, qui ne sont que des modalités d'accomplissement de cette obligation. Plus encore, l'obligation de délivrance doit se différencier des obligations de jouissance et de jouissance paisible, la première ne semblant pas être une obligation, mais un droit, et la seconde paraissant être une obligation de ne pas troubler constituant un de ses prolongements. Elle ne doit également pas se confondre avec l'obligation d'entretien ou de garantie qui sont aussi ses prolongements.

Conclusion du titre 1

193. Intérêt et limites de l'approche analytique. Au final, l'approche analytique de la notion d'obligation de délivrance apporte un éclairage utile, en ce qu'elle permet de présenter exhaustivement le contenu de cette obligation et d'élaborer une définition matérielle de celle-ci. En décomposant l'obligation de délivrance sous ces différents aspects, elle construit sa définition matérielle. Si la doctrine a défini à de nombreuses reprises la délivrance comme une « mise à disposition » de la chose, la structure invariable de l'obligation de délivrance démontre que le concept de mise à disposition, bien que mal défini par la doctrine et issu du langage non juridique, ne semble pas pouvoir épuiser la notion d'obligation de délivrance, laquelle ne se résume pas à une simple mise à disposition de la chose vendue ou louée. En réalité, l'obligation de délivrance renferme une autre composante qu'est la conformité et par là même, la prestation de mise en état.

Ainsi conçu, l'objet de l'obligation de délivrance correspond à une double prestation de mise à disposition et de mise en état et l'objet de ces prestations correspond à la chose promise. L'obligation de délivrance peut alors se définir comme l'ensemble des prestations que doit réaliser le bailleur pour assurer la mise à disposition d'une chose identifiée et permettre à cette chose d'atteindre l'état matériel, fonctionnel et juridique promis au créancier locataire.

L'approche analytique de l'obligation de délivrance met donc en exergue la dualité de prestations qu'elle induit et permet de découvrir la richesse et la diversité de son contenu. À ce titre, elle livre un état des lieux nécessaire au regard des textes fondateurs de l'obligation de délivrance, des solutions jurisprudentielles rendues à son égard et des interprétations doctrinales qu'elle suscite.

Cet état des lieux fait prendre conscience des limites de l'approche analytique. En effet, cette approche peut suggérer une pluridimensionnalité ou une géométrie variable qui rend l'appréhension de l'obligation de délivrance peu aisée. Plus encore, elle n'explique en rien certains autres aspects de cette obligation. Elle ne permet notamment pas de savoir pourquoi certains éléments de l'obligation de délivrance peuvent être supprimés et d'autres pas, pourquoi certaines clauses de transfert sont inefficaces, ni même si l'obligation de délivrance présente un caractère essentiel ou un caractère continu la faisant persister pendant toute la durée du bail. Or, c'est à ces interrogations précises qu'il convient d'apporter des réponses.

Partant, c'est ce que nous tenterons de faire dans ce second titre en complétant l'approche analytique par une approche fonctionnelle.

TITRE 2 - L'UNICITÉ PLEINEMENT RÉVÉLÉE PAR L'APPROCHE FONCTIONNELLE DE LA NOTION D'OBLIGATION DE DÉLIVRANCE

194. Recherche de la raison d'être de l'obligation de délivrance. Si l'étude analytique de la teneur de l'obligation de délivrance a permis d'identifier son contenu, elle n'explique pas sa raison d'être. En effet, une telle démarche éclaire sur ce que recouvre l'obligation de délivrance, mais ne renseigne pas sur son utilité. En d'autres termes, le titre précédent a soulevé la question de savoir ce que doit le débiteur, mais pas celle de savoir pourquoi il le doit. Or, s'interroger sur la raison pour laquelle le débiteur doit un certain contenu ouvre une autre perspective d'appréhension du *« quid debetur »* en l'envisageant de manière dynamique et en permettant de mettre en relief le but commun de ses différents aspects. Afin de rendre sa cohérence à l'obligation de délivrance, il nous paraît donc nécessaire de procéder à une approche fonctionnelle de la notion, laquelle offre une vision renouvelée de l'objet de cette obligation. Grâce à elle, nous tenterons de répondre à plusieurs questions. De quelle manière est contraint le bailleur commercial de délivrer la chose louée ? L'est-il de façon impérative ? L'est-il pendant toute la durée du bail ? Dans quelle mesure peut-il limiter contractuellement cette obligation ? Pour essayer de répondre à ces interrogations, il convient d'étudier scrupuleusement les solutions jurisprudentielles à travers lesquelles le juge conçoit l'obligation de délivrance et invalide son aménagement contractuel, et de les rapprocher des règles issues du droit commun des contrats, surtout depuis l'entrée en vigueur de la réforme du 10 février 2016, en vue d'apprécier l'influence des dispositions régissant le droit commun des obligations sur le contrat spécial qu'est le bail commercial.

La détermination de la fonction de l'obligation de délivrance conduit en premier lieu à proposer une définition renouvelée de l'obligation de délivrance en l'appréhendant comme une technique de réalisation de la finalité du contrat de bail commercial (Chapitre 1). Une telle approche fait ainsi apparaître en second lieu que la fonction de l'obligation de délivrance, à l'aune de laquelle peuvent être précisées les limites de la liberté contractuelle dans l'aménagement de son étendue, se présente comme le critère de choix pour clarifier la notion (Chapitre 2).

Chapitre 1 - La détermination de la fonction de l'obligation de délivrance

195. D'une définition descriptive à une définition fonctionnelle. Aujourd'hui, et ce depuis longtemps, l'obligation de délivrance est presque toujours définie de façon descriptive. Ainsi que nous l'avons vu, d'une manière générale, elle est présentée comme l'*« action de remettre à une personne une chose ou un acte [...] ; remise effective d'un objet ou d'un document ; en ce sens la délivrance s'opère, en matière mobilière, par la tradition ou correspond à la livraison d'une marchandise »*[1141]. Spécifiquement dans le cadre des baux commerciaux, cette obligation consiste *« à délivrer la chose louée au preneur, c'est-à-dire à mettre à sa disposition le local convenu »* et prend *« une coloration particulière [...] parce qu'elle ne concerne pas que le bien loué lui-même »*, mais *« s'apprécie au regard de son aptitude à recevoir la destination choisie par les parties »*, si bien que *« cette appréciation de l'aptitude de la chose à être délivrée est à la fois matérielle, juridique et immatérielle »*[1142]. Ces définitions se bornent à décrire la réalisation de l'obligation de délivrance, mais ne s'intéressent pas à son rôle, sa fonction, son but.

Avant de proposer, grâce à une approche fonctionnelle, une définition renouvelée de l'obligation de délivrance en l'envisageant comme un instrument de réalisation de la finalité du bail commercial (Section 2) et de montrer comment cette définition fonctionnelle unifie la notion d'obligation de délivrance dans les différents contrats où elle existe (Section 3), il paraît indispensable de présenter cette approche fonctionnelle de l'obligation en droit des contrats (Section 1).

[1141] V. *supra* n° 11 : cette définition est la définition générale proposée par M. Cornu dans son ouvrage « *Vocabulaire juridique* » ; V. aussi toutes les autres définitions proposées dans d'autres matières du droit qui restent descriptives : *supra* n° 10-11.

[1142] V. *supra* n° 11.

Section 1 - La présentation de l'approche fonctionnelle des obligations

196. Les conceptions modernes de l'obligation. La définition de l'obligation comme un lien de droit donne un premier aperçu de la notion d'obligation, mais n'éclaire pas vraiment sur ce à quoi ce dernier correspond exactement. Le lien de droit reste obscur[1143]. En ce qui concerne l'obligation de délivrance dans le bail commercial, nous avons vu que cette définition ne permet de rendre compte que de certains aspects de l'obligation de délivrance, en laissant bien d'autres sans explication et dénués de cohérence. Ces raisons conduisent à se tourner vers les conceptions contemporaines de l'obligation soutenues par plusieurs auteurs se rattachant à différents courants de pensée. Parmi ceux-ci, celui qui considère l'obligation de manière dynamique en envisageant l'obligation à l'aune de la finalité du contrat nous semble particulièrement intéressant pour la compréhension de l'obligation de délivrance dans le bail commercial.

197. Les approches statiques modernes. Elles sont diverses, mais ont en commun d'envisager l'obligation en tant que telle et non de l'insérer dans une dynamique contractuelle.

Une première est représentée par une partie de la doctrine française, largement inspirée de la doctrine allemande[1144], qui considère la notion d'obligation pour la percevoir comme une valeur patrimoniale, négative pour le débiteur et positive pour le créancier[1145]. Cette évolution consacre le passage d'un lien d'ordre personnel entre deux sujets de droit à une valeur dans un patrimoine[1146]. En quelque sorte, cette conception tend à dépersonnaliser l'obligation pour la recentrer sur son objet[1147]. Alors qu'à l'origine romaine le caractère personnel était prépondérant, si bien que la mort d'une personne éteignait ses créances et ses dettes et que l'obligation était intransmissible, la doctrine objectiviste atténue ce caractère[1148]. Selon cette conception de l'obligation, *« la créance et la dette modernes sont un rapport entre deux patrimoines, en même temps et plus encore qu'entre deux personnes ; [...] le créancier et le débiteur, ne sont plus que les représentants juridiques de leurs biens »*[1149]. Cette définition est utile, car elle met en exergue une autre vision de l'obligation, mais elle n'éclaire pas encore suffisamment sur le sens concret de la notion. Tel que le fait remarquer M. Forest, elle tend seulement à faire prévaloir l'aspect « valeur patrimoniale » sur l'aspect « lien », mais ne renouvelle pas vraiment la

---

[1143] J. GAUDEMET, « Naissance d'une notion juridique, les débuts de l' "obligation" dans le droit de la Rome antique », *Arch. phil. dr.* 2000, t. 44, p. 19 ; E. JEULAND, « L'énigme du lien de droit », *RTD civ.* sept. 2003, n° 3, p. 455 ; F. ROUVIERE, « L'obligation comme garantie », art. cit.

[1144] R. SALEILLES, *Essai d'une théorie générale de l'obligation d'après le projet de Code civil allemand*, F. Pichon, 1890 ; R. SALEILLES, *Etude sur la théorie générale des obligations dans la seconde rédaction du projet du Code civil pour l'Empire d'Allemagne*, F. Pichon, 1895.

[1145] C. LARROUMET et S. BROS, *Traité de droit civil*, t. 3, *Les obligations. Le contrat*, 9e éd., *op. cit.*, pp. 21-24, n° 28-31.

[1146] *Ibid.*, *loc. cit.*

[1147] G. FOREST, *Essai sur la notion d'obligation en droit privé*, préf. F. LEDUC, L.G.D.J., 2012, p. 26, n° 26.

[1148] *Ibid.* ; E. GAUDEMET, H. DESBOIS et J. GAUDEMET, *Théorie générale des obligations*, *op. cit.*, p. 13.

[1149] *Ibid.*, *loc. cit.*

définition classique puisqu'elle s'appuie encore sur le « lien »[1150]. Elle approfondit la définition classique, mais ne la renouvelle pas vraiment.

Il en est de même d'une autre conception que l'on peut qualifier de dualiste et qui est vraisemblablement le prolongement des théories élaborées par la doctrine allemande à la fin du XIXe siècle, à savoir la théorie volontariste et la conception de Brinz[1151]. Ce sont les travaux doctoraux de M. Comparato qui proposent l'adoption de cette conception en droit français. Conciliation de deux théories, l'une défendant que *« l'obligation repose sur la seule exécution volontaire du débiteur »* et l'autre soutenant que *« l'essence de l'obligation se trouve dans la mainmise du créancier sur la personne de son débiteur »*[1152], la conception dualiste vise à appréhender l'obligation selon deux rapports constitutifs : d'un côté, un rapport de dette, appelé la *Schuld*, qui consiste en une relation de *« devoir-avoir »* ayant pour objet une prestation et d'un autre côté, un rapport de responsabilité, appelé l'*Haftung*, qui assujettit une personne à la dominance d'une autre personne comme garantie de la réalisation d'un événement quelconque[1153]. Autrement dit, cette conception distingue dans l'obligation deux rapports juridiques, la *Schuld* qui est rapport juridique en vertu duquel le corps social demande au débiteur d'exécuter l'obligation et l'*Haftung* qui est la contrainte permettant au créancier d'obtenir satisfaction en cas d'inexécution[1154].

Un troisième courant inspiré par la doctrine des XIXe et XXe siècles qui concevait l'obligation à la fois comme un lien et comme un droit de façon corrélative, de sorte qu'il faudrait distinguer dans l'obligation le lien et le droit, et soucieux de répondre à la problématique du droit de créance, propose de concevoir l'obligation comme un droit subjectif à l'exécution d'une norme de comportement[1155], le droit subjectif déterminant la créance et la norme de comportement déterminant la dette. Cette conception ne perçoit donc plus l'obligation comme le pendant du droit puisque selon elle, tout est droit.

Ces diverses conceptions sont intéressantes, mais ne nous semblent pas permettre véritablement d'expliquer la raison d'être et le contenu de l'obligation de délivrance dans le bail commercial. Elles nous amènent donc à envisager une approche fonctionnelle de celle-ci.

198. L'approche fonctionnelle de l'obligation et l'intégration de celle-ci dans la dynamique contractuelle. L'approche fonctionnelle de l'obligation n'est pas exposée en tant que telle, ni dans les ouvrages de théorie générale des obligations ni dans les ouvrages de droit civil consacrés à l'étude de l'obligation. Elle paraît ressortir de la conception finaliste du contrat qui s'impose en doctrine

---

1150 G. FOREST, *Essai sur la notion d'obligation en droit privé*, *op. cit.*, p. 29, n° 31.

1151 V. en ce sens : G. FOREST, *Essai sur la notion d'obligation en droit privé*, *op. cit.*, p. 39, n° 48 ; F. K. COMPARATO, *Essai d'analyse dualiste de l'obligation en droit privé*, préf. A. TUNC, Dalloz, 1964, pp. 2-19, n° 2-8.

1152 G. FOREST, *Essai sur la notion d'obligation en droit privé*, *op. cit.*, p. 38, n° 46.

1153 *Ibid.*, p. 41 ; F. K. COMPARATO, *Essai d'analyse dualiste de l'obligation en droit privé*, *op. cit.*, pp. 12-13, n° 6.

1154 P. OURLIAC et J. DE MALAFOSSE, *Histoire du droit privé, 1/ Les obligations*, *op. cit.*, p. 16, n° 4.

1155 G. FOREST, *Essai sur la notion d'obligation en droit privé*, *op. cit.*, pp. 209-232, n° 299 et s.

depuis de nombreuses années maintenant[1156]. Des thèses publiées ces dernières années adoptent cette conception finaliste du contrat[1157]. Celle-ci tend à avoir une approche économique et globale du contrat et non plus seulement analytique ou statique, c'est-à-dire une approche qui tend à regarder le contrat comme l'opération juridique globale voulue par les parties. Il en découle que l'obligation se conçoit comme une technique de réalisation d'un résultat économique. Elle vise à réaliser la finalité poursuivie par le contrat, elle est le moyen de réalisation de cette finalité[1158].

Cette section sera l'occasion de présenter l'approche fonctionnelle de l'obligation en expliquant qu'elle est fondée sur une conception finaliste du contrat (§ 1) et en montrant qu'elle vise à l'appréhender non plus isolément, mais à l'intégrer dans la cohérence contractuelle (§ 2).

§ 1 - Une approche des obligations fondée sur la conception finaliste du contrat

199. Évolution de la conception du contrat. Alors que les Romains avaient une toute autre approche du contrat et une conception essentiellement concrète, objective et même formaliste[1159], ils ne l'envisageaient pas comme une opération intellectuelle et faisaient dépendre ses effets davantage de la nature de cette opération que de la volonté des parties. Le droit actuel ne connaît pas, quant à lui, une unique conception du contrat[1160]. De façon classique, il est enseigné que le contrat se comprend comme un accord de volonté destiné à produire des effets de droit, conformément à la lettre de l'ancien article 1101 du Code civil de 1804. Cette conception du contrat est basée sur la volonté des parties[1161]. Le contrat se comprend alors comme un lien, une relation interpersonnelle. Cette analyse du contrat aboutit à une vision analytique, statique que nous avons présentée.

[1156] V. sur la conception finaliste du contrat : G. CORNU, « L'évolution du droit des contrats en France », *RIDC* avr-juin 1979, n° 2, p. 447 ; J. GHESTIN, « La notion de contrat au regard de la diversité de ses éléments variables. Rapport de synthèse », *in La relativité du contrat*, Travaux de l'association H. Capitant, Journées nationales, Nantes 1999, L.G.D.J., p. 223.

[1157] V. en ce sens : A. ETIENNEY, *La durée de la prestation, Essai sur le temps dans l'obligation*, *op. cit.* ; A.-S. LUCAS-PUGET, *Essai sur la notion d'objet du contrat*, *op. cit.* ; S. PIMONT, *L'économie du contrat*, PUAM, 2004.

[1158] A.-S. LUCAS-PUGET, *Essai sur la notion d'objet du contrat*, *op. cit.*, pp. 184-186, n° 339-342.

[1159] V. sur cette explication : J. GHESTIN, G. LOISEAU et Y.-M. SERINET, *Traité de droit civil. La formation du contrat*, t. 1, *Le contrat, le consentement*, *op. cit.*, p. 35 ; V. M. VILLEY, *Seize essais de philosophie du droit*, Dalloz, 1968, pp. 240-241 ; G. AUGÉ, « Le contrat et l'évolution du consensualisme chez Grotius », *Arch. phil. dr.* 1968, t. 13, p. 99 ; C. DESPOTOPOULOS, « La notion du Synallagma chez Aristote », *Arch. phil. dr.* 1968, t. 13, p. 115 ; G. ROUHETTE, *Contribution à l'étude critique de la notion de contrat*, th. Paris, 1965, pp. 74-92 ; L. GERMAIN, *Les origines helléniques de la notion de contrat*, t. 1, Etudes Kayser, 1979, p. 471.

[1160] V. sur ce point : J. GHESTIN, G. LOISEAU et Y.-M. SERINET, *Traité de droit civil. La formation du contrat*, t. 1, *Le contrat, le consentement*, *op. cit.*, pp. 35-42.

[1161] J. MESTRE, « L'évolution du contrat en droit privé français », *in L'évolution contemporaine du Droit des Contrats*, PUF, 1986, p. 41 ; J.-G. BELLEY, « Une typologie sociojuridique du contrat », *Sociologie du travail* oct.-déc.1996, n° 4, p. 465.

Cette analyse ne permet pas toujours de justifier les solutions rendues en matière contractuelle alors que la façon d'envisager le contrat a évolué. La doctrine explique que l'on assiste à un déclin de l'autonomie de la volonté au profit d'un objectif d'équilibre contractuel et de collaboration, de but commun des contractants[1162]. Il s'agit d'un recul de la liberté contractuelle[1163]. Ce déclin apparaît de manière marquée dans la réforme du droit des contrats qui semble concevoir le contrat plus comme une rencontre d'intérêts que comme une rencontre de volontés[1164]. La doctrine précise que ce mouvement a été amorcé en premier lieu par la jurisprudence dans des solutions relatives aux vices du consentement[1165]. Le législateur a emboîté le pas en instaurant des mentions informatives[1166]. Plus encore, cette recherche d'équilibre de la relation contractuelle s'illustre par la récente ordonnance de réforme du droit des contrats et des obligations qui place cet équilibre au cœur de ses objectifs en consacrant ou créant de nombreux instruments de justice contractuelle tels que l'exigence d'une contrepartie ou l'absence d'abus contractuel avec l'atteinte à l'obligation essentielle, la condamnation des clauses générant un déséquilibre significatif ou encore l'imprévision[1167]. La justice commutative, c'est-à-dire la recherche du juste dans les relations contractuelles, gouverne l'actuel droit commun des contrats[1168]. Quant au souhait de collaboration, il se constate tant au stade de la négociation du contrat que de son exécution, notamment avec la référence à la bonne foi ou la loyauté[1169].

Il est donc possible de concevoir le contrat autrement que de façon analytique, autrement que sous l'angle des volontés pour tenter de justifier les solutions rendues en matière de contrats[1170]. Le contrat peut être davantage que la somme des obligations de ses parties. Il peut s'envisager comme un bien ou encore une opération économique[1171]. En effet, celui-ci peut être perçu comme *« l'instrument de la coordination économique et sociale »*, qui permet *« la satisfaction des besoins individuels*

[1162] J. MESTRE, « L'évolution du contrat en droit privé français », art. cit.

[1163] L. DEJOIE, « Avant-propos », *in* L. DEJOIE *et alii*, *94e congrès des notaires de France, Le contrat, Liberté contractuelle et sécurité juridique*, Maury-Eurolivres, 1998, p. 3.

[1164] V. pour cette analyse : S. LEQUETTE, « La notion de contrat », *RTD civ.* oct. 2018, n° 3, p. 541.

[1165] V. sur l'évolution jurisprudentielle des contrats spéciaux : P. RÉMY, « La jurisprudence des contrats spéciaux, Quarante ans de chronique à la Revue trimestrielle de Droit Civil », *in L'évolution contemporaine du Droit des Contrats*, *op. cit.*, p. 103.

[1166] V. sur l'évolution législative des contrats spéciaux : P. JESTAZ, « L'évolution du droit des contrats spéciaux dans la loi depuis 1945 », *in L'évolution contemporaine du Droit des Contrats*, *op. cit.*, p. 117 ; V. sur l'évolution générale des contrats spéciaux et sur la nécessité de les appréhender selon une approche fondée sur l'équilibre entre les prestations : M. DUPRE, *Contribution à une théorie générale des contrats spéciaux (Apports du principe de liberté contractuelle tempérée)*, th. Toulouse I, 2011.

[1167] B. ATTIAS *et alii*, *Droit des contrats. Bilan de la réforme et loi de ratification*, *op. cit.*, p. 18 ; F. CHÉNEDÉ, « L'équilibre contractuel dans le projet de réforme », art. cit. ; P. JACQUES, « Vers un renouvellement de la conception du contrat ? », *in* G. PIGNARRE (dir.) *et alii*, *Le droit des obligations d'un siècle à l'autre, Dialogues autour de la réforme du titre III du livre III du Code civil*, L.G.D.J., 2016, p. 171 ; S. LE GAC-PECH, « Les nouveaux remèdes au déséquilibre contractuel dans la réforme du Code civil », art. cit.

[1168] F. CHÉNEDÉ, *Le nouveau droit des obligations et des contrats, Consolidations - Innovations - Perspectives*, *op. cit.*, pp. 28-30, n° 21.81.

[1169] J. MESTRE, « L'évolution du contrat en droit privé français », art. cit.

[1170] V. sur cette autre façon de présenter les choses : F. ROUVIÈRE, « La remise en cause du contrat par le juge », *in* G. LARDEUX (dir.) *et alii*, *L'efficacité du contrat*, Dalloz, 2011, p. 41, spéc. p. 48.

[1171] J. MESTRE, « L'évolution du contrat en droit privé français », art. cit.

concrets au sein de la société »[1172]. Il peut alors se définir comme « l'opération juridique globale voulue par les parties »[1173].

200. Le contrat comme une opération économique globale. Plus exactement, M. Mestre explique que le contrat a évolué d'une façon qui fait qu'il ne correspond plus vraiment, ou de moins en moins, à ce *« choc de volontés librement exprimées »*, à ce *« compromis entre des intérêts antagonistes, âprement défendus »*[1174]. Selon lui, il est considéré comme une opération économique globale ayant ses objectifs propres, de sorte qu'il est de moins en moins regardé de l'intérieur, du point de vue des contractants, mais plutôt visualisé comme *« un point d'équilibre nécessaire, voire même comme la base d'une collaboration souhaitable entre contractants »*[1175]. La finalité du contrat concourt à la réalisation effective de la fonction socioéconomique du contrat[1176]. Cette évolution de la perception du contrat se constate dans certaines décisions jurisprudentielles.

201. Illustrations jurisprudentielles de la conception finaliste du contrat. La conception finaliste du contrat a déjà été fréquemment utilisée par le juge. Elle est incontestablement présente dans des solutions ayant conduit, sous l'empire de la législation ancienne, à la nullité du contrat pour absence de cause, notamment dans des arrêts où la résolution de la vente a été prononcée et a justifié la résiliation du crédit-bail n'ayant plus d'intérêt[1177]. Dans ces espèces, les solutions auraient été probablement différentes si le juge avait adopté l'analyse classique du contrat. Il était question d'un contrat de crédit-bail conclu pour financer l'acquisition d'un appareil médical. Ledit matériel médical s'étant révélé impropre à l'usage auquel il était destiné, le médecin ayant conclu le crédit-bail se retourne contre son crédit-bailleur et contre le vendeur aux fins d'obtenir la résolution de la vente et la nullité du crédit-bail. Selon un raisonnement classique, d'ailleurs tenu par la

---

[1172] J. GHESTIN, G. LOISEAU et Y.-M. SERINET, *Traité de droit civil. La formation du contrat*, t. 1, *Le contrat, le consentement*, *op. cit.*, p. 38.

[1173] V. d'abord : A. BÉNABENT, *Droit civil. Les obligations*, 12e éd., *op. cit.*, p. 121, n° 156 : l'objet de l'opération contractuelle doit s'envisager *« dans son ensemble, dans son économie générale »* ; F. TERRÉ et P. SIMLER et Y. LEQUETTE, *Droit civil. Les obligations*, *op. cit.*, p. 300, n° 265 : *« l'expression objet du contrat, employée à contre temps par les rédacteurs du Code civil, [...] permet en effet de désigner l'opération juridique réalisée par les parties, en la considérant non plus dans ses éléments, mais dans son tout »* ; V. ensuite : A. ETIENNEY, *La durée de la prestation, Essai sur le temps dans l'obligation*, *op. cit.*, pp. 111-113, n° 161 ; A.-S. LUCAS-PUGET, *Essai sur la notion d'objet du contrat*, *op. cit.*, p. 90-91, n° 149 et s.

[1174] *Ibid.*

[1175] *Ibid.*

[1176] E. FOKOU, « L'apport épistémologique de la notion d'économie du contrat en matière d'interprétation », *Les Cahiers de Droit* déc. 2016, n° 4, p. 715.

[1177] Cass. ch. mixte, 23 nov. 1990, n° 87-17.044, Bull. ch. mixte, n° 2 ; Cass. ch. mixte, 23 nov. 1990, n° 86-19.396, Bull. ch. mixte, n° 3, JurisData n° 1990-003060 ; Cass. ch. mixte, 23 nov. 1990, n° 88-16.883, Bull. ch. mixte, n° 3 ; *D.* mars 1991, n° 10, p. 121, note C. LARROUMET ; *RTD civ.* juin 1991, n° 2, p. 360, obs. P. RÉMY ; V. aussi sur la résiliation du crédit-bail : Cass. com., 15 févr. 2000, n° 97-19.793, Bull. civ. IV, n° 29, JurisData n° 2000-000488, *LPA* déc. 2000, n° 260, p. 12, note G. MEILHAC-REDON.

chambre commerciale[1178], la solution appelait à considérer que la résolution de la vente n'entraînait pas l'anéantissement du crédit-bail. Or, une pareille solution était empreinte d'une certaine aberration en ce qu'elle aurait obligé le crédit-preneur au paiement des loyers alors même qu'il n'avait plus la jouissance du bien[1179]. En considération de la finalité du crédit-bail qui se concrétise dans l'opération de location d'un bien dont le crédit-bailleur est propriétaire pour l'avoir acheté aux fins de le louer à un crédit-preneur auquel est reconnue la possibilité d'acquérir le bien mis à sa disposition par le crédit-bailleur pour en jouir, l'anéantissement du crédit-bail à la suite de la résolution de la vente s'imposait[1180].

Récemment, la Cour de cassation a encore eu recours à cette finalité pour un contrat de crédit-bail, mais elle en déduit désormais la caducité[1181]. Ici, il était à nouveau question d'un contrat de crédit-bail conclu pour financer cette fois un véhicule. Appréciant encore l'opération de façon globale, la Cour de cassation opère toutefois un revirement de jurisprudence en prononçant non plus la résiliation du contrat de crédit-bail, mais sa caducité[1182]. En réalité, que ce soit par la cause, la résolution ou la caducité, l'évolution de la jurisprudence en matière de crédit-bail s'explique toujours par la référence à la finalité de l'opération. Sinon, on retiendrait l'indépendance des contrats et non leur interdépendance[1183].

On pressent aussi la conception finaliste dans le cadre d'un contrat de location de cassettes vidéo pour l'exploitation d'un commerce, dès lors que l'exécution dudit contrat selon l'économie voulue par les parties était impossible[1184]. La troisième affaire concernait la création d'un « vidéo-club » dans le cadre de laquelle des époux avaient loué deux cents vidéo-cassettes pour une durée de huit mois et moyennant le versement d'une certaine somme. Alors que les époux s'étaient engagés en vue de la « diffusion certaine » auprès de sa clientèle des cassettes louées, dans la mesure où cette diffusion s'est révélée impossible, la Cour de cassation analyse la cause de l'obligation des preneurs non plus abstraitement par référence aux obligations réciproques de la société bailleresse, mais plutôt au regard de *« l'économie [du contrat] voulue par les parties »* qui se matérialise par l'exploitation du « vidéo-club »[1185]. Elle délaisse l'approche classique au profit d'une approche finaliste de la cause.

1178 Cass. com., 9 janv. 1990, n° 87-13.397, Bull. civ. IV, n° 5, JurisData n° 1990-000127, *D.* févr. 1990, n° 8, p. 46.

1179 C. LARROUMET, « Résiliation du crédit-bail après résolution de la vente », *D.* mars 1991, n° 10, p. 121.

1180 *Ibid.* : Bien qu'une chambre mixte de la Cour de cassation ait raisonné sur le fondement de l'ancien article 1184 du Code civil.

1181 Cass. ch. mixte, 13 avr. 2018, n° 16-21.345, Publié au bulletin, JurisData n° 2018-005664, *RTD com.* juill. 2018, n° 2, p. 434, obs. D. LEGEAIS ; *RTD com.* juill. 2018, n° 2, p. 450, obs. B. BOULOC ; *D.* juin 2018, n° 21, p. 1185, obs. H. BARBIER ; *AJ contrat* juin 2018, n° 6, p. 277, obs. C.-E. BUCHER ; *RDC* sept. 2018, n° 3, p. 367, obs. J.-B. SEUBE.

1182 J.-B. SEUBE, « Crédit-bail et location financière : semblables et pourtant si différents… », *RDC* sept. 2018, n° 3, p. 367.

1183 M. DEL SOL, « Les conséquences de la résolution de la vente sur le contrat de crédit-bail », *Revue juridique de l'Ouest* janv. 1993, n° 1, p. 1.

1184 Cass. 1e civ., 3 juill. 1996, n° 94-14.800, Bull. civ. III, n° 286, JurisData n° 1996-002900, *RTD com.* juin 1997, n° 2, p. 308, obs. B. BOULOC ; *D.* nov. 1997, n° 38, p. 500, obs. P. REIGNÉ ; *RTD civ.* déc. 1996, n° 4, p. 901, obs. J. MESTRE.

1185 P. REIGNÉ, « De l'absence de cause à la cause impossible », *D.* nov. 1997, n° 38, p. 500.

Le sort du contrat de location financière prononcé par la Cour de cassation recèle encore les signes de cette conception finaliste[1186]. Cette dernière affaire concernait deux espèces. Dans la première, il s'agissait de la conclusion d'une part des contrats de télé- sauvegarde de fichiers informatiques et, d'autre part, un contrat de location financière de matériel informatique. Le contrat de prestation de service ayant été résilié, la question se posait du maintien du contrat de location. Dans la deuxième, il existait un contrat de partenariat associé à un contrat de location financière. Se posait la question de savoir si la résiliation du contrat de partenariat devait entraîner celle de location financière. Dans les deux cas, pour donner raison au locataire, la Cour de cassation énonce au visa de l'ancien article 1134 du Code civil que les contrats concomitants ou successifs qui s'inscrivent dans une opération incluant une location financière sont interdépendants et que sont réputées non écrites les clauses des contrats inconciliables avec cette interdépendance. C'est par référence à l'unité économique de l'ensemble contractuel que l'on déduit l'interdépendance[1187].

Une telle évolution de la perception du contrat amène à dépasser la conception qui en est classiquement retenue.

202. Le contrat comme une valeur économique : dépassement de la conception classique. Selon M. Mestre, la seconde évolution contemporaine du contrat s'observe dans un dépassement de la conception classique, par une approche différente influencée par la valeur économique et patrimoniale du lien contractuel[1188]. En ce sens, le contrat est considéré de façon autonome et distingué de la personne de ceux qui lui ont donné naissance : son entité est reconnue et la notion d'ensemble contractuel se dégage.

Cette évolution contemporaine du contrat oblige alors le juriste à modifier son analyse pour appréhender le contrat.

203. Adaptation de l'analyse doctrinale du contrat à son évolution contemporaine : la conception finaliste, du promettant au récepteur de la promesse. Puisque le contrat a évolué, l'analyse qu'en fait la doctrine a dû aussi évoluer. Puisque la conception classique ou analytique ne permet plus d'appréhender convenablement le contrat, ou n'est du moins plus suffisante à l'appréhender, il a fallu réfléchir à une autre conception qui permette de rendre compte et de justifier la nouvelle idée du contrat. Le Doyen Carbonnier explique

---

[1186] Cass. ch. mixte, 17 mai 2013, n° 11-22.768 et 11-22.927, Bull. ch. mixte, n° 1, JurisData n° 2013-009388, *CCC* août 2013, n° 8-9, comm. 176, p. 19, note L. LEVENEUR ; *JCP G* juin 2013, n° 24, comm. 673, p. 1155, note F. BUY ; *D.* juill. 2013, n° 24, p. 1658, obs. D. MAZEAUD ; *RTD civ.* oct. 2013, n° 3, p. 597, obs. H. BARBIER ; *RTD com.* oct. 2013, n° 3, p. 569, obs. D. LEGEAIS ; Rapp. C. cass. 2013, J. KAMARA.

[1187] H. BARBIER, « L'indivisibilité de l'ensemble contractuel incluant une location financière », *RTD civ.* oct. 2013, n° 3, p. 597.

[1188] *Ibid.*

alors que l'analyse doctrinale a dû se *« détourner du promettant pour se fixer sur le récepteur de la promesse »*[1189].

Plus complémentaire qu'opposée à l'analyse classique du contrat, l'analyse finaliste consiste à percevoir le contrat, non plus de façon statique, mais analytique, c'est-à-dire comme une opération économique globale, une technique de réalisation d'un résultat.

L'analyse finaliste du contrat fait naître des rapprochements avec d'autres notions telles que l'analyse économique du contrat ou le solidarisme contractuel qui méritent d'être précisées afin d'éviter tout amalgame.

204. La conception finaliste du contrat comme socle de l'analyse économique du contrat. L'analyse économique du droit provient, d'une manière générale, de l'application de l'analyse économique néo-classique et libérale au droit, matérialisée par le mouvement doctrinal américain *Law and Economics* né à la fin des années 1950[1190]. Cette analyse repose sur l'étude de l'efficacité des règles de droit et plus exactement sur la manière dont *« la règle de droit oriente le comportement des individus et dans quelle mesure elle atteint son objectif sans être détournées par ces mêmes individus »*, c'est-à-dire *« apprécier si les règles de droit permettent de maximiser les utilités individuelles et d'atteindre les objectifs fixés par la société »*[1191]. En d'autres termes, l'analyse économique du droit propose une approche fonctionnelle au droit et juge les règles par leurs effets[1192]. L'initiative du mouvement est marquée par les travaux de M. Posner[1193].

Plus spécifiquement, l'analyse économique du contrat est apparue dans le milieu des années soixante-dix et est le fruit d'un recentrage progressif de l'analyse économique néo-classique sur le contrat comme forme prototype de régulation des échanges, si bien que la catégorie fondamentale de cette analyse n'est plus la marchandise, mais le contrat lui-même[1194]. Plus précisément, cette analyse repose sur une réinterprétation du marché qui cesse d'être le *« lieu central où s'échangeaient des quantités globales d'une marchandise indifférenciée »* pour devenir *« le face-à-face local d'échangistes, capables de s'identifier nommément pour conclure éventuellement un contrat interindividuel »*[1195]. Cette relecture du contrat s'est amorcée avec les travaux de

---

[1189] J. CARBONNIER, « Introduction », *in L'évolution contemporaine du droit des contrats*, Journées René Savatier, PUF, 1986, p. 29.

[1190] R. ENCINAS DE MUNAGORRI, « L'analyse économique est-elle une source du droit ? Propos sur la doctrine du Premier président de la Cour de cassation », *RTD civ.* sept. 2006, n° 3, p. 505 ; M. FABRE-MAGNAN, *Droit des obligations, 1 - Contrat et engagement unilatéral*, *op. cit.*, p. 141, n° 159 ; S. ROUSSEAU, « L'analyse économique du droit », *D.* janv. 2009, n° 3, p. 352 ; V. pour un historique de l'analyse économique du droit : E. MACKAAY et S. ROUSSEAU, *Analyse économique du droit*, 2e éd., Dalloz, coll. Méthodes du droit, 2008, pp. 7 et s., n° 23 et s.

[1191] M. FABRE-MAGNAN, *Droit des obligations, 1 - Contrat et engagement unilatéral*, *op. cit.*, p. 141, n° 159.

[1192] E. MACKAAY, « L'efficacité du contrat - une perspective économique du droit », *in* G. LARDEUX (dir.) *et alii*, *L'efficacité du contrat*, Dalloz, 2011, p. 31.

[1193] R. A. POSNER, *Economic Analysis of Law*, Little Brown, Boston, 1972.

[1194] O. FAVEREAU et P. PICARD, « L'approche économique des contrats : unité ou diversité ? », *Sociologie du travail* oct.-déc. 1996, n° 4, p. 441.

[1195] *Ibid.*

M. Azariadis consacrés aux contrats implicites sur le marché du travail[1196] dans lesquels le contrat est explicitement défini comme la donnée du taux de salaire et du volume d'emploi que la firme projette d'offrir dans chaque état de la nature, le contrat ayant alors un objectif d'optimisation du partage des risques entre la firme et ses salariés[1197]. Cette relecture du contrat a ensuite été relayée sur les terrains macro-économique et micro-économique[1198]. C'est enfin avec la théorie des jeux, initiée par Von Neumann et Morgenstern que cette relecture a trouvé son plein essor[1199].

L'analyse économique du contrat s'appuie sur la conception finaliste du contrat en ce qu'elle n'est qu'une conséquence de la première. En effet, l'analyse économique du contrat n'est pas une approche juridique, mais elle est permise par la conception finaliste du contrat. C'est parce que l'on connaît la finalité du contrat, c'est-à-dire ce à quoi il sert, son but, que l'on peut déduire une analyse économique de celui-ci. Cette analyse économique va alors pouvoir expliquer les règles de droit qui encadrent ce contrat et apprécier leur efficacité, de voir si elles permettent d'atteindre les objectifs fixés par le contrat, sa finalité[1200]. Ainsi, l'analyse économique se révèle utile pour expliquer et justifier les règles de droit qui encadrent le contrat.

À côté de l'analyse économique du contrat, intervient le solidarisme contractuel qui se recoupe partiellement avec la conception finaliste du contrat.

205. Conception finaliste du contrat et solidarisme contractuel : un recoupement partiel. Le solidarisme contractuel désigne un courant doctrinal politique et social, qui s'appuie sur le droit positif français, certains droits étrangers, le droit européen et le droit du commerce international et qui repense la théorie générale du contrat afin d'y intégrer l'évolution du droit des contrats[1201]. À ce titre, le solidarisme contractuel, distinct du solidarisme social appliqué au contrat, prétend constituer un nouveau fondement de cette théorie générale qui offre au juriste une nouvelle manière d'appréhender le mécanisme contractuel et le droit positif des contrats[1202]. D'un point de vue matériel, le solidarisme contractuel

---

1196 C. AZARIADIS, « Implicit contracts and underemployment equilibria », *Journal of Political Economy* déc. 1975, n° 6, p. 1183 ; V. aussi en ce sens : M. N. BAILY, « Wages and unemployment under uncertain demand », *Review of Economic Studies* janv. 1974, n° 1, p. 37. ; D. F. GORDON, « A neoclassical theory of Keynesian unemployment », *Economic Inquiry* déc. 1974, vol. 12, p. 431.

1197 O. FAVEREAU et P. PICARD, « L'approche économique des contrats : unité ou diversité ? », art. cit.

1198 E. MACKAAY et S. ROUSSEAU, *Analyse économique du droit*, *op. cit.*, p. 20, n° 67.

1199 B. BARRAUD, « L'analyse économique du droit », *in La recherche juridique (les branches de la recherche juridique)*, L'Harmattan, coll. Logiques juridiques, 2016, p. 141.

1200 O. FAVEREAU, « Qu'est-ce qu'un contrat ? La difficile réponse de l'économie », *in* C. JAMIN (dir.) *et alii*, *Droit et économie des contrats*, L.G.D.J., 2008, p. 21.

1201 A.-S. COURDIER-CUISINIER, *Le solidarisme contractuel*, préf. E. LOQUIN, LexisNexis Litec, 2006, pp. 1 et s., n° 1 et s. ; L. GRYNBAUM, « La notion de solidarisme contractuel », *in Le solidarisme contractuel*, Economica, 2004, p. 25 ; C. JAMIN, « Plaidoyer pour le solidarisme contractuel », *in Etudes offertes à Jacques Ghestin - Le contrat au début du XXIe siècle*, L.G.D.J., coll. Anthologie du Droit, 2014, p. 441 ; P. MAZET, « Le courant solidariste », in *Le solidarisme contractuel*, Economica, 2004, p. 13.

1202 *Ibid.*, *loc. cit.* ; M. MEKKI, « Les doctrines sur l'efficacité du contrat en période de crise », *RDC* janv. 2010, n° 1, p. 383.

s'identifie selon deux éléments : le lien de solidarité entre les parties au contrat, qui résulte de la prise en charge réciproque par ces derniers de l'intérêt au contrat de l'autre, et la conciliation des intérêts respectifs des contractants, qui est définie comme une juste répartition des charges et des profits contractuels et qui donne un contenu précis à celle d'équilibre contractuel et rend aussi compte de l'utilité des principes de proportionnalité et de cohérence[1203]. D'un point de vue juridique, le solidarisme contractuel s'identifie à un principe démonstratif du droit existant et constructif de règles nouvelles, qui par sa généralité, propose une transformation de la théorie générale en expansion et ne se confond pas avec la bonne foi dont le domaine d'application est moindre[1204]. Au stade de la formation du contrat, le solidarisme contractuel impose de considérer l'intérêt social et les intérêts particuliers[1205]. Au stade de l'exécution du contrat, les effets du solidarisme contractuel décrivent et justifient les devoirs comportementaux que le droit positif impose aux contractants, de sorte que le lien de solidarité fonde les devoirs de coopération et de cohérence et les effets du respect par les parties de la conciliation des intérêts rendent compte de la tendance récente du droit positif à lutter contre les déséquilibres contractuels, tant subjectifs qu'objectifs, et à sauver le contrat[1206]. Autrement dit, le solidarisme contractuel fixe des devoirs communs nécessaires pour réaliser le but du contrat.

Là encore, le solidarisme contractuel peut être rapproché de la conception finaliste du contrat dans la mesure où il recherche le but commun des contractants[1207]. Toutefois, il ne la recoupe que partiellement en ce qu'il en est une conséquence. Effectivement, le solidarisme contractuel découle de la conception finaliste du contrat, car c'est parce que l'on connaît la finalité du contrat que l'on peut en déduire les devoirs communs nécessaires pour réaliser cette finalité.

Outre ces rapprochements les grandes notions, la conception finaliste du contrat semble avoir été illustrée au travers d'études consacrées à des figures contractuelles particulières.

206. Conception finaliste du contrat et degrés d'analyse. La conception finaliste du contrat a été utilisée pour distinguer des catégories de contrats au regard de l'opération économique qu'ils organisent. Ainsi, a-t-on pu connaître les contrats-échange ou contrats-permutation[1208], les contrats-concentration[1209] et les

---

1203 A.-S. COURDIER-CUISINIER, *Le solidarisme contractuel*, *op. cit.*, pp. 33 et s., n° 45 et s.

1204 *Ibid.*, pp. 247 et s., n° 380 et s.

1205 E. SAVAUX, « Solidarisme contractuel et formation du contrat », *in Le solidarisme contractuel*, *op. cit.*, p. 43.

1206 D. MAZEAUD, « Solidarisme contractuel et réalisation du contrat », *in Le solidarisme contractuel*, *op. cit.*, p. 57.

1207 V. sur le rapprochement et la distinction : A.-S. LUCAS-PUGET, *Essai sur la notion d'objet du contrat*, *op. cit.*, pp. 10-11, n° 17.

1208 P. DIDIER, « Brèves notes sur le contrat-organisation », *in L'avenir du droit, Mélanges en hommage à François Terré*, Dalloz, PUF, Éditions du Juris-Classeur, 1999, p. 635 ; S. LEQUETTE, *Le contrat-coopération. Contribution à la théorie générale du contrat*, préf. C. BRENNER, Economica, 2012, pp. 23 et s., n° 16 et s.

1209 S. LEQUETTE, Le contrat-coopération. Contribution à la théorie générale du contrat, *op. cit.*, pp. 72 et s., n° 88 et s.

contrats-organisation[1210]. Un certain nombre de travaux doctoraux réalisés ces dernières années ont contribué à la théorie générale ou spéciale du contrat en s'appuyant sur la conception finaliste du contrat. À cette occasion, ils ont poussé l'analyse de la conception finaliste du contrat à des degrés différents et en ont extrait des notions nouvelles telles que de contrat-coopération[1211], de contrats-échanges de droit commun fondés sur un antagonisme total des parties et de contrats-échanges d'intérêt commun où l'antagonisme des contractants est atténué par l'intéressement de l'un à l'activité de l'autre[1212] ou de contrat-alliance[1213].

Ces analyses peuvent être rapprochées de la conception finaliste du contrat dans la mesure où elles en sont les applications plus ou moins poussées.

§ 2 - Une approche des obligations comme des instruments de réalisation de la finalité du contrat

207. Conséquence de l'analyse finaliste du contrat. La conception que nous avons ainsi dénommée n'est pas exposée en tant que telle, ni dans les ouvrages de théorie générale des obligations ni dans les ouvrages de droit civil consacrés à l'étude de l'obligation. Elle paraît ressortir de la conception finaliste du contrat qui s'impose en doctrine depuis de nombreuses années maintenant[1214]. Des thèses publiées ces dernières années utilisent cette conception finaliste du contrat et de l'obligation pour justifier la notion d'objet du contrat[1215], la durée de l'obligation[1216] ou encore l'économie du contrat[1217].

Cette conception finaliste tend à avoir une approche économique, globale et unitaire du contrat et non plus seulement analytique, c'est-à-dire de le percevoir comme l'opération juridique globale voulue par les parties[1218]. Il en découle que l'obligation se conçoit plus de façon analytique ou descriptive, mais plutôt comme une technique de réalisation d'un résultat économique. Les obligations visent à

1210 P. DIDIER, « Brèves notes sur le contrat-organisation », art. cit.

1211 S. LEQUETTE, *Le contrat-coopération. Contribution à la théorie générale du contrat*, *op. cit.*

1212 F. CHÉNEDÉ, *Les commutations en droit privé. Contribution à la théorie générale des obligations*, préf. A. GHOZI, Economica, 2008, pp. 112 et s., n° 121 et s.

1213 J.-F. HAMELIN, *Le contrat-alliance*, préf. N. MOLFESSIS, Economica, 2012.

1214 V. sur la conception finaliste du contrat : G. CORNU, « L'évolution du droit des contrats en France », art. cit. ; J. GHESTIN, « La notion de contrat au regard de la diversité de ses éléments variables. Rapport de synthèse », art. cit.

1215 V. en ce sens : A.-S. LUCAS-PUGET, Essai sur la notion d'objet du contrat, *op. cit.*

1216 V. en ce sens : A. ETIENNEY, *La durée de la prestation, Essai sur le temps dans l'obligation*, *op. cit.*

1217 V. en ce sens : T. PASQUIER, *L'économie du contrat de travail, Conception et destin d'un type contractuel*, préf. A. LYON-CAEN, L.G.D.J., 2010 ; S. PIMONT, *L'économie du contrat*, *op. cit.*

1218 V. d'abord : A. BÉNABENT, *Droit civil. Les obligations*, 12e éd., *op. cit.*, p. 121, n° 156 : l'objet de l'opération contractuelle doit s'envisager *« dans son ensemble, dans son économie générale »* ; F. TERRÉ et P. SIMLER et Y. LEQUETTE, *Droit civil. Les obligations*, *op. cit.*, p. 300, n° 265 : *« l'expression objet du contrat, employée à contre temps par les rédacteurs du Code civil, [...] permet en effet de désigner l'opération juridique réalisée par les parties, en la considérant non plus dans ses éléments, mais dans son tout »* ; V. ensuite : A. ETIENNEY, *La durée de la prestation, Essai sur le temps dans l'obligation*, *op. cit.*, pp. 111-113, n° 161 ; A.-S. LUCAS-PUGET, *Essai sur la notion d'objet du contrat*, *op. cit.*, pp. 90-91, n° 149 et s.

réaliser la finalité poursuivie par le contrat, elles sont le moyen de réalisation de cette finalité[1219].

L'obligation créée par le contrat reste ce fameux lien de droit que nous avons évoqué précédemment, mais cette approche permet de découvrir le second aspect de ce lien, ce qui est espéré par le créancier, l'attente du créancier[1220]. Cette conception conduit donc à envisager l'objet de l'obligation non plus exclusivement du côté de son débiteur, c'est-à-dire comme une dette d'activité, mais à se tourner vers ce qui est attendu par le créancier, soit une créance de résultat[1221]. L'objet de l'obligation ne concerne plus seulement ce que doit le débiteur, le *quid debetur*, mais prend aussi en compte ce que veut le créancier[1222]. L'objet de l'obligation a alors pour *« fonction de représenter le résultat en vue duquel les volontés ont été échangées »*[1223].

L'approche fonctionnelle de l'obligation invite à renouveler l'objet de l'obligation en ne le limitant plus au *quid debetur*, mais en l'étendant à l'attente du créancier (A), objet qui se rapproche alors de notions déjà connues du droit (B).

A - L'objet renouvelé des obligations : du *quid debetur* à l'attente du créancier

208. Assujettissement du débiteur conçu de manière finalisée et gradation de l'objet de l'obligation. La conception finaliste du contrat permet d'envisager l'obligation au-delà de la seule volonté des contractants et de l'envisager selon sa valeur, de sorte qu'elle ne se présente plus seulement comme un phénomène d'aliénation du débiteur, mais comme un droit pour le créancier d'exiger un résultat. L'assujettissement du débiteur se conçoit de manière finalisée, si bien que l'obligation constitue *« un moyen en vue d'un but »*[1224]. De nombreux auteurs défendent cette idée en démontrant que le contrat est une technique de

---

[1219] A.-S. LUCAS-PUGET, *Essai sur la notion d'objet du contrat*, *op. cit.*, pp. 184-186, n° 339-342.
[1220] *Ibid.*, p. 130, n° 236.
[1221] *Ibid.*, *loc. cit.*
[1222] *Ibid.*, p. 143, n° 254 et s.
[1223] A. ETIENNEY, *La durée de la prestation, Essai sur le temps dans l'obligation*, *op. cit.*, p. 126, n° 176.
[1224] J. PATARIN, *Le problème de l'équivalence juridique des résultats*, th. Paris, 1952, p. 72 ; J.-M. POUGHON, « Une constante doctrinale : l'approche économique du contrat », *Droits* 1990, n° 12, p. 47 ; P. STOFFEL-MUNCK, *L'abus dans le contrat, Essai d'une théorie*, préf. R. BOUT, L.G.D.J., 2000, p. 239, n° 157.

réalisation d'un intérêt[1225], mais aussi d'une utilité[1226], d'un avantage[1227], d'un résultat[1228], d'une valeur économique[1229], d'un échange économique[1230], ou encore de la satisfaction d'un besoin[1231].

Pour préciser et affiner cette approche fonctionnelle de l'obligation, il est possible, comme nous l'avons fait pour l'approche analytique, au sein même de l'objet de l'obligation, d'appliquer une gradation. Ainsi, l'objet de l'obligation correspond non seulement à la prestation due par le débiteur, mais surtout à la

---

1225 V. en ce sens : F. LAURENT, *Principes de droit civil français*, t. 24, *op. cit.*, p. 117, n° 112 ; M.-L. LAROMBIÈRE, *Théorie et pratique des obligations ou commentaire des titres III et IV, livre III du code civil*, t. I, nouv. éd., A. Durand et Pédone-Lauriel (Paris), 1885, pp. 100-101 ; A. DORVILLE, *De l'intérêt moral dans les conventions*, th. Paris, 1901, p. 205 ; E. GOUNOT, *Le principe de l'autonomie de la volonté en droit privé, Contribution à l'étude critique de l'individualisme juridique*, th. Dijon, A. Rousseau, 1912, p. 141 ; R. DEMOGUE, *Traité des obligations en général. Sources des obligations*, t. II, Rousseau et Cie, 1923, pp. 524 et s., n° 743 et s. ; G. ROUJOU DE BOUBÉE, *Essai sur l'acte juridique collectif*, L.G.D.J., 1961, p. 14 ; G. ROUHETTE, *Contribution à l'étude critique de la notion de contrat*, *op. cit.*, p. 143, n° 222 ; L. AYNÈS, *La cession de contrat et les opérations juridiques à trois personnes*, préf. P. MALAURIE, Economica, 1984, p. 87, n° 113 ; B. OPPETIT, *Droit et modernité*, PUF, 1998, p. 169 ; R. CABRILLAC, *L'acte juridique conjonctif en droit privé français*, L.G.D.J., 1990, p. 70, n° 99 et s. ; J. ROCHEFELD, *Cause et type de contrat*, L.G.D.J., 1999, n° 87 ; M.-E. ANCEL, *La prestation caractéristique du contrat*, *op. cit.*, pp. 97-98, n° 140 ; T. REVET, « Objectivation ou subjectivation du contrat, Quelle valeur juridique ? », *in* C. JAMIN (dir.), D. MAZEAUD (dir.) *et alii*, *La nouvelle crise du contrat*, PUAM, 2003, p. 83, n° 19 ; V. D. DO, *Le rôle de l'intérêt privé dans le contrat en droit français*, PUAM, 2004, p. 157, n° 208 ; *Adde* J. MARTIN DE LA MOUTTE, *L'acte juridique unilatéral, Essai sur sa notion et sa technique en droit civil*, th. Toulouse, 1951, p. 24, n° 33 et s.

1226 M. DELVINCOURT, *Cours de Code civil*, t. II, Videcocq, 1819, p. 120 ; M.-L. LAROMBIÈRE, *Théorie et pratique des obligations ou commentaire des titres III et IV, livre III du code civil*, t. II, nouv. éd., A. Durand et Pédone-Lauriel (Paris), 1885, p. 115 ; J. PATARIN, *Le problème de l'équivalence juridique des résultats*, *op. cit.*, p. 91 ; A. TRIBES, *Le rôle de la notion d'intérêt en matière civile*, th. Paris II, 1975, p. 289 ; F. FIECHTER-BOULVARD, *La transmission de l'engagement dans les contrats en chaîne*, th. Grenoble, 1992, p. 23, n° 50 ; J.-P. CHAZAL, *De la puissance économique en droit des obligations*, th. Grenoble II, 1996, p. 481, n° 650 ; P. STOFFEL-MUNCK, *Regards sur la théorie de l'imprévision, Vers une souplesse contractuelle en droit privé français contemporain*, avant-propos A. SÉRIAUX, préf. R. BOUT, PUAM, 1994, pp. 47 et s., n° 55 et s. ; P. STOFFEL-MUNCK, *L'abus dans le contrat, Essai d'une théorie*, *op. cit.*, p. 239, n° 157 ; J. GHESTIN, « Le contrat en tant qu'échange économique », art. cit. ; Y.-M. LAITHIER, *Étude comparative des sanctions de l'inexécution du contrat*, préf. H. MUIR WATT, L.G.D.J., 2004, pp. 80 et s., n° 55 et s.

1227 A.-M. DEMANTE, *Programme du cours de droit civil français fait à l'école de Paris*, t. II, 3e éd., Gustave Thorel (Paris), 1840, p. 243, n° 518 ; M. CORBET, *De la garantie d'éviction dans la vente*, th. Paris, 1867, p. 217 ; R. VON JHERING, *L'esprit du droit romain dans les diverses phases de son développement*, t. IV, trad. O. DE MEULENAERE, A. Marescq Aîné, 1880, pp. 325-326 ; P. COLIN, *Théorie de la cause des obligations conventionnelles*, th. Paris, 1896, p. 69 ; J. HAMEL, *La notion de cause dans les libéralités*, th. Paris, 1920, p. 15 ; J.-P. LE GALL, *L'obligation de garantie dans le louage de choses*, R. Pichon et P. Durand-Auzias (Paris), 1962, n° 181 ; P. ROUBIER, « Le rôle de la volonté dans la création des droits et devoirs », *Arch. Philo. Dr.* 1957, p. 71 ; P. VEAUX-FOURNERIE et D. VEAUX, *Typologie des obligations*, J.-Cl. Contrats-Distribution, Fasc. n° 85, déc. 2003, n° 43.

1228 J.-F. OVERSTAKE, *Essai de classification des contrats spéciaux*, L.G.D.J., 1969, p. 17 ; F. ROUVIÈRE, *Le contenu du contrat : essai sur la notion d'inexécution*, préf. C. ATIAS, th. Aix-Marseille, 1975, p. 101, n° 104.

1229 J. PATARIN, *Le problème de l'équivalence juridique des résultats*, *op. cit.*, p. 91 ; V. aussi : P. VOIRIN, « Testament. - Interprétation. Double legs en usufruit et en nue propriété. », *JCP G* 1942, jur. II 2007 : l'auteur évoque le *« but économique »* ; J.-M. BAHANS, *Théorie générale de l'acte juridique et droit économique*, th. Bordeaux IV, 1998, pp. 618-619, n° 526 : l'auteur vise l'*« opération économique »*.

1230 J.-M. POUGHON, *Histoire doctrinale de l'échange*, préf. J.-P. BAUD, L.G.D.J., 1987, pp. 32 et s., n° 60 et s. ; R. MARTIN, « Le refoulement de la cause dans les contrats à titre onéreux », *JCP G* mars 1983, n° 10, doctr. 3100, p. 3.

1231 B. OPPETIT, « Droit et économie », *Arch. Philo. Dr.* 1992, t. 37, p. 17.

prestation attendue par le créancier, et l'objet de la prestation correspond au bien promis par ce même débiteur et au bien attendu par ce même créancier.

La combinaison de l'approche fonctionnelle de l'obligation et de la stratification de l'objet permet de distinguer l'objet de l'objet de l'obligation comme étant la prestation promise, mais surtout attendue (1) et l'objet de la prestation comme étant la chose promise, mais surtout attendue (2).

1 - L'objet de l'obligation : la prestation promise, mais surtout attendue

209. Prise en compte de l'attente du créancier : résultat de l'activité du débiteur. Selon la conception finaliste du contrat, l'objet de l'obligation s'envisage de façon fonctionnelle, de sorte que l'on se tourne vers le récepteur de la promesse, le créancier, et que l'on prend en compte ses attentes, ce qu'il espère, ce qu'il veut. À ce titre, nous reprendrons les travaux de recherche de Mme Lucas-Puget, qui démontrent précisément que l'obligation ne se résume pas seulement à l'engagement du débiteur, le *« quid debetur »*, mais englobe aussi l'attente du créancier. L'objet de l'obligation, la prestation, ne correspond plus tant au déploiement de l'activité du débiteur, mais devient le résultat de cette activité, c'est-à-dire ce vers quoi elle tend[1232]. Ainsi, les moyens réels ou concrets mis en œuvre par le débiteur se distinguent du résultat à atteindre. Il en découle que la prestation est le résultat de l'activité du débiteur[1233].

Cependant, la prise en compte de l'attente du créancier ne conduit pas à écarter la promesse du débiteur, au contraire l'approche fonctionnelle cristallise à la fois le résultat promis par le débiteur et le résultat attendu par le créancier[1234]. En effet, dans la mesure où le créancier attend un résultat, il est évident que ce résultat ou ce but ne pourra être atteint que si le débiteur met en œuvre les moyens nécessaires. Ainsi, la prestation objet de l'obligation constitue *« l'avers et le revers d'une même médaille »*, c'est-à-dire une dette d'activité et une créance de résultat[1235].

210. Clarté retrouvée. Alors qu'en application de l'ancien article 1130 alinéa 1er et du nouvel article 1163 du Code civil, la prestation objet de l'obligation peut être présente ou future et doit être possible et déterminée ou déterminable, tel que nous l'avons exposé précédemment[1236], ces exigences retrouvent davantage de clarté grâce à l'approche fonctionnelle de l'objet de l'obligation. Effectivement, comme l'explique Mme Lucas-Puget, ce n'est pas la prestation en tant que moyens concrets qui doit satisfaire ces exigences d'existence, de possibilité et de détermination, mais

---

[1232] A.-S. LUCAS-PUGET, *Essai sur la notion d'objet du contrat*, *op. cit.*, pp. 125 et s., n° 224 et s.
[1233] *Ibid.*, pp. 130-131, n° 236.
[1234] *Ibid.*, p. 143, n° 255.
[1235] *Ibid.*, p. 130, n° 236.
[1236] V. *supra* n° 42.

plutôt la prestation en tant que résultat[1237]. En intégrant à la prestation l'idée de résultat, la compréhension de ce qui est dû s'en trouve améliorée[1238].

2 - L'objet de la prestation : la chose ou le fait promis, mais surtout attendus

211. Prise en compte de l'attente du créancier : le résultat du résultat de l'activité du débiteur. Dans la suite logique, la démonstration de Mme Lucas-Puget tend à affirmer que la prestation, en tant que résultat promis et attendu de l'obligation, doit voir son propre objet intégrer ce résultat, c'est-à-dire être le résultat du résultat de l'activité du débiteur et plus concrètement ce qui doit être fourni à l'issue de l'accomplissement, le résultat ultime fourni par la prestation[1239]. Ce faisant, le fait ou la chose n'est plus tant le fait ou la chose promis que le fait ou la chose attendus. Le bien ou la chose, en tant qu'objets de la prestation et non en tant que supports[1240], et c'est le cas du bien à vendre ou à louer[1241], est le résultat du résultat de l'activité du débiteur.

Là encore, la prise en compte de l'attente du créancier ne conduit pas à écarter la promesse du débiteur, au contraire l'approche fonctionnelle cristallise à la fois le résultat promis par le débiteur et le résultat attendu par le créancier[1242]. Le fait ou la chose objet de la prestation comprend alors à la fois le fait ou la chose promis et le fait ou la chose attendus.

212. Clarté retrouvée. Plus encore, la chose en tant que résultat ultime appelle à considérer, eu égard aux exigences posées par l'ancien article 1130 alinéa 1er et du nouvel article 1163 du Code civil, selon lesquelles la chose objet de la prestation peut être présente ou future et doit être possible et déterminée ou déterminable, l'usage de cette chose, sinon ces exigences n'auraient aucun sens[1243]. Ici encore, en intégrant au fait ou à la chose l'idée de résultat, la compréhension de ce qui est dû s'en trouve améliorée dans la mesure où c'est cet ultime résultat qui précise les prestations qui sont réellement dues par le débiteur.

B - L'objet renouvelé des obligations : de la cause au but en passant par l'objet du contrat

213. Rapprochement avec la cause. Comme l'explique la doctrine, l'analyse fonctionnelle de l'obligation comme un instrument de réalisation d'un résultat ou d'une utilité, et plus précisément la définition renouvelée de son objet comme le résultat promis et attendu, est étroitement liée à la cause concrète et objective, en

---

[1237] A.-S. LUCAS-PUGET, *Essai sur la notion d'objet du contrat*, *op. cit.*, pp. 137-142, n° 244-251.
[1238] *Ibid.*, pp. 145 et s., n° 260 et s.
[1239] *Ibid.*, pp. 156-166, n° 283- 307.
[1240] V. sur la distinction entre le fait ou la chose objets de la prestation et supports : *Ibid.*, pp. 160 et s., n° 292 et s.
[1241] A.-S. LUCAS-PUGET, Essai sur la notion d'objet du contrat, *op. cit.*, p. 157, n° 286.
[1242] *Ibid.*, p. 143, n° 255.
[1243] A.-S. LUCAS-PUGET, *Essai sur la notion d'objet du contrat*, *op. cit.*, p. 164, n° 304.

ce qu'elle en serait le mode de traduction ou le révélateur, mais pas le fondement[1244]. En d'autres termes, le rapprochement entre cette conception de l'objet de l'obligation et la cause tiendrait à l'idée que la prestation, envisagée sous l'angle du créancier, correspond au résultat attendu[1245]. Il a ainsi été défendu que *« la cause représente le contenu contractuel propre à poursuivre la finalité escomptée »* du contrat[1246]. La notion de cause se comprend de façon objective et subjective. La cause objective, aussi appelée cause efficiente[1247], est héritée de Domat et correspond à la source de l'obligation, concrètement l'échange des consentements, c'est-à-dire à *« la contrepartie ou, plus largement, l'intérêt immédiat retiré du contrat »*[1248]. Elle se distingue de la cause subjective, aussi appelée cause finale[1249], qui est utilisée pour apprécier la licéité de la cause et qui correspond au *« mobile ayant conduit à la conclusion du contrat »*[1250], c'est-à-dire *« comme ce qui a psychologiquement déterminé l'engagement et, plus largement, la conclusion du contrat »*[1251] ou encore *« comme l'intérêt »*[1252].

En dépit de l'apparente disparition de la cause depuis la réforme du droit des obligations et des contrats[1253], encouragée peut-être par les critiques anti-causalistes[1254], celle-ci n'a pas vraiment disparu et se retrouve dans la notion de but du contrat[1255], si bien que le lien évoqué entre l'obligation perçue comme un instrument de réalisation d'un résultat ou d'une utilité et le but persiste. Singularité française, puisqu'on ne la retrouve pas en droit européen à l'exception

---

1244 *Ibid.*, p. 152, n° 273 ; A. ETIENNEY, *La durée de la prestation, Essai sur le temps dans l'obligation*, *op. cit.*, pp. 127-128, n° 177.

1245 A.-S. LUCAS-PUGET, *Essai sur la notion d'objet du contrat*, *op. cit.*, p. 152, n° 273.

1246 J. ROCHFELD, *Cause et type de contrat*, préf. J. GHESTIN, L.G.D.J., 1999, pp. 278 et s., n° 314 et s.

1247 E. CHEVREAU, « La cause dans le contrat en droit français : une interprétation erronée des sources du droit romain », *RDC* janv. 2013, n° 1, p. 11.

1248 M. FABRE-MAGNAN, *Droit des obligations, 1 - Contrat et engagement unilatéral*, *op. cit.*, p. 528, n° 675 ; A. BÉNABENT, *Droit des obligations*, 18e éd., Montchrestien, coll. Précis Domat, sous coll. Droit privé, 2019, p. 174.

1249 E. CHEVREAU, « La cause dans le contrat en droit français : une interprétation erronée des sources du droit romain », art. cit.

1250 M. FABRE-MAGNAN, *Droit des obligations, 1 - Contrat et engagement unilatéral*, *op. cit.*, p. 528, n° 675 ; A. BÉNABENT, *Droit des obligations*, 18e éd., *op. cit.*, p. 179.

1251 J. GHESTIN, G. LOISEAU et Y.-M. SERINET, *Traité de droit civil. La formation du contrat,* t. 1, *Le contrat, le consentement*, *op. cit.*, p. 38.

1252 J. ROCHFELD, *Cause et type de contrat*, *op. cit.*, pp. 71 et s., n° 75 et s.

1253 G. WICKER, « La suppression de la cause et les solutions alternatives », *in* R. SCHULZE (dir.), G. WICKER (dir.), G. MÄSCH (dir.), D. MAZEAUD (dir.) *et alii*, *La réforme du droit des obligations en France, 5e journées franco-allemandes*, Société de législation comparée, 2015, p. 107.

1254 H. CAPITANT, *De la cause des obligations (Contrats, Engagements unilatéraux, Legs)*, 3e éd., réimp. éd. 1927, Editions La Mémoire du Droit, 2012, p. 39 et s., n° 12 et s.

1255 N. FERRIER, « Le renforcement du rôle du juge dans la détermination et la révision du contenu du contrat », *in* R. SCHULZE (dir.), G. WICKER (dir.), G. MÄSCH (dir.), D. MAZEAUD (dir.) *et alii*, *La réforme du droit des obligations en France, 5e journées franco-allemandes*, Société de législation comparée, 2015, p. 73 ; Rapp., Rapport au Président de la République relatif à l'ordonnance n° 2016-131 du 10 février 2016 portant réforme du droit des contrats, du régime général et de la preuve des obligations, JORF n° 0035, 11 févr. 2016, texte n° 25 ; M. FABRE-MAGNAN, *Droit des obligations, 1 - Contrat et engagement unilatéral*, *op. cit.*, p. 528, n° 675 ; N. DISSAUX et C. JAMIN, *Réforme du droit des contrats, du régime général et de la preuve des obligations (Ordonnance n° 2016-131 du 10 février 2016), Commentaire des articles 1100 à 1386-1 du Code civil*, *op. cit.*, p. 57 ; T. DOUVILLE (dir.) *et alii*, *La réforme du Droit des contrats - Commentaire article par article - Ordonnance du 10 février 2016 portant réforme du droit des contrats, du régime général et de la preuve des obligations*, *op. cit.*, p. 128.

des droits espagnol, italien, hollandais et roumain[1256], la cause mérite donc une attention particulière en considération de l'approche fonctionnelle de l'obligation.

Si la cause peut parfois exactement correspondre à l'objet de l'obligation, en ce qu'elle *« se moule parfaitement dans la prestation (résultat escompté par le créancier) »*, ce n'est pas systématiquement le cas, notamment lorsqu'elle est subjective et que l'intérêt ne se cristallise pas dans le résultat[1257].

214. Rapprochement avec l'objet du contrat. La notion d'objet du contrat dans son ensemble a été critiquée par de nombreux auteurs pensant que celle-ci n'était pas autonome et qu'elle ne serait qu'une ellipse qui vise l'objet des obligations nées du contrat[1258]. Toutefois, l'objet du contrat a tout de même été défini traditionnellement comme l'objet de l'obligation principale qu'il fait naître[1259]. On lui a également découvert un intérêt particulier en le définissant de façon globale comme *« l'opération juridique concrète voulue par les parties »*, et plus précisément comme *« l'effet juridique global et immédiat du contrat, lequel peut être un échange, la fourniture d'une ou plusieurs prestations, ou une opération spéciale qui procède de l'association de prestations »*[1260].

Selon la première définition, l'objet du contrat peut se rapprocher de l'objet de l'obligation, en ce que ces deux objets peuvent parfaitement coïncider lorsqu'il s'agit de l'obligation principale. Toutefois, lorsqu'il s'agit d'autres obligations, il est impossible d'établir ce rapprochement.

Dans son second sens en revanche, l'objet du contrat ne peut se rapprocher que partiellement de l'objet de l'obligation et qui plus est de l'obligation principale, puisque d'après l'auteur de la définition suscitée, on retrouve dans l'objet du contrat l'objet de l'obligation principale, mais pas seulement dans la mesure où l'objet cristallise les vouloirs conjoints[1261]. Encore plus, l'objet du contrat ne peut se résoudre à celui des obligations en ce qu'il est unique[1262].

[1256] H. CAPITANT, *De la cause des obligations (Contrats, Engagements unilatéraux, Legs)*, *op. cit.*, p. 172 et s., n° 81 et s. ; R.-M. RAMPELBERG, « Le contrat et sa cause : aperçus historique et comparatif sur un couple controversé », *in* P. RÉMY-CORLAY (dir.), D. FENOUILLET (dir.) *et alii*, *Les concepts contractuels français à l'heure des Principes du droit eurpéen des contrats*, Dalloz, 2003, p. 19.

[1257] A.-S. LUCAS-PUGET, *Essai sur la notion d'objet du contrat*, *op. cit.*, p. 153, n° 278.

[1258] J. FLOUR, J.-L. AUBERT et E. SAVAUX, *Droit civil. Les obligations. 1. L'acte juridique*, 16e éd., Sirey, 2014, pp. 241-242, n° 234 ; P. MALAURIE, L. AYNÈS et P. STOFFEL-MUNCK, *Les obligations*, 5e éd., Defrénois, coll. Droit civil, 2011, p. 297, n° 596.

[1259] J. GHESTIN, G. LOISEAU et Y.-M. SERINET, *Traité de droit civil. La formation du contrat*, t. 2, *L'objet et la cause - Les nullités*, *op. cit.*, p. 45, n° 57.

[1260] V. spécialement pour cette proposition de définition : A.-S. LUCAS-PUGET, *Essai sur la notion d'objet du contrat*, *op. cit.*, p. 279, n° 499 ; V. aussi pour un résumé de cette définition : M. FABRE-MAGNAN, *Les obligations*, *op. cit.*, p. 320 ; M. FABRE-MAGNAN, *Droit des obligations, 1 - Contrat et engagement unilatéral*, *op. cit.*, p. 465, n° 599 ; J. GHESTIN, G. LOISEAU et Y.-M. SERINET, *Traité de droit civil. La formation du contrat*, t. 2, *L'objet et la cause - Les nullités*, *op. cit.*, pp. 45-51, n° 57 et 59-63.

[1261] A.-S. LUCAS-PUGET, *Essai sur la notion d'objet du contrat*, *op. cit.*, pp. 192 et s., n° 359 et s. ; V. aussi pour un résumé de cette démonstration : J. GHESTIN, G. LOISEAU et Y.-M. SERINET, *Traité de droit civil. La formation du contrat*, t. 2, *L'objet et la cause - Les nullités*, *op. cit.*, pp. 49-50, n° 61.

[1262] A.-S. LUCAS-PUGET, *Essai sur la notion d'objet du contrat*, *op. cit.*, pp. 188 et s., n° 348 et s. ; V. aussi pour un résumé de cette démonstration : J. GHESTIN, G. LOISEAU et Y.-M. SERINET, *Traité de droit civil. La formation du contrat*, t. 2, *L'objet et la cause - Les nullités*, *op. cit.*, pp. 47-48, n° 60.

215. Rapprochement avec le but du contrat. C'est la dimension subjective de la cause, c'est-à-dire comme le mobile ayant conduit à la conclusion du contrat, qui se reconnaît dans la notion de but du contrat[1263]. Ainsi, le but du contrat désigne la *« raison lointaine de contracter, au-delà de la seule contrepartie reçue par le contrat »*[1264].

Si le but du contrat s'assimile à la cause subjective, alors il peut y avoir un rapprochement avec l'objet de l'obligation en ce que, comme cela a été évoqué juste avant, la cause peut exactement correspondre à l'objet de l'obligation[1265]. Toutefois, ce n'est pas systématiquement le cas, notamment lorsque l'intérêt ne se cristallise pas dans le résultat[1266].

216. Rapprochement avec la prestation caractéristique. Là encore, il est possible d'établir un rapprochement entre la prestation caractéristique et l'objet de l'obligation entendu fonctionnellement dans la mesure où la prestation caractéristique, qui est considérée comme l'élément traduisant l'objectif économique du contrat et définie comme l'élément en l'absence duquel les parties n'auraient pas contracté[1267] ou comme la *« prestation pour laquelle le paiement est du »* dans les contrats à titre onéreux et prestation principale unique dans les contrats à titre gratuit, mais aussi prestation finale dans les contrats d'intérêts communs[1268], correspond à ce qui est attendu par le créancier[1269]. Toutefois, la doctrine prétend que la prestation caractéristique ne rend pas compte de ce qui est voulu par le débiteur[1270]. En somme, elle ne représenterait donc qu'un aspect de l'objet de l'obligation.

L'approche fonctionnelle de l'obligation ayant été présentée, il est maintenant possible de l'appliquer spécifiquement à l'obligation de délivrance du bailleur commercial.

1263 Rapp., Rapport au Président de la République relatif à l'ordonnance n° 2016-131 du 10 février 2016 portant réforme du droit des contrats, du régime général et de la preuve des obligations, JORF n° 0035, 11 févr. 2016, texte n° 25 ; M. FABRE-MAGNAN, *Droit des obligations, 1 - Contrat et engagement unilatéral*, *op. cit.*, p. 528, n° 675 ; N. DISSAUX et C. JAMIN, *Réforme du droit des contrats, du régime général et de la preuve des obligations (Ordonnance n° 2016-131 du 10 février 2016), Commentaire des articles 1100 à 1386-1 du Code civil*, *op. cit.*, p. 57 ; T. DOUVILLE (dir.) *et alii*, *La réforme du Droit des contrats - Commentaire article par article - Ordonnance du 10 février 2016 portant réforme du droit des contrats, du régime général et de la preuve des obligations*, *op. cit.*, p. 128 ; H. CAPITANT, *De la cause des obligations (Contrats, Engagements unilatéraux, Legs)*, *op. cit.*, p. 39, n° 11.

1264 M. FABRE-MAGNAN, *Droit des obligations, 1 - Contrat et engagement unilatéral*, *op. cit.*, p. 528, n° 675.

1265 V. *supra* n° 213.

1266 A.-S. LUCAS-PUGET, *Essai sur la notion d'objet du contrat*, *op. cit.*, p. 153, n° 278.

1267 RIPERT et BOULANGER, *Traité élémentaire de droit civil*, t. 2, 1957, *op. cit.*, p. 99, n° 241 ; J. F. OVERSTAKE, *Essai de classification des contrats spéciaux*, *op. cit.*, p. 31.

1268 M.-A. ANCEL, *La prestation caractéristique du contrat*, *op. cit.*, pp. 11 et s., n° 16 et s.

1269 A.-S. LUCAS-PUGET, *Essai sur la notion d'objet du contrat*, *op. cit.*, pp. 193 et s., n° 360 et s.

1270 *Ibid.*, *loc. cit.*

Section 2 - L'application de l'approche fonctionnelle à l'obligation de délivrance dans le bail commercial

217. Résultat de l'application de l'approche fonctionnelle des obligations : un sens nouveau pour l'obligation de délivrance dans le bail commercial. Le verbe « définir » signifie dans son emploi usuel : *« Formuler de manière brève et précise le contenu d'un concept, le sens d'un mot »*[1271]. Le sens, quant à lui, est ce que quelque chose signifie, l'ensemble des idées qui la représente[1272].

Dans cet objectif, c'est précisément l'application de la conception fonctionnelle des obligations, que nous avons présentée dans la section précédente, à l'obligation de délivrance dans le bail commercial et dans d'autres contrats qui permet de définir autrement cette obligation.

Le premier point d'ancrage de cette définition renouvelée réside donc dans la conception que nous avons retenue de l'obligation en général, précisément une conception fonctionnelle, qui découle d'une conception finaliste du contrat. L'adjonction du terme « obligation » à celui de « délivrance » commande de retenir une définition de l'obligation en général. C'est cette définition générale de l'obligation que nous avons combinée avec la notion de délivrance.

Cette proposition s'étaye donc ensuite grâce à la distinction fondamentale traditionnelle qui oppose les droits réels aux droits personnels[1273]. Cette distinction ancienne[1274] a été reprise dans l'avant-projet de réforme du droit des contrats spéciaux pour définir les contrats[1275]. C'est cette voie qui tend à considérer le contrat selon sa finalité ou son objet, que nous emprunterons.

Enfin, notre proposition s'articule autour de la définition du droit subjectif telle qu'elle a été analysée par Dabin[1276]. À cette occasion, l'auteur distingue la titularité du droit subjectif de l'exercice de ce droit et plus précisément de la capacité d'exercice de ce dernier[1277].

La définition que nous proposons tend donc à concevoir l'obligation de délivrance comme une mise en capacité d'exercice du droit de jouissance. Une telle acception sous-entend au préalable de concevoir l'obligation de délivrance comme une technique de réalisation du résultat économique du bail commercial, conception qui provient de l'application de l'approche fonctionnelle présentée en amont. Cette redéfinition de l'obligation de délivrance, qui résulte de l'application de l'approche fonctionnelle de l'obligation, permet de rendre compte non seulement de ce qu'elle recouvre, mais également de ce qu'elle est.

1271 A. REY, *Le grand Robert de la langue française*, t. 2, *op. cit.*, p. 115.

1272 *Ibid.*, t. 6, *op. cit.*, p. 342 ; P.-E. LITTRÉ, *Littré. Dictionnaire de la langue française*, t. 4, *op. cit.*, p. 5832.

1273 Z. CHEVREAU, Y. MAUSEN et C. BOUGLE, *Introduction historique au droit des obligations*, *op. cit.*, pp. 9-10, n° 5-6 ; C. LARROUMET et S. BROS, *Traité de droit civil*, t. 3, *Les obligations. Le contrat*, 9e éd., *op. cit.*, pp. 14-15, n° 15 ; P. MALINVAUD, D. FENOUILLET et M. MEKKI, *Droit des obligations*, *op. cit.*, pp. 1-3, n° 1 et 3 ; P. OURLIAC et J. DE MALAFOSSE, *Histoire du droit privé*, *op. cit.*, pp. 13-15, n° 1 et s.

1274 V. en ce sens : D. DEROUSSIN, *Histoire du droit des obligations*, *op. cit.*, pp. 17-24 ;

1275 Avant-projet de réforme du droit des contrats spéciaux, préc. ; V. aussi : ASSOCIATION HENRI CAPITANT, « Avant-projet de réforme du droit des contrats spéciaux », *D.* sept. 2017, n° 29, p. 1660.

1276 J. DABIN, *Le droit subjectif*, préf. C. ATIAS, réimp. 1952, Dalloz, 2008, pp. 55-105.

1277 *Ibid.*, p. 89.

Selon ces fondements, nous tenterons de clarifier la notion d'obligation de délivrance en proposant une définition dans le cadre des baux commerciaux qui suppose d'identifier la finalité du bail commercial (§ 1) et de montrer comment celle-ci se réalise (§ 2).

§ 1 - L'identification de la finalité du bail commercial

218. Le bail commercial perçu comme l'opération juridique globale voulue par les parties. La conception finaliste projetée au bail commercial permet d'envisager ce dernier comme une opération juridique globale voulue par les parties. Plus précisément, selon Mme Lucas-Puget, dont les travaux doctoraux tendent à démontrer que la notion d'objet du contrat correspond en réalité à la finalité de celui-ci, c'est-à-dire à l'opération juridique globale voulue par les parties, la finalité du bail en général ou son résultat économique s'entend d'un échange de prestations et plus précisément d'une prestation de mise à disposition d'un bien en échange d'une prestation de versement d'un loyer[1278]. Cependant, cette conception peut et doit être affinée dans la mesure où l'expression « mise à disposition » est trop réductrice et où il ne s'agit pas de n'importe quel bail, mais d'un bail commercial qui porte sur des biens particuliers et qui est conçu pour une utilisation particulière des biens, ainsi que nous l'avons expliqué en introduisant la définition traditionnelle du bail commercial[1279].

Ainsi, la conception finaliste du bail commercial révèle que la finalité de ce contrat se cristallise dans l'activité économique devant être exercée dans les lieux loués (A), finalité qui est en réalité justifiée par le statut des baux commerciaux (B), même si quelques obstacles peuvent en apparence se heurter à ces conclusions (C).

A - La cristallisation de la finalité du bail commercial dans l'activité économique

219. Finalité générique du bail commercial : titularité et exercice du droit de jouissance ou retrait de certaines utilités du bien loué en échange d'un loyer. Si la conception du bail comme une structure d'échange de prestations est convaincante, celle-ci doit, nous semble-t-il, être complétée de façon plus précise.

D'une part, en corrélation avec nos développements précédents[1280], la prestation de mise à disposition est vraie, mais est trop réductrice dans la mesure où elle ne reflète pas fidèlement la réalité de ce contrat. À l'image du contrat de vente dont la finalité correspond à une prestation de transfert de propriété en

---

1278 A.-S. LUCAS-PUGET, *Essai sur la notion d'objet du contrat*, *op. cit.*, p. 217, n° 407 ; V. aussi en ce sens : J. RAYNARD et J.-B. SEUBE, *Droit civil, Contrats spéciaux*, *op. cit.*, p. 229, n° 259 ; V. aussi dans le sens d'une reconnaissance de la chose et du prix comme éléments constitutifs de l'objet du contrat de bail : J. GHESTIN (dir.) et J. HUET, *Traité de droit civil. Les principaux contrats spéciaux*, *op. cit.*, pp. 715-719, n° 21140-21144.

1279 V. *supra* n° 10.

1280 V. *supra* n° 134 et s.

échange d'une prestation de versement d'un prix[1281], la finalité du bail paraît correspondre à une prestation de transfert ou d'octroi d'un droit de jouissance temporaire en échange d'une prestation de versement d'un loyer[1282]. En effet, la finalité du bail n'est pas la seule mise à disposition de la chose, mais une mise à disposition en vue d'une utilisation de la chose louée.

D'autre part, si l'on pousse encore davantage la traduction de l'application de cette structure au contrat de bail, il est possible d'être plus précis en définissant le droit de jouissance du locataire. Traditionnellement, celui-ci est défini au sens large comme *« l'usage (usus, droit de se servir personnellement de la chose) »*[1283]. La doctrine l'a récemment défini *« comme celui qui confère au créancier le droit d'exiger de son débiteur qu'il lui procure certaines utilités d'un bien »*[1284]. Dans la mesure où la jouissance d'une chose a pu être définie comme la valeur d'usage de cette chose, soit la multitude des utilités d'usage de celle-ci[1285], le droit de jouissance, c'est-à-dire le droit qui porte sur cette valeur d'usage, correspond bien à cela. De cette façon, la finalité du bail correspond plus précisément à une prestation de transfert ou d'octroi du droit d'exiger du bailleur qu'il procure au preneur certaines utilités d'un bien en échange d'une prestation de versement d'un loyer par ce dernier. En somme, la finalité du contrat de bail consiste à permettre au preneur d'être le titulaire du droit de jouissance, mais surtout de l'exercer en échange du versement d'un loyer au bailleur. Troplong reconnaissait déjà à l'époque, le droit de jouissance comme le but du contrat de bail[1286].

220. Finalité spécifique du bail commercial : exercer une activité économique en échange d'un loyer. Si l'on va encore plus loin dans l'application de ce schéma structurel au bail, il est encore possible de préciser les utilités puisque selon la nature du bail - de droit commun, d'habitation, professionnel, commercial ou encore rural - et selon la nature du bien loué - garage, terrain nu, local commercial, logement, local professionnel ou encore bureaux - les utilités à retirer du bien seront différentes. Si la prestation de versement de loyer reste identique (seule variation du montant du loyer), la prestation de permettre au preneur de retirer les utilités du bien loué va sensiblement changer.

S'agissant d'un bail commercial, les utilités à retirer du bien loué sont bien spécifiques. L'article L. 145-1 du Code de commerce subordonne l'application du statut des baux commerciaux aux immeubles ou locaux dans lesquels un fonds est exploité, que ce fonds appartienne soit à un commerçant ou industriel immatriculé

[1281] V. pour cette affirmation : A.-S. LUCAS-PUGET, *Essai sur la notion d'objet du contrat*, *op. cit.*, p. 217, n° 407.

[1282] V. en ce sens : P. MALAURIE, L. AYNÈS et P.-Y. GAUTIER, *Droit des contrats spéciaux*, *op. cit.*, p. 367.

[1283] G. CORNU (dir.) *et alii*, *Vocabulaire juridique*, *op. cit.*, p. 580.

[1284] Avant-projet de réforme du droit des contrats spéciaux, préc., art. 2.

[1285] W. DROSS, *Droit civil. Les choses*, *op. cit.*, pp. 13-14, n° 11.

[1286] R.-T. TROPLONG, *Droit civil expliqué. De l'échange et du louage. Commentaires des Titres VII et VIII du Livre III du Code civil*, t. 1, *op. cit.*, p. 320, n° 175 : *« il a promis au preneur de le faire jouir, il est de toute nécessité qu'il maintienne la chose en étal de faire son service et de procurer au conducteur celte jouissance pleine et entière, qui est le but du contrat ».*

au registre du commerce et des sociétés, soit à une entreprise immatriculée au répertoire des métiers, accomplissant ou non des actes de commerce, mais aussi aux locaux ou immeubles accessoires à l'exploitation du fonds, aux baux des terrains nus sur lesquels sont ou vont être édifiées des constructions à usage commercial, artisanal ou industriel[1287]. L'exigence de l'exploitation d'un fonds suppose l'exercice d'une activité commerciale, industrielle ou artisanale, plus généralement d'une activité économique, indépendamment de la destination des lieux et de l'affectation des locaux[1288]. En ce sens, M. Denizot affirme justement que l'intérêt réel du locataire est de *« pouvoir exercer une activité commerciale dans le local loué à cet effet »*, si bien que *« son seul objectif est l'exercice d'un commerce »*[1289]. Ce faisant, les utilités à retirer du bien loué résident dans la possibilité pour le preneur d'exercer son activité[1290]. Ainsi, la finalité du bail commercial consiste à permettre au preneur d'exercer une activité économique en échange du versement d'un loyer au bailleur[1291]. D'ailleurs, la doctrine a pu qualifier le bail commercial de *« vecteur juridique qui permet à l'entreprise d'être exploitée dans un immeuble »*[1292], ce qui démontre bien que le bail commercial est une opération juridique en vue de l'exploitation d'une entreprise dans un immeuble, à laquelle il faut ajouter la prestation de paiement du locataire pour que l'affirmation soit tout à fait exacte.

Plus encore pour justifier que la finalité du bail commercial est bien l'exercice de cette activité économique, on peut voir ses avantages pour le bailleur. L'exercice de l'activité économique et son succès ne profitent pas qu'au locataire[1293]. En effet, lorsque le local est apte à assurer le bon exercice de l'activité économique, qu'il participe à sa pérennisation, il peut être vu comme une véritable valeur patrimoniale pour le bailleur[1294]. Le local qui pérennise l'activité économique augmente sa valeur patrimoniale puisqu'il est censé être plus attractif pour les preneurs et donc se louer

---

[1287] J.-P. BLATTER et W. BLATTER-HODARA (collab.), *Droit des baux commerciaux*, *op. cit.*, pp. 56 et s., n° 99 et s. ; J.-P. BLATTER et W. BLATTER-HODARA (collab.), *Traité des baux commerciaux*, 6e éd., *op. cit.*, pp. 75 et s., n° 102 et s. ; M.-P. DUMONT-LEFRAND, *Bail commercial*, *op. cit.*, n° 59 et s. ; D. HOUTCIEFF, *Droit commercial*, *op. cit.*, pp. 258-259, n° 533.

[1288] J.-P. BLATTER et W. BLATTER-HODARA (collab.), *Droit des baux commerciaux*, *op. cit.*, *loc. cit.* ; J.-P. BLATTER et W. BLATTER-HODARA (collab.), *Traité des baux commerciaux*, 6e éd., *op. cit.*, pp. 99 et s., n° 155 et s. ; M.-P. DUMONT-LEFRAND, *Bail commercial*, *op. cit.*, n° 59 et s.

[1289] C. DENIZOT, *Droit civil et bail commercial*, *op. cit.*, p. 444, n° 527.

[1290] V. en ce sens : C. VICARI, *L'élasticité du domaine d'application du statut et la notion de commercialité*, *op. cit.*, p. 42, n° 21. Cette auteure affirme que « le bail commercial est un contrat de longue durée afin d'assurer la stabilité nécessaire au développement d'une activité commerciale ».

[1291] V. spécialement pour une *« acception fonctionnelle du droit commercial »* orientée vers le caractère économique de l'activité : A. MBOTAINGAR, *Statut des baux commerciaux et concurrence*, préf. J. MONÉGER, Litec, 2007, pp. 300-301, n° 555.

[1292] J. MONÉGER (dir.) *et alii*, *Pour un bail commercial adapté aux réalités économiques, Aspects juridiques, financiers, fiscaux et urbanistiques*, *op. cit.*, p. 29, n° 53.

[1293] De prime abord, le bail commercial est perçu comme un contrat qui concilie des intérêts contraires. Mme Lequette ne le voit d'ailleurs pas comme un « bail-coopération » contrairement à d'autres baux tels que le bail emphytéotique, le bail à construction, le bail à cheptel ou la location-gérance : S. LEQUETTE, *Le contrat-coopération. Contribution à la théorie générale du contrat*, *op. cit.*, pp. 195 et s., n° 272 et s. Nous pensons au contraire qu'il peut concilier des intérêts communs.

[1294] V. pour cette idée de valeur patrimoniale : J.-L. BERGEL, « Droits réels de jouissance et valorisation des biens : les propositions de réforme du droit des biens », *in Droit civil, civilité des droits, Mélanges en l'honneur de Jean-Louis Mouralis*, PUAM, 2011, p. 19.

à un loyer plus élevé. De même un local susceptible d'abriter des activités économiques variées, comme un bail « tous commerces », est généralement prisé, de sorte que son loyer et sa valeur locative sont plus importants[1295]. À plus forte raison, la pratique des clauses recette dans les baux commerciaux[1296] appuie cette idée puisque le bailleur voit son revenu locatif augmenter proportionnellement au développement de l'activité économique de son locataire. Partant, la sévérité de la jurisprudence à l'égard des clauses de décharge de l'obligation de délivrance apparaît moindre.

221. Analyse économique du droit de jouissance. La perception de la finalité du bail commercial comme l'exercice de l'activité économique revient à une analyse économique du droit de jouissance. L'analyse économique du droit des biens est presque totalement absente des écrits juridiques[1297]. Cette dimension économique n'est pas ignorée par la doctrine, mais elle n'est pas développée. En ce sens, M. Sériaux affirme à propos des contrats qu'il qualifie de *« contrats ayant pour objet la mise à disposition d'un bien »*, que le service rendu par la chose *« prestée »* est intimement lié aux *« potentialités économiques »* de cette chose[1298] parce que celle-ci a vocation à être utilisée[1299]. À notre connaissance, seuls des travaux doctoraux assignés à la circonscription de la notion de propriété économique ont précisément réalisé une analyse économique du droit de jouissance en démontrant qu'il constituait une propriété économique[1300]. Après avoir défini la propriété économique comme *« une somme d'utilités permettant à celui qui les exerce d'atteindre et de s'approprier la substance économique des choses »*[1301], l'auteur de cette recherche fait la distinction entre l'octroi du droit de jouissance et son exercice, pour expliquer que le bailleur est le propriétaire juridique qui transmet le droit de jouissance au locataire qui est le propriétaire économique[1302]. Selon lui, seul l'exercice du droit de jouissance participe à la substance économique. Ces utilités représentent *« une valeur*

1295 J. COURNEROUX, « Le bail "tous commerces" : un contrat méconnu », *AJDI* avr. 2013, n° 2, p. 184 ; D. PINET, « Le bail "tous commerces" : déclinaisons, régime juridique et incidence sur la valeur locative de renouvellement », Compte-rendu de la réunion du 29 janvier 2014 de la Commission de droit immobilier du barreau de Paris, La GBD, http://www.lagbd.org/index.php/Clause_de_destination_et_bail_%22tous_ commerces%22_(fr).

1296 J.-P. BLATTER et W. BLATTER-HODARA (collab.), *Traité des baux commerciaux*, 6e éd., *op. cit.*, pp. 373 et s., n° 701 et s.

1297 V. tout de même l'article de M. Bergel sur l'approche économique du droit des biens : J.-L. BERGEL, « Droits réels de jouissance et valorisation des biens : les propositions de réforme du droit des biens », art. cit.

1298 A. SÉRIAUX, *Contrats civils*, *op. cit.*, p.132, n° 47.

1299 *Ibid.*, p. 133, n° 47.

1300 G. BLANLUET, *Essai sur la notion de propriété économique en droit privé français, Recherches au confluent du droit fiscal et du droit civil*, préf. P. CATALA et M. COZIAN, L.G.D.J., 1999, pp. 305-306, n° 497 et s.

1301 *Ibid.*, p. 254, n° 413.

1302 *Ibid.*, p. 305, n° 497 et s. ; Il convient de préciser que ce que l'auteur qualifie de propriété économique ne doit pas s'assimiler à la propriété de l'article 544 du Code civil, de sorte que quelle que soit l'importance des utilités transmises au propriétaire économique, elles demeurent impuissantes à l'élever au rang de propriétaire.

d'exploitation et une réelle rentabilité »[1303]. Nous retiendrons l'idée d'utilité, car c'est dans celle-ci que se concrétise l'analyse économique du droit de jouissance. On relève toutefois dans la doctrine la reconnaissance d'une vision économique cristallisée dans l'utilité[1304].

222. Ancrage de la finalité du bail commercial et du droit de jouissance dans la destination du bien. La destination correspond à l'*« usage auquel une chose est affectée »*[1305]. Elle est considérée par la doctrine à la fois comme une notion de fait et de droit, mais également comme une notion à incidence économique, puisque le niveau de loyer acceptable se mesure à raison du chiffre d'affaires et donc du profit que le locataire escompte réaliser dans les lieux loués et *« ce chiffre d'affaires est directement lié au type de commerce exercé, par conséquent de la destination autorisée, puisque les niveaux de loyer supportable sont différents selon les activités, évoluant de 5 % à 10 % »*[1306].

Dans la mesure où l'activité économique doit s'exercer dans les lieux loués, le local étant le *« support à l'activité économique du preneur »*[1307], ainsi que l'exige l'article L. 145-1 du Code de commerce, il est tout à fait logique que ce soit cet immeuble, représentatif des lieux loués, qui soit en mesure de permettre l'exercice de cette activité économique. Et, l'exercice de cette activité économique dans l'immeuble loué ne sera possible que si ledit immeuble est apte à accueillir cette activité, c'est-à-dire s'il remplit sa destination[1308]. M. Monéger voit d'ailleurs la flexibilité de la destination lors de la déspécialisation comme *« la survie de l'entreprise »*[1309].

Il n'est d'ailleurs pas anodin que la référence à la destination soit utilisée par l'avant-projet de réforme des contrats spéciaux[1310], pour baliser le droit de jouissance du preneur. Le droit de jouissance correspondant à la finalité générale du contrat de bail, il trouve ancrage dans la destination de l'immeuble.

223. Analyse économique de la destination. La réalisation de la finalité du bail commercial, soit la réalisation de l'activité économique, par l'obligation de délivrance trouve encore une explication dans le lien qu'entretient la destination avec cette finalité et plus précisément par une analyse économique de cette dernière. L'analyse économique de la destination révèle le lien qu'elle entretient avec la finalité du contrat de bail commercial.

[1303] J.-L. BERGEL, « Droits réels de jouissance et valorisation des biens : les propositions de réforme du droit des biens », art. cit.

[1304] P. STOFFEL-MUNCK, *Regards sur la théorie de l'imprévision, Vers une souplesse contractuelle en droit privé français contemporain*, *op. cit.*, pp. 47 et s., n° 55 et s.

[1305] G. CORNU (dir.) *et alii*, *Vocabulaire juridique*, *op. cit.*, p. 341.

[1306] M. CORNATON et J.-P. BLATTER, « Au commencement... était la destination », art. cit.

[1307] J. MONÉGER, « Baux commerciaux : statut ou liberté contractuelle », *AJDI* juin 2000, n° 6, p. 484.

[1308] V. en ce sens : P.-H. BRAULT, J.-D. BARBIER *et alii*, *Le statut des baux commerciaux*, Gazette du palais, 2009, p. 7 ; E. MIRON, *Le statut des baux commerciaux à l'épreuve des réalités économiques*, *op. cit.*, p. 79, n° 202.

[1309] J. MONÉGER, « La déspécialisation et les difficultés économiques du locataire », *AJDI* avr. 2018, n° 4, p. 268.

[1310] V. l'article 53 al. 2.

Une analyse économique de la destination a été faite et met en exergue la valeur économique de la destination en ce qu'elle influe sur la fixation du loyer [1311]. Nous partageons naturellement cet examen, mais croyons qu'il faut le traduire avec plus de netteté. Dans la mesure où la destination caractérise l'usage auquel une chose est affectée, l'analyse économique de la destination correspond à la valeur de l'utilité que va retirer le preneur. Le raisonnement est le suivant : en tant que preneur, quel prix suis-je prêt à payer pour exercer mon activité économique ?

B - La justification de la finalité du bail commercial par le statut

224. La protection et pérennisation de l'activité économique au cœur des objectifs du statut des baux commerciaux. La plupart des ouvrages ou articles qui s'intéressent au statut des baux commerciaux ou plus particulièrement à son efficacité au regard des réalités économiques mettent en exergue la place de l'activité économique au sein de ce statut[1312]. Plus exactement, le statut des baux commerciaux est animé d'un objectif de protection de l'activité économique naissante de l'entreprise et de pérennisation de l'activité économique développée[1313]. Il est de l'esprit même du statut de protéger l'activité exercée dans les lieux loués et la jouissance des droits de l'exploitant[1314] et par là même, de protéger la stabilité du fonds de commerce[1315]. En ce sens, les grands traits caractéristiques du statut des baux commerciaux, tels que la durée[1316] du bail, la cession du bail, la déspécialisation, le droit au renouvellement ou encore la valeur locative et le plafonnement des loyers[1317], ne sont que les manifestations d'une

---

[1311] V. en ce sens l'ensemble des articles suivants : M. NUSSENBAUM, « L'analyse économique de la destination », art. cit. ; M. CORNATON. et J.-P. BLATTER, « Au commencement... était la destination », art. cit ; F. MAIGNÉ-GABORIT et A. GUILLEMAIN, « Au renouvellement... est la destination », *AJDI* déc. 2000, n° 12, p. 1096 ; B. PAIN et B. PUYLAGARDE, « Au contrat... d'élargir la destination », *AJDI* déc. 2000, n° 12, p. 1102 ; X. FERRANDI et M.-L. SAINTURAT, « A l'éviction... compte la destination », *AJDI* déc. 2000, n° 12, p. 1108 ; C. MORIZET-PAVEC, « Environnement urbain et bailleurs », *AJDI* déc. 2000, n° 12, p. 1113.

[1312] P.-H. BRAULT, J.-D. BARBIER *et alii*, Le statut des baux commerciaux, *op. cit.*, p. 7 ; E. MIRON, *Le statut des baux commerciaux à l'épreuve des réalités économiques*, *op. cit.* ; J. MONÉGER (dir.) *et alii*, *Pour un bail commercial adapté aux réalités économiques. Aspects juridiques, financiers, fiscaux et urbanistiques*, *op. cit.* ; J. MONÉGER, « Baux commerciaux : statut ou liberté contractuelle », art. cit. ; F. AUQUE, « Les particularités d'application du régime des baux commerciaux dans les centres commerciaux », *RDI* nov. 2007, n° 6, p. 497.

[1313] E. MIRON, *Le statut des baux commerciaux à l'épreuve des réalités économiques*, *op. cit.*, pp. 31 et s., n° 41 et s.

[1314] J. MONÉGER, « Baux commerciaux : statut ou liberté contractuelle », art. cit.

[1315] B. BOCCARA, « Un statut des baux commerciaux, pour quelles raisons ? », *AJDI* juin 2000, n° 6, p. 493.

[1316] Pour la durée, on peut évoquer l'idée de M. Bergel qui affirmait à propos des droits de jouissance que lorsqu'ils étaient dotés d'une durée certaine et suffisante pour offrir une réelle sécurité juridique, ils représentaient une *« véritable valeur économique »* : J.-L. BERGEL, « Droits réels de jouissance et valorisation des biens : les propositions de réforme du droit des biens », art. cit.

[1317] J. DERRUPÉ, « Baux commerciaux. Pratique et avenir du statut face à la dynamique européenne », *AJDI* mars 1993, n° 3, p. 161 ; J.-P. DUMUR, « Étude de droit comparé sur le statut des baux commerciaux, France, Belgique, Grand-Duché de Luxembourg, Principauté de Monaco », art. cit. ; P. GARBIT, « La loi du 18 juin 2014 et la réforme du statut des baux commerciaux (1e partie) », *RLDA* sept. 2014, n° 96, act. 5231, p. 18 ; G. LARDEUX, « Bail commercial et droits fondamentaux », *Loyers et copr.* oct. 2018, n° 10, doss. 12, p. 20 : *« le droit du locataire à rester dans l'immeuble loué est la condition*

volonté de protéger et pérenniser l'activité économique de l'entreprise[1318]. Certains auteurs prétendent même que ces valeurs sont porteuses d'une politique économique vitale justement en ce qu'elles visent à protéger l'exercice de l'activité commerciale du preneur[1319]. Même si la doctrine a pu critiquer le statut sur ce point, clamant une certaine inefficacité de celui-ci quant à la protection de cette activité économique[1320], il reste que cet objectif est bien réel.

Par ailleurs, on constate que la distinction de statut des baux immobiliers d'exploitation, principalement la distinction entre le statut des baux commerciaux et celui des baux ruraux, repose sur une distinction d'activité, commerciale, artisanale ou industrielle pour le premier et agricole pour le second[1321]. Cela démontre encore que l'activité économique est un pilier des statuts des baux immobiliers d'exploitation.

225. Lien entre la destination, ancrage de l'activité économique, et les valeurs du statut des baux commerciaux. Pour se convaincre de la place occupée par l'activité économique au sein du statut des baux commerciaux, et par là même de la justification de la finalité du bail commercial, on peut évoquer le lien entre la destination, qui sert d'ancrage à l'activité économique, et les valeurs portées par le statut des baux commerciaux[1322].

À ce titre, peut être évoquée la valeur locative[1323] à laquelle doit correspondre le loyer et qui par là même veille à ce que ce dernier soit en rapport avec les bénéfices tirés de l'activité économique exercée et ainsi éviter de tuer ladite activité[1324]. D'ailleurs, le statut des baux commerciaux érige la destination du bien sur lequel porte le bail commercial comme l'un des éléments de la valeur locative, indiquant qu'elle peut être déterminée, entre autres, d'après la destination des lieux[1325]. De façon très proche, le plafonnement des loyers participe lui aussi à la pérennisation de l'activité économique en préservant l'équilibre de l'exploitation[1326].

---

de la pérennité de son activité commerciale » ; E. MIRON, *Le statut des baux commerciaux à l'épreuve des réalités économiques*, *op. cit.*, pp. 27-74, n° 30-192 ; V. aussi sur la protection du fonds de commerce par le droit au renouvellement : M. DE JUGLART et B. IPPOLITO, *Traité de droit commercial*, t. 1, *op. cit.*, pp. 728 et s., n° 184 et s.

[1318] V. sur l'exercice de l'activité économique comme lien commun entre le fonds de commerce et l'entreprise : O. FARES, *Les nouvelles formes de distribution et le statut des baux commerciaux*, th. Clermont I, 2004, p. 170, n° 237.

[1319] F. KENDÉRIAN et C. BOURGEOIS, « Le statut français des baux commerciaux face à la problématique européenne », *RID éco.* mars 2013, n° 3, p. 265.

[1320] A. MBOTAINGAR, *Statut des baux commerciaux et concurrence*, *op. cit.*, pp. 301-307, n° 556-567 ; E. MIRON, *Le statut des baux commerciaux à l'épreuve des réalités économiques*, *op. cit.*, pp. 75-179, n° 193-563.

[1321] F. KENDÉRIAN, *L'évolution contemporaine du statut des baux immobiliers d'exploitation*, préf. B. SAINTOURENS, Litec, 2003, pp. 306-307, n° 232.

[1322] M. NUSSENBAUM, « L'analyse économique de la destination », *AJDI* déc. 2000, n° 12, p. 1117.

[1323] C. com., art. L. 145-33 et s.

[1324] M. CORNATON et J.-P. BLATTER, « Au commencement... était la destination », art. cit.

[1325] C. com., art. L. 145-33.

[1326] M. PÉDAMON, « Réduction en cours de bail, des surfaces louées et déplafonnement du nouveau loyer pour modification notable des caractéristiques des locaux pris à bail », *RTD com.* déc. 1993, n° 4, p. 635 ; J.-D. BARBIER, « Le loyer entre plafond et marché », *AJDI* juin 2000, n° 6, p. 495 ;

La durée du bail[1327] peut également être utilisée en guise de justificatif au regard de l'encadrement dont elle fait l'objet. Si le statut des baux commerciaux prévoit une durée légale de neuf années - durée plus longue qu'en matière de bail d'habitation - c'est pour assurer la stabilité de l'activité économique[1328]. La différence de durée des baux commerciaux et des baux d'habitation se comprend dans la mesure où la finalité n'est pas la même : les baux d'habitation n'ayant pas pour finalité la pérennisation de l'activité économique, mais l'accès au logement, leur durée est moindre.

De la même manière, la cession du bail[1329] est aussi une façon de faire perdurer l'activité en accompagnant la cession du fonds. Le fonds cédé conserve un lieu pour être abrité, ce qui évite une perturbation de l'activité par un changement d'implantation.

La déspécialisation[1330] offre aussi une protection de l'activité économique en permettant une diversification de celle-ci[1331]. Partant, l'activité économique qui se trouve en période de déclin, qui peine à survivre, peut se relancer par une diversification, un élargissement de son domaine d'activité.

Enfin, le droit au renouvellement[1332] appuie encore cette idée de pérennisation de l'activité économique en offrant au locataire la possibilité de renouveler son bail et ainsi se maintenir dans les lieux loués[1333]. La stabilité de l'activité économique est assurée par ce maintien dans les lieux.

226. L'activité économique comme critère d'application du statut des baux commerciaux : une proposition doctrinale significative. Cette même doctrine est allée au-delà de la critique en proposant de faire de l'activité économique, le *« nouveau critère d'application du statut »* des baux commerciaux, en ce que cette activité économique *« paraît être le plus grand dénominateur commun de l'entreprise (tout marché confondu) »*[1334], ce qui montre bien la place prégnante de l'activité économique dans le bail commercial.

P. GARBIT *et alii*, « L'adaptation du bail aux contraintes économiques », *RLDA* déc. 2012, n° 77, colloque 4385, p. 20.

[1327] C. com., art. L. 145-4.

[1328] F. KENDÉRIAN et C. BOURGEOIS, « Le statut français des baux commerciaux face à la problématique européenne », art. cit.

[1329] C. com., art. L. 145-16.

[1330] C. com., art. L. 145-47 et s.

[1331] P.-H. BRAULT, « La destination des lieux et la déspécialisation », *AJDI* mars 1992, n° 3, p. 190.

[1332] C. com., art. L. 145-8 et s.

[1333] F. KENDÉRIAN et C. BOURGEOIS, « Le statut français des baux commerciaux face à la problématique européenne », art. cit.

[1334] A. MBOTAINGAR, *Statut des baux commerciaux et concurrence*, *op. cit.*, p. 307, n° 567 ; V. aussi sur cette question : J. MONÉGER, « Baux commerciaux : statut ou liberté contractuelle », art. cit.

C - La neutralisation des obstacles à l'identification de la finalité du bail commercial

227. Des éléments en apparence opposés à la définition proposée. Comme toute proposition, la nôtre est sujette à quelques oppositions ou contradictions. Sans prétendre à l'exhaustivité, certaines d'entre elles nous paraissent flagrantes de sorte qu'il nous paraît inenvisageable de les occulter.

On recense donc deux types d'obstacles à cette définition : ceux qui s'attaquent à l'identification du résultat économique du bail commercial (1) et ceux qui attentent au droit du preneur (2).

1 - Les faux obstacles à l'identification du résultat économique du bail commercial

228. Les définitions ancienne et nouvelle du contrat. La version antérieure de l'article 1101 du Code civil définissait le contrat comme *« une convention par laquelle une ou plusieurs personnes s'obligent, envers une ou plusieurs autres, à donner, à faire ou à ne pas faire quelque chose »*. La version actuelle de l'article 1101 définit le contrat comme *« un accord de volonté entre deux ou plusieurs personnes destiné à créer, modifier, transmettre ou éteindre des obligations »*. Ces définitions du contrat sont axées sur l'obligation alors que notre proposition de définition de l'obligation de délivrance s'appuie sur une conception du contrat différente qui tend à le voir comme créateur ou translatif d'un droit.

Toutefois, la doctrine fait remarquer que cette définition est quelque peu réductrice dans la mesure où le contrat ne se contente pas de créer, modifier, transmettre ou éteindre des obligations, mais *« investit également une ou plusieurs parties de prérogatives »*[1335]. Plus encore, d'autres auteurs relèvent que le contrat peut être créateur ou translatif de droits[1336].

Ainsi, bien que notre proposition de définition ne soit pas fondée sur la conception traditionnelle du contrat, elle s'appuie néanmoins sur une conception qui n'en est pas moins vraie. Le contrat est simplement perçu d'un point de vue différent.

229. Obligation de jouissance ou droit de jouissance ? L'article 1709 du Code civil prévoit expressément que le bail est *« un contrat par lequel l'une des parties s'oblige à faire jouir l'autre d'une chose pendant un certain temps, et moyennant un certain prix que celle-ci s'oblige de lui payer »*[1337]. À en croire la lettre de cet article, il y aurait une obligation de « faire jouir », c'est-à-dire une obligation de jouissance. Or, nous avons tenté de démontrer précédemment qu'il ne s'agit pas d'une obligation de

---

1335 N. DISSAUX et C. JAMIN, *Réforme du droit des contrats, du régime général et de la preuve des obligations (Ordonnance n° 2016-131 du 10 février 2016), Commentaire des articles 1100 à 1386-1 du Code civil*, *op. cit.*, p. 5.

1336 C. LARROUMET et S. BROS, *Traité de droit civil*, t. 3, *Les obligations. Le contrat*, 9e éd., *op. cit.*, pp. 47-48, n° 58.

1337 V. en ce sens : C. AUBERT DE VINCELLES et C. NOBLOT, *Bail*, *op. cit.*, n° 1.

jouissance, mais d'un droit de jouissance[1338]. Une telle conception est soutenue dans l'avant-projet de réforme des contrats spéciaux qui a abandonné la formulation du Code civil de 1804 au profit d'une nouvelle rédaction selon laquelle *« le contrat de location, aussi dénommé bail, est celui par lequel le loueur confère au locataire un droit personnel de jouissance sur un bien en contrepartie du paiement d'un loyer »*[1339]. En admettant cette conception renouvelée du bail, notre proposition de définition de l'obligation de délivrance trouve une cohérence.

2 - Les faux obstacles relatifs au droit du preneur

230. Nature du droit du preneur et nature de l'obligation de délivrance. La Cour de cassation a affirmé, par une ancienne décision, que l'obligation de délivrance n'a aucun caractère personnel[1340]. Si l'obligation de délivrance n'a pas de caractère personnel, c'est qu'elle doit avoir, par opposition, un caractère réel[1341]. Or, la jurisprudence affirme que le bail ne confère qu'un droit personnel[1342], bien que la nature du droit du preneur fasse l'objet de nombreuses controverses[1343]. Si la Cour de cassation a pu déclarer que le bail ne concédait qu'un droit personnel et mobilier, qu'il s'agisse d'un bail d'habitation[1344] ou commercial[1345], certains auteurs n'en sont toujours pas convaincus[1346]. Il en ressort un désaccord manifeste au sein même des solutions du droit positif. Comment un contrat qui ne confère qu'un droit personnel peut-il couvrir une obligation à caractère réel ? La situation est assez singulière. Peut-être faut-il considérer que l'obligation est indépendante du contrat, comme l'a admis la Cour de cassation dans une solution inédite à propos de l'obligation d'entretien relative à une servitude[1347]. En l'espèce, une SARL procède à un échange de parcelles qu'elle avait acquises en vue de les rétrocéder à une SCI pour réaliser un lotissement, avec un tiers, qui accepte à condition qu'il puisse continuer à profiter de l'eau provenant de la source jaillissant sur le terrain qu'il s'apprête à échanger. La SCI s'engage donc à réaliser des ouvrages de captage et à entretenir les canalisations d'adduction traversant les parcelles de la SARL jusqu'au fonds du tiers coéchangiste, mais refuse de satisfaire son obligation d'entretien

[1338] V. *supra* n° 169.
[1339] Art. 53.
[1340] Cass. soc., 20 juin 1963, Bull. civ. IV, n° 531.
[1341] V. en ce sens : C. LARROUMET et S. BROS, *Traité de droit civil*, t. 3, *Les obligations. Le contrat*, 9e éd., *op. cit.*, pp. 20-21, n° 27.
[1342] V. *supra* n° 169 ; Cass. req., 6 mars 1861, GAJC, 11e éd., n° 255.
[1343] V. pour un récapitulatif de cette controverse : J. DERRUPÉ, *La nature juridique du droit du preneur à bail et la distinction des droits réels et des droits de créance*, *op. cit.*, pp. 15-29, n° 11-30.
[1344] Cass. req., 6 mars 1861, GAJC, 11e éd., n° 255 ; V. aussi sur la distinction entre le droit de jouissance du preneur et le droit d'usage et d'habitation : Cass. 3e civ., 18 mai 1994, n° 92-16.570, Bull. civ. III, n° 106, *D.* nov. 1996, n° 40, p. 363, obs. CENTRE DE RECHERCHE DE DROIT PRIVÉ DE NANCY II ; *RTD civ.* déc. 1995, n° 4, p. 921, obs. F. ZENATI.
[1345] La Cour a déclaré que le bail commercial conférait un droit personnel comportant droit de sous-louer ; J. MONÉGER, N. DAMAS, M. THIOYE et Y. ROUQUET, *Code des baux*, *op. cit.*, p. 14.
[1346] V. *contra* : P. DELEBECQUE et F. COLLART-DUTILLEUL, *Contrats civils et commerciaux*, 10e éd., *op. cit.*, p. 412, n° 479.
[1347] Cass. 3e civ., 20 mai 2014, n° 13-11.801, *RTD civ.* oct. 2014, n° 3, p. 684, note W. DROSS.

lorsque les travaux deviennent trop importants. La Cour de cassation a déclaré que l'obligation réelle que constitue l'obligation d'entretien des ouvrages de captage et d'adduction et dont la SCI Promidi était tenue, *« était distincte de la servitude de passage de la canalisation consentie par la société l'Orée du bois [la SARL] au profit du fonds de M. B. [le coéchangiste] »*. L'auteur qui commente la décision se demande comment l'obligation d'entretien pouvait être qualifiée d'obligation réelle alors qu'au moment où le montage est réalisé, la SCI n'était pas encore propriétaire de la parcelle sur laquelle se trouvait la source. La qualification d'obligation personnelle n'aurait-elle pas été plus adaptée ? Comme l'explique ce même auteur, une telle solution revient à admettre *« qu'une obligation réelle puisse grever directement un immeuble sans être l'accessoire d'une servitude »*, c'est-à-dire sans être l'accessoire d'un droit réel. Cela veut dire pour lui qu'à ce compte-là, *« un propriétaire pourrait vendre son appartement en prévoyant que l'acquéreur s'engage à titre réel à venir entretenir le jardin de sa maison de campagne »*. L'auteur, grâce à cette image assez parlante, limite la portée de cet arrêt en affirmant qu'un tel engagement doit rester personnel. Ce raisonnement peut tout à fait s'appliquer au cas de la délivrance.

D'abord, il convient de noter que la décision concerne un bail à ferme, publié à la conservation des hypothèques, ce qui pourrait expliquer le caractère non personnel de l'obligation de délivrance dans des baux grevant de façon importante les immeubles. Ensuite, la nature particulière du droit conféré par le bail - à mi-chemin entre droit personnel et droit réel - pourrait expliquer la position contradictoire de la chambre sociale par rapport à celle de la chambre des requêtes.

§ 2 - La réalisation de la finalité du bail commercial

231. Traduction de l'application de l'approche fonctionnelle de l'obligation en général à l'obligation de délivrance dans le bail commercial. Comme il l'a été expliqué précédemment, la conception finaliste du contrat permet d'adopter une approche fonctionnelle de l'obligation qui consiste à voir l'obligation comme un instrument de réalisation de la finalité du contrat[1348]. L'application de cette approche fonctionnelle de l'obligation à l'obligation spécifique de délivrance, qui tend ainsi à faire de cette dernière un instrument de réalisation de la finalité du bail commercial, traduit l'idée selon laquelle l'obligation de délivrance peut se définir comme une mise en capacité d'exercice du droit personnel de jouissance du preneur et plus concrètement comme une mise en capacité d'exercice d'une activité économique.

Cette redéfinition de l'obligation de délivrance permet de renouveler la perception de son objet. Ce renouvellement appelle deux observations importantes. En premier lieu, l'objet prend en compte l'attente du créancier (A). En second lieu, si l'objet de l'obligation de délivrance concorde en partie avec la finalité du bail commercial, il ne doit pas être confondu avec cette dernière (B). En dernier lieu, l'objet ainsi conçu permet de retrouver une certaine clarté et une

---

[1348] V. *supra* n° 207 et s.

certaine autonomie de l'obligation de délivrance par rapport à ses obligations voisines (C).

A - L'objet renouvelé de l'obligation de délivrance : de ce que doit le bailleur à ce qui est attendu par le preneur

232. Approche fonctionnelle et stratification de l'objet de l'obligation de délivrance. Le renouvellement de l'objet de l'obligation de délivrance s'appuie non seulement sur l'approche fonctionnelle et sur la stratification de l'objet qui opère la distinction entre l'objet de l'obligation et celui de la prestation.

L'objet de l'obligation de délivrance ne s'entend donc plus seulement de la double prestation promise, mais il englobe aussi la double prestation attendue (2). De la même manière, l'objet de la double prestation ne correspond plus seulement à la chose promise, mais il comprend également la chose attendue (1). Encore une fois, la stratification de l'objet de l'obligation de délivrance sera présentée dans cet ordre dans la mesure où c'est la chose qui détermine la prestation[1349].

1 - L'objet des prestations : la chose promise, mais surtout attendue

233. Prise en compte de l'attente du preneur : le résultat de la prestation ou une chose correspondant à la promesse du bailleur et permettant l'exercice de l'activité économique. À l'instar de la présentation générale de l'objet fonctionnel de l'obligation, il convient d'intégrer à l'objet de la prestation du bailleur, celle-ci étant perçue en tant que résultat promis et attendu de l'obligation de délivrance, ce résultat, soit le résultat du résultat de l'activité du bailleur et plus concrètement ce qui doit être fourni à l'issue de l'accomplissement, le résultat ultime fourni par la prestation[1350]. Ce faisant, la chose louée n'est plus tant la chose promise que la chose attendue[1351]. Le résultat du résultat de l'activité du bailleur se cristallise dans l'exercice du droit de jouissance du preneur et plus concrètement dans l'exercice de l'activité économique. Plus exactement, la chose louée doit être ce résultat : elle doit permettre l'exercice de l'activité commerciale.

Toutefois, ainsi que nous l'avons énoncé préalablement, la prise en compte de l'attente du preneur ne conduit pas à écarter la promesse du bailleur, au contraire l'approche fonctionnelle cristallise à la fois le résultat promis par le bailleur et le résultat attendu par le preneur. La chose louée objet de la prestation comprend alors à la fois la chose promise et la chose attendue. Finalement, la chose louée doit à la fois correspondre à la promesse du bailleur et permettre l'exercice de l'activité économique.

[1349] J. GHESTIN, G. LOISEAU et Y.-M. SERINET, *Traité de droit civil. La formation du contrat*, t. 2, *L'objet et la cause - Les nullités*, *op. cit.*, p. 40, n° 49.

[1350] A.-S. LUCAS-PUGET, *Essai sur la notion d'objet du contrat*, *op. cit.*, pp. 156-166, n° 283-307.

[1351] *Ibid.*, p. 157, n° 286.

234. Clarification des dimensions matérielle et fonctionnelle ou objective et subjective de l'obligation de délivrance. Comme nous l'expliquions dans le premier titre, la chose promise peut être définie matériellement : nature du bien loué (emplacement géographique, superficie ou encore équipements) ou bien matériellement et fonctionnellement : usage du bien de façon générale (commerce, habitation ou plus précisément : tel type de commerce, telle profession)[1352]. À la différence de la chose promise, la chose promise et attendue doit - il ne s'agit pas d'une simple possibilité ici - être définie matériellement et fonctionnellement.

La doctrine assimile aussi ces aspects matériel et fonctionnel aux dimensions objective et subjective. Effectivement, il a été démontré que la délivrance revêtait une double dimension, objective et subjective en ce qu'elle consiste, d'une part - c'est sa dimension objective -, en la remise matérielle du bien mis à disposition (art. 1719, 1°) et, d'autre part - c'est sa dimension subjective -, en la remise d'un bien apte à l'usage auquel il est conventionnellement destiné (art. 1720)[1353]. Il peut également être ajouté que cette dimension subjective se dédouble à son tour en ce que le bailleur doit mettre à disposition du preneur un local qui est à la fois susceptible de recevoir la destination convenue et en état de permettre la réalisation de la destination convenue[1354].

Ainsi, l'approche fonctionnelle redonne toute sa cohérence à ces dimensions matérielle et fonctionnelle ou objective et subjective de l'obligation de délivrance puisqu'elle se justifie par le fait que la chose doit correspondre à ce qui a été promis, mais aussi à ce qui est attendu, c'est-à-dire qu'elle doit non seulement correspondre aux caractéristiques fixées par les parties, mais surtout permettre l'exercice de l'activité du preneur et donc remplir sa destination.

235. Clarification des critères de détermination de la chose louée. Plus encore, la chose louée en tant que résultat ultime appelle à considérer, eu égard aux exigences posées par l'ancien article 1130 alinéa 1er et du nouvel article 1163 du Code civil, selon lesquelles la chose objet de la prestation peut être présente ou future et doit être possible et déterminée ou déterminable, l'usage de cette chose et en réalité sa destination, sinon ces exigences n'auraient aucun sens.

Ici encore, en intégrant à la chose louée l'idée de résultat, la compréhension de ce qui est dû s'en trouve améliorée dans la mesure où c'est cet ultime résultat, qui comprend non seulement les critères fixés, mais également l'exercice de l'activité économique, qui précise les prestations qui sont réellement dues par le débiteur.

236. Clarification du contenu protéiforme de l'obligation de délivrance dû à l'interprétation extensive de la conformité de la chose louée. Grâce à l'approche fonctionnelle, le désordre apparent résultant de la géométrie variable de l'obligation de délivrance peut retrouver l'ordre et la cohérence qui lui manquait

---

1352 V. *supra* n° 45.

1353 R. BOFFA, *La destination de la chose*, *op. cit.*, pp. 296-297, n° 426.

1354 C. GRIMALDI, « e) La clause de prise des locaux loués en l'état à l'aune de l'obligation de délivrance », art. cit.

jusqu'à présent. S'il a été possible, au moyen de l'approche analytique, de dégager une structure invariable de l'obligation de délivrance, soit de synthétiser son contenu selon une formule immuable, il n'était en revanche pas possible de trouver une justification à ce contenu protéiforme. Nous ne parvenions pas à expliquer pourquoi celui-ci était aussi diversifié. Désormais, en définissant l'obligation de délivrance comme une mise en capacité d'exercice du droit de jouissance et plus précisément une mise en capacité d'exercice de l'activité économique, une explication se profile. C'est justement parce qu'elle correspond à une mise en capacité d'exercice de l'activité économique que l'obligation de délivrance affiche un contenu aussi varié.

Dans la mesure où l'objet de la prestation du bailleur correspond à la chose promise, mais aussi attendue, soit une chose qui corresponde aux critères fixés, mais aussi qui permette l'exercice de l'activité économique et qui remplit donc sa destination, il n'est pas étonnant que le contenu de l'obligation de délivrance soit protéiforme et revête une multitude d'aspects ou que la conformité de la chose soit appréciée de façon extensive puisque toute norme qui permettra ou participera à l'exercice du droit de jouissance ou plus concrètement à l'exercice de l'activité économique ou qui permettra à la chose louée de remplir sa destination sera rattachée à l'obligation de délivrance.

La formulation de Mme Cohet-Cordey selon laquelle *« il est tout à fait logique d'attacher à l'obligation de délivrance toutes obligations* - et l'on pourrait même ajouter toutes prestations - *dont le respect permettra seul d'assurer au preneur la jouissance de la chose louée conformément à la destination prévue, compte tenu de la nature du contrat »*[1355] prend alors tout son sens. On comprend ainsi pourquoi l'obligation de délivrance englobe une obligation de décence, de bon état de réparations de toute espèce ou encore de sécurité.

2 - L'objet de l'obligation : les prestations promises, mais surtout attendues

237. Prise en compte de l'attente du preneur : le résultat de l'activité du bailleur ou une prestation correspondant à la promesse du bailleur et mettant la chose en mesure d'accueillir l'activité économique. À l'image de la présentation générale de l'objet fonctionnel de l'obligation[1356], il convient d'intégrer à la prestation l'idée de résultat pour expliquer précisément que l'objet de l'obligation de délivrance, la double prestation de mise à disposition et de mise en état de la chose, ne correspond plus tant au déploiement de l'activité du bailleur, mais devient le résultat de cette activité, c'est-à-dire ce vers quoi elle tend et qui est attendu par le preneur. Ainsi, les moyens réels ou concrets mis en œuvre par le bailleur se distinguent du résultat à atteindre et il en découle que la double prestation est le résultat de l'activité du bailleur. Plus concrètement, ce résultat de

[1355] F. COHET-CORDEY, « L'obligation de délivrance du bailleur dans les contrats de location d'un immeuble », art. cit. ; V. aussi en ce sens : D. HOUTCIEFF, *Droit commercial*, *op. cit.*, p. 275, n° 554.
[1356] V. *supra* n° 207 et s.

l'activité du bailleur est la prestation correspondant à la promesse du bailleur et mettant la chose en mesure d'accueillir l'activité économique.

Cependant, la prise en compte de l'attente du preneur ne conduit pas à écarter la promesse du bailleur, au contraire l'approche fonctionnelle prend en compte à la fois le résultat promis par le bailleur et le résultat attendu par le preneur. En effet, dans la mesure où le preneur attend un résultat, il est évident que ce résultat ou ce but ne pourra être atteint que si le bailleur met en œuvre les moyens nécessaires.

238. Clarification des critères de détermination de la prestation. Conformément à l'ancien article 1130 alinéa 1er et au nouvel article 1163 du Code civil, la prestation objet de l'obligation de délivrance peut être présente ou future et doit être possible et déterminée ou déterminable. Ces exigences se voient clarifier grâce à l'approche fonctionnelle de l'objet de l'obligation puisqu'effectivement ce n'est pas la prestation en tant que moyens concrets qui doit satisfaire ces exigences d'existence, de possibilité et de détermination, mais plutôt la prestation en tant que résultat.

239. Clarification des multiples aspects de la double prestation de mise à disposition et mise en état de la chose. Là encore, la formule de Mme Cohet-Cordey d'après laquelle *« il est tout à fait logique d'attacher à l'obligation de délivrance toutes obligations* - il serait plus juste ici de parler de prestations - *dont le respect permettra seul d'assurer au preneur la jouissance de la chose louée conformément à la destination prévue, compte tenu de la nature du contrat »*[1357] retrouve toute sa cohérence.

Si l'objet de l'obligation de délivrance - la prestation du bailleur - correspond à la prestation promise et celle mettant la chose en mesure d'accueillir l'activité économique, il n'est pas étonnant que cette prestation soit double et qu'elle comprenne une multitude d'actions diverses, puisque toute action qui permettra de mettre la chose en mesure d'accueillir le droit de jouissance ou plus concrètement l'activité économique sera rattachée à l'obligation de délivrance.

B - L'objet renouvelé de l'obligation de délivrance : concordance avec la finalité du bail commercial

240. Concordance et non-confusion. Si la concordance entre l'objet de l'obligation de délivrance et la finalité du bail commercial est bien entendu nécessaire pour asseoir la démonstration, celle-ci ne doit pas amener à leur confusion, car la finalité du bail commercial peut être atteinte grâce à d'autres obligations.

Mise en capacité d'exercice du droit de jouissance ou de l'activité économique : voilà la définition de l'obligation de délivrance, élément indispensable (1), mais non suffisant (2) à l'exercice du droit du preneur.

[1357] F. COHET-CORDEY, « L'obligation de délivrance du bailleur dans les contrats de location d'un immeuble », art. cit.

1 - L'élément indispensable à l'exercice du droit du preneur

241. Réalisation d'une partie du résultat économique du bail commercial par l'obligation de délivrance. Perçu ainsi, le résultat économique du bail commercial demande pour se réaliser l'intervention du bailleur et du preneur. Le bailleur doit permettre au preneur de retirer les utilités du bien loué, c'est-à-dire le mettre en mesure d'exercer une activité commerciale, industrielle ou artisanale. Le locataire doit, quant à lui, s'attacher à payer régulièrement le loyer.

C'est en exécutant l'obligation de délivrance que le bailleur va mettre le locataire en mesure d'exercer l'activité commerciale, industrielle ou artisanale. Ainsi, l'obligation de délivrance réalise une partie du résultat économique du bail commercial.

242. L'obligation de délivrance : revers du droit du preneur. L'idée selon laquelle l'obligation de délivrance permettrait de réaliser une partie du résultat économique du bail commercial se décèle chez certains auteurs qui prétendent que le droit de jouissance du preneur est le revers de l'obligation de délivrance du bailleur[1358]. Troplong affirmait même clairement à l'époque que la réalisation de l'obligation de délivrance était indispensable à l'exercice du droit de jouissance[1359].

243. Définition du droit subjectif. Avant toute chose, il faut s'attarder sur la définition même du droit subjectif puisqu'il est question du droit du preneur, précisément du droit de jouissance, qui n'est autre qu'un droit subjectif. Sans revenir sur l'existence contestée du droit subjectif[1360], il nous faut arrêter une définition parmi les diverses définitions proposées par la doctrine[1361]. D'après l'école classique de Windscheid, le droit subjectif est un pouvoir de volonté, soit un *« droit-volonté »*, ayant tantôt un rôle de mise à exécution de la norme (puissance de volonté), tantôt un rôle créateur (souveraineté de volonté)[1362]. Selon Jhering, qui contredit la théorie classique, le droit subjectif se présente

---

[1358] C. AUBERT DE VINCELLES et C. NOBLOT, Bail, *op. cit.*, n° 100 : *« Ce droit, personnel en ce qu'il ne peut s'exercer qu'à travers le bailleur qui laisse le preneur en jouissance, est la caractéristique essentielle du bail et le revers de l'obligation essentielle du bailleur. »* ; ces auteurs affirment à propos de l'obligation de délivrance qu'*« il s'agit d'une obligation essentielle pour le bailleur »*.

[1359] R.-T. TROPLONG, *Droit civil expliqué. De l'échange et du louage. Commentaires des Titres VII et VIII du Livre III du Code civil*, t. 1, *op. cit.*, p. 301, n° 159 : *« Car, puisqu'il est de l'essence de cette convention, qu'il y ait, comme le dit Pothier lui-même (1), une certaine jouissance ou un certain usage d'une chose, il faut bien que le propriétaire effectue entre les mains du preneur cette délivrance sans laquelle le droit de jouir serait impossible. »*.

[1360] V. pour les diverses thèses relatives à l'inexistence du droit subjectif : H. KELSEN, « Aperçu d'une théorie générale de l'Etat », *RDP* 1926, t. 43, p. 561 ; H. KELSEN, *Théorie pure du droit*, trad. C. EISENMANN, 2e éd., Dalloz (Paris), 1962, p. 175 ; L. DUGUIT, *Traité de droit constitutionnel*, t. 1, *La règle de droit - Le problème de l'État*, 3e éd., E. de Boccard (Paris), 1927, p. 210. V. aussi pour un récapitulatif de ces théories : J. DABIN, *Le droit subjectif*, *op. cit.*, pp. 5-17 ; X. DIJON, *Le sujet de droit en son corps - Une mise à l'épreuve du droit subjectif*, préf. F. RIGAUX, Mon Ferdinand Larcier, 1982, pp. 37-42, n° 50-57.

[1361] V. pour un récapitulatif de ces théories : J. GHESTIN, H. BARBIER et J.-S. BERGÉ (conc.), *Traité de droit civil*, t. 1, *Introduction générale*, 5e éd., L.G.D.J., 2018, pp. 211-219, n° 273-280.

[1362] V. pour cette théorie : J. DABIN, *Le droit subjectif*, *op. cit.*, pp. 56-65.

comme un intérêt protégé et plus précisément de deux éléments, *« l'un substantiel dans lequel réside le but pratique du droit et qui est l'utilité, l'avantage, le gain assuré par le droit ; l'autre formel, qui se rapporte à ce but uniquement comme moyen, savoir la protection du droit, l'action en justice »*[1363]. Selon encore d'autres auteurs[1364] plus nuancés, le droit subjectif est une combinaison des deux théories précédentes, soit la réunion des deux éléments d'intérêt et de volonté[1365]. Critiquant ces définitions, Dabin s'en distingue en proposant de définir le concept de droit subjectif sous un double aspect d'appartenance-maîtrise, sous couvert d'une condition d'altérité et d'une protection juridique[1366]. Ainsi, le droit subjectif correspond à la fois et indissociablement, à une relation d'appartenance entre le sujet de droit et une chose (bien ou valeur) et à un pouvoir sur cette chose[1367].

C'est cette dernière définition que nous retiendrons selon les mêmes raisons que Dabin pour délaisser les conceptions courantes[1368]. D'abord, le droit subjectif ne nécessite pas une volonté réelle ou une manifestation de volonté pour exister à la différence de son exercice, qui lui requiert la volonté[1369]. Ensuite, ce droit se trouve parfois dissocié de l'intérêt[1370].

244. Distinction entre titularité et exercice du droit. À l'occasion de sa proposition de définition du droit subjectif comme appartenance-maîtrise, l'auteur insiste sur l'idée que la maîtrise ne doit pas être confondue avec l'exercice du droit[1371]. Il opère donc une distinction radicale entre le droit subjectif lui-même et son exercice[1372]. En guise d'illustration de ses propos, il utilise l'exemple du mineur sous tutelle qui conserve la maîtrise de ses droits en ce que la chose lui appartient et que la maîtrise est la suite de l'appartenance, mais dont le tuteur peut exercer les droits[1373]. Autrement dit, le mineur a le pouvoir de disposition de la chose, au sens de pouvoir de domination et ici synonyme de maîtrise, et le tuteur se contente d'exercer les droits de celui-ci en gérant ses biens et en lui en rendant compte[1374]. On retrouve cette césure dans la distinction traditionnelle entre la capacité de jouissance des droits subjectifs, qui désigne la titularité de ces droits, et la capacité d'exercice des droits subjectifs, qui vise l'aptitude à exercer ces droits[1375].

[1363] V. pour cette théorie : *Ibid.*, pp. 65-72 ; V. aussi pour cette théorie : X. DIJON, *Le sujet de droit en son corps - Une mise à l'épreuve du droit subjectif*, *op. cit.*, pp. 86-90, n° 126-132.
[1364] Messieurs Georg Jellinek, Léon Michoud, Francesco Ferrara et Raymond Saleilles.
[1365] V. pour cette théorie : J. DABIN, *Le droit subjectif*, *op. cit.*, pp. 72-80.
[1366] J. DABIN, *Le droit subjectif*, *op. cit.*, pp. 80-103.
[1367] *Ibid.*, pp. 80-81 et 87.
[1368] V. sur le rejet de la définition de Dabin et la proposition d'une autre définition du droit subjectif : S. JEAN, *La protection des droits subjectifs par la responsabilité civile*, th. Toulouse I, 2012, pp. 195 et s., n° 261 et s.
[1369] J. DABIN, *Le droit subjectif*, *op. cit.*, pp. 59-65.
[1370] *Ibid.*, pp. 71-72.
[1371] *Ibid.*, pp. 88-89.
[1372] *Ibid.*, pp. 63 ; V. aussi en ce sens la distinction entre situation de fait et situation de droit ou la différence entre l'univers physique et l'univers juridique : D. BONNET, *Cause et condition dans les actes juridiques*, préf. P. DE VAREILLES-SOMMIÈRES, L.G.D.J., 2005, p. 477, n° 928 et s.
[1373] J. DABIN, *Le droit subjectif*, *op. cit.*, pp. 88-89.
[1374] *Ibid.*, p. 89.
[1375] F. TERRÉ et D. FENOUILLET, *Droit civil. Les personnes*, 8e éd., Dalloz, coll. Précis, 2012, p. 4, n° 5.

Transposée au cadre contractuel du bail commercial, cette distinction entre le droit et son exercice marque le contraste entre la titularité du droit et l'exercice de ce dernier. La titularité du droit est conférée par le contrat, au sens d'accord de volonté, au moment de sa conclusion, et l'exercice du droit intervient après, de façon plus ou moins immédiate[1376]. Selon le droit dont il est question, l'exercice de celui-ci peut se faire soit tout de suite après la conclusion du contrat, soit après la réalisation d'une ou plusieurs obligations.

245. Réfutation d'un pouvoir ou d'une emprise sur la chose. Quelques auteurs se sont approchés de cette idée en définissant l'obligation de délivrance, mais en évoquant l'exercice d'une emprise ou d'un pouvoir sur la chose. En ce sens, il a pu être affirmé que l'obligation de délivrance *« permet […] à l'acquéreur, non pas de lui faire avoir le droit, mais de lui permettre d'exercer une emprise matérielle sur le bien »* et *« ne permet pas nécessairement à l'acheteur d'exercer matériellement son pouvoir juridique »*, mais *« ne fait que permettre l'acquisition de ce pouvoir »*[1377]. Il a encore pu être soutenu qu'elle ne permet que *« d'aligner le fait sur le droit »*[1378]. Plus près encore de notre idée, il a été défendu que l'obligation de délivrance est *« nécessaire, indispensable même pour que le droit que la volonté a créé, pour que la propriété que le consentement a transmise puisse s'exercer »*[1379] ou que *« comme l'acquéreur ou l'usufruitier, le preneur sera mis en mesure d'exercer ses pouvoirs sur la chose louée par l'exécution de l'obligation de délivrance imposée au bailleur »*[1380].

S'agissant de l'idée d'emprise ou de pouvoir, elle ne sous semble pas correcte en regard de la définition du droit subjectif envisagée par Dabin. La notion d'emprise est bien trop imprécise pour recouvrir l'obligation de délivrance et donc insuffisante. À l'image de nos développements antérieurs essayant de démontrer que l'obligation de délivrance ne peut se résoudre à la seule détention de la chose[1381], la notion d'emprise, en ce qu'elle n'est pas capable de rendre compte de l'autre facette de l'obligation de délivrance, la conformité, ne peut suffire à définir l'obligation de délivrance. Quant à la notion de pouvoir, elle est de la même manière insuffisante à recouvrir la géométrie de l'obligation de délivrance. Plus encore, cette notion va à l'encontre de la définition du droit subjectif envisagée par Dabin qui place le pouvoir sur la chose comme un élément constitutif du droit subjectif[1382]. Le contrat transfère ou octroi le droit, c'est-à-dire à la fois l'appartenance et la maîtrise. L'obligation en permet l'exercice. Il serait donc plus judicieux de parler

---

[1376] V. pour une position contraire à la notre : S. JEAN, *La protection des droits subjectifs par la responsabilité civile*, *op. cit.*, pp. 235 et s., n° 315 et s. Cet auteur considère que l'acte juridique ou le contrat transmet le bien objet du droit et non le droit, de sorte que le contractant devient titulaire d'un nouveau droit.

[1377] J. LE BOURG, *La remise de la chose - Essai d'analyse à partir du droit des contrats*, *op. cit.*, p. 118, 128 et 147, n° 97, 103 et 118.

[1378] M. ALTER, *L'obligation de délivrance dans la vente de meubles corporels*, préf. P. CATALA, L.G.D.J., 1972, p. 8, n° 1.

[1379] C.-B.-M. TOULLIER, *Le droit civil français, suivant l'ordre du code*, t. 16, *op. cit.*, pp. 294-295, n° 246.

[1380] J. DERRUPÉ, *La nature juridique du droit du preneur à bail et la distinction des droits réels et des droits de créance*, *op. cit.*, p. 149, n° 122.

[1381] V. *supra* n° 162 et 160.

[1382] V. *supra* n° 243.

d'exercice d'un droit, précisément du droit de jouissance du preneur. Cette formule a l'avantage d'englober toutes les facettes de l'obligation de délivrance.

246. Impossibilité d'exercice du droit sans délivrance. Le caractère indispensable de l'obligation de délivrance pour l'exercice du droit de jouissance, et plus précisément exercer l'activité, a été constaté par la doctrine[1383]. La jurisprudence semble aussi reconnaître ce caractère indispensable puisque le défaut de mise en jouissance du locataire est sanctionné sur le fondement de l'obligation de délivrance[1384].

Si l'obligation de délivrance est indispensable pour que le preneur puisse exercer son droit de jouissance, celle-ci n'est toutefois pas suffisante.

2 - L'élément insuffisant à l'exercice du droit du preneur

247. La volonté personnelle du preneur d'exercer son droit. Comme nous nous sommes efforcés de l'expliquer précédemment[1385], le processus (et non l'obligation) de délivrance suppose une activité de la part du débiteur de l'obligation de délivrance. D'ailleurs, les auteurs qui ont perçu l'idée d'exercice d'une emprise ou d'un pouvoir sur la chose ont pris soin d'évoquer la possibilité, la permission ou la mise en mesure d'exercer cette emprise ou ce pouvoir[1386]. Pour l'exercice effectif du droit, la volonté du preneur sera requise : une fois mis en mesure d'exercer son droit, encore faut-il qu'il désire l'exercer. En ce sens, la jurisprudence a d'ailleurs précisé que l'exploitation du fonds de commerce dans les lieux loués est une condition du statut qui joue pour le bénéfice du droit au renouvellement mais qui ne saurait justifier la résiliation du bail en l'absence de stipulation contractuelle spécifique[1387]. La délivrance des lieux n'entraîne pas l'exercice effectif du droit de jouissance[1388].

C'est pour cette raison que l'obligation de délivrance ne peut se résoudre à l'exercice effectif du droit de jouissance. L'obligation de délivrance met seulement le locataire en mesure d'exercer son droit de jouissance, mais l'exercice effectif de ce droit requiert la volonté du locataire de procéder à l'exercice.

[1383] P. DELEBECQUE et F. COLLART-DUTILLEUL, *Contrats civils et commerciaux*, 10e éd., *op. cit.*, p. 431, n° 498 ; R.-J. POTHIER, *Traité du contrat de louage, selon les règles tant du for de la conscience que du for extérieur*, *op. cit.*, p. 50, n° 54 ; C.-B.-M. TOULLIER, *Le droit civil français, suivant l'ordre du code*, t. 16, *op. cit.*, pp. 294-295, n° 246 ; R.-T. TROPLONG, *Droit civil expliqué. De l'échange et du louage. Commentaires des Titres VII et VIII du Livre III du Code civil*, t. 1, *op. cit.*, p. 301, n° 159.

[1384] V. *supra* n° 169.

[1385] V. *supra* n° 209 et 211.

[1386] V. *supra* n° 245.

[1387] Cass. 3e civ., 10 juin 2009, n° 07-18.618 et 08-14.422, *D.* nov. 2009, n° 42, p. 2839, note M.-P. DUMONT-LEFRAND.

[1388] V. en ce sens : M.-P. DUMONT-LEFRAND, « L'obligation d'exploiter du preneur », *D.* nov. 2009, n° 42, p. 2839 ; V ; pour une position manifestement plus nuancée : D. HOUTCIEFF, *Droit commercial*, *op. cit.*, p. 283, n° 560.

248. Capacité d'exercice du droit. Pour juridiciser cette idée, il nous semble possible d'utiliser la notion de capacité d'exercice du droit, à l'image de la situation du mineur et de son tuteur[1389]. Comme nous l'avons expliqué préalablement, la capacité d'exercice des droits subjectifs désigne l'aptitude à exercer les droits subjectifs dont on est titulaire[1390]. La capacité d'exercice des droits subjectifs désigne donc la faculté d'exercer ces droits, c'est-à-dire le choix d'exercer ou non ces droits selon sa volonté personnelle[1391]. Cette notion rend donc compte de la situation de l'obligation de délivrance dont le rôle est de mettre en mesure le locataire d'exercer pleinement et entièrement son droit de jouissance.

Ainsi, comme le mineur est titulaire du droit, mais incapable de l'exercer tant qu'il n'a pas atteint la condition de majorité, le locataire est titulaire du droit, mais n'est pas en capacité de l'exercer tant que le bailleur n'a pas exécuté son obligation de délivrance. Une fois la capacité acquise, tuteur et locataire auront le choix d'exercer ou de ne pas exercer leurs droits.

249. Proposition de réécriture de l'article 1719, 1° et 1720 alinéa 1er du Code civil. L'avant-projet de réforme du droit des contrats spéciaux propose une réécriture de ces articles[1392]. Sans remettre aucunement la qualité de cette proposition en question, nous ne la partageons pas totalement, notamment sur la façon dont est définie la délivrance. Par la formulation de son article 56, l'avant-projet édicte que le *« loueur doit mettre à disposition du locataire le bien loué conformément aux stipulations convenues et, à défaut, en bon état »*. Une telle rédaction ne nous apparaît pas vraiment synthétique et complète. Quant à la formule de l'article 57, lequel prévoit que le *« loueur doit accomplir les travaux de conservation relatifs à la structure du bien, dès lors qu'ils ne sont pas imputables à un cas de force majeure »*, elle reprend la conception retenue par la jurisprudence à l'égard des travaux de structure, mais celui-ci reste trop précis en ce qu'il ne fixe pas une règle synthétique pour l'ensemble des travaux[1393]. De plus, il faut garder que ces dispositions font partie du droit commun du bail et ne concerne donc pas exclusivement des biens immobiliers, mais peuvent tout à fait s'adresser à des biens corporels. Dans ce dernier cas, la formule semble inadaptée[1394].

En conséquence, nous proposerons de réécrire les articles 1719, 1° et 1720 alinéa 1er de la façon suivante : « Le bailleur, aussi dénommé loueur, est tenu d'une obligation de délivrance de la chose louée qui consiste à mettre le preneur, aussi dénommé locataire, en capacité d'exercer son droit de jouissance.
La chose louée s'entend d'une chose identifiée, présente ou future, et conforme aux stipulations contractuelles ainsi qu'à toutes autres normes légales en vigueur.

[1389] J. DABIN, *Le droit subjectif*, *op. cit.*, pp. 88-89.
[1390] V. *supra* n° 244.
[1391] V. en ce sens : J. DABIN, *Le droit subjectif*, *op. cit.*, p. 63.
[1392] V. en ce sens ses articles 55-57.
[1393] V. sur les méthodes de définition dans la loi : G. CORNU, « Les définitions dans la loi », *in Mélanges dédiés à Jean Vincent*, Dalloz, 1981, p. 77.
[1394] F. AUQUE, « Quelques remarques sur la location dans l'avant-projet de réforme du droit des contrats spéciaux », art. cit.

Plus précisément, la chose conforme est celle qui se trouve en bon état, exempte de dangerosité et qui peut accueillir la destination déterminée par les parties. Lorsque la chose louée ou une partie de celle-ci est à usage d'habitation principale, la conformité implique une exigence de décence.
À ce titre, l'obligation de délivrance a pour objet une prestation de mise à disposition et une prestation de mise en état de cette chose. Ces prestations visent à assurer la conservation de la chose existante, la construction de la chose future, le dessaisissement de la chose ainsi que le maintien en l'état ou la modification de l'état de celle-ci. ».

250. Proposition d'insertion d'un article spécifique à l'obligation de délivrance dans le statut des baux commerciaux. L'idée d'insérer un article spécifique à l'obligation de délivrance dans le statut des baux commerciaux a déjà été proposée par la doctrine[1395]. Il est d'ailleurs regrettable que le législateur n'ait pas saisi l'occasion de la réforme du statut des baux commerciaux pour introduire cette définition de l'obligation de délivrance, celui-ci ayant fait le choix de traiter seulement le cas de quelques charges plutôt que de traiter le problème à sa source en précisant, alors même que la doctrine avait proposé une rédaction d'article à insérer dans le statut des baux commerciaux, pour définir cette obligation et fixer plus précisément son régime. En vue d'une harmonisation entre le droit commun du bail et le droit spécial des baux commerciaux, cette insertion nous paraît souhaitable[1396].

En harmonie avec la proposition de réécriture précédente, nous suggérons d'insérer un article rédigé ainsi : « Le bailleur est tenu d'une obligation de délivrance des locaux loués qui consiste à mettre le preneur en capacité d'exercer son droit de jouissance et plus précisément d'exercer son activité économique.
Les locaux loués doivent être identifiés et conformes aux stipulations contractuelles ainsi qu'à toutes autres normes légales en vigueur. Plus précisément, les locaux conformes sont ceux qui sont aptes à abriter l'activité économique du preneur et en permettre l'exercice, qui se trouvent en bon état et exempts de dangerosité. Les locaux peuvent être en état futur d'achèvement. Lorsqu'une partie des locaux loués est à usage d'habitation principale, la conformité implique une exigence de décence. Si les locaux loués sont intégrés dans un centre commercial ou une galerie

---

[1395] M.-P. DUMONT-LEFRAND *et alii*, « L'obligation de délivrance en matière de bail commercial », art. cit. : *« Nonobstant toute clause contraire, le bailleur est tenu d'une obligation continue de délivrance qui consiste à livrer un local ou un immeuble de manière à permettre l'exploitation du fonds.*
Toute clause ayant pour objet d'exonérer le bailleur de son obligation de délivrance sera réputée non écrite.
Si le local loué est intégré dans un centre commercial ou une galerie commerciale, ou tout ensemble assimilé, le bailleur ne doit rien entreprendre qui pourrait nuire à la commercialité du local.
Si le changement de destination du local s'opère à l'initiative du locataire, celui-ci ne peut invoquer à l'encontre du bailleur un éventuel non-respect de son obligation de délivrance dans la mesure où il résulterait de ce changement de destination.
En cas de changement de destination par accord des parties, l'obligation de délivrance pesant sur le bailleur s'étend à la nouvelle destination convenue, sauf accord contraire des parties en cas de nécessité d'une mise aux normes.
Lorsque l'exploitation du fonds est rendue plus difficile en raison de manquements du bailleur à ses obligations, le preneur peut, en l'absence d'urgence et en vue d'éviter que l'exploitation ne devienne impossible, après sommation restée infructueuse, faire réaliser les travaux nécessaires aux frais du bailleur informé de ceux-ci ».
[1396] V. sur l'opportunité des définitions dans la loi : G. CORNU, « Les définitions dans la loi », art. cit.

commerciale, ou tout ensemble assimilé, le bailleur ne doit rien entreprendre qui pourrait nuire à la commercialité des locaux.
À ce titre, l'obligation de délivrance a pour objet une prestation de mise à disposition et une prestation de mise en état des locaux. Ces prestations visent à assurer la conservation des locaux existants, la construction des locaux futurs, le dessaisissement des locaux ainsi que le maintien en l'état ou la modification de l'état de ceux-ci. ».

Cette définition fonctionnelle de l'obligation de délivrance va ensuite permettre de clarifier la situation de cette obligation au regard des autres obligations du bail commercial.

C - L'objet renouvelé de l'obligation de délivrance : clarté et autonomie au regard des autres obligations du bail commercial

251. Distinction entre délivrance et jouissance : contestation d'une obligation au profit de la reconnaissance d'un droit et proposition de réécriture de l'article 1709 du Code civil. La définition proposée de l'obligation de délivrance, en tant que mise en capacité d'exercice du droit de jouissance du preneur, permet justement de différencier cette obligation de la jouissance visée à l'article 1709. Selon notre raisonnement, la jouissance est en réalité un droit et non une obligation[1397]. L'obligation de délivrance qui pèse sur le bailleur se présente ainsi comme le pendant du droit de jouissance du preneur.

Conformément à cette idée, l'article 1709 du Code civil pourrait être réécrit. L'avant-projet de réforme des contrats spéciaux a abandonné l'idée d'obligation de jouissance puisqu'on ne l'y retrouve plus, et érige en définition du contrat de bail le droit de jouissance[1398]. Toutefois, dans sa définition il qualifie de personnel ce droit, ce qui entretient la fameuse querelle relative à la distinction entre les droits réels et personnels.

D'après nous, il serait plus judicieux de supprimer cette qualification et définir le bail comme « le contrat par lequel le bailleur, aussi dénommé loueur, confère au preneur, aussi dénommé locataire, un droit de jouissance sur un bien en contrepartie du paiement d'un loyer ».

Dans la suite logique de l'approche retenue, l'obligation de délivrance peut se distinguer de ses obligations voisines.

252. Distinction entre obligation de délivrance et autres obligations : autonomie de l'obligation de délivrance. La définition dégagée de l'obligation de délivrance, comme une mise en capacité d'exercice du droit de jouissance du preneur permet encore de distinguer cette obligation de ses obligations voisines telles que la jouissance paisible, l'entretien, la garantie des vices cachés et la réparation.

1397 V. *supra* n° 169 et 186.

1398 V. en ce sens l'article 53 de l'avant-projet.

L'obligation de délivrance est première dans le temps[1399]. C'est elle qui doit établir la situation locative initiale. Les autres obligations - jouissance paisible, entretien, garantie des vices cachés - n'interviennent qu'après elle, comme ses prolongements[1400], pour pérenniser la situation qu'elle a créée en assurant la protection du preneur contre les troubles apportés à l'exercice de son droit de jouissance, c'est-à-dire en assurant le maintien de la mise en capacité d'exercer son droit de jouissance. L'obligation de délivrance est la mise en capacité d'exercice du droit de jouissance du preneur alors que les autres obligations ne visent qu'à maintenir en partie cette mise en capacité d'exercice du droit de jouissance en prolongeant certains éléments constitutifs de la délivrance.

253. Pour une définition de l'obligation d'entretien : proposition de réécriture de l'article 1719, 2° du Code civil. L'obligation d'entretien a été abandonnée par l'avant-projet de réforme des contrats spéciaux qui évoque, en ses articles 55 et 57, une obligation générale de conservation - probablement pour éviter la question de l'autonomie de cette obligation et de son rattachement à l'obligation de délivrance, comme c'est le cas actuellement pour l'obligation d'entretien[1401] - qu'il ne définit pas. Il se contente d'évoquer certains travaux de conservation relatifs à la structure.

En accord avec nos développements antérieurs, il nous semble plus judicieux de garder l'obligation d'entretien en la définissant. La réécriture de l'article 1719, 2° pourrait être la suivante : « Le bailleur aussi dénommé loueur, est tenu d'une obligation d'entretien de la chose louée qui consiste à maintenir la mise en capacité d'exercice du droit de jouissance du preneur, aussi dénommé locataire.
Celle-ci fait suite à l'obligation de délivrance. ».

254. Pour une garantie des troubles apportés au droit de jouissance : réécriture de l'article 1719, 3° du Code civil. Afin d'éviter la confusion entre le droit de jouissance et l'actuelle obligation de jouissance paisible et ainsi d'améliorer la lisibilité des règles du droit commun du bail, l'article 1719, 3° pourrait être réécrit. En ce sens, il nous semble opportun, comme le propose l'avant-projet de réforme des contrats spéciaux[1402], d'abandonner l'obligation de jouissance paisible et de la remplacer par une garantie. Nous irons encore plus loin, une garantie des troubles apportés au droit de jouissance nous paraît plus appropriée que la garantie de jouissance paisible, dans un souci de cohérence avec la définition du bail. Par ailleurs, l'idée de cibler cette garantie aux troubles d'éviction semble cohérente pour faire la distinction avec la délivrance.

En outre, cet avant-projet reprend l'actuelle garantie des vices cachés sous cette garantie générale de jouissance paisible dans son article 58, mais y introduit un élément intéressant pour le bail commercial en état futur d'achèvement : la notion

---

1399 F. COHET-CORDEY, « L'obligation de délivrance du bailleur dans les contrats de location d'un bien immeuble », art. cit.

1400 *Ibid.*

1401 V. *supra* n° 187-188.

1402 V. en ce sens son article 55.

de réception. L'idée de regrouper les troubles résultant de l'éviction et des vices sous une même garantie semble opportune[1403]. Aussi, l'idée de conserver le cantonnement de cette garantie aux vices cachés semble cohérente pour faire la distinction avec la délivrance.

La réécriture des articles 1719, 3° et 1721 du Code civil pourrait se faire en un seul article et reprendre, à quelques détails près, celle de l'avant-projet de réforme : « Le bailleur aussi dénommé loueur, est tenu d'une garantie contre les troubles apportés au droit de jouissance du preneur, aussi dénommé locataire.
Celle-ci garantit spécifiquement les troubles dus à l'éviction et aux vices affectant la chose louée dès lors qu'ils étaient méconnus au moment de la conclusion du bail.
Elle fait suite à l'obligation de délivrance. ».

255. Réflexion pour une obligation de délivrance générale et unique. Une récente étude réalisée par M. Dross met en évidence une relative désuétude de la distinction entre erreur, dol, absence de contrepartie, garantie des vices cachés ou de conformité dans la mesure où toutes ces notions *« sont les remèdes variés que les siècles ont donnés à une seule et même cause, celle du contractant déçu dans ses espérances »*[1404]. Finalement, pourquoi continuer à distinguer toutes ces notions alors qu'elles convergent en un même objectif, celui de pallier la déception contractuelle ?

Cette réflexion pourrait gagner les terres du bail et interroger quant à l'utilité de continuer à distinguer les différentes obligations du bailleur (délivrance ; entretien ; réparation ; jouissance paisible ; garantie des vices cachés). Dans la mesure où l'obligation de délivrance est l'obligation majeure du bailleur, celle qui assure la capacité d'exercice du droit de jouissance, et où les autres obligations ne sont que ces prolongements, intervenant pour prendre sa suite sur certains points, ne pourrait-il pas y avoir une obligation de délivrance générale et unique ? L'obligation de délivrance ne connaît des limites que par l'existence d'autres obligations : elle s'arrête là où les autres commencent. Si les autres n'existaient pas, alors elle absorberait les situations couvertes par ces autres obligations.

Ce n'est certes pas en ce sens que s'oriente l'avant-projet de réforme des contrats spéciaux qui maintient les différentes obligations du bailleur, mais la réflexion nous semble tout de même intéressante eu égard à une considération de simplification du droit même si le poids de la tradition juridique française freine une telle idée.

Cette proposition de définition fonctionnelle établie, il est désormais possible de l'utiliser pour détecter les points communs et différences que l'obligation de délivrance peut entretenir en fonction du contrat dans lequel elle est susceptible d'exister.

[1403] V. en ce sens : C. QUÉMENT, *Bail commercial. - Obligations des parties*, *op. cit.*, n° 43 et s.

[1404] W. DROSS, « La déception contractuelle », art. cit.

Section 3 - L'unification de la fonction de l'obligation de délivrance dans les contrats

256. Ce qu'est l'obligation de délivrance dans les contrats autres que le bail commercial. L'extension de notre proposition de définition de l'obligation de délivrance dans les baux commerciaux en une définition générale de l'obligation de délivrance revient à la définir comme une mise en capacité d'exercice d'un droit sur une chose. Pour confirmer l'extension de cette définition à d'autres contrats et à cette occasion l'unité fonctionnelle de cette obligation, il faut vérifier la présence de ces éléments : une chose ; un droit sur cette chose ; et la nécessité d'un moyen (obligation) de permettre l'exercice de ce droit une fois le contrat formé.

C'est d'abord par rapport aux autres contrats de bail (§ 1) que nous apprécierons l'unité de la fonction de l'obligation de délivrance, puis dans les autres contrats (§ 2).

§ 1 - L'obligation de délivrance dans les autres contrats de bail

257. Une fonction commune au regard de la finalité générique du contrat de bail. Peu importe qu'il s'agisse d'un bail de droit commun, d'un bail d'habitation, d'un bail commercial ou d'un bail rural, tous ces contrats ont une finalité identique : l'exercice d'un droit de jouissance. Pour s'en convaincre, il suffit de se référer aux définitions de ces contrats. L'article 1709 du Code civil définit le louage comme *« un contrat par lequel l'une des parties s'oblige à faire jouir l'autre d'une chose pendant un certain temps, et moyennant un certain prix que celle-ci s'oblige de lui payer »*. Le bail se caractérise bien, entres autres, par le fait de conférer la jouissance temporaire sur une chose à une autre personne[1405]. Il en est de même pour le bail d'habitation, bien que n'étant pas défini légalement, pour lequel la doctrine retient la jouissance comme élément majeur de sa définition[1406]. Il en va encore de même pour les baux ruraux qui se caractérisent, selon l'article L. 411-1 du Code rural et de la pêche maritime, par une *« mise à disposition à titre onéreux d'un immeuble à usage agricole en vue de l'exploiter pour y exercer une activité agricole »*. Bien que le terme utilisé ici soit celui de mise à disposition et non de jouissance, l'ajout de la finalité d'exercice d'une activité agricole montre tout de même que c'est du droit de jouissance dont il est question.

La finalité générique dans tous les baux, de droit commun ou spéciaux, se présentant comme l'exercice d'un droit de jouissance sur une chose, l'obligation de délivrance peut alors se concevoir de façon générale comme une mise en capacité d'exercice d'un droit de jouissance sur une chose dans tous ces contrats. Il ressort de la sorte une certaine unité de la fonction de l'obligation de délivrance dans les baux.

1405 C. AUBERT DE VINCELLES et C. NOBLOT, *Bail*, *op. cit.*, n° 1.

1406 B. VIAL-PEDROLETTI, *Bail d'habitation. - Généralités. - Définition du contrat de bail*, J.-Cl. Bail à loyer, Fasc. n° 85, juill. 2016, n° 7 et s.

258. Une fonction commune, mais modulable par rapport à la finalité spécifique de chaque contrat de bail. Selon qu'il s'agit d'un bail de droit commun, d'un bail d'habitation, d'un bail commercial ou d'un bail rural, la finalité spécifique de ces contrats n'est pas la même. Le bail d'habitation a pour finalité d'assurer le logement alors que les baux commerciaux ou ruraux ont pour finalité l'exercice d'une activité économique pour l'un et agricole pour l'autre. C'est précisément cette finalité qui explique et justifie que cette obligation de délivrance puisse connaître des divergences de contenu. Dans la mesure où la chose est utilisée pour des finalités différentes, on comprend que le contenu de l'obligation de délivrance soit lui-même différent. Cela explique pourquoi l'obligation de délivrance fait l'objet dans certains baux d'une obligation de délivrance spéciale plus lourde au regard de l'usage de la chose louée[1407]. Par exemple, le régime des baux d'habitation impose une obligation de délivrance d'un logement décent alors que d'autres régimes de baux ne l'imposent pas. Cela se comprend pleinement dans la mesure où la finalité est l'habitation, c'est-à-dire se loger. Au contraire, un bail ayant pour finalité l'exercice d'une activité ne justifie pas une telle exigence.

Néanmoins, sa fonction reste identique : elle a toujours pour but de mettre le preneur en capacité d'exercer son droit de jouissance. La seule chose qui change est la nature de la chose louée. Selon le type de chose louée, le contenu de l'obligation de délivrance va changer, mais l'objectif final sera toujours identique. Ce n'est donc que l'affinement de la finalité du bail - le logement ; l'exercice d'une activité économique ; l'exercice d'une activité agricole - qui justifie et explique les modulations internes de l'obligation de délivrance. Il n'en reste pas moins que l'unité de la fonction générale de l'obligation de délivrance demeure.

259. Une fonction commune modulable en fonction de la destination des lieux loués ou de leur usage. De façon encore plus précise, c'est la destination, l'usage ou l'affectation des lieux loués[1408] qui va moduler le contenu de l'obligation de délivrance, mais la fonction de celle-ci sera toujours la même : permettre au preneur d'exercer son droit de jouissance. Simplement, la mise en capacité d'exercice de ce droit va demander des actions différentes de la part du bailleur selon la destination, l'usage ou l'affectation de la chose louée.

§ 2 - L'obligation de délivrance dans les contrats autres que le bail

260. Contrats consensuels et réels. Les éléments de vérification de l'extension de notre proposition de définition, à savoir une chose, un droit sur cette chose et la nécessité d'un moyen (obligation) de permettre l'exercice de ce droit une fois le contrat formé, amènent à ne considérer que les contrats qui portent sur

---

1407 P. MALAURIE, L. AYNÈS et P.-Y. GAUTIER, *Droit des contrats spéciaux*, *op. cit.*, pp. 409-411, n° 475.
1408 JURIS-COMPACT, « Affectation et destination du local de l'entreprise », art. cit. ; G. DAUDRE et P. WALLUT, « De l'affectation, de l'usage et de la destination des immeubles », art. cit.

une chose. L'obligation de délivrance pourra se retrouver exclusivement dans les contrats qui portent sur une chose.

Plus précisément encore, les contrats qui portent sur une chose se scindent en deux catégories : les contrats réels et les contrats consensuels. Alors que les contrats consensuels se forment par le seul échange des consentements, quel qu'en soit le mode d'expression, le contrat réel se forme par la remise d'une chose[1409]. Si ces contrats peuvent tous deux porter sur une chose, il reste que les contrats réels ne connaissent pas d'obligation de délivrance pour la simple et bonne raison que la remise de la chose forme le contrat et qu'aucune délivrance n'est ensuite nécessaire.

L'unité fonctionnelle de l'obligation de délivrance se trouve ainsi présente dans certains contrats consensuels (A) et exclue des contrats réels (B), l'obligation elle-même n'ayant pas d'utilité dans ces derniers.

A - La présence d'une obligation de délivrance dans certains contrats consensuels

261. Contrats consensuels portant sur une chose et impliquant le transfert ou l'octroi d'un droit sur celle-ci. Les éléments de vérification de l'unité fonctionnelle de l'obligation de délivrance, à savoir une chose, un droit sur cette chose et la nécessité d'un moyen (obligation) de permettre l'exercice de ce droit une fois le contrat formé, nous ont conduits à distinguer au sein des contrats consensuels, ceux qui impliquent le transfert ou l'octroi d'un droit sur une chose et ceux ne l'impliquant pas.

Au sein des contrats consensuels, l'obligation de délivrance va se trouver dans ceux qui impliquent le transfert ou l'octroi d'un droit sur une chose (1) et pas dans ceux qui ne l'impliquent pas (2).

1 - Les contrats impliquant le transfert ou l'octroi d'un droit sur une chose

262. Inutilité du concept d'obligation avant l'apparition des contrats consensuels. Les romanistes marquent une césure entre les *acta* de l'ancien droit romain, les contrats consensuels depuis Rome et les contrats réels pour expliquer la façon dont ont été conçues les obligations contractuelles[1410]. Sans affirmer qu'avant l'apparition des contrats consensuels, les contrats romains n'étaient pas constitutifs d'obligations, la doctrine dénote néanmoins une conception marquante de l'obligation avec la reconnaissance de ces contrats[1411]. Ce serait donc à ce

---

[1409] C. civ., art. 1109 nouv.

[1410] E. CHEVREAU, Y. MAUSEN et C. BOUGLE, *Introduction historique au droit des obligations*, *op. cit.*, pp. 39-83, n° 25-51 ; D. DEROUSSIN, *Histoire du droit des obligations*, *op. cit.*, pp. 202-306 ; J. GAUDEMET et E. CHEVREAU, *Droit privé romain*, *op. cit.*, pp. 261-276 ; J.-L. GAZZANIGA, *Introduction historique au droit des obligations*, *op. cit.*, pp. 114-190 ; P. OURLIAC et J. DE MALAFOSSE, *Histoire du droit privé, 1/ Les obligations*, *op. cit.*, pp. 247-308, n° 222 et s.

[1411] D. DEROUSSIN, *Histoire du droit des obligations*, *op. cit.*, pp. 220-221.

moment-là que l'opération économique *« prend vraiment l'allure d'un contrat, son accomplissement s'étalant dans le temps et faisant naître des obligations »*[1412].

Tant que les contrats étaient formels ou réels, on comprend assez facilement l'inutilité de recourir à la notion d'obligation puisque ces formes contractuelles s'établissaient dès lors que la chose avait été remise. Le contrat était donc parfait dès la réalisation de l'action symbolique ou dès la remise de la chose. Dans le premier cas, l'action symbolique et la formation du contrat ont lieu en même temps. Dans le second cas, la remise de la chose et la formation du contrat ont lieu au même moment, si bien que la chose remise correspond forcément à celle à laquelle les parties s'attendent. Le contrat s'exécutant dans une certaine immédiateté, il ne peut pas y avoir d'inexécution, mais seulement une non-remise de la chose et une non-formation du contrat. S'il y a remise de la chose par une partie et acceptation de celle-ci par l'autre partie, alors le contrat est formé et correctement exécuté.

En revanche, lorsque sont apparus les contrats consensuels, le recours au concept d'obligation devient indispensable dans la mesure où cette forme contractuelle s'établit par l'échange des consentements et où l'exécution du contrat n'est plus immédiate. Ici, la formation du contrat et la remise de la chose n'ont pas lieu au même moment, de sorte qu'il peut y avoir inexécution de cette remise. Pour rendre impérative l'exécution de la remise ou sanctionner son inexécution, le concept d'obligation devient nécessaire.

263. Inutilité de l'obligation de délivrance avant la création des contrats consensuels et dans les contrats réels. Cela explique très probablement pourquoi on ne relève aucune trace de l'obligation de délivrance avant l'arrivée du consensualisme, même sous une forme primitive[1413]. D'ailleurs, une thèse spécialement consacrée à cette obligation l'envisage en droit romain classique[1414], période d'apparition des contrats consensuels[1415]. Pour s'en convaincre, il suffit de consulter les manuels d'Histoire du droit qui n'y font aucune référence en dehors des contrats consensuels nommés. On ne trouve aucune manifestation de l'obligation de délivrance dans les contrats réels du droit romain. Les auteurs s'intéressant à l'histoire du droit n'évoquent pas l'obligation de délivrance lorsqu'ils traitent des contrats réels, ils ne font aucun lien avec elle[1416]. Ils font seulement référence à la remise de la chose. Malgré tout, une partie de la doctrine actuelle

---

[1412] *Ibid.*, p. 221.

[1413] V. *supra* n° 13.

[1414] M. BUSSMANN, *L'obligation de délivrance du vendeur en droit romain classique*, *op. cit.*

[1415] A. CASTALDO et J.-P. LEVY, *Histoire du droit civil*, *op. cit.*, p. 721, ss. chapitre 2 ; D. DEROUSSIN, *Histoire du droit des obligations*, *op. cit.*, p. 220.

[1416] V. en ce sens : E. CHEVREAU, Y. MAUSEN et C. BOUGLE, *Introduction historique au droit des obligations*, *op. cit.*, pp. 53-63, n° 34-37 ; D. DEROUSSIN, *Histoire du droit des obligations*, *op. cit.*, pp. 276-306 ; J. GAUDEMET et E. CHEVREAU, *Droit privé romain*, *op. cit.*, pp. 267-269 ; J.-L. GAZZANIGA, *Introduction historique au droit des obligations*, *op. cit.*, pp. 123-124 ; P. OURLIAC et J. DE MALAFOSSE, *Histoire du droit privé, 1/ Les obligations*, *op. cit.*, pp. 247-269, n° 222 et s.

défend l'existence de l'obligation de délivrance dans certains contrats réels tels que le prêt[1417].

Cela paraît logique dans la mesure où les contrats réels s'exécutaient selon une certaine immédiateté par la remise de la chose, si bien qu'une obligation de délivrance aurait été inutile. En effet, avant le consensualisme, c'est-à-dire lorsque le contrat s'exécutait dans une certaine immédiateté, une telle obligation n'avait pas d'utilité[1418]. Comme l'effet translatif de la vente en droit romain n'est apparu qu'après l'abandon des règles de la vente primitive où l'échange des prestations (délivrance et prix) se faisait en un trait de temps[1419], l'obligation de délivrance n'avait pas d'utilité.

264. Vente et bail : une fonction commune au regard de la finalité générique de ces contrats. Expressément présente dans le contrat de vente[1420], l'obligation de délivrance semble pouvoir se définir dans ce contrat comme une mise en capacité d'exercice du droit de propriété de l'acquéreur.

La vente, comme le bail, est un contrat qui confère un droit sur une chose à une personne, précisément un droit de propriété ou un droit de jouissance. C'est en effet la conception retenue par la doctrine depuis longtemps[1421] et proposée par l'avant-projet de réforme des contrats spéciaux[1422]. Partant, la finalité générique dans les contrats de vente et de bail se présente comme l'exercice d'un droit - de propriété ou de jouissance - sur une chose. C'est ainsi que l'obligation de délivrance peut se concevoir de façon générale dans ces contrats comme une mise en capacité d'exercice d'un droit sur une chose. Il ressort de la sorte une certaine unité de la fonction de l'obligation de délivrance dans les contrats de vente et de bail.

265. Vente et bail : une fonction commune, mais modulable par rapport à la finalité spécifique de ces contrats. Toutefois, le droit transféré ou octroyé

1417 V. pour l'affirmation expresse de cette idée, les travaux de l'Association Henri Capitant : Avant-projet de réforme du droit des contrats spéciaux, préc. ; V. en ce sens l'idée selon laquelle il y aurait une obligation de donner à usage, qui impose une obligation de délivrance, dans le prêt à usage : P. CATALA *et alii*, Rapp. Avant-projet de réforme du droit des obligations (Articles 1101 à 1386 du Code civil) et du droit de la prescription (Articles 2234 à 2281 du Code civil), préc., pp. 91-92, art. 1155 et p. 77, note 1 ss. art. 1121 ; V. pour une idée similaire selon laquelle la mise à disposition est identique dans le bail et le prêt : J. GHESTIN (dir.) et J. HUET, *Traité de droit civil. Les principaux contrats spéciaux*, *op. cit.*, p. 915, n° 22104 ; J. RAYNARD et J.-B. SEUBE, *Droit civil. Contrats spéciaux*, *op. cit.*, pp. 227-358, n° 258-457.

1418 V. sur le développement du consensualisme et l'idée d'obligation contractuelle : P. RAVIER DU MAGNY, *Droit romain : les origines de la vente et du louage, Droit français : le contrat de fondation*, *op. cit.*, pp. 24-25, 45, 49 et 61.

1419 C. ATIAS, *Le transfert conventionnel de propriété immobilière*, th. Poitiers, 1974, p. 15, n° 7.

1420 C. civ., art. 1604.

1421 V. pour la vente : J. GHESTIN, J. HUET, G. DECOCQ et H. LÉCUYER, *Traité de droit civil. Les principaux contrats spéciaux*, 3e éd., L.G.D.J., 2012, p. 39, n° 10000 ; F. COLLART-DUTILLEUL et P. DELEBECQUE, *Contrats civils et commerciaux*, 10e éd., *op. cit.*, p. 41, n° 35 ; V. pour le bail : J. GHESTIN, J. HUET, G. DECOCQ et H. LÉCUYER, *Traité de droit civil. Les principaux contrats spéciaux*, *op. cit.*, p. 669, n° 20000 ; F. COLLART-DUTILLEUL et P. DELEBECQUE, *Contrats civils et commerciaux*, 10e éd., *op. cit.*, p. 325, n° 353.

1422 V. son article 12.

n'étant pas le même, la finalité spécifique de ces contrats n'est elle aussi pas la même. Le bail a pour finalité d'assurer l'exercice du droit de jouissance alors que la vente a pour finalité d'assurer l'exercice du droit de propriété. C'est précisément cette finalité qui explique et justifie que cette obligation de délivrance puisse connaître des divergences de contenu selon qu'on la trouve dans l'un ou l'autre de ces contrats. Dans la mesure où la chose est utilisée pour des finalités différentes, on comprend que le contenu de l'obligation de délivrance soit lui-même différent. Cela explique pourquoi, l'obligation de délivrance du vendeur est moins étendue que celle du bailleur. Les divergences relevées précédemment entre l'obligation de délivrance du bailleur et celle du vendeur[1423] s'expliquent par la différence du droit transféré. Si l'obligation de délivrance correspond à une mise en capacité d'exercice du droit, elle ne peut être totalement identique dans la vente et dans le bail, car le droit transféré, octroyé ou concédé est différent : droit de propriété et droit de jouissance.

Néanmoins, sa fonction reste identique : elle a toujours pour but de mettre le preneur ou l'acheteur en capacité d'exercer leurs droits de jouissance ou de propriété. La seule chose qui change est la finalité du contrat, soit la raison pour laquelle la chose est l'objet du contrat. Ce n'est donc que l'affinement de la finalité du contrat - l'exercice du droit de jouissance ; l'exercice du droit de propriété - qui justifie et explique les modulations internes de l'obligation de délivrance. Il n'en reste pas moins que l'unité de la fonction générale de l'obligation de délivrance demeure. L'avant-projet de réforme du droit des contrats spéciaux a proposé une définition générale commune de l'obligation de délivrance[1424], mais celle est en l'état d'une portée limitée pour le bail comme le soulève M. Monéger[1425]. Nous pensons qu'une définition fonctionnelle commune de l'obligation de délivrance peut être retenue pour le bail et la vente, mais que celle-ci doit être précisée dans chacun de ces contrats.

En bâtissant notre proposition de définition de l'obligation de délivrance sur l'exercice du droit conféré par le contrat et en l'étendant au contrat de vente, nous réveillons l'ancienne distinction fondamentale qui oppose les droits réels aux droits personnels et ravivons inévitablement la controverse dont elle fait l'objet[1426]. Quoi qu'il en soit, même si cette distinction est remise en question, la définition que nous proposons peut être utilisée au-delà de ces frontières en considérant simplement que le droit de l'acquéreur est différent de celui du preneur, peu important que la différence réside dans l'opposition « réel/personnel ».

266. Vente et bail : une fonction commune modulable en fonction de la destination des lieux loués ou de leur usage. De façon encore plus précise, c'est la destination, l'usage ou l'affectation des lieux loués ou vendus qui va moduler le contenu de l'obligation de délivrance, mais la fonction de celle-ci sera toujours la

---

1423 V. *supra* n° 159 et s.
1424 Art. 5.
1425 J. MONÉGER, « Propos conclusifs », art. cit.
1426 C. LARROUMET et S. BROS, *Traité de droit civil*, t. 3, *Les obligations. Le contrat*, 9e éd., *op. cit.*, pp. 14 et s., n° 15 et s.

même : permettre au preneur ou à l'acheteur d'exercer son droit de jouissance ou de propriété. Simplement, la mise en capacité d'exercice de ce droit va demander des actions différentes de la part du bailleur et du vendeur selon la destination, l'usage ou l'affectation de la chose louée ou vendue.

267. Échange. Conformément à la lettre de l'article 1707 du Code civil, les règles relatives au contrat de vente posées aux articles 1582 et suivants se transposent au contrat d'échange, notamment l'obligation de délivrance[1427]. Contrat consensuel impliquant un transfert réciproque de propriété[1428], l'échange contient une obligation de délivrance qui semble pouvoir se définir comme une mise en capacité d'exercice réciproque du droit de propriété du copermutant.

2 - Les contrats n'impliquant pas de transfert ou d'octroi d'un droit sur une chose

268. Certains contrats de prestation de service : contrat de réalisation d'une chose mobilière ou immobilière. Conformément à ce que nous avons développé plus haut, les contrats consensuels n'emportant pas de transfert ou d'octroi d'un droit sur une chose ne contiennent pas d'obligation de délivrance. À ce titre, les contrats de prestation de service ne connaissent pas d'obligation de délivrance.

Toutefois, l'affirmation ne peut être aussi péremptoire lorsqu'il s'agit de contrats de prestation de service particuliers tels que ceux qui portent sur la réalisation d'une chose.

B - L'exclusion d'une obligation de délivrance dans les contrats réels

269. Dépôt : formation du contrat par la remise de la chose, absence de concession d'un droit et inutilité de l'obligation de délivrance. Le contrat de dépôt est défini par l'article 1915 du Code civil comme *« un acte par lequel on reçoit la chose d'autrui, à la charge de la garder et de la restituer en nature »*. Ce contrat est un contrat réel qui *« n'est parfait que par la "remise réelle ou fictive" de la chose déposée »*[1429].

À la lecture des dispositions du Code civil relatives au dépôt[1430], force est de constater l'absence d'obligation de délivrance. Cela n'est pas étonnant dans la mesure où la formation de ce contrat est subordonnée à la remise d'une chose et où il ne confère aucun droit au gardien. L'obligation de délivrance, comme mise en capacité d'exercice du droit sur la chose, n'a aucune raison d'être.

[1427] J. GHESTIN (dir.) et J. HUET, *Traité de droit civil. Les principaux contrats spéciaux*, *op. cit.*, pp. 665-666, n° 12002.

[1428] J. RAYNARD et J.-B. SEUBE, *Droit civil, Contrats spéciaux*, *op. cit.*, pp. 217-218, n° 249.

[1429] C. civ., art. 1919 ; J. GHESTIN (dir.) et J. HUET, *Traité de droit civil. Les principaux contrats spéciaux*, *op. cit.*, p. 1571, n° 33122 ; P. PUIG, *Contrats spéciaux*, 8e éd., Dalloz, coll. HyperCours, 2019, p. 803, n° 993 ; J. RAYNARD et J.-B. SEUBE, *Droit civil, Contrats spéciaux*, *op. cit.*, p. 439, n° 556.

[1430] C. civ., art. 1915-1963.

270. Cas particulier du prêt : caractère réel controversé et concession d'un droit personnel de jouissance. Traditionnellement, le prêt est présenté comme un contrat réel qui ne se forme que par la remise de la chose à l'emprunteur, mais en pratique la doctrine et la jurisprudence tendent à le voir comme un contrat consensuel[1431]. D'ailleurs, les contributeurs de l'avant-projet de réforme du droit des obligations dirigé par Catala semblent s'orienter dans cette direction en déclarant expressément que le prêt à usage et le prêt translatif sont tous deux des contrats consensuels[1432].

Par ailleurs, le prêt est défini comme *« une convention générique - dont le prêt à usage et le prêt de consommation sont les deux espèces - en vertu de laquelle le prêteur remet une chose à l'emprunteur, afin que celui-ci s'en serve, à charge de restitution (en nature ou en valeur) »*[1433]. Le prêt à usage ou commodat est défini par l'article 1875 du Code civil comme le *« contrat par lequel l'une des parties livre une chose à l'autre pour s'en servir, à la charge par le preneur de la rendre après s'en être servi »*. Quant au prêt de consommation, il est défini par l'article 1892 du même code comme le *« contrat par lequel l'une des parties livre à l'autre une certaine quantité de choses qui se consomment par l'usage, à la charge par cette dernière de lui en rendre autant de même espèce et qualité »*. On constate que chacun de ces deux prêts a vocation à conférer un droit d'usage ou d'utilisation de la chose prêtée[1434]. C'est justement sur cette idée de concession d'un droit que l'avant-projet de réforme des contrats spéciaux fonde les définitions renouvelées de ces deux types de prêts en indiquant que le prêt à usage confère un droit personnel de jouissance sur un bien et le prêt translatif transfère la propriété de choses de genre[1435].

Si les dispositions actuelles du Code civil relatives au contrat de prêt[1436] ne mentionnent nullement l'existence d'une obligation de délivrance dans ce contrat, une part de la doctrine soutient pourtant qu'elle est bien présente[1437]. En admettant le caractère consensuel du prêt, quelle que soit la nature du droit conféré ou transmis par le prêt selon son type sur la chose prêtée, on peut alors admettre que ce contrat comporte une obligation de délivrance qui consiste à mettre l'emprunteur en capacité d'exercer son droit sur la chose. Dans la mesure où il s'agit d'un contrat essentiellement gratuit[1438], l'obligation de délivrance qui pèse sur le prêteur sera forcément moindre que celle qui pèse sur le bailleur ou sur le vendeur[1439].

1431 J. GHESTIN (dir.) et J. HUET, *Traité de droit civil. Les principaux contrats spéciaux*, *op. cit.*, p. 928, n° 22121 ; P. PUIG, *Contrats spéciaux*, *op. cit.*, p. 633, n° 741 ; J. RAYNARD et J.-B. SEUBE, *Droit civil. Contrats spéciaux*, *op. cit.*, p. 303, n° 382.

1432 Art. 101 et 115.

1433 G. CORNU (dir.) *et alii*, *Vocabulaire juridique*, *op. cit.*, p. 800.

1434 P. PUIG, *Contrats spéciaux*, *op. cit.*, p. 640, n° 759 et p. 649, n° 783.

1435 Art. 100 et 114.

1436 C. civ., art. 1874-1914.

1437 V. pour la reconnaissance de l'obligation de délivrance dans le prêt : Avant-projet de réforme du droit des contrats spéciaux, préc.

1438 P. PUIG, *Contrats spéciaux*, *op. cit.*, p. 636-637, n° 748.

1439 V. en ce sens : *Ibid.*, p. 647, n° 776-778.

Conclusion du chapitre 1

271. La fonction de l'obligation de délivrance : le révélateur d'une certaine unité de la notion, fondement d'une définition renouvelée. Somme toute, si la notion d'objet visée par le Code civil français, mais aussi par de nombreux droits étrangers, a pour cadre formel l'obligation et ne semble concerner que ce que doit le débiteur, *quid debetur*, elle peut s'envisager autrement. Effectivement, la circonscription de l'objet de l'obligation à ce que doit le débiteur est le fruit d'une conception analytique du contrat, statique du contrat, considéré comme un accord de volontés créateur d'obligations qui le porteraient entièrement, soit comme une somme d'obligations. À côté de cette conception, il est possible de dégager une conception finaliste, selon laquelle le contrat représente bien plus que la somme des obligations de ses parties. D'après cette conception finaliste, le contrat peut se concevoir comme l'opération juridique globale voulue par les parties. Grâce à cette conception finaliste du contrat, l'objet de l'obligation prend une autre tournure. Il n'est plus restreint à ce qui est du par le débiteur, mais s'étend à ce qui est attendu par le créancier. L'objet de l'obligation ne correspond donc plus seulement au résultat promis par le débiteur, mais tend à englober le résultat attendu par le créancier. Stratifié, l'objet fonctionnel de l'obligation se décompose comme la prestation promise et attendue, mais aussi comme la chose promise et attendue.

La conception de l'obligation comme un moyen de réalisation du résultat économique du contrat nous a conduits à définir l'obligation de délivrance dans le bail commercial comme une mise en capacité d'exercice du droit de jouissance du preneur ou plus concrètement une mise en capacité d'exercice d'une activité économique. En effet, le résultat économique ou la finalité du bail commercial s'identifiant à une prestation de transfert ou d'octroi d'un droit de jouissance temporaire en échange d'une prestation de versement d'un loyer et plus précisément à la possibilité d'exercer une activité commerciale, industrielle ou artisanale en échange du versement d'un loyer au bailleur, l'obligation de délivrance participe à la réalisation d'une partie de ce résultat. Elle participe à l'exercice de l'activité économique.

Définie ainsi, l'obligation de délivrance dans le bail commercial se distingue de ses obligations voisines - jouissance, jouissance paisible, entretien, garantie - en ce qu'elle se présente comme le revers du droit de jouissance (et non d'une obligation de jouissance) et en ce que les obligations d'entretien, de jouissance paisible et de garantie n'en sont que des prolongements qui ne visent qu'à maintenir la capacité d'exercice du droit de jouissance en agissant sur certains éléments constitutifs de cette obligation initiale.

Cette définition peut se généraliser pour définir l'obligation de délivrance d'une manière générale comme une mise en capacité d'exercice d'un droit sur une chose. Se dégage ainsi une unité de la fonction de l'obligation de délivrance dans les contrats. L'obligation de délivrance va se retrouver exclusivement dans les contrats consensuels impliquant le transfert ou l'octroi d'un droit sur une chose, tels que les contrats de vente, de bail et de prêt. À défaut d'utilité dans les contrats réels, elle en sera absente. Toutefois, l'unité fonctionnelle ne doit pas conduire à affirmer que l'obligation de délivrance est identique dans tous ces contrats. Si sa fonction est toujours identique, le contenu de cette obligation va afficher une certaine diversité et va se moduler en fonction de la nature du droit transféré ou conféré et selon le type et la destination, l'affectation ou l'usage de la chose sur laquelle s'exerce ce droit.

La définition renouvelée de l'obligation de délivrance peut dorénavant servir de critère pour délimiter l'étendue de cette obligation.

Chapitre 2 - L'utilisation privilégiée de la fonction de l'obligation de délivrance

272. Déductions tirées de l'approche fonctionnelle de l'obligation de délivrance : découverte d'une limite entre l'impératif et le supplétif. Il va s'agir dans ces développements de déterminer le contenu irréductible de l'obligation de délivrance et surtout de le justifier. Autrement dit, il va falloir déterminer dans quelle mesure le débiteur bailleur est tenu de son obligation de délivrance. La doit-il sous tous ses aspects ou peut-il s'exonérer d'effectuer cette obligation ? La doit-il pendant toute la durée du bail ou seulement à la prise d'effet de celui-ci ?

Le contenu irréductible de l'obligation de délivrance, comme celui de toute obligation, concerne les parties contractantes, mais aussi l'ordre public[1440]. Ainsi, à côté des obligations imposées dans l'intérêt privé, celui des parties, il peut y avoir des obligations impératives imposées dans l'intérêt général, par la loi ou par la jurisprudence au nom de l'ordre public[1441].

C'est grâce à l'approche fonctionnelle de l'obligation de délivrance, qui tend à la définir comme une mise en capacité d'exercice du droit de jouissance du preneur et plus précisément de l'activité économique, que nous entendons démontrer que le contenu de cette obligation peut être enrichi par la volonté contractuelle mais qu'il ne saurait être réduit et ce, non seulement dans l'intérêt des parties, mais aussi dans l'intérêt général puisque le développement de l'activité économique constitue un objectif non seulement pour les contractants mais aussi pour le législateur. Partant, nous présenterons la fonction de l'obligation de délivrance comme l'élément qui clarifie l'étendue particulière de cette obligation. En ce sens, la fonction de l'obligation de délivrance présente une certaine précellence, une certaine éminence, en ce qu'elle est le critère de choix pour clarifier la notion.

Le présent chapitre s'attachera donc à situer la limite entre le contenu irréductible de l'obligation de délivrance, son « noyau dur », ce dont elle ne peut se défaire, en utilisant le critère fonctionnel. L'utilisation privilégiée de la fonction de l'obligation de délivrance s'affiche dans l'intérêt général (Section 1), mais surtout dans l'intérêt des parties (Section 2). Dans la suite logique, la fonction s'impose d'autant plus à l'esprit que ce critère encadre la liberté contractuelle dans l'aménagement de l'obligation de délivrance (Section 3).

1440 V. D. DO, *Le rôle de l'intérêt privé dans le contrat en droit français*, préf. J. MESTRE, PUAM, 2004 ; M. MEKKI, *L'intérêt général et le contrat. Contribution à une étude de la hiérarchie des intérêts en droit privé*, préf. J. GHESTIN, L.G.D.J., 2004.

1441 *Ibid.* ; P. DELEBECQUE, *Les clauses allégeant les obligations dans les contrats*, th. Aix-Marseille, 1981, pp. 313 et s., n° 278 et s. ; P. DELEBECQUE, « Prérogative contractuelle et obligation essentielle », *RDC* avr. 2011, n° 2, p. 681 ; J.-P. BLATTER, « À la recherche de l'ordre public des baux commerciaux », *Loyers et copr.* oct. 2018, n° 10, doss. 10, p. 10.

Section 1 - L'utilisation privilégiée de la fonction de l'obligation de délivrance au regard de l'intérêt général

273. L'intérêt général : justification de la protection et la pérennisation de l'activité économique. Certains aspects de l'obligation de délivrance semblent pouvoir s'expliquer au regard de l'intérêt général. En effet, certaines règles qui poursuivent un intérêt général participent à la protection et la pérennisation de l'activité économique et expliquent ainsi leur intégration dans le champ de l'obligation de délivrance.

À ce titre, certaines composantes de l'obligation de délivrance ressortent de règles d'ordre public, ce qui n'est guère étonnant dans la mesure où le contrat est un instrument au service de l'intérêt général[1442]. La prise en compte de l'intérêt général se alors cristallise dans la notion d'ordre public en ce qu'elle en constitue une technique d'intégration en droit privé des contrats[1443]. Cet ordre public vise en fait à assurer la réalisation et la protection de certaines finalités[1444]. En droit des baux commerciaux, la première marque d'ordre public à laquelle on pense est bien évidemment le statut des baux commerciaux qui vise à protéger et pérenniser l'activité économique[1445]. À travers les diverses règles d'ordre public de ce statut, la doctrine explique que le droit français des baux commerciaux poursuit un objectif d'intérêt général en protégeant la stabilité du commerçant dans les lieux dans lesquels il travaille, contre les intérêts du propriétaire[1446]. En d'autres termes, la poursuite de cet objectif d'intérêt général se cristallise dans la protection et la pérennisation de l'activité économique du commerçant. Toutefois, le statut des baux commerciaux n'est pas la seule marque d'ordre public. En effet, le législateur est intervenu pour introduire dans d'autres textes, des dispositions tout aussi rigoureuses visant les baux commerciaux d'une manière générale ou des baux commerciaux particuliers[1447]. On constate à ce titre que le législateur a introduit un certain nombre d'exigences en matière environnementale, en matière de santé publique, de sécurité ou encore d'implantation urbaine[1448]. Si l'on a pu constater que ces règles intégraient le champ de l'obligation de délivrance, on avait du mal à l'expliquer. Or, la doctrine prétend que ces règles, qui sont de prime abord instituées dans l'intérêt des parties contractantes, poursuivent également un objectif d'intérêt général, notamment dans un but économique[1449]. Si ces exigences

---

[1442] M. MEKKI, *L'intérêt général et le contrat, Contribution à une théorie de la hiérarchie des intérêts en droit privé*, *op. cit.*

[1443] *Ibid.*, pp. 187 et s., n° 288 et s.

[1444] *Ibid.*, pp. 237 et s., n° 388 et s.

[1445] V. *supra* n° 224 et s. ; J.-P. BLATTER, « À la recherche de l'ordre public des baux commerciaux », art. cit.

[1446] G. LARDEUX, « a) Statut des baux commerciaux et droit européen des biens », *RDC* juill. 2009, n° 3, p. 1096.

[1447] M.-C. MARTINET, « Baux commerciaux : ordre public et espaces de liberté », *Rev. loyers* oct. 2004, n° 850, p. 534.

[1448] V. *supra* n° 73 et s.

[1449] V. d'une manière générale : P. BENOIT-CATTIN, « Subventions et incitations à la mise aux normes de l'immeuble », *Defrénois* juill. 2004, n° 13, p. 927 ; C. DEL CONT, « Mise aux normes de l'immeuble et obligations du propriétaire : l'état des lieux », *Defrénois* juin 2004, n° 11, p. 763 ; V. spécialement sur

concernent aussi l'intérêt général, elles pourraient alors participer à la pérennisation et la protection de l'activité économique, ce qui expliquerait pourquoi elles font partie du champ de l'obligation de délivrance.

L'activité économique concerne donc l'intérêt général. Cela explique ainsi pourquoi ces règles d'ordre public intègrent le champ de l'obligation de délivrance : parce qu'elles ont un objectif commun qui est la protection et la pérennisation de l'activité économique. Il est donc justifié que ces règles d'ordre public soient rattachées à l'obligation de délivrance et intègrent son champ d'intervention. Ce faisant, l'approche fonctionnelle de l'obligation de délivrance, fondée sur la conception finaliste du bail commercial, selon laquelle nous la définissons comme une mise en capacité d'exercice du droit de jouissance du preneur ou plus exactement une mise en capacité d'exercice de l'activité économique et qui place cette activité économique au cœur de cette obligation, qui en fait presque la raison d'être, semble justifier pleinement le contenu protéiforme ou à géométrie variable de l'obligation de délivrance, évoqué dans le titre précédent.

La préférence pour la fonction de l'obligation de délivrance se reconnaît parce qu'elle permet de justifier le contenu irréductible de l'obligation de délivrance dans l'intérêt général qui se fait par une protection directe (§ 1) et indirecte (§ 2) de l'activité économique. Cependant, si l'intégration de ces règles dans le champ de l'obligation de délivrance semble justifiée au regard de l'objectif qui les anime, cela ne signifie pas pour autant que ces règles sont toujours adaptées aux réalités économiques.

§ 1 - La justification de l'intégration de l'ordre public dans le champ de l'obligation de délivrance par la protection directe de l'activité économique

274. L'activité économique et son environnement. Le législateur a introduit des règles d'ordre public qui touchent directement l'activité économique. Il s'agit plus précisément des normes que doit respecter l'entreprise pour exercer son activité économique[1450].

---

l'instauration de l'annexe environnementale dans l'intérêt général : M. BOUTONNET, « a) De l'obligation d'information "sur l'environnement" à l'obligation d'information "pour l'environnement", entre intérêt des parties et intérêt général », *RDC* juill. 2012, n° 3, p. 908 ; V. sur l'émergence d'un nouvel ordre public contractuel prônant une conciliation des intérêts économiques, sociaux et écologiques, un ordre public environnemental : M. BOUTELET et J.-C. FRITZ (dir.), *L'ordre public écologique*, Bruylant, 2005 ; V. sur l'intérêt économique de la protection environnementale : M.-P. BLIN-FRANCHOMME, « Le droit économique au soutien de la protection de l'environnement, Les apports de la loi Grenelle 2 à la gouvernance des entreprises et des consommateurs », *RJE* mai 2010, n° spécial, p. 129 ; G. JAZOTTES, « Faire du consommateur un acteur du développement durable », *RLDA* sept. 2010, n° 52, p. 81 ; M.-P. BLIN-FRANCHOMME, I. DESBARRATS, G. JAZOTTES et V. VIDALENS, *Entreprise et développement durable - Approche juridique pour l'acteur économique du XIXe siècle*, Lamy, coll. Axe Droit, 2011, pp. 117 et s., n° 143 et s. ; R. HLALEH, « La prévention contractuelle des préjudices environnementaux », *LPA* janv. 2018, n° 14, p. 8.

[1450] J.-P. BLATTER et W. BLATTER-HODARA (collab.), *Traité des baux commerciaux*, 6e éd., *op. cit.*, pp. 410-411, n° 788 ; J.-P. BLATTER et W. BLATTER-HODARA (collab.), *Droit des baux commerciaux*, *op. cit.*, p. 233, n° 463.

Ainsi, le contenu irréductible de l'obligation de délivrance est dicté par des règles impératives qui touchent à l'activité économique elle-même (A) ainsi qu'à l'environnement dans lequel elle est exercée (B).

A - La protection de l'activité économique en elle-même

275. Des règles propres à chaque activité. Ainsi que nous avons tenté de le démontrer dans le titre premier, les règles spécifiques à chaque activité, qui fixent par exemple des exigences particulières à l'activité de restauration ou de débit de boissons, empiètent sur le champ de l'obligation de délivrance puisque le non-respect de ces règles peut entraîner un manquement du bailleur à son obligation de délivrance[1451]. La réglementation propre à chaque activité incite à la protection des différentes activités économiques et devient un objectif d'intérêt général.

B - La protection de l'activité économique par des règles relatives à son environnement

276. Contrôle de l'implantation de l'activité grâce aux règles d'urbanisme et police de la concurrence. Nous avons tenté de démontrer dans le titre premier que les règles d'urbanisme, qui régissent notamment la destination des locaux et leur utilisation, empiètent sur le champ de l'obligation de délivrance puisque le non-respect de ces règles peut entraîner un manquement du bailleur à son obligation de délivrance. Grâce à ces règles urbanistiques, traduites dans les documents d'urbanisme locaux ou provenant de certains articles de code, l'implantation commerciale et par là même l'implantation de l'activité économique, est contrôlée, voire même régulée[1452]. Les documents d'urbanisme étant des actes administratifs à valeur réglementaire, ils ont force exécutoire et sont opposables à tous[1453]. Aussi, les dispositions de l'article L. 631-7 sont d'ordre public. Ces règles font alors office de police de la concurrence[1454], même si les critères ne sont plus aujourd'hui exclusivement concurrentiels[1455] en ce que l'équilibre entre les différentes formes de commerce et la régulation de la densité commerciale ne sont

---

[1451] V. *supra* n° 95 et s.
[1452] J. MONÉGER (dir.) *et alii*, *Pour un bail commercial adapté aux réalités économiques, Aspects juridiques, financiers, fiscaux et urbanistiques*, *op. cit.*, pp. 31-47, n° 54-103.
[1453] J. MORAND-DEVILLER et S. FERRARI, *Droit de l'urbanisme*, 10e éd., Dalloz, coll. Mémentos, 2018, p. 77.
[1454] V. sur le lien entre la stabilité de la localisation du fonds de commerce et la concurrence : A. MBOTAINGAR, *Statut des baux commerciaux et concurrence*, *op. cit.*, pp. 57-61, n° 78-84 ; V. de façon plus générale : M. MALAURIE-VIGNAL, « Urbanisme commercial et droit de la concurrence », *JCP E* août 2011, n° 34, étude 1579, p. 26 ; B. BOULLÉ, D. GROSSE et V. GUINOT, *L'urbanisme commercial, Planification - AEC - Commissions d'aménagement commercial*, *op. cit.*, pp. 11-19.
[1455] J. MONÉGER (dir.) *et alii*, *Pour un bail commercial adapté aux réalités économiques, Aspects juridiques, financiers, fiscaux et urbanistiques*, *op. cit.*, pp. 41-43, n° 83-88.

plus aussi prégnants qu'avant[1456]. Le but premier du droit de l'urbanisme étant de prescrire des contraintes d'intérêt général[1457], les règles d'urbanisme qui intègrent le champ de l'obligation de délivrance participent ainsi à la protection de l'activité économique.

277. Contrôle de la qualité du lieu d'implantation de l'activité et police environnementale. La qualité du lieu d'implantation commerciale, et donc de l'activité économique, intègre elle aussi le champ de l'obligation de délivrance puisque le non-respect de ces règles environnementales peut entraîner un manquement du bailleur à son obligation de délivrance[1458]. La protection de la qualité du lieu d'implantation de l'activité économique par le droit de l'environnement, notamment avec l'annexe environnementale qui est impérative[1459], s'érige en un objectif d'intérêt général[1460]. On comprend alors pourquoi ces règles environnementales impératives investissent le domaine de l'obligation de délivrance.

§ 2 - La justification de l'intégration de l'ordre public dans le champ de l'obligation de délivrance par la protection indirecte de l'activité économique

278. L'activité économique et celui qui l'exerce ou ceux qui en bénéficient. Le législateur a aussi introduit des règles d'ordre public qui touchent indirectement l'activité économique. Ces règles touchent en réalité la personne qui exerce l'activité économique qui n'est autre que le locataire mais aussi la clientèle qui bénéficie de cette activité. Il s'agit plus précisément des normes instaurées pour l'hygiène, la santé publique, mais aussi de règles spécifiques régissant les rapports locatifs[1461]. Bien que ne touchant pas directement à l'activité économique, ces règles semblent tout de même justifier au regard de l'activité économique parce qu'elle protège celui qui l'exerce ou ceux qui en bénéficient : le locataire et la clientèle[1462].

1456 Y. BROUSSOLLE, « L'extension du droit de préemption aux terrains destinés à l'aménagement commercial et les nouvelles règles d'implantation commerciale », *Defrénois* déc. 2008, n° 21, p. 2382.

1457 J. MORAND-DEVILLER et S. FERRARI, *Droit de l'urbanisme*, *op. cit.*, p. 1.

1458 V. *supra* n° 90, 118 et s.

1459 L'article L. 125-9 du Code de l'environnement est d'ordre public. ; T. GEIB, « L'annexe environnementale : un premier bilan », *Énergie - Environnement - Infrastructures* avr. 2016, n° 4, doss. 10, p. 1.

1460 V. sur la protection de l'environnement du lieu d'implantation de l'activité : G. LERAY, « Le lieu de travail et l'environnement », *Cah. soc.* nov. 2017, n° 121, p. 553 ; M. MOLINER-DUBOST, « Le territoire du risque », *RJE* mars 2016, n° 3, p. 468 ; P.-H. MOUSSERON, « Le lieu de travail, territoire de l'entreprise », *Droit social* nov. 2007, n° 11, p. 1110 ; V. sur l'idée d'une délivrance conforme aux finalités d'intérêt général : J.-M. BRANCHUT, *L'évolution de la norme environnementale dans le secteur immobilier : l'exemple du bail vert*, *op. cit.*, p. 14.

1461 F. PLANCKEEL, « La loi Pinel et l'ordre public des baux commerciaux », *AJDI* janv. 2015, n° 1, p. 11.

1462 V. pour l'idée générale d'une pérennisation de l'activité économique par la protection du commerçant : Q. MAGHIA, *Le nouvel équilibre du bail commercial, depuis les dernières réformes (2014 - 2018)*, th. Toulouse I, 2018, pp. 401 et s., n° 644 et s.

Ainsi, le contenu irréductible de l'obligation de délivrance est dicté par des règles impératives qui touchent à la personne physique du locataire (A) et à son rapport locatif (B).

A - La protection de l'activité économique par l'intermédiaire du locataire ou de la clientèle

279. Protection de la santé du locataire et du public : amélioration du lieu d'exercice de l'activité et garantie de longévité. Les règles protectrices de la santé du locataire entrent, comme nous l'avons exposé précédemment, dans le champ de l'obligation de délivrance puisque leur irrespect peut entraîner un manquement à l'obligation de délivrance[1463]. La sécurité des personnes sur leur lieu de travail est un objectif d'intérêt général[1464] qui participe à la protection de l'activité économique[1465]. Il semble donc évident que les règles de protection de la santé entrent dans le champ de l'obligation de délivrance.

Aussi, ses règles protectrices de la santé bénéficient au public, en l'occurrence de la clientèle. La sécurité des personnes en général est un objectif d'intérêt général[1466] qui participe à la protection de l'activité économique[1467].

280. Cas particulier de l'impérativité de la décence. Cette disposition d'ordre public se présente ainsi comme un nouveau motif d'évincement des clauses portant atteinte à l'obligation de délivrance d'un logement décent. Cet objectif d'intérêt général se présente comme une exception car il ne semble pas concerner l'activité économique dans la mesure où il vise exclusivement l'habitation.

B - La protection de l'activité économique par le rééquilibrage du rapport locatif

281. Amélioration de la lisibilité financière du locataire. Nous avons essayé de démontrer dans le titre premier que les nouvelles règles d'ordre public du statut des baux commerciaux, instituées à l'article L. 145-40-2 du Code de commerce[1468], imposant l'annexion au bail d'un état récapitulatif et d'un état prévisionnel des travaux, empiètent sur le champ de l'obligation de délivrance[1469]. En instaurant

---

[1463] V. *supra* n° 122 et s.

[1464] V. sur la sécurité de la personne et de ses biens comme objectif d'intérêt général : M. MEKKI, « Le diagnostiqueur immobilier : garant ou responsable ? », *Gaz. pal.* oct. 2015, n° 295, p. 19.

[1465] V. sur le lien entre l'activité et la santé de celui qui l'exerce : M. KEIM-BAGOT, « Santé au travail, multi-factorialité et présomption d'imputabilité : l'équation impossible ? », *Cah. soc.* nov. 2017, n° 121, p. 545.

[1466] V. sur la sécurité de la personne et de ses biens comme objectif d'intérêt général : M. MEKKI, « Le diagnostiqueur immobilier : garant ou responsable ? », *Gaz. pal.* oct. 2015, n° 295, p. 19.

[1467] V. sur le lien entre l'activité et la santé de celui qui l'exerce : M. KEIM-BAGOT, « Santé au travail, multi-factorialité et présomption d'imputabilité : l'équation impossible ? », *Cah. soc.* nov. 2017, n° 121, p. 545.

[1468] J.-P. BLATTER, « À la recherche de l'ordre public des baux commerciaux », art. cit.

[1469] V. *supra* n° 126.

l'obligation au bailleur d'annexer au contrat de bail commercial ces états de travaux, le locataire dispose d'une meilleure information quant aux dépenses que le bien qu'il loue pourrait engendrer. Ainsi, ce rééquilibrage de la relation locative par l'exigence d'une information précise de la répartition des dépenses[1470] protège l'activité économique, car le locataire dispose d'une meilleure lisibilité financière, ce qui rend plus confortable l'exercice de cette activité économique.

282. Limitation des dépenses du locataire. Il convient ici d'évoquer les règles d'ordre public imposées par le nouveau statut des baux commerciaux à propos du transfert des dépenses dans les baux commerciaux qui interdisent d'imputer au locataire les dépenses relatives aux grosses réparations mentionnées à l'article 606 du Code civil et les honoraires liés à la réalisation de ces travaux, les dépenses relatives aux travaux ayant pour objet de remédier à la vétusté ou de mettre en conformité avec la réglementation le bien loué ou l'immeuble dans lequel il se trouve, dès lors qu'ils relèvent des grosses réparations mentionnées au 1° de l'article R. 145-35 du Code de commerce, sauf si ces dépenses correspondent à des travaux d'embellissement dont le montant excède le coût du remplacement à l'identique ; qui permettent un transfert de charges à condition de l'avoir prévu dans un inventaire ; et qui instaurent les états prévisionnel et récapitulatif de travaux. Dès lors, l'obligation de délivrance présentera sous les aspects évoqués ci-dessus un caractère impératif en raison de l'ordre public dont sont investies les dispositions suscitées, ce qui comme l'explique la doctrine rééquilibre le contrat de bail commercial[1471]. Ces nouvelles dispositions pourront constituer, pour les nouveaux baux commerciaux, un motif nouveau pour justifier le caractère impératif de certains aspects de l'obligation de délivrance.

283. Éviction des clauses abusives. Cette protection de l'activité économique par le rééquilibrage du rapport locatif est encore consolidée par l'article L. 145-15 du Code de commerce qui répute non écrites les clauses, qu'elles qu'en soit leur forme, qui feraient échec à l'article L. 154-40-2[1472]. La clause réputée non écrite, ne devrait, comme son nom l'indique, ne souffrir ni renonciation ni confirmation puisqu'elle devrait être tenue pour inexistante dès sa formation[1473]. Certes, ces intuitions sont à nuancer comme le démontre M. Houtcieff : la clause réputée non écrite ne dispense pas d'un recours au juge puisqu'elle nécessite l'exercice d'une action en retranchement et la jurisprudence pourrait ne pas exclure

---

1470 V. en ce sens : Q. MAGHIA, *Le nouvel équilibre du bail commercial, depuis les dernières réformes (2014 - 2018)*, *op. cit.*, pp. 294 et s., n° 414 et s.

1471 F. AUQUE, « Les fondamentaux du bail commercial en France », *AJDI* oct. 2018, n° 10, p. 658 ; Q. MAGHIA, *Le nouvel équilibre du bail commercial, depuis les dernières réformes (2014 - 2018)*, *op. cit.*, pp. 302 et s., n° 428 et s.

1472 Q. MAGHIA, *Le nouvel équilibre du bail commercial, depuis les dernières réformes (2014 - 2018)*, *op. cit.*, pp. 333 et s., n° 488 et s.

1473 S. GAUDEMET, *La clause réputée non écrite*, préf. Y. LEQUETTE, Economica, 2006, p. 127, n° 239.

la renonciation dès lors que l'intérêt général ou un ordre public de direction ne sont pas en cause[1474].

Ainsi, on peut expliquer pourquoi les nouvelles règles de rééquilibrage des relations locatives commerciales, instaurées par le nouvel article L. 145-40-2 et les articles R. 145-35 et suivants, ont pour finalité la préservation et le développement de l'activité économique, tout comme l'obligation de délivrance elle-même.

Après avoir mis en lumière l'utilisation privilégiée de la fonction de l'obligation de délivrance au regard de l'intérêt général, c'est logiquement au regard de l'intérêt privé que celle-ci doit s'étudier.

1474 D. HOUTCIEFF, « Clauses réputées non écrites et baux commerciaux », *Loyers et copr.* oct. 2018, n° 10, doss. 14, p. 33 ; Comp. avec la position de M. Confino au regard de l'ordre public : A. CONFINO, « Réflexions sur le réputé non écrit dans le bail commercial après la loi Pinel », *AJDI* juin 2015, n° 6, p. 407.

Section 2 - L'utilisation privilégiée de la fonction de l'obligation de délivrance au regard de l'intérêt des parties

284. Aspects substantiel et temporel de l'obligation de délivrance. Le caractère vigoureux de l'obligation de délivrance transparaît tout d'abord dans les conceptions de cette obligation parce qu'elles en révèlent l'étendue. L'étendue doit alors se mesurer substantiellement et temporellement.

D'un point de vue substantiel, les interprétations sont fluctuantes et les justifications sont divergentes, au point qu'il serait impossible de *« faire ressortir une tendance générale »*[1475]. La jurisprudence a eu recours à la qualification d'obligation essentielle dans quelques décisions. La Cour d'appel de Colmar a ainsi déclaré que *« les travaux de mise en conformité prescrits par l'autorité administrative sont de l'essence même de l'obligation de délivrance »*[1476]. La Cour d'appel de Paris a également fait référence à la qualité essentielle de l'obligation de délivrance en déclarant que *« la mention du bail selon laquelle le preneur déclare bien connaître les lieux pour les avoir vus et visités, les déclarant parfaitement conformes à leur destination souffre la preuve contraire qui est ici administrée et est donc sans effet pour voir décharger le bailleur de son obligation essentielle de délivrer la chose louée »*[1477] ou que *« le manquement établi de la bailleresse à son obligation de délivrance constitue un manquement grave de la concernée à une obligation essentielle résultant pour elle du bail »*[1478]. Au-delà de ces décisions, force est de reconnaître que le juge ne mentionne pas les motifs qui l'ont conduit à invalider les clauses qui aménagent l'obligation de délivrance. Tout au mieux, la Cour de cassation a pu affirmer que *« les clauses du contrat de bail ne pouvaient décharger le bailleur de son obligation de délivrance d'un local en état de servir à l'usage contractuellement prévu »*[1479]. Quant à la doctrine, elle a qualifié très diversement l'obligation de délivrance, pour expliquer la frilosité de la Haute Cour à admettre le jeu de la liberté contractuelle et légitimer le transfert de l'obligation sur la tête du preneur. En effet, elle a été qualifiée d'obligation essentielle[1480],

---

[1475] E. CHAVANCE, « Les travaux du preneur », art. cit.

[1476] CA Colmar, 29 juin 2011, n° 10/03615, JurisData n° 2011-016343

[1477] CA Paris, 5e pôle, 3e ch., 18 mai 2011, n° 09/06869, JurisData n° 2011-009292, *AJDI* juin 2012, n° 6, p. 427 ; *AJDI* déc. 2013, n° 12, p. 882, chron. J.-P. BLATTER.

[1478] CA Paris, 16e ch., sect. A, 5 juill. 2006, n° 04/03538, *AJDI* nov. 2006, n° 11, p. 816.

[1479] Cass. 3e civ., 31 oct. 2012, n° 11-12.970, JurisData n° 2012-024521, *RTD com.* mai 2013, n° 1, p. 64, obs. F. KENDÉRIAN ; *AJDI* déc. 2013, n° 12, p. 882, chron. J.-P. BLATTER.

[1480] B. VIAL-PEDROLETTI, « Obligation de délivrance : bailleur garant du coût des travaux d'insonorisation réalisés par le locataire », *Loyers et copr.* mars 2009, n° 3, comm. 54, p. 11 ; B. VIAL-PEDROLETTI, *Bail d'habitation. - Locations régies par le droit commun du louage (Code civil). - Obligations du bailleur : délivrance de la chose*, *op. cit.*, n° 2 : Pour cet auteur, *« la délivrance est une obligation incontournable, qui est de l'essence même du contrat de bail et n'autorise en conséquence aucune clause contraire »*. ; J. MONÉGER, « L'obligation de délivrance ou la conjonction de l'impératif et de la liberté contractuelle », art. cit. : Pour cet auteur, la délivrance est *« l'essence du bail »*, *« l'exigence majeure qui fonde l'existence du bail »*, *« le socle intangible qui survit aux volontés contraires des parties »*. Pour autant, il ne pense pas que la délivrance soit d'ordre public car si c'était le cas, il n'y aurait pas d'aménagement contractuel possible. Il prétend que dans la mesure où *« il faut une délivrance pour qu'il y ait un bail »*, les articles 1719 et 1720 n'ont pas besoin d'être d'ordre public. ; A. JACQUIN, « Obligation de délivrance du bailleur : que reste-t-il de la liberté contractuelle ? », *Gaz. pal.* avr. 2013, n° 110, p. 11 : Il a déclaré que *« l'obligation de délivrance est à l'évidence une obligation essentielle du bail »*. ; P. LE TOURNEAU (dir.) *et alii*, *Droit de la responsabilité et des contrats 2021/2022*, *op. cit.*, pp. 2114-2115, n° 3372.11 ; C. AUBERT DE VINCELLES

d'obligation essentielle uniquement sous certains aspects[1481], mais aussi d'obligation nécessaire au maintien de la substance du bail[1482], d'obligation fondamentale[1483], d'obligation principale[1484] ou encore d'obligation d'ordre public[1485].

D'un point de vue temporel, la doctrine ne parvient pas davantage à s'accorder sur une interprétation unanime. D'après un auteur, la difficulté de détermination des contours temporels de l'obligation de délivrance provient du fait que *« l'on observe dans l'obligation de maintien en jouissance le centre de gravité des obligations du bailleur sans très bien savoir s'il s'agit d'une obligation à part entière ou de l'expression synthétique des obligations posées aux articles 1719 et suivants du Code civil »*[1486]. Serait en cause, selon lui, une carence de la théorie générale des effets obligatoires liés à la mise à disposition de la chose. Nous verrons ce qu'il en est exactement dans nos prochains développements.

Nous nous appliquerons donc à démontrer que l'utilisation de la fonction de l'obligation de délivrance est l'approche à privilégier en ce qu'elle offre une manière de justifier le contenu irréductible de l'obligation de délivrance sous son aspect substantiel (§ 1) et temporel (§ 2).

---

et C. NOBLOT, *Bail*, *op. cit.*, n° 145 ; M.-P. DUMONT-LEFRAND, *Bail commercial*, *op. cit.*, n° 208 ; E. MIRON, *Le statut des baux commerciaux à l'épreuve des réalités économiques*, *op. cit.*, p. 77, n° 195.

1481 V. ZALEWSKI, « Délivrer ou non », art. cit. : *« L'objet de l'obligation de délivrance est l'engagement pris par le bailleur de mettre le bien loué à disposition du preneur à la date convenue. S'agissant d'une obligation essentielle du contrat de bail, le bailleur ne peut s'en exonérer »* ; F. COHET-CORDEY, « L'obligation de délivrance du bailleur dans les contrats de location d'un bien immeuble », art. cit. : *« L'obligation étudiée revêt un double aspect. Le premier correspond à l'obligation de mise en jouissance du preneur [...] A cet égard, l'obligation est considérée comme étant d'ordre public. De l'essence même du contrat »* ; P. ANCEL, « Location mobilière de longue durée sans option d'achat : opération de crédit et/ou bail de droit commun », art. cit. : *« Il est probable que ce qui est d'ordre public c'est seulement l'aspect "matériel" de l'obligation de délivrance, c'est-à-dire l'obligation de livraison, de mise à disposition du bien loué. [...] La délivrance d'une chose non conforme à l'attente du locataire, en effet, ne retire pas sa substance au contrat de bail. »*.

1482 E. CHAVANCE, « Sur l'obligation de délivrance et la clause de prise des locaux en l'état », *Loyers et copr.* mars 2009, n° 3, comm. 63, p. 17 : Pour cette auteure, *« il est en tout cas certain que le bail ne pourrait exister sans la délivrance de la chose louée conforme et en l'état de servir pour l'usage qui a été prévu par les parties, sauf à le vider totalement de sa substance »*.

1483 H. KENFACK, « Baux commerciaux », *JCP E* janv. 2009, n° 3, chron. 1041, p. 14 : *« l'obligation de délivrance des lieux loués est fondamentale et incombe au bailleur » qui « ne peut s'en affranchir par une clause contractuelle qui est alors inefficace ». Il la voit comme « un socle hors de portée des clauses »*.

1484 R.-T. TROPLONG, *De l'échange et du louage : commentaires des Titres VII et VIII du Livre III du Code civil*, *op. cit.*, p. 302, n° 160 : Pour cet auteur, s'il faut une chose principale pour que le contrat existe, la chose accessoire ne remet pas en cause l'existence de ce contrat. Il sera donc possible de déroger conventionnellement à la délivrance de la chose accessoire de la chose principale par une clause du contrat.

1485 C. DAUMAS, « L'obligation de délivrance : pilier du contrat de bail », *Administrer* févr. 2010, n° 429, p. 32 : *« l'obligation de délivrance du bailleur est de l'essence même du bail, de sorte qu'il est impossible d'y déroger sans remettre en cause l'existence du contrat. Elle est impérative et d'ordre public »* ; F. KENDÉRIAN, « Bail commercial et droit commun des baux : inefficacité des clauses exonérant le bailleur de son obligation de délivrance d'un bien conforme à sa destination contractuelle », *RTD com.* 2013 : Pour cet auteur, *« il ne fait désormais plus aucun doute que cette obligation présente un caractère d'ordre public et n'est pas négociable »*. ; L. RUET, « Baux commerciaux », *Defrénois* mars 2006, n° 5, p. 439.

1486 J. RAYNARD, « Pour une théorie générale des contrats spéciaux : des insuffisances respectives du droit général et du droit spécial », art. cit.

§ 1 - La justification du caractère essentiel de l'obligation de délivrance

285. Une notion à l'intérêt critiqué, mais pourtant utile : le concept juridique permettant de justifier la limite à la liberté contractuelle ou de saisir le contenu irréductible d'une obligation. En plus d'être difficilement déterminable, la notion d'obligation essentielle aurait un intérêt limité.

En premier lieu, l'intérêt de la qualification d'obligation essentielle est remis en question par le caractère illusoire de la distinction entre l'essentiel et l'accessoire[1487]. Dans cette perspective, il n'y aurait pas d'intérêt à distinguer l'obligation essentielle du contrat, puisqu'il est communément admis que celui-ci est un ensemble d'obligations interdépendantes qui ne prennent sens que les unes par rapport aux autres. Autrement dit, il serait artificiel de qualifier une obligation d'accessoire, dans la mesure où son inexécution rendrait impossible l'exécution d'une obligation incontestablement essentielle. Par suite, il ne serait pas exact d'affirmer, lorsque l'obligation essentielle a été exécutée, mais qu'une obligation à première vue accessoire s'y avère indispensable, que cette dernière est non essentielle.

En outre, certains auteurs reprochent à cette notion de ne pas toujours être déterminable au seuil de l'engagement[1488]. Selon cette idée, l'obligation essentielle ne serait pas différente des autres, ni plus obligatoire, ni moins obligatoire, de sorte que son intérêt naîtrait seulement dans son inexécution. En d'autres termes, la mise en œuvre de la notion serait soumise à une appréciation concrète, en aval, du comportement du débiteur de l'obligation violée ainsi que du préjudice que celui-ci cause au créancier, supposant que la détermination du caractère essentiel ou non de l'obligation ne se fasse que plus tard.

Par ailleurs, certains auteurs bannissent le recours à cette notion, lorsqu'il s'agit d'apprécier la validité d'une clause d'exonération de responsabilité, en prétendant qu'elle pourrait être absorbée par des notions plus facilement saisissables comme celles de clause abusive[1489] surtout avec le nouvel article 1171 du Code civil, d'absence de cause[1490] ou d'économie du contrat[1491], ou encore la théorie des attentes légitimes[1492].

L'utilité de cette notion a encore pu être critiquée par M. Houtcieff qui ne la perçoit pas comme autre chose que *« le mythe masquant l'impératif de cohérence du contrat »*[1493].

Malgré ces difficultés et critiques, on ne saurait se désintéresser de la notion alors qu'elle a été consacrée dans le Code civil sous le contenu du contrat, ce dernier étant une condition de validité qui figure dans le *« Chapitre II : La formation du*

1487 C. DESLAURIERS-GOULET, « L'obligation essentielle dans le contrat », *Les Cahiers de Droit* déc. 2014, n° 4, p. 923.

1488 D. MAZEAUD, « Clauses limitatives de réparation : les quatre saisons », *D.* juill. 2008, n° 26, p. 1776.

1489 M. POUMARÈDE, « Le contenu du contrat », art. cit.

1490 J. ROCHFELD, *Cause et type de contrat*, *op. cit.*, pp. 164 et s., n° 167 et s.

1491 S. PIMONT, *L'économie du contrat*, *op. cit.*, pp. 220 et s., n° 330 et s.

1492 Sur cette théorie : H. AUBRY, « Un apport du droit communautaire au droit français des contrats : la notion d'attente légitime », *RIDC* juill.-août 2005, n° 3, p. 627.

1493 D. HOUTCIEFF, *Le principe de coherence en matiere contractuelle*, t. 1, préf. H. MUIR WATT, PUAM, 2001, p. 425, n° 504.

contrat », et devant s'entendre selon sa consonance européenne d'après laquelle il inclut ce qui relève en droit français de la cause et de l'objet[1494]. En effet, le nouvel article 1170 qui est manifestement d'ordre public[1495] afflige du réputé non écrit, *« toute clause qui prive de sa substance l'obligation essentielle du débiteur »*. Si la France a tardé à la codifier, d'autres pays l'on fait depuis longtemps. C'est notamment le cas du Québec[1496].

Avant de reconnaître le caractère essentiel de l'obligation de délivrance (B), encore faut-il connaître la notion même d'obligation essentielle (A).

A - La réception doctrinale de la notion d'obligation essentielle

286. Une notion non définie légalement. La notion d'obligation essentielle est l'un des bastions du droit actuel des obligations. Elle existait déjà en droit international privé avant 1938 sous le nom d'obligation caractéristique[1497] avant d'être systématisée par le Doyen Batiffol[1498]. De plus, beaucoup d'autres systèmes juridiques (anglais, belge, italien) connaissent la notion[1499]. Elle est également présente dans le système européen du droit des contrats[1500]. En droit français des contrats, la théorie de l'obligation essentielle a été utilisée par la jurisprudence[1501] et

---

[1494] Rapp. relatif à l'ordonnance n° 2016-131 du 10 février 2016 portant réforme du droit des contrats, du régime général et de la preuve des obligations ; N. DISSAUX et C. JAMIN, *Réforme du droit des contrats, du régime général et de la preuve des obligations (Ordonnance n° 2016-131 du 10 février 2016, Commentaire des articles 1100 à 1386-1 du Code civil*, *op. cit.*, p. 56 ; D. HOUTCIEFF, *Droit des contrats*, *op. cit.*, pp. 309 et s., n° 366 et s.

[1495] B. MERCADAL, « L'ordre public dans la réforme du droit des contrats », *La Quotidienne* mars 2018.

[1496] Nouveau Code civil du Québec, art. 1437 : *« La clause abusive d'un contrat de consommation ou d'adhésion est nulle ou l'obligation qui en découle, réductible.Est abusive toute clause qui désavantage le consommateur ou l'adhérent d'une manière excessive et déraisonnable, allant ainsi à l'encontre de ce qu'exige la bonne foi; est abusive, notamment, la clause si éloignée des obligations essentielles qui découlent des règles gouvernant habituellement le contrat qu'elle dénature celui-ci. »*.

[1497] M.-A. ANCEL, *La prestation caractéristique du contrat*, *op. cit.*, p. 1, n° 1.

[1498] H. BATIFFOL, *Les conflits de lois en matière de contrats*, Recueil Sirey, 1938.

[1499] X. THUNIS, « Une notion fuyante : l'obligation essentielle du contrat », *in Mélanges offerts à Marcel Fontaine*, Larcier (Bruxelles,), 2003, p. 521 ; R. SEFTON-GREEN, *La notion d'obligation fondamentale : comparaison franco-anglaise*, préf. J. GHESTIN, L.G.D.J., 2000.

[1500] M.-A. ANCEL, *La prestation caractéristique du contrat*, *op. cit.*, pp. 321 et s., n° 416 et s.

[1501] Cass. com., 22 oct. 1996, n° 93-18.632, Bull. civ. IV, n° 261, JurisData n° 1996-003942, *RTD com.* juin 1997, n° 2, p. 319, obs. B. BOULOC ; *D.* mars 1997, n° 10, p. 121, note A. SÉRIAUX ; *D.* juin 1997, n° 22, p. 175, obs. P. DELEBECQUE ; *D.* mai 1997, n° 19, p. 145, obs. C. LARROUMET ; *RTD civ.* juin 1997, n° 2, p. 418, obs. J. MESTRE ; *JCP G* mai 1997, n° 22, doctr. 4025, p. 237, obs. G. VINEY ; *JCP G* févr. 1997, n° 8, doctr. 4002, p. 88, obs. M. FABRE-MAGNAN ; *JCP* G juill. 1997, n° 28-29, jur. 22881, p. 336, note D. COHEN ; *JCP G* juill. 1998, n° 29, doctr. 152, p. 1315, chron. J.-P. CHAZAL ; *CCC* févr. 1997, n° 2, comm. 24, p. 9, note L. LEVENEUR : *« Attendu qu'en statuant ainsi alors que, spécialiste du transport rapide garantissant la fiabilité et la célérité de son service, la société Chronopost s'était engagée à livrer les plis de la société Banchereau dans un délai déterminé, et qu'en raison du manquement à cette obligation essentielle la clause limitative de responsabilité du contrat, qui contredisait la portée de l'engagement pris, devait être réputée non écrite, la cour d'appel a violé le texte susvisé »* ; Cass. com., 9 juill. 2002, n° 99-12.554, Bull. civ. IV, n° 121, JurisData n° 2002-015210, *CCC* janv. 2003, n° 1, comm. 2, p. 18, note L. LEVENEUR.

vient d'être codifiée, par la réforme du 10 février 2016, comme un principe régissant le contenu du contrat[1502].

Malgré la place prenante de cette notion, il n'existe pas de définition légale ou prétorienne de cette obligation. En effet, force est de constater que la jurisprudence n'a pas donné de véritable définition de la notion d'obligation essentielle et que le Code civil, tant avant[1503] la réforme de février 2016 qu'après[1504], ne lui en consacre pas non plus. Avant la codification de l'obligation essentielle, de nombreux auteurs se sont donc adonnés à la définir ou la délimiter, développant chacun leur perception de cette notion si délicate à cerner[1505].

De plus, la tentative de définition ne peut pas non plus se faire par l'effet attaché à l'obligation essentielle. En effet, s'il est traditionnellement reconnu l'évincement des clauses contraires, il reste que cet évincement peut ne pas provenir exclusivement d'une atteinte à l'obligation essentielle. Celui-ci peut provenir de la simple imprécision de la clause. Or, force est de constater que les hommes de robe ne donnent pas la raison de l'évincement des clauses. Et puis aujourd'hui, l'effet actuel attaché à l'obligation essentielle est le réputé non écrit des clauses la privant de sa substance[1506].

C'est donc d'abord dans la doctrine ancienne (1) que nous chercherons à démêler le sens de la notion d'obligation essentielle, puis dans la doctrine moderne (2).

1 - La doctrine ancienne

287. De l'héritage philosophique à la consécration juridique. Les travaux de recherche consacrés à l'étude de l'obligation essentielle révèlent que les premières références à l'essence sont d'origine philosophique[1507].

1502 C. civ., art. 1170 nouv.

1503 Celui-ci se contente de l'évoquer dans un « Chapitre II - Des conditions essentielles pour la validité des conventions ».

1504 N. DISSAUX et C. JAMIN, *Réforme du droit des contrats, du régime général et de la preuve des obligations (Ordonnance n° 2016-131 du 10 février 2016), Commentaire des articles 1100 à 1386-1 du Code civil*, *op. cit.*, p. 70.

1505 P. DELEBECQUE, *Les clauses allégeant les obligations dans les contrats*, th. Aix-Marseille, 1981 ; P. JESTAZ, « L'obligation et la sanction. À la recherche de l'obligation fondamentale », *in Mélanges offerts à Pierre Raynaud*, Dalloz, 1985, p. 273 ; N. CARDOSO-ROULOT, *Les obligations essentielles en droit privé des contrats*, préf. E. LOQUIN, L'Harmattan, 2009 ; R. SEFTON-GREEN, *La notion d'obligation fondamentale : comparaison franco-anglaise*, *op. cit.* ; J. ROCHFELD, *Cause et type de contrat*, *op. cit.* ; M.-E. ANCEL, *La prestation caractéristique du contrat*, *op. cit.* ; M.-P. BAUDIN-MAURIN, « Pour une approche empirique de la notion d'obligation essentielle du contrat. (À partir de l'exemple du contrat Chronopost) », *RRJ* 2002-4, n° 95, p. 1859 ; R.-J. POTHIER, *Œuvres de Pothier, Traité des obligations*, t. 1, *op. cit.*, p. 5, n° 6 ; C. LAVABRE, « Éléments essentiels et obligation fondamentale du contrat », *RJDA* avr. 1997, n° 4-97, p. 291.

1506 G. CHANTEPIE et M. LATINA, *La réforme du droit des obligations - Commentaire théorique et pratique dans l'ordre du Code civil*, *op. cit.*, p. 360, n° 438 ; G. CHANTEPIE et M. LATINA, *Le nouveau droit des obligations - Commentaire théorique et pratique dans l'ordre du Code civil*, 2e éd., Dalloz, 2018, pp. 380-385, n° 436-439, spéc. pp. 384-385, n° 439.

1507 V. en ce sens : N. CARDOSO-ROULOT, *Les obligations essentielles en droit privé des contrats*, *op. cit.*, pp. 51-81, n° 21 et s.

On trouve ensuite des traces de la notion d'essence dans le domaine juridique, en droit romain, puis en droit français. L'essence était présente à l'appui de la distinction faite par Cujas entre les choses qui sont de l'essence du contrat, et celles qui lui sont accidentelles. Inspirés de cette distinction, plusieurs jurisconsultes du dix-septième siècle la reprennent en l'affinant. Ils la précisent en la faisant reposer sur trois différentes choses dans chaque contrat : celles qui sont de l'essence du contrat, celles qui sont seulement de la nature du contrat, et celles qui sont purement accidentelles au contrat.

Reprenant cette distinction tripartite, Pothier dégage une définition juridique de la notion d'essence, divulguée dans son *Traité des obligations*. C'est cette définition, parce qu'elle est l'évocation la plus précise de la notion d'obligation essentielle, que nous retiendrons comme point de départ pour tenter d'en démêler le mystère. C'est d'ailleurs la démarche que suggère la doctrine actuelle[1508].

L'étude de la théorie des *essentialia* (a) est indispensable pour tenter de comprendre la notion d'obligation essentielle, mais semble insuffisante (b).

a - La théorie des *essentialia*

288. Définition des *essentialia*. Pothier utilise le vocable « essence » à de très nombreuses reprises, tantôt pour désigner *« l'essence des sociétés »* ou *« l'essence de la morale »*, tantôt sous l'angle de l'obligation pour déterminer *« ce qui appartient à l'essence des obligations »*, tantôt encore sous l'angle du contrat pour distinguer dans celui-ci les choses qui sont de son essence[1509]. La définition juridique qu'il semble proposer de l'obligation essentielle résulte de cette dernière approche contractuelle. À ce titre, il affirme que *« Les choses qui sont de l'essence du contrat sont celles sans lesquelles ce contrat ne peut subsister. Faute de l'une de ces choses, ou il n'y a point du tout de contrat, au c'est une autre espèce de contrat. »*[1510], que *« les choses qui sont seulement de la nature du contrat, sont celles qui, sans être de l'essence du contrat, font partie du contrat, quoique les parties contractantes ne s'en soient point expliquées, étant de la nature du contrat que ces choses y soient renfermées et sous-entendues »*[1511] et que *« les choses qui sont accidentelles au contrat sont celles qui, n'étant pas de la nature du contrat, n'y sont renfermées que par quelque clause particulière ajoutée au contrat »*[1512]. Pothier précise cette distinction en ajoutant que les *« naturalia »* se situent entre les choses qui sont de l'essence du contrat et celles qui sont accidentelles au contrat. Elles diffèrent des choses qui sont de l'essence du contrat, *« en ce que le contrat peut subsister sans elles, et qu'elles peuvent être exclues du contrat par la*

1508 N. DISSEAUX et C. JAMIN, *Réforme du droit des contrats, du régime général et de la preuve des obligations (Ordonnance n° 2016-131 du 10 février 2016), Commentaire des articles 1100 à 1386-1 du Code civil*, *op. cit.*, pp. 69-70.

1509 R.-J. POTHIER, *Traité des obligations*, t. 1, *op. cit.*, pp. vij, IX, 49, 78, 79, 82, et s.

1510 *Ibid.*, p. 82.

1511 *Ibid.*, p. 84.

1512 *Ibid.*, p. 86.

convention des parties » et elles diffèrent des choses accidentelles au contrat, *« en ce qu'elles font partie du contrat sans avoir été expressément convenues »*[1513].

289. Effets des *essentialia*. La distinction opérée par Pothier emporte des effets distincts pour chaque catégorie de ces choses. Les choses accidentelles seront d'emblée délaissées, car l'effet qui leur est attaché est clair et ne crée pas de difficulté à l'égard des choses qui sont de l'essence du contrat. En effet, les premières choses ne sont présentes que parce que les parties l'ont prévu. Cette évidence est beaucoup moins palpable à l'égard des effets attachés aux deux autres catégories de choses.

L'effet attaché aux choses qui sont de l'essence du contrat s'analyse comme une limite à la liberté contractuelle en ce que les parties ne peuvent y déroger[1514]. Ces choses s'imposent à elles de façon impérative. Ces choses ne pourront être exclues par une quelconque stipulation.

À l'inverse, les choses qui sont de la nature du contrat sont induites par le contrat, de sorte qu'elles sont présentes sans que les parties ne les aient prévues contractuellement, dans le silence du contrat, mais elles pourront être exclues par la volonté des parties[1515]. Elles ne s'imposent pas aux parties de façon impérative, mais seulement supplétive.

En définitive, le curseur de distinction quant aux effets de ces choses se positionne entre l'obligatoire et l'impératif.

b - Une distinction insatisfaisante

290. Une distinction controversée. Originellement, il serait *« ce qui concerne l'essence d'un être ou d'une chose »*[1516]. Mais, ce rattachement à l'essence introduit une confusion avec la nature puisque l'essence est définie comme *« la nature profonde d'un être ou d'une chose »*[1517]. Quant à la nature, elle se définit comme *« l'ensemble des propriétés fondamentales d'un être ou d'une chose »*[1518], ce qui corse davantage les tentatives de définition puisqu'il est difficile de savoir à quoi correspond le « fondamental ».

Un auteur, qui s'est attelé à retracer l'origine philosophique de l'obligation essentielle, explique que la philosophie distinguait, en réalité, l'essence de la nature, le domaine de la nature étant plus global que celui de l'essence, à l'image de la distinction « genre/espèce » et que l'essence se démarque de l'accident, de sorte qu'elle prime sur ce dernier et qu'elle se révèle intangible et permanente, mais qu'il existe un lien indissociable entre l'essence et l'existence, bien que ces deux notions soient distinctes[1519]. Le vocable « essentiel » pourrait se rapprocher de nombreuses

---

[1513] *Ibid.*, p. 84.
[1514] V. en ce sens l'analyse de Madame CARDOSO-ROULOT : N. CARDOSO-ROULOT, *Les obligations essentielles en droit privé des contrats*, *op. cit.*, p. 96, n° 76.
[1515] *Ibid.*, *loc. cit.*
[1516] A. REY, *Le Robert. Dictionnaire historique de la langue française*, t. 1, Dictionnaires Le Robert - Paris, 1992, p. 729.
[1517] *Ibid.*, *loc. cit.*.
[1518] *Ibid.*, t. 2, p. 1308.
[1519] N. CARDOSO-ROULOT, *Les obligations essentielles en droit privé des contrats*, *op. cit.*, pp. 51-81, n° 21 et s.

expressions, comme celles de « substance »[1520], de « règle essentielle »[1521], d'« éléments essentiels »[1522], de « premier engagement »[1523].

Par la confusion qu'entretient cette distinction, celle-ci devient insatisfaisante. Cette insatisfaction se constate encore quant aux effets attachés à la distinction, qui la rendent contradictoire à la conception actuelle de l'obligation essentielle.

291. Une distinction en désaccord avec la conception actuelle de l'obligation essentielle. Alors que la réforme du droit des contrats, intervenue le 10 février 2016, a consacré la notion d'obligation essentielle dans le nouvel article 1170 du Code civil, ses commentateurs, tout en constatant que cette consécration légale n'était que la reprise de la consécration faite par la jurisprudence de cette obligation, ont affirmé qu'elle devait être décryptée à la lumière de la distinction établie par Pothier entre les *essentialia*, *naturalia* et *accidentalia*[1524].

Cependant, si l'on compare cette conception de l'obligation essentielle avec les solutions retenues par la jurisprudence récente, dans lesquelles il est fait référence à la qualité d'obligation essentielle, on s'aperçoit que le critère de distinction retenu par Pothier ne concorde pas. En effet, l'obligation perçue comme naturelle par Pothier a été déclarée essentielle par la jurisprudence dans les célèbres arrêts *« Chronopost »*[1525] et *« Faurecia II »*[1526].

[1520] JUSTINIEN, *Les cinquante livres du Digeste*, t. 6, *op. cit.*, p. 599, n° 3 : *« Obligationum substantia non in eo constitit, ut aliquid corpus nostrum vel aliquam servitutem nostram faciat, sed ut alium nobis obstingat ad dandum aliquid vel faciendum vel praestandum ».*

[1521] J. DOMAT, *Œuvres complètes*, t. I, par J. REMY, nouv. éd., Firmin Didot père et fils (Paris), 1828, pp. 36-37.

[1522] *Ibid.*, p. 147.

[1523] *Ibid.*, p. 157.

[1524] N. DISSAUX et C. JAMIN, *Réforme du droit des contrats, du régime général et de la preuve des obligations (Ordonnance n° 2016-131 du 10 février 2016), Commentaire des articles 1100 à 1386-1 du Code civil*, *op. cit.*, p. 70.

[1525] Cass. com., 22 oct. 1996, n° 93-18.632, Bull. civ. IV, n° 261, JurisData n° 1996-003942, *RTD com.* juin 1997, n° 2, p. 319, obs. B. BOULOC ; *D.* mars 1997, n° 10, p. 121, note A. SÉRIAUX ; *D.* juin 1997, n° 22, p. 175, obs. P. DELEBECQUE ; *D.* mai 1997, n° 19, p. 145, obs. C. LARROUMET ; *RTD civ.* juin 1997, n° 2, p. 418, obs. J. MESTRE ; *JCP G* mai 1997, n° 22, doctr. 4025, p. 237, obs. G. VINEY ; *JCP G* févr. 1997, n° 8, doctr. 4002, p. 88, obs. M. FABRE-MAGNAN ; *JCP* G juill. 1997, n° 28-29, jur. 22881, p. 336, note D. COHEN ; *JCP G* juill. 1998, n° 29, doctr. 152, p. 1315, chron. J.-P. CHAZAL ; *CCC* févr. 1997, n° 2, comm. 24, p. 9, note L. LEVENEUR.

[1526] Cass. com., 29 juin 2010, n° 09-11.841, Bull. civ. IV, n° 115, JurisData n° 2010-010628, *RDC* oct. 2010, n° 4, p. 1220, obs. Y.-M. LAITHIER ; *RDC* oct. 2010, n° 4, p. 1253, obs. O. DESHAYES ; *Gaz. pal.* déc. 2010, n° 343, p. 16, chron. M. MEKKI ; *Gaz. pal.* oct. 2010, n° 296, p. 32, chron. A. BENSOUSSAN et V. BENSOUSSAN-BRULE ; *Gaz. pal.* sept. 2010, n° 245, p. 11, note M.-E. MATHIEU et P. GLASER ; *LPA* sept. 2010, n° 182, p. 6, note R. SIRI ; *LPA* oct. 2010, n° 204, p. 8, note M. BURGARD ; *RDC* sept. 2010, n° 8, p. 1, obs. O. DESHAYES ; *LPA* août 2010, n° 162, p. 7, note N. DUPONT-LE BAIL ; *D.* juill. 2010, n° 28, p. 1832, obs. D. MAZEAUD ; *RTD civ.* oct. 2010, n° 3, p. 555, obs. B. FAGES ; *D.* juill. 2010, n° 28, p. 1832, obs. X. DELPECH ; *D.* juill. 2010, n° 27, p. 1697, obs. F. ROME ; *JCP G* juill. 2010, n° 28-29, 787, p. 1450, note D. HOUTCIEFF ; *JCP E* sept. 2010, n° 37, comm. 1790, p. 25, note P. STOFFEL-MUNCK ; *RLDC* nov. 2010, n° 76, act. 3994, p. 16, note S. PIMONT ; *RLDI* août 2010, n° 63, act. 2076, p. 55, note A. LEFÈVRE et F.-P. LANI.

D'ailleurs, Mme Cardoso-Roulot, qui reprend la distinction de Pothier dans sa thèse, démontre bien qu'une telle conception ne correspond pas à la conception actuelle de l'obligation essentielle[1527].

Plus encore, le nouvel article 1170 ne prohibe pas toutes les clauses qui touchent à l'obligation essentielle, effet traditionnellement reconnu à l'obligation essentielle, du moins par Pothier, mais seulement celles qui privent l'obligation essentielle de sa substance[1528].

Au-delà de cette discordance, la distinction ne semble pas davantage concordante avec les solutions jurisprudentielles propres au bail, dans lesquelles le juge a pu se référer à la notion d'obligation essentielle.

292. Une distinction en désaccord avec les références à l'obligation essentielle dans les solutions jurisprudentielles relatives au bail. À suivre la théorie de Pothier, l'obligation essentielle serait l'obligation de faire jouir le preneur et les obligations de délivrance, d'entretien et de jouissance paisible ne seraient que naturelles. En effet, dans son *Traité du louage*, il est indiqué qu'*« il est de l'essence du contrat de louage , qu'il y ait une certaine jouissance ou un certain usage d'une chose, que le locateur s'engage de faire avoir au locataire pendant le temps convenu, et c'est proprement ce qui fait l'objet et la matière du contrat de louage »*[1529]. Et, il est ajouté plus loin que *« l'engagement que le locateur contracte envers le conducteur par la nature même du contrat, est de le faire jouir ou user de la chose qu'il lui a louée, praestare frui licere, uti licere. Cet engagement renferme, 1°, l'obligation de délivrer au conducteur la chose qui lui est louée, pour qu'il puisse en jouir et s'en servir ; [...] »*[1530].

Toutefois, à regarder les solutions jurisprudentielles rendues en matière de bail, cette affirmation est loin d'être évidente. Celle-ci se voit contredite par un ancien arrêt de la chambre des requêtes de la Cour de cassation, datant de 1863, dans lequel il a été jugé qu'*« un contrat ne peut légalement exister s'il ne renferme pas les obligations qui sont de son essence... et il est de l'essence du contrat de louage que le bailleur s'engage à faire jouir le locataire de la chose louée et de l'entretenir, pendant la durée du bail, en l'état de servir à l'usage auquel elle est destinée »*[1531]. Pour la haute juridiction, l'obligation d'entretien serait essentielle alors que selon la théorie de Pothier, elle ne serait que de la nature du bail[1532].

De même, l'obligation de faire jouir paisiblement le preneur pendant la durée du bail a pu être jugée, à plus de trente ans d'intervalle, d'abord comme *« n'étant pas*

[1527] V. en ce sens : N. CARDOSO-ROULOT, *Les obligations essentielles en droit privé des contrats*, *op. cit.*

[1528] Rapp., Rapport au Président de la République relatif à l'ordonnance n° 2016-131 du 10 février 2016 portant réforme du droit des contrats, du régime général et de la preuve des obligations, JORF n° 0035, 11 févr. 2016, texte n° 25.

[1529] R.-J. POTHIER, *Traité du contrat de louage selon les règles tant du for de la conscience que du for extérieur*, *op. cit.*, pp. 7-8, n° 6-7 et p. 20, n° 22.

[1530] R.-J. POTHIER, *Traité des obligations*, *op. cit.*, pp. 48-49.

[1531] Cass. req., 19 janv. 1863, DP 1863, 1, 248.

[1532] V. sur cette critique : P. JESTAZ, « L'obligation et la sanction : à la recherche de l'obligation fondamentale », art. cit. ; N. CARDOSO-ROULOT, *Les obligations essentielles en droit privé des contrats*, *op. cit.*, p. 500, n° 707.

de l'essence du contrat »[1533], puis comme une obligation ayant un caractère essentiel[1534]. Là encore, la position fluctuante de la jurisprudence montre la limite de cette théorie[1535].

Rejoignant parfois la théorie de Pothier, s'en éloignant d'autres fois, la véritable conception de l'obligation essentielle est vraisemblablement insaisissable avec cette théorie tant la confusion qu'elle implique pour les juridictions est grande. La confusion se retrouve en doctrine à propos de l'obligation de délivrance. Huc reprend la théorie des *« essentialia, naturalia, accidentalia »* de Pothier, pour justifier le caractère naturel, et non essentiel, de l'obligation de délivrance[1536]. Mme Cardoso-Roulot s'inspire également de cette théorie pour démontrer que l'obligation de faire jouir le preneur, issue de l'article 1709 du Code civil, est une obligation essentielle, à la différence des obligations issues de l'article 1719, dont la délivrance fait partie, qui ne sont que des obligations de la nature du contrat[1537]. Pour elle, l'article 1709 reflèterait les éléments essentiels et en l'absence desquels il serait impossible de concevoir l'existence du bail alors que l'article 1719 reflèterait seulement les éléments naturels, découlant de plein droit du bail, sans que les parties n'aient besoin de s'expliquer à cet égard, les premiers n'étant pas susceptibles d'aménagement conventionnel à la différence des seconds. Au contraire, pour Troplong, l'affirmation qui déclare que l'obligation de délivrer la chose louée est de la nature du contrat n'est pas suffisante : *« il pense qu'elle est de l'essence du louage des choses »*[1538]. Il justifie sa pensée en soutenant que *« puisqu'il est de l'essence de cette convention, qu'il y ait, comme le dit Pothier lui-même (1), une certaine jouissance ou un certain usage d'une chose, il faut bien que le propriétaire effectue entre les mains du preneur cette délivrance sans laquelle le droit de jouir serait impossible »*. La même idée se constate chez M. Huet d'après qui la délivrance serait, sous son aspect fondamental (mise à disposition matérielle), essentielle au contrat[1539].

Ces discordances nous conduisent à rechercher un critère de qualification plus stable du côté de la doctrine moderne.

[1533] Cass. 3e civ., 16 juill. 1951, *D.* 1951, p. 578 ; *JCP* 1952, II, 6717, note ESMEIN.

[1534] Cass. 1e civ., 23 févr. 1994, n° 92-11.378, Bull. civ. I, n° 76, JurisData n° 1994-000493, *JCP G* mai 1994, n° 20-21, somm. 1124, p. 146 ; *JCP G* déc. 1994, n° 50, doctr. 3809, p. 550, obs. G. VINEY ; *RTD civ.* sept. 1994, n° 3, p. 616, obs. P JOURDAIN ; *D.* avr. 1995, n° 14, p. 214, obs. N. DION.

[1535] V. sur cette contradiction : P.-H.ANTONMATTEI et J. RAYNARD, *Droit civil. Contrats spéciaux*, *op. cit.*, p. 281, n° 331 ; J. LE BOURG, *La remise de la chose - Essai d'analyse à partir du droit des contrats*, *op. cit.*, pp. 230 et s.

[1536] T. HUC, *Commentaire théorique et pratique du Code civil*, t. 7, *op. cit.*, p. 16, n° 9.

[1537] N. CARDOSO-ROULOT, *Les obligations essentielles en droit privé des contrats*, *op. cit.*, pp. 177-185, n° 179 et s.

[1538] M. TROPLONG, *Droit civil expliqué. De l'échange et du louage. Commentaires des Titres VII et VIII du Livre III du Code civil*, t. 1, *op. cit.*, pp. 300-301, n° 159.

[1539] J. GHESTIN (dir.) et J. HUET, *Traité de droit civil. Les principaux contrats spéciaux*, *op. cit.*, p. 739, n° 21161.

2 - La doctrine moderne

293. Renouvellement d'un concept ancien incité par l'évolution du contrat. L'évolution du droit des contrats et le recours de plus en plus fréquent à l'obligation essentielle ont conduit la doctrine moderne à se pencher sur cette notion et son régime[1540]. À ce sujet, la notion n'est justement pas dénuée d'ambiguïtés. La première cause d'ambiguïté tient probablement à la terminologie utilisée par la doctrine, qualifiant la notion d'obligation fondamentale, d'obligation caractéristique ou d'obligation essentielle[1541]. Ces divergences de qualification s'expliquent sûrement par la diversité des sources du droit dans lesquelles la notion est utilisée : droit international, droit comparé ou droit anglo-saxon[1542]. C'est d'ailleurs la théorie anglaise du *« fundamental breach of contract »* que les auteurs ayant réfléchi à la notion invoquaient[1543].

À travers ces diverses réflexions doctrinales, tâchons de déceler comment s'appréhende cette fameuse obligation essentielle (a) et comment elle se détermine dans un contrat (b).

a - L'appréhension de l'obligation essentielle

294. À la recherche d'un critère de justification unanime : un compromis possible. La doctrine moderne, en quête d'un critère de reconnaissance de l'obligation essentielle, s'est interrogée sur la justification de cette notion et a développé à ce titre diverses justifications[1544]. Néanmoins, celles-ci ne s'accordent pas, parfois même s'opposent.

Bien que ces justifications soient variées (α), il est possible de trouver un point commun à celle-ci (β).

α - Des justifications variées : du consentement à la cause en passant par l'objet

295. Théorie de la cause. L'obligation essentielle a également été perçue comme l'obligation dont l'existence s'avérait nécessaire à la formation du

---

[1540] M. BURGARD, « L'avènement de la notion d'obligation essentielle dans le contrat », *LPA* sept. 2010, n° 189, p. 7.

[1541] M.-E. ANCEL, *La prestation caractéristique du contrat*, *op. cit.*, p. 105, n° 151 ; R. SEFTON-GREEN, *La notion d'obligation fondamentale : comparaison franco-anglaise*, *op. cit.*, p. 196, n° 517.

[1542] V. pour cette idée : S. PIMONT, *L'économie du contrat*, *op. cit.*, p. 220, n° 330.

[1543] J. GHESTIN (dir.), G. VINEY, P. JOURDAIN et S. CARVAL, *Traité de droit civil, Les effets de la responsabilité*, 4e éd., L.G.D.J., 2017, p.496, n° 343 ; KUFF, « Les intérêts de la société et le juge. L'interprétation du contrat », *in* H. A. SCHWARZ-LIEBERMANN VON WAHLENDORF (dir.) *et alii*, *Exigence sociale, jugement de valeur et responsabilité civile en droit français, allemand et anglais*, L.G.D.J., 1983, p. 272.

[1544] V. pour un récapitulatif de ces interrogations : M. BURGARD, « L'avènement de la notion d'obligation essentielle dans le contrat », art. cit.

contrat[1545]. Il était développé que les obligations essentielles au contrat avaient comme fonction de *« jouer l'une vis-à-vis de l'autre le rôle d'équivalent juridique, de se faire contrepoids, bref de se servir mutuellement de cause »*. Selon cette perception, l'obligation essentielle serait une ramification de la notion de cause, plutôt qu'une notion pleinement autonome. Pour un autre auteur, *« certaines obligations font partie de l'essence même du contrat et lui donnent tout son sens »* de sorte qu'on ne pourrait pas les supprimer *« sans atteindre la raison d'être du contrat »*[1546]. Pour la doctrine, cette définition rappelle la notion de cause, évoquée précédemment[1547]. En outre, cette définition envisage, comme d'autres, la possibilité d'une multitude d'obligations essentielles au sein d'un seul et même contrat. D'autres auteurs évoquent une *« obligation qui commande la qualification »* du contrat ou *« qui en constitue le particularisme expressément voulu »*[1548].

Selon la thèse de M. Delebecque, l'obligation essentielle trouve sa justification sur le terrain de la cause et plus précisément la cause contrepartie, parce que *« seul le concept de cause est capable de regrouper en totalité les idées que renferme le nom générique d'obligation fondamentale »*[1549]. Elle en serait l'expression. Dans un écrit plus récent, il a pu affirmer qu'elle rejoignait *« au sein du droit des contrats spéciaux la prestation caractéristique et permet d'assurer la qualification du contrat, tandis qu'au sein de la théorie générale du contrat, elle traduit et concrétise l'idée de cause contrepartie »*[1550].

La thèse de Mme Rochfeld défend, quant à elle, l'idée d'une justification de l'obligation essentielle dans la cause typique[1551]. L'obligation essentielle ou fondamentale serait un *« épiphénomène de la cause typique »*[1552]. Sans se confondre avec la cause, l'obligation essentielle en assume seulement un des rôles : sa fonction d'ordre[1553]. Par une comparaison de l'absence de cause typique et des différents contrôles de l'abus dans le contrat, l'auteure démontre qu'un rapprochement serait établi entre le contrôle de la cause typique et le contrôle des clauses abusives, si bien que les clauses qui écartent une obligation essentielle priveraient le contrat de cause[1554].

Enfin, Mme Viney a proposé de se référer à la notion d'« attente légitime » du créancier pour déterminer l'obligation essentielle ou la norme fondamentale du contrat[1555].

[1545] M. PICARD et A. PRUDHOMME, « De la résolution judiciaire pour inexécution des obligations », *RTD civ.* 1912, p. 66.
[1546] C. LARROUMET, *Droit civil*, t. 3, *Les obligations. Le contrat*, vol. 2, 6e éd., Economica, 2007, n° 635.
[1547] C. DESLAURIERS-GOULET, « L'obligation essentielle dans le contrat », art. cit.
[1548] J. FLOUR, J.-L. AUBERT et E. SAVAUX, *Droit civil. Les obligations. 3. Le rapport d'obligation*, 7e éd., Sirey, 2011, p. 210, n° 227.
[1549] P. DELEBECQUE, *Les clauses allégeant les obligations*, *op. cit.*, pp. 195 et s., n° 159 et s.
[1550] P. DELEBECQUE, « Prérogative contractuelle et obligation essentielle », art. cit.
[1551] J. ROCHFELD, *Cause et type de contrat*, *op. cit.*, pp. 434 et s., n° 478 et s.
[1552] *Ibid.*, p. 165, n° 168.
[1553] *Ibid.*, *loc. cit.*
[1554] *Ibid.*, pp. 435-436, n° 479 ; V. à l'appui de cette idée : P. MALAURIE, L. AYNES et P. STOFFEL-MUNCK, *Les obligations*, *op. cit.*, pp. 313-314, n° 624.
[1555] G. VINEY, « Responsabilité civile », *JCP G* déc. 1994, n° 50, doctr. 3809, p. 550 ; J. GHESTIN (dir.), G. VINEY, P. JOURDAIN et S. CARVAL (collab.), *Traité de droit civil. Les conditions de la responsabilité*, 4e éd., L.G.D.J., 2013, pp. 516-519, n° 489 ; J. GHESTIN (dir.), G. VINEY, P. JOURDAIN et S. CARVAL, *Traité de droit civil. Les effets de la responsabilité*, *op. cit.*, pp. 496-501, n° 343.

Cela étant, malgré son regain d'intérêt de par son insertion dans le Code civil à l'article 1170 nouveau, l'obligation essentielle n'est toujours pas définie par le législateur[1556], mais ce dernier confiait, dans le rapport au Président de la République, que ledit article *« consacre également la célèbre jurisprudence dite Chronopost de 1996 »*[1557]. Pour la doctrine, cette nouvelle disposition correspond ni plus ni moins à la conception de l'obligation essentielle fondée hier sur la cause[1558]. Bien que ne reprenant pas exactement la formule employée par les juges selon laquelle *« seule est réputée non écrite la clause limitative de réparation qui contredit la portée de l'obligation essentielle souscrite par le débiteur »*, la doctrine assure que cette disposition nouvelle ne devrait pas entraîner de modifications dans les solutions retenues par eux[1559]. Les changements apportés à cette formule semblent élargir la règle à toutes les clauses et pas uniquement celles portant sur la responsabilité, de sorte que les clauses affectant la matière de l'obligation seraient concernées[1560]. De plus, le terme « portée de l'engagement pris » s'est substitué à celui de « substance de l'obligation ».

296. Théorie de l'objet. Le fondement de l'obligation essentielle sur l'objet du contrat revient à M. Jestaz, qui l'a retenu comme critérium de l'obligation fondamentale[1561]. On lui a parfois préféré le vocable d'obligation fondamentale plutôt qu'essentielle, estimant que *« c'est plutôt de la nature des choses que découle l'obligation fondamentale »* puisqu'il y a *« dans chaque contrat, de par son économie propre, une obligation qui en constitue la pièce essentielle »*[1562]. Comme le fait remarquer une auteure, cette définition suggère explicitement, à la différence des autres, que chaque contrat

---

1556 V. sur les difficultés de l'article 1170 : N. FERRIER, « Le renforcement du rôle du juge dans la détermination et la révision du contenu du contrat », art. cit.

1557 Rapp., Rapport au Président de la République relatif à l'ordonnance n° 2016-131 du 10 février 2016 portant réforme du droit des contrats, du régime général et de la preuve des obligations, JORF n° 0035, 11 févr. 2016, texte n° 25.

1558 P. DELEBECQUE, « Article 1168 : clause privant de sa substance l'obligation essentielle du contrat », *RDC* sept. 2015, n° 3, p. 759 ; M. MEKKI, « Réforme du droit des obligations : clauses et substance de l'obligation essentielle (C. civ., art. 1170) », *JCP N* nov. 2016, n° 46, act. 1227, p. 5 ; V. sur les fondements de la jurisprudence Chronopost : J.-P. CHAZAL, « Enseignements épistémologiques de l'affaire Chronopost », *in* C. JAMIN (dir.) *et alii*, *Droit et économie des contrats*, L.G.D.J., 2008, p. 233.

1559 M. POUMARÈDE, « Le contenu du contrat », art. cit. ; G. CHANTEPIE et M. LATINA, *La réforme du droit des obligations.*, *op. cit.*, p. 361 ; P. DELEBECQUE, « Article 1168 : clause privant de sa substance l'obligation essentielle du contrat », art. cit. ; N. DISSAUX et C. JAMIN, *Réforme du droit des contrats, du régime général et de la preuve des obligations (Ordonnance n° 2016-131 du 10 février 2016), Commentaire des articles 1100 à 1386-1 du Code civil*, *op. cit.*, p. 69 ; M. MEKKI, « Réforme du droit des obligations : clauses et substance de l'obligation essentielle (C. civ., art. 1170) », art. cit. ; V. aussi pour un rapprochement du caractère essentiel de la délivrance à la jurisprudence « Chronopost » : J. MONÉGER, « Au croisement des droits : droit des contrats et de la preuve et droit des baux commerciaux : l'ordonnance n° 2016-131 du 10 février 2016, les articles L. 145-1 s. du code de commerce et le bail commercial », *RTD com.* oct. 2016, n° 3, p. 427.

1560 N. DISSAUX et C. JAMIN, *Réforme du droit des contrats, du régime général et de la preuve des obligations (Ordonnance n° 2016-131 du 10 février 2016), Commentaire des articles 1100 à 1386-1 du Code civil*, *op. cit.*, pp. 69 et 70.

1561 P. JESTAZ, « L'obligation et la sanction : à la recherche de l'obligation fondamentale », art. cit.

1562 *Ibid.*

comporte au moins une obligation essentielle[1563]. Cette même auteure constate aussi que, contrairement à la définition précédente, la présente définition considère que l'obligation peut être fondamentale « par nature » ou « par la volonté des parties »[1564].

Mme Lucas-Puget, dont la thèse portait sur la notion d'objet du contrat, met en exergue le rapprochement entre l'obligation essentielle et l'objet du contrat, même si elle préfère le terme de prestation caractéristique[1565]. Elle démontre que la prestation caractéristique s'inscrit dans l'objet du contrat[1566].

Selon M. Grimaldi, l'obligation essentielle serait davantage fondée sur l'objet du contrat. Il affirme que, *« quel que soit le contrat projeté, les parties s'accordent autour d'obligations qui portent sur des prestations à accomplir et qui constituent l'objet du contrat »*, si bien que *« c'est par rapport à l'objet du contrat et de cet objet seul que doit être appréciée la validité d'une clause relative à l'obligation »*[1567] en l'espèce essentielle. Cet auteur préfère donc apprécier la validité de clauses à l'aune de l'objet du contrat plutôt qu'à celle de la fin poursuivie par une catégorie contractuelle.

297. Théorie du consentement. Mme Cardoso-Roulot démontre, dans sa thèse, que l'obligation essentielle peut trouver son fondement dans la force juridique du contrat qui est assumée par les parties[1568]. Il a aussi été soutenu, par une analyse exégétique du Code civil, que l'obligation essentielle correspondrait à *« ce qui fait que le contrat est ce qu'il est ou sans quoi il ne serait pas, autrement dit sa condition d'existence, ou encore ce sans quoi il serait autre chose, autrement dit les éléments permettant de la dénoter »*[1569]. L'obligation essentielle se dessinerait alors sous trois caractères principaux. Elle serait dictée par la nature du contrat ce qui révèle son caractère objectif. Elle s'apprécierait de manière isolée, c'est-à-dire *« indépendamment du sujet ou de la personne concernée, ou encore des circonstances, ce qui lui assure une permanence et invariabilité »*, marque de son caractère abstrait. En outre, le même contrat pourrait renfermer plusieurs obligations essentielles laissant transparaître son caractère multiple. En définitive, l'obligation essentielle serait *« l'obligation indispensable à la fois à l'existence même dudit contrat, c'est-à-dire en dehors de laquelle il ne saurait y avoir de contrat, en d'autres termes à sa définition, et à sa qualification ou classification, c'est-à-dire en dehors de laquelle il serait un tout autre contrat »*.

Cette théorie dévoile que cette fameuse obligation tire sa force juridique des articles 1134 alinéa 1er du Code civil[1570]. À la lecture de cet article, qui exhibe la formule *« les conventions légalement formées »*, la première idée se pose sur les conditions essentielles à la validité des conventions énoncées par les articles 1108 à 1133 du Code civil. L'auteur de l'ouvrage cité explique qu'en parallèle de ces conditions

---

[1563] C. DESLAURIERS-GOULET, « L'obligation essentielle dans le contrat », art. cit.

[1564] *Ibid.*

[1565] A.-S. LUCAS-PUGET, *Essai sur la notion d'objet du contrat*, *op. cit.*, pp. 339 et s.

[1566] *Ibid.*, p. 341.

[1567] C. GRIMALDI, « Les clauses portant sur une obligation essentielle », *RDC* oct. 2008, n° 4, p. 1095.

[1568] N. CARDOSO-ROULOT, Les obligations essentielles en droit privé des contrats, *op. cit.*, pp. 193 et s., n° 202 et s.

[1569] *Ibid.*, pp. 190-200, n° 201.

[1570] *Ibid.*, pp. 196 et s., n° 205.

communes à tous les contrats, il y en a d'autres qui sont spécifiques en fonction de la nature du contrat. On comprend bien qu'un contrat de bail et un contrat de vente, s'ils exigent tous deux que soient remplies les conditions des articles 1108 à 1133, exigent en plus des conditions qui leur sont propres pour être ce qu'ils sont, pour qu'on ne les confonde pas. Au titre de ces autres conditions, il distingue les obligations qui puisent leur contenu dans la volonté créatrice des parties (contenu librement négocié), constituées par les obligations naturelles et accidentelles, et celles qui puisent leur source dans la nature du contrat, constituées par les obligations essentielles[1571]. Il assimile cette nature à *« un cadre formaliste abstrait, au sens de formalités dictées par la loi »* qui correspond à la volonté élémentaire des parties de se lier[1572]. Cette volonté de se lier serait en fait un *« accord sur les obligations essentielles »*.

L'obligation essentielle va donc s'imposer aux parties, mais parce qu'elles l'auront voulu, dès lors qu'elles auront figé la volonté de se lier. Autrement dit, c'est la volonté de se lier qui déclenche la force obligatoire de l'obligation essentielle. Les parties n'auront, à partir de là, aucune liberté à l'égard de la norme créée par l'obligation essentielle. L'obligation essentielle s'impose ainsi avec la force d'une véritable loi, générale et abstraite. En outre, l'obligation essentielle sera intangible. Qu'elle soit issue d'une loi impérative ou de la définition réelle d'un contrat, l'obligation essentielle sera intangible par l'effet du droit obligatoire. Les parties ne pourront donc pas déroger ou s'affranchir d'une obligation essentielle par quelque clause que ce soit[1573]. En définitive, l'obligation essentielle aura la force d'une loi[1574].

Cette volonté de se lier ne doit pas être confondue avec la volonté créatrice des parties. La première s'identifie à un consentement d'adhésion et la seconde au consentement classique[1575]. La volonté de se lier constituera le consentement élémentaire, qui va déclencher la force obligatoire, qui sera elle-même subie (car c'est comme cela qu'elle est vécue en pratique par les bailleurs) par la volonté créatrice des parties. En pratique, il s'avère bien souvent que ces deux étapes interviennent simultanément, en même temps, et ne se succèdent pas dans le temps.

Mme Mouly-Guillemaud propose de fonder la protection de la nature des obligations essentielles sur le consentement, de sorte que l'obligation essentielle serait en réalité l'expression de la volonté réelle[1576]. D'une part, la volonté réelle serait une source subjective de l'obligation essentielle et d'autre part, elle serait une source objectivée par l'attente légitime.

1571 *Ibid.*, p. 198, n° 208.
1572 *Ibid.*, pp. 230 et s., n° 211 et s.
1573 *Ibid.*, pp. 233 et s., n° 273 et s.
1574 *Ibid.*, p. 288, n° 363.
1575 *Ibid.*, pp. 239-289, n° 279 et s.
1576 C. MOULY-GUILLEMAUD, *Retour sur l'article 1135 du Code civil - Une nouvelle* source *du contenu contractuel*, préf. D. FERRIER, L.G.D.J., 2006, pp. 270 et s., n° 283 et s.

β - Un point commun : la conception finaliste du contrat

298. Vision synthétique et non analytique du contrat. Les diverses justifications de la notion d'obligation essentielle, bien que différentes, se rejoignent en un point. En effet, elles adoptent toutes une vision juridique globale du contrat. Qu'elles soient causaliste, consensualiste ou objetiste, ces approches ne sont que des divergences d'angle de vue. Il n'en demeure pas moins qu'elles s'efforcent toutes de regarder le contrat de façon dynamique et non statique et donc d'avoir une vision synthétique, unitaire, et non analytique du contrat[1577].

Cette vision traduit une conception finaliste du contrat, que nous avons précédemment exposée[1578], qui a pu être diversement dénommée par une doctrine soucieuse de cohérence terminologique et qui pourrait permettre de mieux appréhender la notion d'obligation essentielle.

299. Opération globale voulue par les parties, but poursuivi. Dans chaque justification de la notion d'obligation essentielle, on décèle une référence à la conception finaliste du contrat qui ne considère plus le contrat comme une somme d'obligations, mais plutôt comme l'opération juridique globale voulue par les parties.

On relève, dans les approches causalistes, cette conception finaliste du contrat. Il y est défendu que *« la cause représente le contenu contractuel propre à poursuivre la finalité escomptée »* du contrat[1579].

Le constat est identique sous les approches objetistes. L'exemple le plus convaincant est celui des travaux relatifs à la notion d'objet du contrat qui la définissent précisément comme la « finalité immédiate » du contrat et qui démontrent que cette notion saisit l'opération juridique concrète voulue par les parties en l'appréhendant de manière globale et unitaire[1580]. Cette démonstration révèle que l'objet du contrat ne se résout pas à la somme des obligations qu'il crée, mais peut bien rendre compte de l'opération globale que poursuivent les parties. Et bien que l'un d'entre eux perçoive l'objet du contrat comme les obligations qu'il renferme, il reconnaît tout de même que *« le contrat est un outil abstrait permettant d'obtenir un avantage concret »*[1581]. Alors même si, comme il le dit lui-même, *« avant toute chose, ce qu'ont voulu les parties, c'est ce à quoi elles se sont obligées »*, l'objet du contrat prend nécessairement en compte la fin poursuivie par chaque partie et propre à son engagement[1582].

Enfin, les approches consensualistes laissent apparaître, elles aussi, une prise en compte de la finalité du contrat. Cela se constate dans les écrits de cette doctrine qui exprime que *« la loi qui détermine les obligations essentielles pour chaque type de contrat*

[1577] S. LE GAC-PECH, *La proportionnalité en droit privé des contrats*, préf. H. MUIR-WATT, L.G.D.J., 2000, p. 127, n° 310.

[1578] V. *supra* n° 199 et s.

[1579] J. ROCHFELD, *Cause et type de contrat*, *op. cit.*, pp. 278 et s., n° 314 et s.

[1580] A.-S. LUCAS-PUGET, *La notion d'objet du contrat*, *op. cit.*, pp. 174 et s.

[1581] C. GRIMALDI, « Les clauses portant sur une obligation essentielle », art. cit.

[1582] *Ibid.*

répond généralement au but immédiat […] recherché par les parties, lors de leur engagement abstrait »[1583]. On le constate encore au travers de diverses affirmations selon lesquelles *« la finalité de l'acte, loin d'apparaître comme l'apanage de la cause qui ne peut renfermer celle-ci qu'au prix d'une extension de son acception, semble, tout au contraire relever du consentement »*, *« le consentement ne peut être détaché de la finalité »* de l'acte ou *« cette finalité, le but poursuivi à l'origine de la conclusion du contrat, constitue la raison d'être même de l'engagement, ce pourquoi les parties concluent l'acte »*[1584].

300. Prise en compte du résultat promis, mais aussi attendu. Le contrat, défini comme l'opération juridique concrète voulue par les parties, ne désigne plus seulement le résultat promis, mais englobe aussi le résultat attendu[1585]. Autrement dit, cette finalité du contrat ne doit plus s'envisager seulement du côté du débiteur, c'est-à-dire comme ce qui est du par lui, le *« quid debetur »*, mais doit s'orienter du côté du créancier et prendre en compte ce qui est attendu par ce dernier.

Suggérée par la doctrine ancienne et reprise avec ferveur par la doctrine moderne, cette vision se retrouve dans d'autres droits, notamment dans.

301. Terminologies diverses : comment faire un choix ? La conception finaliste du contrat a pu être désignée, selon la proposition de Mme Lucas-Puget, comme l'objet du contrat[1586]. Selon elle, c'est précisément la notion d'objet qui est à même de saisir la finalité du contrat. Comme elle le fait remarquer dans ses travaux, les prémisses de l'idée qu'elle défend remontent[1587]. Dès le début du vingtième siècle, certains auteurs français concevaient l'étude de l'objet du contrat au regard de l'opération juridique envisagée par les parties[1588]. Comme le relève Mme Lucas-Puget, ces prémisses s'observent aussi dans les écrits de la doctrine argentine[1589]. Le Québec a même consacré cette perception dans sa législation[1590].

1583 N. CARDOSO-ROULOT, *Les obligations essentielles en droit privé des contrats*, *op. cit.*, pp. 276-277, n° 344.

1584 C. MOULY-GUILLEMAUD, *Retour sur l'article 1135 du Code civil - Une nouvelle source du contenu contractuel*, *op. cit.*, p. 275, n° 288.

1585 A.-S. LUCAS-PUGET, *Essai sur la notion d'objet du contrat*, *op. cit.* ; S. PIMONT, *L'économie du contrat*, *op. cit.*

1586 V. en ce sens : A.-S. LUCAS-PUGET, *Essai sur la notion d'objet du contrat*, *op. cit.*

1587 *Ibid.*, p. 19.

1588 P.-A. MERLIN, *Répertoire universel et raisonné de jurisprudence*, t. 3, 5e éd., Garnery (Paris), 1827, p. 776 ; J. RAULT, *Le contrat d'édition en droit français, Etude de jurisprudence française*, th. Paris, Dalloz, 1927, p. 99 ; J.-F. OVERSTAKE, *Essai de classification des contrats spéciaux*, *op. cit.*, p. 31 ; G. FARJAT, *Droit privé de l'économie, Théorie des obligations*, t. 2, PUF, 1975, p. 191 ; H., L. et J. MAZEAUD, *Leçons de droit civil*, t. II, *Obligations, théorie générale*, par F. CHABAS, 9e éd., Montchrestien, 1998, p. 232, n° 231 et p. 252, n° 244.

1589 A. J. BUERES, *Objeto del negocio juridico*, ed. Hammurabi, Buenos Aires, 1986, p. 45 et ed. Paredes, Caracas, Venezuela, Buenos Aires, 1990 ; J. MOSSET ITURRAPSE, *Teoria general del contrato*, Rosario, ed. Orbir, 1970, pp. 194 et 195 ; P. N. CAZEAUX, *Derecho de las obligaciones*, La Plata, ed. Platense, 1969, p. 61 ; C. A. ABELENDA, *Derecho civil argentino y comparado. Teoria general de los contratos*, Corrientes, ed. Nueva Etapa, 1984, p. 205.

1590 Nouveau Code civil du Québec, art. 1412 : *« L'objet du contrat est l'opération juridique envisagée par les parties au moment de sa conclusion, telle qu'elle ressort de l'ensemble des droits et obligations que le contrat fait naître. »* ; V. sur ce point : A.-S. LUCAS-PUGET, *Essai sur la notion d'objet du contrat*, *op. cit.*, pp. 30-33.

Cette conception a encore pu être présentée, selon l'idée défendue par M. Pimont, comme l'économie du contrat[1591]. D'après lui, l'opération *« globale et concrète que veulent réaliser les parties correspond à l'économie du contrat »* est plutôt saisie par l'économie du contrat[1592]. Créée par la jurisprudence[1593], l'économie du contrat serait justement utilisée par le juge pour *« désigner l'équilibre des prestations ou de l'opération »* alors que l'objet du contrat ne serait qu'une notion *« purement doctrinale »* non utilisée par le juge dans le droit positif[1594].

La réforme du droit des contrats invite, selon nous, à dépasser cette querelle terminologique. En effet, alors que l'objet n'est plus cité qu'en contemplation de l'obligation[1595] et que l'économie du contrat n'a pas été codifiée par le législateur, il paraît plus opportun de raisonner en termes de contenu du contrat, nouvelle dénomination utilisée dans la sous-section 3 de la section II du chapitre II du sous-titre I du Code civil dédié au contrat. Tel que l'a déclaré le législateur, la modernisation du droit des contrats l'a conduit à opter pour la terminologie adoptée par les instruments européens d'harmonisation du droit, soit le *« contenu du contrat »* qui renferme assurément la cause et l'objet[1596]. Ainsi, nous ferons le choix d'assimiler la finalité du contrat, ou la conception finaliste du contrat, au contenu du contrat. D'ailleurs, à bien y regarder, on relate des traces de cette formule chez les auteurs revendicateurs des termes précités[1597], ce qui montre bien qu'il ne s'agit que d'un parti pris terminologique.

302. L'obligation essentielle conçue comme l'obligation indispensable à la réalisation de la finalité du contrat. Le point commun trouvé au sein des diverses justifications de la notion d'obligation essentielle pourrait permettre de mieux l'appréhender. Plutôt que d'aborder l'obligation essentielle de façon unitaire, en prenant le parti d'une approche (causaliste, consensualiste ou objetiste) au détriment d'une autre, l'idée d'appréhender l'obligation essentielle selon le point commun à ces différentes approches, soit la finalité du contrat ou le contenu de celui-ci, c'est-à-dire sans prendre parti pour une des ces approches, pourrait permettre de mieux saisir la notion d'obligation essentielle. Contrairement à M. Pimont qui prône l'économie du contrat en guise de critère de justification de l'obligation essentielle à l'exclusion des autres fondements, nous défendons une position qui rassemble ses divers fondements. C'est justement la condensation de

---

1591 S. PIMONT, *L'économie du contrat*, *op. cit.*, spéc. p. 181, n° 273 ; V. aussi dans le même sens : A. ARSAC-RIBEYROLLES, *Essai sur la notion d'économie du contrat*, th. Clermont I, 2005, spéc. pp. 175 et s.

1592 S. PIMONT, *L'économie du contrat*, *op. cit.*, p. 183, n° 274-275.

1593 V. pour un historique de l'apparition de la notion : S. PIMONT, *L'économie du contrat*, *op. cit.*, pp. 15 et s., n° 4 et s.

1594 S. PIMONT, *L'économie du contrat*, *op. cit.*, p. 180, n° 272.

1595 C. civ., art. 1163 nouv.

1596 Rapp., Rapport au Président de la République relatif à l'ordonnance n° 2016-131 du 10 février 2016 portant réforme du droit des contrats, du régime général et de la preuve des obligations, préc. ; V. en ce sens : F. TERRÉ, P. SIMLER et Y. LEQUETTE, *Droit civil. Les obligations*, *op. cit.*, pp. 299 et s., n° 264 et s.

1597 A.-S. LUCAS-PUGET, *Essai sur la notion d'objet du contrat*, *op. cit.*, pp. 379 et s., n° 644 et s. ; S. PIMONT, *L'économie du contrat*, *op. cit.*, p. 181, n° 273.

ces fondements dans le contenu du contrat qui nous paraît apte à servir de critère de l'obligation essentielle.

Cette idée semble exister dans la pensée doctrinale. On relève ainsi, dans une étude dédiée à la mutation de la notion, que la *« commune intention des parties devra être dégagée par le juge à travers le mécanisme de l'obligation essentielle »*, si bien que cette obligation signifie *« essentielle en fonction de la nature du contrat, de son objet, et essentielle selon les parties au contrat, selon la cause subjective du contrat »*[1598]. Nous rejoignons cette pensée et y ajoutons « essentielle en fonction de la volonté des parties ».

Les hésitations de juristes éminents quant au fondement de l'obligation essentielle confortent notre idée. Ils ont eux-mêmes été un temps indécis quant au fondement à retenir pour l'obligation essentielle, tâtonnant entre la cause et l'objet[1599]. Ils n'avaient, à notre avis, ni raison ni tort : le fondement se trouvait dans les deux ! …et même dans les trois !

En somme, est essentielle l'obligation sans laquelle la finalité du contrat ne peut se réaliser.

303. Une conception apte à prendre en compte les éléments objectivement et subjectivement essentiels. Une telle appréhension de l'obligation essentielle révèle son aptitude à prendre en compte non seulement les éléments objectivement essentiels, mais également les éléments subjectivement essentiels. Par éléments subjectivement essentiels, il faut entendre les éléments qui *« ne découlent pas de la qualification du contrat »* et qui, pour être érigés en une condition essentielle du contrat, doivent normalement figurer expressément dans une stipulation contractuelle, mais qui peuvent aussi, parce qu'ils ont une valeur tout aussi importante pour les contractants, intégrer le champ contractuel grâce au pouvoir souverain du juge[1600]. À l'inverse, les éléments objectivement essentiels s'entendent comme ceux qui découlent de la qualification du contrat, ceux qui en constituent la substance au regard de l'espèce du contrat, et qui n'ont pas besoin de se trouver dans une stipulation expresse du contrat pour en être une condition essentielle[1601]. L'appréhension de l'obligation essentielle comme celle sans laquelle la finalité du contrat ne peut se réaliser engage justement à apprécier ces éléments subjectivement essentiels en ce qu'ils se révèlent nécessaires à cette finalité.

304. Une conception plus adaptée à la conception actuelle de l'obligation de délivrance. Ce fondement de l'obligation essentielle semble plus satisfaisant en ce qu'il n'est pas porteur de confusion comme l'était celui proposé par Pothier.

[1598] M. BURGARD, « L'avènement de la notion d'obligation essentielle dans le contrat », art. cit.

[1599] L'avant-projet de réforme du droit des obligations élaboré par une équipe d'universitaires sous la direction du Professeur Catala prévoiyait au départ de fonder l'obligation essentielle sur la cause a été revu pour justifier la notion par le biais de l'objet du contrat. L'article 1121 alinéa 3 dudit projet s'inscrit en effet dans un article 1121 relatant l'objet du contrat : *« Est réputée non écrite, toute clause inconciliable avec ces éléments essentiels. »*. L'exposé des motifs explique que *« La jurisprudence qui a culminé avec l'arrêt Chronopost devait être incorporée dans le Code civil. Même si elle a été rendue sous le visa de l'article 1133 relatif à la cause, elle concerne davantage l'objet et figure désormais dans l'article 1121 alinéa 3. »*.

[1600] S. PIMONT, *L'économie du contrat*, *op. cit.*, pp. 226-227, n° 342.

[1601] *Ibid.*, pp. 225-226, n° 341.

Ce critère élude toute référence à l'essence et à la nature des choses, confusion entretenue par la formule de l'article 1719, 1° du Code civil.

De plus, il est en accord avec la conception actuelle de l'obligation essentielle, telle qu'elle a été envisagée par le juge dans la saga « Chronopost ». Le critère du contenu du contrat comprend, entre autres, l'élément causal avancé par la doctrine pour justifier cette jurisprudence et s'accorde donc avec la façon dont le juge perçoit l'obligation essentielle[1602]. Elle semble également s'accorder avec l'idée que s'en fait le législateur qui a consacré l'obligation essentielle au titre du contenu du contrat[1603].

Enfin, il peut fournir une explication aux solutions jurisprudentielles relatives au bail qui semblent de prime abord paradoxales. Moins rigide que le critère de Pothier et rendant compte d'une réalité davantage perceptible, il marque la nuance entre deux positions qui paraissent s'opposer.

b - La détermination de l'obligation essentielle

305. De la finalité du contrat à l'obligation essentielle. La détermination de l'obligation essentielle, telle que nous la considérons, c'est-à-dire comme l'obligation indispensable à la réalisation de la finalité du contrat, suppose d'établir un lien entre la finalité du contrat et cette obligation. Il faut qu'il y ait une certaine concordance entre la finalité du contrat et le contenu de l'obligation essentielle. Ce lien se cristallise précisément dans le contenu de l'obligation essentielle. Affirmer que telle ou telle obligation est indispensable à la réalisation de la finalité du contrat suppose d'identifier le contenu de celle-ci et donc son objet, car c'est lui qui détermine l'aptitude de l'obligation à réaliser la finalité du contrat. Cela signifie que le contenu de l'obligation essentielle doit permettre la réalisation de la finalité du contrat.

Et pour connaître le contenu d'une obligation, il faut rechercher son objet, car il est ordinairement admis que c'est lui qui en forme le contenu.

Caractériser l'obligation essentielle suppose donc une assimilation de l'objet de l'obligation au contenu du contrat (α) et présuppose une conception finaliste de l'objet de l'obligation (β).

α - Une détermination subordonnée à une approche fonctionnelle de l'objet de l'obligation essentielle

306. L'obligation essentielle comme instrument de réalisation de la finalité du contrat. Conformément à la conception finaliste du contrat de laquelle découle l'approche fonctionnelle de l'objet de l'obligation[1604], l'obligation

---

[1602] Comp. avec une justification exclusivement causale du caractère essentiel de l'obligation de délivrance : Q. MAGHIA, *Le nouvel équilibre du bail commercial, depuis les dernières réformes (2014 - 2018)*, *op. cit.*, pp. 367 et s., n° 580 et s.

[1603] C. civ., art. 1170 nouv.

[1604] V. *supra* n° 231 et s.

essentielle se conçoit alors comme un instrument de réalisation de la finalité du contrat. C'est donc celle qui est nécessaire à la réalisation de cette finalité. L'objet de l'obligation essentielle va alors se concevoir de façon fonctionnelle.

307. L'objet de l'obligation essentielle comme le résultat promis et attendu. L'objet fonctionnel de l'obligation essentielle va ainsi correspondre au résultat non seulement promis, mais aussi attendu. L'objet de l'obligation essentielle ne se résume donc pas seulement à l'engagement du débiteur, le *« quid debetur »*, mais il englobe aussi l'attente du créancier. Et en stratifiant l'objet, une décomposition peut se faire entre l'objet de l'obligation et l'objet de la prestation.

β - Une détermination subordonnée à une correspondance entre l'objet de l'obligation essentielle et la finalité du contrat

308. L'obligation essentielle comme instrument indispensable à la réalisation de la finalité du contrat, mais non suffisant. Le caractère indispensable de l'obligation essentielle dans la réalisation de la finalité du contrat implique qu'il y ait une concordance, une correspondance entre le résultat promis et attendu issu de l'obligation essentielle et la finalité du contrat.

Toutefois, cette correspondance ne doit pas conduire à les confondre, car l'objet de l'obligation essentielle ne peut épuiser à lui seul la réalisation de la finalité du contrat dans la mesure où celle-ci cristallise les vouloirs conjoints. En effet, l'objet de l'obligation essentielle ne peut se réduire à la finalité du contrat. L'obligation essentielle est la traduction de cette finalité, mais pas l'expression[1605].

309. Distinction entre les obligations indispensables à la réalisation de la finalité du contrat et les autres obligations. Les travaux de recherche de Mme Lucas-Puget ont démontré que toutes les prestations n'étaient pas constitutives de la finalité du contrat, de sorte qu'une distinction s'opère entre les prestations instrumentales et finales[1606]. En guise d'illustration, elle explique que dans le contrat de prêt, la remise de la chose s'inscrit comme la finalité attendue alors que dans le dépôt, cette remise est certes nécessaire, mais n'est qu'instrumentale au regard de la finalité poursuivie qui est la garde de la chose[1607]. On pourrait en dire autant du contrat de bail pour lequel la mise à disposition de la chose ainsi que la mise en état de celle-ci constitue la double prestation finale qui s'inscrit dans la finalité du bail qui est l'exercice du droit de jouissance du preneur.

Ce raisonnement peut être transposé à l'obligation en admettant qu'il y a des obligations qui sont indispensables à la réalisation de la finalité du contrat en ce qu'elles s'inscrivent dans cette finalité et des obligations qui participent seulement à cette finalité. Les obligations essentielles seraient donc celles qui s'inscrivent dans cette finalité.

1605 A.-S. LUCAS-PUGET, *Essai sur la notion d'objet du contrat*, *op. cit.*, pp. 341-342, n° 586.
1606 *Ibid.*, pp. 339 et s., n° 585 et s.
1607 *Ibid.*, p. 361, n° 621.

B - La reconnaissance de la qualité d'obligation essentielle à l'obligation de délivrance

310. Obligation essentielle ou obligation d'ordre public ? Telle que l'obligation essentielle a été définie, précisément comme l'instrument de réalisation de la finalité du contrat, il semble désormais logique d'affirmer que l'obligation de délivrance est essentielle puisqu'elle est l'instrument de réalisation de la finalité du bail commercial.

Pourtant, les auteurs ont développé divers fondements à l'impossibilité de déroger à l'obligation essentielle, tantôt un caractère impératif[1608] ou d'ordre public[1609], tantôt une force obligatoire[1610]. Quoi qu'il en soit, la finalité reste identique : on ne peut y déroger ou s'en affranchir. Nous lui attribuerons donc un caractère impératif, étant précisé que ce terme doit s'entendre de l'impossibilité de déroger[1611]. Ainsi, le caractère impératif de l'obligation essentielle permettrait de justifier l'impossibilité de s'exonérer de la mise à disposition. Et nous allons plus loin dans le sens où nous pensons, comme M. Barbier[1612], que c'est davantage la qualification d'obligation essentielle qui permet de justifier le caractère impératif de l'obligation de délivrance que sa qualification d'ordre public qui n'existe pas expressément. En effet, comme le fait remarquer un auteur, aucune décision de jurisprudence n'a affirmé de manière expresse le caractère d'ordre public des dispositions issues des articles 1719 et 1720 du Code civil[1613], ce qui paraît, d'ores et déjà, écarter la théorie de l'ordre public virtuel ou judiciaire[1614]. Une telle affirmation, alors que ces articles ne sont *a priori* pas d'ordre public, semble

---

[1608] J. MONÉGER, « L'obligation de délivrance ou la conjonction de l'impératif et de la liberté contractuelle », art. cit.

[1609] F. KENDÉRIAN, « Bail commercial et droit commun des baux : inefficacité des clauses exonérant le bailleur de son obligation de délivrance d'un bien conforme à sa destination contractuelle », art. cit. ; C. DAUMAS, « L'obligation de délivrance : pilier du contrat de bail », art. cit. ; G. LARDEUX, « Le caractère d'ordre public de l'obligation de délivrance », *RDC* déc. 2003, n° 1, p. 118.

[1610] N. CARDOSO-ROULOT, *Les obligations essentielles en droit privé des contrats*, *op. cit.*, p. 198, n° 209 : Elle soutient que l'obligation essentielle tire sa force juridique des articles 1134 al. 1er du Code civil, dont la formule *« tiennent lieu de loi à ceux qui les ont faites »* signifierait que la convention a le même pouvoir de contraindre que la loi dans la mesure où le contenu nécessaire pour que le contrat soit ce qu'il est provient de la loi. Ainsi, puisque le contenu nécessaire pour que le contrat soit ce qu'il est provient de la loi, la force obligatoire aura des effets attachés aux caractères de la loi, à savoir le pouvoir de contrainte et l'intangibilité, mais une loi particulière en ce qu'elle est délibérément assumée par les parties et non imposée. La volonté de se lier, qu'elle qualifie de consentement élémentaire (consentement à propos du cadre formaliste du contrat qui précède le consentement à propos du contrat final), va alors déclencher la force obligatoire.

[1611] J. HAUSER, J.-J. LEMOULAND et G. PIETTE, *Ordre public et bonnes mœurs*, Rép. civ. Dalloz, févr. 2019, n° 5 : Nous pensons, comme ces auteurs l'affirment, que *« si tout texte d'ordre public est forcément impératif - c'est-à-dire qu'on ne saurait y déroger - la réciproque n'est pas vraie sauf à retenir une analyse purement positiviste »*.

[1612] J.-D. BARBIER, « Ordre public, ordre privé, en droit des baux commerciaux », *Gaz. pal.* 29 sept. 2012, n° 273, p. 7.

[1613] A. JACQUIN, « Obligation de délivrance du bailleur : que reste-t-il de la liberté contractuelle ? », art. cit.

[1614] J. HAUSER, J.-J. LEMOULAND et G. PIETTE, *Ordre public et bonnes mœurs*, *op. cit.*, n° 25 : le juge *« peut faire naître des dispositions d'ordre public en décidant du caractère incontournable par les volontés individuelles de tel ou tel impératif. »* ; J.-D. BARBIER, « Ordre public, ordre privé, en droit des baux commerciaux », art. cit.

arbitraire. Aussi, nous ne partageons pas non plus l'argument qui justifie le caractère d'ordre public de la délivrance par la caractérisation d'une obligation essentielle[1615]. Bien que la notion d'ordre public ne soit pas définie par le Code civil, l'article 6 énonçant simplement *« qu'on ne peut déroger, par des conventions particulières, aux lois qui intéressent l'ordre public et les bonnes mœurs »*[1616], et que de multiples définitions aient été proposées[1617], renforçant les incertitudes à son sujet, nous pouvons reprendre l'argument de M. Monéger selon lequel si la délivrance était une obligation d'ordre public, il n'y aurait pas d'aménagement contractuel possible[1618]. Or, la Cour suprême a pu admettre que les parties puissent restreindre ou déroger à cette obligation[1619].

Par ailleurs, face à la disparité des décisions jurisprudentielles, des auteurs ont tenté une mise en ordre et en lumière, pour expliquer le caractère impératif de l'obligation de délivrance et l'inefficacité fluctuante des clauses aménageant l'obligation de délivrance, deux conceptions, identiques à celles utilisées pour la délivrance de la chose vendue[1620] : une conception matérielle et une conception fonctionnelle[1621]. À l'aune de ces conceptions, chaque auteur a pris position. Selon M. Ancel, seule la dimension matérielle de la délivrance serait impérative, alors que pour M. Boffa, tant la dimension matérielle que fonctionnelle sont impératives[1622].

Sans se retrancher exactement derrière l'un de ses deux auteurs, mais en proposant une interprétation intermédiaire, le présent paragraphe essayera de démontrer que l'obligation de délivrance est essentielle quelle que soit la conception sous laquelle on la considère, tant sous son aspect matériel (1) que fonctionnel (2), les nuances devant s'envisager à l'intérieur de chacune de ces dimensions.

1615 F. KENDÉRIAN, « Bail commercial et droit commun des baux : inefficacité des clauses exonérant le bailleur de son obligation de délivrance d'un bien conforme à sa destination contractuelle », art. cit. ; Cass. 3e civ., 1er juin 2005, n° 04-12.200, Bull. civ. III, n° 119, JurisData n° 2005-028690, *Rev. loyers* juill. sept. 2005, n° 859, jur. 165, p. 37, an. M.-O. VAISSIÉ ; *RLDA* oct. 2005, n° 86, jur. 5374, p. 53, obs. A. LEFÈVRE et J. VASA ; *AJDI* sept. 2005, n° 9, p. 650, obs. Y. ROUQUET ; Cass. 1e civ., 11 oct. 1989, n° 88-14.439, Bull. civ. I, n° 317, JurisData n° 1989-703115, *D.* avr. 1991, n° 17, p. 225, note P. ANCEL ; *RTD com.* juin 1990, n° 2, p. 244, obs. B. BOULOC.

1616 R. KHORIATY, *Les principes directeurs du droit des contrats, Regards croisés sur les droits français, libanais, européen et international*, préf. D. MAZEAUD, PUAM, 2014, p. 50, n° 52.

1617 J. HAUSER, J.-J. LEMOULAND et G. PIETTE, *Ordre public et bonnes mœurs*, *op. cit.*, n° 1 et s.

1618 J. MONÉGER, « L'obligation de délivrance ou la conjonction de l'impératif et de la liberté contractuelle », art. cit.

1619 Cass. 3e civ., 8 févr. 1972, n° 70-13.514, Bull. civ. III, n° 89, *JCP G* août-sept. 1972, n° 33, jur. 17176, note R. D. ; Cass. 3e civ., 12 nov. 1975, n° 74-14.878, Bull. civ. III, n° 327.

1620 R. BOFFA, *La destination de la chose*, *op. cit.*, p. 296, n° 425.

1621 *Ibid.*, *loc. cit.* ; V. ZALEWSKI, « L'obligation de délivrance et les vices structurels de l'immeuble », art. cit. ; V. ZALEWSKI, « Délivrer ou non », art. cit. ; P. ANCEL, « Location mobilière de longue durée sans option d'achat : opération de crédit et/ou bail de droit commun », art. cit.

1622 Comp. : P. ANCEL, « Location mobilière de longue durée sans option d'achat : opération de crédit et/ou bail de droit commun », art. cit. et R. BOFFA, *La destination de la chose*, *op. cit.*, pp. 298-299, n° 427 ; V. aussi sur cette question : C. GRIMALDI, « e) La clause de prise des locaux loués en l'état à l'aune de l'obligation de délivrance », art. cit.

1 - Une obligation essentielle sous sa dimension matérielle ou objective pour permettre l'exercice de l'activité économique

311. Clauses inefficaces ou réputées non écrites. Alors qu'un des effets principaux de l'obligation essentielle consiste à limiter la stipulation de certaines clauses[1623], celle-ci se présente donc comme une justification à l'inefficacité des clauses ou à leur caractère réputé non écrit, lorsqu'elles privent l'obligation essentielle de sa substance en application du nouvel article 1170 du Code civil. Ainsi, ne seront pas évincées toutes les clauses qui touchent à l'obligation de délivrance, mais seulement celles qui réduisent *« à rien son existence »*[1624].

Selon cette idée la reconnaissance de la qualité essentielle de l'obligation de délivrance se vérifie en ce qu'elle justifie l'inefficacité des clauses aménageant cette obligation (a), mais celle-ci est encore confirmée en considération du lien qu'entretient l'obligation de délivrance avec les conditions de formation, d'existence et de qualification du contrat (b).

a - Vérification : justification de l'inefficacité des clauses aménageant l'obligation de délivrance

312. La dimension matérielle ou objective de l'obligation de délivrance participe à la réalisation de la finalité du bail commercial. Dans un sens plus précis, la dimension matérielle ou objective peut correspondre aux caractéristiques matérielles physiques de la chose, à son état matériel[1625], mais aussi à la remise matérielle du bien mis à disposition[1626] ou la mise à disposition du bien loué au preneur à la date convenue[1627]. En réalité, on confond les deux composantes de la matérialité pour la simple et bonne raison qu'on ne considère pas le contrat de bail d'une manière générale ou générique (louage de choses), mais plutôt de manière unique (le bail, en l'occurrence commercial, portant sur une chose précise). Ainsi, chaque chose délivrée sera unique.

Toute la difficulté est alors de savoir si la qualification d'obligation essentielle doit s'envisager en considérant le contrat de manière générique ou unique, mais

[1623] P. DURAND, *Les conventions d'irresponsabilité*, th. Paris, 1931, p. 29, n° 4 et pp. 109 et s., n° 38 et s. ; P. DELEBECQUE, *Les clauses allégeant les obligations*, *op. cit.*, p. 173, n° 142 ; P. JESTAZ, « L'obligation et la sanction : à la recherche de l'obligation fondamentale », art. cit. ; S. PIMONT, *L'économie du contrat*, *op. cit.*, p. 166, n° 244 et pp. 219 et s., n° 328 et s.

[1624] G. CHANTEPIE et M. LATINA, *La réforme du droit des obligations - Commentaire théorique et pratique dans l'ordre du Code civil*, *op. cit.*, p. 361, n° 483 ; G. CHANTEPIE et M. LATINA, *Le nouveau droit des obligations - Commentaire théorique et pratique dans l'ordre du Code civil*, *op. cit.*, pp. 381-382, n° 437 ; J.-D. BARBIER, « Application du nouveau droit des contrats aux baux commerciaux : l'obligation essentielle », *Gaz. pal.* juill. 2016, n° 25, p. 53 ; J. GHESTIN (dir.), G. VINEY, P. JOURDAIN et S. CARVAL, *Traité de droit civil. Les effets de la responsabilité*, *op. cit.*, p. 501, n° 344 ; P. DELEBECQUE, « Article 1168 : clause privant de sa substance l'obligation essentielle du contrat », art. cit.

[1625] V. ZALEWSKI, « L'obligation de délivrance et les vices structurels de l'immeuble », art. cit.

[1626] R. BOFFA, *La destination de la chose*, *op. cit.*, pp. 296-297, n° 426 ; C. GRIMALDI, « e) La clause de prise des locaux loués en l'état à l'aune de l'obligation de délivrance », art. cit.

[1627] V. ZALEWSKI, « L'obligation de délivrance et les vices structurels de l'immeuble », art. cit.

comme les définitions de l'obligation essentielle mises en exergue par la doctrine ne s'accordent pas à ce sujet, il est difficile de prendre position. De plus, si la majorité des décisions jurisprudentielles écarte les clauses qui aménagent la conformité matérielle, certaines d'entre elles, certes largement minoritaires, les admettent.

En accord avec la définition de l'obligation essentielle que nous avons retenue, l'obligation de délivrance est en réalité essentielle sous sa dimension matérielle ou objective puisque cet aspect participe à la réalisation de la finalité du bail commercial, à l'exercice du droit de jouissance du preneur, à l'exercice de l'activité commerciale. C'est ainsi que l'on pourrait justifier les décisions de la Cour de cassation dans lesquelles elle sanctionne le bailleur lorsqu'il prive le preneur du bien loué, si bien que la clause qui dispenserait purement et simplement le bailleur de la mise à disposition contredirait l'essence même du contrat, de sorte que seul l'objet de la prestation du bailleur (la chose louée) pourrait être aménagé[1628].

313. La mise à disposition de la chose louée : élément indispensable à l'exercice de l'activité économique. Selon M. Boffa, il paraît *« inconcevable que le propriétaire puisse s'exonérer de cette obligation, sans quoi le contrat perdrait en tant que tel toute utilité économique »*[1629]. De toute évidence, cette affirmation semble vraie, car comment le locataire pourrait-il trouver une quelconque utilité économique dans le bail si la chose louée n'est pas mise à sa disposition ? Cela est impossible !

Plus encore, sans mise à disposition de la chose louée, la finalité du bail commercial ne peut se réaliser. Comment exercer son droit de jouissance et plus précisément l'activité économique si le bien dans lequel ils doivent s'exercer n'est pas mis à la disposition du preneur ? Encore une fois, cela est impossible !

C'est en ce sens que la conception matérielle de la délivrance pourrait recevoir la qualification d'obligation essentielle, comme l'affirme un auteur en déclarant que *« l'obligation de mettre un local à disposition, rappelée par l'article 1719 du Code civil, n'est rien d'autre que l'essence même du contrat de bail »*[1630]. Toutefois, la place de la remise de la chose au rang d'obligation essentielle ne fait pas du bail un contrat réel[1631], celui-ci demeurant un contrat consensuel qui se forme par la simple rencontre des volontés[1632]. Cette reconnaissance de l'essentialité de la dimension matérielle de l'obligation de délivrance paraît confirmée par la jurisprudence.

[1628] F. COHET-CORDEY, « L'obligation de délivrance du bailleur dans les contrats de location d'un bien immeuble », art. cit.

[1629] R. BOFFA, *La destination de la chose*, *op. cit.*, pp. 298-299, n° 427 ; V. aussi pour le reprise de cette idée : C. GRIMALDI, « e) La clause de prise des locaux loués en l'état à l'aune de l'obligation de délivrance », art. cit.

[1630] N. CARDOSO-ROULOT, *Les obligations essentielles en droit privé des contrats*, *op. cit.*, pp. 282-283, n° 353-354.

[1631] F. COHET-CORDEY, « L'obligation de délivrance du bailleur dans les contrats de location d'un immeuble », art. cit.

[1632] Cass. 3e civ., 28 mai 1997, n° 95-17.953, Bull. civ. III, n° 116, JurisData n° 1997-002333, *CCC* août-sept. 1997, n° 7, comm. 131, p. 8, obs. L. LEVENEUR ; *LPA* avr. 1998, n° 41, p. 17, note C. H. GALLET ; *D.* juill. 1997, n° 24, p. 141 ; Cass. com., 1er juin 2010, n° 09-15.151, JurisData n° 2010-008040, *AJDI* déc. 2011, n° 12, p. 910, chron. J.-P. BLATTER.

314. Une justification en accord avec les solutions jurisprudentielles. Effectivement, on peut constater au travers des diverses décisions rendues par la Cour de cassation que celle-ci rappelle régulièrement que le bailleur ne peut s'exonérer de son obligation de mettre le bien loué à la disposition du preneur. Autrement dit, il ne peut conclure un contrat de location sans s'engager à délivrer la chose louée, si bien que toute clause exonératoire serait nulle[1633]. En ce sens, on peut citer l'arrêt de 1989[1634], qui concerne une location mobilière, dans lequel la Haute Cour déclare que le bailleur doit délivrer au preneur la chose louée et que l'inexécution de cette obligation autorise le locataire à demander en justice la résolution[1635] du bail. On peut également citer un arrêt de 2004[1636] par lequel la troisième chambre sanctionne le bailleur qui ne peut assurer la mise à disposition du bien à cause du locataire précédent qui se maintient dans les lieux et duquel il doit répondre. De même encore, la Cour de cassation a sanctionné les clauses de souffrance, licites selon l'article 1724 du Code civil lorsqu'elles ne privent que momentanément le locataire de la jouissance du bien[1637], qui privaient purement et simplement le locataire de la totalité ou d'une partie des lieux loués[1638] ou qui gênaient de façon *« trop importante »* la jouissance des lieux et l'exploitation de ces derniers par le locataire[1639].

315. Caractéristiques physiques de la chose louée : éléments pouvant être indispensables à l'exercice de l'activité économique. Il s'agit ici des aspects matériels tels que la nature du bien loué, l'emplacement géographique, la

---

1633 J. LAFOND *et alii*, *Code des baux*, 2017, *op. cit.*, p. 16, n° 1.

1634 Cass. 1e civ., 11 oct. 1989, n° 88-14.439, Bull. civ. I, n° 317, JurisData n° 1989-703115, *D.* avr. 1991, n° 17, p. 225, note P. ANCEL ; *RTD com.* juin 1990, n° 2, p. 244, obs. B. BOULOC.

1635 P. ANCEL, « Location mobilière de longue durée sans option d'achat : opération de crédit et/ou bail de droit commun », art. cit. : Bien que la Cour de cassation emploie le terme de résiliation, il serait plus exact, pour cet auteur, de parler de résolution qui s'entend d'un anéantissement rétroactif contrairement à la résiliation qui n'anéantit le contrat que pour l'avenir, puisque la chose louée n'a jamais été délivrée. ; Pour confirmer l'idée d'une résolution : Cass. 3e civ., 30 avr. 2003, n° 01-14.890, Bull. civ. III, n° 87, JurisData n° 2003-018805, *Loyers et copr.* oct. 2003, n° 10, comm. 196, p. 10, note B. VIAL-PEDROLETTI ; *JCP G* mars 2004, n° 10, comm. II 10031, p. 402, note C. JAMIN ; *D.* juin 2003, n° 21, p. 1408 ; *Ann. loyers* mai 2003, n° 5, p. 750, note Ch. ATIAS ; *Rev. loyers* juill.-sept. 2003, n° 839, p. 407, note B. HUMBLOT-GIGNOUX.

1636 Cass. 3e civ., 19 mai 2004, n° 03-12.541, Bull. civ. III, n° 99, JurisData n° 2004-023636 ; *JCP G* juill. 2004, n° 28, pan. 2408, p. 1292 ; *JCP G* avr. 2005, n° 15-16, chron. 132, p. 727, obs. G. VINEY ; *AJDI* nov. 2004, n° 11, p. 803, obs. Y. ROUQUET.

1637 V. sur ce point : C. DENIZOT et G. TRAUTMANN, « La clause de souffrance dans les baux commerciaux », *AJDI* nov. 2014, n° 11, p. 779 ; Cass. 3e civ., 16 mai 2007, n° 06-18.286 ; CA Paris, 5e pôle, 3e ch., 11 sept. 2013, n° 11/19440, JurisData, n° 2013-019303.

1638 CA Pau, 2e ch., sect. 1, 29 oct. 2012, n° 11/00916, JurisData, n° 2012-030047 : les travaux du bailleur ont rendu les locaux loués inaccessibles ; CA Rennes, 7e ch., 25 mai 2011, n° 09/06927, *AJDI* juin 2012, n° 6, p. 430 ; *AJDI* déc. 2013, n° 12, p. 882, chron. J.-P. BLATTER : les travaux ont entraîné la privation des cuisines ; CA Paris, 16e ch., sect. B, 21 nov. 1997, n° 98/86030, JurisData, n° 1997-023784 ; Cass. 3e civ., 1er juin 2005, n° 04-12.200, Bull. civ. III, n° 119, JurisData n° 2005-028690, *Rev. loyers* juill.-sept. 2005, n° 859, jur. 165, p. 37, an. M.-O. VAISSIÉ ; *RLDA* oct. 2005, n° 86, jur. 5374, p. 53, obs. A. LEFÈVRE et J. VASA ; *AJDI* sept. 2005, n° 9, p. 650, obs. Y. ROUQUET.

1639 CA Paris, 4e pôle, 6e ch., 24 janv. 2014, n° 11/20794, JurisData n° 2014-001244, *AJDI* nov. 2014, n° 11, p. 779, obs. C. DENIZOT et G. TRAUTMANN ; *AJDI* déc. 2015, n° 12, p. 890, chron. J.-P. BLATTER.

superficie ou encore les équipements de ce bien[1640]. Lorsque ces caractéristiques physiques ne participent pas ou ne sont pas nécessaires à l'exercice du droit de jouissance du preneur et à l'exercice de son activité économique, il semble que l'obligation de délivrance ne soit pas essentielle lorsqu'elle vise précisément ces éléments. Au contraire, et c'est bien souvent le cas en pratique, ces caractéristiques physiques peuvent participer ou être nécessaires à l'exercice du droit de jouissance du preneur et à l'exercice de son activité économique. Il en est ainsi lorsqu'un élément d'équipement, tel qu'une installation de climatisation qui sert à distribuer alternativement air froid et air chaud dans les parties communes d'un centre commercial et qui permet l'exploitation normale d'un commerce d'alimentation (boucherie) dans un centre commercial du sud de la France sensible aux variations climatiques[1641]. Dans ce cas, l'obligation de délivrance est évidemment essentielle et cela semble en accord avec les solutions jurisprudentielles. Dès lors que les caractéristiques physiques de la chose louée servent à l'exercice de l'activité économique, elles intègrent le champ de l'obligation essentielle de délivrance.

316. Une justification en accord avec les solutions jurisprudentielles. Ainsi, les juges du second degré invalident la clause exonératoire de l'obligation de délivrance de la bailleresse, selon laquelle seules les réparations relevant de l'article 606 du Code civil restaient à la charge du bailleur, et retiennent la responsabilité de la bailleresse pour la non-remédiation des problèmes liés à la climatisation et au chauffage, compte tenu du trouble de jouissance persistant et d'autant plus dommageable au regard du niveau de standing que pouvait légitimement espérer le locataire[1642]. Dans la mesure où l'exercice du droit de jouissance est empêché par ce défaut de chauffage et de climatisation, il est logique que le bailleur ne soit pas déchargé de son obligation de délivrance en dépit de la clause du bail. De même, la Cour de cassation a jugé que le bailleur « *ne peut, en raison de l'obligation de délivrance à laquelle il est tenu, s'exonérer de l'obligation de procéder aux travaux rendus nécessaires par les vices affectant la structure de l'immeuble* » alors que le bail contenait une clause qui se référait à l'article 606 du Code civil en mettant à la charge du preneur les grosses réparations qui sont celles des gros murs et des voûtes, le rétablissement des poutres et des couvertures entières[1643]. Ici, un élément de prime abord matériel touche pourtant à la fonction de la chose, car la structure de l'immeuble peut

---

[1640] V. ZALEWSKI, « Délivrer ou non », art. cit.

[1641] CA Montpellier, ch. 2, setc. B, 26 mars 2002, n° 01/00827, JurisData n° 2002-187909.

[1642] CA Paris, 1er juin 2011, n° 10/03286, *AJDI* juin 2012, n° 6, p. 427.

[1643] Cass. 3e civ., 9 juill. 2008, n° 07-14.631, Bull. civ. III, 2008, n° 121, JurisData n° 2008-044786, *JCP E* sept. 2008, n° 38, pan. 2131, p. 25 ; *JCP N* juill. 2009, n° 29, chron. 1241, p. 24, obs. H. KENFACK ; *AJDI* nov. 2008, n° 11, p. 841, obs. V. ZALEWSKI ; *Dalloz actualité* 15 juill. 2008, obs. Y. ROUQUET ; *D.* sept. 2008, n° 29, p. 1999, obs. Y. ROUQUET ; *RLDA* nov. 2008, n° 32, act. 1922, p. 19, note H. KENFACK ; *RLDA* oct. 2008, n° 31, act. 1870, p. 43, obs. M. FILIOL DE RAIMOND ; *Rev. loyers* oct. 2008, n° 890, jur. 821, p. 432, note B. HUMBLOT-GIGNOUX ; *RLDC* oct. 2008, n° 53, act. 3140, p. 16, obs. V. MAUGERI ; Cass. 3e civ., 2 juill. 2013, n° 11-28.496, JurisData n° 2013-013964, *Loyers et copr.* oct. 2013, n° 10, comm. 280, p. 27, obs. E. CHAVANCE ; *AJDI* mai 2014, n° 5, p. 376, obs. C. DREVEAU.

empêcher l'exercice du droit de jouissance du preneur et l'exercice de son activité économique[1644].

b - Confirmation : lien entre l'obligation de délivrance et les conditions de formation, d'existence et de qualification du contrat

317. Lien entre l'obligation de délivrance et les conditions de formation du bail commercial. La qualité d'obligation essentielle reconnue à l'obligation de délivrance se voit confirmée par d'autres arguments qui tiennent aux conditions de formation du contrat, à son existence, à sa subsistance, ainsi qu'à sa qualification, sa nature ou sa raison d'être. À nos yeux, l'élément indispensable qui intervient dans chacune de ces acceptions est la mise à disposition d'une chose. Dans la suite de notre raisonnement, nous avons également constaté que l'élément commun aux définitions proposées de l'obligation essentielle est l'impossibilité de supprimer cette obligation sans affecter le contrat.

S'agissant de la formation du contrat, la mise à disposition d'une chose y participe, en gardant à l'esprit qu'elle dépend de son exécution et non de sa formation, puisque pour conclure un bail il faut bien être d'accord sur l'engagement de la mise à disposition en contrepartie d'un loyer[1645]. D'après Mme Lardeux, *« le bail suppose [...] a minima, la mise à disposition onéreuse et limitée dans le temps d'un bien »*, si bien que *« les parties ne peuvent alors prévoir que le bailleur puisse ne pas livrer la chose ainsi que le preneur ne pas la restituer ou ne pas payer le loyer »*[1646]. D'ailleurs, la Haute Cour a affirmé *« qu'ayant constaté que les conditions suspensives, non assorties de délai, stipulées au contrat avaient été réalisées, que les parties n'avaient pas soumis leur accord à une quelconque réitération et que la bailleresse avait exécuté son obligation de délivrance le 21 juin 2010, en mettant en mesure la société Sports international distribution de prendre possession des locaux répondant aux prévisions du bail du 3 novembre 2006 et d'en commencer l'exploitation et retenu que l'inoccupation des lieux par le preneur était impropre à l'exonérer de son obligation de payer le loyer convenu, la cour d'appel, qui n'était pas tenue de procéder à une recherche qui ne lui était pas demandée, en a exactement déduit que le bail était valablement formé et que la bailleresse était en droit de préférer l'exécution de la convention des parties à la résolution de celle-ci »*[1647]. De plus, la jurisprudence a également établi un rapprochement entre la délivrance et la cause, condition de validité nécessaire à la formation du contrat[1648].

[1644] V. aussi en ce sens : CA Paris, 5e pôle, 3e ch., 16 janv. 2013, n° 10/23656, JurisData n° 2013-000446, *AJDI* sept. 2013, n° 9, p. 612 ; *AJDI* déc. 2014, n° 12, p. 898, chron. J.-P. BLATTER : grosses réparations ; Cass. 3e civ., 6 mars 2012, n° 11-14.156, *AJDI* mai 2012, n° 5, p. 348 : inefficacité de la clause selon laquelle le locataire doit prendre en charge les travaux remédiant à la médiocre qualité des planchers.

[1645] F. COHET-CORDEY, « L'obligation de délivrance du bailleur dans les contrats de location d'un immeuble », art. cit.

[1646] G. LARDEUX, « Le caractère d'ordre public de l'obligation de délivrance », art. cit.

[1647] Cass. 3e civ., 25 mars 2014, n° 13-11.322, *AJDI* déc. 2015, n° 12, p. 890, chron. J.-P. BLATTER.

[1648] V. *infra* n° 333 ; V. aussi sur le rapprochement de l'obligation de délivrance et de la cause : C. BOURGEOIS, *Essai de classification des obligations naissant d'un contrat*, th. Bordeaux IV, 2006, p. 194, n° 215 s. et spéc. p. 196, n° 217 et 218, avec l'exemple du bail.

318. Lien entre l'obligation de délivrance et l'existence du bail commercial. La mise à disposition d'une chose participe également à l'existence du bail puisque sans cette mise à disposition, la jouissance ne peut être effective et le bail ne peut exister[1649]. À l'inverse, comment le contrat de bail pourrait-il exister en l'absence de délivrance[1650] ? Il ne le pourrait pas !

À l'appui de nos propos, l'on peut se référer à une ancienne formule de la chambre des requêtes de la Cour de cassation, « *un contrat ne peut légitimement exister s'il ne renferme les obligations qui sont de son essence et s'il n'en résulte un lien de droit pour contraindre les cocontractants à les exécuter ; il est de l'essence du contrat de louage que le bailleur s'engage à faire jouir le locataire de la chose louée et à l'entretenir, pendant la durée du bail, en état de servir à l'usage auquel elle est destinée* »[1651]. Si la délivrance n'est pas expressément visée dans cette formulation, elle est induite puisque l'entretien de la chose en état de servir à l'usage auquel elle est destinée implique au préalable une délivrance dans cet état.

319. Lien entre l'obligation de délivrance et la subsistance du bail commercial. De même, elle assure sa subsistance, même si elle n'y est pas suffisante à elle seule, puisque s'il n'y a pas de mise à disposition d'une chose, il ne peut y avoir de jouissance et donc de bail. Si l'auteur qui associe l'obligation essentielle à l'obligation qui permet la subsistance du contrat ne perçoit qu'un caractère naturel et non essentiel dans l'obligation de délivrance[1652], il précise « *qu'il est de l'essence du contrat de louage, qu'il y ait une certaine jouissance ou un certain usage d'une chose, que le locateur s'engage de faire avoir au locataire pendant le temps convenu, et c'est proprement ce qui fait l'objet et la matière du contrat de louage* »[1653] et un autre auteur soutient que « *puisqu'il est de l'essence de cette convention, qu'il y ait, comme le dit Pothier lui-même (1), une certaine jouissance ou un certain usage d'une chose, il faut bien que le propriétaire effectue entre les mains du preneur cette délivrance sans laquelle le droit de jouir serait impossible* »[1654].

Par ailleurs, elle occupe une place, dédiée par la formule même de l'article 1719, 1°, dans la nature du contrat de bail.

320. Lien entre l'obligation de délivrance et la qualification du bail commercial. Enfin, elle fait partie des critères nécessaires pour qualifier le contrat de bail puisque si la Cour de cassation estime, pour qu'une convention puisse être qualifiée de bail, qu'il faut une contrepartie (prix sérieux), c'est bien qu'en amont il

---

1649 V. *infra* n° 502.

1650 F. COHET-CORDEY, « L'obligation de délivrance du bailleur dans les contrats de location d'un immeuble », art. cit.

1651 Cass. req., 19 janv. 1863, D.P. 63-1-248.

1652 R.-J. POTHIER, *Traité du contrat de louage, selon les règles tant du for de la conscience que du for extérieur*, *op. cit.*, pp. 48-49, n° 53 : « *l'engagement que le locateur contracte envers le conducteur par la nature même du contrat, est de le faire jouir ou user de la chose qu'il lui a louée, praestare frui licere, uti licere. Cet engagement renferme, 1°, l'obligation de délivrer au conducteur la chose qui lui est louée, pour qu'il puisse en jouir et s'en servir ; [...]* ».

1653 *Ibid.*, p. 20, n° 22.

1654 R.-T. TROPLONG, *Droit civil expliqué. De l'échange et du louage. Commentaires des Titres VII et VIII du Livre III du Code civil*, t. 1, *op. cit.*, pp. 300-301, n° 159 ; V. dans le même sens : J. GHESTIN (dir.) et J. HUET, *Traité de droit civil. Les principaux contrats spéciaux*, *op. cit.*, p. 739, n° 21161.

faut une mise à disposition. Celle-ci supprimée, le bail n'aurait plus de raison d'être[1655].

2 - Une obligation essentielle sous sa dimension fonctionnelle ou subjective pour permettre l'exercice de l'activité économique

321. Clauses inefficaces ou réputées non écrites. À l'instar du raisonnement tenu pour démontrer l'essentialité de la dimension objective ou matérielle de l'obligation de délivrance, la présente démonstration se fera à l'aune des clauses invalidées par le juge.

Là encore, non seulement la reconnaissance de la qualité essentielle de l'obligation de délivrance se vérifie en ce qu'elle justifie l'inefficacité des clauses aménageant cette obligation (a), mais celle-ci est encore confirmée en considération du lien qu'entretient l'obligation de délivrance avec les conditions de validité du contrat (b).

a - Vérification : justification de l'inefficacité des clauses aménageant l'obligation de délivrance

322. La dimension fonctionnelle ou subjective participe à la réalisation de la finalité du bail commercial : une subtilité à soulever. La dimension subjective de l'obligation de délivrance correspond à la remise d'un bien apte à remplir la destination fixée conventionnellement par les parties[1656] ou apte à l'usage auquel il est conventionnellement destiné, c'est-à-dire *« une chose qui, dans sa nature, est adaptée à la destination conventionnellement fixée »*[1657], c'est-à-dire un bien conforme aux prévisions contractuelles et donc apte à remplir l'usage pour lequel il a été loué[1658]. Sous cette dimension, les certitudes semblent moins aisées au regard des deux volets selon lesquels elle peut se décomposer. Effectivement, si la doctrine prétend, en ce qui concerne l'obligation du bailleur de mettre à disposition du preneur un local susceptible de recevoir la destination convenue, qu'aucune clause ne devrait pouvoir permettre d'alléger une telle obligation, manifestement essentielle[1659], elle accepte en revanche, dans sa grande majorité, la possibilité de convenir que le bailleur délivrera un local qui, susceptible de recevoir la destination convenue, nécessitera néanmoins une mise en état aux frais du locataire[1660], prétextant qu'il serait étonnant que l'obligation de délivrance, sous cet aspect, soit

---

1655 V. *infra* n° 502.

1656 C. GRIMALDI, « e) La clause de prise des locaux loués en l'état à l'aune de l'obligation de délivrance », art. cit.

1657 R. BOFFA, *La destination de la chose*, *op. cit.*, p. 297, n° 426.

1658 V. ZALEWSKI, « L'obligation de délivrance et les vices structurels de l'immeuble », art. cit.

1659 C. GRIMALDI, « Les clauses portant sur une obligation essentielle », art. cit. ; C. GRIMALDI, « e) La clause de prise des locaux loués en l'état à l'aune de l'obligation de délivrance », art. cit.

1660 A. BÉNABENT, *Droit des contrats spéciaux civils et commerciaux*, 13e éd., *op. cit.*, p. 273, n° 354 ; P. PUIG, *Contrats spéciaux*, *op. cit.*, pp. 574-575, n° 661-663. ; Comp. toutefois avec : G. LARDEUX, « Le caractère d'ordre public de l'obligation de délivrance », art. cit.

d'ordre public alors que ne l'est pas l'obligation d'entretien à la charge du bailleur pour les dépenses non locatives[1661] ou l'obligation de jouissance paisible[1662].

En accord avec la définition de l'obligation essentielle que nous avons retenue, l'obligation de délivrance devrait être essentielle sous sa dimension fonctionnelle ou subjective puisque cet aspect participe à la réalisation de la finalité du bail commercial, c'est-à-dire à l'exercice du droit de jouissance du preneur et plus précisément à l'exercice de l'activité économique. C'est comme cela que l'on pourrait justifier les décisions de la Cour de cassation dans lesquelles elle sanctionne le bailleur lorsqu'il prive le preneur du bien loué. Partant, la clause qui dispenserait purement et simplement le bailleur de la mise à disposition contredirait l'essence même du contrat, de sorte que seul l'objet de la prestation du bailleur (la chose louée) pourrait être aménagé[1663].

323. Aptitude du bien à recevoir la destination convenue : élément indispensable à l'exercice de l'activité économique. Une thèse s'intéressant à la destination de la chose a étendu le caractère essentiel à l'obligation de délivrance conforme et affirmé que l'aptitude de la chose à remplir sa destination fait partie de son caractère essentiel[1664] en se fondant sur une jurisprudence de 1994[1665] ainsi que sur un arrêt de 2002 qui affirme que la clause de prise des lieux en l'état ne décharge pas le bailleur de son obligation de délivrance[1666]. D'autres auteurs affirment que sous son caractère essentiel, *« l'obligation de délivrance porte alors sur le local convenu ainsi que sur ses accessoires indispensables à une utilisation normale et sans danger des lieux »*[1667]. L'aspect fonctionnel de l'obligation de délivrance serait ainsi essentiel.

À l'évidence, l'aptitude de la chose à remplir sa destination est un élément indispensable pour que le preneur puisse exercer son droit de jouissance et à cette occasion exercer son activité économique. À défaut, comment ce droit de jouissance et cette activité pourraient-ils s'exercer ? Ils ne le pourraient pas, car si la destination n'est pas remplie, cela signifie que le bien ne peut accueillir l'activité économique !

[1661] C. GRIMALDI, « e) La clause de prise des locaux loués en l'état à l'aune de l'obligation de délivrance », art. cit. : cet auteur fait référence à l'arrêt Cass. 3e civ., 7 févr. 1978, n° , Bull. civ. III, n° 71, p. ; G. LARDEUX, « Le caractère d'ordre public de l'obligation de délivrance », art. cit. : cet auteur fait référence à l'arrêt Cass. 3e civ., 11 déc. 1991, Bull. civ. III, n° 309.

[1662] G. LARDEUX, « Le caractère d'ordre public de l'obligation de délivrance », art. cit. : cet auteur fait référence à aux arrêts Cass. 3e civ., 28 oct. 1974, Bull. civ. III, n° 379 et Cass. 3e civ., 30 mai 1996.

[1663] F. COHET-CORDEY, « L'obligation de délivrance du bailleur dans les contrats de location d'un bien immeuble », art. cit.

[1664] R. BOFFA, *La destination de la chose*, *op. cit.*, pp. 298-299, n° 427.

[1665] Cass. 1e civ., 23 févr. 1994, n° 92-11.378, Bull. civ. I, n° 76, JurisData n° 1994-000493, *JCP G* mai 1994, n° 20-21, somm. 1124, p. 146 ; *JCP G* déc. 1994, n° 50, doctr. 3809, p. 550, obs. G. VINEY ; *RTD civ.* sept. 1994, n° 3, p. 616, obs. P JOURDAIN ; *D.* avr. 1995, n° 14, p. 214, obs. N. DION.

[1666] Cass. 3e civ., 5 juin 2002, n° 00-19.037, Bull. civ. III, n° 123, *D.* sept. 2002, n° 29, p. 2303 ; *AJDI* nov. 2002, n° 11, p. 759, obs. P. BRIAND ; *Administrer* août-sept. 2002, n° 347, p. 44, obs. B. BOCCARA et D. LIPMAN-BOCCARA ; *RDC* déc. 2003, n° 1, p. 118, obs. G. LARDEUX ; *Gaz. pal.* sept. 2012, n° 255, p. 17, obs. F. GHILAIN.

[1667] M.-P. DUMONT-LEFRAND *et alii*, « L'obligation de délivrance en matière de bail commercial », art. cit.

324. Une justification en accord avec les solutions jurisprudentielles. L'analyse de la jurisprudence révèle une tendance prédominante à l'évincement des clauses aménageant l'aspect fonctionnel de l'obligation de délivrance. Ainsi, la Cour de cassation a jugé que le bailleur avait manqué à son obligation de délivrer un local clos et conforme aux normes de sécurité puisqu'il n'avait pas fait réaliser la mise en conformité de l'installation de gaz et n'avait déposé aucun dossier auprès de la commune concernant la sécurité et la défense incendie alors qu'il s'agissait d'une réglementation applicable à tous les établissements recevant du public tel un bar-restaurant, a pu déduire de ces seuls motifs qu'il avait manqué à son obligation de délivrance[1668]. Cette solution se comprend parfaitement dans la mesure où cela empêche l'accueil d'une quelconque activité économique, si bien que la mise en capacité d'exercice de cette activité n'est pas remplie.

325. Susceptibilité du bien de recevoir la destination convenue, mais nécessité d'une mise en état aux frais du locataire : distinction entre capacité d'exercice de l'activité économique et exercice immédiat de cette activité. En accord avec la définition de l'obligation essentielle que nous avons retenue et avec la définition que nous avons proposée de l'obligation de délivrance, à savoir une mise en capacité d'exercice du droit de jouissance du preneur et plus concrètement une mise en capacité d'exercice de l'activité économique du preneur, il faut en réalité distinguer au sein même de ce volet de la dimension subjective, la capacité d'exercice de l'activité économique, de l'exercice immédiat de l'activité économique. L'obligation de délivrance est essentielle sous sa dimension fonctionnelle ou subjective lorsqu'elle participe à la réalisation de cette mise en capacité d'exercice du droit de jouissance du preneur et à cette mise en capacité d'exercice de l'activité économique, mais pas lorsqu'elle participe à la réalisation de l'exercice immédiat de l'activité économique. Or, la mise en capacité d'exercice du droit de jouissance peut englober l'exercice immédiat de l'activité, mais ce n'est pas forcément le cas. Partant, le bailleur peut s'engager à délivrer un bien qui sera immédiatement apte à l'usage pour lequel il a été loué, mais il peut, sans empêcher la capacité d'exercice de l'activité commerciale, délivrer un bien qui sera apte à remplir l'usage contractuellement prévu, une fois un certain nombre de travaux réalisés ou d'autorisations obtenues par le preneur[1669].

La distinction entre la mise en capacité d'exercice de l'activité économique et son exercice immédiat appelle une explication supplémentaire. Lorsque le bailleur s'engage à délivrer un bien qui sera apte à remplir l'usage contractuellement prévu, une fois un certain nombre de travaux réalisés ou d'autorisations obtenues par le preneur, il faut comprendre que la mise en capacité d'exercice n'est pas compromise, car si le local ne peut pas accueillir l'activité économique précise du locataire, il peut tout de même accueillir une activité économique au sens large.

[1668] Cass. 3e civ., 3 nov. 2016, n° 15-10.036, *AJDI* déc. 2016, n° 12, p. 837 ; *AJDI* déc. 2017, n° 12, p. 886, chron. J.-P. BLATTER.

[1669] V. en ce sens : V. ZALEWSKI, « L'obligation de délivrance et les vices structurels de l'immeuble », art. cit.

Il faut alors distinguer l'impossibilité d'accueillir une quelconque activité économique, de l'impossibilité d'accueillir une activité économique visée. Dans le premier cas, la mise en capacité d'exercice est réduite à néant, de sorte que la finalité du bail est elle-même réduite comme peau de chagrin. Dans le second cas, elle existe, mais n'est pas immédiatement effective.

En accord avec le nouvel article 1170 du Code civil, la capacité d'exercice de l'activité économique est en quelque sorte la substance de l'obligation de délivrance[1670].

Des auteurs opposent l'atténuation à l'exonération pure et simple de l'obligation en rattachant cette opposition au caractère essentiel de l'obligation, voire à son caractère d'ordre public[1671]. D'après eux, les clauses atténuant les obligations du bailleur seraient valables, à la différence des clauses qui conduisent à priver purement et simplement le preneur du bien loué qui seraient inefficaces. D'après nous, cette explication est plus aléatoire et surtout moins claire que l'explication suscitée. En effet, il est plus simple de faire référence à la capacité d'exercice de l'activité économique qu'à l'exonération ou l'atténuation de l'obligation de délivrance.

La jurisprudence, en acceptant certaines clauses aménageant la dimension fonctionnelle ou subjective de l'obligation de délivrance, semble admettre cette explication.

326. Explication au rejet de certaines clauses aménageant la dimension fonctionnelle ou subjective de l'obligation de délivrance : transfert d'autorisation d'exploiter. S'agissant d'une clause par laquelle le preneur accepte formellement de prendre en charge l'obtention de toutes les autorisations administratives éventuellement nécessaires à l'exploitation de son activité dans les locaux objet du bail, la Cour de cassation semble confirmer notre démonstration puisqu'elle fait référence dans son attendu à la *« finalité intrinsèque »* des locaux loués. Pour caractériser le manquement du bailleur, la troisième chambre retient que *« la société Klepierre, bailleur, avait acheté en l'état de futur achèvement cet entrepôt dont la finalité intrinsèque était le stockage dix ans avant de le louer à la société Heppner sans qu'il ait fait l'objet ni de déclaration, ni de demande d'autorisation d'exploiter tant au moment de la construction que de l'installation du premier locataire »* et en déduit que *« la cour d'appel, qui a constaté que les autorisations qui faisaient défaut n'étaient pas spécifiques à l'activité des sociétés Heppner et*

1670 V. en ce sens : J.-D. BARBIER, « Obligation de délivrance et désamiantage de la toiture », *Gaz. pal.* mars 2018, n° 11, p. 55.

1671 Y. ROUQUET, « À propos du caractère d'ordre public de l'obligation de délivrance », *AJDI* sept. 2005, n° 9, p. 650 ; Cass. 3e civ., 6 mars 2013, n° 11-27.331, Bull. civ. III, n° 34, JurisData n° 2013-003778, *JCP N* août 2013, n° 35, chron. 1206, p. 41, obs. J. MONÉGER ; *RDC* juill. 2013, n° 3, p. 977, obs. J.-B. SEUBE ; *Dr. & patr. L'Hebdo* mars 2013, n° 913, p. 2, obs. C. L. G. ; *Rev. loyers* avr. 2013, n° 936, jur. 1565, p. 174, an. C. QUÉMENT ; *LEDC* avr. 2013, n° 4, p. 5, obs. G. PILLET ; *Gaz. pal.* avr. 2013, n° 110, p. 18, obs. J.-D. BARBIER ; *Gaz. pal.* mars 2013, n° 80, p. 1250, obs. C. BERLAUD ; *LEDIU* mai 2013, n° 5, p. 2, obs. A. CERDA ; *Dalloz actualité* 18 mars 2013, obs. Y. ROUQUET ; *D.* mars 2013, n° 11, p. 704, obs. Y. ROUQUET ; *D.* juill. 2013, n° 26, p. 1794, chron. M.-P. DUMONT-LEFRAND ; *RTD com.* août 2013, n° 2, p. 231, obs. F. KENDÉRIAN.

Woehl, mais procédaient de l'usage normal de l'entrepôt, a pu déduire de ces seuls motifs, sans se contredire, ni violer l'article L. 511-1 du code de l'environnement, que la première faute ayant été commise par le bailleur, la société Klepierre ne démontrait pas que les loyers qu'elle avait pu perdre ou la moins-value de l'immeuble lors de sa vente étaient imputables à la faute des sociétés Heppner et Woehl »[1672]. Les clauses de transfert sont valables dès lors qu'elles ne contredisent pas la capacité d'exercice du droit de jouissance et de l'activité économique, et par là même la finalité du bail. La solution se justifie pleinement à deux égards. D'abord, la clause ne pouvait pas s'appliquer à ladite autorisation puisque celle-ci ne concernait pas une autorisation spécifique à l'activité du preneur. Ensuite et surtout, une clause visant spécifiquement ladite autorisation n'aurait pas plus été valable puisque sans cette autorisation les lieux ne pouvaient accueillir aucune activité. D'autres décisions ayant refusé le jeu de la clause de transfert d'une autorisation de changement d'usage d'habitation en usage professionnel semblent justifiées pour ces mêmes raisons[1673].

327. Explication au rejet de certaines clauses aménageant la dimension fonctionnelle ou subjective de l'obligation de délivrance : travaux de structure. Dans un arrêt largement commenté par la doctrine, les hauts magistrats ont refusé le jeu d'une clause aménageant l'obligation de délivrance par une formule selon laquelle *« si le bailleur peut mettre à la charge du preneur, par une clause expresse du bail, l'obligation de prendre en charge les travaux rendus nécessaires par la vétusté, il ne peut, en raison de l'obligation de délivrance à laquelle il est tenu, s'exonérer de l'obligation de procéder aux travaux rendus nécessaires par les vices affectant la structure de l'immeuble »*[1674]. Selon nous, la mise en capacité d'exercice du droit de jouissance et de l'activité économique peut expliquer une telle formulation. En l'occurrence, il s'agissait de vices affectant la structure de l'immeuble loué, de sorte que ce dernier ne pouvait accueillir aucune activité économique, quelle qu'elle soit, sans la réalisation de travaux. Dès lors que les lieux loués ne peuvent accueillir aucune activité économique, la finalité du bail commercial est réduite à néant. Cette situation est précisément à distinguer de celle où les lieux loués peuvent accueillir une activité économique, mais pas l'activité économique précise d'un locataire considéré. Dans le premier cas, la capacité d'exercice de l'activité économique est inexistante. Dans le second cas, cette capacité existe.

1672 Cass. 3e civ., 4 juin 2009, n° 08-12.126, Bull. civ. III, n° 134, JurisData n° 2009-048510, *Environnement* oct. 2009, n° 10, comm. 114, p. 29, note M. BOUTONNET ; *RLDC* mars 2010, n° 69, chron. 3757, p. 53, obs. B. PARANCE ; *D.* juin 2009, n° 16, p. 2976, obs. G. FOREST ; *D.* déc. 2009, n° 44, p. 2976, note M. BOUTONNET.

1673 CA Paris, 3e ch., 12 janv. 2017, n° 15/17010, JurisData n° 2017-000356, *Loyers et copr.* avr. 2017, n° 4, comm. 78, p. 20, note B. VIAL-PEDROLETTI ; Cass. 3e civ., 23 nov. 1993, n° 92-16.508 ; Cass. 3e civ., 29 avr. 2002, n° 00-20.213, JurisData n° 2002-014264.

1674 Cass. 3e civ., 9 juill. 2008, n° 07-14.631, Bull. civ. III, 2008, n° 121, JurisData n° 2008-044786, *JCP E* sept. 2008, n° 38, pan. 2131, p. 25 ; *JCP N* juill. 2009, n° 29, chron. 1241, p. 24, obs. H. KENFACK ; *AJDI* nov. 2008, n° 11, p. 841, obs. V. ZALEWSKI ; *Dalloz actualité* 15 juill. 2008, obs. Y. ROUQUET ; *D.* sept. 2008, n° 29, p. 1999, obs. Y. ROUQUET ; *RLDA* nov. 2008, n° 32, act. 1922, p. 19, note H. KENFACK ; *RLDA* oct. 2008, n° 31, act. 1870, p. 43, obs. M. FILIOL DE RAIMOND ; *Rev. loyers* oct. 2008, n° 890, jur. 821, p. 432, note B. HUMBLOT-GIGNOUX ; *RLDC* oct. 2008, n° 53, act. 3140, p. 16, obs. V. MAUGERI.

328. Explication à l'admission de certaines clauses aménageant la dimension fonctionnelle ou subjective de l'obligation de délivrance : travaux d'aménagement ou de mise en conformité propres à l'activité du locataire. La jurisprudence semble accueillir favorablement le transfert des travaux d'aménagement des lieux loués lorsqu'ils sont engendrés exclusivement par l'activité commerciale du preneur. Effectivement, la Cour de cassation a laissé la possibilité de prévoir contractuellement que la mise en conformité des lieux avec la réglementation hôtelière sera supportée par le preneur[1675]. Récemment, elle a déclaré, dans le cadre d'un bail commercial portant sur des locaux contenant de l'amiante, que *« les obligations pesant sur le promoteur immobilier envers le preneur, au titre des travaux de réhabilitation d'un immeuble loué, n'exonèrent pas le bailleur, tenu d'une obligation de délivrance, de la prise en charge des travaux nécessaires à l'activité stipulée au bail, sauf clause expresse contraire »*[1676]. Comme l'explique un auteur à propos de cet arrêt - mais cette explication est de portée générale - *« le bailleur peut être déchargé des travaux nécessaires à l'exercice de l'activité convenue au bail, sans pour autant pouvoir se décharger de l'obligation essentielle de délivrer des locaux où le preneur pourrait assurément exercer son activité, après des aménagements lui incombant »* bien qu'ici les travaux de désamiantage semblent faire partie des travaux dont le bailleur ne peut pas s'exonérer, car *« aucune activité dans des locaux amiantés ne peut être exercée paisiblement »*, de sorte que la substance de l'obligation de délivrance paraît touchée[1677]. En début d'année 2018, la Cour de cassation a une fois de plus illustrer ce principe en distinguant les travaux de mise en conformité pouvant être mis à la charge du preneur et ceux qui, relevant de l'obligation de délivrance du bailleur, ne peuvent lui être transférés[1678].

Toutefois, les clauses dérogatoires devront être expresses pour être efficaces[1679]. Ainsi, une clause pourra prévoir que le preneur effectue les démarches administratives permettant l'ouverture de son commerce au public, à condition qu'elles puissent être obtenues[1680]. Cette obtention peut être compromise lorsque

---

[1675] Cass. 3e civ., 12 juin 2001, n° 00-12.634, Bull. civ. III, n° 123, JurisData n° 2001-010216, *AJDI* déc. 2001, n° 12, p. 977, obs. P. LAURENT.

[1676] Cass. 3e civ., 18 janv. 2018, n° 16-26.011, JurisData n° 2018-000293, *JCP N* sept. 2018, n° 37, chron. 1279, p. 34, obs. S. REGNAULT ; *D.* févr. 2018, n° 4, p. 167 ; *Loyers et copr.* févr. 2018, n° 2, rep. 2, p. 1, obs. J. MONÉGER ; *JCP E* mars 2018, n° 13, comm. 1168, p. 47, note C. AUBRY DE MAROMONT ; *AJDI* juin 2018, n° 6, p. 432, obs. N. DAMAS ; *D.* juill. 2018, n° 27, p. 1511, obs. M.-P. DUMONT-LEFRAND ; *Dalloz actualité* 25 janv. 2018, obs. Y. ROUQUET ; *JA* févr. 2018, n° 573, p. 11, obs. X. DELPECH ; *Dr. & patr. L'Hebdo* janv. 2018, n° 1131, p. 2, obs. C. L. G. ; *Rev. loyers* mars 2018, n° 985, jur. 2807, p. 141, an. J. ROIGT et C. QUINTIN ; *RLDA* mars 2018, n° 135, act. 6407, p. 10 ; *Defrénois* oct. 2018, n° 39, p. 27, obs. L. RUET ; *Gaz. pal.* mars 2018, n° 11, p. 55, obs. J.-D. BARBIER ; *LEDC* mars 2018, n° 3, p. 2, obs. J.-F. HAMELIN ; Rappr. CA Paris, 1er pôle, 8e ch., 20 janv. 2017, n° 16/03145, *Gaz. pal.* juill. 2017, n° 26, p. 55, obs. J.-D. BARBIER.

[1677] M.-P. DUMONT-LEFRAND, « Baux commerciaux, juin 2017 - juin 2018 », art. cit.

[1678] Cass. 3e civ., 18 janv. 2018, n° 16-25.126, *AJDI* juin 2018, n° 6, p. 437, obs. J.-P. BLATTER.

[1679] Cass. soc., 11 oct. 1962, Bull. civ. IV, n° 709, p. ; Cass. 3e civ., 6 juin 1978, n° 77-11.020, Bull. civ. III, n° 237, *D.* 1979, p. 461, note H. C. ; Cass. 3e civ., 21 nov. 2001, n° 00-13.170 et 00-13.870, JurisData n° 2001-011945, *Loyers et copr.* mars 2002, n° 3, comm. 56, p. 9, note B. VIAL-PEDROLETTI ; *AJDI* juin 2002, n° 6, p. 448, obs. S. LAPORTE-LECONTE.

[1680] V. ZALEWSKI, « Délivrer ou non », art. cit.

le bailleur est le seul interlocuteur de droit du syndicat des copropriétaires[1681] ou le seul à pouvoir se faire délivrer un permis de construire[1682]. De même, une clause pourra prévoir que le preneur réalise des travaux de mise aux normes à condition que lesdits travaux puissent effectivement être réalisés[1683] ou soient suffisants pour l'exploitation de l'immeuble[1684].

329. Explication à l'admission de certaines clauses aménageant la dimension fonctionnelle ou subjective de l'obligation de délivrance : travaux imposés en cours de bail. Quelques arrêts rendus par la Cour de cassation admettent le jeu des clauses mettant à la charge du locataire les travaux qui seraient imposés par la loi ou l'administration postérieurement à la conclusion du bail. C'est le cas du bail qui contenait une clause transférant au locataire les travaux de mise en conformité avec toute réglementation intervenue ultérieurement à la conclusion du bail[1685]. La Cour de cassation semble adopter la même position à propos des travaux prescrits par l'autorité administrative en affirmant que *« les travaux prescrits par l'autorité administrative sont, sauf stipulation expresse contraire, à la charge du propriétaire »*[1686].

Bien qu'inédits, ces arrêts permettent de s'interroger sur les conclusions à tirer. Cette fois encore, la solution semble s'expliquer dans la mesure où la mise en capacité d'exercice de l'activité n'est pas contrariée par le transfert de ces travaux.

330. Explication particulière relative à la position fluctuante de la jurisprudence à propos des clauses de prise des lieux en l'état. Il faut comprendre que la clause de prise des lieux en l'état n'entache pas systématiquement l'exercice du droit de jouissance du preneur et l'activité économique. En effet, si l'état ne dépasse pas un certain seuil de mauvais état et qu'il n'empêche pas que l'activité économique soit exercée, alors la clause de prise des lieux en l'état sera valable puisqu'elle ne remet pas en cause l'obligation essentielle de délivrance.

On comprend ainsi pourquoi la Cour de cassation a refusé la validité de cette clause dans le cas où les locaux ont été pris à bail en vue de l'exploitation par la

[1681] Cass. 3e civ., 17 juin 2014, n° 13-14.759, *Ann. loyers* 2015, p. 2943, obs. A. CERATI-GAUTHIER.
[1682] CA Paris, 16e ch., sect. B, 2 avr. 2009, JurisData n° 2009-377614.
[1683] Cass. 3e civ., 2 juill. 1997, n° 95-14.151, Bull. civ. III, n° 159, JurisData n° 1997-003148, *JCP G* sept. 1997, n° 39, somm. 1865, p. 292 ; *JCP E* sept. 1997, n° 39, act. 973, p. 331 ; *AJDI* juin 1994, n° 6, p. 455, obs. J.-P. BLATTER.
[1684] Cass. 3e civ., 5 juin 2002, n° 00-19.037, Bull. civ. III, n° 123, *D.* sept. 2002, n° 29, p. 2303 ; *AJDI* nov. 2002, n° 11, p. 759, obs. P. BRIAND ; *Administrer* août-sept. 2002, n° 347, p. 44, obs. B. BOCCARA et D. LIPMAN-BOCCARA ; *RDC* déc. 2003, n° 1, p. 118, obs. G. LARDEUX ; *Gaz. pal.* sept. 2012, n° 255, p. 17, obs. F. GHILAIN : Dans cet arrêt, la clause de prise des lieux en l'état était combinée à un rapport mentionnant les travaux nécessaires à l'exploitation dans lesdits locaux d'un commerce d'hôtel et il s'avère qu'après réalisation desdits travaux par le preneur, ceux-ci se sont révélés insuffisants pour la mise en conformité de l'hôtel.
[1685] Cass. 3e civ., 21 nov. 2001, n° 00-13.170 et 00-13.870, JurisData n° 2001-011945, *Loyers et copr.* mars 2002, n° 3, comm. 56, p. 9, note B. VIAL-PEDROLETTI ; *AJDI* juin 2002, n° 6, p. 448, obs. S. LAPORTE-LECONTE.
[1686] Cass. 3e civ., 12 juin 2001, n° 00-12.150, *AJDI* oct. 2001, n° 10, p. 792.

société de son activité de karting en intérieur, alors qu'il n'y avait aucun dispositif d'insonorisation spécifique et que les essais acoustiques n'étaient pas conformes à la réglementation[1687]. De la même manière, semble justifiée la solution qui affirme, en visant les articles 1719 et 1720 du Code civil, que *« la clause par laquelle le locataire prend les lieux dans l'état où ils se trouvent ne décharge pas le bailleur de son obligation de délivrance »* alors que l'immeuble était en mauvais état, attesté par deux rapports d'expertise précisant les travaux que le preneur devait réaliser en vue de l'exploitation dudit immeuble[1688]. Est encore justifiée la décision qui réfute la clause de « prise des locaux en l'état » en présence de défaillances graves de l'installation électrique d'un local à usage commercial ne permettant pas l'exercice de l'activité projetée[1689]. Dans toutes ces décisions, le mauvais état de l'immeuble empêchait son exploitation et donc l'exercice de l'activité économique en son sein.

À l'inverse, on comprend également pourquoi la Cour de cassation a admis la validité de cette clause dans une jurisprudence ancienne de 1975[1690]. En l'espèce, l'arrêt censure la Cour d'appel qui condamne un bailleur à effectuer la remise en état d'un immeuble, vétuste et délabré, donné à bail, sans répondre aux conclusions soutenant que le preneur, qui avait accepté de prendre les lieux dans leur état actuel moyennant un loyer modique, avait renoncé à exiger des réparations. La modicité du loyer pourrait aussi expliquer l'acceptation d'une telle clause par la Cour de cassation et expliquer ses refus dans d'autres situations, où il n'y avait manifestement pas de compensation. Par clauses de compensation, il faut entendre les clauses qui prévoient que le bailleur s'exonère d'une partie de son obligation de délivrance en compensant soit par un loyer faible ou modique dès le départ, soit par une indemnité ou diminution de loyer en cours de bail. D'ailleurs, en matière de locaux d'habitation, une telle compensation est prévue par la loi puisque l'article 6 de la loi du 6 juillet 1989 autorise les parties à convenir, par une clause expresse, des travaux que le locataire exécutera ou fera exécuter et des modalités de leur imputation sur le loyer, sous réserve que les logements objet de ces clauses répondent aux caractéristiques de décence. De la même manière, on comprend la validité de la clause qui déroge à l'article 1720 du Code civil en excluant toute réclamation relative à des problèmes d'humidité et d'infiltration, dès lors que le bail a été signé par la société locataire, après un an d'occupation des lieux, en pleine

---

[1687] Cass. 3e civ., 10 déc. 2008, n° 07-20.277, JurisData n° 2008-046248, *Loyers et copr.* mars 2009, n° 3, comm. 54, p. 11, obs. B. VIAL-PEDROLETTI ; *RTD com.* déc. 2009, n° 4, p. 694, obs. F. KENDÉRIAN ; *AJDI* mars 2009, n° 3, somm. p. 198, obs S. PORCHERON ; *JCP N* nov. 2009, n° 47, chron. 1316, p. 23, obs. C. YANG-TING.

[1688] Cass. 3e civ., 5 juin 2002, n° 00-19.037, Bull. civ. III, n° 123, *D.* sept. 2002, n° 29, p. 2303 ; *AJDI* nov. 2002, n° 11, p. 759, obs. P. BRIAND ; *Administrer* août-sept. 2002, n° 347, p. 44, obs. B. BOCCARA et D. LIPMAN-BOCCARA ; *RDC* déc. 2003, n° 1, p. 118, obs. G. LARDEUX ; *Gaz. pal.* sept. 2012, n° 255, p. 17, obs. F. GHILAIN.

[1689] Cass. 3e civ., 20 janv. 2009, n° 07-20.854, JurisData n° 2009-046681, *RDC* oct. 2009, n° 4, p. 1495, obs. C. GRIMALDI ; *JCP N* nov. 2009, n° 47, chron. 1316, p. 23, obs. A. MBOTAINGAR ; *JCP E* nov. 2009, n° 47, chron. 2083, p. 15, obs. A. MBOTAINGAR ; *Loyers et copr.* mars 2009, n° 3, comm. 63, p. 17, note E. CHAVANCE.

[1690] Cass. 3e civ., 12 nov. 1975, n° 74-14.878, Bull. civ. III, n° 327.

connaissance de l'existence d'infiltration d'eau[1691], puisque ce locataire a pu exercer l'activité. La Cour de cassation a également validé une clause stipulant que le locataire prendrait à sa charge tous les travaux, quels que soient ceux-ci, y compris ceux réservés au propriétaire et alors que la pollution était le fait d'un preneur antérieur qui n'avait pas débarrassé les lieux qui abritaient une décharge et des fûts métalliques[1692]. En l'espèce, la société locataire avait une parfaite connaissance de l'état des lieux loués puisque figurait en annexe du bail un constat établissant la présence de la décharge et des fûts métalliques sur le terrain et aucune pièce ou document, même extrinsèque à ce bail, n'établissait que les parties avaient entendu déroger à ses conditions particulières en ce qui concerne l'enlèvement des déchets ni que cet enlèvement par les bailleurs avait constitué un élément déterminant du consentement du preneur. Là encore, la validité de la clause se comprend dans la mesure où la capacité d'exercice de l'activité ne semblait pas empêchée par ses déchets. Une solution récente reprend cette position[1693]. Dans ces espèces, l'état de l'immeuble ne contrevient pas à son exploitation.

331. Cohérence retrouvée à l'égard des obligations d'entretien et de jouissance paisible. S'agissant d'abord de l'obligation d'entretien, Mme Lardeux explique que l'obligation d'entretien *« devrait être laissée à la discrétion des parties comme n'étant pas de l'essence du bail »*, car elle ne fait pas obstacle à la jouissance du preneur[1694]. Plus précisément, l'obligation d'entretien, définie comme celle qui maintient l'état de la chose louée en cours de bail[1695], n'est en réalité pas indispensable à l'exercice du droit de jouissance du preneur et par là même à l'exercice de l'activité économique. Elle n'est donc pas une obligation essentielle.

Quant à l'obligation de jouissance paisible, elle serait au contraire, selon ce même auteur, essentielle en ce que son inexécution fait obstacle à la jouissance du locataire[1696]. Effectivement, l'obligation de jouissance paisible, définie comme une obligation de ne pas troubler la jouissance du preneur ou plus exactement comme l'obligation de ne pas troubler l'exercice du droit de jouissance du preneur[1697], est indispensable à l'exercice du droit de jouissance du preneur et par là même à l'exercice de l'activité économique.

C'est donc bien une obligation essentielle et cette précision pourrait être insérée à notre proposition de réécriture des articles 1719, 1° et 1720 alinéa 1er du Code civil, tout à l'article à intégrer dans le Code de commerce[1698]. L'alinéa pourrait être

---

1691 Cass. 3e civ., 24 sept. 2002, n° 01-11.248, JurisData n° 2002-015841 ; Cass. 3e civ., 14 mars 2019, n° 17-31.122, *AJDI* juin 2019, n° 6, p. 447.

1692 Cass. 3e civ., 17 déc. 2002, n° 01-11.704, *RDI* mai 2003, n° 3, p. 244, obs. F.-G. TRÉBULLE ; *AJDI* févr. 2003, n° 2, p. 105, obs. B. WERTENSCHLAG.

1693 Cass. 3e civ., 28 mai 2020, n° 19-14.230, JurisData n° 2020-007399.

1694 G. LARDEUX, « Le caractère d'ordre public de l'obligation de délivrance », art. cit.

1695 V. *supra* n° 187.

1696 G. LARDEUX, « Le caractère d'ordre public de l'obligation de délivrance », art. cit.

1697 V. *supra* n° 186.

1698 F. AUQUE, « Quelques remarques sur la location dans l'avant-projet de réforme du droit des contrats spéciaux », art. cit. : nous rejoignons cette auteure qui reproche à l'avant-projet de réforme des contrats

rédigé ainsi : « L'obligation de délivrance est une obligation essentielle du contrat de bail. ».

b - Confirmation : lien entre l'obligation de délivrance et les conditions de validité du contrat

332. Lien établi entre l'obligation de délivrance et le consentement. La Cour de cassation comme la Cour d'appel ont pu considérer qu'en cas d'interdiction d'exercer le commerce convenu au bail par le règlement de copropriété, il y avait lieu de prononcer la nullité du bail sur le fondement de l'erreur sur les qualités substantielles ou sur le fondement d'un dol[1699]. Le lien ainsi établi entre l'obligation de délivrance et le consentement confirme qu'il s'agit d'une obligation essentielle.

Dans une autre affaire qui a fait l'objet d'un long débat judiciaire, à propos de la fermeture administrative d'un établissement pour raison de sécurité, la Cour de cassation a adopté une position particulière en se fondant aussi sur le terrain du consentement, mais pour défaut d'information[1700]. En l'espèce, le bail prévoyait que la locataire prenait les lieux loués dans leur état actuel sans pouvoir n'exiger du bailleur aucune réparation sauf celles qui, dites de « grosses réparations », sont définies par l'article 606 du Code civil et que, dans l'hypothèse où l'autorité publique exigerait l'exécution de travaux immobiliers, ceux-ci seraient réalisés sous la direction d'un architecte ou homme de l'art désigné par le bailleur sous la responsabilité et aux frais du preneur. La Cour d'appel, statuant sur renvoi après cassation, retient *« qu'il importe peu que les travaux de mise en conformité aient été déjà nécessaires à la prise d'effet du bail, que […]* - le bailleur - *a pu exploiter son commerce trois ans avant que ne se révèle, à la suite de divers contrôles, la nécessité d'effectuer lesdits travaux, que le preneur a pris les lieux en l'état et ne prouve ni n'allègue qu'il avait entendu ne pas prendre à sa charge les non-conformités alors existantes, que le fait que le bailleur soit à la fois constructeur,*

---

spéciaux de ne pas avoir ajouté la précision du acarctère essentiel de l'obligation de délivrance dans ses formules.

1699 Cass. 3e civ., 2 oct. 2013, n° 12-13.302, *JCP G* janv. 2014, n° 4, doctr. 115, p. 162, chron. J. GHESTIN ; *AJDI* juill. 2014, n° 7, p. 519, obs. M.-P. DUMONT-LEFRAND ; *Dalloz actualité* 11 févr. 2014, obs. A. LECOURT ; *D.* déc. 2013, n° 42, p. 2812, obs. CENTRE DE DROIT DE LA CONCURRENCE YVES SERRA ; Cass. 3e civ., 26 mars 1997, n° 95-14.103, Bull. civ. III, n° 70, JurisData n° 1997-001375, *JCP N* juill. 1997, n° 30, jur. p. 1043 ; *JCP G* mai 1997, n° 21, somm. 1071, p. 65 ; *D.* nov. 1997, n° 40, p. 325, obs. C. ATIAS : cette décision concernait l'opposition du syndicat de copropriété à l'installation d'une gaine de ventilation ; CA Paris, 16e ch., sect. A, 28 juin 1994, n° 93/12351, JurisData n° 1994-022828, *Loyers et copr.* oct. 1994, n° 10, comm. 387, p. 9 ; CA Versailles, ch. réunies, 15 déc. 1993, n° 3648/92, JurisData n° 1993-050593, *Administrer* sept. 1994, n° 259, p. 49 ; CA Paris, 16e ch., sect. B, 11 mai 2001, n° 1999/21014, JurisData n° 2001-144106, *Loyers et copr.* nov. 2001, n° 11, comm. 259, p. 14, note P. PEREIRA ; CA Paris 16e ch., sect. B, 31 mai 2002, n° 2000/11556, JurisData n° 2002-181045, *JCP N* nov. 2007, n° 45, chron. 1289, p. 21, note S. REZEK : pour un sous-sol exclusivement à usage de stationnement selon le réglement de copropriété ; CA Paris, 16e ch., sect. A, 12 sept. 2001, n° 2000/21477 et 2001/00497, JurisData n° 2001-152212 : pour une interdiction d'exploitation de la station de lavage dans les parties communes par le syndicat de copropriété.

1700 Cass. 3e civ., 19 juill. 2000, n° 98-22.200, JurisData n° 2000-003087, *AJDI* mars 2001, n° 3, p. 240, obs. F. COHET-CORDEY.

créateur du fonds et vendeur de ce fonds n'induit pas nécessairement l'existence d'un dol, que l'absence d'information quant au certificat de non-conformité, à la suite des travaux d'extension du bâtiment réalisés en 1968, ne constitue pas une réticence dolosive, qu'il appartenait au preneur de s'informer sur la conformité des installations de l'hôtel-restaurant par rapport aux règles de sécurité ».

La Cour de cassation se désintéresse totalement de la problématique de l'obligation de délivrance et retient un manquement à l'obligation d'information du bailleur.

Ce lien entre le consentement et l'obligation de délivrance du bailleur de locaux commerciaux semble confirmé par la jurisprudence qui a considéré que le consentement était vicié en cas d'erreur sur la surface des locaux commerciaux loués[1701], en cas de violence lorsque la conclusion d'un nouveau bail « tous commerces » a été obtenue sous la menace d'un révolver[1702].

Il ressort de ces solutions que des éléments faisant partie de l'obligation de délivrance, comme la surface des locaux ou la destination, ont pu être sanctionnés sur le terrain du consentement.

333. Lien établi entre l'obligation de délivrance et la cause. Aussi, un article de doctrine rapporte que les juges ont sanctionné une délivrance non conforme sur le terrain de la cause en y voyant un cas d'absence de cause permettant l'annulation du contrat[1703]. Un autre auteur semble rejoindre cette interprétation puisqu'en analysant le bail commercial comme un contrat type, dans le sens où il est connu, nommé et réglementé par la loi[1704], dont la cause doit s'entendre de la contrepartie attendue de sorte que la cause de l'obligation est pour le preneur, la mise à disposition, par le bailleur, de la jouissance des lieux et pour le bailleur, le paiement des loyers auquel s'engage le preneur[1705] et que la cause du contrat de bail est la mise à disposition de la jouissance d'un bien contre une rémunération[1706]. Et, cette auteure va même plus loin en soutenant, par une décision des juges du fond[1707], que la mise à disposition de la jouissance paisible d'un bien apte à y exercer l'activité concernée, contrepartie traditionnellement connue du bail commercial, ne constitue pas une cause suffisante, si bien qu'il considère que la cause doit couvrir un intérêt réel, une utilité[1708].

1701 Cass. 3e civ., 10 janv. 1996, n° 94-11.065, JurisData n° 1996-000199.

1702 Cass. 1e civ., 3 juill. 1962, Bull. civ. III, n° 339.

1703 CA Nîmes, 12e ch., 8 juin 1988, JurisData n° 1988-000579, *Loyers et copr.* avr. 1989, n° 4, comm. 175, p. 10 ; Cass. 3e civ. 20 févr. 1991, n° 89-16.959, JurisData n° 1991-000520.

1704 V. en ce sens : J. ROCHFELD, *Cause et type de contrat*, *op. cit.*, p. 17, n° 17.

1705 J. ROCHFELD, *Cause*, *op. cit.*, n° 12 et 15 ; J. ROCHFELD, *Cause et type de contrat*, *op. cit.*, p. 106, n° 111 ; F. COLLART-DUTILLEUL et P. DELEBECQUE, *Contrats civils et commerciaux*, 10e éd., *op. cit.*, p. 400, n° 463.

1706 J. ROCHFELD, *Cause*, *op. cit.*, n° 12.

1707 CA Reims, ch. civ., sect. 2, 1er avr. 1993, n° 1025/91, JurisData n° 1993-043657, *JCP G* avr. 1994, n° 15, somm. 798, p. 103, note J. NORMAND, C. GRAFTIEAUX, N. BAUDIN-VERVAECKE et J.-M. DESPAQUIS.

1708 J. ROCHFELD, *Cause et type de contrat*, *op. cit.*, p. 106, n° 111 : Cette auteure s'appuie précisément sur les termes de la Cour d'appel selon lesquels *« même si aucune obligation particulière ne figure dans le bail, le bailleur*

334. Lien établi entre l'obligation de délivrance et l'objet. Dans la suite de cette jurisprudence, un article de doctrine rapporte que l'absence de délivrance peut donner lieu à diverses sanctions notamment sur le fondement de l'objet[1709]. En étant bien conscient que l'obligation de délivrance ressortit à l'exécution du contrat et non à sa formation, c'est-à-dire qu'elle n'est pas invocable tant que le contrat n'est pas formé, l'auteur de cet article prétend que le preneur pourrait invoquer la nullité pour objet illicite ou impossible.

Il va plus loin en affirmant qu'un contrat de bail portant sur un immeuble qui ne respecte pas les normes d'hygiène et de sécurité imposées par une disposition impérative est susceptible d'annulation pour objet contraire à l'ordre public. Cela n'est pas étonnant dans les contrats synallagmatiques à titre onéreux, comme le bail commercial, où la cause est traditionnellement définie comme la contrepartie espérée de son cocontractant par chacune des parties, celle-ci se trouvant associée à l'objet de l'obligation du partenaire : la cause de l'obligation de l'un compose l'objet de l'obligation de l'autre[1710]. Ainsi, dans le bail, constituera un cas d'absence de cause du preneur, l'absence d'objet de l'obligation du bailleur (absence de mise à disposition de la jouissance paisible des lieux) et inversement, l'absence d'objet de l'obligation du preneur, si ce dernier ne s'engage à verser qu'un loyer symbolique, constituera un défaut de cause du bailleur[1711].

Ces solutions ne font que confirmer le caractère essentiel de l'obligation de délivrance au regard des diverses justifications proposées de l'obligation essentielle.

§ 2 - La justification du caractère continu de l'obligation de délivrance

335. Date de prise d'effet et durée de l'obligation de délivrance : de la finalité du contrat à la durée satisfactoire de l'obligation. Le Code civil et ses travaux préparatoires sont silencieux sur certains points et des questions se posent : quand doit avoir lieu l'obligation de délivrance et surtout quelle est sa durée ? Sur la première interrogation, celle de la date de la délivrance, il n'y a guère de difficulté : l'obligation de délivrance prend effet à la date de prise d'effet du bail[1712]. Quant à la question de la durée de l'obligation de délivrance, elle n'est pas envisagée sous cette forme par les auteurs de l'époque qui font plutôt référence à l'obligation du bailleur d'entretenir de la chose en l'état de servir à l'usage pour lequel elle a été louée et d'y faire pendant toute la durée du bail toutes les réparations qui peuvent être nécessaires, autres que locatives[1713]. Ils occultent la durée de l'obligation de délivrance en basculant sur une autre obligation, celle d'entretien. Peut-être faut-il

---

entièrement propriétaire d'une galerie marchande a des obligations plus larges que celles d'un bailleur ordinaire. En particulier, il lui appartient de tout mettre en œuvre pour assurer le maintien d'un environnement favorable au preneur ».

[1709] F. COHET-CORDEY, « L'obligation de délivrance du bailleur dans les contrats de location d'un immeuble », art. cit.

[1710] J. ROCHFELD, *Cause*, Rép. civ. Dalloz, sept. 2012, n° 25 et 31.

[1711] *Ibid.*, n° 25.

[1712] V. *infra* n° 414.

[1713] R.-T. TROPLONG, *Droit civil expliqué. De l'échange et du louage. Commentaires des Titres VII et VIII du Livre III du Code civil*, t. 1, *op. cit.*, p. 319, n° 175.

comprendre que la délivrance est instantanée ? Nous allons l'exposer, cette idée n'accorde pourtant pas la doctrine, dont une partie défend qu'il s'agit d'une obligation continue.

Les travaux doctoraux de Mme Etienney ont démontré, en s'appuyant sur la conception finaliste du contrat et l'approche fonctionnelle de l'obligation[1714], une dualité de temps dans l'obligation et dans la prestation qui se matérialise par la distinction entre le temps dilatoire apparenté à la situation chronologique de l'exécution et le temps satisfactoire ancré dans le résultat promis[1715]. Selon cette auteure, c'est la durée satisfactoire qui détermine le caractère instantané ou continu de l'obligation.

Grâce à l'approche fonctionnelle de l'obligation, nous tâcherons de nous positionner objectivement à l'égard de ces prétentions en justifiant le rejet de la conception instantanée de la délivrance (A) et l'approbation de sa conception continue (B).

A - Le rejet de la conception instantanée

336. Existence de la délivrance au jour de l'entrée en jouissance : une affirmation ancienne. Sous cette conception, l'obligation de délivrance n'existerait qu'à la conclusion du bail commercial. Planiol a écrit, en 1923, que *« la délivrance doit se faire au jour fixé par le contrat ou par l'usage de l'entrée en jouissance »*[1716], alors qu'il précise juste à la suite que l'obligation d'entretien dure pendant tout le bail[1717]. Pour lui, l'obligation de délivrance semble être instantanée. Plus récemment, l'idée a été reprise par la doctrine qui affirme : *« dès lors que le preneur a effectivement reçu un bien en état de servir à l'usage prévu, l'obligation de délivrance en bon état est satisfaite et le bailleur s'en trouve déchargé »*[1718]. L'idée ancienne d'une conception instantanée a donc été reprise par une partie de la doctrine actuelle[1719]. Toute la question serait de savoir si le maintien de la chose à la disposition du preneur, en état de servir à l'usage prévu au contrat, est assuré par l'obligation de délivrance ou par d'autres obligations. La réponse à cette question est assurément positive.

En réalité, la réflexion est autre. Il convient de réfléchir en prenant en compte la temporalité du résultat promis et attendu qui se cristallise dans la capacité d'exercice du droit de jouissance du preneur et de l'activité économique.

Selon cette idée, la conception instantanée de l'obligation de délivrance semble devoir être rejetée en ce qu'elle ne permet pas la réalisation de ce résultat,

---

1714 A. ETIENNEY, *La durée de la prestation, Essai sur le temps dans l'obligation*, *op. cit.*, pp. 111 et s., n° 159 et s.

1715 *Ibid.*, pp. 173 et s., n° 242 et s.

1716 M. PLANIOL, *Traité élémentaire de droit civil*, t. II, *op. cit.*, p. 560, n° 1677.

1717 *Ibid.*, p. 560, n° 1679.

1718 F. COHET-CORDEY, « L'obligation de délivrance du bailleur dans les contrats de location d'un immeuble », art. cit.

1719 P. GARBIT *et alii*, *op. cit.*, n° 1060.

c'est-à-dire la capacité d'exercice de l'activité économique (1) et cette idée est confirmée par l'inaptitude cette conception à prendre en compte le terme de ce résultat (2).

1 - L'inaptitude de la conception instantanée à permettre l'exercice de l'activité économique

337. Contrat à exécution successive et durée satisfactoire. La distinction conceptuelle, entre contrats à exécution successive et contrats à exécution instantanée, a été instituée par la doctrine, le Code civil n'ayant pas pris en compte la durée du contrat[1720]. Le contrat à exécution successive est celui par lequel naissent des prestations dont l'exécution s'étend dans la durée, alors que le contrat à exécution instantanée est celui par lequel naissent des prestations qui s'exécutent en un instant donné[1721]. L'exemple majoritairement cité par les auteurs en matière de contrats à exécution successive est le contrat de bail[1722]. Certains auteurs distinguent au sein des contrats successifs, les contrats purement à exécution successive et les contrats échelonnés, auquel le bail correspondrait[1723]. D'autres auteurs parlent de contrats à exécution continue, qui sont des contrats dont les prestations sont continues, comme la jouissance paisible dans le bail (C. civ., art. 1719, 3°), et de contrats à exécution échelonnée, qui sont des contrats dont les prestations se répètent dans le temps et pourraient apparaître comme d'exécution instantanée si on les prend isolément[1724].

Cette distinction a fait l'objet de nombreuses critiques. La première critique est d'ordre terminologique : l'exécution ne porte pas sur le contrat, mais plutôt sur les obligations qu'il engendre[1725]. Cet écueil se confirme lorsque les obligations d'un même contrat sont, pour les unes, à exécution successive et, pour les autres, à exécution instantanée[1726]. Celui-ci ne peut pas être à la fois, à exécution successive et à exécution instantanée. La seconde repose sur son fondement : l'opposition prestations nécessitant une certaine durée/prestations s'exécutant en un instant[1727]. Cette opposition se révèle défaillante, que l'on analyse la durée relativement ou strictement, soit parce qu'elle ne permet pas de déterminer la durée à partir de laquelle une prestation passe d'instantanée à successive, soit parce qu'elle conduit à une interprétation extensive des obligations à exécution successive dès lors que la prestation ne se réalise pas en un « trait de temps ».

Toutefois, c'est la seconde solution qui semble s'appliquer en pratique. L'obligation continue sera celle dont la durée de la prestation et de son exécution

---

1720 J. ROCHFELD, « Les modes temporels d'exécution du contrat », *RDC* janv. 2004, n° 1, p. 47.

1721 M. LATINA, *Contrat : généralités*, Rép. civ. Dalloz, mai 2017, n° 233.

1722 *Ibid., loc. cit.*

1723 M. BACACHE, *Indivisibilité*, Rép. civ. Dalloz, janv. 2009, n° 70 ; M. MIGNOT, *Contrats et obligations - Diverses espèces d'obligations - Obligations à terme*, J.-Cl Civil Code, Fasc. unique, déc. 2012, n° 6.

1724 P. DELEBECQUE et F.-J. PANSIER, *Droit des obligations, Contrat et quasi-contrat*, 8e éd., LexisNexis, coll. Objectif droit - Cours, 2018, p. 25, n° 40.

1725 M. LATINA, *Contrat : généralités*, *op. cit.*, n° 234.

1726 *Ibid.*, n° 242.

1727 *Ibid.*, n° 241.

constitue une quotité de l'obligation et participe à la satisfaction du créancier[1728]. Elle a un commencement et une fin d'exécution. Son commencement d'exécution pourra être immédiat après la naissance de l'obligation ou différé, sachant que la fin définitive de son exécution pourra résulter d'un terme extinctif ou d'une manifestation de volonté unilatérale (résiliation) ou bilatérale (*mutuus dissensus*). Cette conception de l'obligation continue implique d'admettre que la fin de l'obligation pour l'avenir ne résulte pas de l'application à l'obligation d'une cause d'extinction, telles qu'on les trouve à l'article 1234 du Code civil, mais de l'application d'une limite temporelle à son existence. Elle pourra être pleinement continue ou continue à exécution échelonnée. En guise d'illustrations d'obligations pleinement continues, sont citées les obligations de ne pas faire et de faire jouir d'une chose. Pour preuve, Planiol déclarait dans son *Traité élémentaire de droit civil* que l'obligation principale de procurer la jouissance des lieux au preneur *« est successive, c'est-à-dire qui se prolonge pendant toute la durée du bail »*[1729].

L'obligation instantanée, quant à elle, sera celle dont la consistance temporelle n'est pas prise en compte sur le plan juridique parce que la satisfaction du créancier n'en dépend pas[1730]. La satisfaction du créancier ne dépend donc pas de la durée de la prestation, mais de la délivrance d'une chose ou d'une prestation.

338. Réalisation du résultat promis et attendu : l'impossible maintien de la capacité d'exercice du droit de jouissance et de l'activité économique pendant la durée du bail. Par rattachement à l'obligation de jouissance, qui elle est successive, pourrait-on admettre que l'obligation de délivrance est une obligation successive et donc continue, puisque les obligations successives sont continues ? Dire que l'obligation de délivrance, au sens de mise à disposition, est une obligation successive n'est pas une affirmation qui coule de source. Elle n'accorde d'ailleurs pas tous les auteurs et demande à être justifiée. Pour Planiol, cette affirmation semble incorrecte, dans la mesure où *« le louage impose au bailleur des obligations diverses qui toutes se rattachent à un principe unique ; le bailleur est tenu de procurer au preneur la jouissance des lieux loués pendant la durée du bail »*[1731]. L'obligation de délivrance ne serait qu'un aspect de la mise en jouissance, qui peut être instantané, sans empêcher l'obligation principale à laquelle elle se rattache d'être une obligation successive. Cette obligation successive pourrait être assurée par une succession d'autres obligations, telles que celles d'entretien, de réparation, de jouissance paisible ou de garantie.

D'un point de vue purement théorique, si l'on se remémore la définition que nous avons retenue de l'obligation de délivrance, on sait qu'elle correspond à une mise en capacité d'exercice du droit de jouissance du preneur et plus concrètement une mise en capacité d'exercice d'une activité économique qui comprend une mise à disposition de la chose louée ainsi qu'une mise en état de celle-ci. Il semble donc

---

[1728] M. MIGNOT, *Contrats et obligations - Diverses espèces d'obligations - Obligations à terme*, *op. cit.*, n° 6.
[1729] M. PLANIOL, *Traité élémentaire de droit civil*, t. II, *op. cit.*, p. 560, n° 1675.
[1730] *Ibid.*, *loc. cit.*
[1731] *Ibid.*, *loc. cit.*

logique que l'obligation de délivrance, au sens évoqué, perdure tout au long du bail puisque l'exercice du droit de jouissance doit être permis pendant toute la durée du bail. Cette analyse théorique est confirmée par l'impossibilité de reprendre la chose pendant un certain temps. Ainsi, la conception instantanée ne permet pas de réaliser l'exercice du droit de jouissance et de l'activité économique.

Toutefois, dans le contrat de bail, la mise à disposition matérielle permet au contrat de démarrer, mais elle ne suffirait pas à l'exécuter totalement[1732]. La mise à disposition matérielle rend le *« tradens »*[1733] débiteur d'une obligation continue : faire jouir l'*« accipiens »*[1734] pendant une certaine durée. Or, l'*« accipiens »* ne pourra jouir de la chose, que si le *« tradens »* l'a mise à sa disposition. La réalisation de la mise à disposition de la chose louée est particulière en ce qu'elle suppose, entre autres, une remise matérielle de la chose qui se produit généralement par la remise des clés[1735]. La mise à disposition de la chose, entendue comme le dessaisissement de celle-ci, se fait instantanément, à la date de prise d'effet du contrat, mais son effet est durable dans le temps, dans le sens où tant que le bailleur ne reprend pas la chose, elle reste à la disposition du preneur. Il faut donc bien distinguer l'action qui permet d'exécuter l'obligation et l'effet de cette exécution. Ce qui compte c'est le temps pendant lequel le résultat doit être atteint et non le temps mis pour atteindre ce résultat.

Cette inaptitude de la conception instantanée de l'obligation de délivrance à réaliser le résultat promis et plus concrètement à permettre l'exercice du droit de jouissance et de l'activité économique est encore corroborée par l'absurdité à laquelle elle conduirait : celle de la disparition du bail.

339. La nécessité du maintien en vie du contrat contre la conception instantanée de l'obligation de délivrance. L'obligation de délivrance étant une obligation essentielle[1736], la question se pose alors de savoir si, en considérant que l'obligation de délivrance est instantanée et disparaît une fois qu'elle est remplie, le contrat de bail existe encore ou s'il disparaît avec l'obligation de délivrance.

M. Monéger a opposé en réponse que *« la disparition de l'obligation emporterait celle du bail »*[1737] et nous reprendrons son argument. Si le bailleur cesse de mettre la chose à la disposition du preneur, le bail cesse également. Autrement dit, si l'obligation de délivrance s'éteint, le bail s'éteint aussi. Effectivement, comme le dit si bien Mme Cohet-Cordey : *« comment le contrat de bail pourrait-il s'exécuter en l'absence de respect de cette obligation ? Le locataire qui ne serait pas mis en jouissance ne pourrait mettre en œuvre les droits qui lui sont reconnus par le contrat de bail et il serait difficile de lui imposer le respect de ses obligations comme celle qui le contraint à la restitution de la chose louée. »*[1738]. Ainsi, lorsque

---

[1732] J. LE BOURG, *La remise de la chose - Essai d'analyse à partir du droit des contrats*, *op. cit.*, p. 226, n° 179.
[1733] Débiteur de l'obligation : celui qui doit l'obligation.
[1734] Créancier de l'obligation : celui qui bénéficie de l'obligation.
[1735] V. *supra* n° 139.
[1736] V. *supra* n° 310 et s.
[1737] J. MONÉGER, « L'obligation de délivrance ou la conjonction de l'impératif et de la liberté contractuelle », art. cit.
[1738] F. COHET-CORDEY, « L'obligation de délivrance du bailleur dans les contrats de location d'un immeuble », art. cit.

la délivrance revêt l'aspect de mise à disposition, obligation essentielle du contrat de bail, elle assure le maintien en vie de ce contrat[1739].

La reconnaissance du caractère instantané de l'obligation de délivrance conduirait à la mort du bail, ce qui est inenvisageable.

2 - L'inaptitude de la conception instantanée à prendre en compte le terme de l'exercice de l'activité économique

340. Le paiement et son rôle libératoire : mode d'exécution de l'obligation. Avant la réforme du droit des contrats et des obligations, l'article 1234 du Code civil annonçait que *« les obligations s'éteignent : par le paiement, par la novation, par la remise volontaire, par la compensation, par la confusion, par la perte de la chose, par la nullité ou la rescision, par l'effet de la condition résolutoire, qui a été expliquée au chapitre précédent, et par la prescription, qui fera l'objet d'un titre particulier »*. Depuis cette réforme, le Code civil indique dans son chapitre IV relatif à l'extinction de l'obligation que les obligations s'éteignent par le paiement, par la compensation, par la confusion, par la remise de dette et par l'impossibilité d'exécuter. Parmi les modes d'extinction des obligations, celui qui nous intéresse est le paiement, car c'est celui qui impose l'exécution de l'obligation par le débiteur.

Traditionnellement, le paiement était perçu comme l'exécution d'une obligation, quels qu'en soient la source ou l'objet[1740]. Pour les obligations de faire, le paiement s'effectuait par la délivrance d'une chose, la réalisation d'un travail ou d'un service. La terminologie du paiement, tel qu'il est énoncé par le Code civil, est donc plus large que le sens courant qui ne voit dans le paiement que la remise d'une somme d'argent[1741]. Le paiement était donc interprété comme *« l'accomplissement de la prestation qui forme l'objet de l'obligation »*[1742]. Cela semble être confirmé par le nouvel article 1342 du Code civil qui édicte que le paiement correspond à l'exécution volontaire de la prestation due.

Aux termes de l'ancien article 1235 alinéa 1er, il était indiqué que *« tout paiement suppose une dette »*. Cela signifiait que pour qu'il y ait paiement de l'obligation, cette obligation devait préexister. Ainsi, *« le paiement est toujours l'extinction de l'obligation par son exécution »*[1743]. Le caractère extinctif serait donc la conséquence de l'accomplissement de la prestation. Là encore, la formule du nouvel article 1342 semble confirmer l'interprétation énoncée puisqu'il prévoit que le paiement doit être fait sitôt que la dette devient exigible. Il paraît logique que le débiteur de l'obligation exécute l'obligation dans les conditions fixées non seulement par la loi,

---

1739 V. en ce sens : J.-M. BRANCHUT, *L'évolution de la norme environnementale dans le secteur immobilier : l'exemple du bail vert*, *op. cit.*, p. 330.

1740 J. ISSA-SAYEGH, *Contrats et obligations - Extinction des obligations - Paiement : Caractères généraux. Parties. Effets*, J.-Cl. Civil Code, Fasc. n° 20, déc. 2011, n° 1.

1741 *Ibid.*, n° 2.

1742 C. AUBRY et C. RAU, *Cours de droit civil français*, t. 4, 5e éd., *Imprimerie et Librairie Générale de Jurisprudence*, 1902, p. 244, § 315 ; J. ISSA-SAYEGH, *Contrats et obligations - Extinction des obligations - Paiement : Caractères généraux. Parties. Effets*, *op. cit.*, n° 4.

1743 C. BEUDANT, P. LEREBOURGS-PIGEONNIÈRE et G. LAGARDE (collab.), *Cours de droit civil français*, t. VIII, *Les contrats et les obligations*, *op. cit.*, p. 333, n° 459.

mais également par le contrat[1744]. C'est dire alors que le débiteur n'aura rempli son obligation que lorsque celle-ci aura été exécutée conformément au contrat.

Toutefois, est-ce que l'exécution de l'obligation (paiement) l'éteint automatiquement ? Pour les auteurs, le paiement ne remplit un rôle d'acte extinctif de l'obligation que s'il est totalement libératoire[1745]. Il faut donc se demander si la délivrance de la chose louée conformément au contrat libère le bailleur de son obligation.

341. Le terme extinctif et son rôle libératoire : cause d'extinction de l'obligation. Pour la doctrine, les causes mentionnées par l'ancien article 1234, et par conséquent les nouvelles causes, sont incomplètes en ce qu'elles oublient le terme extinctif[1746].

Au sens courant, l'extinction correspond à la fin de l'existence ou à la fin de l'efficacité[1747]. Au sens juridique traditionnel, l'extinction correspond au dénouement du lien juridique entre le créancier et le débiteur emportant libération de ce dernier[1748]. Pour M. Simler, d'un point de vue juridique l'extinction de l'obligation exprime l'idée que l'obligation a existé et a produit ses effets pendant un temps et qu'elle cesse, pour une raison déterminée, de produire ses effets[1749].

Le terme extinctif, à ne pas confondre avec le terme suspensif de l'article 1185 du Code civil, est donc considéré comme une cause d'extinction de l'obligation[1750]. Il affecte la durée du contrat ou de son obligation essentielle dont il délimite la durée d'existence[1751]. Il est alors un élément qui fixe la quotité temporelle de l'obligation essentielle et qui détermine son objet (C. civ., art. 1129). Il délimite temporellement sa durée d'existence. Le terme extinctif affecte le contrat et son obligation essentielle.

Face à ces deux notions, le problème est de savoir si le terme extinctif est véritablement extinctif (cause d'extinction de l'obligation) ou s'il n'est qu'une limite temporelle à l'existence des obligations (cause de non-existence)[1752]. Autrement dit, est-ce que le terme extinctif éteint l'obligation ou est-ce qu'il éteint les effets de l'obligation ? Est-ce que l'objet du terme extinctif porte sur le contrat ou sur les obligations qui en sont issues ou encore sur l'obligation principale ou essentielle ? La réponse est des plus délicates et demande d'être argumentée.

Les contrats à exécution successive, tels que le bail, sont toujours assortis d'un terme, date de fin du contrat. Le terme constitue un élément de ces contrats et

---

[1744] J. ISSA-SAYEGH, *Contrats et obligations - Extinction des obligations - Paiement : Caractères généraux. Parties. Effets*, *op. cit.*, n° 10.

[1745] *Ibid.*, n° 5.

[1746] A. ETIENNEY, *La durée de la prestation, Essai sur le temps dans l'obligation*, *op. cit.*, pp. 135-136, n° 183 ; M. MIGNOT, *Contrats et obligations - Diverses espèces d'obligations - Obligations à terme*, *op. cit.*, n° 1.

[1747] A. REY, *Le grand Robert de la langue française*, t. 3, *op. cit.*, p. 1995.

[1748] G. CORNU (dir.) *et alii*, *Vocabulaire juridique*, *op. cit.*, p. 443.

[1749] P. SIMLER, *Contrats et obligations. - Causes d'extinction des obligations*, J.-Cl. Notarial Répertoire, Fasc. n° 62, juin 2009, n° 2.

[1750] M. MIGNOT, *Contrats et obligations - Diverses espèces d'obligations - Obligations à terme*, *op. cit.*, n° 1.

[1751] *Ibid.*, n° 3.

[1752] *Ibid.*, n° 4.

devient alors inhérent aux contrats à exécution successive. Ce terme extinctif déterminerait, *a minima*, la durée d'existence de l'obligation essentielle du contrat qui est en général l'obligation de fourniture d'un bien ou d'une prestation de service[1753].

Si l'on applique cette analyse à l'obligation de délivrance, celle-ci aurait, en sa qualité d'obligation essentielle du bail, une durée égale à celle du bail. Il est concevable, lorsque le bailleur met la chose louée à la disposition du preneur, que l'action de la mise à disposition soit éteinte par son exécution, mais que la mise à disposition persiste jusqu'au terme du bail, puisque le bailleur ne peut reprendre la chose louée avant le terme. S'il ne peut pas reprendre la chose avant le terme, c'est bien que la mise à disposition persiste. C'est dire alors que l'obligation de délivrance comprend non seulement l'obligation de faire l'action de la mise à disposition, mais également de laisser cette chose à disposition (ne pas la reprendre).

À notre sens, sous cette dualité de l'obligation de délivrance, le paiement ne suffit pas à éteindre l'obligation puisqu'il ne libère pas le débiteur. Seul le terme extinctif aura un effet libératoire, si bien que l'obligation de délivrance ne peut être instantanée en raison de l'inaptitude de cette conception à prendre en compte le terme de l'exercice du droit de jouissance.

B - L'approbation de la conception continue

342. La perdurance de l'obligation de délivrance. Sous la conception continue, l'obligation de délivrance existerait non seulement à la conclusion du bail commercial, mais perdurerait pendant toute la durée de ce bail[1754]. Compte tenu de la démarcation que nous avons tracée entre l'obligation de délivrance et ses prolongements[1755], il s'agit de déterminer la perdurance autonome de l'obligation de délivrance. Un auteur suggère alors de se demander si le maintien de la chose à disposition du preneur en état de servir à l'usage prévu au contrat est assuré par l'obligation de délivrance, de sorte qu'elle s'inscrirait dans la durée pour être continue[1756].

De notre point de vue, la question doit être repensée plus largement en prenant en compte la temporalité du résultat promis et attendu qui se cristallise dans la capacité d'exercice du droit de jouissance du preneur et de l'activité économique.

Selon cette idée, la reconnaissance de la conception continue de l'obligation de délivrance se vérifie en ce qu'elle permet la réalisation de ce résultat, c'est-à-dire la capacité d'exercice de l'activité économique (1) et cette idée est confirmée par

---

1753 *Ibid.*, *loc. cit.*

1754 F. COHET-CORDEY, « L'obligation de délivrance du bailleur dans les contrats de location d'un immeuble », art. cit. ; A. CONFINO, J.-P. CONFINO *et alii* (collab.), *Baux commerciaux - Les dernières actualités*, Éditions Législatives, 2018, pp. 46 et s. ; F. AUQUE, « Quelques remarques sur la location dans l'avant-projet de réforme du droit des contrats spéciaux », art. cit.

1755 V. *supra* n° 251 et s.

1756 F. COHET-CORDEY, « L'obligation de délivrance du bailleur dans les contrats de location d'un immeuble », art. cit.

l'aptitude cette conception à absorber les modifications de ce résultat en cours de bail (2).

1 - L'aptitude de la conception continue à permettre l'exercice de l'activité économique

343. Réalisation du résultat promis et attendu : le maintien de la capacité d'exercice du droit de jouissance et de l'activité économique pendant la durée du bail. Un auteur affirme que *« l'obligation de délivrance n'est pas une obligation ponctuelle qui n'existe que lors de l'entrée dans les lieux, mais qu'elle perdure aussi longtemps que la relation contractuelle elle-même : pendant toute la vie du bail et ses éventuels renouvellements, le bailleur devra mettre à la disposition de son cocontractant des locaux conformes aux prévisions contractuelles, et notamment à sa clause de destination »*[1757]. On retrouve la même idée chez d'autres auteurs comme M. Monéger qui affirme que *« la délivrance n'est pas instantanée. Elle ne se réduit pas à la remise matérielle ou juridique du bien loué. En tout cas, cela est insuffisant à la consommer. Elle persiste tout au long de la durée du bail »*[1758] ou M. Jacquin qui pense que *« cette obligation, si elle existe à l'origine du bail lors de l'entrée en jouissance du preneur, persiste tout au long de sa durée »* et qu'il *« s'agit donc tout à la fois d'une obligation instantanée et continue »*[1759] ou encore chez Mme Auque qui déclare que le bail en tant que *« contrat à exécution successive, suppose délivrance de la chose pendant toute la durée du contrat »*[1760]. Pour M. Miron, il est nettement *« acquis depuis longue date que l'obligation de délivrance constitue une obligation continue, de sorte qu'elle ne se limite inévitablement pas à la mise à disposition de la chose lors de l'entrée en vigueur de l'accord »*[1761]. Pour Mme Cohet-Cordey, l'obligation de délivrance prend naissance et s'éteint par la suite[1762] : tant que le bien délivré n'est pas conforme aux prévisions contractuelles, l'obligation de délivrance du bailleur persiste, mais dès que le bien est conforme, elle se met en veille, de sorte que les obligations d'entretien, de réparation, de jouissance paisible et de garantie *« ne sont qu'un prolongement de l'obligation première du bailleur qui se maintient en filigrane, sans que l'on puisse plus expressément y faire référence »*.

Plus exactement, seule la conception continue est apte à réaliser le résultat promis et attendu, qui n'est autre que la mise en capacité d'exercice du droit de jouissance du preneur et de son activité économique, car ce résultat s'inscrit dans

---

[1757] Y. ROUQUET, « À propos du caractère d'ordre public de l'obligation de délivrance », art. cit.
[1758] J. MONÉGER, « L'obligation de délivrance ou la conjonction de l'impératif et de la liberté contractuelle », art. cit.
[1759] A. JACQUIN, « Obligation de délivrance du bailleur : que reste-t-il de la liberté contractuelle ? », art. cit.
[1760] F. AUQUE, « Quelques remarques sur la location dans l'avant-projet de réforme du droit des contrats spéciaux », art. cit.
[1761] E. MIRON, *Le statut des baux commerciaux à l'épreuve des réalités économiques*, *op. cit.*, p. 79, n° 205.
[1762] F. COHET-CORDEY, « L'obligation de délivrance du bailleur dans les contrats de location d'un immeuble », art. cit.

la durée : ce résultat doit être atteint pendant toute la durée du bail[1763]. On prend en compte la durée satisfactoire, celle qui permet d'atteindre le résultat promis et attendu[1764]. Cela semble correspondre à la position prise par la jurisprudence.

344. Position en accord avec la jurisprudence. Comme le relate la doctrine, la Cour de cassation est venue, par un arrêt de 2005, apporter une précision quant au caractère continu qui pouvait être attribué à l'obligation de délivrance[1765]. En l'espèce, une commune a consenti un bail sur un local à usage de bar, contenant une clause selon laquelle le preneur devrait *« souffrir sans aucune indemnité quelles qu'en soient l'importance et la durée tous les travaux qui pourraient devenir utiles ou nécessaires dans les lieux loués ou dans l'immeuble dont ils dépendent ».* Par la suite, le maire de la commune a, via deux arrêtés, interdit l'activité du bar du 1er décembre 1997 au 30 avril 1999 en raison de la réalisation de travaux dans l'immeuble. Alors que le local litigieux a été délivré au preneur dans des conditions permettant l'exercice de son activité jusqu'à ce que la commune propriétaire interdise celle-ci, afin de pouvoir réaliser des travaux dans l'immeuble, la Cour de cassation sanctionne le bailleur pour manquement à son obligation de délivrance et non pour manquement à son obligation de faire jouir paisiblement le preneur pendant la durée du bail[1766]. On peut supposer que le fondement a été celui de l'obligation de délivrance, car il s'agit d'une privation pure et simple et totale de la jouissance et non d'un trouble de jouissance. Cette décision semble donc faire perdurer l'obligation de délivrance du bailleur pendant toute la durée de la relation locative[1767].

Dans de récentes décisions, les juges du fond ont affirmé que l'obligation de délivrance était continue[1768]. Plus encore, la Cour de cassation considère que le bailleur est tenu de son obligation de délivrance même pendant la période de maintien dans les lieux après un refus de renouvellement avec offre de paiement d'une indemnité d'éviction[1769].

1763 A. ETIENNEY, *La durée de la prestation, Essai sur le temps dans l'obligation*, *op. cit.*, p. 268, n° 365 ; Comp. avec la théorie causaliste soutenue par Mme Le Floch que nous ne partageons que partiellement : M.-A. LE FLOCH, *Le bail commercial dans les centres commerciaux*, *op. cit.*, pp. 191-192, n° 178.

1764 A. ETIENNEY, *La durée de la prestation, Essai sur le temps dans l'obligation*, *op. cit.*, p. 269, n° 366 : *« C'est donc le résultat promis qui implique une "quantité de temps", celle du maintien satisfactoire de la situation contractuellement définie ».*

1765 Cass. 3e civ., 1er juin 2005, n° 04-12.200, Bull. civ. III, n° 119, *Rev. loyers* juill. 2007, n° 879, p. 326, an. M.-O. VAISSIÉ ; *AJDI* sept. 2005, n° 9, p. 650, obs. Y. ROUQUET.

1766 M.-O. VAISSIÉ, « Les contours de l'obligation de délivrance du bailleur à la suite d'un apport partiel d'actif », *Rev. loyers* juill. 2007, n° 879, p. 326

1767 *Ibid.*

1768 CA Paris, 5e pôle, 3e ch., 10 nov. 2016, n° 14/20320, JurisData n° 2016-024147, *AJDI* déc. 2017, n° 12, p. 886, chron. J.-P. BLATTER ; *Rev. loyers* déc. 2016, n° 972, jur. 2471, p. 480, obs. S. BRENA : *« L'exécution de l'obligation de délivrance, prévue par l'article 1719 du Code Civil, qui doit être celle d'une chose en bon état de réparations de toute espèce comme l'article 1720 du même code le précise, ne doit pas s'apprécier exclusivement à la date de prise de possession des lieux par le locataire et de remise des clés, mais persiste tout au long du bail, en obligeant le bailleur à maintenir les qualités de la chose pour en garantir la jouissance au preneur. »* ; CA Aix-en-Provence, 11e ch., sect. B, 2 févr. 2017, n° 15/17218, *JCP E* juin 2018, n° 24, chron. 1319, p. 37, obs. S. REGNAULT ; TGI Paris, 18e ch., sect. 2, 30 mars 2017, n° 17/00540.

1769 Cass. 3e civ. , 28 nov. 2019, n° 18-18.862, JurisData n° 2019-021414, *Loyers et copr.* janv. 2020, n° 1, comm. 13, p. 42, obs. E. CHAVANCE.

345. La durée satisfactoire illustrée par le maintien de la commercialité. Bien que la jurisprudence ne reconnaisse pas de façon automatique le maintien de la commercialité dans l'obligation de délivrance incombant au bailleur, elle peut en faire partie si cela a été prévu conventionnellement[1770]. Lorsque l'obligation de délivrance englobe le maintien de la commercialité, celle-ci présente un caractère permanent puisqu'elle doit être maintenue pendant toute la durée du bail. Dans ce cas, le maintien de la commercialité en tant que composante de l'obligation de délivrance montre la continuité nécessaire dans la réalisation du résultat.

2 - L'aptitude de la conception continue à permettre l'exercice de l'activité économique modifiée en cours de bail

346. Modification de l'activité économique en cours de bail : déspécialisation. Lorsque le bail est renouvelé ou prolongé, se pose inévitablement la question de savoir ce que devient l'obligation de délivrance. S'agit-il d'une nouvelle délivrance ou est-ce la même obligation qui perdure ? Pour répondre, il faut avant tout savoir si le renouvellement et la prolongation donnent lieu à un nouveau bail. L'article L. 145-9 du Code de commerce précise que les baux soumis au statut des baux commerciaux *« ne cessent que par l'effet d'un congé donné six mois à l'avance ou d'une demande de renouvellement »* et poursuit en indiquant qu' *« à défaut de congé ou de demande de renouvellement, le bail fait par écrit se prolonge tacitement au-delà du terme fixé par le contrat »*. Compte tenu de la lettre de cet article, la perspective d'un nouveau bail ne semble se tracer qu'en cas de renouvellement de bail, comme l'explique un ouvrage[1771]. Ainsi, puisque le bail renouvelé constitue un nouveau bail, une nouvelle obligation de délivrance commence. Si le bail est renouvelé dans les mêmes conditions, les contours de cette obligation peuvent être identiques. Si le bail est renouvelé dans des conditions différentes, les contours de l'obligation de délivrance peuvent être eux aussi différents. Pour un bail tacitement prolongé, il n'y a pas de nouveau bail, c'est le même bail qui se poursuit. Il n'y a donc logiquement pas une nouvelle délivrance. Cette réflexion nous amène à considérer le sort de l'obligation de délivrance en cas de changement d'activité en cours de bail.

Dans le cas d'une déspécialisation, le bailleur est-il tenu de mettre les locaux en conformité avec la nouvelle activité ? En cas de déspécialisation partielle, l'article L. 145-47 du Code de commerce prévoit que le locataire peut adjoindre à l'activité prévue au bail des activités connexes ou complémentaires sous réserve de l'absence de contestation de son bailleur ou en cas de litige, sous réserve de la décision du juge[1772]. En cas de déspécialisation plénière, l'article L. 145-48 du Code de commerce déclare que *« le locataire peut, sur sa demande, être autorisé à exercer dans les lieux loués une ou plusieurs activités différentes de celles prévues au bail, eu égard à la conjoncture économique et aux nécessités de l'organisation rationnelle de la distribution, lorsque ces activités*

[1770] V. *supra* n° 111 et s.

[1771] M.-P. DUMONT-LEFRAND, *Bail commercial*, *op. cit.*, n° 138.

[1772] J. GHESTIN (dir.) et J. HUET, *Traité de droit civil. Les principaux contrats spéciaux*, *op. cit.*, p. 870.

sont compatibles avec la destination, les caractères et la situation de l'immeuble ou de l'ensemble immobilier ». Même si la seconde formule impose une exigence de compatibilité de la nouvelle activité avec les locaux, celle-ci reste très générale et la première formule est résolument silencieuse.

Pour répondre, la doctrine s'est donc appuyée sur un fondement différent des articles du Code de commerce puisqu'elle s'appuie sur le caractère continu de l'obligation de délivrance pour affirmer que cette dernière se poursuit en cas de changement de destination des lieux autorisé en cours de bail, comme lors d'une déspécialisation ou d'un avenant au bail[1773]. Enfin, la même solution a été retenue en cas de cession de bail commercial, toujours fondée sur le caractère continu de l'obligation de délivrance[1774].

Au-delà de ces arguments, est-ce que l'action de délivrer la chose louée ne peut pas avoir une certaine durée lorsque la délivrance revêt un aspect qualitatif en exigeant une certaine conformité ou un bon état de la chose ?

347. Modification des conditions d'exercice de l'activité économique en cours de bail : délivrance échelonnée et conformité connue. La mise à disposition ne se réduit pas seulement au dessaisissement de la chose, mais se trouve complétée par une série d'activités nécessaires de la part de celui qui doit remettre la chose[1775].

À ce titre, le bailleur doit exécuter *« toutes les réparations dont le besoin se fait sentir au moment de l'entrée en jouissance du preneur, même les réparations dites locatives »*[1776]. Une telle affirmation évoque l'idée d'une durée puisqu'il est évident que la réalisation des réparations nécessaires ne peut se faire au moment de l'entrée en jouissance, mais doit être anticipée, pour que les travaux soient terminés au moment de l'entrée en jouissance.

Le hic ici est que la durée d'exécution intervient avant la prise d'effet du bail et non pendant le bail. On ne tient pas compte de la consistance temporelle de la réalisation des travaux : on se fiche du temps qu'ont pris les travaux, tout ce qui est recherché c'est le résultat, à savoir une chose conforme. Les actes qui précèdent le résultat ne sont pas pris en compte dans la détermination de la prestation et dans ce cas, on ne peut utiliser l'argument pour faire valoir la continuité de l'obligation de délivrance.

Toutefois, le bailleur doit parfois exécuter certains travaux en cours de bail, par exemple dans le cadre de l'annexe verte[1777] dont l'objectif est l'amélioration des performances énergétiques. Et nous avons assimilé cette situation à une délivrance

---

[1773] M.-P. DUMONT-LEFRAND *et alii*, « L'obligation de délivrance en matière de bail commercial », art. cit.

[1774] *Ibid.*

[1775] J. LE BOURG, *La remise de la chose - Essai d'analyse à partir du droit des contrats*, *op. cit.*, p. 228, n° 181.

[1776] G. BAUDRY-LACANTINERIE et A. WAHL, *Traité théorique et pratique de droit civil*, t. XVIII, *Du contrat de louage*, 2e éd., Librairie de la société du recueil général des lois et des arrêts, 1900, p. 136, n° 272.

[1777] V. *supra* n° 118.

échelonnée dans le temps : au fil du bail, la chose devra répondre à différents critères de conformité fixés dans le contrat.

Dans ce cas, où l'on admet dès le départ que la conformité évolue dans un espace de temps (la durée du contrat), une partie de l'obligation de délivrance n'est plus exigible à la prise d'effet du bail, mais l'est au fil de l'état d'avancement du bail. Il faut alors comprendre que la conformité ne s'entend plus comme une finalité unique, mais qu'elle se conçoit au moins en deux temps avec une conformité de départ et une conformité d'arrivée traduisant une évolution.

Cet argument peut être opposé à celui d'un auteur qui considère que l'obligation de délivrance est invocable en cours de bail uniquement parce qu'elle n'a pas été satisfaite en temps voulu, au moment de l'entrée en jouissance[1778]. Dans notre argument, la délivrance intervient deux ou plusieurs fois en cours de bail parce qu'elle doit être nouvellement satisfaite à chaque évolution et non parce qu'elle n'est pas satisfaite dès le départ.

Il ne s'agit pas non plus d'une délivrance différée qui admettrait que la délivrance ne soit pas pleinement remplie à la prise d'effet du bail et qu'elle ne le soit qu'à une date ultérieure.

Conçue ainsi, la délivrance arbore une certaine continuité.

348. Modification des conditions d'exercice de l'activité économique en cours de bail : introduction de nouvelles exigences et conformité imprévisible. Bien souvent, les parties prévoient dans leurs baux que le bien sera loué pour tel ou tel usage et comprend alors certaines conditions d'exercice matérialisées par un certain nombre de normes à respecter. En principe, ces normes qui fixent les conditions d'exercice de l'activité économique sont établies à la prise d'effet du bail, mais il se peut toutefois que ces conditions changent en cours de bail. En effet, les lois et les règlements imposant de plus en plus de travaux de mise en conformité des locaux commerciaux, le bailleur va devoir s'adapter à ces évolutions, non seulement à la conclusion du bail, mais également en cours de bail au gré des nouvelles législations. C'est dans ce contexte qu'il faut chercher à savoir de quelle obligation relève cette mise en conformité évolutive.

Pour bien comprendre notre raisonnement, il faut rappeler que l'obligation d'entretien, qui correspond au maintien en l'état de la chose, suppose que la chose ait été délivrée dans cet état au départ. Or, lorsqu'il s'agit d'une mise en conformité réglementaire ou normative (accessibilité aux personnes à mobilité réduite, ascenseur, climatisation...) celle-ci peut survenir en cours de bail, à l'occasion de l'adoption d'une nouvelle législation qui n'existait pas au jour de la prise d'effet du bail. Dans ce cas, le bailleur aura beau maintenir la chose dans l'état initial pour qu'elle remplisse les prévisions contractuelles, celle-ci ne respectera pourtant pas l'usage en raison du non-respect d'une prescription réglementaire ou normative

---

1778 F. COHET-CORDEY, « L'obligation de délivrance du bailleur dans les contrats de location d'un immeuble », art. cit.

nouvelle. Pour nous, cette situation ne correspond donc pas à de l'entretien[1779]. Elle ne correspond pas non plus à de la réparation puisqu'il n'est pas question ici de remédier à un accident survenu en dehors d'une usure normale. Contrairement à un auteur[1780], nous pensons qu'elle ne peut pas non plus être assurée par l'obligation de garantie dans la mesure où il n'est pas question d'un vice ou d'un défaut. Elle pourrait éventuellement dépendre de l'obligation de jouissance paisible, mais ce n'est pas la position que semble adopter la jurisprudence, du moins concernant les nouvelles normes d'accessibilité des locaux aux personnes handicapées[1781] puisqu'elle estime que si les lieux loués ne peuvent répondre à ce critère d'accessibilité le bailleur manque à son obligation de délivrance et concernant la mise aux normes d'un ascenseur rendue nécessaire par les dispositions impératives de la loi n° 2003-590 du 2 juillet 2003 et de ses textes d'application (décret n° 2004-964 du 9 septembre 2004 et arrêté du 18 novembre 2004), applicables aux installations existantes, puisqu'elle a considéré que l'obligation de délivrer un bien conforme à la destination contractuelle est inhérente au bail et impose au bailleur de *« supporter la charge des travaux devenus nécessaires pour que l'activité d'hôtellerie exploitée par HDCC dans les lieux loués, selon la destination prévue au contrat, puisse continuer à s'exercer en conformité avec les prescriptions légales et réglementaires de sécurité »*[1782]. Force est donc d'admettre que c'est bien l'obligation de délivrance qui est susceptible de couvrir les mises en conformité survenues en cours de bail et qu'elle perdure donc pendant la durée du bail. C'est d'ailleurs typiquement la solution qui a été rendue récemment concernant une nouvelle norme relative à l'amiante[1783]. Ainsi, le maintien de la chose à disposition du preneur en état de servir à l'usage prévu au contrat n'est pas totalement épuisé par l'obligation d'entretien qui se borne au maintien de la chose dans son état d'origine et qui ne peut anticiper l'évolution de la conformité.

L'obligation de délivrance couvre donc la conformité évolutive, et donc la modification des conditions d'exercice de l'activité économique en cours de bail. En ce sens, le caractère continu de l'obligation de délivrance est encore approuvé.

Le caractère continu de l'obligation de délivrance la rend donc particulièrement rigoureuse pour le bailleur, sauf à faire jouer la théorie de l'imprévision[1784] qui, si elle semble échouer en présence de dispositions spéciales[1785], pourrait s'appliquer en partie à la délivrance qui ressort de dispositions de droit commun. Enfin codifiée

---

[1779] V. aussi pour cette position : M.-A. LE FLOCH, *Le bail commercial dans les centres commerciaux*, *op. cit.*, p. 191, n° 198.

[1780] *Ibid.*, *loc. cit.*

[1781] V. *supra* n° 108.

[1782] CA Orléans, ch. com. éco. et fin., 12 mai 2011, n° 10/02813, JurisData n° 2011-009777, *AJDI* juin 2012, n° 6, p. 428 ; *AJDI* déc. 2013, n° 12, p. 882, chron. J.-P. BLATTER.

[1783] Cass. 3e civ., 10 sept. 2020, n° 18-21.890, JurisData n° 2020-013113.

[1784] N. FERRIER, « Le renforcement du rôle du juge dans la détermination et la révision du contenu du contrat », art. cit. ; J. PRIGENT, « L'imprévision et le bail commercial », *Rev. loyers* déc. 2017, n° 982, doss. 2719, p. 462.

[1785] V. sur le rejet du jeu de l'imprévision en présence de dispositions spéciales, relevant notamment du statut des baux commerciaux : CA Douai, 23 janv. 2020, n° 19/01718 et CA Versailles, 12 déc. 2019, n° 18/07183, *RTD civ.* juill. 2020, n° 2, p. 363, note H. BARBIER.

par l'ordonnance du 10 février 2016, à l'article 1195 nouveau du Code civil, alors que le droit français a longtemps refusé de la reconnaître[1786], la théorie de l'imprévision pourrait permettre au bailleur ou au preneur soit de renégocier leur bail commercial, soit d'en demander la résolution, lorsqu'un changement de circonstances imprévisible lors de la conclusion de ce bail rend l'exécution excessivement onéreuse pour une partie qui n'avait pas accepté d'en assumer le risque, à condition qu'il n'ait pas contractuellement écarté l'application de cette disposition supplétive[1787]. Il est évident que seule nous occupe ici l'hypothèse où cette théorie profite au bailleur et vient atténuer son obligation de délivrance. Dans le cas où cette théorie profite au preneur, elle sera perçue comme une sanction par le bailleur, qui pourra voir son bail renégocié ou résolu[1788], ce qui sera traité au titre des sanctions.

Ça peut donc être le cas de la conformité imprévisible issue d'une décision des pouvoirs publics d'imposer la réalisation de travaux, puisque ces travaux constituent de toute évidence un changement de circonstances, que leur exécution peut se révéler excessivement onéreuse et qu'il très probable que le bailleur n'ait pas entendu les assumer[1789]. Comme l'interprète la doctrine, s'il n'est pas certain qu'il puisse obtenir une révision de loyer, en raison des articles L. 145-38 et L. 145-39 qui restreignent les cas de révision de loyer, il est à parier qu'il pourra obtenir la résolution du bail[1790]. Ca peut aussi être le cas des charges[1791].

349. Destruction partielle de la chose louée empêchant l'exercice de l'activité économique en cours de bail. À moins que la chose ne soit détruite totalement en cours de bail - hypothèse où l'obligation de délivrance prend fin

---

[1786] Rapp. , Rapport au Président de la République relatif à l'ordonnance n° 2016-131 du 10 février 2016 portant réforme du droit des contrats, du régime général et de la preuve des obligations, JORF n° 0035, 11 févr. 2016, texte n° 25 ; N. DISSAUX et C. JAMIN, *Réforme du droit des contrats, du régime général et de la preuve des obligations (Ordonnance n° 2016-131 du 10 février 2016), Commentaire des articles 1100 à 1386-1 du Code civil*, *op. cit.*, pp. 94-95 ; Cass. civ., 6 mars 1876, *D.* 1876, 1, 193, note GIBOULOT.

[1787] V. d'une manière générale sur la thoérie de l'imprévision : G. CHANTEPIE et M. LATINA, *Le nouveau droit des obligations - Commentaire théorique et pratique dans l'ordre du Code civil*, *op. cit.*, pp. 467 et s., n° 522 et s. ; V. spécifiquement sur cette théorie dans le bail commercial : A. CONFINO, « L'article 1195 nouveau du code civil et le bail commercial : imprévision ou imprécision ? », *AJDI* mai 2016, n° 5, p. 345 ; J. MONÉGER, « Au croisement des droits : droit des contrats et de la preuve et droit des baux commerciaux : l'ordonnance n° 2016-131 du 10 février 2016, les articles L. 145-1 s. du code de commerce et le bail commercial », art. cit. ; J. MONÉGER, « Le temps, l'imprévisible et le bail commercial », *Loyers et copr.* mars 2017, n° 3, doss. 6, p. 33 ; F. PLANCKEEL, « Bail commercial et imprévision », *Loyers et copr.* oct. 2018, n° 10, doss. 16, p. 48 ; V. pour des exemples en matière de bail commercial (l'apparition des plateformes communautaires payantes de location et de réservation de logements dans les grandes villes pour les hôteliers ; les attentats ; les guerres ; la désertification d'un centre commercial ; une taxation importante des loyers ; un revirement de jurisprudence ; une décision de l'autorité de la concurrence, à la suite d'une concertation de fermer des points de vente ; l'intervention du législateur : le lissage du plafonnement en application de la loi dite Pinel) : J. PRIGENT, « L'imprévision et le bail commercial », art. cit.

[1788] A. CONFINO, « L'article 1195 nouveau du code civil et le bail commercial : imprévision ou imprécision ? », art. cit.

[1789] *Ibid.* ; F. PLANCKEEL, « Bail commercial et imprévision », art. cit.

[1790] *Ibid.*

[1791] F. PLANCKEEL, « Bail commercial et imprévision », art. cit.

conformément à l'article 1722 du Code civil qui prévoit la résiliation du bail de plein droit lorsque la chose est totalement détruite en cours de bail par cas fortuit ou offre le choix au preneur de demander la diminution du prix ou la résiliation du bail lorsque la chose n'est détruite que partiellement, le tout sans dédommagement[1792] - le bailleur reste tenu de son obligation de délivrance[1793]. C'est du moins ce que la jurisprudence semble admettre dans ce récent arrêt. Voilà encore une raison de considérer le caractère continu de l'obligation de délivrance.

Il convient de préciser que l'appréciation de la perte totale de la chose est assez large dans la mesure où elle peut s'entendre d'une perte physique, mais aussi d'une perte économique, comme c'était le cas dans l'arrêt suscité[1794]. Cette seconde typologie de perte est caractérisée lorsque le coût des travaux de réfection excède sa valeur vénale, si bien qu'il appartiendra au juge d'évaluer si le coût des travaux à effectuer pour remettre les locaux en état dépasse la valeur vénale de l'immeuble[1795].

La précision de ce caractère continu de l'obligation de délivrance pourrait être ajoutée à nos propositions de réécriture des articles 1719, 1° et 1720 alinéa 1er du Code civil, de même que dans l'article à insérer dans le Code de commerce. Sur ce point, la doctrine fait justement remarquer que la présentation de l'avant-projet de réforme des contrats spéciaux pourrait remettre en question le caractère continu de l'obligation de délivrance du bailleur et en faire une obligation instantanée calquée sur celle du vendeur[1796].

La fonction de l'obligation de délivrance, dont l'utilisation privilégiée transparaît au regard de l'intérêt tant privé que général, peut dès lors s'utiliser comme critère de mesure d'une marge de liberté contractuelle dans l'aménagement de l'obligation de délivrance.

1792 Cass. 3e civ., 8 mars 2018, n° 17-11.439, Publié au bulletin, JurisData n° 2018-003154, *JCP N* sept. 2018, n° 37, chron. 1279, p. 34, obs. E. CHAVANCE ; *Dr. & patr. L'Hebdo* mars 2018, n° 1138, p. 1, obs. C. L. G. ; *Rev. loyers* mai 2018, n° 987, jur. 2866, p. 244, an. C. LEBEL ; *RLDA* avr. 2018, n° 136, act. 6426, p. 11 ; *D.* juill. 2018, n° 27, p. 1511, obs. M.-P. DUMONT-LEFRAND ; *AJDI* sept. 2018, n° 9, p. 593, obs. N. DAMAS ; *Dalloz actualité* 28 mars 2018, obs. C. DREVEAU ; *AJDI* sept. 2018, n° 9, p. 571, chron. M. SERROR, J.-M. BRIQUET, B. GAGNAIRE et Q. ROUSSEAU ; *D.* mai 2018, n° 20, p. 1117, chron. N. DAMAS.

1793 M.-P. DUMONT-LEFRAND, « Baux commerciaux, juin 2017 - juin 2018 », art. cit. ; M. SERROR, J.-M. BRIQUET, B. GAGNAIRE et Q. ROUSSEAU, « Incendie et bail commercial : tour d'horizon du régime de responsabilité », *AJDI* sept. 2018, n° 9, p. 571.

1794 La Cour de cassation rappelle dans son second attendu que *« doit être assimilée à la destruction en totalité de la chose louée, l'impossibilité absolue et définitive d'en user conformément à sa destination ».*

1795 Cass. 3e civ., 12 juin 1991, n° 90-12.140, Bull. civ. III, n° 169, JurisData n° 1991-002038, *RDI* déc. 1991, n° 4, p. 514, obs. G. BRIÈRE DE L'ISLE et J. DERRUPPÉ ; Cass. 3e civ., 8 déc. 1993, n° 91-10.034, Bull. civ. III, n° 160, JurisData n° 1993-002511 ; Cass. 3e civ., 9 déc. 2009, n° 08-17.483, Bull. civ. III, n° 269, JurisData n° 2009-050667, *D.* mai 2010, n° 19, p. 1168, chron. N. DAMAS ; *Dalloz actualité* 11 janv. 2010, obs. D. CHENU ; *Loyers et copr.* févr. 2010, n° 2, comm. 45, p. 24, note E. CHAVANCE ; *LPA* juin 2010, n° 117, p. 33, obs. R. RAFFI ; *Rev. loyers* févr. 2010, n° 904, jur. 1128, p. 65, an. C. QUÉMENT.

1796 F. AUQUE, « Quelques remarques sur la location dans l'avant-projet de réforme du droit des contrats spéciaux », art. cit.

Section 3 - L'utilisation privilégiée de la fonction de l'obligation de délivrance au regard de l'encadrement de la liberté contractuelle

350. Mesure d'une marge de liberté contractuelle. Le contenu irréductible de l'obligation de délivrance ayant été déterminé, il va s'agir maintenant de se demander si celui-ci laisse place à une marge de liberté contractuelle ou s'il interdit tout aménagement contractuel. En d'autres termes, il faudra déterminer l'existence d'une marge de liberté contractuelle et si elle existe, il conviendra ensuite de démontrer dans quelle mesure le débiteur de l'obligation de délivrance, précisément le bailleur, peut transférer tout ou partie de cette obligation sur la tête du preneur.

M. Kenfack a eu l'occasion de se prononcer sur cette question dans le commentaire d'un arrêt et défend qu'au-delà des atteintes à l'essence du contrat, les clauses aménageant l'obligation de délivrance peuvent encore souffrir d'inefficacité en raison d'imprécisions rédactionnelles[1797]. En réalité, nous croyons que l'affirmation – que nous partageons au demeurant - doit être plus large, si bien qu'au-delà du contenu irréductible dicté par la nature essentielle de l'obligation de délivrance, par son caractère continu ou par l'ordre public, la liberté contractuelle peut encore être entachée par plusieurs exigences formelles qui ressortent du droit commun des contrats.

Avant d'entamer notre démonstration, précisons ce qu'il faut entendre par liberté contractuelle. Il s'agit d'un principe à valeur constitutionnelle[1798] qui est pendant longtemps ressorti d'une lecture *a contrario* de l'article 6 du Code civil qui dispose qu'on *« ne peut déroger, par des conventions particulières, aux lois qui intéressent l'ordre public et les bonnes mœurs »*[1799]. La doctrine le définissait comme un *« principe directeur »* en droit positif, une *« directive de portée générale, irriguant et dominant la matière, incarnant une certaine conception du contrat, reflétant un parti pris initial en faveur de la liberté individuelle,*

[1797] H. KENFACK, « Inefficacité des aménagements conventionnels vidant de tout contenu une obligation essentielle du bailleur de locaux commerciaux », *RLDA* nov. 2008, n° 32, act. 1922, p. 19 ; V. aussi en ce sens : E. CHAVANCE, « Les travaux du preneur », art. cit. : pour cette auteure, la liberté contractuelle connaît une autre limite en plus de l'obligation de délivrance qui n'est autre que l'interprétation stricte des clauses contraires.

[1798] Cons. const., 13 juin 2013, n° 2013-672 DC, JO 16 juin 2013, p. 9976, JurisData n° 2013-023077, *D.* juill. 2014, n° 26, p. 1516, obs. N. JACQUINOT et A. MANGIAVILLANO ; *D.* oct. 2013, n° 36, p. 2405 ; *Dr. soc.* sept. 2013, n° 9, p. 673, note J. BARTHÉLÉMY ; *RTD civ.* déc. 2013, n° 4, p. 832, obs. H. BARBIER ; *Dr. soc.* sept. 2013, n° 9, p. 680, étude D. ROUSSEAU et D. RIGAUD ; *Dr. soc.* mai 2014, n° 5, p. 464, chron. S. HENNION, M. DEL SOL, P. PIERRE et M. HALLOPEAU ; *Constitutions* nov. 2013, n° 3, p. 400, chron. A.-L. CASSARD-VALEMBOIS ; *RDC* oct. 2013, n° 4, p. 1285, note C. PÉRÈS ; *JCP G* sept. 2013, n° 37, 929, p. 1614, note J. GHESTIN ; Cons. const., 1er août 2013, n° 2013-337 QPC, JurisData n° 2013-016269, *JCP G* févr. 2015, n° 6, doctr. 172, p. 271, chron. B. MATHIEU, M. VERPEAUX et A. MACAYA ; *RLDC* oct. 2013, n° 108, act. 5248, p. 60, obs. A. PAULIN ; V. aussi sur ce point : N. DISSAUX et C. JAMIN, *Réforme du droit des contrats, du régime général et de la preuve des obligations (Ordonnance n° 2016-131 du 10 février 2016), Commentaire des articles 1100 à 1386-1 du Code civil, op. cit.*, p. 7 ; R. KHORIATY, *Les principes directeurs du droit des contrats, Regards croisés sur les droits français, libanais, européen et international, op. cit.*, p. 51, n° 53.

[1799] N. DISSAUX et C. JAMIN, *Réforme du droit des contrats, du régime général et de la preuve des obligations (Ordonnance n° 2016-131 du 10 février 2016), Commentaire des articles 1100 à 1386-1 du Code civil, op. cit.*, p. 7 ; R. KHORIATY, *Les principes directeurs du droit des contrats, Regards croisés sur les droits français, libanais, européen et international, op. cit.*, p. 50, n° 52.

guidant, orientant et justifiant certaines solutions particulières »[1800]. Aujourd'hui, ce principe a été consacré au nouvel article 1102 du Code civil qui dispose dans son premier alinéa que *« chacun est libre de contracter ou de ne pas contracter, de choisir son cocontractant et de déterminer le contenu et la forme du contrat dans les limites fixées par la loi »* et dans son second alinéa que *« la liberté contractuelle ne permet pas de déroger aux règles qui intéressent l'ordre public »*[1801].

Au regard du principe de liberté contractuelle, l'approche fonctionnelle de l'obligation de délivrance, en ce qu'elle place la capacité d'exercice de l'activité économique comme réacteur de cette obligation, et donc comme une justification des limites légales et d'ordre public, permet de délimiter la marge de liberté contractuelle dans l'aménagement de cette obligation.

Si la fonction de l'obligation de délivrance laisse entrevoir la possibilité d'une marge d'aménagement contractuel de l'obligation de délivrance (§ 1), celle-ci doit encore, pour être effective, respecter certaines exigences (§ 2)

§ 1 - La possibilité d'une marge de liberté contractuelle

351. Existence d'un aménagement contractuel de l'obligation de délivrance : renforcement et amoindrissement de l'obligation de délivrance. Dans l'idée de liberté contractuelle, qui se cristallise dans celle d'aménagement contractuel de l'obligation de délivrance, il faut différencier l'aménagement qui vise à renforcer le contenu de l'obligation de délivrance de celui qui vise à l'amoindrir. Le premier ne pose guère de difficulté : il est tout à fait permis aux parties de renforcer contractuellement le contenu de l'obligation de délivrance[1802]. Le second, en revanche, pose beaucoup plus de difficultés et c'est donc celui-là qui nous préoccupera.

Nous tâcherons de prendre la mesure de la possibilité de cet aménagement contractuel en démontrant que celle-ci se dessine mais reste encadrée par le droit spécial des baux commerciaux, de l'environnement et de la construction (A) ainsi que par le droit commun des contrats (B).

A - Un aménagement contractuel possible mais encadré par le droit spécial

352. Autorisations expresses du législateur : autorisation de transférer les dépenses de travaux d'embellissement et d'accessibilité aux personnes handicapées et à mobilité réduite. La marge de liberté contractuelle dans

---

[1800] C. PÉRÈS, « La liberté contractuelle et l'ordre public dans le projet de réforme du droit des contrats de la chancellerie », *D.* févr. 2009, n° 6, p. 381 ; V. aussi en ce sens : M. FABRE-MAGNAN, *Droit des obligations. 1 - Contrat et engagement unilatéral*, *op. cit.*, p. 85, n° 97.

[1801] N. DISSAUX et C. JAMIN, *Réforme du droit des contrats, du régime général et de la preuve des obligations (Ordonnance n° 2016-131 du 10 février 2016), Commentaire des articles 1100 à 1386-1 du Code civil*, *op. cit.*, p. 7.

[1802] J. GHESTIN (dir.) et J. HUET, *Traité de droit civil. Les principaux contrats spéciaux*, *op. cit.*, p. 742, n° 21162 ; V. ZALEWSKI, « L'obligation de délivrance et les vices structurels de l'immeuble », art. cit.

l'aménagement de l'obligation de délivrance semble se dessiner lorsque le législateur autorise expressément une dérogation.

Il convient d'évoquer les règles d'ordre public imposées par le nouveau statut des baux commerciaux à propos du transfert des dépenses dans les baux commerciaux. Ces règles autorisent d'imputer au locataire les dépenses relatives aux grosses réparations mentionnées à l'article 606 du Code civil et les honoraires liés à la réalisation de ces travaux ainsi que celles relatives aux travaux ayant pour objet de remédier à la vétusté ou de mettre en conformité avec la réglementation le bien loué ou l'immeuble dans lequel il se trouve, dès lors qu'ils relèvent des grosses réparations mentionnées au 1° de l'article R. 145-35 du Code de commerce, à condition que ces dépenses correspondent à des travaux d'embellissement dont le montant excède le coût du remplacement à l'identique ; qui permettent un transfert de charges à condition de l'avoir prévu dans un inventaire ; et qui instaurent les états prévisionnel et récapitulatif de travaux[1803]. Cette autorisation provient d'une lecture *a contrario* de ces dispositions. Seules les dépenses relatives à des travaux d'embellissement, c'est-à-dire des travaux qui n'ont pas vocation à mettre la chose dans un état attendu par le preneur pour pouvoir exercer son droit de jouissance. En excluant les travaux d'embellissement de toutes natures dont le montant excède le coût du remplacement à l'identique des dépenses qui ne peuvent plus être imputées aux locataires de locaux commerciaux, le législateur en permet le transfert contractuel.

Aussi, une permission expresse de transférer d'autres travaux tels que ceux résultant de l'annexe environnementale et ceux d'accessibilité aux personnes handicapées et à mobilité réduite semble exister dans le Code de l'environnement et dans le Code de la construction et de l'habitation.

L'aménagement contractuel semble donc permis par le législateur dans divers cas : les autorisations expresses de transfert par la réforme du statut des baux commerciaux (1), les autorisations implicites du droit de l'environnement et de la construction (2).

1 - Les autorisations expresses de transfert par la réforme du statut des baux commerciaux

353. Possibilité de récupération des charges et dépenses de travaux dans les baux commerciaux conclus ou renouvelés à compter du 5 novembre 2014. L'article 13 de la loi promulguée le 18 juin 2014 crée, dans le Code de commerce, une section 6 bis dénommée *« De l'état des lieux, des charges locatives et des impôts »* contenant notamment l'article L. 145-40-2 qui instaure l'obligation d'indiquer dans le bail commercial la répartition précise des charges entre le bailleur et le locataire[1804]. L'article L. 145-40-2 du Code de commerce, tel qu'il résulte de

---

[1803] V. *supra* n° 126.

[1804] F. VERDIER et Y. VAUGRENARD, Rapp. CMP n° 557, préc., pp. 29-31 ; Y. VAUGRENARD, Rapp. Sénat n° 440, préc., p. 180.

l'article 13 de la loi suscitée, était applicable aux contrats conclus ou renouvelés à compter du premier jour du troisième mois suivant la promulgation de ladite loi, soit à compter du 1er septembre 2014, mais le décret du 3 novembre 2014 a différé son application, du moins en ce qui concerne les charges, à compter de sa publication, soit au 5 novembre 2014[1805].

Dorénavant, cette récupération est encadrée par un inventaire des catégories de charges ainsi que des états de travaux (a) et s'agissant des travaux, la récupération se fait selon une liste (b).

a - L'inventaire des catégories de charges et les états des travaux

354. Inventaire des catégories de dépenses et état récapitulatif annuel. L'article L. 145-40-2 indique que tout contrat de location doit comporter un inventaire précis et limitatif des catégories de charges liées à ce bail, qui indique leur répartition entre le bailleur et le locataire, sachant qu'en cours de bail, le bailleur sera tenu d'informer le locataire des charges nouvelles. La logique voudrait que l'information soit transmise sans délai puisqu'aucun délai n'est précisé[1806]. Cet état récapitulatif devra, conformément au nouvel article R. 145-36 du Code de commerce, être communiqué au locataire *« au plus tard le 30 septembre de l'année suivant celle au titre de laquelle il est établi ou, pour les immeubles en copropriété, dans le délai de trois mois à compter de la reddition des charges de copropriété sur l'exercice annuel »*, de même que tout document justifiant le montant des dépenses qui lui sont imputées lorsqu'il en fait la demande[1807].

Ce nouvel article semble officialiser la possibilité de récupérer certaines charges sur le locataire, aux conditions de respecter l'exigence de l'inventaire et que les charges transférées au locataire ne soient pas visées à l'article R. 145-35[1808]. Néanmoins, une partie de la doctrine mentionne la difficulté inhérente au terme très général de « catégories de charges » et prétend qu'il serait possible de répercuter sur le locataire une dépense qui ne serait pas visée dans le contrat, mais qui ferait partie d'une « catégorie » figurant dans l'inventaire, dans la mesure où elle ne va pas à l'encontre de l'article R. 145-35 du Code de commerce[1809]. Ainsi, même si la dépense n'est pas expressément visée dans le contrat, dès lors qu'elle rentre dans

---

[1805] A. CONFINO, J.-P. CONFINO, A. FIGARO et B. TINGUELY, *Baux commerciaux - Ce qui change en pratique*, Editions législatives, 2016, pp. 108 et 111 ; M.-P. DUMONT-LEFRAND, « Bail commercial et mise en oeuvre des nouvelles normes spéciales dans le temps », *Loyers et copr.* oct. 2018, n° 10, doss. 11, p. 15 ; J.-P. BLATTER, « Quatre ans d'existence de la loi Pinel et son application dans le temps », *AJDI* mai 2019, n° 5, p. 340 ; Cass. 3e civ., QPC, 14 juin 2018, n° 18-40.013, Publié au bulletin, JurisData n° 2018-010161, *AJDI* mars 2019, n° 3, p. 205, obs. J.-P. BLATTER.

[1806] F. VERDIER et Y. VAUGRENARD, Rapp. CMP n° 557, préc., pp. 29-31 ; Y. VAUGRENARD, Rapp. Sénat n° 440 préc., p. 180.

[1807] J.-P. BLATTER, « Le bail commercial dans le projet de loi relatif à l'artisanat, au commerce et aux TPE », art. cit. ; A. REYGROBELLET, « Bail commercial : important décret d'application de la loi Pinel », *JCP N* nov. 2014, n° 47, act. 1174.

[1808] A. REYGROBELLET, « Bail commercial : important décret d'application de la loi Pinel », art. cit.

[1809] *Ibid.*

une catégorie figurant à l'inventaire et qu'elle ne va pas à l'encontre de l'article R. 145-35, celle-ci peut être récupérable sur le locataire. Cette interprétation n'est pas partagée par une autre partie de la doctrine qui prétend qu'il est nécessaire d'être précis et de prévoir pour chaque catégorie la liste des dépenses[1810].

Par ailleurs, c'est l'application dans le temps de cette nouvelle disposition qui pourrait soulever des difficultés dans la mesure où le bail renouvelé ne fait pas nécessairement l'objet d'un écrit[1811]. D'une part, le jugement fixant le loyer de renouvellement vaut bail. D'autre part, les parties n'entreprennent pas forcément d'action en fixation du loyer renouvelé dans les deux ans du renouvellement du bail. Dans ce cas, il sera difficile de concilier l'exigence d'inventaire des charges avec le principe du renouvellement aux clauses et conditions du contrat de bail expiré[1812].

355. États prévisionnel et récapitulatif des travaux. Cette exigence est complétée, ainsi que nous l'avons exposé plus haut[1813], par l'obligation du bailleur de communiquer à chaque locataire, lors de la conclusion du contrat de location, puis tous les trois ans, un état prévisionnel des travaux qu'il envisage de réaliser dans les trois années suivantes, assorti d'un budget prévisionnel, et un état récapitulatif des travaux qu'il a réalisés dans les trois années précédentes, précisant leur coût[1814]. L'article L. 145-37 du Code de commerce impose que ces états prévisionnel et récapitulatif soient communiqués au locataire dans un délai de deux mois à compter de chaque échéance triennale, étant précisé que tout document justifiant le montant de ces travaux devra être communiqué par le bailleur au locataire, à sa demande. D'après la doctrine, tous les travaux semblent concernés : menues et grosses réparations, mises en conformité[1815].

356. Ensembles immobiliers : répartition des charges ou du coût des travaux entre les différents locataires. Le troisième alinéa de l'article L. 145-40-2 du Code de commerce impose au contrat de location de préciser la répartition des charges ou du coût des travaux entre les différents locataires occupant l'ensemble immobilier[1816]. Il est évident que des charges ou des coûts de travaux relatifs à des locaux vacants ou imputables à d'autres locataires ne peuvent être répercutés sur le locataire qui n'est pas concerné, en application de l'article R. 145-35.

Il est prévu, dans ces ensembles immobiliers, une répartition en fonction de la surface exploitée, sachant que le montant des dépenses pouvant être imputées au locataire correspond *« strictement au local occupé par chaque locataire et à la quote-part des*

[1810] C. DENIZOT, « Les nouvelles dispositions révolutionnaires sur les charges », art. cit.
[1811] M.-P. DUMONT-LEFRAND, « Bail commercial et mise en oeuvre des nouvelles normes spéciales dans le temps », art. cit.
[1812] *Ibid.*
[1813] V. *supra* n° 126.
[1814] C. DENIZOT, « Les nouvelles dispositions révolutionnaires sur les charges », art. cit.
[1815] *Ibid.*
[1816] V. pour un récapitulatif : Q. MAGHIA, *Le nouvel équilibre du bail commercial, depuis les dernières réformes (2014 - 2018), op. cit.*, pp. 319 et s., n° 460 et s.

parties communes nécessaires à l'exploitation de la chose louée ». Tout élément susceptible de modifier la répartition des charges entre locataires, en cours de bail, devra être porté à la connaissance de chacun d'eux.

L'article R. 145-35 permet aussi que la répartition des charges et du coût des travaux relatifs à l'ensemble immobilier entre les locataires soit conventionnellement pondérée, sachant que ces pondérations devront être portées à la connaissance des locataires[1817].

357. Ensembles immobiliers : surface exploitée et pondération. Au sujet de la répartition des charges et du coût des travaux entre les locataires d'un même ensemble immobilier, la loi dans son article L. 145-40-2 fait référence à la « surface exploitée » qui, comme l'exprime un auteur[1818], correspond à la surface louée. Toutefois, le décret évoque une potentielle « pondération conventionnelle » de la répartition entre les locataires. La doctrine suppose que cette notion renvoie à la possibilité de prendre en compte la destination du local, voire l'usage qui en est réellement fait et interprète cela comme un moyen de corriger la répartition en fonction de la surface exploitée. Cela voudrait dire que selon les situations, si le local commercial et l'activité qu'il abrite consomment beaucoup de charges ou n'en consomment que très peu, le critère de la surface exploitée est sur ou sous pondéré.

À notre avis, compte tenu de la diversité des situations pratiques qui trouveront plus facilement leur justesse dans une répartition en fonction de l'utilité plutôt que de la surface exploitée, il aurait été préférable de prévoir dès le départ une répartition des charges en fonction de l'utilité au lieu d'insérer l'éventualité dans un décret. D'autant plus que ce fonctionnement existait déjà en matière de copropriété, dont le régime a tout de même fait ses preuves.

b - La liste des charges non récupérables

358. Une mise en œuvre des solutions dégagées par la Cour de cassation. Alors que nous interprétons ces dispositions comme une source de l'obligation de délivrance, il convient de préciser que toutes les dépenses qui ne sont plus transférables sur la tête du locataire ne sont pas toutes des conséquences de l'obligation de délivrance. En effet, la plupart des articles doctrinaux publiés au lendemain de la promulgation de la loi Pinel, qui s'intéressent aux répercussions de ces mesures sur l'obligation de délivrance, n'hésitent pas à mettre en avant les

[1817] C. DENIZOT, « Les nouvelles dispositions révolutionnaires sur les charges », art. cit.
[1818] *Ibid.*

grosses réparations et autres travaux[1819], les qualifiant de *« mise en œuvre des obligations de délivrance et d'entretien, telles que la Cour de cassation les a définies, au fil des d'années »*[1820].

Si ces dispositions auront sûrement un effet positif en termes de transparence, objectif visé par les motifs de la loi Pinel[1821], en énonçant la liste des charges qui ne sont plus récupérables, il est moins sûr qu'elles aient l'effet escompté en matière de contentieux, objectif visé par l'étude d'impact de la loi Pinel[1822], puisque les incertitudes relatives à l'obligation de délivrance persistent en partie[1823].

359. Dépenses relatives aux grosses réparations : caractère limitatif de la liste de l'article 606 du Code civil ? L'article R. 145-35, 1°, qui énumère les dépenses qui ne peuvent pas être imputées au locataire[1824], à l'image de ce qui existe pour les baux d'habitation, inscrit dans cette liste les dépenses relatives aux grosses réparations mentionnées à l'article 606 du Code civil et les honoraires liés à la réalisation de ces travaux. La jurisprudence de ces dernières années s'est souvent prononcée contre les clauses transférant les grosses réparations avant l'entrée en vigueur de la loi Pinel[1825]. Il n'y a désormais plus de doute : les grosses réparations ne sont plus transférables au locataire[1826]. L'article renvoie à l'article 606 du Code civil qui ne définit pas les grosses réparations, mais se contente d'énumérer les réparations qui doivent être appréciées comme telles.

En ce sens, cette mesure semble satisfaire le souhait de la doctrine quant au renforcement de l'obligation de délivrance pour les travaux de structure conformément à la position de la jurisprudence[1827].

[1819] J. MONÉGER, « Des charges dans le bail commercial : d'une jurisprudence stricte à un décret équilibré », *RTD com.* déc. 2014, n° 4, p. 779 ; P. GARBIT, « La loi du 18 juin 2014 et la réforme du statut des baux commerciaux (2e partie) », *RLDA* oct. 2014, n° 97, act. 5282, p. 18 ; M. FILIOL DE RAIMOND, « Répartition des charges locatives entre le bailleur et le locataire et autres dispositions du décret d'application Pinel », art. cit. ; A. REYGROBELLET, « Bail commercial : important décret d'application de la loi Pinel », art. cit.

[1820] J. MONÉGER, « Des charges dans le bail commercial : d'une jurisprudence stricte à un décret équilibré », art. cit.

[1821] V. *supra* n° 17.

[1822] V. *supra* n° 18.

[1823] J. MONÉGER, « Des charges dans le bail commercial : d'une jurisprudence stricte à un décret équilibré », art. cit.

[1824] Y. ROUQUET, « Bail commercial : parution du décret "Pinel" », *Dalloz Actualité* 6 nov. 2014 ; C. DENIZOT, « Les nouvelles dispositions révolutionnaires sur les charges », art. cit.

[1825] Cass. 3e civ., 13 juill. 2005, n° 04-13.764, Bull. civ. III, 2005, n° 155, JurisData n° 2005-029471, *Loyers et copr.* janv. 2006, n° 1, comm. 12, p. 18, note P. PEREIRA-OSOUF ; *Gaz. pal.* déc. 2005, n° 344, p. 22, chron. J.-D. BARBIER ; *Rev. loyers* oct. 2005, n° 860, jur. 191, p. 424, an. C. QUÉMENT ; *RLDA* déc. 2005, n° 88, jur. 5484, p. 21, obs. A. LEFÈVRE et J. VASA ; *RTD civ.* déc. 2005, n° 4, p. 795, obs. P.-Y. GAUTIER ; *AJDI* nov. 2005, n° 11, p. 828, obs. Y. ROUQUET ; *Loyers et copr.* janv. 2006, n° 1, étude 1, p. 5, obs. P.-H. BRAULT ; Cass. 3e civ., 29 sept. 2010, n° 09-69.337, JurisData n° 2010-017037, *D.* oct. 2010, n° 36, p. 2360, obs. Y. ROUQUET ; Cass. 3e civ., 10 mai 1991, n° 89-18.165, *RDI* mars 1992, n° 1, p. 124, obs. G. BRIÈRE DE L'ISLE et J. DERRUPPÉ ; CA Aix-en-Provence, 11e ch., sect. A, 8 juill. 2011, n° 09/10794, *AJDI* juill. 2012, n° 7-8, p. 516 ; V. sur cette tendance : G. BERREBI, « Vers un renouveau de l'article 606 du code civil ? », *AJDI* déc. 2016, n° 12, p. 826 ; Q. MAGHIA, *Le nouvel équilibre du bail commercial, depuis les dernières réformes (2014 - 2018)*, *op. cit.*, p. 304, n° 431 et pp. 317 et s., n° 456 et s.

[1826] A. REYGROBELLET, « Bail commercial : important décret d'application de la loi Pinel », art. cit.

[1827] E. CHAVANCE, « Les travaux du preneur », art. cit .

Toutefois, va se retrouver inévitablement l'éternelle controverse à propos du caractère limitatif de la liste parce que celle-ci est incomplète en ce qu'elle ne vise que les bâtiments[1828]. D'ailleurs, la jurisprudence a tendance à interpréter cette liste de manière extensive puisqu'elle définit depuis un arrêt de 2005, les grosses réparations comme *« celles qui intéressent l'immeuble dans sa structure et sa solidité générale »*[1829], malgré son caractère limitatif. Sous une interprétation extensive, l'efficacité et la sécurité contractuelles sont plus difficiles à assurer[1830].

360. Dépenses relatives aux travaux de vétusté et de conformité. L'article R. 145-35, 2° inscrit également dans la liste des charges qui ne peuvent plus être imputées au locataire, les dépenses relatives aux travaux ayant pour objet de remédier à la vétusté ou de mettre en conformité avec la réglementation le bien loué ou l'immeuble dans lequel il se trouve, dès lors qu'ils relèvent des grosses réparations mentionnées au 1° du même article.

Faut-il comprendre que lorsque les travaux imposés par la vétusté ou par des mises en conformité réglementaire ne constituent pas de grosses réparations au sens de l'article 606 du Code civil, ils pourront être conventionnellement imputés au preneur ? À notre avis, la réponse n'est positive qu'à la condition que ces travaux ne contreviennent pas à la mise en capacité d'exercice de l'activité économique[1831].

L'idée de travaux de conformité a été reprise par le législateur, mais dans des proportions différentes puisque, sous cette interprétation, la simple qualification de travaux de conformité ne suffit pas à renforcer l'obligation de délivrance du bailleur en mettant à sa charge ces travaux, encore faut-il que ces derniers constituent de grosses réparations au sens de l'article 606 du Code civil[1832].

Pour les travaux dus à la vétusté, la doctrine propose de se référer aux solutions jurisprudentielles antérieures pour savoir si ces travaux relèvent ou non de l'article 606 du Code civil.

En revanche, pour les travaux de mise en conformité réglementaire, la jurisprudence n'offre pas d'illustration en référence à l'article 606 du Code civil, mais s'en remet plutôt à l'article 1719 du même code[1833].

Par ailleurs, le texte n'opère pas de distinction entre les travaux de mise en conformité inhérents à la nature de l'immeuble et ceux spécifiquement dus à l'activité du preneur, alors que les illustrations jurisprudentielles antérieures à la loi

---

[1828] A. CHAMOULAUD-TRAPIERS, *Usufruit*, Rép. civ. Dalloz, sept. 2012, n° 406.

[1829] Cass. 3e civ., 13 juill. 2005, n° 04-13.764, Bull. civ. III, 2005, n° 155, JurisData n° 2005-029471, *Loyers et copr.* janv. 2006, n° 1, comm. 12, p. 18, note P. PEREIRA-OSOUF ; *Gaz. pal.* déc. 2005, n° 344, p. 22, chron. J.-D. BARBIER ; *Rev. loyers* oct. 2005, n° 860, jur. 191, p. 424, an. C. QUÉMENT ; *RLDA* déc. 2005, n° 88, jur. 5484, p. 21, obs. A. LEFÈVRE et J. VASA ; *RTD civ.* déc. 2005, n° 4, p. 795, obs. P.-Y. GAUTIER ; *AJDI* nov. 2005, n° 11, p. 828, obs. Y. ROUQUET; *Loyers et copr.* janv. 2006, n° 1, étude 1, p. 5, obs. P.-H. BRAULT.

[1830] A. REYGROBELLET, « Bail commercial : important décret d'application de la loi Pinel », art. cit.

[1831] V. pour des avis différends : A. REYGROBELLET, « Bail commercial : important décret d'application de la loi Pinel », art. cit. ; M.-A. LE FLOCH, *Le bail commercial dans les centres commerciaux*, *op. cit.*, p. 208, n° 193.

[1832] M.-A. LE FLOCH, Le bail commercial dans les centres commerciaux, *op. cit.*, pp. 207-209, n° 192-193.

[1833] A. REYGROBELLET, « Bail commercial : important décret d'application de la loi Pinel », art. cit.

Pinel admettaient un transfert à la charge du locataire des travaux de mise aux normes rendus nécessaires du fait de son activité[1834]. Cela change considérablement la donne. Désormais, dès lors que les travaux de mise en conformité relèvent des grosses réparations, ils incomberont définitivement au bailleur. Une telle restriction est assez curieuse comparativement au régime des baux hôteliers qui ne l'impose pas puisqu'il se contente de viser les travaux d'équipement et d'amélioration même s'ils constituent de grosses réparations[1835]. Si elle est bien entendu justifiée par l'objectif de permettre au preneur d'exercer son droit de jouissance et son activité économique, cette nouvelle exigence se révèle cependant plus lourde. Effectivement, l'élargissement du champ de l'obligation de délivrance à tous les travaux constituant de grosses réparations sans distinction étend l'idée de mise en capacité d'exercice de l'activité économique. En elle-même, cette mise en capacité d'exercice de l'activité économique n'aurait pas englobé tous les travaux caractérisant de grosses réparations, mais aurait emporté seulement ceux dus à une obsolescence du bien.

361. Dépenses d'embellissement. S'agissant des dépenses d'embellissement, elles peuvent être imputées au locataire à trois conditions : le contrat doit le prévoir ; les travaux doivent être des travaux d'embellissement ; et leur montant doit excéder le coût du remplacement à l'identique[1836]. Si la première condition ne semble pas poser de problème, les deux autres, quant à elles, soulèvent quelques difficultés.

La première difficulté tient à l'absence de définition précise de la notion d'embellissement[1837]. Le droit des baux évoquait jusqu'à présent la notion d'amélioration. Un auteur pense que si ce terme n'a pas été repris, c'est qu'il est à distinguer de l'embellissement[1838], ce qui nous paraît logique. Compte tenu de la façon dont le texte est écrit, l'embellissement présume un remplacement de l'existant alors que l'amélioration suppose plutôt un apport nouveau au regard de

---

1834 M.-A. LE FLOCH, Le bail commercial dans les centres commerciaux, *op. cit.*, *loc. cit.*

1835 C. tourisme, art. L. 311-1 : *« Le propriétaire d'un immeuble dans lequel est exploité un hôtel ne peut s'opposer, nonobstant toute stipulation contraire, à l'exécution des travaux d'équipement et d'amélioration que le locataire, propriétaire du fonds de commerce, réalise à ses frais et sous sa responsabilité lorsque ces travaux concernent :*

1° La distribution de l'eau, du gaz et de l'électricité ;

2° L'installation du téléphone, d'appareils récepteurs de radiodiffusion et de télévision ;

3° L'équipement sanitaire ;

4° Le déversement à l'égout ;

5° L'installation du chauffage central ou de distribution d'air chaud ou climatisé ;

6° L'installation d'ascenseurs, monte-charges et monte-plats ;

7° L'aménagement des cuisines et offices ;

8° La construction de piscines,

même si ces travaux doivent entraîner une modification dans la distribution des lieux.

Dans le cas où ceux-ci affectent le gros oeuvre de l'immeuble, ils ne peuvent être entrepris, à défaut d'accord du propriétaire, qu'après avis favorable de commissions dont la composition et le fonctionnement seront fixés par décret pris sur avis du Conseil d'Etat et dans lesquelles seront représentés en nombre égal les hôteliers et les propriétaires d'immeubles. ».

1836 *Ibid.*

1837 J. MONÉGER, « Des charges dans le bail commercial : d'une jurisprudence stricte à un décret équilibré », art. cit.

1838 A. REYGROBELLET, « Bail commercial : important décret d'application de la loi Pinel », art. cit.

ce qui existe déjà. Si cette conception se comprend assez clairement, les conséquences qui en découlent sont moins évidentes.

En effet, le remplacement à l'identique reste une hypothèse rare et parfois plus coûteuse que la simple amélioration visuelle, de sorte que cette solution risque, soit de pousser les bailleurs à réaliser des embellissements dont le montant excède le coût du remplacement à l'identique, soit de réaliser des améliorations, de manière à pouvoir répercuter quasi systématiquement ces dépenses sur les locataires[1839]. La doctrine suggère donc une autre lecture de cette condition. Selon cette dernière, la référence au coût du remplacement à l'identique n'est plus une condition d'application du texte, *« mais seulement la mesure de la refacturation »*, de sorte que *« seules seraient récupérables les dépenses correspondant à la différence entre le coût des travaux d'embellissement et le coût de travaux de remplacement à l'identique »*[1840].

Cette autorisation s'inscrit dans la logique de notre démonstration puisque les travaux d'embellissement n'ont pas vocation à permettre à la chose d'accueillir la destination et donc de permettre au preneur d'exercer son droit de jouissance et son activité économique. La chose est déjà dans un état qui permet cela ! Ces travaux d'embellissement servent exclusivement l'état esthétique de la chose[1841] et n'affectent pas sa fonction puisqu'elle est déjà dans l'état fonctionnel désiré. Dans cette hypothèse, l'article R. 145-35 du Code de commerce, qui est d'ordre public, permettrait donc au bailleur d'alléger son obligation de délivrance par une clause du bail commercial stipulant le transfert de ces travaux à la charge du locataire[1842]. Et si une condition de montant est en plus introduite pour autoriser ce transfert, rien n'oblige le bailleur à réaliser lui-même ces travaux. Si toutefois, il ne remplissait pas la condition de montant, il peut toujours rester silencieux à l'égard de ces travaux qui ne sont aucunement nécessaires pour mettre le preneur en capacité d'exercer son droit de jouissance et son activité économique.

362. Charges récupérables : une liste exhaustive ? Alors que jusqu'à présent, la répartition des charges entre le bailleur et le locataire relevait de la convention des parties, avec un jeu prépondérant de l'obligation de délivrance, il est loisible de s'interroger sur le sort des charges qui ne sont pas visées par la liste de l'article R. 145-35 : pourront-elles être insoucieusement transférées à la charge du preneur ou bien le saint Graal de l'obligation de délivrance subsistera en déclarant certains transferts de dépenses non visées par l'article R. 145-35 inefficaces au titre des articles 1719, 1° et 1720 alinéa 1er du Code civil ?

1839 J. MONÉGER, « Des charges dans le bail commercial : d'une jurisprudence stricte à un décret équilibré », art. cit. ; F. PLANCKEEL, « Retour sur l'inventaire des charges dans les baux commerciaux », *AJDI* juill. 2018, n° 7-8, p. 502.

1840 F. PLANCKEEL, « Retour sur l'inventaire des charges dans les baux commerciaux », art. cit. ; V. aussi dans le même sens : P. GARBIT *et alii*, *Le Lamy droit commercial*, 2020, n° 1082.

1841 J.-P. BLATTER et W. BLATTER-HODARA (collab.), *Traité des baux commerciaux*, 6e éd., *op. cit.*, p. 399, n° 758.

1842 *Ibid.*, *loc. cit.*

Comme l'explique pertinemment un auteur, la liste établie par l'article R. 145-35 nouveau du Code de commerce est une liste limitative[1843]. Du moins, en l'état actuel de sa rédaction, tout laisse penser qu'elle l'est.

Pour autant, nous pouvons difficilement affirmer qu'en dehors des dépenses visées par l'article R. 145-35, toutes les autres charges ou dépenses peuvent être contractuellement transférées sur la tête du preneur[1844], étant donné qu'il n'existe pas d'illustrations jurisprudentielles permettant de répondre à cette question.

Cependant, compte tenu de la dynamique de la loi et son décret, qui ne prônaient pas la liberté contractuelle, au contraire, l'obligation de délivrance a encore de longs jours devant elle, de sorte que les magistrats pourront encore déclarer inopérantes certaines clauses.

Cette situation conduirait au système à deux vitesses, suggéré par un auteur avant la réforme[1845], avec à la fois une répartition impérative pour certaines dépenses et une répartition fluctuant au gré de la jurisprudence, des réglementations nouvelles et des problèmes pratiques rencontrés.

2 - Les autorisations implicites de transfert par le droit de l'environnement et de la construction

363. Une possibilité de transfert de travaux par l'annexe environnementale. Comme l'explique un auteur[1846], par transposition des solutions jurisprudentielles qui ont été appliquées relativement à des travaux d'insonorisation ou de désamiantage et qui interprètent strictement les clauses de transfert intégral[1847], la seule information du preneur sur l'état du bien ne suffirait pas à exonérer le bailleur de son obligation de délivrance, celle-ci devant être complétée d'une ou plusieurs clauses expresses de transfert pour la reporter sur le preneur[1848]. Au-delà de cette possibilité, dans la mesure où l'article L. 125-9 alinéa 3 du Code de l'environnement autorise le transfert de certaines obligations à la charge

---

1843 C. DENIZOT, « Les nouvelles dispositions révolutionnaires sur les charges », art. cit.

1844 *Ibid.*

1845 E. CHAVANCE, « Les travaux du preneur », art. cit.

1846 A. REYGROBELLET, « La problématique environnementale en droit des baux commerciaux », art. cit.

1847 Cass. 3e civ., 29 sept. 2010, n° 09-69.337, Bull. civ. III, n° 173, JurisData n° 2010-017037, *Loyers et copr.* déc. 2010, n° 12, comm. 317, p. 19, note E. CHAVANCE ; *Gaz. pal.* oct. 2010, n° 287, p. 26, obs. C. BERLAUD ; *RLDA* déc. 2010, n° 55, act. 3152, p. 27, obs. G. BOCOBZA-BERLAUD ; *RTD civ.* déc. 2010, n° 4, p. 797, obs. P.-Y. GAUTIER ; *RTD com.* juin 2011, n° 1, p. 63, obs. F. KENDÉRIAN ; *Dalloz actualité* 13 oct. 2010, obs. Y. ROUQUET ; *D.* juill. 2011, n° 26, p. 1786, chron. M.-P. DUMONT-LEFRAND ; *Ann. loyers* déc. 2010, n° 12, p. 3172, obs. A. CERATI-GAUTHIER.

1848 Cass. 3e civ. 8 déc. 2004, n° 03-18.361, *AJDI* mars 2005, n° 3, p. 213, obs. C. DENIZOT : Rejet du pourvoi contre l'arrêt ayant souverainement retenu que la volonté des parties était de laisser au preneur la charge des travaux prescrits par une quelconque autorité administrative pour cause d'hygiène, de réglementation du travail mais aussi pour quelque cause que ce soit, en a exactement déduit que les travaux de mise aux normes prescrits par la commission de sécurité n'incombaient pas à la bailleresse.

du preneur pour limiter la consommation énergétique des locaux, il semble se dégager une possibilité légale d'aménager l'obligation de délivrance[1849].

Pour autant, est-ce qu'un transfert intégral ou un transfert inégal des obligations serait envisageable sans contrevenir à l'obligation de délivrance ? On imagine qu'un transfert intégral des travaux sur la tête du preneur ne sera pas admis puisque l'article R. 137-3 précise bien que *« les deux parties s'engagent sur un programme d'actions »*[1850]. S'agissant d'un transfert inégal, un article de doctrine fait remarquer qu'il n'y a pas de seuil minimum de travaux imposé au bailleur, vu que la répartition est concertée[1851]. La pratique est tellement complexe et variée qu'il sera très difficile d'avoir une répartition parfaitement équilibrée. Est-ce que pour autant, il est possible d'avoir une répartition complètement déséquilibrée ? Nous pensons que la réponse doit s'apprécier au cas par cas, sachant que le preneur doit y trouver une contrepartie[1852].

364. Une permission de transfert des travaux d'accessibilité aux personnes handicapées et à mobilité réduite. La Cour de cassation accueille favorablement le transfert des travaux d'accessibilité aux personnes handicapées et à mobilité réduite. En effet, dans un récent arrêt de 2016, celle-ci a déclaré que *« le retard dans l'exploitation des locaux était dû à l'avis défavorable émis par la commission d'arrondissement pour l'accessibilité des personnes handicapées et relevé que les baux prévoyaient que le preneur devra faire son affaire personnelle et à ses frais de toutes adaptations et aménagements nécessaires pour les normes de sécurité qui seraient prescrites par des dispositions législatives, réglementaires ou administratives, sans recours contre le bailleur à ce sujet, la cour d'appel a pu, abstraction faite d'un motif surabondant, retenir que les travaux nécessaires au respect des normes incombaient au locataire qui ne pouvait invoquer un manquement du bailleur à son obligation de délivrance pour s'opposer au paiement des loyers de travaux »*[1853]. Rien d'étonnant ici puisque le législateur, par le biais de l'article R. 111-19-32, II du Code de la construction et de l'habitation, permet expressément de transférer les obligations de mise en accessibilité au locataire.

Là encore, cette autorisation s'inscrit dans la logique de notre démonstration puisque les travaux de mise en accessibilité n'ont pas vocation à permettre à la chose d'accueillir la destination et donc de mettre le preneur en capacité d'exercer son droit de jouissance et son activité économique. On en revient à la distinction entre l'exercice immédiat et la capacité d'exercice[1854].

[1849] A. REYGROBELLET, « La problématique environnementale en droit des baux commerciaux », art. cit.

[1850] B. WERTENSCHLAG et T. GEIB, « Annexe environnementale : la montagne accouche d'une souris (verte) ! A propos du décret n° 2011-2058 du 30 décembre 2011 », *AJDI* févr. 2012, n° 2, p. 77.

[1851] M.-P. BLIN-FRANCHOMME, « L'avènement d'une reddition environnementale de nature contractuelle : l'annexe "verte" du bail commercial », art. cit.

[1852] M.-P. DUMONT-LEFRAND, « L'annexe environnementale : un risque de performance énergétique à géométrie variable », art. cit.

[1853] Cass. 3e civ., 3 nov. 2016, n° 15-18.014, *AJDI* déc. 2016, n° 12, p. 837 ; *AJDI* déc. 2017, n° 12, p. 886, chron. J.-P. BLATTER.

[1854] V. *supra* n° 325.

B - Un aménagement contractuel possible mais encadré par le droit commun des contrats

365. Substance de l'obligation et déséquilibre significatif. Au-delà des limites évoquées juste avant, l'aménagement contractuel de l'obligation de délivrance peut encore souffrir d'autres limites issues du droit commun des contrats. Le caractère essentiel se présente comme une limite à la liberté contractuelle de déroger à cette règle pourtant supplétive[1855]. Parfois aussi, lorsque le bail commercial est d'adhésion, le déséquilibre significatif pourra encore faire échec à la liberté contractuelle.

L'aménagement contractuel de l'obligation de délivrance ne sera possible que lorsque l'essence de l'obligation de délivrance ne sera pas contrariée substantiellement (1) et en l'absence de déséquilibre significatif dans les baux commerciaux d'adhésion (2).

1 - Un aménagement contractuel possible malgré les caractères essentiel et continu de l'obligation de délivrance

366. Détermination contractuelle de la chose louée et actions permettant d'exécuter l'obligation de délivrance. Malgré le caractère essentiel de l'obligation de délivrance, une marge de liberté contractuelle est tout de même envisageable. L'amoindrissement du contenu de l'obligation de délivrance apparaît, selon nous, sous deux aspects. Le premier consiste à diminuer la définition de la chose à délivrer dans sa matérialité ou sa fonctionnalité. Le second consiste à se décharger de certains éléments de l'obligation de délivrance qui ne compromettent pas la capacité d'exercice du droit de jouissance du preneur et de son activité économique.

Nous essayerons de montrer que les seuls aménagements contractuels possibles de l'obligation essentielle et continue de délivrance résident dans une définition contractuelle judicieuse de la chose louée et de l'activité économique qu'elle doit permettre (a) et dans certains transferts de composantes de l'obligation de délivrance ne compromettant pas la capacité d'exercice du droit de jouissance du preneur (b).

a - Un aménagement contractuel possible par une définition judicieuse de la chose louée et de l'activité économique

367. Amoindrissement de la définition de la chose. L'idée défendue ici est celle d'un amoindrissement de la définition de la chose louée pour diminuer le

---

[1855] V. spécialement sur la fonction directrice de la règle supplétive élaborée grâce au caractère essentiel de l'obligation : C. PÉRÈS-DOURDOU, *La règle supplétive*, préf. G. VINEY, L.G.D.J., 2004, pp. 550-557, n° 564-569.

contenu de l'obligation de délivrance. Nous avons expliqué que la chose pouvait être plus ou moins définie dans le bail, soit matériellement, soit fonctionnellement[1856], ce qui revient à une définition en *« termes de moyens »* ou en *« termes de résultat »*[1857], chacune de ces composantes pouvant elle-même être plus ou moins précise. Cependant, il ne faut pas s'y tromper. L'amoindrissement des caractéristiques de la chose ne peut être total, car dans la mesure où il existe *a minima* une exigence de détermination de la chose, certaines caractéristiques physiques ne pourront être amoindries. Il s'agit des caractéristiques propres, même inhérentes, à la chose déterminée. Parmi les caractéristiques physiques inhérentes à la chose déterminée, certaines seront immuables et d'autres pourront être modifiées ou aménagées par le contrat. Les caractéristiques immuables sont celles dont la chose ne peut se défaire sauf à changer de chose. Les autres caractéristiques sont celles dont la chose peut se défaire parce qu'elle a été modifiée ou parce que le contrat le prévoit[1858].

Celles qui sont immuables sont impératives, sous peine d'inexistence du bail, et vont préciser le contenu de l'obligation de délivrance qui ne peut pas être aménagé. Nous pensons à la destination légale de la chose qui s'inscrit dans la continuité de la détermination de la chose. En effet, la détermination de la chose louée induit alors l'idée de destination de la chose dans le sens ou dès qu'une chose est déterminée, elle va avoir des propriétés qui lui sont propres, notamment sa destination. Comme l'explique M. Boffa dans sa thèse, la chose va se voir attribuer une destination par l'action de la loi[1859]. Le législateur va, par l'instauration des règles d'urbanisme, déterminer de manière autoritaire la destination des sols et contrôler les changements de cette destination initiale[1860]. De la même manière, l'usage des sols (utilisation qui en est faite) va être encadré[1861]. Cet encadrement de la destination et de l'usage trouve des prolongements dans les régimes spéciaux comme ceux de la copropriété ou du lotissement[1862] puisque la destination du lot de copropriété et son utilisation devront être conformes à la destination générale de l'immeuble et tout changement de destination est soumis à autorisation. Cette destination et cet usage vont s'appliquer de façon impérative de sorte que le bailleur devra les respecter en ne les contredisant pas dans le bail. L'attribution de la destination constitue donc, selon nous, une limite à l'aménagement contractuel des critères de définition de la chose.

1856 . ZALEWSKI, « Délivrer ou non », art. cit. ; V. ZALEWSKI, « L'obligation de délivrance et les vices structurels de l'immeuble », art. cit.

1857 J.-M. MOUSSERON, M.-L. IZORCHE, P. MOUSSERON et J. RAYNARD, *Technique contractuelle*, 2e éd., Francis Lefebvre, 1999, p. 284, n° 699 : les auteurs prennent l'exemple d'une installation de chauffage central qui peut être définie *« en termes de moyens »*, c'est-à-dire comme une installation qui portera *« sur trois radiateurs électriques, de tailles X, de puissance Y, aux endroits Z »*, ou en *« termes de résultat »*, c'est-à-dire comme une *« installation procurant une température de +20° à l'intérieur pour -20° à l'extérieur »*.

1858 V. sur ce point un arrêt faisant référence aux éléments de la chose écartés par le bail : CA Montpellier, 2e ch., sect. B, 26 mars 2002, n° 01/00827, JurisData n° 2002-187909.

1859 R. BOFFA, *La destination de la chose*, *op. cit.*, pp. 49 et s., n° 64 et s.

1860 V. *supra* n° 86 et s.

1861 R. BOFFA, *La destination de la chose*, *op. cit.*, *loc. cit.*

1862 V. *supra* n° 92 et s.

Dans une autre affaire, c'est la situation géographique du bien qui pose une limite à la liberté du bailleur. La Cour d'appel de Paris estime qu'a manqué à son obligation de délivrance, le bailleur de locaux à usage de snack-bar et petite restauration dès lors qu'aucune autorisation ne pouvait être délivrée, empêchant l'exploitation dans les lieux d'un débit de boissons de quatrième catégorie, en raison de la proximité d'un édifice religieux[1863]. Dans une telle situation, le bailleur ne peut contourner la caractéristique géographique de la chose, sauf à changer de chose, puisqu'ici c'est l'implantation des lieux loués à proximité d'un édifice religieux qui empêche l'activité alors que l'état, la conformité et l'aménagement des lieux auraient permis d'accueillir cette activité.

Par ailleurs, en imaginant que le bail n'indique pas de destination contractuelle (bail silencieux ou bail verbal), il faudra s'en remettre à la commune intention des parties et il peut y avoir confrontation entre deux situations. Soit il s'agit d'un non-respect de la destination et de l'usage présumés par les circonstances du fait du preneur (C. civ., art. 1728, 1°), soit il s'agit d'un non-respect de la destination et de l'usage légaux en raison d'une destination et d'un usage présumés par les circonstances non conformes du fait du bailleur (C. civ., art. 1719, 1°). Dans le second cas, le non-respect de la destination et l'usage légaux constituerait un manquement à l'obligation de délivrance.

368. Baux commerciaux à « destination large ou silencieuse » : absence de précision sur l'usage de la chose louée dans le bail et ignorance du bailleur quant à l'activité économique effectivement exercée. Comme nous l'avons expliqué précédemment, le contrat va pouvoir préciser le contenu de cette obligation de délivrance, en prévoyant, de manière détaillée, à quoi est exactement obligé le bailleur[1864]. Les parties vont donc pouvoir délimiter l'étendue de l'obligation de délivrance, en définissant plus ou moins la chose louée dans le contrat.

C'est ainsi que l'on va trouver dans la pratique des baux qui précisent que le bailleur s'engage à ce que le bien puisse être utilisé pour tel type de commerce en particulier ; ou que le bailleur s'engage à délivrer un bien qui sera immédiatement apte à l'usage pour lequel il a été loué ; ou encore que le bien sera apte à remplir l'usage contractuellement prévu, une fois un certain nombre de travaux réalisés ou d'autorisations obtenues par le preneur ; ou au contraire qui prévoient simplement que le bien peut accueillir un commerce ou tous types de commerce sans autre précision[1865]. Ces différentes formules traduisent des engagements différents, plus ou moins lourds. En effet, lorsque le bail précise seulement que le local est loué à usage de commerce, sans ajouter aucune autre précision, on peut penser que le bailleur, par cette formule générale, n'a pas entendu fournir un local équipé pour

---

[1863] CA Paris, 23e ch., sect. B, 31 mai 2000, JurisData n° 2000-109431.

[1864] V. *supra* n° 58 et s ; J. GHESTIN (dir.) et J. HUET, *Traité de droit civil. Les principaux contrats spéciaux*, *op. cit.*, p. 742, n° 21160.

[1865] *Ibid.*, *loc. cit.*

un usage particulier, mais plutôt un local nu que le preneur devra aménager lui-même afin de pouvoir exercer l'activité souhaitée.

C'est la solution qui a été retenue par la Cour de cassation qui a estimé, au visa de l'article 1134 du Code civil, que manquait de base légale l'arrêt qui, pour admettre la demande formée par le locataire en résiliation d'un bail commercial ne précisant pas l'affectation donnée aux lieux, retient que le bailleur tenu d'entretenir la chose louée en l'état de servir à l'usage pour lequel elle a été louée, ne pouvait ignorer que ce locataire avait l'intention d'ouvrir un restaurant, sans rechercher s'il n'appartenait pas au preneur de prendre en charge les aménagements nécessités par la destination qu'il entendait donner au local loué[1866]. On comprend que la charge des travaux nécessaires à l'exploitation du commerce de restauration, que le preneur a librement décidé d'exercer dans les lieux loués, alors que le bail ne précisait pas sa destination, ne saurait incomber au bailleur et ce, qu'il s'agisse de travaux découlant de l'obligation d'entretien ou de l'obligation de délivrance qui la précède. De la même manière, on comprend la solution de la Cour d'appel qui a indiqué clairement que le bailleur ayant loué les locaux pour l'exercice d'une activité de café-restaurant et l'exploitation de chambre de voyageurs, devait assumer la mise aux normes hôtelière puisque la notion de chambres pour voyageurs relève de l'activité de tourisme[1867].

Ce type de baux ne précisant pas l'activité exercée par le preneur pourrait largement se retrouver en pratique dans la mesure où il est possible de conclure un bail commercial sans forcément que le preneur soit immatriculé au registre du commerce et des sociétés, ce qui sous-entend qu'au moment de la conclusion du bail l'activité du preneur n'existe pas. Ainsi, en étant sommaire dans la définition de la chose louée, le bailleur peut alléger le contenu de son obligation de délivrance.

369. Baux commerciaux à « destination large ou silencieuse » spécifiquement dans les centres commerciaux ou galeries marchandes : remise en question de l'ignorance du bailleur quant à l'activité économique effectivement exercée. Une enquête de terrain dédiée aux centres commerciaux et à leur gestion explique la façon dont on devient commerçant d'un centre commercial et détaille le processus de sélection des locataires[1868]. Celle-ci révèle que les locataires sont précisément sélectionnés entre autres eu égard à leur *« spécificités commerciales »* et leur *« domaine d'activité »* pour assurer *« l'équilibre commercial du centre »*, si bien que cette sélection se fait en parfaite connaissance des futures activités commerciales qui seront exercées dans le centre commercial. Le gestionnaire du centre se réserve même le droit de refuser certaines activités lorsqu'elles ne correspondent pas à *« l'image de marque du centre »*.

1866 Cass. 3e civ., 19 avr. 1989, n° 87-14.535, Bull. civ. III, n° 82, JurisData n° 1989-701218, *JCP E* déc. 1990, n° 49, chron. 15923, p. 749, obs. J. MONÉGER.

1867 CA Rouen, ch. civ. et com., 24 févr. 2011, n° 10/00971, JurisData n° 2011-006284.

1868 J.-L. KOEHL, *Les centres commerciaux*, *op. cit.*, pp. 55 et s.

Partant, on ne voit pas très bien comment le bailleur pourrait ignorer l'activité exercée par le locataire au sein du centre commercial. Dans ce cas précis, une détermination amoindrie de la chose louée semble difficile.

370. Baux « tous commerces ». Un bail « tous commerces » est un bail qui contient une clause d'activité qui est dite « tous commerces » et qui a pour effet d'autoriser le locataire à exercer n'importe quelles activités commerciales dans les locaux loués tant que celles-ci sont licites[1869]. Cela signifie que le preneur à bail peut librement changer son activité commerciale sans avoir à obtenir préalablement l'autorisation du bailleur ni à respecter les règles relatives à la déspécialisation, mais aussi qu'il peut céder son droit au bail à une personne qui n'exerce pas la même activité sans avoir à solliciter l'autorisation préalable du bailleur pour une nouvelle activité[1870]. En tout état de cause, si le preneur change d'activité ou cède son bail, il est tenu d'en informer son bailleur.

La question qui se pose ici est de savoir si le bailleur a entendu, à travers cette clause, fournir un local équipé pour chaque usage particulier, au gré des envies du preneur ou s'il n'a entendu fournir qu'un local nu que le preneur devra aménager lui-même afin de pouvoir exercer l'activité souhaitée et réaménager s'il change d'activité ?

La position de soumission dans laquelle une telle clause place le bailleur et la disproportion ou le déséquilibre contractuel qu'elle crée conduit la doctrine à penser que le bailleur n'a entendu fournir qu'un local commercial nu que le preneur devra aménager[1871]. C'est ce que confirment les juges du fond qui déclarent, dans un arrêt de 2009, qu'il *« n'appartenait pas au bailleur de réaliser les travaux de mise en conformité de l'hôtel-restaurant demandés par le maire de la commune alors que, si le bailleur est obligé de délivrer au preneur la chose louée et d'entretenir cette chose en état de servir à l'usage pour lequel elle a été louée, le bail commercial ne spécifie aucune activité, le preneur étant autorisé à exercer toute activité commerciale ou artisanale »*[1872]. De même, la Cour de cassation a retenu en présence d'une clause « tous commerces » qu'il appartenait au locataire de réaliser lui-même et à ses frais, avec l'accord du bailleur, les travaux pour que l'extracteur soit adapté à la nature et à l'importance de son activité commerciale[1873]. Récemment, la Cour de cassation a encore affirmé sa position en estimant que ne méconnaissait pas son obligation de délivrance le bailleur ayant consenti un bail à usage tous commerces dès lors qu'il n'est pas établi que le locataire ait avisé le bailleur de son intention d'installer dans les pièces aménagées à usage d'habitation des appareils de climatisation et de les utiliser à usage de stockage, source d'une surexploitation dans des proportions dont il n'est pas prouvé qu'elles sont

[1869] J. COURNEROUX, « Le bail "tous commerces" : un contrat méconnu », art. cit.

[1870] *Ibid.*

[1871] C. DENIZOT, « Travaux de mise aux normes », *AJDI* déc. 2011, n° 12, p. 865.

[1872] CA Montpellier, 1e ch., sect. B, 6 janv. 2009, n° 08/00212, JurisData n° 2009-001200 ; V. dans le même sens : CA Toulouse, 2e ch., sect. 2, 19 nov. 2002, n° 2001/04736, JurisData n° 2002-197164.

[1873] Cass. 3e civ., 3 nov. 2016, n° 15-21.799, *AJDI* déc. 2016, n° 12, p. 836 ; A. CONFINO, J.-P. CONFINO *et alii* (collab.), *Baux commerciaux - Les dernières actualités*, *op. cit.*, pp. 36 et s.

nécessaires à son activité commerciale et dont il est établi qu'elle a été la cause directe des désordres intervenus[1874].

Plus encore, cette solution s'inscrit dans la logique de notre démonstration puisque l'obligation de délivrance n'a vocation qu'à permettre à la chose d'accueillir la destination et donc de mettre le preneur en capacité d'exercer son droit de jouissance et son activité économique et non forcément son exercice immédiat. Ainsi, le bailleur peut alléger le contenu de son obligation de délivrance grâce à une clause « tous commerces ».

b - Un aménagement contractuel possible par un transfert de composantes de l'obligation de délivrance ne compromettant pas la capacité d'exercice du droit de jouissance du preneur et de l'activité économique

371. La possibilité de transférer certaines actions admise par le juge. S'agissant de certaines actions visant à réaliser la double prestation objet de l'obligation de délivrance, telles que des travaux par exemple ou des demandes d'autorisation, elles peuvent être sujettes à un aménagement contractuel lorsque celles-ci ne compromettent pas la capacité d'exercice du droit de jouissance du preneur et de son activité économique. Autrement dit, les clauses qui déchargeraient le bailleur d'exécuter ces actions, en les transférant au preneur par exemple, seront valables dès lors qu'elles n'ont pas pour objectif de mettre la chose dans un état attendu par le preneur pour être en capacité d'exercer son droit de jouissance et son activité économique. Encore faut-il toutefois que le bail prévoit ce transfert, car à défaut, la Cour refusera toute régularisation ultérieure (en cours de bail) de la destination et condamnera le bailleur à un manquement à l'obligation de délivrance puisque c'est à lui que revenait l'accomplissement de ces formalités[1875]. Finalement, le bailleur peut amoindrir ses prestations dès lors que l'aménagement contractuel y afférent ne contrevient pas à la mise en capacité d'exercice du droit de jouissance et de l'activité économique du preneur.

372. La possibilité de se décharger du bon état de réparations de toute espèce. De nombreux auteurs affirment que l'obligation de délivrance en bon état de réparations de toute espèce, issue de l'article 1720 alinéa 1er du Code civil, n'a qu'un caractère supplétif permettant au bailleur de s'en décharger[1876]. Il est vrai que la jurisprudence a validé certaines clauses par lesquelles le bailleur s'est exonéré de son obligation de délivrance en bon état de réparations de toute espèce[1877].

[1874] Cass. 3e civ., 12 avr. 2018, n° 17-11.833, *AJDI* déc. 2018, n° 12, p. 856, obs. P. HAAS.

[1875] Cass. 3e civ., 14 févr. 2012, n° 11-10.559, JurisData n° 2012-002116, *AJDI* avr. 2012, n° 4, p. 269 ; *AJDI* déc. 2013, n° 12, p. 882, chron. J.-P. BLATTER ; Cass. 3e civ., 29 avr. 2002, n° 00-20.213, JurisData n° 2002-014264, *Rev. loyers* juill. 2002, n° 829, p. 410, an. M.-O. VAISSIÉ ; Cass. 3e civ., 7 avr. 2004, n° 02-19.062, JurisData n° 2004-023412, *AJDI* déc. 2004, n° 12, somm. p. 882, obs. S. PORCHERON.

[1876] M.-P. DUMONT-LEFRAND, *Bail commercial*, *op. cit.*, n° 209 ; C. QUÉMENT, *Bail commercial. - Obligations des parties*, *op. cit.*, n° 13 ; B. WERTENSCHLAG, « La clause de "délivrance en l'état" dans les baux commerciaux », *JCP E* mars 1993, n° 11, act. 100065, p. 110.

[1877] V. *supra* n° 330.

Toutefois, une telle analyse nous semble trop rapide. La possibilité de se décharger du mauvais état de la chose louée nous semble valable que lorsque cette décharge n'est pas de nature à compromettre l'exercice du droit de jouissance du preneur et celui de l'activité économique, c'est-à-dire lorsqu'elle n'empêche pas de retirer les utilités du bien[1878]. Ce faisant, la supplétivité de la règle de droit permet bien un aménagement de l'obligation de délivrance, mais celui-ci n'est pas absolu puisqu'il se voit limité dès lors qu'il empêche la mise en capacité d'exercice du droit de jouissance et de l'activité économique. L'aménagement contractuel sera donc permis par ce type de clause lorsqu'une chose, qui n'est pas en bon état, mais dans un état moyen par exemple, confère au preneur la capacité d'exercer son droit de jouissance et son activité économique.

2 - Un aménagement contractuel possible en l'absence de déséquilibre significatif dans les baux commerciaux d'adhésion

373. Déséquilibre significatif dans les baux commerciaux d'adhésion. Les spécialistes des baux commerciaux rendent compte de la mutation du bail commercial dans les centres commerciaux : celui-ci est devenu un contrat d'adhésion[1879]. À ce titre, les baux commerciaux peuvent donc être concernés par le nouvel article 1171 du Code civil, à défaut de l'être par l'article L. 442-6 du Code de commerce puisque la Cour de cassation, à l'occasion d'un litige portant sur la juridiction compétente, a posé le principe selon lequel la sanction du déséquilibre significatif, sur le fondement de cet article, n'est pas applicable en matière de baux commerciaux[1880]. Cet article 1171 qui est manifestement d'ordre public[1881], précisait dans sa version de 2016 que *« dans un contrat d'adhésion, toute clause qui crée un déséquilibre significatif entre les droits et obligations des parties au contrat est réputée non écrite »* et précise désormais que *« dans un contrat d'adhésion, toute clause non négociable, déterminée à l'avance par l'une des parties, qui crée un déséquilibre significatif entre les droits et obligations des parties au contrat est réputée non écrite »*, sachant dans les deux cas que *« l'appréciation*

[1878] *Ibid.*

[1879] F. AUQUE, « Bail commercial et contrôle du déséquilibre significatif », *Loyers et copr.* cot. 2016, n° 10, doss. 11, p. 41 ; F. AUQUE, « Le temps et la réforme du droit des contrats - . - Incidences sur les baux commerciaux », art. cit. ; J. DEBEAURAIN et A. CERATI-GAUTHIER, *Guide des baux commerciaux*, *op. cit.*, p. 19, § XI ; J.-D. BARBIER, « Application du nouveau droit des contrats aux baux commerciaux : le contrat d'adhésion », *Gaz. pal.* juill. 2016, n° 270, p. 55 ; J.-D. BARBIER, « Déséquilibres », *Gaz. pal.* mars 2016, n° 258, p. 59 ; J. MONÉGER, « Au croisement des droits : droit des contrats et de la preuve et droit des baux commerciaux », art. cit. ; D. PINET, « Réforme du droit des obligations et des baux commerciaux - Bonne foi, contrat d'adhésion et imprévision : le changement c'est maintenant ? », art. cit. ; V. *contra* : A. JACQUIN, « Le bail commercial est-il un contrat d'adhésion ? », *L'Argus de L'Enseigne* avr. 2017, n° 52, p. 2.

[1880] Cass. 3e civ., 15 févr. 2018, n° 17-11.329, Publié au bulletin, JurisData n° 2018-001969, *CCC* août-sept. 2018, n° 8-9, comm. 151, p. 48, note N. MATHEY ; *Defrénois* oct. 2018, n° 39, p. 26, obs. L. RUET ; *LEDICO* avr. 2018, n° 111, p. 4, obs. C. GRIMALDI ; *LEDC* avr. 2018, n° 111, p. 1, obs. N. LEBLOND ; *Rev. loyers* mai 2018, jur. 2865, n° 987, p. 242, obs. H. CHAOUI ; *RLC* mai 2018, n° 72, jur. 3384, p. 9, obs. ; *RTD civ.* juill. 2018, n° 2, p. 408, obs. H. BARBIER ; *AJDI* sept. 2018, n° 9, p. 601, obs. J.-P. BLATTER ; *AJDI* juill. 2018, n° 7-8, p. 520, note A. ANTONIUTTI ; V. aussi : L. FIN-LANGER, « Contrat d'adhésion et déséquilibre significatif », art. cit.

[1881] B. MERCADAM, « L'ordre public dans la réforme du droit des contrats », art. cit.

du déséquilibre significatif ne porte ni sur l'objet principal du contrat ni sur l'adéquation du prix à la prestation »[1882]. Cela étant, la doctrine explique sur ce dernier élément qu'il s'agirait *« d'apprécier l'adéquation du loyer au regard, non pas de la prestation (ici c'est la mise à disposition de l'immeuble loué), mais des obligations du bailleur et de la responsabilité dont il s'est déchargé »*[1883], de sorte que *« l'article 1171 [...] ne signifie pas [...] que le prix ne puisse pas constituer un élément d'appréciation de l'environnement contractuel. Par exemple, des charges particulièrement lourdes pourraient avoir pour contrepartie un loyer faible »*[1884]. À cette occasion, la marge de liberté contractuelle d'aménagement de l'obligation de délivrance pourra encore se voir impactée puisque certaines clauses aménageant l'obligation de délivrance, telles que des clauses relatives aux travaux, pourraient créer un déséquilibre significatif[1885], même si ces clauses sont, depuis la ratification de l'ordonnance, exclusivement celles non négociables[1886].

Dans cette hypothèse, on pourrait très bien imaginer que les travaux ne compromettent pas le caractère essentiel de l'obligation de délivrance, c'est-à-dire qu'ils ne contreviennent pas à la mise en capacité d'exercice de l'activité économique, mais qu'ils créent un déséquilibre significatif entre les contractants. Ça pourrait être le cas de travaux d'embellissement par exemple, pouvant être assez importants pour créer un déséquilibre significatif et ne compromettant pas l'essence de l'obligation de délivrance.

§ 2 - L'effectivité de la marge de liberté contractuelle

374. Concrétisation de la liberté contractuelle. Cet aménagement contractuel, bien qu'étant possible, peut encore voir son effectivité souffrir quelques autres exigences. En effet, pour que la liberté contractuelle soit effective, encore faut-il satisfaire d'autres critères. Puisque la règle supplétive a une fonction de suppléance, c'est-à-dire de remédier à la défaillance de l'expression de la volonté des parties[1887], il faudra de toute évidence que l'aménagement contractuel soit exprimé d'une certaine façon pour être effectif. À défaut, le silence des parties ou

---

[1882] N. DISSAUX et C. JAMIN, Réforme du droit des contrats, du régime général et de la preuve des obligations (Ordonnance n° 2016-131 du 10 février 2016), Commentaire des articles 1100 à 1386-1 du Code civil, *op. cit.*, pp. 70-72 ; L. FIN-LANGER, « Contrat d'adhésion et déséquilibre significatif », *Loyers et copr.* oct. 2018, n° 10, doss. 15, p. 39.

[1883] C. NOBLOT, « Bail commercial : la clause transférant au locataire la charge des travaux de ravalement prescrits par l'administration », *CCC* avr. 2018, n° 4, form. 4, p. 42.

[1884] F. AUQUE, « Bail commercial et contrôle du déséquilibre significatif », art. cit. ; V. aussi en ce sens : M.-P. DUMONT-LEFRAND, « Bail commercial et mise en oeuvre des nouvelles normes spéciales dans le temps », art. cit.

[1885] *Ibid.* ; J.-D. BARBIER, « Application du nouveau droit des contrats aux baux commerciaux : le contrat d'adhésion », art. cit. ; A. BOLLAND-BLANCHARD, « Le bail vert ou une place nécessaire au déséquilibre significatif dans les baux commerciaux ? », *LPA* juill. 2011, n° 131, p. 3 ; D. PINET, « Réforme du droit des obligations et des baux commerciaux - Bonne foi, contrat d'adhésion et imprévision : le changement c'est maintenant ? », art. cit. ; V. *contra* : A. JACQUIN, « Le bail commercial est-il un contrat d'adhésion ? », art. cit.

[1886] L. FIN-LANGER, « Contrat d'adhésion et déséquilibre significatif », art. cit.

[1887] C. PÉRÈS-DOURDOU, *La règle supplétive*, *op. cit.*, pp. 307 et s., n° 337 et s.

l'expression défaillante de leur volonté fera place à une pleine application de la règle supplétive[1888].

Ces exigences qui pourraient donc encore entacher l'effectivité de la liberté contractuelle sont d'origine légale (A) et jurisprudentielle (B).

A - Les conditions légales

375. La force obligatoire du contrat et la bonne foi. Pour une certaine doctrine, l'impossibilité de déroger à l'obligation de délivrance trouverait une justification dans la force obligatoire du contrat[1889] ou la bonne foi[1890] qui permet au juge de neutraliser une clause lorsqu'elle est invoquée de mauvaise foi[1891]. Anciennement rattachée à l'article 1134 du Code civil[1892], la force obligatoire s'est vue, avec la réforme du droit des contrats, consacrer une sous-section propre qui reprend, dans ses articles 1193 et 1194, les formules selon lesquelles *« les contrats ne peuvent être modifiés ou révoqués que du consentement mutuel des parties, ou pour les causes que la loi autorise »*, d'une part, et *« les contrats obligent non seulement à ce qui y est exprimé, mais encore à toutes les suites que leur donnent l'équité, l'usage ou la loi »*, d'autre part[1893]. Il faut en outre, selon la doctrine, rattacher à ces deux articles la formule de l'article 1103 qui dispose que *« les contrats légalement formés tiennent lieu de loi à ceux qui les ont faits »*[1894]. Bien que la notion de force obligatoire du contrat ait connu des interprétations plus ou moins extensives[1895], celle-ci signifie *a minima* que les parties sont tenues d'exécuter les obligations nées du contrat[1896].

Ainsi, la délivrance fonctionnelle pourrait s'imposer aux parties par la force obligatoire des conventions : à partir du moment où le contrat s'applique aux parties, à la façon d'une loi, il va falloir respecter strictement les obligations qu'il contient pour réaliser sa finalité. Cette force obligatoire pourrait justifier certaines solutions jurisprudentielles. Elle s'applique lorsque le contrat est silencieux, c'est-à-dire en l'absence de clause contraire. Elle peut s'appliquer aussi en présence de clauses contraires. Par exemple, dans un arrêt de 1992, la troisième chambre a

---

1888 *Ibid.*, *loc. cit.*

1889 N. CARDOSO-ROULOT, *Les obligations essentielles en droit privé des contrats*, *op. cit.*, pp. 282-283, n° 353-354.

1890 M. LATINA, « Bail commercial et bonne foi », *Loyers et copr.* oct. 2018, n° 10, doss. 13, p. 29 ; C. DENIZOT, *Droit civil et bail commercial*, *op. cit.*, p. 454, n° 540 et s. ; V. spécialement sur la méthode dite « objective » d'interprétation du bail commercial (bonne foi) : C. DENIZOT, *Droit civil et bail commercial*, *op. cit.*, pp. 380 et s., n° 450 et s.

1891 R. CABRILLAC, « Les clauses abusives appréhendées par le droit civil français », *in* Y. PICOD, D. MAZEAUD et E. LAUROBA, *Les clauses abusives, Approches croisées franco-espagnole*, Société de législation comparée, 2013, p. 23.

1892 P. ANCEL, « Force obligatoire et contenu obligationnel du contrat », *RTD civ.* déc. 1999, n° 4, p. 771.

1893 C. COUTANT-LAPALUS, « L'impact des règles relatives à l'effet du contrat », *RDI* juin 2016, n° 6, p. 348.

1894 *Ibid.*

1895 J. CARBONNIER, *Droit civil*, t. 4, *Les obligations*, *op. cit.*, pp. 223 et s., n° 113 et s. ; A. SÉRIAUX, *Droit des obligations*, 2e éd., PUF, coll. Droit fondamental, 1998, pp. 167-168, n° 42.

1896 P. DELEBECQUE et F.-J. PANSIER, *Droit des obligations, Contrat et quasi-contrat*, *op. cit.*, p. 264, n° 366.

déclaré que *« la cour d'appel, qui a constaté que le sous-sol loué était totalement inutilisable, a légalement justifié sa décision de ce chef en retenant souverainement, par une interprétation nécessaire, exclusive de dénaturation des termes ambigus du bail, que la clause par laquelle la locataire renonçait à tout recours en responsabilité contre la bailleresse "en cas de dégâts causés aux lieux loués et objets ou marchandises s'y trouvant, par suite de fuites, d'infiltrations et d'humidité", n'affranchissait pas Mme Y... de son obligation de délivrance de locaux propres à leur usage »*[1897]. Il faudrait peut-être comprendre que la clause d'exonération de responsabilité ne joue pas ici simplement parce que sa formulation n'envisageait pas le cas où les dégâts des eaux rendraient les locaux totalement inutilisables. Alors que le preneur invoquait une violation de l'article 1134 du Code civil pour non-application de la clause, la Cour répond qu'il n'y a pas violation de ces termes, bien qu'étant ambigus, et applique strictement l'engagement contractuel de délivrer des locaux utilisables. La solution aurait sûrement été différente si la clause avait envisagé une exonération de responsabilité en cas d'inutilisation totale des locaux.

376. Commune intention des parties. Mais que se passe-t-il lorsque le contrat n'est pas clair ? Il va falloir rechercher la commune intention des parties[1898] qui correspond à ce que les parties ont véritablement voulu. L'interprétation s'entend comme *« l'opération destinée à retrouver un sens qui préexiste, mais dont la formule - sa révélation au monde extérieur - est défectueuse, qu'elle soit obscure ou ambiguë, ou qu'elle soit absurde »* et elle *« a pour fonction d'élaborer une solution juridique appropriée compte tenu des besoins et des intérêts à satisfaire, car la pensée exprimée comporte soit des défectuosités (l'interprétation est corrective), soit des lacunes (l'interprétation est constructive) »*[1899]. Cette définition s'exprime à travers l'article 1188 nouveau du Code civil (ancien article 1156), selon lequel l'interprétation du contrat, et donc du bail commercial, doit se faire eu égard à la commune intention des parties[1900]. C'est dire alors que l'interprétation des clauses du bail commercial et donc des clauses relatives à l'obligation de délivrance se fera selon la commune intention des parties. Le législateur a préféré cette intention commune des contractants au sens littéral des termes du contrat. Par cette disposition, le juge est donc invité à rechercher quelle a été la volonté commune des contractants. Sur ce point, la réforme ne fait qu'une reprise de l'ancien article 1156 du Code civil, ce qui n'annonce pas, pour la doctrine, de changement profond[1901]. S'il n'existe toujours pas de définition légale de l'intention commune, la Haute Cour a eu l'occasion d'en préciser les aspects, à

1897 Cass. 3e civ., 3 juin 1992, n° 90-13.006.

1898 V. spécialement sur la méthode dite « subjective » d'interprétation du bail commercial (commune intention des parties) : C. DENIZOT, *Droit civil et bail commercial*, *op. cit.*, pp. 380 et s., n° 450 et s.

1899 J. GHESTIN (dir.), C. JAMIN et M. BILLIAU, *Traité de droit civil. Les effets du contrat*, 3e éd., L.G.D.J., 2001, p. 16, n° 9 ; V. aussi en ce sens : P. SIMLER, « Propos introductifs - À la recherche des frontières de l'interprétation », *RDC* mars 2015, n° 1, p. 146.

1900 J. GHESTIN (dir.), C. JAMIN et M. BILLIAU, *Traité de droit civil. Les effets du contrat*, *op. cit.*, p. 17, n° 10 ; N. DISSAUX et C. JAMIN, *Réforme du droit des contrats, du régime général et de la preuve des obligations (Ordonnance n° 2016-131 du 10 février 2016), Commentaire des articles 1100 à 1386-1 du Code civil*, *op. cit.*, pp. 89-91.

1901 N. DISSAUX et C. JAMIN, *Réforme du droit des contrats, du régime général et de la preuve des obligations (Ordonnance n° 2016-131 du 10 février 2016), Commentaire des articles 1100 à 1386-1 du Code civil*, *op. cit.*, p. 89.

propos de la délivrance matérielle de la chose louée dans le cadre d'un bail commercial, en se référant aux usages en vigueur dans le secteur[1902]. Sachant que cette commune intention des parties va se retrouver entre les mains du juge en cas de litige, à sa discrétion personnelle en quelque sorte, ne peut-on pas extraire une autre raison qui justifierait la position de la Cour de cassation ? Quoi que l'on en dise, lorsque le prêteur s'en remet à la commune intention des parties, il fait jouer son pouvoir d'appréciation souverain et se fonde souvent, au-delà des éléments psychologiques, sur des éléments pragmatiques qui se cristallisent dans l'utilité de l'acte juridique[1903] dont le but économique est un élément essentiel[1904]. Dans la mesure où le nouvel article 1104 du Code civil (ancien article 1134) exige que les conventions soient exécutées de bonne foi, le juge recherche la commune intention des parties, en considérant que la convention doit s'exécuter de bonne foi. Ces dispositions se heurtent à une réalité pratique puisque bailleur et preneur ont rarement les mêmes intérêts lorsqu'il s'agit de la délivrance[1905]. Ce faisant, est-il possible de déceler objectivement la commune intention des parties lorsque celles-ci ont des intérêts antagonistes[1906] ? Il nous semble ici qu'il est plus question de conciliation que d'objectivité. D'ailleurs, la doctrine révèle que le juge fait appel, en réalité, à d'autres critères tels que *« la bonne foi, les usages, l'économie du contrat ou la justice »*, qui constituent une interprétation objective, venant coexister avec l'interprétation subjective[1907].

377. Principe de bonne foi et loyauté. Et qui dit bonne foi, dit pas de clause abusive ! Ce principe peut faire échec à la liberté contractuelle[1908]. Le principe de bonne foi, qui est d'ordre public, est issu du nouvel article 1104 du Code civil, selon lequel *« les contrats doivent être négociés, formés et exécutés de bonne foi »*[1909]. Bien que n'ayant

[1902] Cass. 3e civ., 16 oct. 1973, n° 72-13.464, Bull. civ. III, n° 528, JurisData n° 1973-000528.
[1903] V. en ce sens la thèse de M. Gelot : B. GELOT, *Finalités et méthodes objectives d'interprétation des actes juridiques, Aspects théoriques et pratiques*, préf. Y. FLOUR, L.G.D.J., 2003, p. 20, n° 21 et pp. 21 et s., n° 22 et s. ; G. HELLERINGER, « Quand les parties font leur loi, Réflexions sur la contractualisation du pouvoir judiciaire d'interprétation », *in* G. LEWKOWICZ (dir.), M. XIFARAS (dir.) *et alii*, *Repenser le contrat*, Dalloz, coll. Méthodes du droit, 2009, p. 275.
[1904] P. VOIRIN, « Testament. - Interprétation. Double legs en usufruit et en nue propriété. », *JCP G* 1942, jur. II 2007.
[1905] V. *supra* n° 17.
[1906] P. SIMLER, « Propos introductifs - À la recherche des frontières de l'interprétation », art. cit.
[1907] J. GHESTIN (dir.), C. JAMIN et M. BILLIAU, *Traité de droit civil. Les effets du contrat*, *op. cit.*, p. 18, n° 11, p. 58 et s., n° 42 et s.
[1908] P. DELEBECQUE et F.-J. PANSIER, *Droit des obligations, Contrat et quasi-contrat*, *op. cit.*, p. 243, n° 330-331 et pp. 246 et s., n° 344 et s.
[1909] N. DISSAUX et C. JAMIN, *Réforme du droit des contrats, du régime général et de la preuve des obligations (Ordonnance n° 2016-131 du 10 février 2016), Commentaire des articles 1100 à 1386-1 du Code civil*, *op. cit.*, pp. 9-11.

pas de définition unanime[1910], il se rattache à ce principe de bonne foi, la loyauté[1911]. Le principe de bonne foi et de loyauté qui concerne les baux commerciaux[1912] pourrait donc se présenter comme une énième restriction à la marge de liberté contractuelle d'aménagement de l'obligation de délivrance.

378. Interprétation des clauses relatives à la délivrance selon le sens « raisonnable ». Ce nouvel article 1188 ajoute que, lorsque l'intention commune des parties n'est pas décelable, l'interprétation du contrat se fait selon l'intention d'une personne raisonnable pour une même situation[1913]. Innovation de la réforme des contrats, puisque l'ancien article 1156 du Code civil n'envisageait pas cette référence, cette disposition pourrait toucher les clauses composant le bail commercial relatives à la délivrance. Par ailleurs, comment définir l'individu raisonnable ? La doctrine suggère de le rapprocher du contractant raisonnable[1914] ou de la personne de bonne foi placée dans la même situation que les parties[1915] ou encore du cocontractant moyen placé dans les mêmes circonstances de temps et de lieu[1916].

[1910] ASSOCIATION CAPITANT, *La bonne foi*, t. XLIII, Litec, 1994 ; D. COHEN, « La bonne foi contractuelle : éclipse et renaissance », *in 1804-1904, Le Code civil, un passé, un présent, un avenir*, Dalloz, 2004, p. 517 ; R. DESGORCES, *La bonne foi dans le droit des contrats : rôle actuel et perspectives*, th. Paris II, 1992 ; R. JABBOUR, *La bonne foi dans l'exécution du contrat*, préf. L. AYNÈS, L.G.D.J., 2016 ; B. JALUZOT, *La bonne foi dans les contrats. Étude comparative de droit français, allemand et japonais*, Dalloz, 2001 ; C. JARROSSON, « La bonne foi, instrument de moralisation des relations économiques internationales », *in L'éthique dans les relations économiques internationales en hommage à Philippe Fouchard*, Pedone, 2006, p. 185 ; G. LYON-CAEN, « De l'évolution de la notion de bonne foi », *RTD civ.* 1946, p. 75 ; D. MAINGUY, « Le contractant, personne de bonne foi ? », *in* C. ALBIGÈS et E. NÉGRON (dir.), *La réforme du droit des contrats : Publications de la faculté de droit de Montpellier*, 2015, p. 83 ; M. MEKKI, « Les principes généraux du droit des contrats au sein du projet d'ordonnance portant sur la réforme du droit des obligations », *D.* avr. 2015, n° 14, p. 816 ; Y. PICOD, « L'exigence de bonne foi dans l'exécution du contrat », *in Le juge et l'exécution du contrat*, PUAM, 1993, p. 57 ; R.-M. RAMPELBERG, « La bonne foi contractuelle : d'un passé glorieux à un avenir contrasté », *in Mélanges en l'honneur de Laurens Winkel, Fundamina : A Journal of Legal History* sept. 2014, n° spécial, Unisa Press, p. 777 ;M. LATINA, *Bonne foi*, Rép. civ. Dalloz, mai 2017, n° 151 et s. ; S. TISSEYRE, *Le rôle de la bonne foi en droit des contrats, Essai d'analyse à la lumière du droit anglais et du droit européen*, préf. M. FABRE MAGNAN, PUAM, 2012 ; R. VOUIN, *La bonne foi. Notions et rôle actuels en droit privé français*, L.G.D.J., 1939 ; D. ALLAND (dir.), S. RIALS (dir.) *et alii*, *Dictionnaire de la culture juridique*, 1e éd., PUF, coll. Quadrige, 2003, p. 143 : v. « Bonne foi ».

[1911] M. LATINA, « Bail commercial et bonne foi », art. cit.

[1912] J.-P. BLATTER et W. BLATTER-HODARA (collab.), *Traité des baux commerciaux*, 6e éd., *op. cit.*, p. 42, n° 4 ; D. PINET, « Réforme du droit des obligations et des baux commerciaux - Bonne foi, contrat d'adhésion et imprévision : le changement c'est maintenant ? », *L'Argus de L'Enseigne* avr. 2017, n° 52, p. 4 ; C. DENIZOT, *Droit civil et bail commercial*, *op. cit.*, pp. 493 et s., n° 584 et s.

[1913] *Ibid.*, pp. 44 et s., n° 33 et s. ; N. DISSAUX et C. JAMIN, *Réforme du droit des contrats, du régime général et de la preuve des obligations (Ordonnance n° 2016-131 du 10 février 2016), Commentaire des articles 1100 à 1386-1 du Code civil*, *op. cit.*, pp. 88 et s.

[1914] G. CHANTEPIE et M. LATINA, *La réforme du droit des obligations - Commentaire théorique et pratique dans l'ordre du code civil*, *op. cit.*, p. 422, n° 503 ; G. CHANTEPIE et M. LATINA, *Le nouveau droit des obligations - Commentaire théorique et pratique dans l'ordre du Code civil*, *op. cit.*, pp. 449-450, n° 503.

[1915] N. DISSAUX et C. JAMIN, *Réforme du droit des contrats, du régime général et de la preuve des obligations (Ordonnance n° 2016-131 du 10 février 2016), Commentaire des articles 1100 à 1386-1 du Code civil*, *op. cit.*, p. 91.

[1916] T. DOUVILLE (dir.) *et alii*, *La réforme du Droit des contrats - Commentaire article par article - Ordonnance du 10 février 2016 portant réforme du droit des contrats, du régime général et de la preuve des obligations*, *op. cit.*, p. 169.

379. Interprétation des clauses les unes par rapport aux autres selon la cohérence de l'acte entier et selon le sens qui leur confère un effet. En vertu de l'article 1189 nouveau du Code civil, les clauses du contrat s'interprètent les unes par rapport aux autres en donnant à chacune le sens qui respecte la cohérence du contrat dans son entier. Inspirée de l'ancien article 1161 du Code civil[1917], mais innovante en ce qu'elle fait référence à la cohérence du contrat, cette disposition distingue la clause du contrat de sorte que ce dernier prime sur la première[1918]. Le juge doit faire une « interprétation globale du contrat »[1919].

L'article 1191 nouveau du Code civil ajoute que la clause susceptible de se voir attribuer deux sens doit s'interpréter selon le sens qui lui confère un effet et non selon celui qui ne lui en fait produire aucun. Version simplifiée de l'ancien article 1157, cette disposition soulève des interrogations auprès de la doctrine quant au pouvoir d'appréciation souverain des juges du fond[1920].

380. Impossibilité d'interprétation des clauses relatives à la délivrance qui sont claires et précises ? En vertu du nouvel article 1192 du Code civil, les clauses qui sont claires et précises ne peuvent s'interpréter à peine de dénaturation. Perçu comme la consécration d'une jurisprudence ancienne[1921], le contrôle de la dénaturation paraît limiter l'interprétation du juge.

Toutefois, la doctrine se demande comment juger de la clarté et de la précision d'une clause sans l'avoir préalablement interprétée, si bien que l'interprétation judiciaire ne serait pas tellement limitée par le contrôle de la dénaturation[1922].

381. Interprétation du bail commercial. Enfin, le nouvel article 1190 du Code civil ajoute une précision d'interprétation du contrat selon sa nature, de sorte que le contrat de gré à gré s'interprète contre le créancier et en faveur du débiteur alors que le contrat d'adhésion s'interprète contre celui qui l'a proposé. Entre inspiration de l'ancienne formule de l'article 1162 du Code civil et

---

1917 J. GHESTIN (dir.), C. JAMIN et M. BILLIAU, *Traité de droit civil. Les effets du contrat*, *op. cit.*, *loc. cit.*

1918 G. CHANTEPIE et M. LATINA, *La réforme du droit des obligations - Commentaire théorique et pratique dans l'ordre du code civil*, *op. cit.*, p. 424, n° 505 ; G. CHANTEPIE et M. LATINA, *Le nouveau droit des obligations - Commentaire théorique et pratique dans l'ordre du Code civil*, *op. cit.*, pp. 451-452, n° 505.

1919 T. DOUVILLE (dir.) *et alii*, *La réforme du Droit des contrats - Commentaire article par article - Ordonnance du 10 février 2016 portant réforme du droit des contrats, du régime général et de la preuve des obligations*, *op. cit.*, p. 169.

1920 G. CHANTEPIE et M. LATINA, *La réforme du droit des obligations - Commentaire théorique et pratique dans l'ordre du code civil*, *op. cit.*, pp. 425-426, n° 506 ; G. CHANTEPIE et M. LATINA, *Le nouveau droit des obligations - Commentaire théorique et pratique dans l'ordre du Code civil*, *op. cit.*, pp. 452-453, n° 506 ; J. GHESTIN (dir.), C. JAMIN et M. BILLIAU, *Traité de droit civil. Les effets du contrat*, *op. cit.*, *loc. cit.*

1921 G. CHANTEPIE et M. LATINA, *La réforme du droit des obligations - Commentaire théorique et pratique dans l'ordre du code civil*, *op. cit.*, p. 428, n° 509 ; T. DOUVILLE (dir.) *et alii*, *La réforme du Droit des contrats - Commentaire article par article - Ordonnance du 10 février 2016 portant réforme du droit des contrats, du régime général et de la preuve des obligations*, *op. cit.*, p. 172 ; N. DISSAUX et C. JAMIN, *Réforme du droit des contrats, du régime général et de la preuve des obligations (Ordonnance n° 2016-131 du 10 février 2016), Commentaire des articles 1100 à 1386-1 du Code civil*, *op. cit.*, p. 91.

1922 G. CHANTEPIE et M. LATINA, *La réforme du droit des obligations - Commentaire théorique et pratique dans l'ordre du code civil*, *op. cit.*, p. 428-429, n° 510-511 ; N. DISSAUX et C. JAMIN, *Réforme du droit des contrats, du régime général et de la preuve des obligations (Ordonnance n° 2016-131 du 10 février 2016), Commentaire des articles 1100 à 1386-1 du Code civil*, *op. cit.*, p. 91.

nouveauté[1923], cet article pose lui aussi la question du pouvoir d'appréciation souverain des juges du fond[1924]. S'agissant de l'application de ces dispositions aux baux commerciaux, elle s'annonce fluctuante, les baux commerciaux étant d'une manière générale plutôt des contrats de gré à gré, mais pouvant aussi être, dans certaines situations, des contrats d'adhésion.

B - Les conditions circonstancielles ou jurisprudentielles

382. Le principe de cohérence du contrat. Pour justifier les solutions jurisprudentielles à l'égard de l'obligation de délivrance du bailleur, la doctrine met en avant l'idée de *« police de la cohérence du contrat de bail »*[1925] qui correspondrait au principe de cohérence mis en lumière par la doctrine moderne[1926] et qui expose que *« la volonté contractuelle ne saurait se contredire elle-même »*[1927]. À l'instar de la volonté créatrice des parties qui ne peut pas contredire la volonté élémentaire, la portion de volonté créatrice restante ne peut pas contredire la portion de volonté créant la conception fonctionnelle de l'obligation de délivrance. M. Remy explique en ce sens qu'il est contradictoire de promettre la jouissance d'une chose et de s'exonérer dans le même temps de toutes les obligations qui ont pour seule fin d'assurer l'usage effectif de la chose au preneur[1928]. Sauf à admettre que l'obligation essentielle n'est que le masque de la cohérence contractuelle[1929], ce dernier pourrait bien être une restriction supplémentaire à la marge de liberté contractuelle dont disposent les parties pour aménager l'obligation de délivrance.

La cohérence contractuelle pourrait recouvrir d'autres hypothèses. Il pourrait s'agir de clauses contradictoires qui portent exclusivement sur des aspects matériels de chose et qui ne touchent ainsi pas à l'aspect essentiel de l'obligation de délivrance. Par exemple, deux clauses d'un même bail pourraient s'opposer en ce que l'une évoque une chose équipée de volets manuels et l'autre vise des volets électriques. Le type de volet n'a *a priori* pas d'incidence sur la mise en capacité d'exercice de l'activité économique et pourtant il peut être au cœur d'une

---

[1923] G. CHANTEPIE et M. LATINA, *La réforme du droit des obligations - Commentaire théorique et pratique dans l'ordre du code civil*, *op. cit.*, pp. 426-428, n° 507-508 ; T. DOUVILLE (dir.) *et alii*, *La réforme du Droit des contrats - Commentaire article par article - Ordonnance du 10 février 2016 portant réforme du droit des contrats, du régime général et de la preuve des obligations*, *op. cit.*, pp. 170 et 170 ; N. DISSAUX et C. JAMIN, *Réforme du droit des contrats, du régime général et de la preuve des obligations (Ordonnance n° 2016-131 du 10 février 2016), Commentaire des articles 1100 à 1386-1 du Code civil*, *op. cit.*, p. 90.

[1924] G. CHANTEPIE et M. LATINA, *La réforme du droit des obligations - Commentaire théorique et pratique dans l'ordre du code civil*, *op. cit.*, p. 426, n° 506 ; J. GHESTIN (dir.), C. JAMIN et M. BILLIAU, *Traité de droit civil. Les effets du contrat*, *op. cit.*, *loc. cit.*

[1925] F. KENDÉRIAN, « De l'impossibilité pour le bailleur de locaux commerciaux de s'exonérer de son obligation de délivrance par une clause stipulant que le preneur prend les lieux dans l'état où ils se trouvent », *RTD com.* déc. 2009, n° 4, p. 694.

[1926] V. en ce sens : D. HOUTCIEFF, Le principe de cohérence en matière contractuelle, *op. cit.*

[1927] F. KENDÉRIAN, « De l'impossibilité pour le bailleur de locaux commerciaux de s'exonérer de son obligation de délivrance par une clause stipulant que le preneur prend les lieux dans l'état où ils se trouvent », art. cit.

[1928] *Ibid.*

[1929] D. HOUTCIEFF, *Le principe de coherence en matiere contractuelle*, t. 1, préf. H. MUIR WATT, PUAM, 2001, p. 425, n° 504.

contradiction qui ne pourrait se régler que par le recours à la qualité essentielle de l'obligation de délivrance.

383. Excès, imprécisions et abus. Le raisonnement tenu par M. Monéger semble insinuer, lorsqu'il argue que *« la Cour de cassation, en sanctionnant les clauses excessives, imprécises ou abusives, affirme paradoxalement que leur présence n'est pas une violation d'une prérogative fondamentale »*[1930], que le caractère essentiel n'est pas le seul fondement de l'impossibilité de déroger à l'obligation de délivrance. Cette idée se retrouve chez M. Kenfack qui défend qu'au-delà des atteintes à l'essence du contrat, les clauses aménageant l'obligation de délivrance peuvent encore souffrir d'inefficacité en raison d'imprécisions rédactionnelles[1931]. Le motif de l'imprécision est également défendu par d'autres auteurs[1932]. Ainsi, l'imprécision pourrait servir de restriction suprême à la marge de liberté contractuelle dans l'aménagement de l'obligation de délivrance. D'ailleurs, la Cour de cassation y fait expressément référence dans plusieurs arrêts[1933].

384. Théorie de l'abus ou de l'excès, contrôle de proportionnalité et rentabilité économique : principes de l'équilibre contractuel. La doctrine évoque le recours à une théorie de l'abus ou un contrôle de proportionnalité de la part du juge. En ce sens, M. Monéger allègue, pour soutenir que la jurisprudence sanctionne en fait l'excès ou l'abus, qu'en réalité la jurisprudence invite les parties *« à considérer qu'il faut une délivrance pour qu'il y ait un bail et qu'il faut une stipulation d'une grande précision et limpidité pour qu'elle soit considérée comme régulatrice des obligations réciproques »*[1934]. Ici, c'est l'imprécision, l'ambiguïté ou le manque de clarté des clauses que la haute juridiction sanctionnerait. Toutefois, pour M. Denizot, la clarté des clauses ne suffit pas à les rendre valides : il évoque plutôt l'idée d'un contrôle de proportionnalité[1935]. Il s'est demandé s'il n'existait pas un déséquilibre

---

[1930] J. MONÉGER, « L'obligation de délivrance ou la conjonction de l'impératif et de la liberté contractuelle », art. cit.

[1931] H. KENFACK, « Inefficacité des aménagements conventionnels vidant de tout contenu une obligation essentielle du bailleur de locaux commerciaux », art. cit.

[1932] E. CHAVANCE, « Les travaux du preneur », art. cit. ; G. BERREBI, « Vers un renouveau de l'article 606 du code civil », *AJDI* déc. 2016, n° 12, p. 826.

[1933] Cass. 3e civ., 13 juill. 1994, n° 91-22.260, Bull. civ. III, n° 143, JurisData n° 1994-001381, *Loyers et copr.* oct. 1994, n° 10, comm. 373, p. 5 ; *AJDI* nov. 1994, n° 11, jur. 128, p. 835, obs. J.-P. BLATTER ; Cass. 3e civ., 6 mars 2013, n° 11-27.331, Bull. civ. III, n° 34, JurisData n° 2013-003778, *JCP N* août 2013, n° 35, chron. 1206, p. 41, obs. J. MONÉGER ; *RDC* juill. 2013, n° 3, p. 977, obs. J.-B. SEUBE ; *Dr. & patr. L'Hebdo* mars 2013, n° 913, p. 2, obs. C. L. G. ; *Rev. loyers* avr. 2013, n° 936, jur. 1565, p. 174, an. C. QUÉMENT ; *LEDC* avr. 2013, n° 4, p. 5, obs. G. PILLET ; *Gaz. pal.* avr. 2013, n° 110, p. 18, obs. J.-D. BARBIER ; *Gaz. pal.* mars 2013, n° 80, p. 1250, obs. C. BERLAUD ; *LEDIU* mai 2013, n° 5, p. 2, obs. A. CERDA ; *Dalloz actualité* 18 mars 2013, obs. Y. ROUQUET ; *D.* mars 2013, n° 11, p. 704, obs. Y. ROUQUET ; *D.* juill. 2013, n° 26, p. 1794, chron. M.-P. DUMONT-LEFRAND ; *RTD com.* août 2013, n° 2, p. 231, obs. F. KENDÉRIAN.

[1934] J. MONÉGER, « L'obligation de délivrance ou la conjonction de l'impératif et de la liberté contractuelle », art. cit.

[1935] C. DENIZOT, « Travaux de mise aux normes », art. cit. ; C. DENIZOT, *Droit civil et bail commercial*, *op. cit.*, pp. 498 et s., n° 591 et s.

contractuel - notion qu'il faut à notre avis comprendre au-delà des seuls contrats d'adhésion-, notamment lorsque les travaux représentent plusieurs années de loyer, faisant que la Cour de cassation est bien souvent récalcitrante à accepter que cette obligation de délivrance soit transférée sur la tête du preneur : *« Est-il légitime que le locataire s'acquitte de travaux de mise en conformité dont le montant est parfois excessif et sans commune mesure avec le montant du loyer ? »*. Cette question se pose avec d'autant plus d'acuité que les obligations des parties, dont la délivrance, font partie des critères d'évaluation de la valeur locative[1936].

Dans un arrêt du 18 mai 2011, la Cour d'appel semble avoir eu recours au principe de l'équilibre contractuel[1937]. En l'espèce, le bailleur avait consenti au locataire une franchise de loyer pour que celui-ci réalise des travaux de remise en état. Seulement, cette franchise s'est révélée trop faible au regard du coût de ces travaux. La Cour conclut à une violation de l'obligation de délivrance et déclare que *« la bailleresse ne peut invoquer l'existence d'une franchise, a fortiori si celle-ci est sans rapport avec le coût des travaux à entreprendre, pour se voir décharger de l'obligation de délivrance qui pèse sur elle en application de l'article 1719 du Code civil »*. Comme l'interprète l'analyste de cet arrêt, en confrontant le coût des travaux au montant de la franchise, la Cour d'appel semble considérer l'équilibre économique du contrat[1938]. Une autre interprétation menée à l'aune du contrat de franchise en général peut être rapprochée de celle-ci en ce qu'elle soutient la prise en compte de la *« rentabilité économique »* dans le champ du contrat[1939]. En considérant le contrat comme une opération économique globale et l'obligation comme son instrument de réalisation, la considération de la proportionnalité ou de la rentabilité économique se justifie.

Le contrôle de proportionnalité ou la rentabilité économique pourrait donc constituer l'ultime frein à la liberté contractuelle d'aménager l'obligation de délivrance. Avec l'évolution de la société et des activités commerciales (conjoncture du marché difficile), une telle situation ne paraissait peut-être pas abusive à l'époque, mais l'est aujourd'hui, ce qui expliquerait l'émergence de ce nouveau motif dans le droit actuel, d'autant que l'objectif de la loi Pinel était en premier lieu de rétablir l'équilibre dans la relation contractuelle même s'il se propose de le faire par d'autres biais. Pour nous, cette théorie de l'excès dévoile en filigrane, non pas la prise en compte d'une certaine vulnérabilité des parties[1940], mais une subtile défense de l'activité économique.

[1936] C. com., art. L. 145-33, 3°.

[1937] CA Paris, 5e pôle, 3e ch., 18 mai 2011, n° 09/06869, JurisData n° 2011-009292, *AJDI* juin 2012, n° 6, p. 427 ; *AJDI* déc. 2013, n° 12, p. 882, chron. J.-P. BLATTER.

[1938] C. DENIZOT, « Travaux de mise aux normes », art. cit.

[1939] S. LEQUETTE, « Le champ contractuel - Réflexions à partir de la rentabilité économique », art. cit. ; V. aussi sur la rentabilité : M. OUDIN, « La rentabilité, une notion juridique en construction », *in* O. SABARD (dir.), J. BOURDOISEAU (dir.) *et alii*, *Hommage en l'honneur de Grégoire Forest*, Dalloz, coll. Thèmes et Commentaires, 2014, p. 165 ; X. BOUCOBZA et Y.-M. SERINET, « À propos de l'erreur sur la rentabilité », *in* F. TERRÉ, D. MAZEAUD, D. FENOUILLET, P. RÉMY-CORLAY, V. MAGNIER, N. THOMASSIN, L. ANDREU *et alii*, *Mélanges en l'honneur du Professeur Didier R. Martin*, L.G.D.J., 2015, p. 85 ; V. aussi sur le lien entre l'approche économique du droit des biens et la rentabilité : J.-L. BERGEL, « Droits réels de jouissance et valorisation des biens : les propositions de réforme du droit des biens », art. cit.

[1940] J. MONÉGER, « De la vulnérabilité en droit des baux », *Loyers et copr.* mai 2010, n° 5, rep. 5, p. 1.

Cette théorie de l'équilibre contractuel semble trouver écho dans le nouvel article 1195 du Code civil, qui confère au juge le pouvoir de réviser le contrat ou d'y mettre fin, lorsqu'un changement de circonstances imprévisible lors de la conclusion du contrat rend l'exécution excessivement onéreuse pour une partie qui n'avait pas accepté d'en assumer le risque[1941], mais est toutefois entendue plus largement puisqu'elle ne se limite pas aux contrats d'adhésion.

[1941] P. MORELON, « Quels sont les dangers de la réforme annoncée du droit des contrats pour les professionnels du conseil et de la rédaction d'acte ? », art. cit.

Conclusion du chapitre 2

385. La fonction de l'obligation de délivrance : le révélateur d'une essentialité autorisant tout de même une marge de liberté contractuelle. Tout compte fait, l'obligation de délivrance arbore une étendue particulière largement empreinte d'impératif qui se justifie grâce à l'approche fonctionnelle de celle-ci, fondée sur la conception finaliste du contrat. En effet, ladite approche place l'exercice du droit de jouissance du preneur et plus concrètement l'exercice de l'activité économique au cœur du débat, puisque la mise en capacité d'exercice de ce droit et de cette activité économique correspond à la fonction même de l'obligation de délivrance. Plus exactement, c'est la pérennisation de l'activité économique qui justifie l'étendue de l'obligation de délivrance. Plus précisément encore, c'est la fonction de l'obligation de délivrance qui justifie son étendue particulière.

Ainsi, l'approche fonctionnelle permet de démontrer que le contenu de l'obligation de délivrance est irréductible dans l'intérêt général, car elle explique pourquoi les règles d'ordre public intègrent le champ de l'obligation de délivrance. Parce qu'elles ont un objectif commun qui n'est autre que la protection et la pérennisation de l'activité économique, il est logique que ces règles d'ordre public intègrent le champ de l'obligation de délivrance.

Plus encore, l'approche fonctionnelle permet de démontrer que le contenu de l'obligation de délivrance est irréductible dans l'intérêt des parties dans le sens où cette approche fonctionnelle justifie le caractère essentiel de l'obligation de délivrance et son caractère continu. L'obligation essentielle pouvant être définie comme l'obligation sans laquelle la finalité du contrat ne peut se réaliser, il devient alors évident que l'obligation de délivrance est une obligation essentielle dans la mesure où elle est indispensable à la réalisation de la finalité du bail commercial. À ce titre, elle permet de clarifier les solutions jurisprudentielles qui paraissaient de prime abord incohérentes. Elle explique pourquoi, alors que les articles 1719 et 1720 du Code civil ne sont en principe pas d'ordre public, la Cour de cassation est aussi frileuse à admettre le jeu de la liberté contractuelle afin de légitimer le transfert de l'obligation sur le preneur. Sont donc frappées d'inefficacité toutes les clauses qui contrarient la mise en capacité d'exercice du droit de jouissance du preneur et par là même la mise en capacité d'exercice de son activité économique. De plus, la prise en compte du temps satisfactoire qui s'ancre dans le résultat promis et donc la réalisation de la finalité du contrat permet de prouver la continuité de l'obligation de délivrance.

En outre, bien que l'obligation de délivrance affiche un contenu largement impératif, une marge de liberté contractuelle existe bel et bien. C'est précisément ce qu'a permis de révéler l'approche fonctionnelle. En effet, en proposant une circonscription plus claire de l'étendue de la notion, cette approche qui met en exergue la fonction de l'obligation de délivrance a servi de critère de délimitation de la marge de liberté contractuelle dont les parties disposent pour aménager cette fameuse obligation. Là encore, la pérennisation de l'activité économique se trouve sur le devant de la scène et devient le critère de délimitation de la marge de liberté contractuelle. Cette dernière existe dès lors qu'elle ne contrevient pas à la mise en capacité d'exercice de l'activité économique, mais ne sera effective que si elle respecte certaines conditions.

Partant, la marge de liberté contractuelle est possible lorsque la chose louée et l'activité économique qu'elle doit accueillir sont judicieusement définies dans le contrat ou lorsque le transfert de certains aspects de l'obligation de délivrance ne compromet pas la capacité d'exercice de l'activité économique. Pour être effective, cette marge de liberté contractuelle devra encore respecter certaines conditions d'origines légale, circonstancielle ou jurisprudentielle, ravivées par la théorie générale des contrats en divers points. L'approche fonctionnelle permet de trancher la question de la liberté individuelle et de sa sphère pour le bailleur commercial. L'obligation de délivrance est le siège du débat sur la place que l'impératif locatif doit occuper au regard du principe de la liberté contractuelle. Les baux, particulièrement les baux commerciaux, sont riches de clauses, plus ou moins inventives et plus ou moins précises, visant à faire du preneur, la « vache à lait » du bailleur et l'on sait désormais dans quelle mesure celles-ci sont efficaces.

Conclusion du titre 2

386. L'approche fonctionnelle de l'obligation de délivrance : un éclairage global et suffisant pour révéler la pleine unicité de cette notion. En fin de compte, l'approche fonctionnelle de la notion d'obligation de délivrance apporte un éclairage global, en ce qu'elle permet d'élaborer une définition fonctionnelle de cette obligation, mais aussi et surtout suffisant, car elle apporte des réponses aux nombreuses interrogations laissées en suspens par l'approche analytique. En réalité, l'approche fonctionnelle recoupe l'approche analytique, mais va bien au-delà. Elle la dépasse. Alors que l'approche analytique étaye une définition descriptive de l'obligation de délivrance, faisant apparaître une structure duale qui repose sur une double prestation de mise à disposition et de mise en état de la chose louée, l'approche fonctionnelle est le pilier d'une définition qui englobe non seulement la définition précédente, mais qui en plus va plus loin en révélant la raison d'être de cette structure duale. Cette dernière se présente comme un instrument de réalisation de la finalité du bail commercial. Par le biais de cette analyse, on retrouve l'utilité de l'approche analytique et on découvre un autre angle de vue.

Cette nouvelle perspective offerte par l'approche fonctionnelle, en permettant d'expliquer les difficultés liées à l'appréhension de la notion d'obligation de délivrance, la montre comme étant plus complète que l'approche analytique. Elle permet de résoudre les problèmes non résolus par l'approche analytique, précisément ceux qui touchent à son étendue. En justifiant les caractères essentiel et continu de l'obligation de délivrance et en justifiant l'extension de son contenu par l'intégration de règles d'ordre public, elle clarifie ainsi l'amas de solutions jurisprudentielles qui paraissaient s'opposer et reflétaient un certain désordre. Plus encore, en traçant une limite entre l'impératif et le supplétif, elle dessine la place d'une marge de liberté contractuelle qui semblait largement compromise au regard de l'approche analytique. En fait, le critère fonctionnel constitue le point de ralliement de tous les questionnements inhérents à l'obligation de délivrance et qui semblaient impossibles à résoudre avec l'approche analytique. Il est apte à répondre à ces multiples interrogations, à les expliquer et les justifier. C'est donc lui qui clarifie la situation de l'obligation de délivrance et qui lui rend sa cohérence.

Pour ces raisons, l'unicité de la notion d'obligation de délivrance se trouve pleinement révélée grâce à l'approche fonctionnelle, de sorte que cette méthode doit pouvoir se généraliser.

CONCLUSION DE LA PARTIE 1

387. Vers une généralisation de l'approche fonctionnelle de l'obligation de délivrance. *In fine*, l'analyse duale de la notion d'obligation de délivrance, selon une approche analytique et une approche fonctionnelle, a révélé l'utilité prédominante de l'approche fonctionnelle pour circonscrire pleinement cette notion. La première approche permet de décrire cette obligation et cela est indispensable pour la manipuler et la comprendre. La seconde approche reprend inductivement la première et permet en plus de clarifier les incertitudes relatives à cette notion. À ce titre, elle vient combler les manques de la méthode analytique et parfaire la bonne compréhension de l'obligation de délivrance.

L'approche fonctionnelle a mis en lumière le nouveau visage de la notion d'obligation de délivrance. Celle-ci ne semble plus correspondre à la vision doctrinale selon laquelle elle consistait à mettre à disposition la chose conformément à ce que les parties avaient convenu, puisque le « convenu ou voulu » est largement limité par le juge. Les critères de conformité et l'inefficacité de nombreuses clauses contraires en témoignent. La définition renouvelée de l'obligation de délivrance, davantage fondée sur les attentes raisonnables du créancier locataire, paraît mieux adaptée pour rendre compte de ce qu'est l'obligation de délivrance aujourd'hui. La clarification des solutions jurisprudentielles grâce à cette conception renouvelée de l'obligation de délivrance en est la preuve. Elle semble alors concorder avec une conception renouvelée du droit des contrats, et même s'inscrire dans cette conception *« moins fondée sur la volonté de celui qui s'engage que sur l'attente de celui envers qui l'on s'engage »*, portée par la réforme du droit des obligations et des contrats[1942].

L'unicité de la notion d'obligation de délivrance qui transparaît dans l'approche fonctionnelle est la preuve qu'il existe, contrairement aux apparences premières de désordre indissoluble, une manière d'appréhender de façon unitaire l'obligation de délivrance. Cette méthode fonctionnelle trace les contours de cette obligation à géométrie variable et en offre une définition singulière qui couvre l'ensemble de ses aspects. Elle offre également un état des lieux précis de cette obligation, des solutions jurisprudentielles rendues à son égard ainsi que des interprétations doctrinales qu'elle a suscitées, dans lequel elle remet de l'ordre, notamment en dessinant la limite entre l'impératif et le supplétif et en délimitant la place d'une marge de liberté contractuelle.

L'unicité de la notion d'obligation de délivrance ayant été pleinement révélée, il est désormais possible de prévoir son régime de façon cohérente. À cet effet, c'est donc vers une généralisation de l'approche fonctionnelle que nous nous orienterons. Effectivement, c'est typiquement la mise en exergue de la fonction de

---

[1942] N. DISSAUX et C. JAMIN, *Réforme du droit des contrats, du régime général et de la preuve des obligations (Ordonnance n° 2016-131 du 10 février 2016), Commentaire des articles 1100 à 1386-1 du Code civil*, *op. cit.*, p. 62 ; V. aussi en ce sens : G. CHANTEPIE et M. LATINA, *La réforme du droit des obligations. Commentaire théorique et pratique dans l'ordre du Code civil*, *op. cit.*, p. 362.

l'obligation de délivrance comme critère à privilégier qui permet d'envisager la détermination d'un régime cohérent. En d'autres termes, c'est la fonction de l'obligation de délivrance qui permet de prévoir la cohérence de son régime.

PARTIE 2
LA COHÉRENCE DU RÉGIME DE L'OBLIGATION DE DÉLIVRANCE

388. Prévision de la mise en œuvre de l'obligation de délivrance en vue d'éviter sa sanction. Le régime de l'obligation de délivrance doit être envisagé en fonction des caractéristiques notionnelles identifiées en première partie puisque, selon la méthodologie juridique exposée par M. Bergel, la nature détermine le régime[1943] et inversement[1944]. Autrement dit, la caractérisation de la notion d'obligation de délivrance, sa conceptualisation, établie en première partie, permet de prévoir son régime. Concrètement, c'est par référence à la fonction de l'obligation de délivrance que nous envisagerons d'appréhender le régime de cette obligation. La prévision de ce régime devient cohérente typiquement grâce à la référence à la fonction de l'obligation de délivrance.

Ainsi que nous l'avons exposé en introduction, le régime juridique se définit en théorie générale du droit comme un *« système de règles, considéré comme un tout, soit en tant qu'il regroupe l'ensemble des règles relatives à une matière, soit en raison de la finalité à laquelle sont ordonnées les règles »*[1945]. L'étude du régime juridique de l'obligation de délivrance appelle une réflexion quant à sa mise en œuvre et sa sanction.

La mise en œuvre concerne inévitablement l'exécution de l'obligation, mais pas seulement. Elle lui assure son effectivité, elle lui permet de réaliser sa fonction de façon globale. Ainsi que nous l'avons démontré dans la première partie, l'obligation de délivrance est un instrument de réalisation de la finalité du bail commercial, de sorte que celle-ci doit s'étudier à partir du contrat, lequel induit les modalités d'exécution de l'obligation qu'il organise. Comme nous l'avons vu, la liberté contractuelle est admise dès lors qu'est assurée la pérennisation de l'activité économique. L'aménagement contractuel de ces modalités d'exécution[1946], qui correspondent à des techniques de précision, c'est-à-dire des particularités qui, affectant une obligation dans l'un ou plusieurs de ses éléments, modifient les effets normaux de celle-ci[1947], se fera donc à l'aune du contrat. Certes, l'étude du régime juridique de cette obligation aurait pu se borner à présenter ses modalités d'exécution pour elles-mêmes. Toutefois, une telle présentation aurait été, à nos yeux, insuffisante dans le sens où elle n'aurait pas révélé toute l'utilité du critère de la réalisation de la finalité du bail commercial dévoilé en première partie. Or, tout l'intérêt de la démarche réside justement dans l'utilisation de ce curseur pour

---

1943 J.-L. BERGEL, « Différence de nature égale différence de régime », *RTD civ.* 1984, n° 3, p. 255 ; J.-L. BERGEL, *Méthodologie juridique Fondamentale et appliquée*, *op. cit.*, pp. 128-129, n° 69 ; J.-L. BERGEL, *Théorie générale du droit*, *op. cit.*, pp. 225-226, n° 169.

1944 F. ROUVIÈRE, « Le revers du principe, Différence de nature (égale) différence de régime », art. cit.

1945 V. *supra* n° 37.

1946 V. sur le lien entre le risque d'inexécution de l'obligation contractuelle et ses modalités d'exécution : F. PARAISO, *Le risque d'inexécution de l'obligation contractuelle*, préf. C. ATIAS, PUAM, 2011, pp. 85 et s., n° 98 et s.

1947 G. CORNU (dir.) *et alii*, *Vocabulaire juridique*, *op. cit.*, p. 665.

adapter contractuellement les modalités d'exécution de l'obligation de délivrance afin qu'elle remplisse sa fonction de pérennisation de l'activité économique.

Les diverses modalités d'exécution de l'obligation de délivrance ont été quelque peu évoquées en première partie sous l'angle des différentes actions que le bailleur, débiteur de ladite obligation, pouvait être amené à réaliser au titre de sa double prestation de mise à disposition et de mise en état de la chose[1948] pour déterminer le contenu de cette obligation. Cependant, d'autres modalités d'exécution vont apparaître pour prévoir une exécution efficace de l'obligation de délivrance. En effet, il existe également au titre de ces modalités l'initiative, le moment, le lieu et les frais, mais toutes ne retiendront pas notre attention dans la mesure où elles ne présentent pas de particularités. C'est notamment le cas de la question du lieu de la délivrance, qui peut être traitée dès à présent, car il ne semble pas y avoir de difficulté, la délivrance portant sur une chose immobilière. La doctrine ancienne évoque essentiellement la question pour les choses mobilières[1949], considérant certainement qu'elle ne se posait pas pour les biens immeubles. Elle affirme que la délivrance des choses doit se faire au lieu où elles se trouvent. En principe, un immeuble par nature est attaché au sol et n'en bouge pas[1950]. Une difficulté peut éventuellement se faire sentir pour les immeubles par destination[1951] et les immeubles par l'objet auquel ils s'appliquent[1952]. Pour ces deux catégories de biens immobiliers, il serait logique que la délivrance se fasse au lieu du fonds auquel ils sont rattachés. Quant aux frais de délivrance, les auteurs actuels indiquent qu'ils sont à la charge du débiteur bailleur et voient dans cette interprétation une application de l'article 1608 du Code civil[1953]. Toutefois, les travaux préparatoires du Code civil de 1804 affirmaient déjà, et cela de la façon la plus explicite qui soit, que les frais de délivrance incombaient au bailleur[1954]. On peut voir, dans l'extension de l'article 1608 du Code civil au louage, une explication de l'interprétation proposée par le législateur du Code civil de 1804. Cette solution correspond à la solution classique de droit commun posée au nouvel article 1342-7 du Code civil.

[1948] V. *supra* n° 134 et s.

[1949] R.-J. POTHIER, *Traité du contrat de louage, selon les règles tant du for de la conscience que du for extérieur*, *op. cit.*, pp. 52-54, n° 56-57.

[1950] M.-C. DE LAMBERTYE-AUTRAND et G. GIL, *Biens. - Classification tripartite des immeubles. - Immeubles par nature*, J.-Cl. Notarial Répertoire, Fasc. 20, sept. 2020, n° 4, 13 et s.

[1951] *Ibid.*, n° 2 et s. : *« Les immeubles par destination sont des biens, meubles par nature, qui, en vertu d'une fiction légale, sont néanmoins qualifiés d'immeubles parce que leur propriétaire les a affectés au service de son fonds et qu'ils en deviennent alors des accessoires. »*.

[1952] *Ibid.*, n° 135 et s. : *« Le législateur a voulu faire de la distinction des meubles et des immeubles une summa divisio englobant l'ensemble des biens, corporels comme incorporels. Or, pour ces derniers, le critère principal de distinction tenant au caractère physique des biens n'a pas de sens : leur classement ne peut évidemment pas résulter de la nature matérielle des choses. Devant la nécessité de compléter le critère de répartition, le législateur s'est attaché à la considération de l'objet des droits. Ainsi il classe les droits incorporels selon la nature mobilière ou immobilière du bien sur lequel ils portent. Ils seront meubles ou immeubles "par l'objet auquel ils s'appliquent". Encore faut-il préciser que cette expression n'est utilisée qu'à l'article 526 du Code civil pour les seuls droits immobiliers. L'article 529 du Code civil visant les meubles "par détermination de la loi" permet cependant de comprendre parmi ceux-ci les droits qui ont pour objet des meubles corporels. »*.

[1953] J. GHESTIN (dir.) et J. HUET, *Traité de droit civil. Les principaux contrats spéciaux*, *op. cit.*, p. 740.

[1954] P.-A. FENET, *Recueil complet des travaux préparatoires du Code civil*, t. 14, *op. cit.*, p. 324.

En outre, à l'instar de l'organisation du contrat en général, l'organisation de l'obligation de délivrance tend vers quatre finalités : aménager l'exécution de cette obligation, gérer les risques encourus à travers elle, éviter l'appréciation judiciaire de celle-ci et prévoir ou anticiper les sanctions en cas de manquement[1955]. Cependant, sa mise en œuvre ne vise qu'à assurer l'aménagement de son exécution et éviter son appréciation par le juge. La gestion des risques y afférents et l'anticipation de ses sanctions ressortent spécifiquement de sa sanction. Ces derniers éléments ne seront traités qu'après avoir réfléchi à une exécution sécurisée de l'obligation de délivrance.

Face à ces réalités, la cohérence du régime de l'obligation de délivrance par référence à sa fonction apparaît à deux niveaux : dans la mise en œuvre de celle-ci (Titre 1), puis dans sa sanction (Titre 2).

1955 N. GRAS, *Essai sur les clauses contractuelles*, préf. M. MEKKI, Centre Michel de l'Hospital (P.U. Clermont), 2017, pp. 29 et s., n° 20 et s.

TITRE 1 - LA COHÉRENCE DE LA MISE EN ŒUVRE DE L'OBLIGATION DE DÉLIVRANCE PAR RÉFÉRENCE À SA FONCTION

389. Ingénierie contractuelle : organisation des modalités de mise en œuvre de l'obligation de délivrance. La cohérence du régime juridique de l'obligation de délivrance, au stade de la mise en œuvre de celle-ci, s'envisage conformément aux caractéristiques notionnelles retenues en première partie. L'idée est d'utiliser la définition fonctionnelle de l'obligation de délivrance comme critère pour rendre sa mise en œuvre cohérente et éviter la sanction. Autrement dit, il s'agit d'utiliser le curseur de la réalisation de la finalité du bail commercial ou de la mise en capacité d'exercice de l'activité économique, pour adapter la mise en œuvre de l'obligation de délivrance. D'une part, cette démarche a vocation à prévoir une exécution sécurisée de l'obligation de délivrance ou à prévenir le risque d'inexécution de cette obligation. D'autre part, elle a aussi pour mission, de manière plus générale, de prévoir un aménagement contractuel sécurisé de cette obligation ou de la prévenir d'un risque d'aménagement inefficace.

Plus concrètement, le choix de modalités de mise en œuvre efficaces, participant à la pérennité contractuelle[1956], c'est-à-dire de modalités qui permettent la réalisation de la finalité du bail commercial et donc de l'activité économique, se fait précisément par l'ingénierie contractuelle. L'expression « ingénierie contractuelle » désigne une forme d'ingénierie juridique qui correspond à la façon de préparer et négocier les contrats[1957] ou la *« façon de construire le contrat comme un mécanisme à même d'intégrer l'évolution des faits dans sa marche »*[1958]. Il s'agit plus précisément d'une démarche raisonnée et professionnelle qui, de l'étude préliminaire des relations contractuelles envisagées à l'accord final intervenant après négociation, permet à celui qui doit contracter non seulement de définir de façon réaliste ses objectifs et contraintes, les dispositions et équilibres contractuels à faire prévaloir ainsi que les conditions et arguments de négociation à mettre en œuvre, mais aussi de conclure un contrat adapté, circonstancié, cohérent et viable dont les implications et risques seront lisibles pour lui. Cette démarche se caractérise par une approche globale, dynamique et transdisciplinaire des relations précontractuelles et contractuelles dans leurs déroulements possibles. Elle s'utilise durant tout le processus d'établissement du contrat, et qui plus est du bail commercial, car il ne s'agit pas d'une action instantanée, mais plutôt d'un long chemin composé de phases ou d'étapes successives qui aboutissent à l'acte écrit et qui conditionnent son avenir[1959]. Il est vrai que la phase préparatoire à la rédaction de l'acte

---

1956 A.-S. LAVEFVE-LABORDERIE, *La pérennité contractuelle*, préf. C. THIBIERGE, L.G.D.J., 2005, pp. 309 et s., n° 546 et s.

1957 J. BARTHELEMY, « L'ingénierie juridique : un concept ; le juriste organisateur : son prêtre », *LPA* janv. 2005, n° 3, p. 8.

1958 P. STOFFEL-MUNCK, « Les répliques contractuelles », *RDC* janv. 2010, n° 1, p. 430.

1959 M. GORÉ, « La rédaction du contrat », *LPA* mai 1998, n° 54, p. 30 ; J.-M. MOUSSERON, P. MOUSSERON, J. RAYNARD et J.-B. SEUBE, *Technique contractuelle*, 5e éd., *op. cit.*, p. 20, n° 9-10.

final - le *negotium*[1960] - au cours de laquelle le projet de bail commercial prend forme et les conditions de la relation locative, notamment les conditions de délivrance, se déterminent, est importante, car il doit y avoir une correspondance entre les engagements pris, c'est-à-dire le contenu du contrat ou *instrumentum* et la volonté des parties, c'est-à-dire le *negotium*[1961]. Il est vrai aussi que compte tenu de la fonction d'acte de prévision du contrat, la distinction entre la formation et l'exécution du contrat se révèle d'autant plus importante[1962], de sorte que la mise en œuvre de l'obligation de délivrance grâce à l'ingénierie contractuelle aurait pu conduire à isoler les développements propres à l'*instrumentum* de ceux inhérents au *negotium*. Néanmoins, il ne ressort pas de l'objectif de la démarche de rappeler les règles qui gouvernent la négociation du contrat de bail commercial, car la majeure partie d'entre elles ne présente aucune spécificité par rapport aux règles relatives à la négociation des contrats spéciaux.

Par ailleurs, le recours à l'ingénierie contractuelle évoque les outils rédactionnels généraux, qui pourraient aider le rédacteur dans l'organisation de la réalisation de la finalité du bail commercial. La mise en œuvre de l'obligation de délivrance pourra tout à fait se faire grâce à ces outils qui sont de plus en plus modernes[1963]. Parmi eux, on compte la recherche juridique[1964] largement numérisée et actualisée[1965], notamment avec la technique « *Really Simple Syndication* »[1966], mais également les services de recherche juridique qui peuvent établir des consultations

---

[1960] F. ROUVIÈRE, *Le contenu du contrat : essai sur la notion d'inexécution*, préf. C. ATIAS, PUAM, 2005, p. 108, n° 114 : le negotium correspond à la *« partie essentielle du projet contractuel »*, *« ce vers quoi tend le contrat, son résultat virtuel au moment de la formation »* qui nécessite un *« effort mental de projection dans le temps »*.

[1961] *Ibid.*, p. 108, n° 113.

[1962] O. PENIN, *La distinction de la formation et de l'exécution du contrat, Contribution à l'étude du contrat acte de prévision*, préf. Y. LEQUETTE, L.G.D.J., 2012, pp. 193-402, n° 431 et s.

[1963] V. en ce sens les prédictions d'un auteur : H. BOSVIEUX, « Informatique et sécurité juridique (De l'apport de l'intelligence artificielle dans la rédaction des actes notariés) », *JCP N* avr. 1993, n° 13, doctr. 100530, p. 147 ; V. aussi : C. FORMONT, A. DI CONCETTO, et A. CHERONNET, Rapp. L'innovation dans la profession d'avocat, http://www.sciencespo.fr/ecole-de-droit/sites/sciencespo.fr.ecole-de-droit/files/IBP%20Rapport %20 Innovation_ decembre2015_0.pdf, p. 4 ; JOMATI CONSULTANT, Rapp. Civilisation 2030 : le futur proche des sociétés juridiques ; L. DE MATHAREL, « D'ici à 2030, des processeurs d'intelligence artificielle remplaceront les avocats, prédit un rapport », www.usine-digitale.fr., 4 déc. 2014 ; C. KLEITZ, « Avocator », *Gaz. pal.* déc. 2014, n° 352, p. 3 ; M. BERNARD et J. VAYR, « L'innovation technologique dans le droit : vers une révolution des pratiques ? », *LPA* sept. 2016, n° 187, p. 4 ; L. GARNERIE, « L'impossible statu quo », *Gaz. pal.* oct. 2016, n° 38, p. 3.

[1964] V. pour l'avocat : P. CRÉHANGE, *Introduction à la rédaction des actes judiciaires et juridiques scripta manent*, *op. cit.*, p. 71 ; J.-J. ALEXANDRE, *La prestation de conseil juridique en droit français*, t. I, *op. cit.*, p. 95.

[1965] H. CROZE, « L'affaire du numéro de pourvoi », *JCP G* mai 2011, n° 22-23, 633, p. 1074 ; J.-F. PILLEBOUT, « La machine et le notaire ou le JurisClasseur numérique », *JCP N* 10 juill. 1998, n° 28, p. 1072 ; N. NICOLAÏDES et J.-F. PILLEBOUT, « La formule notariale à l'heure de l'informatique », *JCP N* mai 2004, n° 19, étude 1231, p. 805 ; M. HARICHAUX, « La recherche juridique sur internet : limites actuelles et perspectives », *LPA* avr. 1998, n° 46, p. 9.

[1966] F. DEMPURÉ, « Grâce au RSS, laissez l'info venir à vous », *JCP N* mars 2007, n° 11, étude 1132, p. 48.

juridiques[1967]. On trouve aussi les formulaires[1968] qui offrent une trame rédactionnelle adaptable[1969] de façon très rapide lorsqu'il se présente sous forme électronique[1970]. Les recueils de clauses[1971] pourront encore être utilisés. En matière de bail commercial, des clausiers spéciaux ont justement été créés comme celui développé par le cabinet d'avocats Herbert Smith Paris LLP relatif aux clauses environnementales[1972]. Les ouvrages de technique contractuelle pourront aussi aisément compléter ces premiers outils[1973]. D'autres outils, plus innovants, peuvent encore être utilisés, tels que l'assistance juridique[1974] et les systèmes robotisés[1975].

1967 Il s'agit de centres ou d'organismes qui disposent de juristes chercheurs traitant les consultations qui leur sont adressées par les praticiens. Parmi ces centres, on compte les CRIDON pour les notaires.

1968 G. CORNU (dir.) *et alii*, *Vocabulaire juridique*, *op. cit.*, p. 476 : le formulaire correspond à un *« un recueil de formules à l'usage des rédacteurs d'actes »*.

1969 V. en ce sens la richesse des formulaires proposés : formulaires de bail commercial ProActa proposés par Lamyline ; J. LAFOND, *Bail commercial. - Bail initial. - Formules*, J.-Cl. Bail à Loyer, Fasc. n° 310, janv. 2015 ; formulaires bail commercial de chez Dalloz ; formulaires bail commercial de chez Francis Lefevre ; formulaires bail commercial Editimmo ; V. aussi pour un formulaire de bail commercial : A. CONFINO *et alii*, *Baux commerciaux - Ce qui change en pratique*, *op. cit.*, pp. 208 et s. ; J.-P. BLATTER et W. BLATTER-HODARA (collab.), *Traité des baux commerciaux*, 6e éd., *op. cit.*, pp. 867 et s. ; V. de manière générale sur l'intérêt du formulaire : S.-C. BORIES, « Réflexions sur l'aide à la rédaction des actes notariés », *Defrénois* oct. 2013, n° 20, p. 1039.

1970 B. FAGES *et alii*, *op. cit.*, n° 853.

1971 P.-Y. GAUTIER, « Vers un principe de précaution contractuelle : savoir bien rédiger les clauses sensibles (modèles et méthodologie) », *RDC* juill. 2008, n° 3, p. 973 : Système d'aide à la rédaction de contrats, le recueil de clauses ou clausier ou « synallagmathèque » ou encore bible de clauses, se présente au format papier ou numérique et consiste en un répertoire de clauses diverses et variées analysées, commentées et critiquées.

1972 J.-M. PEYRON et I. SERBANESCU, « L'annexe environnementale et le bail vert suite au Grenelle », *JCP G* nov. 2011, n° 45, 1229, p. 2016 ; Les notaires bénéficient quant à eux d'un forum de partage de clauses, qui n'est autre qu'un clausier numérique, accessible sur le portail Real et animé par les instituts du Conseil Supérieur du Notariat (CSN) : ANONYME, « 63e session de l'assemblée de liaison des notaires de France. Des débats "collaboratifs et participatifs" sur l'informatisation et la dématérialisation », *Defrénois* déc. 2012, n° 23, p. 1227 ; M.-F. ZAMPIERO BOUQUEMONT, « La technologie doit être une valeur ajoutée de la profession », *JCP N* déc. 2012, n° 51-52, act. 1113, p. 13 ; On trouve également le fameux « Clausier » de M. Dross ou l'ouvrage « Clauses contractuelles, Du bon usage de la liberté contractuelle » de M. Marchand qui mêle recueil de clauses et techniques de rédaction du contrat .

1973 On peut citer l'ouvrage suivant : J.-M. MOUSSERON, P. MOUSSERON, J. RAYNARD et J.-B. SEUBE, *Technique contractuelle*, 4e éd., Francis Lefebvre, 2010, p. 11 ; ANONYME, « Technique contractuelle », *LEDC* avr. 2017, n° 4, p. 8.

1974 H. BOSVIEUX, « Assistance juridique et rédaction des actes notariés (Informatique et traitement de texte) », *JCP N* avr. 1990, n° 17, doctr. 100506, p. 150 : concrètement, il s'agit d'une *« méthode par laquelle une clause d'acte est complétée par une brève annotation précisant le cas dans lequel elle s'applique, avec une référence à une étude synthétique et qui permet enfin pour compléter l'information d'accéder à un documentaire plus analytique »*.

1975 Il existe plusieurs systèmes robotisés avec des fonctionnements différents. L'un d'eux, dénommé « intelligence artificielle », est fondé sur une capacité d'analyse poussée de quantités considérables de données et consiste à faire choisir l'ordinateur, à la place du rédacteur, les clauses de l'acte. Un autre système appelé « Electronic Data Interchange » (échange de données informatisées), en abrégé EDI, réside dans un mécanisme par lequel deux ou plusieurs parties s'entendent pour utiliser leur système informatique pour échanger des données à caractère juridique. Plus précisément, les parties déterminent les modalités techniques et juridiques de l'échange au moyen d'une « convention d'interchange » écrite, puis c'est l'ordinateur qui prend le relais et l'échange se déroule de manière automatisée de sorte que les ordinateurs dialoguent entre eux sans l'intervention de l'homme. Ce système est différent du précédent puisqu'il ne propose pas une rédaction automatisée du contrat, mais une mise à disposition des données utiles pour le faire. ; V. sur les systèmes robotisés : *Ibid.*, p. 135 ; C. FORMONT, A. DI CONCETTO,

Cependant, l'évocation de ces outils ne doit pas aller plus loin dans le sens où ces derniers ne sont pas spécifiques à la mise en œuvre de l'obligation de délivrance et où ils ne permettent pas de faire des contrats « sur-mesure »[1976].

Pour en revenir spécialement à la mise en œuvre de l'obligation de délivrance et à l'objectif d'adaptation contractuelle de ses modalités d'exécution et d'interprétation grâce à sa définition fonctionnelle, on constate que la technique contractuelle offre, pour atteindre ce fameux objectif, deux instruments. Le premier est naturellement l'instrument contractuel constitué par le bail commercial lui-même. Le second vise l'ensemble des instruments contribuant à l'exécution de ce contrat, matérialisés par l'avant-contrat de bail commercial ainsi que les documents particuliers annexés au contrat de bail commercial.

À ce titre, la mise en œuvre de l'obligation de délivrance en vue d'organiser la réalisation de la finalité du bail commercial s'assure avant tout par l'adaptation de l'instrument contractuel (Chapitre 1), mais aussi en ayant recours à d'autres instruments contribuant à l'exécution du contrat (Chapitre 2).

et A. CHERONNET, Rapp. L'innovation dans la profession d'avocat, préc., p. 9 ; D. MOUGENOT, *Droit des obligations - La preuve*, 3e éd., Larcier, 2002, p. 307 ; F. CHALVIGNAC, *La rédaction d'un acte juridique : le bail commercial*, *op. cit.*, p. 137, n° 224 D. IWEINS, « Les robots sont-ils nos ennemis ? », *Gaz. pal.* juin 2016, n° 24, p. 9 ; A. PORTMANN, « Les avocats doivent-ils craindre d'être "robotisés" ? », *Dalloz actualité* 6 mai 2016.

[1976] Chaque contrat de bail commercial est unique, si bien que la finalité de chacun d'eux est également unique. Partant, il n'est pas possible de recourir à des « contrats types » ou des modèles types de baux commerciaux, comme c'est le cas en matière de baux d'habitation. Un effort d'adaptation du contrat à chaque situation pratique considérée est nécessaire pour retranscrire au mieux et le plus fidèlement la volonté des contractants, de sorte qu'il y ait une concordance entre le negotium et l'instrumentum. ; V. sur cette idée : S.-C. BORIES, « Réflexions sur l'aide à la rédaction des actes notariés », art. cit. ; F. CHALVIGNAC, *La rédaction d'un acte juridique : le bail commercial*, *op. cit.*, p. 151, n° 256-257 ; G. CHANTEPIE, « La rédaction enseignée : l'enseignement des formules notariales », art. cit. ; N. NICOLAÏDES et J.-F. PILLEBOUT, « La formule notariale à l'heure de l'informatique », art. cit. ; W. DROSS, *Clausier. Dictionnaire des clauses ordinaires et extraordinaires des contrats de droit privé interne*, 3e éd., LexisNexis, 2016, p. IX ; D. IWEINS, « Les robots sont-ils nos ennemis ? », art. cit.

Chapitre 1 - L'adaptation de l'instrument contractuel en vue d'organiser la réalisation de la finalité du bail commercial

390. Appréciation du sort des diverses clauses relatives à l'obligation de délivrance grâce au critère de la réalisation de la finalité du bail commercial. La mise en œuvre cohérente de l'obligation de délivrance suppose une adaptation du contrat de bail commercial dans l'objectif de préserver la réalisation de sa finalité et ainsi assurer la mise en capacité d'exercice de l'activité économique du preneur. En ce qui concerne les possibilités d'adaptation formelle du bail commercial, la doctrine remarque que, ni le décret du 30 septembre 1953 ni la réforme du 18 juin 2014, ne régissent la forme et la présentation des baux commerciaux[1977]. Les textes sous-entendent simplement la forme écrite en exigeant certaines mentions et certains documents ou lorsque le bail doit être publié à la conservation des hypothèques. L'élaboration des baux commerciaux laisse donc une place importante à la créativité du rédacteur, notamment pour la présentation et la rédaction des clauses[1978]. Cela étant précisé, c'est en accord avec la position que nous avons défendue en première partie, qui tend à conjuguer un aspect impératif et une marge de liberté contractuelle, qu'il va s'agir d'adapter le discours rédactionnel au discours notionnel, le discours pratique au discours théorique. Autrement dit, il va falloir retranscrire l'obligation de délivrance en respectant les règles qui lui sont applicables par des clauses adéquates, c'est-à-dire adapter les clauses relatives à la délivrance à la conception théorique de cette obligation. S'il existe différentes manières de moduler l'étendue de l'obligation de délivrance et d'organiser par anticipation l'inexécution des obligations contractuelles[1979], il reste qu'une telle modulation doit se faire en permettant la réalisation de la finalité du bail commercial et l'exercice de l'activité économique. Cela implique un choix judicieux des clauses insérées dans le contrat de bail commercial, qui pourra être guidé par le principe selon lequel la réalisation de la finalité du bail commercial doit être permise et dans l'objectif de garantir les intérêts des parties.

Par ailleurs, il faut bien comprendre que le choix et la formulation des clauses qui organisent les modalités d'exécution de l'obligation de délivrance dans les baux commerciaux ne résultent pas seulement de l'application pure et simple des règles théoriques dégagées dans la première partie. Effectivement, comme dans tous les contrats, le choix des clauses est gouverné par des règles de fond et de forme générales, qui ne seront que brièvement signalées ici puisqu'elles ne sont absolument pas spécifiques aux choix des clauses touchant à l'obligation de délivrance mais valent pour n'importe quelles clauses. Les règles de fond consistent à prendre en compte les négociations, à limiter les possibilités d'interprétation du juge et à choisir une combinaison cohérente de clauses. Le contexte et les circonstances vont influencer la validité de ces clauses, si bien qu'une même clause

---

[1977] F. CHALVIGNAC, *La rédaction d'un acte juridique : le bail commercial*, *op. cit.*, p. 132, n° 126 et p. 160, n° 270.

[1978] *Ibid.*, p. 157 et s., n° 263 et s.

[1979] J. MESTRE, « Des clauses déterminant l'étendue des obligations contractuelles des parties », art. cit.

peut être valable dans une situation et ne pas l'être dans une autre. Ainsi, la prudence sera de mise au stade des pourparlers[1980] ou à l'égard des informations déterminante et confidentielle[1981], car l'information relative aux conditions de délivrance de la chose louée pourrait tout à fait constituer une information déterminante, notamment au regard de l'article L. 145-40-2 du Code de commerce[1982]. D'ailleurs, l'application de cette nouvelle disposition dans le temps pourrait engendrer des difficultés lorsqu'un bail est négocié en septembre 2016, puis conclu en octobre 2016 et qu'à l'issue, un contractant reproche à l'autre de ne pas lui avoir révélé une information déterminante[1983]. L'article 1112-1 sera-t-il applicable dans ce cas ? Si une réponse positive conduit à conférer une existence rétroactive au devoir général d'information, celle-ci n'est toutefois pas inenvisageable eu égard à l'obligation d'information imposée par le droit spécial des baux commerciaux avant le 1er octobre 2016[1984]. Il faudra donc bien distinguer l'invitation à entrer en pourparlers et la véritable offre de contracter[1985], ce qui pose intuitivement la question de la valeur d'une annonce de location immobilière passée dans la presse ou sur un site Internet[1986]. La jurisprudence a déduit du principe sus-énoncé que la rupture des pourparlers reste sans conséquence[1987] dans de

---

[1980] C. civ., art. 1112 nouv. ; V. sur la libre rupture des pourparlers : L. BOYER, *Contrats et conventions*, Rép. civ. Dalloz, août 1993, n° 175 ; B. FAGES (dir.), P. FLEURY (dir.) *et alii*, *Le Lamy Droit du contrat*, 2020, n° 149, 152, 189 et s., 199 ; Cass. com., 12 janv. 1999, n° 96-14.604, *Dr. & patr.* sept. 1999, n° 74, jur. 2375, p. 97, obs. P. CHAUVEL ; Cass. com., 4 mai 2010, n° 09-14.415, JurisData n° 2010-005488 ; Cass. com., 17 oct. 2000, n° 98-13.176, JurisData n° 2000-006464 ; V. spécialement sur la rupture des pourparlers dans un bail commercial : Cass. 3e civ., 9 févr. 2017, n° 15-28.039, *JCP N* juill. 2017, n° 27, chron. 1220, p. 35, obs. J. MONÉGER. Dans cette espèce, une demande écrite de prise à bail, comportant les conditions essentielles du bail commercial, a fait l'objet d'un rejet de la part du propriétaire concernant certaines demandes, dans les jours qui suivirent la réception de l'offre. Il s'agissait notamment de la durée de la période de franchise de loyer demandée par le potentiel preneur et des modalités entourant la réalisation de travaux dans les lieux. Deux semaines plus tard, le candidat preneur adresse un nouveau courrier et quelques jours après, le gérant de la SCI appose sa signature sur l'offre écrite. Un projet de bail est alors transmis par un cabinet immobilier en tout point conforme au dernier courrier comportant l'acquiescement du bailleur. Le preneur refuse de signer ce bail et demande de nouvelles modifications, qui sont acceptées dans la semaine. Puis, un représentant du candidat locataire demande en son nom de nouvelles modifications qui ne sont que très partiellement acceptées. Le potentiel preneur a assigné le bailleur en réparation du préjudice que lui a causé l'inexécution de l'obligation de délivrance résultant du contrat de bail formé le 4 juin 2009. La Cour de cassation constate, sans surprise, la régulière qualification juridique des faits et déductions que les parties avaient renoncé au bail conclu après l'accord initial, opérées par les juges du fond.

[1981] C. civ., art. 1112-1 nouv. ; C. civ., art. 1130 et s.

[1982] V. en ce sens : M.-P. DUMONT-LEFRAND, « Bail commercial et mise en oeuvre des nouvelles normes spéciales dans le temps », art. cit.

[1983] *Ibid.*

[1984] *Ibid.*

[1985] B. FAGES (dir.), P. FLEURY (dir.) *et alii*, *Le Lamy droit du contrat*, *op. cit.*, n° 149.

[1986] En effet, dans la mesure où l'annonce fournit des informations sur les conditions de délivrance de la chose louée, il paraît indispensable de s'interroger sur sa valeur afin de savoir si, à ce stade, elle est susceptible d'engager le bailleur. ; CA Toulouse, 21 févr. 1984, *RTD civ.* janv.-mars 1984, n° 1, p. 706, obs. J. MESTRE : Dans une affaire relative à la location d'une villa, il a été question de savoir si l'annonce de location parue dans la presse était de nature à entraîner, en cas d'acceptation, la formation du bail. La Cour d'appel a répondu par la négative en affirmant que l'annonce ne constituait en l'espèce qu'une invitation à engager des pourparlers avec le propriétaire de la villa et non une offre faite au public.

[1987] B. FAGES (dir.), P. FLEURY (dir.) *et alii*, *Le Lamy droit du contrat*, *op. cit.*, n° 189.

nombreuses situations[1988], y compris dans le cas d'un contrat de bail commercial[1989], bien qu'il y ait certaines limites à ce principe de liberté[1990]. De même, le comportement des contractants va jouer[1991]. Le choix des procédés

---

[1988] V. sur la rupture des pourparlers lorsque les négociations ne sont pas suffisamment avancées et précises pour laisser croire en la conclusion définitive du contrat : Cass. com., 20 juin 2000, n° 96-16.497, *RJDA* déc. 2000, n° 12/00, obs. 1068, p. 853 ; Cass. com., 17 mars 2009, n° 08-12.830 ; Cass. com., 20 déc. 2012, n° 11-27.340 ; Cass. com., 12 janv. 1999, n° 96-14.604, *Dr. & patr.* sept. 1999, n° 74, jur. 2375, p. 97, obs. P. CHAUVEL ; V. sur la rupture des pourparlers lorsque les négociations sont enlisées, c'est-à-dire qu'elles perdurent en raison d'un désaccord sur des points essentiels : Cass. 2e civ., 5 janv. 1994, n° 92-13.856, JurisData n° 1994-000039 ; Cass. 2e civ., 4 mars 2004, n° 02-14.022, JurisData n° 2004-022781 ; V. sur la rupture des pourparlers lorsque le projet devient non viable : Cass. com., 4 oct. 1982, n° 80-16.177; V. sur la rupture des pourparlers lorsque la rupture se justifie par des considérations économiques comme des difficultés financières : Cass. com., 20 nov. 2007, n° 06-20.332, JurisData n° 2007-041586, *RTD civ.* mars 2008, n° 1, p. 101, obs. B. FAGES.

[1989] Cass. 3e civ., 27 mai 2003, n° 01-15.099, *AJDI* sept. 2003, n° 9, p. 586 : La Cour de cassation a jugé que la rupture des pourparlers, par le bailleur, n'était pas fautive lorsque la lenteur des négociations était imputable au preneur. En effet, le preneur avait transmis tardivement le nouveau projet de bail au bailleur, les aménagements de la chambre froide qu'il devait réaliser n'avaient jamais reçu d'exécution et leur début ou leur durée n'avaient jamais été précisés malgré les demandes du bailleur. ; V. aussi : Cass. 3e civ., 25 oct. 2018, n° 17-24.024, JurisData n° 2018-018830, *AJDI* mai 2019, n° 5, p. 362, obs. P. HAAS : Elle a également considéré que les contingences internes liées aux investissements nécessaires et à l'absence de visibilité de l'évolution du quartier, invoquées par le cocontractant, ne constituent pas des motifs impropres à caractériser une absence de motif légitime ou un comportement de mauvaise foi, démontrant une faute dans l'exercice de la liberté de mettre un terme à des pourparlers précontractuels, en vue de la conclusion d'un bail commercial. ; V. *contra* : CA Paris, 16e ch., sect. B, 13 déc. 2002, n° 2001/18540, JurisData n° 2002-200306, *AJDI* avr. 2003, n° 4, p. 266 ; *AJDI* déc. 2004, n° 12, p. 942, chron. J.-P. BLATTER : À l'inverse, la Cour d'appel de Paris a considéré que la rupture présentait un caractère fautif pour la bailleresse dans la mesure où le seul point de désaccord subsistant entre les parties concernait les garanties à fournir par la locataire, où aucune date butoir n'avait été précédemment évoquée pour l'aboutissement des pourparlers, où aucun délai n'était fixé dans la dernière correspondance du gérant de la SCI, et où en conséquence la propriétaire ne pouvait, sans abus, rompre les pourparlers neuf jours seulement après l'envoi de sa demande et sans avoir reçu aucune réponse à sa demande.

[1990] B. FAGES (dir.), P. FLEURY (dir.) *et alii*, *Le Lamy droit du contrat*, *op. cit.*, n° 189 et s. ; L. BOYER, *Contrats et conventions*, *op. cit.*, n° 176 ; V. sur la rupture fautive des pourparlers lorsqu'une partie prend l'initiative des négociations sans intention sérieuse de contracter : CA Rennes, 8 juill. 1929, *DH* 1929, p. 548 ; V. sur la rupture fautive des pourparlers lorsque la négociation n'a été entreprise, ou poursuivie, qu'en vue d'empêcher le partenaire de traiter avec un tiers ou d'obtenir la révélation de secrets ou d'informations confidentielles en cours de discussion : Cass. com., 3 oct. 1978, n° 77-10.915, Bull. civ. IV, n° 208, *D.* 1980, p. 55, note J. SCHMIDT et S. ZALEWSKI ; V. sur la rupture fautive des pourparlers lorsqu'une partie a agi avec légèreté : Cass. com., 12 oct. 1993, n° 91-19.456 ; V. sur la rupture fautive des pourparlers brutalement après trois propositions d'accord : Cass. com., 7 janv. 1997, n° 94-21.561, *D.* janv. 1998, n° 4, p. 45, obs. P. CHAUVEL ; V. sur la rupture fautive des pourparlers lorsqu'une partie propose des discussions en vue de la conclusion d'un projet irréaliste et coûteux, dont l'échec est entièrement imputable *« à l'incurie technique et à l'imprévision financière »* de cette partie : Cass. 2e civ., 10 oct. 2002, n° 01-03.079, *Dr. & patr.* 2003, n° 111, p. 114, obs. P. CHAUVEL ; V. sur la rupture fautive des pourparlers lorsqu'une partie abuse de son droit de rompre les négociations qu'elle avait engagées en refusant une proposition d'acte de cession de fonds de commerce aux motifs de prétentions nouvelles : Cass. com., 22 févr. 1994, n° 91-18.842, Bull. civ. IV, n° 79, JurisData n° 1994-000347, *LPA* juill. 1994, n° 59, p. 32, obs. P. M ; V. sur la rupture fautive des pourparlers lorsqu'une partie manque aux règles de bonne foi dans les relations commerciales : Cass. com., 22 avr. 1997, n° 94-18.953, *RTD civ.* sept. 1997, n° 3, p. 651, obs. J. MESTRE ; *D.* janv. 1998, n° 4, p. 45 ; V. sur la rupture fautive des pourparlers lorsqu'une partie manque de loyauté en laissant espérer à l'autre partie pendant quatre années un accord définitif qui n'a jamais vu le jour : Cass. com., 7 avr. 1998, n° 95-20.361, *RDSS* déc. 1998, n° 4, p. 780, obs. A. LAUDE ; *D.* oct. 1999, n° 36, p. 514.

[1991] M. LATINA, « Bail commercial et bonne foi », art. cit.

d'organisation de l'exécution de l'obligation de délivrance devra encore suivre l'exigence de bonne foi[1992]. Plus encore, une même clause présente dans des conventions similaires peut recevoir des interprétations bien différentes[1993]. De la même manière, la combinaison des clauses va avoir une incidence sur leur efficacité. Une clause peut être efficace prise isolément et ne plus l'être lorsqu'elle se retrouve associée à une ou d'autres clauses. Dans la mesure où les clauses relatives à l'obligation de délivrance peuvent porter sur la chose à délivrer ou sur les prestations à accomplir, le risque de contradiction est grand. Les clauses devront être cohérentes les unes par rapport aux autres. Il conviendra également de respecter la cohérence du contrat qui implique une compatibilité des clauses entre elles et avec le contrat[1994], de sorte que la cohérence soit raisonnable[1995]. Dans un contrat où les intérêts des parties sont quasiment toujours antagonistes, le preneur prônant la qualité des prestations sans vouloir en supporter les frais et le bailleur voulant accroître son revenu foncier en déduisant un maximum de charges, la vigilance doit être de rigueur quant au respect de l'équilibre du contrat. Enfin, la clarté[1996] et la précision devront gouverner la rédaction du contrat. Les clauses devront être relues assidûment[1997], particulièrement s'agissant des clauses relatives à l'obligation de délivrance[1998].

Au-delà de ces règles générales de technique contractuelle qui devront naturellement être prises en compte, nous prétendons qu'il est possible d'utiliser la règle qui repose sur le critère de la réalisation de la finalité du bail commercial pour sélectionner les clauses organisant les modalités d'exécution de l'obligation de délivrance. Plus précisément, la sélection des clauses repose sur le curseur de la réalisation de la finalité du contrat. Dès lors que la clause empêche l'exercice de l'activité économique ou y contrevient dans une situation donnée, elle devra être

---

[1992] J. MONÉGER, « Le temps, l'imprévisible et le bail commercial », art. cit. : Le contenu de cette notion n'étant pas évident à déterminer, la doctrine a pu préconiser aux contractants d'avoir un comportement loyal, de ne pas avoir de comportement excessif et de donner une information appropriée au cocontractant. ; M. LATINA, « Bail commercial et bonne foi », art. cit. : À cette fin, les contractants doivent adopter un comportement adéquat. Celui-ci peut se manifester par une prévision des négociations selon un calendrier et des modalités précises, avec l'identité des personnes qui négocient, le moment et la durée de ces négociations, leur lieu ainsi que leur coût . Il peut également se concrétiser par le fait de ne pas rompre brutalement et sans motif légitime les négociations relatives à l'obligation de délivrance et par le fait de communiquer une information adaptée quant à la compatibilité ou non de l'exploitation envisagée dans les lieux loués .

[1993] P. SIMLER, « Propos introductifs - À la recherche des frontières de l'interprétation. », *RDC* mars 2015, n° 1, p. 146.

[1994] N. GRAS, *Essai sur les clauses contractuelles*, *op. cit.*, pp. 281 et s., n° 370 et s.

[1995] M. MEKKI, « Le nouvel essor du concept de clause contractuelle (2de partie)* : l'efficacité des clauses contractuelles », *RDC* avr. 2007, n° 2, p. 239.

[1996] G. CHANTEPIE, « L'exigence de clarté dans la rédaction du contrat », art. cit. ; C. COUTANT-LAPALUS, « L'amélioration de la clarté du contrat : l'influence de la responsabilité civile du rédacteur d'actes », art. cit. ; Cons. const., 10 juin 1998, n° 98-401 DC, consid. 10 ; Cons. const., 27 nov. 2001, n° 2001-451 DC, JO 1er déc. 2001, n° 279, pp. 19112-19115, consid. 13, cité *in* G. CHANTEPIE, « L'exigence de clarté dans la rédaction du contrat », *RDC* juill. 2012, n° 3, p. 989 : le principe de clarté est systématiquement mis en avant, si bien qu'il a été érigé en principe constitutionnel.

[1997] F. CHALVIGNAC, *La rédaction d'un acte juridique : le bail commercial*, *op. cit.*, p. 163, n° 275

[1998] J. MONÉGER, « L'obligation de délivrance ou la conjonction de l'impératif et de la liberté contractuelle », art. cit.

écartée. Cette règle bénéficie non seulement aux contractants pour apprécier la portée des clauses, mais aussi aux rédacteurs pour sécuriser les baux commerciaux qu'ils rédigent ou encore au juge. Il va donc s'agir plus exactement de démontrer comment contrôler l'obligation de délivrance dans le contrat de bail commercial. En tant qu' *« instrument de prévisibilité et de gestion des risques »*, le contrat se révèle être le moyen de contrôle par excellence des obligations contractuelles[1999]. Le contrôle de l'obligation de délivrance, et plus exactement le contrôle de ses modalités de mise en œuvre va alors se faire par une contractualisation adaptée, choisie dans le but d'assurer la réalisation de la finalité du bail commercial.

Au regard du grand particularisme que présente le bail commercial en état futur d'achèvement (Section 1), nous le distinguerons du bail commercial classique (Section 2) s'agissant du choix des clauses.

[1999] S. BEAUGENDRE, « Une clause de localisation dans un centre commercial n'est pas une clause de garantie d'un environnement commercial stable », art. cit. ; V. aussi en ce sens : J.-J. BARBIERI, « Pour une théorie spéciale des relations contractuelles », art. cit. ; M. MEKKI, « Le nouvel essor du concept de clause contractuelle (1re partie) », *RDC* oct. 2006, n° 4, p. 1051.

Section 1 - Le choix des clauses dans le bail commercial classique

391. Les clauses du document contractuel principal. La mise en œuvre adaptée de l'obligation de délivrance, celle qui permet la réalisation de la finalité du bail commercial, va se cristalliser dans ce contrat même par le choix des clauses. Avant de s'intéresser aux clauses proprement dites, il convient de rappeler que la décision de conclure un bail commercial suppose d'avoir circonscrit le projet de bail commercial et d'avoir apprécié sa faisabilité, car il n'est pas évident que les lieux envisagés à la location permettent la réalisation de ce projet. L'investissement économique que représente l'atteinte de cette aptitude pour les parties doit donc être pris en compte en amont[2000]. Au regard du projet envisagé, il faut mesurer si le bail commercial vaut la peine d'être conclu[2001]. Une fois la décision prise de conclure le bail commercial, la sélection des clauses prend tout son sens.

Parmi la diversité des clauses susceptibles d'affecter l'obligation de délivrance, il était indispensable d'établir une classification qui facilite l'utilisation de ces clauses. En quelque sorte, il fallait établir une grille de lecture qui guide les contractants ainsi que le rédacteur ou encore le juge dans dans la sélection et l'appréciation des clauses qui vont organiser la mise en œuvre de l'obligation de délivrance et dans leur agencement. Il convient de préciser avant de poursuivre que l'étude ne peut se dispenser de s'intéresser au sort de chaque clause puisque leur validité et leur efficacité peuvent varier selon le cas d'espèce pris en compte. Une clause peut tout à fait organiser efficacement les modalités de délivrance dans une situation donnée, et ne plus le faire dans une autre situation. Il est donc nécessaire d'expliquer dans quelle mesure chaque clause est valable et efficace, car le curseur de l'exercice de l'activité économique peut se déplacer selon le contexte dans lequel la clause est considérée. Pour aiguiller et aider ce choix, nous avons pris le parti d'analyser le sort des différentes clauses, en les classant selon leur but vis-à-vis de l'obligation de délivrance, c'est-à-dire de leur but à l'égard de la réalisation de la finalité du bail commercial. Il nous semble effectivement plus clair de résonner en fonction de l'effet à produire à l'égard de cette obligation. À ce sujet, des travaux de recherche ont proposé des classifications fonctionnelles des clauses dans le contrat de façon générale, élaborée indépendamment de la relation contractuelle[2002] ou au contraire à partir de l'observation des finalités de l'organisation contractuelle[2003]. Inspirés de la dernière de ces classifications, mais sans toutefois la reprendre exactement[2004], nous avons essayé d'établir une

---

[2000] E. MACKAAY, « L'efficacité du contrat - une perspective économique du droit », art. cit.

[2001] A. CONFINO, J.-P. CONFINO *et alii* (collab.), *Baux commerciaux - Les dernières actualités*, *op. cit.*, p. 67.

[2002] G. HELLERINGER, *Les clauses du contrat - Essai de typologie*, préf. L. AYNÈS, postf. F. TERRÉ, L.G.D.J., 2012.

[2003] N. GRAS, *Essai sur les clauses contractuelles*, *op. cit.*, pp. 27 et s., n° 20 et s.

[2004] Nous n'avons repris exactement cette classification que pour élaborer notre proposition de recueil récapitulatif des clauses relatives à l'obligation de délivrance dans le cadre des baux commerciaux et mixtes annexée à la présente étude.

typologie fonctionnelle des clauses affectant spécifiquement l'obligation de délivrance.

Avant de poursuivre, il convient de préciser que la détermination de l'obligation de délivrance peut se faire à deux stades[2005]. Elle peut se faire d'abord au stade de la fixation des objets de l'obligation de délivrance par la personnalisation de l'obligation de délivrance et son adaptation au projet et à la volonté des contractants. Elle peut aussi se faire au stade de la gestion des risques éventuels ressortant de cette personnalisation par l'anticipation des conséquences de la potentielle inexécution de cette obligation. Toutefois, nous n'évoquerons ici que le premier stade dans la mesure où le second ne concerne pas la mise en œuvre, mais plus spécifiquement la sanction de l'obligation de délivrance.

Parmi les clauses qui organisent la délivrance et par là même la réalisation de la finalité du bail commercial, nous suggérons de distinguer les clauses qui aménagent l'obligation de délivrance elle-même (§ 1) de celles qui touchent à l'interprétation que le juge fait de cette obligation (§ 2).

§ 1 - Les clauses d'aménagement de l'obligation de délivrance elle-même

392. Distinction entre clauses classiques et clauses exonératoires. Il faut bien comprendre que les clauses du bail commercial qui touchent à l'obligation de délivrance n'auront pas toutes le même rôle. Si elles modulent chacune à leur manière le contenu de l'obligation de délivrance, leur effet sera différent. Une partie d'entre elles va se contenter de fixer le contenu de l'obligation de délivrance et ainsi assurer la mise en capacité d'exercice de l'activité économique. Une autre partie d'entre elles va tenter de restreindre ce contenu, c'est-à-dire échapper à la mise en capacité d'exercice de l'activité économique.

Au sein des clauses qui touchent directement à l'obligation de délivrance et par là même à la réalisation de la finalité du bail commercial, nous opposerons donc les clauses classiques qui vont assurer la pleine réalisation de cette finalité (A), aux clauses dérogatoires qui vont permettre d'échapper à la pleine réalisation de cette finalité (B).

A - Les clauses assurant la mise en capacité d'exercice de l'activité économique par le bailleur

393. Détermination de l'objet de l'obligation ou de l'objet des prestations. L'organisation de la réalisation de la finalité du bail commercial et à ce titre de l'activité économique peut se faire en premier lieu par la détermination des objets de l'obligation de délivrance. Il faut bien comprendre que pour aménager les objets de l'obligation de délivrance, soit son contenu et ses modalités

---

[2005] V. sur la distinction entre ces deux stades appliquée aux clauses du contrat en général : *Ibid.*, pp. 31 et s., n° 21 et s.

d'exécution, les clauses peuvent agir à deux niveaux. Premièrement, elles peuvent agir directement sur l'objet des prestations, c'est-à-dire sur la chose louée elle-même. Deuxièmement, elles peuvent agir sur l'objet de l'obligation, soit sur les prestations de mise à disposition ou de mise en état de la chose louée. La finalité reste identique : la modulation de l'organisation de la finalité du bail commercial et donc du contenu de l'obligation de délivrance. En revanche, le moyen d'y parvenir peut varier.

Si ces clauses ne sont pas exonératoires dans le sens où elles n'ont vocation qu'à fixer le contenu de l'obligation de délivrance et ainsi assurer la mise en capacité d'exercice de l'activité économique, leur rédaction n'en reste pas moins délicate. Effectivement, le choix de ces clauses doit être fait en s'assurant que la mise en capacité d'exercice de l'activité économique pourra être effective en pratique. Ce n'est pas tout de fixer un contenu contractuellement, encore faut-il qu'il puisse être respecté en pratique.

Sur la base de la dichotomie évoquée, nous traiterons du sort des clauses qui déterminent directement la chose à délivrer (1), puis celui de celles qui déterminent les prestations de mise à disposition et de mise en état de la chose à délivrer (2).

1 - Les clauses relatives à l'objet des prestations : la chose à délivrer

394. Identification, état et utilisation de la chose louée. Les clauses aménageant l'objet de l'objet de l'obligation de délivrance déterminent en réalité l'objet des prestations de mise à disposition et de mise en état, qui n'est autre que la chose louée elle-même. En vue de permettre la réalisation de la finalité du bail commercial, les clauses vont déterminer matériellement et fonctionnellement la chose à délivrer[2006]. Ici, la difficulté réside dans la correspondance des clauses avec la réalité de la chose. Dans la mesure où ces clauses fixent l'état de la chose à délivrer, il est impératif que l'état fixé par les clauses concorde avec l'état réel de la chose à délivrer.

Ces clauses vont plus spécifiquement déterminer matériellement la chose à délivrer (a) et préciser sa fonction (b).

a - Les clauses de détermination matérielle de la chose à délivrer

395. Identification de la chose louée. L'analyse du sort des clauses demande de se pencher, en premier lieu, sur l'identification de la chose à délivrer. Cela se fait grâce à une clause qui consiste à décrire les lieux loués et en déterminer les conditions d'occupation[2007]. C'est ce descriptif qui va permettre de déterminer le contenu de l'obligation de délivrance, du moins une partie de ce contenu, puisque

---

[2006] V. *supra* n° 58 et s.

[2007] M.-P. DUMONT (dir.), H. KENFACK (dir.) *et alii*, *Droit et pratique des baux commerciaux 2021/2022*, *op. cit.*, p. 288, n° 261.11.

le bailleur va devoir délivrer la chose décrite dans le bail et pas une chose différente. Le contenu de la clause de désignation des lieux va pouvoir varier en fonction des particularités de chaque local loué. La désignation pourra ainsi se contenter de décrire la chose louée ou de compléter cette description en indiquant la surface de la chose louée. Dans la mesure où cette clause constitue *« le point de référence pour apprécier la conformité ou non des locaux loués »*, sa rédaction devra être soignée[2008].

Le premier risque attaché à cette clause réside dans la discordance entre ce que la délivrance stipulée contractuellement et la délivrance réelle. Cela requiert de s'assurer que ce que l'on prévoit de délivrer est bien délivrable en réalité. La prévision d'une délivrance impossible conduirait à ne pas pouvoir réaliser la finalité du contrat de bail commercial et provoquerait ainsi un manquement à l'obligation de délivrance.

Ensuite, il n'est pas rare de voir dans les baux commerciaux des clauses de désignation et de destination des lieux très précises, qui impliquent que la chose se trouve dans un certain état, combinées à des clauses exonérant le bailleur de certaines prestations. Dans ce cas, les clauses sont souvent contradictoires, ce qui risque, là encore, d'altérer leur efficacité. En effet, une telle contradiction contredirait la réalisation de la finalité du bail commercial.

396. Clause de désignation des lieux : description générale des lieux loués. Dans la clause de désignation des lieux, il est conseillé que la description soit précise[2009]. En effet, comme l'affirme très justement une doctrine avisée, qui préconise de faire une description soigneuse de la chose, l'importance de cette description se mesure en ce que *« les éventuels manquements à l'obligation de délivrance s'apprécient en contemplation de la précision rédactionnelle du contrat »*[2010]. Pour ce faire, deux mécanismes peuvent être utilisés[2011]. Soit la chose est déterminée au jour de la formation du contrat, soit elle n'est pas déterminée, mais tous les éléments permettant de la déterminer le moment venu sont mentionnés. S'agissant d'une chose présente, le plus simple est de la déterminer au jour de la formation du contrat. À ce titre, la clause peut indiquer la ou les adresses postales du bien loué avec la ou les entrées ainsi que le ou les numéros de rue[2012], la référence cadastrale de la parcelle sur laquelle il se trouve, sa localisation géographique et ses accès[2013]. Si les locaux doivent être dotés d'issues de secours, il convient d'en faire mention dans les accès au bien[2014]. Lorsque le bien loué est situé au sein d'un ensemble immobilier ou d'un centre commercial, il convient de le localiser par un numéro de lot et lorsque l'ensemble immobilier est soumis au régime de la copropriété, se reporter au règlement de copropriété ainsi qu'à l'état descriptif de division pour la

---

[2008] M.-A. LE FLOCH, *Le bail commercial dans les centres commerciaux*, *op. cit.*, p. 185, n° 174.

[2009] GROUPE REVUE FIDUCIAIRE, *Le bail commercial*, *Le bail commercial*, 7e éd., Groupe Revue Fiduciaire, coll. Les guides de gestion RF, 2017, p. 28, n° 30.

[2010] J.-M. MOUSSERON, P. MOUSSERON, J. RAYNARD et J.-B. SEUBE, *Technique contractuelle*, 5e éd., *op. cit.*, p. 127, n° 302.

[2011] *Ibid.*, pp. 127 et s., n° 302 et s.

[2012] GROUPE REVUE FIDUCIAIRE, *Le bail commercial*, *op. cit.*, p. 28, n° 30.

[2013] *Ibid.*, *loc. cit.*

[2014] *Ibid.*, *loc. cit.*

désignation, tout en s'assurant que ces informations sont conformes à la réalité[2015]. La détermination précise du lot dans un centre commercial peut être judicieuse pour éviter tout litige relatif à l'implantation du commerce dans ledit centre commercial. L'étage du lot peut également être mentionné. Lorsqu'il s'agit de locaux d'usines ou d'ateliers, il est d'usage d'indiquer, en complément de la description précise des bâtiments, leur emprise au sol[2016]. La clause peut également ajouter ou exclure certains accessoires de la chose louée, lorsqu'ils ne sont pas nécessaires et indispensables à l'utilisation de cette chose, tels qu'un garage, une cave, un grenier, des places de stationnement ou encore un appentis[2017].

Dans la mesure où la dénomination utilisée doit correspondre à la réalité et ne pas être erronée, pour ne pas risquer de prévoir une finalité impossible à réaliser, certains écueils sont à éviter. Par exemple, s'il s'agit de bureaux, seront évités les termes de « magasin », « commerce » ou « boutique »[2018]. Soit on utilise les termes « local » ou « locaux » ou encore « local commercial », « locaux commerciaux », soit on utilise des termes plus précis comme ceux de « magasin », « boutique » ou « commerce ». Ces précisions seront apportées par d'autres clauses. En cas d'utilisation d'une trame ou d'un modèle de contrat à adapter, le recours à un terme neutre à cette étape évitera des incohérences par la suite. Une clause indiquant seulement que « Le présent contrat de bail commercial porte sur des locaux commerciaux situés XXX (adresse). » nous paraît trop sommaire et risque d'être source de litige. On peut retenir une formule de clause de désignation détaillée des lieux rédigée ainsi : « Le présent contrat de bail commercial porte sur des locaux situés XXX (adresse, références cadastrales et localisation au sein d'un ensemble immobilier).
L'accès aux locaux se fait par XXX (entrée indépendante ou commune, escalier, etc.).
Les locaux se composent comme suit XXX (description des locaux et locaux accessoires et de leurs équipements).
Le locataire déclare parfaitement connaître les locaux loués pour les avoir vus et visités en vue de la conclusion du présent bail. ».

La clause peut se compléter par des mentions obligatoires relatives à l'état de la chose, concernant précisément la pollution des sols et les sinistres. La clause relative aux sinistres antérieurs ayant pu toucher les locaux loués peut se rédiger de façon négative : « Le bailleur déclare, conformément aux dispositions de l'article L. 125-1, IV du Code de l'environnement, que l'immeuble loué n'a, à sa connaissance, subi aucun sinistre ayant donné lieu au versement d'une indemnité en application de l'article L. 125-2 ou de l'article L. 128-2 du Code des assurances, pendant la période où il en a été propriétaire, ou dont il a été lui-même informé en application du texte précité. ». Elle peut être rédigée de façon positive : « Le bailleur

---

[2015] *Ibid.*, *loc. cit.*

[2016] *Ibid.*, *loc. cit.*

[2017] *Ibid.*, *loc. cit.* ; ASSOCIATION DES DIRECTEURS IMMOBILIERS, *Guide pratique du bail commercial*, Le Moniteur, 2016, p. 31.

[2018] GROUPE REVUE FIDUCIAIRE, *Le bail commercial*, *op. cit.*, p. 29, n° 30.

déclare, conformément aux dispositions de l'article L. 125-1, IV du Code de l'environnement, l'existence d'un ou plusieurs sinistres : XXX. ».

De même, la clause de désignation des lieux relative au sol et au sous-sol peut être formulée comme suit : « Le terrain d'assiette des locaux loués est situé en secteur d'information sur les sols mentionné à l'article L. 125-6 du Code de l'environnement : □ Oui □ Non. ».

Le tout est que la finalité du bail commercial puisse effectivement se réaliser.

397. Clause de désignation des lieux : description spéciale des lieux loués. En sus de la description générale, il est possible de procéder à une description plus précise des locaux quant à leur composition et leurs équipements[2019]. À ce titre, le bien sera décrit dans ses éléments spécifiques et particuliers. Lorsque les locaux se trouvent au sein d'un immeuble en copropriété, il est bon d'indiquer s'ils bénéficient d'un droit d'usage exclusif d'une partie commune telle qu'une cour, une entrée ou encore un couloir, voire même un jardinet[2020]. Pour les locaux d'usine ou d'ateliers, il est recommandé de faire une description très précise des bâtiments et de leurs emprises ainsi que de leurs éléments d'équipement ou des matériels fixés[2021]. Il est même conseillé de répertorier la nature des constructions et des matériaux utilisés[2022]. Il est enfin préconisé de décrire les potentialités offertes par les infrastructures[2023]. Pour les bureaux, il conviendra d'indiquer le mobilier qui les garnit[2024]. En tout état de cause, cette description pourra s'appuyer sur l'état des lieux avec inventaire, voire même être directement faite dans l'état des lieux[2025]. Elle pourra également s'appuyer sur un plan ou un schéma des locaux annexés au bail[2026].

Cependant, il est impératif que cette description spéciale soit fidèle à la réalité, car si la mise en capacité d'exercice de l'activité économique ne peut être assurée réellement, une clause aussi précise pourra alors entraîner un manquement à l'obligation de délivrance. L'excès de précision est donc à manipuler prudemment.

On peut suggérer une formule de clause de désignation détaillée des lieux rédigée ainsi : « Les locaux sont composés et agencés de la manière suivante XXX (pièces, niveaux).
Les locaux bénéficient XXX (infrastructures, équipements et services dont bénéficient les locaux). ».

[2019] M.-P. DUMONT (dir.), H. KENFACK (dir.) *et alii*, *Droit et pratique des baux commerciaux 2021/2022*, *op. cit.*, p. 288, n° 261.11.

[2020] GROUPE REVUE FIDUCIAIRE, *Le bail commercial*, *op. cit.*, p. 28, n° 30.

[2021] *Ibid.*, pp. 28 et 29, n° 30.

[2022] *Ibid.*, *loc. cit.*

[2023] *Ibid.*, *loc. cit.*

[2024] *Ibid.*, p. 29, n° 30.

[2025] M.-P. DUMONT (dir.), H. KENFACK (dir.) *et alii*, *Droit et pratique des baux commerciaux 2021/2022*, *op. cit.*, p. 288, n° 261.11.

[2026] ASSOCIATION DES DIRECTEURS IMMOBILIERS, *Guide pratique du bail commercial*, Le Moniteur, 2016, p. 31.

398. Clause de surface classique. La désignation des lieux, et par là même le contenu de l'obligation de délivrance, peut encore être complétée par la clause de surface. À ce sujet, la pratique des baux commerciaux révèle que la mention des surfaces n'était pas d'usage jusqu'à l'arrivée des baux contemporains, pour rentabiliser la surface hors œuvre construite[2027]. L'utilité d'une telle clause se trouve dans la fixation de la surface qui doit être délivrée par le bailleur, mais celle-ci est à double tranchant. En effet, la mention de la surface précise qui doit être délivrée peut permettre d'éviter un manquement à l'obligation de délivrance et une éventuelle diminution du prix du loyer ou inversement provoquer un manquement à cette obligation et une diminution du prix. Par exemple, si le bailleur souhaite restreindre la partie locative et ne louer qu'une partie du bien, il aura intérêt à indiquer la surface pour en justifier, car en l'absence d'indication dans le bail commercial le locataire pourrait faire valoir un défaut de délivrance. Aussi, si l'indication de la surface se révélait être erronée, différente de la surface réelle, il y aurait un défaut de délivrance qui pourrait conduire à une diminution du prix du loyer[2028]. L'insertion de cette clause implique donc que la mesure de la surface soit certaine et corresponde à la surface réelle. De plus, la surface étant un élément d'appréciation de la valeur locative, la vigilance sera de mise à l'égard d'une ou de plusieurs autres clauses relatives à la surface. Il conviendra donc de veiller à ce que les clauses ne se contredisent pas et à ce qu'il y ait une cohérence entre toutes les surfaces indiquées. La plupart du temps, cette surface est donnée en mètres carrés et prend en compte la surface de plancher.

Partant, les clauses de surfaces mentionnées à titre seulement indicatif, précisant par exemple que « les locaux sont d'une superficie d'environ X m^2 », sont à éviter. Il est préférable d'indiquer que les locaux sont d' « une superficie comprise entre X et X m^2 ». Si la surface constitue un élément déterminant du consentement du preneur, il convient alors de le mentionner dans la clause. Le plus simple reste tout de même d'indiquer la surface exacte totale des locaux : « Les locaux s'étendent sur une surface totale de X m^2. ».

399. Clause de surface « GLA ». Il est aussi d'usage, dans certains locaux, d'utiliser une clause de surface qui indique des surfaces particulières. C'est le cas des locaux de centres commerciaux pour lesquels on utilise des surfaces dites « GLA » (Gross Leasing Area) qui correspondent à des *« surfaces hors œuvre nettes d'un local commercial augmentées des auvents, paliers extérieurs, gaines techniques »* et plus précisément aux surfaces calculées *« jusqu'au nu extérieur des murs donnant sur les parties communes de l'immeuble, jusqu'à la mitoyenneté des murs entre parties privatives, sans déduction pour les poteaux, les trémies, les gaines réseaux, les cloisons intérieures et autres obstacles »*[2029].

[2027] M.-P. DUMONT (dir.), H. KENFACK (dir.) *et alii*, *Droit et pratique des baux commerciaux 2021/2022*, *op. cit.*, p. 290, n° 261.23.

[2028] *Ibid.*, *loc. cit.* ; GROUPE REVUE FIDUCIAIRE, *Le bail commercial*, *op. cit.*, p. 28, n° 30.

[2029] M.-P. DUMONT (dir.), H. KENFACK (dir.) *et alii*, *Droit et pratique des baux commerciaux 2021/2022*, *op. cit.*, p. 290, n° 261.23 ; Charte de l'expertise en évaluation immobilière, 2012, p. 24 ; J.-L. KOEHL, *Les centres commerciaux*, *op. cit.*, p. 7 ; M.-A. LE FLOCH, *Le bail commercial dans les centres commerciaux*, *op. cit.*, p. 307, n° 295 ; V. aussi le site internet du Conseil National des Centres Commerciaux : https://

Pour ces surfaces particulières, dont le calcul ne correspond pas au calcul classique, une clause qui attire l'attention du locataire peut être opportune afin d'éviter toute ambiguïté. Celle-ci peut être formulée ainsi : « Modalités contractuelles de mesurage de la surface : Le preneur reconnaît ici expressément que la totalité de la surface ainsi déterminée constituera une surface utile à son exploitation commerciale. La surface, dite "GLA", prend en compte les surfaces hors œuvre nette des locaux commerciaux augmentée des auvents, paliers extérieurs, gaines techniques.
Local n° X en niveau 0 : X m² ; local n° X en R+1 : X m² ; local n° X en R-1 : X m². ».

400. Clause de surface particulière des bureaux et immeubles tertiaires. Il est encore possible de référencer des surfaces particulières dans les locaux de bureaux pour lesquels il est d'usage d'indiquer la surface du local privatif, additionnée de celle des parties communes, l'ensemble étant loué *« au prix de marché du m² bureau »*[2030]. Ainsi, le local dont le locataire a l'usage privatif est loué à un prix plus élevé. Il sera opportun d'obtenir *« le capacitaire de chaque étage donné en location, car il peut être différent par niveau puisqu'il dépend des unités de passage »*[2031]. Pour les immeubles tertiaires, la pratique a recours à la surface utile brute locative (SUBL)[2032].

À côté de ces clauses qui déterminent matériellement la chose à délivrer, on trouve les clauses qui déterminent fonctionnellement ladite chose.

b - Les clauses de détermination fonctionnelle de la chose à délivrer

401. Utilisation de la chose louée. La réalisation de la finalité du bail commercial s'organise ensuite en déterminant l'utilisation qui sera faite de la chose, la fonction qui lui a été attribuée. Le premier élément à considérer pour apprécier l'utilisation de la chose louée est sa destination puisque c'est elle qui va définir ce que l'on peut faire de cette chose[2033]. Au-delà de la destination, d'autres éléments vont affiner l'utilisation de cette chose en ajoutant des indications, restrictions ou interdictions. Ce faisant, l'utilisation de la chose louée sera conditionnée par les clauses de destination et par quelques autres clauses diverses.

402. Clause de destination : destination conventionnelle, affectation conventionnelle ou usage conventionnel. Dans le contrat de bail commercial, la clause de destination couvre indifféremment les notions de destination, affectation ou usage. La destination du local va influer sur le montant du loyer[2034].

---

www.cncc.com/ ; C.-E. BRAULT, « La nouvelle méthode générale de pondération », http://www.cabinet brault- avocat.com/sites/default/files/la_nouvelle_ methode_de_ ponderation.pdf.

2030 A M.-P. DUMONT (dir.), H. KENFACK (dir.) *et alii*, *Droit et pratique des baux commerciaux 2021/2022*, *op. cit.*, p. 290, n° 261.22.

2031 ASSOCIATION DES DIRECTEURS IMMOBILIERS, *Guide pratique du bail commercial*, *op. cit.*, p. 31.

2032 *Ibid.*, p. 30.

2033 *Ibid.*, p. 32.

2034 M. CORNATON et J.-P. BLATTER, « Au commencement... était la destination », art. cit.

Si certains auteurs estiment que la destination est un élément secondaire pour le bailleur[2035], nous pensons au contraire qu'elle ne doit pas être placée au second plan puisqu'elle sert de support d'appréciation de la conformité de la chose louée[2036]. D'une part, c'est elle qui fixe l'activité commerciale qui doit être exercée dans les lieux et donc les conditions de délivrance de ces lieux[2037]. D'autre part, le bailleur va être indéniablement motivé par la rentabilité dégagée de la location de son local et cherchera à le louer au locataire le plus offrant[2038]. Pour preuve, le statut des baux commerciaux l'utilise comme critère d'évaluation de la valeur locative[2039], mais compte tenu de son obligation de délivrance, il cherchera aussi à ce que la délivrance de ce même local lui coute le moins cher possible. Pour preuve encore, ce même statut utilise les obligations des parties comme critère d'évaluation de la valeur locative[2040]. C'est un peu la clause « majeure » de l'organisation de la réalisation de la finalité du bail commercial.

Si cette clause est indispensable en ce qu'elle évite que le juge n'apprécie lui-même la destination des lieux[2041], une partie de la doctrine affirme que, *« dans l'intérêt du bailleur, la destination doit être la plus restrictive possible de façon à éventuellement être élargie en cours de bail ou lors d'une cession à la demande du preneur et moyennant une contrepartie financière »*[2042]. Cet argument est parfaitement recevable dans le sens où il limite l'objet de la délivrance et par conséquent l'investissement du bailleur en la matière, mais il peut tout de même être contredit. Par une restriction trop forte de la destination, le bailleur peut perdre des chances de louer au plus offrant : le local aurait peut-être intéressé un restaurateur prêt à payer un fort loyer, mais cette destination étant exclue, le local sera loué à un cordonnier pour un loyer moindre par exemple. Nous pensons donc que l'idéal est de trouver un équilibre entre la rentabilité dégagée et l'investissement du bailleur pour permettre la réalisation de la finalité du bail commercial[2043]. Le problème est que la plupart du temps, le bailleur ne fait pas ce qu'il veut et est contraint par un certain nombre de règles[2044].

Ainsi, la clause de destination peut prévoir un usage unique : « Affectation à un usage unique : Le locataire ne pourra utiliser les lieux loués qu'à usage commercial et plus précisément de XXX. Les lieux loués ne pourront être affectés, même temporairement, à un autre usage et il ne pourra y être exercé aucune autre activité que celle(s) indiquée(s) ci-après. Le locataire déclare qu'il entend exercer dans les lieux l'activité ou les activités suivante(s) : XXX. ».

2035 *Ibid.*

2036 M.-A. LE FLOCH, *Le bail commercial dans les centres commerciaux*, *op. cit.*, p. 185, n° 174.

2037 M.-P. DUMONT (dir.), H. KENFACK (dir.) *et alii*, *Droit et pratique des baux commerciaux 2021/2022*, *op. cit.*, pp. 291-292, n° 262.11.

2038 A. DEJOIE et F. PHAN THANH, « Les relations financières entre bailleur et preneur à bail commercial », *AJDI* avr. 2009, n° 4, p. 289.

2039 C. com., art. L. 145-33, 2°.

2040 C. com., art. L. 145-33, 3°.

2041 J. COURNEROUX, « La destination du bail : une liberté encadrée », art. cit.

2042 M. CORNATON et J.-P. BLATTER, « Au commencement... était la destination », art. cit.

2043 A. DEJOIE et F. PHAN THANH, « Les relations financières entre bailleur et preneur à bail commercial », art. cit.

2044 J. COURNEROUX, « La destination du bail : une liberté encadrée », art. cit.

Évidemment, il est indispensable de veiller à ce que l'usage et l'exercice des activités soient bien permis, afin que la mise en capacité d'exercice de l'activité économique ne soit pas compromise. Plus cette clause est précise, plus le contenu de l'obligation de délivrance est fourni.

403. Clause de destination mixte : titre du bail ou clause spécifique. La clause de destination peut également stipuler une destination mixte. Celle-ci se trouve souvent dans le titre du bail commercial formulée ainsi : « Bail à usage mixte, commercial et d'habitation, soumis pour le tout au statut des baux commerciaux ».

Le titre, bien qu'explicite, peut être doublé d'une clause spéciale précisant le régime applicable à la partie des locaux à usage d'habitation. Ce doublon peut être utile pour attirer l'attention des parties sur le caractère mixte de la destination des lieux loués. Par exemple, en cas d'usage mixte commercial et d'habitation, la clause peut se présenter comme suit : « Bail à usage mixte, commercial et d'habitation : L'immeuble loué comporte : une partie de X m² destinée à l'usage commercial située : XXX. Ledit immeuble comporte également une partie de X m² destinée à l'usage d'habitation située : XXX. La location sera considérée pour le tout et indivisiblement à usage commercial. Il est interdit au locataire d'utiliser à un titre quelconque la partie "habitation" des locaux loués pour les besoins de son commerce. ».

Quoi qu'il en soit, les auteurs recommandent aussi de donner un titre au bail commercial de manière à le qualifier et le soumettre ainsi à un régime juridique particulier[2045]. De prime abord, le titre n'a pas d'impact direct sur l'obligation de délivrance, puisque celle-ci ressort du droit commun du bail. Néanmoins, en cas de bail mixte, intitulé par exemple « Bail à usage mixte, commercial et d'habitation, soumis pour le tout au statut des baux commerciaux », le titre va avoir impact sur la délivrance puisque l'obligation de décence, issue du régime juridique spécial des baux d'habitation va trouver à s'appliquer[2046]. La clause de titre peut ainsi alourdir l'obligation de délivrance.

404. Clause particulière d'utilisation de la chose louée : clause précisant les conditions d'utilisation de la chose louée. La fonction de la chose à délivrer se fait aussi par les clauses particulières d'utilisation de la chose louée. Ces conditions d'utilisation de la chose louée font parfois l'objet d'une clause à part entière ou sont parfois adjointes à la clause de désignation des lieux loués[2047]. Cette stipulation est l'occasion d'indiquer dans quelles conditions les lieux loués doivent être utilisés. Par exemple, lorsque les locaux sont situés dans un immeuble en copropriété, cette clause pourra interdire au locataire d'encombrer les parties communes parce qu'elles ne sont pas comprises dans la location[2048]. Cette clause

---

[2045] F. CHALVIGNAC, *La rédaction d'un acte juridique : le bail commercial*, *op. cit.*, p. 158, n° 266 ; J.-M. MOUSSERON, P. MOUSSERON, J. RAYNARD et J.-B. SEUBE, *Technique contractuelle*, 5e éd., *op. cit.*, pp. 67-69, n° 153 et s.

[2046] V. *supra* n° 77 et s.

[2047] GROUPE REVUE FIDUCIAIRE, *Le bail commercial*, *op. cit.*, pp. 28-29, n° 30.

[2048] *Ibid.*, p. 28, n° 30.

est souvent complétée par l'annexe d'une copie du règlement de copropriété. Il pourra ainsi être inséré dans le bail la clause suivante : « Les locaux se trouvant dans un immeuble soumis au régime de la copropriété, le locataire se gardera d'encombrer les parties communes. Le locataire se conformera aux restrictions du règlement de copropriété annexé au présent contrat de bail commercial. ». Cette clause peut s'adapter pour un lotissement ou un autre ensemble immobilier. Le tout, afin que la clause soit valable et n'entraîne pas de manquement à l'obligation de délivrance, est de s'assurer que les conditions d'utilisation de la chose louée mentionnées dans le contrat permettent bien la mise en capacité d'exercice de l'activité économique. Elles ne doivent pas empêcher la réalisation de la finalité du bail commercial.

D'autres conditions d'utilisation particulières peuvent être mentionnées, notamment une servitude. La clause devra alors être précise pour déterminer exactement l'absence ou la présence de ladite servitude : « Servitude(s) et renseignements d'urbanisme : Le bailleur déclare que l'immeuble loué n'est grevé d'aucune autre servitude que celles pouvant résulter de la situation naturelle des lieux, de la loi ou de la réglementation d'urbanisme. ». À l'inverse, la clause peut indiquer : « Servitude(s) et renseignements d'urbanisme : Le bailleur déclare que l'immeuble loué et grevé d'une servitude XXX, au profit du fonds désigné comme suit XXX. L'assiette et les modalités d'exercice de cette servitude ont été fixées de la manière suivante dans le titre constitutif : XXX. ».

La clause peut encore être rédigée de façon très précise lorsque les locaux loués bénéficient de services et équipements particuliers : « Dans le cadre du présent bail, le locataire bénéficiera des services et équipements suivants : de l'intervention d'un agent d'entretien qui procèdera au nettoyage des locaux une fois par semaine ; de la prestation de secrétariat assurée chaque matin du lundi au vendredi ; du numéro de téléphone commun aux exploitants du « Pôle Immobilier » pour recevoir des appels le matin du lundi au vendredi ; du réseau Internet Wifi, à charge d'y relier leurs ordinateurs personnels ; de la centrale imprimante/copieur pour y imprimer leurs documents à charge de fournir le matériel nécessaire (papier et cartouches) ; de l'accès aux sanitaires ainsi qu'à la salle de détente/déjeuner et ses équipements ; de la salle de réunion et de ses équipements sous réserve de l'avoir préalablement réservée en informant le bailleur par mail ou grâce au planning disponible au secrétariat ; d'un bureau gris ainsi que deux armoires blanches qui resteront la propriété du bailleur en fin de bail ; de tous les équipements électriques (prises et points d'éclairage) à charge de remplacer les ampoules toutes les fois que cela sera nécessaire ; de deux places de stationnement de véhicules ; du badge du portail automatique ; du code d'accès aux locaux 24h/24h ainsi que du système d'alarme. La clientèle éventuellement reçue par le locataire bénéficiera du parc de stationnement attaché au "Pôle Immobilier" sous réserve que celui-ci dispose de places disponibles. À défaut, les colocataires devront informer leur clientèle de l'impossibilité de stationner à l'intérieur du parc de stationnement. Il est précisé que le locataire bénéficie d'un accès illimité aux lieux loués, même en dehors des jours et heures d'ouverture du "Pôle immobilier". ».

405. Clause de commercialité. Pour organiser la détermination fonctionnelle de la chose louée, des clauses de commercialité peuvent être insérées dans les baux commerciaux. Ces clauses sont spécifiques aux locaux situés dans des ensembles immobiliers, notamment des centres commerciaux ou galeries marchandes. Une telle clause est parfaitement valable, mais il faut être prudent à son égard parce qu'elle alourdit le contenu de l'obligation de délivrance. Il est donc primordial de s'assurer que le bailleur est bien d'accord pour en assumer les conséquences. Par cette clause, le bailleur peut donc s'engager à maintenir un environnement commercial favorable au preneur. Comme pour toutes les clauses qui alourdissent le contenu de l'obligation de délivrance, il est indispensable de s'assurer qu'un tel effet était bien recherché et que la mise en capacité d'exercice de l'activité économique pourra être effective en pratique.

La clause de commercialité peut se présenter de la sorte : « Le bailleur s'engage à entretenir les parties communes du centre commercial et à mettre tout en œuvre pour maintenir l'attractivité et la fréquentation dudit centre. ».

406. Clause d'implantation ou de localisation. La détermination fonctionnelle de la chose louée peut encore s'anticiper grâce aux clauses d'implantation. Avec la clause d'implantation, le bailleur peut s'engager à une immutabilité des locaux et les délivrer situés à un endroit précis au sein de l'ensemble immobilier. Compte tenu de la potentialité de réussite commerciale qui résulte de la localisation d'un local au sein d'un ensemble immobilier, cette clause se révèle très utile. Une telle clause empêche naturellement tout changement de local, sous peine d'un manquement à l'obligation de délivrance.

Généralement, elle stipule les caractéristiques de localisation des locaux au sein du centre commercial. Elle peut par exemple indiquer : « Les locaux pris à bail sont situés dans le magasin hypermarché à l'enseigne « XXX », lot n° X, dans l'aile nord-est dudit hypermarché. ».

407. Clause d'exclusivité ou de non-concurrence. Enfin, la fonction de la chose louée peut être précisée par la clause d'exclusivité, selon laquelle le bailleur peut s'interdire formellement d'exploiter ou de louer à un autre locataire, dans le surplus dudit immeuble, pour y exploiter une activité similaire à celles des colocataires ou susceptible de les concurrencer. Une telle stipulation renforce l'obligation de délivrance et suppose, à ce titre, que le bailleur ait bien entendu supporté une telle restriction en pratique. À défaut, la mise en capacité d'exercice de l'activité économique du preneur pourrait être contrariée.

La clause peut alors stipuler : « Le bailleur s'engage à ne pas créer, exploiter ou donner à bail, directement ou indirectement, un fonds de commerce de même nature dans un rayon de X km à vol d'oiseau des locaux pendant la durée du bail et de ses éventuels reconductions ou renouvellements. ». La clause peut encore se rédiger de la sorte : « Le bailleur s'interdit formellement d'exploiter, directement ou indirectement, dans le surplus de l'immeuble dont font partie les locaux objet du présent bail, ou de louer à qui que ce soit, dans le surplus dudit immeuble, pour y exploiter une activité similaire à celles des colocataires ou susceptible de les concurrencer, à peine de tous dommages-intérêts envers le locataire et sans préjudice du droit qu'auraient ces derniers de faire fermer l'établissement concurrent. Le locataire se trouve ainsi avoir l'exclusivité pour l'exercice des activités sus-indiquées, dans l'immeuble dont font partie les lieux loués. ».

Il peut aussi s'autoriser une telle pratique : « Il est précisé ici que l'obligation imposée au preneur d'exercer exclusivement dans les lieux le commerce de XXX, n'entraîne aucune restriction aux droits du bailleur. Celui-ci se réserve expressément le droit de louer ou d'occuper lui-même tout ou partie du surplus de l'immeuble dont font partie les locaux objets du présent bail à qui bon lui semblera et même pour y exercer un commerce similaire à celui du preneur. ».

Comme il l'a été fait pour les clauses définissant à la chose à délivrer, nous analyserons le sort des clauses portant sur les prestations à accomplir.

2 - Les clauses relatives à l'objet de l'obligation : les prestations à accomplir

408. Étendue, durée et sujet des prestations de mise à disposition et de mise en état de la chose louée. La réalisation de la finalité du bail commercial et donc l'exercice de l'activité économique s'organisent encore grâce à des clauses qui vont déterminer les prestations à accomplir. L'objet de l'obligation de délivrance peut être aménagé contractuellement, de sorte que certaines clauses vont donc pouvoir moduler l'étendue de la double prestation de mise à disposition et de mise en état de la chose louée[2049], en touchant directement aux actions à réaliser pour satisfaire ces prestations.

En outre, la réalisation de la finalité du bail commercial demande une organisation du moment de l'exécution de l'obligation de délivrance et appelle une interrogation quant au sujet de son exécution.

Partant, ces clauses peuvent agir soit sur l'étendue des prestations à accomplir (a), soit sur leur durée (b), soit encore sur leurs sujets (c).

a - Les clauses déterminant l'étendue des prestations à accomplir

409. Modalités affectant l'objet de l'obligation de délivrance : la délivrance, une obligation cumulative ou conjonctive ? S'agissant des clauses déterminant l'étendue des prestations à accomplir, il est indispensable avant de les envisager de connaître les modalités qui peuvent affecter la double-prestation objet de l'obligation de délivrance[2050]. En effet, sans cela, il n'est pas possible d'apprécier la mesure dans laquelle l'étendue des prestations à accomplir peut être organisée. Une distinction oppose les obligations à un seul objet et les obligations à plusieurs

---

[2049] V. sur ces prestations : *supra* n° 134 et s.

[2050] V. sur les modalités de l'obligation en général : F. TERRÉ, P. SIMLER, Y. LEQUETTE et F. CHÉNEDÉ, *Droit civil. Les obligations*, 12e éd., Dalloz, coll. Précis, 2018, p. 1403, n° 1334.

objets[2051]. De cette classification, vont naître diverses espèces d'obligations : les obligations pures et simples à objet unique, les obligations facultatives, les obligations conjonctives, les obligations alternatives et les obligations cumulatives. Il faut donc identifier l'espèce à laquelle se rattache l'obligation de délivrance.

Un auteur s'est attelé à définir ces différentes espèces d'obligations[2052]. L'obligation pure et simple à objet unique est clairement définie par sa dénomination même. L'obligation cumulative ou conjonctive est celle qui a pour objet plusieurs prestations dont seule l'exécution de la totalité libère le débiteur, d'après le nouvel article 1306 du Code civil[2053]. L'obligation alternative est celle par laquelle le débiteur a le choix de fournir l'une ou l'autre des prestations prévues, sans avoir à justifier pourquoi il ne fournit pas l'autre, en application des nouveaux articles 1307 et suivants du Code civil[2054]. Enfin, l'obligation facultative est celle par laquelle le débiteur est tenu d'une prestation principale, mais avec la faculté d'y substituer, au moment de l'exécution, une autre prestation, prédéterminée lors de l'accord de volontés, conformément au nouvel article 1308 du Code civil[2055]. Cette classification, qui oppose quatre sortes d'obligations, trouvait ses prémices dans l'ancien article 1189 du Code civil qui consacrait l'existence des obligations alternatives. S'il ne mentionnait pas expressément les autres, il semble évident qu'elles viennent compléter l'idée d'obligation alternative.

L'obligation pure et simple à objet unique suit les effets classiques des obligations : tant que le débiteur n'a pas exécuté son obligation, il n'en est pas déchargé, celui-ci pouvant tout de même faire jouer le principe d'exception d'inexécution sauf interdiction. L'obligation facultative, quant à elle, est assez proche de l'obligation alternative et pourtant, il ne faut pas les confondre, car leurs effets juridiques sont différents. Un auteur explique que lorsque l'obligation est facultative, *« la seconde prestation est non pas in obligatione mais in facultate solutionis ; elle ne constitue qu'un simple moyen de libération »*, alors que lorsqu'elle est alternative, *« tous les objets sont compris dans l'obligation et se situent sur le même plan »*[2056]. Autrement dit, l'obligation facultative a pour effet de libérer le débiteur par l'accomplissement d'une autre prestation déterminée. De façon différente, l'obligation alternative aura alors pour effet de libérer le débiteur par l'accomplissement de l'une des deux choses qui étaient comprises dans l'obligation, conformément à l'ancien article 1189 du Code civil. Enfin, l'obligation conjonctive est rapprochée de l'ancien article 1220 du Code civil de sorte que son objet serait indivisible aux motifs qu'elle ne

---

[2051] *Ibid.*, p. 1447, n° 1377 ; Y. PICOD, *Obligations*, Rép. civ. Dalloz, juin 2017, n° 56.

[2052] P. VEAUX-FOURNERIE et D. VEAUX, *Typologie des obligations*, *op. cit.*, n° 48.

[2053] N. DISSAUX et C. JAMIN, *Réforme du droit des contrats, du régime général et de la preuve des obligations (Ordonnance n° 2016-131 du 10 février 2016), Commentaire des articles 1100 à 1386-1 du code civil*, *op. cit.*, p. 175 ; A. SÉRIAUX, *Manuel de droit des obligations*, 4e éd., PUF, coll. Droit fondamental, 2020, p. 326, n° 178.

[2054] N. DISSAUX et C. JAMIN, *Réforme du droit des contrats, du régime général et de la preuve des obligations (Ordonnance n° 2016-131 du 10 février 2016), Commentaire des articles 1100 à 1386-1 du code civil*, *op. cit.*, pp. 174-175 ; A. SÉRIAUX, *Manuel de droit des obligations*, *op. cit.*, pp. 326-327, n° 179.

[2055] N. DISSAUX et C. JAMIN, *Réforme du droit des contrats, du régime général et de la preuve des obligations (Ordonnance n° 2016-131 du 10 février 2016), Commentaire des articles 1100 à 1386-1 du code civil*, *op. cit.*, pp. 175-176 ; A. SÉRIAUX, *Manuel de droit des obligations*, *op. cit.*, p. 327, n° 180.

[2056] Y. PICOD, *Obligations*, *op. cit.*, n° 67.

serait éteinte que lorsque le débiteur a fourni toutes les prestations, le créancier ne pouvant se satisfaire d'une exécution partielle[2057]. La jurisprudence a admis l'application du principe d'exception d'inexécution en présence d'une telle obligation[2058].

Au regard de ce que nous venons d'énoncer, l'obligation de délivrance s'apparente à une obligation conjonctive puisque son objet se cristallise dans une double prestation ainsi que nous l'avons exposé en première partie[2059]. La finalité du bail commercial ne peut se réaliser que si cette double prestation est accomplie. En effet, si le bailleur doit mettre la chose louée à la disposition du locataire, il doit, en outre, assurer la mise en état de cette chose en effectuant certaines réparations, assurer la sécurité du locataire ou encore mettre tous les moyens en œuvre pour assurer un environnement favorable au preneur. Et, si le bailleur ne satisfait pas toutes les exigences de la délivrance, celui-ci ne répond pas à son obligation. Par exemple, la mise à disposition de la chose louée n'est pas suffisante pour que l'obligation de délivrance soit considérée comme remplie. La délivrance est en quelque sorte un « tout », un ensemble global, qui comprend plusieurs aspects. Ici, le débiteur ne peut se libérer de son obligation par l'exécution d'une seule prestation. Il faut les exécuter toutes les deux. C'est en ce sens que l'obligation de délivrance peut être qualifiée de conjonctive. Cette qualification serait un bon moyen d'intégrer toute la coloration particulière de l'obligation de délivrance, mais encore faut-il que son exécution puisse être rapprochée de l'ancien article 1220 du Code civil.

Au titre de cette qualification, les clauses qui touchent aux prestations de l'obligation de délivrance devront donc bien assurer la réalisation de la prestation de mise à disposition et la prestation de mise en état, sous peine de compromettre la mise en capacité d'exercice de l'activité économique.

410. Clauses affectant les actions à accomplir. Concrètement, les clauses qui touchent aux prestations de l'obligation de délivrance affectent en réalité les actions qui permettent l'accomplissement de la double prestation. Ces clauses peuvent donc organiser la conservation, la construction, le dessaisissement de la chose ou encore la réalisation de travaux, le paiement de charges et l'obtention d'autorisations diverses. Dans les baux commerciaux, le recours à ces clauses s'observe plutôt lorsqu'elles ont pour effet de déroger à la mise en capacité d'exercice de l'activité économique du preneur[2060]. En effet, il est plus fréquent que les clauses écartent les actions à réaliser, sauf peut-être s'agissant des clauses de remise des clés ou des clauses d'obtention d'autorisation.

411. Clause de remise des clés et déclinaison. Parmi les clauses qui aménagent la prestation de mise à disposition de la chose louée, on trouve la clause

---

[2057] M. BACACHE, *Indivisibilité*, *op. cit.*, n° 58.

[2058] Cass. 1e civ., 19 nov. 1996, n° 94-18.502, JurisData n° 1996-004403, *D.* janv. 1997, n° 2, p. 14.

[2059] V. sur cette idée de double prestation : *supra* n° 134 et s.

[2060] V. *infra* n° 427 et s.

de remise des clés qui touche au dessaisissement de la chose. Très peu envisagée par les auteurs et parfois absente des baux commerciaux, la clause de remise des clés est celle qui prévoit les conditions et circonstances de remise des clés, modalité la plus courante d'exécution de la prestation de mise à disposition de la chose louée. Elle peut prévoir que le bailleur remettra les clés au preneur à telle date et en tant de jeux ou alors que les locaux sont accessibles par telle entrée équipée de tel code d'accès. Elle est particulièrement utile et nécessaire lorsque l'accès aux locaux se fait par digicode ou système spécial, différents de la clé classique.

La clause de remise des clés peut prévoir : « Le bailleur a remis les clés au preneur à X [date] et en X exemplaires. ». Lorsque la prestation de mise à disposition s'effectue grâce à un code d'accès, elle précise : « Remise des outils d'accès aux lieux loués : Le bailleur a remis le badge du portail automatique et a communiqué le code d'accès n° XXX aux locaux 24h/24h ainsi que le code n° XXX du système d'alarme. ».

412. Clause d'obtention d'autorisations administratives. La clause d'obtention d'autorisation peut prévoir que le bailleur s'engage à obtenir la ou les autorisations nécessaires à l'exercice de l'activité économique du preneur. Dans ce cas, elle augmente le contenu de l'obligation de délivrance du bailleur.

Elle peut être formulée ainsi : « Le bailleur se charge d'obtenir les autorisations nécessaires à l'exercice de l'activité du preneur. ».

Après l'entendue des prestations à accomplir, les clauses peuvent affecter la durée desdites prestations.

b - Les clauses déterminant la durée des prestations à accomplir

413. Quand doit ou peut s'exécuter l'obligation de délivrance ? L'organisation de la réalisation de la finalité du bail commercial soulève la question du moment de l'exécution de l'obligation de délivrance. Conformément à la distinction que nous avons opérée plus haut entre le temps satisfactoire et le temps dilatoire[2061], il va s'agir ici d'expliquer comment jongler entre ces deux considérations temporelles. Il va alors falloir déterminer quand commence le temps dilatoire et quand il finit pour apprécier ensuite le temps satisfactoire. Cependant, certains éléments tels que le terme et la condition peuvent modifier le moment classique de l'exécution de l'obligation de délivrance. Avant de voir comment le terme et la condition peuvent modifier le moment d'exécution de l'obligation de délivrance, il faut déterminer précisément ce moment.

Cette interrogation pose en filigrane la question de savoir quand est due l'obligation de délivrance. La période d'exécution chronologique correspond au temps dilatoire et doit, en principe, précéder la période où l'obligation produit ses effets ou son résultat, c'est-à-dire le temps satisfactoire[2062]. Plus exactement,

---

[2061] V. *supra* n° 335.

[2062] A. ETIENNEY, *La durée de la prestation, Essai sur le temps dans l'obligation*, *op. cit.*, pp. 176 et s., n° 246 et s.

l'antériorité de cette période peut être plus ou moins rapprochée, presque immédiate parfois, du temps satisfactoire[2063]. Ainsi, la réponse exige de déterminer le commencement de l'exécution de l'obligation de délivrance et la fin de celle-ci. Cela permettra ensuite d'adapter les clauses.

414. Date de prise d'effet de l'obligation de délivrance et clause de prise d'effet du bail. La doctrine prétend de façon assez unanime que la prise d'effet de l'obligation de délivrance doit avoir lieu à la date convenue s'il y en a une[2064]. Elle précise toutefois pour les baux des maisons et les baux à ferme (toujours pas de bail commercial à cette époque), qu'il faut s'en remettre à l'usage, si les parties n'ont rien convenu. Un exemple[2065] assez original est donné : un bailleur donne en location une maison à Orléans ; d'après l'usage, il doit donner la faculté au preneur d'y faire venir et placer ses meubles dès le lendemain de la S. Jean-Baptiste et il doit lui remettre les clés et la laisser entièrement libre le jour de la S. Pierre. Généralement, la délivrance de la chose louée, et donc l'entrée en jouissance des locaux, doit avoir lieu à la date de prise d'effet du bail[2066]. La date de prise d'effet du bail correspond, soit à la date de signature de ce bail, soit à une autre date que celle de la signature fixée par les parties et mentionnée dans une clause du bail. En matière de bail commercial, la jurisprudence ne donne pas d'illustration. Cependant, dans la mesure où la règle vaut pour tous les baux, y compris les baux commerciaux, nous nous appuierons, pour illustrer nos propos, sur des cas d'espèce relatifs à d'autres baux. Dans ce sens, la Haute Cour a jugé très tôt qu'il y avait manquement à l'obligation de délivrance lorsque la construction des locaux loués était inachevée lors de la signature du contrat et qu'elle n'était toujours pas terminée plusieurs mois après la date prévue[2067]. Elle a également admis, dans une autre affaire, que violait l'article 1719 du Code civil l'arrêt qui, pour rejeter l'action en indemnité formée par des locataires contre leur bailleur qui leur avait consenti un bail portant sur des terres dont ils n'avaient pu obtenir la délivrance en raison de la présence d'un autre locataire dont le titre ne leur était pas opposable, énonce que s'agissant d'un trouble de fait et non de droit les locataires ne disposent d'aucune action contre leur bailleur, alors que le défaut de délivrance provenait de celui-ci[2068]. Dans un arrêt plus récent, la Cour de cassation a considéré que le bailleur était responsable du défaut de délivrance du local lorsque le précédent

---

[2063] V. sur le processus nécessaire à la préparation du résultat promis : A. ETIENNEY, *La durée de la prestation, Essai sur le temps dans l'obligation*, *op. cit.*, pp. 189 et s., n° 265 et s.

[2064] M.-P. DUMONT-LEFRAND, *Bail commercial*, *op. cit.*, n° 208 ; J. GHESTIN (dir.) et J. HUET, *Traité de droit civil. Les principaux contrats spéciaux*, *op. cit.*, p. 739 ; F. COLLART-DUTILLEUL et P. DELEBECQUE, *Contrats civils et commerciaux*, 10e éd., *op. cit.*, p. 431, n° 498 ; V. ZALEWSKI, « Délivrer ou non », art. cit. ; R.-J. POTHIER, *Traité du contrat de louage, selon les règles tant du for de la conscience que du for extérieur*, *op. cit.*, p. 54, n° 58 ; R.-T. TROPLONG, *Droit civil expliqué. De l'échange et du louage. Commentaires des Titres VII et VIII du Livre III du Code civil*, t. 1, *op. cit.*, p. 315, n° 167.

[2065] R.-J. POTHIER, *Traité du contrat de louage, selon les règles tant du for de la conscience que du for extérieur*, *op. cit.*, *loc. cit.*

[2066] M.-P. DUMONT-LEFRAND, *Bail commercial*, *op. cit.*, *loc. cit.* ; Y. MERCHIERS, *Le bail en général*, *op. cit.*, p. 170.

[2067] Cass. com, 24 nov. 1959, Bull. civ. III, n° 396.

[2068] Cass. 3e civ., 16 janv. 1980, n° 78-12.389, Bull. civ. III, n° 13, *JCP G* mars 1980, n° 12, jur. p. 120.

locataire se maintient dans les lieux[2069]. Dans cette espèce, le locataire n'avait pu exploiter les parcelles de terre prises à bail en raison du maintien illicite du précédent locataire et d'un sous-locataire. Il a alors assigné en responsabilité le bailleur, mais la Cour d'appel a rejeté cette demande au motif, d'une part, que le bailleur est de bonne foi, puisqu'il a initié une procédure d'expulsion, d'autre part, qu'il peut opposer une cause qui lui est étrangère. La Cour de cassation a cassé cette décision, au visa des articles 1147 1148 et 1719, 1° du Code civil, en affirmant *« que l'occupation illicite du bien loué par un tiers qui en empêche sa délivrance au preneur ne constitue une cause étrangère qui ne peut être imputée au bailleur que si elle revêt les caractères de la force majeure ».*

Si la plupart du temps l'obligation de délivrance prend effet à l'entrée en jouissance des lieux loués du locataire, il peut parfois y avoir un décalage entre l'entrée en jouissance et la délivrance effective[2070]. C'est par exemple le cas lorsque le locataire est autorisé à entreposer des meubles, des fournitures ou encore des machines, avant la date de prise d'effet du bail. Le bailleur accepte alors de donner les clés au preneur avant le début de prise d'effet officiel du bail. Là encore, la matière des baux commerciaux n'offrant pas d'illustrations jurisprudentielles, nous étayerons nos propos avec un exemple relatif aux baux d'habitation, sachant que cette solution pourrait s'étendre aux baux commerciaux. Dans cette situation, le locataire n'occupant pas les locaux de droit, mais simplement par convenance ou tolérance avant la date convenue, il paraît tout à fait logique que celui-ci ne soit pas fondé à se plaindre d'un défaut de délivrance pour la période qui précède ladite date[2071].

Si en principe, la date la délivrance coïncide avec la date de prise d'effet du bail, en cas de bail écrit ne comportant pas de stipulation relative au point de départ, il est d'usage de prendre en compte la date d'entrée en jouissance du locataire déterminée à partir des faits (date de déménagement, mutation des abonnements, souscription de l'assurance...)[2072]. Toutefois, cette solution pose un véritable problème pour le preneur qui souhaite revendiquer la délivrance tardive : comment celui-ci peut-il avancer que la délivrance a été tardive ? Manifestement, sans date convenue, il paraît difficile de revendiquer la délivrance tardive. S'agissant d'un bail verbal, la durée d'un bail verbal ne peut, en principe, se prouver que par écrit[2073]. La Cour de cassation a livré une interprétation singulière de la date de prise d'effet du bail en considérant que lorsque la durée du bail est contestée, qu'il soit écrit ou verbal, celui-ci est réputé être un bail à durée indéterminée[2074]. Elle a également considéré, pour les baux qui bénéficient d'un statut spécial, qu'ils auraient la durée

---

2069 Cass. 3e civ., 28 sept. 2005, n° 04-13.720, Bull. civ. III, n° 175, JurisData n° 2005-029912, *Loyers et copr.* déc. 2005, n° 12, comm. 215, p. 12, note B. VIAL-PEDROLETTI ; *AJDI* déc. 2005, n° 12, p. 901, obs. Y. ROUQUET ; *D.* oct. 2005, n° 36, p. 2480 ; *D.* avr. 2006, n° 14, p. 958, pan. N. DAMAS ; *Gaz. pal.* déc. 2005, n° 363, p. 11 ; *Rev. loyers* déc. 2005, n° 862, p. 573, an. J. PRIGENT.

2070 C. AUBERT DE VINCELLES et C. NOBLOT, *Bail, op. cit.*, n° 145.

2071 CA Aix-en-Provence, 11e ch., sect. A, 20 sept. 2013, n° 2013/465, JurisData n° 2013-021164, *Loyers et copr.* janv. 2014, n° 1, comm. 1, p. 11, note B. VIAL-PEDROLETTI.

2072 C. QUÉMENT, *Bail commercial. - Conclusion. Durée*, J.-Cl. Bail à Loyer, Fasc. n° 1260, oct. 2018, n° 81.

2073 C. AUBERT DE VINCELLES et C. NOBLOT, *Bail, op. cit.*, n° 85.

2074 Cass. civ., 28 juill. 1908, DP 1908, 1, 461 ; Cass. civ., 24 févr. 1948, S. 1949, 1, 108.

minimale résultant de ce statut[2075]. Cela signifie qu'un bail commercial, dont la durée est remise en question, pourra être réputé conclu depuis neuf ans. En tout état de cause, quelle que soit la date de prise d'effet du bail, s'il est prouvé qu'il a reçu commencement d'exécution, l'obligation de délivrance est censée peser sur le bailleur depuis cette date et donc forcément à la date où le preneur s'en prévaut. La complexité survient lorsque le bail n'a pas reçu commencement d'exécution, car il sera difficile de prouver son existence.

Enfin, en accord avec nos développements précédents, la fin de l'exécution de l'obligation de délivrance devra aussi avoir lieu avant la prise d'effet de celle-ci, c'est-à-dire avant le démarrage du temps satisfactoire.

415. Exécution immédiate de la prestation de mise à disposition et clause de tolérance. S'agissant de l'exécution de la prestation de mise à disposition, elle va s'exécuter dans une certaine immédiateté par rapport au moment de la prise d'effet de l'obligation de délivrance[2076]. Les deux périodes vont se succéder presque simultanément. Généralement, cette mise à disposition se réalise au jour de la prise d'effet du bail. Il n'y a alors pas de clause spécifique. C'est simplement la date de prise d'effet du bail qui fait référence.

Toutefois, celle-ci peut se réaliser avant la prise d'effet du bail et il sera alors utile d'insérer une clause de tolérance dans le bail commercial, laquelle peut indiquer : « Exceptionnellement, le bailleur autorise le preneur à entrer dans les lieux avant la prise d'effet du bail et y entreposer ses effets. Toutefois, il ne s'agit là que d'une tolérance dont le preneur ne saurait se prévaloir à l'encontre du bailleur pour invoquer un quelconque défaut de délivrance conforme. ». Il est bon de clarifier une telle situation par une clause afin d'éviter que le locataire ne soit tenté de soulever un défaut de délivrance alors même que l'obligation n'est pas encore due.

416. Exécution de la prestation de mise en état et clause d'exécution différée. De toute évidence, la prestation de mise en état de la chose louée doit être exécutée avant la prise d'effet de l'obligation de délivrance et cette exécution doit s'anticiper suffisamment tôt, car elle peut prendre un certain temps. Effectivement, la réalisation de travaux de mise en état par exemple peut être plus ou moins longue. Il faut donc la démarrer suffisamment à l'avance pour éviter un manquement à l'obligation de délivrance si cette exécution n'est pas terminée au moment de la prise d'effet de l'obligation.

Parfois, la prise d'effet de l'obligation de délivrance peut être décalée et intervenir après la prise d'effet du bail. C'est par exemple le cas lorsque la délivrance est échelonnée dans le temps comme pour les travaux dus au titre de l'annexe environnementale[2077]. Dans cette hypothèse, l'exécution d'une partie de

---

[2075] C. AUBERT DE VINCELLES et C. NOBLOT, *Bail*, *op. cit.*, *loc. cit.*

[2076] V. pour l'obligation de délivrance du vendeur : A. ETIENNEY, *La durée de la prestation, Essai sur le temps dans l'obligation*, *op. cit.*, pp. 194-195, n° 269.

[2077] V. *supra* n° 118.

l'obligation de délivrance pourra avoir lieu en cours de bail, après la prise d'effet du contrat de bail commercial. Ainsi, selon les composantes considérées de l'obligation de délivrance, il peut y avoir plusieurs moments d'exécution pour cette même obligation. À ce titre, il n'est pas inutile de préciser par une clause du bail l'exécution différée de l'obligation de délivrance. Par exemple, la clause peut aménager la délivrance ainsi : « Le bailleur s'engage à réaliser les travaux relatifs à XXX au cours de la première période triennale. ».

Comme l'étendue des prestations à accomplir, les sujets - débiteur et créancier - de ces prestations peuvent être touchés par les clauses du bail commercial.

c - Les clauses déterminant les sujets débiteur et créancier des prestations à accomplir

417. Qui doit ou peut exécuter l'obligation de délivrance ? Au profit de qui ? La réalisation de la finalité du bail commercial et par là même la mise en capacité d'exercice de l'activité économique peut encore être organisée par l'utilisation de clauses qui vont s'intéresser aux sujets de l'obligation de délivrance. Avant d'en venir précisément à la manipulation de ces clauses, quelques précisions doivent être apportées quant à cette modalité.

Le rapport d'obligation ne se limite pas à la création d'un lien entre un sujet actif (le créancier) et un sujet passif (le débiteur). Ainsi, l'obligation n'a pas toujours qu'un seul débiteur et qu'un seul créancier. Il peut arriver qu'elle ait plusieurs sujets, c'est-à-dire plusieurs débiteurs et plusieurs créanciers[2078]. Cela peut tout à fait être le cas de l'obligation de délivrance. Avant d'envisager la pluralité de sujets dans l'exécution de l'obligation de délivrance, voyons qui doit prendre l'initiative de son exécution lorsqu'il n'y a qu'un débiteur et qu'un créancier.

La question de l'initiative de l'exécution de l'obligation de délivrance revient à s'interroger sur les personnes susceptibles de pouvoir et devoir exécuter cette obligation. Lequel des contractants doit prendre l'initiative d'exécuter l'obligation de délivrance ? Est-ce qu'une autre personne, non contractante, peut prendre l'initiative ou se voir confier l'initiative d'exécuter l'obligation de délivrance ? Aux termes du nouvel article 1342-6 du Code civil, si la loi, le contrat ou le juge ne désignent pas de lieu où le paiement de l'obligation doit être exécuté et ne précise donc pas si la dette est portable ou quérable, ce paiement doit être fait, dès lors qu'il s'agit d'un corps certain et déterminé, au domicile du débiteur, dans le lieu où était, au temps de l'obligation, la chose qui en fait l'objet. Ces termes impliquent des modalités d'exécution différentes pour le débiteur et le créancier, puisque lorsque la créance est dite « portable », le débiteur doit spontanément acquitter de celle-ci au domicile du créancier ou dans tout autre lieu déterminé par la convention et à l'inverse, lorsque la créance est stipulée comme étant « quérable », il appartient cette fois-ci au créancier d'en réclamer l'exécution au domicile du débiteur[2079]. Partant,

[2078] F. TERRÉ, P. SIMLER, Y. LEQUETTE et F. CHÉNEDÉ, *Droit civil. Les obligations*, *op. cit.*, p. 1451, n° 1381.
[2079] A. SÉRIAUX, *Manuel de droit des obligations*, *op. cit.*, p. 356, n° 202.

la réponse à ces questions comprend de toute évidence le débiteur même de l'obligation de délivrance ainsi que les personnes agissant en son nom et pour son compte, mais aussi le créancier, lorsqu'on lui transfère contractuellement l'exécution de cette obligation. Nous ne traiterons pour l'instant que du débiteur.

Généralement, c'est la clause de désignation des parties qui détermine qui est le bailleur et donc le débiteur de l'obligation de délivrance. Le bailleur peut être une personne morale : « XXX, société XXX au capital social de XXX Euros, immatriculée au registre du commerce et des sociétés de XXX sous le numéro SIRET XXX, dont le siège social est sis XXX, représentée par Monsieur XXX, agissant en sa qualité de gérant de ladite société en vertu des pouvoirs qui lui ont été conférés. La personne identifiée ci-dessus est dénommée dans le corps du présent acte "le bailleur". ». Il peut être une personne physique : « Monsieur XXX demeurant XXX, personne physique, désigné ci-après "le bailleur". ».

L'initiative de l'exécution de l'obligation de délivrance doit traditionnellement être prise par le débiteur de cette obligation, c'est-à-dire le bailleur, même lorsque le précédent bailleur a déjà été condamné. En effet, la jurisprudence a précisé à ce sujet qu'en cas de vente d'un immeuble loué, l'initiative de l'obligation de délivrance revient au nouveau propriétaire alors même que l'ancien propriétaire a déjà été condamné à réaliser les travaux au titre de cette obligation[2080]. En cas de vente des locaux donnés à bail, le bailleur originaire n'est pas non plus déchargé à l'égard du preneur des conséquences dommageables de l'inexécution de son obligation de délivrance par une clause contenue dans l'acte de vente subrogeant l'acquéreur dans les droits et obligations du vendeur-bailleur[2081].

De façon logique, l'exécution de l'obligation de délivrance se fait au profit du locataire, lui aussi désigné par une clause du bail : « XXX, société XXX au capital social de XXX Euros, immatriculée au registre du commerce et des sociétés de XXX sous le numéro SIRET XXX, dont le siège social est sis XXX, représentée par Monsieur XXX, agissant en sa qualité de gérant de ladite société en vertu des pouvoirs qui lui ont été conférés. La personne identifiée ci-dessus est dénommée dans le corps du présent acte "le locataire". ».

Ces clauses ne posent *a priori* pas de difficulté au regard de la réalisation de la finalité du bail commercial, à moins que le bailleur n'ait pas la capacité[2082] puisque dans ce cas ladite finalité peut se trouver compromise.

418. Pluralité de bailleurs et de preneurs : exceptions au principe de division. Par ailleurs, si l'obligation est en principe pure et simple et ne comporte qu'un seul débiteur et qu'un seul créancier, il reste que les parties, ou la loi, ou encore le juge peuvent prévoir des modalités qui vont modifier les effets normaux

---

2080 Cass. 3e civ., 21 févr. 2019, n° 18-11.553, Publié au bulletin, JurisData n° 2019-002433, *JCP N* mars 2019, n° 10, act. 284, p. 11 ; *D.* mars 2019, n° 8, p. 430 ; *La Quotidienne* mars 2019, obs. L. ANDREU ; *Dalloz actualité* 25 mars 2019, obs. M. GHIGLINO ; A. CONFINO, J.-P. CONFINO *et alii* (collab.), *Baux commerciaux - L'essentiel de l'actualité*, *op. cit.*, pp. 45 et s.

2081 Cass. 3e civ., 23 janv. 2020, n° 18-19.589, JurisData n° 2020-002134, *Loyers et copr.* mars 2020, n° 3, comm. 36, p. 36, note E. CHAVANCE.

2082 V. sur le lien entre l'obligation de délivrance et la capacité : *infra* n° 574.

de l'obligation en affectant l'obligation elle-même dans sa vertu d'obliger, en affectant son objet ou encore son sujet[2083]. D'ailleurs, l'ordonnance de réforme du droit des obligations consacre des dispositions à trois types de modalités : la condition, le terme et les modalités qui rendent l'obligation « plurale »[2084]. Une même obligation peut donc tout à fait relier plusieurs débiteurs et plusieurs créanciers. L'hypothèse pourrait très bien se retrouver dans le cadre d'un bail commercial. Par exemple, les bailleurs sont deux époux ou des frères indivisaires qui louent un local commercial à deux preneurs, deux sociétés qui partagent le local. Dans de telles circonstances, il devient prégnant de savoir qui doit ou peut exécuter l'obligation de délivrance.

Alors que dans l'hypothèse où l'obligation comporte plusieurs sujets le principe instauré par le législateur est la division de l'obligation en autant de rapports indépendants qu'il existe de créanciers ou de débiteurs, puisque l'article 1309 du Code civil dispose que « *l'obligation qui lie plusieurs créanciers ou débiteurs se divise de plein droit entre eux* », il existe des exceptions. En effet, lorsque l'obligation est insusceptible de faire l'objet d'une division, elle est qualifiée d'obligation au total, en ce sens que, soit le créancier peut réclamer à n'importe quel débiteur le paiement du tout, soit le débiteur peut être libéré du tout en réglant sa dette entre les mains de n'importe quel créancier[2085]. Classiquement, on distingue deux sortes d'obligations au total qui constituent autant d'exceptions au principe de division : l'obligation solidaire et l'obligation indivisible[2086]. Dans une telle hypothèse, il semblerait qu'une indivisibilité et une solidarité s'appliquent à l'obligation de délivrance.

419. Définition et étendue de l'indivisibilité de la prestation. L'obligation indivisible est celle qui doit être exécutée dans sa totalité, c'est-à-dire celle qui ne peut être exécutée que partiellement. Aux termes de l'article 1320 du Code civil[2087], l'obligation peut être indivisible « *par nature ou par contrat* ». En réalité, c'est la prestation objet de l'obligation qui doit présenter un caractère indivisible[2088]. L'obligation indivisible par nature est celle dont l'objet, c'est-à-dire la prestation, est insusceptible de subir une division, soit parce que l'impossibilité de division est matérielle (toutes les fois que l'obligation ne peut pas être exécutée de manière fractionnée : obligation de livrer un corps certain), soit parce qu'elle est juridique

---

2083 A. SÉRIAUX, *Manuel de droit des obligations*, *op. cit.*, p. 321, n° 175.

2084 C. civ., art. 1304 et s.

2085 M. MIGNOT, *Régime général des obligations. - Pluralité de sujets de l'obligation. - Principe de division*, J.-Cl. Notarial Répertoire, Fasc. n° 1, févr. 2017, n° 1-2.

2086 F. TERRÉ, P. SIMLER, Y. LEQUETTE et F. CHÉNEDÉ, *Droit civil. Les obligations*, *op. cit.*, pp. 1454 et s., n° 1384 et s.

2087 Avant la réforme du droit des obligations, l'indivisibilité était définie aux articles 1217 à 1225 du Code civil. Dans l'article 1217, l'obligation divisible était opposée à l'obligation indivisible, *« selon qu'elle a pour objet ou une chose qui dans sa livraison, ou un fait qui dans l'exécution, est ou n'est pas susceptible de division, soit matérielle, soit intellectuelle »*, étant précisé, dans l'article 1218, que l'obligation est indivisible si le rapport sous lequel elle est considérée dans l'obligation ne la rend pas susceptible d'exécution partielle, quand bien même son objet serait divisible par nature.

2088 M. MIGNOT, *Régime général des obligations. - Pluralité de sujets de l'obligation. - Principe de division*, *op. cit.*, n° 19.

(lorsque l'obligation porte sur l'accomplissement d'un acte, l'exercice d'un droit, ou encore sur une abstention qui ne peuvent pas être fractionnés)[2089]. L'obligation indivisible par contrat est celle dont l'objet, c'est-à-dire la prestation, est divisible par nature, mais devient indivisible par la volonté des parties. S'agissant des effets de l'obligation indivisible, l'article 1320 alinéa 1er du Code civil dispose que « *chacun des créanciers d'une obligation à prestation indivisible [...] peut en exiger et en recevoir le paiement intégral* ». Le second alinéa du même article ajoute corrélativement que chacun des débiteurs d'une telle obligation en est tenu pour le tout. Enfin, le troisième alinéa dudit article indique qu' « *il en va de même pour chacun des successeurs de ces créanciers et débiteurs* ». Quant à l'opposabilité de cette exception, dans la mesure où la dette est commune elle peut être invoquée par tous les codébiteurs en cas d'indivisibilité. Ainsi, l'interruption ou la suspension du délai de prescription par l'un des créanciers à l'encontre d'un codébiteur produit des effets à l'égard des autres. L'article 1320 du Code civil prévoit que le débiteur qui a payé l'intégralité de la dette dispose de « *recours en contribution contre les autres* ».

À la lecture de ces textes, l'obligation de délivrance semble être une obligation indivisible dès le départ puisque la double prestation qui forme son objet n'est pas susceptible d'exécution partielle[2090]. Si les prestations peuvent être exécutées séparément, elles ne peuvent l'être de façon partielle, car la réalisation de la finalité du bail commercial ne serait alors pas satisfaite. Il s'agit d'une indivisibilité objective qui tient à la nature de l'objet de l'obligation[2091]. La distinction anciennement opérée entre l'obligation divisible qui s'exécute comme une obligation indivisible et l'obligation indivisible a disparu avec la réforme, la notion de fractionnement étant suffisante[2092].

420. Rapprochement entre indivisibilité et obligation conjonctive. En découlait la question suivante : une obligation conjonctive est-elle uniquement une obligation divisible qui s'exécute comme une obligation indivisible ou peut-elle être aussi une obligation indivisible ? Si l'on reconnaît volontiers que la finalité de ces deux acceptions est semblable, l'intérêt de la question réside dans la rigueur de la qualification. Pour répondre, nous nous appuierons sur les réflexions de la doctrine. Un auteur explique que la qualification d'obligation conjonctive exclut le caractère d'indivisibilité naturelle absolue qui correspond à l'hypothèse de l'ancien

---

[2089] N. DISSAUX et C. JAMIN, *Réforme du droit des contrats, du régime général et de la preuve des obligations (Ordonnance n° 2016-131 du 10 février 2016), Commentaire des articles 1100 à 1386-1 du code civil*, *op. cit.*, pp. 177 et s.

[2090] F. TERRÉ, P. SIMLER, Y. LEQUETTE et F. CHÉNEDÉ, *Droit civil. Les obligations*, *op. cit.*, p. 1484, n° 1408 ; V. pour l'obligation de délivrance des cobailleurs : Cass. soc., 8 mars 1956, Bull. civ. IV, n° 232 ; V. aussi pour cette idée : C. BRENAC, *La coprise à bail en droit privé français*, th. Toulouse I, 2011, p. 127, n° 215.

[2091] *Ibid.*, *loc. cit.* ; B. VIAL-PEDROLETTI, *Bail d'habitation. - Locations régies par le droit commun du louage (Code civil). - Obligations du bailleur : délivrance de la chose*, *op. cit.*, n° 4.

[2092] N. DISSAUX et C. JAMIN, *Réforme du droit des contrats, du régime général et de la preuve des obligations (Ordonnance n° 2016-131 du 10 février 2016), Commentaire des articles 1100 à 1386-1 du code civil*, *op. cit.*, p. 182.

article 1217 du Code civil[2093]. Il justifie son explication par le fait que l'indivisibilité naturelle absolue couvre une obligation unitaire et non la juxtaposition d'obligations constituant une obligation globale. Selon sa réflexion, l'obligation naturelle relative de l'ancien article 1218 n'empêcherait pas, à l'inverse, la qualification d'obligation conjonctive puisqu'elle couvre les obligations divisibles par leur nature, mais qui ne peuvent être exécutées partiellement. Sous réserve d'un éclaircissement jurisprudentiel, l'obligation conjonctive semble intégrer aussi bien les obligations divisibles qui s'exécutent comme des obligations indivisibles que les obligations indivisibles dès le départ. Cette rigueur peut aussi se décliner dans l'étendue de l'indivisibilité.

La doctrine révèle qu'il est parfois difficile de faire la différence entre la véritable obligation conjonctive, obligation unique à objets multiples, et la situation de deux obligations identiques issues d'un même contrat ou de deux contrats distincts entre mêmes parties[2094]. Toute la difficulté tend à l'appréciation que l'on a de l'indivisibilité. Dans le premier cas, l'obligation s'exécute comme une obligation indivisible au titre de l'ancien article 1220 du Code civil. En revanche, dans les deux derniers cas, les obligations sont théoriquement indépendantes, ce qui voudrait dire que l'ancien article 1220 n'a pas lieu de s'appliquer. Cependant, ne pourrait-il pas y avoir une indivisibilité entre deux obligations identiques issues d'un même contrat ou entre deux contrats distincts entre mêmes parties ? Un arrêt de la Cour de cassation semble répondre par l'affirmative, en visant, outre l'ancien article 1220 qui suppose l'automaticité de l'indivisibilité d'une obligation unique conjonctive, les indices d'une indivisibilité potentielle : *« les époux Y... ont, par le même acte authentique, vendu aux époux X... une propriété horticole et le matériel attaché à l'exploitation ainsi qu'un fonds de commerce de vente de produits horticoles ; que cette vente a été consentie pour un prix global »*, ce qui suppose une pluralité d'obligations[2095]. La doctrine affirme que le cadre de l'indivisibilité, à l'origine délimité par les anciens articles 1217 à 1225 du Code civil, s'est considérablement élargi[2096], à tel point qu'il est difficile de savoir s'il s'agit d'une obligation unique soumise à l'automaticité de l'ancien article 1220 ou de deux obligations distinctes dont le sort varie selon qu'elles sont ou non indivisibles[2097]. Nous envisagerons donc la question dans le cadre du bail commercial, sujet qui nous préoccupe. On la trouve alors dans l'hypothèse du bail portant sur des locaux commerciaux et d'habitation.

Selon le rapprochement établi par la jurisprudence, l'objet de l'obligation conjonctive serait indivisible. Si l'on suit notre raisonnement, l'objet de l'obligation de délivrance serait donc indivisible, de sorte qu'elle ne pourrait s'exécuter partiellement, en application de l'ancien article 1220. Les solutions retenues par la jurisprudence semblent concorder avec cette solution. Il a été jugé que l'obligation du bailleur de faire jouir le preneur de la chose louée est non susceptible d'exécution

---

[2093] J. MOURY, « De l'indivisibilité entre les obligations et entre les contrats », *RTD civ.* juin 1994, n° 2, p. 255.

[2094] M. BACACHE, *Indivisibilité*, *op. cit.*, n° 62.

[2095] *Ibid.*, *loc. cit.*

[2096] J. MOURY, *op. cit.*, 3.

[2097] M. BACACHE, *Indivisibilité*, *op. cit.*, n° 62.

partielle[2098] ou qu'est indivisible le bail consenti par plusieurs personnes de sorte que le preneur peut exiger de chaque bailleur la jouissance de la totalité du bien[2099]. Il en découle que l'obligation de délivrance (essentielle à la jouissance) est indivisible. C'est ce qui est admis par la doctrine : en cas de pluralité de bailleurs, ces derniers sont tenus d'exécuter l'obligation de délivrance « pour le tout », c'est-à-dire que chacun des bailleurs peut être tenu de l'exécution intégrale de la délivrance, celle-ci n'étant pas susceptible de fractionnement[2100]. Si la clause mentionne plusieurs bailleurs, elle implique afin de ne pas empêcher la réalisation de la finalité du bail commercial que chacun d'eux peut être amené à délivrer seul, si l'autre refuse de s'exécuter.

Cette réflexion conduit à s'interroger dans le cadre d'un bail mixte, portant sur un local commercial et un local d'habitation.

421. Bail mixte et caractère « décent » de la délivrance. Dans une pareille situation, on pourrait penser que le bailleur a une obligation spécifique à chaque local, soit deux obligations distinctes et divisibles, comme la Cour de cassation a pu l'admettre pour un bail qui abritait un local principal et un emplacement de parking[2101]. En fait, la réponse va dépendre du contenu de la réglementation en vigueur. Un auteur explique qu'avec les lois afférentes aux baux d'habitation, qui sont intervenues en prévoyant un régime de renouvellement commun au local d'habitation et aux garages et places de stationnement, l'obligation du bailleur s'est analysée en une obligation unique à objet multiple indivisible conformément à l'ancien article 1220 du Code civil[2102] et donc au nouvel article 1320.

Concernant le bail mixte, commercial et d'habitation, le principe veut que le bail soit commercial pour le tout, c'est-à-dire qu'il est soumis au statut des baux commerciaux pour le tout[2103]. À ce titre, l'obligation de délivrance du bailleur porte sur les deux locaux. La solution est donc identique ici : la délivrance, dans ce cas, correspond à une seule obligation conjonctive indivisible qui englobe la délivrance des deux locaux et non à deux obligations identiques issues du bail[2104]. Cela nous conduit à nous poser la question lorsque la délivrance englobe la décence. Le raisonnement peut se translater à l'hypothèse de la sous-location.

422. Sous-location totale ou partielle des locaux. On pourrait croire que le bailleur est tenu d'une obligation de délivrance pour le bail principal et pour le sous-bail. En matière de sous-location, le principe est qu'il n'y a aucun lien entre le bailleur et le sous-locataire : le locataire est contractuellement lié au sous-locataire,

---

[2098] Cass. req., 15 déc. 1880, DP 1881, 1, 37 ; Cass. 3e civ., 30 avr. 1969, Bull. civ. III, n° 346.

[2099] Cass. 3e civ., 19 oct. 1983, n° 82-13.338, Bull. civ. III, n° 191.

[2100] B. VIAL-PEDROLETTI, *Bail d'habitation. - Locations régies par le droit commun du louage (Code civil). - Obligations du bailleur : délivrance de la chose*, *op. cit.*, n° 4.

[2101] Cass. 3e civ., 17 juill. 1992, n° 90-19.333, Bull. civ. III, n° 252, JurisData n° 1992-001774, *RTD civ.* juin 1993, n° 2, p. 380, obs. P.-Y. GAUTIER.

[2102] M. BACACHE, *Indivisibilité*, *op. cit.*, 67.

[2103] V. *supra* n° 81.

[2104] M. BACACHE, *Indivisibilité*, *op. cit.*, 68.

à l'égard duquel il endosse la qualité de bailleur en vertu d'un second bail. La jurisprudence illustre ce principe : le locataire doit, en qualité de bailleur, assurer au sous-locataire la jouissance paisible des lieux sous-loués[2105]. Le locataire principal (sous-bailleur) est donc tenu d'une obligation de délivrance à l'égard du sous-locataire. La délivrance est bien identique dans les deux contrats, mais elle n'est pas à la charge de la même personne. En va-t-il de même lorsque la sous-location est partielle, c'est-à-dire lorsqu'elle ne porte que sur une partie des locaux ? Le schéma contractuel reste le même, à la différence près que le locataire principal (sous-bailleur) sera tenu d'une obligation de délivrance, à l'égard du sous-locataire, moins étendue que celle du bailleur à son égard, puisqu'elle ne portera que sur une partie des locaux et non sur la totalité. Au final, la solution est identique : la délivrance est toujours à la charge de personnes différentes. La complexité pourrait survenir au moment du renouvellement du bail. Le sous-locataire se trouve, vis-à-vis du locataire principal, dans une relation locative qui lui confère un droit au renouvellement dans la limite des droits du locataire principal et le bailleur doit être appelé à nouveau à concourir à l'acte de renouvellement, à moins que le locataire principal n'ait perdu son droit au renouvellement, laissant alors une action directe au sous-locataire pour demander le renouvellement du sous-bail en bail[2106]. Il ne faut pas se méprendre ici : le renouvellement fait naître un nouveau bail. On retombe sur la conclusion précédente : la délivrance est bien identique dans le bail renouvelé, mais le créancier est différent. Lorsque la sous-location est partielle, la Haute Cour a jugé *« le locataire principal n'a droit au renouvellement du bail pour l'ensemble des lieux loués qu'en cas d'indivisibilité matérielle ou conventionnelle de ceux-ci »*[2107]. C'est dire *a contrario* que lorsque les locaux sont divisibles matériellement et conventionnellement, le renouvellement ne porte que sur la partie des locaux dans laquelle est exploité le fonds de commerce. En vertu de cette formule, il faut comprendre qu'au renouvellement du bail, qui fait naître un nouveau bail, les créanciers de l'obligation de délivrance changent. En pareil cas, la délivrance correspond encore à une obligation unique conjonctive pour chaque contrat, bail, sous-bail, bail renouvelé et sous-bail renouvelé.

Cette qualification d'obligation conjonctive soulève la question de l'application de l'exception d'inexécution à l'obligation de délivrance.

2105 Cass. 3e civ., 3 juill. 2013, n° 12-18.099, Bull. civ. III, n° 88, *D.* juill. 2013, n° 26, p. 1743, obs. Y. ROUQUET ; *Dalloz actualité* 23 juill. 2013, obs. Y. ROUQUET ; *D.* nov. 2013, n° 38, p. 2544, chron. A. PIC ; *AJDI* déc. 2014, n° 12, p. 898, chron. J.-P. BLATTER ; *JCP E* févr. 2014, n° 7, 1074, p. 30, chron. R. LENOIR.

2106 J.-P. BLATTER et W. BLATTER-HODARA (collab.), *Traité des baux commerciaux*, 6e éd., *op. cit.*, p. 778, n° 1616.

2107 Cass. 3e civ., 15 nov. 2006, n° 05-17.572, Bull. civ. III, n° 225, JurisData n° 2006-035901, *Loyers et copr.* mars 2007, n° 3, comm. 57, p. 20, note P.-H. BRAULT ; *Gaz. pal.* sept. 2007, n° 256, p. 15 ; *RLDA* janv. 2007, n° 12, act. 672, p. 27, obs. A. LEFÈVRE ; *D.* déc. 2006, n° 43, p. 2985, obs. Y. ROUQUET ; *Dalloz actualité* 5 déc. 2006, obs. Y. ROUQUET ; *AJDI* avr. 2007, n° 4, p. 303, obs. J.-P. BLATTER ; *D.* juill. 2007, n° 26, p. 1827, chron. L. ROZÈS.

423. Inapplicabilité du principe d'exception d'inexécution à l'obligation de délivrance. Alors que la jurisprudence admet l'application du principe d'exception d'inexécution en présence d'une obligation conjonctive, elle refuse l'application de ce même principe en matière de délivrance de la chose louée. En effet, elle a eu l'occasion de préciser que le défaut de paiement par le locataire du premier loyer et du dépôt de garantie ne décharge pas le bailleur de son obligation de délivrance[2108]. Ce constat révèle une incompatibilité de régime entre la catégorie des obligations conjonctives et l'obligation de délivrance. Une telle solution se comprend si l'on considère la finalité du bail commercial.

424. Absence de présomption de solidarité et solidarité active ou passive. D'autre part, l'organisation de la réalisation de la finalité du bail commercial suppose de s'interroger sur les conséquences d'une éventuelle solidarité entre les sujets débiteurs et créanciers de l'obligation de délivrance. À ce titre, le nouvel article 1310 du Code civil affirme que la solidarité peut être légale ou conventionnelle et qu'elle ne se présume pas. Cela signifie que pour que la solidarité s'applique, le législateur ou les contractants ont dû le prévoir[2109]. Celle-ci peut être active ou passive. Elle est active lorsque plusieurs créanciers sont titulaires d'une créance unique à l'encontre d'un débiteur unique, de sorte que chacun d'entre eux est en droit d'exiger du débiteur le paiement de la totalité de ce qui est dû, conformément au nouvel article 1311 du Code civil[2110]. Elle est passive lorsqu'un créancier est titulaire d'une créance à l'encontre de plusieurs débiteurs, de sorte que le créancier peut réclamer à chaque débiteur pris individuellement le paiement de la totalité de la dette, en application du nouvel article 1313 du même code[2111].

Bien que l'obligation de délivrance soit indivisible, l'obligation de dédommager le locataire à défaut de délivrance est, quant à elle, divisible[2112]. Pour que l'obligation de dédommager à raison d'un défaut de délivrance soit entachée d'une solidarité passive, le bail devra prévoir cette solidarité entre les cobailleurs[2113]. La qualité de coïndivisaires n'entraîne pas, par elle-même, la solidarité[2114]. Ainsi, chacun des bailleurs pourra être tenu seul d'exécuter l'obligation de délivrance. En réalité, il appartient aux juges du fond de rechercher si la solidarité entre les débiteurs ressort

---

[2108] Cass. 3e civ., 28 juin 2006, n° 05-20.860, Bull. civ. III, n° 161, JurisData n° 2006-034263, *Dr. rur.* déc. 2007, n° 358, chron. 2, p. 11, obs. R. LE GUIDEC et H. BOSSE-PLATIÈRE ; *Dr. rur.* oct. 2006, n° 346, comm. 234, p. 35, note S. CREVEL ; *Gaz. pal.* janv. 2007, n° 6, p. 33 ; *Rev. loyers* déc. 2006, n° 872, jur. 457, p. 524, an. B. PEIGNOT ; *RLDC* nov. 2006, n° 32, act. 2281, p. 46, obs. C. CAMPELS ; *RTD civ.* déc. 2006, n° 4, p. 819, obs. B. VAREILLE ; V. pour plus de précisions : *infra* n° 641 et s.

[2109] A. SÉRIAUX, *Manuel de droit des obligations*, *op. cit.*, p. 327, n° 181.

[2110] *Ibid.*, p. 335, n° 182.

[2111] *Ibid.*, p. 335, n° 183.

[2112] B. VIAL-PEDROLETTI, *Bail d'habitation. - Locations régies par le droit commun du louage (Code civil). - Obligations du bailleur : délivrance de la chose*, *op. cit.*, n° 4.

[2113] S. CREVEL, « Solidarité. Si tous les bailleurs du monde... », *Dr. rur.* juin-juill. 2006, n° 344, comm. 162, p. 23 ; V. aussi sur la solidarité entre bailleurs : J. LAFOND, *Bail commercial. - Arrivée du terme*, J.-Cl. Notarial Formulaire, Fasc. n° 350, sept. 2011, n° 76-79.

[2114] Cass. civ., 8 juin 1915, DP 1920, 1, p. 103 ; Cass. 3e civ., 12 mai 1975, n° 74-11.154, Bull. civ. III, n° 165, JurisData n° 1975-098165, *JCP G* 1975, jur. IV, 210.

clairement et nécessairement du titre constitutif de l'obligation alors même que celle-ci n'aurait pas été qualifiée de solidaire[2115]. La jurisprudence l'a appliqué en matière de bail[2116]. Inversement, pour que l'obligation de délivrance soit atteinte d'une solidarité active, le bail devra le prévoir. Mais, là encore, il appartient aux juges du fond d'apprécier une éventuelle solidarité non qualifiée.

425. Solidarité imparfaite : condamnation *in solidum*. À côté de l'obligation solidaire, il existe aussi l'obligation *in solidum* ou solidarité imparfaite qui échoit à une pluralité de débiteurs sur lesquels pèse une dette commune envers un même créancier, mais qui, à la différence de la solidarité, n'a pas été envisagée par le législateur puisqu'elle est absente du Code civil[2117]. Il s'agit en réalité d'une création prétorienne dont la nature juridique est très discutée en doctrine, notamment sur la question de savoir s'il s'agit d'une simple variété de solidarité introduite en droit positif *praeter legem* (dans le silence de la loi) ou s'il s'agit d'une institution autonome[2118]. Le principe de l'obligation *in solidum* est la division de l'obligation en autant de fractions qu'il existe de débiteurs. Dans le droit fil du mouvement d'objectivation de la responsabilité civile, les tribunaux n'ont pas souhaité aggraver le sort des victimes en leur imposant de diviser leurs poursuites dans l'hypothèse où plusieurs auteurs seraient à l'origine de leur dommage et ont donc instauré une réparation *in solidum*.

426. Clause de solidarité. La réalisation de la finalité du bail commercial peut s'organiser grâce à une clause de solidarité. Celle-ci permet au créancier de demander l'exécution de la totalité de l'obligation à l'un des débiteurs[2119]. Ainsi, l'exécution de l'obligation de délivrance peut être organisée en cas de pluralité de preneurs ou de bailleurs.

S'agissant de la solidarité active, la clause insérée dans le bail en cas de pluralité de preneurs pourrait être rédigée de la sorte : « Les obligations nées du présent contrat de bail commercial sont dues solidairement aux preneurs. Chaque preneur peut en exiger la totale et pleine exécution. ».

Quant à la solidarité passive, la clause y afférente peut s'envisager comme suit : « Les bailleurs sont engagés solidairement dans l'exécution des obligations nées du

---

[2115] M. MIGNOT, *Régime général des obligations. - Pluralité de sujets de l'obligation. - Principe de division*, *op. cit.*, n° 88.

[2116] Cass. soc., 27 juill. 1951, n° 40.632, Bull. civ. III, n° 621 : solidarité entre cobailleurs et preneur prévue par un acte sous seing privé et non reprise par la réitération authentique du bail ; Cass. 3e civ., 8 févr. 1989, n° 87-12.134, Bull. civ. III, n° 34, JurisData n° 1989-700407 ; Cass. 1e civ., 3 avr. 2002, n° 99-17.694, JurisData n° 2002-013877.

[2117] M. MIGNOT, *Régime général des obligations. - Pluralité de sujets de l'obligation. - Principe de division*, *op. cit.*, n° 3 ; M. MIGNOT, *Les obligations solidaires et les obligations in solidum en droit privé français*, préf. E. LOQUIN, Dalloz, coll. Nouvelle Bibliothèque de Thèses, 2002, pp. 1-3, n° 2 ; F. TERRÉ, P. SIMLER, Y. LEQUETTE et F. CHÉNEDÉ, *Droit civil. Les obligations*, *op. cit.*, p. 1477, n° 1403.

[2118] F. TERRÉ, P. SIMLER, Y. LEQUETTE et F. CHÉNEDÉ, *Droit civil. Les obligations*, *op. cit.*, pp. 1476-1477, n° 1402.

[2119] W. DROSS, *Clausier. Dictionnaire des clauses ordinaires et extraordinaires des contrats de droit privé interne*, 4e éd., LexisNexis, 2020, pp. 863-881 ; G. HELLERINGER, *Les clauses du contrat - Essai de typologie*, *op. cit.*, p. 33, n° 79.

présent contrat de bail commercial. Le locataire peut poursuivre chacun d'eux pour le tout. Chaque cobailleur peut se prévaloir des exceptions inhérentes à la dette pour faire obstacle à la demande en paiement, ainsi que des exceptions qui lui sont personnelles. Chaque cobailleur peut se prévaloir des exceptions personnelles à un autre cobailleur pour diminuer le paiement du montant de la part de ce dernier dans la dette, quand bien même ces exceptions n'auraient pas été invoquées par le cobailleur à qui elles sont personnelles. ».

En parallèle de cette organisation classique de la mise en œuvre de l'obligation de délivrance, il est possible de prévoir une organisation dérogatoire par le biais d'autres clauses.

B - Les clauses dérogeant à la mise en capacité d'exercice de l'activité économique par le bailleur

427. Aménagement de l'obligation de délivrance. Les clauses que nous considérons comme dérogatoires sont celles qui vont prévoir une organisation différente de la mise en capacité d'exercice de l'activité économique normalement assurée par le bailleur. Les clauses dérogatoires vont donc alléger ce qui est normalement dû par le débiteur au titre de l'obligation de délivrance. Il est possible de recourir à ces clauses puisqu'il existe, tel que nous l'avons défendu, une marge de liberté contractuelle[2120], mais il convient de préciser dans quelle mesure s'inscrit cette possibilité.

On compte plusieurs techniques pour cela[2121]. La première technique est celle de l'insertion, dans le contrat, de clauses limitatives de responsabilité. La seconde technique consiste à supprimer l'obligation problématique du contrat. Et, la troisième technique tend à transférer l'obligation problématique sur la tête de l'autre partie. La première technique ne sera pas étudiée ici, mais au titre des sanctions, puisqu'en réalité elle aménage la sanction de l'obligation de délivrance.

En conséquence, seront traitées successivement les clauses restreignant l'objet des prestations (1) et les clauses restreignant l'objet de l'obligation (2).

1 - Les clauses restreignant l'objet des prestations : amoindrissement des caractéristiques de la chose à délivrer

428. Détermination judicieuse de la chose louée. Ainsi que nous l'expliquions en première partie lorsque nous avons délimité la marge de liberté contractuelle qui existe pour aménager l'obligation de délivrance, il est possible d'alléger le contenu de ladite obligation en déterminant sommairement la chose à délivrer[2122]. En d'autres termes, il s'agit de prévoir une détermination amoindrie de

---

2120 V. *supra* n° 350 et s.

2121 J. MESTRE, « Des clauses déterminant l'étendue des obligations contractuelles des parties », *RTD civ.* mars 1992, n° 1, p. 94.

2122 V. *supra* n° 367 et s.

la chose, en restreignant les caractéristiques de celle-ci. C'est une dérogation implicite, qui limite la mise en capacité d'exercice de l'activité économique, sans toutefois la réduire à néant. *Grosso modo*, la réalisation de la finalité du bail commercial reste possible, mais celle-ci est restreinte.

Partant, les clauses restreignant l'objet des prestations peuvent soit diminuer la détermination matérielle de la chose à délivrer (a), soit abréger sa détermination fonctionnelle (b).

a - Les clauses restreignant la détermination matérielle de la chose à délivrer

429. Clause de désignation sommaire des lieux. Pour organiser la mise en œuvre de l'obligation de délivrance sans compromettre la finalité du bail commercial, ce dernier peut contenir une clause de désignation des lieux relativement sommaire, se contentant de préciser qu'il s'agit d'un immeuble situé à tel endroit. Il s'agit d'indiquer le strict minimum pour que la chose puisse être identifiée, mais pas plus pour éviter d'élargir la conformité. La difficulté ici est de rédiger une clause qui soit suffisamment précise pour écarter toute contestation de la part du preneur, mais pas trop précise afin d'éviter d'élargir la conformité.

L'idée est de détailler les caractéristiques physiques qui servent exclusivement à l'identification de la chose et d'écarter les autres. On peut alors formuler la clause ainsi : « Le présent contrat de bail commercial porte sur des locaux situés XXX (adresse, références cadastrales et localisation au sein d'un ensemble immobilier). Le locataire déclare parfaitement connaître les locaux loués pour les avoir vus et visités en vue de la conclusion du présent bail. ». La description des équipements ne sera pas mentionnée.

430. Clause excluant certains accessoires. Si en sus de la description générale, il est possible de procéder à une description plus précise des locaux quant à leur composition et leurs équipements, il va s'agir ici de faire l'inverse en écartant spécifiquement certains accessoires de la chose à délivrer. À partir du moment où les accessoires exclus n'empêchent pas la mise en capacité d'exercice de l'activité économique, cette clause est valable. La clause devra précisément viser les accessoires exclus.

Par exemple, la clause pourra stipuler : « Lesdits locaux ne comprennent en aucun cas le(s) XXX (parking attenant à l'immeuble, cave, remise, etc.) celui(ceux)-ci étant réservé(s) à un autre usage. ».

L'effet des clauses dérogatoires peut encore s'observer au niveau de la détermination fonctionnelle de la chose à délivrer.

b - Les clauses restreignant la détermination fonctionnelle de la chose à délivrer

431. Clause de destination restrictive : reprise de l'affectation administrative. La mise en capacité d'exercice de l'activité économique normalement assurée par le bailleur peut encore être allégée par le biais d'une clause de destination restrictive qui a pour but de fixer une destination sommaire des lieux loués. L'idée est ici d'amoindrir le contenu de l'obligation de délivrance du bailleur en fixant une destination générale et non précise des lieux, pour éviter d'avoir à supporter une mise en conformité au regard de l'activité précisément exercée dans les lieux. Elle présente un avantage en ce qu'elle permet au bailleur d'échapper à une mise aux normes du local au regard de l'activité précisément exercée puisqu'il ignore cette activité. Le compromis est donc d'indiquer une destination un peu plus précise que la simple destination commerciale, sans indiquer une activité précise. La clause pourrait alors reprendre l'affectation administrative des locaux attribuée dans leur permis de construire[2123]. Il peut s'agir de boutiques, de locaux d'activité, de bureaux[2124]. On peut alors mentionner dans le bail : « Le locataire ne pourra utiliser les lieux loués qu'à usage commercial et plus précisément de XXX (boutique, bureau, etc.). ».

432. Clause de destination restrictive : clause d'activité(s) exclusive(s). Le bail peut également viser une activité précise qui sera seule autorisée au preneur ou viser plusieurs activités précises qui seront seules autorisées au preneur[2125]. Cela signifie que le bailleur devra *a minima* délivrer des locaux susceptibles d'abriter l'activité ou les activités visées. Cette clause a l'avantage de cantonner la délivrance seulement à certaines activités. Son contenu s'en voit ainsi amoindri. Cette clause permet aussi au bailleur de garder un contrôle sur l'activité ou les activités exercées dans les locaux[2126].

La clause peut mentionner que : « Le Preneur est autorisé à utiliser les lieux loués pour y exercer l'(es) activité(s) suivante(s) : XXX, à l'exclusion de toute autre activité. ».

Il est également possible de procéder à l'inverse, en étendant la destination grâce à une clause « tous commerces ».

433. Clause de destination extensive : clause « tous commerces » et déclinaisons. Il est question d'une clause qui permet au locataire d'exercer dans les lieux toutes les activités commerciales, sous réserve que ces activités soient licites, c'est-à-dire qu'elles ne soient pas interdites par la loi ou les règlements[2127].

2123 M.-P. DUMONT (dir.), H. KENFACK (dir.) *et alii*, *Droit et pratique des baux commerciaux 2021/2022*, *op. cit.*, p. 294, n° 262.31.

2124 *Ibid.*, *loc. cit.*

2125 GROUPE REVUE FIDUCIAIRE, *Le bail commercial*, *op. cit.*, p. 29, n° 31.

2126 *Ibid.*, *loc. cit.*

2127 J. COURNEROUX, « Le bail "tous commerces" : un contrat méconnu », art. cit. ; GROUPE REVUE FIDUCIAIRE, *Le bail commercial*, *op. cit.*, p. 30, n° 31 ; J. MESTRE (dir.) et

Elle implique donc de s'assure que les diverses législations, les règlements de copropriété, de lotissement ou de centre commercial n'interdisent pas certaines activités, car elle sera à défaut inefficace, mais contrairement à son apparence, elle allège l'obligation de délivrance puisqu'elle n'oblige pas le bailleur à délivrer une chose conforme à toutes les destinations commerciales envisageables.

La clause « tous commerces » peut se rédiger sous diverses formes. Elle peut être explicite et énoncer clairement la mention « tous commerces »[2128] : « Le locataire est expressément autorisé à exercer toute activité entrant dans le champ d'application du décret du statut des baux commerciaux, tel qu'il est édicté par les articles L. 145-1 et suivants du Code de commerce. ».

Cette clause peut être assortie d'une exclusion d'activité, c'est-à-dire qu'elle précisera par exemple « à l'exception de l'activité de restauration » ou « à l'exception des commerces d'alimentation »[2129] : « Le locataire est expressément autorisé à exercer toute activité, à l'exception des activités de XXX qui sont strictement interdites. ».

Elle peut aussi être implicite et indiquer une activité complétée par un élargissement[2130] : « Le preneur exercera dans les lieux loués l'activité de XXX et d'une façon générale toutes les activités résultant de son objet social. ».

Une autre technique réside encore dans la combinaison de clauses.

434. Clause à « usage commercial » combinée à une clause d'interdiction d'activités. Cette solution consiste à insérer une clause qui indique simplement que les locaux sont à usage commercial sans davantage de précision et de la combiner avec une liste d'activités interdites. En effet, la doctrine ne conseille pas la clause qui se contente de préciser que les locaux sont destinés à un usage commercial[2131], car elle présente un risque, mais celle-ci se trouve en pratique. Si le bail n'est pas véritablement « tous commerces » et qu'une activité particulière ne peut être exercée alors que les locaux sont censés accueillir toute activité, le bailleur risque un manquement à son obligation de délivrance. En effet, le bail qui se contente de mentionner un usage commercial, sans davantage de précisions, est risqué puisqu'en sous-entendant que le preneur peut exercer n'importe quelle activité commerciale, le bailleur est censé s'être assuré que le local pouvait accueillir n'importe quelle activité. Dans le cas où les locaux nécessitent un aménagement de la part du preneur pour accueillir l'activité souhaitée, il ne semble pas y avoir de problème : le preneur réalise les travaux pour pouvoir exercer son activité. Cependant, dans le cas où, malgré les travaux du preneur, le local ne peut définitivement pas accueillir son activité, en raison par exemple d'une surface trop

---

J.-C. RODA (dir.) *et alii*, *Les principales clauses des contrats d'affaire*, *op. cit.*, p. 1035 ; J. AUBERT, « La pratique de la clause "tout commerce" », *Rev. loyers* nov. 1990, n° 711, p. 432 ; M. PÉDAMON, *Baux commerciaux*, Litec, 1979, p. 6, n° 37.

[2128] J. COURNEROUX, « Le bail "tous commerces" : un contrat méconnu », art. cit.

[2129] GROUPE REVUE FIDUCIAIRE, *Le bail commercial*, *op. cit.*, p. 30, n° 31.

[2130] J. COURNEROUX, « Le bail "tous commerces" : un contrat méconnu », art. cit.

[2131] M.-P. DUMONT (dir.), H. KENFACK (dir.) *et alii*, *Droit et pratique des baux commerciaux 2021/2022*, *op. cit.*, p. 291, n° 262.11.

petite pour l'activité souhaitée, la situation se complexifie. À moins de pousser les murs, ce qui est complètement irréalisable, l'obligation de délivrance de la chose louée se révèlerait insatisfaite. Même avec l'intervention du preneur, la délivrance n'est pas remplie[2132].

La clause peut être formulée de la manière suivante : « Les locaux sont destinés à usage commercial. Sont interdites dans lesdits locaux les activités suivantes : XXX. ».

435. Clause particulière d'utilisation de la chose louée : clause d'enseigne. D'autre part, la mise en capacité d'exercice de l'activité économique devant être assurée par le bailleur peut encore être restreinte par une clause d'enseigne qui s'entend de celle qui conditionne ou restreint l'apposition d'une enseigne, par le locataire, en façade des locaux loués ou qui, figurant généralement sous la clause de destination du bail, impose au preneur, non seulement l'exercice d'une activité strictement limitée, mais également l'exploitation sous une enseigne précise, dont la notoriété valorise l'image de l'ensemble immobilier[2133]. À l'appui d'un arrêt inédit de la Cour de cassation et aux motifs que l'absence d'enseigne n'empêche pas l'exercice de l'activité commerciale et que la pose d'enseigne peut requérir l'accord de la copropriété, une certaine doctrine défend l'insertion de ces clauses dans les baux commerciaux[2134]. Pour notre part, nous pensons que cette clause est valable si elle n'a vocation qu'à contrôler l'apposition de l'enseigne, c'est-à-dire éviter l'apposition d'enseigne « criarde », dénaturant le paysage de l'immeuble. Si elle venait purement et simplement interdire la pose d'enseigne, elle contreviendrait à l'exercice de l'activité économique puisque l'enseigne est considérée comme un attribut du fonds de commerce[2135].

La clause peut prévoir : « Les preneurs ne pourront installer ni plaque ni enseigne, store ou installation quelconque intéressant l'aspect extérieur de l'immeuble sans l'accord préalable et écrit du bailleur. ». Elle peut encore disposer plus souplement : « Le preneur pourra installer l'enseigne de son commerce au droit des locaux loués. Une enseigne lumineuse ne pourra être utilisée qu'après approbation expresse du bailleur, sous réserve des autorisations administratives requises, dont le preneur fera son affaire personnelle. Le preneur sera seul responsable des accidents occasionnés par les enseignes placées par lui. Il devra s'assurer à ce titre et en justifier au bailleur. ».

436. Clause de restriction de la jouissance des lieux. Par ailleurs, dès lors que l'exercice de l'activité économique n'est pas compromis, il est possible de prévoir quelques restrictions à la jouissance des lieux loués. Il peut par exemple s'agir d'une clause de visite des lieux : « Les colocataires devront laisser le bailleur, son représentant, leur architecte et tous entrepreneurs et ouvriers, pénétrer dans

---

[2132] V. ZALEWSKI, « Délivrer ou non », art. cit.

[2133] F. AUQUE, « Les particularités d'application du régime des baux commerciaux dans les centres commerciaux », art. cit.

[2134] C. DENIZOT, « Pose d'enseigne et autorisation du bailleur », *AJDI* déc. 2009, n° 12, p. 863.

[2135] V. *supra* n° 72.

les lieux loués et les visiter, pour constater leur état, toutes les fois que cela paraîtra utile, sans que les visites puissent être abusives, à charge, en dehors des cas urgents, de prévenir au moins vingt-quatre heures à l'avance. Ils devront également laisser pénétrer dans les lieux les ouvriers ayant à effectuer les travaux. ».

437. Clause particulière d'utilisation de la chose louée : clause de souffrance. De façon analogue, sans compromettre l'exercice de l'activité économique, la clause de souffrance va pouvoir être utilisée. Elle correspond à la clause qui précise que le bailleur exécutera certains travaux dans les lieux loués et que le preneur devra les souffrir[2136]. L'article 1724 du Code civil envisage le cas des travaux que doit souffrir le locataire. Il s'agit des réparations urgentes qui ne peuvent être différées jusqu'à la fin du bail. Ce même article prévoit également, lorsque la durée de ces travaux excède vingt-et-un jours (anciennement quarante jours), que le prix du bail sera diminué à proportion du temps et de la partie de la chose louée dont le locataire aura été privé. En pratique, il n'est pas rare que la clause déroge à l'article 1724 qui n'est pas d'ordre public et stipule que *« le bailleur pourra réaliser tous travaux, et ce même au-delà de la durée maximale prévue par le texte »* ou que *« le preneur devra souffrir, pendant toute la durée du bail, tous les travaux incombant au bailleur dans les locaux loués, même si ceux-ci deviennent temporairement inaccessibles, sans pouvoir prétendre à aucune indemnité, ni diminution de loyer, quelle qu'en soit la durée, cette dernière excédât-elle quarante jours pourvu qu'ils soient exécutés sans interruption, sauf le cas de force majeure »*[2137]. Une telle clause est par principe valable[2138], à condition qu'elle n'ait pas pour effet de supprimer purement et simplement l'obligation de délivrance du bailleur, c'est-à-dire que les travaux du bailleur rendent les locaux loués inaccessibles ou empêchent totalement l'exercice de l'activité économique[2139]. De plus, il conviendra de prévoir toutes les précautions que le bailleur devra prendre pour limiter le préjudice subi, en stipulant par exemple que les travaux seront réalisés pendant la période de fermeture annuelle[2140].

2136 S. GUILLUY-FRIANT, « Comment négocier les clauses "travaux" de vos baux commerciaux ? », *Rev. loyers* juin 2003, n° 838, doctr. p. 336.

2137 C. DENIZOT et G. TRAUTMANN, « La clause de souffrance dans les baux commerciaux », art. cit. ; V. pour exemples : CA Amiens, 1e ch., sect. 1, 26 mai 2011, n° 10/04553, *AJDI* juin 2012, n° 6, p. 429, obs. S. PORCHERON.

2138 Cass. 3e civ., 16 mai 2007, n° 06-18.286 ; CA Paris, 5e pôle, 3e ch., 11 sept. 2013, n° 11/19440, JurisData n° 2013-019303.

2139 C. DENIZOT et G. TRAUTMANN, « La clause de souffrance dans les baux commerciaux », art. cit. ; V. pour exemples : CA Paris, 24 janv. 2014, n° 11/20794, JurisData n° 2014-001244, *AJDI* nov. 2014, n° 11, p. 779, obs. C. DENIZOT et G. TRAUTMANN ; CA Paris, 16e ch., sect. B, 21 nov. 1997, n° 98/86030, JurisData n° 1997-023784 ; Cass. 3e civ., 1er juin 2005, n° 04-12.200, Bull. civ. III, n° 119, JurisData n° 2005-028690, *Rev. loyers* juill.-sept. 2005, n° 859, jur. 165, p. 37, an. M.-O. VAISSIÉ ; *RLDA* oct. 2005, n° 86, jur. 5374, p. 53, obs. A. LEFÈVRE et J. VASA ; *AJDI* sept. 2005, n° 9, p. 650, obs. Y. ROUQUET ; Cass. 3e civ., 27 oct. 2009, n° 08-19.972, *Rev. loyers* janv. 2010, n° 903, jur. 1112, p. 20.

2140 V. sur cet exemple : CA Rennes, 7e ch., 25 mai 2011, n° 09/06927, *AJDI* juin 2012, n° 6, p. 430 ; *AJDI* déc. 2013, n° 12, p. 882, chron. J.-P. BLATTER ; V. aussi : CA Paris, 16e ch., sect. A, 30 janv. 2008, n° 05/24326, *AJDI* oct. 2008, n° 10, p. 757, obs. S. PORCHERON ; V. aussi en ce sens : S. GUILLUY-FRIANT, « Comment négocier les clauses "travaux" de vos baux commerciaux ? », art. cit.

La clause de souffrance peut aussi se présenter de façon un peu moins rigide : « Le locataire souffrira sans indemnité toutes les constructions, surélévations et tous travaux quelconques qui seront exécutés dans les locaux loués ou dans l'immeuble et il ne pourra demander aucune diminution de loyer quelle qu'en soit l'importance. Il devra également souffrir tous travaux, intéressant les parties communes ainsi que toutes réparations et tous travaux relatifs à l'aménagement d'autres parties privatives de l'immeuble ; le tout sous réserve des dispositions de l'article 1724 du Code civil. Toutefois, cette clause ne s'appliquerait pas si les travaux entraînaient un arrêt de l'activité du locataire ou une gêne excessive dans l'exercice de cette activité ou encore une baisse notable de son chiffre d'affaires. Il pourrait alors prétendre à une diminution du loyer, en fonction de la durée des travaux et du degré de la privation de jouissance éprouvée par lui, sans préjudice de l'éventuelle action en dommages-intérêts à l'encontre de tiers dont la responsabilité serait engagée. Le locataire supportera sans indemnité de la part du bailleur, tous travaux qui seraient exécutés sur la voie publique, alors même qu'il en résulterait une gêne pour son exploitation. ».

À l'image de l'amoindrissement des caractéristiques de la chose à délivrer, l'amoindrissement des prestations à accomplir est permis grâce à d'autres clauses.

2 - Les clauses restreignant l'objet de l'obligation : amoindrissement des prestations à accomplir

438. Allègement des prestations de mise à disposition et de mise en état. Tel que nous l'expliquions en première partie lorsque nous avons délimité la marge de liberté contractuelle qui existe pour aménager l'obligation de délivrance, il est possible d'alléger le contenu de ladite obligation et donc d'alléger la mise en capacité d'exercice de l'activité économique que doit normalement assurer le bailleur en jouant sur l'étendue des prestations à accomplir dès lors que ce jeu n'empêche pas la réalisation de la finalité du bail commercial, c'est-à-dire qu'il ne réduit pas à néant la capacité d'exercice de ladite activité économique. Il s'agit en d'autres termes d'exclure certaines actions pour alléger les prestations. C'est une dérogation explicite.

Il est également possible de déroger à la mise en œuvre classique de l'obligation de délivrance en agissant sur la durée des prestations à accomplir ou sur leurs sujets.

Ces clauses peuvent restreindre l'étendue des prestations à accomplir (a), modifier la durée des prestations à accomplir (b) ou encore modifier les sujets débiteur et créancier des prestations à accomplir (c).

a - Les clauses restreignant l'étendue des prestations à accomplir

439. Aménagement des actions permettant la mise en état physique et juridique de la chose louée. Les clauses restreignant l'étendue des prestations à accomplir concernent la plupart du temps la seule prestation de mise en état, car une restriction de la prestation de mise à disposition conduirait à la suppression de celle-ci, de sorte que la mise en capacité d'exercice de l'activité économique serait forcément compromise[2141].

Les clauses qui vont affecter l'état physique ou juridique de la chose louée sont très différentes. Certaines vont se borner à faire accepter les lieux au locataire tels qu'ils sont et d'autres tendent à lui faire endosser des tâches supplémentaires. L'état fonctionnel de la chose louée s'entend à la fois de l'état physique nécessaire à assurer la fonction de la chose ainsi que de l'état juridique de cette chose[2142]. Cet état fonctionnel peut justement être aménagé par la célèbre clause de prise des lieux en l'état.

440. Clause de prise des lieux en l'état : clause valable dans certaines circonstances, mais souvent imprécise. En dépit d'une forte tendance jurisprudentielle à l'évincement des clauses de prise ou d'acceptation des lieux en l'état, le non-recours à ces clauses ne doit pas être systématique. En effet, comme l'explique M. Dross, la clause de prise des lieux en l'état peut être valable lorsque les locaux sont effectivement en bon état de réparations de toute espèce ou lorsqu'ils ne le sont pas, mais que cet état n'empêche pas le preneur d'exercer son activité[2143]. Dès lors que la mise en capacité d'exercice de l'activité n'est pas compromise, la clause semble être valable. Selon l'effet recherché par le bailleur, cette clause, même valable, ne sera bien souvent pas suffisamment précise pour être efficace. Afin d'éviter qu'une telle clause n'apparaisse comme une clause de style, la doctrine conseille de faire ressortir dans la rédaction du bail l'acceptation en toute connaissance de cause par le preneur de l'état dégradé des locaux loués ou de l'immeuble dans son entier et dans la mesure du possible, de décrire le bien de manière exhaustive ainsi que les travaux nécessaires pour sa mise en conformité[2144]. Un autre auteur suggère de compléter la clause par la formule suivante : *« En conséquence, le preneur assumera, aux lieu et place du bailleur, toutes réparations et opérations d'entretien, sans exception, nécessaires à l'utilisation de l'immeuble conformément à l'usage auquel il est destiné »*[2145]. En outre, il ne devra pas y avoir d'hésitation pour la compléter par des documents annexes, tels que l'état des lieux, un audit du bâtiment, des diagnostics, des factures de réparation ou des devis.

La clause qui se contente d'indiquer « Le preneur prend les lieux dans l'état où ils se trouvent lors de l'entrée en jouissance. » nous semble trop générale et imprécise. Elle doit nécessairement être complétée pour être efficace, surtout au regard des dispositions de la loi Pinel relatives aux grosses réparations. La clause

---

[2141] Sauf pour le BEFA où il est possible de limiter la construction de la chose future : v. *supra* n° 138.

[2142] V. *supra* n° 145.

[2143] W. DROSS, *Clausier. Dictionnaire des clauses ordinaires et extraordinaires des contrats de droit privé interne*, 4e éd., *op. cit.*, pp. 286-296 et 292 ; S. BERNHEIM-DESVAUX, « La clause de prise en l'état des lieux loués », *Resp. civ. et assur.* juill.-août 2016, n° 7-8, form. 7, p. 35 ; M.-P. DUMONT (dir.), H. KENFACK (dir.) *et alii*, *Droit et pratique des baux commerciaux 2021/2022*, *op. cit.*, p. 289, n° 261.12.

[2144] S. GUILLUY-FRIANT, « Comment négocier les clauses "travaux" de vos baux commerciaux ? », art. cit.

[2145] B. WERTENSCHLAG, « La clause de "délivrance en l'état" dans les baux commerciaux », art. cit.

peut donc se formuler ainsi : « Le preneur prend les lieux dans l'état où ils se trouvent lors de la prise d'effet du bail. En conséquence, le preneur assumera, aux lieu et place du bailleur, toutes réparations et opérations d'entretien, sans exception, nécessaires à l'utilisation de l'immeuble conformément à l'usage auquel il est destiné. Il assumera également tous travaux de mise en conformité ou de mise aux normes propres à l'activité qu'il envisage d'exercer, sauf s'ils constituent de grosses réparations. Au jour de la prise de possession des locaux par le preneur, un état des lieux sera dressé amiablement et contradictoirement entre les parties ou par un tiers mandaté par eux et sera annexé au présent bail. ».

À côté de la clause de prise des lieux en l'état, une clause qui se contente d'exclure certains travaux peut être utilisée.

441. Clause d'exclusion des travaux autres que les « travaux de structure et de mise en conformité à la destination contractuelle ». L'idée d'exclure tous les travaux autres que les travaux de structure et de mise en conformité avec la destination contractuelle a été émise par Mme Chavance[2146]. Celle-ci a suggéré d'insérer une clause mettant à la charge du bailleur exclusivement *« les travaux de structure et de mise en conformité pour l'exploitation de la chose louée conformément à sa destination contractuelle »*. Cette clause est conforme aux dispositions de la loi Pinel, mais plus la destination contractuelle est précise et détaillée, moins la clause est efficace. Une telle clause pourrait encore se révéler inefficace en raison de son imprécision ou son caractère trop généraliste. En effet, l'exclusion implicite de tous les autres travaux est-elle suffisamment précise ? Il est permis d'en douter. La clause mériterait d'être précisée quant aux autres travaux.

La formule pourrait prévoir : « Le bailleur assumera les travaux touchant à la structure des locaux loués ainsi que les travaux de mise en conformité desdits locaux pour leur exploitation conformément à leur destination contractuelle. En conséquence, le preneur devra assumer l'intégralité des autres travaux, notamment les travaux de mise en conformité ou de mise aux normes spécifiques à l'activité qu'il envisage d'exercer, sauf s'ils constituent de grosses réparations. ».

442. Clause de transfert des travaux d'aménagement des locaux ou de mise en conformité ou de mise aux normes propres à l'activité commerciale du locataire. Il est encore admis, en application du critère retenu précédemment faisant référence à la réalisation de la finalité du bail commercial et par là même de la capacité d'exercice de l'activité économique, que les travaux d'aménagement des locaux peuvent rester à la charge du locataire[2147]. S'agissant des travaux de mise en conformité ou de mise aux normes des locaux propres à l'activité commerciale du locataire, ils peuvent être mis à la charge du locataire[2148]. La doctrine conseille de prendre des précautions particulières et par exemple de ne pas se contenter de la

---

[2146] *Ibid.*

[2147] C. QUÉMENT, *Bail commercial. - Obligations des parties*, *op. cit.*, n° 13.

[2148] S. GUILLUY-FRIANT, « Comment négocier les clauses "travaux" de vos baux commerciaux ? », art. cit.

mention selon laquelle la clause travaux *« est de rigueur et est une condition essentielle et déterminante sans laquelle le bail n'aurait pas été consenti »*[2149], car une telle mention sera inopérante dès que la capacité d'exercice de l'activité économique sera compromise ou lorsque la clause travaux est imprécise. Partant, le bailleur ne pourrait plus se contenter d'une clause de style pour répartir la charge des travaux[2150]. La doctrine conseille aux praticiens de rédiger les clauses relatives aux travaux de façon soignée et en tenant compte de la nature de l'activité exercée et des locaux en eux-mêmes[2151] et nous ajouterons que ces considérations doivent être prises en compte eu égard à la capacité d'exercice de l'activité économique dans les lieux loués.

La clause pourrait se présenter de la façon suivante et se combiner à la clause de prise des lieux en l'état : « Le locataire prend les lieux loués dans leur état actuel et supportera l'ensemble des travaux de mise en conformité ou de mise aux normes propres à l'activité qu'il envisage d'exercer. Le bailleur conserve la charge de l'ensemble des travaux qui ne sont pas directement imposés par l'activité qui sera exercée dans les lieux loués. ».

443. Clause de transfert de travaux de mise en conformité ou de mise aux normes avec une réglementation ou prescrits par l'administration non spécifiques à l'activité commerciale du locataire. Si la clause de transfert de travaux a pu être admise[2152], la prudence reste de mise. En premier lieu, l'appel à la prudence se justifie eu égard à la forme de la clause[2153]. La clause devra être précise et explicite pour jouer efficacement[2154]. En ce sens, elle devra indiquer l'origine des travaux (prescriptions administratives par exemple), leur nature (ravalement par exemple)[2155]. En second lieu, il se justifie au regard du fond de la clause[2156]. Sur ce point, la clause se heurte aux dispositions de l'article 1170 et parfois à celles de l'article 1171 du Code civil et de l'article R. 145-35, 1° du Code de commerce. En effet, ces clauses transfèrent généralement des travaux importants avec un coût par conséquent important, ce qui risque de contrarier la mise en capacité d'exercice de l'activité économique et de créer un déséquilibre ou une disproportion.

M. Noblot suggère alors de rédiger la clause en ces termes : *« Sous réserve des dispositions de l'article R. 145-35 du Code de commerce, les travaux de ravalement, y compris ceux prescrits par une autorité administrative, seront à la charge du locataire. »*[2157].

2149 C. DREVEAU, « Portée des clauses relatives aux travaux », *AJDI* mai 2014, n° 5, p. 376.

2150 *Ibid.*

2151 *Ibid.*

2152 *Ibid.* ; V. *supra* n° 329.

2153 C. NOBLOT, « Bail commercial : la clause transférant au locataire la charge des travaux de ravalement prescrits par l'administration », art. cit.

2154 J.-P. BLATTER et W. BLATTER-HODARA (collab.), *Traité des baux commerciaux*, 6e éd., *op. cit.*, p. 394, n° 753 ; A. CONFINO, J.-P. CONFINO *et alii* (collab.), *Baux commerciaux - L'essentiel de l'actualité*, *op. cit.*, p. 60.

2155 C. NOBLOT, « Bail commercial : la clause transférant au locataire la charge des travaux de ravalement prescrits par l'administration », art. cit.

2156 *Ibid.*

2157 *Ibid.*

444. Clause de transfert des travaux d'équipement inspirée du modèle des baux hôteliers ? Parmi les clauses de transfert de travaux, insufflées par les praticiens, principalement des notaires, mais aussi des avocats[2158], on pourrait trouver des clauses empruntées à d'autres régimes de baux comme celui des baux hôteliers. À l'occasion d'une réflexion sur des propositions de réforme du statut des baux commerciaux, une praticienne a suggéré de prendre modèle sur le régime des baux hôteliers, qui sont des baux spécifiques en ce qu'ils sont à la fois régis par les dispositions générales applicables en matière de baux commerciaux (article L. 145-1 et suivants du Code de commerce) et par des dispositions particulières fixées aux articles L. 311-1 et suivants du Code du tourisme, sans compter celles liées à ses contraintes en matière de sécurité et sur le plan sanitaire propres aux établissements recevant du public, et dans les baux d'habitation[2159]. L'article L. 311-1 du Code de tourisme interdit au propriétaire bailleur d'un immeuble de s'opposer à la réalisation par le locataire des travaux d'équipement et d'amélioration[2160], ce qui signifie *a contrario* qu'il est possible de transférer ces travaux sur la tête du locataire. L'idée serait de s'inspirer de ce régime pour prévoir dans les baux commerciaux des clauses transférant les travaux d'équipement et d'amélioration au locataire, mais cela ne semble possible que dans une certaine mesure puisque l'article R. 145-35 interdit de transférer les travaux constituant de grosses réparations alors que le Code de tourisme le permet[2161].

Il faudrait donc encadrer la clause au regard des dispositions spécifiques du Code de commerce : « Sous réserve des dispositions de l'article R. 145-35 du Code de commerce, les travaux d'équipement et d'amélioration seront à la charge du locataire. ».

445. Clause d'encadrement des travaux réalisés par le locataire. Aussi, tout en transférant la charge de certains travaux au locataire, le bailleur peut encadrer ces travaux pour éviter certaines surprises. La clause peut alors disposer :
« Travaux que le locataire peut effectuer :
□ Si l'immeuble n'est pas en copropriété, le locataire pourra effectuer dans les lieux loués tous les travaux de mise en place de nouveaux équipements ou installations qui lui paraîtraient nécessaires, à la condition que ces travaux ne puissent ni changer la destination de l'immeuble, ni nuire à sa solidité.
Tous les travaux comportant changement de distribution, démolition ou percement de murs, de poutres ou de planchers devront faire l'objet d'une autorisation préalable et écrite du bailleur.
Il en sera de même pour les travaux ou installations affectant l'aspect extérieur de l'immeuble et, notamment, dans le cas d'installation nouvelle de stores, bannes, marquises, véranda ou autres en saillie.

2158 P.-L. NIEL, « Innovation juridique et pratique notariale », *LPA* mai 2014, n° 101, p. 10.
2159 E. CHAVANCE, « Les travaux du preneur », art. cit.
2160 J. DEBEAURAIN et A. CERATI-GAUTHIER, *Guide des baux commerciaux*, *op. cit.*, pp. 716-719, VI.
2161 V. *supra* n° 360.

Outre l'accord du bailleur, le locataire devra justifier qu'il a reçu toutes les autorisations nécessaires pour réaliser ces travaux.

□ Si l'immeuble est en copropriété, il est rappelé, en tant que de besoin au locataire, que les travaux affectant les parties communes de l'immeuble et son aspect extérieur doivent faire l'objet d'une autorisation préalable de l'assemblée générale des copropriétaires que le bailleur, à partir du moment où il aura donné son accord sur les travaux envisagés, devra solliciter dans les meilleurs délais.

Les travaux devront être exécutés aux frais, risques et périls exclusifs du locataire et sous la surveillance de l'architecte du bailleur ou celui de la copropriété, dont les honoraires seront supportés par le locataire.

Tous les travaux, embellissements, améliorations, installations et constructions quelconques, y compris, le cas échéant, ceux qui pourraient être imposés par les dispositions législatives ou réglementaires, faits par le locataire en cours de bail, deviendront lors de son départ, ou du départ de ses ayants cause, la propriété du bailleur sans indemnité. ».

446. Clause de répartition des charges. Dans une autre mesure, on trouve la clause de répartition des charges qui permet d'alléger le contenu de l'obligation de délivrance en indiquant les charges que le bailleur pourra récupérer. Celle-ci étant imposée par l'article L. 145-40-2 du Code de commerce si le bailleur souhaite récupérer certaines charges, M. Blatter en suggère une rédaction précise par l'annexion au contrat de bail commercial d'un inventaire des charges exactement supportées par le preneur d'un côté et par le bailleur d'un autre côté, et ce en respectant les dispositions de l'article R. 145-35 du Code de commerce[2162]. Un tableau de répartition pourrait aussi être directement intégré dans le bail commercial. Pour une clarté de rédaction et compte tenu des exigences posées par l'article L. 145-40-2, cette clause sera la bienvenue. Bien que le texte ne prévoit aucune sanction, le terme « limitatif » nous laisse penser que le législateur a entendu limiter l'imputation au preneur des seules charges inventoriées lors de la conclusion du bail, à l'exclusion de toute autre. Ainsi, le bailleur avisé prendra soin tout de même d'établir autant que possible cet inventaire sur la base d'une projection, c'est-à-dire d'une estimation. De même le bailleur devra-t-il préciser les règles de répartition des charges et travaux entre les occupants de l'immeuble. Dans un souci de clarté, l'idée serait peut-être de présenter cette répartition sous forme de tableau avec une clé de répartition.

La clause peut s'envisager comme suit : « Le locataire s'oblige à rembourser au bailleur en sus du loyer, chaque trimestre, les charges ci-dessous énumérées, cette énumération devant être considérée comme limitative :

Nature des charges :	Montant des charges :
XXX	XXX
XXX	XXX

Total des charges récupérables : XXX Euros.

[2162] J.-P. BLATTER et W. BLATTER-HODARA (collab.), *Traité des baux commerciaux*, 6e éd., *op. cit.*, pp. 878-879.

Si les lieux loués font partie d'un ensemble immobilier, la répartition des charges collectives entre les locaux loués et les autres locaux dont le bailleur est propriétaire dans l'immeuble sera opérée au prorata des surfaces exploitées par chacun des locataires. Ces surfaces sont les suivantes : XXX.
En conséquence, la contribution des locaux loués est chiffrée à la somme totale de X Euros.
Le locataire acquittera tous impôts, contributions et taxes, fiscales ou parafiscales, auxquels il est et sera assujetti personnellement. En ce qui concerne les impôts contributions ou taxes dont le propriétaire pourrait être responsable pour lui au titre des articles 1686 et 1687 du Code général des impôts ou à tout autre titre quelconque, il devra justifier de leur acquit au bailleur à toute réquisition et, notamment, à l'expiration du bail, avant tout enlèvement d'objets mobiliers, de matériel et marchandises. Le locataire remboursera au bailleur : XXX. ».

447. Clause de transfert d'obtention des autorisations administratives. Par ailleurs, la clause qui transfère l'obtention d'une quelconque autorisation à la charge du locataire est valable, à condition que cette autorisation puisse effectivement être obtenue. À défaut d'obtention, la capacité d'exercice de l'activité économique par le preneur serait touchée. L'insertion de ce type de clauses dans les baux commerciaux commande de vérifier que l'autorisation en cause peut bien être obtenue par le locataire. Par exemple, ça ne sera pas le cas d'une autorisation de la copropriété puisque le locataire n'est pas l'interlocuteur de droit du syndicat des copropriétaires ou d'un permis de construire. Il faudra donc s'assurer de la nature de l'autorisation à obtenir avant d'intégrer une telle clause.

La clause évitera de prévoir que « Le preneur fait son affaire de toute autorisation utile à l'exercice de son activité. » et indiquera plutôt que « Le preneur se charge d'obtenir les autorisations nécessaires à l'exercice de son activité, à l'exception de celles qui serait délivrée exclusivement au bailleur ou propriétaire de l'immeuble. » ou « Le preneur fait son affaire de l'obtention des autorisations administratives nécessaires à l'exploitation de son fonds, à l'exception de celles qui seraient délivrées exclusivement au bailleur ou propriétaire de l'immeuble. ».

448. Clauses relatives aux locaux « bruts de béton » ou « bruts de décoffrage ». D'autre part, lorsqu'il s'agit de locaux situés dans des centres commerciaux, un auteur explique que l'usage est d'insérer dans les baux commerciaux y afférents une clause de délivrance des locaux « bruts de béton »[2163]. Ledit auteur suggère que la clause soit rédigée de la sorte : *« Le bailleur livrera au preneur un local, murs, plafonds et sols bruts, sprinklé, mais ni clos, ni aménagé, ni raccordé à aucun réseau, les canalisations d'eau, d'électricité et de téléphone étant en attente. ».* Un tel usage interroge : peut-on délivrer un simple « cube de béton » alors qu'on connaît l'activité qui sera effectivement exercée par le locataire, celui-ci étant scrupuleusement sélectionné par le bailleur du centre commercial ? De plus, une telle clause nous paraît presque annoncer l'obsolescence de l'immeuble.

[2163] M.-A. LE FLOCH, *Le bail commercial dans les centres commerciaux*, *op. cit.*, p. 205, n° 189.

La clause relative aux locaux « bruts de béton » ou « bruts de décoffrage » est proposée par la doctrine[2164]. Le clos et les aménagements s'envisagent un peu différemment dans un ensemble immobilier ouvert tel qu'un centre commercial. Le local n'est pas clos en lui-même, mais il se situe dans un endroit clos. Il s'agit en fait d'un emplacement au sein d'un endroit clos. De plus, les devantures des locaux au sein d'un centre commercial sont rarement toutes identiques parce que chaque preneur, au regard de l'agencement, du style ou de la décoration de son local, adapte cette devanture. Il n'est donc pas toujours souhaitable que le bailleur livre un local clos et aménagé. Quant aux raccordements en attente, ils ne sont certes pas réalisés, mais sont en mesure de l'être. De façon plus générale, la clause semble répondre au concept même des locaux « bruts de béton », souvent choisi par les locataires qui ne souhaitent pas que le bailleur intervienne. Peut-être faudrait-il compléter la clause par une renonciation de la part du locataire : « Le locataire renonce aux aménagements des locaux pouvant être réalisés par le bailleur car il souhaite conserver la maîtrise exclusive de l'aménagement desdits locaux loués. ».

Tout comme l'étendue des prestations à accomplir, la durée de ces prestations peut être différée par les clauses du bail.

b - Les clauses modifiant la durée des prestations à accomplir

449. Modification du moment d'exécution par une modalité affectant l'existence de l'obligation ou son exigibilité. La réalisation de la finalité du bail commercial et donc la mise en capacité d'exercice de l'activité économique normalement assurée par le bailleur peut s'organiser de façon dérogatoire par des clauses qui modifient la durée des prestations à accomplir. Le moment classique d'exécution de l'obligation de délivrance peut alors être modulé par deux modalités énoncées par le Code civil que sont la condition et le terme. La première affecte l'existence de l'obligation alors que la seconde affecte son exigibilité[2165].

Avant d'aborder le sort des clauses, il paraît nécessaire d'expliquer comment la condition et le terme vont pouvoir modifier le moment classique de l'exécution de l'obligation de délivrance.

450. La condition : moment d'exécution modifié par l'attente de l'existence de l'obligation subordonnée à la réalisation d'un événement. Selon le nouvel article 1304 du Code civil, l'obligation *« est conditionnelle lorsqu'elle dépend d'un événement futur et incertain »*. L'événement devra donc être futur et certain, ce qui exclut les événements passés ou présents ainsi que les événements impossibles ou nécessaires[2166]. La condition fait donc dépendre l'existence de

---

[2164] M.-P. DUMONT (dir.), H. KENFACK (dir.) *et alii*, *Droit et pratique des baux commerciaux 2021/2022*, *op. cit.*, p. 289, n° 261.12.

[2165] A. SÉRIAUX, *Manuel de droit des obligations*, *op. cit.*, p. 321-325, n° 176-177.

[2166] O. MILHAC, *La notion de condition dans les contrats à titre onéreux*, préf. J. GHESTIN, L.G.D.J., 2001, pp. 19 et s., n° 47 et s.

l'obligation d'un événement dont la réalisation est indépendante de la volonté des parties, du moins indépendante de la volonté du débiteur[2167].

La condition se décline en condition suspensive ou résolutoire.

451. Condition suspensive et condition résolutoire. La condition suspensive correspond, selon le nouvel article 1304 alinéa 2 du Code civil, à celle qui dont *« l'accomplissement rend l'obligation pure et simple »*, c'est-à-dire celle qui suspend la naissance de l'obligation à la réalisation d'un événement futur et incertain[2168]. À ce titre, le rapport au Président de la République précise qu'*« en présence d'une condition suspensive, la naissance de l'obligation est suspendue à l'accomplissement de cette condition : tant que la condition n'est pas réalisée, l'obligation conditionnelle n'existe qu'en germe, seul l'accomplissement de la condition rend l'obligation pure et simple »*[2169]. Si la condition suspensive se réalise, alors l'obligation est confirmée dans sa création, si bien que le contrat devient efficace et peut recevoir exécution. Au contraire, si la condition suspensive ne se réalise pas, alors l'obligation est réputée n'avoir jamais existé, si bien que si elle constituait un élément essentiel du contrat, l'acte est frappé de caducité. Dans les baux commerciaux, l'obligation de délivrance est fréquemment assortie de cette modalité, notamment lorsque le bail mentionne en condition suspensive, l'obtention d'une autorisation de travaux ou d'autorisation d'exploiter. Dans cette hypothèse, l'exécution de l'obligation de délivrance se trouve repoussée, mais cela n'empêche pas l'anticipation dans l'exécution, car le processus de préparation de l'exécution reste identique.

La condition résolutoire, quant à elle, s'entend d'après le nouvel article 1304 alinéa 3 du Code civil, de celle dont l'*« accomplissement entraîne l'anéantissement de l'obligation »*, c'est-à-dire celle qui, si elle se réalise, menace de disparition une obligation qui existe déjà[2170]. À ce sujet, le rapport au Président de la République indique qu'*« en présence d'une condition résolutoire, l'obligation naît immédiatement et produit tous ses effets, mais son anéantissement est subordonné à l'accomplissement de la condition »*[2171]. Plus précisément, la condition résolutoire se distingue de la condition suspensive en ce que cette dernière a une inefficacité provisoire, mais qui peut résulter rétroactivement de la réalisation de la condition, alors que la première a une efficacité provisoire, mais qui peut être rétroactivement anéantie si la condition se réalise[2172].

[2167] *Ibid.*, pp. 34 et s., n° 99 et s.

[2168] F. TERRÉ, P. SIMLER, Y. LEQUETTE et F. CHÉNEDÉ, *Droit civil. Les obligations*, *op. cit.*, p. 1408, n° 1338.

[2169] N. DISSAUX et C. JAMIN, *Réforme du droit des contrats, du régime général et de la preuve des obligations (Ordonnance n° 2016-131 du 10 février 2016), Commentaire des articles 1100 à 1386-1 du code civil*, *op. cit.*, p. 167.

[2170] F. TERRÉ, P. SIMLER, Y. LEQUETTE et F. CHÉNEDÉ, *Droit civil. Les obligations*, *op. cit.*, p. 1408, n° 1338.

[2171] N. DISSAUX et C. JAMIN, *Réforme du droit des contrats, du régime général et de la preuve des obligations (Ordonnance n° 2016-131 du 10 février 2016), Commentaire des articles 1100 à 1386-1 du code civil*, *op. cit.*, p. 167.

[2172] F. TERRÉ, P. SIMLER, Y. LEQUETTE et F. CHÉNEDÉ, *Droit civil. Les obligations*, *op. cit.*, p. 1408, n° 1338.

452. La clause prévoyant une condition suspensive : un moyen d'anticiper le risque de non-réalisation de la finalité du bail commercial. La condition suspensive touche à la durée de la prestation[2173], mais elle constitue aussi et surtout un moyen d'anticiper le risque de non-réalisation de la finalité du contrat, c'est-à-dire le risque d'inutilité de l'acte[2174], et plus incidemment le risque d'inexécution d'une obligation. Dans le cadre de notre étude, la condition suspensive constitue un moyen d'anticiper la non-réalisation de la finalité du bail commercial et l'inexécution de l'obligation de délivrance. Cette clause se révèlera particulièrement utile lorsque la finalité du bail commercial n'est pas réalisable immédiatement. Le bail commercial sous condition suspensive ne doit pas être confondu avec la promesse de bail[2175].

La doctrine propose une illustration de clause relative à la condition suspensive d'apposition d'une enseigne en façade des locaux loués : « La présente convention est soumise à la condition suspensive que le bénéficiaire puisse mettre en place sur le mur aveugle constituant la façade nord de l'immeuble une enseigne lumineuse, selon le plan d'implantation ci-annexé. L'installation de cette enseigne est d'ores et déjà expressément autorisée par le promettant. Cependant, le bénéficiaire de la promesse doit également obtenir les autorisations administratives prévues par le Code de l'environnement (actuellement, C. env., art. R. 581-6 et s.). La présente promesse est conclue sous la condition suspensive de l'obtention de ces autorisations par le bénéficiaire de la promesse. La condition suspensive ainsi stipulée sera considérée comme réalisée à la date de l'obtention d'une décision favorable du maire (ou : du préfet), ou, dans le cas de non-réponse, après expiration d'un délai de deux mois après réception du dossier complet de demande (C. env., art. R. 581-13). Le bénéficiaire de la présente promesse devra informer immédiatement le promettant des suites réservées à sa demande, et donc de la réalisation ou de la non-réalisation de la condition, par lettre recommandée avec demande d'avis de réception. Cette condition suspensive, qui n'aura pas d'effet rétroactif, devra être réalisée au plus tard le..., faute de quoi la présente promesse deviendra de plein droit caduque, chacune des parties reprenant alors sa liberté sans qu'il soit nécessaire d'effectuer des formalités particulières et sans indemnité de part ni d'autre, la somme versée par le bénéficiaire de la promesse devant lui être restituée. La condition suspensive ci-dessus est stipulée dans l'intérêt exclusif du bénéficiaire de la présente promesse. Celui-ci pourra y renoncer, tant que la condition ne sera pas accomplie, pourvu que cette renonciation soit portée à la connaissance du promettant au plus tard le XXX (reprendre la date ultime de réalisation de la condition contractuellement prévue). »[2176].

Cette formulation peut être adaptée à tout événement constitutif de la réalisation de la condition et ses modalités.

[2173] G. HELLERINGER, *Les clauses du contrat - Essai de typologie*, *op. cit.*, p. 31, n° 75.

[2174] M. LATINA, *Essai sur la condition en droit des contrats*, préf. D. MAZEAUD, L.G.D.J., 2009, pp. 141 et s., n° 194 et s.

[2175] V. *infra* n° 476.

[2176] J. LAFOND, « Rédiger une promesse de bail commercial synallagmatique », *JCP N* juill. 2016, n° 29, form. 1240, p. 28.

453. Le terme : moment d'exécution modifié par l'exigibilité différée de l'obligation jusqu'à la survenance d'un événement futur et certain. D'autre part, d'après le nouvel article 1305 du Code civil, l'obligation *« est à terme lorsque son exigibilité est différée jusqu'à la survenance d'un événement futur et certain, encore que la date soit incertaine »*. Il s'agit ici du terme suspensif et non du terme extinctif, qui au contraire, a pour effet d'éteindre l'obligation[2177]. Dans ce cas, l'obligation existe, mais tant que l'événement ne s'est pas réalisé, le créancier ne peut pas en réclamer l'exécution. Voisin de la condition, le terme doit toutefois s'en distinguer en ce qu'il n'affecte que l'exigibilité de l'obligation - et pas l'existence - et en ce que l'événement auquel il se réfère est futur et certain - et non incertain[2178]. Dans les baux commerciaux, l'obligation de délivrance peut être affectée par cette modalité et se voir appliquer un terme conventionnel[2179]. En effet, il est possible que le contrat de bail stipule une délivrance échelonnée en intégrant un état prévisionnel de travaux[2180]. Dans cette hypothèse, certaines composantes de l'obligation de délivrance ne pourront être réclamées qu'une fois le terme atteint, peut-être un an ou trois ans après la prise d'effet du bail commercial. Il peut s'agir de mise aux normes non encore obligatoires, mais censées le devenir à une date précise. Par exemple, un plan local d'urbanisme peut prévoir que les propriétaires fonciers disposent d'un délai de deux années pour mettre aux normes légales leur système d'assainissement.

Dans une pareille situation, une clause du bail peut alors indiquer : « Le bailleur s'engage à mettre aux normes le système d'assainissement (ou autre XXX) lorsqu'une telle prescription deviendra obligatoire au regard de la réglementation d'urbanisme. ».

À côté de ces clauses modifiant la durée des prestations à accomplir, il est encore possible de recourir à des clauses modifiant les sujets de ces prestations.

c - Les clauses modifiant les sujets débiteur et créancier des prestations à accomplir

454. Clause expresse du contrat de bail commercial transférant l'exécution de l'obligation au créancier. La réalisation de la finalité du bail commercial, et par là même la mise en capacité d'exercice de l'activité économique normalement assurée par le bailleur, peut s'organiser de façon dérogatoire par des clauses qui transfèrent certaines composantes de cette obligation au locataire. Ainsi que nous l'avons évoqué précédemment, pour déterminer la marge de liberté contractuelle, il est possible de transférer l'exécution de certaines composantes de

---

[2177] N. DISSAUX et C. JAMIN, *Réforme du droit des contrats, du régime général et de la preuve des obligations (Ordonnance n° 2016-131 du 10 février 2016), Commentaire des articles 1100 à 1386-1 du code civil*, *op. cit.*, p. 171 ; A. SÉRIAUX, *Manuel de droit des obligations*, *op. cit.*, p. 324, n° 177 ; F. TERRÉ, P. SIMLER, Y. LEQUETTE et F. CHÉNEDÉ, *Droit civil. Les obligations*, *op. cit.*, p. 1430, n° 1355.

[2178] A. SÉRIAUX, *Manuel de droit des obligations*, *op. cit.*, p. 324, n° 177.

[2179] V. sur le terme conventionnel : F. TERRÉ, P. SIMLER, Y. LEQUETTE et F. CHÉNEDÉ, *Droit civil. Les obligations*, *op. cit.*, p. 1434, n° 1360.

[2180] V. *supra* n° 126 et 355.

l'obligation de délivrance au preneur tant que la mise en capacité d'exercice de l'activité économique n'est pas empêchée[2181]. Cela n'est toutefois permis que par l'insertion d'une clause le mentionnant expressément dans le contrat de bail commercial. Ainsi, ce n'est plus le débiteur qui exécute l'obligation, mais le créancier. Cette situation est à distinguer de celle dans laquelle la jurisprudence admet que le preneur prenne l'initiative de l'exécution de l'obligation de délivrance lorsque le bailleur ne l'a pas lui-même exécutée et à condition d'y avoir été autorisé par le juge[2182]. En réalité, ce transfert s'opère par les diverses clauses évoquées précédemment et n'appelle pas ici d'explications supplémentaires.

455. Exécution par la personne agissant pour le compte du débiteur. De façon différente, l'initiative de l'exécution de l'obligation de délivrance peut être transférée sur la tête de la personne qui agit pour le compte du bailleur par le biais d'un mandat. Cette personne peut être un agent immobilier lorsqu'il a reçu un mandat de gestion de bien conformément à l'article 72 alinéa 3 du décret d'application de la loi Hoguet[2183]. Il peut également s'agir d'un notaire lorsqu'il a reçu un mandat de gestion conformément à l'article 2 de l'annexe du Règlement Intérieur National et Intercours du Conseil Supérieur du Notariat[2184]. Ladite personne peut également être un avocat lorsqu'il a reçu un mandat de gestion d'immeuble conformément à l'article 6.3 du Règlement Intérieur National[2185] ou encore un expert-comptable. En réalité, il peut s'agir de toute personne susceptible d'agir pour le compte du bailleur. Cette situation est à distinguer de celle où le bailleur délègue simplement l'exécution de l'obligation de délivrance. Là encore, c'est une clause du bail qui précise que le bailleur est représenté par son mandant.

Il peut arriver que le bailleur délègue simplement l'exécution de l'obligation de délivrance en demandant par exemple à un entrepreneur de réaliser des travaux sur le bien loué parce qu'il n'est pas apte à les réaliser lui-même. Dans ce cas, le professionnel chargé de réaliser les travaux n'endosse aucunement l'initiative de l'exécution de l'obligation de délivrance. Cette situation ne doit donc pas être confondue avec le mandat.

La clause de désignation des parties prévoira alors : « Monsieur XXX demeurant XXX, personne physique, représenté par son mandataire, la société

[2181] V. *supra* n° 350 et s.

[2182] Cass. 3e civ., 29 sept. 2015, n° 14-17.913, *AJDI* mai 2016, n° 5, p. 359, obs. C. CASTELA ; CA Paris, 6e ch., sect. B, 3 mai 2001, n° 1999/17918, *AJDI* sept. 2001, n° 9, p. 697.

[2183] *D.* n° 72-678, 20 juill. 1972, Décret fixant les conditions d'application de la loi n° 70-9 du 2 janvier 1970 réglementant les conditions d'exercice des activités relatives à certaines opérations portant sur les immeubles et fonds de commerce ; M. THIOYE, *Droit des intermédiaires immobiliers, Activités et opérations d'entremise et de gestion, Achats ou ventes, échanges et locations*, 4e éd., LexisNexis, coll. Droit et professionnels, sous coll. Droit immobilier, 2020, p. 22, n° 28-29.

[2184] C. MEININGER-BOTHOREL, « La responsabilité de l'avocat mandataire en transactions immobilières - Étude et prospective comparées de la responsabilité de l'avocat et du notaire », *Gaz. pal.* mai 2010, n° 128, p. 20.

[2185] M. VAUTHIER, « Les problématiques pratiques de l'activité d'avocat mandataire en transactions immobilières », art. cit.

XXX au capital social de XXX Euros, immatriculée au registre du commerce et des sociétés de XXX sous le numéro SIRET XXX, dont le siège social est sis XXX, représentée par Monsieur/Madame XXX, agissant en sa qualité de gérant de ladite société en vertu des pouvoirs qui lui ont été conférés. La personne identifiée ci-dessus est dénommée dans le corps du présent acte "le bailleur". ».

Le sort des clauses touchant directement à l'obligation de délivrance venant d'être exposé, il convient de se pencher sur celui des clauses qui ne touchent qu'indirectement cette obligation en jouant sur l'interprétation qui en est faite.

§ 2 - Les clauses d'aménagement de l'interprétation judiciaire de l'obligation de délivrance

456. Mode d'interprétation de l'obligation de délivrance. La correspondance entre le *negotium* et l'*instrumentum* est un objectif délicat qui peut être atteint grâce à une limitation de l'interprétation du juge[2186]. Cette limitation est ici un principe général et se distingue des clauses de limitation de l'interprétation judiciaire qui en sont un des instruments. D'après M. Mekki, il est conseillé *« par anticipation, de limiter cette marge de manœuvre accordée aux juges en respectant la devise rédactionnelle suivante, qui n'est malheureusement ni une formule mathématique ni une formule magique : expliquez, justifiez, contextualisez, compensez, bilatéralisez les clauses du contrat »*[2187]. Alors qu'il délivrait ce conseil pour la rédaction des clauses touchant à la substance d'une obligation essentielle, il semble largement possible, au regard du risque attaché à l'obligation de délivrance, de généraliser ce conseil à la rédaction de toutes les clauses qui affectent l'obligation de délivrance. De plus, la limitation de l'interprétation du juge s'obtient également par la précision[2188] des clauses, bien qu'il y ait parfois un intérêt au maintien de l'ambiguïté (amoindrissement de l'objet du bail commercial). La rédaction se doit d'être la plus précise possible, car plus il y a de précision, moins il y a de place laissée à l'interprétation. Cela se comprend aisément. Néanmoins, la précision peut parfois se révéler piégeuse dans le sens où l'on en dit trop. En effet, à trop en dire, on peut créer des obligations que l'on n'avait pas prévues. En dehors de l'ambiguïté inévitable, celle qui survient parce qu'il est impossible de tout prévoir, il peut exister une ambiguïté volontaire, choisie par les parties[2189]. Si une telle idée peut paraître contraire au principe de clarté, celle-ci peut s'avérer utile dans certaines situations, notamment pour des contrats négociés et de longue durée[2190]. Ce choix n'est donc pas à exclure dans la conclusion d'un bail commercial qui fait très souvent l'objet d'une négociation. Pour une certaine doctrine, l'ambiguïté volontaire s'inscrit dans le principe de clarté

2186 F. ROUVIÈRE, *Le contenu du contrat : essai sur la notion d'inexécution*, *op. cit.*, p. 107, n° 111-112.

2187 M. MEKKI, « Réforme du droit des obligations : clauses et substance de l'obligation essentielle (C. civ., art. 1170) », art. cit.

2188 *Ibid.*, t. 5, p. 1097 : La précision est couramment définie comme le fait de « déterminer quelque chose, le définir avec exactitude, sans approximation ».

2189 G. CHANTEPIE, « L'exigence de clarté dans la rédaction du contrat », *RDC* juill. 2012, n° 3, p. 989.

2190 *Ibid.*

parce qu'elle provient d'un choix consciencieux[2191]. Pour nous, elle vient plutôt amenuiser le principe de clarté lorsque les parties y ont un intérêt. L'intérêt de préserver une part d'ambiguïté dans un contrat, et particulièrement dans un bail commercial, s'observe à différents niveaux. Comme l'explique la doctrine, le bailleur peut contractuellement renforcer ou amoindrir les caractéristiques physiques de la chose en la définissant plus ou moins précisément dans le contrat de bail[2192]. Par voie de conséquences, le contenu de l'obligation de délivrance sera renforcé ou amoindri.

Au-delà des techniques de limitation de l'appréciation judiciaire que nous venons d'évoquer, il est possible de prévoir, de façon plus explicite, des clauses variées qui peuvent limiter l'appréciation du juge à propos de l'organisation de la réalisation de la finalité du bail commercial et de l'activité économique[2193]. Ces clauses visent principalement à prévoir le mode d'interprétation de l'accord écrit, sa qualification et le traitement de sa preuve[2194]. Ces clauses consistent en fait à guider le juge vers une solution conforme aux prévisions des parties[2195]. Seules les clauses venant préciser le mode d'interprétation du bail commercial et par là même de l'obligation de délivrance nous préoccuperont ici. Lesdites clauses sont celles qui vont influencer l'opération qui consiste à dégager le sens et la portée d'une disposition contractuelle, ambiguë, imprécise ou en contradiction avec une autre clause du contrat ou avec un autre document contractuel[2196].

Si la qualification du contrat de bail commercial - classique, mixte ou en état futur d'achèvement - peut influer sur l'étendue de l'obligation de délivrance, il reste que le juge dispose d'un pouvoir de requalification[2197]. Partant, la qualification donnée au contrat par les parties n'a qu'une influence limitée sur son appréciation. Quant aux clauses relatives au traitement de la preuve, elles seront traitées ultérieurement.

Nous nous intéresserons donc aux clauses d'aménagement de l'interprétation judiciaire qui sont limitatives (A) et à celles qui sont directives (B).

A - Les clauses limitatives d'interprétation

457. Clarification de l'interprétation de l'obligation de délivrance. La clarification de l'interprétation de l'obligation de délivrance passe par la précision de son contexte ou plus exactement le contexte dans lequel va s'organiser

---

2191 G. CHANTEPIE, « L'exigence de clarté dans la rédaction du contrat », art. cit.

2192 V. ZALEWSKI, « Délivrer ou non », art. cit.

2193 A. ETIENNEY-DE SAINTE MARIE, « Les principes, les directives et les clauses relatives à l'interprétation », *RDC* juin 2016, n° 2, p. 384 ; N. GRAS, *Essai sur les clauses contractuelles*, *op. cit.*, pp. 167 et s., n° 199 et s. ; G. HELLERINGER, « Quand les parties font leur loi, Réflexions sur la contractualisation du pouvoir judiciaire d'interprétation », art. cit.

2194 *Ibid.*, p. 167, n° 199.

2195 *Ibid.*, pp. 165-166.

2196 B. FAGES, *Droit des obligations*, 10e éd., L.G.D.J., coll. Manuel, 2020, p. 232, n° 263.

2197 J.-P. BLATTER et W. BLATTER-HODARA (collab.), *Traité des baux commerciaux*, 6e éd., *op. cit.*, p. 77, n° 106.

la réalisation de la finalité du bail commercial et donc l'exercice de l'activité économique. Le contexte de l'obligation de délivrance désigne les circonstances dans lesquelles l'obligation de délivrance est née et les motifs ou les considérations qui ont conduit à sa personnalisation dans le contrat de bail commercial.

Les clauses contextuelles peuvent décrire ou donner des informations sur le contexte passé, c'est-à-dire les étapes de la négociation ou la situation antérieure des contractants ou de la chose louée[2198], mais aussi concerner le contexte futur, c'est-à-dire les événements prochains qui vont influer sur la naissance et la physionomie de l'obligation de délivrance. C'est le cas de la clause de préambule.

458. Clause de préambule. Dans la mesure où le contrat doit être interprété selon la commune intention des parties conformément à l'article 1188 du Code civil (ancien article 1156 du Code civil), il est judicieux d'y insérer en introduction un préambule qui a justement pour but de décrire *« la situation des parties, leur nom, leur forme juridique [...] et les motifs ou les circonstances qui ont amené les parties à conclure un contrat »* et qui peut même reprendre l'historique des négociations ayant eu lieu entre les parties[2199]. Encore appelée *« Intentions »* ou *« préliminaires »*, la clause de préambule va livrer des informations relatives au passé, au présent et au futur de la relation des parties[2200]. Placé en début de contrat, elle permet de faire le point sur les négociations ayant conduit à la conclusion du contrat, les éventuels avant-contrats qui l'ont précédée, les titres de propriété des contractants et les motivations de conclusion de ce bail[2201]. L'utilité de cette clause se voit renforcée face à la réforme des contrats qui laisse le pouvoir au juge de rééquilibrer la relation contractuelle[2202]. Ainsi, la doctrine incite à relater, de manière encore plus complète dans les contrats, les conditions dans lesquelles les parties se sont rapprochées et les informations qui leur ont été fournies[2203].

En matière de bail commercial et particulièrement de délivrance, obligation qui fait très souvent l'objet de négociations, nous rejoignons la doctrine qui affirme que ce préambule peut être utile si le juge devait être éclairé sur l'interprétation qu'il convient de faire de l'acte ou d'une clause spécifique[2204], notamment une clause relative à la délivrance des lieux. La clause de préambule pourra faire référence à des accords antérieurs ou aux pourparlers, soit pour les écarter, soit pour les rendre

---

[2198] J.-M. MOUSSERON, P. MOUSSERON, J. RAYNARD et J.-B. SEUBE, *Technique contractuelle*, 5e éd., *op. cit.*, p. 71, n° 162.

[2199] P. CRÉHANGE, *Introduction à la rédaction des actes judiciaires et juridiques scripta manent*, préf. J.-M. DARROIS, Guide pratique, Lextenso éditions, 2015, p. 108 ; V. en ce sens : J.-M. MOUSSERON, P. MOUSSERON, J. RAYNARD et J.-B. SEUBE, *Technique contractuelle*, 5e éd., *op. cit.*, pp. 71-72, n° 162.

[2200] J.-M. MOUSSERON, P. MOUSSERON, J. RAYNARD et J.-B. SEUBE, *Technique contractuelle*, *op. cit.*, 5e éd., pp. 71-73, n° 162 et s.

[2201] F. CHALVIGNAC, *La rédaction d'un acte juridique : le bail commercial*, *op. cit.*, p. 160, n° 269.

[2202] P. MORELON, « Quels sont les dangers de la réforme annoncée du droit des contrats pour les professionnels du conseil et de la rédaction d'acte ? », art.cit.

[2203] *Ibid.*

[2204] P. CRÉHANGE, *Introduction à la rédaction des actes judiciaires et juridiques scripta manent*, *op. cit.*, p. 108 ; J.-M. MOUSSERON, P. MOUSSERON, J. RAYNARD et J.-B. SEUBE, Technique contractuelle, 5e éd., *op. cit.*, p. 73, n° 164.

effectifs[2205]. Cette clause sera aussi l'occasion de retranscrire l'état d'esprit des parties au moment de la conclusion du bail commercial et la compétence des contractants, leur champ d'activité ou encore leur situation juridique (commerçante ou pas)[2206]. Enfin, elle évoquera le projet des parties, soit l'opération économique envisagée[2207]. Le risque d'incohérence contractuelle étant important avec cette clause, sa rédaction devra être soignée[2208]. En orientant le sens d'interprétation du contrat, cette clause va éclairer sur la commune intention des parties, de sorte que les clauses suivantes ne devront pas la contredire[2209]. Toutefois, la clause de préambule ne saurait être opposée à une clause claire du contrat[2210]. Cette clause est utile dans des baux commerciaux exigeant des conditions de délivrance spécifiques. Par exemple, pour un bail commercial de maison de retraite, la clause de préambule peut typiquement indiquer : « Le preneur est celui qui garantit le bail en Ehpad. Il a pour activité principale d'exploiter et de gérer l'ensemble immobilier dont dépend le bien loué, sous forme de résidence destinée à l'hébergement des personnes âgées dépendantes, en offrant les locaux d'habitation, en vue de leur utilisation permanente ou temporaire, et en proposant aux résidents un ensemble de services propres à l'hébergement des personnes âgées dépendantes, ainsi que des équipements communs. Pour ce faire, il se propose de louer les appartements auprès des propriétaires intéressés afin de les sous-louer librement et de leur offrir, en contrepartie, une garantie de services. Le bailleur s'oblige à respecter la destination des lieux loués et à laisser le preneur y exercer son activité. Le Bailleur adhère complètement à ce principe, et consent, pour ce faire, au présent bail. ».

459. Clause de référence à un avant-contrat. Au-delà de la clause de préambule, il peut être opportun d'utiliser la clause de référence à un avant-contrat. Celle-ci peut être incluse dans le préambule ou bien être indépendante et placée après le préambule. Lorsque des avant-contrats tels qu'une promesse de bail par exemple sont intervenus entre les parties, un auteur conseille de rappeler dans l'acte définitif, par l'insertion d'une clause, la pleine validité des actes qui l'ont précédés[2211]. Cette clause pourra servir à l'interprétation de l'obligation de délivrance si l'avant-contrat prévoit des conditions particulières de délivrance. Dans ce cas, la clause peut mentionner : « S'agissant des conditions particulières de délivrance des lieux loués, les parties s'en remettent à l'article X de la promesse de bail commercial en date du XXX. ».

[2205] J.-M. MOUSSERON, P. MOUSSERON, J. RAYNARD et J.-B. SEUBE, *Technique contractuelle*, 5e éd., *op. cit.*, pp. 71-72, n° 162.
[2206] *Ibid.*, pp. 62 et 63, n° 119.
[2207] *Ibid.*, p. 63, n° 120.
[2208] *Ibid.*, *loc. cit.*
[2209] *Ibid.*, *loc. cit.*
[2210] *Ibid.*, *loc. cit.*
[2211] D. LIPMAN-W. BOCCARA, « Obligation de délivrance et droit d'entrée », *AJDI* juin 2014, n° 6, p. 449.

460. Clauses spéciales : clauses de sincérité et clause de loyauté. En outre, pour limiter l'interprétation judiciaire et appuyer le comportement des contractants, les auteurs suggèrent d'insérer des clauses telles que la clause de sincérité ou la clause de loyauté[2212]. La clause de sincérité est définie comme celle qui *« met à la charge de son débiteur l'obligation de révéler au cocontractant toute négociation qu'il aurait engagée ou engagerait avec un tiers »*[2213]. Les auteurs la conseillent pour doser les renseignements que le débiteur aura à fournir sur l'état d'une négociation parallèle[2214]. Celle-ci n'a pas vraiment d'incidence sur l'obligation de délivrance, à la différence de la clause de loyauté.

La clause de loyauté est celle par laquelle les contractants s'engagent à tout mettre en œuvre pour bien accomplir leurs obligations[2215]. Celle-ci peut se présenter ainsi : « Par le présent contrat, le bailleur donne à bail commercial au preneur, qui accepte, pour la durée et aux charges, clauses et conditions ci-après mentionnées qui ont été négociées librement et de bonne foi entre les parties, les lieux ci-dessous désignés. ».

À côté des clauses limitatives d'interprétation, il est possible d'orienter l'appréciation du juge en recourant à des clauses directives.

B - Les clauses directives d'interprétation

461. Clauses de langue, de hiérarchisation et de voisinage. Parmi les clauses directives d'interprétation, on compte les clauses de langues que l'on peut trouver dans des contrats internationaux, notamment des baux commerciaux. Ce sont des clauses qui lient des parties qui ne parlent pas la même langue et leur permettent de choisir la langue officielle du contrat ou de désigner celle des langues qui prévaudra en cas de désaccord, spécialement lorsque l'acte instrumentaire se déclinera en plusieurs versions linguistiques[2216]. On compte également les clauses de hiérarchisation, dites aussi de « priorité » ou de « classement »[2217] qui sont celles qui établissent une hiérarchie entre les documents contractuels, précontractuels, postcontractuels ou paracontractuels, susceptibles d'être exploités par le juge à des fins d'interprétation et permettent de résoudre la contradiction qui peut émaner de leur confrontation[2218]. On recense enfin la clause de voisinage qui délimite les

---

[2212] J.-M. MOUSSERON, P. MOUSSERON, J. RAYNARD et J.-B. SEUBE, *Technique contractuelle*, 5e éd., *op. cit.*, p. 27, n° 36 et p. 234, n° 709.

[2213] *Ibid.*, p. 27, n° 36.

[2214] *Ibid.*, *loc. cit.*

[2215] *Ibid.*, p. 234 : v. le modèle de cette clause.

[2216] N. GRAS, *Essai sur les clauses contractuelles*, *op. cit.*, pp. 199-200, n° 254 ; D. MAZEAUD, « L'encadrement des pouvoirs du juge : l'efficacité des clauses relatives à l'interprétation », *RDC* mars 2015, n° 1, p. 187 ; G. HELLERINGER, « Quand les parties font leur loi, Réflexions sur la contractualisation du pouvoir judiciaire d'interprétation », art. cit.

[2217] G. HELLERINGER, *Les clauses du contrat - Essai de typologie*, *op. cit.*, p. 35, n° 81-1.

[2218] N. GRAS, *Essai sur les clauses contractuelles*, *op. cit.*, pp. 199-200, n° 254 ; D. MAZEAUD, « L'encadrement des pouvoirs du juge : l'efficacité des clauses relatives à l'interprétation », art. cit. ; J. MESTRE (dir.), J.-C. RODA (dir.) *et alii*, *Les principales clauses des contrats d'affaire*, *op. cit.*, p. 833, n° 1467.

supports sur lesquels le juge peut baser son appréciation[2219]. Ces clauses ne sont pas spécifiques à l'obligation de délivrance, mais elles peuvent guider son interprétation lorsque celle-ci doit s'appuyer sur des documents contractuels tels que des plans ou des brochures par exemple.

462. Clause de définition. Pour guider l'interprétation du juge, il est aussi possible d'insérer une clause de définition qui a pour rôle d'établir le sens des termes utilisés dans le contrat et de réduire les risques d'interprétation erronée découlant d'ambiguïtés terminologiques[2220]. Cette clause, bien que n'étant pas spécifique aux baux commerciaux et à l'obligation de délivrance, peut revêtir une certaine utilité précisément pour éviter certaines ambiguïtés relatives au contenu de l'obligation de délivrance. Il peut s'avérer utile d'assigner une définition à certains termes ou expressions du contrat, qu'il s'agisse de termes ou expressions non juridiques, juridiques ou techniques, afin de leur donner un sens clair, une qualification et un régime précis, voire même d'attirer l'attention des parties sur certains points[2221]. Elle pourrait ainsi servir à définir certains termes utilisés pour organiser la délivrance comme l'abréviation « GLA » pour les surfaces des centres commerciaux[2222].

463. Clause d'information. La clause d'information, quant à elle, est celle par laquelle on stipule la valeur simplement informative et non contraignante d'un élément donné du contrat[2223]. Si cette clause est valide, elle n'est pas toujours efficace, car elle peut porter atteinte au respect de la vie privée ou au secret[2224]. Là encore, la clause n'est pas spécifique à l'obligation de délivrance, mais elle pourrait par exemple servir à préciser qu'une caractéristique relative à l'état de la chose louée n'est donnée qu'à titre informatif.

464. Clause d'intégralité. Enfin, l'interprétation du juge peut être guidée par la clause d'intégralité, dite aussi « d'accord complet » ou « des quatre coins »[2225], qui est couramment utilisée dans les contrats longuement négociés, consiste à restreindre les pouvoirs d'investigation du juge en réservant le droit aux parties d'enfermer leurs droits et obligations dans le contenu exprès du contrat écrit, de sorte qu'aucun élément issu des négociations ne peut influencer le contrat

---

[2219] N. GRAS, *Essai sur les clauses contractuelles*, *op. cit.*, pp. 199-200, n° 255 ; G. HELLERINGER, *Les clauses du contrat - Essai de typologie*, *op. cit.*, p. 317, n° 622.

[2220] G. HELLERINGER, « Quand les parties font leur loi, Réflexions sur la contractualisation du pouvoir judiciaire d'interprétation », art. cit.

[2221] J.-M. MOUSSERON, P. MOUSSERON, J. RAYNARD et J.-B. SEUBE, *Technique contractuelle*, 5e éd., *op. cit.*, pp. 75-77, n° 165 et s.

[2222] M.-P. DUMONT (dir.), H. KENFACK (dir.) *et alii*, *Droit et pratique des baux commerciaux 2021/2022*, *op. cit.*, p. 290, n° 261.23.

[2223] G. HELLERINGER, *Les clauses du contrat - Essai de typologie*, *op. cit.*, p. 313, n° 611 ; J. MESTRE (dir.), J.-C. RODA (dir.) *et alii*, *Les principales clauses des contrats d'affaires*, Lextenso éditions, 2011, p. 509, n° 891.

[2224] J. MESTRE (dir.), J.-C. RODA (dir.) *et alii*, *Les principales clauses des contrats d'affaires*, *op. cit.*, p. 510, n° 894.

[2225] G. HELLERINGER, *Les clauses du contrat - Essai de typologie*, *op. cit.*, p. 314, n° 616.

définitif[2226]. Plus exactement, cette clause empêche les contractants de se prévaloir de la période précontractuelle[2227]. Cette clause peut révéler son utilité dans les baux commerciaux et spécifiquement quant au contenu de l'obligation de délivrance qui se trouve au cœur des négociations, surtout pour la répartition des travaux, afin d'éviter que l'obligation de délivrance ne soit interprétée à la lumière desdites négociations. Elle peut se formuler de la manière suivante : « Le présent contrat, qui exprime l'intégralité de l'accord des parties relativement à son objet, annule et remplace tous précédents engagements, déclarations, promesses ou accords intervenus entre elles en relation avec cet objet, notamment à propos des travaux à réaliser dans les lieux loués. ».

L'examen du choix des clauses dans le bail commercial classique étant achevé, il parait judicieux de se pencher sur les spécificités de choix de ces clauses dans le bail commercial en état futur d'achèvement.

2226 N. GRAS, *Essai sur les clauses contractuelles*, *op. cit.*, p. 200, n° 256 ; G. HELLERINGER, « Quand les parties font leur loi, Réflexions sur la contractualisation du pouvoir judiciaire d'interprétation », art. cit.

2227 G. HELLERINGER, *Les clauses du contrat - Essai de typologie*, *op. cit.*, pp. 314-315, n° 616 ; J. MESTRE (dir.), J.-C. RODA (dir.) *et alii*, *Les principales clauses des contrats d'affaires*, *op. cit.*, p. 511, n° 895 ; F. BUY, M. LAMOUREUX, J. MESTRE et J.-C. RODA, *Les principales clauses des contrats d'affaires*, 2e éd., L.G.D.J., 2018, p. 449, n° 965.

Section 2 - Le choix des clauses dans le bail commercial en état futur d'achèvement

465. Clauses particulières relatives à la mise en capacité d'exercice de l'activité économique dans le bail commercial en état futur d'achèvement. Le bail commercial en état futur d'achèvement présente certains avantages dans le sens où il offre une certaine maîtrise de la réalisation du projet d'activité économique. Effectivement, il se révèle être un bon instrument juridique pour les preneurs qui souhaitent participer à la réalisation du projet immobilier et la maîtriser, puisque si ce contrat est conclu avant le dépôt du permis de construire, par exemple, le preneur peut déterminer les éléments essentiels du montage (restaurant inter-entreprises dans l'immeuble, qualité environnementale de l'immeuble...), ou si le preneur intervient en amont du processus, il peut s'engager à réaliser lui-même certains travaux, bien que cette situation puisse être source de difficultés étant donné qu'elle suppose l'intervention de plusieurs prestataires et de maîtres d'ouvrage différents, ou encore si le preneur intervient très tôt dans le processus, il peut négocier des conditions locatives plus favorables (franchise de loyer)[2228]. Néanmoins, le bail commercial en état futur d'achèvement est un montage particulier qui expose les contractants et les rédacteurs à quelques difficultés. Portant sur une chose qui n'existe pas encore, les clauses de ce bail relatives à l'obligation de délivrance présentent quelques particularités par rapport à celles d'un bail commercial traditionnel. En effet, l'organisation de la réalisation de la finalité du bail commercial en état futur d'achèvement et la mise en capacité d'exercice de l'activité économique demande quelques adaptations quant à la rédaction des clauses.

Comme pour le bail commercial classique, le choix des clauses du bail en état futur d'achèvement sera analysé en distinguant les clauses d'aménagement de l'obligation de délivrance elle-même (§ 1) et les clauses d'aménagement de l'interprétation judiciaire de celle-ci (§ 2).

§ 1 - Les clauses d'aménagement de la future obligation de délivrance elle-même

466. Clause de désignation des lieux futurs. Dans le cas particulier du bail commercial en état futur d'achèvement, il convient d'être particulièrement vigilant quant à la désignation de la chose future. Comme l'explique M. Mekki, le danger en la matière est que le bail commercial en état futur d'achèvement est souvent conclu avant l'obtention du permis de construire, parfois même avant que le bailleur ne soit propriétaire du terrain[2229]. Le risque de non-concordance entre l'état

---

[2228] E. MACKAAY, « L'efficacité du contrat - une perspective économique du droit », art. cit.
[2229] M. MEKKI, « Le bail en l'état futur d'achèvement (BEFA) : un contrat sur mesure », art. cit.

fixé par la clause de désignation des lieux et l'état réel de la chose est alors important.

Pour sécuriser le bail commercial en état futur d'achèvement, le mécanisme le plus approprié est de ne pas déterminer la chose, mais de mentionner tous les éléments permettant de la déterminer le moment venu[2230], s'agissant d'une construction future[2231], en étant le plus précis possible. L'usage est d'indiquer l'assiette foncière du terrain sur lequel l'immeuble est construit[2232]. Souvent, la définition de l'immeuble reprend à l'identique celle de l'immeuble considéré comme livrable dans la vente en état futur d'achèvement[2233]. Il est également conseillé de veiller à annexer au bail un descriptif de la chose donnée à bail[2234]. Celui-ci peut prendre la forme d'un état des lieux prévisionnel par exemple ou de plans d'architecte, de simulations.

La clause de désignation dans un tel bail peut être rédigée en ces termes : « Les locaux loués étant pris à bail en état futur d'achèvement, ceux-ci devront être conformes aux termes du contrat de vente en état futur d'achèvement, à ses annexes et aux documents visés par celui-ci, auxquels les parties entendent se référer expressément. Le bailleur s'interdit d'accepter ou d'apporter toute modification, par voie d'avenant ou autres, aux stipulations du contrat de vente en état futur d'achèvement et de ses annexes sans avoir obtenu l'accord exprès, préalable et écrit du preneur.
En application du contrat de vente en état futur d'achèvement, les locaux loués seront réputés achevés lorsque les ouvrages seront édifiés et les éléments d'équipement qui sont indispensables à l'utilisation seront installés, conformément à leur destination. Pour l'appréciation de cet achèvement, les défauts de conformité avec les prévisions des présentes ne seront pas pris en considération lorsqu'ils n'ont pas un caractère substantiel, tout comme les malfaçons qui ne rendent pas les ouvrages ou éléments ci-dessus précisés impropres à leur utilisation. Aux termes du contrat de vente en état futur d'achèvement, la constatation de l'achèvement et de la livraison au bailleur des locaux loués résultera de la signature par le preneur, en qualité de représentant du bailleur, et par le vendeur d'un procès-verbal constatant l'achèvement et la livraison (en ce compris la remise des clés), à l'issue de différentes opérations de livraison. Le bailleur donne expressément mandat irrévocable au preneur de le représenter lors des opérations de livraison des locaux loués et pour la signature du procès-verbal. En cas de désaccord avec le vendeur sur l'achèvement des locaux loués, celui-ci sera constaté par une personne qualifiée

---

[2230] J.-M. MOUSSERON, P. MOUSSERON, J. RAYNARD et J.-B. SEUBE, *Technique contractuelle*, *op. cit.*, pp. 127 et s., n° 302 et s.

[2231] M. MEKKI, « Le bail en l'état futur d'achèvement (BEFA) : un contrat sur mesure », art. cit. ; P. RIGLET et J.-L. TIXIER, « Le bail de locaux en l'état futur d'achèvement », art. cit. ; J.-L. TIXIER, « 10 questions sur… Le bail commercial en l'état futur d'achèvement », art. cit.

[2232] ASSOCIATION DES DIRECTEURS IMMOBILIERS, *Guide pratique du bail commercial*, Le Moniteur, 2016, p. 31.

[2233] J.-L. TIXIER, « 10 questions sur… Le bail commercial en l'état futur d'achèvement », art. cit.

[2234] *Ibid.* ; ASSOCIATION DES DIRECTEURS IMMOBILIERS, *Guide pratique du bail commercial*, *op. cit.*, p. 31.

désignée dans les termes prévus par le contrat de vente en état futur d'achèvement. ».

De façon similaire, le risque de compromettre la mise en capacité d'exercice de l'activité économique peut ressortir des clauses qui touchent à la prestation de mise à disposition.

467. Mention spécifique à la prestation de mise à disposition de la chose future et anticipation de l'action de construction de la chose future. La clause précisant la prestation de mise à disposition de la chose future louée dans le cadre d'un bail commercial en état futur d'achèvement est recommandée[2235]. Dans la mesure où cette chose n'existe pas, il est opportun de prévoir les conditions de sa mise à disposition : modalités, chronologie, articulation avec la réception et la livraison[2236]. En effet, la mise à disposition sera précédée dans le bail commercial en état futur d'achèvement d'une réception qui concerne les rapports constructeur/vendeur et d'une livraison qui s'adresse aux rapports entre vendeur et acquéreur[2237]. La clause qui organise la mise à disposition devra préciser de quelle manière cette étape va s'articuler avec les autres, ainsi que nous l'avons mentionné dans la clause précédente. La doctrine explique que l'immeuble sera considéré comme pouvant être mis à disposition lorsque seront exécutés les ouvrages et installés les éléments d'équipement indispensables à l'utilisation, conformément à la destination de l'immeuble. L'immeuble ne sera donc pas achevé au sens contractuel du terme, de sorte que la jouissance du preneur devra débuter même s'il existe des défauts de conformité (pourvu qu'ils ne présentent pas un caractère substantiel) ou des malfaçons (dès lors qu'elles ne rendent pas les ouvrages ou les éléments précités impropres à leur utilisation). L'emprunt à l'article R. 261-1 du Code de la construction et de l'habitation se poursuit souvent en précisant que la constatation de cet « achèvement » n'emportera pas par elle-même reconnaissance de la conformité aux prévisions du contrat[2238].

De la même manière, dans le cadre d'un bail commercial en état futur d'achèvement, où la prestation de mise à disposition suppose que la chose existe et comprend une action de construction de cette chose[2239], l'exécution de l'obligation de délivrance devra d'autant plus s'anticiper que le temps de construction est long[2240].

La clause précisant les modalités particulières de la mise à disposition peut se présenter ainsi : « Le bailleur envisage de réaliser un projet immobilier conforme à la description contenue à l'article XXX et donner à bail au preneur, les locaux réalisés. Le bailleur es-qualité donne à bail au preneur qui l'accepte les locaux

[2235] M. MEKKI, « Le bail en l'état futur d'achèvement (BEFA) : un contrat sur mesure », art. cit.
[2236] J.-L. TIXIER, « 10 questions sur… Le bail commercial en l'état futur d'achèvement », art. cit.
[2237] M. MEKKI, « Le bail en l'état futur d'achèvement (BEFA) : un contrat sur mesure », art. cit.
[2238] J.-L. TIXIER, « 10 questions sur… Le bail commercial en l'état futur d'achèvement », art. cit.
[2239] V. *supra* n° 138.
[2240] V. en ce sens la prise en compte nécessaire du temps dilatoire pour la création d'une chose future : A. ETIENNEY, *La durée de la prestation, Essai sur le temps dans l'obligation*, *op. cit.*, pp. 192-193, n° 268.

désignés à l'article XXX qu'il s'engage à construire sur un terrain d'une surface d'environ XXX m², sis XXX, cadastré Section XXX n° XXX.
À cette fin, le bailleur a d'ores et déjà obtenu un permis de construire, purgé de tout recours et/ou retrait, délivré le XXX par la Mairie de XXX sous le n° XXX et dont une copie est jointe en annexe des présentes. ».

La prestation de mise à disposition soulève encore quelques difficultés s'agissant de la contenance de la chose future.

468. Clause de surface. La doctrine suggère de déterminer une méthode de calcul des surfaces pour les définir avec précision en faisant référence à la surface sur plans et à la surface finale à l'achèvement, mais aussi en prévoyant une *« inévitable tolérance »* comme il est d'usage de le prévoir dans la vente en état futur d'achèvement[2241]. Il est dans ce cas conseillé au rédacteur d'être vigilant par exemple à la surface du bien[2242]. Si la méthode de calcul des surfaces n'est en principe pas obligatoire, en présence d'un bail commercial en état futur d'achèvement, il est plus prudent de faire référence à un prix au mètre carré. Il faudra donc se méfier des clauses de tolérance qui prévoient une minoration ou une majoration de la surface, car elles pourraient avoir une incidence sur le loyer.

469. Clause de destination des lieux loués. Dans la droite ligne de ce raisonnement, les difficultés peuvent encore se rencontrer au niveau de la clause de destination. En effet, la rédaction de cette clause peut s'avérer périlleuse lorsque le permis n'a pas encore été accordé et que la destination administrative n'a pas encore été attribuée. Le risque de contrevenir à la mise en capacité d'exercice est accru face à la discordance pouvant exister entre la destination contractuelle et la destination réelle. Si une telle clause peut se rédiger comme une clause classique de destination, elle implique au préalable de s'assurer que la destination choisie est bien possible.

Heureusement, il est possible d'insérer une condition suspensive afin de diminuer le risque de compromettre la mise en capacité d'exercice de l'activité économique.

470. Condition suspensive. S'agissant d'une chose future, la condition suspensive se révèle particulièrement utile dans le bail commercial en état futur d'achèvement et à plus forte raison lorsque ledit bail est conclu en amont de l'opération[2243]. La plupart du temps dans un tel contrat, les clauses instituant des conditions suspensives afférent à l'obtention du permis de construire, à la purge du retrait et du recours des tiers, l'obtention des autorisations des commissions départementales d'aménagement commercial, mais aussi des faits juridiques

---

[2241] J.-L. TIXIER, « 10 questions sur… Le bail commercial en l'état futur d'achèvement », art. cit.
[2242] M. MEKKI, « Le bail en l'état futur d'achèvement (BEFA) : un contrat sur mesure », art. cit. ; P. RIGLET et J.-L. TIXIER, « Le bail de locaux en l'état futur d'achèvement », art. cit. ; J.-L. TIXIER, « 10 questions sur… Le bail commercial en l'état futur d'achèvement », art. cit.
[2243] J.-L. TIXIER, « 10 questions sur… Le bail commercial en l'état futur d'achèvement », art. cit.

(avant-contrat non conclu par le bailleur dans un certain délai, puis absence de signature du contrat dans le délai prévu dans l'avant-contrat) ainsi que des faits matériels (absence d'achèvement de fondations dans un certain délai par exemple)[2244]. En mentionnant ces éléments en condition suspensive, il est possible d'éviter les différences entre les prévisions contractuelles et la réalité.

La clause mentionnant la condition suspensive peut s'organiser ainsi : « Le présent bail est conclu sous la condition suspensive que le bailleur soit devenu propriétaire et définitivement titré sur le terrain d'assiette du projet immobilier tel que décrit en préambule des présentes.
Ladite condition suspensive devra avoir été réalisée au plus tard le XXX, sauf prorogation convenue entre les parties. Le bailleur notifiera au preneur, par lettre recommandée avec demande d'avis de réception, la réalisation de ladite condition suspensive dans les XXX jours de cette réalisation.
Si cette condition suspensive n'était pas réalisée dans le délai imparti et sauf prorogation convenue entre les parties, le bailleur devra en aviser le preneur par lettre recommandée avec demande d'avis de réception et le bail sera alors considéré comme caduc et non avenu, sans indemnité de part ni d'autre. ».

471. Clause de répartition des charges. D'autre part, la chose future peut générer des difficultés à propos de la répartition des charges. Dresser un inventaire précis des catégories de charges en vue d'anticiper la récupération de celles-ci peut s'avérer difficile dans le cadre d'un bail commercial en état futur d'achèvement puisque ces charges n'existent pas encore. Partant, le plus prudent est d'opter pour une clause indiquant une répartition prévisionnelle modifiable par la suite.

En parallèle des clauses qui organisent directement la délivrance de la chose future, il est possible, comme dans un bail commercial classique, d'utiliser des clauses qui vont aménager l'interprétation judiciaire de cette délivrance future.

§ 2 - Les clauses d'aménagement de l'interprétation judiciaire de la future obligation de délivrance

472. Clauses de préambule et de hiérarchisation du bail commercial en état futur d'achèvement. Comme dans le bail commercial classique, il est permis d'utiliser des clauses qui vont limiter l'appréciation du juge à propos de l'organisation de la réalisation future de la finalité du bail commercial et de l'activité économique. Dans le cadre particulier d'un bail commercial en état futur d'achèvement, l'aménagement de l'interprétation judiciaire de l'obligation de délivrance se fait spécifiquement par le biais de la clause de présentation, qui est insérée avant les parties classiques du bail commercial, pour rendre la lecture du bail la plus simple possible[2245]. Cette clause peut figurer immédiatement après la clause « l'état des lieux, remise des clés ». Cette clause préliminaire a vocation à

[2244] *Ibid.*

[2245] B. BOUTONNET, « Le bail en état futur d'achèvement ou le bail sous conditions suspensives », art. cit.

prévoir toutes les opérations devant avoir lieu avant l'état des lieux. Évidemment, il est possible d'insérer en plus de cette clause, les clauses limitatives ou directives d'interprétation que l'on trouve dans le bail commercial classique[2246].

La clause peut se présenter comme cela : « Par les présentes, le bailleur donne à bail au preneur, qui l'accepte, les locaux loués considérés en leur état futur d'achèvement. Le présent bail en l'état futur d'achèvement est divisé en conditions générales (Titre 1) et en conditions particulières (Titre 2). En cas de contradiction entre elles, les conditions particulières prévaudront sur les conditions générales. ».

[2246] V. *supra* n° 456 et s.

Conclusion du Chapitre 1

473. Une organisation efficace de la réalisation de la finalité du bail commercial possible grâce à une contractualisation adaptée. Au bout du compte, dans l'objectif de se prémunir du risque attaché à l'obligation de délivrance, à savoir celui de la non-réalisation de la finalité du bail commercial, la première mesure tient à l'anticipation de la mise en œuvre de cette obligation. Cette anticipation repose principalement sur une bonne préparation et une judicieuse rédaction du bail commercial, soit une organisation efficace de la réalisation de la finalité du bail commercial. En effet, pour que la contractualisation de la finalité du bail commercial soit effectivement adaptée, elle exige que les négociations qui précèdent l'établissement du bail commercial soit parfaitement dirigées, le choix des clauses étant le résultat de cette phase de négociation. Cette étape doit être l'occasion de mettre en avant les problèmes et d'essayer de les solutionner. L'anticipation présente plusieurs intérêts. Elle bénéficie d'abord aux contractants ainsi qu'au rédacteur, car elle leur permet d'évaluer le risque dans chaque situation donnée en appréciant l'exposition au danger et ses conséquences. Par suite, elle offre la possibilité d'éviter la réalisation du risque en supprimant l'exposition au danger lorsque c'est possible, ou bien de simplement limiter la réalisation de ce risque. De ce fait, elle sécurise à la fois les parties qui échappent à une mauvaise délivrance, mais aussi le rédacteur qui va pouvoir adapter son attitude professionnelle et ménager sa responsabilité. Le résultat de cette étape se cristallise dans la pleine adaptation de la rédaction définitive du bail commercial.

L'adaptation de la rédaction du bail commercial à chaque situation locative peut éviter le risque attaché à l'obligation de délivrance en écartant l'exposition des parties à une situation problématique. L'adaptation du contrat de bail commercial permet une organisation efficace de la réalisation de la finalité du bail commercial. Une telle adaptation est permise grâce à divers procédés. Le premier de ces procédés, celui qui prédomine, réside de toute évidence dans le choix des clauses. La richesse et la diversité des clauses relatives à l'obligation de délivrance offre de larges possibilités d'organisation de la réalisation de cette finalité. Dans ce contexte, le choix des clauses est primordial pour organiser efficacement la mise en capacité d'exercice de l'activité économique et déjouer un manquement à l'obligation de délivrance. Un choix personnalisé et efficace des clauses relatives à l'obligation de délivrance est possible, au-delà des règles générales qui gouvernent la technique contractuelle, grâce au critère ressortant de l'approche fonctionnelle de l'obligation de délivrance mise en avant dans la première partie.

À l'appui de cette définition fonctionnelle, qui fait apparaître l'obligation de délivrance comme un instrument de réalisation de la finalité du bail commercial ou plus précisément comme une mise en capacité d'exercice de l'activité économique et qui laisse la place à une marge de liberté contractuelle, les clauses qui touchent à l'obligation de délivrance vont pouvoir être sélectionnées selon leur but. En fonction de l'effet recherché, premièrement, il sera possible d'opter pour des clauses qui se contentent de fixer le contenu de l'obligation de délivrance, c'est-à-dire d'assurer la mise en capacité d'exercice de l'activité économique. Deuxièmement, il sera également possible d'opter pour des clauses qui dérogent à cette mise en capacité d'exercice de l'activité économique. Troisièmement, il sera possible de combiner des clauses classiques avec des clauses dérogatoires. Plus concrètement, l'option va se déclencher grâce au curseur de la réalisation de la finalité du bail commercial. Dès lors que la mise en capacité d'exercice de l'activité économique est permise, la clause pourra être retenue. Inversement, dès que la mise en capacité d'exercice de l'activité économique est contrariée ou empêchée, la clause devra être écartée. Toutefois, l'étude du sort des clauses afférentes à l'obligation de délivrance fait ressortir que l'application de cette règle doit vraiment se faire en considération d'une situation donnée, car une clause peut très bien être valable dans un cas d'espèce et ne plus l'être dans un autre cas. Cette règle, bien que générale, ne peut conduire à affirmer qu'une clause est toujours valable. Elle doit être confrontée à chaque cas particulier pour apprécier la validité et l'efficacité de chaque clause.

Les clauses qui assurent la mise en capacité d'exercice de l'activité économique interviennent en fixant l'objet des prestations - en déterminant matériellement et fonctionnellement la chose à délivrer - et en fixant l'objet de l'obligation - en délimitant l'étendue, la durée et les sujets des prestations à accomplir. Bien que ces clauses n'aient pas pour rôle de déroger à la mise en capacité d'exercice de l'activité économique, leur sort s'apprécie quand même au regard du curseur de la finalité du bail commercial. Si elles sont valables en elles-mêmes, elles peuvent se révéler inefficaces en pratique car elles prévoient une réalité impossible et deviennent alors sources d'un manquement à l'obligation de délivrance. Plus exactement, elles peuvent prévoir dans le contrat une certaine organisation de la réalisation de la finalité du bail commercial, qui ne sera pas possible dans les faits. Par conséquent, leur sélection doit se faire en vérifiant que la mise en capacité d'exercice qu'elles stipulent contractuellement est effectivement réalisable.

De leur côté, les clauses qui dérogent à la mise en capacité d'exercice de l'activité économique agissent en restreignant l'objet des prestations - en diminuant la détermination matérielle et fonctionnelle de la chose à délivrer - et en restreignant l'objet de l'obligation - en modifiant l'étendue, la durée et les sujets des prestations à accomplir. Contrairement aux clauses précédentes, celles-ci pour rôle de déroger à la mise en capacité d'exercice de l'activité économique, de sorte qu'elles ne sont pas toutes valables en elles-mêmes. Elles peuvent ne pas être valables dès le départ ou être valables et se révéler inefficaces en pratique car elles prévoient une réalité impossible. En conséquence, leur sélection doit se faire en vérifiant soit qu'elles ne sont pas contraires à la mise en capacité d'exercice de l'activité économique, soit que la mise en capacité d'exercice qu'elles stipulent contractuellement est effectivement réalisable.

D'autre part, la question du choix des clauses relatives à l'obligation de délivrance peut se poser au regard des clauses qui ont pour rôle d'aménager l'interprétation judiciaire de cette obligation. C'est clauses n'ont pas pour objectif de déroger à la mise en capacité d'exercice de l'activité économique. Cependant, leur utilité s'apprécie quand même au regard du curseur de la finalité du bail commercial dans la mesure où elles peuvent influencer l'appréciation de la réalisation de cette finalité.

Enfin, le sort des clauses inhérentes à l'obligation de délivrance doit s'apprécier avec une vigilance accrue lorsque celles-ci composent un bail commercial en état futur d'achèvement. L'utilisation du critère de sélection reposant sur la réalisation de la finalité du bail commercial montre les risques spécifiques attachés aux clauses touchant à la délivrance d'une chose future.

Si les clauses demeurent le procédé privilégié pour organiser la mise en œuvre de l'obligation de délivrance, il existe d'autres procédés qui vont y contribuer.

Chapitre 2 - Le recours à d'autres instruments en vue d'organiser la réalisation de la finalité du bail commercial

474. Le choix des documents contractuels. Les règles de sélection et de négociation des modalités de mise en œuvre efficaces de l'obligation de délivrance s'observent à deux niveaux. D'abord et comme nous avons essayé de le démontrer dans le chapitre précédent, elles permettent le choix des clauses de l'instrument contractuel principal. Ensuite et c'est l'objet du présent développement, elles orientent le choix de l'instrument. Ce choix peut se porter exclusivement sur le recours au bail commercial ou sur la combinaison de contrat avec un avant-contrat ou d'autres documents contractuels. La notion de documents contractuels désigne les instruments contribuant à la formation ou à l'exécution du contrat[2247]. Ces documents contractuels se distinguent du document contractuel principal[2248]. Peuvent ainsi faire partie des documents contractuels, les avant-contrats ainsi que tous les autres documents annexés au document contractuel principal.

Le choix des documents contractuels contribuant à l'exécution du bail commercial obéit avant tout à des règles générales valables pour tous les contrats spéciaux. Ces dernières répondent à deux questions principales. La première tend à savoir quel est le projet d'activité économique envisagé. Autrement dit, pourquoi est-ce que le bail commercial est conclu ? Dans quel but le contrat de bail commercial est-il conclu ? La seconde question tend à se demander quelle est la valeur des instruments et par là même, quelles peuvent être les conséquences du choix de tel ou tel instrument ? En effet, pour sélectionner et négocier un ou des instruments contractuels adaptés à la réalisation de la finalité du bail commercial et à l'exercice de l'activité économique, encore faut-il connaître le projet auquel est dédié ledit bail. Cela permettra d'apprécier l'utilité d'un éventuel recours à un avant-contrat de bail commercial ou à d'autres documents parce que le contrat de bail commercial ne permet pas à lui seul de mettre en œuvre l'obligation de délivrance ou plus précisément parce qu'il ne permet pas d'organiser la mise en capacité de l'activité économique.

Dans cette logique, l'organisation de la réalisation de la finalité du bail commercial et par là même de l'exercice de l'activité économique peut se faire en recourant à un avant-contrat de bail commercial (Section 1) ou en s'appuyant sur d'autres documents annexés au contrat de bail commercial (Section 2).

2247 V. pour cette définition : F. LABARTHE, *La notion de document contractuel*, préf. J. GHESTIN, L.G.D.J., 1994, p. 5, n° 6 ; V. aussi en ce sens : J.-M. MOUSSERON, P. MOUSSERON, J. RAYNARD et J.-B. SEUBE, *Technique contractuelle*, 5e éd., *op. cit.*, p. 25, n° 30.

2248 J.-M. MOUSSERON, P. MOUSSERON, J. RAYNARD et J.-B. SEUBE, *Technique contractuelle*, 5e éd., *op. cit.*, pp. 25 et s., n° 29 et s.

Section 1 - L'avant-contrat de bail commercial

475. Utilité de l'avant-contrat pour organiser la réalisation de la finalité du contrat de bail commercial : avant-contrats non spécifiques et spécifiques. Les avant-contrats ou contrats préparatoires constituent un instrument privilégié de l'ingénierie contractuelle[2249] des baux commerciaux[2250]. En matière d'avant-contrats de bail commercial, on retrouve les avant-contrats traditionnels que sont le pacte de préférence et la promesse de bail commercial ou de sa cession[2251] et qui ne sont pas spécifiques au bail commercial[2252]. On retrouve également des avant-contrats spécifiques au bail commercial, tels que le bail dérogatoire ou le bail commercial conclu avant un second bail commercial[2253]. Parmi ces divers avant-contrats, nous n'étudierons que ceux qui sont susceptibles d'influer sur l'obligation de délivrance. Nous exclurons donc le pacte de préférence dans la mesure où il n'instaure qu'un droit de préférence et n'impacte pas, par conséquent, la délivrance. Nous écarterons également le bail commercial initial avant-contrat du second bail commercial en ce que ce dernier n'est que le renouvellement du premier et ne présente aucune particularité pour l'obligation de délivrance, celle-ci étant une obligation distincte dans les deux baux[2254]. Aussi, nous mettrons de côté le bail dérogatoire qui ne se distingue du bail commercial que par sa durée[2255] et qui ne présente donc aucune spécificité pour l'obligation de délivrance. Enfin, pour les mêmes raisons, nous ne traiterons pas non plus de la promesse de cession de bail commercial. En revanche, nous étudierons la promesse de bail, qui peut fixer les conditions dans lesquelles devra s'organiser la délivrance, et à ce titre se présenter comme un instrument d'organisation de la réalisation de la finalité future du bail commercial.

La promesse de bail commercial peut s'envisager comme un palliatif à la réalisation incertaine de la finalité du bail commercial (§ 1). Cependant, la vigilance est de mise compte tenu de la valeur de cet avant-contrat (§ 2).

2249 M. MEKKI et T. SEMERE, « Les contrats préparatoires : un peu de consolidation, beaucoup d'innovations », *JCP N* nov. 2015, n° 47, étude 1208, p. 29 ; M. FAURE-ABBAD, « L'impact des règles de conclusion des contrats », *RDI* juin 2016, n° 6, p. 316 ; D. GALLOIS-COCHET, « Réforme du droit des contrats, pactes de préférence et promesses unilatérales », *Dr. sociétés* avr. 2016, n° 4, rep. 4, p. 1 ; H. LE NABASQUE, « Les avant-contrats », *BJS* sept. 2016, n° 115, p. 518.

2250 M.-P. DUMONT-LEFRAND, « L'avant bail commercial », *in* D. ABARCHI *et alii*, *Liber amicorum en l'honneur du Professeur Joël Monéger*, LexisNexis, 2017, p. 165 ; E. SCHLUMBERGER, *Les contrats préparatoires à l'acquisition de droits sociaux*, Dalloz, 2013, p. 2, n° 2.

2251 M.-P. DUMONT-LEFRAND, « L'avant bail commercial », art. cit.

2252 *Ibid.*

2253 *Ibid.*

2254 V. *supra* n° 346.

2255 J.-P. BLATTER et W. BLATTER-HODARA (collab.), *Traité des baux commerciaux*, 6e éd., *op. cit.*, p. 184, n° 309.

§ 1 - L'utilité de la promesse : un palliatif de la réalisation incertaine de la finalité du bail commercial

476. Définitions des promesses. En matière de promesse de bail commercial, les auteurs distinguent les promesses unilatérale et synallagmatique, déduites des anciens articles 1102 et 1103 du Code civil[2256], aujourd'hui regroupés dans le nouvel article 1106 du Code civil. Avec la réforme du droit des contrats, l'article 1124 nouveau du Code civil introduit une définition de la promesse unilatérale, mais pas de la promesse synallagmatique pourtant couramment utilisée[2257], selon laquelle elle est le contrat par lequel une partie, le promettant, consent à l'autre, le bénéficiaire, le droit, pendant un certain temps, d'opter pour la conclusion d'un contrat dont les éléments essentiels sont déterminés, et pour la formation duquel ne manque que le consentement du bénéficiaire.

Plus concrètement, la promesse unilatérale de bail commercial correspond à l'engagement pris par une personne de donner à bail un bien dans un délai et dans des conditions déterminées alors que la promesse synallagmatique correspond à l'offre faite par une partie à l'autre qui l'accepte, de lui donner à bail un bien déterminé, à compter d'une date fixée et moyennant un prix défini[2258]. La promesse de bail peut être synallagmatique et liera les deux parties ou unilatérale et ne liera qu'une seule partie, soit le preneur qui s'engage à prendre en location, soit le bailleur qui s'engage à donner en location[2259].

477. Palliatif de la délivrance impossible. La promesse de bail est établie lorsque l'une ou l'autre des parties n'est pas en mesure de délivrer immédiatement les locaux, en raison d'un élément manquant[2260]. En d'autres termes, la promesse devient utile lorsque la réalisation de la finalité du bail commercial et par là même l'exercice de l'activité économique n'est pas possible tout de suite. Dans le cadre de nos travaux, le recours à la promesse de bail sera utile lorsque la délivrance ne pourra être assurée immédiatement. L'impossibilité de délivrance immédiate peut être due à un élément manquant tel qu'une autorisation administrative d'exploiter les locaux ou de changer leur destination ou une licence de débit de boissons. Elle peut aussi être due à la présence du locataire précédent qui n'a pas encore quitté les locaux. La promesse de bail sera également utile dans les baux commerciaux en l'état futur d'achèvement qui portent sur une chose future[2261]. Ainsi, afin d'éviter de risquer une délivrance impossible et de devoir supporter les

[2256] C. QUÉMENT, *Bail commercial. - Conclusion. Durée*, *op. cit.*, n° 7 ; M.-P. DUMONT-LEFRAND, *Bail commercial*, *op. cit.*, n° 112.

[2257] A. DUBOIS, « Vision d'un notaire sur la réforme des obligations », in G. PIGNARRE (dir.) *et alii*, *Le droit des obligations d'un siècle à l'autre, Dialogues autour de la réfrome du titre III du livre III du Code civil*, L.G.D.J., 2016, p. 139.

[2258] C. QUÉMENT, *Bail commercial. - Conclusion. Durée*, *op. cit.*, n° 8 et 10.

[2259] GROUPE REVUE FIDUCIAIRE, *Le bail commercial*, *op. cit.*, *loc. cit.*

[2260] *Ibid.*, p. 18, n° 16.

[2261] P. RIGLET et J.-L. TIXIER, « Le bail de locaux en l'état futur d'achèvement », art. cit.

conséquences qui en découlent, la conclusion d'une promesse de bail peut se révéler utile.

478. Contenu et condition suspensive de la promesse de bail. La promesse doit en principe comporter tous les éléments essentiels du contrat de bail, à savoir la désignation des lieux promis à bail, la durée du bail, la date prévue d'entrée en jouissance, le montant du loyer ainsi que ses modalités de paiement et de révision, le dépôt de garantie[2262]. La condition suspensive de la promesse prévoira l'événement futur et incertain auquel est subordonnée la naissance de l'obligation de délivrance[2263]. Elle précisera l'élément manquant[2264] tel que l'obtention d'une autorisation administrative[2265].

Si la promesse de bail revêt un intérêt indéniable pour consolider la réalisation de la finalité du bail commercial, le choix d'y recourir doit se faire prudemment, notamment au regard de la valeur de cet avant-contrat.

§ 2 - La valeur de la promesse : un engagement non négligeable quant à la réalisation de la finalité du bail commercial

479. La promesse de bail valant bail commercial. S'agissant de la promesse unilatérale de bail, dans la mesure où elle ne crée pas d'obligation à la charge du bénéficiaire, il paraît logique qu'elle n'ait pas valeur de bail. La promesse synallagmatique de bail, quant à elle, n'aura force obligatoire qu'à condition que les parties aient véritablement voulu s'engager dès ce stade et qu'elles se soient accordées sur les éléments essentiels du bail[2266]. Elles peuvent aussi décider conventionnellement de soumettre la formation du bail à l'accomplissement d'une formalité future consistant par exemple en la signature d'un acte authentique[2267]. La jurisprudence illustre ces solutions[2268]. Dans une affaire ou une lettre prévoit que le consentement du bailleur était subordonné à l'exécution par le preneur de travaux impérativement achevés avant une certaine date, la Cour d'appel de Nîmes a jugé que cette lettre était constitutive d'une offre de bail et non d'une promesse de bail sous condition suspensive[2269]. La nuance a son importance, car en cas d'acceptation de l'offre, le contrat qui est alors formé est un bail et non une promesse. Et si la promesse de bail vaut bail, l'obligation de délivrance sera pleinement effective de sorte que le bailleur n'aura plus de marge de manœuvre

---

[2262] GROUPE REVUE FIDUCIAIRE, *Le bail commercial*, *op. cit.*, p. 19, n° 16.
[2263] G. CORNU (dir.) *et alii*, *Vocabulaire juridique*, *op. cit.*, p. 1008.
[2264] GROUPE REVUE FIDUCIAIRE, *Le bail commercial*, *op. cit.*, p. 19, n° 17.
[2265] *Ibid.*, p. 19, n° 17 ; A. CONFINO *et alii*, *Baux commerciaux - Ce qui change en pratique*, *op. cit.*, p. 49.
[2266] M.-P. DUMONT-LEFRAND, *Bail commercial*, *op. cit.*, n° 112 ; J. GHESTIN (dir.) et J. HUET, *Traité de droit civil. Les principaux contrats spéciaux*, *op. cit.*, *loc. cit.*
[2267] *Ibid.*, *loc. cit.*
[2268] Cass. req., 21 mars 1921, *D.* 1921, 1, 166 ; Cass. 3e civ., 28 mai 1997, n° 95-17.953, Bull. civ. III, n° 116, JurisData n° 1997-002333, *CCC* août-sept. 1997, n° 7, comm. 131, p. 8, obs. L. LEVENEUR ; *LPA* avr. 1998, n° 41, p. 17, note C.-H. GALLET ; *D.* juill. 1997, n° 24, p. 141.
[2269] CA Nîmes, 1e ch., sect. A, 17 nov. 1998, n° 97/4312, JurisData n° 1998-031053.

pour modifier son obligation. La délivrance sera due telle qu'elle est formulée dans la promesse.

Si la promesse ne vaut pas toujours bail, elle revêt néanmoins une certaine force obligatoire qui oblige le promettant à la respecter.

480. La force obligatoire de la promesse de bail commercial. La jurisprudence n'a pas manqué de rappeler la force obligatoire de la promesse de bail commercial dans un arrêt de 2013 par lequel elle affirme, au visa notamment de l'article 1134 du Code civil, que la condition suspensive d'obtention de prêt à des conditions spécifiques, insérée dans une promesse de bail commercial, ne peut être entachée de caducité dès lors que le futur locataire n'a pas présenté des demandes de prêt conformes aux stipulations contractuelles[2270].

Compte tenu de la valeur de la promesse de bail commercial, on devine alors les éventuelles conséquences que celle-ci peut avoir sur l'obligation de délivrance et, par voie de conséquence, sur la réalisation de la finalité du bail commercial. À l'image de l'arrêt évoqué, la condition suspensive d'obtention d'une autorisation administrative pourrait ne pas être caduque si le bailleur ne présente pas la demande d'autorisation conformément aux stipulations contractuelles. Dans ce cas, il se trouve engagé alors que le projet ne peut se réaliser. La vigilance est donc de mise.

481. Contradiction de contenus entre la promesse et le bail commercial : la référence à la promesse dans le bail commercial. D'autre part, en application des dispositions de l'article 1134 du Code civil, la Cour de cassation a précisé, lorsqu'un bail commercial fait suite à une promesse de bail commercial, qu'il convenait de s'appuyer sur le seul contrat définitif intervenu entre les parties, si ce dernier ne fait pas référence au précédent[2271]. Cela signifie que lorsque les contenus de la promesse et du bail définitif se contredisent, c'est le contenu de l'acte définitif qui prévaut, à condition que ce dernier ne vise pas la promesse.

Si la promesse prévoit une délivrance du bien à des conditions particulières, il convient de rappeler dans l'acte définitif la pleine validité de la promesse qui l'a précédé, car en cas de bail silencieux, ne faisant référence ni au précontrat ni à une exécution particulière de l'obligation de délivrance, les conditions de délivrance érigées, qui ont certainement motivé les parties à se lier, ne pourront s'appliquer. Le bail commercial ne correspondrait alors pas au but recherché par les parties et le rédacteur manquerait à son obligation d'assurer l'efficacité de l'acte[2272]. On constate donc que l'utilisation d'une promesse avant la conclusion du bail commercial définitif n'est pas anodine, à plus forte raison lorsque celle-ci prévoit une délivrance impossible.

[2270] Cass. 3e civ., 23 janv. 2013, n° 11-25.676, *AJDI* mai 2013, n° 5, p. 347, note F. DE LA VAISSIÈRE.

[2271] Cass. 3e civ., 2 juill. 2013, n° 12-20.189, *AJDI* juin 2014, n° 6, p. 449, obs. D. LIPMAN-W. BOCCARA.

[2272] D. LIPMAN-W. BOCCARA, « Obligation de délivrance et droit d'entrée », art. cit.

482. Promesse d'une délivrance impossible. À propos d'une promesse de bail commercial qui avait été conclue sous la condition suspensive que le promettant justifie d'une origine de propriété et de sa pleine capacité à délivrer quatre lots dans un immeuble en copropriété, la Cour d'appel de Paris a, en raison d'un litige non résolu opposant le promettant à un tiers sur la propriété desdits lots, estimé que le promettant n'avait pas rempli la condition suspensive, que la promesse devait être résolue à ses torts et qu'il devait être condamné à restituer au bénéficiaire l'indemnité d'immobilisation et à réparer le préjudice subi par ce dernier, à savoir des frais inutilement exposés pour la préparation du projet de bail et une perte d'exploitation[2273]. La même Cour a jugé que si *« le bailleur savait qu'il avait promis une chose qu'il ne pourrait délivrer, il y a lieu de prononcer la résiliation du bail aux torts du bailleur »*[2274]. Les faits de l'espèce révèlent qu'un bail commercial a directement été conclu, mais il aurait pu s'agir d'une véritable promesse dont la conséquence aurait été identique.

483. Promesse de bail anticipant la délivrance conforme. Par ailleurs, dans une espèce de 2013[2275], un propriétaire bailleur a promis de donner à bail des locaux à usage commercial sous la condition suspensive que le futur preneur obtienne, dans un délai de deux mois, un prêt bancaire d'un montant de 300 000 euros, au taux variable de 3,6 % et d'une durée de six ans, destiné à financer des travaux qu'il devait réaliser. Mais, à la demande du futur locataire, il s'avère que le bailleur a réalisé lui-même les travaux. Le futur locataire n'ayant pas obtenu le prêt, le bailleur a estimé qu'il avait manqué à ses obligations contractuelles et l'a assigné en indemnisation de la contre-valeur des loyers, en remboursement des travaux et en paiement de dommages-intérêts. La Cour de cassation a considéré que la caducité de la promesse ne pouvait être opposée dès lors que le futur locataire n'a pas présenté des demandes de prêt conformes aux clauses contractuelles et interdit de ce fait la demande du futur bailleur en remboursement de travaux convertis en loyers impayés[2276]. Le bailleur a pris le risque de réaliser les travaux sans avoir la certitude que le preneur obtiendrait le prêt lui permettant de le rembourser. Ici, l'incertitude n'est pas encore définitive puisque la demande de prêt n'a pas été effectuée conformément aux stipulations contractuelles. Cependant, dans le cas où l'incertitude deviendrait définitive, le bailleur aura pris à sa charge des travaux en vue d'une délivrance qui n'aura jamais lieu, du moins avec ce preneur. Les conséquences financières et matérielles d'une telle situation peuvent s'avérer dramatiques pour le bailleur.

484. Promesse unilatérale de bail commercial *versus* bail commercial en l'état futur d'achèvement. Au regard de l'article 1124 nouveau du Code civil, la

---

[2273] CA Paris, 16e ch., sect. B, 9 mai 2003, n° 2002/04076, JurisData n° 2003-214887.

[2274] CA Paris, 16e ch., sect. A, 2 déc. 1998, n° 1996/17131 et 1996/19146, JurisData n° 1998-023226.

[2275] Cass. 3e civ., 23 janv. 2013, n° 11-25.676, JurisData n° 2013-000920, *AJDI* mai 2013, n° 5, p. 347, obs. F. DE LA VAISSIÈRE.

[2276] F. DE LA VAISSIERE, « Promesse de bail : force obligatoire du contrat », *AJDI* mai 2013, n° 5, p. 347.

promesse unilatérale de bail s'est vue renforcée, car l'article 1124 alinéa 2 de la réforme du droit des obligations consacre le principe de l'exécution forcée en nature, accroissant ainsi l'efficacité des promesses unilatérales de contrat[2277]. Comparativement, le bail commercial en l'état futur d'achèvement offre une sécurité juridique plus importante que la promesse unilatérale de bail. En effet, il a l'avantage d'être un bail définitif dont seuls les effets sont suspendus, si bien que la prise d'effet sera automatique dès lors que les conditions suspensives seront réalisées[2278]. La sécurité juridique offerte par l'instrument contractuel au regard du projet envisagé sera décisive dans le choix.

Pour contribuer à l'exécution du contrat de bail commercial, et ainsi s'assurer de la bonne mise en œuvre de l'obligation de délivrance, il est encore possible d'employer d'autres documents qui seront annexés à ce contrat.

2277 M. MEKKI, « Le bail en l'état futur d'achèvement (BEFA) : un contrat sur mesure », art. cit. ; J.-L. TIXIER, « 10 questions sur… le bail commercial en l'état futur d'achèvement », art. cit.
2278 *Ibid.*

Section 2 - Les autres documents annexés au contrat de bail commercial

485. Divers documents établis par des professionnels habilités. En accord avec la première partie de notre étude, la conclusion du bail commercial exige l'annexion de certains documents, qui affectent l'obligation de délivrance du bailleur et l'organisation de la réalisation de la finalité du bail commercial. De ce fait, ils pourront être établis pour se joindre au bail en vue de contribuer à l'organisation de la mise en capacité de l'exercice de l'activité économique parce que le bail n'y parvient pas seul. Ces documents seront établis, de façon privilégiée, par des professionnels habilités dans la mesure où ces derniers apportent une véritable garantie aux contractants et aux rédacteurs[2279]. Surtout, nous ne saurions que leur conseiller de les établir relativement tôt, du moins de ne pas attendre le dernier moment (suffisamment en amont de la signature du bail commercial), car ces documents permettent d'apprécier les conditions réelles de délivrance des lieux.

Par ailleurs, selon que la chose est présente ou future, la phase préparatoire, notamment l'établissement des documents préparatoires, va soulever certaines difficultés.

Lorsque le bail porte sur une chose présente, l'annexion des documents obligatoires ou conseillés ne crée pas de difficulté particulière (§ 1). En revanche, lorsque le bail porte sur une chose future, cette annexion se révèle impossible (§ 2).

§ 1 - Les documents obligatoires et conseillés contribuant à la réalisation de la finalité du bail commercial classique ou mixte

486. Documents annexés au bail commercial classique. Conformément à nos développements antérieurs[2280], les annexes obligatoires dans le cadre d'un bail commercial classique sont le constat de présence ou d'absence d'amiante et d'évaluation de son état de conservation pour les immeubles dont le permis de construire a été délivré avant le 1er juillet 1997, les mesures de la concentration de radon réalisées par l'Institut de radioprotection et de sûreté nucléaire pour les établissements d'enseignement, sanitaires et sociaux, thermaux, ou pénitentiaires dans les départements listés, les informations rendues publiques par l'État relativement à la pollution des sols, l'état des risques naturels et technologiques inférieur à six mois pour les zones couvertes par un plan de prévention des risques, l'information relative aux sinistres antérieurs s'il y en a eu, l'annexe environnementale pour les baux conclus ou renouvelés à compter du 1er janvier 2012 et les baux en cours à compter du 14 juillet 2013 portant sur des locaux dont la surface est supérieure à 2 000 m^2 à usage de commerce et bureau, le diagnostic

[2279] V. *infra* n° 635 et s.
[2280] V. *supra* n° 117 et s.

de performance énergétique inférieur à 10 ans[2281]. Bien que ces documents soient obligatoires et que leur annexion au contrat n'est pas le résultat d'un choix, ils participent néanmoins à la mise en œuvre de l'obligation de délivrance. Ressortant d'une obligation d'information, qui est le corollaire de l'obligation de délivrance, ils précisent les conditions de délivrance de la chose louée et peuvent donc justifier l'organisation de la finalité du bail commercial choisie dans le contrat de bail commercial.

487. Documents annexés au bail commercial mixte. En sus de ces documents, le bail commercial mixte exige l'annexion de documents particuliers, en raison de l'usage d'habitation, tels qu'un constat des risques d'exposition au plomb inférieur à un an en cas de constat positif pour les immeubles à usage d'habitation ou mixte antérieurs au 1er janvier 1949, d'éventuels extraits du règlement de copropriété[2282]. Là encore, si l'annexion de ces documents n'est pas l'aboutissement d'un choix, elle contribue à la mise en œuvre de l'obligation de délivrance. Ces documents apportent eux aussi des précisions quant aux conditions de délivrance de la chose louée et peuvent justifier l'organisation de la finalité du bail commercial prévue dans le contrat de bail commercial.

488. Documents conseillés. À côté de ces documents obligatoires, il existe d'autres documents qui sont seulement conseillés par la doctrine. En ce sens, M. Confino suggère l'annexion de tous documents permettant de justifier de l'état des lieux loués[2283]. En plus de constituer un mode de preuve de l'obligation de délivrance, ces documents servent d'appui aux clauses du bail dans le sens où ils justifient l'organisation de la finalité du bail commercial prévue dans ledit contrat. À ce titre, il peut être opportun de communiquer un état relatif à l'installation électrique et à l'installation de gaz. Lorsque l'état constate que l'installation est conforme aux normes en vigueur et exempte de danger, celui-ci pourra par exemple, en étant annexé au bail, appuyer une clause de prise des lieux en l'état. Il en va de même des états relatifs à la présence de termites et mérule. Un état parasitaire ainsi qu'un diagnostic « mérule » pourront aussi être joints au bail, si les locaux se trouvent dans une zone à risques[2284]. Il en est encore ainsi de l'audit des sols et travaux de dépollution, du plan des locaux pour appuyer la clause de désignation des lieux et délimiter les locaux objet du bail et de définir leur conformation[2285] ou encore du règlement de copropriété ou d'un autre règlement des lieux loués (règlement de lotissement ou d'un ensemble de lots-volumes[2286]) qui permettra de connaître l'étendue des droits et obligations des copropriétaires.

[2281] V. pour un tableau récapitulatif des documents impératifs en bail commercial : A. CONFINO, « Obligations et précautions documentaires dans la rédaction du bail commercial », art. cit.

[2282] V. pour un tableau récapitulatif des documents impératifs en bail commercial mixte : *Ibid.*

[2283] A. CONFINO, « Obligations et précautions documentaires dans la rédaction du bail commercial », art. cit.

[2284] A. CONFINO *et alii*, *Baux commerciaux - Ce qui change en pratique*, *op. cit.*, p. 12.

[2285] GROUPE REVUE FIDUCIAIRE, *Le bail commercial*, *op. cit.*, p. 19, n° 17.

[2286] Une copie du cahier des charges ou d'un extrait sera fourni dans ce cas.

Il est aussi utile de préciser l'absence ou la présence de raccordement au réseau public de collecte des eaux usées et de fournir un rapport de contrôle des installations d'assainissement non collectif[2287]. Aussi, il peut être judicieux d'annexer au contrat de bail commercial une consultation juridique, établie par le CRIDON ou un autre organisme, afin d'appuyer un choix contractuel pour une clause spécifique à la délivrance[2288].

Afin de choisir au mieux au sein de l'ensemble de ces documents contractuels, il peut être utile de faire réaliser un audit du bien à louer.

489. Intérêt de l'audit tant pour les contractants que pour le rédacteur professionnel. Au-delà des conseils ou informations relatives aux conditions de délivrance qui ressortent des documents obligatoires ou conseillés, il faut s'intéresser aux conditions globales de délivrance. Selon cette idée, un auteur suggère au candidat à la location de réaliser un audit complet de l'assiette du bail qui va lui être consenti et des conditions de sa délivrance avant même de procéder à la signature de tout contrat de bail commercial[2289], à l'image du diagnostic technique global dédié aux immeubles en copropriété[2290]. Cette suggestion ne doit pas se limiter au futur preneur, mais doit devenir une règle pour le bailleur et le rédacteur notamment professionnel, qu'il soit le rédacteur d'une seule partie ou des deux, car l'audit global va révéler des éléments qui intéressent à la fois le preneur et le bailleur. Il ne faut pas hésiter à se déplacer pour visiter le bien et l'auditer[2291]. Si les parties ou le rédacteur n'ont pas la possibilité de le faire ou s'il s'agit d'un bien particulier dont l'audit serait trop complexe, notamment au regard des caractéristiques digitales de l'immeuble[2292], elles pourront toujours déléguer la réalisation de cet audit à un professionnel habilité ou certifié pour cela. L'audit peut révéler un état de la chose non conforme à l'état contractuel souhaité par les parties ou un état ne permettant pas l'utilisation souhaitée de la chose, et faire apparaître ainsi l'impossibilité de réaliser la finalité du bail commercial[2293].

Il est important de comprendre que la portée de l'obligation de délivrance varie essentiellement selon la nature de la chose louée. On reconnaît volontiers que la nature du contrat de bail commercial, négocié ou d'adhésion, pourrait avoir une incidence sur les modalités d'exécution de l'obligation de délivrance, mais ce critère ne déterminera pas le choix de ces modalités puisqu'il va imposer certaines

---

[2287] A. CONFINO, « Obligations et précautions documentaires dans la rédaction du bail commercial », art. cit.

[2288] J. BOURDOISEAU, « L'office notarial et le risque de responsabilité civile », *LPA* juill. 2007, n° 137, p. 6.

[2289] D. LIPMAN-W. BOCCARA, « Obligation de délivrance et droit d'entrée », art. cit. ; A. CONFINO, J.-P. CONFINO *et alii* (collab.), *Baux commerciaux - Les dernières actualités*, *op. cit.*, p. 67.

[2290] CCH, art. L. 731-1 ; G. DURAND-PASQUIER, « Un renforcement sensible de l'encadrement de la vente d'immeuble », *JCP N* avr. 2014, n° 15, étude 1155, p. 21.

[2291] V. sur l'initiative d'aller visiter les lieux : CA Paris, 3 oct. 1957, *JCP N* 1958, jur. II, 10469 ; J. DE POULPIQUET, *Notaire*, *op. cit.*, n° 332.

[2292] V. *supra* n° 70 ; V. aussi : T. DELASALLE, « Du droit à la technique (du bâtiment), à vous de jouer ! », *JCP N* juin 2017, n° 26, act. 669, p. 5.

[2293] V. spécialement sur le rôle préparatoire du diagnostic en vue d'une mise en conformité : G. CHANTEPIE, « Les diagnostics préalables à la vente immobilière », *AJDI* déc. 2012, n° 12, p. 821.

modalités en imposant un certain contenu contractuel. Quant à l'information donnée au preneur, elle peut avoir une incidence sur les modalités d'exécution de l'obligation de délivrance. Plus précisément, la nature de la chose louée repose sur la distinction entre la chose réelle et la chose promise et attendue, si bien qu'elle se concrétise en soustrayant ces deux choses. La chose réelle correspond à la chose dans sa physionomie réelle tandis que la chose promise et attendue correspond à la chose déterminée dans le contrat de bail commercial. Parfois, ces deux choses concordent parfaitement, parfois pas, ce qui nous amène à différencier ces deux choses de manière à les comparer et vérifier leur concordance, car le *negotium* doit concorder avec l'*instrumentum*[2294]. Ce n'est qu'en comparant les deux états que peut s'apprécier l'aptitude de la chose à permettre la réalisation de la finalité du bail commercial et par là même l'exercice de l'activité économique.

La distinction entre la chose réelle et la chose promise et attendue doit conduire à soustraire une chose à l'autre, pour apprécier la concordance entre les deux puisque la prévention du risque d'inexécution consiste justement à une concordance entre le *negotium* et l'*instrumentum*. Autrement dit, est-ce que la chose réelle concorde avec la chose promise ? Sinon, quels sont les efforts à fournir ou les moyens à déployer pour y parvenir ? L'appréciation de ces moyens revêt deux aspects. Le premier consiste à se demander si la chose réelle peut devenir la chose promise et attendue. En d'autres termes, y a-t-il des obstacles à cette transformation, notamment juridique comme une interdiction de changement d'usage par exemple ? Le second consiste à s'interroger sur l'aptitude et la volonté personnelle du débiteur à déployer ces moyens. Par exemple, le débiteur peut se demander s'il dispose des fonds financiers nécessaires pour réaliser la transformation.

Selon la conclusion de cet audit, il pourra être décidé soit d'adapter la chose réelle pour qu'elle concorde avec la chose promise et attendue, soit d'adapter la chose promise et attendue pour qu'elle concorde avec la chose réelle. Ce choix peut parfois conduire à révoquer tout le projet locatif, lorsque par exemple la chose réelle ne pourra jamais correspondre à un quelconque projet de bail commercial, mais surtout il pourra aiguiller le choix des documents susceptibles de justifier la concordance entre la chose réelle et la chose promise et attendue. Autrement dit, l'audit permet de choisir le ou les documents qui pourront appuyer et justifier l'organisation de la réalisation de la finalité du bail commercial, c'est-à-dire justifier la mise en capacité d'exercice de l'activité économique. Plus encore, l'audit pourrait lui-même être annexé au bail commercial et justifier lui-même l'organisation de la mise en capacité d'exercice de l'activité économique.

490. Établissement des documents. Force est de constater, à l'heure actuelle, le foisonnement de personnes s'établissant diagnostiqueurs immobiliers. Rien d'étonnant compte tenu de l'absence de réglementation de cette profession[2295]. Par voie de conséquence, il échet de constater également une

---

[2294] F. ROUVIÈRE, *Le contenu du contrat : Essai sur la notion d'inexécution*, *op. cit.*, pp. 101 et s., n° 104 et s.
[2295] B. WERTENSCHLAG, « Haro sur les diagnostiqueurs ! », *AJDI* févr. 2007, n° 2, p. 89.

différence du niveau de compétences de ces professionnels étant donné l'absence d'obligation de formation. Ce faisant, le choix de faire appel à tel professionnel plutôt qu'un autre devient difficile. Pour autant, ce choix ne doit pas être aléatoire, car la protection des contractants et du rédacteur s'en voit affectée : plus le diagnostiqueur est compétent, moins il y a de chance que le diagnostic soit erroné. Contractants et rédacteurs peuvent alors se baser sur l'état de délivrance pour adapter le contrat en conséquence et les conseils donnés. Pour maximiser cette protection, plusieurs critères peuvent être retenus pour sélectionner les intervenants qu'ils soient diagnostiqueurs immobiliers ou professionnels du bâtiment. En premier lieu, la certification sera un des critères à prendre en compte[2296]. À ce titre, l'article L. 271-6 du Code de la construction et de l'habitation exige que les diagnostics soient *« établis par une personne*[2297] *présentant des garanties de compétence et disposant d'une organisation et de moyens appropriés »*. De plus, la souscription d'une assurance responsabilité civile professionnelle, obligatoire et indispensable pour couvrir les conséquences de ses potentielles fautes, sera à prendre en considération[2298]. Enfin, il faudra s'assurer que le professionnel n'entretient *« aucun lien de nature à porter atteinte à son impartialité et à son indépendance ni avec le propriétaire ou son mandataire qui fait appel à elle, ni avec une entreprise pouvant réaliser des travaux sur les ouvrages, installations ou équipements pour lesquels il lui est demandé d'établir l'un des documents »*[2299]. Sans avoir égard à cette loi, certaines sociétés continuent de nouer des relations un peu trop étroites avec des professionnels au premier rang desquels figurent les agents immobiliers[2300]. En outre, il convient de faire établir un ordre de mission lors de la remise des clés ou au plus tard le jour de l'intervention, qui définit aussi précisément que possible le champ de la mission. Cela évitera de se voir opposer un refus de responsabilité[2301]. Le prix de facturation des diagnostiqueurs

---

2296 C. SAINT-GENIEST, « La responsabilité des diagnostiqueurs », *AJDI* mars 2012, n° 3, p. 167 ; Le ministère chargé de l'environnement publie sur son site Internet la liste des professionnels certifiés pour effectuer les diagnostics immobiliers avec la possibilité de vérifier la validité des certificats du professionnel choisi : https://www.service-public.fr/particuliers/vosdroits/F17376 ; http://diagnostiqueurs.application.developpement-durable.gouv.fr/index.action. ; Les organismes de certification publient également sur leurs sites web une liste des professionnels qu'ils ont certifiés : http://www.dekra-immobilier.fr/nos-implantations/ ; http://www.qualixpert.com/certifies/.

2297 Ce même article prévoit que cette personne peut être, lorsqu'il s'agit du diagnostic de performance énergétique mentionné à l'article L. 134-4 affiché à l'intention du public, un agent de la collectivité publique ou de la personne morale occupant le bâtiment.

2298 Cette assurance n'est pas négligeable dans la mesure où l'article R. 271-2 du Code de la construction et de l'habitation a fixé les garanties minimales à 300 000 euros par sinistre et 500 000 euros par année d'assurance.

2299 CCH, art. L. 271-6 al. 3.

2300 L'association de défense des consommateurs UFC Que Choisir a fait condamner plusieurs enseignes : CA Angers, 1e ch., sect. A, 17 mai 2011, n° 10/01124 (condamnation d'une société pour des ratiques qui reposaient sur un programme de fidélisation des négociateurs immobiliers professionnels, et visaient à récompenser, au moyen de points cadeaux crédités lors du règlement du prix par le client, ceux d'entre eux qui leur passaient commande d'un diagnostic immobilier).

2301 Par exemple, si l'ordre de mission prévoit d'exclure une pièce d'un diagnostic amiante par exemple, l'acquéreur ne pourra se retourner contre l'opérateur en cas de détection, *a posteriori*, d'amiante dans cette pièce.

est un autre élément à prendre compte dans le choix du professionnel[2302], tout comme l'expérience du diagnostiqueur.

En complément du diagnostiqueur, d'autres professionnels du bâtiment peuvent intervenir pour apprécier l'aptitude de la chose à permettre la réalisation de la finalité du bail commercial. Une telle intervention pourra être l'occasion de faire prendre conscience au bailleur de la réalité de l'état de ses locaux et des éventuelles conséquences auxquelles il s'expose s'ils ne sont pas conformes et s'il n'y remédie pas, mais aussi de faire prendre conscience au preneur des conséquences et de l'ampleur d'un transfert éventuel de ces mises en conformité[2303]. Parmi les professionnels du bâtiment, on compte les bureaux d'études qui informeront de l'état des locaux sur le terrain de la mise aux normes en lui adressant leurs rapports au sujet de l'installation d'électricité, de climatisation ou encore des ascenseurs[2304]. La plupart du temps, les bureaux d'études et de contrôle sont spécialisés dans des domaines précis, tels que la structure des bâtiments, voiries et réseaux divers, règles de construction, thermique, ascenseurs. De par leur spécialisation pointue, les bureaux d'études et de contrôle sont en principe très fiables. Le recours à ces professionnels est à privilégier lorsqu'il est question d'organiser la délivrance de bâtiments anciens ou en mauvais état. De la même manière que le font les bureaux d'études et de contrôle, l'architecte va pouvoir intervenir en complément du diagnostiqueur pour aider le rédacteur à sécuriser son contrat en lui donnant un état des locaux et des travaux réalisés ou à réaliser. Il s'agit évidemment d'architectes diplômés par le gouvernement et non d'architectes d'intérieur.

491. Valeur des annexes au contrat. Enfin, le choix d'utiliser d'autres documents pour contribuer à la mise en œuvre de l'obligation de délivrance doit se faire eu égard à la valeur des annexes au contrat. Il est de jurisprudence constante que les documents annexés à un contrat ont valeur contractuelle[2305], à moins qu'une telle valeur n'ait été écartée par une clause du bail. Les documents annexés intègrent la loi du contrat. Il est donc impératif d'être attentif aux documents annexés. Au-delà de l'obligation d'annexer certains documents, l'annexion par choix d'autres documents doit être réfléchie et motivée par la volonté de renforcer l'organisation de la finalité du bail commercial.

Par ailleurs, lorsqu'il s'agit d'un bail commercial en état futur d'achèvement, l'annexion des documents peut se révéler laborieuse, voire impossible, au regard du caractère futur de la chose à délivrer.

2302 Les tarifs des diagnostics n'étant pas réglementés, ceux-ci peuvent varier du simple au double d'une région à une autre. L'association UFC Que Choisir rapportait en septembre 2012 des écarts importants d'un département à un autre pour la réalisation d'un diagnostic de performance énergétique. Si le montant n'est pas un critère de sécurité en soi, il doit permettre d'avoir une appréciation au regard de la prestation promise. ; D. BARDY, « Choisir un diagnostiqueur : les pièges à éviter », 29 mai 2013, http://www.preventimmo.fr/comment-choisir-un-diagnostiqueur/.

2303 B. WERTENSCHLAG, « Haro sur les diagnostiqueurs ! », art. cit.

2304 C. DENIZOT, « Travaux de mise aux normes », art. cit.

2305 Cass. 3e civ., 18 mai 2017, n° 16-16.627, Publié au bulletin, *Constr.- urb.* juill. 2017, n° 7-8, comm. 109, p. 35, note C. SIZAIRE.

§ 2 - Les difficultés d'établissement des documents contribuant à la réalisation de la finalité du bail commercial en état futur d'achèvement

492. Impossibilité d'établir les documents dans le cadre d'un bail commercial en état futur d'achèvement. Le bail commercial en état futur d'achèvement portant sur une chose future, qui n'existe pas au moment de l'établissement du contrat, l'établissement des documents devant obligatoirement être annexés au contrat va se révéler impossible dans la mesure où bailleur et rédacteur ne disposent pas, à cette date, des éléments nécessaires à leur rédaction[2306]. Qu'il s'agisse de l'état des lieux d'entrée, de l'annexe environnementale, du diagnostic de performance énergétique, de la liste de répartition des charges et impôts, de l'inventaire des travaux réalisés au cours des trois dernières années et travaux projetés au cours des trois années suivant la date d'effet du bail[2307], ou des mesures de la concentration de radon[2308], de l'état des risques naturels et technologiques[2309], des informations sur la pollution des sols rendues publiques par l'État[2310], ces documents ne pourront être établis qu'une fois la chose construite[2311]. Pourtant, au moment de la conclusion du bail, il est nécessaire d'organiser la mise en œuvre de la délivrance, notamment par l'annexion de documents contribuant à l'exécution dudit contrat.

493. Report contractuel d'établissement des documents. Partant, la doctrine s'est interrogée sur l'attitude à adopter pour le rédacteur - mais l'interrogation est identique pour le bailleur ou le preneur - du bail commercial en l'état futur d'achèvement et des conséquences qui pourraient être attachées à l'absence de ces documents[2312]. Ce faisant, la doctrine préconise de ne pas omettre purement et simplement ces annexes et d'en faire état, en constatant l'impossibilité de les rédiger, en tout ou en partie à la date de rédaction du contrat et de mentionner l'engagement contractuel pris par les parties de les mettre en place ou de les compléter par la suite[2313]. Autrement dit, il faut insérer une clause dans le bail

---

2306 B. BOUTONNET, « Le bail en état futur d'achèvement ou le bail sous conditions suspensives », art. cit. ; C. SAINT GENIEST, « Le bail en l'état futur d'achèvement (BEFA) : l'impossibilité d'établir certaines annexes obligatoires », *Loyers et copr.* févr. 2016, n° 2, doss. 4, p. 20.

2307 C. SAINT GENIEST, « Le bail en l'état futur d'achèvement (BEFA) : l'impossibilité d'établir certaines annexes obligatoires », art. cit.

2308 Il faut bien garder à l'esprit que dans la mesure où la chose n'existe pas au moment de la conclusion du contrat et où un laps de temps va s'écouler entre cette étape et la fin de la construction de la chose, la liste des département concernés par ces mesures peut varier si bien que la chose future va pouvoir se trouver ou ne pas se trouver dans le périmètre concerné.

2309 De la même manière, le périmètre dans lequel est construite la chose peut se voir soumis, entre le moment de l'établissement du contrat et la finalisation de la construction, au zonage des risques.

2310 Là encore, cette information peut apparaître pendant la phase de construction de la chose future.

2311 Est exclu de cette impossibilité, alors même qu'il est obligatoire, le constat de présence ou d'absence d'amiante et d'évaluation de son état de conservation puisqu'il ne peut s'appliquer à la chose future dans la mesure où il ne concerne que les choses dont les permis de construire ont été délivrés avant le 1er juillet 1997.

2312 C. SAINT GENIEST, « Le bail en l'état futur d'achèvement (BEFA) : l'impossibilité d'établir certaines annexes obligatoires », art. cit.

2313 *Ibid.*

commercial en l'état futur d'achèvement stipulant que les annexes seront établies ultérieurement par les parties.

494. Annexion de maquettes de modélisation de l'immeuble. Sur cette difficulté relative à la chose future, la technique de la *« Building Information Modeling »* utilisée par les constructeurs pour les maquettes de construction des immeubles[2314], pourrait peut-être faciliter et sécuriser les choses, à condition que la maquette soit elle-même fiable[2315]. En étant annexée aux baux commerciaux[2316], elle pourrait organiser la délivrance.

[2314] V. sur ce point : D. RICHARD, « BIM : analyse et perspectives de l'immeuble numérique », *Constr.-urb.* déc. 2017, n° 12, étude 11, p. 7 ; L. BERNAT, « BIM - Quels impacts juridiques ? », *Qualité construction* mai-juin 2017, n° 162, p. 73.

[2315] V. ZALEWSKI, « Le BIM : un chantier toujours en cours », *Constr.-urb.* nov. 2019, n° 11, alerte 84, p. 4 ; V. BAUFUMÉ, « Une technologie qui répond "à une vraie demande et procure gain de temps et de sécurité" », *JCP N* nov. 2019, n° 48, act. 915, p. 15.

[2316] *In'li signe le premier acte immobilier par la blockchain*, https://www.batiactu.com/edito/in-li-signe-premier-acte-immobilier-par-blockchain-57011.php.

Conclusion du chapitre 2

495. Une organisation efficace de la réalisation de la finalité du bail commercial possible grâce à d'autres instruments contribuant à l'exécution du contrat. En conclusion, si l'organisation efficace de la réalisation de la finalité du bail commercial est en premier lieu permise grâce à l'adaptation du contrat de bail commercial par un choix judicieux des clauses touchant aux modalités de mise en œuvre de l'obligation de délivrance, elle peut également être obtenue ou renforcée par le biais d'autres instruments qui contribuent à l'exécution de l'instrument contractuel principal. Le recours à d'autres instruments s'envisage lorsque le contrat de bail commercial ne parvient pas seul à organiser la réalisation de sa finalité.

En vertu de la définition fonctionnelle, qui fait apparaître l'obligation de délivrance comme un instrument de réalisation de la finalité du bail commercial ou plus précisément comme une mise en capacité d'exercice de l'activité économique et qui laisse la place à une marge de liberté contractuelle, il est possible de compléter la sélection des clauses qui touchent à l'obligation de délivrance par l'utilisation de documents, autres que le document contractuel principal. Parmi eux, s'inscrivent l'avant-contrat ainsi que d'autres documents contractuels qui permettent de consolider l'organisation de la réalisation de la finalité du bail commercial et d'accroître son efficacité. En fonction de l'effet recherché, en amont, il sera possible d'opter pour la promesse de bail commercial qui a pour rôle de pallier la réalisation incertaine de l'obligation de délivrance, en offrant une étape préalable pour que la finalité du bail commercial devienne réalisable et puisse être organisée dans l'instrument contractuel principal. Par la suite, il sera possible d'opter pour l'annexion d'autres documents au contrat, parce que ces documents contractuels vont justifier ou appuyer l'organisation de la finalité du bail commercial prévue dans le contrat. Enfin, il sera possible de combiner ces options. Plus concrètement, l'option va se déclencher grâce au curseur de la réalisation de la finalité du bail commercial. Dès lors que la mise en capacité d'exercice de l'activité économique n'est pas assurée par les clauses du contrat ou que les clauses se révèlent insuffisantes pour atteindre cet objectif, le recours aux autres documents doit s'envisager.

La promesse de bail commercial, qui offre une chance de pouvoir réaliser la mise en capacité d'exercice de l'activité économique, intervient en amont, avant que le contrat de bail commercial ne soit établi. Elle comporte à ce titre une condition suspensive qui prévoit l'événement futur et incertain auquel est subordonnée la naissance de l'obligation de délivrance. Cela évite de conclure dès le départ ledit contrat, alors que la réalisation de sa finalité ne peut être assurée à ce moment-là. Bien qu'elle présente une utilité certaine pour organiser la réalisation de la finalité du bail commercial, son utilisation doit être mesurée au regard de la valeur de cet avant-contrat. Lorsque la promesse de bail vaut bail, elle engage le débiteur quant à l'exécution de l'obligation de délivrance et peut provoquer un manquement à l'obligation de délivrance s'il ne peut pas assurer cette exécution.

De leur côté, les documents contractuels, qu'ils soient obligatoires ou seulement conseillés dans le cadre d'un bail commercial classique ou mixte, participent à la mise en œuvre de l'obligation de délivrance. Ils interviennent en amont, avant l'établissement du bail commercial, pour apprécier les conditions réelles dans lesquelles la délivrance peut être faite. Ils interviennent également en aval, dans le contrat, pour justifier l'organisation de la réalisation de la finalité du bail commercial au regard des conditions réelles de délivrance et ainsi consolider l'adaptation du contrat. Lorsque ces documents sont obligatoires, leur annexion au contrat n'est pas le résultat d'un choix, mais ils peuvent tout de même justifier l'organisation de la finalité du bail commercial choisie dans le contrat de bail commercial. Il s'agit des diagnostics imposés par le législateur. Quand ces documents ne sont pas obligatoires, c'est-à-dire tous documents permettant de justifier de l'état des lieux loués, leur annexion sert d'appui aux clauses du bail dans le sens où ils justifient l'organisation de la finalité du bail commercial. Là encore, si ces documents sont utiles pour justifier l'organisation de la mise en capacité d'exercice de l'activité économique, leur utilisation doit être mesurée en tenant compte de la valeur qu'ils acquièrent par leur annexion au contrat.

Enfin, l'annexion des documents contractuels pour justifier l'organisation de l'obligation de délivrance présente des difficultés lorsque celle-ci s'envisage dans le cadre d'un bail commercial en état futur d'achèvement. L'utilisation du critère de sélection reposant sur la réalisation de la finalité du bail commercial montre les difficultés spécifiques attachées aux documents permettant de justifier l'état futur des lieux loués et la nécessité de leur report contractuel.

Conclusion du titre 1

496. La référence à la fonction de l'obligation de délivrance : une méthode efficace pour anticiper la mise en œuvre de cette obligation. Pour conclure, il paraît possible de prévoir une mise en œuvre cohérente de l'obligation de délivrance en se référant à sa fonction, c'est-à-dire d'organiser cette mise en œuvre de façon efficace et sécurisée, et ainsi de rétablir la sécurité juridique qui lui manquait dans ses applications diverses. La mise en œuvre cohérente de l'obligation de délivrance permet ainsi de clarifier un premier élément du régime de cette obligation.

Une telle mise en œuvre repose sur une prévisibilité des modalités de délivrance en s'appuyant sur le critère de la réalisation de la finalité du bail commercial retenu à l'issue de la première partie. C'est parce que la définition fonctionnelle de l'obligation de délivrance a permis d'expliquer les solutions jurisprudentielles rendues à son égard et de délimiter une marge de liberté contractuelle, que l'approche fonctionnelle et le critère qui en découle peuvent être utilisés pour anticiper contractuellement l'adaptation des modalités de mise en œuvre de la délivrance. C'est là tout l'intérêt d'utiliser ce curseur. Cette méthode constitue un traitement à la source, qui consiste exclusivement à contrôler les modalités de l'obligation de délivrance, c'est-à-dire à la retranscrire dans le contrat de bail commercial, en faisant en sorte qu'elle ne provoque pas de manquement de la part du bailleur et n'engendre pas de conséquences inattendues pour le preneur[2317].

La mise en œuvre cohérente de l'obligation de délivrance peut être atteinte par deux biais, pouvant être utilisés séparément ou se combiner. Principalement, il est question d'adapter l'instrument contractuel, à savoir le bail commercial, en y intégrant des clauses qui permettent d'organiser la bonne réalisation de la finalité dudit contrat. La sélection de ces clauses se fait grâce à l'utilisation du critère de la mise en capacité d'exercice de l'activité économique. En fonction de l'effet recherché, il sera possible d'opter soit pour des clauses qui se contentent de fixer le contenu de l'obligation de délivrance, soit encore de combiner des clauses classiques avec des clauses dérogatoires et même de les compléter par des clauses qui aménagent l'interprétation judiciaire de la délivrance. Pour déclencher l'option, il faut se demander si la mise en capacité d'exercice de l'activité économique est permise ou non. Selon la réponse positive ou négative, la clause pourra être retenue ou écartée, voire combinée.

Accessoirement, il s'agit de compléter la sélection des clauses qui touchent à l'obligation de délivrance par l'utilisation de documents, autres que le document contractuel principal. La sélection de ces documents se fait, elle aussi, grâce à l'utilisation du critère de la mise en capacité d'exercice de l'activité économique. En fonction du résultat recherché, en amont, il sera possible d'opter soit pour la promesse de bail commercial qui a pour rôle de pallier la réalisation incertaine de l'obligation de délivrance, soit pour l'annexion d'autres documents au contrat,

[2317] V. sur la distinction entre le risque d'inexécution et l'inexécution : F. PARAISO, *Le risque d'inexécution de l'obligation contractuelle*, *op. cit.*, p. 189, n° 269.

parce que ces documents contractuels vont justifier ou appuyer l'organisation de la finalité du bail commercial prévue contractuellement, soit encore de combiner ces options. Pour opter, il faut se demander si la mise en capacité d'exercice de l'activité économique peut être assurée exclusivement par les clauses du contrat ou non. Suivant la réponse, le recours aux autres documents doit s'envisager ou au contraire être abandonné.

Toutefois, il faut garder à l'esprit que cette mise en œuvre ne prémunit pas les contractants ou les rédacteurs qui ne la respecteraient pas et décideraient d'y contrevenir. En effet, l'irrespect d'une mise en œuvre cohérente de l'obligation de délivrance provoque une sanction qu'il est temps d'examiner.

TITRE 2 - LA COHÉRENCE DE LA SANCTION DE L'OBLIGATION DE DÉLIVRANCE PAR RÉFÉRENCE À SA FONCTION

497. Des sanctions variées, mais tournées vers une logique commune : la préservation de l'activité économique. La réflexion relative à la sanction encourue en cas de manquement à l'obligation de délivrance doit être menée de toute évidence au regard de la notion de délivrance que nous avons circonscrite en première partie et donc par référence à la fonction de celle-ci. Non seulement la fonction de l'obligation de délivrance doit permettre de prévoir la sanction encourue en cas d'inexécution ou d'aménagement inefficace de celle-ci, mais cette même fonction doit encore justifier la sanction et la rendre ainsi cohérente au regard des conséquences de son application. L'appréciation économique de la sanction civile de l'inexécution du contrat a été mise en lumière par M. Laithier[2318]. M. Piette a également mis en évidence l'utilité économique de la sanction de la correction du contrat[2319]. En effet, en tant qu'alternative à l'inexécution du contrat ou à la destruction du contrat, la correction présente un intérêt économique en ce qu'elle participe à la pérennité du contrat et à la protection du contractant. Et même lorsque le contrat est détruit, la sanction peut présenter un intérêt économique en permettant au preneur de reprendre son activité grâce au rétablissement de sa situation patrimoniale. Selon ces idées, la sanction de l'inexécution de l'obligation de délivrance, même lorsqu'elle conduit à la mort du contrat, pourrait s'inscrire dans une logique de préservation de l'activité économique, à condition d'être appliquée de façon adaptée, c'est-à-dire choisie en considérant spécifiquement les circonstances litigieuses données. Cependant, il faut garder à l'esprit que si les sanctions sont toutes orientées vers ce même objectif de pérennisation de l'activité économique, elles ne permettent pas forcément en pratique d'atteindre ledit objectif selon les circonstances dans lesquelles elles sont appliquées. Aussi, il a été démontré l'immixtion du juge pénal dans la sanction de l'inexécution des conventions, notamment pour rééquilibrer le lien contractuel[2320]. Dans la mesure où l'inexécution de l'obligation de délivrance est susceptible de faire encourir à son débiteur des sanctions pénales, ces dernières semblent elles aussi s'inscrire dans une logique de pérennisation de l'activité économique.

Les sanctions de l'inexécution de l'obligation de délivrance affectent, de façon évidente, le débiteur de cette obligation qui n'est autre que le bailleur. Lorsque le bailleur délègue son pouvoir, et qu'une autre personne agit en son nom et pour son compte, ce qui peut être le cas de l'agent immobilier ou l'administrateur de biens liés et agissant par voie de mandat, la personne mandatée peut alors endosser cette qualité. Contrairement au rédacteur qui est sanctionné pour un défaut d'organisation de la finalité du bail commercial, le bailleur est sanctionné à l'occasion de la non-réalisation de cette finalité, soit parce qu'il n'a purement et

[2318] Y.-M. LAITHIER, *Étude comparative des sanctions de l'inexécution du contrat*, *op. cit.*
[2319] G. PIETTE, *La correction du contrat*, préf. M. MENJUCQ, t. 1, PUAM, 2004, pp. 81 et s., n° 81 et s.
[2320] V. WESTER-OUISSE, *Convention et juridiction pénale*, th. Nantes, 1999, pp. 98 et s., n° 96 et s.

simplement pas exécuté l'obligation de délivrance, soit parce que, se pensant déchargé de cette obligation par un aménagement contractuel, il ne l'a pas exécutée.

L'inexécution de l'obligation de délivrance s'entend en effet d'un manquement à cette obligation. Le manquement à l'obligation de délivrance peut résulter d'une inexécution pure et simple de l'obligation de délivrance ou de l'inefficacité d'une clause aménageant l'obligation de délivrance. Celle-ci peut être totale ou partielle. L'inexécution de l'obligation de délivrance s'apprécie, comme pour toutes les obligations contractuelles, à l'aune du contenu du contrat, puisque c'est lui qui fixe le résultat à atteindre et l'ampleur des moyens à déployer pour y parvenir[2321]. L'inexécution de l'obligation de délivrance, comme celle de toute obligation contractuelle, connaît de multiples sanctions énoncées par le Code civil aux articles 1217 et suivants. Leur application à l'obligation de délivrance doit permettre le respect de sa finalité particulière.

Avant d'apprécier, dans cette perspective, la portée des sanctions des manquements à l'exécution de l'obligation de délivrance (Chapitre 2), il est indispensable de s'intéresser, dans la même optique, à l'administration de la preuve nécessaire à leur mise en place (Chapitre 1).

[2321] F. ROUVIÈRE, *Le contenu du contrat : essai sur la notion d'inexécution*, *op. cit.*, pp. 101-306, n° 104-386.

Chapitre 1 - La preuve nécessaire à la sanction de la non-réalisation de la finalité du bail commercial

498. Régime juridique de la preuve de l'obligation de délivrance. La concrétisation des sanctions des manquements à l'exécution de l'obligation de délivrance implique de préciser le régime juridique de la preuve de cette obligation. En effet, pour que la sanction de la non-réalisation de la finalité du bail commercial puisse trouver un terrain d'élection, encore faut-il rapporter la preuve de l'inexécution de celle-ci. En réalité, nous allons voir que le phénomène est inverse puisque dès lors que la preuve de l'exécution n'est pas rapportée, l'obligation est considérée comme non exécutée.

Partant, la preuve de l'obligation de délivrance dans les baux commerciaux présente quelques particularités par rapport à la preuve des obligations en général, mais elle reste néanmoins soumise aux principes fondamentaux du Code civil. Selon le nouvel article 1353 du Code civil (ancien article 1315), *« celui qui réclame l'exécution d'une obligation doit la prouver »* et *« réciproquement, celui qui se prétend libéré doit justifier le paiement ou le fait qui a produit l'extinction de son obligation »*[2322]. Dès lors, il convient d'établir une distinction entre la preuve de l'existence de l'obligation de délivrance et la preuve de son exécution.

L'importance et la difficulté pratiques de ces preuves varient selon les situations factuelles. Parfois, c'est l'existence de l'obligation de délivrance qui pose problème. Par exemple, alors même que l'inexécution de l'obligation n'est pas contestée, ni même contestable, le litige peut porter sur le point de savoir si l'obligation de délivrer un accessoire de la chose existait. C'est finalement l'existence même de la finalité du bail commercial qui est remise en question. D'autres fois, c'est l'exécution de l'obligation de délivrance qui est litigieuse. L'exemple le plus courant dans ce cas est celui de la preuve de la remise des clés au locataire. C'est alors l'exécution de la finalité du bail commercial qui crée une difficulté.

Nous étudierons donc successivement ces deux preuves, celle de l'existence et du contenu tout d'abord (Section 1), celle de l'exécution de l'obligation de délivrance ensuite (Section 2).

[2322] N. DISSAUX et C. JAMIN, *Réforme du droit des contrats, du régime général et de la preuve des obligations (Ordonnance n° 2016-131 du 10 février 2016) - Commentaire des articles 1100 à 1386-1 du code civil, op. cit.*, pp. 234-235 ; T. DOUVILLE *et alii*, *La réforme du Droit des contrats - Commentaire article par article - Ordonnance du 10 février 2016 portant réforme du droit des contrats, du régime général et de la preuve des obligations*, *op. cit.*, p. 406 ; G. LARDEUX, « Commentaire du titre IV bis nouveau du livre III du code civil intitulé "De la preuve des obligations" ou l'art de ne pas réformer », *D.* avr. 2016, n° 15, p. 850 ; E. VERGÈS, « Réforme du droit de la preuve civile - . - Quelle perspective après l'échec de l'ordonnance du 10 février 2016 ? », *JCP G* mai 2017, n° 18, doctr. 510, p. 875.

Section 1 - La preuve de l'existence et du contenu de l'obligation de délivrance

499. Distinction entre la charge et l'objet de la preuve de l'existence et du contenu de l'obligation de délivrance. Comme pour toute obligation, il nous importe de savoir qui sera chargé de prouver son existence et son contenu, mais surtout comment, c'est-à-dire par quels procédés. En d'autres termes, il va être question de déterminer par qui et comment doit être prouvée l'existence et l'étendue de la finalité du bail commercial.

Ici, l'approche fonctionnelle de l'obligation de délivrance, qui tend à la voir comme un instrument de réalisation de la finalité du bail commercial, ne transcende pas les règles de preuve applicable à l'obligation de délivrance, car il s'agit de règles générales applicables à toute obligation. Néanmoins, elle permet d'expliquer certaines particularités liées à sa preuve.

Selon une distinction classique, seront donc évoqués à tour de rôle, la charge et l'objet de la preuve de l'existence et du contenu de l'obligation de délivrance (§ 1), puis les modes de cette preuve (§ 2).

§ 1 - La charge et l'objet de la preuve de l'existence et du contenu de l'obligation de délivrance

500. Preuve de l'existence de l'obligation de délivrance à la charge du preneur. La détermination de la charge de la preuve de l'obligation de délivrance ne semble pas créer de difficultés. En effet, conformément à l'article 1353 du Code civil, celui qui se prévaut de la violation d'une obligation doit rapporter la preuve de l'existence de cette obligation. Autrement dit, la personne qui doit supporter le risque de la preuve est celle sur laquelle pèse la charge de la preuve de succomber lorsqu'il existe un doute sur la réalité de ce qu'elle avance[2323]. C'est donc celui qui réclame l'exécution de l'obligation qui doit la prouver. Sans déroger à cette règle, la violation de l'obligation de délivrance devra être prouvée par celui qui l'invoque et qui n'est autre que le créancier de l'obligation, c'est-à-dire le preneur à bail. Reste à savoir ce que doit exactement prouver le preneur.

501. Détermination de l'objet de la preuve de l'existence d'une obligation : difficulté liée au double statut d'obligation légo-contractuelle. L'objet de la preuve consiste à se demander ce que l'on doit prouver. C'est en fonction de cet objet que vont pouvoir varier les modes de preuve, les deux questions étant intimement liées[2324]. Il convient donc de se demander, selon un

[2323] N. DISSAUX et C. JAMIN, *Réforme du droit des contrats, du régime général et de la preuve des obligations (Ordonnance n° 2016-131 du 10 février 2016) - Commentaire des articles 1100 à 1386-1 du code civil*, *op. cit.*, p. 235 ; T. DOUVILLE *et alii*, *La réforme du Droit des contrats - Commentaire article par article - Ordonnance du 10 février 2016 portant réforme du droit des contrats, du régime général et de la preuve des obligations*, *op. cit.*, p. 406.

[2324] N. DISSAUX et C. JAMIN, *Réforme du droit des contrats, du régime général et de la preuve des obligations (Ordonnance n° 2016-131 du 10 février 2016) - Commentaire des articles 1100 à 1386-1 du code civil*, *op. cit.*, p. 240.

principe classique, si la preuve est celle d'un acte ou d'un fait juridique. En effet, si ce principe qui ressortait d'une interprétation *a contrario* de l'ancien article 1341 du Code civil, n'a pas été exactement repris par les nouveaux articles 1358 et 1359 du même code, renversant l'ordre du principe et de l'exception, celui-ci est toujours d'actualité[2325]. Plus précisément, il faut se demander si l'obligation, dont la preuve de l'existence est à rapporter, résulte d'un acte ou d'un fait juridique. En d'autres termes, il faut savoir s'il s'agit d'une obligation contractuelle ou délictuelle.

Alors que le droit probatoire opère une distinction entre les actes et les faits juridiques[2326], le droit des obligations distingue quant à lui trois sources d'obligation et ajoute aux actes et aux faits juridiques, la loi[2327]. Cette discordance existait déjà avant la réforme du droit des obligations[2328] et n'a pas véritablement préoccupé la doctrine[2329] au gré des différentes propositions de réforme du droit des obligations avancées, notamment le fameux avant-projet de Catala[2330], mais aussi ceux de M. Terré[2331], les projets européens[2332] ou encore les projets de la chancellerie. Celle-ci crée une difficulté pour des obligations qui s'apparentent à la fois à des obligations légales et contractuelles[2333], puisque la jurisprudence a estimé que les obligations imposées à certains officiers ministériels trouvaient directement leur fondement dans la loi et non dans le contrat qui les lie à leur client. De la sorte, la violation d'une norme statutaire s'analysait comme un délit ou un quasi-délit engageant la responsabilité extracontractuelle du professionnel[2334]. Si ces décisions

---

2325 *Ibid.*, p. 240 ; T. DOUVILLE *et alii*, *La réforme du Droit des contrats - Commentaire article par article - Ordonnance du 10 février 2016 portant réforme du droit des contrats, du régime général et de la preuve des obligations*, *op. cit.*, pp. 409-410 ; G. LARDEUX, « Commentaire du titre IV bis nouveau du livre III du code civil intitulé "De la preuve des obligations" ou l'art de ne pas réformer », art.cit.

2326 C. civ., art. 1358 et 1359 nouv.

2327 C. civ., art. 1100 nouv.

2328 Comp. avec C. civ., art. 1101, 1370 et 1341 anc.

2329 F. TERRÉ (dir.) *et alii*, *Pour une réforme du droit des contrats*, Dalloz, 2008, pp. 75 et 79 : curieusement, les diverses propositions ne semblent pas investies de la problématique des obligations légales. L'avant-projet CATALA persiste à mentionner la loi parmi les sources des obligations et l'évacue ensuite en restant silencieux à son égard. Quant aux projets européens, ils évoquent comme sources, la volonté, le délit et le quasi-délit, et enfin le quasi-contrat. Les obligations légales sont comme qui dirait les oubliées des manuels de droit. Personne ne s'y intéresse alors que, comme le fait remarquer le professeur Terré, cette catégorie est non seulement traditionnelle mais surtout nécessaire au regard de la portée limitée des autres sources.

2330 P. CATALA *et alii*, Rapp. Avant-projet de réforme du droit des obligations (Articles 1101 à 1386 du Code civil) et du droit de la prescription (Articles 2234 à 2281 du Code civil), préc.

2331 Le projet se découpe en trois ouvrages : F. TERRÉ (dir.) *et alii*, *Pour une réforme du droit des contrats*, *op. cit.* ; F. TERRÉ (dir.) *et alii*, *Pour une réforme du droit de la responsabilité civile*, Dalloz, 2011 ; F. TERRÉ (dir.) *et alii*, *Pour une réforme du régime général des obligations*, Dalloz, 2013.

2332 O. LANDO, *Principes du droit européen des contrats*, Soc. Lég. Comp., 2003 : ce document comporte, depuis 2003, plusieurs dispositions relatives au régime de la prescription applicable au contrat ; ACADÉMIE DES PRIVATISTES EUROPEENS et G. GANDOLFI, *Code européen des contrats - Avant-projet*, Guiffrè, 2e éd., 2002 ; C. VON BAR, *The Common European Law of Torts*, Clarendon Press, 1998.

2333 J.-C. SAINT-PAU, *Droit à réparation - Conditions de la responsabilité contractuelle*, J.-Cl. Civil Code, Fasc. n° 11-10, avr. 2013, n° 55-56.

2334 F. GARRON, « Article 1370 : "Certains engagements se forment sans qu'il intervienne aucune convention, ni de la part de celui qui s'oblige, ni de la part de celui envers lequel il est obligé. Les uns résultent de l'autorité de la loi ; les autres naissent d'un fait personnel à celui qui se trouve obligé. Les premiers sont les engagements formés involontairement, tels que ceux entre propriétaires voisins,

concernent la nature de la responsabilité, elles impactent inévitablement le régime de la preuve et posent la question de savoir à quelle source il faut rattacher ces obligations : acte ou fait juridique. De plus, la rédaction des nouveaux articles 1100-1 et 1100-2 du Code civil crée une confusion dans la mesure où les faits juridiques englobent les actes juridiques[2335], ce qui ne facilite pas ce rattachement.

D'après les critères posés par l'ancien article 1370 du Code civil, les obligations qui résultent de la loi sont celles qui proviennent de l'autorité seule de la loi, en dépit d'une quelconque convention[2336]. Cela correspond au cas où la loi crée directement une obligation, sans aucun fait de l'homme[2337]. C'est dire alors que l'obligation légale n'est pas subordonnée à l'existence d'une convention. Aujourd'hui, la lettre de l'ancien article 1370 a disparu du Code civil, mais la qualification d'obligation légale demeure, si bien que l'on peut se demander si une obligation légale peut exister dans un contexte contractuel. En d'autres termes, la qualification d'obligation légale est-elle compatible avec un cadre contractuel ? En réponse, un auteur explique que certaines obligations ne résultent pas exclusivement de la volonté des parties, mais de la loi et que le volontarisme contractuel n'a jamais empêché le législateur d'incorporer au contrat de véritables obligations légales dont la violation engage la responsabilité contractuelle du débiteur[2338]. Ainsi, il opère une distinction entre les obligations contractuelles légales et les obligations purement légales[2339]. D'après lui, ces obligations sont parfois dites légales parce qu'elles sont imposées par l'ordre public contractuel et apparaissent au sens de l'article 1135 du Code civil, devenu 1194, comme une des suites que la loi donne au contrat d'après sa nature. Il poursuit en affirmant que ces obligations restent en réalité contractuelles, car leur naissance est subordonnée à l'existence d'une convention. Il conclut enfin que dans la mesure où elles ne résultent pas de la seule autorité de la loi au sens de l'article 1370 du Code civil, elles ne méritent pas la qualification d'obligations purement légales.

---

ou ceux des tuteurs et des autres administrateurs qui ne peuvent refuser la fonction qui leur est déférée. Les engagements qui naissent d'un fait personnel à celui qui se trouve obligé, résultent ou des quasi-contrats, ou des délits ou quasi-délits ; ils font la matière du présent titre" », *RLDC* juill.-août 2004, n° 7, 305, p. 64 ; J.-C. SAINT-PAU, *Droit à réparation - Conditions de la responsabilité contractuelle*, *op. cit.*, n° 56.

2335 N. DISSAUX et C. JAMIN, *Réforme du droit des contrats, du régime général et de la preuve des obligations (Ordonnance n° 2016-131 du 10 février 2016) - Commentaire des articles 1100 à 1386-1 du code civil*, *op. cit.*, p. 3.

2336 Parmi les engagements issus de la loi, le Code civil citait en exemples les engagements entre propriétaires voisins, ceux des tuteurs ou encore ceux des administrateurs qui ne peuvent refuser la mission qui leur est confiée. Si l'on se réfère au cas des propriétaires voisins, on admet clairement qu'il n'existe aucune convention entre eux et que l'engagement résulte purement d'une situation juridique. Ainsi, l'obligation de ne pas causer à autrui un trouble dépassant les inconvénients normaux du voisinage, étant rattachée à l'article 544 du Code civil, constituait, selon l'ancien article 1370 du Code civil, un engagement légal inhérent à la qualité de propriétaire voisin s'inscrivant dans le cadre de l'article 1370.

2337 Y. LEQUETTE, F. TERRE et P. SIMLER, *Droit civil : Les obligations*, Précis Dalloz, sept. 2009, p. 24.

2338 J.-C. SAINT-PAU, *Droit à réparation - Conditions de la responsabilité contractuelle*, *op. cit.*, n° 55.

2339 *Ibid.*, *loc. cit.* : l'auteur cite en exemple le cas du vendeur, légalement tenu de garantir les vices cachés de la chose vendue en vertu de l'article 1641 du Code civil alors même que le contrat ne contiendrait aucune stipulation à ce sujet.

502. L'obligation de délivrance : une obligation créée par la loi et subordonnée à l'existence d'une convention dont elle réalise la finalité. Compte tenu de cette conception, il convient de s'interroger pour l'obligation de délivrance du bailleur : est-elle attachée à l'existence du bail commercial ou peut-elle exister sans bail commercial, par la seule intervention de la loi ? Force est de constater que l'obligation de délivrance a bien besoin d'un contrat pour exister, en l'occurrence le bail commercial. Sans contrat de bail, la délivrance n'a pas de raison d'être. En effet, cette obligation correspond à l'instrument de réalisation de la finalité du bail commercial. En l'absence de bail commercial, la finalité de celui-ci ne peut être établie. À quel titre réaliser la finalité du bail commercial, sinon celui du bail ? À quel titre délivrer la chose, sinon celui du bail ? Nous pouvons donc considérer que l'obligation de délivrance est une obligation créée par la loi et subordonnée à l'existence d'une convention. Ainsi, au titre de l'analyse de l'auteur sus-cité, l'obligation de délivrance ne mériterait pas la qualification d'obligation purement légale.

Si nous sommes d'accord avec la finalité du raisonnement de l'auteur, nous ne sommes, en revanche, pas d'accord avec son fondement. Il base la qualification d'obligation « légo-contractuelle » sur l'ancien article 1135 du Code civil (nouvel article 1194), en l'analysant comme une suite que la loi donne au contrat d'après sa nature. Un autre auteur réfute l'application de ce fondement à l'obligation de délivrance en expliquant qu'elle n'est pas *« une "suite" que la loi donne à l'obligation d'après sa nature (C. civ., art. 1135) ; c'est le contenu même de l'obligation contractée par le bailleur en concluant un contrat portant sur la jouissance de la chose louée »*[2340]. Effectivement, l'obligation de délivrance, entendue comme une mise en capacité d'exercice du droit de jouissance, correspond au contenu même du contrat de bail puisqu'elle en est la finalité. Bien que ce soit le contenu même de l'obligation qui soit déterminé par la loi et non sa suite, il reste que l'obligation est toujours subordonnée à l'existence d'un bail : c'est parce que l'on conclut un bail commercial que l'on doit délivrer la chose louée. Un autre fondement de l'obligation « légo-contractuelle » semble donc se dégager.

D'autres arguments peuvent être développés pour légitimer le double statut « légo-contractuel » de l'obligation de délivrance. Le premier tend à voir dans la définition de l'article 1370 (nouvel article 1194) l'idée de volonté puisqu'il est possible d'aménager conventionnellement la délivrance[2341]. Cette acception va à l'encontre de la perception des auteurs selon laquelle les obligations légales échappent à la volonté humaine[2342]. En effet, lorsque la délivrance de la chose louée fait l'objet d'un aménagement dans le contrat (clause de transfert par exemple), l'obligation qu'elle couvre n'est-elle pas aussi investie d'une nature contractuelle ? *A contrario*, il pourrait être soutenu que la délivrance de la chose louée est légale, car elle limite la liberté contractuelle et donc la volonté des parties, la plaçant alors

[2340] B. VIAL-PEDROLETTI, *Bail d'habitation. - Locations régies par le droit commun du louage (Code civil). - Obligations du bailleur : délivrance de la chose*, *op. cit.*, n° 5.

[2341] *Supra* n° 351 et s.

[2342] P. VEAUX-FOURNERIE et D. VEAUX, *Typologie des obligations*, *op. cit.*, n° 28-29.

comme une règle imposée indépendante de toute volonté. Comment le contractant n'a-t-il pas voulu délivrer la chose lorsqu'il décide de la louer ? La réponse s'appréhende sous deux aspects. Sous l'aspect le plus restreint, à moins d'avoir une vision absurde, la réponse tombe sous le sens : le contractant a forcément voulu mettre la chose à la disposition du preneur lorsqu'il décide de la louer, la délivrance étant de la nature même du contrat. En revanche, sous un aspect plus large, impliquant une délivrance conforme, la réponse est différente puisque l'on peut se dire que, si le bailleur a entendu mettre la chose à la disposition du preneur en décidant de la louer, il n'a pas forcément entendu la mettre dans un certain état (autres réglementations, enseigne, commercialité, implantation effective), et à ce moment-là, on peut la percevoir comme une règle imposée aux parties indépendante de toute volonté. Toutefois, sachant que la Cour de cassation admet la validité des clauses aménageant la délivrance lorsqu'elles ne contrarient pas la réalisation de la finalité du bail commercial, celle-ci n'est pas une règle totalement imposée indépendante de toute volonté.

Enfin, on peut mettre en exergue un deuxième argument, probablement le plus pertinent, sous l'angle de la responsabilité cette fois, puisqu'un manquement à l'obligation de délivrance est de nature à engager la responsabilité contractuelle du bailleur[2343]. Si la violation d'une obligation légale peut engager la responsabilité contractuelle, celle-ci est de toute évidence aussi contractuelle.

503. Existence et contenu de l'obligation de délivrance subordonnés à l'existence d'un bail commercial. Le premier aspect du rôle fondateur du contrat de bail se perçoit dans le fait qu'il constitue le fait générateur de l'obligation de délivrance. Ce n'est que dans le cadre d'un contrat de bail qu'existe l'obligation de délivrance des articles 1719, 1° et 1720 alinéa 1er du Code civil. En effet, en l'absence de bail, comment se prévaloir de l'obligation de délivrance ? Sans contrat de bail, l'obligation de délivrance n'existe pas puisqu'elle n'a pas lieu d'être[2344]. Le contrat de bail est donc nécessaire pour que l'obligation de délivrance existe. Ce faisant, la preuve de l'existence de l'obligation de délivrance se rapporte à la preuve du bail commercial lui-même.

Plus encore, c'est la preuve du contenu de cette obligation qui exige l'existence d'un contrat de bail[2345]. Effectivement, on imagine mal comment prouver le contenu de l'obligation de délivrance sans bail dans la mesure où c'est le contrat qui fixe ce contenu[2346].

[2343] *Infra* n° 582, 589 et s.
[2344] F. COHET-CORDEY, « Obligation d'information du bailleur », art. cit.
[2345] J.-C. SAINT-PAU, *Droit à réparation - Conditions de la responsabilité contractuelle*, *op. cit.*, n° 6.
[2346] V. *supra* n° 58 et s.

§ 2 - Les modes de preuve de l'existence et du contenu de l'obligation de délivrance

504. Forme et preuve de l'acte juridique. Si la validité du bail commercial n'est soumise à aucune condition de forme particulière[2347], puisque c'est le droit commun qui s'applique avec l'article 1714 du Code civil qui dispose qu'on peut *« louer ou par écrit ou verbalement »*, il reste que cette liberté de forme va avoir une incidence sur la preuve de l'acte.

Ainsi, le principe veut que la preuve soit libre sauf disposition contraire (A), mais il sera judicieux, pour garantir la preuve du bail commercial et de l'obligation de délivrance, de préférer la preuve littérale (B).

A - Le principe : la liberté de la preuve sauf disposition contraire

505. Preuve du bail commercial par tout moyen : nécessité d'un commencement d'exécution. La preuve par tout moyen sauf disposition contraire est passée du rang d'exception à celui de principe par l'introduction du nouvel article 1358 du Code civil[2348].

Relativement à l'existence du bail commercial, il faudra que le bail ait reçu un commencement d'exécution pour qu'il puisse être prouvé par tous moyens[2349]. Sans commencement d'exécution, la preuve se fera par témoins ou par serment, mais ce dernier cas ne sera imposé qu'à celui qui nie le bail[2350]. Par exemple, de simples pourparlers ne peuvent valoir bail dès lors que certains points, comme le prix du bail, ne sont pas tranchés[2351]. Il a également été jugé que l'occupation des lieux pendant cinq mois, alors qu'un engagement de location a été pris par l'occupant devant un notaire avec un chèque correspondant à un mois de loyer et deux mois de dépôt de garantie, ne suffit pas à établir l'existence d'un bail verbal si le bailleur n'a pas consenti et que les clés ont été remises par l'agence immobilière négligente[2352]. Au contraire, l'existence d'un bail verbal entre les parties liées antérieurement par un bail écrit qui ont volontairement suivi leurs relations

---

[2347] M.-P. DUMONT-LEFRAND, *Bail commercial*, *op. cit.*, n° 114 ; C. QUÉMENT, *Bail commercial. - Conclusion. Durée*, *op. cit.*, n° 67.

[2348] N. DISSAUX et C. JAMIN, *Réforme du droit des contrats, du régime général et de la preuve des obligations (Ordonnance n° 2016-131 du 10 février 2016) - Commentaire des articles 1100 à 1386-1 du code civil*, *op. cit.*, p. 240 ; T. DOUVILLE *et alii*, *La réforme du Droit des contrats - Commentaire article par article - Ordonnance du 10 février 2016 portant réforme du droit des contrats, du régime général et de la preuve des obligations*, *op. cit.*, pp. 409-410 ; G. LARDEUX, « Commentaire du titre IV bis nouveau du livre III du code civil intitulé "De la preuve des obligations" ou l'art de ne pas réformer », art.cit.

[2349] M.-P. DUMONT-LEFRAND, *Bail commercial*, *op. cit.*, 117 ; M.-P. DUMONT, « Preuve d'un bail commercial verbal », *AJDI* juin 2002, n° 6, p. 453.

[2350] C. civ., art. 1715.

[2351] CA Nîmes, 2e ch., sect. A, 25 avr. 1997, n° 96/459, JurisData n° 1997-030049.

[2352] CA Nancy, 2e ch., 10 oct. 1996, n° 2102/96, JurisData n° 1996-049905.

contractuelles en dépit d'un désaccord sur le montant du loyer, a été reconnue[2353]. De même, encourt la cassation pour violation de l'article 1715 du Code civil, l'arrêt qui retient que la locataire ne prouve pas l'existence d'un bail commercial, car elle n'apporte aucun commencement de preuve par écrit permettant d'établir que l'autorisation donnée par le gérant de la société propriétaire des locaux l'était à titre de bail commercial, sans rechercher si les baux avaient reçu exécution[2354].

506. Preuve du bail commercial par écrit : somme supérieure à 1500 euros. D'autre part, le nouvel article 1359 du Code civil, qui reprend pour l'essentiel les dispositions de l'ancien article 1341 alinéa 1er et des anciens articles 1343 et 1344 du même code, précise que lorsque l'acte juridique dont la preuve est à rapporter porte sur une somme supérieure à 1500 euros fixée par décret, celle-ci doit se faire par écrit sous signature privée ou authentique[2355]. Ainsi, lorsque le bail commercial porte sur une somme supérieure à 1500 euros, sa preuve devra être rapportée de façon littérale.

Bien que le principe soit celui de la liberté en matière de preuve, celle de l'obligation de délivrance conduit à préférer la preuve littérale.

B - La préférence : la preuve littérale

507. Preuve écrite et choix du type d'écrit. Si les nouveaux articles 1353 à 1386-1 du Code civil énoncent divers modes de preuve des obligations, il reste que tous n'ont pas la même force. En effet, l'écrit ou preuve littérale se présente comme le mode de preuve privilégié de l'étendue des obligations par rapport aux autres modes que sont le témoignage, les présomptions, l'aveu et le serment. Cela se comprend aisément dans la mesure où il est question de prouver l'étendue de la finalité du bail commercial.

Si l'écrit se présente comme le mode de preuve privilégié de l'existence et du contenu de l'obligation de délivrance (1), le choix du type d'écrit (2) peut encore moduler la force probante de celui-ci.

2353 Cass. 3e civ., 15 mars 2000, n° 98-11.855 et 98-13.028, Bull. civ. III, n° 54, JurisData n° 2000-000964, *JCP E* mai 2000, n° 20, p. 775 ; CA Versailles, 1e ch., sect. B, 7 nov. 1997, n° 95/00003631, JurisData n° 1997-046518.

2354 Cass. 3e civ., 13 mars 2002, n° 00-15.194, Bull. civ. III, n° 59, JurisData n° 2002-013509, *Administrer* janv. 2003, n° 350, p. 32, note J.-D. BARBIER ; *Gaz. pal.* juin 2002, n° 162, p. 17, obs. F. GHILAIN ; *Rev. loyers* juin 2002, n° 828, p. 337, an. V. CANU ; *AJDI* juin 2002, n° 6, p. 453, obs. M.-P. DUMONT-LEFRAND.

2355 N. DISSAUX et C. JAMIN, *Réforme du droit des contrats, du régime général et de la preuve des obligations (Ordonnance n° 2016-131 du 10 février 2016) - Commentaire des articles 1100 à 1386-1 du code civil*, *op. cit.*, pp. 240-241 ; T. DOUVILLE *et alii*, *La réforme du Droit des contrats - Commentaire article par article - Ordonnance du 10 février 2016 portant réforme du droit des contrats, du régime général et de la preuve des obligations*, *op. cit.*, p. 410 ; G. LARDEUX, « Commentaire du titre IV bis nouveau du livre III du code civil intitulé "De la preuve des obligations" ou l'art de ne pas réformer », art.cit.

1 - L'unique moyen de preuve

508. La preuve de l'existence de l'obligation de délivrance facilitée par le bail écrit. Certes, dès lors que la preuve de l'existence du bail est établie, la preuve de l'existence de l'obligation de délivrance est elle aussi établie puisqu'il s'agit d'une obligation légo-contractuelle[2356]. Et, dans la mesure où la preuve de l'existence du bail est plus facilement rapportée par le biais d'un écrit, la preuve de l'existence de l'obligation de délivrance est à son tour rapportée plus facilement par un bail écrit.

509. La preuve du contenu de l'obligation de délivrance permise exclusivement par le bail écrit. En outre, le bail verbal pose le problème de la preuve du contenu du contrat et par là même, la preuve du contenu de l'obligation de délivrance. En effet, comment se prévaloir de l'obligation de délivrance conforme augmentée ou amoindrie en cas de bail verbal alors que la conformité contractuelle s'apprécie au regard de ce que prévoit le bail ? Lorsque la volonté des parties n'est pas scellée par écrit, il faudra rechercher ce qu'elles ont véritablement voulu, leur intention présumée, en se fondant sur ce qui est habituel en la matière. La place est alors à l'interprétation[2357]. Le contrat de bail est donc nécessaire pour apprécier le contenu de l'obligation de délivrance. Ainsi, la Cour d'appel de Paris a pu estimer, à propos d'un emplacement de stationnement, que la délivrance de clés en début de bail et le maintien de ce droit depuis 1992, étaient des éléments de preuve de la volonté commune des parties de faire de ce garage un accessoire à la location principale, même si aucune mention de cet élément n'a été portée sur le bail[2358].

L'écrit se présentant comme le mode préféré de l'obligation de délivrance, reste à déterminer le type d'écrit le plus approprié.

2 - Le choix du type d'acte

510. Types d'actes. La forme de l'acte s'entend du type d'acte : bail verbal, acte sous signature privée simple ou contresigné par un avocat, acte authentique[2359]. Les parties sont libres de choisir celle qui leur convient à l'exception des baux concernant des débits de boissons et des baux d'une durée supérieure à douze ans pour lesquels la forme authentique est requise[2360], non pour une question de preuve, mais pour des considérations fiscales[2361]. Toutefois, dans la pratique, la forme adoptée est lourde de conséquences quant à la preuve de l'existence et du

---

[2356] V. *supra* n° 501.

[2357] C. QUÉMENT, *Bail commercial. - Obligations des parties*, *op. cit.*, n° 6.

[2358] CA Paris, 6e ch., sect. B, 11 sept. 2003, n° 2002/08815, *AJDI* nov. 2003, n° 11, p. 752, obs. S. PORCHERON.

[2359] C. civ., art. 1369-1377.

[2360] C. QUÉMENT, *Bail commercial. - Conclusion. Durée*, *op. cit.*, n° 72-73.

[2361] Cass. 3e civ., 13 mars 1974, n° 73-10.473, Bull. civ. III, n° 116, *JCP G* 1977, II, 18686, note B. BOCCARA.

contenu du bail et par conséquent de l'existence et du contenu de l'obligation de délivrance[2362].

Quant au format papier ou électronique[2363] de l'acte, celui-ci n'ayant pas d'impact sur la preuve de l'obligation de délivrance à condition que l'intégrité de l'acte soit garantie et que puisse être dûment identifiée la personne dont il émane[2364], le choix est laissé à la discrétion des contractants et du rédacteur.

Si le nombre d'actes spéciaux passés par les notaires dépasse largement le nombre d'actes sous seing privé, il n'en va pas de même chez les avocats. En effet, les assureurs constatent que les notaires utilisent de façon systématique l'acte authentique. À l'inverse, ils constatent que les avocats n'utilisent que très peu le contreseing, recourant encore à l'acte sous signature privée classique. Comment expliquer cette situation ? Est-elle justifiée ?

Dans ce contexte, il sera possible d'opter pour l'acte sous signature privée (a) ou pour un acte spécial, à savoir l'acte sous signature privée contresigné par l'avocat(b) ou l'acte authentique (c).

a - L'acte sous signature privée

511. Un acte pouvant être rédigé par les contractants eux-mêmes ou par un rédacteur professionnel. L'acte sous signature privée, anciennement dénommé acte sous seing privé, n'est pas défini par le Code civil, mais s'entend comme l'acte écrit établi par les parties elles-mêmes ou par un tiers, qui a été signé par elles ou par une personne qu'elles ont constituée pour mandataire en vue de régler une situation contractuelle (vente, location, société, contrat de travail...)[2365]. N'étant pas dédié à un rédacteur particulier, comme le sont les actes spéciaux, celui-ci peut être utilisé tant par l'avocat que par le notaire ou encore par les contractants eux-mêmes. Le choix d'un tel acte se fera au regard de ses caractéristiques, notamment en considérant sa faible valeur probante.

512. Faible valeur probante du contenu de l'acte. Souvent mis en lumière par la doctrine, le premier reproche que l'on peut faire à l'acte sous signature privée

---

[2362] F. VIGNAL, « La rédaction du contrat », *LPA* mai 1998, n° 54, p. 28 ; J.-M. MOUSSERON, P. MOUSSERON, J. RAYNARD et J.-B. SEUBE, *Technique contractuelle*, 4e éd., *op. cit.*, pp. 21-24, n° 15 et s.

[2363] Ayant fait son apparition quelques années avant, l'écrit électronique et la signature électronique ont rejoint la hiérarchie des éléments de preuve au rang de l'écrit papier et de la signature manuscrite par une loi du 13 mars 2000 (*L.* n° 2000-230, 13 mars 2000, Loi portant adaptation du droit de la preuve aux technologies de l'information et relative à la signature électronique) et ce n'est qu'en 2004, avec l'ajout des articles 1108-1 et 1108-2 par la loi du 21 juin 2004 (*L.* n° 2004-575, 21 juin 2004, Loi pour la confiance dans l'économie numérique), que le format électronique a été consacré pour des contrats majeurs. V. sur l'acte électronique : T. ABALLEA, « La signature électronique en France, état des lieux et perspectives », *D.* oct. 2001, n° 35, p. 2835 ; F. FERRAND, *Preuve*, Rép. pr. civ. Dalloz, déc. 2013, n° 658 ; F. VIGNAL et N. DUTOUR, « La rédaction du contrat », *in* L. DEJOIE *et alii*, *94e congrès des notaires de France, Le contrat, Liberté contractuelle et sécurité juridique*, Maury-Eurolivres, 1998, p. 237.

[2364] C. civ., art. 1366.

[2365] F. VIGNAL et N. DUTOUR, « La rédaction du contrat », art. cit.

est la faiblesse de sa valeur probante[2366]. En effet, le Code civil accorde la possibilité aux parties au bail commercial ainsi qu'à leurs ayants cause ou ayants droit de contester le contenu de ce contrat[2367]. Conformément à l'article 1373 du Code civil, la partie à laquelle l'acte sous signature privée est opposé peut désavouer son écriture ou sa signature et dans ce cas, il y aura lieu à vérification d'écriture. Cela signifie que celui qui invoque un acte sous signature privée est obligé de prouver la vérité de cet acte, au moyen de la vérification, si le défendeur dénie sa signature ou son écriture, de sorte que le juge ne pourra déclarer signataire de l'acte la partie contestant sa signature sans qu'il ait été procédé à la vérification de la signature[2368].

De plus, selon l'article 1377 du Code civil, l'acte sous signature privée n'acquiert date certaine qu'à compter du jour de son enregistrement ou du jour de la constatation de sa substance dans un acte authentique[2369].

De même, le Code civil ne reconnaît aucune force exécutoire aux actes sous signature privée[2370].

Enfin, rien n'oblige le rédacteur professionnel à conserver un acte sous seing privé[2371]. Les parties n'étant pas à l'abri d'une perte des baux commerciaux originaux, elles ne pourront pas forcément en solliciter une copie auprès du professionnel, s'il n'a pas fait le choix personnel d'en conserver un exemplaire. Même si le rédacteur avait procédé à un enregistrement du bail auprès de l'administration, les archives administratives ne permettent pas d'obtenir de copies d'actes anciens enregistrés[2372].

À côté de l'acte sous signature privée, il est possible de recourir à l'acte sous signature privée contresigné par un avocat.

b - L'acte sous signature privée contresigné par l'avocat

513. Un acte spécialement dédié aux avocats. Alors que certains avocats réclamaient la possibilité de dresser des actes authentiques[2373], à l'instar des notaires, c'est le contreseing d'avocat ou acte d'avocat, à mi-chemin entre l'acte sous signature privée et l'acte authentique[2374], qui a vu le jour avec la loi du 28 mars

---

2366 J.-M. FERNANDEZ, « L'acte sous signature privée : la faiblesse de sa force probante », *LPA* août 1997, n° 94, p. 9 ; F. VIGNAL et N. DUTOUR, « La rédaction du contrat », art. cit.

2367 C. civ., art. 1373 ; F. CHALVIGNAC, *La rédaction d'un acte juridique : le bail commercial*, *op. cit.*, p. 95, n° 158.

2368 J.-M. FERNANDEZ, « L'acte sous signature privée : la faiblesse de sa force probante », art. cit. ; J.-L. MOURALIS, *Preuve (1 modes de preuve)*, Rép. civ. Dalloz, janv. 2011, n° 354 et s.

2369 J.-L. MOURALIS, *Preuve (1°modes de preuve)*, *op. cit.*, n° 392 et s.

2370 F. CHALVIGNAC, *La rédaction d'un acte juridique : le bail commercial*, *op. cit.*, p. 96, n° 159.

2371 *Ibid.*, p. 93, n° 155.

2372 *Ibid.*, *loc. cit.*

2373 J.-M. DARROIS, *Rapport sur les professions du droit*, http://www.justice.gouv.fr/publications-10047/ rapports – thematiques – 10049 / les – principales – recommandations – du – rapport – darrois - 17213.html, mars 2009, p. 33.

2374 A.-C. SANTRAILLE, « L'acte d'avocat, un nouveau moyen de garantir vos engagements », art. cit. ; P.-Y. GAUTIER, « Du contreseing de l'avocat, "simili-authenticité" : le jeu avec le feu », *RDC* avr. 2010, n° 2, p. 754.

2011[2375], après quelques débats[2376]. Les baux commerciaux rédigés par les avocats ont donc aujourd'hui la possibilité de revêtir le sceau de l'acte d'avocat, mais aussi d'être conclus sous forme électronique[2377], en application du nouvel article 1174 du Code civil (ancien article 1108-1)[2378].

L'objectif recherché en introduisant l'acte d'avocat était de donner plus de sécurité juridique aux contrats passés entre personnes privées sans pour autant leur conférer le caractère d'actes authentiques[2379]. Le rapport Darrois explique que cette volonté de sécuriser les actes grâce à l'intervention plus fréquente des avocats se justifie à plus fortes raisons avec l'utilisation des formulaires préimprimés ou disponibles sur Internet qui présentent le risque de ne pas produire les conséquences attendues par les parties, *« soit parce que le but recherché en commun n'est pas atteint (le bail n'est pas valable par exemple), soit parce que la convention est illicite »*, et d'encourager les contestations ultérieures des actes en ne conférant aucune force probante particulière[2380].

Particulièrement bien accueilli par les praticiens concernés, presque comme une victoire[2381], ce nouveau statut serait, selon les termes de la doctrine, un *« marqueur de qualité »* qui *« sécurisera non seulement la transaction initiale, mais réduira également les coûts d'analyse d'une situation juridique donnée »*[2382]. Pour des auteurs, le droit immobilier est un des domaines privilégiés de l'acte d'avocat, notamment en matière de bail commercial[2383]. Et, un auteur est allé plus loin en déclarant que *« le recours à un acte d'avocat pour la rédaction d'un bail commercial dispensera l'éventuel cessionnaire du fonds de commerce de s'interroger sur la validité de celui-ci ; ce qui diminuera à son profit les coûts de transaction »*[2384].

Dans cette perspective, l'acte d'avocat est-il une véritable révolution pour l'établissement des baux commerciaux ? Pour répondre, il faut se pencher sur les caractéristiques de cet acte, notamment sur sa force probante.

2375 *L.* n° 2011-331, 28 mars 2011, Loi de modernisation des professions judiciaires ou juridiques et certaines professions réglementées (1).

2376 M. BENICHOU, « Acte d'avocat, histoire d'une loi », *Le magasine du conseil national des barreaux*, Hors série spécial acte d'avocat, mai 2011, p. 4.

2377 G. AZEMA *et alii*, *Le Lamy Baux commerciaux*, 2020, *op. cit.*, n° 201-22 et 201-18.

2378 A. BÉNABENT et L. AYNES, « Réforme du droit des contrats et des obligations : aperçu général », *D.* févr. 2016, n° 8, p. 434.

2379 Y. NICOLIN, Rapp. AN n° 3179, Rapport fait au nom de la commission des lois constitutionnelles, de la législation et de l'administration générale de la République sur le projet de loi (n° 3030), modifié par le Sénat, de modernisation des professions judiciaires ou juridiques et de certaines professions réglementées.

2380 J.-M. DARROIS, Rapport sur les professions du droit, préc., p. 34.

2381 M. BENICHOU, « Acte d'avocat, histoire d'une loi », art. cit.

2382 A. BENSOUSSAN, *L'acte d'avocat*, Francis Lefebvre, 2014, p. 23 ; T. WICKERS, « L'acte d'avocat, un pas décisif dans la modernisation du droit français », *Le magasine du conseil national des barreaux* mai 2011, hors-série spécial acte d'avocat, p. 3.

2383 J.-P. FORESTIER, « L'acte d'avocat et le droit immobilier », *Le magasine du conseil national des barreaux* mai 2011, hors-série spécial acte d'avocat, p. 17 ; V. aussi en ce sens M. BENICHOU, « Acte contresigné par l'avocat », *JCP G* avr. 2011, n° 15, 437, p. 722.

2384 T. WICKERS, « L'acte d'avocat, un pas décisif dans la modernisation du droit français », art. cit.

514. La force probante spécifique du contreseing d'avocat : une valeur supérieure à celle de l'acte sous signature privée. L'article 66-3-2 de la loi de 1971 prévoit que l'acte *« contresigné par les avocats de chacune des parties ou par l'avocat de toutes les parties fait pleine foi de l'écriture et de la signature de celles-ci tant à leur égard qu'à celui de leurs héritiers ou ayants cause »*, sachant que la procédure de faux prévue par le Code de procédure civile lui est applicable. En application du nouvel article 1366 du Code civil, l'écrit électronique a la même force probante que l'écrit sur support papier, sous réserve que puisse être dûment identifiée la personne dont il émane et qu'il soit établi et conservé dans des conditions de nature à en garantir l'intégrité. Comme l'écrit un auteur, l'article 66-3-2 confère force probante à l'acte d'avocat[2385].

Toutefois, ainsi qu'en fait état la doctrine[2386], cette force probante n'est que spécifique puisque la proposition de la commission Darrois[2387], consistant à tenir l'acte contresigné pour légalement reconnu par les parties au sens de l'ancien article 1322 du Code civil qui disposait que *« l'acte sous seing privé, reconnu par celui auquel on l'oppose, ou légalement tenu pour reconnu, a, entre ceux qui l'ont souscrit et entre leurs héritiers et ayants cause, la même foi que l'acte authentique »* n'a pas été retenue. Cela se comprend dans la mesure où cette solution aurait contredit l'objectif du législateur qui n'entendait pas donner valeur authentique à l'acte d'avocat.

En tout état de cause, la plus-value accordée à l'acte d'avocat sur ce point est incontestable face à la valeur du simple acte sous signature privée. Certains voient en la reconnaissance d'écriture et de signature un renforcement de l'efficacité de l'acte[2388]. Disons qu'il sera moins facile de le remettre en question.

515. La certitude de la date : un avantage non offert par l'acte sous signature privée. D'autre part, un auteur précise que la formulation de l'article 66-3-2 implique nécessairement que la date déposée par l'avocat soit la vraie date et non une date antérieure ou postérieure et qu'une date inexacte est constitutive d'un faux punissable tant au niveau civil qu'au niveau pénal[2389]. L'avocat pourra ainsi attester de la certitude de la date de signature de l'acte[2390].

Cependant, la certitude de la date conférée par l'acte d'avocat est à distinguer de la date certaine donnée par le notaire, étant précisé que la date certaine fiscale est donnée uniquement par l'enregistrement[2391]. En effet, un ouvrage explique que, la loi du 28 mars 2011 n'ayant pas modifié l'article 1328 du Code civil relatif aux

---

[2385] *Ibid.*

[2386] A. BENSOUSSAN, *L'acte d'avocat*, *op. cit.*, p. 49 ; P. MICHAUD, « Acte d'avocat : l'acte de la liberté contractuelle sera-t-il une révolution », *Gaz. pal.* mars 2011, n° 88, p. 11 ; J.-J. UETTWILLER, F. G'SELL et J.-P. CHAZAL, « De nouveaux instruments juridiques au service des entreprises : acte d'avocat et procédure participative », *Cah. dr. entr.* nov. 2011, n° 6, entr. 6, p. 9 ; M. BACACHE et A.-S. LEROYER, « Acte d'avocat : Acte sous seing privé contresigné par l'avocat - Acte authentique », *RTD civ.* juill. 2011, n° 2, p. 403.

[2387] J.-M. DARROIS, Rapport sur les professions du droit, préc., p. 35.

[2388] J.-J. UETTWILLER, « La responsabilité de l'avocat rédacteur d'acte », art. cit.

[2389] P. MICHAUD, « Responsabilité de l'avocat », Journée sur l'acte d'avocat, Assemblée nationale, 5 mai 2011.

[2390] P. MICHAUD, « Acte d'avocat : l'acte de la liberté contractuelle sera-t-il une révolution ?! », art. cit.

[2391] *Ibid.*

conditions d'obtention de la date certaine des actes sous signature privée, l'acte d'avocat n'a pas date certaine[2392].

Si cette remarque se justifie largement lorsque l'acte d'avocat est considéré de manière générale, est-ce qu'elle représente véritablement une limite en matière d'actes de commerce, particulièrement en matière de bail commercial ? Pour répondre, il suffit de s'en remettre à l'arrêt de la Cour de cassation du 25 avril 1983 par lequel celle-ci déclare que le bail consenti à un preneur en vue de l'exploitation de son commerce a, à son égard, le caractère d'un acte de commerce dont la preuve n'est pas soumise aux dispositions de l'ancien article 1328 du Code civil[2393]. Il en résultait que le preneur était en droit d'opposer son bail, qui n'avait pas acquis date certaine, à un autre preneur, lui-même commerçant qui bénéficiait d'un bail portant sur la même chose, consenti postérieurement et enregistré.

516. Absence de force exécutoire. Par ailleurs, comme l'ont souligné plusieurs auteurs, l'acte d'avocat n'est pas doté de la force exécutoire à la différence de l'acte notarié, auquel elle est inhérente[2394]. Trois arguments ont été proposés par la doctrine pour pallier ce manque.

Il a d'abord été suggéré de recourir à deux avocats pour garantir que la volonté de chaque partie signataire est bien respectée avec enregistrement des formalités auprès d'un office des actes d'avocat, le tout parfait par un texte de loi donnant la force exécutoire à l'acte[2395].

A ensuite été soumise la voie de l'homologation judiciaire[2396] par le biais de l'article 2066 du Code civil, mais ce procédé risque de se heurter à deux difficultés pratiques : l'engorgement des tribunaux et les lourdeurs administratives[2397].

Enfin, il a été proposé de faire application de l'article 2052 du Code civil, qui donne l'autorité de la chose jugée en dernier ressort aux transactions, et de l'article 1441-4 du Code de procédure civile qui dispose que le président du tribunal de grande instance, saisi sur requête par une partie à la transaction, confère force exécutoire à l'acte qui lui est présenté[2398].

517. Impossible utilisation de l'acte d'avocat pour les baux commerciaux de plus de douze ans et les baux commerciaux de débit de boissons. Il convient aussi de préciser que cet acte n'ayant pas la forme authentique ne pourra pas être utilisé pour tous les baux commerciaux. En effet, il va trouver ses limites dans l'établissement de contrats nécessitant une publication à la conservation des hypothèques qui exige la présentation d'un acte authentique, pour lesquels les

---

2392 A. BENSOUSSAN, *L'acte d'avocat*, *op. cit.*, p. 35.

2393 Cass. com., 25 avr. 1983, n° 81-16.804, Bull. civ. IV, n° 122, *D.* 1984, p. 1, note P. JOURDAIN.

2394 P. MICHAUD, « Responsabilité de l'avocat », art. cit. ; F. TERRÉ, « Le texte et le contexte », *RDC* avr. 2010, n° 2, p. 762.

2395 *Ibid.*

2396 *Ibid.* ; P. MICHAUD, « Responsabilité de l'avocat », art. cit.

2397 F. TERRÉ, « Le texte et le contexte », art. cit.

2398 P. MICHAUD, « Responsabilité de l'avocat », art. cit.

notaires ont le monopole[2399]. C'est notamment le cas des baux commerciaux de plus de douze ans[2400] en application de l'article 28 du décret du 4 janvier 1955[2401] et des baux commerciaux portant sur un local affecté au débit de boissons[2402] conformément à l'article 504 alinéa 1er du Code général des impôts.

Malgré l'introduction de l'acte d'avocat, force est de constater que les avocats demeurent incompétents pour établir ce type de baux commerciaux. Cela pourra donc impliquer un coût supplémentaire pour le client qui devra payer l'avocat et un notaire pour la publication du bail.

518. Impossibilité de dénégation d'écriture ou de signature. Aussi, en permettant l'application de la procédure de faux, encadrée par les articles 299 à 302 du Code de procédure civile, les parties pourront contester le contenu de l'acte qu'on leur oppose, si elles estiment notamment qu'il a été falsifié ou que leur identité a été usurpée, mais ne pourront pas utiliser la procédure de vérification d'écriture, définie aux articles 287 à 298 du Code de procédure civile puisque la formule de l'article 66-3-2 fait naître une présomption irréfragable interdisant aux parties et à leurs ayants cause de désavouer leur signature ou écriture[2403]. On contraint les parties à recourir à la procédure de faux alors qu'en temps normal, elles auraient pu se contenter de dénier leur écriture ou leur signature, ce qui constitue, pour certains membres de la doctrine, une sorte de renversement du risque de la preuve[2404].

519. La dispense des mentions manuscrites. Qui plus est, l'article 66-3-3 énonce que *« l'acte sous seing privé contresigné par avocat est, sauf disposition dérogeant expressément au présent article, dispensé de toute mention manuscrite exigée par la loi »*. Ainsi, cet article dispense l'acte contresigné par un avocat de l'exigence de mentions manuscrites, sauf disposition expresse visant spécifiquement ledit article, l'intervention de ce professionnel les rendant inutiles parce qu'il garantit que les parties ont été informées de la portée de l'engagement qu'elles concluent[2405]. Il faut y voir un côté pratique puisque la rédaction s'en trouve facilitée. Toutefois, un auteur fait remarquer que les mentions « écrites » par une partie ne sont pas visées

---

2399 A. BENSOUSSAN, *L'acte d'avocat*, *op. cit.*, p. 28, n° 42 ; P. MICHAUD, « Acte d'avocat : l'acte de la liberté contractuelle sera-t-il une révolution ?! », art. cit. ; P. MICHAUD, « Assurer le développement économique de nos cabinets d'avocats : l'acte d'avocats », *LPA* oct. 2006, n° 208, p. 3.

2400 E. CRUVELIER, *Baux commerciaux (Régime fiscal)*, Rép. civ. Dalloz, janv. 2018, n° 115-116.

2401 *D.* n° 55-22, 4 janv. 1955, Décret portant réforme de la publicité foncière ; CGI, art. 742.

2402 G. AZEMA *et alii*, *Le Lamy Baux commerciaux*, 2020, *op. cit.*, n° 201-20.

2403 A. BENSOUSSAN, *L'acte d'avocat*, *op. cit.*, pp. 50 et s. ; P. MICHAUD, « Acte d'avocat : l'acte de la liberté contractuelle sera-t-il une révolution ?! », art. cit. ; J.-J. UETTWILLER, F. G'SELL et J.-P. CHAZAL, « De nouveaux instruments juridiques au service des entreprises : acte d'avocat et procédure participative », art. cit.

2404 O. DESHAYES, « L'acte contresigné par avocat est né (conjugaison à l'imparfait du législatif) », *LEDC* mai 2011, n° 5, p. 1.

2405 P. MICHAUD, « Assurer le développement économique de nos cabinets d'avocats : l'acte d'avocats », art. cit.

par l'article[2406]. Il se demande alors si cette dispense est bien justifiée alors que la loi n'assure pas que l'acte d'avocat se fera au même moment que la signature de l'acte par les parties[2407].

S'agissant de la signature, elle demeure obligatoire et pourra, conformément au nouvel article 1367 du Code civil, se faire par voie électronique selon un procédé fiable d'identification garantissant son lien avec l'acte auquel elle s'attache. La fiabilité de ce procédé est présumée, jusqu'à preuve contraire, lorsque la signature électronique est créée, l'identité du signataire est assurée et l'intégrité de l'acte est garantie, dans des conditions fixées par décret en Conseil d'État.

520. L'archivage de l'acte d'avocat : une protection de la preuve. Quant à l'archivage de l'acte, il est évident que les articles 1 et 2 de la loi du 15 juillet 2008, codifiés sous l'article L. 211-1 et L. 211-2 du Code du patrimoine, relatifs à la conservation des archives, en ce qu'ils s'appliquent *« à l'ensemble des documents, quels que soient leur date, leur lieu de conservation, leur forme et leur support, produits ou reçus par toute personne physique ou morale et par tout service ou organisme public ou privé dans l'exercice de leur activité »*, s'appliquent également aux actes contresignés par des avocats même si la loi de 2011 ne le rappelle pas[2408].

L'obligation de conservation sera à la fois individuelle et collective. D'une part, elle sera matérialisée par un relevé des actes contresignés par avocat (minutier) à l'image des notaires, sur lequel devront figurer la date, les noms des parties, le thème de l'acte (bail commercial, transaction, compromis de vente…). D'autre part, elle sera liée à la signature électronique des actes[2409]. Un auteur préconise que l'archivage collectif s'organise soit en créant un Office de conservation de l'acte d'avocat, soit en utilisant les services publics ou privés déjà existants (greffe judiciaire, archives nationales, société privée), soit encore en se ralliant aux notaires[2410].

521. Acte d'avocat et attestation de consentement éclairé de l'acte d'avocat : une remise en question du devoir de conseil plus difficile et une simple clarification de la responsabilité de l'avocat rédacteur. Enfin, l'article 3 de la loi du 28 mars 2011, qui crée un article 66-3-1 à la loi de 1971[2411], énonce qu'en *« contresignant un acte sous seing privé, l'avocat atteste avoir éclairé pleinement la ou les parties qu'il conseille sur les conséquences juridiques de cet acte »*. Avec le nouvel article 1126

2406 O. DESHAYES, « L'acte contresigné par avocat est né (conjugaison à l'imparfait du législatif) », art. cit.

2407 *Ibid.*

2408 *Ibid.*

2409 M. BENICHOU, « La conservation de l'acte d'avocat », *Le magasine du conseil national des barreaux*, Hors-série spécial acte d'avocat, mai 2011, p. 14 ; M. BENICHOU, « Acte contresigné par l'avocat », art. cit. ; A. BENSOUSSAN, *L'acte d'avocat, op. cit.*, pp. 59-63 ; P. MICHAUD, « Acte d'avocat : l'acte de la liberté contractuelle sera-t-il une révolution ?! », art. cit.

2410 P. MICHAUD, « Acte d'avocat : l'acte de la liberté contractuelle sera-t-il une révolution ?! », art. cit. ; P. MICHAUD, « Assurer le développement économique de nos cabinets d'avocats : l'acte d'avocats », art. cit.

2411 *L.* n° 71-1130, 31 déc. 1971, Loi portant réforme de certaines professions judiciaires et juridiques.

du Code civil, qui permet la transmission des informations demandées en vue de la conclusion d'un contrat ou celles qui sont adressées au cours de son exécution par courrier électronique, si leur destinataire a accepté l'usage de ce moyen, l'avocat pourra éclairer les parties par voie électronique. L'article 66-3-1 a fait l'objet de nombreuses interrogations quant à sa signification. Certains l'ont perçu comme une légalisation de la présomption de consentement éclairé[2412], faisant que les parties conseillées par l'avocat n'auront plus à rapporter la preuve que la rédaction retenue est celle suggérée ou acceptée par l'avocat, puisque son contreseing en attestera, les avocats qui souhaiteront se prémunir contre une action en responsabilité pour défaut de conseil devant se constituer une preuve des conseils donnés[2413]. D'autres y voient une simple présomption de l'accomplissement du devoir de conseil[2414]. Pour d'autres auteurs encore, cet article reste un *« mystère »*[2415]. Pour d'autres enfin, il faut comprendre qu'en apposant son contreseing sur un acte, l'avocat en revendique la qualité de rédacteur et assume de ce seul fait les obligations civiles et déontologiques qui lui sont attachées[2416]. La première interprétation nous semble d'abord erronée puisqu'elle implique que cette présomption de consentement existait déjà et qu'elle a été légalisée alors que la Cour de cassation déclarait en 2001 que l'avocat est tenu d'une obligation de conseil dont il lui incombe de rapporter la preuve[2417]. Elle nous semble ensuite contradictoire en ce que la charge de la preuve est inversée. S'il s'agit d'une présomption de conseil, il appartiendrait aux parties de prouver qu'elles n'ont pas reçu ce conseil et non l'inverse. La seconde, quant à elle, nous paraît improbable, car, comme le souligne un auteur, il est tout à fait paradoxal qu'un acte dont l'objectif est d'apporter de la sécurité puisse légitimement offrir une quasi-immunité à l'avocat[2418]. Finalement, le fait que l'avocat endosse, via le seau de l'acte d'avocat, sa responsabilité se perçoit un peu comme un curseur rassurant pour les parties. Cette idée rejoint celle de l'ancien président de la conférence des bâtonniers, d'après qui l'acte d'avocat implique que les engagements seront désormais souscrits avec une vraie information préalable et sous la conduite de professionnels tenus au secret professionnel et refusant les conflits d'intérêts, ce qui semble être un gage de sécurité pour les clients[2419]. À ce propos, le témoignage d'un commerçant est très explicite : *« Je compte ouvrir un deuxième magasin de chaussure. Pour ne pas avoir de problèmes, je passerai par un avocat, notamment pour m'assister dans le*

[2412] P. MICHAUD, « Responsabilité de l'avocat », art. cit.

[2413] P. MICHAUD, « Acte d'avocat : l'acte de la liberté contractuelle sera-t-il une révolution ?! », art. cit.

[2414] J.-J. UETTWILLER, « La responsabilité de l'avocat rédacteur d'acte avant et après la loi n° 2011-331 du 28 mars 2011 », *Le magasine du conseil national des barreaux* mai 2011, hors-série spécial acte d'avocat, p. 6.

[2415] O. DESHAYES, « L'acte contresigné par avocat est né (conjugaison à l'imparfait du législatif) », art. cit.

[2416] G. PILLET, « Le contreseing de l'avocat et la responsabilité civile professionnelle du rédacteur d'acte », *AJ fam.* juin 2011, n° 6, p. 300.

[2417] Cass. 1e civ., 27 févr. 2001,n° 98-21.725.

[2418] A. BENSOUSSAN, *L'acte d'avocat*, *op. cit.*, p. 32 et 35 ; G. PILLET, « Le contreseing de l'avocat et la responsabilité civile professionnelle du rédacteur d'acte », art. cit.

[2419] B. CHAMBEL, « L'acte d'avocat et le droit des contrats », *Le magasine du conseil national des barreaux* mai 2011, hors-série spécial acte d'avocat, p. 18.

cadre des baux commerciaux conclus avec les bailleurs. Le fait d'avoir un acte d'avocat me tranquillise dans cette nouvelle étape. »[2420]. En revanche, alors que pour certains, cette bonne compréhension des stipulations constitue un renforcement de l'efficacité de l'acte[2421], nous sommes plus mitigés. On peut peut-être penser que la valeur officielle de l'acte d'avocat conscientise les professionnels dans leur rédaction, incitant ces derniers à réaliser un travail irréprochable. On peut également penser, de façon légitime, que l'intervention d'un professionnel, grâce à la compétence qui lui est attachée, garantisse cette efficacité. Cependant l'on sait aussi que le contentieux en la matière est abondant alors même que ce sont des professionnels qui interviennent[2422]. L'évolution à venir du contentieux précisera si l'acte d'avocat est un véritable gage d'efficacité.

Si le contreseing d'avocat ne met pas en place un régime de responsabilité civile spécifique, il permet en réalité à l'avocat de revendiquer la qualité de rédacteur d'un acte donné[2423]. Pour certains auteurs, le contreseing est de nature à renforcer les obligations et la responsabilité de l'avocat[2424]. L'un d'entre eux y voit une *« obligation de moyens renforcée »*[2425]. Un autre y voit une obligation de résultat : l'avocat engage sa responsabilité du seul fait qu'il n'a pas dûment conseillé le client[2426]. Pour d'autres, il s'agit-là plutôt d'une clarification du champ de sa responsabilité que d'un renforcement[2427]. La présomption simple d'accomplissement du devoir de conseil ainsi créée soumettrait l'avocat au régime de responsabilité qui lui est d'ores et déjà attaché, sans que l'intensité de cette responsabilité ne s'en trouve modifiée[2428]. La doctrine prétend que l'acte d'avocat est le corollaire de la lourde responsabilité, assimilée à celle des notaires, qui pèse sur eux depuis des années[2429] : c'est parce que cette responsabilité existe, parce que le statut de rédacteur existe, que l'acte d'avocat a été reconnu. Il s'intègre dans le contexte du droit actuel[2430]. Un auteur

---

2420 D. S., « Commerçant… », *Le magasine du conseil national des barreaux*, mai 2011, hors-série spécial acte d'avocat, p. 17.

2421 A. BENSOUSSAN, *L'acte d'avocat*, *op. cit.*, p. 49 ; J.-J. UETTWILLER, « La responsabilité de l'avocat rédacteur d'acte », art. cit.

2422 M.-H. MALEVILLE, « La responsabilité civile des intermédiaires professionnels au titre du devoir de conseil », *JCP G* avr. 2000, n° 17, étude I 222, p. 731.

2423 G. PILLET, « Le contreseing de l'avocat et la responsabilité civile professionnelle du rédacteur d'acte », art. cit.

2424 P. DELEBECQUE, T. REVET, C. CHARRIERE-BOURNAZEL et P. ROGER, « Les nouvelles missions de l'avocat », *Dr. & patr.* juill. 2011, n° 205, p. 18.

2425 A. BENSOUSSAN, *L'acte d'avocat*, *op. cit.*, p. 32.

2426 ORDRE DES AVOCATS DE PARIS, *La responsabilité civile des professions juridiques*, avr. 2011, guide réalisé par AON, courtier d'assurances du Barreau, disponible sur http://www.aon.fr/ *in* A. BENSOUSSAN, *L'acte d'avocat*, *op. cit.*, p. 33.

2427 *Ibid.* ; M. BENICHOU, « Acte contresigné par l'avocat », art. cit. ; G. PILLET, « Le contreseing de l'avocat et la responsabilité civile professionnelle du rédacteur d'acte », art. cit. ; M. BACACHE et A.-S. LEROYER, « Acte d'avocat : Acte sous seing privé contresigné par l'avocat - Acte authentique », art. cit.

2428 J.-J. UETTWILLER, « La responsabilité de l'avocat rédacteur d'acte avant et après la loi n° 2011-331 du 28 mars 2011 », art. cit.

2429 P. MICHAUD, « Les avocats sont-ils des canards de foire ? En route vers l'acte d'avocat ! », *Gaz. pal.* avr. 1997, p. 3.

2430 G. PILLET, « Le contreseing de l'avocat et la responsabilité civile professionnelle du rédacteur d'acte », art. cit.

explique que pour que la consécration de l'acte contresigné par avocat étende le champ de sa responsabilité civile professionnelle, il faudrait que l'art. 66-3-1 de la loi du 31 décembre 1971 impose une définition du rédacteur plus étendue qu'elle ne l'était hier[2431]. On y viendra peut-être à en croire les dires d'un auteur pour qui une nouvelle définition de l'avocat s'impose[2432]. En attendant, si sa responsabilité n'est pas étendue, on peut penser qu'il sera moins facile pour l'avocat de s'exonérer de sa responsabilité en étant expressément désigné comme le rédacteur de l'acte : il lui sera largement plus difficile de prétendre qu'il n'est intervenu que pour des conseils et non pour la rédaction. La doctrine y voit une certaine automaticité dans le sens ou de la simple défaillance du contrat, sera automatiquement déduit le manquement du praticien[2433]. Il reste à savoir dans quelle mesure la preuve contraire de l'absence de manquement est possible et selon quel degré d'exigence elle pourra être rapportée[2434]. Par ailleurs, un auteur affirme que le texte apporte une précision sur le créancier du devoir de conseil en mentionnant *« la ou les parties qu'il conseille »*[2435]. Alors qu'une jurisprudence avait étendu cette obligation à toutes les parties *« peu important le fait que l'acte a été signé en son absence après avoir été établi à la demande d'un seul des contractants »*[2436], force est de constater que le texte indique qu'il s'agit de la ou les parties conseillées par l'avocat[2437]. Pour autant, va-t-il en résulter un infléchissement de la jurisprudence ? L'avenir précisera la tendance. Pour l'auteur en question, *« l'avocat rédacteur unique a une obligation de prestation équilibrée et non partisane comme l'obligation d'éclairer les deux parties à l'acte sur les conséquences de celui-ci en droit ; en présence de pluralité de conseils et d'un acte contresigné par avocat, chacun d'eux n'a cette obligation qu'à l'égard de la partie qu'il conseille »*[2438].

Voisin de l'acte d'avocat, l'acte authentique se présente comme la forme privilégiée du bail commercial.

c - L'acte authentique

522. Un monopole détenu par les notaires et une obligation pour certains baux commerciaux. L'acte authentique est défini par l'article 1369 du Code civil comme *« celui qui a été reçu, avec les solennités requises, par un officier public ayant compétence et qualité pour instrumenter »*, étant précisé qu'il peut être dressé sur support électronique. Les notaires détiennent le monopole en matière d'authentification des

---

[2431] *Ibid.*

[2432] P. MICHAUD, « Acte d'avocat : l'acte de la liberté contractuelle sera-t-il une révolution ?! », art. cit.

[2433] P.-Y. GAUTIER, « Du contreseing de l'avocat, "simili-authenticité" : le jeu avec le feu », art. cit.

[2434] *Ibid.*

[2435] J.-J. UETTWILLER, « La responsabilité de l'avocat rédacteur d'acte avant et après la loi n° 2011-331 du 28 mars 2011 », art. cit.

[2436] Cass. 1e civ., 27 nov. 2008, n° 07-18.142, Bull. civ. I, n° 267, JurisData n° 2008-045973, *Dr. sociétés* mars 2009, n° 3, comm. 53, p. 32, obs. D. GALLOIS-COCHET ; *JCP G* janv. 2009, n° 1-2, pan. IV 1013, p. 49 ; *D.* mars 2009, n° 10, p. 706, obs. C. JAMIN ; *RTD civ.* mars 2009, n° 1, p. 134, obs. P.-Y. GAUTIER ; *Dalloz actualité* 11 déc. 2008, obs. V. AVENA-ROBARDET.

[2437] J.-J. UETTWILLER, « La responsabilité de l'avocat rédacteur d'acte avant et après la loi n° 2011-331 du 28 mars 2011 », art. cit. ; J.-J. UETTWILLER, « La responsabilité de l'avocat rédacteur d'acte », art. cit.

[2438] J.-J. UETTWILLER, « La responsabilité de l'avocat rédacteur d'acte », art. cit.

actes[2439]. L'acte authentique se présente comme un recours obligatoire pour certains baux commerciaux et comme une forme à privilégier dans les autres baux commerciaux[2440]. Comme l'explique la doctrine, le recours à l'acte authentique s'impose parfois en raison de la formalité obligatoire de publicité foncière exigée par le législateur[2441]. C'est le cas des baux commerciaux conclus pour une durée supérieure à douze ans[2442], en application de l'article 28 du décret du 4 janvier 1955[2443]. C'est également le cas des baux commerciaux portant sur un local affecté au débit de boissons[2444] en vertu de l'article 504 alinéa 1er du Code général des impôts.

523. Force probante supérieure à celle de l'acte sous signature privée. Le premier avantage de cet acte tient à la force probante qui lui est conférée et qui est un gage de protection pour le client, si bien que le bailleur aurait tout intérêt à conclure un bail notarié plutôt qu'un bail sous signature privée[2445]. En effet, l'article 1371 précise que l'acte authentique fait foi jusqu'à l'inscription de faux. Ce faisant, il revient à celui qui conteste l'authenticité de l'acte de rapporter la preuve qu'il est faux[2446]. Comme l'écrit justement M. Chalvignac, *« une source de contentieux est supprimée en assurant la "sécurité de la preuve" du bail commercial »*[2447].

524. Force exécutoire. Au même titre que la force probante, la force exécutoire de l'acte authentique constitue une protection pour le client[2448]. L'intérêt de l'acte notarié est qu'il est exécutoire par lui-même, c'est-à-dire, selon la loi n° 91-650 du 9 juillet 1991, qu'il permet d'exercer sans formalité préalable une saisie-attribution. Toutefois, cet intérêt semble limité par l'article 47-III de la loi n° 94-126 du 11 février 1994, dite loi Madelin. En effet, ce texte prévoit que l'exécution d'un titre exécutoire ayant sa source dans l'activité professionnelle d'un entrepreneur individuel - ce qui est souvent le cas en matière de baux commerciaux - peut être paralysée, sur l'initiative du débiteur poursuivi, lorsque le créancier entend saisir des biens non professionnels du débiteur[2449]. Un autre avantage est que l'acte authentique fait foi jusqu'à inscription en faux des faits que l'officier

---

2439 F. VIGNAL et N. DUTOUR, « La rédaction du contrat », art. cit.

2440 C. DENIZOT, *Droit civil et bail commercial*, *op. cit.*, pp. 169 et s., n° 180 et s.

2441 D. FROGER, « Contribution notariale à la définition de la notion d'authenticité », *Defrénois* févr. 2004, n° 3, p. 173.

2442 E. CRUVELIER, *Baux commerciaux (Régime fiscal)*, *op. cit.*, n° 115-116 ; G. AZEMA *et alii*, *Le Lamy Baux commerciaux*, 2020, *op. cit.*, n° 201-20.

2443 *D.* n° 55-22, 4 janv. 1955, préc.

2444 G. AZEMA *et alii*, *Le Lamy Baux commerciaux*, 2020, *op. cit.*, *loc. cit.*

2445 F. CHALVIGNAC, *La rédaction d'un acte juridique : le bail commercial*, *op. cit.*, pp. 107 et s., n° 179 et s. ; D. FROGER, « Contribution notariale à la définition de la notion d'authenticité », art. cit. ; F. VIGNAL et N. DUTOUR, « La rédaction du contrat », art. cit.

2446 F. CHALVIGNAC, *La rédaction d'un acte juridique : le bail commercial*, *op. cit.*, p. 107, n° 179.

2447 *Ibid.*, *loc. cit.*

2448 D. FROGER, « Contribution notariale à la définition de la notion d'authenticité », art. cit.

2449 J.-G. RAFFRAY, « Bail commercial, libres propos sur la rédaction des formules et leur utilisation », *JCP N* janv. 1998, n° 5, p. 163.

public énonce comme accomplis par lui ou comme s'étant passés en sa présence dans l'exercice de ses fonctions.

525. Date certaine. En outre, l'authenticité de l'acte lui confère également une date certaine[2450]. La date de l'acte étant constatée personnellement par l'officier public, elle s'impose aux parties, à leurs ayants droit et même aux tiers, si bien que l'acte fait foi de sa date par lui-même, avant d'avoir été inscrit au répertoire de l'étude ou présenté à la formalité de l'enregistrement[2451]. L'acte fera pleine foi de la date dès que l'officier public aura apposé sa signature. La jurisprudence a précisé que même si les signatures des parties ont été recueillies à différentes dates, la date de l'acte authentique est celle de sa clôture et non celle du jour où il a été signé par l'une ou l'autre des parties[2452].

526. Archivage. Aussi, avec une conservation des minutes des actes authentiques pendant cent ans dans l'office notarial, l'acte notarié présente une certaine sécurité et offre un certain confort aux clients[2453].

Dans la suite logique de nos propos visant la preuve de l'existence et du contenu de l'obligation de délivrance, il est impératif d'aborder la preuve de son exécution.

[2450] F. CHALVIGNAC, *La rédaction d'un acte juridique : le bail commercial*, *op. cit.*, p. 104, n° 174 ; S. CABRILLAC et C. JAQUET, « La preuve de la date de l'acte », *JCP N* févr. 2013, n° 5, doss. 1015, p. 33.

[2451] S. CABRILLAC et C. JAQUET, « La preuve de la date de l'acte », art. cit.

[2452] CA Limoges, 14 déc. 1842, S. 1842, 2, p. 7 ; DP 1844, 2, p. 86.

[2453] Extrait du discours prononcé par M. le Garde des Sceaux, D. Perben, lors de la séance inaugurale du 99e Congrès des Notaires de France, Deauville, 26 mai 2003, *in* D. FROGER, « Contribution notariale à la définition de la notion d'authenticité », art. cit.

Section 2 - La preuve de l'exécution de l'obligation de délivrance

527. Preuve de la réalisation de la double prestation et de son résultat : preuve de la mise en capacité d'exercice de l'activité économique. La preuve de l'exécution de l'obligation de délivrance est moins évidente à rapporter que la preuve de son existence. Concrètement, il va falloir prouver que la finalité du bail commercial a bien été réalisée. Cela revient à prouver que la double prestation objet de l'obligation de délivrance a bien été réalisée, et plus précisément que l'objet de cette double prestation, à savoir la chose louée, correspond au résultat promis et attendu, c'est-à-dire que la chose louée est bien apte à mettre le preneur en capacité d'exercer son droit de jouissance et donc son activité économique.

Ici encore, l'approche fonctionnelle de l'obligation de délivrance ne révolutionne pas les règles de preuve applicable à l'obligation de délivrance, qui sont de façon générale applicables à toute obligation, mais elle explique certaines spécificités attachées à sa preuve.

Seront examinés successivement, la charge de la preuve de l'exécution de l'obligation de délivrance (§ 1), puis les modes de cette preuve (§ 2).

§ 1 - La charge de la preuve de l'exécution de l'obligation de délivrance

528. Preuve majoritairement à la charge du bailleur : l'obligation de délivrance qualifiée d'obligation de résultat. De façon constante et depuis bien longtemps, la Cour de cassation considère qu'il appartient au bailleur de prouver qu'il a satisfait à son obligation de délivrance, en application de l'article 1719, 1° du Code civil[2454]. Cela semble logique dans la mesure où l'obligation de délivrance est majoritairement qualifiée d'obligation de résultat[2455].

529. Inversement de la charge de la preuve : l'obligation de délivrance qualifiée d'obligation de moyens. Dans certaines circonstances, l'obligation de délivrance a pu être qualifiée d'obligation de moyens[2456]. C'est notamment le cas lorsqu'elle touche à la sécurité puisque la jurisprudence a clairement affirmé que le

---

[2454] Cass. 3e civ., 30 oct. 1972, n° 71-13.384, Bull. civ. III, n° 563, JurisData n° 1972-000563 : l'arrêt déclare que le bailleur doit prouver qu'il s'est libéré de son obligation de délivrance de la bonne contenance de la chose louée ; Cass. 3e civ., 25 juin 2008, n° 07-14.341, Bull. civ. III, n° 111, JurisData n° 2008-044532, *JCP G* juill. 2008, n° 31-35, pan. IV 2359, p. 89, obs. LES RÉDACTEURS-ANALYSTES JURISDATA et M.-C. ROUAULT ; *Gaz. pal.* sept. 2008, n° 271, p. 15 ; *Dr. & patr.* janv. 2009, n° 177, p. 92, chron. M.-O. VAISSIÉ et P. PELLETIER ; *Rev. loyers* oct. 2008, n° 890, jur. 824, p. 436, an. J. RÉMY ; *D.* sept. 2008, n° 29, p. 2000, obs. S. PORCHERON ; *Dalloz actualité* 21 juill. 2008, obs. A. MBOTAINGAR ; *D.* nov. 2008, n° 40, p. 2820, chron. P. DELEBECQUE, J.-D. BRETZNER et T. VASSEUR ; Cass. 3e civ., 13 sept. 2011, n° 10-24.626, *AJDI* janv. 2012, n° 1, p. 32, obs. V. ZALEWSKI ; *Rev. loyers* déc. 2011, n° 922, jur. 1367, p. 464, an. C. LEBEL.

[2455] V. *infra* n° 620 et s.

[2456] V. *infra* n° 623 et s.

bailleur n'est pas tenu d'une obligation de résultat quant à la sécurité du locataire[2457]. C'est aussi le cas lorsqu'elle présente un caractère aléatoire comme l'obligation du bailleur de réaliser une pelouse en gazon compte tenu des aléas climatiques[2458] ou comme l'obligation du bailleur de tout mettre en œuvre pour assurer un environnement favorable au preneur[2459].

Dans la mesure où la preuve des obligations de moyens souffre un inversement de la charge de la preuve[2460], la preuve de l'exécution de l'obligation de délivrance, dans l'hypothèse où elle endosse une telle qualification, devrait subir le même sort. En effet, il appartient au débiteur d'une obligation de résultat de rapporter la preuve d'une cause étrangère, alors que c'est au créancier d'une obligation de moyens de prouver que le débiteur n'a pas mis tous les moyens en œuvre pour atteindre le résultat[2461].

530. Inversement de la charge de la preuve : exception d'inexécution. La Cour de cassation s'est prononcée sur ce point. En l'espèce, une Cour d'appel avait accueilli l'exception d'inexécution formulée par le locataire aux motifs que le constat d'huissier établissait l'impossibilité pour le preneur de pénétrer dans les lieux loués dont les serrures avaient été changées et que le bailleur soutenait, sans le démontrer, que ce changement était le fait du preneur. Le bailleur étant tenu de l'obligation de délivrance et de jouissance paisible, les juges du fond ont estimé que la charge de la preuve lui incombait. La Haute Cour déclare que les juges d'appel ont violé l'article 1315 du Code civil, devenu 1353, puisqu'il incombait au preneur qui opposait au bailleur une exception d'inexécution de rapporter la preuve que l'impossibilité dans laquelle il s'était trouvé de jouir des lieux loués était imputable au bailleur[2462].

La charge de la preuve étant précisée, il reste à aborder les modes de preuve de l'exécution de l'obligation de délivrance.

§ 2 - Les modes de preuve de l'exécution de l'obligation de délivrance

531. Bail commercial classique et bail commercial en l'état futur d'achèvement. Si les modes de preuve de l'exécution de l'obligation de délivrance, c'est-à-dire de la réalisation de la finalité du bail commercial, sont identiques dans le cadre d'un bail commercial classique ou dans le cadre d'un bail commercial en

---

2457 Cass. 3e civ., 21 nov. 1990, n° 89-15.922, Bull. civ. III, n° 236, JurisData n° 1990-703133, *RDI* juin 1991, n° 2, p. 264, chron. G. BRIÈRE DE L'ISLE et J. DERRUPPÉ.

2458 Cass. 3e civ., 21 juill. 1999, n° 97-13.322, JurisData n° 1999-003140, *Loyers et copr.* 1999, comm. 257.

2459 Cass. 3e civ., 14 févr. 2012, n° 11-13.393, JurisData n° 2012-007972, *Loyers et copr.* mai 2012, n° 5, comm. 142, p. 24, note P.-H. BRAULT ; *AJDI* juill. 2012, n° 7-8, p. 512, obs. H. GUYADER ; *D.* juill. 2012, n° 28, p. 1844, chron. M.-P. DUMONT-LEFRAND ; *AJDI* déc. 2013, n° 12, p. 882, chron. J.-P. BLATTER.

2460 A. PLANCQUEEL, « Obligations de moyens, obligations de résultat. Essai de classification des obligations contractuelles en fonction de la charge de la preuve en cas d'inexécution », *RTD civ.* 1972, p. 334.

2461 Y. PICOD, *Obligations*, *op. cit.*, n° 47.

2462 Cass. 3e civ., 22 mars 2018, n° 17-17.194, *AJDI* juin 2018, n° 6, p. 435.

l'état futur d'achèvement, il reste que dans le second cas le moment de cette preuve va soulever quelques difficultés étant donné que la chose n'existe pas encore au moment de l'établissement du contrat. Effectivement, s'agissant d'une chose future, la preuve de la réalisation de la finalité sera plus difficile à établir.

La preuve de l'exécution de l'obligation de délivrance sera donc envisagée dans le cadre d'un bail commercial classique (A) et dans le cadre bien particulier d'un bail commercial en l'état futur d'achèvement (B).

A - La preuve de l'exécution de l'obligation de délivrance dans le cadre d'un bail commercial classique

532. Absence de mode de preuve imposé par le législateur. Le législateur n'impose pas de mode de preuve de l'exécution de l'obligation de délivrance. Concrètement, il va donc falloir choisir le plus efficace pour établir la preuve de la réalisation de la finalité du bail commercial. Une telle preuve suppose de circonscrire ce qu'il va exactement falloir prouver. En application de l'approche fonctionnelle de l'obligation de délivrance, qui la décompose en une double prestation de mise à disposition et de mise en état[2463], il va falloir établir la preuve de chacune de ces prestations.

Partant, il nous faut évoquer les modes de preuve de chacune des composantes de l'obligation de délivrance : d'abord ceux de la mise à disposition (1), puis ceux de la mise en conformité (2).

1 - La preuve de la mise à disposition de la chose louée

533. Preuve de la remise des clés au locataire. Traditionnellement, la preuve de l'exécution de l'obligation de délivrance, lorsqu'elle se décompose sous son premier aspect qu'est la mise à disposition ou le dessaisissement de la chose louée, peut être rapportée par la remise des clés au locataire[2464]. Il appartient au bailleur de prouver qu'il a remis les clés des locaux commerciaux[2465]. Dans un arrêt du 25 juin 2008, au visa des articles 1315 et 1719 du Code civil, la Cour régulatrice indique formellement qu'il appartient au bailleur de prouver qu'il s'est libéré de son obligation en remettant les clés au locataire[2466]. Ainsi, la remise des clés fait

---

[2463] V. *supra* n° 232 et s.

[2464] J.-P. BLATTER et W. BLATTER-HODARA (collab.), *Traité des baux commerciaux*, 6e éd., *op. cit.*, p. 411, n° 789.

[2465] Cass. 3e civ., 6 mai 2014, n° 12-29.504, JurisData n° 2014-009305, *Ann. loyers* mars-avr.-mai 2014, n° 7, p. 951, obs. A. CERATI-GAUTHIER ; *AJDI* sept. 2014, n° 9, p. 613 ; *RDC* déc. 2014, n° 4, p. 647, obs. J.-B. SEUBE.

[2466] Cass. 3e civ., 25 juin 2008, n° 07-14.341, Bull. civ. III, n° 111, JurisData n° 2008-044532, *JCP G* juill. 2008, n° 31-35, pan. IV 2359, p. 89, obs. LES RÉDACTEURS-ANALYSTES JURISDATA et M.-C. ROUAULT ; *Gaz. pal.* sept. 2008, n° 271, p. 15 ; *Dr. & patr.* janv. 2009, n° 177, p. 92, chron. M.-O. VAISSIÉ et P. PELLETIER ; *Rev. loyers* oct. 2008, n° 890, jur. 824, p. 436, an. J. REMY ; *D.* sept. 2008, n° 29, p. 2000, obs. S. PORCHERON ; *Dalloz actualité* 21 juill. 2008,

présumer l'exécution de l'obligation de délivrance par le bailleur. Au contraire, la cession du contrat de bail par devant notaire et en présence du propriétaire, est insuffisante pour établir que le bailleur a rempli son obligation de délivrance des locaux par remise des clés au preneur. Cela vaut alors même que le locataire est resté sans réaction à la réception du commandement d'avoir à payer les loyers et qu'un technicien, employé d'une société dirigée par le locataire, a occupé les lieux[2467].

534. Gestion du risque probatoire par les clauses du bail commercial. Le risque probatoire génère d'importantes difficultés[2468], notamment à l'égard de l'exécution de l'obligation de délivrance[2469]. Les clauses de gestion du risque probatoire peuvent porter directement sur l'objet, la charge ou les modes de preuve[2470]. Elles peuvent aussi agir sur le seul droit substantiel indépendamment des questions probatoires ou sur la « constatation » de faits ou d'actes[2471]. Ces clauses de gestion du risque probatoire sont valides en vertu du nouvel article 1368 du Code civil[2472], à condition qu'elles ne contreviennent pas à certains principes[2473]. Il peut s'agir de principes émanant du droit commun des contrats tels que la faute lourde ou dolosive, l'atteinte à une obligation essentielle, le défaut d'objet ou du droit de la consommation lorsqu'un professionnel est impliqué[2474]. Il peut également s'agir du principe constitutionnel de respect des droits

---

obs. A. MBOTAINGAR ; *D.* nov. 2008, n° 40, p. 2820, chron. P. DELEBECQUE, J.-D. BRETZNER et T. VASSEUR ; V. aussi en ce sens : Cass. 3e civ., 15 oct. 2013, n° 12-20.993, JurisData n° 2013-022913, *Loyers et copr.* déc. 2013, n° 12, comm. 331, p. 14, note B. VIAL-PEDROLETTI.

2467 Cass. 3e civ., 13 sept. 2011, n° 10-24.626, *AJDI* janv. 2012, n° 1, p. 32, obs. V. ZALEWSKI ; *Rev. loyers* déc. 2011, n° 922, jur. 1367, p. 464, an. C. LEBEL.

2468 J. DEVÈZE, *Contribution à l'étude de la charge de la preuve en matière civile*, th. Toulouse, 1980, pp. 20 et s. ; X. LAGARDE, *Réflexion critique sur le droit de la preuve*, préf. J. GHESTIN, L.G.D.J., 1994, pp. 203 et s., n° 128 et s. ; D. FERRIER, « La preuve et le contrat », *in Mélanges Michel Cabrillac*, Litec, 1999, p. 105 ; J.-F. CESARO, *Le doute en droit privé*, L.G.D.J., 2003, pp. 180 et s., n° 115 et s. ; V. DEPADT-SEBAG, « Les conventions sur la preuve », *in* C. PUIGELIER (dir.) *et alii*, *La preuve*, Economica, coll. Etudes juridiques, t. 19, 2004, p. 13 ; B. TEYSSIÉ, « La preuve en droit du travail », *in* C. PUIGELIER (dir.) *et alii*, *La preuve*, Economica, coll. Etudes juridiques, t. 19, 2004, p. 73 ; L. CADIET, « La preuve », *in* DE F. FERRAND (dir.) *et alii*, *La procédure civile mondialisée*, éd. Juridiques et techniques, 2004, p. 119 ; D. JACOTOT, « Effectivité des règles de droit, aptitude à la preuve : vers une nouvelle attribution de la charge de la preuve », *in* D'E. DOCKÈS (dir.) *et alii*, *Au cœur des combats juridiques. Pensées et témoignages de juristes engagés*, Dalloz, coll. Thèmes et commentaires, Actyes 2007, p. 277 ; A.-L. SIBONY et E. BARBIER DE LA SERRE, « Charge de la preuve et théorie du contrôle en droit commercial de la concurrence : pour un changement de perspective », *RTD eur.* juin 2007, n° 2, p. 205 ; M. MEKKI, « La gestion contractuelle du risque de la preuve (2e partie) », *RDC* avr. 2009, n° 2, p. 453.

2469 C. LEBEL, « De la preuve par le bailleur de l'exécution de son obligation de délivrance », *Rev. loyers* déc. 2011, n° 922, p. 464.

2470 M. MEKKI, « La gestion contractuelle du risque de la preuve (2e partie) », art. cit. ; G. HELLERINGER, « Quand les parties font leur loi, Réflexions sur la contractualisation du pouvoir judiciaire d'interprétation », art. cit.

2471 *Ibid.*

2472 Ancien article 1316-2.

2473 M. MEKKI, « La gestion contractuelle du risque de la preuve (2e partie) », art. cit.

2474 *Ibid.*

fondamentaux[2475]. Enfin, l'atteinte au pouvoir du juge peut encore interférer dans la validité de ces clauses[2476].

Très peu envisagée par les auteurs et parfois absente des baux commerciaux, la clause de remise des clés est celle qui prévoit les conditions et circonstances de remise des clés[2477]. Elle est particulièrement utile et nécessaire lorsque l'accès aux locaux se fait par digicode ou système spécial, différents de la clé classique. Elle peut prévoir que le bailleur remettra les clés au preneur à telle date et en tant de jeux, ou alors que les locaux sont accessibles par telle entrée équipée de tel code d'accès.

2 - La preuve de la mise en état conforme de la chose louée

535. Tous documents pouvant établir la preuve d'une délivrance conforme. S'agissant maintenant de la preuve de la seconde prestation qu'est la mise en état conforme de la chose louée, la fiabilité du bail commercial, contrat spécial, nécessite aussi l'obtention des documents utiles, et suppose parfois que certaines informations soient recueillies[2478]. En effet, comme tout contrat, l'établissement du bail commercial suppose de réunir certains documents qui vont contribuer à sa formation ou son exécution[2479].

Conformément à l'idée de M. Confino, qui prône l'utilité de l'accroissement de l'obligation d'information à la charge du bailleur et du rédacteur, la preuve de la mise en état conforme de la chose louée peut être établie en joignant d'autres documents (b), en sus de certains des documents obligatoires (a).

a - Les documents exigés

536. Dispositions environnementales et commerciales. Tant le Code de l'environnement que le Code de commerce exigent l'annexion de certains documents aux baux commerciaux[2480]. Toutefois, ces documents obligatoires ne permettent pas tous de rapporter la preuve de l'exécution de l'obligation de délivrance. Seuls certains d'entre eux serviront à l'établissement de cette preuve.

2475 R. LEGEAIS, « Le droit de la preuve à la Cour européenne des droits de l'homme », *in Mélanges Pierre Couvrat*, PUF, 2001, p. 255 et s.

2476 M. LAMOUREUX, *L'aménagement des pouvoirs du juge par les contractants. Recherche sur un possible imperium des contractants*, préf. J. MESTRE, P.U.A.M., coll. Institut de Droit des Affaires, 2006, pp. 197 et s., n° 191 et s.

2477 V. *supra* n° 411.

2478 P. BRUN (dir.), P. PIERRE (dir.), N. LACOSTE-MASSON (dir.) *et alii*, *Le Lamy droit de la responsabilité*, *op. cit.*, n° 432-46.

2479 J.-M. MOUSSERON, P. MOUSSERON, J. RAYNARD et J.-B. SEUBE, *Technique contractuelle*, 5e éd., *op. cit.*, pp. 25 et s.

2480 A. CONFINO *et alii*, *Baux commerciaux - Ce qui change en pratique*, *op. cit.*, pp. 12-13.

Parmi les documents exigés, les documents utiles pour rapporter la preuve de l'exécution de l'obligation de délivrance sont les diagnostics (α), l'état des lieux (β), les états récapitulatifs et prévisionnels de travaux (γ) et certaines autorisations (δ).

α - Les diagnostics

537. Diagnostics et bail commercial. La rédaction du bail commercial exige l'annexion impérative de certains documents tels qu'un diagnostic technique amiante, un document relatant les mesures de la concentration de radon réalisées par l'Institut de radioprotection et de sûreté nucléaire, des informations relatives à la pollution des sols établies par l'État, l'état des risques naturels et technologiques et les sinistres intervenus, l'annexe environnementale, le diagnostic de performance énergétique[2481].

S'agissant spécifiquement de l'annexe environnementale, qui n'est pas établie par un diagnostiqueur professionnel, le rédacteur peut s'inspirer du modèle proposé par M. Confino et ses collaborateurs[2482].

Le rédacteur s'assurera évidemment que les diagnostics annexés sont bien valides, car la durée de chacun d'eux est variable et limitée dans le temps[2483].

538. Diagnostics et bail mixte soumis pour le tout au statut des baux commerciaux. Lorsque le bail est mixte, à usage commercial et d'habitation, s'ajouteront à ces documents, le constat des risques d'exposition au plomb, un extrait du règlement de copropriété afférant à la destination de l'immeuble et du bien ainsi qu'à la répartition des charges, la surface exacte, les modalités de réception de la télévision[2484].

β - L'état des lieux

539. État des lieux : preuve générale de l'état de la chose délivrée et présomption. D'autre part, si l'article L. 145-40-1 du Code de commerce instaure l'obligation de réaliser un état des lieux contradictoire lors de la conclusion d'un bail commercial, il n'oblige pas son annexion au bail, chacune des parties pouvant le conserver isolément[2485]. Et, le texte précise que ces dispositions s'appliquent pour les baux dérogatoires en cours lors de la restitution des locaux, dès lors qu'il a été établi un état des lieux à l'entrée dans les lieux[2486]. En l'absence d'état des lieux, l'article 1731 du Code civil instaure une présomption de bon état en indiquant que *« s'il n'a pas été fait d'état des lieux, le preneur est présumé les avoir reçus en bon état de*

[2481] *Ibid.*, pp. 12-13 ; A. CONFINO, « Obligations et précautions documentaires dans la rédaction du bail commercial », art. cit.

[2482] A. CONFINO *et alii*, *Baux commerciaux - Ce qui change en pratique*, *op. cit.*, pp. 289-299.

[2483] *Ibid.*, p. 12.

[2484] *Ibid.*, *loc. cit.*

[2485] *Ibid.*, p. 13.

[2486] C. GOURAUD, « La pratique notariale des baux commerciaux après la loi Pinel du 18 juin 2014 », *Defrénois* sept. 2014, n° 17, p. 902.

réparations locatives, et doit les rendre tels, sauf la preuve contraire », sachant que la loi Pinel inverse ce principe, par le biais de l'article L. 145-46 du Code de commerce, pour inciter justement à la réalisation d'un tel état des lieux en prévoyant désormais que *« le bailleur qui n'a pas fait toutes diligences pour la réalisation de l'état des lieux ne peut invoquer la présomption de l'article 1731 du code civil »*[2487].

Cela dit, son annexion au bail ne peut qu'être conseillée dans un souci de preuve, car il reste un moyen de preuve efficace[2488]. Il est généralement recommandé de joindre des photos à l'état des lieux[2489].

540. Intérêt de l'état des lieux établi par un huissier de justice. Outre le cas où l'état des lieux amiable est irréalisable, en présence de contestations des parties, l'état des lieux établi par un huissier peut présenter un intérêt en ce qu'il offre aux parties une *« garantie contre toutes actions »* [2490].

De plus, compte tenu de la complexité des composantes des locaux commerciaux, il peut être utile de recourir à ce professionnel du constat pour établir l'état des lieux.

541. Gestion du risque probatoire : clause d'état des lieux et compléments. Quant à la gestion du risque probatoire de l'état des lieux, une clause peut indiquer qu'un état des lieux a été réalisé et annexé au contrat de bail commercial. Elle peut aussi indiquer la manière dont sera réalisé cet état des lieux, surtout s'il est fait par un huissier de justice.

Sa rédaction peut se présenter ainsi : « Le locataire déclare bien connaître l'état des locaux qui lui sont loués et qu'il a visités. En ce sens, il reconnaît avoir pris connaissance des divers documents et renseignements qui lui ont été communiqués et dont certains sont annexés au présent contrat. Un état des lieux doit être établi lors de la prise de possession des locaux par le locataire, contradictoirement et amiablement par les parties ou par un tiers mandaté par elles, et annexé au présent contrat. À défaut d'accord entre les parties, l'état des lieux est établi par un huissier de justice, sur l'initiative de la partie la plus diligente, à frais partagés par moitié entre le bailleur et le locataire conformément à l'article L. 145-40-1 du Code de commerce. L'état des lieux pourra être complété par des renseignements concernant d'autres aspects de l'état du bien. ».

[2487] P. HAAS, « Le rôle de de l'état des lieux d'entrée dans la preuve de l'obligation de délivrance », *AJDI* juin 2018, n° 6, p. 433, obs. P. HAAS.

[2488] V. en ce sens : Cass. 3e civ., 18 janv. 2018, n° 16-18.895, JurisData n° 2018-001743, *AJDI* juin 2018, n° 6, p. 433, obs. P. HAAS.

[2489] A. CONFINO, « Obligations et précautions documentaires dans la rédaction du bail commercial », art. cit.

[2490] L. LAUVERGNAT, « Huissiers de justice : à la recherche de l'efficacité perdue ! », *Gaz. pal.* janv. 2011, n° 11, p. 11.

γ - Les états récapitulatif et prévisionnel de travaux

542. États récapitulatif et prévisionnel de travaux : forme et contenu. Tout comme l'état des lieux, les états récapitulatif et prévisionnel de travaux sont exigés par le Code de commerce. Comme le fait très justement remarquer M. Confino, le législateur ne définit ni la forme ni le contenu de l'état prévisionnel des travaux que le bailleur envisage de réaliser dans les trois années suivantes et de l'état récapitulatif des travaux qu'il a réalisés dans les trois années précédentes[2491]. Ce faisant, il pense que les documents classiquement établis par les bailleurs et les gestionnaires, à savoir reddition ou régularisation, pourront tout à fait être utilisés en l'espèce, sous réserve qu'ils fassent *« ressortir un détail correspondant au moins aux catégories de charges et contributions fiscales énoncées au bail »*[2492]. Il propose un modèle de clause faisant référence aux états annexés[2493].

543. Établissement des états. Afin d'établir ces états de la façon la plus précise et exacte possible, il est recommandé de se procurer tous documents justificatifs utiles tels que des factures de travaux, des appels de fonds adressés par le syndic gestionnaire de la copropriété[2494]. Ces documents justificatifs viendront étayer l'élaboration des états récapitulatif et prévisionnel de travaux.

δ - Les autorisations

544. Autorisation préalable au changement d'usage des locaux. Par ailleurs, la preuve de l'exécution de l'obligation de délivrance peut également être établie grâce à des autorisations. Bien que l'article L. 631-7 du Code de la construction et de l'habitation n'assigne l'obligation d'autorisation préalable au changement d'usage qu'à certains locaux, compte tenu de la jurisprudence et selon un principe de précaution, il ne peut qu'être conseillé de solliciter cette autorisation, quels que soient les locaux, avant la signature du bail[2495]. Cette autorisation se demande auprès des services de l'urbanisme de la commune où se situe le local concerné.

545. Autorisation d'exploitation commerciale. S'agissant plus particulièrement de l'autorisation d'exploitation commerciale, son obtention est recommandé avant la conclusion du bail commercial. Elle doit être sollicitée auprès de l'autorité compétente en matière de permis de construire, généralement la mairie de la commune d'implantation, qui saisit pour avis la commission départementale d'aménagement commercial lorsqu'elle est jointe à une demande de permis de construire, ou directement auprès de la commission départementale

---

2491 A. CONFINO *et alii*, *Baux commerciaux - Ce qui change en pratique*, *op. cit.*, p. 108.
2492 *Ibid.*, *loc. cit.*
2493 *Ibid.*, p. 208.
2494 *Ibid.*, p. 109.
2495 *Ibid.*, pp. 48-49.

d'aménagement commercial lorsque le projet ne nécessite pas de permis de construire[2496].

En complément de ces documents obligatoires, d'autres documents peuvent être utilisés pour rapporter la preuve de l'exécution de l'obligation de délivrance.

b - Les documents conseillés

546. Une précaution pour les parties et le rédacteur. Comme l'a écrit M. Confino, l'obligation documentaire qui pèse sur les rédacteurs de baux commerciaux serait incomplète si elle se limitait aux seuls documents exigés par la loi[2497]. En effet, pour maximiser la sécurité juridique du contrat et se protéger, les rédacteurs doivent prendre quelques précautions supplémentaires. Ce principe vaut également pour les contractants. Dans cette optique, il peut être opportun d'annexer aux baux commerciaux d'autres diagnostics non obligatoires ainsi que d'autres documents établissant la preuve des conditions de délivrance.

Le bail commercial peut contenir une clause visant l'ensemble des documents annexes obligatoires ou non : « Le bailleur atteste avoir communiqué au locataire les documents suivants et lui avoir délivré toutes les informations qui en résultent :

□ État des lieux
□ État des risques naturels et technologiques
□ Diagnostic de performance énergétique
□ Dossier technique amiante et sa fiche récapitulative
□ État relatif à la présence de termites □ et de mérule
□ Mesures de la concentration de radon
□ Informations rendues publiques par l'État sur l'état des sols
□ Audit du sol
□ Constat de risque d'exposition au plomb
□ Annexe environnementale
□ État récapitulatif des travaux que le bailleur a réalisés dans les trois années précédentes, précisant leur coût
□ État prévisionnel des travaux que le bailleur envisage de réaliser dans les trois années à venir, assorti d'un budget prévisionnel
□ Copie du règlement de copropriété ou □ du cahier des charges
□ Autres : XXXX ».

547. Rapport de contrôle des installations d'assainissement. S'agissant des installations d'assainissement, il est conseillé de préciser l'absence ou la présence de raccordement au réseau public de collecte des eaux usées et de fournir un rapport de contrôle des installations d'assainissement non collectif[2498].

[2496] https://www.service-public.fr/professionnels-entreprises/vosdroits /F22536.
[2497] A. CONFINO, « Obligations et précautions documentaires dans la rédaction du bail commercial », art. cit.
[2498] *Ibid.*

548. États relatifs à l'installation électrique et de gaz. Un état relatif à l'installation électrique et à l'installation de gaz pourra également servir à établir la preuve de l'exécution de l'obligation de délivrance[2499]. Si les locaux ne sont pas récents (date de construction ancienne), ces documents seront d'autant plus conseillés, car il y a de fortes probabilités pour que les installations ne soient plus conformes, voire même dangereuses. Le bailleur établira la preuve de l'état de délivrance.

549. États relatifs à la présence de termites et mérule. Un état parasitaire ainsi qu'un diagnostic « mérule » pourront aussi être joints au bail, si les locaux se trouvent dans une zone à risques[2500].

550. Audit des sols et travaux de dépollution. Aussi, bien que la loi ne prévoit pas la réalisation d'un audit des sols, en se retranchant derrière l'étude de l'État, nous conseillons, comme la doctrine[2501], selon un principe de précaution, de faire réaliser préalablement à la conclusion du bail, un audit du sol afin d'établir la présence ou l'absence d'une pollution du sol et de réaliser les travaux de dépollution nécessaires en conséquence. L'audit permettra également au bailleur de se prémunir contre des pollutions commises par son locataire, en cours de bail.

551. Plan des locaux. Il est également recommandé de fournir un plan des locaux ou un schéma[2502]. Celui-ci va permettre de délimiter les locaux objet du bail et de définir leur conformation[2503].

552. Extrait du règlement de copropriété ou d'un autre règlement des lieux loués. En outre, si les locaux sont soumis au régime de la copropriété, il est conseillé de fournir une copie du règlement de copropriété ou d'un extrait qui permettra de connaître l'étendue des droits et obligations des copropriétaires. Il en sera de même si les locaux se trouvent dans un lotissement ou font partie d'un ensemble de lots-volumes[2504].

Si la preuve de l'exécution de l'obligation de délivrance peut s'établir grâce à divers documents fixant les conditions de délivrance, l'utilisation de ces documents est plus difficile lorsqu'il s'agit d'un bail commercial en état futur d'achèvement.

[2499] *Ibid.*

[2500] A. CONFINO *et alii*, *Baux commerciaux - Ce qui change en pratique*, *op. cit.*, p. 12.

[2501] B. WERTENSCHLAG, « Propriétaires immobiliers : les réflexes en matière de pollution des sols », art. cit.

[2502] *Ibid.* ; GROUPE REVUE FIDUCIAIRE, Le bail commercial, *op. cit.*, p. 28, n° 30 ; A. CONFINO *et alii*, *Baux commerciaux - Ce qui change en pratique*, *op. cit.*, p. 12.

[2503] GROUPE REVUE FIDUCIAIRE, *Le bail commercial*, *op. cit.*, *loc. cit.*

[2504] Une copie du cahier des charges ou d'un extrait sera fourni dans ce cas.

B - La preuve de l'exécution de l'obligation de délivrance dans le cadre d'un bail commercial en état futur d'achèvement

553. Impossibilité d'établir les documents préparatoires obligatoires ou seulement conseillés au moment de l'établissement du contrat de bail commercial. Le caractère futur de la chose dans le cadre du bail commercial en l'état futur d'achèvement empêche l'établissement, tant des documents obligatoires que conseillés, nécessaires à établir la preuve de l'exécution de l'obligation de délivrance[2505]. Comme l'explique la doctrine, les parties au bail commercial en l'état futur d'achèvement ne disposent pas, lors de la signature du contrat, des éléments leur permettant d'établir les annexes obligatoires[2506], ni même les annexes conseillées. La question se pose alors de l'attitude à adopter tant pour le bailleur du bail commercial en l'état futur d'achèvement, sur qui pèse la charge de la preuve de l'obligation de délivrance, que pour le rédacteur d'un tel bail, qui a la maîtrise de cette obligation[2507].

554. Report contractuel de la preuve. La doctrine suggère de ne pas éluder cette difficulté en faisant abstraction pure et simple de ces documents, mais plutôt de constater l'impossibilité de les rédiger en tout ou en partie à la date de rédaction du contrat et de mentionner l'engagement contractuel que prennent les parties de les mettre en place ou de les compléter par la suite[2508]. Autrement dit, il convient de prévoir une clause dans le bail commercial en l'état futur d'achèvement qui stipule le report de la rédaction des annexes qui n'ont pu être rédigées lors de la signature du contrat de bail.

[2505] C. SAINT-GENIEST, « Le bail en l'état futur d'achèvement (BEFA) : l'impossibilité d'établir certaines annexes obligatoires », *Loyers et copr.* févr. 2016, n° 2, doss. 4, p. 20.
[2506] *Ibid.* ; B. BOUTONNET, « Le bail en état futur d'achèvement ou le bail sous conditions suspensives », art. cit.
[2507] C. SAINT-GENIEST, « Le bail en l'état futur d'achèvement (BEFA) : l'impossibilité d'établir certaines annexes obligatoires », art. cit.
[2508] *Ibid.*

Conclusion du chapitre 1

555. Une sanction encadrée de la non-réalisation de la finalité du bail commercial par une exigence de preuve facilitée. En résumé, lorsque la mise en œuvre cohérente de l'obligation de délivrance n'est pas assurée, ladite obligation se trouve inexécutée, ce qui provoque une sanction. Cependant, le déclenchement de la sanction de non-réalisation de la finalité du bail commercial n'est pas automatique, encore faut-il rapporter la preuve de ce défaut de réalisation. Autrement dit, la sanction peut être effective dès lors qu'il peut être prouvé que le preneur n'est pas en mesure d'exercer son activité économique parce que le bailleur n'a pas assuré cette mise en capacité. La référence à l'approche fonctionnelle de l'obligation de délivrance ne modifie pas le droit de la preuve de cette obligation, qui repose sur des règles générales applicables à toutes les obligations, mais elle permet d'expliquer ou de justifier la physionomie particulière de la preuve de cette obligation.

En premier lieu, il appartient à celui qui se prévaut de l'obligation de délivrance, c'est-à-dire le créancier qui n'est autre que le locataire, de prouver l'existence et le contenu de cette obligation. Cette preuve peut se faire en principe par tous moyens, bien que l'écrit en reste le mode privilégié puisque l'existence de l'obligation de délivrance est subordonnée à l'existence du contrat de bail commercial lui-même. En ce sens, l'approche fonctionnelle de l'obligation de délivrance permet justement d'expliquer que l'existence de la finalité du bail commercial ne peut être établie que parce ce contrat existe. Cette finalité correspondant à l'obligation de délivrance, cette dernière ne peut elle-même exister que parce que le contrat existe. Il en est de même *a fortiori* pour la preuve du contenu de l'obligation de délivrance. Par surcroît, le type d'écrit peut encore influer sur la force probante de l'acte, de sorte qu'il faut choisir l'écrit qui a la force probante la plus importante pour établir l'existence et l'étendue de la finalité du bail commercial. Selon ce critère, l'acte authentique se présente comme l'acte à préférer.

En second lieu, le cours du raisonnement est inversé dans la mesure où dès lors que le preneur n'est pas en mesure d'exercer son activité économique parce que le bailleur n'a pas assuré cette mise en capacité, la preuve de l'inexécution de l'obligation de délivrance est établie. Le fait de faire peser la charge de la preuve sur le débiteur qui se prétend libéré de son obligation de délivrance facilite la mise en place de la sanction puisqu'à ce moment-là, le déclenchement de cette sanction ne peut être interrompu que par la preuve de l'exécution de l'obligation de délivrance. Une telle, quant à elle, incombe en principe au débiteur qui n'est autre que le bailleur, ce qui est logique dans la mesure où l'obligation de délivrance est une obligation de résultat. Toutefois, un inversement de la charge de la preuve s'observe lorsque l'obligation de délivrance est exceptionnellement qualifiée d'obligation de moyens et lorsqu'il est question de suspendre l'exécution d'une obligation réciproque. À ce niveau, l'approche fonctionnelle de l'obligation de délivrance permet de déterminer exactement ce qui doit être prouvé. Conformément à cette approche, qui décompose l'obligation de délivrance en une double prestation de mise à disposition et de mise en état, la preuve de chacune de ces prestations devra être établie. Aussi, les modes de preuve se révèlent à ce stade plus complexes et comprennent tous documents susceptibles de prouver la réalisation de la mise à disposition et de la mise en état de la chose. Le constat d'huissier est peut-être la meilleure arme en la matière.

Enfin, dans le cadre du bail commercial en l'état futur d'achèvement, la preuve de l'exécution souffre quelques spécificités. Celle-ci nécessite un report contractuel puisqu'il est difficile de rapporter la preuve d'une finalité future.

Les prérequis nécessaires à la mise en place des sanctions ayant été évoqués, il nous faut apprécier la portée de ces sanctions.

Chapitre 2 - La portée de la sanction de la non-réalisation de la finalité du bail commercial

556. Un moyen de mesurer l'efficacité de la sanction du non-respect de l'obligation de délivrance. La vigueur de l'obligation de délivrance transparaît dans les sanctions du non-respect de la réalisation de la finalité du bail commercial parce qu'elles en révèlent les conséquences pour le débiteur ou celui qui s'y substitue. Là encore, c'est par référence à la fonction de l'obligation de délivrance, en considérant la réalisation de la finalité du bail commercial et donc l'exercice de l'activité économique, que l'on peut prévoir les sanctions des manquements à l'obligation de délivrance et surtout mesurer leur efficacité. Plus simplement, les sanctions de l'obligation de délivrance sont-elles bien adaptées compte tenu de la fonction de cette obligation ? En d'autres termes, les sanctions visent-elles à rétablir la réalisation de la finalité du bail commercial, ou du moins à pallier ce défaut de réalisation de ladite finalité ? Y parviennent-elles toujours ?

La référence à la fonction de l'obligation de délivrance peut permettre de retrouver une cohérence au sein de la multitude de sanctions qui peuvent frapper le débiteur de cette obligation. Effectivement, si l'on se place du point de vue de la fonction de l'obligation de délivrance et donc de l'exercice de l'activité économique, il est possible d'observer que les sanctions tendent, tant que possible, à préserver le maintien de l'exercice de l'activité économique ou pallier économiquement son défaut d'exercice, mais que parfois elles ne parviennent pas à atteindre ce but lorsqu'elles sont mises en application. En ce sens, les sanctions paraissent s'inscrire dans une logique de préservation ou de pérennisation de l'activité économique, bien qu'elles ne soient pas toujours efficaces.

Les sanctions encourues par le bailleur lorsqu'il n'exécute pas ou exécute de façon imparfaite son obligation de délivrance s'observent tant sur le plan civil que pénal.

Les sanctions civiles se présentent comme des remèdes efficaces à la non-réalisation de la finalité du bail commercial au regard de leur nature, mais se trouvent parfois défaillantes dans leur mise en œuvre (Section 1). Quant aux sanctions pénales, elles se font plus rares, mais se révèlent être des remèdes dissuasifs (Section 2).

Section 1 - Les sanctions civiles : des remèdes adaptés mais parfois mal utilisés

557. Sanctions les plus répandues. Les sanctions de nature civile sont les plus répandues, contrairement aux sanctions de nature pénale qui sont plus rares, parce qu'elles sont plus difficiles à mettre en œuvre[2509]. Lorsque le bailleur ne mettra pas le preneur en capacité d'exercer son droit de jouissance et par là même son activité économique, le bailleur pourra être sanctionné civilement pour manquement à son obligation de délivrance. Il convient de remarquer que le droit positif prévoit plusieurs mécanismes pour contraindre ce dernier à exécuter son obligation de délivrance et, par conséquent, à mettre le preneur en mesure d'exercer son activité économique.

Toutefois, les règles d'attribution ou de choix de ces sanctions sont très sommaires. Au-delà du choix discrétionnaire du preneur de demander telle ou telle sanction[2510] et de la hiérarchie découlant du nouvel article 1217 du Code civil[2511], de la mise en demeure préalable[2512], de la gravité de l'inexécution, du coût déraisonnable ainsi que de l'appréciation du juge[2513], aucune autre règle ne gouverne l'attribution des sanctions. C'est la raison pour laquelle une sanction peut tout à fait être adaptée dans sa nature, par l'objectif qu'elle poursuit, mais se révéler inefficace parce qu'elle a été préférée à une autre sanction et appliquée dans un contexte qui ne s'y prêtait pas. Partant, le choix ou l'attribution de la sanction de l'obligation de délivrance pourrait être conduit, en sus des règles évoquées, par la volonté de préserver l'activité économique. Ainsi, pour attribuer la sanction, il conviendrait de se demander dans chaque cas d'espèce, si elle amène bien à préserver l'activité économique.

Quoi qu'il en soit, il faut préciser que ces sanctions ne pourront être prononcées qu'à la condition qu'elles soient portées devant le juge compétent[2514]. En la matière, le principe de compétence territoriale vise la juridiction du lieu de situation de

---

[2509] V. *infra* n° 663 et s.

[2510] V. *infra* n° 633.

[2511] H. BOUCARD, « Le nouveau régime de l'inexécution contractuelle », *in* R. SCHULZE (dir.), G. WICKER (dir.), G. MÄSCH (dir.), D. MAZEAUD (dir.) *et alii*, *La réforme du droit des obligations en France, 5e journées franco-allemandes*, Société de législation comparée, 2015, p. 153 ; M. FAURE-ABBAD, « Un nouveau système pour l'inexécution du contrat », art. cit.

[2512] Cass. 3e civ., 14 juin 2018, n° 17-15.426, *AJDI* sept. 2018, n° 9, p. 607 : *« Mais attendu qu'ayant relevé que les travaux de mise aux normes prescrits par l'autorité administrative résultaient de l'évolution constante de la réglementation, que le coût de ceux-ci était équivalent à la valeur vénale de l'immeuble et que les preneurs ne justifiaient pas avoir, avant le 10 avril 2012, mis en demeure les bailleurs de procéder à leur exécution au fur et à mesure des visites périodiques et des arrêtés défavorables intervenus depuis 2003, la cour d'appel a pu retenir qu'aucune faute dans l'exécution de ses obligations ne pouvait être retenue à la charge de la bailleresse et en a exactement déduit que la résiliation du bail pour perte de la chose louée devait être prononcée sans dédommagement des preneurs »*. Ces derniers sont également tenus au paiement d'une indemnité d'occupation pour la période postérieure à l'arrêt de toute exploitation.

[2513] H. BOUCARD, « Le nouveau régime de l'inexécution contractuelle », art. cit. ; M. FAURE-ABBAD, « Un nouveau système pour l'inexécution du contrat », art. cit.

[2514] V. sur ce point : J.-P. BLATTER et W. BLATTER-HODARA (collab.), *Traité des baux commerciaux*, 6e éd., *op. cit.*, pp. 827-835, n° 1739-1757 ; M.-P. DUMONT-LEFRAND, *Bail commercial*, *op. cit.*, n° 485 et s.

l'immeuble[2515], sauf dérogation expresse lorsque les parties sont commerçantes[2516]. Plus exactement, le principe de compétence d'attribution désigne exclusivement le tribunal de grande instance[2517].

Selon cette idée, tant la diversité des sanctions civiles (§ 1), que l'infime possibilité d'exonération de ces sanctions (§ 2) démontrent que celles-ci sont adaptées dans leur nature au regard de la fonction de l'obligation de délivrance, même si elles sont parfois mal utilisées.

§ 1 - La diversité des sanctions possibles pour préserver l'activité économique

558. Deux cas de figure pour des sanctions diverses. Le non-respect de l'obligation de délivrance se manifeste soit parce que l'obligation n'a pas été exécutée par le bailleur, soit parce que celui-ci a voulu y déroger par une clause du bail commercial qui s'est révélée inefficace. Dans le premier cas, l'obligation de délivrance peut avoir été précisée dans le bail par un engagement spécial du bailleur et être restée inexécutée par la volonté du bailleur. Elle peut aussi ne pas avoir été précisée dans le bail et être restée inexécutée par ignorance ou croyance du bailleur. Dans le second cas, le bailleur pense s'être déchargé totalement ou partiellement de son obligation de délivrance par une clause du bail, mais celle-ci s'avère en réalité inefficace. Il se retrouve alors dans la situation où il n'a en réalité pas satisfait cette obligation. Il faut comprendre que lorsque l'inexécution de l'obligation de délivrance résulte d'un aménagement contractuel inefficace de celle-ci, les sanctions de l'aménagement contractuel se combinent avec celles de l'inexécution classique[2518]. L'ampleur des sanctions du non-respect de l'obligation de délivrance se ressent par la diversité des sanctions que le juge peut prononcer[2519] pour tenter de préserver l'activité économique du preneur.

Nous traiterons donc des sanctions de l'aménagement contractuel de l'obligation de délivrance (A) et de celles de l'inexécution de l'obligation de délivrance (B).

[2515] C. com., art. R. 145.23 al. 3.

[2516] Les juges du fond parisiens semblent admettre cette dérogation : CA Paris, 14e ch., sect. A, 6 juin 2001, n° 2001/01959, *AJDI* oct. 2001, n° 10, p. 975 ; CA Paris, 1e ch., sect. D, 27 juin 2001, *Loyers et copr.* 2001, comm. 291 ; CA Paris, 16e ch., sect. A, 4 juin 2009, *Loyers et copr.* 2009, comm. 237, note E. CHAVANCE ; CA Paris, 3e et 5e ch., 25 sept. 2013, n° 12/20684, *Loyers et copr.* 2013, comm. 307, note E. CHAVANCE.

[2517] C. org. jud., art. R. 211-4, 11°.

[2518] V. sur la distinction entre les sanctions de la formation et de l'inexécution du contrat : D. HOUTCIEFF, *Droit des contrats*, *op. cit.*, pp. 455 et s., n° 586 et s., spéc. pp. 458 et s., n° 592 et s., pp. 664 et s., n° 936 et s.

[2519] V. de façon générale sur les diverses sanctions de l'inexécution du contrat : Y.-M. LAITHIER, *Étude comparative des sanctions de l'inexécution du contrat*, *op. cit.*, pp. 37 et s., n° 15 et s., pp. 93 et s., n° 65 et s., pp. 227 et s., n° 156 et s.

A - Les sanctions de l'aménagement contractuel de l'obligation de délivrance

559. Frein judiciaire à la liberté contractuelle. Ainsi que nous l'avons présenté précédemment, c'est par le biais de clauses du contrat de bail commercial que va s'aménager l'obligation de délivrance et s'organiser la réalisation de la finalité de ce contrat. Ce sont alors ces clauses qui vont venir alourdir ou alléger le contenu de l'obligation de délivrance ou qui vont aussi prévoir la date d'effet de la délivrance, voire un échelonnement de celle-ci dans le temps. Tel que nous avons tenté de le démontrer en première partie, l'aménagement contractuel de l'obligation de délivrance est possible dès lors que les clauses du contrat de bail commercial n'empêchent pas la réalisation de la finalité de ce contrat et donc lorsqu'elles ne contreviennent pas à la mise en capacité d'exercice de l'activité économique du preneur. *A contrario*, il est possible de prévoir que toutes les clauses qui viendraient contrarier la réalisation de cette finalité ne pourront pas jouer. Il en découle plusieurs sanctions : soit l'inapplication et la suppression des clauses, soit dans certaines hypothèses, la nullité du bail commercial entier, soit encore la nullité des clauses aménageant l'obligation de délivrance d'un logement décent dans les baux mixtes.

Partant, nous essayerons de démontrer que l'ensemble de ses sanctions peut s'inscrire de façon cohérente dans une logique de pérennisation de l'activité économique, qu'il s'agisse de l'inapplication et la suppression des clauses (1) ou de façon plus hypothétique de la nullité du bail commercial entier (2).

1 - L'inapplication et la suppression des clauses

560. Inefficacité, nullité ou réputé non écrit ? Il échet de constater que jusqu'à présent la Cour de cassation, dans ses formulations, n'a jamais déclaré les clauses aménageant l'obligation de délivrance comme nulles ou réputées non écrites. Cependant, depuis la réforme du statut des baux commerciaux, le réputé non écrit fait partie des sanctions des clauses de transfert de dépenses de travaux illicites encadrées par les articles L. 145-40-2 et R. 145-35 du Code de commerce[2520]. De même, la réforme du droit des contrats a introduit la sanction du réputé non écrit en droit commun[2521] et celle-ci peut s'appliquer aux baux commerciaux. Ce faisant, quelles déductions tirer de ces solutions ? Ces clauses sont-elles sanctionnées simplement par l'inefficacité, par la nullité ou par le réputé non écrit ?

Aujourd'hui, trois types de sanctions semblent cohabiter. La plupart du temps, c'est l'inefficacité (a) et le réputé non écrit (b) de certaines clauses qui sont soulevés.

[2520] C. com., art. L. 145-15 ; D. HOUTCIEFF, « Clauses réputées non écrites et baux commerciaux », art. cit.

[2521] C. civ., art. 1170 et 1171 nouv.

Plus à la marge, c'est la nullité des clauses aménageant l'obligation de délivrance d'un logement décent dans les baux mixtes (c) qui est retenue et qui fait figure d'exception par rapport aux autres sanctions dans le sens où sa logique ne semble pas orientée vers une préservation de l'activité économique.

a - L'inefficacité des clauses

561. Inefficacité *versus* nullité. En principe, la nullité consiste en l'anéantissement rétroactif du contrat qui ne respecte pas les conditions prescrites pour sa validité[2522]. La nullité peut concerner non plus le contrat tout entier, mais plus précisément une clause de celui-ci. Dans ce cas, c'est seulement la clause qui n'est pas valide. La nullité de la clause peut être prévue par la loi ou prononcée par le juge. Or, dans le cadre des baux commerciaux, et précisément de l'obligation de délivrance, ni le Code civil ni le statut des baux commerciaux n'instaurent la nullité des clauses qui aménagent l'obligation de délivrance.

Quant au juge, il ne la prononce pas non plus. Celui-ci utilise des tournures bien plus neutres, en déclarant que le bailleur ne peut s'affranchir de son obligation de délivrance par telle ou telle clause[2523], que telle clause ne décharge pas le bailleur de son obligation de délivrance[2524] ou encore qu'elle est sans effet pour voir le bailleur déchargé de son obligation de délivrance[2525].

Ainsi, les clauses semblent davantage entachées d'inefficacité que de nullité, c'est-à-dire que la clause litigieuse ne va pas produire les effets attendus pour un litige donné alors même qu'elle est valable[2526]. Pour autant, elle n'est pas supprimée du contrat et pourrait jouer dans d'autres circonstances. Et lorsque les clauses sont généralistes, comme c'est souvent le cas dans les baux commerciaux, la nullité est encore moins évidente à admettre.

562. Clauses valables, mais sans effet : une tentative de préservation de l'exercice de l'activité économique. Comme le fait pertinemment remarquer M. Kenfack, une clause peut être parfaitement valable et pour autant ne pas être efficace et applicable[2527]. Cela signifie qu'elle n'est pas entachée d'invalidité, mais

---

[2522] G. CORNU (dir.) *et alii*, *Vocabulaire juridique*, *op. cit.*, p. 696.

[2523] Cass. 3e civ., 1er juin 2005, n° 04-12.200, Bull. civ. III, n° 119, JurisData n° 2005-028690, *Rev. loyers* juill.-sept. 2005, n° 859, jur. 165, p. 37, an. M.-O. VAISSIÉ ; *RLDA* oct. 2005, n° 86, jur. 5374, p. 53, obs. A. LEFÈVRE et J. VASA ; *AJDI* sept. 2005, n° 9, p. 650, obs. Y. ROUQUET.

[2524] Cass. 3e civ., 9 juill. 2008, n° 07-14.631, Bull. civ. III, 2008, n° 121, JurisData n° 2008-044786, *JCP E* sept. 2008, n° 38, pan. 2131, p. 25 ; *JCP N* juill. 2009, n° 29, chron. 1241, p. 24, obs. H. KENFACK ; *AJDI* nov. 2008, n° 11, p. 841, obs. V. ZALEWSKI ; *Dalloz actualité* 15 juill. 2008, obs. Y. ROUQUET ; *D.* sept. 2008, n° 29, p. 1999, obs. Y. ROUQUET ; *RLDA* nov. 2008, n° 32, act. 1922, p. 19, note H. KENFACK ; *RLDA* oct. 2008, n° 31, act. 1870, p. 43, obs. M. FILIOL DE RAIMOND ; *Rev. loyers* oct. 2008, n° 890, jur. 821, p. 432, note B. HUMBLOT-GIGNOUX ; *RLDC* oct. 2008, n° 53, act. 3140, p. 16, obs. V. MAUGERI.

[2525] CA Paris, 5e pôle, 3e ch., 18 mai 2011, n° 09/06869, JurisData n° 2011-009292, *AJDI* juin 2012, n° 6, p. 427 ; *AJDI* déc. 2013, n° 12, p. 882, chron. J.-P. BLATTER.

[2526] V. en ce sens : H. KENFACK, « Inefficacité des aménagements conventionnels vidant de tout contenu une obligation essentielle du bailleur de locaux commerciaux », art. cit.

[2527] *Ibid.*

qu'elle ne sera cependant pas applicable aux circonstances litigieuses. Il faut alors comprendre que cette clause existe toujours dans le bail et pourra produire ses effets dans d'autres circonstances. Il s'agira particulièrement des clauses généralistes et peu précises.

C'est typiquement la solution donnée par l'arrêt du 9 juillet 2008 dans lequel la Cour de cassation indique que *« si le bailleur peut mettre à la charge du preneur, par une clause expresse du bail, l'obligation de prendre en charge les travaux rendus nécessaires par la vétusté, il ne peut, en raison de l'obligation de délivrance à laquelle il est tenu, s'exonérer de procéder aux travaux rendus nécessaires par les vices affectant la structure de l'immeuble »*[2528]. La formule est claire : la clause ne joue pas pour les travaux ressortant de l'obligation de délivrance, mais pourra s'appliquer, à l'avenir, aux travaux d'entretien. La clause n'a pas d'effet pour les circonstances en question, mais n'est pas supprimée du bail, de sorte qu'elle pourra continuer à produire ses effets dans d'autres circonstances.

De façon plus précise, la clause pourrait ne pas s'appliquer pour un aspect de l'obligation de délivrance, mais continuer à s'appliquer à un autre aspect de la délivrance, soulevé dans le futur de la relation locative, puisque ladite clause n'est pas supprimée du bail. Par exemple, une clause de prise des lieux en l'état ne pourra pas jouer pour des travaux nécessaires à l'exercice de l'activité économique convenue, et pourra s'appliquer à des travaux qui tendent à mettre la chose en bon état.

On constate que la sanction de l'inefficacité des clauses qui contreviennent à l'obligation de délivrance n'entache pas le lien contractuel. Toutefois, dans la mesure où elle soulève une inexécution de l'obligation de délivrance, elle va donner suite à une ou d'autres sanctions[2529]. Cette sanction annihile l'effet de la clause qui contrevient à la mise en capacité d'exercice de l'activité économique et laisse la possibilité d'invoquer une ou plusieurs autres sanctions qui permettront de rétablir l'exercice de l'activité économique ou de le compenser.

À la différence de la sanction de l'inefficacité des clauses, celle qui réside dans le réputé non écrit est imposée par la loi.

b - Le réputé non écrit de certaines clauses

563. Entre déclaration légale et interprétations doctrinales. Alors que le Code de commerce, par son article L. 145-15, répute expressément non écrites certaines clauses de transfert de dépenses, le Code civil introduit le réputé non écrit

---

[2528] Cass. 3e civ., 9 juill. 2008, n° 07-14.631, Bull. civ. III, 2008, n° 121, JurisData n° 2008-044786, *JCP E* sept. 2008, n° 38, pan. 2131, p. 25 ; *JCP N* juill. 2009, n° 29, chron. 1241, p. 24, obs. H. KENFACK ; *AJDI* nov. 2008, n° 11, p. 841, obs. V. ZALEWSKI ; *Dalloz actualité* 15 juill. 2008, obs. Y. ROUQUET ; *D.* sept. 2008, n° 29, p. 1999, obs. Y. ROUQUET ; *RLDA* nov. 2008, n° 32, act. 1922, p. 19, note H. KENFACK ; *RLDA* oct. 2008, n° 31, act. 1870, p. 43, obs. M. FILIOL DE RAIMOND ; *Rev. loyers* oct. 2008, n° 890, jur. 821, p. 432, note B. HUMBLOT-GIGNOUX ; *RLDC* oct. 2008, n° 53, act. 3140, p. 16, obs. V. MAUGERI ; Cass. 3e civ., 2 juill. 2013, n° 11-28.496, JurisData n° 2013-013964, *Loyers et copr.* oct. 2013, n° 10, comm. 280, p. 27, obs. E. CHAVANCE ; *AJDI* mai 2014, n° 5, p. 376, obs. C. DREVEAU.

[2529] V. *infra* n° 580 et s.

en droit commun des contrats. S'il ne fait pas de doute que certaines clauses d'aménagement de l'obligation de délivrance sont réputées non écrites, ce n'est pas le cas de toutes. La transposition d'une sanction de droit commun en droit des baux interroge. Quoi qu'il en soit, l'effet attaché au réputé non écrit sera différent des conséquences de l'inefficacité. Avant d'envisager les effets du réputé non écrit, il faut identifier quelles sont les clauses qui sont réputées non écrites.

564. Les clauses privant de sa substance l'obligation de délivrance : de l'inefficacité au réputé non écrit ? Conformément à la reconnaissance du caractère essentiel de l'obligation de délivrance, seront réputées non écrites les clauses privant de sa substance l'obligation de délivrance. D'après la doctrine, ces clauses sont celles qui *« réduiraient à rien son existence »*, c'est-à-dire qui conduiraient à en faire une obligation *« dérisoire ou illusoire »*[2530].

La question est alors de savoir si cette sanction, issue du droit commun, va s'appliquer dans le cadre des baux commerciaux. Selon M. Poumarède, *« l'article 1170 pourra fonder, par exemple, l'éradication des clauses relative à l'exécution des travaux permettant au bailleur de s'affranchir de son obligation essentielle de faire jouir paisiblement le preneur des lieux loués »*[2531]. Dans la mesure où il justifie ses propos par une comparaison avec l'arrêt selon lequel *« le bailleur ne peut, par le biais d'une clause relative à l'exécution de travaux, s'affranchir de son obligation de délivrer les lieux loués »*[2532], on comprend en fait que l'article 1170 pourrait réputer non écrites les clauses de travaux aménageant l'obligation de délivrance. Dans la mesure où l'obligation de délivrance est une obligation essentielle, une transposition de cette sanction est naturellement possible. Lorsque la clause litigieuse est très précise, le réputé non écrit ne crée pas de difficulté. En revanche, lorsque la clause est très généraliste, le juge va-t-il la réputer non écrite de sorte qu'elle sera supprimée du contrat ou continuera-t-il de considérer qu'elle ne décharge pas le bailleur de son obligation de délivrance, la laissant subsister dans d'autres circonstances ? À notre avis, les solutions varieront en fonction de la formulation des clauses et des cas d'espèce.

565. Les clauses imputant certaines dépenses au locataire. Au titre des clauses réputées non écrites, il convient d'évoquer les clauses relatives au transfert des dépenses sur la tête du locataire. En effet, les règles d'ordre public imposées par le nouveau statut des baux commerciaux à propos du transfert des dépenses dans les baux commerciaux qui interdisent d'imputer au locataire les dépenses relatives aux grosses réparations mentionnées à l'article 606 du Code civil et les honoraires liés à la réalisation de ces travaux, les dépenses relatives aux travaux ayant pour objet de remédier à la vétusté ou de mettre en conformité avec la réglementation le bien loué ou l'immeuble dans lequel il se trouve, dès lors qu'ils

---

[2530] G. CHANTEPIE et M. LATINA, *La réforme du droit des obligations - Commentaire théorique et pratique dans l'ordre du Code civil*, *op. cit.*, p. 361, n° 438.

[2531] M. POUMARÈDE, « Le contenu du contrat », art. cit.

[2532] Cass. 3e civ., 1er juin 2005, n° 04-12.200, Bull. civ. III, n° 119, JurisData n° 2005-028690, *Rev. loyers* juill.-sept. 2005, n° 859, jur. 165, p. 37, an. M.-O. VAISSIÉ ; *RLDA* oct. 2005, n° 86, jur. 5374, p. 53, obs. A. LEFÈVRE et J. VASA ; *AJDI* sept. 2005, n° 9, p. 650, obs. Y. ROUQUET.

relèvent des grosses réparations mentionnées au 1° de l'article R. 145-35 du Code de commerce, sauf si ces dépenses correspondent à des travaux d'embellissement dont le montant excède le coût du remplacement à l'identique ; qui permettent un transfert de charges à condition de l'avoir prévu dans un inventaire ; et qui instaurent les états prévisionnel et récapitulatif de travaux. Compte tenu du caractère d'ordre public de l'article L. 145-40-2, en application de l'article L. 145-15[2533], toute clause contraire sera réputée non écrite conformément aux articles L. 145-15 et L. 145-16 du Code de commerce[2534].

Au-delà de ces éléments, il paraît naturel de se demander si des sanctions sont envisagées en cas d'omission de l'inventaire des catégories de charges ou de l'état récapitulatif annuel, en cas de non-communication des documents justificatifs ou en cas de retard. La loi ne prévoyant pas de sanction spécifique, outre l'impossibilité d'imputer les dépenses au locataire en cas d'absence de l'inventaire des catégories de charges, on aurait pu penser que le décret vienne combler le manque. En vain, ce dernier ne prévoit pas de sanction spécifique[2535]. Simplement, l'absence de ces documents sanctionnera le bailleur par l'impossibilité de récupérer le montant des charges non visées, laissant alors jouer ses obligations légales, notamment de délivrance.

S'agissant des états récapitulatif et prévisionnel de travaux, là encore, il convient de s'interroger sur la sanction encourue en cas d'omission ou de retard de transmission de l'état prévisionnel des travaux que le bailleur envisage de réaliser dans les trois années à venir, assorti d'un budget prévisionnel ou de l'état récapitulatif des travaux qu'il a réalisés dans les trois années précédentes, précisant leur coût ou encore des documents justificatifs[2536]. Une fois de plus le décret reste silencieux.

566. Le réputé non écrit des clauses créant un déséquilibre significatif dans les baux commerciaux « d'adhésion ». Parmi les clauses réputées non écrites, il convient encore d'évoquer celles qui pourraient l'être au regard du droit commun des contrats. À la suite de la réforme du droit des contrats et des obligations, on perçoit dans les analyses doctrinales un nouveau moyen de rendre inefficaces les clauses qui aménagent l'obligation de délivrance en créant un déséquilibre significatif dans certains baux commerciaux[2537]. Alors que le nouvel article 1171 du Code civil dispose que toute clause qui crée un déséquilibre

---

[2533] P. GARBIT, « La loi du 18 juin 2014 et la réforme du statut des baux commerciaux (2e partie) », art. cit.

[2534] A. CONFINO, « Réflexions sur le réputé non écrit dans le bail commercial après la loi Pinel », art. cit. ; J. MONÉGER, « Les baux dans le projet Pinel : cherche Sénateur linguiste, désespérément ! », *Loyers et copr.* mars 2014, n° 3, rep. 3, p. 7.

[2535] A. REYGROBELLET, « Bail commercial : important décret d'application de la loi Pinel », art. cit.

[2536] *Ibid.*

[2537] F. AUQUE, « Bail commercial et contrôle du déséquilibre significatif », art. cit. ; J.-D. BARBIER, « Application du nouveau droit des contrats aux baux commerciaux : le contrat d'adhésion », art. cit. ; J. MONÉGER, « Au croisement des droits : droit des contrats et de la preuve et droit des baux commerciaux : l'ordonnance n° 2016-131 du 10 février 2016, les articles L. 145-1 s. du code de commerce et le bail commercial », art. cit.

significatif entre les droits et obligations des parties est réputée non écrite dans les contrats d'adhésion, cette nouvelle sanction pourrait jouer dans certains baux commerciaux, qualifiés de contrats d'adhésion, notamment ceux des centres commerciaux[2538]. Cela serait le cas des clauses relatives aux charges des travaux par lesquelles *« le bailleur décide seul des travaux de rénovation, restructuration, réinvestissement, et prétend ensuite qu'il s'agit de charges contractuellement récupérables sur le locataire »*[2539].

567. Suppression de la clause ou d'une partie de celle-ci : une tentative de préservation de l'exercice de l'activité économique. La sanction du réputé non écrit consiste à supprimer la clause litigieuse tout en maintenant le contrat[2540]. On considère que la clause n'a jamais existé[2541]. La doctrine soulève une question à ce sujet : toute la clause sera-t-elle gommée ou le sera seulement la stricte partie illicite de la clause[2542] ? Évoquant en réponse l'embarrassante et fluctuante jurisprudence sociale de la Cour régulatrice, il pense que le débat n'est pas clos. Quant à MM. Fages et Barbier, ils affirment qu'un maintien partiel de la clause, dans sa partie licite, est possible[2543].

La sanction du réputé non écrit instituée par le Code de commerce suit normalement les conditions d'application de l'article L. 145-40-2[2544]. En effet, la liste des charges non imputables au locataire résultant de l'article R. 145-35 du Code de commerce n'est applicable, selon l'article 8 du décret du 3 novembre 2014, qu'aux contrats conclus ou renouvelés après la publication de ce décret, soit le 5 novembre 2014, de sorte que la sanction du réputé non écrit des clauses de transfert de charges semble applicable aux baux conclus ou renouvelés après le 5 novembre 2014[2545]. Des auteurs s'interrogent cependant sur l'application de cette sanction aux baux en cours[2546]. À ce sujet, l'un d'eux affirme que les clauses ayant fait l'objet d'un jugement passé en force de chose jugée avant la date d'entrée en vigueur de la loi, ne pourront être réputées non écrites, le Conseil constitutionnel ayant formellement exclu cette possibilité[2547]. Il assure également que les clauses faisant l'objet d'une procédure engagée et non achevée avant le 20 juin 2014, ou avant les

---

2538 *Ibid.*

2539 *Ibid.* ; V. aussi en ce sens : J. MONÉGER, « Au croisement des droits : droit des contrats et de la preuve et droit des baux commerciaux : l'ordonnance n° 2016-131 du 10 février 2016, les articles L. 145-1 s. du code de commerce et le bail commercial », art. cit.

2540 G. CHANTEPIE et M. LATINA, *La réforme du droit des obligations - Commentaire théorique et pratique dans l'ordre du Code civil*, *op. cit.*, p. 362, n° 439 ; G. CHANTEPIE et M. LATINA, *Le nouveau droit des obligations - Commentaire théorique et pratique dans l'ordre du Code civil*, *op. cit.*, p. 384, n° 439 ; A. CONFINO, « Réflexions sur le réputé non écrit dans le bail commercial après la loi Pinel », art. cit.

2541 J. LAFOND *et alii*, *Code des baux*, 2017, *op. cit.*, p. 565, n° 11.

2542 A. CONFINO, « Réflexions sur le réputé non écrit dans le bail commercial après la loi Pinel », art. cit. ; D. HOUTCIEFF, « Clauses réputées non écrites et baux commerciaux », art. cit.

2543 B. FAGES et H. BARBIER, « Pas de réputé non écrit partiel ? », *RTD civ.* déc. 2013, n° 4, p. 836.

2544 V. *supra* n° 353.

2545 M.-P. DUMONT-LEFRAND, « Bail commercial et mise en oeuvre des nouvelles normes spéciales dans le temps », art. cit. ; J.-P. BLATTER, « Quatre ans d'existence de la loi Pinel et son application dans le temps », art. cit.

2546 *Ibid.* ; A. CONFINO, « Réflexions sur le réputé non écrit dans le bail commercial après la loi Pinel », art. cit.

2547 Cons. const., 22 juill. 1980, n° 80-119 DC, JO 24 juill. 1980, p. 1868.

dates d'application des dispositions d'entrée en vigueur différée, ne peuvent être réputées non écrites conformément à la position de la Cour d'appel de Paris[2548]. S'agissant de clauses de baux en cours n'ayant pas fait l'objet d'une procédure, il distingue les clauses qui étaient déjà contraires à des dispositions impératives de la loi ancienne de celles qui ne l'étaient pas. Les clauses relatives à l'obligation de délivrance se trouvent dans la dernière situation, aucune disposition du statut dans sa version antérieure n'y faisant référence. Elles pourraient alors être réputées non écrites si un motif d'intérêt général suffisant lié à un impératif d'ordre public était soulevé, à condition qu'il ne soit pas dès lors porté une atteinte excessive à la liberté contractuelle, par référence à la position du Conseil d'État[2549]. De manière générale, lorsqu'il s'agit d'un effet légal attaché au contrat, indépendamment de la volonté des parties, il est de jurisprudence constante que *« la loi nouvelle régi*[t] *immédiatement les effets légaux des situations juridiques ayant pris naissance avant son entrée en vigueur et non définitivement réalisées »*[2550]. C'est ce qui a été très récemment décidé par la Cour de cassation, laquelle affirme que la nouvelle sanction du réputé non écrit est d'application immédiate à tous les baux commerciaux, même à ceux conclus antérieurement[2551].

Quant au réputé non écrit consacré par le Code civil, il est applicable aux contrats conclus, renouvelés, tacitement reconduits ou modifiés substantiellement par un avenant à compter du 1er octobre 2016[2552]. Concernant l'application du réputé non écrit aux instances en cours (hors les jugements passés en force de chose jugée avant la date d'entrée en vigueur), la doctrine affirme que la sanction issue du Code civil ne sera pas applicable puisque l'article 9 alinéa 4 de l'ordonnance du 10 février 2016 le prévoit expressément[2553].

En tout état de cause, la sanction du réputé non écrit des clauses qui contrarient l'obligation de délivrance en ce qu'elles font échec à l'exercice de l'activité économique préserve la relation locative puisqu'elle assure le maintien en vie du bail commercial. Elle aussi donnera lieu à une ou d'autres sanctions puisqu'elle engendre une inexécution de l'obligation. Cette sanction éradique la clause qui contrevient à la mise en capacité d'exercice de l'activité économique et laisse la possibilité d'invoquer une ou plusieurs autres sanctions qui permettront de rétablir l'exercice de l'activité économique ou de le compenser.

[2548] CA Paris, 5e pôle, 3e ch., 28 janv. 2015, n° 14/06230, JurisData n° 2015-001452, *JCP E* sept. 2017, n° 39, comm. 1511, p. 41, note F. KENDÉRIAN.

[2549] CE ass., 8 avr. 2009, n° 271737 et n° 271782, *Droit Administratif* juin 2009, n° 6, comm. 85, p. 23, note F. MELLERAY.

[2550] Cass, avis, 16 févr. 2015, n° 14-70.011, Bull. civ. II, *D.* 2015, p. 489 ; V. sur cette idée pour les baux commerciaux : A. REYGROBELLET, « Nouvelles dispositions pour le bail commercial : quelles entrées en vigueur ? », *JCP N* août 2014, n° 31-35, étude 1262, p. 35.

[2551] Cass. 3e civ., 19 nov. 2020, n° 19-20.405, Publié au bulletin, *Dalloz actualité* 4 janv. 2021, obs. A. CAYOL.

[2552] G. CHANTEPIE et M. LATINA, *La réforme du droit des obligations - Commentaire théorique et pratique dans l'ordre du Code civil*, *op. cit.*, p. 37, n° 45.

[2553] G. CHANTEPIE et M. LATINA, *La réforme du droit des obligations - Commentaire théorique et pratique dans l'ordre du Code civil*, *op. cit.*, pp. 41 et 42, n° 48 ; G. CHANTEPIE et M. LATINA, *Le nouveau droit des obligations - Commentaire théorique et pratique dans l'ordre du Code civil*, *op. cit.*, pp. 39-40, n° 45.

568. Simple constatation judiciaire. Par ailleurs, contrairement à la nullité, le réputé non écrit n'a pas à être demandé en justice, de sorte qu'il préexiste à l'action judiciaire qui n'est qu'une reconnaissance de cet état[2554], bien que cette reconnaissance soit contestée[2555]. Néanmoins, comme le fait remarquer M. Confino, il est indispensable en pratique pour la partie qui veut éradiquer une clause de demander au juge de constater que celle-ci est non écrite[2556].

À côté de ces sanctions, s'inscrit le cas particulier de la sanction des clauses dérogeant à l'obligation de délivrance d'un logement décent.

c - Le cas particulier de la nullité des clauses dérogeant à l'obligation de délivrance d'un logement décent

569. Nullité des clauses dérogatoires à la délivrance d'un logement décent. Puisque l'obligation de décence est d'ordre public[2557], même dans le cadre d'un bail mixte, celle-ci est impérative et ne peut succomber aux clauses contraires, *« peu importe la gravité de cette atteinte, ou son atténuation par des contreparties mises à la charge du bailleur »*[2558]. En effet, la Cour de cassation a eu l'occasion de rappeler que le bailleur ne pouvait, même à titre onéreux, se décharger sur le locataire de son obligation de délivrer un logement décent[2559].

570. Suppression de la clause ou d'une partie de celle-ci. La sanction de la nullité des clauses qui contrarient l'obligation de délivrance d'un logement décent préserve la relation locative puisqu'elle assure le maintien en vie du bail commercial. Toutefois, comme l'obligation de décence elle-même ne participe pas à la protection de l'activité économique dans la mesure où elle vise spécifiquement l'habitation, la sanction qui en découle est aussi une exception et ne s'inscrit pas dans une logique de préservation ou de pérennisation de l'activité économique. Cette sanction suit la dynamique des baux d'habitation qui n'a pas pour objectif de protéger l'activité économique, mais plutôt d'assurer le logement des personnes.

Peuvent encore s'inscrire dans cette logique de protection de l'activité économique, les hypothèses de nullité du bail commercial et ce contrairement aux apparences.

2554 A. CONFINO, « Réflexions sur le réputé non écrit dans le bail commercial après la loi Pinel », art. cit. ; T. DOUVILLE (dir.) *et alii*, *La réforme du Droit des contrats - Commentaire article par article - Ordonnance du 10 février 2016 portant réforme du droit des contrats, du régime général et de la preuve des obligations*, *op. cit.*, p. 138.

2555 J. MONÉGER, « Prescription biennale et clauses réputées non écrites : une fausse bonne question ? », *Loyers et copr.* juin 2014, n° 6, rep. 6, p. 5.

2556 A. CONFINO, « Réflexions sur le réputé non écrit dans le bail commercial après la loi Pinel », art. cit.

2557 V. *supra* n° 80.

2558 N. DAMAS, « Logement décent et liberté contractuelle », *AJDI* sept. 2010, n° 9, p. 640.

2559 Cass. 3e civ., 3 févr. 2010, n° 08-21.205, Bull. civ. III, n° 28, JurisData n° 2010-051406, *Loyers et copr.* avr. 2010, n° 4, comm. 97, p. 15, note B. VIAL-PEDROLETTI ; *Gaz. pal.* févr. 2010, n° 49, p. 27, obs. C. BERLAUD ; *Dr. & patr.* mars 2011, n° 201, p. 94, chron. P. PELLETIER ; *Rev. loyers* avr. 2010, n° 906, jur. 1169, p. 173, an. J. RÉMY ; *D.* mai 2010, n° 19, p. 1192, note F. NIBOYET ; *Dalloz actualité* 15 févr. 2010, obs. Y. ROUQUET ; *AJDI* sept. 2010, n° 9, p. 640, obs. N. DAMAS ; *RDC* juill. 2010, n° 3, p. 907, obs. G. LARDEUX ; *Gaz. pal.* févr. 2010, n° 49, p. 27, obs. C. BERLAUD.

2 - Les hypothèses de nullité du bail commercial

571. Conditions de validité du contrat, destination illégale et obligation de délivrance. Sans perdre de vue que l'obligation de délivrance a trait à l'exécution du contrat et non à sa formation, certaines solutions jurisprudentielles ayant conduit à la nullité du bail commercial laissent deviner un lien entre les conditions de validité du contrat et l'obligation de délivrance. Jusqu'en 2016, les exigences générales de validité des contrats étaient régies par l'article 1108 du Code civil, lequel disposait qu'étaient nécessaires le consentement de la partie qui s'oblige, sa capacité de contracter, un objet certain qui forme la matière de l'engagement et une cause licite dans l'obligation[2560]. Depuis le 1er octobre 2016, à la suite de l'entrée en vigueur de l'ordonnance du 10 février 2016, le nouvel article 1128 du Code civil prévoit que seront dorénavant nécessaires à la validité d'un contrat, le consentement des parties, leur capacité de contracter et un contenu licite et certain. Aussi, le nouvel article 1183 du Code civil encadre la sanction de la nullité, lorsqu'elle est relative, par l'action interrogatoire en permettant à une partie de demander par écrit à la partie qui pourrait se prévaloir de la nullité soit de confirmer le contrat, soit d'agir en nullité dans un délai de six mois à peine de forclusion, lorsque la cause de la nullité a cessé et lorsque l'écrit mentionne expressément qu'à défaut d'action en nullité exercée avant l'expiration du délai de six mois, le contrat sera réputé confirmé[2561].

Par ailleurs, la nullité des accords ou conventions conclus en violation de l'article L. 631-7 du Code de la construction et de l'habitation, relatifs aux changements de destination, doit aussi être évoquée en raison du lien étroit qu'entretient la délivrance avec la destination.

Tentons de comprendre dans quelles hypothèses l'obligation de délivrance peut être liée à la nullité du contrat de bail : le lien entre les conditions de validité du bail commercial et l'obligation de délivrance (a) ; le lien entre le changement illégal de destination et l'obligation de délivrance (b) ; le lien entre la contrepartie illusoire ou dérisoire et l'obligation de délivrance (c).

a - Le lien entre les conditions de validité du bail commercial et l'obligation de délivrance

572. Manquement à l'obligation de délivrance sanctionné sur le terrain du consentement : erreur, dol et défaut d'information. La Cour de cassation comme la Cour d'appel ont pu considérer qu'en cas d'interdiction d'exercer le commerce convenu au bail par le règlement de copropriété, il y avait lieu de

[2560] C. BRENNER et S. LEQUETTE, *Acte juridique*, Rép. civ. Dalloz, févr. 2019, n° 75 et 77.
[2561] M. DE FONTMICHEL, « Les nouvelles actions interrogatoires », *D.* août 2016, n° 8, p. 1665.

prononcer la nullité du bail sur le fondement de l'erreur sur les qualités substantielles ou sur le fondement d'un dol[2562].

Dans une autre affaire qui a fait l'objet d'un long débat judiciaire, à propos de la fermeture administrative d'un établissement pour raison de sécurité, la Cour de cassation a adopté une position particulière en se fondant aussi sur le terrain du consentement, mais pour défaut d'information[2563]. En l'espèce, le bail prévoyait que la locataire prenait les lieux loués dans leur état actuel sans pouvoir exiger du bailleur aucune réparation sauf celles qui, dites « grosses réparations », sont définies par l'article 606 du Code civil et que, dans l'hypothèse où l'autorité publique exigerait l'exécution de travaux immobiliers, ceux-ci seraient réalisés sous la direction d'un architecte ou homme de l'art désigné par le bailleur sous la responsabilité et aux frais du preneur. La Cour d'appel, statuant sur renvoi après cassation, retient *« qu'il importe peu que les travaux de mise en conformité aient été déjà nécessaires à la prise d'effet du bail, que [...]* - le bailleur - *a pu exploiter son commerce trois ans avant que ne se révèle, à la suite de divers contrôles, la nécessité d'effectuer lesdits travaux, que le preneur a pris les lieux en l'état et ne prouve ni n'allègue qu'il avait entendu ne pas prendre à sa charge les non-conformités alors existantes, que le fait que le bailleur soit à la fois constructeur, créateur du fonds et vendeur de ce fonds n'induit pas nécessairement l'existence d'un dol, que l'absence d'information quant au certificat de non-conformité, à la suite des travaux d'extension du bâtiment réalisés en 1968, ne constitue pas une réticence dolosive, qu'il appartenait au preneur de s'informer sur la conformité des installations de l'hôtel-restaurant par rapport aux règles de sécurité ».* La Cour de cassation se désintéresse totalement de la problématique de l'obligation de délivrance et retient un manquement à l'obligation d'information du bailleur.

Ce lien entre le consentement et l'obligation de délivrance du bailleur de locaux commerciaux semble confirmé par la jurisprudence qui a considéré que le consentement était vicié en cas d'erreur sur la surface des locaux commerciaux loués[2564], en cas de violence lorsque la conclusion d'un nouveau bail « tous commerces » a été obtenue sous la menace d'un révolver[2565].

2562 Cass. 3e civ., 2 oct. 2013, n° 12-13.302, *JCP G* janv. 2014, n° 4, doctr. 115, p. 162, chron. J. GHESTIN ; *AJDI* juill. 2014, n° 7, p. 519, obs. M.-P. DUMONT-LEFRAND ; *Dalloz actualité* 11 févr. 2014, obs. A. LECOURT ; *D.* déc. 2013, n° 42, p. 2812, obs. CENTRE DE DROIT DE LA CONCURRENCE YVES SERRA ; Cass. 3e civ., 26 mars 1997, n° 95-14.103, Bull. civ. III, n° 70, JurisData n° 1997-001375, *JCP N* juill. 1997, n° 30, jur. p. 1043 ; *JCP G* mai 1997, n° 21, somm. 1071, p. 65 ; *D.* nov. 1997, n° 40, p. 325, obs. C. ATIAS : cette décision concernait l'opposition du syndicat de copropriété à l'installation d'une gaine de ventilation ; CA Paris, 16e ch., sect. A, 28 juin 1994, n° 93/12351, JurisData n° 1994-022828, *Loyers et copr.* oct. 1994, n° 10, comm. 387, p. 9 ; CA Versailles, ch. réunies, 15 déc. 1993, n° 3648/92, JurisData n° 1993-050593, *Administrer* sept. 1994, n° 259, p. 49 ; CA Paris, 16e ch. B, 11 mai 2001, n° 1999/21014, JurisData n° 2001-144106 ; CA Paris 16e ch., sect. B, 31 mai 2002, n° 2000/11556, JurisData n° 2002-181045, *JCP N* nov. 2007, n° 45, chron. 1289, p. 21, note S. REZEK : pour un sous-sol exclusivement à usage de stationnement selon le réglement de copropriété ; CA Paris, 16e ch., sect. A, 12 sept. 2001, n° 2000/21477 et 2001/00497, JurisData n° 2001-152212 : pour une interdiction d'exploitation de la station de lavage dans les parties communes par le syndicat de copropriété.

2563 Cass. 3e civ., 19 juill. 2000, n° 98-22.200, JurisData n° 2000-003087, *AJDI* mars 2001, n° 3, p. 240, obs. F. COHET-CORDEY.

2564 Cass. 3e civ., 10 janv. 1996, n° 94-11.065, JurisData n° 1996-000199.

2565 Cass. 1e civ., 3 juill. 1962, Bull. civ. III, n° 339.

Il ressort de ces solutions que des éléments faisant partie de l'obligation de délivrance, comme la surface des locaux ou la destination, ont pu être sanctionnés sur le terrain du consentement. Ces solutions doivent mettre en garde sur le glissement que le juge peut opérer entre un consentement vicié et un défaut de délivrance, car la conséquence n'est pas de la même ampleur : inefficacité d'une clause ou nullité du bail.

573. Capacité et qualité : impossibilité de délivrer la chose louée en l'absence d'un droit sur celle-ci. En outre, la jurisprudence offre des illustrations de délivrance impossible lorsque la personne qui se prétend bailleur n'a pas de droit sur la chose. C'est le cas de la personne qui consent un bail ayant pour objet une chose dont elle n'est plus propriétaire, car elle l'a vendue[2566]. Dans cette affaire, la Cour de cassation ne se prononce pas sur le terrain du défaut de qualité, mais sur celui de l'obligation de délivrance du bailleur en déclarant que ce dernier ne pouvait transférer plus de droits qu'il n'en détenait de sorte que seule la superficie dont il était propriétaire aurait dû faire l'objet du bail. On comprend que la délivrance n'a pu se faire parce que le bailleur n'avait plus de droit de propriété sur la chose.

Ainsi, on entrevoit le lien qu'il y a entre la capacité de conclure le bail et la possibilité de délivrer la chose louée. Si la capacité du bailleur n'épuise pas l'obligation de délivrance qui pèse sur lui puisque le fait qu'une personne ait la capacité ne signifie pas pour autant que cette personne va effectivement mettre la chose à la disposition d'une autre, elle y contribue, car il est évident que la personne qui n'a pas la capacité ne pourra pas délivrer la chose louée.

574. Défaut de délivrance sanctionné sur le terrain de la cause, voire de l'objet. Aussi, un article de doctrine rapporte que les prêteurs ont sanctionné une délivrance non conforme sur le terrain de la cause en y voyant un cas d'absence de cause permettant l'annulation du contrat[2567]. Une autre auteure semble rejoindre cette interprétation. En effet, elle analyse le bail commercial comme un contrat type, dans le sens où il est connu, nommé et réglementé par la loi[2568], dont la cause doit s'entendre de la contrepartie attendue de sorte que la cause de l'obligation est pour le preneur, la mise à disposition, par le bailleur, de la jouissance des lieux et pour le bailleur, le paiement des loyers auquel s'engage le preneur[2569] et que la cause du contrat de bail est la mise à disposition de la jouissance d'un bien contre une rémunération[2570]. Cette auteure va même plus loin en soutenant, par une décision

---

[2566] Cass. 3e civ., 13 juill. 1999, n° 98-10.009, JurisData n° 1999-003129, *LPA* sept. 1999, n° 175, p. 5, note A. P.

[2567] CA Nîmes, 12e ch., 8 juin 1988, JurisData n° 1988-000579, *Loyers et copr.* avr. 1989, n° 4, comm. 175, p. 10 ; Cass. 3e civ. 20 févr. 1991, n° 89-16.959, JurisData n° 1991-000520.

[2568] J. ROCHFELD, *Cause et type de contrat*, *op. cit.*, p. 17, n° 17.

[2569] *Ibid.*, p. 106, n° 111 ; J. ROCHFELD, *Cause*, *op. cit.*, n° 12 et 15 ; V. aussi en ce sens : F. COLLART-DUTILLEUL et P. DELEBECQUE, *Contrats civils et commerciaux*, 10e éd, *op. cit.*, p. 400, n° 463.

[2570] J. ROCHFELD, *Cause*, *op. cit.*, n° 12.

des juges du fond[2571], que la mise à disposition de la jouissance paisible d'un bien apte à y exercer l'activité concernée, contrepartie traditionnellement connue du bail commercial, ne constitue pas une cause suffisante, si bien qu'il considère que la cause doit couvrir un intérêt réel, une utilité[2572].

Dans la suite de cette jurisprudence, un article de doctrine rapporte que l'absence de délivrance peut donner lieu à diverses sanctions notamment sur le fondement de l'objet[2573]. En étant bien conscient que l'obligation de délivrance ressortit à l'exécution du contrat et non à sa formation, c'est-à-dire qu'elle n'est pas invocable tant que le contrat n'est pas formé, l'auteur de cet article prétend que le preneur pourrait invoquer la nullité pour objet illicite ou impossible. Il va plus loin en affirmant qu'un contrat de bail portant sur un immeuble qui ne respecte pas les normes d'hygiène et de sécurité imposées par une disposition impérative, est susceptible d'annulation pour objet contraire à l'ordre public. Cela n'est pas étonnant dans les contrats synallagmatiques à titre onéreux, comme le bail commercial, où la cause est traditionnellement définie comme la contrepartie espérée de son cocontractant par chacune des parties, celle-ci se trouvant associée à l'objet de l'obligation du partenaire : la cause de l'obligation de l'un compose l'objet de l'obligation de l'autre[2574]. Ainsi, dans le bail, constituera un cas d'absence de cause du preneur, l'absence d'objet de l'obligation du bailleur (absence de mise à disposition de la jouissance paisible des lieux) et inversement, l'absence d'objet de l'obligation du preneur, si ce dernier ne s'engage à verser qu'un loyer symbolique, constituera un défaut de cause du bailleur[2575].

Avec la réforme du droit des obligations et des contrats, les notions de cause et d'objet n'ont pas été conservées de façon intacte. La cause ne figure plus en tant que telle parmi les conditions de validité des contrats, mais elle est toujours présente à travers les notions de but et de contrepartie[2576]. Se retrouve ainsi l'idée d'un contrat ne devant pas déroger à l'ordre public[2577] et devant avoir une contrepartie non illusoire et non dérisoire[2578]. Quant à l'objet, il n'est repris qu'à propos des

---

2571 CA Reims, ch. civ., sect. 2, 1er avr. 1993, n° 1025/91, JurisData n° 1993-043657, *JCP G* avr. 1994, n° 15, somm. 798, p. 103, note J. NORMAND, C. GRAFTIEAUX, N. BAUDIN-VERVAECKE et J.-M. DESPAQUIS.

2572 J. ROCHFELD, Cause et type de contrat, *op. cit.*, p. 106, n° 111 : Cette auteure s'appuie précisément sur les termes de la Cour d'appel selon lesquels *« même si aucune obligation particulière ne figure dans le bail, le bailleur entièrement propriétaire d'une galerie marchande a des obligations plus larges que celles d'un bailleur ordinaire. En particulier, il lui appartient de tout mettre en œuvre pour assurer le maintien d'un environnement favorable au preneur »*.

2573 F. COHET-CORDEY, « L'obligation de délivrance du bailleur dans les contrats de location d'un immeuble », art. cit.

2574 J. ROCHFELD, *Cause*, Rép. civ. Dalloz, sept. 2012, n° 25 et 31.

2575 *Ibid.*, n° 25.

2576 N. DISSAUX et C. JAMIN, *Réforme du droit des contrats, du régime général et de la preuve des obligations (Ordonnance n° 2016-131 du 10 février 2016), Commentaire des articles 1100 à 1386-1 du Code civil*, *op. cit.*, pp. 57 et 65-66 ; G. WICKER, « La suppression de la cause par le projet d'ordonnance : la chose sans le mot ? », D. juill. 2015, n° 27, p. 1557.

2577 C. civ., art. 1162 nouv.

2578 C. civ., art. 1169 nouv.

obligations et non plus du contrat[2579]. Eu égard à la reprise de ces diverses notions dans la réforme du Code civil, le juge aura manifestement la possibilité de réitérer le glissement qu'il a pu opérer entre la cause ou l'objet du bail et l'obligation de délivrance, en se plaçant sur le terrain du contenu contractuel.

575. Nullité du bail commercial : véritable préservation de l'activité économique ? L'interférence entre le domaine de la nullité et celui de la résolution est réglé avec une certaine souplesse par la jurisprudence lorsque le fait litigieux concerne aussi bien la formation que l'exécution du contrat[2580], justement pour éviter de mettre systématiquement fin à un contrat qui a commencé à être exécuté.

De prime abord, la sanction de la nullité du bail du commercial semble contraire à la préservation de l'activité économique du locataire puisqu'elle met fin à la relation locative. Bien qu'elle ne maintienne pas la relation locative, la sanction de la nullité du bail commercial, par l'effet rétroactif qui lui est attaché et les restitutions de loyers qu'il implique[2581], replace les parties dans leur situation antérieure, notamment le preneur. Ainsi, pourrait-on considérer que la restitution des loyers rétablit la situation financière antérieure de l'entreprise et évite tant que faire se peut de mettre à mal l'activité économique, même si une indemnité d'occupation est demandée au preneur ? Aussi, lorsque la nullité est souhaitée par le preneur qui préfère s'installer ailleurs en raison d'un rapport hostile avec son bailleur, ne pourrait-on pas estimer que cette sanction préserve finalement l'activité économique ? La difficulté est que cette sanction n'est pas toujours choisie par le preneur et que les restitutions, dont le montant est fixé souverainement par le juge, ne suffisent pas toujours à rétablir la situation de l'entreprise[2582]. Même si cette sanction peut se cumuler avec des dommages et intérêts[2583], le montant de ces derniers ne permettra pas toujours de retrouver la situation initiale[2584]. Si cette sanction peut en théorie participer à la pérennisation de l'activité économique, ce n'est pas toujours le cas en pratique en raison des difficultés liées à sa mise en œuvre.

[2579] N. DISSAUX et C. JAMIN, *Réforme du droit des contrats, du régime général et de la preuve des obligations (Ordonnance n° 2016-131 du 10 février 2016), Commentaire des articles 1100 à 1386-1 du Code civil*, *op. cit.*, pp. 58-59.

[2580] B. VIAL-PEDROLETTI, *Bail d'habitation. - Locations régies par le droit commun du louage (Code civil). - Obligations du bailleur : délivrance de la chose*, *op. cit.*, n° 13.

[2581] C. civ., art. 1178 nouv.

[2582] V. sur l'appréciation des restitutions : Y.-M. LAITHIER, « c) L'évaluation des restitutions consécutives à l'annulation du contrat », *RDC* avr. 2008, n° 2, p. 243.

[2583] V. *infra* n° 581.

[2584] V. sur l'insuffisance du montant des dommages et intérêts pour réparer le préjudice : B. FAUVARQUE-COSSON, « Regards comparatistes sur l'exécution forcée en nature », *RDC* avr. 2006, n° 2, p. 529.

b - Le lien entre le changement illégal de destination et l'obligation de délivrance

576. Nullité des accords ou conventions passés sans autorisation de changement d'usage dans les communes de plus de 200 000 habitants et celles des départements des Hauts-de-Seine, de la Seine-Saint-Denis et du Val-de-Marne et parfois dans d'autres communes. Une autre hypothèse de nullité du bail commercial peut se compter en cas de changement illégal de destination. L'article L. 631-7 du Code de la construction et de l'habitation prévoit dans certaines communes et certains secteurs géographiques que le changement d'usage des locaux destinés à l'habitation est, dans les conditions fixées par l'article L. 631-7-1 du même code, soumis à autorisation préalable[2585]. En cas d'irrespect de ces dispositions, tous accords ou conventions *« sont nuls de plein droit »* en application de l'article L. 631-7 dudit code[2586]. En outre, cette sanction peut s'appliquer aux communes autres que celles mentionnées au premier alinéa de l'article L. 631-7, puisque l'article L. 631-9 du même code prévoit que les dispositions de l'article L. 631-7 peuvent être rendues applicables par décision de l'autorité administrative sur proposition du maire ou, pour les communes appartenant à une zone d'urbanisation continue de plus de 50 000 habitants dont la liste est fixée par le décret mentionné au I de l'article 232 du Code général des impôts, par une délibération de l'organe délibérant de l'établissement public de coopération intercommunale compétent en matière de plan local d'urbanisme ou, à défaut, du conseil municipal.

Dans cette hypothèse, un bail commercial conclu sans dérogation ou autorisation préalables pourrait être entaché de nullité[2587]. Il s'agit même d'une nullité absolue dont le bailleur peut se prévaloir[2588]. La renonciation au bénéfice de ces dispositions légales doit être expresse et ne se présume pas[2589]. M. Confino affirme que la clause de destination contraire à l'usage administratif des locaux sera nulle[2590]. De toute évidence, c'est le bail tout entier qui est frappé de nullité, la nullité de la clause n'étant qu'une conséquence inévitable. Par contre, la clause qui transfère la demande d'autorisation de changement d'affectation des locaux au locataire pourrait être nulle, sans que la nullité du bail n'ait été demandée.

577. Nullité du bail commercial et préservation de l'activité économique. Ainsi, un bail commercial consenti sur des locaux précédemment loués à usage

---

[2585] C. VICARI, *L'élasticité du domaine d'application du statut et la notion de commercialité*, *op. cit.*, pp. 157 et s., n° 100 et s.
[2586] *Ibid.*, pp. 164 et s., n° 105 et s.
[2587] P. MENDAK, « Le changement d'affectation de locaux : entre certitudes et interrogations », *RLDA* janv. 1998, n° 1, chron. 2, p. 6 ; A. CONFINO *et alii*, *Baux commerciaux - Ce qui change en pratique*, *op. cit.*, pp. 48-49.
[2588] M. LASSNER, « Les changements d'affectation après la réforme du 8 juin 2005 », *AJDI* avr. 2006, n° 4, p. 265 ; Cass. 3e civ., 24 juin 1992, n° 90-21.276, Bull. civ. III, n° 219.
[2589] CA Paris, 3e ch., 12 janv. 2017, n° 15/17010, JurisData n° 2017-000356, *Loyers et copr.* avr. 2017, n° 4, comm. 78, p. 20, note B. VIAL-PEDROLETTI.
[2590] A. CONFINO, « Réflexions sur le réputé non écrit dans le bail commercial après la loi Pinel », art. cit.

d'habitation, sans que le changement d'affectation n'ait fait l'objet d'une autorisation de l'autorité administrative, est frappé d'une nullité absolue non susceptible de régularisation[2591]. Dans une telle situation, les conséquences sont la perte du bail et du revenu qui en est tiré, mais également la restitution des loyers[2592]. Une indemnité d'occupation est tout de même retenue, mais parfois sur la base d'un loyer d'habitation et non commercial[2593], donc plus faible. On peut noter également que d'autres conséquences peuvent s'ajouter. Une amende civile dont le montant ne peut excéder 50 000 euros par local irrégulièrement transformé pourra être infligée en application de l'article L. 651-2 du Code de la construction et de l'habitation. Une injonction de réaffecter le local à son usage initial dans les six mois ou dans le délai imparti par le juge pourra également être prononcée. Il faut préciser que passé ce délai, l'administration peut procéder d'office et aux frais du contrevenant, à l'expulsion des occupants ainsi qu'à l'exécution des travaux nécessaires[2594], voire même fixer une peine d'emprisonnement d'un an et d'une amende de 80 000 euros.

Tel que nous l'avons exposé précédemment[2595], la nullité peut en théorie participer à la pérennisation de l'activité économique, mais ce n'est pas toujours le cas en pratique en raison des difficultés liées à sa mise en œuvre. Au-delà de cette réflexion, il est encore possible de s'interroger sur la cohérence de cette sanction et de son rôle dans la préservation de l'activité économique sous un autre aspect. Ainsi que nous l'avons exposé précédemment, le contrôle de l'implantation commerciale est fait, entres autres, en vue de protéger l'activité économique et de favoriser son bon développement, l'idée étant d'empêcher le développement de l'activité économique à un certain endroit parce qu'il serait voué à l'échec en raison de la concurrence environnante ou l'inadaptation du lieu à une quelconque activité économique[2596]. Plus généralement, ce n'est pas forcément l'activité économique d'un preneur considéré qui est protégée mais les activités économiques de plusieurs preneurs dans un secteur donné puisqu'il y a un contrôle de l'implantation. En déclarant la nullité d'un bail commercial pour défaut d'autorisation de changement d'usage, une activité concurrente empêchant le bon développement des autres activités économiques d'un secteur donné peut ainsi cesser.

Ce raisonnement peut encore s'étendre aux cas où le bail commercial aurait une contrepartie illusoire ou dérisoire.

[2591] CA Paris, 16e ch., sect. A, 22 févr. 1994, n° 91/17773, JurisData n° 1994-020212 ; V. aussi : Cass. ch. mixte, 9 nov. 2007, n° 06-19.508, *RDC* avr. 2008, n° 2, p. 243, obs. Y.-M. LAITHIER ; Cass. 3e civ., 10 juin 2015, n° 14-15.961, Bull. civ. III, n° 58, JurisData n° 2015-013854, *Rev. loyers* oct. 2015, n° 960, jur. 2151, p. 397, obs. E. POULIQUEN ; *AJDI* nov. 2015, n° 11, p. 773, obs. N. DAMAS ; *Dalloz actualité* 18 juin 2015, obs. Y. ROUQUET ; *D.* juin 2015, n° 23, p. 1319.

[2592] CA Paris, 5e pôle, 3e ch., 23 sept. 2016, n° 14/13608, JurisData n° 2016-019722, *AJDI* janv. 2017, n° 1, p. 39, obs. S. PORCHERON ; *AJDI* déc. 2017, n° 12, p. 886, chron. J.-P. BLATTER.

[2593] *Ibid.*

[2594] M. LASSNER, « Les changements d'affectation après la réforme du 8 juin 2005 », art. cit.

[2595] V. *supra* n° 575.

[2596] V. *supra* n° 276.

c - Le lien entre la contrepartie illusoire ou dérisoire et l'obligation de délivrance

578. Nullité du contrat à titre onéreux pour contrepartie illusoire ou dérisoire. À l'image des deux développements précédents, ne pourrait-on pas imaginer que les baux commerciaux portant sur des locaux qui ne se trouvent pas dans les communes de plus de 200 000 habitants, ni dans celles des départements des Hauts-de-Seine, de la Seine-Saint-Denis et du Val-de-Marne ou dans d'autres communes soumises aux dispositions de l'article L. 631-7 par décision administrative, soient eux aussi frappés de nullité lorsque la destination des lieux loués n'a pas fait l'objet d'une autorisation ? En poussant le raisonnement, ne pourrait-on pas penser que les baux commerciaux portant sur des locaux qui ne permettent pas d'exercer l'activité du locataire soient entachés de nullité ?

Si l'article L. 631-7 n'est pas applicable à ces locaux, il reste que le nouvel article 1169 du Code civil prévoit la nullité du contrat à titre onéreux lorsque, au moment de sa formation, la contrepartie convenue est illusoire ou dérisoire. La contrepartie illusoire correspondrait à celle qui n'est ni réelle ni sérieuse, et la contrepartie dérisoire s'entendrait comme celle qui est particulièrement faible de sorte qu'elle conduit à l'inexistence[2597]. Il s'agirait de garantir l'utilité économique du contrat[2598]. La doctrine y voit une résurgence de la cause[2599] ou même une fusion de la cause et de l'objet[2600]. Reste à savoir si l'inaptitude totale ou partielle de la chose louée à recevoir l'activité commerciale peut constituer une contrepartie illusoire ou dérisoire.

579. Inaptitude de la chose louée à recevoir l'activité commerciale : une contrepartie illusoire ou dérisoire ? Le bail commercial étant un contrat conclu à titre onéreux, on entrevoit qu'il puisse être frappé de nullité si la contrepartie se révèle illusoire ou dérisoire. Cela pourrait être le cas d'un bail commercial portant sur des locaux à usage de commerce, dans lequel le locataire ne peut exercer son activité parce que le bailleur n'a pas sollicité d'autorisation de changement d'affectation par exemple et que celle-ci n'est pas obtenable.

En s'appuyant sur l'arrêt par lequel les juges ont reconnu une absence de cause[2601], on pourrait voir l'inaptitude de la chose à recevoir l'activité du locataire comme une contrepartie illusoire ou dérisoire. Cependant, force est de reconnaître qu'en pratique, l'hypothèse se fait rare. Effectivement, la plupart du temps, le locataire parvient, même sans autorisation, à exercer son activité dans les lieux

[2597] G. CHANTEPIE et M. LATINA, *La réforme du droit des obligations - Commentaire théorique et pratique dans l'ordre du Code civil*, *op. cit.*, p. 357, n° 435 ; G. CHANTEPIE et M. LATINA, *Le nouveau droit des obligations - Commentaire théorique et pratique dans l'ordre du Code civil*, *op. cit.*, pp. 378-380, n° 435.

[2598] *Ibid.*, *loc. cit.*

[2599] *Ibid.*, *loc. cit.*

[2600] T. DOUVILLE (dir.) *et alii*, *La réforme du Droit des contrats - Commentaire article par article - Ordonnance du 10 février 2016 portant réforme du droit des contrats, du régime général et de la preuve des obligations*, *op. cit.*, pp. 136-137.

[2601] V. *supra* n° 333.

loués. Il le fait certes illégalement, mais il le fait. De plus, l'arrêt sur lequel nous nous appuyons reste un cas isolé et ne marque en aucun cas une tendance du juge à se positionner en ce sens.

Par ailleurs, la doctrine laisse entendre que le déséquilibre causé par cette contrepartie illusoire ou dérisoire doit être d'une importance telle qu'il doit supprimer tout intérêt au contrat[2602]. Là encore, il n'est pas certain que le juge voit une absence totale d'intérêt face à ces réalités pratiques.

Comme l'aménagement contractuel inefficace de l'obligation de délivrance, son inexécution peut elle aussi être sanctionnée.

B - Les sanctions de l'inexécution de l'obligation de délivrance

580. Des sanctions multiples au choix de celui qui exerce l'activité économique ? D'une manière classique, c'est le preneur qui dispose du choix de la mise en cause du bail commercial[2603], lorsque celui-ci présente une défaillance, en fonction de ses intérêts et de la tournure qu'il souhaite donner à la relation locative qui l'unit au bailleur[2604]. Lorsque la défaillance du bail commercial est due à l'inexécution de l'obligation de délivrance par le bailleur, le preneur va également choisir la sanction qu'il souhaite voir appliquer[2605]. D'une façon plus originale, le tiers intéressé au contrat peut également disposer de ce choix.

Par ailleurs, il convient de préciser que si la réforme du droit des obligations et des contrats déplace le curseur des sanctions de l'inexécution des obligations à celle du contrat dans sa « Section IV », il n'en reste pas moins que ce changement n'est qu'une illusion puisqu'à la lecture des articles, c'est bien l'inexécution de l'obligation qui est visée[2606].

Partant, nous essayerons de démontrer que les sanctions de l'inexécution de l'obligation de délivrance, qui sont majoritairement accordées au cocontractant locataire (1), mais qui peuvent également être obtenues par le tiers intéressé au contrat (2), tentent de préserver l'activité économique.

1 - Des sanctions majoritairement accordées au cocontractant locataire

581. Hiérarchisation et combinaison encadrées des sanctions. Comme le constate la doctrine, il ne ressort de l'article 1217 du Code civil aucune

---

[2602] G. CHANTEPIE et M. LATINA, *La réforme du droit des obligations - Commentaire théorique et pratique dans l'ordre du Code civil*, *op. cit.*, *loc. cit.* ; G. CHANTEPIE et M. LATINA, *Le nouveau droit des obligations - Commentaire théorique et pratique dans l'ordre du Code civil*, *op. cit.*, *loc. cit.*

[2603] Sur le choix de la mise en cause du bail commercial : F. CHALVIGNAC, *La rédaction d'un acte juridique : le bail commercial*, *op. cit.*, p. 191, n° 312.

[2604] M.-P. DUMONT-LEFRAND *et alii*, « L'obligation de délivrance en matière de bail commercial », art. cit.

[2605] V. d'une manière générale sur le choix des sanctions : M. FAURE-ABBAD, « Un nouveau système pour l'inexécution du contrat », *in* G. PIGNARRE (dir.) *et alii*, *Le droit des obligations d'un siècle à l'autre, Dialogues autour de la réfrome du titre III du livre III du Code civil*, L.G.D.J., 2016, p. 197.

[2606] M. FAURE-ABBAD, « Un nouveau système pour l'inexécution du contrat », art. cit.

hiérarchisation au sein de la panoplie de sanctions qui en découlent, bien que soit décelable une certaine graduation puisque ledit article se prononce tout de même sur la combinaison de ces sanctions en indiquant que celles *« qui ne sont pas incompatibles peuvent être cumulées »*, et que les dommages et intérêts peuvent toujours se cumuler à ces sanctions[2607]. En réalité, ce sont les exigences auxquelles est subordonnée la mise en œuvre de ces sanctions, à savoir la mise en demeure préalable[2608], la gravité de l'inexécution ainsi que le coût déraisonnable, qui vont faire office de facteurs de hiérarchisation, mais aussi le juge[2609]. Quant à la combinaison des sanctions, elle sera dictée par l'impossibilité de cumuler des sanctions contradictoires[2610]. Ce faisant, on constatera encore que ces sanctions poursuivent un but de protection de l'activité économique, qu'elles n'atteignent pas forcément face à cette absence de hiérarchisation.

Le bailleur est donc susceptible d'encourir des sanctions qui préservent le bail commercial en le maintenant (a), mais aussi des sanctions qui vont le faire disparaître (b) ou encore, dans le cadre exceptionnel du bail mixte, des sanctions qui l'empêchent de se prévaloir de la nullité du bail ou de sa résiliation pour demander l'expulsion de l'occupant (c).

a - Les sanctions assurant le maintien du bail commercial

582. De multiples options pour remédier à l'inexécution contractuelle. Nous utiliserons ici le vocable général « sanction » et non celui de « responsabilité contractuelle » pour ne pas entrer dans la querelle qui a remis en question le système de Planiol et qui, à cette occasion, a défendu l'idée selon laquelle la responsabilité contractuelle serait un faux concept[2611]. Au sein des sanctions qui préservent le bail

---

[2607] H. BOUCARD, « Le nouveau régime de l'inexécution contractuelle », *in* R. SCHULZE (dir.), G. WICKER (dir.), G. MÄSCH (dir.), D. MAZEAUD (dir.) *et alii*, *La réforme du droit des obligations en France, 5e journées franco-allemandes*, Société de législation comparée, 2015, p. 153 ; M. FAURE-ABBAD, « Un nouveau système pour l'inexécution du contrat », art. cit.

[2608] Cass. 3e civ., 14 juin 2018, n° 17-15.426, *AJDI* sept. 2018, n° 9, p. 607 : *« Mais attendu qu'ayant relevé que les travaux de mise aux normes prescrits par l'autorité administrative résultaient de l'évolution constante de la réglementation, que le coût de ceux-ci était équivalent à la valeur vénale de l'immeuble et que les preneurs ne justifiaient pas avoir, avant le 10 avril 2012, mis en demeure les bailleurs de procéder à leur exécution au fur et à mesure des visites périodiques et des arrêtés défavorables intervenus depuis 2003, la cour d'appel a pu retenir qu'aucune faute dans l'exécution de ses obligations ne pouvait être retenue à la charge de la bailleresse et en a exactement déduit que la résiliation du bail pour perte de la chose louée devait être prononcée sans dédommagement des preneurs ».* Ces derniers sont également tenus au paiement d'une indemnité d'occupation pour la période postérieure à l'arrêt de toute exploitation.

[2609] H. BOUCARD, « Le nouveau régime de l'inexécution contractuelle », art. cit. ; M. FAURE-ABBAD, « Un nouveau système pour l'inexécution du contrat », art. cit.

[2610] *Ibid.*

[2611] V. sur ce point : P. LE TOURNEAU, *La responsabilité civile*, 3e éd., Dalloz, 1982, pp. 63-64, n° 160 ; D. TALLON, « L'inexécution du contrat : pour une autre présentation », *RTD civ.* juin 1994, n° 2, p. 223 ; D. TALLON, « Pourquoi parler de faute contractuelle ? », *in* J. BEAUCHARD et P. COUVRAT (dir.), *Droit civil, procédure, linguistique juridique : Écrits en hommage à Gérard Cornu*, PUF, 1994, p. 429 ; P. RÉMY, « Critique du système français de responsabilité civile », *Dr. et cult.* janv. 1996, n° 31, p. 31 ; P. RÉMY, « La "responsabilité contractuelle" : histoire d'un faux concept », *RTD civ.* juin 1997,

commercial, il était admis, jusqu'à présent, par la jurisprudence, l'allocation de dommages et intérêts, l'exécution forcée[2612], la réduction du prix et l'exception d'inexécution dans certains cas. Depuis la réforme des contrats, ces sanctions ne sont plus régies par les mêmes dispositions, mais ont été conservées. Elles sont énumérées à l'article 1217 nouveau du Code civil, à titre de remèdes à l'inexécution contractuelle. D'autres sanctions ont également été ajoutées.

Nous aborderons donc ces sanctions en considérant les changements dus à la réforme des contrats qui les ont affectées et commencerons par étudier l'exécution forcée (α), puis la réduction du prix (β), suivie de la responsabilité du bailleur vis-à-vis de son cocontractant et le versement de dommages et intérêts (γ), de la réparation en nature (δ), de l'exception d'inexécution (ε) et de la modification du contrat (ζ).

α - L'exécution forcée

583. Deux formes d'exécution forcée : des notions conservées par la réforme des contrats. Initialement, l'ancien article 1184 du Code civil permettait d'opter pour l'exécution forcée. Les articles 1143 et 1144 anciens du même code complétaient cette option en laissant la possibilité au créancier de se faire autoriser en justice à exécuter l'obligation, moyennant un remboursement ou une avance des frais par le débiteur, et à détruire ce qui aurait été fait par contravention à l'engagement aux frais du créancier. Nous retrouvons aujourd'hui ces deux formes d'exécution forcée dans un titre qui leur est spécialement dédié : *« Sous-section 2 : L'exécution forcée en nature »*, aux articles 1221 et 1222 nouveaux du Code civil[2613].

L'exécution forcée est subordonnée à une condition de faisabilité, car si cette sanction provient d'un choix du preneur, il reste qu'elle doit être possible, c'est-à-dire réalisable[2614]. Le juge ne peut en principe pas la refuser au créancier qui la demande, à moins que celle-ci ne soit impossible à exécuter et auquel cas, il pourra prononcer l'allocation de dommages et intérêts par équivalent. En ce sens, il a été refusé la délivrance forcée d'une autre parcelle, non comprise dans le bail litigieux, ce qui, d'après l'analyse de deux professeurs, confirme l'impossibilité *« d'exécution forcée en nature par équivalent »*[2615]. Cette idée de faisabilité a été reprise par

n° 2, p. 232 ; V. aussi sur cette remise en question : G. VINEY « La responsabilité contractuelle en question », *in Études offertes à Jacques Ghestin, Le contrat au début du XXIe siècle*, L.G.D.J., 2001, p. 921.

2612 M.-P. DUMONT-LEFRAND *et alii*, « L'obligation de délivrance en matière de bail commercial », art. cit.

2613 H. BOUCARD, « Le nouveau régime de l'inexécution contractuelle », *in* R. SCHULZE (dir.), G. WICKER (dir.), G. MÄSCH (dir.), D. MAZEAUD (dir.) *et alii*, *La réforme du droit des obligations en France, 5e journées franco-allemandes*, Société de législation comparée, 2015, p. 153 ; J. GHESTIN (dir.), G. VINEY, P. JOURDAIN et S. CARVAL, *Traité de droit civil. Les effets de la responsabilité*, *op. cit.*, pp. 77 et s., n° 51 et s.

2614 M.-P. DUMONT-LEFRAND *et alii*, « L'obligation de délivrance en matière de bail commercial », art. cit.

2615 Cass. 3e civ., 16 déc. 1997, n° 96-11.411, JurisData n° 1997-005390, *RDI* juin 1998, n° 2, p. 303, obs. F. COLLART-DUTILLEUL et J. DERRUPPÉ.

le nouvel article 1221, mais s'est vue complétée par la notion de coût non disproportionné. En effet, cet article dispose que *« le créancier d'une obligation peut, après mise en demeure, en poursuivre l'exécution en nature sauf si [...] s'il existe une disproportion manifeste entre son coût pour le débiteur et son intérêt pour le créancier »*. Dorénavant, en plus d'être possible, l'exécution ne devra pas présenter un coût manifestement disproportionné.

Au-delà de la difficulté d'appréciation du coût disproportionné, les réflexions doctrinales révèlent que cette nouvelle condition serait une manifestation de la théorie de l'abus de droit[2616]. En ce qui nous concerne, il pourrait s'agir d'une mise en œuvre du principe jurisprudentiel selon lequel, en l'absence de faute du bailleur, ce dernier n'est pas tenu d'effectuer les réparations nécessaires, lorsque la chose devient impropre à sa destination, si elles engendrent des dépenses manifestement excessives[2617]. Néanmoins, pour l'heure, nous préférons rester prudents et attendre les prochaines orientations de la jurisprudence pour tirer des conclusions interprétatives de ce nouvel article.

Par ailleurs, les nouvelles mesures permettent au créancier, après mise en demeure, procédé qui remplace l'autorisation du juge, dans un délai et à un coût raisonnables, de faire exécuter lui-même l'obligation et de demander au débiteur le remboursement ou l'avance des sommes engagées à cette fin[2618].

Ce point pourrait faire l'objet d'un ajout à notre proposition de réécriture des articles 1719, 1° et 1720 alinéa 1er du Code civil rédigé de la sorte : « Lorsque l'exercice de l'activité économique est rendue difficile par un manquement du bailleur à son obligation de délivrance, le preneur peut, en l'absence d'urgence et en vue d'éviter que l'exercice de l'activité ne devienne impossible, après sommation restée infructueuse, faire réaliser les travaux nécessaires aux frais du bailleur informé de ceux-ci. ».

584. Clause d'exécution forcée en nature. L'exécution forcée peut résulter d'une clause. La clause d'exécution forcée en nature permet de convenir soit qu'il sera remédié à l'inexécution par une exécution forcée en nature, soit d'indiquer que les contractants renoncent à invoquer la réparation par équivalent, soit encore de prédéfinir la prestation qui devra être exécutée en remplacement[2619]. Cette clause offre la faculté au créancier en cas d'inexécution des engagements contractuels par le débiteur, de le forcer à s'exécuter lorsque cela est possible.

La doctrine suggère une formule unique de clause d'exécution forcée en nature qui pourrait s'appliquer à l'inexécution de l'obligation de délivrance[2620].

2616 N. DISSAUX et C. JAMIN, *Réforme du droit des contrats, du régime général et de la preuve des obligations (Ordonnance n° 2016-131 du 10 février 2016), Commentaire des articles 1100 à 1386-1 du code civil*, *op. cit.*, p. 129.

2617 Cass. 3e civ., 4 juill. 1968, Bull. civ. III, n° 319 ; Cass. 3e civ., 6 mars 1984, n° 82-15.817, Bull. civ. III, n° 59.

2618 O. GOUT, « La montée de la place de l'unilatéralisme dans les sanctions de l'inexécution du contrat », *in* G. PIGNARRE (dir.) *et alii*, *Le droit des obligations d'un siècle à l'autre, Dialogues autour de la réfrome du titre III du livre III du Code civil*, L.G.D.J., 2016, p. 213.

2619 G. HELLERINGER, *Les clauses du contrat - Essai de typologie*, *op. cit.*, p. 83, n° 139.

2620 A.-S. LUCAS-PUGET, « La clause d'exécution forcée en nature », *Resp. civ. et assur.* mai 2013, n° 5, form. 5, p. 26.

Compte tenu de la réforme du droit des contrats, la formule de la clause pourrait être modifiée ainsi : « Les engagements énoncés au présent contrat constituent des obligations dont les parties conviennent expressément qu'elles pourront faire l'objet d'une exécution forcée en nature en cas de manquement de la partie qui s'est engagée. ».

585. Une sanction pouvant entraîner une perte, une gêne ou une dépense importante pour le bailleur et participant à la pérennisation de l'activité économique. L'exécution forcée de l'obligation de délivrance peut consister simplement en la mise à disposition forcée d'un bien. La Cour de cassation l'a déjà prononcée[2621], lorsqu'elle est possible[2622]. Dans ce cas, elle n'engendre pas nécessairement une dépense pour le bailleur, mais lui crée tout au plus un désagrément dans la mesure où il n'avait pas prévu de mettre ledit bien à la disposition du preneur. Éventuellement, elle peut représenter une perte personnelle en ce qu'il ne jouira plus temporairement de ce bien. La délivrance forcée peut se concrétiser par la condamnation du bailleur à exécuter certaines prestations pour que la chose se trouve dans un certain état juridique. Ainsi, il peut être condamné à accomplir toute diligence pour faire inscrire à l'ordre du jour de la prochaine assemblée le vote de l'assemblée de la copropriété, la quatrième solution technique préconisée par l'expert, autorisant l'exercice de l'activité de « restaurant-traiteur » dans l'immeuble[2623]. Ici, la sanction représente une gêne pour le bailleur, mais n'engage pas de dépense, sauf à admettre une astreinte pour retard de réalisation[2624]. Cette exécution forcée peut enfin consister en la réalisation de prestations permettant à la chose d'atteindre un certain état matériel ou fonctionnel. Il peut s'agir de l'exécution de travaux par exemple. Dans ce cas, elle va occasionner une dépense pour le bailleur et cette dépense peut représenter un budget important. Pour exemple, dans une affaire de 2008, les factures de travaux de remise en état (infiltrations, humidité, étanchéité, installation électrique) de locaux commerciaux avoisinaient la somme de 85 000 euros[2625]. Le montant de la dépense peut être d'autant plus important en fonction de la complexité des travaux (désamiantage par exemple).

Cette sanction vient forcer la réalisation de la finalité du bail commercial et donc permettre l'exercice de l'activité économique. Elle cherche à rétablir l'équilibre entre les contractants et la réalisation de la finalité du contrat de bail commercial[2626]. À ce titre, elle vise justement à pérenniser l'activité économique. Cependant, si en

---

[2621] Cass. soc, 8 juin 1956, Bull. civ. IV, n° 535 ; Cass. soc., 20 juin 1963, Bull. civ. IV, n° 531.

[2622] V. sur l'exécution forcée impossible de l'obligation de délivrance du bien donné en location : Cass. 3e civ., 16 déc. 1997, n° 96-11.411, JurisData n° 1997-005390, *RDI* juin 1998, n° 2, p. 303, obs. F. COLLART-DUTILLEUL et J. DERRUPPÉ.

[2623] CA Paris, 16e ch., sect. B, 28 juin 2002, n° 2001/09501, JurisData n° 2002-187659, *AJDI* oct. 2002, n° 10, p. 689.

[2624] C'était le cas dans l'arrêt suscité : 1000 francs par jour de retard.

[2625] CA Montpellier, 5 mars 2008, n° 06/7156.

[2626] V. en ce sens : Y.-M. LAITHIER, *Étude comparative des sanctions de l'inexécution du contrat*, *op. cit.*, pp. 53 et s., n° 33 et s.

droit français la tendance est à privilégier l'exécution forcée en nature[2627], il n'est pas certain que cette sanction soit plus efficace en toutes circonstances. Dans certains cas, l'allocation de dommages et intérêts peut se révéler aussi efficace voire plus, à condition que leur montant soit convenablement évalué[2628].

À côté de l'exécution forcée, une autre sanction consiste à diminuer le loyer du bail commercial lorsque la délivrance est imparfaite.

β - La diminution du loyer

586. Réduction proportionnelle du prix et diminution de la valeur locative. Le nouvel article 1223 du Code civil permet au créancier d'accepter une exécution imparfaite du contrat et de réduire proportionnellement le prix, sachant que s'il n'a pas encore payé, le créancier notifie sa décision dans les meilleurs délais. Alors que cette réduction n'était permise que par certains textes spéciaux, elle vient désormais toucher tous les types de contrats et offre la possibilité au créancier de réduire le prix d'une prestation ou d'une chose dont il n'est pas satisfait, ou du moins qui ne correspond pas aux stipulations convenues[2629]. Pour la doctrine, il s'agit d'une espèce de résolution partielle unilatérale[2630] qui soulève des difficultés et des excès dans l'interprétation de la proportionnalité[2631]. Cet article pourrait donc bien s'appliquer à une exécution imparfaite de l'obligation de délivrance[2632].

En ce qui concerne l'état de risques naturels et technologiques, l'article L. 125-5 du Code de l'environnement précise qu'en cas de non-respect des dispositions du présent article, le locataire peut demander au juge une diminution du prix.

Par ailleurs, l'article R. 145-8 du Code de commerce prévoit *« du point de vue des obligations respectives des parties »* que *« les restrictions à la jouissance des lieux et les obligations incombant normalement au bailleur dont celui-ci se serait déchargé sur le locataire sans contrepartie constituent un facteur de diminution de la valeur locative »*. Un transfert de l'obligation de

---

2627 *Ibid.*, p. 48, n° 28 ; N. MOLFESSIS, « Force obligatoire et exécution : un droit à l'exécution en nature ? », *RDC* janv. 2005, n° 1, p. 37 ; Y.-M. LAITHIER, « La prétendue primauté de l'exécution en nature », *RDC* janv. 2005, n° 1, p. 161 ; Y.-M. LAITHIER et D. MAZEAUD, « La nature de la sanction : satisfaction du bénéficiaire par des dommages-intérêts ou primauté de l'exécution forcée en nature ? », *RDC* avr. 2012, n° 2, p. 681 ; D. HOUTCIEFF, *Droit des contrats*, *op. cit.*, p. 680, n° 961.

2628 V. sur cette idée : Y.-M. LAITHIER, *Étude comparative des sanctions de l'inexécution du contrat*, *op. cit.*, pp. 173 et s., n° 118 et s.

2629 M. FAURE-ABBAD, « Un nouveau système pour l'inexécution du contrat », art. cit. ; O. GOUT, « La montée de la place de l'unilatéralisme dans les sanctions de l'inexécution du contrat », art. cit. ; P. JOURDAIN, « À la recherche de la réfaction du contrat, sanction méconnue de l'inexécution », *in Mélanges en l'honneur de Philippe Le Tourneau*, Dalloz, 2008, p. 449.

2630 H. BOUCARD, « Le nouveau régime de l'inexécution contractuelle », *in* R. SCHULZE (dir.), G. WICKER (dir.), G. MÄSCH (dir.), D. MAZEAUD (dir.) *et alii*, *La réforme du droit des obligations en France, 5e journées franco-allemandes*, Société de législation comparée, 2015, p. 153 ; N. DISSAUX et C. JAMIN, *Réforme du droit des contrats, du régime général et de la preuve des obligations (Ordonnance n° 2016-131 du 10 février 2016), Commentaire des articles 1100 à 1386-1 du code civil*, *op. cit.*, p. 133.

2631 M. FAURE-ABBAD, « Un nouveau système pour l'inexécution du contrat », art. cit.

2632 J.-P. BLATTER et W. BLATTER-HODARA (collab.), *Traité des baux commerciaux*, 6e éd., *op. cit.*, p. 297, n° 540.

délivrance non assorti d'une contrepartie pourrait donc faire encourir la sanction d'une diminution de la valeur locative[2633].

587. Clause de réfaction. La diminution du loyer peut ressortir d'une clause. La clause de réfaction correspond à la clause qui instaure une diminution du prix en cas d'inexécution partielle du contrat[2634]. L'article 1223 n'étant pas d'ordre public, la doctrine s'est interrogée sur l'aménagement de la sanction de la réfaction du prix par une clause du contrat[2635]. Pour aménager cette clause, cette même doctrine suggère plusieurs adaptations qui tendent soit à limiter son exercice à certains types ou à certains degrés d'inexécution imparfaite, soit la soumettre à une obligation de motivation, soit à la subordonner au recours préalable à une expertise amiable, voire à la saisie impérative du juge, soit encore à instaurer des modalités de calcul de la réduction, à fixer un plancher en deçà duquel le prix ne saurait être abaissé ou à déterminer à l'avance le montant de la réduction[2636].

Relativement à l'exécution imparfaite de l'obligation de délivrance, la clause de réfaction du prix pourrait prévoir par exemple : « Si la surface effective des lieux loués se révélait inférieure à la surface stipulée dans le contrat de bail commercial, le montant du loyer subirait une diminution de XXX par mètre carré de surface en moins. ».

588. Une perte de revenus pour le bailleur participant à la pérennisation de l'activité économique. La réduction de loyer a été admise par le juge en matière de bail d'habitation, lorsqu'il s'agit de délivrer un logement décent, mais cette sanction ne fait pas écho en matière de baux commerciaux. En effet, un manquement du bailleur à son obligation de délivrer un logement aux normes de confort et d'habitabilité prévues par le décret du 6 mars 1987 (en l'occurrence, il s'agissait d'un défaut d'alimentation normale en eau) peut se traduire par une réduction de loyer[2637]. La jurisprudence n'offre pas une telle illustration dans le cadre des baux commerciaux.

S'agissant spécifiquement d'une éventuelle réduction eu égard à un défaut de surface, la Cour d'appel d'Aix-en-Provence a rejeté la demande de remboursement d'une partie du loyer formulée par le locataire, en raison de la superficie véritable des lieux loués, inférieure à la superficie mentionnée dans le bail, dès lors que la surface réelle n'a pas été déterminante dans le consentement de celui-ci[2638]. Toutefois, selon M. Regnault, avec la référence à la surface exploitée introduite par l'article L. 145-40-2 du Code de commerce, les parties pourraient désormais être

---

2633 C. NOBLOT, « Bail commercial : la clause transférant au locataire la charge des travaux de ravalement prescrits par l'administration », art. cit.

2634 N. GRAS, *Essai sur les clauses contractuelles*, *op. cit.*, p. 227, n° 289.

2635 F. CHÉNEDÉ, « La réduction du prix », *RDC* sept. 2017, n° 3, p. 571.

2636 *Ibid.*

2637 Cass. 3e civ., 8 juin 1995, n° 93-14.869, JurisData n° 1995-001489, *D.* déc. 1996, n° 42, p. 378, obs. CENTRE DE RECHERCHE DE DROIT PRIVÉ DE NANCY II ; *RDI* déc. 1995, n° 4, p. 801, obs. F. COLLART-DUTILLEUL et J. DERRUPPÉ.

2638 CA Aix-en-Provence, 11e ch., sect. A, 18 déc. 2015, n° 2015/648, JurisData n° 2015-028880, *Loyers et copr.* avr. 2016, n° 4, comm. 93, p. 22, note S. REGNAULT.

avisées de mentionner la surface des locaux. Pour autant, cette référence signe-t-elle la démocratisation de la réduction de loyer en cas de délivrance de locaux commerciaux d'une surface non conforme ? L'avenir le précisera peut-être.

La sanction de la réfaction du prix peut s'inscrire dans la même logique de pérennisation de l'activité économique. Elle constitue une compensation de la réalisation imparfaite de la finalité du bail commercial et de l'exercice de l'activité économique. Tout en maintenant la relation locative, cette sanction opère son rééquilibrage en instituant un prix en rapport avec la finalité du contrat et contribue ainsi au bon exercice de l'activité économique.

Après la réduction du prix, le Code civil énonce une autre sanction qui réside dans l'attribution de dommages et intérêts.

γ - La responsabilité du bailleur et le versement de dommages et intérêts

589. Fondement, acteurs et conditions. L'allocation des dommages et intérêts est traditionnellement rattachée à la responsabilité civile contractuelle[2639]. Dans une majorité de situations, la responsabilité du bailleur pour manquement à son obligation contractuelle de délivrance sera engagée sur un fondement contractuel par son locataire cocontractant[2640]. En vertu du nouvel article 1231-1 du Code civil (ancien article 1147), le bailleur qui manque à cette obligation sera donc tenu de réparer le préjudice résultant de l'inexécution du contrat, et plus précisément de l'inexécution de l'obligation ou de son retard[2641].

Pour ce faire, trois conditions devront être réunies. Il faudra bien évidemment une faute contractuelle, même si cette notion est contestée[2642], un dommage et un lien de causalité entre les deux[2643]. La faute contractuelle *« consiste dans l'inexécution, prévisible et évitable, par une partie ou ses ayants cause, envers une partie ou ses ayants cause, d'une obligation née d'un contrat »*[2644]. Ces conditions sont reprises par le projet de réforme de la responsabilité civile. Pour le préjudice, l'article 1236 propose une codification s'inscrivant dans le droit fil de la jurisprudence existante[2645]. Des précisions sont toutefois apportées à propos de la perte de chance puisque le

---

2639 P. DELEBECQUE et F.-J. PANSIER,*Droit des obligations, Contrat et quasi-contrat, op. cit.*, p. 354, n° 509 : pour ces auteurs, la condamnation à dommages et intérêts est la traduction de la responsabilité contractuelle de l'auteur de l'obligation inexécutée ; G. VINEY « La responsabilité contractuelle en question », art. cit.

2640 P. DELEBECQUE et F.-J. PANSIER,*Droit des obligations, Contrat et quasi-contrat, op. cit.*, pp. 355-356, n° 510-513.

2641 J. GHESTIN (dir.), G. VINEY, P. JOURDAIN et S. CARVAL, *Traité de droit civil. Les effets de la responsabilité, op. cit.*, p. 143, n° 110.

2642 V. *infra* n° 630 et 634.

2643 P. DELEBECQUE et F.-J. PANSIER,*Droit des obligations, Contrat et quasi-contrat, op. cit.*, pp. 356-361, n° 514-523.

2644 R. SAVATIER, *Traité de la responsabilité civile en droit français civil, administratif, professionnel, procédural*, t. 1, *Les sources de la responsabilité civile*, préf. G. RIPERT, réimp. 2e éd. 1951, L.G.D.J., coll. Anthologie du Droit, 2016, p. 135, n° 108.

2645 A.-S. CHONÉ-GRIMALDI, « Le projet de réforme de la responsabilité civile : observations article par article », art. cit.

projet la définit conformément à la jurisprudence dans un article 1238[2646]. Quant au lien de causalité, il n'est toujours pas défini, l'article 1239 laissant subsister l'opposition de la théorie de « l'équivalence des conditions » et celle de « la causalité adéquate »[2647].

Le versement de dommages et intérêts peut également être encadré par une clause pénale.

590. Clause pénale et clause d'astreinte. Alors que l'ancien article 1226 du Code civil définissait la clause comme *« celle par laquelle une personne, pour assurer l'exécution d'une convention, s'engage à quelque chose en cas d'inexécution »*, l'article 1231-5 nouveau du Code civil[2648] ne retient pas cette ancienne définition et simplifie les règles applicables à cette clause[2649]. plus concrètement celle par laquelle *« les parties évaluent par avance et forfaitairement les dommages et intérêts résultant de l'inexécution d'un engagement ou, plus rarement, la clause qui, en cas d'inexécution du contrat, oblige le débiteur à l'exécution d'une obligation autre que le paiement d'une somme d'argent »*[2650]. En cas d'inexécution de l'obligation de délivrance, la clause pénale peut prévoir forfaitairement les dommages et intérêts qui devront être versés par le débiteur[2651].

La clause pénale est depuis longtemps valide[2652], mais devra être bien rédigée et ne pas prévoir des montants de pénalités surréalistes, car le juge peut, si le montant des dommages et intérêts fixé est manifestement excessif ou dérisoire, modérer ou augmenter la pénalité. De même, en cas d'inexécution partielle, le juge peut encore diminuer la pénalité. Ces règles sont impératives[2653]. Le jeu de cette clause ne sera permis qu'après une mise en demeure.

2646 *Ibid.*

2647 *Ibid.* ; P. JOURDAIN, *Les principes de la responsabilité civile*, 9e éd., Dalloz, coll. Connaissance du droit, 2014, pp. 64-65 ; P. LE TOURNEAU, *Responsabilité (en général)*, *op. cit.*, n° 44 et s. ; P. JOURDAIN, *Droit à réparation. - Lien de causalité. - Détermination des causes du dommage*, J.-Cl. Responsabilité civile et Assurances, Fasc. n° 160, avr. 2011, n° 13 et s..

2648 C. civ., art. 1231-5 nouv. : *« Lorsque le contrat stipule que celui qui manquera de l'exécuter paiera une certaine somme à titre de dommages et intérêts, il ne peut être alloué à l'autre partie une somme plus forte ni moindre.*
Néanmoins, le juge peut, même d'office, modérer ou augmenter la pénalité ainsi convenue si elle est manifestement excessive ou dérisoire.
Lorsque l'engagement a été exécuté en partie, la pénalité convenue peut être diminuée par le juge, même d'office, à proportion de l'intérêt que l'exécution partielle a procuré au créancier, sans préjudice de l'application de l'alinéa précédent.
Toute stipulation contraire aux deux alinéas précédents est réputée non écrite.
Sauf inexécution définitive, la pénalité n'est encourue que lorsque le débiteur est mis en demeure. ».

2649 N. DISSAUX et C. JAMIN, *Réforme du droit des contrats, du régime général et de la preuve des obligations (Ordonnance n° 2016-131 du 10 février 2016), Commentaire des articles 1100 à 1386-1 du code civil*, *op. cit.*, p. 143.

2650 S. PIMONT, *Clause pénale*, Rép. civ. Dalloz, avr. 2010, n° 1 ; V. aussi : D. MAZAEUD, *La notion de clause pénale*, L.G.D.J., 1992 ; J. MESTRE (dir.), J.-C. RODA (dir.) *et alii*, *Les principales clauses des contrats d'affaires*, *op. cit.*, p. 763, n° 1351 ; F. BUY, M. LAMOUREUX, J. MESTRE et J.-C. RODA, *Les principales clauses des contrats d'affaires*, *op. cit.*, p. 611, n° 1313.

2651 E. SEIFERT, « Clause pénale et bail commercial », *Resp. civ. et assur.* déc. 2017, n° 12, form. 10, p. 32.

2652 R. CABRILLAC, « Les clauses abusives appréhendées par le droit civil français », art. cit.

2653 Rapp., Rapport au Président de la République relatif à l'ordonnance n° 2016-131 du 10 février 2016 portant réforme du droit des contrats, du régime général et de la preuve des obligations, JORF n° 0035, 11 févr. 2016, texte n° 25 ; N. DISSAUX et C. JAMIN, *Réforme du droit des contrats, du régime général et de la preuve des obligations (Ordonnance n° 2016-131 du 10 février 2016), Commentaire des articles 1100 à 1386-1 du code civil*, *op. cit.*, pp. 143-144.

Proche de la clause pénale, la clause d'astreinte prévoit les conséquences de l'inexécution dans le temps en envisageant une sanction pécuniaire lorsqu'il y a un retard d'exécution[2654]. Sa validité fait débat en doctrine. La clause pénale remplit une fonction indemnitaire et comminatoire alors que la clause d'astreinte ne poursuit quant à elle aucune fonction indemnitaire et constitue un simple moyen de pression exercé sur le débiteur d'une obligation. Aussi, le montant de la clause d'astreinte ne peut pas, contrairement à celui de la clause pénale, être révisé par le juge. Le juge examine au cas par cas le mécanisme de la clause considérée et l'économie générale du contrat pour restituer à la clause, le cas échéant, son exacte qualification juridique[2655]. Au regard des conséquences que son application emporte, il est important que la clause d'astreinte soit rédigée avec précaution et précision. Il est possible de prévoir, soit une somme forfaitaire que le débiteur de l'obligation devra régler s'il ne satisfait pas à une ou plusieurs de ses obligations dans les délais impartis, soit une somme fixe et une somme variable, qui augmentera en fonction du retard pris par le débiteur.

En matière de délivrance, les clauses pénale et d'astreinte peuvent se révéler utiles s'agissant de la mise en état des locaux, notamment lorsque des travaux sont prévus ou dans le cadre d'un bail en état futur d'achèvement. La clause pénale peut se présenter ainsi : « Au cas où le retard de délivrance des locaux entraînerait directement ou indirectement, soit un retard de mise en exploitation, soit un arrêt de l'exploitation, le montant du préjudice subi par le preneur est fixé à X euros. ». Quant à la clause d'astreinte, elle peut se formuler ainsi : « À défaut de délivrance conforme de la chose louée dans les délais prévus au présent contrat, le bailleur sera redevable envers le preneur, d'une somme de 1 % par mois de retard et sous réserve des droits du preneur à tous dommages-intérêts et à la réparation intégrale du préjudice par lui subi en raison du retard de délivrance conforme de la chose louée. ».

591. Délivrance impossible, absence de délivrance ou divergence dans la délivrance. Cette sanction sera accordée lorsque le bailleur est dans l'impossibilité de délivrer la chose louée. Tout d'abord, il est mentionné que si le bailleur se trouve hors d'état de faire cette délivrance, il est sujet aux dommages et intérêts du preneur, à moins que la chose n'ait péri par un accident de force majeure[2656]. Il faut comprendre que si le bailleur n'est pas en mesure de délivrer la chose louée, il peut être condamné à verser au preneur des dommages et intérêts pour défaut de délivrance de la chose louée, la seule possibilité d'exonération étant pour lui d'établir que le défaut de délivrance est dû à un périssement de la chose par un accident de force majeure. Autrement dit, le défaut de délivrance est sanctionné

[2654] N. GRAS, *Essai sur les clauses contractuelles*, *op. cit.*, pp. 229-230, n° 296.

[2655] Cass. 2e civ., 3 sept. 2015, n°14-20.431, Juris-Data n° 2015-019449 : requalification d'une clause d'asteinte en clause pénale.

[2656] P.-A. FENET, *Recueil complet des travaux préparatoires du Code civil*, t. 14, *op. cit.*, p. 324 ; R.-T. TROPLONG, *De l'échange et du louage : commentaires des Titres VII et VIII du Livre III du Code civil*, *op. cit.*, p. 319, n° 176.

par le versement de dommages et intérêts, sauf si l'on prouve qu'il est dû à un cas de force majeure.

Il poursuit en précisant que si le bailleur, pouvant délivrer la chose, s'y refuse ou seulement diffère cette délivrance, le preneur peut se faire autoriser en justice à s'en mettre en possession, et même obtenir des dommages et intérêts[2657].

Les auteurs ajoutent que, lorsque la chose ne se trouve pas entière ou ne se trouve pas dans le même état que lors du contrat, le preneur peut demander une diminution du prix ou la résiliation du bail, par le biais de l'action *ex conducto*[2658].

592. Responsabilité du bailleur et réparation du préjudice résultant de l'inexécution du contrat. S'agissant de la condamnation aux dommages et intérêts, les nouveaux articles 1231 et suivants du Code civil prévoient, comme le faisait l'ancien article 1147, que le débiteur pourra être condamné au paiement de dommages et intérêts soit à raison de l'inexécution de l'obligation, soit à raison du retard dans l'exécution. Cette sanction correspond à l'engagement de la responsabilité contractuelle du bailleur, qui vise à accorder à la victime l'équivalent de l'exécution attendue du contrat et réparer le préjudice contractuel[2659].

Ces nouvelles dispositions précisent que les dommages et intérêts ne sont dus que si le débiteur a préalablement été mis en demeure de s'exécuter dans un délai raisonnable[2660]. À ce sujet, l'ancien article 1146 du Code civil prévoyait que l'octroi des dommages et intérêts intervenant à la suite de l'inexécution d'une obligation de faire ou de donner soumise à un délai péremptoire, pouvait se faire sans mise en demeure. La jurisprudence l'a rappelé en déclarant que l'indemnisation du preneur pour les troubles de jouissance subis du fait du manquement par le bailleur à son obligation de délivrance d'un logement décent, n'est pas subordonnée à une mise en demeure du bailleur[2661]. L'avenir précisera le maintien ou l'abandon de cette jurisprudence.

Les nouvelles mesures assimilent, de manière générale, les dommages et intérêts à la perte subie par le créancier et au gain dont il a été privé[2662].

Il est également indiqué que le débiteur n'est tenu qu'aux dommages et intérêts qui ont été prévus ou qui pouvaient être prévus lors de la conclusion du contrat, sauf lorsque l'inexécution est due à une faute lourde ou dolosive puisque les

---

[2657] P.-A. FENET, *Recueil complet des travaux préparatoires du Code civil*, t. 14, *op. cit.*, pp. 324-325.

[2658] R.-T. TROPLONG, *Droit civil expliqué. De l'échange et du louage. Commentaires des Titres VII et VIII du Livre III du Code civil*, t. 1, *op. cit.*, *loc. cit.*

[2659] A. PINNA, *La mesure du préjudice contractuel*, préf. P.-Y. GAUTIER, L.G.D.J., 2007, pp. 39-40, n° 37.

[2660] C. civ., art. 1231 nouveau.

[2661] Cass. 3e civ. 4 juin 2014, n° 13-12.314, Bull. civ. III, n° 74, JurisData n° 2014-013365, *Loyers et copr.* juill. 2014, n° 7-8, comm. 200, p. 12, note B. VIAL-PEDROLETTI ; *JCP E* juill. 2014, n° 28-29, pan. 1391, p. 44 ; *Gaz. pal.* juin 2014, n° 177, p. 22, obs. C. BERLAUD ; *LEDIU* juill. 2014, n° 7, p. 2, obs. R. MICALEF ; *RDC* déc. 2014, n° 4, p. 648, obs. J.-B. SEUBE ; *Dr. & patr. L'Hebdo* juin 2014, n° 972, p. 1, C. L. G. ; *Rev. loyers* juill. 2014, n° 949, jur. 1870, p. 356, an. S. BENILSI ; *Dr. & patr.* oct. 2015, n° 251, doss. p. 50, obs. F.-X. AGOSTINI ; *AJDI* déc. 2014, n° 12, p. 872, obs. N. DAMAS ; *Dalloz actualité* 12 juin 2014, obs. Y. ROUQUET.

[2662] C. civ., art. 1231-2 nouveau.

dommages et intérêts ne comprennent alors que ce qui est une suite immédiate et directe de l'inexécution[2663].

Enfin, il est mentionné que lorsque les dommages et intérêts dus en cas d'inexécution ont été prévus à l'avance dans le contrat, il ne peut être alloué à l'autre partie une somme plus forte ni moindre, sachant que le juge peut, même d'office, modérer ou augmenter la pénalité ainsi convenue si elle est manifestement excessive ou dérisoire[2664]. Et, lorsque l'engagement a été exécuté en partie, la pénalité convenue peut être diminuée par le juge, même d'office, à proportion de l'intérêt que l'exécution partielle a procuré au créancier. Toute stipulation contraire à ce principe est réputée non écrite. Là encore, à moins que l'inexécution ne soit définitive, la pénalité n'est encourue que lorsque le débiteur est mis en demeure.

593. Diversité des préjudices subis par le preneur. Les préjudices subis par le preneur, du fait d'une mauvaise application de l'obligation de délivrance, sont divers.

Il peut s'agir d'un préjudice de jouissance qui peut consister en une impossibilité partielle d'utiliser les locaux conformément au bail[2665] ou résulter de l'impossibilité d'exercer l'activité dans les lieux loués[2666]. L'indemnisation du préjudice de jouissance doit permettre de replacer les locataires dans la situation dans laquelle ils se seraient trouvés sans défaut de délivrance[2667].

Le préjudice peut également être économique et financier. La plupart du temps, ce préjudice consiste en un manque à gagner qui est la conséquence de l'impossibilité totale ou partielle d'exploiter[2668]. Il peut aussi se matérialiser par une

---

[2663] C. civ., art. 1231-3 et 1231-4 nouveaux.

[2664] C. civ., art. 1231-5 nouveau.

[2665] CA Aix en Provence, 11e ch., sect. B, 3 sept. 2015, n° 14/12792 : la Cour d'appel a alloué au preneur d'un local commercial dont la climatisation présentait un dysfonctionnement depuis la prise d'effet dudit bail, conduisant à sa panne définitive et provoquant un dégât des eaux, alors que le bail prévoyait dans la désignation que ceux-ci étaient climatisés, une indemnisation de trente mille euros. V. sur cet arrêt : G. NEU-JANICKI, « Climatisation et obligation de délivrance du bailleur », http://www.neujanicki.com/Climatisation-et-obligation-de-delivrance-du.html.

[2666] V. sur la distinction des deux préjudices et leur indemnisation : Cass. 3e civ., 6 sept. 2018, n° 17-21.630, *AJDI* avr. 2019, n° 4, p. 283, obs. D. LIPMAN-W. BOCCARA.

[2667] Cass. 3e civ., 8 juill. 2009, n° 08-15.158, *Rev. loyers* oct. 2009, n° 900, jur. 1052, p. 391 ; V. aussi sur la réparation du préjudice de jouissance par la restitution des loyers : A. PINNA, *La mesure du préjudice contractuel*, *op. cit.*, pp. 108-109, n° 93 ; Cass. 1e civ., 9 févr. 1965, n° 62-10.478, Bull. civ. I, n° 108.

[2668] Cass. 3e civ., 6 nov. 2013, n° 12-25.816, JurisData n° 2013-025153, *JCP N* nov. 2013, n° 47, act. 1133 ; *Resp. civ. et assur.* févr. 2014, n° 2, comm. 55, p. 17 : la Cour de cassation a admis le préjudice d'exploitation en cassant l'arrêt qui, pour débouter le locataire de sa demande en indemnisation, retient que la clause de souffrance contenue dans le bail, qui impose au preneur de supporter sans indemnité les travaux de grosses et petites réparations quelles qu'en soient l'importance et la durée, ne fait pas de distinction entre les différents travaux qui peuvent être entrepris, qu'il s'agisse de travaux d'amélioration ou de travaux rendus nécessaires à la suite d'un sinistre ; CA Pau, 2e ch., sect. 1, 29 oct. 2012, n° 11/00916, JurisData, n° 2012-030047 : la Cour demande une expertise pour évaluer le préjudice subi par le locataire qu'il estime *« à la perte de marge brute globale pendant la période où l'exploitation du restaurant a été empêchée, soit 794,94 euros par jour x 118 jours, soit 93 803 euros »* ; CA Douai, 3e ch., 8 sept. 2011, n° 09/09187 : le préjudice économique d'un locataire ayant contracté la légionellose, matérialisé par la perte de gain engendrée par un départ en retraite anticipé, a été estimé à 100 489,22 euros.

avance de frais résultant du transfert inefficace de l'obligation de délivrance[2669], de la réalisation de travaux destinés à pallier l'inexécution de l'obligation de délivrance du bailleur par le preneur autorisée par le juge[2670] ou de dépenses inutilement engagées[2671].

Le préjudice peut être matériel et résulter de la réalisation de travaux de réparation pour remettre l'immeuble en état par exemple[2672] ou des perte et dégradation du matériel se trouvant dans les lieux loués et nécessaire à l'exploitation[2673].

Le préjudice peut encore être moral lorsqu'il est lié à l'activité économique du preneur et plus exactement lorsqu'il découle de la rupture ou l'anéantissement de cette activité [2674], ou encore lorsqu'il résulte des désagréments et tracas liés au contentieux relatif à une mauvaise délivrance[2675].

2669 CA Paris, 5e pôle, 3e ch., 19 oct. 2011, n° 09/29065, JurisData n° 2011-022843 : un locataire ayant dû avancer des sommes pour travaux et mobilier en demandait le remboursement, mais la Cour d'appel l'a débouté, estimant qu'il avait de manière imprudente engagé des travaux coûteux qui ne sont par ailleurs pas parfaitement justifiés par les attestations produites et les devis et alors même qu'il connaissait l'état réel des locaux loués et leur impropriété et qu'il n'a cependant adressé à la bailleresse une lettre recommandée *« que dans le but essentiel d'obtenir la prolongation de la dispense totale de paiement du loyer principal jusqu'à l'achèvement des travaux et la réhabilitation des parties dégradées »*. Dans d'autres circonstances, l'indemnisation aurait pu être accordée.

2670 A. PINNA, *La mesure du préjudice contractuel*, *op. cit.*, pp. 340-341, n° 366.

2671 CA Versailles, 12e ch., 9 oct. 2012, n° 11/05172, JurisData n° 2012-023720 : Le préjudice financier peut également être constitué des dépenses inutilement engagées par le locataire. C'est ce qu'a retenu la Cour d'appel de Versailles en admettant que le locataire était fondé à solliciter réparation du préjudice que lui a causé l'inobservation par le bailleur de son obligation de délivrance et qui correspond au montant des dépenses qu'il a inutilement engagées, chiffrées à la somme globale de 31743,53 euros, comprenant les honoraires d'architecte (1794 euros), les honoraires de la société Caudex, son comptable, (3249,53 euros), les frais de fabrication d'un bar (6200 euros) et les frais d'agence et de dépôt de garantie (20 500 euros).

2672 Cass. 3e civ., 6 nov. 2013, n° 12-25.816, JurisData n° 2013-025153, *JCP N* nov. 2013, n° 47, act. 1133 ; *Resp. civ. et assur.* févr. 2014, n° 2, comm. 55, p. 17 : acceuil favorable de la demande d'indemnisation d'un locataire pour un préjudice matériel fixé à la somme de 101 670, 82 euros, au motif que la victime doit être replacée dans la situation où elle se serait trouvée si l'acte dommageable ne s'était pas produit.

2673 Cass. 3e civ., 30 juin 2010, n° 09-15.308 : Jugeant que « les locataires n'établissaient pas que les locaux étaient affectés d'une humidité anormale dont les bailleurs auraient été responsables », elle n'a pas retenu de manquement du bailleur à son obligation de délivrance et a estimé que « les dégradations du mobilier n'avaient pas été causées par des infiltrations d'eau, mais résultaient de son entreposage prolongé dans un lieu inapproprié ». Sans manquement à l'obligation de délivrance, difficile de retenir un quelconque préjudice, mais à l'inverse, nous pensons que le préjudice est plausible.

2674 X. PRADEL, *Le préjudice dans le droit civil de la responsabilité*, avant-propos J.-L. BAUDOUIN et P. DESLAURIERS, préf. P. JOURDAIN, L.G.D.J., 2004, pp. 125-126, n° 106-107 ; CA Paris, 5e pôle, 3e ch., 19 oct. 2011, n° 09/29065, JurisData n° 2011-022843 : préjudice moral subi par le locataire qui a pris à bail des locaux qui se sont révélés impropres à leur usage et dans lesquels il a entrepris des travaux de réhabilitation quoiqu'inefficaces, et qui a vu anéantir le projet qu'il avait légitimement formé d'y exploiter un commerce de restauration. Le montant du préjudice moral a été fixé à 10 000 euros.

2675 S. BORTOLUZZI, D. PIAU, T. WICKERS, H. ADER et A. DAMIEN, *Règles de la profession d'avocat*, *op. cit.*, p. 1852, n° 912.243.

Il peut aussi s'agir d'un préjudice corporel découlant du non-respect des normes provoquant un accident du locataire, sa mise en danger ou une atteinte à sa santé[2676].

S'agissant enfin du préjudice de perte de chance de louer un autre local, il semble logique que si le preneur avait su tout cela, il aurait certainement renoncé à ce bien et se serait orienté vers un autre. Pour autant, peut-on être certain qu'il n'aurait pas rencontré un problème identique dans un autre local ? N'ayant pas de pouvoir divinatoire, on peut douter de la reconnaissance d'un tel préjudice devant les tribunaux. Seule la perte de chance semble indemnisable.

594. Une sanction à la fois complémentaire et autonome : une dépense importante pour le bailleur qui s'inscrit dans une logique de pérennisation de l'activité économique. Comme le fait remarquer la doctrine[2677], le versement de dommages et intérêts a été prononcé par la jurisprudence, aussi bien en complément d'autres sanctions que de façon autonome, ce que déclare la Cour de cassation[2678] et ce qu'officialise la réforme des contrats dans le nouvel article 1217 du Code civil. Celle-ci a par exemple accueilli la demande en dommages-intérêts engagée par des locataires se prévalant d'un manquement du bailleur à son obligation de délivrance en raison d'une incompatibilité de la destination contractuelle de la chose louée avec la réglementation d'urbanisme[2679].

En termes de montant de ces dommages et intérêts, la Cour d'appel de Toulouse a eu l'occasion d'ordonner le versement de la somme de 156 666 euros augmentée des intérêts au taux légal à titre de dommages et intérêts par le bailleur d'un local commercial à usage de parfumerie qui a manqué à son obligation de délivrance en ne réalisant pas les travaux de remise en état du local nécessaires à

2676 CA Douai, 3e ch., 8 sept. 2011, n° 09/09187 : 11 500 euros de réparation des préjudices esthétique et d'agrément et des souffrances endurées pour le locataire qui a contracté la légionellose ; CA Aix-en-Provence, 10e ch., 23 avr. 2015, n° 14/00203, JurisData n° 2015-011825 : 7 464,90 euros de réparation du préjudice corporel subi par le locataire blessé par la chute du bloc éclairage de la salle de bains ; CA Caen, 2e ch. civ. et com., 24 mars 2016, n° 14/02419, JurisData n° 2016-009201 : 33 958 euros de réparation du préjudice corporel subi par le locataire blessé par la chute d'un bloc de pierre se détachant de la cheminée ; Cass. 3e civ., 8 avr. 2010, n° 08-21.410, Bull. civ. III, n° 73, JurisData n° 2010-003394, *Loyers et copr.* juin 2010, n° 6, comm. 156, p. 15, note B. VIAL-PEDROLETTI ; *Rev. loyers* juin 2010, n° 908, jur. 1174, p. 276, obs. J. RÉMY ; *AJDI* oct. 2010, n° 10, p. 726, obs. Y. ROUQUET ; *Dalloz actualité* 28 avr. 2010, obs. Y. ROUQUET : préjudice corporel reconnu pour le locataire qui chute à cause d'un bac à douche d'une hauteur non réglementaire ; CA Orléans, 10 avr. 2013, n° 12/02592, *Rev. loyers* juin 2013, n° 938, p. 283, obs. S. BRENA : préjudice résultant de l'atteinte à la dignité dans le cadre d'une location de garage en guise de logement, d'une hauteur sous plafond de 2,06 mètres, sans éclairage naturel ni isolation des mûrs en parpaings, muni d'une seule prise électrique et d'une cabine de douche non ventilée ; CA Paris, 6e ch., sect. B, 12 juin 2003, *Rev. loyers* janv. 2004, n° 843, p. 42 : santé des enfants du locataire, surtout celui de sa fille qui présente une affection chronique en rapport de causalité directe avec l'humidité du logement litigieux indemnisé à hauteur de 3 000 euros.

2677 M.-P. DUMONT-LEFRAND *et alii*, « L'obligation de délivrance en matière de bail commercial », art. cit.

2678 Cass. soc., 20 juin 1963, Bull. civ. IV, n° 531.

2679 Cass. 3e civ., 2 juill. 1997, n° 95-14.151, Bull. civ. III, n° 159, JurisData n° 1997-003148, *JCP G* sept. 1997, n° 39, somm. 1865, p. 292 ; *JCP E* sept. 1997, n° 39, act. 973, p. 331 ; *AJDI* juin 1994, n° 6, p. 455, obs. J.-P. BLATTER.

l'exercice de l'activité commerciale[2680]. Dans une autre affaire, la Cour d'appel a octroyé 150 000 euros de dommages et intérêts pour interruption de fourniture de prestations de chauffage et de climatisation à cause de la carence persistante du bailleur[2681].

Cette sanction peut donc représenter une charge financière lourde pour le bailleur, notamment lorsqu'elle vient en complément d'une autre sanction. En tant que réparation par équivalent[2682], cette sanction vient normalement compenser financièrement la non-réalisation de la finalité du bail commercial et de l'exercice de l'activité économique. Tel que l'a défendu un auteur, les dommages et intérêts peuvent satisfaire un intérêt pour le créancier dans la mesure où ils tendent à le replacer dans sa situation patrimoniale initiale[2683]. Cette compensation financière vise ainsi à pérenniser l'activité économique. Toutefois, il se peut qu'en pratique le montant de ces dommages et intérêts ne soit suffisant pour replacer véritablement la victime dans sa situation patrimoniale antérieure[2684]. Ce faisant cette sanction vise, dans sa nature, la pérennisation de l'activité économique mais cette fin n'est pas toujours atteinte en pratique. Cette sanction s'inscrit bien dans une logique de préservation de l'activité économique mais son efficience n'est pas toujours au rendez-vous.

δ - La réparation en nature

595. Dommages-intérêts et réparation en nature. La réparation en nature est une forme différente des dommages et intérêts et peut équivaloir en matière contractuelle à une exécution en nature[2685]. Cette idée de réparation en nature a été contestée par la doctrine tant en matière délictuelle que contractuelle et si aujourd'hui il échet de la reconnaître dans la première de ces matières tant son existence ne fait plus de doute, sa reconnaissance dans la seconde matière est plus nuancée[2686]. Cette modalité de réparation s'illustre de façon topique dans les contrats portant sur une chose et engendrant une obligation de délivrance tel que le louage de choses, car il est fréquent que le juge ordonne au débiteur de procéder ou de faire procéder à la remise en état du bien ou à sa mise en conformité[2687].

Ainsi qu'en fait part la doctrine, la réforme du droit des contrats peut laisser penser à une prohibition de cette forme de réparation de par les formulations des articles 1217 et 1231-1 à 1231-7 qui évoquent bien la réparation de l'inexécution du contrat, mais n'envisagent au sein de cette possibilité que les dommages et intérêts[2688]. Cependant, cette même doctrine explique qu'en réalité il n'en est rien

---

2680 CA Toulouse, 2e ch., sect. 2, 21 juin 2011, n° 09/00284.
2681 CA Paris, 1er juin 2011, n° 10/03286, *AJDI* juin 2012, n° 6, p. 427.
2682 Y.-M. LAITHIER, *Étude comparative des sanctions de l'inexécution du contrat*, *op. cit.*, p. 425, n° 329.
2683 *Ibid.*, pp. 173 et s., n° 118 et s.
2684 B. FAUVARQUE-COSSON, « Regards comparatistes sur l'exécution forcée en nature », art. cit.
2685 J. GHESTIN (dir.), G. VINEY, P. JOURDAIN et S. CARVAL, *Traité de droit civil. Les effets de la responsabilité*, *op. cit.*, p. 85, n° 62.
2686 *Ibid.*, *loc. cit.*
2687 *Ibid.*, p. 86, n° 62 et pp. 89 et s., n° 66 et s.
2688 *Ibid.*, pp. 87-88, n° 63.

dans la mesure où le rapport au Président de la République indique bien que la modernisation du régime de la responsabilité civile ne doit pas conduire à une remise en cause de la jurisprudence autorisant la réparation en nature du préjudice résultant d'une inexécution contractuelle. Ainsi, la réparation en nature s'inscrit selon le même objectif que les dommages et intérêts, mais se distingue de ces derniers par ses formes et ses modalités[2689].

596. Exécution forcée en nature et réparation en nature. Justement, une récente thèse a mis en évidence la confusion souvent faite entre l'exécution forcée en nature et la réparation en nature, en évoquant, entres autres, l'exemple du bail[2690]. Alors qu'elle penche pour la qualification de réparation en nature lorsque le bailleur est condamné à reconstruire la chose détruite en raison d'un manquement à son obligation de jouissance paisible, elle est plus réservée lorsqu'il s'agit de réaliser des travaux pour pallier un manquement à l'obligation d'entretien, ce dernier engageant la responsabilité contractuelle du bailleur. L'obligation de délivrance s'expose à la même ambiguïté.
Si l'auteure de ladite thèse a suggéré de caractériser la réparation en nature *« par la remise d'une chose, d'un avantage, ou d'une prestation en nature, dont l'objet est de supprimer la matière du dommage ou ses conséquences préjudiciables, voire de les compenser, par l'industrie du débiteur ou par l'intermédiaire d'une somme allouée à cette fin »*, et de concevoir l'exécution forcée comme *« la réalisation différée de l'obligation contractuelle elle-même »*[2691], la confusion entre les deux notions demeure dans la pratique des juges.

Quoi qu'il en soit, la sanction de la réparation en nature s'inscrit dans une logique de pérennisation de l'activité économique. En supprimant ou compensant la non-réalisation de la finalité du bail commercial et de l'exercice de l'activité économique, il s'opère une remise en équilibre de la relation locative qui s'oriente vers la pérennisation de l'activité économique. Là encore, la sanction peut être cohérente, mais son efficacité se mesure à la hauteur de la remise octroyée.

ε - L'exception d'inexécution

597. Un principe codifié par la réforme des contrats. L'inexécution de l'obligation de délivrance peut encore être sanctionnée en soulevant l'exception d'inexécution. La doctrine explique que le principe d'exception d'inexécution n'a jamais fait l'objet, jusqu'à présent, d'une réglementation spécifique, celui-ci ayant simplement été évoqué pour quelques applications ponctuelles, et qu'il est plutôt le fruit d'une généralisation jurisprudentielle[2692]. Avec la réforme des contrats, celui-ci intègre le Code civil aux articles 1219 et 1220 nouveaux[2693].

[2689] *Ibid.*, pp. 88 et s., n° 64 et s.
[2690] B. BARRY, *La réparation en nature*, préf. M. POUMARÈDE, Presses de l'Université de Toulouse 1 Capitole, 2016, spéc. pp. 60-61, n° 38.
[2691] *Ibid.*, p. 193.
[2692] O. DESHAYES, *Exception d'inexécution*, Rép. civ. Dalloz, juill. 2018, n° 5-8.
[2693] A. BENABENT et L. AYNÈS, « Réforme du droit des contrats et des obligations : aperçu général », art. cit. ; H. BOUCARD, « Le nouveau régime de l'inexécution contractuelle », *in* R. SCHULZE (dir.),

L'exception d'inexécution est communément définie comme le fait pour une personne de suspendre l'exécution de ses engagements tant qu'elle n'est pas payée[2694]. Cela est confirmé par les nouveaux articles qui permettent à une partie de refuser d'exécuter son obligation, alors même que celle-ci est exigible, si l'autre n'exécute pas la sienne et si cette inexécution est suffisamment grave, ou de suspendre l'exécution de son obligation dès lors qu'il est manifeste que son cocontractant ne s'exécutera pas à l'échéance et que les conséquences de cette inexécution sont suffisamment graves pour elle. Ces nouvelles dispositions permettent une anticipation de l'exception d'inexécution, ce qui serait une *« véritable innovation »*, dans le sens où l'article 1220 autorise une partie à suspendre l'exécution si l'inexécution à échéance est manifeste[2695]. Elles font également référence à une inexécution suffisamment grave, mais que faut-il entendre par ces termes ? Il n'y a pas davantage de précision sur ce point.

598. Une sanction de l'inexécution de la délivrance portant sur la totalité de la chose. Il est admis que l'exception d'inexécution ne peut être invoquée utilement que si le manquement à l'obligation de délivrance porte sur la totalité de la chose louée[2696]. Il faut que l'absence de délivrance soit totale[2697]. Ainsi, la Cour de cassation a jugé que la Cour d'appel qui condamne les preneurs au paiement d'un solde négatif sur la base de loyers dus, alors qu'elle avait relevé que les preneurs ne pouvaient investir les lieux qu'ils avaient loués faute de disposer des clés, n'a pas tiré les conséquences légales de ses propres constatations.

599. Une perte de revenus pour le bailleur participant à la pérennisation de l'activité économique. La suspension de l'exécution de l'obligation de payer le loyer face à l'inexécution de l'obligation de délivrance engendre une perte de revenus pour le bailleur qui ne va plus percevoir de loyers.

La sanction de l'exception d'inexécution s'insère elle aussi dans une logique de pérennisation de l'activité économique. Si elle n'est peut-être pas la meilleure solution pour le locataire qui n'est pas mis en capacité d'exercer son activité économique, elle constitue une compensation de la non-réalisation de la finalité du bail commercial et de l'exercice de l'activité économique. Elle dispense l'entreprise qui est empêchée d'exercer son activité économique d'une dépense financière. En ce sens et tout en maintenant la relation locative, elle tend à préserver l'activité économique.

G. WICKER (dir.), G. MÄSCH (dir.), D. MAZEAUD (dir.) *et alii*, *La réforme du droit des obligations en France, 5e journées franco-allemandes*, Société de législation comparée, 2015, p. 153.

2694 O. DESHAYES, *Exception d'inexécution*, *op. cit.*, n° 1.

2695 O. GOUT, « La montée de la place de l'unilatéralisme dans les sanctions de l'inexécution du contrat », art. cit.

2696 A. LEVI *et alii*, *Le Lamy droit commercial*, 2015, n° 1064 ; F. AUQUE, « Le temps et la réforme du droit des contrats - . - Incidences sur les baux commerciaux », art. cit.

2697 Cass. 3e civ., 31 oct. 1978, n° 77-11.355, Bull. civ. III, n° 329 ; CA Paris, 16e ch., sect. A, 27 nov. 2002 ; Cass. 3e civ., 12 janv. 2001, n° 99-21.127, JurisData n° 2001-010212, *Loyers et copr.* oct. 2001, n° 10, comm. 220, p. 9, note B. VIAL-PEDROLETTI.

ζ - La modification des modalités de délivrance

600. Renégociation, révision ou adaptation des modalités de délivrance et pérennisation de l'activité économique. Enfin, l'inexécution de l'obligation de délivrance peut être sanctionnée à l'aide de la théorie de l'imprévision[2698]. Alors que le nouvel article 1195 du Code civil consacre la théorie de l'imprévision, il permet une renégociation, une révision ou une adaptation du contrat[2699]. Si cette nouveauté n'est pas traitée comme une sanction par les rédacteurs du Code civil, il reste qu'elle peut être perçue comme telle par le bailleur qui voit son contrat renégocié, révisé ou adapté. Ces possibilités portent sur le contrat dans son entier et peuvent alors concerner les modalités de délivrance.

La sanction qui réside dans la renégociation, la révision ou l'adaptation des modalités de délivrance poursuit comme d'autres sanctions une logique de pérennisation de l'activité économique en ce qu'elle maintient la relation locative et adapte les conditions de réalisation de la finalité du bail commercial pour retrouver un équilibre dans la relation locative.

601. Clause de révision, de renégociation ou d'imprévision. Ces adaptations peuvent résulter de clauses. La seconde catégorie de risques à prendre en compte englobe les risques qualifiés « d'internes » et « d'externes » au montage contractuel qui sont respectivement inhérents à la personne des contractants ou étrangers à eux[2700]. Des risques extérieurs aux parties contractantes peuvent toucher la relation contractuelle et l'obligation de délivrance. Il s'agit de changement de circonstances imprévisible lors de la conclusion de ce bail qui rend l'exécution excessivement onéreuse pour une partie qui n'avait pas accepté d'en assumer le risque[2701]. En vue d'anticiper les conséquences de ces risques, une clause de révision, plus précisément de renégociation ou de *« Hardship »*, ou encore d'imprévision pouvait se révéler utile dans les baux commerciaux, surtout dans les

---

[2698] V. *supra* n° 348.

[2699] G. CHANTEPIE et M. LATINA, *Le nouveau droit des obligations - Commentaire théorique et pratique dans l'ordre du Code civil*, *op. cit.*, pp. 477 et s., n° 527 et s. ; F. PLANCKEEL, « Bail commercial et imprévision », art. cit.

[2700] V. sur la distinction entre les risques internes et externes : M. MEKKI, « Le bail en l'état futur d'achèvement (BEFA) : un contrat sur mesure », art. cit ; N. GRAS, *Essai sur les clauses contractuelles*, *op. cit.*, pp. 99 et s., n° 104 et s.

[2701] A. CONFINO, « L'article 1195 nouveau du code civil et le bail commercial : imprévision ou imprécision ? », art. cit. ; J. MONÉGER, « Au croisement des droits : droit des contrats et de la preuve et droit des baux commerciaux : l'ordonnance n° 2016-131 du 10 février 2016, les articles L. 145-1 s. du code de commerce et le bail commercial », art. cit. ; J. MONÉGER, « Le temps, l'imprévisible et le bail commercial », art. cit. ; V. pour des exemples en matière de bail commercial (l'apparition des plateformes communautaires payantes de location et de réservation de logements dans les grandes villes pour les hôteliers ; les attentats ; les guerres ; la désertification d'un centre commercial ; une taxation importante des loyers ; un revirement de jurisprudence ; une décision de l'autorité de la concurrence, à la suite d'une concertation de fermer des points de vente ; l'intervention du législateur : le lissage du plafonnement en application de la loi dite Pinel) : J. PRIGENT, « L'imprévision et le bail commercial », art. cit. ; J. MESTRE (dir.), J.-C. RODA (dir.) *et alii*, *Les principales clauses des contrats d'affaires*, *op. cit.*, p. 473, n° 810 ; F. BUY, M. LAMOUREUX, J. MESTRE et J.-C. RODA, *Les principales clauses des contrats d'affaires*, *op. cit.*, p. 427, n° 906.

baux commerciaux en état futur d'achèvement, dès lors qu'avant la réforme du droit des obligations de 2016 la révision pour imprévision n'était pas prise en compte[2702]. Malgré le nouvel article 1195 du Code civil, ces clauses n'ont pas perdu leur utilité lorsqu'elles prévoient précisément les conditions et modalités de la renégociation[2703]. En effet, plutôt que d'attendre une clarification de l'interprétation du régime légal par le juge, il semble préférable d'écarter le régime légal et d'aménager contractuellement l'imprévision dans la mesure où le régime légal présente des zones d'ombre synonymes d'insécurité pour les cocontractants et donne au juge un pouvoir sur le contrat lequel peut être défavorable aux parties.

Lesdites clauses devront être rédigées avec précaution[2704], car elles sont d'interprétation stricte et ne peuvent être mises en œuvre que conformément aux conditions contractuellement prévues, si bien que la Cour d'appel de Versailles a refusé la mise en œuvre de la clause de renégociation contractuellement prévue au motif que les conditions de sa mise en œuvre n'étaient pas remplies[2705]. En matière de délivrance, cette clause peut se révéler utile en cas d'évolution d'une norme rendant une mise en conformité très onéreuse. La Chambre Internationale de Commerce propose un modèle de clause de *Hardship* : *« 1. Toute partie est tenue d'exécuter ses obligations contractuelles même si les circonstances en rendent l'exécution plus onéreuse qu'on aurait raisonnablement pu le prévoir au moment de la conclusion du contrat.*
2. Sans préjudice du paragraphe 1 de la présente clause, lorsqu'une partie contractante établit que :
[a] l'exécution de ses obligations contractuelles est devenue excessivement onéreuse en raison d'un événement hors de son contrôle et ne pouvant être raisonnablement prévu au moment de la conclusion du contrat, et que ;
[b] cette partie ne pouvait raisonnablement éviter ou surmonter cet événement ou ses effets ;
les parties s'obligent, dans un délai raisonnable après que la présente clause ait été invoquée, à négocier de nouvelles conditions contractuelles prenant raisonnablement en compte les conséquences de l'événement.
Lorsque le paragraphe 2 de la présente clause est applicable, mais que des stipulations contractuelles alternatives prenant raisonnablement en compte les effets de l'événement invoqué n'ont pas été acceptées, comme prévu au paragraphe précédent, la partie ayant invoqué la présente clause est en droit de prononcer la résolution du contrat. ».

2702 F. BUY, M. LAMOUREUX, J. MESTRE et J.-C. RODA, *Les principales clauses des contrats d'affaires*, *op. cit.*, pp. 427-428, n° 908-909 ; B. FAUVARQUE-COSSON, « Le changement de circonstances », *RDC* janv. 2004, n° 1, p. 67 ; N. GRAS, *Essai sur les clauses contractuelles*, *op. cit.*, pp. 124-125, n° 144-145 ; M. MEKKI, « Bail en l'état futur d'achèvement - Le bail en l'état futur d'achèvement (BEFA) : un contrat sur mesure », art. cit. ; V. aussi : J. MONÉGER, « Brexit et bail commercial : « frustration », force majeure et imprévision », *AJDI* juin 2019, n° 6, p. 432.

2703 N. GRAS, *Essai sur les clauses contractuelles*, *op. cit.*, pp. 126-127, n° 148 ; L. THIBIERGE, « La clause de hardship », *RLDC* juill.-août 2018, n° 161, 6465, p. 37.

2704 L. THIBIERGE, « La clause de hardship », art. cit.

2705 CA Versailles, 4 juill. 2017, n° 17/00244 : En l'espèce, un contrat conclu en 2011 entre un délégataire d'une mission de service public de traitement des déchets ménagers et un prestataire prévoyait une clause de renégociation en cas de modification des conditions économiques modifiant fondamentalement l'équilibre du contrat, en particulier en cas de nouvelles exigences réglementaires par rapport à celles en vigueur lors de la conclusion du contrat.

Bien que les sanctions qui préservent le bail commercial semblent devoir être préférées en vue de préserver l'activité économique, il peut parfois être utile de recourir à des sanctions qui font disparaître le bail commercial.

b - Les sanctions visant à la disparition du bail commercial

602. Deux sanctions punissant l'inexécution contractuelle. Alors que nous traitions précédemment de sanctions visant à remédier à l'inexécution contractuelle en préservant le bail commercial, il s'agit d'évoquer maintenant les sanctions qui vont pallier l'inexécution contractuelle en mettant fin à la relation contractuelle.

Les motivations du preneur peuvent être diverses. Bien souvent, l'inexécution contractuelle, surtout lorsqu'elle est soumise à la justice, crée une dégradation de la relation locative qui s'illustre par de mauvais rapports entre le locataire et son bailleur. Ne souhaitant pas poursuivre cette relation dans un environnement hostile, le preneur préfère y mettre fin. Dans certains cas encore, il n'est pas possible de remédier à l'inexécution contractuelle et de rétablir l'équilibre contractuel, de sorte que la seule solution qui se présente est de mettre un terme à la relation locative. Parfois même, c'est l'intérêt financier du preneur qui constitue le moteur de sa motivation.

On trouve donc deux sanctions de l'inexécution de l'obligation de délivrance qui engendrent la disparition du bail commercial. La première, celle que l'on applique par principe pour un contrat à exécution successive, est la résiliation judiciaire (α). La seconde, moins classique en la matière, mais admise par la jurisprudence, est la résolution (β).

α - La résiliation judiciaire : sanction classique

603. La nature successive du bail commercial : absence d'effet rétroactif. Il est établi une distinction entre la résiliation de plein droit et la résiliation judiciaire. La première résulte d'une clause résolutoire ou clause de résiliation de plein droit et permet d'obtenir la résiliation d'un contrat de bail commercial en cas de manquement contractuel du preneur, tandis que la seconde permet à chacune des parties de demander en justice la résolution du contrat en cas de manquement contractuel[2706]. Le recours habituel à la résiliation judiciaire, faisant d'elle une sanction classique, trouve sa justification dans la nature successive du contrat de bail. Effectivement, si l'article 1741 du Code civil, qui fait l'application de l'article 1224 du Code civil (anciennement 1184), envisage la résolution du contrat de bail lorsque les parties manquent à leurs obligations, il reste que le bail est un contrat à exécution successive qui empêche théoriquement tout effet rétroactif[2707].

[2706] M.-P. DUMONT-LEFRAND, *Bail commercial*, *op. cit.*, n° 340 et s.

[2707] *Ibid.*, n° 362 ; M.-P. DUMONT-LEFRAND *et alii*, « L'obligation de délivrance en matière de bail commercial », art. cit.

La résiliation judiciaire n'opère donc pas pour le temps où le contrat a été régulièrement exécuté.

604. Une sanction participant à la pérennisation de l'activité économique ? La plupart du temps, la résiliation est demandée par le locataire lorsque celui-ci ne parvient pas à obtenir l'exécution forcée, parce qu'elle est impossible ou par l'inertie du bailleur, ou lorsqu'il ne souhaite pas poursuivre sa relation locative dans un environnement hostile (litige avec son bailleur)[2708]. Elle lui permet, notamment lorsqu'elle est assortie de dommages-intérêts, de louer d'autres locaux pour continuer d'exercer son activité. Une telle sanction est assez radicale pour le bailleur puisqu'il perd son bail et donc le revenu qu'il en tirait. Même si la perspective d'une relocation s'envisage, celle-ci ne sera peut-être pas immédiate et induira alors une certaine période de vacance locative. De plus, elle nécessitera probablement des frais nécessaires à la relocation des locaux (travaux, remise en état, etc.). La Cour de cassation a pu déclarer qu'*« ayant retenu que les époux M., en n'exécutant pas les travaux de remise en état des lieux loués auxquels ils avaient été condamnés par une précédente décision, étaient responsables de la résiliation du bail, la cour d'appel a légalement justifié sa décision »*[2709].

Bien que la sanction de la résiliation judiciaire mette fin au bail, celle-ci peut parfois être un moyen de préserver l'activité économique, lorsqu'elle est choisie par le preneur et lorsqu'elle s'accompagne d'une indemnisation suffisante, mais ce n'est pas toujours le cas en pratique en raison des difficultés liées à sa mise en œuvre[2710].

De façon alternative, il est possible de sanctionner l'inexécution de l'obligation de délivrance par la résolution du bail commercial.

β - La résolution : sanction alternative

605. Une notion largement étoffée par l'arrêt du 30 avril 2003 et la réforme des contrats. Jusqu'à la réforme des contrats, la résolution ne figurait qu'à l'article 1184 ancien du Code civil, qui permettait au créancier, en cas d'inexécution, de demander la résolution avec dommages et intérêts. Désormais, cette notion se voit attribuer plusieurs articles : les articles 1224 à 1230 nouveaux du Code civil[2711]. La résolution peut aujourd'hui être demandée judiciairement ou unilatéralement.

S'agissant de la résolution judiciaire, alors que nous évoquions le recours à la résiliation judiciaire en raison du caractère successif du contrat de bail, la Haute Cour a déclaré, par un arrêt du 30 avril 2003, que *« dans un contrat synallagmatique à exécution successive [...] la résolution judiciaire pour absence d'exécution ou exécution imparfaite*

[2708] J. MESTRE, « Du droit pour une partie de demander la résolution du contrat après avoir choisi en vain la voie de l'exécution forcée », *RTD civ.* juin 1994, n° 2, p. 354.

[2709] Cass. 3e civ., 24 nov. 1993, n° 91-15.295, Bull. civ. III, n° 151, JurisData n° 1993-002313, *RTD civ.* juin 1994, n° 2, p. 354, obs. J. MESTRE ; *RDI* mars 1994, n° 1, p. 112, obs. G. BRIÈRE DE L'ISLE et J. DERRUPPÉ.

[2710] V. notre raisonnement précédent : *supra* n° 575 et 577.

[2711] O. GOUT, « La montée de la place de l'unilatéralisme dans les sanctions de l'inexécution du contrat », art. cit.

dès l'origine entraîne l'anéantissement rétroactif du contrat »[2712]. La résolution du bail commercial avait déjà été prononcée par une Cour d'appel lorsque les locaux commerciaux, devant être délivrés à usage de commerce, étaient impropres à leur destination et alors que le bailleur ne prouvait pas qu'il avait avisé le preneur de la situation administrative du terrain[2713]. Cela dit, c'est cet arrêt de la Cour de cassation qui marque la tendance. En l'espèce, une bailleresse a donné à bail des locaux à usage professionnel et s'est engagée à permettre l'accès auxdits locaux par un ascenseur et un escalier latéral, ce qu'elle n'a pas fait. L'obligation demeurant inexécutée, le preneur assigne sa bailleresse en résiliation du bail et en paiement de dommages-intérêts. Le preneur obtient la résolution du bail. Néanmoins, les juges d'appel retiennent une indemnité d'occupation qu'ils font courir à compter de l'origine du bail, impliquant la restitution au preneur du trop-perçu des loyers encaissés. Le bailleur a donc perdu une partie des loyers.

Un auteur s'est interrogé sur la justification de cette solution[2714] : est-elle fondée sur l'imparfaite exécution de l'obligation de délivrance dès l'origine du bail ou sur le fait que la délivrance est de la nature même du contrat ? Bien qu'elle concerne un bail professionnel, cette solution paraît largement généraliste et, par conséquent, transposable à un bail commercial[2715]. C'est ce que semble confirmer la Cour d'appel de Paris en jugeant que la résolution du bail était justifiée par le manquement de la bailleresse, entre autres, à son obligation de délivrance puisque les locaux étaient dès l'origine impropres à leur destination, ce qui a empêché toute exploitation dans les lieux, et que les sommes versées ou déboursées par le preneur lors ou en vertu de la conclusion du bail commercial devaient lui être restituées[2716].

Depuis la réforme des contrats, l'article 1126 nouveau du Code civil offre la possibilité au créancier, à ses risques et périls, de résoudre le contrat par voie de notification, à condition qu'il ait préalablement mis en demeure, sauf urgence, le débiteur défaillant de satisfaire à son engagement dans un délai raisonnable[2717]. L'article ajoute que la mise en demeure doit mentionner expressément qu'à défaut pour le débiteur de satisfaire à son obligation, le créancier sera en droit de résoudre le contrat, ce qui signifie que la sanction n'est pas automatique[2718]. La résolution

---

[2712] Cass. 3e civ., 30 avr. 2003, n° 01-14.890, Bull. civ. III, n° 87, JurisData n° 2003-018805, *Loyers et copr.* oct. 2003, n° 10, comm. 196, p. 10, note B. VIAL-PEDROLETTI ; *JCP G* mars 2004, n° 10, comm. II 10031, p. 402, note C. JAMIN ; *D.* juin 2003, n° 21, p. 1408 ; *Ann. loyers* mai 2003, n° 5, p. 750, note Ch. ATIAS ; *Rev. loyers* 2003, n° 839, p. 407, note B. HUMBLOT-GIGNOUX.

[2713] CA Versailles, 12e ch., 14 déc. 1989, *D.* sept. 1990, n° 31, p. 259, obs. L. ROZÈS.

[2714] Cass. 3e civ., 30 avr. 2003, n° 01-14.890, Bull. civ. III, n° 87, JurisData n° 2003-018805, *Loyers et copr.* oct. 2003, n° 10, comm. 196, p. 10, note B. VIAL-PEDROLETTI ; *JCP G* mars 2004, n° 10, comm. II 10031, p. 402, note C. JAMIN ; *D.* juin 2003, n° 21, p. 1408 ; *Ann. loyers* mai 2003, n° 5, p. 750, note Ch. ATIAS ; *Rev. loyers* 2003, n° 839, p. 407, note B. HUMBLOT-GIGNOUX.

[2715] A. CHATTY, *Les baux commerciaux*, *op. cit.*, p. 38, n° 76 bis.

[2716] CA Paris, 16e ch., sect. A, 20 déc. 2006, n° 06/01512, JurisData n° 2006-333321, *AJDI* mai 2007, n° 5, p. 380.

[2717] H. BOUCARD, « Le nouveau régime de l'inexécution contractuelle », *in* R. SCHULZE (dir.), G. WICKER (dir.), G. MÄSCH (dir.), D. MAZEAUD (dir.) *et alii*, *La réforme du droit des obligations en France, 5e journées franco-allemandes*, Société de législation comparée, 2015, p. 153.

[2718] O. GOUT, « La montée de la place de l'unilatéralisme dans les sanctions de l'inexécution du contrat », art. cit..

devra être motivée, sachant que le débiteur pourra à tout moment saisir le juge pour contester la résolution. Le créancier devra alors prouver la gravité de l'inexécution. Bien que l'arrivée de cette possibilité soit récente, si bien qu'il est difficile d'appréhender son application, il est plausible de penser qu'elle pourra être utilisée par un preneur pour défaut de délivrance de son bailleur.

Depuis cette même réforme, la résolution peut également intervenir sur le fondement du nouvel article 1195 lorsque l'inexécution provient d'un changement de circonstances imprévisible lors de la conclusion du contrat rendant l'exécution excessivement onéreuse.

606. Une sanction parfois visée par des textes spéciaux. La sanction de la résolution est parfois visée par des textes spéciaux. Par exemple, en ce qui concerne l'état de risques naturels et technologiques, l'article L. 125-5 du Code de l'environnement précise qu'en cas de non-respect des dispositions du présent article, le locataire peut poursuivre la résolution du contrat.

607. Clause résolutoire. La résolution peut aussi intervenir à la suite d'une clause résolutoire. La clause résolutoire, qui semble se distinguer de la condition résolutoire, est un moyen de prévention du risque d'inexécution du contrat et donc de l'obligation[2719]. Elle prévoit la résolution de plein droit de la convention dès lors que l'un des cocontractants n'aura pas satisfait de façon complète aux obligations mises à sa charge[2720]. Si la clause résolutoire est le plus souvent stipulée en faveur du bailleur pour inexécution des obligations du preneur, elle peut aussi être stipulée pour sanctionner un manquement du bailleur, notamment l'inexécution de son obligation de délivrance[2721].

Le régime de la clause résolutoire dans les baux commerciaux est encadré par l'article L. 145-41 du Code de commerce, qui vise le locataire et ne déclare ladite clause acquise qu'un mois après le commandement la visant demeuré infructueux[2722]. Ce commandement doit à peine de nullité mentionner ce délai. Les juges saisis d'une demande présentée dans les formes et conditions prévues à l'article 1343-5 du code civil peuvent, en accordant des délais, suspendre la réalisation et les effets des clauses de résiliation, lorsque la résiliation n'est pas constatée ou prononcée par une décision de justice ayant acquis l'autorité de la chose jugée. Partant, la question de l'invocation des dispositions de l'article

---

2719 M. LATINA, *Essai sur la condition en droit des contrats*, *op. cit.*, pp. 294 et s., n° 396 et s.

2720 E. CALVEYRA et M. TOURNOIS, « La clause résolutoire dans les différents types de baux », *Gaz. pal.* août 2007, n° 216, p. 2 ; J. MESTRE (dir.), J.-C. RODA (dir.) *et alii*, *Les principales clauses des contrats d'affaires*, *op. cit.*, p. 945, n° 1663 ; F. BUY, M. LAMOUREUX, J. MESTRE et J.-C. RODA, *Les principales clauses des contrats d'affaires*, *op. cit.*, p. 765, n° 1642.

2721 J.-P. BLATTER et W. BLATTER-HODARA (collab.), *Traité des baux commerciaux*, 6e éd., *op. cit.*, p. 284, n° 512 et p. 286, n° 516.

2722 *Ibid.*, p. 286, n° 516 ; V. spécialement l'incidence de la crise sanitaire liée à la Covid-19 sur la clause résolutoire : H. KENFACK, « La clause résolutoire des baux commerciaux dans la tourmente du Covid-19 », *Gaz. pal.* sept. 2020, n° 31, p. 14 ; J. LAFOND *et alii*, *Code des baux*, 2020, pp. 455 et s., n° 16.

L. 145-41 par le bailleur pour obtenir des délais et la suspension des effets de la clause résolutoire interroge[2723].

La clause résolutoire stipulée au profit du bailleur peut se formuler ainsi : « Dans le cas où le bailleur n'exécuterait pas les obligations qui lui sont imparties par le présent bail ou par la législation ou la réglementation en vigueur, les colocataires pourraient également, s'ils estiment y avoir intérêt, se prévaloir de la clause résolutoire de plein droit. Un mois après un commandement d'exécuter ou une injonction de faire restés sans effet, le présent bail serait résolu de plein droit. La résiliation serait constatée par simple ordonnance de référé rendue par le Président du tribunal de grande instance territorialement compétent, à qui compétence de juridiction est expressément attribuée. ».

608. Restitution des loyers et versement d'une indemnité d'occupation : pérennisation de l'activité économique ? En principe, la résolution du bail, en ce qu'elle ne produit pas d'effet pour le passé et n'entraîne des restitutions qu'à partir du moment où le contrat a commencé à ne plus être exécuté correctement par le débiteur bailleur, donne lieu à la restitution des loyers perçus uniquement après l'inexécution[2724]. Aussi, le preneur ne sera pas tenu au versement des loyers, mais seulement à celui d'une indemnité d'occupation correspondant à la valeur locative du bien[2725]. Toutefois, par un arrêt inédit du 15 octobre 2014, la troisième chambre civile de la Cour de cassation a censuré, au visa de l'ancien article 1184 du Code civil, un arrêt d'appel ayant prononcé la résolution d'un bail commercial pour manquement du bailleur à son obligation de délivrance et condamné le locataire à verser une indemnité d'occupation au bailleur, au motif que ce dernier n'avait tiré aucun avantage de la mise à disposition des lieux[2726]. On constate donc que la résolution peut entraîner la perte totale des loyers perçus par le bailleur, en cas de refus d'une indemnité d'occupation.

S'il est vrai que la résolution met fin à la relation locative, celle-ci peut parfois être un moyen de préserver l'activité économique, lorsqu'elle est choisie par le preneur et lorsqu'elle s'accompagne d'une indemnisation suffisante, mais ce n'est pas toujours ce qui se produit en pratique à cause des difficultés liées à sa mise en œuvre[2727].

c - Le cas particulier de l'impropriété à l'usage d'habitation

609. Nouvel enjeu. En 2009, la loi MOLLE ajoute à la formule de l'article 1719, 1° un moyen de sanctionner les bailleurs en cas d'impropriété de la chose à l'usage d'habitation. L'article 1719, 1° connaît donc une troisième modification rédactionnelle qui n'affectera qu'indirectement le droit des baux commerciaux en infligeant au bailleur une sanction particulière lorsqu'il délivre des locaux qui sont

---

[2723] *Ibid.*, *loc. cit.*

[2724] A. PINNA, *La mesure du préjudice contractuel*, *op. cit.*, p. 368, n° 395.

[2725] *Ibid.*, *loc. cit.* et p. 395, n° 421.

[2726] Cass. 3e civ., 15 oct. 2014, n° 13-24.285, JurisData n° 2014-024369, *AJDI* janv. 2015, n° 1, p. 43.

[2727] V. notre raisonnement précédent : *supra* n° 575 et 577.

impropres à l'usage d'habitation. Tout comme la nullité des clauses dérogeant à l'obligation de délivrance d'un logement décente, la sanction de l'impropriété à l'usage d'habitation se présente comme une exception à la logique de préservation de l'activité économique.

Dans de telles circonstances, le bailleur est sanctionné par l'impossibilité de se prévaloir de la nullité du bail ou de sa résiliation pour demander l'expulsion du locataire (α), sanction qui laisse encore quelques incertitudes dues à la complexité du texte (β).

α - L'impossibilité de se prévaloir de la nullité du bail ou de sa résiliation pour demander l'expulsion de l'occupant

610. Délivrance de locaux impropres à l'usage d'habitation. Dans un environnement de crise du logement, marqué par une hausse des prix immobiliers et des loyers[2728], et dans le but de libérer l'offre de logements et de rétablir le bon fonctionnement de la chaîne du logement en mobilisant tous les acteurs pour atteindre un niveau de construction d'environ 500 000 logements par an et une production de 120 000 logements locatifs sociaux[2729], la loi MOLLE, par son article 58, est venue compléter l'article 1719, 1° du Code civil. Elle ajoute immédiatement après l'exigence de délivrer un logement décent la formule suivante : *« Lorsque des locaux loués à usage d'habitation sont impropres à cet usage, le bailleur ne peut se prévaloir de la nullité du bail ou de sa résiliation pour demander l'expulsion de l'occupant. »*. L'ajout de cette disposition vient compléter la formule en interdisant aux propriétaires de réclamer la nullité du bail et l'expulsion de l'occupant lorsque les locaux sont impropres à l'usage d'habitation[2730].

Cette disposition fait partie de celles qui visent à réduire les délais d'expulsion dans le logement locatif, en permettant au juge de suspendre l'exécution d'une décision judiciaire d'expulsion pour une durée d'une année au maximum, au lieu de trois actuellement[2731]. Les travaux de commission en font état[2732]. Elle s'inscrit

---

[2728] Projet de loi Sénat n° 497, session ordinaire 2007-2008, Projet de loi de mobilisation pour le logement et la lutte contre l'exclusion, p. 17.

[2729] *Ibid.*

[2730] Y. ROUQUET, « Projet de loi "Boutin" à l'Assemblée nationale : gestion immobilière », *Dalloz actualité* 12 févr. 2009.

[2731] *Ibid.* ; M. PIRON, Rapp. AN n° 1357, session 18 déc. 2008, Rapport fait au nom de la commission des affaires économiques, de l'environnement et du territoire sur le projet de loi, adopté par le Sénat, après déclaration d'urgence, de mobilisation pour le logement et la lutte contre l'exclusion, p. 302.

[2732] D. BRAYE, Rapp. Sénat n° 8, session ordinaire 2008-2009, Rapport fait au nom de la commission des Affaires économiques sur le projet de loi (urgence déclarée) de mobilisation pour le logement et la lutte contre l'exclusion, pp. 167-173 ; B. BOUT, Avis Sénat n° 10, session 14 oct. 2008, Avis présenté au nom de la commission des Affaires sociales sur le projet de loi (urgence déclarée) de mobilisation pour le logement et la lutte contre l'exclusion, pp. 28-29 ; E. PINTE, Avis AN n° 1316, session 10 déc. 2008, Avis présenté au nom de la commission des affaires culturelles, familiales et sociales sur la projet de loi adopté par le Sénat, après déclaration d'urgence de mobilisation pour le logement et la lutte contre l'exclusion, p. 19 ; M. PIRON, rapp. préc., pp. 302-305 ; F. SCELLIER, Avis AN n° 1402, session 21 janv. 2009, Avis présenté au nom de la commission des finances, de l'économie générale et du plan sur le projet de loi de mobilisation pour le logement et la lutte contre l'exclusion, p. 19 ;

également parmi celles qui ont pour objectif général de réduire les cas d'expulsion locative, grâce à une politique de prévention des expulsions fondée notamment sur la généralisation des commissions départementales de prévention des expulsions et le développement de la garantie des risques locatifs aux populations les plus fragiles[2733].

611. Extension de la sanction de l'impropriété à l'usage aux bailleurs de locaux commerciaux ? Encore une fois, cette nouvelle version suscite une interrogation : quel est son impact sur les baux commerciaux ? À première vue, elle s'adresse aux baux d'habitation et non aux baux commerciaux. Cependant, comme le souligne très justement un auteur, le champ d'application paraît peu précis[2734]. Il fait remarquer qu'il n'est pas indiqué, comme dans la phrase précédente de l'article 1719, 1°, qu'il s'agit d'une habitation principale. Peut-on en déduire alors qu'une location à usage mixte, commercial et d'habitation, principale ou non, relève de ce nouveau régime ? Dans la mesure où cet ajout vient compléter la version modifiée par la loi SRU et que l'obligation de décence a été étendue à la partie des locaux commerciaux affectée à l'usage d'habitation, on peut penser, en toute logique, que la version modifiée par la loi MOLLE soit aussi étendue à la partie des locaux commerciaux affectée à l'usage d'habitation. Sinon, quel est l'intérêt d'insérer cette disposition dans un article du Code civil constituant le droit commun des baux ? Si le législateur n'avait voulu viser que les baux d'habitation, et non l'usage d'habitation, cette disposition aurait été placée uniquement dans la loi Mermaz ou éventuellement dans la *« Section II : Des règles particulières aux baux à loyer »* du Chapitre I, du Titre VIII du Code civil, comme c'est le cas pour la loi Mermaz[2735]. Tout laisse donc penser que les conséquences de l'impropriété à la destination s'appliquent à un bailleur de locaux commerciaux affectés à l'usage d'habitation.

Comme l'obligation de décence elle-même ne participe pas à la protection de l'activité économique dans la mesure où elle vise spécifiquement l'habitation, la sanction qui en découle est aussi une exception et ne s'inscrit pas dans une logique de préservation ou de pérennisation de l'activité économique.

β - La complexité du texte

612. Confusion de notions. Par ailleurs, l'auteur précité poursuit son analyse en notant que la référence à la notion d'impropriété à la destination vient compliquer la lisibilité du texte, dans le sens où il y a un double critère : décence et impropriété à la destination. Si l'on reprend la définition du logement décent, il

---

M. PIRON et D. BRAYE, Rapp. AN n° 1476 et Sénat n° 224, session 18 fév. 2009, Rapport fait au nom de la commission mixte paritaire chargée de proposer un texte sur les dispositions restant en discussion du projet de loi de mobilisation pour le logement et la lutte contre l'exclusion, p. 18.

[2733] Projet de loi Sénat n° 497, *loc. cit.*

[2734] N. DAMAS, « Les baux d'habitation à l'épreuve de la loi "Logement et exclusion" du 25 mars 2009 », *AJDI* avr. 2009, n° 4, p. 274.

[2735] La loi Mermaz a été codifiée à l'article 1778 du Code civil.

s'agit *« d'un logement ne laissant pas apparaître de risques manifestes pouvant porter atteinte à la sécurité physique ou à la santé et doté des éléments le rendant conforme à l'usage d'habitation »*[2736]. Quant à l'impropriété à la destination, elle correspond à la situation dans laquelle on ne peut faire usage des lieux tel que le contrat le prévoit[2737]. Dans ces deux définitions, pourtant différentes, on constate qu'il est fait référence à l'usage des lieux, ce qui pose bien des difficultés.

613. Multiplication de notions. De plus, les Codes de la santé publique[2738] et de la construction et de l'habitation[2739] visent déjà l'impropriété à la destination. On assiste ainsi à une multiplication des notions relatives à l'inhabitabilité du logement (insalubre, dangereux, impropre, indécent, indigne...) qui rend le dispositif législatif moins lisible[2740]. Pourquoi ne pas avoir harmonisé le texte autour de la notion de décence, surtout que la loi ENL du 13 juillet 2006[2741] avait déjà substitué aux normes minimales de confort et d'habitabilité la référence aux caractéristiques du logement décent[2742] et que l'article 1719, 1° y faisait déjà référence ? Peut-être est-ce un oubli du législateur. La doctrine ne semble pas avoir de théorie sur la question. Peut-être est-ce volontaire de sa part, souhaitant que perdure la distinction entre tous ces termes. Finalement cette ultime modification rédactionnelle n'aura encore pas réglé les difficultés d'interprétation de l'obligation de délivrance, mais pire encore, elle les complexifie.

Si les sanctions sont majoritairement accordées aux contractants, elles peuvent également profiter au tiers intéressé au contrat.

2 - Des sanctions aussi accordées au tiers intéressé au contrat

614. Tempérament à la règle de non-cumul des deux ordres de responsabilité. En principe, la règle de non-cumul des deux ordres de responsabilité, selon laquelle *« le contrat chasse le délit »* - d'ailleurs rappelée dans le projet de réforme de la responsabilité civile en son article 1233 - empêche une action en responsabilité sur le fondement délictuel, dès lors que les conditions préalables à l'engagement de la responsabilité contractuelle ne sont pas réunies[2743]. Aussi, le principe de l'effet relatif des contrats[2744] ne permet normalement pas au tiers d'agir sur le terrain contractuel[2745]. Toutefois, le juge a créé des tempéraments

---

[2736] V. *supra* n° 77.

[2737] M. CORNATON et J.-P. BLATTER, « Au commencement... était la destination », art. cit.

[2738] CSP, art. 1331-22.

[2739] CCH, art. L. 441-2-3, L. 511-6, L. 521-4 et L. 522-1.

[2740] M. CORNATON et J.-P. BLATTER, « Au commencement... était la destination », art. cit.

[2741] *L.* n° 2006-872, 13 juill. 2006, Loi portant engagement national pour le logement.

[2742] N. DAMAS, « Loi ENL : relance de l'offre locative et modifications du statut des baux d'habitation », *AJDI* oct. 2006, n° 10, p. 706.

[2743] P. DELEBECQUE et F.-J. PANSIER, *Droit des obligations, Responsabilité civile, Délit et quasi-délit*, 8e éd., LexisNexis, coll. Objectif droit - Cours, 2019, p. 27, n° 49 et s.

[2744] C. civ., art. 1165 anc. et art. 1199 nouv.

[2745] R. SAVATIER, *Traité de la responsabilité civile en droit français civil, administratif, professionnel, procédural*, t. 1, *Les ources de la responsabilité civile*, *op. cit.*, p. 182, n° 139 ; P. DELEBECQUE et F.-J. PANSIER, *Droit des obligations, Responsabilité civile, Délit et quasi-délit*, *op. cit.*, p. 31, n° 58.

à ces règles en admettant que le tiers intéressé au contrat pouvait et devait agir sur une base contractuelle, dans un premier temps au sein des chaînes de contrats et dans un second temps au sein des groupes de contrats[2746].

Partant, nous présenterons les conditions de l'action du tiers intéressé au bail commercial (a) et identifierons les tiers intéressés au bail commercial (b).

a - Les conditions de l'action du tiers intéressé au bail commercial

615. Fondement. La jurisprudence a admis l'action d'un tiers intéressé au contrat de bail commercial sur le fondement d'un manquement à l'obligation d'entretien du bailleur[2747]. En l'espèce, les propriétaires d'un immeuble à usage commercial ont donné à bail commercial, depuis plus de trente ans, leurs locaux à une société pour l'exploitation d'un fonds de commerce de fabrique de chaussures et ce fonds de commerce a été donné par la suite en location-gérance à une autre société. Il se trouve que c'est le locataire-gérant, tiers au contrat de bail commercial, qui agit en responsabilité contre le bailleur pour manquement à son obligation d'entretien.

Si l'obligation concernée ici n'est pas l'obligation de délivrance, le raisonnement lui est toutefois transposable, de sorte qu'un tiers au contrat de bail commercial pourrait agir en responsabilité contre le bailleur pour manquement à son obligation de délivrance.

Cependant, il convient de faire état de décisions récentes qui marquent l'existence d'une divergence sur la question de la responsabilité des contractants à l'égard des tiers[2748].

[2746] P. DELEBECQUE et F.-J. PANSIER, *Droit des obligations, Responsabilité civile, Délit et quasi-délit*, *op. cit.*, pp. 31 et s., n° 61 et s. ; Cass. Ass. plén., 7 févr. 1986, n° 84-15.189, Bull. Ass. plén., n° 2, *JCP G* juin 1986, n° 24, jur. II, 20616 ; *D.* 1986, p. 293, obs. A. BÉNABENT ; *RDI* avr.-juin 1986, n° 2, p. 210, obs. P. MALINVAUD ; Cass. civ., 8 mars 1988, n° 86-18.182, Bull. civ. I, n° 69, JurisData n° 1988-000835, *JCP G* 1988, 21070, note P. JOURDAIN ; *RTD civ.* 1988, p. 551, obs. P. RÉMY ; *RTD civ.* 1988, p 741, obs. J. MESTRE ; *GAJC*, n° 171, obs. F. TERRÉ et Y. LEQUETTE ; Cass. civ., 21 juin 1988, n° 85-12.609, Bull. civ. I, n° 202, JurisData n° 1988-703474, *D.* 1989, somm. p. 232, note J.-L. AUBERT ; *D.* 1989, p. 5, note C. LARROUMET ; *JCP G* 1988, 21125, npte P. JOURDAIN.

[2747] Cass. Ass. plén., 6 oct. 2006, n° 05-13.255, Bull. Ass. plén., n° 9, JurisData n° 2006-035298, Rapp. C. cass. 2006, M. ASSIÉ ; Avis C. cass. 2006, M. GARIAZZO ; *CCC* mars 2007, n° 3, comm. 63, p. 11, note L. LEVENEUR ; *JCP E* janv. 2007, n° 1, comm. 1000, p. 11, note F. AUQUE ; *Resp. civ. et assur.* nov. 2006, n° 11, étude 17, p. 5, note L. BLOCH ; *LPA* mai 2007, n° 98, p. 16, note V. DEPADT-SEBAG ; *LPA* janv. 2007, n° 16, p. 16, note C. LACROIX ; *RLDC* nov. 2006, n° 32, act. 2258, p. 22, obs. C. KLEITZ ; *Dr. & patr.* sept. 2007, n° 162, p. 82, chron. L. AYNÈS et P. STOFFEL-MUNCK ; *RLDA* déc. 2006, n° 11, étude 656, p. 70, note P. JACQUES ; *RDI* nov. 2006, n° 6, p. 504, obs. P. MALINVAUD ; *D.* nov. 2006, n° 41, p. 2825, note G. VINEY ; *AJDI* avr. 2007, n° 4, p. 295, obs. N. DAMAS ; *RTD civ.* mars 2007, n° 1, p. 123, obs. P. JOURDAIN ; *RTD civ.* mars 2007, n° 1, p. 115, obs. J. MESTRE et B. FAGES ; *D.* juill. 2007, n° 26,.p 1827, chron. L. ROZÈS ; V. aussi : D. HOUTCIEFF, *Droit commercial*, *op. cit.*, pp. 280-282, n° 558-559.

[2748] Cass. com., 18 janv. 2017, n° 14-16.442 et 14-18.832, *RDC* sept. 2017, n° 3, p. 425, obs. J.-S. BORGHETTI ; Cass. 3e civ., 18 mai 2017, n° 16-11.203, Publié au bulletin, JurisData n° 2017-009410, *RDC* sept. 2017, n° 3, p. 425, obs. J.-S. BORGHETTI ; *Resp. civ. et assur.* sept. 2017, n° 9, comm. 212, p. 18, note L. BLOCH ; *CCC* août 2017, n° 8-9,

616. Consécration envisagée par le projet de réforme de la responsabilité. À ce sujet, le projet de réforme de la responsabilité civile envisage de reconnaître légalement l'action en responsabilité contractuelle du tiers intéressé au contrat sous son article 1234 alinéa 2[2749]. Une telle consécration avait été plaidée avec insistance par la doctrine[2750]. Ledit alinéa dispose donc : *« Toutefois, le tiers ayant un intérêt légitime à la bonne exécution d'un contrat peut également invoquer, sur le fondement de la responsabilité contractuelle, un manquement contractuel dès lors que celui-ci lui a causé un dommage. Les conditions et limites de la responsabilité qui s'appliquent dans les relations entre les contractants lui sont opposables. Toute clause qui limite la responsabilité contractuelle d'un contractant à l'égard des tiers est réputée non écrite »*. Tout en rappelant les règles de base sus-énoncées, l'article inscrit en exception la possibilité pour le tiers ayant un intérêt légitime à la bonne exécution d'un contrat d'agir également sur le fondement de la responsabilité contractuelle lorsqu'un manquement contractuel lui a causé un dommage. Il résulte de cette disposition que les tiers légitimement intéressés à la bonne exécution d'un contrat et qui subiraient un dommage du fait de l'inexécution de celui-ci disposeraient d'une option pour agir contre le débiteur défaillant. Soit ils engagent une action sur le fondement de la responsabilité extracontractuelle, sous réserve de prouver l'existence d'un fait générateur de celle-ci, soit ils fondent leur action sur la responsabilité contractuelle pour la seule existence du manquement contractuel, et ils pourraient dans ce cas se voir opposer les conditions et limites posées à la responsabilité du débiteur envers son créancier[2751]. Par ce biais, le tiers devient le créancier des obligations contractuelles alors qu'il n'a pas contracté, ce qui est tout à fait original[2752].

b - L'identification des tiers intéressés au bail commercial

617. Locataire-gérant et sous-locataire. Concernant l'identification des tiers intéressés au contrat, dans l'arrêt sus-cité, le tiers intéressé au contrat de bail commercial était le locataire-gérant, celui à qui avait été confiée la location-gérance

comm. 163, p. 1, note L. LEVENEUR ; Cass. 1e civ., 24 mai 2017, n° 16-14.371, *RDC* sept. 2017, n° 3, p. 425, obs. J.-S. BORGHETTI ; Cass. 1e civ., 9 juin 2017, n° 16-14.096, JurisData n° 2017-011703, *RDC* sept. 2017, n° 3, p. 425, obs. J.-S. BORGHETTI.

2749 G. DURAND-PASQUIER, « L'incidence de la future réforme des conditions de la responsabilité civile sur le droit immobilier et de la construction », art. cit. ; A.-S. CHONÉ-GRIMALDI, « Le projet de réforme de la responsabilité civile : observations article par article », art. cit. ; J.-S. BORGHETTI, « La responsabilité des contractants à l'égard des tiers dans le projet de réforme de la responsabilité civile », *D.* sept. 2017, n° 32, p. 1846.

2750 M. BACACHE, « Relativité de la faute contractuelle et responsabilité des parties à l'égard des tiers », *D.* juill. 2016, n° 25, p. 1454.

2751 J.-S. BORGHETTI, « La responsabilité des contractants à l'égard des tiers dans le projet de réforme de la responsabilité civile », art. cit. ; O. DESHAYES, « La nouvelle mouture de l'avant-projet de loi de réforme de la responsabilité civile : retour sur la responsabilité des parties à l'égard des tiers », *RDC* juin 2017, n° 2, p. 238.

2752 O. DESHAYES, « La nouvelle mouture de l'avant-projet de loi de réforme de la responsabilité civile : retour sur la responsabilité des parties à l'égard des tiers », art. cit.

du fonds de commerce par le preneur à bail commercial[2753]. Le tiers intéressé pourrait également être le sous-locataire. Même si *a priori* le bailleur n'est pas censé être redevable de l'obligation de délivrance vis-à-vis de ce sous-locataire[2754], ce dernier semble pouvoir bénéficier de cette action.

618. Toute personne exerçant effectivement l'activité économique dans les lieux loués. D'une façon plus synthétique, les tiers intéressés au contrat de bail commercial pouvant agir sur un fondement contractuel pour manquement à l'obligation de délivrance semblent être tous ceux qui bénéficient d'un droit de jouissance et exercent effectivement l'activité économique dans les lieux loués. En considérant le tiers intéressé au contrat de bail commercial comme toute personne exerçant effectivement l'activité économique, finalité du bail commercial, la sanction devient cohérente. Dans la mesure où l'obligation de délivrance assure la mise en capacité d'exercice du droit de jouissance et de l'activité économique, n'est-il pas légitime qu'elle profite à celui qui exerce de façon effective l'activité économique dans les lieux loués ?

La consécration de l'action du tiers intéressé par la réforme de la responsabilité appuie notre idée de pérennisation de l'activité économique. Tout est fait en vue du maintien du contrat, permettant l'exercice de l'activité économique, et de sa bonne exécution vis-à-vis de ceux qui ont légitimement besoin de cette bonne exécution. À ce sujet, une étude doctrinale s'est interrogée sur la réponse que pouvait apporter l'analyse économique à la question de la transmission des obligations contractuelles au tiers[2755]. Contrairement à l'auteur de cette étude, nous pensons qu'une approche économique peut justifier cette transmission.

La diversité des sanctions de l'aménagement contractuel inefficace de l'obligation de délivrance ou de son inexécution montre qu'il existe plusieurs moyens de préserver l'activité économique. Cette préservation apparaît d'autant plus marquée que les possibilités d'échapper à ces sanctions sont faibles.

§ 2 - L'infime possibilité d'exonération de sanctions

619. Qualité de l'obligation de délivrance et conditions d'exonération. L'intensité de la responsabilité peut se mesurer eu égard à la qualification de

---

[2753] Cass. Ass. plén., 6 oct. 2006, n° 05-13.255, Bull. Ass. plén., n° 9, JurisData n° 2006-035298, Rapp. C. cass. 2006, M. ASSIÉ ; Avis C. cass. 2006, M. GARIAZZO ; *CCC* mars 2007, n° 3, comm. 63, p. 11, note L. LEVENEUR ; *JCP E* janv. 2007, n° 1, comm. 1000, p. 11, note F. AUQUE ; *Resp. civ. et assur.* nov. 2006, n° 11, étude 17, p. 5, note L. BLOCH ; *LPA* mai 2007, n° 98, p. 16, note V. DEPADT-SEBAG ; *LPA* 22 janv. 2007, n° 16, p. 16, note C. LACROIX ; *RLDC* nov. 2006, n° 32, act. 2258, p. 22, obs. C. KLEITZ ; *Dr. & patr.* sept. 2007, n° 162, p. 82, chron. L. AYNÈS et P. STOFFEL-MUNCK ; *RLDA* déc. 2006, n° 11, étude 656, p. 70, note P. JACQUES ; *RDI* nov. 2006, n° 6, p. 504, obs. P. MALINVAUD ; *D.* nov. 2006, n° 41, p. 2825, note G. VINEY ; *AJDI* avr. 2007, n° 4, p. 295, obs. N. DAMAS ; *RTD civ.* mars 2007, n° 1, p. 123, obs. P. JOURDAIN ; *RTD civ.* mars 2007, n° 1, p. 115, obs. J. MESTRE et B. FAGES ; *D.* juill. 2007, n° 26,.p 1827, chron. L. ROZÈS ; L. RUET, *Les baux commerciaux*, *op. cit.*, p.106, n° 103

[2754] V. *supra* n° 422.

[2755] E. BROUSSEAU, « L'économiste, le juriste et le contrat », *in Études offertes à Jacques Ghestin, Le contrat au début du XXIe siècle*, L.G.D.J., 2001, p. 153.

l'obligation litigieuse, obligation de résultat ou de moyens, car la charge de la preuve est différente. En effet, il appartient au débiteur d'une obligation de résultat de rapporter la preuve d'une cause étrangère, tandis que c'est au créancier d'une obligation de moyens de prouver que le débiteur n'a pas mis tous les moyens en œuvre pour atteindre le résultat[2756].

Par ailleurs, la force majeure libère celui qui est tenu d'une obligation de résultat, ce que la preuve de son absence de faute n'a pas le pouvoir de faire[2757]. L'exception d'inexécution pourra, à son tour, suspendre cette responsabilité. Enfin, la prescription pourrait encore se présenter comme une échappatoire à ses sanctions.

L'infime possibilité d'exonération de responsabilité dont dispose le bailleur est due à la qualité prépondérante d'obligation de résultat attribuée à l'obligation de délivrance (A), mais aussi aux strictes conditions d'exonération qu'il pourrait invoquer (B).

A - La qualité prépondérante d'obligation de résultat

620. Obligation de moyens ou obligation de résultat ? D'abord introduite par Demogue[2758], elle a progressivement été utilisée comme référence par la jurisprudence et se retrouve au sein de l'avant-projet de réforme Catala à l'article 1149[2759] et dans les *« Principes relatifs aux contrats du commerce international »* proposés par UNIDROIT[2760]. Elle oppose les obligations de moyens qui consistent à faire tout ce qui est possible en vue d'un résultat qui reste incertain, aux obligations de résultat qui consistent à obtenir un résultat déterminé[2761].

Ces deux types d'obligations sont mises en relation par la doctrine avec les articles 1382, 1383, 1384 alinéa 1er et 1385 du Code civil, qui les assimile alors à l'obligation de prudence et de diligence (celle du bon père de famille) et à l'obligation déterminée (celle de ne pas laisser la chose ou l'animal échapper à son contrôle), et les envisage aussi bien en matière contractuelle que délictuelle[2762]. Leur intérêt principal se trouve dans la sévérité d'appréciation de la responsabilité attachée à l'obligation considérée.

Partant, la vigueur de l'obligation de délivrance va se révéler dans sa qualité principale d'obligation de résultat (1), bien qu'elle ne soit qu'une obligation de moyens dans de rares cas (2).

[2756] Y. PICOD, *Obligations*, *op. cit.*, n° 47.
[2757] F. GRÉAU, *Force majeure*, Rép. civ. Dalloz, juin 2017, n° 13.
[2758] R. DEMOGUE, *Traité des obligations en général. Sources des obligations (suite et fin)*, t. V, Rousseau et Cie, 1925, pp. 536 et s., n° 1237, et t. 6, pp. 644 et s., n° 599.
[2759] P. CATALA *et alii*, Rapp. Avant-projet de réforme du droit des obligations (Articles 1101 à 1386 du Code civil) et du droit de la prescription (Articles 2234 à 2281 du Code civil), préc., p. 103.
[2760] Rome 1994, art. 5-4 et 5-5.
[2761] Y. PICOD, *Obligations*, *op. cit.*, n° 44 ; P. VEAUX-FOURNERIE et D. VEAUX, *Typologie des obligations*, *op. cit.*, n° 68.
[2762] F. CHABAS., *Introduction à l'étude du droit*, 12e éd., Montchrestien, coll. Leçons de droit civil, 2000, n° 258.

1 - Une obligation de résultat dans une majorité de cas

621. Des applications jurisprudentielles fluctuantes pour des aspects identiques de la délivrance. Au regard de nos explications, l'obligation de délivrance de la chose louée semble être une obligation de résultat[2763]. Cela se conçoit aisément lorsque la délivrance s'entend au sens d'une mise à disposition puisque si l'on se réfère au premier critère, celui de la volonté des parties, il est évident que les parties qui consentent un bail ont entendu que le bien sur lequel porte le bail soit délivré, le bail étant à défaut illusoire. Elle est d'autant plus voulue par le législateur qui la prévoit même en l'absence de stipulation contractuelle grâce à l'article 1719, 1°.

Avec la combinaison des autres critères - le contrôle de l'exécution et le rôle passif du créancier-, on constate que la délivrance ne présente pas de caractère aléatoire et que sa bonne exécution dépend essentiellement du débiteur, ce qui confirme qu'elle constitue une obligation de résultat. Aussi bien la jurisprudence[2764] que la doctrine[2765] sont d'accord avec l'idée que l'obligation de délivrance qui pèse sur le bailleur est une obligation de résultat. Cette solution se confirme à plus forte raison que le bailleur ne peut se décharger de son obligation de délivrance qu'en raison d'une cause étrangère[2766].

622. Cas particulier de la sécurité. Aussi, comme nous l'avons évoqué dans nos développements antérieurs[2767], la délivrance couvre une obligation de sécurité, ce qui conduit à s'interroger sur la qualification à donner à la délivrance lorsqu'elle englobe l'obligation de sécurité. La jurisprudence a clairement affirmé que le bailleur n'est pas tenu d'une obligation de résultat quant à la sécurité du locataire[2768].

Le problème réside dans le fait que cette solution a été retenue sur le fondement de l'article 1721, qui édicte l'obligation de garantie, et non sur celui de l'article 1719, 1°. De plus, compte tenu de la fluctuation qui règne sur l'obligation de sécurité au

---

2763 P. LE TOURNEAU (dir.) *et alii*, *Droit de la responsabilité et des contrats 2021/2022*, *op. cit.*, p. 2116, n° 3372.12.

2764 Cass. 3e civ., 13 juill. 1999, n° 98-10.009, JurisData n° 1999-003129, *LPA* sept. 1999, n° 175, p. 5, note A. P. : privation de l'usage d'une partie des lieux donnés à bail en raison d'une dimension inférieure ; Cass. 3e civ., 2 juill. 1997, n° 95-14.151, Bull. civ. III, n° 159, JurisData n° 1997-003148, *JCP G* sept. 1997, n° 39, somm. 1865, p. 292 ; *JCP E* sept. 1997, n° 39, act. 973, p. 331 ; *AJDI* juin 1994, n° 6, p. 455, obs. J.-P. BLATTER ; Cass. 3e civ., 26 mars 1997, n° 95-14.103, Bull. civ. III, n° 70, JurisData n° 1997-001375, *JCP N* juill. 1997, n° 30, jur. p. 1043 ; *JCP G* mai 1997, n° 21, somm. 1071, p. 65 ; *D.* nov. 1997, n° 40, p. 325, obs. C. ATIAS : local non conforme à la destination prévue au bail ; Cass. 3e civ., 28 sept. 2005, n° 04-13.720, Bull. civ. III, n° 175, JurisData n° 2005-029912, *Loyers et copr.* déc. 2005, n° 12, comm. 215, p. 12, note B. VIAL-PEDROLETTI ; *AJDI* déc. 2005, n° 12, p. 901, obs. Y. ROUQUET ; *D.* oct. 2005, n° 36, p. 2480 ; *D.* avr. 2006, n° 14, p. 958, pan. N. DAMAS ; *Gaz. pal.* déc. 2005, n° 363, p. 11 ; *Rev. loyers* déc. 2005, n° 862, p. 573, an. J. PRIGENT.

2765 F. COHET-CORDEY, « L'obligation de délivrance du bailleur dans les contrats de location d'un bien immeuble », art. cit. ; P. LE TOURNEAU (dir.) *et alii*, *Droit de la responsabilité et des contrats 2021/2022*, *op. cit.*, *loc. cit.*

2766 V. *infra* n° 627 et s.

2767 V. *supra* n° 104 et s.

2768 Cass. 3e civ., 21 nov. 1990, n° 89-15.922, Bull. civ. III, n° 236, JurisData n° 1990-703133, *RDI* juin 1991, n° 2, p. 264, chron. G. BRIÈRE DE L'ISLE et J. DERRUPPÉ.

gré des contrats[2769], celle-ci étant parfois qualifiée d'obligation de sécurité-résultat[2770], parfois d'obligation de sécurité-moyen[2771], on peut légitimement se demander si la solution retenue au titre de l'obligation de garantie doit s'appliquer à l'obligation de délivrance ou si en telle matière, la position pourrait être différente.

Étant donné qu'aucun auteur, à notre connaissance, n'a traité la question en ces termes et que l'obligation de sécurité n'est le fruit d'aucun texte général relatif au bail, nous ferons une proposition de réponse en nous appuyant sur des observations pratiques. C'est l'étude des diverses solutions émises par la jurisprudence qui nous a poussés à différencier selon qu'il s'agit d'une sécurité légale, c'est-à-dire qui répond à des normes ou des règles de conformité, ou bien d'une sécurité de fait, c'est-à-dire qui provient du fait du locataire. Si l'on analyse quelques décisions qui déclarent que l'obligation de sécurité est une obligation de moyens, on s'aperçoit qu'elles traitent des cas tels que l'électrocution du locataire résultant d'essais de branchement d'une hotte électrique avec le disjoncteur enclenché[2772], la noyade de l'enfant des locataires dans la piscine de l'immeuble qu'ils avaient pris à bail en raison d'un défaut de surveillance[2773], ou encore la blessure du locataire due à la chute d'une armoire[2774]. Toutes ces situations sont survenues à la suite d'une utilisation non sécurisée ou à un comportement non sécurisé du locataire, que le bailleur ne pouvait pas maîtriser. Au contraire, lorsque la jurisprudence retient que l'obligation de délivrance comprend celle de sécurité, les cas concernent une installation électrique inadaptée à la sécurité[2775] ou non conforme à la réglementation de sécurité[2776]. Le respect d'une réglementation ou la mise en conformité peuvent être maitrisés par le bailleur. Ainsi, lorsque l'obligation de délivrance couvre une obligation de sécurité par référence à une norme légale ou réglementaire, elle serait une obligation de résultat, et lorsqu'elle comprend une référence à une attitude à respecter par le locataire, elle serait une obligation de moyens, le bailleur n'ayant ici aucune maîtrise.

2 - Une obligation de moyens dans de rares cas

623. Caractère aléatoire de la délivrance. La structure duale de l'obligation de délivrance conduit à s'interroger. En effet, la solution serait-elle la même si l'on considère la délivrance dans son second aspect, donc plus uniquement comme une

---

[2769] V. sur cette insécurité : C. BLOCH, *L'obligation contractuelle de sécurité*, *op. cit.*, pp. 128 et s., n° 204 et s.

[2770] Cass. 1e civ., 7 mars 1989, n° 87-11.493, Bull. civ. I, n° 118, JurisData n° 1989-000881, *D.* janv. 1991, n° 1, p. 1, note P. MALAURIE.

[2771] Cass. 1e civ., 4 nov. 2011, n° 10-20.809, JurisData n° 2011-024576, *CCC* févr. 2012, n° 2, comm. 34, p. 24, note L. LEVENEUR.

[2772] Cass. 3e civ., 21 nov. 1990, n° 89-15.922, Bull. civ. III, n° 236, JurisData n° 1990-703133, *RDI* juin 1991, n° 2, p. 264, chron. G. BRIÈRE DE L'ISLE et J. DERRUPPÉ.

[2773] Cass. 3e civ., 12 juin 2003, n° 01-13.613, JurisData n° 2003-019571, *D.* févr. 2004, n° 8, p. 523, obs. S. BEAUGENDRE ; *AJDI* févr. 2004, n° 2, p. 113, obs. S. BEAUGENDRE ; *Rev. loyers.* oct. 2003, n° 840, p. 515, an. J. RÉMY.

[2774] Cass. 3e civ., 29 avr. 1987, n° 84-10.558, Bull. civ. III, n° 90, JurisData n° 1987-000762.

[2775] CA Paris, 6e ch., sect. C, 1er juin 1999, *AJDI* oct. 1999, n° 10, p. 926.

[2776] CA Paris, 16e ch., sect. A, 10 oct. 2007, n° 06/13507, JurisData n° 2007-356692, *AJDI* mai 2008, n° 5, p. 388.

prestation de mise à disposition, mais comme une prestation de mise en conformité ?

Si on lui applique les critères de distinction sus-cités, on s'aperçoit que la délivrance perçue comme la « prestation nécessaire à assurer la jouissance du preneur » est la volonté du législateur qui la consacre dans ses articles 1719, 1° et 1720 alinéa 1er, quand bien même elle ne serait pas stipulée dans le bail. Du côté des parties, la volonté n'est pas si évidente : il n'est pas certain que le bailleur ait entendu réaliser ces prestations. Nous considèrerons néanmoins qu'elle satisfait le premier critère.

Relativement aux deux autres critères, le résultat des « prestations », n'est-il pas possible que la délivrance présente un caractère aléatoire de sorte que sa bonne exécution ne dépende pas exclusivement du bailleur ? Sur ce point, la Haute Cour s'est prononcée dans un arrêt de 1999 en déclarant que *« l'obligation du bailleur de réaliser une pelouse en gazon était une obligation de moyens compte tenu des aléas climatiques »*[2777]. La solution semble logique, dans la mesure où le bailleur, n'ayant pas la maîtrise des éléments climatiques, ne peut être seul tenu de la bonne pousse de la pelouse. Par cet arrêt, nous constatons qu'en fonction de ce que comprend la délivrance, celle-ci change de nature, tantôt obligation de résultat, tantôt obligation de moyens.

624. Caractère aléatoire de la délivrance d'un environnement favorable au preneur. Poursuivons notre raisonnement en nous demandant si la solution serait identique lorsque la délivrance est immatérielle. La délivrance est-elle une obligation de moyens ou de résultat lorsqu'elle est censée maintenir un environnement favorable au preneur ?

Dans un arrêt de 2012, la troisième chambre a jugé que *« le local loué avait été mis à disposition de la société preneuse, que les stipulations du bail ne comportaient aucune garantie d'une immutabilité physique ou commerciale par le propriétaire du centre commercial qui conservait la faculté de réaliser des modifications du plan de commercialisation et retenu souverainement que la société preneuse ne considérait pas l'accès à la galerie commerciale comme faisant partie de l'obligation de délivrance de son bailleur, la cour d'appel en a déduit à bon droit que l'obligation du bailleur de tout mettre en œuvre pour assurer un environnement favorable au preneur était une simple obligation de moyens »*[2778]. La juridiction d'appel avait amorcé le phénomène peu de temps avant[2779]. Cela semble logique dans la mesure où le bailleur n'est pas le seul acteur de l'effectivité de la commercialité, le preneur y jouant un rôle considérable. Le maintien de la commercialité ne constituerait donc qu'une obligation de moyens.

Pourtant, la Cour de cassation semble insinuer le contraire en déclarant que ne remplit pas son obligation de délivrance, le bailleur qui s'est engagé à garantir la

---

2777 Cass. 3e civ., 21 juill. 1999, n° 97-13.322, JurisData n° 1999-003140, *Loyers et copr.* 1999, comm. 257.

2778 Cass. 3e civ., 14 févr. 2012, n° 11-13.393, JurisData n° 2012-007972, *Loyers et copr.* mai 2012, n° 5, comm. 142, p. 24, note P.-H. BRAULT ; *AJDI* juill. 2012, n° 7-8, p. 512, obs. H. GUYADER ; *D.* juill. 2012, n° 28, p. 1844, chron. M.-P. DUMONT-LEFRAND ; *AJDI* déc. 2013, n° 12, p. 882, chron. J.-P. BLATTER.

2779 CA Paris, 16e ch., sect. A, 18 janv. 2006, n° 04/23402, JurisData n° 2006-295901, *AJDI* mai 2006, n° 5, p. 379.

commercialité des lieux alors que les locaux ont fait l'objet d'un arrêté municipal de fermeture au public, un mois après la prise d'effet du contrat[2780]. Dans cette affaire, la bailleresse pouvait vérifier, auprès des services de la mairie, s'il n'existait aucun obstacle à l'opération projetée. Or, elle ne l'a pas fait. Avec cette solution, on peut voir une nuance dans la façon d'assurer le maintien de la commercialité. Si le maintien de la commercialité dépend uniquement du bailleur, comme c'est le cas dans cette dernière décision où seul le bailleur était tenu de vérifier si le maintien de la commercialité était possible, alors la délivrance revêt les conditions de l'obligation de résultat. Au contraire, dans les autres décisions, la délivrance, dépendant à la fois du bailleur et du preneur, n'est qu'une obligation de moyens.

Ces décisions de la Cour de cassation démontrent, une fois de plus, que selon la coloration que l'on donne à la délivrance, même pour un aspect identique, l'obligation qui en découle n'a pas la même qualification, parfois obligation de résultat, parfois obligation de moyens.

B - Les strictes conditions d'exonération

625. Causes exonératoires et prescription. Les moyens de s'exonérer de la sanction due à une mauvaise délivrance résident traditionnellement dans les causes exonératoires de responsabilité et dans la prescription de l'action en justice. Effectivement, il ne sera possible d'échapper à la sanction de la non-réalisation de la finalité du bail commercial qu'en justifiant de causes exonératoires ou en invoquant la prescription. Les conditions pour bénéficier de ces échappatoires étant strictes, la sanction trouvera le plus souvent à s'appliquer, ce qui renforce l'efficacité de la préservation de l'activité économique.

Ces strictes conditions d'exonération du bailleur se cristallisent dans la rareté des causes exonératoires (1) ainsi que dans la double règle de prescription des actions en justice relatives à l'obligation de délivrance (2).

1 - La rareté des causes exonératoires

626. Une responsabilité conséquente. Les causes d'exonération de responsabilité se comptent au nombre de trois : force majeure, fait d'un tiers et fait du créancier ou de la victime[2781]. Le projet de réforme de la responsabilité civile énonce en son article 1253 le fait du tiers et celui de la victime[2782]. On peut citer également l'exception d'inexécution qui, bien qu'étant un remède à l'inexécution

---

[2780] Cass. 3e civ. 28 nov. 2007, n° 06-17.758, Bull. civ. III, n° 213, JurisData n° 2007-041625, *Gaz. pal.* sept. 2008, n° 250, p. 15 ; *JCP N* déc. 2007, n° 50, act. 814, p. 4 ; *JCP E* janv. 2008, n° 3, pan. 1082, p. 21 ; *RDI* juill. 2008, n° 6-7, p. 326, obs. F.-G. TRÉBULLE ; *Rev. loyers* févr. 2008, n° 884, jur. 677, p. 91, note C. QUÉMENT ; *D.* janv. 2008, n° 2, p. 85, obs. Y. ROUQUET ; *Dalloz actualité* 19 déc. 2007, obs. Y. ROUQUET ; *D.* juill. 2008, n° 24, p. 1645, chron. L. ROZÈS.

[2781] Y. PICOD, *Obligations*, *op. cit.*, n° 47.

[2782] A.-S. CHONÉ-GRIMALDI, « Le projet de réforme de la responsabilité civile : observations article par article », art. cit.

contractuelle, peut être un moyen d'échapper à ses obligations sans engager sa responsabilité. On peut encore évoquer la limitation conventionnelle de responsabilité, la renonciation conventionnelle aux sanctions ou encore l'aménagement du règlement des litiges[2783].

Toutefois, le bailleur ne va pas pouvoir bénéficier efficacement de toutes ces possibilités pour écarter sa responsabilité relative à un manquement à l'obligation de délivrance.

On mesure alors l'efficience des sanctions d'un manquement à l'obligation de délivrance infligées au bailleur, puisqu'il parvient rarement à y échapper. En effet, si la cause étrangère peut être invoquée (a), les autres causes seront plus délicates à faire valoir. Le jeu de l'exception d'inexécution au profit du bailleur est impossible (b). L'efficacité de la limitation conventionnelle de responsabilité est restreinte (c), tout comme celle de la renonciation conventionnelle aux sanctions (d) et de l'aménagement du règlement des litiges (e).

a - La possible mise en œuvre de la cause étrangère

627. Force majeure. La force majeure et le cas fortuit désignent indifféremment[2784] et selon l'article 1218 du Code civil un *« événement échappant au contrôle du débiteur, qui ne pouvait être raisonnablement prévu lors de la conclusion du contrat et dont les effets ne peuvent être évités par des mesures appropriées »*, empêchant *« l'exécution de son obligation par le débiteur »*. Autrement dit, elle désigne tout événement, quelle que soit son origine, présentant les caractères habituellement requis, à savoir l'imprévisibilité, l'irrésistibilité et l'extériorité, et qui peut ainsi être considéré comme la véritable cause du dommage en lieu et place du fait reproché au défendeur[2785].

Ces critères étant difficiles à réunir, la jurisprudence ne reconnaît pas souvent la force majeure. Par exemple, dans une affaire où un arrêté du maire motivé par des raisons de sécurité publique ordonnait, un mois après la prise d'effet du bail, la fermeture du commerce, la Cour de cassation a fait droit à la demande du preneur en résiliation du contrat de location pour manquement du bailleur à son obligation de délivrance et a refusé de considérer que l'arrêté municipal constituait un cas de force majeure[2786]. Dans la mesure où le bailleur pouvait vérifier auprès des services

---

[2783] P. DELEBECQUE et F.-J. PANSIER, *Droit des obligations, Contrat et quasi-contrat*, *op. cit.*, pp. 369 et s., n° 535 et s.

[2784] Ce ne fut pas toujours le cas puisque la jurisprudence a pendant un temps opéré une distinction. Anciennement, la force majeure se différenciait du cas fortuit en cue la première était un évènement d'ordre naturel alors que le second était le produit d'une défaillance humaine.

[2785] F. GRÉAU, *Force majeure*, *op. cit.*, n° 1 ; P. DELEBECQUE et F.-J. PANSIER, *Droit des obligations, Contrat et quasi-contrat*, *op. cit.*, pp. 330-331, n° 477.

[2786] Cass. 3e civ. 28 nov. 2007, n° 06-17.758, Bull. civ. III, n° 213, JurisData n° 2007-041625, *Gaz. pal.* sept. 2008, n° 250, p. 15 ; *JCP N* déc. 2007, n° 50, act. 814, p. 4 ; *JCP E* janv. 2008, n° 3, pan. 1082, p. 21 ; *RDI* juill. 2008, n° 6-7, p. 326, obs. F.-G. TRÉBULLE ; *Rev. loyers* févr. 2008, n° 884, jur. 677, p. 91, note C. QUÉMENT ; *D.* janv. 2008, n° 2, p. 85, obs. Y. ROUQUET ; *Dalloz actualité* 19 déc. 2007, obs. Y. ROUQUET ; *D.* juill. 2008, n° 24, p. 1645, chron. L. ROZÈS.

de la mairie s'il y avait un obstacle à l'opération projetée, on comprend aisément que le caractère irrésistible faisait défaut ici. La solution serait peut-être différente face à une crise sanitaire ordonnant la fermeture des lieux loués[2787].

Cependant, lorsque la cause étrangère ne revêt pas les caractères de la force majeure, elle peut tout de même avoir un effet exonératoire selon qu'elle se manifeste sous la forme du fait d'un tiers précédent locataire (α) ou d'un tiers professionnel, rédacteur (β) et diagnostiqueur (γ), ou selon qu'elle consiste en une faute de la victime (δ).

α - Le fait du tiers locataire précédent

628. Caractéristiques du fait d'un tiers. La Cour de cassation a précisé dans un arrêt de 2005 que pour constituer une cause étrangère ne pouvant être imputée au bailleur, le fait du tiers doit revêtir les caractères de la force majeure[2788]. À défaut, le bailleur serait responsable du manquement à l'obligation de délivrance même si le tiers en est à l'origine[2789]. Dans ces deux cas d'espèce, le défaut de délivrance était dû à la présence d'un autre locataire sur les terres louées et au maintien dans les lieux loués du locataire précédent. La Cour de cassation a pris la même position concernant une voie de fait constituée par l'affaiblissement du sol des locaux[2790]. Force est de constater que le fait du tiers revêt rarement les critères de la force majeure en pratique, ce qui rend difficile l'exonération de responsabilité du bailleur. Cependant, ce constat doit être nuancé lorsque le tiers est le locataire précédent.

629. Fait d'un précédent locataire. Par exemple, dans le cas où la pollution du sol serait due à un précédent occupant, le bailleur peut se retourner contre son locataire précédent à condition qu'il puisse prouver ce qu'il avance[2791]. La preuve pourrait se faire grâce à un audit du sol qui viendrait garnir le traditionnel état des lieux[2792]. De la même manière, le bailleur pourrait s'exonérer si la pollution ne

---

[2787] V. spécialement sur la pandémie liée à la Covid-19 : F. KENDÉRIAN, « Le droit civil des contrats et le bail commercial en temps de crise : l'exemple de la Covid-19 », *RTD com.* août 2020, n° 2, p. 265 ; J.-P. BLATTER, « Le bail, le covid-19 et le schizophrène », *AJDI* avr. 2020, n° 4, p. 245 ; J.-D BARBIER, « Le déconfinement du bail commercial », *Gaz. pal.* juin 2020, n° 24, p. 54 ; V. spécialement sur la fermeture des lieux loués liée à la crise sanitaire mais décidée par le bailleur : A. CONFINO et J.-P. CONFINO, « Les baux commerciaux malades de la peste... », *AJDI* mai 2020, n° 5, p. 326.

[2788] Cass. 3e civ., 28 sept. 2005, n° 04-13.720, Bull. civ. III, n° 175, JurisData n° 2005-029912, *Loyers et copr.* déc. 2005, n° 12, comm. 215, p. 12, note B. VIAL-PEDROLETTI ; *AJDI* déc. 2005, n° 12, p. 901, obs. Y. ROUQUET ; *D.* oct. 2005, n° 36, p. 2480 ; *D.* avr. 2006, n° 14, p. 958, pan. N. DAMAS ; *Gaz. pal.* déc. 2005, n° 363, p. 11 ; *Rev. loyers* déc. 2005, n° 862, p. 573, an. J. PRIGENT.

[2789] Cass. 3e civ., 16 janv. 1980, n° 78-12.389, Bull. civ. III, n° 13, *JCP G* mars 1980, n° 12, jur. p. 120 ; Cass. 3e civ., 19 mai 2004, n° 03-12.541, Bull. civ. III, n° 99, JurisData n° 2004-023636 ; *JCP G* juill. 2004, n° 28, pan. 2408, p. 1292 ; *JCP G* avr. 2005, n° 15-16, chron. 132, p. 727, obs. G. VINEY ; *AJDI* nov. 2004, n° 11, p. 803, obs. Y. ROUQUET.

[2790] Cass. 3e civ., 16 avr. 2008, n° 06-21.821, JurisData n° 2008-043712, *AJDI* mai 2009, n° 5, p. 355, note C. DENIZOT ; *Rev. loyers* juin 2008, n° 888, jur. 774, p. 320

[2791] B. WERTENSCHLAG, « Propriétaires immobiliers : les réflexes en matière de pollution des sols », art. cit.

[2792] *Ibid.*

trouve pas son origine dans le bien loué, mais dans un bien voisin par exemple, sous réserve de preuve bien entendu[2793].

En subordonnant l'exonération de responsabilité du bailleur à des conditions strictes, tout semble fait pour assurer une réparation du préjudice dans une majorité de situations et ainsi protéger l'activité économique.

Au-delà du fait du tiers locataire, c'est le fait du tiers rédacteur qu'il est possible d'invoquer.

β - Le fait du tiers rédacteur de baux commerciaux et intermédiaire à la transaction immobilière

630. Intervention d'un rédacteur professionnel ou d'un intermédiaire en transactions immobilières : un moyen d'exonérer le bailleur d'un manquement à son obligation de délivrance sous certaines conditions. Ainsi que nous l'avons illustré en introduisant la présente étude[2794], le bailleur peut se retourner contre le rédacteur professionnel et rechercher sa responsabilité civile professionnelle lorsqu'il a lui-même manqué à son obligation de délivrance. La responsabilité civile professionnelle pourra être retenue à condition de prouver l'existence d'une faute, d'un dommage et d'un lien de causalité entre les deux[2795] et d'engager l'action en responsabilité dans un délai qui n'est pas prescrit[2796]. Plus concrètement, il est nécessaire d'établir la violation d'une ou plusieurs obligations professionnelles[2797] dans le cadre de sa mission exclusive de rédaction

---

[2793] *Ibid.*

[2794] V. *supra* n° 4.

[2795] J.-J. ALEXANDRE, La prestation de conseil juridique en droit français, t. I, *op. cit.*, pp. 423 et s.

[2796] L'activité de rédaction d'actes est une activité faisant partie du domaine juridique et régie, à ce titre, par les règles du droit commun issues de l'article 2224 du Code civil, qu'il soit question d'une action en responsabilité notariale ou en responsabilité de l'avocat. Anciennement, les actions en responsabilité civile contractuelle pour les activités juridiques de conseil et de rédaction d'actes se prescrivaient par trente ans, conformément au droit commun. Les actions en responsabilité civile extracontractuelle, quant à elles, se prescrivaient par dix ans à compter de la manifestation du dommage ou de son aggravation, conformément à l'ancien article 2270-1 al. 1er du Code civil. La loi du 17 juin 2008 a réformé les délais de prescription, mais force est de constater qu'elle n'a pas prévu de dispositions spéciales aux actions en responsabilité diligentées dans un cadre contractuel. En conséquence, c'est le délai de cinq ans issu du nouvel article 2224 du Code civil qui s'applique. Il en va de même pour les actions en responsabilité intentées dans un cadre extracontractuel qui se prescrivent également par cinq ans, selon l'article 2224 nouveau du Code civil . Ainsi, les actions en responsabilité dirigées contre le rédacteur d'actes par la partie qui l'a mandaté, comme par celle qui ne l'a pas mandaté, se prescrivent par un délai de cinq années. V. en ce sens : P. BRUN (dir.), P. PIERRE (dir.), N. LACOSTE-MASSON (dir.) *et alii*, *Le Lamy droit de la responsabilité*, *op. cit.*, n° 432-80 et 438-109 ; P. VAILLIER et L. BLOCH, *Avocat*, J.-Cl. Responsabilité civile et Assurances, Fasc. n° 330, sept. 2018, n° 13-15 ; J.-L. BERGEL (dir.) *et alii*, *Le Lamy droit immobilier*, 2015, *op. cit.*, n° 4887 ; J.-L. MEUNIER, « Responsabilité de l'avocat et prescription », *JCP G* déc. 2000, n° 50, act. p. 2319 ; J.-L. AUBERT et R. CRÔNE, *La responsabilité civile des notaires*, *op. cit.*, pp. 48-49 ; L. n° 2008-561, 17 juin 2008, Loi portant réforme de la prescription en matière civile.

[2797] P. VAILLIER et L. BLOCH, *Avocat*, *op. cit.*, n° 19 et 37 ; Y. AVRIL, *Responsabilité des avocats*, *op. cit.*, pp. 46 et s., n° 21.00 et s. ; J.-L. AUBERT et R. CRÔNE, *La responsabilité civile des notaires*, 5e éd., Defrénois, 2008, pp. 29 et s. ; P. BRUN (dir.), P. PIERRE (dir.), N. LACOSTE-MASSON (dir.) *et alii*, *Le Lamy droit de la responsabilité*, *op. cit.*, n° 432-16 et s. ; J.-C. SAINT-PAU, *Droit à réparation. - Conditions de la responsabilité contractuelle. - Fait générateur. - Inexécution imputable au débiteur*, J.-Cl. Responsabilité civile et Assurances, Fasc. n° 11-20, nov. 2013, n° 4 ; J. FLOUR, J.-L. AUBERT et E. SAVAUX, *Droit civil.*

du bail commercial et éventuellement[2798] dans le cadre de sa mission complémentaire d'intermédiaire en transactions immobilières[2799] ainsi que l'existence d'un préjudice qui résulte de cette faute et qui soit spécialement lié à un manquement à l'obligation de délivrance.

631. Violation d'une obligation professionnelle. Dans le cadre de sa mission de rédaction du bail commercial, le rédacteur est tenu d'assurer la validité et l'efficacité de l'acte qu'il rédige[2800] ainsi que des devoirs de conseil, prudence,

---

Les obligations. 3. Le rapport d'obligation, 9e éd., Sirey, 2015, p. 80, n° 98, pp. 194-195, n° 199 ; G. MARTY et P. RAYNAUD, *Droit civil*, t. II, vol. I, *Les obligation*, Sirey (Paris), 1962, n° 400 ; H.-L. MAZEAUD et A. TUNC, *Traité théorique et pratique de la responsabilité civile délictuelle et contractuelle*, t. I, Montchrestien, 6e éd., 1965, n° 395, *in* P. BRUN (dir.), P. PIERRE (dir.), N. LACOSTE-MASSON (dir.) *et alii*, *Le Lamy droit de la responsabilité*, *op. cit.*, n° 226-8 ; J. HUET, *Responsabilité contractuelle et responsabilité délictuelle : essai de délimitation des deux ordres de responsabilité*, th. Paris II, 1978, n° 56, *in* P. BRUN (dir.), P. PIERRE (dir.), N. LACOSTE-MASSON (dir.) *et alii*, *Le Lamy droit de la responsabilité*, *op. cit.*, n° 170-10. ; D. TALLON, « Pourquoi parler de faute contractuelle ? », art. cit.

[2798] A. BENSOUSSAN, *L'acte d'avocat*, *op. cit.*, p. 35 : C'est la lettre de mission, document établi dès le début de la relation avec le client fixant, entre autres, les conditions juridiques de la mission confiée par le client et formalisant la relation dès son origine, qui va circonscrire le domaine d'intervention du professionnel. ; P. THOUZET, « Améliorer la transparence : un impératif concurrentiel », *Gaz. pal.* janv. 2009, n° 10, p. 4 ; La lettre de mission afférente à un dossier de bail commercial devra indiquer si la mission du rédacteur est limitée à la seule rédaction de l'acte, ou si celui-ci est investi d'une mission plus étendue comme la négociation de ce bail ou s'il intervient comme intermédiaire dans la transaction immobilière. De même, cette lettre pourra préciser si le professionnel est chargé de faire réaliser les diagnostics obligatoires ainsi que tous autres documents utiles ou si cette tâche reste à la charge du client. Si elle est obligatoire pour certains professionnels comme l'expert-comptable, elle ne l'est pas pour l'avocat. Néanmoins, sa valeur devant la justice la place au rang des éléments déterminants dans les moyens de protection des professionnels. Effectivement, elle va servir de référence pour délimiter l'obligation de l'avocat et permettre d'apprécier le manquement ou le respect de celle-ci pour envisager une exonération (Cass. 1e civ., 17 juin 2010, n° 09-15.697, Bull. civ. I, n° 135, JurisData n° 2010-009350, *JCP E* août 2010, n° 34, pan. 1717, p. 21 ; *Gaz. pal.* juill. 2010, n° 182, p. 26, obs. C. BERLAUD ; *Dalloz actualité* 29 juin 2010, obs. S. DE LA TOUANNE : exonération de responsabilité de l'avocat qui n'a pas été mandaté par la banque pour le renouvellement d'une hypothèque, ni même pour obtenir des conseils).

[2799] S. BORTOLUZZI, D. PIAU, T. WICKERS, H. ADER et A. DAMIEN, *Règles de la profession d'avocat*, *op. cit.*, p. 1286, n° 632.11, pp. 1323 et s., n° 646.11 et s. ; J.-L. AUBERT et R. CRÔNE, *La responsabilité civile des notaires*, *op. cit.*, pp. 7-9 ; C. MEININGER-BOTHOREL, « La responsabilité de l'avocat mandataire en transactions immobilières - Étude et prospective comparées de la responsabilité de l'avocat et du notaire », art. cit.

[2800] *D.* n° 2005-790, 12 juill. 2005, préc. ; Y. AVRIL, *Responsabilité des avocats*, *op. cit.*, p. 54, n° 21.31 ; J.-L. AUBERT et R. CRÔNE, *La responsabilité civile des notaires*, *op. cit.*, pp. 89 et s., pp. 111 et s. ; M.-L. DEMEESTER, *Avocat (responsabilité)*, *op. cit.*, n° 70 ; J.-L. AUBERT, « La responsabilité civile professionnelle des notaires », *LPA* juin 2002, n° 116, p. 9.

diligence et dévouement[2801], et ce qu'il soit avocat[2802] ou notaire[2803]. S'il manque à ces obligations et que ce manquement a provoqué ou participé à un manquement par le bailleur à son obligation de délivrance dont il ressort un préjudice, alors il pourrait engager sa responsabilité. La jurisprudence a largement précisé le contenu et l'étendue de l'obligation de validité, de celle d'efficacité[2804], appréciée particulièrement sévèrement par la jurisprudence[2805], ainsi que du devoir de conseil et des autres devoirs.

2801 Cass. 1e civ., 21 mai 1996, n° 94-12.974, JurisData n° 1996-002134 ; *D.* n° 2005-790, 12 juill. 2005, préc., art. 3 al. 3 ; RIN, art. 1.3 ; J.-L. AUBERT et R. CRÔNE, *La responsabilité civile des notaires*, *op. cit.*, pp. 110 et s. ; F. VIGNAL et N. DUTOUR, « La rédaction du contrat », art. cit. ; Réglement Interieur National et Intercours du Conseil Supérieur du Notariat, I, p. 5, art. 1.2 ; P. BRUN (dir.), P. PIERRE (dir.), N. LACOSTE-MASSON (dir.) *et alii*, *Le Lamy droit de la responsabilité*, *op. cit.*, n° 438-13.

2802 La Cour de cassation a, par le passé, rattaché cette obligation à celle du devoir de conseil , mais aujourd'hui il en va autrement pour cette obligation qui est désormais présentée par l'article 9 du décret du 12 juillet 2005 comme une obligation autonome de l'avocat rédacteur d'actes : Cass. 1e civ., 8 juill. 1994, n° 92-16.217, Bull. civ. I, n° 238, JurisData n° 1994-001649 ; V. aussi sur ce rattachement : J.-J. ALEXANDRE, *La prestation de conseil juridique en droit français*, t. I, *op. cit.*, pp. 171 et s. ; *D.* n° 2005-790, 12 juill. 2005, préc., art. 9.

2803 Pour les notaires, cette obligation n'a pas fait l'objet d'une textualisation : J.-L. AUBERT et R. CRÔNE, *La responsabilité civile des notaires*, *op. cit.*, p. 89.

2804 Cass. 1e civ., 5 févr. 1991, n° 89-13.528, Bull. civ. I, n° 46, JurisData n° 1991-700258 : l'avocat a l'obligation *« de prendre avec diligence toutes dispositions utiles pour assurer l'efficacité de cet acte »* ; Cass. 1e civ., 24 juin 1997, n° 95-11.380, Bull. civ. I, n° 210, *JCP G* 1997, jur. II, 22914, note R. MARTIN: il doit veiller à ce que l'acte comporte l'ensemble des mentions indispensables à sa pleine efficacité ; Cass. 3e civ. 28 nov. 2007, n° 06-17.758, Bull. civ. III, n° 213, JurisData n° 2007-041625, *Gaz. pal.* sept. 2008, n° 250, p. 15 ; *JCP N* déc. 2007, n° 50, act. 814, p. 4 ; *JCP E* janv. 2008, n° 3, pan. 1082, p. 21 ; *RDI* juill. 2008, n° 6-7, p. 326, obs. F.-G. TRÉBULLE ; *Rev. loyers* févr. 2008, n° 884, jur. 677, p. 91, note C. QUÉMENT ; *D.* janv. 2008, n° 2, p. 85, obs. Y. ROUQUET ; *Dalloz actualité* 19 déc. 2007, obs. Y. ROUQUET ; *D.* juill. 2008, n° 24, p. 1645, chron. L. ROZÈS : le notaire doit *« s'assurer en sa qualité de rédacteur de l'acte de l'efficacité de celui-ci, à ce titre de vérifier la situation de l'immeuble au regard des exigences administratives et en cas de difficulté d'en informer les parties »* ; Cass. 1e civ., 23 mars 2004, n° 01-03.903 : à moins qu'une mission particulière lui ait été confiée, les obligations de l'avocat rédacteur ne s'étendent pas à la réalisation de formalités extrinsèques à l'acte qui ne relèvent que de la seule initiative des parties ; Cass. 1e civ., 8 juill. 1994, n° 92-16.217, Bull. civ. I, n° 238, JurisData n° 1994-001649 : il peut être convenu que le rédacteur accomplisse des formalités spécifiques et nécessaires à l'efficacité de l'acte qu'il doit rédiger, de sorte que dans ce cas, il doit aussi accomplir les obligations mises à sa charge qui conditionnent l'efficacité juridique de l'acte et qui lui sont opposables même s'il n'en a pas été signataire ; Cass. 1e civ., 5 mai 2004, n° 01-11.196 : la mission du rédacteur consiste également à veiller à ce que l'acte produise les effets escomptés et satisfasse l'objectif poursuivi ; Cass. 1e civ., 31 mai 2007, n° 05-20.437, JurisData n° 2007-039057, *Rev. proc. coll.* janv.-févr.-mars 2008, n° 1, comm. 31, p. 84, note C. PEROT-REBOUL et N. PATUREAU.

2805 Cass. 1e civ., 14 oct. 2010, n° 09-13.840, Bull. civ. I, n° 196, *BJS* déc. 2010, n° 12, p. 969, note J.-J. BARBIERI ; *LPA* nov. 2010, n° 227, p. 3, note D. GIBIRILA ; *RLDC* janv. 2011, n° 78, act. 4088, p. 26, obs. G. LE NESTOUR DRELON ; *Dalloz actualité* 25 oct. 2010, obs. T. DE RAVEL D'ESCLAPON : seule constatation de l'inefficacité de l'acte est de nature à établir la responsabilité de l'avocat ; Cass. 1e civ., 19 mars 2002, n° 99-17.886, JurisData n° 2002-013630 ; Cass. 1e civ., 25 nov. 2010, n° 09-70.767, Bull. civ. I, n° 243, JurisData n° 2010-021932, *Gaz. pal.* mai 2011, n° 123, p. 15, chron. C. BRENNER ; *Gaz. pal.* déc. 2010, n° 336, p. 24, obs. C. BERLAUD ; *Dalloz actualité* 8 déc. 2010, obs. T. DE RAVEL D'ESCLAPON ; Cass. 1e civ., 3 juill. 2013, n° 12-22.665, JurisData n° 2013-013931 ; V. aussi sur cette sévérité : R. BOUT *et alii*, *Le Lamy droit économique*, 2015, n° 5748.

C'est plutôt pour défaut d'efficacité[2806] du bail commercial que la responsabilité professionnelle sera retenue, mais dans la mesure où le juge peut se placer tant sur le terrain de la validité du contrat, même si l'hypothèse est plus rare, que sur celui de l'exécution de l'obligation de délivrance[2807], la faute du rédacteur pour manquement à l'obligation d'assurer la validité[2808] du bail commercial doit s'envisager. En effet, la responsabilité du notaire a pu être retenue et la nullité du bail prononcée pour défaut de demande de changement d'affectation des lieux loués[2809].

[2806] Elle correspond couramment à l'effet attendu de l'acte. V. en ce sens : A. REY, *Le grand Robert de la langue française*, t. 2, *op. cit.*, p. 1894 ; G. CHANTEPIE, « L'efficacité attendue du contrat », *RDC* janv. 2010, n° 1, p. 347. Juridiquement, elle est présentée comme un *« mode d'appréciation des conséquences des normes juridiques et de leur adéquation aux fins qu'elles visent »* : R. BETTINI, *Dictionnaire encyclopédique de théorie et de sociologie du droit (sous la dir. d'A.-J. Arnaud)*, 2e éd., L.G.D.J., 1993, *in* G. CHANTEPIE, « L'efficacité attendue du contrat », art. cit. C'est elle, pour partie, qui va fixer la correcte exécution de l'obligation de délivrance. Il est évident que les deux notions sont étroitement liées puisque s'il n'est pas valide, l'acte ne peut être efficace. Toutefois, ce n'est pas parce que l'acte est valide qu'il est forcément efficace. En corrélation avec la géométrie particulière de l'obligation de délivrance mise en exergue en première partie, nous essayerons de montrer comment cette obligation va influer sur les obligations professionnelles du rédacteur d'assurer la validité et l'efficacité du bail commercial.

[2807] V. *supra* n° 333 et s.

[2808] La validité d'un acte s'entend traditionnellement des conditions nécessaires pour que cet acte soit valable, c'est-à-dire les conditions qui se relient directement à la structure de l'acte juridique, celles en l'absence desquelles l'acte ne peut se former. Alors que les nouvelles dispositions du Code civil énoncent désormais trois conditions de validité des contrats que sont le consentement non vicié, la capacité et le contenu licite et certain, un défaut ou défaillance de ces conditions pourrait provoquer la nullité du contrat, mais aussi être le présage de la mauvaise exécution de l'obligation de délivrance.

[2809] Cass. 1e civ., 28 oct. 2015, n° 14-17.518, Bull. civ. I, n° 838, JurisData n° 2015-023958, *Resp. civ. et assur.* janv. 2016, n° 1, comm. 17, p. 12 ; *JCP N* nov. 2015, n° 46, act. 1076, p. 5 ; *Defrénois* janv. 2016, n° 2, p. 78, note L. RUET ; *Gaz. pal.* janv. 2016, n° 3, p. 39, obs. M. MEKKI ; *RDC* juin 2016, n° 2, p. 224, obs. O. DESHAYES ; *Defrénois* juin 2016, n° 12, p. 701, obs. M. LATINA : *RLDC* janv. 2016, n° 133, act. 6080, p. 25, obs. C. G. ; *Dalloz actualité* 17 nov. 2015, obs. N. KILGUS ; V. aussi sur la faute du rédacteur pour défaut de vérification des conditions de validité d'un acte de cession de fonds de commerce de brasserie-bar alors que l'acquéreur du fonds était frappé d'incapacité à cause d'une condamnation pour délit de proxénétisme : Cass. 1e civ., 9 nov. 1999, n° 97-14.521, Bull. civ. I, n° 299, JurisData n° 1999-003915, *Gaz. pal.* févr. 2000, n° 39, p. 13, obs. F. GHILAIN ; *Defrénois* avr. 2018, n° 15, p. 34, obs. F. VAUVILLÉ ; *Dr. & patr.* févr. 2000, n° 79, jur. 2500, p. 100, obs. G. ROUZET ; *D.* déc. 1999, n° 44, p. 278 ; V. aussi sur le défaut de changement d'affectation des locaux : Cass. 3e civ., 24 oct. 1990, *Rev. loyers* 1991, n° 137 ; CA Paris, 16e ch., sect. A, 22 févr. 1994, n° 91/17773, JurisData n° 1994-020212 (en l'espèce, le bail a été déclaré nul et la responsabilité d'un agent immobilier a été retenue).

Quant au devoir de conseil[2810] relatif aux conséquences de l'acte rédigé[2811], il est largement invoqué pour mettre en cause la responsabilité du rédacteur[2812] et sévèrement apprécié par le juge[2813], au point d'être qualifié d'absolu par la doctrine[2814]. La responsabilité du rédacteur a été spécifiquement retenue pour un manquement à son devoir de conseil dans le cadre de l'obligation de délivrance qui pèse sur le bailleur commercial[2815].

[2810] Il correspond généralement au *« devoir d'assister une personne dans la conduite de ses affaires ou la défense de ses intérêts incombant à une autre personne, soit par application d'un régime de protection (devoir de conseil du curateur naguère nommé conseil judiciaire), soit en exécution d'une convention de consultation d'assistance ou de représentation (conseil attendu d'un avocat, d'un consultant, etc.) »* : G. CORNU (dir.) *et alii*, *Vocabulaire juridique*, *op. cit.*, p. 240. Plus spécifiquement, il consiste en la transmission de renseignements personnalisés en réponse à une question de droit en vue de protéger les destinataires du droit : J.-J. ALEXANDRE, *La prestation de conseil juridique en droit français*, t. I, *op. cit.*, pp. 84 et s.

[2811] P. LE TOURNEAU *et alii*, *Droit de la responsabilité et des contrats 2021/2022*, *op. cit.*, pp. 1820 et s., n° 3324.61 et s. ; B. BOCCARA, « Pistes sur la responsabilité des rédacteurs d'actes et conseils », *JCP G* févr. 1993, n° 7, doctr. I 3651, p. 77 ; V. aussi : J.-J. ALEXANDRE, *La prestation de conseil juridique en droit français*, t. I, *op. cit.*, pp. 11 et s. ; J. DE POULPIQUET, P. PIERRE, P. BRUN et R. CRÔNE, *Responsabilité des notaires 2019-2020*, 3e éd., Dalloz, coll. Dalloz référence, 2018, pp. 59 et s., n° 13 et s.

[2812] Il est admis que le professionnel n'est pas tenu d'une obligation de résultat quant aux conseils proprement dits qu'il est amené à prodiguer : I. ARNAUD-GROSSI, « Les obligations de l'avocat à la croisée des chemins », *RLDC* mars 2009, n° 58, p. 69 ; R. BOUT *et alii*, *Le Lamy droit économique*, *op. cit.*, n° 5745.

[2813] Cass. 1e civ., 12 janv. 1982, n° 80-16.456, Bull. civ. I, n° 11, JurisData n° 1996-002134 : un avocat qui, à la demande de son client, a élaboré un projet d'acte complet et détaillé engage sa responsabilité à l'égard de ce dernier pour ne pas avoir procédé à certaines vérifications ni attiré l'attention de son client sur certaines clauses d'usage dans les baux commerciaux ; Cass. 1e civ., 7 juill. 1998, n° 96-15.330, JurisData n° 1998-003310 : les compétences personnelles de son client ne déchargent pas l'avocat de son devoir de conseil ; Cass. 1e civ., 21 janv. 2003, n° 00-19.522, JurisData n° 2003-017680, *Resp. civ. et assur.* avr. 2003, n° 4, comm. 109, p. 25 ; *RD banc. fin.* Janv. 2004, n° 1, comm. 19, p. 23, obs. D. LEGEAIS : les compétences du client sont *« sans incidence sur l'étendue du devoir de conseil qui incombe à l'avocat »* ; Cass. 1e civ., 30 sept. 1997, n° 95-10.973, JurisData n° 1997-003798 : la négligence du client n'exonère pas l'avocat de son devoir de conseil, dans la mesure où il est en droit d'attendre de ce conseil tous les renseignements utiles ; Cass. 1e civ., 28 nov. 1995, n° 93-15.659, *Defrénois* 1996, art. 36272, n° 22 : le notaire n'est pas dispensé de son devoir de conseil par les compétences personnelles de son client ; Cass. 1e civ., 25 nov. 1997, n° 95-18.618, Bull. civ. I, n° 329 ; Cass. 1e civ., 19 mai 1999, n° 96-22.892, Bull. civ. I, n° 166, JurisData n° 1999-001935, *Defrénois* déc. 1999, n° 23, p. 1339, chron. J.-L. AUBERT ; *D.* juin 1999, n° 23, p. 159 ; Cass. 1e civ., 14 mars 2000, n° 97-19.813, Bull. civ. I, n° 92 ; Cass. 1e civ., 3 avr. 2007, n° 06-12.831, Bull. civ. I, n° 142, *D.* mai 2007, n° 19, p. 1271 ; Cass. 1e civ., 22 juin 1999, n° 96-22.358, JurisData n° 1999-002653, *JCP G* oct. 1999, n° 41, doctr. 173, p. 18, étude R. MARTIN : le notaire ne peut pas prétendre qu'en consentant à signer l'acte rédigé par ses soins, les parties ont accepté son contenu et implicitement renoncé aux stipulations demandées et qu'il a omis de prévoir ; Comp. : Cass. 1e civ., 10 déc. 2002, n° 00-17.562 : l'accomplissement d'un acte présentant des risques acceptés par le client, après l'en avoir informé, n'engage en principe pas la responsabilité de l'avocat ; Cass. 1e civ., 8 mars 1977, n° 75-15.363, Bull. civ. I, n° 121 : idem pour le notaire.

[2814] J. BORÉ, « Les limites du devoir de conseil du rédacteur d'actes », *in Études offertes à Jacques Ghestin, Le contrat au début du XXIe siècle*, L.G.D.J., 2001, p. 139 ; J. DE POULPIQUET, *Notaire*, *op. cit.*, n° 322.

[2815] CA Paris, 1e ch. A, 3 mars 2003, *Gaz. pal.* juill. 2003, n° 184, p. 29 : responsabilité d'un notaire qui n'a pas attiré l'attention de ses clients sur les risques d'incompatibilité du commerce en cause avec les exigences du règlement de copropriété et sur la nécessité d'appréhender si ces risques pouvaient ou non être éliminés entièrement par des aménagements techniques alors que le règlement de copropriété interdisait l'exploitation d'une activité « incommode et insalubre » et que les preneurs entendaient exercer une activité de laverie; Cass. 3e civ. 28 nov. 2007, n° 06-17.758, Bull. civ. III, n° 213, JurisData n° 2007-041625, *Gaz. pal.* sept. 2008, n° 250, p. 15 ; *JCP N* déc. 2007, n° 50, act. 814, p. 4 ; *JCP E* janv. 2008, n° 3, pan. 1082, p. 21 ; *RDI* juill. 2008, n° 6-7, p. 326, obs. F.-G. TRÉBULLE ; *Rev. loyers* févr. 2008, n° 884, jur. 677, p. 91, note C. QUÉMENT ; *D.* janv. 2008, n° 2, p. 85,

S'agissant de ses autres devoirs, celui de compétence[2816], de dévouement mais aussi de diligence[2817] ou de prudence[2818], la jurisprudence est venue préciser leur étendue. S'il ne lui est pas exigé de prévoir un revirement de jurisprudence imprévisible[2819], il doit *a minima* anticiper une évolution déjà prévisible et son

obs. Y. ROUQUET ; *Dalloz actualité* 19 déc. 2007, obs. Y. ROUQUET ; *D.* juill. 2008, n° 24, p. 1645, chron. L. ROZÈS : manquement du notaire à son devoir de conseil pour ne pas avoir informé les parties de la situation administrative de l'immeuble, ayant provoqué un manquement du bailleur à son obligation de délivrance.

2816 P. BRUN (dir.), P. PIERRE (dir.), N. LACOSTE-MASSON (dir.) *et alii*, *Le Lamy droit de la responsabilité*, *op. cit.*, n° 432-19: D'après la lettre des articles 3 alinéa 3 du décret de 2005 et 1.3 du Règlement Intérieur National, il est des principes essentiels de la profession d'avocat, quelle que soit la mission dont il est investi, que ce professionnel fasse preuve, à l'égard de ses clients, de compétence. Ce devoir de compétence implique une connaissance du droit positif et impose à l'avocat de répondre de ses choix juridiques. ; J. DE POULPIQUET, *Notaire*, *op. cit.*, n° 297 et s. : Le notaire est également investi de ce devoir de compétence et connaît la même sévérité. ; M. LATINA, « Responsabilité et déontologie notariales », *Defrénois* nov. 2010, n° 20, p. 2214 ; M. LATINA, « Les obligations du notaire en matière de vente immobilière à la lumière de la jurisprudence récente », *Dr. & patr.* juill. 2017, n° 271, doss. p. 46 ; S. PIEDELIÈVRE, « Plaidoyer pour une application raisonnée du devoir de conseil du notaire », *RLDC* déc. 2006, n° 33, act. 2229, p. 14 ; Réglement Interieur National et Intercours du Conseil Supérieur du Notariat, I, p. 5, art. 1.2.

2817 P. BRUN (dir.), P. PIERRE (dir.), N. LACOSTE-MASSON (dir.) *et alii*, *Le Lamy droit de la responsabilité*, *op. cit.*, n° 432-19 : Les articles 3 alinéa 3 du décret de 2005 et 1.3 du Règlement Intérieur National ajoutent aux principes essentiels de la profession d'avocat les devoirs de dévouement et de diligence. À ce titre, l'avocat est tenu d'accomplir les diligences en l'état des données acquises du droit et de la jurisprudence dominante au moment de son intervention. ; Réglement Interieur National et Intercours du Conseil Supérieur du Notariat, I, p. 5, art. 1.2 : Le règlement national impose aux notaires, par leur comportement, de s'attacher à donner la meilleure image de leur profession et de faire les efforts nécessaires pour améliorer la qualité de ses services et s'assurer de la satisfaction du client.

2818 S. BORTOLUZZI, D. PIAU, T. WICKERS, H. ADER et A. DAMIEN, *Règles de la profession d'avocat*, *op. cit.*, p. 529, n° 344.21 : Les articles 3 alinéa 3 du décret de 2005 et 1.3 du Règlement Intérieur National ajoutent aux principes essentiels de la profession d'avocat le devoir de prudence. Ce devoir impose évidemment à l'avocat de refuser certains dossiers, lorsqu'il n'est pas en mesure ou dans l'impossibilité de les défendre. Par ailleurs, il doit donner à son client un avis de prudence et de modération en fonction de son devoir de conseil qui doit lui-même être guidé par une *« prudence élémentaire »*. ; Le notaire est lui aussi tenu à la mesure de prudence, la jurisprudence y ayant clairement fait référence.

2819 Cass. 1e civ., 25 nov. 1997, n° 95-22.240, Bull. civ. I, n° 328, JurisData n° 1997-004652, *Defrénois* janv. 2017, n° 2, p. 141, obs. Y. DAGORNE-LABBE ; *LEDC* déc. 2016, n° 11, p. 6, obs. S. PELLET ; *LPA* oct. 1998, n° 122, p. 7, note M.-P. BLIN-FRANCHOMME ; *Defrénois* mars 1998, n° 5, p. 354, obs. J.-L. AUBERT ; *BJS* févr. 1998, n° 2, p. 159, note G. ROUZET ; *RTD civ.* mars 1998, n° 1, p. 210, obs. N. MOLFESSIS ; *RTD civ.* mars 1998, n° 2, p. 367, obs. J. MESTRE ; *AJDI* janv. 1999, n° 1, p. 44, obs. G. TEILLIAIS.

extension probable[2820] et évidemment connaître le droit positif[2821]. Il doit se montrer sérieux et disponible[2822]. Il doit aussi faire preuve de prudence à l'égard de ses clients et des tiers[2823].

[2820] Cass. 1e civ., 31 janv. 2008, n° 04-20.151, Bull. civ. I, n° 31, JurisData n° 2008-042514, *JCP E* juin 2008, n° 23, comm. 1742, p. 15, note F. BUY ; *Procédures* mai 2008, n° 5, comm. 144, p. 18, note H. CROZE ; *JCP G* avr. 2008, n° 16, comm. II 10074, p. 33, note H. SLIM ; *LPA* avr 2008, n° 73, p. 18, note J. LASSERRE-CAPDEVILLE ; *RLDC* juill. 2008, n° 51, chron. 3078, p. 61, obs. B. BEIGNIER ; *D.* juin 2008, n° 21, p. 1448, note A. AYNÈS ; Cass. 1e civ., 7 mars 2006, n° 04-10.101, Bull. civ. I, n° 136, JurisData n° 2006-032548, *D.* déc. 2006, n° 42, p. 2894, note F. MARMOZ ; *AJDI* juill. 2006 n° 7-8, p. 587 ; *RTD civ.* sept. 2006, n° 3, p. 521, note P. DEUMIER ; *RTD civ.* sept. 2006, n° 3, p. 580, obs. P.-Y. GAUTIER ; *RTD civ.* mars 2007, n° 1, p. 103, obs. J. MESTRE et B. FAGES ; *JCP N* juin 2006, n° 24, comm. 1217, p. 1141, note F. BUY ; *Dr. rur.* mai 2006, n° 343, comm. 124, p. 21, note M.-O. GAIN ; *RDC* oct. 2006, n° 4, p. 1234, obs. S. CARVAL ; *Defrénois* août 2006, n° 15, p. 1200, obs. F. HÉBERT ; *Gaz. pal.* juill. 2006, n° 206, p. 24, obs. I DULAU, P. GONI, J.-B. MILLIARD et B. PEIGNOT ; *Rev. loyers* juill. 2006, n° 869, jur. 399, p. 344, obs. B. PEIGNOT ; *RLDC* mai 2006, n° 27, act. 2046, p. 23, obs. C. KLEITZ ; Cass. 1e civ., 14 mai 2009, n° 08-15.899, Bull. civ. I, n° 92, JurisData n° 2009-048152, *Procédures* août-sept. 2009, n° 8-9, comm. 263, p. 12, R. PERROT ; *Resp. civ. et assur.* juill.-août 2009, n° 7-8, comm. 219, p. 24, note S. HOCQUET-BERG ; *JCP G* juill. 2009, n° 28, note 94, p. 15, H. SLIM ; *RTD civ.* déc. 2009, n° 4, p. 744, obs. P.-Y. GAUTIER ; *RTD civ.* déc. 2009, n° 4, p.725, obs. P. JOURDAIN ; *RTD. civ.* déc. 2009, n° 3, p. 493, obs. P. DEUMIER ; *D.* janv. 2010, n° 3, p. 183, obs. K. DE LA ASUNCION PLANES ; *Dalloz actualité* 27 mai 2009, obs. I. GALLMEISTER ; V. aussi les propos rapportés de Maître FRISON-ROCHE : R. BIGOT et P. ROGER, « L'assurance des professionnels du procès », art. cit. ; V. aussi dans le sens de notre interprétation : C. BIGUNET-MAUREL, *Le devoir de conseil des notaires*, préf. J. DE POULPIQUET, Defrénois, coll. Doctorat & Notariat, 2006, pp. 111-114, n° 264-273.

[2821] Cass. 1e civ., 22 sept. 2016, n° 15-13.840, Publié au bulletin, JurisData n° 2016-019069, *JCP N* janv. 2017, n° 1, jur. 1000, p. 29, comm. M. GAYET ; *Gaz. pal.* janv. 2017, n° 2, p. 31, note M. MEKKI ; *Defrénois* juin 2017, n° 11, p. 701, obs. M. LATINA ; *Gaz. pal.* oct. 2016, n° 34, p. 32, obs. C. BERLAUD ; *RLDC* nov. 2016, n° 142, p. 5 ; *RTD civ.* mars 2017, n° 1, p. 154, obs. P. JOURDAIN ; Comp. Cass. 1e civ., 12 oct. 2016, n° 15-18.659, Publié au bulletin, JurisData n° 2016-021178, *JCP N* juin 2017, n° 23, comm. 1198, p. 26, note P. PIERRE ; *Resp. civ. et assur.* janv. 2017, n° 1, comm. 18, p. 21, note H. GROUTEL ; *Gaz. pal.* janv. 2017, n° 2, p. 31, obs. M. MEKKI ; *Defrénois* janv. 2017, n° 2, p. 141, obs. Y. DAGORNE-LABBE ; *Defrénois* juin 2017, n° 11, p. 705, obs. M. LATINA ; *LPA* mai 2017, n° 101, p. 18, note F. VINEY ; *RDC* mars 2017, n° 1, p. 48, obs. S. PELLET ; *LEDIU* déc. 2016, n° 11, p. 1, obs. M.-L. BESSON ; *Gaz. pal.* oct. 2016, n° 38, p. 52, obs. C. BERLAUD ; *RTD civ.* mars 2017, n° 1, p. 161, obs. P. JOURDAIN ; *Dalloz actualité* 1er nov. 2016, obs. N. KILGUS.

[2822] Cass. 1e civ., 30 mai 2012, n° 11-18.166, Bull. civ. I, n° 115, JurisData n° 2012-011454, *Resp. civ. et assur.* oct. 2012, n° 10, comm. 274, p. 23 ; *LEDC* juill. 2012, n° 7, p. 4, obs. M. LATINA ; *RLDC* juill. 2012, n° 95, act. 4735, p. 26, obs. J.-P. BUGNICOURT ; *Dalloz actualité* 11 juin 2012, obs. G. RABU ; CA Paris, 1e ch., sect. A, 2 févr. 2005, *Gaz. pal.* avr. 2005, n° 113, p. 23 ; Comp. avec Cass. 1e civ., 15 mars 2005, n° 03-11.823, Bull. civ. I, n° 132, JurisData n° 2005-027572, *JCP G* mai 2005, n° 18-19, pan. IV 1965 ; *Gaz. pal.* mai 2005, n° 123, p. 17 ; *RLDC* mai 2005, n° 16, jur. 652, p. 24, obs. L. DOGNIAUX ; *D.* mai 2005, n° 16, p. 1052 ; Cass. 1e civ., 28 juin 2012, n° 11-17.347, JurisData n° 2012-021604, *Defrénois flash* 16 juill. 2012, n° 28 ; Cass. 1e civ., 15 mai 2015, n° 14-14.988 et 14-19.724, JurisData n° 2015-011366, *Resp. civ. et assur.* sept. 2015, n° 9, comm. 235, p. 71 ; *Defrénois* déc. 2015, n° 23, p. 1232, obs. S. PIEDELIÈVRE ; *LEDIU* juill. 2015, n° 7, p. 4, obs. M.-L. BESSON ; *RLDC* sept. 2015, n° 129, chron. 5959, p. 70, obs. P. BRUN, A. DUBOIS et S. PIMONT ; *AJDI* juill. 2015, n° 7-8, p. 535.

[2823] Cass. 1e civ., 27 févr. 2001, n° 98-10.756, JurisData n° 2001-008453, *Resp. civ. et assur.* mai 2001, n° 5, comm. 150, p. 26 ; Cass. 1e civ., 27 nov. 2008, n° 07-18.739, Bull. civ. I, n° 271, JurisData n° 2008-045975, *RD banc. fin.* mars 2009, n° 2, comm. 62, p. 54, note S. PIEDELIÈVRE ; *Gaz. pal.* févr. 2009, n° 36, p. 19 ; *RLDC* janv. 2009, n° 56, act. 3261, p. 33, obs. G. MARRAUD DES GROTTES ; *Dalloz actualité* 5 déc. 2008, obs. S. DE LA TOUANNE.

Sa responsabilité est d'autant plus intense qu'il n'est pas dispensé de ses obligations lorsqu'un autre professionnel du droit est intervenu lors de la rédaction de l'acte[2824] et lorsqu'il est rédacteur unique[2825].

De même dans sa mission d'intermédiaire en transaction immobilière, le professionnel pourrait engager sa responsabilité[2826] lorsqu'il manque à ses obligations d'ordres matériel[2827] et juridiques[2828].

632. Préjudice lié à l'obligation de délivrance. S'agissant du préjudice, il devra en plus d'être spécifiquement le résultat d'une faute ayant provoqué ou participé à un manquement par le bailleur à son obligation de délivrance, présenter les caractères communément retenus[2829], c'est-à-dire être certain[2830], actuel[2831] et

---

[2824] Cass. 1e civ., 4 mars 1997, n° 95-12.609, JurisData n° 1997-001118, *JCP N* 1997, comm. II, p. 1397 ; Cass. 1e civ., 26 nov. 1996, n° 94-13.989, Bull. civ. I, n° 418, JurisData n° 1996-004477 ; Cass. 1e civ., 22 juin 1999, n° 96-22.358, JurisData n° 1999-002653, *JCP G* oct. 1999, n° 41, doctr. 173, p. 18, étude R. MARTIN ; Cass. 1e civ., 14 janv. 1997, n° 94-16.769, Bull. civ. I, n° 18, JurisData n° 1997-000081.

[2825] M.-L. DEMEESTER, *Avocat (responsabilité)*, *op. cit.*, n° 71; R. MARTIN et D. LANDRY, *Avocats. - Obligations et prérogatives*, J.-Cl. Procédure civile, Fasc. n° 300-90, oct. 2017, n° 75 ; J. DE POULPIQUET, *Notaire. - Responsabilité civile. - Situations diverses*, J.-Cl. Responsabilité civile et Assurances, Fasc. n° 420-50, avr. 2019, n° 3-9 ; C. BIGUNET-MAUREL, *Le devoir de conseil des notaires*, *op. cit.*, p. 23, n° 29 ; Cass. 1e civ, 24 mars 1987, n° 85-11.576, Bull. civ. I, n° 104, JurisData n° 1987-000605 ; Cass. 1e civ., 22 juin 1999, n° 96-22.358, JurisData n° 1999-002653, *JCP G* oct. 1999, n° 41, doctr. 173, p. 18, étude R. MARTIN ; Cass. 1e civ., 27 févr. 2001, n° 98-21.725.

[2826] C. MEININGER-BOTHOREL, « La responsabilité de l'avocat mandataire en transactions immobilières - Étude et prospective comparées de la responsabilité de l'avocat et du notaire », art. cit. ; C. DELZANO, « Les avocats et notaires "agents immobiliers" », art. cit. ; M. VAUTHIER, « Les problématiques pratiques de l'activité d'avocat mandataire en transactions immobilières », art. cit.

[2827] Il s'agit des obligations nécessaires à l'accompagnement du client dans son projet, c'est-à-dire à assurer la faisabilité matérielle des projets de ses clients, ce qui implique plusieurs tâches qui ne découlent bien souvent pas de dispositions légales, mais découlent logiquement de la qualité d'intermédiaire en transactions immobilières (publicité du bien, organisation des visites du bien, audit technique « visuel » du bien, réalisation de l'audit technique « diagnostic » en faisant appel à un professionnel, réalisation de l'audit juridique qui consiste à établir la réalité des droits portant sur l'immeuble, de leur étendue et de leur nature ainsi que du statut juridique du bien, évaluation du bien).

[2828] Il s'agit d'une double obligation d'information et de contrôle. Au titre de son obligation d'information, le négociateur de baux commerciaux a le devoir de se renseigner pour informer ensuite ses clients. Dans le but d'assurer la validité, la régularité et l'efficacité de la transaction et compte tenu de la position qu'occupe l'obligation de délivrance sur le plan de la validité du contrat comme sur celui de son efficacité, le rédacteur mandataire devra vérifier l'identité du ou des mandants, leur capacité à agir ainsi que leur qualité de propriétaire des biens et éventuellement les preuves de possession trentenaire du bien.

[2829] P. BRUN (dir.), P. PIERRE (dir.), N. LACOSTE-MASSON (dir.) *et alii*, *Le Lamy droit de la responsabilité*, 2014, n° 93 ; C. RADÉ, *Droit à réparation. - Conditions de la responsabilité contractuelle. - Dommage*, J.-Cl. Civil Code, Fasc. n° 10, août 2014, n° 11 et s. ; S. RETIF, *Droit à réparation. - Conditions de la responsabilité délictuelle. - Le dommage. - Caractères du dommage réparable*, J.-Cl. Notarial Répertoire, Fasc. n° 101, aout 2005, n° 17 et s.

[2830] S. RETIF, *Droit à réparation. - Conditions de la responsabilité délictuelle. - Le dommage. - Caractères du dommage réparable*, *op. cit.*, n° 19 : communément, le caractère certain du préjudice est établi lorsque celui-ci est avéré ; Y. AVRIL, *Responsabilité des avocats*, *op. cit.*, p. 96 et s., n° 23.11 et s. : le préjudice certain s'oppose au préjudice éventuel ou hypothétique.

[2831] P. BRUN (dir.), P. PIERRE (dir.), N. LACOSTE-MASSON (dir.) *et alii*, *Le Lamy droit de la responsabilité*, *op. cit.*, n° 218-17 : il s'oppose au préjudice futur qui est celui qui ne s'est pas réalisé au moment où le juge statue, mais pour lequel on peut affirmer qu'il va se réaliser de façon certaine.

direct[2832]. De prime abord, le caractère certain du préjudice semble plus facile à établir lorsqu'il survient dans le cadre de la rédaction d'un acte juridique puisqu'il se concrétisera dans une défaillance rédactionnelle[2833]. Dans notre étude, si l'acte conduit le bailleur à manquer à son obligation de délivrance, ce sont bien les stipulations rédigées dans le bail qui pourront en attester. Dans ce cas, le préjudice occasionné par une défaillance rédactionnelle est pleinement consommé, de sorte qu'il n'y a pas d'aléa dans le processus dommageable et l'indemnisation n'a pas à être réduite. On peut penser de la même façon, si le bail commercial ne présente aucune défaillance rédactionnelle, mais qu'il ne correspond pas à la volonté des parties, que le préjudice soit également caractérisé avec certitude puisque le but poursuivi par les parties n'est pas atteint. En effet, un acte parfaitement valable, mais inadapté dans ses effets aux besoins et attentes du client, peut engager la responsabilité de son rédacteur[2834]. Là encore, le préjudice sera pleinement consommé. Par contre, si le bail commercial ne présente aucune défaillance rédactionnelle et qu'il n'est pas établi qu'il ne correspond pas à ce qui était attendu par les parties, il sera alors difficile d'établir la certitude du préjudice. Par ailleurs, lorsque le préjudice est occasionné par un manquement au devoir de conseil, celui-ci peut être pleinement consommé et ne pas comprendre d'aléa[2835]. Il en va ainsi lorsque le professionnel du droit a manqué à son devoir non par abstention ou omission de sa part, mais en prodiguant activement des conseils nocifs auxquels son client s'est rangé ou lorsqu'il est certain que le client aurait renoncé à l'acte ou à l'opération dont il est résulté un dommage[2836]. Aussi, la jurisprudence a accepté de reconnaître le préjudice futur à condition qu'il soit établi, au moment où le juge statue, que le préjudice se réalisera inévitablement[2837]. Au contraire, lorsque le rédacteur expose le créancier ou la victime à un simple risque, c'est-à-dire que le préjudice n'est que l'une des éventualités envisageables après l'inexécution de la convention, la jurisprudence estime *« qu'un risque, fût-il certain, ne suffit pas à caractériser la perte certaine d'une chance et que le préjudice en résultant était purement éventuel »*[2838]. La jurisprudence a affirmé que *« seule constitue une perte de chance réparable, la disparition actuelle et certaine d'une éventualité favorable »*[2839]. Il n'est pas rare que le préjudice occasionné par un manquement au devoir de conseil soit retenu sur le fondement de la perte de chance de parvenir au but attendu ou d'échapper aux incidences

[2832] La plupart des manuels juridiques rapprochent le caractère direct du lien de causalité et le caractère actuel du caractère certain : M.-L. DEMEESTER, *Avocat (responsabilité)*, *op. cit.*, n° 93 et 125 ; S. RETIF, *Droit à réparation. - Conditions de la responsabilité délictuelle. - Le dommage. - Caractères du dommage réparable*, *op. cit.*, n° 65 ; P. BRUN, *Responsabilité du fait personnel*, Rép. civ. Dalloz, mai 2015, n° 145.

[2833] M.-L. DEMEESTER, *Avocat (responsabilité)*, *op. cit.*, n° 93.

[2834] J. MOURY *et alii*, Rapp. C. cass. 2011, *Le risque*, p. 167.

[2835] *Ibid.*, p. 167.

[2836] *Ibid.*, p. 168.

[2837] *Ibid.*, n° 432-60 ; P. BRUN, *Responsabilité du fait personnel*, *op. cit.*, n° 145 : Cass. req., 1er juin 1932, DP 1932, 1, 102.

[2838] Cass. 1e civ., 16 juin 1998, n° 96-15.437, Bull. civ. I, n° 216, p. 149, JurisData n° 1998-002738, *D.* juill. 1998, n° 28, p. 180.

[2839] Cass. 1e civ., 21 nov. 2006, n° 05-15.674, Bull. civ. I, n° 498, JurisData n° 2006-036009, *JCP G* déc. 2006, n° 51, pan. IV 3475 ; *Gaz. pal.* avr. 2007, n° 116, p. 24 ; *RLDC* janv. 2007, n° 34, act. 2355, p. 22, obs. C. KLEITZ ; *D.* déc. 2006, n° 44, p. 3013.

défavorables de l'acte[2840]. Dans ce cas, le préjudice subi par le client en raison du défaut de conseil est généralement soumis à un certain aléa puisque la faute du professionnel a simplement privé le client, qui conserve son libre arbitre, de la possibilité de faire un choix éclairé, soit en renonçant purement et simplement à l'opération envisagée, le cas échéant, au profit d'un montage juridique plus intéressant, soit en maintenant, en connaissance de cause, son projet aux conditions initialement prévues[2841]. La théorie de la perte de chance aboutit à une indemnisation réduite puisqu'elle doit être inférieure à celle qui serait venue compenser un dommage intégralement consommé en l'absence d'aléa[2842]. Ce faisant, le bailleur pourra faire valoir essentiellement deux types de préjudices, qui sont d'ordre économique ou financier et moral. Le préjudice économique et financier peut résulter de la réfaction du loyer pour l'avenir en raison de la délivrance d'une surface moindre que celle mentionnée au bail[2843], de la diminution du loyer pour délivrance non conforme due à une occupation partielle de l'immeuble[2844], de la résiliation judiciaire du bail, puisque le bailleur ne percevra plus de loyers[2845] ou de la résolution, voire de la nullité, qui vont entraîner la perte des revenus futurs du bailleur puisqu'il perd son bail, ainsi que la perte des revenus perçus antérieurement puisqu'il devra les restituer[2846], mais également d'un coût supplémentaire découlant du paiement direct, de l'avance, du remboursement des sommes engagées par l'exécution forcée de l'obligation de délivrance ou du versement de dommages et intérêts ou encore des frais de rédaction du bail[2847]. La plupart du temps ce préjudice ne sera pas considéré comme un préjudice indemnisable en tant que tel, de sorte qu'une indemnisation inférieure pourra être allouée au titre de la perte de chance, c'est-à-dire du gain manqué. Concernant le préjudice moral, la jurisprudence ne livre pas, à notre connaissance, d'exemple de préjudice moral subi par le bailleur dans les circonstances précises d'un manquement à l'obligation de délivrance, mais on pourrait imaginer, à l'instar du préjudice moral reconnu au locataire[2848], que le bailleur fasse valoir l'anéantissement du projet qui reposait sur la location de locaux commerciaux et le revenu qui en était tiré. Par exemple, le bailleur peut appuyer le financement d'un

---

[2840] J. MOURY *et alii*, Rapp. C. cass. 2011, préc., p. 167.

[2841] *Ibid.*

[2842] *Ibid.*

[2843] Cass. 3e civ., 21 nov. 2001, n° 99-20.985, JurisData n° 2001-011940.

[2844] Cass. 3e civ., 2 juill. 2013, n° 12-20.189, *AJDI* juin 2014, n° 6, p. 449, obs. D. LIPMAN-W. BOCCARA.

[2845] A. PINNA, *La mesure du préjudice contractuel*, *op. cit.*, p. 261, n° 278 ; CA Rouen, 24 juin 1998, CA Paris, 12 mars 1999 et CA Paris, 13 janv. 1999, *in* J.-P. BLATTER, *Loyers et copr.* nov. 2000, hors série, p. 4 ; Cass. 3e civ., 7 mars 2006, n° 04-19.639, *AJDI* juin 2006, n° 6, p. 467 ; CA Paris, 16e ch., sect. A, 31 mai 2006, n° 03/08274, JurisData n° 2006-311742, *AJDI* nov. 2006, n° 11, p. 825 ; Cass. 3e civ., 28 nov. 2007, n° 06-17.758, *D.* janv. 2008, n° 2, p. 85.

[2846] CA Paris, 5e pôle, 3e ch., 23 sept. 2016, n° 14/13608, JurisData n° 2016-019722, *AJDI* janv. 2017, n° 1, p. 39, obs. S. PORCHERON ; *AJDI* déc. 2017, n° 12, p. 886, chron. J.-P. BLATTER.

[2847] CA Versailles, 14 déc. 1989, *Rev. loyers* févr. 1992, n° 724, p. 98 ; CA Paris, 5e pôle, 3e ch., 23 sept. 2016, n° 14/13608, JurisData n° 2016-019722, *AJDI* janv. 2017, n° 1, p. 39, obs. S. PORCHERON ; *AJDI* déc. 2017, n° 12, p. 886, chron. J.-P. BLATTER : remboursement de 7 500 euros de frais de rédaction d'actes.

[2848] V. *infra* n° 632.

projet personnel ou professionnel grâce à la location de son local commercial ou réaliser un projet d'investissement locatif en achetant un local commercial et en le louant. De toute évidence, de tels projets perdraient tout leur sens et toute leur viabilité si le bailleur ne perçoit plus les loyers. Il pourrait alors tenter de faire valoir le préjudice moral. Le préjudice moral subi par le bailleur peut également résulter des désagréments et tracas liés au contentieux relatif au manquement à l'obligation de délivrance causé par la faute du rédacteur[2849]. Il est reconnu que toute faute de l'avocat est susceptible de donner lieu au versement de dommages et intérêts pour indemniser ce préjudice moral[2850]. Une solution identique est transposable au notaire.

633. Respect du délai de prescription de l'action dirigée contre le rédacteur. Quant au délai de prescription de l'action, il commence à courir, non à la fin de la mission du rédacteur, mais au *« jour à compter duquel le client a connu ou aurait dû connaître les faits lui permettant d'exercer son action »*[2851], ce qui n'est pas évident à déterminer[2852]. S'agissant tout d'abord de la rédaction d'un acte juridique, un auteur propose de retenir la date de conclusion du contrat ou celle de l'accomplissement de la formalité, s'il y est soumis[2853]. Si l'on considère que les faits désignent la faute commise par le rédacteur, il paraît logique que le moment où les parties ont eu connaissance de cette faute soit la date de conclusion du contrat puisque ce n'est qu'à travers lui que peut s'apprécier cette faute. D'après nous, cette interprétation présente une incohérence par rapport aux conditions exigées pour engager la responsabilité du rédacteur. Puisque nous nous sommes ralliés à la position traditionnelle du droit positif qui tend à dire que la faute est insuffisante pour engager la responsabilité et qu'elle doit avoir causé un préjudice, comment pourrait-on admettre que le point de départ de la prescription soit la faute commise par l'avocat ? Nous ne pouvons donc accueillir favorablement cette solution. Celle-ci pourrait en revanche l'être si, par un revirement, la jurisprudence reconnaissait l'existence d'un préjudice dans la simple inexécution contractuelle. S'il s'agit d'une action en responsabilité de nature délictuelle, le même auteur suggère de se référer à la date de la manifestation du dommage[2854]. Ici, on ne relève rien de nouveau puisque cela revient à suivre la prescription des anciens articles 1382 et suivants du Code civil qui posent l'exigence d'un dommage. Toutefois, cette solution réintroduit la distinction entre responsabilité civile contractuelle et extracontractuelle alors que de nombreuses décisions tendent à la faire disparaître

[2849] S. BORTOLUZZI, D. PIAU, T. WICKERS, H. ADER et A. DAMIEN, *Règles de la profession d'avocat*, *op. cit.*, p. 1852, n° 912.243.
[2850] *Ibid.*, *loc. cit.*
[2851] P. BRUN (dir.), P. PIERRE (dir.), N. LACOSTE-MASSON (dir.) *et alii*, *Le Lamy droit de la responsabilité*, *op. cit.*, n° 432-80 ; P. VAILLIER et L. BLOCH, *Avocat*, *op. cit.*, n° 15 ; F. ANCEL, « La loi n° 2008-561 du 17 juin 2008 portant réforme de la prescription en matière civile », *Gaz. pal.* juill. 2008, n° 194, p. 2.
[2852] F. ANCEL, « La loi n° 2008-561 du 17 juin 2008 portant réforme de la prescription en matière civile », *Gaz. pal.* juill. 2008, n° 194, p. 2 ; M.-L. DEMEESTER, *Avocat (responsabilité)*, *op. cit.*, n° 153.
[2853] *Ibid.*, *loc. cit.*
[2854] *Ibid.*, *loc. cit.*

lorsqu'il s'agit d'une mission de rédaction d'actes. De plus, nous trouvons que la réintroduction de la distinction entre responsabilité civile contractuelle et extracontractuelle ne va pas dans le sens de la réforme de la prescription dont l'objectif était l'uniformisation. Pourquoi devrait-on considérer des points de départ différents alors que l'article 2224 du Code civil est un texte de droit commun qui concerne indifféremment les actions en responsabilité contractuelle et extracontractuelle ? Si l'on reprend la réflexion de l'auteur sus-cité qui retient la faute commise comme point de départ du délai de prescription de l'action en responsabilité contractuelle, celle-ci va poser une difficulté lorsque le professionnel a simplement donné une consultation juridique. Il se demande, lorsque le praticien n'intervient qu'à titre de conseil, lors d'une consultation juridique, comment savoir à quel moment le client a connu l'erreur commise durant cette consultation[2855]. Force est de constater que le moment où le client a connu l'erreur est extrêmement difficile à déterminer. Dans le cadre de son activité d'intermédiaire en transaction immobilière, si l'on suit à nouveau le raisonnement de l'auteur sus-cité, la question se renouvelle : comment savoir à quel moment le client a connu l'erreur commise durant la transaction ? Il est loin d'être évident pour une personne non professionnelle de déceler la faute commise par le praticien. En effet, si elle fait appel à un professionnel c'est justement pour pallier son manque de compétence et de connaissance. On voit donc mal comment elle pourrait être capable de repérer la faute de l'avocat ou du notaire, avant qu'elle subisse un quelconque dommage. En cohérence avec ce que nous avons développé précédemment, ce n'est pas parce que l'avocat a commis une faute que sa responsabilité peut être forcément engagée. Encore faut-il, pour que l'action en responsabilité soit recevable, que cette faute ait provoqué un préjudice. Or, la formule de l'article 2224 vise les faits qui permettent d'engager l'action. Cette expression semble sous-entendre qu'il faut considérer l'ensemble des faits nécessaires à l'action en responsabilité et non le premier. Sachant qu'il peut s'écouler un laps de temps plus ou moins long entre la faute et la réalisation du préjudice, il serait injuste de faire courir le délai de prescription à compter de la faute alors que l'action ne sera recevable que lorsque le préjudice se sera réalisé.

634. Limites à l'intervention du rédacteur professionnel. Cette responsabilité conséquente du rédacteur de baux commerciaux pourra rarement être écartée ou atténuée. Elle le sera lorsque le rédacteur démontre l'absence de faute ou la cause étrangère[2856], sous réserve qu'il en rapporte la preuve[2857]. En revanche, celui-ci aura beaucoup plus de mal à faire un

---

2855 *Ibid.*, *loc. cit.*

2856 H. BOUCARD, *Responsabilité contractuelle*, Rép. civ. Dalloz, juill. 2018, n° 374 et s. ; J.-J. ALEXANDRE, *La prestation de conseil juridique en droit français*, t. II, *op. cit.*, pp. 459 et s.

2857 P. BRUN (dir.), P. PIERRE (dir.), N. LACOSTE-MASSON (dir.) *et alii*, *Le Lamy droit de la responsabilité*, *op. cit.*, n° 180-40 et 180-50, n° 438-87, n° 438-90 : il convient de noter une inversion de la charge de cette preuve selon que la responsabilité découle d'un fondement contractuel ou délictuel, selon qu'il s'agit d'une inexécution complète ou d'une simple exécution défectueuse ou d'un dommage causé au cours de l'exécution et selon qu'il s'agit d'une obligation de moyens ou de résultat. Il est également à noter une tendance de la Cour de cassation à une inversion identique de la charge de la preuve lorsqu'il

aménagement conventionnel de sa responsabilité mais il sera tout de même garanti par son système d'assurance.

Si le droit décline la cause étrangère sous trois formes - le fait ou la faute de la victime, le fait d'un tiers ainsi que la force majeure ou cas fortuit[2858] - la justification exonératoire de faute se trouve principalement dans le comportement du plaignant ou dans celui d'un tiers. Si l'inefficacité du bail commercial peut résulter du fait même du client ayant commandé l'acte[2859], la jurisprudence admet très rarement que le défaut de conseil puisse être dû au fait du client[2860]. Lorsque le client commet une faute, il peut y avoir un partage de responsabilité, voire une exonération totale de responsabilité du professionnel[2861]. En principe, la faute de la victime[2862] n'entraîne une exonération totale de responsabilité du professionnel, avocat ou notaire, que si elle revêt les caractères de la force majeure, c'est-à-dire que si cette faute est imprévisible et irrésistible[2863]. À défaut, l'exonération ne sera que partielle[2864]. De plus, le caractère dolosif de la faute de la victime ne semble pouvoir entraîner qu'une exonération partielle de responsabilité pour le notaire[2865] alors qu'elle a pu entraîner une exonération totale pour l'avocat[2866]. L'exonération totale de responsabilité du notaire ne serait accueillie que dans de rares cas de faute dolosive du client[2867]. En outre, lorsque la faute de la victime est exclusivement à

---

s'agit du devoir de conseil du professionnel : Cass. 1e civ., 3 févr. 1998, n° 96-13.201, Bull. civ. I, n° 44, JurisData n° 1998-000428, *JCP N* juill. 1998, n° 28, p. 1072, obs. J.-F. PILLEBOUT ; *Defrénois* juin 1998, n° 11, p. 743, chron. J.-L. AUBERT ; *RTD civ.* juin 1998, n° 2, p. 381, obs. P. JOURDAIN ; *RTD civ.* mars 1999, n° 1, p. 83, obs. J. MESTRE : devoir de conseil du notaire ; Cass. 1e civ., 25 févr. 1997, n° 94-19.685, Bull. civ. I, n° 75, JurisData n° 1997-000781, *LPA* juill. 1997, n° 85, p. 17, note A. DORSNER-DOLIVET ; *RTD civ.* juin 1997, n° 2, p. 434, obs. P. JOURDAIN ; Cass. 1e civ., 19 déc. 2006, n° 04-14.487, Bull. civ. I, n° 556, JurisData n° 2006-036607, *RD banc. fin.* mars 2007, n° 2, act. 64, p. 20, note D. LEGEAIS ; *LPA* mai 2007, n° 97, p. 19, note V. PERRUCHOT-TRIBOULET ; *RLDC* févr. 2007, n° 35, act. 2396, p. 25, obs. C. KLEITZ ; *Dalloz actualité* 5 févr. 2007, obs. I. GALLMEISTER.

[2858] H. BOUCARD, *Responsabilité contractuelle*, *op. cit.*, n° 343 et s.

[2859] P. BRUN (dir.), P. PIERRE (dir.), N. LACOSTE-MASSON (dir.) *et alii*, *Le Lamy droit de la responsabilité*, *op. cit.*, n° 432-47 et 438-105.

[2860] *Ibid.*, n° 432-47-438-51 et 438-102-438-105.

[2861] *Ibid.*, n° 432-47 et 438-105.

[2862] Conformément la première partie de notre étude, la victime sera le plus souvent le bailleur, mais aussi le preneur.

[2863] J.-L. BERGEL (dir.) *et alii*, *Le Lamy droit immobilier*, 2015, *op. cit.*, n° 4951 ; P. BRUN (dir.), P. PIERRE (dir.), N. LACOSTE-MASSON (dir.) *et alii*, *Le Lamy droit de la responsabilité*, *op. cit.*, n° 432-41, 432-47, 438-105.

[2864] *Ibid.*, *loc. cit.*

[2865] Cass. 1e civ., 28 avr. 1986, n° 84-17.542, Bull. civ. I, n° 104, JurisData n° 1986-700835 ; Cass. 1e civ., 13 nov. 1997, n° 95-20.123, Bull. 1997 I, n° 308, JurisData n° 1997-004413, *RDI* mars 1999, n° 1, p. 134, obs. D. TOMASIN ; *RDI* mars 1998, n° 1, p. 130, obs. P. CAPOULADE et C. GIVERDON ; *AJDI* juill. 1998, n° 7-8, p. 630, obs. G. TEILLIAIS ; *RDI* mars 1998, n° 1, p. 107, obs. J.-C. GROSLIÈRE et C. SAINT-ALARY-HOUIN.

[2866] Cass. 1e civ., 2 juill. 2002, n° 99-20.968, JurisData n° 2002-015213.

[2867] J.-L. BERGEL (dir.) *et alii*, *Le Lamy droit immobilier*, 2015, *op. cit.*, n° 4951 ; V. à l'appui de cette interprétation l'arrêt cassant les dispositions d'un arrêt qui tendaient à condamner le notaire rédacteur d'un bail commercial et le bailleur à indemniser le preneur d'un local dont l'usage commercial était interdit par le règlement de copropriété : Cass. 1e civ., 22 oct. 1996, n° 94-19.828, Bull. civ. I, n° 365 ; V. aussi en ce sens : Cass. 1e civ., 4 févr. 2003, n° 99-17.013, Bull. civ. I, n° 38, JurisData n° 2003-017450, *JCP G* mars 2003, n° 13, pan. 1559 ; *Gaz. pal.* mai 2003, n° 123, p. 17 ; *RLDA* mai 2003, n° 60, act. 3797,

l'origine du dommage qu'elle subit, le rédacteur d'actes pourra trouver une exonération de responsabilité[2868]. Dans une majorité de cas, le recours du notaire contre le client coauteur du dommage conduit à un partage de responsabilité aboutissant à une exonération partielle de responsabilité du notaire[2869]. L'acceptation délibérée des risques par le plaignant peut également entraîner une exonération totale de responsabilité[2870] ou un partage de responsabilité[2871]. En revanche, les compétences personnelles de la victime ne sont pas de nature à constituer une exonération de responsabilité du professionnel, qu'il s'agisse de l'avocat ou du notaire[2872]. Toute une ligne jurisprudentielle le confirme, tant pour le notaire que pour l'avocat[2873]. Quant au mensonge du plaignant, la jurisprudence

---

p. 43, obs. P. MENDAK ; Cass. 1e civ., 17 déc. 1996, n° 95-13.091, Bull. civ. I, n° 458, JurisData n° 1996-004957, *LPA* avr 1997, n° 26, p. 18, obs. P. M. ; *D.* janv. 1997, n° 4, p. 24 ; Cass. 1e civ., 16 janv. 2001, n° 98-15.048, Bull. civ. I, n° 4, JurisData n° 2001-007792, *Gaz. pal.* juin 2001, n° 160, p. 21, obs. F. GHILAIN ; *RLDA* avr. 2001, n° 37, jur. 2324, p. 27, obs. J. HABERER ; *RTD com.* juin 2001, n° 2, p. 498, obs. B. BOULOC.

2868 J.-L. BERGEL (dir.) *et alii*, *Le Lamy droit immobilier*, 2015, *op. cit.*, n° 4951.

2869 *Ibid.*, n° 4951.

2870 P. BRUN (dir.), P. PIERRE (dir.), N. LACOSTE-MASSON (dir.) *et alii*, *Le Lamy droit de la responsabilité*, *op. cit.*, n° 432-42 et 432-48 ; M. BEHAR-TOUCHAIS, Rapport français sur la responsabilité des professionnels du droit, *in La responsabilité, Aspects nouveaux*, Travaux de l'Association Henri Capitant, Journées panaméennes, t. L, 1999, n° 14, p. 513 ; CA Paris, 16 sept. 2002, *in* P. BRUN (dir.), P. PIERRE (dir.), N. LACOSTE-MASSON (dir.) *et alii*, *Le Lamy droit de la responsabilité*, *op. cit.*, n° 432-48 : responsabilité de l'avocat écartée en présence d'une mention dans l'acte de cession de fonds de commerce indiquant que ce fonds était en faillite ; Cass. 1e civ., 3 févr. 1998, n° 96-13.201, Bull. civ. I, n° 44, JurisData n° 1998-000428, *JCP N* juill. 1998, n° 28, p. 1072, obs. J.-F. PILLEBOUT ; *Defrénois* juin 1998, n° 11, p. 743, chron. J.-L. AUBERT ; *RTD civ.* juin 1998, n° 2, p. 381, obs. P. JOURDAIN ; *RTD civ.* mars 1999, n° 1, p. 83, obs. J. MESTRE : solution similaire retenue pour un notaire qui avait rédigé un acte de vente contenant la mention « interdiction d'aliéner ».

2871 Cass. 1e civ., 4 nov. 2011, n° 10-19.942, Bull. civ. I, n° 193, JurisData n° 2011-024369, *JCP N* févr. 2012, n° 5, étude 1063, p. 23, note M. POUMARÈDE ; *RD banc. fin.* janv.-févr. 2012, n° 1, comm. 15, p. 31, note D. LEGEAIS ; *Defrénois* févr. 2012, n° 3, p. 146, obs. Y. DAGORNE-LABBE ; *LEDC* janv. 2012, n° 1, p. 3, obs. G. GUERLIN ; *LEDIU* janv. 2012, n° 1, p. 3, obs. C. ASSIMOPOULOS ; *Gaz. pal.* nov. 2011, n° 328, p. 27, obs. C. BERLAUD ; *Dr. & patr. L'Hebdo* nov. 2011, n° 853, p. 2, obs. P. P. ; *Dalloz actualité* 23 nov. 2011, obs. G. RABU.

2872 Y. AVRIL, « La responsabilité civile de l'avocat », *Gaz. pal.* déc. 2002, n° 348, p. 2 ; P. BRUN (dir.), P. PIERRE (dir.), N. LACOSTE-MASSON (dir.) *et alii*, *Le Lamy droit de la responsabilité*, *op. cit.*, n° 432-40 et 438-15 ; Cass. 1e civ., 1er déc. 1998, n° 96-17.974, JurisData n° 1998-004668.

2873 Cass. 1e civ., 4 juin 1996, n° 94-12.170, JurisData n° 1996-002293, *Resp. civ. et assur.* 1996, comm. 325 ; Cass. 1e civ., 25 nov. 1997, n° 95-18.618, Bull. civ. I, n° 329, JurisData n° 1997-004656 ; Cass. 1e civ., 4 avr. 2001, n° 98-19.925, Bull. civ. I, n° 104, JurisData n° 2001-009013, *RLDA* juin 2001, n° 39, jur. 2364, p. 31, obs. M. DE LAPARRE ; Cass. 1e civ., 12 juill. 2005, n° 03-19.321, Bull. civ. I, n° 323, JurisData n° 2005-029595, *Resp. civ. et assur.* oct. 2005, n° 10, comm. 294, p. 26 ; *JCP N* sept. 2005, n° 39, act. 482 ; *Gaz. pal.* juin 2006, n° 173, p. 9, obs. B. MOREAU ; *AJDI* oct. 2005, n° 10, p. 758 ; Cass. 1e civ., 19 déc. 2006, n° 04-14.487, Bull. civ. I, n° 556, JurisData n° 2006-036607, *RD banc. fin.* mars 2007, n° 2, act. 64, p. 20, note D. LEGEAIS ; *LPA* mai 2007, n° 97, p. 19, note V. PERRUCHOT-TRIBOULET ; *RLDC* 2007, n° 35, act. 2396, p. 25, obs. C. KLEITZ ; *Dalloz actualité* 5 févr. 2007, obs. I. GALLMEISTER ; Cass. 1e civ., 14 mai 2009, n° 08-12.093, JurisData n° 2009-048178, *AJDI* sept. 2009, n° 9, p. 649 ; Cass. 1e civ., 5 avr. 2012, n° 11-15.056, JurisData n° 2012-007061, *Resp. civ. et assur.* juill. 2012, n° 7-8, comm. 211 ; *JCP N* avr. 2012, n° 16, act. 462 ; *Defrénois* juill. 2012, n° 13-14, p. 700, chron. J.-F. S. ; *AJDI* juin 2012, n° 6, p. 454 ; Cass. 1e civ., 13 déc. 2012, n° 11-19.098, Bull. civ. I, n° 258, JurisData n° 2012-029111, *JCP N* avr. 2013, n° 16, comm. 1101, p. 53, note M. NICOD ; *Defrénois* avr. 2013, n° 8, p. 413, obs. J. MASSIP ; *Defrénois* févr. 2013, n° 4, p. 204, obs. J.-F. SAGAUT ; *RLDC* févr. 2013, n° 101, act. 4975, p. 26, obs. G. LE NESTOUR DRELON ; *Dalloz actualité* 15 janv. 2013, obs. T. DE RAVEL D'ESCLAPON ; Cass. 1e civ., 16 oct. 2008,

l'a admis dans de rares cas pour exonérer le professionnel de sa responsabilité, notamment lorsque le notaire a fait face aux déclarations inexactes des parties[2874], mais force est de constater qu'elle l'admet de moins en moins[2875].

S'agissant du fait du tiers, il va pouvoir jouer dans deux cas de figure, lorsqu'il partage sa mission avec un autre rédacteur et lorsqu'il la partage avec d'autres intervenants. L'intervention d'un autre rédacteur[2876], d'une manière générale, n'est pas de nature à exonérer le professionnel de sa responsabilité[2877] et conduit la plupart du temps à un cumul des responsabilités et une condamnation *in solidum*[2878]. Dans ces circonstances, le juge admet souvent un partage de responsabilité des

---

n° 07-14.695, Bull. civ. I, n° 226, *RD banc. fin.* nov. 2008, n° 6, comm. 174, p. 45, note D. LEGEAIS ; *RLDC* déc. 2008, n° 55, act. 3206, p.10, obs. V. MAUGERI ; *Dalloz actualité* 28 oct. 2008, obs. S. DE LA TOUANNE ; *AJDI* déc. 2008, n° 12, p. 962 ; *D.* févr. 2009, n° 9, p. 602 ; Cass. 1e civ., 7 juill. 1998, n° 96-15.330, JurisData n° 1998-003310 ; Cass. 1e civ., 12 janv. 1999, n° 96-18.775, Bull. civ. I, n° 15, *Gaz. pal.* oct. 2000, n° 288, p. 10, obs. E. DE RUSQUEC ; *D.* oct. 1999, n° 34, p. 303, obs. S. PIEDELIÈVRE ; Cass. 1e civ., 19 mai 1999, n° 96-20.332, Bull. civ. I, n° 164, JurisData n° 1999-001936, *D.* avr. 2000, n° 15, somm. p. 153 ; Cass. 1e civ., 7 mai 2002, n° 99-12.907, JurisData n° 2002-014283 ; Cass. 1e civ., 27 mai 2003, n° 01-14.517, JurisData n° 2003-019320 ; Cass. 1e civ., 27 nov. 2008, n° 07-18.142, Bull. civ. I, n° 267, JurisData n° 2008-045973, *Dr. sociétés* mars 2009, n° 3, comm. 53, p. 32, obs. D. GALLOIS-COCHET ; *JCP G* janv. 2009, n° 1-2, pan. IV 1013, p. 49 ; *D.* mars 2009, n° 10, p. 706, obs. C. JAMIN ; *RTD civ.* mars 2009, n° 1, p. 134, obs. P.-Y. GAUTIER ; *Dalloz actualité* 11 déc. 2008, obs. V. AVENA-ROBARDET ; Cass. 1e civ., 28 juin 2012, n° 11-18.968, JurisData n° 2012-021603, *Resp. civ. et assur.* oct. 2012, n° 10, comm. 270, p. 21 ; Comp. avec une jurisprudence contraire par laquelle la Cour de cassation a considéré que le client possédant des compétences personnelles avait commis une faute ayant contribué à la production de son préjudice : Cass. 1e civ., 19 mai 1999, n° 96-22.892, Bull. civ. I, n° 166, JurisData n° 1999-001935, *Defrénois* déc. 1999, n° 23, p. 1339, chron. J.-L. AUBERT ; *D.* juin 1999, n° 23, p. 159.

[2874] Cass. 1e civ., 26 nov. 2014, n° 13-27.965, Bull. civ. I, n° 197, JurisData n° 2014-028858, *JCP N* juin 2015, n° 24, comm. 1185, p. 17, note Y. DAGORNE-LABBE ; *LEDIU* janv. 2015, n° 1, p. 6, obs. M.-L. BESSON ; *Dalloz actualité* déc. 2014, obs. N. KILGUS ; Cass. 1e civ., 23 févr. 2012, n° 09-13.113, Bull. civ. I, n° 39, JurisData n° 2012-002550, *Defrénois* juill. 2012, n° 13-14, p. 700, chron. M. L. ; *RLDC* avr. 2012, n° 92, act. 4624, p. 22, obs. G. LE NESTOUR DRELON ; *AJDI* juin 2012, n° 6, p. 460, obs. LE RUDULIER.

[2875] Cass. 1e civ., 11 janv. 2017, n° 15-22.776, Publié au bulletin, JurisData n° 2017-000204, *JCP N* juin 2017, n° 22, doss. 1191, p. 21, note P. PIERRE ; *Defrénois* mars 2018, n° 12, p. 32, obs. M. LATINA ; *Gaz. pal.* avr. 2017, n° 16, p. 27, obs. M. MEKKI ; *Defrénois* mars 2017, n° 6, p. 379, obs. Y. DAGORNE-LABBE ; *RDC* juin 2017, n° 2, p. 246, obs. S. PELLET ; *LPA* avril 2017, n° 75, p. 8, note R. LAULIER ; *LEDIU* mars 2017, n° 3, p. 6, obs. M.-L. BESSON ; *LEDC* mars 2017, n° 3, p. 4, obs. G. GUERLIN ; *Dalloz actualité* 26 janv. 2017, obs. N. KILGUS : le notaire est tenu de vérifier les déclarations faites par le vendeur, de sorte que la faute intentionnelle du ce dernier ne le dispense pas de son devoir d'information, si bien qu'il commet une faute en s'abstenant de renseigner l'acquéreur sur l'existence d'un arrêté de catastrophe naturelle ; Cass. 1e civ., 29 juin 2016, n° 15-17.591, Publié au bulletin, JurisData n° 2016-012776, *Resp. civ. et assur.* nov. 2016, n° 11, comm. 311, p. 20 ; *LPA* déc. 2016, n° 246, p. 11, obs. C. LEBEL ; *Gaz. pal.* oct. 2016, n° 34, p. 29, obs. N. BLANC ; *Dalloz actualité* 8 juill. 2016, obs. N. KILGUS ; *D.* juill. 2016, n° 26, p. 1498 : obligation de vérifier la véracité des déclarations des clients.

[2876] L'avocat peut se trouver en concurrence avec un autre rédacteur, avocat comme lui ou notaire. Inversement, le notaire peut se trouver en concurrence avec un autre rédacteur, notaire également ou avocat. Parfois, ce partage de mission est inéluctable, lorsque le rédacteur initial est un avocat et que le bail porte sur une activité de débit de boissons ou est supérieur à douze ans, nécessitant alors une authentification par un notaire. Parfois, il émane simplement d'un choix des partie.

[2877] J. DE POULPIQUET, *Notaire*, *op. cit.*, n° 330-331 ; M.-L. DEMEESTER, *Avocat (responsabilité)*, *op. cit.*, n° 83.

[2878] *Ibid.*, *loc. cit.*

rédacteurs[2879]. Ce n'est que marginalement qu'il retient une véritable exonération de responsabilité, notamment en cas de faute caractérisée consistant, par exemple, à retenir les documents nécessaires à la mise en œuvre des diligences de l'autre[2880], ou en cas d'équivoque sur la personne chargée d'accomplir une inscription ou un renouvellement d'hypothèque (avocat condamné pour n'avoir pas pris un renouvellement d'hypothèque, ce qui a fait obstacle au remboursement du prêteur lors de la saisie de l'immeuble hypothéqué[2881].

Aussi, il peut arriver qu'une personne complètement étrangère[2882] au contrat de bail commercial empêche le rédacteur d'accomplir correctement sa mission ou participe à la production du dommage[2883]. Il peut s'agir du personnel des services administratifs, intervenant lorsqu'il est nécessaire de demander une autorisation d'urbanisme par exemple et qui fournit de renseignements d'urbanisme erronés donnant lieu à responsabilité[2884]. Il peut s'agir du CRIDON qui rend une consultation erronée. Il est en principe établi que les consultations délivrées par le CRIDON n'exonèrent pas le notaire de son devoir de conseil[2885]. Toutefois, un auteur suggère une exonération de responsabilité du rédacteur d'actes lorsque

---

[2879] Cass. 1e civ., 4 mars 1997, n° 95-12.609, JurisData n° 1997-001118, *JCP N* 1997, comm. II, p. 1397 ; Cass. 1e civ., 22 juin 1999, n° 96-22.358, JurisData n° 1999-002653, *JCP G* oct. 1999, n° 41, doctr. 173, p. 18, étude R. MARTIN ; Cass. 1e civ., 12 déc. 1995, n° 93-18.753 et 93-19.460, Bull. civ. I, n° 459, JurisData n° 1995-003716, *Resp. civ. et assur.* 1996, comm. 98 ; Cass. 1e civ., 29 nov. 2005, n° 02-13.550, Bull. civ. I, n° 451, JurisData n° 2005-031020, *JCP N* janv. 2006, n° 1, act. 106, p. ; *LPA* déc. 2006, n° 258, p. 12, obs. M. MIGNOT ; *RLDC* févr. 2006, n° 24, act. 989, p. 20, obs. C. KLEITZ ; *AJDI* févr. 2006, n° 2, p. 149.

[2880] Cass. 1e civ., 26 nov. 1991, n° 90-14.875, JurisData n° 1991-003879.

[2881] *Ibid.* : le notaire a été condamné à garantir l'avocat, car il n'avait pas transmis à ce dernier les pièces concernant l'inscription et le renouvellement d'hypothèque, ce qui avait conduit l'avocat à croire que cette formalité ne lui incombait pas.

[2882] Eu égard aux obligations légales d'information du locataire et aux vérifications qu'il doit effectuer, il faut bien comprendre que le rédacteur va être contraint de faire appel à d'autres personnes : un professionnel pour établir les documents techniques nécessaires à satisfaire cette obligation d'information, l'administration pour des renseignements ou autorisations d'urbanisme par exemple, ou encore un architecte pour auditer un bâtiment. Au regard de l'obligation de délivrance, leurs missions vont être complémentaires puisque le rédacteur va être amené à s'appuyer sur les documents techniques qui touchent à la délivrance de la chose louée, si bien que si ces documents venaient à se révéler erronés et à provoquer un défaut de délivrance, il chercherait à se retourner contre l'auteur desdits documents. Ainsi, quelle que soit l'étendue de sa mission, le rédacteur va pouvoir traiter avec d'autres personnes, telles que le diagnostiqueur ou d'autres professionnels du bâtiment.

[2883] P. BRUN (dir.), P. PIERRE (dir.), N. LACOSTE-MASSON (dir.) *et alii*, *Le Lamy droit de la responsabilité*, *op. cit.*, n° 438-97.

[2884] R. NOGUELLOU, *Urbanisme : responsabilité*, Rép. resp. puiss. publ. Dalloz, avr. 2014, n° 95 et s. ; CE 28 avr. 1971, Berger-Sabatel, Lebon 313 : certificats d'urbanisme erronés ; CE 23 oct. 1974, *Min. Aménagement du territoire c/ Cts Cadiou et Cts Jagou*, Lebon 509 : omission de servitudes ; CE 13 juin 1980, *Poisson*, Lebon 876 : absence de mention de l'appartenance à un site classé ; CE 24 juin 1988, *Épx Bobin c/ Min. Urbanisme*, Lebon 259 : coefficient d'occupation des sols inférieur à celui réellement applicable ; CE 3 oct. 1990, req. n° 96666, *Min. Équipement et logement c/ M. et Mme Valleret* : absence de mention de l'insuffisance de desserte en équipements publics.

[2885] CA Aix-en-Provence, 1e ch., sect. D, 19 mai 2005, n° 01/04853, JurisData n° 2005-282499, *Constr.-urb.* janv. 2006, n° 1, comm. 23, p. 29, note P. CORNILLE ; Cass. 3e civ., 11 sept. 2013, n° 12-20.894, JurisData n° 2013-019206, *Defrénois flash* oct. 2013, n° 40 ; *JCP N* oct. 2013, n° 43, act. 1047, p. 13 ; *AJDI* déc. 2013, n° 12, p. 862 ; Cass. 1e civ., 26 oct. 2004, n° 03-16.358, JurisData n° 2004-025402, *Resp. civ. et assur.* déc. 2004, n° 12, comm. 375, p. 21, note H. GROUTEL.

celui-ci a mandaté le CRIDON pour établir une consultation juridique pour le compte de ses clients, sur le fondement de l'article 1994 alinéa 2 du Code civil et du jeu du mécanisme de la représentation[2886]. Il peut encore s'agir d'un diagnostiqueur. Alors que la doctrine limite la créance de la responsabilité du diagnostiqueur aux contractants, propriétaires bailleurs et locataires, on peut s'interroger quant à son extension aux rédacteurs du contrat de bail commercial dans le cas où la responsabilité du rédacteur est mise en cause et où il cherche à son tour à se retourner contre l'auteur du diagnostic erroné à l'origine d'une contractualisation inefficace de l'obligation de délivrance ou lorsqu'il a mandaté le diagnostiqueur pour le compte de son client. Cette réflexion appelle une interrogation à propos de l'implication du rédacteur lorsque la prestation du diagnostiqueur a été restreinte et qu'il en résulte un préjudice. Ne pourrait-on pas penser que le rédacteur ait une part de responsabilité s'il a mandaté le diagnostiqueur à la place de son client bailleur et accepté une limitation de la prestation ? Si le bailleur ne parvient pas à obtenir réparation de la part du diagnostiqueur en raison du caractère limité du diagnostic, il va probablement chercher à l'obtenir du côté du rédacteur. Il en est de même du locataire qui peut agir directement contre le rédacteur. La restriction de la mission étant opposable au rédacteur qui a mandaté le diagnostiqueur, celui-ci ne pourra pas se retourner contre lui et devra pourtant répondre au bailleur et au locataire. Le rédacteur pourra enfin se retrouver en concours avec un agent immobilier ou avec tout autre professionnel pouvant endosser la qualité de mandataires en transactions immobilières (notaire, avocat, expert-comptable, expert en évaluation immobilière, géomètre-expert) et partager sa responsabilité avec celui-ci[2887].

En ce qui concerne la limitation conventionnelle de la responsabilité, le droit positif reconnaît la validité des clauses qui aménagent le contenu de la responsabilité[2888]. Néanmoins, ce principe n'est pas sans limites puisqu'il est très contrôlé, tant par le législateur que par la jurisprudence[2889], et son efficacité se révèle en réalité très limitée[2890]. D'abord, pour profiter de ces clauses, la responsabilité du rédacteur doit reposer sur un fondement contractuel[2891], qui est rarement retenu

---

[2886] J. BOURDOISEAU, « L'office notarial et le risque de responsabilité civile », art. cit.

[2887] Cass. 3e civ., 14 déc. 2017, n° 16-24.170, Publié au bulletin, *LEDIU* févr. 2018, n° 2, p. 3, obs. M.-L. BESSON : Engagent leur responsabilité pour manquement à l'obligation d'information à l'égard de l'acquéreur, l'agent immobilier et le notaire qui se contentent de mentionner l'existence d'un précédent sinistre à l'acquéreur, sans communiquer le jugement y afférant et sans autres explications.

[2888] P. DELEBECQUE et D. MAZEAUD, « Les clauses de responsabilité : clauses de non-responsabilité, clauses limitatives de réparation, clauses pénales », *in* M. FONTAINE et G. VINEY, (dir.), *Les sanctions de l'inexécution des obligations contractuelles*, *Études de droit comparé*, Bruylant, L.G.D.J., 2001, p. 361, spéc. p. 382.

[2889] Y.-M. LAITHIER, « L'avenir des clauses limitatives et exonératoires de responsabilité contractuelle - Rapport français », *RDC* juill. 2010, n° 3, p. 1091.

[2890] J.-J. ALEXANDRE, La prestation de conseil juridique en droit français, t. II, *op. cit.*, pp. 474 et s.

[2891] V. sur les fondements de la responsabilité : A. BÉNABENT, *Droit civil, Les obligations*, 12e éd., *op. cit.*, p. 323 ; J. FLOUR, J.-L. AUBERT et E. SAVAUX, *Droit civil. Les obligations. 3. Le rapport d'obligation*, 7e éd., *op. cit.*, p. 168, n° 191 ; P. JOURDAIN, « La responsabilité professionnelle et les ordres de responsabilité civile », *LPA* juill. 2001, n° 137, p. 63.

pour l'avocat lorsqu'il est rédacteur d'actes[2892] et totalement exclu pour le notaire rédacteur d'actes[2893]. Qui plus est, ces clauses seront d'autant plus difficiles à invoquer efficacement qu'elles se trouvent confrontées à la législation relative aux clauses abusives, qui a largement dépassé le cadre du droit de la consommation[2894], si bien qu'on la retrouve en droit commun des contrats[2895], ainsi qu'à la faute qualifiée du rédacteur. En effet, les articles L. 221-1 et L. 211-2 du Code de la consommation déclarent abusives *« les clauses qui ont pour objet ou pour effet de créer, au détriment du consommateur, un déséquilibre significatif entre les droits et obligations des parties »* lorsque le contrat est conclu entre un professionnel[2896] et un consommateur[2897] ou

[2892] P.-Y. GAUTIER, « L'obligation de conseil du rédacteur d'acte : un devoir quasi-légal envers toutes les parties », *RTD civ.* 2009, p.134 ; R. MARTIN, *Déontologie de l'avocat*, 11e éd., LexisNexis, coll. Droit & Professionnels, sous coll. Responsabilités et assurances, 2013, p. 234, n° 469 ; V. sur la généralisation de la responsabilité délictuelle de l'avocat même à l'égard de son client qui l'a mandaté : Cass. 1e civ., 13 févr. 1974, n° 72-14.322, Bull. civ. I, n° 53, *Gaz. pal.* 1974, p. 123 ; CA Paris, 16e ch., sect. A, 8 sept. 1999, n° 1996/88829, JurisData n° 1999-024794, *AJDI* nov. 1999, n° 11, p. 1043 ; CA Paris, 16e ch., sect. A, 20 sept. 2006, n° 05/13517, JurisData n° 2006-336422, *AJDI* déc. 2006, n° 12, p. 907 ; Cass. 1e civ., 27 nov. 2008, n° 07-18.142, Bull. civ. I, n° 267, JurisData n° 2008-045973, *Dr. sociétés* mars 2009, n° 3, comm. 53, p. 32, obs. D. GALLOIS-COCHET ; *JCP G* janv. 2009, n° 1-2, pan. IV 1013, p. 49 ; *D.* mars 2009, n° 10, p. 706, obs. C. JAMIN ; *RTD civ.* mars 2009, n° 1, p. 134, obs. P.-Y. GAUTIER ; *Dalloz actualité* 11 déc. 2008, obs. V. AVENA-ROBARDET ; Cass. 1e civ., 5 mai 2004, n° 01-11.196 ; Comp. avec des décisions qui admettent le fondement contractuel de la responsabilité de l'avocat : Cass. 2e civ., 2 oct. 2007, n° 06-16.936, JurisData n° 2007-040651, *Resp. civ. et assur.* déc. 2007, n° 12, comm. 357 ; Cass. 1e civ., 24 juin 1997, n° 95-18.540, *JCP E* oct. 1997, n° 41, 999.

[2893] J.-L. AUBERT et R. CRÔNE, *La responsabilité civile des notaires*, *op. cit.*, pp. 26-29 ; J.-L. BERGEL (dir.) *et alii*, *Le Lamy droit immobilier*, 2015, *op. cit.*, n° 4884 ; P. BRUN (dir.), P. PIERRE (dir.), N. LACOSTE-MASSON (dir.) *et alii*, *Le Lamy droit de la responsabilité*, *op. cit.*, n° 438-18 ; F. VIGNAL et N. DUTOUR, « La rédaction du contrat », art. cit. ; Cass. 1e civ., 22 nov. 2007, n° 05-11.350, JurisData n° 2007-041506, *Resp. civ. et assur.* févr. 2008, n° 2, comm. 69, p. 23 ; Cass. 1e civ., 23 janv. 2008, n° 06-17.489, Bull. civ. I, n° 27, JurisData n° 2008-042366, *Resp. civ. et assur.* mars 2008, n° 3, comm. 108, p. 32 ; *JCP G* févr. 2008, n° 8, pan. IV 1353, p. 51 ; *Gaz. pal.* mars 2008, n° 64, p. 20 ; *D.* févr. 2008, n° 8, p. 483 ; *Dalloz actualité* 31 janv. 2008, obs. S. DE LA TOUANNE ; Cass. 2e civ., 29 mars 2006, n° 05-10.533, JurisData n° 2006-032987 ; Cass. 1e civ., 19 sept. 2007, n° 04-16.086, JurisData n° 2007-040464, *RLDC* janv. 2008, n° 45, act. 2810, p. 16, note R. BIGOT ; Cass. 1e civ., 12 avr. 2005, n° 03-14.842, Bull. civ. I, n° 178, JurisData n° 2005-028003, *Resp. civ. et assur.* juin 2005, n° 6, comm. 191 ; *RLDA* juill. 2005, n° 84, jur. 5257, p. 29, obs. D. CHEMIN ; *AJDI* juill. 2005, n° 7-8, p. 592 ; *D.* mai 2005, n° 18, p. 1180 ; Cass. civ., 11 janv. 1943, *D.* 1943, jur. p. 95 ; Cass. 1e civ., 19 nov. 1985, n° 84-11.322, Bull. civ. I, n° 308, JurisData n° 1985-703091, *JCP G* 1986, jur. IV, p. 49.

[2894] V. sur la nullité des clauses limitative ou exclusive de responsabilité lorsque le client est consommateur : J.-J. ALEXANDRE, *La prestation de conseil juridique en droit français*, t. I, *op. cit.*, pp. 478 et s ; V. LASBORDES DE VIRVILLE, « Le point sur les clauses limitatives et exclusives de réparation en droit des contrats », *RLDC* mai 2011, n° 82, act. 4224, p. 7.

[2895] I. GROSSI, « L'aménagement conventionnel de la prescription de l'action en responsabilité de l'avocat », Journées d'Eguilles organisée par la Société de Courtage des Barreaux le 7 octobre 2016 ; M. BEHAR-TOUCHAIS, « Le déséquilibre significatif dans le Code civil », *JCP G* avr. 2016, n° 14, 391, p. 662.

[2896] Alors que l'article liminaire du Code de la consommation définit le professionnel comme *« toute personne physique ou morale, publique ou privée, qui agit à des fins entrant dans le cadre de son activité commerciale, industrielle, artisanale, libérale ou agricole, y compris lorsqu'elle agit au nom ou pour le compte d'un autre professionnel »*, il ne fait nul doute que le rédacteur de baux commerciaux, avocat ou notaire, est un professionnel.

[2897] S'agissant de la qualité du client, le même article liminaire définit le consommateur comme *« toute personne physique qui agit à des fins qui n'entrent pas dans le cadre de son activité commerciale, industrielle, artisanale, libérale ou agricole » et le non-professionnel comme « toute personne morale qui n'agit pas à des fins professionnelles »*. Dans le cadre des baux commerciaux, il n'est pas rare que les parties soient des professionnels. De façon

un non-professionnel[2898]. De plus, les articles R. 212-1, 6° et R. 212-5 du même code réputent non écrites les clauses qui ont pour objet ou pour effet de *« supprimer ou réduire le droit à réparation du préjudice subi par le consommateur en cas de manquement par le professionnel à l'une quelconque de ses obligations »*. Ce faisant, les clauses de responsabilité ont les traits de caractère de la clause abusive[2899]. Aussi, l'article 1170 nouveau du Code civil, qui consacre la notion d'obligation essentielle[2900], pourrait encore faire échec à ces clauses dans le cas où elles videraient de leur substance les obligations essentielles des rédacteurs d'actes[2901], telles que celles d'assurer la validité et l'efficacité de l'acte ainsi que le devoir de conseil[2902]. En outre, avec l'entrée en vigueur du nouvel article 1171 du Code civil qui répute non écrite toute clause qui crée un déséquilibre significatif dans un contrat d'adhésion[2903], le client professionnel semble pouvoir opposer le caractère abusif des clauses de responsabilité, en admettant bien sûr que le contrat conclu entre un avocat ou un notaire et son client soit un contrat d'adhésion. Enfin, la faute intentionnelle ou dolosive[2904], déjà présente sous l'ancien article 1150 du Code civil et reprise par le nouvel article 1231-3, neutralise les clauses limitatives de responsabilité en exigeant la réparation intégrale[2905]. La faute lourde n'est en principe pas intentionnelle, elle est plutôt le fruit de l'imprudence ou de la négligence du débiteur qui s'est obligé

évidente, le locataire commerçant, artisan ou libéral qui confie la rédaction de son bail commercial à un rédacteur professionnel pourra être qualifié de professionnel parce qu'il agit à des fins qui servent son activité. Le bailleur qui confie la rédaction de son bail commercial à un rédacteur professionnel pourra aussi être qualifié de professionnel lorsqu'il s'agit par exemple d'une personne morale ayant pour objet social l'acquisition, la gestion et l'exploitation d'immeubles.

[2898] Y.-M. LAITHIER, « L'avenir des clauses limitatives et exonératoires de responsabilité contractuelle - Rapport français », art. cit.

[2899] *Ibid.. ;* Y.-M. LAITHIER, « Clauses abusives - Les clauses de responsabilité (clauses limitatives de réparation et clauses pénales)* », *RDC* oct. 2009, n° 4, p. 1650.

[2900] V. *supra* n° 285.

[2901] Y.-M. LAITHIER, « L'avenir des clauses limitatives et exonératoires de responsabilité contractuelle - Rapport français », art. cit. ; Y.-M. LAITHIER, « Clauses abusives - Les clauses de responsabilité (clauses limitatives de réparation et clauses pénales)* », art. cit. ; O. DESHAYES, « Clauses limitatives de responsabilité contractuelle et répartition des risques d'inexécution », *RDC* juill. 2008, n° 3, p. 1008.

[2902] I. GROSSI, « L'aménagement conventionnel de la prescription de l'action en responsabilité de l'avocat », art. cit.

[2903] Sur cette question, la doctrine considère que le contrat passé entre un professionnel libéral non soumis aux dispositions de l'article L. 442-6, I, 2° du Code de commerce et ses partenaires est un contrat d'adhésion : M. BEHAR-TOUCHAIS, « Le déséquilibre significatif dans le Code civil », *JCP G* avr. 2016, n° 14, 391, p. 662. Le contrat conclu entre l'avocat ou le notaire et son client serait donc un contrat d'adhésion , de sorte que la clause de responsabilité utilisée par le rédacteur en présence d'un client professionnel pourrait tomber sous le coup de la foudre du réputé non écrit : I. GROSSI, « L'aménagement conventionnel de la prescription de l'action en responsabilité de l'avocat », art. cit.

[2904] P. LE TOURNEAU (dir.) *et alii*, *Droit de la responsabilité et des contrats 2021/2022*, *op. cit.*, pp. 1268-1269, n° 3121.122 : la faute dolosive est celle par laquelle le débiteur essaye de se soustraire à ses obligations, ou prend le risque des conséquences dommageables que son action ou son inaction peut causer à son cocontractant.

[2905] G. CHANTEPIE et M. LATINA, *La réforme du droit des obligations - Commentaire théorique et pratique dans l'ordre du Code civil*, *op. cit.*, pp. 594 et 595 ; N. DISSAUX et C. JAMIN, *Réforme du droit des contrats, du régime général et de la preuve des obligations (Ordonnance n° 2016-131 du 10 février 2016), Commentaire des articles 1100 à 1386-1 du Code civil*, *op. cit.*, p. 141 ; T. DOUVILLE (dir.) *et alii*, *La réforme du Droit des contrats - Commentaire article par article - Ordonnance du 10 février 2016 portant réforme du droit des contrats, du régime général et de la preuve des obligations*, *op. cit.*, p. 241.

au-delà de ses capacités intellectuelles, physiques ou financières[2906]. Les auteurs considèrent qu'elle consiste *« à ne pas apporter aux affaires d'autrui les soins que les personnes les moins soigneuses et les plus stupides ne manquent pas d'apporter à leurs affaires »*[2907]. Consacrée par le nouvel article 1231-3 du Code civil, elle est assimilée à la faute dolosive et suit le même régime[2908]. Elle doit revêtir une certaine gravité[2909]. Comme la faute dolosive, la faute lourde neutralise les clauses de responsabilité[2910].

Quant à l'aménagement de la prescription de l'action en responsabilité, il s'agit d'un principe certes reconnu par le législateur[2911] mais limité par la législation relative aux clauses abusives[2912], selon que le client est professionnel ou non[2913]. Ce faisant, le rédacteur ne pourra aménager la durée de prescription de l'action en responsabilité qu'à la triple condition que son client soit professionnel, que la clause

---

[2906] P. LE TOURNEAU (dir.) *et alii*, *Droit de la responsabilité et des contrats 2021/2022*, *op. cit.*, pp. 1284 et s., n° 3121.241 et s.

[2907] *Ibid.*, n° 3543.

[2908] G. CHANTEPIE et M. LATINA, *La réforme du droit des obligations - Commentaire théorique et pratique dans l'ordre du Code civil*, *op. cit.*, pp. 594 et 595 ; N. DISSAUX et C. JAMIN, *Réforme du droit des contrats, du régime général et de la preuve des obligations (Ordonnance n° 2016-131 du 10 février 2016), Commentaire des articles 1100 à 1386-1 du Code civil*, *op. cit.*, p. 141 ; P. LE TOURNEAU (dir.) *et alii*, *Droit de la responsabilité et des contrats 2021/2022*, *op. cit.*, p. 1512, n° 3224.42 ; Y.-M. LAITHIER, « L'avenir des clauses limitatives et exonératoires de responsabilité contractuelle - Rapport français », art. cit. ; T. DOUVILLE (dir.) *et alii*, *La réforme du Droit des contrats - Commentaire article par article - Ordonnance du 10 février 2016 portant réforme du droit des contrats, du régime général et de la preuve des obligations*, *op. cit.*, p. 241.

[2909] P. LE TOURNEAU (dir.) *et alii*, *Droit de la responsabilité et des contrats 2021/2022*, *op. cit.*, *loc. cit.* ; Y.-M. LAITHIER, « L'avenir des clauses limitatives et exonératoires de responsabilité contractuelle - Rapport français », art. cit.

[2910] Y.-M. LAITHIER, « L'avenir des clauses limitatives et exonératoires de responsabilité contractuelle - Rapport français », art. cit.

[2911] L'article 2254 du Code civil consacre la possibilité d'abréger ou d'allonger la durée de la prescription par accord des parties, sans que celle-ci ne puisse être inférieure à une année et supérieure à dix ans. D'après la doctrine, malgré le silence de l'article 2254 du Code civil quant à la possibilité d'un aménagement du point de départ du délai de prescription de l'action en responsabilité, celui-ci ne semble pas interdit pour l'avocat, ni pour le notaire. V. sur cette possibilité : I. GROSSI, « L'aménagement conventionnel de la prescription de l'action en responsabilité de l'avocat », art. cit. ; CA Paris, 5e pôle, 8e ch., 13 oct. 2015, n° 14/22142, *BRDA* 1/16, n° 8, p. 8 ; Cass. civ., 16 janv. 1865, S. 1865, 1, p. 80 ; DP 1865, 1, p. 12 ; Cass. civ., 4 déc. 1895, DP 1896, 1, p. 241, note SARRUT ; Cass. civ., 31 janv. 1950, *JCP G* 1950, II, 5541, note WEILL ; *D.* 1950, jur. p. 261, note LEREBOURS-PIGEONNIERE.

[2912] À la différence des clauses qui aménagent le contenu de la responsabilité, les clauses qui aménagent la prescription de l'action en responsabilité ne sont pas neutralisées par la faute ou le dol du professionnel, puisque la chambre commerciale de la Cour de cassation a admis que la clause abrégeant le délai de prescription recevait application même en cas de faute lourde. V ; en ce sens : Cass. com., 12 juill. 2004, n° 03-10.547 à 03-10.891, Bull. civ. IV, n° 162, JurisData n° 2004-024687, *D.* sept. 2004, n° 30, p. 2231, obs. E. CHEVRIER ; *D.* sept. 2004, n° 31, p. 2296, obs. P. DELEBECQUE ; *CCC* déc. 2004, n° 12, comm. 169, p. 20, obs. L. LEVENEUR.

[2913] Le Code de la consommation prévoit, dans son article L. 218-1, une dérogation à l'article 2254 du Code civil consistant à prohiber la modification de la durée de la prescription dans le cadre d'un contrat passé entre un professionnel et un consommateur et cela même lorsque la modification résulte d'un commun accord des parties. De plus, comme en matière de clauses d'aménagement du contenu de la responsabilité, la qualité d'obligation essentielle instaurée par l'article 1170 du Code civil et reconnue aux obligations professionnelles du rédacteur d'actes va venir faire échec aux clauses d'aménagement de la prescription. En outre, si la convention d'honoraires venait à être qualifiée de contrat d'adhésion, elle serait soumise à la règle du déséquilibre contractuel de l'article 1171 du Code civil faisant encore échec aux clauses abusives. V. pour ces idées : I. GROSSI, « L'aménagement conventionnel de la prescription de l'action en responsabilité de l'avocat », art. cit.

n'aménage pas la prescription de façon abusive en portant atteinte à la substance d'une obligation essentielle ou en créant un déséquilibre significatif et qu'elle ne soit pas entachée d'un mauvais formalisme[2914].

Quoi qu'il en soit, le rédacteur, avocat ou notaire, pourra toujours atténuer sa responsabilité en faisant jouer l'assurance de responsabilité civile professionnelle[2915], catégorie particulière d'assurance de dommages, qui a pour but de couvrir le risque de mise en jeu de la responsabilité civile du professionnel et de garantir les conséquences pécuniaires de cette responsabilité[2916], soit de prendre en charge les frais qui en découlent en vue d'une réparation efficace[2917] et qui est obligatoire[2918]. Cette prise en charge ne sera efficace qu'à la condition d'avoir adapté la police d'assurance au risque réellement encouru, ce qui peut impliquer la souscription de garanties complémentaires[2919].

Plus encore, c'est le fait du tiers diagnostiqueur qu'il est possible de faire jouer de façon intéressante au regard des garanties qu'il apporte.

γ - Le fait du tiers diagnostiqueur

635. Intervention du diagnostiqueur : un moyen d'exonérer le bailleur d'un manquement à son obligation de délivrance dans certaines circonstances et une véritable garantie d'absence de risques. Le présent mécanisme suppose de faire supporter, lorsque le manquement à l'obligation de délivrance ou la mauvaise délivrance sont liés à un diagnostic technique, la

---

2914 I. GROSSI, « L'aménagement conventionnel de la prescription de l'action en responsabilité de l'avocat », art. cit. : La doctrine rapporte que ces clauses doivent être claires, précises et explicitement acceptées par la partie à laquelle elles sont opposées . Cela signifie que les clauses devront être rédigées dans un langage compréhensible, précis et dont le sens est dépourvu d'ambiguïté. Elles doivent également être présentées sous un format facilement lisible notamment par sa couleur, ses caractères et la taille de sa police. V. sur l'admission de l'acceptation tacite de ces clauses : Cass. com., 24 mai 2005, n° 03-21.021, JurisData n° 2005-028611 ; Comp. avec le refus d''application d'une clause insérée dans un paragraphe de la lettre de mission non daté, non signé et non recopié par la main du client de l'avocat : CA Paris, 5e pôle, 8e ch., 13 oct. 2015, n° 14/22142, *BRDA* 1/16, n° 8, p. 8.

2915 R. BIGOT et P. ROGER, « L'assurance des professionnels du procès », art. cit. ; C. COUTANT-LAPALUS, « L'amélioration de la clarté du contrat : l'influence de la responsabilité civile du rédacteur d'actes », art. cit. ; J. BIGOT (dir.), J. KULLMANN et L. MAYAUX, *Traité de droit des assurances. Les assurances de dommages*, préf. G. DURRY, t. 5, L.G.D.J., 2017, pp. 519-520, n° 1358 ; T. SANSEAU et P. PIERRE, *Responsabilité notariale. - Assurance*, J.-Cl. Notarial formulaire, Fasc. n° 8, juill. 2014, n° 1-3.

2916 M.-L. DEMEESTER, Avocat (responsabilité), *op. cit.*, n° 163 ; G. ROUZET, *Précis de déontologie notariale*, *op. cit.*, p. 84, n° 91.

2917 M. BRUSCHI, « L'assurance et la responsabilité civile professionnelle », *LPA* juill. 2001, n° 137, p. 70.

2918 Pour l'avocat : *L.* n° 71-1130, préc., art. 27 ; Pour le notaire : *D.* n° 55-604, 20 mai 1955, Décret relatif aux offices publics et ministériels et certains auxiliaires de justice, art. 13.

2919 *Pourquoi augmenter vos garanties R.C. Pro ?*, http://www.scb-assurances.com/fr/comment-mieux-garantir-rc/pourquoi-augmenter-vos-garanties-r-c-pro-; *Responsabilité Civile Professionnelle Complémentaire*, https://www. aon assurances.com/Professionnels /Assurance/Avocat/Avocat_RC_ Complementaire ; *Notice d'information RCP complémentaires*, http://www.scb-assurances.com/upload/Notice_RCP_ Complémentaire_ 2016.pdf ; *Modalités de souscription des garanties RCP complémentaires*, https://www.scb-assurances.com/upload/ Modalites_de_souscription_ RCP _Complementaire_2018.pdf.

responsabilité à l'auteur du diagnostic. Cela est possible lorsque le diagnostiqueur a commis une faute à l'origine du manquement à l'obligation de délivrance ou de la mauvaise délivrance[2920]. Cette faute est vite établie dans la mesure où le diagnostiqueur doit une véritable garantie « d'absence de risques » à son client, à condition que celui-ci soit de bonne foi. Pour le bailleur, le premier intérêt à établir l'intervention d'un diagnostiqueur, au-delà du fait qu'il s'agisse d'une obligation légale, est donc de bénéficier de la garantie d'un professionnel, lorsque le preneur recherche sa responsabilité pour manquement à l'obligation de délivrance, en se retournant contre le diagnostiqueur fautif. La garantie due par le diagnostiqueur peut ainsi exonérer le bailleur d'un manquement à l'obligation de délivrance. Elle participe alors à la sécurisation des intérêts des contractants et à la maîtrise de la délivrance. Comme le soulève la doctrine, une importante ligne jurisprudentielle a fait apparaître la lourde responsabilité des diagnostiqueurs en matière de ventes immobilières[2921]. Pour s'en convaincre, il n'y a qu'à consulter les décisions de la Cour de cassation[2922] qui mettent à la charge de ces professionnels bien plus qu'une information, une véritable *« garantie d'absence de risque »*[2923]. Pour se convaincre encore de l'importance de la responsabilité des diagnostiqueurs, on peut évoquer les condamnations prononcées à leur encontre : la Cour de cassation a condamné un diagnostiqueur ayant réalisé un mauvais diagnostic de détection de termites à payer intégralement la démolition et la reconstruction d'une maison[2924]. Alors que

---

[2920] V. en ce sens : B. WERTENSCHLAG et T. GEIB, « La responsabilité du diagnostiqueur immobilier », *AJDI* juin 2009, n° 6, p. 417.

[2921] C. SAINT-GENIEST, « La responsabilité des diagnostiqueurs », *AJDI* juin 2009, n° 6, p. 417.

[2922] Cass. ch. mixte, 8 juill. 2015, n° 13-26.686, Publié au bulletin, JurisData n° 2015-016734, *Resp. civ. et assur.* nov. 2015, n° 11, comm. 293, p. 22, note S. HOCQUET-BERG ; *JCP E* oct. 2015, n° 42, note 1088, p. 1851, Y.-M. SERINET ; *CCC* nov. 2015, n° 11, comm. 253, p. 28, note L. LEVENEUR ; *Constr.-urb.* oct. 2015, n° 10, comm. 145, p. 29, note C. SIZAIRE ; *RTD civ.* mars 2016, n° 1, p. 130, obs. P. JOURDAIN ; *D.* oct. 2015, n° 37, p. 2155, note V. MAZEAUD ; *AJDI* déc. 2015, n° 12, p. 868, obs. F. COHET ; *RTD civ.* déc. 2015, n° 4, p. 895, obs. P.-Y. GAUTIER ; *Dalloz actualité* 4 sept. 2015, obs. C. DREVEAU ; *Gaz. pal.* oct. 2015, n° 295, p. 19, obs. M. MEKKI ; *RDC* déc. 2015. n° 4, p. 848, obs. O. DESHAYES ; *Gaz. pal.* sept. 2015, n° 267, p. 8, note M. MIGNOT ; *LEDC* oct. 2015, n° 9, p. 7, obs. S. PELLET ; *LEDA* sept. 2015, n° 8, p. 3, obs. F. PATRIS ; *LEDIU* sept. 2015, n° 8, p. 1, obs. E. UGO ; *RLDC* déc. 2015, n° 132, act. 6030, p. 17, note C. CORGAS-BERNARD ; Cass. 3e civ., 8 déc. 2016, n° 15-20.497, Publié au bulletin, JurisData n° 2016-026285, *Resp. civ. et assur.* mars 2017, n° 3, comm. 83, p. 34 ; *Gaz. pal.* févr. 2017, n° 9, p. 74, obs. M. PARMENTIER ; *Gaz. pal.* janv. 2017, n° 2, p. 39, obs. C. BERLAUD ; *LEDC* févr. 2017, n° 2, p. 7, obs. S. PELLET ; *LEDIU* févr. 2017, n° 2, p. 7, obs. M.-L. BESSON ; *RLDC* janv. 2017, n° 973, jur. 2500, p. 24, an. F. CORNETTE ; *RLDC* févr. 2017, n° 145, act. 6273, p. 4 ; *AJDI* mai 2017, n° 5, p. 375 ; *D.* déc. 2016, n° 44, p. 2567 ; *Dalloz actualité* 4 janv. 2017, comm. M. GHIGLINO ; *AJDI* mai 2017, n° 5, p. 375, obs. F. COHET ; Cass. 3e civ., 19 mai 2016, n° 15-12.408, Publié au bulletin, JurisData n° 2016-009317, *Dalloz actualité* 3 juin 2016, comm. S. PRIGENT ; *Constr.-urb.* sept. 2016, n° 9, comm. 127, p. 37, note C. SIZAIRE ; *CCC* août 2016, n° 8-9, comm. 183, p. 17, note L. LEVENEUR ; *Gaz. pal.* juin 2016, n° 22, p. 39, obs. C. BERLAUD ; *LEDC* juill. 2016, n° 7, p. 6, obs. O. SABARD ; *Rev. loyers* juin 2016, n° 968, jur. 2373, p. 286, an. F. CORNETTE ; *Dalloz actualité* 3 juin 2016, obs. S. PRIGENT.

[2923] P. JOURDAIN, « Quel préjudice cause la faute du diagnostiqueur d'immeuble qui ne décèle pas une infestation de termites ? », *RTD civ.* mars 2016, n° 1, p. 130.

[2924] Cass. 3e civ., 8 déc. 2016, n° 15-20.497, Publié au bulletin, JurisData n° 2016-026285, *Resp. civ. et assur.* mars 2017, n° 3, comm. 83, p. 34 ; *Gaz. pal.* févr. 2017, n° 9, p. 74, obs. M. PARMENTIER ; *Gaz. pal.* janv. 2017, n° 2, p. 39, obs. C. BERLAUD ; *LEDC* févr. 2017, n° 2, p. 7, obs. S. PELLET ; *LEDIU* févr. 2017, n° 2, p. 7, obs. M.-L. BESSON ; *RLDC* janv. 2017, n° 973,

le diagnostiqueur n'est pas responsable de la présence même des termites, mais est responsable seulement du fait de ne pas avoir détecté la présence de ces insectes xylophages, il est contraint de supporter la réparation du préjudice résultant de leur éradication. En matière de bail, la lourdeur de cette responsabilité semble transposable. En ce sens, un arrêt de la Cour de cassation illustre bien le mécanisme[2925]. En l'occurrence, un locataire a découvert de l'amiante en réalisant des travaux dans les locaux loués alors que le diagnostic annexé au bail commercial était négatif. Si elle retient un manquement à l'obligation de délivrance à cause d'une clause inefficace, elle donne gain de cause au bailleur qui a appelé en garantie le contrôleur technique. En effet, elle déclare que celui-ci *« chargé d'établir le diagnostic réglementaire est tenu d'une obligation de conseil et doit s'enquérir, par lui-même, des caractéristiques complètes de l'immeuble concernant la présence éventuelle d'amiante »*.

En instaurant une responsabilité du diagnostiqueur particulièrement sévère, l'activité économique s'en trouve d'autant plus protégée. Si la sévérité de cette responsabilité peut se justifier comme étant la contrepartie d'une certaine facilité d'accès à la profession, elle peut aussi trouver une certaine cohérence au regard de la préservation de l'utilité du bien et par là même d'une logique de pérennisation de l'activité économique.

636. Limites à l'intervention du diagnostiqueur. Toutefois, l'intervention du diagnostiqueur est-elle un moyen d'exonération de responsabilité tout aussi efficace pour le client professionnel ? Les auteurs mettent en évidence un accroissement de l'obligation d'information du diagnostiqueur lorsqu'il se retrouve face à un client consommateur[2926], ce qui suppose *a contrario* un allègement du devoir de conseil en présence d'un client professionnel. Ils mettent également en avant une protection renforcée du client consommateur face aux clauses abusives et imprécises[2927], ce qui laisse entrevoir à l'inverse une diminution de cette protection en présence d'un client professionnel. Pour autant, est-ce que cet allègement, tant au niveau du conseil que du contenu contractuel, affaiblit les possibilités du client de se retourner contre le diagnostiqueur ? Nous ne le pensons pas au vu des multiples décisions jurisprudentielles.

---

jur. 2500, p. 24, an. F. CORNETTE ; *RLDC* févr. 2017, n° 145, act. 6273, p. 4 ; *AJDI* mai 2017, n° 5, p. 375 ; *D.* déc. 2016, n° 44, p. 2567 ; *Dalloz actualité* 4 janv. 2017, comm. M. GHIGLINO ; *AJDI* mai 2017, n° 5, p. 375, obs. F. COHET.

[2925] Cass. 3e civ., 2 juill. 2003, n° 01-16.246, Bull. civ. III, n° 141, JurisData n° 2003-019712, *Loyers et copr.* oct. 2003, n° 10, comm. 201, p. 16, note P.-H. BRAULT et P. PEREIRA-OSOUF ; *RDI* nov. 2003, n° 6, p. 557, obs. F.-G. TRÉBULLE ; *AJDI* nov. 2003, n° 11, p. 751, obs. Y. ROUQUET ; *Gaz. pal.* mai 2004, n° 139, p. 9, obs. H. CAUSSE ; *Gaz. pal.* oct. 2003, n° 291, p. 18, note P.-H. BRAULT ; *LPA* oct. 2004, n° 203, p. 5, chron. M. CHAGNY, H. CLARET, V. FORRAY, G. PAISANT, S. PIMONT et G. PIGNARRE ; *Rev. loyers* oct. 2003, n° 840, p. 501, an. C. QUÉMENT.

[2926] F.-G. TRÉBULLE, « Etendue de l'obligation du contrôleur technique dans la recherche d'amiante », *RDI* nov. 2003, n° 6, p. 557 ; Y. ROUQUET, « Amiante, obligation de délivrance et responsabilité du contrôleur technique », *AJDI* nov. 2003, n° 11, p. 751 ; H. CAUSSE, « Baux en général », *Gaz. pal.* mai 2004, n° 139, p. 9 ; C. QUÉMENT, « Le désamiantage fait partie de l'obligation de délivrance du bailleur », *Rev. loyers* oct. 2003, n° 840, p. 501.

[2927] *Ibid.*

Enfin, il faut bien avoir conscience que l'intervention du diagnostiqueur ne sera pas un moyen d'exonération de responsabilité efficace pour des contractants de mauvaise foi ou en cas de restriction de la mission. Lorsque le contractant se révèle être de mauvaise foi, la Cour de cassation refuse *a priori* qu'il recherche la responsabilité du diagnostiqueur[2928]. Une affaire qui visait un professionnel de l'immobilier qui, dans un souci d'économie et en pleine connaissance de cause, avait restreint délibérément la mission confiée au contrôleur technique à un simple examen visuel des charpentes au lieu de la réalisation d'un état parasitaire complet au sens du décret n° 2000-613 du 3 juillet 2000, a donné lieu à un rejet de responsabilité. La troisième chambre civile a soulevé qu'il ne pouvait être reproché au diagnostiqueur *« de ne pas avoir relevé la présence de "termites souterrains" puisque cette recherche ne faisait pas partie de sa mission »*, ni même un manquement à son devoir de conseil. En principe, une limitation contractuelle de la mission du diagnostiqueur semble être fatale à sa responsabilité puisque les règles d'établissement des diagnostics, qui visent la recherche, l'évaluation et les préconisations, revêtent un caractère d'ordre public[2929]. Les décisions jurisprudentielles ne manquent pas de confirmer ce principe[2930]. Toutefois, un auteur prétend qu'une alternative à ce principe semble possible lorsque les locaux sont divisibles et lorsque le diagnostic ne s'inscrit pas dans le cadre de la location ou de la vente d'un immeuble[2931]. Pour justifier sa première possibilité, il fait référence à un arrêt de la troisième chambre qui a considéré qu'une annexe à usage de cafétéria n'entrait pas dans le périmètre du « diagnostic amiante »[2932]. S'agissant de la seconde possibilité, il fait référence à un arrêt de la même chambre qui a déclaré la violation de l'article 1382 du Code civil par une Cour d'appel qui a rejeté la demande de réparation d'un acquéreur immobilier au motif que la société auteur du diagnostic erroné n'avait pas eu connaissance de l'utilisation de son rapport (établi dans le cadre de travaux) pour la vente des locaux[2933]. Selon un auteur, le diagnostiqueur qui fait *« clairement figurer dans son rapport le caractère non réglementaire du diagnostic et le fait qu'il ne vaudra pas diagnostic communicable lors d'une vente ou d'une location »* permettrait de l'exonérer de sa

---

[2928] Cass. 3e civ., 27 sept. 2006, n° 05-15.924, Bull. civ. 2006 III, n° 194, JurisData n° 2006-035152 ; *AJDI* janv. 2008, n° 1, p. 42, obs. H. HEUGAS-DARRASPEN ; *Environnement* févr. 2007, n° 2, comm. 36, p. 38, note M. BOUTONNET ; *CCC* janv. 2017, n° 1, comm. 4, p. 5, note L. LEVENEUR ; *RDC* avr. 2007, n° 2, p. 366, obs. F. COLLART-DUTILLEUL.

[2929] B. WERTENSCHLAG et T. GEIB, « La responsabilité du diagnostiqueur immobilier », art. cit.

[2930] Cass. 3e civ., 2 juill. 2003, n° 01-16.246, Bull. civ. III, n° 141, JurisData n° 2003-019712, *Loyers et copr.* oct. 2003, n° 10, comm. 201, p. 16, note P.-H. BRAULT et P. PEREIRA-OSOUF ; *RDI* nov. 2003, n° 6, p. 557, obs. F.-G. TRÉBULLE ; *AJDI* nov. 2003, n° 11, p. 751, obs. Y. ROUQUET ; *Gaz. pal.* mai 2004, n° 139, p. 9, obs. H. CAUSSE ; *Gaz. pal.* oct. 2003, n° 291, p. 18, note P.-H. BRAULT ; *LPA* oct. 2004, n° 203, p. 5, chron. M. CHAGNY, H. CLARET, V. FORRAY, G. PAISANT, S. PIMONT et G. PIGNARRE ; *Rev. loyers* oct. 2003, n° 840, p. 501, an. C. QUÉMENT ; *AJDI* 2003, p. 751, obs. Y. ROUQUET : manquement à l'obligation de délivrance du bailleur en raison de présence d'amiante et responsabilité du contrôleur technique.

[2931] B. WERTENSCHLAG et T. GEIB, « La responsabilité du diagnostiqueur immobilier », art. cit.

[2932] Cass. 3e civ., 7 déc. 2005, n° 04-17.919, JurisData n° 2005-031226, *RDI* mai 2006, n° 3, p. 186, obs. F.-G. TRÉBULLE.

[2933] Cass. 3e civ., 28 janv. 2003, n° 01-13.875, JurisData n° 2003-017742, *RDI* nov. 2003, n° 6, p. 556, obs. F.-G. TRÉBULLE ; *AJDI* mai 2003, n° 5, p. 373, obs. B. WERTENSCHLAG.

responsabilité[2934]. Quid alors d'un diagnostic non obligatoire établi par précaution dans le cadre d'une location immobilière ? Si l'on suit l'interprétation de l'auteur, ce n'est pas le caractère obligatoire du diagnostic qui prévaut, mais l'objectif dans lequel il a été établi[2935]. Néanmoins, au regard du caractère inédit de l'arrêt, nous pensons qu'il faut en relativiser la portée.

δ - Le fait d'un autre tiers

637. Personnel des services administratifs. Le tiers peut aussi être un membre du personnel des services administratifs, intervenant lorsqu'il est nécessaire de demander une autorisation d'urbanisme par exemple. À ce titre, la fourniture de renseignements d'urbanisme erronés est une source courante de responsabilité administrative[2936]. Dans de telles circonstances, le bailleur devrait pouvoir se décharger de sa responsabilité en rapportant la preuve qu'il a agi selon des informations erronées délivrées par les services administratifs.

638. Agent immobilier ou administrateur de biens. Le tiers peut encore être un agent immobilier ou tout autre professionnel pouvant endosser la qualité de mandataires en transactions immobilières (notaire, avocat, expert-comptable, expert en évaluation immobilière, géomètre-expert) ou de gestionnaire de biens immobiliers. Ce tiers pourrait engager sa responsabilité vis-à-vis du bailleur et partager sa responsabilité avec celui-ci[2937].

ε - Le fait de la victime

639. Fait de la victime : le locataire. Enfin, le fait de la victime - en l'occurrence du locataire - est admis pour exonérer totalement le bailleur de sa responsabilité dès lors qu'il arbore les caractères de la force majeure, ou partiellement s'il a simplement contribué à la réalisation du dommage[2938]. Ce fut le cas du locataire qui laisse périmer sa licence IV de débit de boissons[2939], de celui qui a commis une faute de négligence ayant concouru pour moitié à la réalisation du dommage, en s'étant abstenu de se renseigner quant à l'exercice de l'activité

2934 B. WERTENSCHLAG et T. GEIB, « La responsabilité du diagnostiqueur immobilier », art. cit.

2935 *Ibid.*

2936 R. NOGUELLOU, *Urbanisme : responsabilité*, *op. cit.*, n° 95 et s. ; CE 28 avr. 1971, Berger-Sabatel, Lebon 313 : certificats d'urbanisme erronés ; CE 23 oct. 1974, *Min. Aménagement du territoire c/ Cts Cadiou et Cts Jagou*, Lebon 509 : omission de servitudes ; CE 13 juin 1980, *Poisson*, Lebon 876 : absence de mention de l'appartenance à un site classé ; CE 24 juin 1988, *Épx Bobin c/ Min. Urbanisme*, Lebon 259 : coefficient d'occupation des sols inférieur à celui réellement applicable ; CE 3 oct. 1990, req. n° 96666, *Min. Équipement et logement c/ M. et Mme Valleret* : absence de mention de l'insuffisance de desserte en équipements publics.

2937 Comp. avec l'arrêt qui indique que, dans la mesure où aucune obligation légale n'impose, lors de la conclusion d'un bail, la remise au locataire d'un dossier technique amiante, l'agent immobilier ne peut être tenu des obligations relatives au repérage de l'amiante qui incombent au propriétaire : Cass. 3e civ., 17 mai 2018, n° 17-11.760, *AJDI* févr. 2019, n° 2, p. 145, obs. F. DE LA VAISSIÈRE.

2938 C. QUÉMENT, *Bail commercial. - Obligations des parties*, *op. cit.*, n° 19.

2939 CA Douai, 3e ch., 19 nov. 1998, n° 96/10903, JurisData n° 1998-049301.

projetée et surtout en ayant entrepris des travaux dans les lieux loués avant l'obtention de l'autorisation administrative d'ouverture de restaurant[2940], ou encore de celui qui renonce à s'installer parce qu'il ne veut pas payer la taxe de substitution relative aux aires de stationnement normalement imposées pour l'ouverture d'une galerie marchande[2941]. La proposition adoptée par le projet de réforme de la responsabilité civile, sous un article 1254, semble en accord avec la jurisprudence classique, qui consacre le fait de la victime ou du cocontractant comme cause d'exonération partielle[2942]. L'article 1255 envisage toutefois le cas particulier de la faute de la victime privée de discernement comme n'ayant pas d'effet exonératoire, à moins de revêtir les caractères de la force majeure, ce qui s'inscrit en faux contre la position jurisprudentielle actuelle[2943]. Ainsi, il a été admis en jurisprudence que l'aggravation des infiltrations n'est pas due à un manquement du bailleur à son obligation d'entretien en cours de bail, car cet état de fait est imputable à la seule carence du locataire[2944]. De même, la faute du preneur - en l'occurrence un défaut de ramonage - contribuant à la réalisation du dommage est exonératoire de responsabilité pour le bailleur[2945]. Est encore exonératoire, le fait pour le preneur qui conclut un bail sous condition suspensive d'obtenir la licence IV, de ne pas demander sa réhabilitation alors qu'il était l'objet d'une interdiction du fait d'une condamnation pénale[2946].

À ce titre, la réécriture des articles 1719, 1° et 1720 alinéa 1er pourrait contenir un alinéa supplémentaire rédigé ainsi : « Lorsqu'un changement de destination des locaux s'opère à l'initiative du locataire, celui-ci ne pourra invoquer un éventuel manquement à l'obligation de délivrance du bailleur. Lorsque le changement de destination résulte d'un accord des parties, l'obligation de délivrance pesant sur le bailleur s'étend à la nouvelle destination convenue, sauf clause contraire, à condition que cette dernière ne porte pas atteinte à la substance de ladite obligation. ».

640. Une cause d'exonération rare pouvant se justifier par une logique de pérennisation de l'activité économique. Là encore, en encadrant strictement l'exonération de responsabilité du bailleur par le fait de la victime, tout paraît tendre vers la préservation de l'activité économique. Lorsque le locataire a contribué totalement ou partiellement à la non-réalisation de la finalité du bail commercial, il est normal qu'il en assume les conséquences. Dans le reste des cas, tout est fait pour que la réparation soit assurée par le bailleur et l'activité économique soit préservée.

2940 CA Lyon, 6e ch., 8 juill. 1998, n° 96/04265, JurisData n° 1998-055864.

2941 CA Pau, 2e ch., 16 févr. 1995, n° 867/95, JurisData n° 1995-041972.

2942 A.-S. CHONÉ-GRIMALDI, « Le projet de réforme de la responsabilité civile : observations article par article », art. cit.

2943 *Ibid.*

2944 Cass. 3e civ.,24 sept. 2002, n° 01-11.248, JurisData n° 2002-015841.

2945 CA Rouen, 1e ch. civ., 8 déc. 1999, JurisData n° 1999-114833.

2946 Cass. 3e civ., 19 avr. 2000, n° 98-19.187, JurisData n° 2000-001517, *JCP E* 2000, p. 918 ; *JCP N* 2000, p. 1291.

b - L'impossible jeu de l'exception d'inexécution au profit du bailleur

641. Impossible exonération de responsabilité du bailleur pour non-paiement du loyer par le locataire. D'autre part, conformément à nos explications antérieures[2947], le principe de l'exception d'inexécution dispense une partie de l'exécution de son obligation tant que l'autre partie n'a pas elle-même exécuté son obligation. On aurait pu penser que, grâce à ce principe, le bailleur puisse bénéficier de la suspension d'exécution temporaire de son obligation de délivrance face à un locataire qui n'exécute pas son obligation principale de payer le loyer. Pourtant, ce n'est pas la décision de la Cour de cassation puisque la troisième chambre a eu l'occasion de préciser que le défaut de paiement du loyer et du dépôt de garantie par le locataire ne décharge pas le bailleur de son obligation de délivrance[2948].

642. Le jeu unilatéral de l'exception d'inexécution subi par le bailleur justifié par la pérennisation de l'activité économique. Le bailleur ne pouvant se prévaloir de l'exception d'inexécution face à un locataire mauvais payeur, la moindre des choses aurait été que le locataire ne puisse pas non plus invoquer un tel principe pour suspendre son obligation de paiement de loyer.

D'une manière générale, on reconnaît volontiers que la jurisprudence refuse très souvent d'admettre le jeu de l'exception d'inexécution en faveur du locataire[2949]. Jusqu'en 1993, la Cour de cassation contrôlait strictement les applications de l'exception d'inexécution en subordonnant ce principe à une condition essentielle : il fallait que la jouissance des lieux soit devenue impossible à cause du manquement du bailleur[2950]. Par un arrêt du 15 décembre 1993, elle ne formule plus cette condition et se place derrière le critère du manquement du bailleur à ses obligations ne permettant pas au locataire d'exploiter conformément aux stipulations du bail, en l'occurrence le non-achèvement par le bailleur des travaux mis à sa charge par le contrat de bail et la violation de l'engagement qu'il avait pris de se charger du gardiennage et de l'ouverture sans interruption de la galerie marchande de 9 heures à 21 heures[2951]. Dans une autre affaire plus récente, la troisième chambre censure une Cour d'appel en lui reprochant de ne pas avoir recherché si, du fait de

---

[2947] V. *supra* n° 597.

[2948] Cass. 3e civ., 28 juin 2006, n° 05-10.137, Bull. civ. III, n° 161, *D.* mars 2007, n° 13, p. 903, chron. N. DAMAS ; *AJDI* oct. 2006, n° 10, p. 731, obs. Y. ROUQUET ; *RTD civ.* déc. 2006, n° 4, p. 785, obs. P.-Y. GAUTIER.

[2949] F. DE LA VAISSIÈRE, « Renaissance de l'exception d'inexécution dans la clause résolutoire », *AJDI* nov. 2006, n° 11, p. 828.

[2950] M. STORCK, « L'application de l'exception d'inexécution en matière de bail », *D.* sept. 1994, n° 33, p. 462.

[2951] Cass. 3e civ., 15 déc. 1993, n° 92-12.324, Bull. civ. III, n° 168, JurisData n° 1993-002404, *D.* sept. 1994, n° 33, p. 462, note M. STORCK ; *RDI* juin 1994, n° 2, p. 308, obs. G. BRIÈRE DE L'ISLE et J. DERRUPÉ.

l'inexécution par le bailleur de ses obligations, le locataire ne pouvait se prévaloir de l'exception d'inexécution pour s'exonérer du paiement des loyers[2952].

Ainsi, au-delà de l'impossibilité de bénéficier du principe d'exception d'inexécution pour s'exonérer de sa responsabilité, le bailleur pourrait subir ce principe appliqué en faveur du locataire[2953]. Là encore, on constate que c'est la pérennisation de l'activité économique qui semble privilégiée. Le fait qu'un défaut de paiement du loyer ne dispense pas le bailleur de son obligation de délivrance adhère à cette logique de pérennisation de l'activité économique. Le jeu unilatéral de l'exception d'inexécution peut ainsi trouver une cohérence.

c - L'efficacité restreinte de la limitation conventionnelle de responsabilité

643. Clause limitative de responsabilité du bailleur pour manquement à l'obligation de délivrance. S'agissant de la limitation conventionnelle de responsabilité, celle-ci voit son efficacité restreinte la plupart du temps. La clause limitative de responsabilité ou plutôt de réparation est celle qui *« a pour objet de limiter à l'avance la réparation due par le débiteur en cas d'inexécution de son obligation contractuelle ou, en matière extracontractuelle, en cas de fait dommageable »*[2954]. De façon plus précise, la clause limitative de responsabilité du bailleur pour manquement à l'obligation de délivrance sera celle qui délimitera à l'avance la réparation due par lui en cas d'inexécution de cette obligation.

Le régime de cette clause accuse quelques limites qui tiennent aux plafonds de réparation dont l'abaissement conventionnel est impossible, au caractère dérisoire de l'indemnisation prévue et à la faute lourde ou au dol[2955].

644. Clause exonératoire de responsabilité du bailleur pour manquement à l'obligation de délivrance. La clause exonératoire de responsabilité ou clause de non-responsabilité est celle qui *« vise à supprimer l'obligation de réparer le dommage né de l'inexécution d'une obligation ou de la commission d'un fait dommageable »*[2956]. Cette clause peut prendre la forme d'une clause de non-recours qui interdit à une partie contractante d'exercer un recours contre l'autre[2957]. Cette clause est à distinguer de la clause de non-obligation, qui tend à la suppression d'une obligation du champ contractuel alors qu'elle aurait normalement due se trouver à la charge d'un

---

[2952] Cass. 3e civ., 3 mai 2006, n° 05-12.995, JurisData n° 2006-033364, *AJDI* nov. 2006, n° 11, p. 828, obs. F. DE LA VAISSIÈRE.

[2953] V. en ce sens : CA Paris, 16e ch., sect. B, 4 oct. 2007, n° 06/03867, *AJDI* juill. 2008, n° 7-8, p. 584 ; V. aussi sur les limites à l'exception d'inexécution : CA Paris, 6e ch., sect. C, 13 janv. 2009, n° 07/02301, *AJDI* avr. 2009, n° 4, p. 296.

[2954] M. LEVENEUR-AZÉMAR, *Étude sur les clauses limitatives ou exonératoires de responsabilité*, préf. Y. LEQUETTE, L.G.D.J., 2017, p. 6, n° 11 ; V. aussi en ce sens : P. DELEBECQUE et J.-F. PANSIER, *Droit des obligations, Contrat et quasi-contrat*, *op. cit.*, p. 374, n° 553.

[2955] P. DELEBECQUE et J.-F. PANSIER, *Droit des obligations, Contrat et quasi-contrat*, *op. cit.*, p. 374, n° 554.

[2956] M. LEVENEUR-AZÉMAR, *Étude sur les clauses limitatives ou exonératoires de responsabilité*, *op. cit.*, p. 9, n° 14 ; V. aussi en ce sens : P. DELEBECQUE et J.-F. PANSIER, *Droit des obligations, Contrat et quasi-contrat*, *op. cit.*, p. 382, n° 564.

[2957] P. DELEBECQUE et J.-F. PANSIER, *Droit des obligations, Contrat et quasi-contrat*, *op. cit.*, pp. 382-383, n° 565.

contractant, et de la clause de différend, qui vise à abréger la prescription de l'action en responsabilité[2958]. Plus précisément, la clause exonératoire de responsabilité du bailleur pour manquement à l'obligation de délivrance sera celle qui interdit au locataire de rechercher la responsabilité du bailleur dans le cas où celui-ci aurait manqué à son obligation de délivrance.

Ce type de clause est aujourd'hui valable par principe, mais s'incline tout de même devant deux limites que sont d'une part, le caractère essentiel de l'obligation et la faute lourde ou le dol, d'autre part, des interdictions provenant de textes spéciaux [2959]. En accord avec la jurisprudence « Chronopost »[2960] et les nouveaux articles 1170 et 1231-3 du Code civil, celle-ci peut être valable à condition qu'elle ne prive pas l'obligation essentielle du contrat de sa substance et que l'inexécution ne provienne pas d'un dol ou d'une faute lourde[2961]. S'agissant des interdictions spécifiques, le droit des baux commerciaux n'est pas atteint. Ainsi, la renonciation au recours contre le bailleur qui a manqué à son obligation de délivrance, celle-ci étant essentielle, sera difficilement valable sauf peut-être lorsqu'elle vise des manquements à certains aspects de la délivrance, notamment à la délivrance en bon état de réparations de toute espèce[2962], dès lors naturellement que cet état ne compromet pas la mise en capacité d'exercice du droit du preneur et donc de son activité économique, cas assez rare en pratique. D'ailleurs, les clauses de non-recours contre le bailleur suggérées par la doctrine ne vise pas la délivrance elle-même mais certains aspects qui peuvent faire partie de la délivrance tels que la suppression des services d'ascenseurs ou la modification des parties communes accessoires des locaux loués[2963]. Pour exemple, la clause pourrait indiquer : « Le preneur renonce à tous recours en responsabilité ou réclamation contre le bailleur, tous mandataires du bailleur, leurs assureurs et s'engage à obtenir les mêmes renonciations de tous assureurs en cas d'irrégularités ou d'interruption des ascenseurs ainsi qu'en cas de modification ou de suppression des prestations communes, notamment du gardiennage ou du service de concierge. ».

645. Clause de définition de la force majeure. À côté de ces clauses, la clause de définition de la force majeure a pour objet d'envisager les conséquences de la survenance d'un cas de force majeure en cours d'exécution du contrat et contient

---

2958 M. LEVENEUR-AZÉMAR, *Étude sur les clauses limitatives ou exonératoires de responsabilité*, *op. cit.*, pp. 10-14, n° 16-23 ; V. aussi sur les clauses de non-obligation : G. HELLERINGER, *Les clauses du contrat - Essai de typologie*, *op. cit.*, p. 170, n° 307.

2959 P. DELEBECQUE et J.-F. PANSIER, *Droit des obligations, Contrat et quasi-contrat*, *op. cit.*, p. 383, n° 566-568 ; R. CABRILLAC, « Les clauses abusives appréhendées par le droit civil français », art. cit.

2960 V. sur la validité de ces clauses au regard de la jurisprudence « Chronopost » : N. GRAS, *Essai sur les clauses contractuelles*, *op. cit.*, pp. 142-144, n° 168-170.

2961 N. DISSAUX et C. JAMIN, *Réforme du droit des contrats, du régime général et de la preuve des obligations (Ordonnance n° 2016-131 du 10 février 2016), Commentaire des articles 1100 à 1386-1 du code civil*, *op. cit.*, pp. 69-70, 122-124, 141-142 et 144.

2962 C. QUÉMENT, *Bail commercial. - Obligations des parties*, *op. cit.*, n° 13 ; V. en ce sens : Cass. 3e civ., 24 sept. 2002, n° 01-11.248, JurisData n° 2002-015841 ; Cass. 3e civ., 14 mars 2019, n° 17-31.122, *AJDI* juin 2019, n° 6, p. 447.

2963 J.-P. BLATTER et W. BLATTER-HODARA (collab.), *Traité des baux commerciaux*, 6e éd., *op. cit.*, p. 874, n° 20.

la définition de la force majeure ainsi que les effets qui lui sont attachés[2964]. Son utilité ressort de l'affinement de la notion de force majeure[2965]. Sans limiter la responsabilité, elle peut la rendre plus lisible.

Quoi qu'il en soit, on constate une fois encore que c'est la pérennisation de l'activité économique qui semble privilégiée. Le fait que le bailleur puisse difficilement faire jouer les clauses limitatives ou exonératoires de responsabilité pour se dispenser de son obligation de délivrance adhère à cette logique de pérennisation de l'activité économique.

d - L'efficacité encadrée de la renonciation conventionnelle aux sanctions

646. Clause de renonciation et clause de résolution automatique. Quant à la renonciation conventionnelle aux sanctions qui résulteraient d'une mauvaise délivrance, elle est encadrée ce qui limite son efficacité. Elle ressort de clauses de renonciation ou de résolution automatique, qui sont des clauses par lesquelles les parties renoncent de manière anticipée à l'application de certaines sanctions normalement applicables[2966].

647. Clause de renonciation à la révision. Elle pourrait également ressortir de clauses de renonciation à la révision. L'article 1195 n'étant que supplétif, la doctrine a imaginé que les parties ne souhaitant pas se voir imposer une renégociation par le juge pourraient renoncer à cette faculté de renégociation et obliger ainsi l'exécution de l'obligation de délivrance[2967]. Cependant, cette même doctrine relève un risque de « clause de style » par une telle stipulation[2968]. La clause peut stipuler : « Les parties, d'un commun accord, renoncent expressément aux dispositions de l'article 1195 du Code civil et acceptent en conséquence, en cas d'imprévision telle que définie par ledit article, d'en supporter toutes les conséquences économiques et financières. ».

De façon identique, la faible possibilité de bénéficier d'une renonciation aux sanctions d'un manquement à l'obligation de délivrance semble démontrer que tout est fait pour maintenir les sanctions à l'encontre du bailleur et pérenniser l'activité économique.

2964 J. MESTRE (dir.), J.-C. RODA (dir.) *et alii*, *Les principales clauses des contrats d'affaires*, *op. cit.*, p. 397, n° 696.

2965 F. BUY, M. LAMOUREUX, J. MESTRE et J.-C. RODA, *Les principales clauses des contrats d'affaires*, *op. cit.*, p. 357, n° 745.

2966 N. GRAS, *Essai sur les clauses contractuelles*, *op. cit.*, p. 227, n° 290.

2967 N. DISSAUX et C. JAMIN, *Réforme du droit des contrats, du régime général et de la preuve des obligations (Ordonnance n° 2016-131 du 10 février 2016), Commentaire des articles 1100 à 1386-1 du code civil*, *op. cit.*, p. 96.

2968 *Ibid.*, *loc. cit.*

e - L'efficacité encadrée de l'aménagement du règlement des litiges nés de l'obligation de délivrance

648. Détermination des modes alternatifs de règlement des litiges dans le cadre des baux commerciaux. Enfin, pour atténuer les sanctions, notamment d'éviter la sanction judiciaire, le bailleur peut prévoir dans le bail commercial une clause de recours à un mode alternatif de résolution des litiges. Toutefois, ces clauses sont encadrées, de sorte qu'elles ne pourront pas jouer de façon systématique. Leur effet est donc à relativiser. Principalement, les modes alternatifs de résolution des litiges qui intéressent les baux commerciaux et spécifiquement les litiges nés de l'obligation de délivrance sont la médiation, la conciliation et l'arbitrage[2969]. Il existe aussi la procédure participative[2970].

649. Procédure participative. Encadrée par le Code de procédure civile et le Code civil, la procédure participative peut s'inscrire parmi les modes alternatifs de résolution des litiges. La convention de procédure participative est définie par l'article 2062 du Code civil comme la *« convention par laquelle les parties à un différend s'engagent à œuvrer conjointement et de bonne foi à la résolution amiable de leur différend ou à la mise en état de leur litige »*. Par cette procédure, les parties qui s'opposent, s'engagent, avant de saisir la justice, à œuvrer conjointement à la résolution amiable de leur conflit. À défaut d'accord au terme de cette procédure amiable, les parties pourront saisir la justice. Chaque partie est accompagnée tout au long de la procédure par son avocat. En cas d'accord, une convention précisant ses modalités est signée par les parties mettant fin au différend. Cet accord peut faire l'objet d'une homologation par un juge. La procédure participative supprime l'aléa d'un procès, les parties conservant la maîtrise des décisions à prendre. Elle assure une certaine sécurité par la présence obligatoire d'un avocat auprès de chaque partie tout au long du processus. Elle offre un gain de temps et de moyens puisque le calendrier de la négociation est convenu à l'avance et les frais sont partagés entre les parties. La doctrine soutient l'utilité de cette procédure s'agissant des litiges relatifs à l'obligation de délivrance, notamment pour les travaux ou les charges[2971].

650. Clause de médiation. Clause de différends, celle-ci *« tend à éviter que le litige ne soit tranché par un tiers, qu'il s'agisse du juge étatique, légalement compétent ou désigné par les parties, ou encore d'un arbitre »*, les parties devant elles-mêmes avec l'aide d'un tiers

---

[2969] J.-P. BLATTER, « Liberté contractuelle dans la rédaction des baux commerciaux, et modes alternatifs de réglement des conflits », *AJDI* déc. 2003, n° 12, p. 921 ; E. GUELLE, « Le réflexe médiation en matière de litiges portant sur les baux commerciaux », https://www.village-justice.com/articles/reflexe-mediation-matiere-litige-portant-sur-les-baux-commerciaux,30565.html ; V. sur les différents MARL : L. CADIET et T. CLAY, *Les modes alternatifs de réglement des conflits*, 3e éd., Dalloz, coll. Connaissance du droit, 2019.

[2970] H. VERCKEN, « La procédure participative et le bail commercial », http://www.avocatparis.org/system/files/worksandcommissions/Immobilier_baux_commerciaux_11_septembre_2014.pdf.

[2971] H. VERCKEN, « La procédure participative et le bail commercial », art. cit. ; H. VERCKEN, « La procédure participative adaptée aux conflits relatifs aux baux et loyers commerciaux », *RLDA* juin 2013, n° 83, p. 4644.

tenter de trouver une solution[2972]. Celle-ci est licite, sauf peut-être entre contractants professionnel et consommateur[2973], et peut être générale ou cibler certains différends[2974], notamment ceux relatifs à l'obligation de délivrance.

Elle peut se rédiger comme suit : « En cas de différend naissant à propos de la délivrance des lieux loués, les parties s'obligent à recourir à la médiation avant toute saisine du juge ou de l'arbitre. Monsieur X est désigné médiateur par les parties. Il sera saisi par la partie la plus diligente et disposera d'un délai de X mois pour mener à bien la médiation. Ce délai pourra être prorogé par commun accord des parties. ».

651. Clause de conciliation. La clause de conciliation se rapproche de la clause de médiation et a vocation à imposer aux parties des discussions en vue de solutionner leur litige avant de recourir au juge[2975]. Valide en général et dans le cadre des baux commerciaux[2976], cette clause pourrait éviter au bailleur en litige avec son locataire à propos de la délivrance des locaux d'encourir une sanction judiciaire[2977].

La clause de conciliation peut se rédiger de façon générale : « Les parties s'engagent à résoudre à l'amiable tout différend susceptible d'intervenir entre elles à l'occasion du présent contrat. À défaut, les parties conviennent que le différend sera soumis à la juridiction du siège du défendeur. ». Elle peut également être plus précise et porter spécifiquement sur la délivrance : « En cas de litige relatif à XXX, les parties s'engagent à se rapprocher en vue de résoudre à l'amiable ledit litige. Si elles n'y parviennent pas, le différend sera alors soumis à la juridiction du siège du défendeur afin qu'elle désigne toute personne de son choix pour faire office de conciliateur. La conciliation se déroulera au siège social ou dans tout autre endroit à la convenance des parties. Pendant la conciliation, les parties prévoient de n'exercer aucune procédure judiciaire à l'encontre de l'autre. Les seules demandes autorisées sont celles qui tendent à conserver une preuve ou à protéger un droit à titre conservatoire. En tout état de cause, la procédure de conciliation prend fin à l'expiration d'un délai de X mois sans qu'une solution définitive ait été constatée. Les frais de la conciliation seront à la charge des deux parties qui les supporteront chacune à hauteur de la moitié. ».

652. Conciliation légale. Sans avoir prévu de clause de conciliation, les parties à un litige portant sur l'obligation de délivrance peuvent bénéficier d'une conciliation légale puisque l'article L. 145-35 du Code de commerce prévoit que les

---

[2972] W. DROSS, *Clausier. Dictionnaire des clauses ordinaires et extraordinaires des contrats de droit privé interne*, 4e éd., *op. cit.*, p. 483.

[2973] L'article R. 132-2, 10° du Code de la consommation la présume abusive en ce qu'elle entrave l'exercice d'actions en justice mais la jurisprudence l'a admise.

[2974] *Ibid.*, pp. 402-403.

[2975] *Ibid.*, p. 401.

[2976] Cass. ch. mixte, 14 févr. 2003, n° 00-19.423, Bull. mixte, n° 1, JurisData n° 2003-017812, *D.* juin 2003, n° 21, p. 1386, note P. ANCEL et M. COTTIN.

[2977] J.-P. BLATTER, « Liberté contractuelle dans la rédaction des baux commerciaux, et modes alternatifs de réglement des conflits », art. cit.

litiges *« relatifs aux charges et aux travaux peuvent être soumis à une commission départementale de conciliation composée de bailleurs et de locataires en nombre égal et de personnes qualifiées »*[2978]. La commission doit concilier les parties et rendre un avis. Si la juridiction est saisie parallèlement à la commission compétente par l'une ou l'autre des parties, elle ne peut statuer tant que l'avis de la commission n'est pas rendu. La commission est dessaisie si elle n'a pas statué dans un délai de trois mois.

653. Clause d'arbitrage ou clause compromissoire. Elle *« a pour objet de soustraire à la justice étatique tout ou partie des différends qui pourraient survenir à propos du contrat dans lequel elle est insérée, pour les soumettre à l'arbitrage »*, conformément à l'article 1142 du Code civil[2979]. Dans le cadre des baux commerciaux, elle est valide sous la condition qu'elle ne porte pas sur une question qui relève de l'ordre public et sous celle que les parties au bail commercial exercent une activité[2980].

Une telle clause peut se révéler utile dans le cadre des baux commerciaux pour organiser le règlement des litiges nés de l'obligation de délivrance, surtout s'agissant des litiges relatifs aux travaux, mais celle-ci présente tout de même un coût élevé, ce qui dissuadera peut-être les contractants d'y recourir. Compte tenu de prix à payer, il sera peut-être plus opportun que celui serve à financer un avocat et permette de bénéficier d'un véritable juge. Aussi, elle ne jouera pas s'agissant des travaux spécifiquement réglementés par la loi Pinel puisque les dispositions qui afférent à ces derniers sont d'ordre public. De même, un tel jeu sera empêché si le bailleur n'exerce pas d'activité.

La clause peut prévoir : « Les parties conviennent de soumettre à l'arbitrage tous différends qui ne relèvent pas de l'ordre public du statut des baux commerciaux. En cas de litige, chaque partie désignera son arbitre et en informera son cocontractant par lettre recommandée avec accusé de réception. À compter de la réception de ladite lettre, le cocontractant dispose d'un délai de X jours pour procéder à la désignation de son arbitre et en aviser dans les mêmes formes l'autre partie. ».

654. Un encadrement de l'aménagement du règlement des litiges nés de l'obligation de délivrance pouvant se justifier par la pérennisation de l'activité économique. Là encore, si les possibilités d'échapper à une sanction judiciaire sont encadrées, les possibilités d'éviter une procédure existent tout de même et semblent pensées en vue de préserver la relation locative et dans une

[2978] A. CHATTY, *Les baux commerciaux*, *op. cit.*, p. 137, n° 325.

[2979] J. MESTRE, J.-C. RODA *et alii*, *Les principales clauses des contrats d'affaires*, *op. cit.*, p. 185, n° 299 ; F. BUY, M. LAMOUREUX, J. MESTRE et J.-C. RODA, *Les principales clauses des contrats d'affaires*, *op. cit.*, pp. 131-132, n° 268 et 272 ; W. DROSS, *Clausier. Dictionnaire des clauses ordinaires et extraordinaires des contrats de droit privé interne*, 4e éd., *op. cit.*, p. 114.

[2980] Cass. 1e civ., 29 févr. 2012, n° 11-12.782, Bull. civ. I, n° 40, JurisData n° 2012-003221, *Defrénois* oct. 2012, n° 19, p. 966, note L. RUET ; V. aussi : H. CHAOUI, « L'activité professionnelle des parties : condition de validité de la clause compromissoire », *Rev. loyers* avr. 2012, n° 926, jur. 1435, p. 164 ; L. RUET, « Arbitrage et baux commerciaux : d'utiles précisions », *Defrénois* oct. 2012, n° 19, p. 966 ; J.-P. BLATTER, « Liberté contractuelle dans la rédaction des baux commerciaux, et modes alternatifs de réglement des conflits », art. cit.

logique de pérennisation de l'activité économique. Une procédure se révèle souvent lourde et peut fragiliser le développement de l'activité économique de l'entreprise alors qu'une solution amiable peut éventuellement être trouvée. C'est en ce sens que les modes alternatifs de résolution des conflits contribuent à cette logique de pérennisation de l'activité économique.

Tout comme il est rare de pouvoir faire jouer les causes permettant d'écarter la sanction d'un défaut de délivrance, il est difficile de se prévaloir des règles de prescription qui pourraient entériner les actions en justice visant à faire prononcer ladite sanction.

2 - La double règle de prescription des actions en justice relatives à l'obligation de délivrance

655. Entre prescription et imprescriptibilité. Pour engager une action en justice, encore faut-il que le délai pour agir ne soit pas prescrit. Les actions judiciaires tendant à voir prononcer une ou plusieurs des sanctions sus-énoncées se voient soumises à une double règle de prescription. La majorité d'entre elles obéit au délai de prescription de droit commun qu'est le délai quinquennal[2981]. Certaines d'entre elles, spécialement celles qui tendent à faire statuer sur les clauses réputées non écrites sont gouvernées par la règle de l'imprescriptibilité.

Nous aborderons donc successivement la prescription quinquennale (a), puis l'imprescriptibilité (b).

a - La prescription quinquennale de la majorité des actions

656. Uniformisation et difficultés d'appréciation du délai de prescription. Avec la loi du 17 juin 2008[2982], le délai de prescription de l'action en responsabilité a fait l'objet d'une uniformisation qui ne laisse pas sans difficulté l'appréciation de ce nouveau délai. Anciennement, les actions engagées pour inexécution des obligations contractuelles dans le cadre d'un contrat d'un bail commercial étaient prescrites par trente ans, conformément au droit commun[2983]. La loi du 17 juin 2008 a réformé les délais de prescription, mais force est de constater qu'elle n'a pas prévu de dispositions spéciales aux actions en responsabilité diligentées dans un cadre contractuel. En conséquence, c'est le délai de cinq ans issu du nouvel article 2224 du Code civil qui s'applique[2984].

2981 J.-P. BLATTER et W. BLATTER-HODARA (collab.), *Traité des baux commerciaux*, 6e éd., *op. cit.*, p. 839, n° 1770 ; M.-P. DUMONT-LEFRAND, *Bail commercial*, *op. cit.*, n° 503 ; A. CHATTY, *Les baux commerciaux*, *op. cit.*, p. 138, n° 327.

2982 *L.* n° 2008-561, 17 juin 2008, Loi portant réforme de la prescription en matière civile.

2983 J.-P. BLATTER et W. BLATTER-HODARA (collab.), *Traité des baux commerciaux*, 6e éd., *op. cit.*, p. 840, n° 1771.

2984 *Ibid.*, p. 839, n° 1770.

Le délai de prescription commence à courir à compter du jour où le titulaire du droit a connu ou aurait dû connaître les faits lui permettant de l'exercer. Comme le fait très justement remarquer la doctrine, ce fameux jour n'est pas évident à déterminer, celui-ci étant *« glissant »*[2985] ou *« flottant »*[2986]. Que faut-il entendre par cette expression ? Faut-il considérer ces faits comme le dommage (ou le préjudice) causé ou bien faut-il les considérer comme la faute commise par le bailleur ? Des auteurs ont proposé des solutions d'interprétation pour fixer le moment de la connaissance des faits permettant à la victime d'agir, en distinguant plusieurs situations, mais ils soulèvent néanmoins quelques difficultés quant à la détection de ces faits par la victime[2987].

657. Connaissance des faits permettant d'exercer l'action : prise en compte de la date de l'acte juridique pour toutes les victimes ? Le bail commercial étant un acte juridique, la doctrine semble retenir la date de conclusion du contrat écrit[2988]. C'est la solution admise par la jurisprudence pour une action en contestation de la validité d'une clause du bail, celle-ci ayant considéré que le délai commençait à courir le jour de la signature du bail[2989].

De façon non spécifique au bail commercial, la doctrine a pu suggérer de prendre en compte la date de l'accomplissement de la formalité de l'acte, s'il y est soumis[2990]. Si cette solution semble satisfaisante dans le cadre d'un bail commercial écrit, elle le sera beaucoup moins s'agissant d'un contrat de bail commercial verbal.

Par ailleurs, une telle solution peut se révéler totalement injuste pour le tiers intéressé au contrat. En reprenant l'exemple de la location-gérance, il est probable que cette dernière n'ait été mise en place que plusieurs années après la conclusion du bail initial. En pareil cas, le locataire-gérant bénéficierait d'un délai d'action réduit alors qu'il n'a eu connaissance des faits que bien après la conclusion du contrat. Pire encore, il pourrait être privé d'action si la location-gérance est mise en place plus de cinq ans après la conclusion du bail commercial. Cela semble presque surréaliste. De toute évidence, un autre point de départ doit être pris en compte dans ce cas[2991]. Peut-être faudrait-il retenir la date du contrat de location-gérance même si le bailleur y est étranger.

[2985] P. MALAURIE, « La réforme de la prescription civile », *JCP G* avr. 2009, n° 15, doctr. 134, p. 15.

[2986] F. ANCEL, « La loi n° 2008-561 du 17 juin 2008 portant réforme de la prescription en matière civile », art. cit.

[2987] J.-P. BLATTER et W. BLATTER-HODARA (collab.), *Traité des baux commerciaux*, 6e éd., *op. cit.*, p. 842, n° 1776 ; M.-P. DUMONT-LEFRAND, *Bail commercial*, *op. cit.*, n° 503 ; V. aussi : A. HONTEBEYRI, *Prescription extinctive*, Rép. dr. civ. Dalloz, févr. 2016, n° 243.

[2988] *Ibid.*, loc. cit

[2989] Cass. 3e civ., 1er févr. 1983, n° 81-10.317, Bull. civ. III, n° 31.

[2990] M.-L. DEMEESTER, *Avocat (responsabilité)*, *op. cit.*, n° 153.

[2991] V. d'une manière générale sur la problématique un peu différente mais comparable du contractant titulaire du droit de demander la nullité ayant ignoré au moment de la conclusion du contrat la cause illicite ou l'objet illicite : LASSERRE-KIESOW, « Commentaire de la loi du 17 juin 2008 portant réforme de la prescription en matière civile », *RDC* oct. 2008, n° 4, p. 1449.

658. Détection des faits permettant l'action par la victime : difficulté de connaissance de la faute pour le profane et temps écoulé entre la faute commise et la réalisation du dommage. Il est loin d'être évident pour une personne non professionnelle de déceler la faute commise par le bailleur. En cohérence avec ce que nous avons développé précédemment, ce n'est pas parce que le bailleur a commis une faute que sa responsabilité peut être forcément engagée. Encore faut-il, pour que l'action en responsabilité soit recevable, que cette faute ait provoqué un préjudice. S'agissant des sanctions autres que l'engagement de la responsabilité, elles impliquent une inexécution contractuelle ou un aménagement contractuel inefficace. Or, la formule de l'article 2224 vise les faits qui permettent d'engager l'action. Cette expression semble sous-entendre qu'il faut prendre en compte l'ensemble des faits nécessaires à l'action en responsabilité et non le premier. Sachant qu'il peut s'écouler un laps de temps plus ou moins long entre la faute et la réalisation du préjudice, il serait injuste de faire courir le délai de prescription à compter de la faute alors que l'action ne sera recevable que lorsque le préjudice se sera réalisé. De la même façon, ce délai peut s'écouler entre l'engagement contractuel et son inexécution. Il peut encore s'écouler entre le moment où prend effet la stipulation contractuelle et le moment où elle va révéler son inefficacité.

Compte tenu de ces difficultés, la prescription pourrait être aménagée grâce à une clause.

659. Clause aménageant la prescription de l'action en responsabilité pour manquement à l'obligation de délivrance. La clause d'aménagement de la prescription est celle qui fixe le point de départ et la durée de la prescription en vue principalement de limiter le temps pour agir en justice[2992]. La doctrine suggère deux modèles de clauses d'aménagement de la prescription [2993].

La clause peut diminuer le délai de la prescription et pourrait se rédiger ainsi : « Les parties au présent contrat de bail commercial décident que l'action en responsabilité dirigée contre le bailleur se prescrira à l'issue d'un délai de X (indiquer la durée précise en années ou en mois), conformément au minima posé à l'article 2254 du Code civil, à compter de la prise d'effet du bail. ». Une telle formule évite de faire courir le délai à compter du fameux jour où la victime a eu connaissance des faits lui permettant d'agir.

La clause peut aussi différer le point de départ de la prescription, mais celle-ci ne s'inscrit pas dans une limitation de la responsabilité du bailleur.

Bien qu'une telle clause puisse moduler le délai pendant lequel la sanction peut être demandée la sanction d'un défaut de délivrance, cette modulation n'est pas significative. La logique de pérennisation de l'activité économique semble donc maintenue malgré la clause. Plus encore, cette logique paraît renforcée face à

[2992] G. HELLERINGER, *Les clauses du contrat - Essai de typologie*, *op. cit.*, p. 31, n° 76.

[2993] S. BERNHEIM-DESVAUX, « Clauses relatives à la durée de la prescription extinctive », *CCC* août-sept. 2014, n° 8-9, form. 8, p. 35.

l'imprescriptibilité des actions tendant à faire statuer sur les clauses réputées non écrites.

b - L'imprescriptibilité des actions tendant à faire statuer sur les clauses réputées non écrites

660. Clauses réputées non écrites au regard du statut des baux commerciaux. Conformément à ce que nous avons établi plus haut[2994], les clauses qui ont pour effet de faire échec aux dispositions de l'article L. 145-40-2 du Code de commerce sont réputées non écrites, quelle qu'en soit la forme. Le sont encore celles qui portent atteinte à la substance de l'obligation de délivrance ou qui créent un déséquilibre significatif[2995]. La clause réputée non écrite étant considérée comme n'ayant jamais existée, les actions tendant à faire statuer sur son sort ne sont pas soumises à la prescription[2996]. À tout moment, le bailleur est donc susceptible de voir sa clause éradiquée par le juge.

661. Un délai justifié au regard de la pérennisation de l'activité économique. Si l'on se positionne selon une logique de pérennisation de l'activité économique, il paraît justifié que la sanction du réputé non écrit soit entachée d'une imprescriptibilité. Pour préserver cette activité économique, il semble juste qu'une clause qui contrevient à l'exercice de l'activité économique puisse être éradiquée à tout moment.

À la différence des sanctions civiles, les sanctions pénales sont bien plus rares, mais disposent d'un effet dissuasif.

[2994] V. *supra* n° 563 et s.

[2995] *Ibid.*

[2996] *Ibid.* ; S. GAUDEMET, *La clause réputée non écrite*, *op. cit.*, pp. 127 et s., n° 239 et s. ; T. DOUVILLE (dir.) *et alii*, *La réforme du Droit des contrats - Commentaire article par article - Ordonnance du 10 février 2016 portant réforme du droit des contrats, du régime général et de la preuve des obligations*, *op. cit.*, p. 138 ; J.-P. BLATTER et W. BLATTER-HODARA (collab.), *Traité des baux commerciaux*, 6e éd., *op. cit.*, p. 857, n° 1814 ; D. HOUTCIEFF, « Clauses réputées non écrites et baux commerciaux », art. cit.

Section 2 - Les sanctions pénales : des remèdes rares mais dissuasifs

662. Fondements. L'obligation de délivrance du bailleur en tant qu'obligation contractuelle est, comme nous l'avons exposé précédemment, principalement source de responsabilité civile. En parallèle, l'obligation générale du bailleur de délivrer à son locataire une chose conforme et plus particulièrement un logement décent peut parfois être source de responsabilité pénale[2997]. Or, celle-ci a certes une fonction répressive mais aussi dissuasive. En ce qui concerne la réalisation de la finalité du bail commercial, la sanction pénale peut se révéler être un moyen pour l'assurer en incitant le bailleur à exécuter son obligation de délivrance. On se demande alors spontanément dans quelle mesure l'obligation de délivrance est susceptible d'engager la responsabilité pénale du bailleur. La réponse est encadrée par les articles 121-3, 223-1 et 225-14 du Code pénal. En effet, le droit pénal général, par le biais de l'article 121-3 alinéa 1er, conditionne par principe la reconnaissance de crime ou de délit à l'intention de le commettre[2998]. Cependant, il autorise de reconnaître, par exception dans ses deuxième et troisième alinéas, de telles infractions en l'absence de cet élément intentionnel en cas de mise en danger délibérée de la personne d'autrui et lorsque la loi le prévoit, en cas de faute d'imprudence, de négligence ou de manquement à une obligation de prudence ou de sécurité prévue par la loi ou le règlement. Le droit pénal spécial, dans les articles 223-1 et 225-14, prévoit justement ces cas. La responsabilité pénale du bailleur liée à l'obligation de délivrance trouve donc précisément ancrage dans un manquement aux obligations particulières de sécurité et de prudence ou au respect de la dignité humaine. Dans la mesure où l'obligation de délivrance comporte une obligation de sécurité et comprend une exigence de décence[2999], elle peut devenir indirectement la source d'une responsabilité pénale du bailleur. Toutefois, ces hypothèses de responsabilité pénale liées à un manquement à l'obligation de délivrance restent rares. Si le délit de mise en danger de la vie d'autrui et la violation manifestement délibérée d'une obligation de prudence ou de sécurité peuvent trouver un terrain d'éligibilité chez le bailleur, cela semble plus difficile pour le délit d'atteinte à la dignité humaine. La chambre criminelle de la Cour de cassation restreint la répression de ce délit à l'existence d'une contrepartie à l'hébergement, une forme d'exploitation de la personne hébergée en vue d'un certain enrichissement de l'exploitant des lieux[3000], ce qui exclut manifestement la situation du bailleur.

[2997] A. CONFINO, « Obligations et précautions documentaires dans la rédaction du bail commercial », art. cit. ; F.-G. TRÉBULLE, « Prévention du saturnisme, de la légionellose et des risques liés à l'amiante et aux rayonnements non ionisants », *RDI* mai 2005, n° 3, p. 194 ; V. aussi sur la place de l'immeuble en droit pénal : M. BÉNÉJAT-GUERLIN, « L'immeuble en droit pénal », *AJ pénal* févr. 2016, n° 2, p. 56.

[2998] M. VÉRON, *Droit pénal spécial*, 17e éd., Sirey, coll. Université, 2019, p. 3, n° 3.

[2999] V. *supra* n° 104 et s., 76 et s.

[3000] Cass. crim., 20 janv. 2009, n° 08-82.807, Bull. crim., n° 18, JurisData n° 2009-046739, *Dr. pén.* mars 2009, n° 3, comm. 42, p. 44, note A. MARON ; *RSC* juin 2009, n° 2, p. 431, obs. P. PONCELA ; *AJ pénal* mars 2009, n° 3, p. 139, obs. M. HERZOG-EVANS ; *D.* mai 2009, n° 20, p. 1376, obs. J.-P. CÉRÉ, M. HERZOG-EVANS et E. PÉCHILLON ; *RSC* juin 2009, n° 2, p. 377, obs. Y. MAYAUD.

Dans les cas où la responsabilité pénale est retenue, les possibilités d'exonération se révèlent infimes.

De toute évidence, pour que la responsabilité pénale puisse être effectivement engagée, il faut saisir le juge compétent en la matière. Le principe fixe la compétence territoriale du procureur de la République[3001]. Le procureur peut être celui du lieu de l'infraction, celui de la résidence de l'une des personnes soupçonnées d'avoir participé à l'infraction, celui du lieu d'arrestation d'une de ces personnes, même lorsque cette arrestation a été opérée pour une autre cause ou celui du lieu de détention d'une de ces personnes, même lorsque cette détention est effectuée pour une autre cause. Le principe fixe également la compétence d'attribution de la juridiction correctionnelle[3002], s'agissant de délits[3003]. Aussi, compte tenu de l'effet de l'autorité de la chose jugée au pénal sur le civil - puisque les sanctions encourues par le bailleur sur la base de l'obligation de délivrance peuvent être civiles et pénales - il faut garder à l'esprit que les juridictions civiles ne peuvent contredire ce qui a été jugé, quand bien même la preuve leur serait rapportée de la fausseté ou de l'inexactitude de la décision pénale[3004].

Tentons donc d'expliquer que les sanctions pénales se présentent comme des remèdes efficaces au regard de la fonction l'obligation de délivrance en raison de leur effet dissuasif. D'une part, l'obligation de délivrance qui pèse sur le bailleur ou son représentant peut engager sa responsabilité pénale, même si les cas sont limités en raison de conditions strictes (§ 1). D'autre part, si cette responsabilité venait à être retenue, une exonération s'annoncera difficile en proportion de conditions tout aussi strictes (§ 2).

§ 1 - Les strictes conditions de mise en œuvre de la responsabilité pénale du bailleur

663. Énumération des conditions. Comme en matière civile, la responsabilité pénale liée à l'immeuble et plus particulièrement à l'obligation de délivrance ne va pas être engagée chaque fois que la vie du locataire est mise en danger ou que sa dignité est touchée. D'autres conditions s'ajoutent. Sa fonction étant répressive et non réparatrice, la responsabilité pénale va être mise en œuvre lorsqu'une infraction est commise. Pour ce faire, le concept d'infraction doit réunir cumulativement un élément légal, un élément moral et un élément matériel[3005]. Ainsi, les infractions évoquées précédemment pourront être retenues à l'encontre du bailleur autant que ces conditions seront réunies.

[3001] CPP, art. 43.

[3002] CPP, art. 381.

[3003] F. AGOSTINI, *Compétence*, Rép. pénal Dalloz, févr. 2005, n° 270 ; M. REDON, *Tribunal correctionnel*, Rép. pénal Dalloz, juin 2017, n° 2.

[3004] C. BOUTY, *Chose jugée*, Rép. proc. civ. Dalloz, mars 2018, n° 728, 735 et s.

[3005] C. BECCARIA, *Le Traité des délits et des peines*, intro. M. ANCEL et G. STÉFANI, Cujas, 1966, pp. 59 et s. ; J. LARGUIER, P. CONTE et P. MAISTRE DU CHAMBON, *Droit pénal général*, 23e éd., Dalloz, coll. Mémentos, 2018, pp. 13 et s. ; X. PIN, *Droit pénal général 2021*, 12e éd., Dalloz, coll. Cours, 2020, p. 43, n° 35, pp. 180 et s., n° 174 et s.

Nous nous efforcerons donc de démontrer que ces conditions paraissent pouvoir être réunies pour reconnaître le délit de mise en danger de la vie d'autrui (A) alors que cela s'annonce quasiment impossible pour le délit d'atteinte à la dignité humaine (B).

A - Le délit de mise en danger de la vie d'autrui et la violation manifestement délibérée d'une obligation de prudence ou de sécurité

664. Rattachement de l'obligation de sécurité à l'obligation de délivrance par le biais d'une disposition législative ou réglementaire : la décence. Ainsi que nous l'avons introduit ci-avant, c'est donc sur le fondement d'un manquement aux obligations de sécurité et de prudence que la responsabilité pénale du bailleur pourra être engagée. Dès lors que la chose louée présente un danger pour le locataire, le bailleur est susceptible d'être poursuivi pénalement, en application de l'article 223-1 du Code pénal qui régit les règles de mise en œuvre de cette responsabilité. Ce dernier prévoit que *« le fait d'exposer directement autrui à un risque immédiat de mort ou de blessures de nature à entraîner une mutilation ou une infirmité permanente par la violation manifestement délibérée d'une obligation particulière de sécurité ou de prudence imposée par la loi ou le règlement est puni d'un an d'emprisonnement et de 15 000 euros d'amende »*. Un auteur indique à ce sujet que le bailleur, bien qu'étant tenu d'une obligation de sécurité, pourra être condamné pénalement uniquement si l'obligation de sécurité ou de prudence visée par l'article 322-5 du Code pénal trouve sa source dans la loi ou le règlement. Ces deux derniers termes doivent être entendus, ainsi que l'indique la doctrine, dans leur sens constitutionnel[3006], ce que la Cour de cassation a plusieurs fois affirmé[3007]. De ce fait, la violation d'une obligation de sécurité d'origine jurisprudentielle ne permettra pas la condamnation du bailleur sur le fondement de l'article 322-5 du Code pénal.

Partant, il devient prégnant de se demander si le bailleur de locaux commerciaux pourrait être condamné pénalement pour manquement à une obligation de sécurité dans la mesure où la sécurité est une composante de l'obligation de délivrance[3008]. En d'autres termes, il convient de se demander s'il est possible de déduire des articles 1719, 1° et 1720 alinéa 1er du Code civil une obligation de sécurité d'origine légale. La réponse à cette interrogation doit s'envisager en plusieurs temps puisque le rattachement de la sécurité à l'obligation de délivrance est à la fois d'origine légale et jurisprudentielle. Lorsque la sécurité intègre le contenu de l'obligation de délivrance par la volonté du législateur, l'obligation de sécurité est d'origine légale, de sorte que le bailleur serait alors susceptible d'être exposé à une sanction pénale. Cela sera manifestement le cas lorsqu'il loue un bien contenant du plomb, de l'amiante, la légionellose, infesté par le mérule, exposé aux rayonnements non

---

[3006] V. ZALEWSKI, « Le locataire fumeur et fumiste », *AJDI* oct. 2012, n° 10, p. 661 ; R. CABRILLAC, *Introduction générale au droit*, 13e éd., Dalloz, coll. Cours, 2019, p. 103, n° 101.
[3007] Cass. crim., 9 mars 1999, n° 98-82.269, Bull. crim., n° 34, *D.* janv. 2000, n° 4, p. 81, note M.-C. SORDINO et A. PONSEILLE ; *D.* juin 2000, n° 22, p. 227, obs. J. MOULY.
[3008] V. *supra* n° 107 et s.

ionisants[3009] ou encore en présence d'une installation électrique défaillante[3010] puisque ces éléments contreviennent à l'obligation de décence. D'ailleurs, quelques textes indiquent que des sanctions pénales peuvent être encourues dans ces cas précis. On peut citer la circulaire du 30 août 1999[3011] qui indique que la responsabilité pénale du propriétaire pourrait être engagée sur le fondement des textes du Code pénal[3012]. De même, il est prévu à l'article L. 1334-7 du Code de la santé publique que l'absence, dans le contrat de location, du constat de risque d'exposition au plomb constitue un manquement aux obligations particulières de sécurité et de prudence susceptible d'engager la responsabilité pénale du bailleur[3013]. En outre, l'article R. 1337-3-1 du Code de la santé publique précise que le non-respect des dispositions relatives à l'amiante est sanctionné par une contravention de cinquième classe.

D'ailleurs, la jurisprudence est venue préciser, par un arrêt de la chambre criminelle du 20 novembre 2012, les contours de la responsabilité pénale du bailleur pour mise en danger d'autrui au regard de la présence de plomb dans les lieux loués[3014]. En l'espèce, au mépris d'un diagnostic technique mettant en évidence la présence de plomb sur des éléments directement accessibles d'un appartement, ce dernier a été loué sans que des travaux ne soient réalisés. Deux ans après la conclusion du bail, l'administration a enjoint le gestionnaire des lieux de faire réaliser des travaux, lesquels ont été effectués plusieurs mois plus tard. L'enfant des locataires, alors âgé de six mois, ayant été intoxiqué par ingestion de peintures contenant du plomb, la société gestionnaire des lieux et son dirigeant de fait ont été poursuivis pour mise en danger. Les juges du fond ont confirmé la relaxe du bailleur au motif qu'il n'était pas démontré que l'intoxication ait trouvé sa cause dans une intoxication postérieure à l'injonction faite au bailleur de faire réaliser les travaux. La Cour de cassation saisie du pourvoi contre l'arrêt de la Cour d'appel avait deux solutions. Soit elle considérait que la faute du bailleur constitutive de la mise en danger ne pouvait apparaître qu'après l'injonction de faire les travaux. Soit elle considérait que la mise en danger pouvait exister dès l'origine du bail en raison de l'obligation du bailleur de fournir un logement décent exempt de tout risque manifeste pour la santé. C'est la deuxième solution, plus sévère pour le bailleur, que retient la Cour suprême en cassant la relaxe. Ainsi, c'est dès l'apparition

---

3009 A. CONFINO, « Obligations et précautions documentaires dans la rédaction du bail commercial », art. cit. ; F.-G. TRÉBULLE, « Prévention du saturnisme, de la légionellose et des risques liés à l'amiante et aux rayonnements non ionisants », art. cit.

3010 P. DAVIAUD, « Diagnostic électricité. À conseiller à vos clients bailleurs », *DIMAG* août 2009, n° 9, p. 8.

3011 *Circ.* UHC/QC/18 n° 99-58, 30 août 1999, Circulaire relative à la mise en oeuvre et au financement des mesures d'urgence contre le saturnisme.

3012 T. KÉRAVEC, « Diagnostics techniques : regroupement dans un dossier unique », *JCP N* juill. 2005, n° 30-34, étude 1358, p. 1356 ; S. POIROT, « Risque lié au plomb », *Gaz. pal.* juin 2002, n° 166, p. 40 ; A. REYGROBELLET, « La problématique environnementale en droit des baux commerciaux », art. cit.

3013 J.-L. BERGEL (dir.) *et alii*, *Le Lamy droit immobilier*, 2015, *op. cit.*, n° 5395 ; N. DAMAS, *Bail d'habitation et mixte : rapports locatifs individuels - Loi du 6 juillet 1989*, Rép. dr. imm. Dalloz, févr. 2020, n° 121.

3014 Cass. crim., 20 nov. 2012, n° 11-88.059, JurisData n° 2012-029125, *Dr. pén.* mars 2013, n° 3, comm. 38, p. 38, obs. M. VÉRON ; *D.* nov. 2013, n° 41, p. 2713, chron. G. ROUJOU DE BOUBÉE, T. GARÉ, M.-H. GOZZI, S. MIRABAIL et T. POTASZKIN.

du risque d'exposition au plomb (ou d'un autre risque sanitaire) révélé par un diagnostic que le bailleur (voire son gestionnaire) doit réaliser des travaux sans attendre une injonction de l'administration. À défaut, sa responsabilité pénale pour mise en danger d'autrui peut être engagée.

Si le bailleur de locaux commerciaux contenant des locaux d'habitation peut être responsable pénalement pour manquement à son obligation de délivrance d'un logement décent, qu'en est-il du bailleur de locaux exclusivement commerciaux ?

665. Rattachement de l'obligation de sécurité à l'obligation de délivrance par le biais d'une disposition législative ou réglementaire : les normes spécifiques. Cette situation vise les réglementations relatives à l'amiante, au radon, à la pollution des sols et aux risques technologiques. Ces éléments proviennent de dispositions spécifiques, mais intègrent, comme nous avons tenté de le démontrer dans la première partie[3015], le contenu de l'obligation de délivrance. Ce faisant, sans faire référence à un manquement à l'obligation de délivrer un logement décent, la responsabilité pénale du bailleur pourrait être recherchée. Effectivement, en invoquant seulement un manquement à l'obligation de délivrer une chose conforme aux normes de sécurité, c'est-à-dire exempte d'amiante ou de radon, la responsabilité pénale du bailleur pourrait être recherchée, car il a manqué à son obligation de sécurité contenue dans l'obligation de délivrance par l'effet de la loi[3016].

Qu'en est-il maintenant de la responsabilité du bailleur de locaux exclusivement commerciaux lorsque l'exigence de sécurité ne provient pas d'une disposition légale ou réglementaire, mais intègre le contenu de l'obligation de délivrance via une décision jurisprudentielle ?

666. Rattachement de l'obligation de sécurité à l'obligation de délivrance par voie jurisprudentielle : une chose exempte de danger. La réponse se révèle plus complexe lorsque la sécurité est rattachée à l'obligation de délivrance par la jurisprudence[3017]. Cette situation vise tous les cas où la chose louée présente un danger, mais où aucune disposition législative ne fixe de normes de sécurité. Dans cette hypothèse, la responsabilité pénale du bailleur semble difficilement invocable puisque l'obligation de sécurité n'est pas d'origine légale, mais jurisprudentielle[3018]. À ce titre, la Cour de cassation a justement refusé, dans un cas similaire qui concernait non pas la responsabilité pénale du bailleur, mais celle du locataire, de déduire de l'article 1728 du Code civil une obligation légale de sécurité, contrairement à ce qu'avaient admis les juges du second degré[3019]. La doctrine

---

[3015] V. *supra* n° 107 et s.

[3016] A. CONIFNO, « Obligations et précautions documentaires dans la rédaction du bail commercial », art. cit.

[3017] V. *supra* n° 107 et s.

[3018] V. ZALEWSKI, « Le locataire fumeur et fumiste », art. cit.

[3019] Cass. crim., 27 janv. 2012, n° 11-81.324, Bull. crim., n° 17, JurisData n° 2012-000386, *Loyers et copr.* mars 2012, n° 3, comm. 62, p. 11, note B. VIAL-PEDROLETTI ; *AJDI* oct. 2012, n° 10,

interprète la solution de la Cour de cassation comme une exigence des juges du fond de la caractérisation d'un manquement à une norme de comportement suffisamment précise et déterminée[3020].

667. Responsabilité pénale et qualité de l'activité économique. Le rôle premier de la responsabilité pénale et de ses sanctions est répressif et consiste à punir l'individu fautif[3021]. La responsabilité pénale et ses sanctions jouent également d'autres rôles. Effectivement, la doctrine leur reconnaît un effet préventif, dissuasif ou encore éducatif[3022]. Force est donc de reconnaître que l'objectif des sanctions pénales n'est *a priori* pas la préservation ou la pérennisation de l'activité économique.

Toutefois, les sanctions pénales peuvent participer au rééquilibrage du lien contractuel, notamment par le biais de la sanction d'un manquement à une obligation de sécurité[3023]. Ces sanctions encourues par le bailleur, même si elles sont rares, peuvent s'inscrire dans une logique de pérennisation de l'activité économique, du moins de qualité de l'activité économique, cette dernière participant à la première. En effet, il semble évident que l'exercice d'une activité économique dans un local commercial présentant un danger sera de moins bonne qualité que celui qui se réalise dans un local exempt de danger. La sécurité des lieux loués participe à la qualité de l'activité économique. En sanctionnant pénalement le bailleur d'un tel manquement, elle a un effet dissuasif et l'incite à délivrer des locaux sécurisés.

Contrairement au délit de mise en danger de la vie d'autrui, le délit d'atteinte à la dignité humaine sera difficilement le fondement de la responsabilité pénale du bailleur.

B - Le délit d'atteinte à la dignité humaine

668. Rattachement difficile du manquement à l'obligation de délivrance au délit d'indignité humaine. Dans un second temps, c'est effectivement sur le fondement d'une atteinte au respect de la dignité humaine que la responsabilité pénale du bailleur pourrait être recherchée. En effet, l'article 225-14 du Code pénal dispose que *« le fait de soumettre une personne, dont la vulnérabilité ou l'état de dépendance sont apparents ou connus de l'auteur, à des conditions de travail ou d'hébergement incompatibles avec la dignité humaine est puni de cinq ans d'emprisonnement et de 150 000 euros d'amende »*. Le bailleur pourrait être exposé à cette sanction pénale lorsqu'il loue un bien indigne en raison de la présence de plomb, d'amiante, de mérule ou de tout autre

---

p. 661, obs. V. ZALEWSKI ; *RDI* mars 2012, n° 3, p. 165, obs. G. ROUJOU DE BOUBÉE ; *Dalloz actualité* 27 janv. 2012, obs. M. BOMBLED.

[3020] V. ZALEWSKI, « Le locataire fumeur et fumiste », art. cit. ; V. aussi en ce sens : Cass. crim., 12 janv. 2010, n° 09-81.936, Bull. crim., n° 3, JurisData n° 2010-051510, *AJ pénal* mai 2010, n° 10, p. 239, obs. J. LASSERRE-CAPDEVILLE ; *Dr. pén.* avr. 2010, n° 4, comm. 44, p. 42, note M. VÉRON.

[3021] X. PIN, *Droit pénal général 2021*, *op. cit.*, p. 5, n° 4.

[3022] *Ibid.*, pp. 15 et s., n° 15 et s.

[3023] V. pour cette idée : V. WESTER-OUISSE, *Convention et juridiction pénale*, *op. cit.*, pp. 98 et s., n° 96 et s.

élément de nature à rendre ce logement indigne, tel que la suroccupation par exemple, et lorsque son locataire se trouve dans un état de vulnérabilité ou de dépendance dont il avait connaissance[3024]. En effet, la doctrine explique que la location d'un bien immobilier entre dans le cadre de la notion d'hébergement[3025]. Cette réflexion peut encore être appuyée par la circulaire du 30 août 1999, relative à la mise en œuvre et au financement des mesures d'urgence contre le saturnisme[3026], qui affirme que la responsabilité pénale du bailleur peut être recherchée sur ce fondement. Cependant, cette réflexion est sans compter la circonscription jurisprudentielle du champ d'application de l'article 225-14 du Code pénal[3027], qui semble de toute évidence écarter son application à l'égard du bailleur. Et la circulaire sus-citée n'y pourra rien changer compte tenu de sa faible valeur face au droit pénal. En restreignant la répression du délit d'atteinte à la dignité humaine à l'existence d'une contrepartie à l'hébergement, et donc à l'hébergement des travailleurs, on exclut manifestement la situation du bailleur.

En tout état de cause, les autres conditions paraissent aussi difficiles à réunir. La notion de dignité humaine, première condition, est assez floue en ce que ces critères d'appréciation sont imprécis[3028]. À quel stade peut-on estimer qu'il y a indignité ? La jurisprudence s'est prononcée sur le concept d'indignité en se fondant sur des critères d'habitabilité[3029]. Qu'en est-il des critères relatifs aux locaux non destinés à l'habitation ? La notion apparaît d'autant plus floue dans ce cas. La seconde condition sera encore plus difficilement satisfaite puisqu'elle restreint le champ à la vulnérabilité ou dépendance du locataire, notion très subjective, et à sa connaissance par le bailleur. Il ne suffit donc pas que cet état soit prouvé, encore

---

3024 S. POIROT, « Risque lié au plomb », art. cit. ; F.-X. ROUX-DEMARE, « La réponse pénale contre l'habitat dégradé », *AJ pénal* 2016, p. 63.

3025 S. LICARI, « Des conditions de travail et d'hébergement incompatibles avec la dignité humaine résultant d'un abus de la situation de vulnérabilité ou de dépendance de la victime », *RSC* sept. 2001, n° 3, p. 553.

3026 *Circ.* UHC/QC/18 n° 99-58, 30 août 1999, Circulaire relative à la mise en oeuvre et au financement des mesures d'urgence contre le saturnisme : *« Dans la relation propriétaire/occupant : la responsabilité pénale du propriétaire pourraiteut être engagée en application de l'article 223-1 du nouveau code pénal pour "risques causés à autrui" ou de l'article 225-14 pour "conditions d'hébergement contraires à la dignité humaine". ».*

3027 Cass. crim., 20 janv. 2009, n° 08-82.807, Bull. crim., n° 18, JurisData n° 2009-046739, *Dr. pén.* mars 2009, n° 3, comm. 42, p. 44, note A. MARON ; *RSC* juin 2009, n° 2, p. 431, obs. P. PONCELA ; *AJ pénal* mars 2009, n° 3, p. 139, obs. M. HERZOG-EVANS ; *D.* mai 2009, n° 20, p. 1376, obs. J.-P. CÉRÉ, M. HERZOG-EVANS et E. PÉCHILLON ; *RSC* juin 2009, n° 2, p. 377, obs. Y. MAYAUD.

3028 M. DANTI-JUAN, « La notion de dignité humaine en droit pénal », *in* J. PRADEL (dir.) *et alii*, *Questions contemporaines de science criminelle*, Travaux de l'Institut de sciences criminelles de Poitiers, Cujas, 1996, p. 99 ; R. KOERING-JOULIN, « Le développement de la dignité en droit pénal », *in La dignité de la personne humaine*, Economica 1999, p. 67 et s. ; S. LICARI, « Des conditions de travail et d'hébergement incompatibles avec la dignité humaine résultant d'un abus de la situation de vulnérabilité ou de dépendance de la victime », art. cit. ; Y. MAYAUD, « Du concept de dignité appliqué aux conditions de travail et d'hébergement », *RSC* sept. 1998, n° 3, p. 541 ; J.-F. SEUVIC, « Variations sur l'humain comme valeurs pénalement protégées », *in Ethique, droit et dignité de la personne*, *Mélanges Ch. Bolze*, Economica, 1999, p. 339.

3029 Cass. crim., 11 févr. 1998, n° 96-84.997, Bull. crim., n° 53, JurisData n° 1998-000906, *RSC* sept. 1998, n° 3, p. 541, obs. Y. MAYAUD ; *RSC* déc. 1998, n° 4, p. 763, obs. B. BOULOC ; *D.* mars 1998, n° 12, p. 89.

faut-il que le bailleur en ait eu connaissance. Là encore, la notion de vulnérabilité n'est pas définie par le législateur et les facteurs susceptibles d'engendrer la vulnérabilité ou la dépendance sont extrêmement variés[3030]. C'est souvent par référence à la faiblesse que sera sanctionnée l'atteinte à sa dignité[3031].

§ 2 - Les strictes conditions d'exonération de la responsabilité pénale du bailleur

669. Causes d'exonération et prescription. Si la responsabilité pénale peut être invoquée dans des situations bien précises, elle peut aussi faire l'objet d'exonération dans des conditions très précises.

Le bailleur aura du mal à s'exonérer de sa responsabilité pénale en raison de l'inadaptation des causes d'exonération (A) et de la stricte prescription de l'action en responsabilité (B).

A - L'inadaptation des causes d'exonération de la responsabilité pénale du bailleur

670. Deux grands types de causes exonératoires. Parfois, la loi pénale écarte ou atténue la culpabilité d'une personne, alors même que les conditions sont réunies pour la retenir. C'est notamment le cas lorsque des circonstances propres à la personne ou relatives au cadre dans lequel les faits se sont produits peuvent expliquer et justifier l'infraction commise. La doctrine pénaliste a ainsi pu opérer une distinction entre les causes d'exonération de responsabilité qu'elle appelle subjectives et qui proviennent directement de la personne ayant commis l'infraction, et les causes d'exonération de responsabilité qu'elle nomme objectives et qui proviennent du cadre dans lequel l'infraction a été commise.

Parmi les diverses causes d'exonération énoncées par le Code pénal, trois causes peuvent être identifiées aux articles 122-1 à 122-3. Ces trois causes touchent directement à la personne ayant commis l'infraction et sont susceptibles de porter atteinte à la nécessité d'une conscience claire et d'une volonté libre en principe prévue pour reprocher une infraction à un individu. Il s'agit du trouble psychique, de la contrainte et de l'erreur[3032]. À côté d'elles, le Code pénal reconnaît, aux articles 122-4 à 122-9, trois autres causes d'exonération qui trouvent leur source dans les conditions qui ont entouré la survenance de l'infraction[3033]. Il s'agit de l'ordre de la

---

[3030] S. LICARI, « Des conditions de travail et d'hébergement incompatibles avec la dignité humaine résultant d'un abus de la situation de vulnérabilité ou de dépendance de la victime », art. cit.
[3031] Y. MAYAUD, « Précisions substantielles et probatoires sur les conditions de travail et d'hébergement contraires à la dignité de la personne », *RSC* juin 2002, n° 2, p. 324.
[3032] P. SALVAGE et J. LEROY, *Synthèse - Responsabilité pénale des personnes physiques*, J.-Cl. Pénal Code Synthèse n° 20, sept. 2018, n° 29.
[3033] *Ibid.*, n° 39.

loi et du commandement de l'autorité légitime, de la légitime défense et de l'état de nécessité[3034].

S'il existe de nombreuses hypothèses permettant d'exonérer de sa responsabilité pénale l'auteur du comportement délictueux, il n'en demeure pas moins que celles-ci sont quasiment inapplicables au bailleur.

671. Le bailleur rarement exonéré de sa responsabilité pénale par son état mental ou physique. En premier lieu, l'article 122-1 alinéa 1er du Code pénal déclare que *« n'est pas pénalement responsable la personne qui était atteinte au moment des faits d'un trouble psychique ou neuropsychique ayant aboli son discernement ou le contrôle de ses actes »*. Une exonération de responsabilité pénale est donc permise en cas d'abolition des facultés mentales[3035]. Il importe peu que l'abolition soit innée ou acquise, que son appellation soit médicale, ce qui compte, c'est que le discernement ou le contrôle des actes soit totalement annihilé[3036]. Il est nécessaire que la preuve de l'abolition « au moment des faits » soit rapportée dans la mesure où il n'existe pas en matière pénale de présomption de maladie mentale[3037]. Cette preuve relève de l'appréciation souveraine des juges du fond et s'établit souvent en pratique par une expertise psychiatrique[3038]. Il faut distinguer cette hypothèse de celle prévue par le second alinéa de l'article 122-1 du Code pénal[3039] qui n'exonère pas de sa responsabilité pénale l'auteur de l'acte délictueux lorsqu'il s'agit d'une simple altération des facultés mentales, mais lui offre seulement une réduction de peine[3040]. Le bailleur pourrait donc échapper à sa responsabilité pénale en rapportant la preuve d'une abolition de ses facultés mentales l'ayant conduit à omettre de réaliser certaines réparations ou travaux. Une telle situation nous paraît peu probable en pratique. Le bailleur pourra éventuellement diminuer sa peine, car la preuve d'une simple altération des facultés mentales paraît plus évidente à rapporter.

En second lieu, la contrainte exonère de sa responsabilité pénale la personne qui a agi sous son emprise à condition que cette contrainte ait été irrésistible

---

[3034] *Ibid.*, *loc. cit.*

[3035] X. PIN, *Droit pénal général 2021*, *op. cit.*, p. 308, n° 292.

[3036] M.-L. RASSAT, *Trouble psychique ou neuropsychique. Contrainte*, J.-Cl. Pénal Code, Fasc. n° 20, sept. 2011, n° 25 et s.

[3037] Cass. crim., 21 mars 2012, n° 12-80.178, Bull. crim., n° 77, JurisData n° 2012-006985, *Dr. pén.* juin 2012, n° 6, comm. 96, p. 47, note A. MARON et M. HAAS ; *AJ pénal* juill. 2012, n° 7, p. 416, obs. J. GALLOIS.

[3038] Cass. crim., 4 mars 2015, n° 13-86.954 ; Cass. crim., 18 nov. 2015, n° 14-84.586 ; Cass. crim., 11 juill. 2017, n° 17-82.652, JurisData n° 2017-016043 ; Cass. crim., 29 nov. 2017, n° 16-85.490, Bull. crim., JurisData n° 2017-024148, *Dr. pén.* janv. 2018, n° 1, comm. 16, p. 40, note A. MARON et M. HAAS ; *Dalloz actualité* 4 janv. 2018, obs. V. MORGANTE ; Cass. crim., 13 févr. 2018, n° 17-86.952.

[3039] Il indique dans ce cas que la personne demeure punissable, mais que « la juridiction tient compte de cette circonstance lorsqu'elle détermine la peine et en fixe le régime. S'il est encouru une peine privative de liberté, celle-ci est réduite du tiers ou, en cas de crime puni de la réclusion criminelle ou de la détention criminelle à perpétuité, est ramenée à trente ans. La juridiction peut, toutefois, par une décision spécialement motivée en matière correctionnelle, décider de ne pas appliquer cette diminution de peine. Lorsque, après avis médical, la juridiction considère que la nature du trouble le justifie, elle s'assure que la peine prononcée permette que le condamné fasse l'objet de soins adaptés à son état ».

[3040] X. PIN, *Droit pénal général 2021*, *op. cit.*, pp. 308 et s., n° 292 et s. ; M.-L. RASSAT, *Trouble psychique ou neuropsychique. Contrainte*, *op. cit.*, n° 27.

conformément à l'article 122-2 du Code pénal. Cette cause d'exonération se présente comme une force irrésistible et imprévisible qui annihile la volonté de la personne et sa liberté ou son libre arbitre et qui l'oblige ainsi à commettre une infraction[3041]. C'est une cause de non-imputabilité de la responsabilité pénale qui agit *in personam*[3042]. D'une part, la contrainte peut être physique et se présente alors comme une force de nature physique qui agit sur le corps et sur le mental puisqu'elle rend la volonté inopérante : force naturelle, animale, humaine[3043]. En principe extérieure à l'agent, elle peut connaître quelques exceptions telles que le sommeil[3044] ou la maladie[3045]. Son caractère irrésistible est interprété de façon rigoureuse par la jurisprudence qui se réfère à un type d'individu abstrait et non par rapport au délinquant lui-même[3046]. Son caractère imprévisible se cristallise dans un cas de force majeure qui doit être imprévisible et insurmontable[3047]. D'autre part, la contrainte peut aussi être morale et prend alors la forme d'une force de nature morale qui annihile directement la volonté et supprime ainsi la liberté : menaces, suggestions, provocations[3048] ou encore sous forme d'une emprise psychologique[3049]. Ces deux formes de contrainte répondent donc aux mêmes caractères, à une réserve près que la contrainte physique doit toujours être extérieure à l'agent[3050]. Ici, le bailleur pourrait s'exonérer de sa responsabilité en rapportant la preuve de l'existence d'une contrainte l'ayant empêché de réaliser

---

[3041] X. PIN, *Droit pénal général 2021*, *op. cit.*, p. 314, n° 299 ; M.-L. RASSAT, *Trouble psychique ou neuropsychique. Contrainte*, *op. cit.*, n° 70 et s.

[3042] X. PIN, *Droit pénal général 2021*, *op. cit.*, *loc. cit.*

[3043] M.-L. RASSAT, *Trouble psychique ou neuropsychique. Contrainte*, *op. cit.*, n° 74.

[3044] Cass crim, 19 oct. 1922, DP 1922, 1, 233 : En l'espèce, un voyageur était poursuivi pour défaut de titre de transport mais fut relaxé car il s'était endormi sous l'effet d'une grande fatigue, ce qui lui avait fait dépasser la station à laquelle il devait descendre.

[3045] CA Douai, 6e ch. corr., 24 oct. 2000, n° 00/01052, JurisData n° 2000-140144, *JCP G* janv. 2002, n° 3, jur. II 10012, p. 140, note J.-Y. MARÉCHAL : Dans cette affaire, un automobiliste frappé d'un malaise imprévisible et brutal a perdu le contrôle de son véhicule, crispant son pied sur la pédale d'accélérateur, mais fut relaxé en raison des chefs d'homicide et de blessures involontaires dans la collision mortelle qui s'ensuivit.

[3046] Cass. crim., 28 déc. 1900 : La contrainte morale n'est une cause de justification que lorsqu'elle résulte d'une force à laquelle le prévenu n'a pu résister. Mais les entraves résultant, pour l'exploitation de propriétés, de la terreur causée par des malfaiteurs, et les craintes inspirées par eux ne constituent pas la contrainte morale suffisante pour faire disparaître le caractère délictueux du recel de ces criminels. ; Cass. crim., 8 févr. 1936, *D.* 1936, 1, p. 44 ; Cass. crim., 21 févr. 2017, n° 15-86.977, JurisData n° 2017-002882 ; Cass. crim., 20 juin 2018, n° 17-86.732, JurisData n° 2018-016163, *AJ fam.* sept. 2018, n° 9, p. 461, obs. J. HOUSSIER.

[3047] Cass. crim., 26 juin 2013, n° 12-86.941, JurisData n° 2013-017288, *Gaz. pal.* oct. 2013, n° 288, p. 3240, obs. E. DREYER ; Cass. crim., 6 nov. 2013, n° 12-82.182, Bull. crim., n° 215, JurisData n° 2013-024879, *Dr. pén.* févr. 2014, n° 2, comm. 24, p. 33, note J.-H. ROBERT ; *D.* déc. 2014, n° 42, p. 2423, chron. G. ROUJOU DE BOUBÉE, T. GARÉ, M.-H. GOZZI, S. MIRABAIL et C. GINESTET ; Cass. crim., 12 nov. 2014, n° 14-80.155, JurisData n° 2014-027445.

[3048] M.-L. RASSAT, *Trouble psychique ou neuropsychique. Contrainte*, *op. cit.*, n° 75 et s.

[3049] Cour d'assises Rennes, 29 sept. 2017, n° 38/2017, *Dalloz actualité* 30 oct. 2017, obs. C. FONTEIX : personne placée sous l'emprise d'un gourou ; V. aussi pour l'appréciation de la crainte révérencielle ou la différence d'âge qui est considérée comme une forme de contrainte à laquelle est soumise la victime : Cass. crim., 18 nov. 2015, n° 14-86.100, JurisData n° 2015-029658, *Dr. pén.* févr. 2016, n° 2, comm. 24, p. 30, obs. P. CONTE.

[3050] Cass. crim., 17 avr. 1956, n° , Bull. crim., n° 310, p. : une force qui serait interne à l'agent, telle que la passion, les convictions ou les émotions, ne saurait être prise en considération.

certains travaux. Là encore, l'hypothèse nous paraît marginale, car on voit mal à quelle force le bailleur n'aurait pas pu résister pour ne pas délivrer un bien conforme.

En dernier lieu, l'erreur désigne le fait de croire vrai ce qui est faux ou inversement[3051]. Il peut s'agir d'une erreur de fait qui écarte la responsabilité pénale lorsqu'elle porte sur un élément essentiel à l'existence de l'intention telle, par exemple, l'erreur qui conduit à confondre, dans un vestiaire, le manteau du voisin avec le sien et à s'emparer de celui du voisin[3052]. Il peut également s'agir d'une erreur de droit qui, en vertu de l'article 122-3 du Code pénal, ne rend pas responsable *« la personne qui justifie avoir cru, par une erreur sur le droit qu'elle n'était pas en mesure d'éviter, pouvoir légitimement accomplir l'acte »*. Ici, la démonstration de cette connaissance est inutile puisqu'elle est présumée en application de l'adage *« Nemo consetur ignorare legem : Nul n'est censé ignorer la loi »*[3053] qui signifie que l'on ne peut se soustraire à l'application d'une règle de droit en prétextant l'ignorance et donc que l'on est implicitement supposé connaître le droit[3054]. Pour être admise, cette erreur exige un caractère invincible[3055], ce qui n'a quasiment jamais été admis sauf dans le cas d'une erreur provoquée notamment par un accord illicite établi par un médiateur de justice[3056]. À ce titre, le bailleur pourrait difficilement s'exonérer de sa responsabilité pénale pour erreur sauf peut-être en considérant l'erreur provoquée. Le contentieux des baux commerciaux, bien que largement empreint d'ordre public, peut être concerné par la procédure de médiation, spécifiquement pour les travaux[3057]. Partant, le cas d'un accord illicite établi par un médiateur de justice pourrait se retrouver dans le cadre d'un bail commercial, mais cela reste une hypothèse rare.

672. L'impossible exonération de responsabilité pénale du bailleur par les circonstances. D'autre part, l'article 122-4 alinéa 1er permet d'abord de ne pas

---

3051 P. SALVAGE et J. LEROY, Synthèse - Responsabilité pénale des personnes physiques, *op. cit.*, n° 36.
3052 *Ibid.*, n° 37.
3053 M.-L. RASSAT, *Erreur sur le droit*, J.-Cl. Pénal Code, Fasc. n° 20, mars 2014, n° 7 et s.
3054 Cass. crim., 25 juin 2014, n° 13-85.506, JurisData n° 2014-014226, *JA* sept. 2014, n° 504, p. 11, obs. R. F. ; Cass. crim., 25 juin 2014, n° 13-85.507, *JA* sept. 2014, n° 504, p. 11, obs. R. F. ; Cass. crim., 25 juin 2014, n° 13-83.941, *JA* sept. 2014, n° 504, p. 11, obs. R. F. ; Cass. crim., 19 nov. 2014, n° 13-84.453, JurisData n° 2014-027965 ; Cass. crim., 28 juin 2016, n° 15-83.587, JurisData n° 2016-012689, *Gaz. pal.* oct. 2016, n° 34, p. 46, obs. S. DETRAZ ; *Gaz. pal.* oct. 2016, p. 46, note S. DETRAZ.
3055 Cass. crim., 12 sept. 2006, n° 05-83.235, Bull. crim., n° 218, JurisData n° 2006-035381, *Dr. pén.* déc. 2006, n° 12, comm. 155, p. 19, note M. VÉRON ; *Dr. pén.* déc. 2006, n° 12, comm. 155, p. 19, note J.-H. ROBERT ; Cass. crim., 11 mars 2014, n° 12-87.178 ; Cass. crim., 24 févr. 2015, n° 14-81.662, JurisData n° 2015-003483 ; Cass. crim., 25 oct. 2016, n° 15-85.431, JurisData n° 2016-022361 ; Cass. crim., 24 oct. 2017, n° 16-87.645.
3056 X. PIN, *Droit pénal général 2021*, *op. cit.*, pp. 320-321, n° 307 ; V. pour l'admission de l'erreur provoquée : Cass. crim, 24 nov. 1998, n° 97-85.378, *JCP G* déc. 1999, n° 48, comm. II 10208, p. 2141, note M.-A. HOUTMANN et Cass. crim., 11 mai 2006, n° 05-87.099, JurisData n° 2006-033983, *Dr. pén.* sept. 2006, n° 9, comm. 109, p. 28, note M. VÉRON ; *JCP G* déc. 2006, n° 51-52, p. 2391, note O. FARDOUX ; *AJ pénal* sept. 2006, n° 9, p. 358, obs. J. LEBLOIS-HAPPE.
3057 B. STOYKOV et H. DEHGHANI-AZAR, « La médiation dans le contentieux des baux commerciaux », *Affiches parisiennes* 30 oct. 2017.

retenir la responsabilité pénale de *« la personne qui accomplit un acte prescrit ou autorisé par des dispositions législatives ou réglementaires »*. Par exemple, l'article 226-14 du Code pénal indique que l'article 226-13 qui réprime la violation du secret professionnel *« n'est pas applicable dans les cas où la loi impose ou autorise la révélation du secret »*[3058]. L'autorité légitime désigne celle qui dispose légalement du pouvoir de commander l'exécution des lois, c'est-à-dire une autorité publique, civile ou militaire, à l'exclusion d'une autorité privée telle qu'un employeur, un parent ou un mari[3059]. Cette cause suscite des difficultés lorsque l'infraction est commise conformément au commandement de l'autorité légitime, mais contrairement à l'ordre de la loi[3060]. Dans ce cas, il convient de recourir au système consistant à distinguer entre l'ordre manifestement illégal et l'ordre non manifestement illégal[3061]. Le premier ne doit pas être exécuté sous peine, dans le cas contraire, d'échapper à la justification. Le second conduit à justifier l'infraction. Cette hypothèse semble difficilement applicable au bailleur dans la mesure où il n'existe pas à notre connaissance de disposition légale en ce sens.

Ensuite, selon l'article 122-5 du Code pénal, une personne peut ne pas être responsable pénalement lorsque, face à une atteinte injustifiée envers elle-même ou autrui, elle *« accomplit, dans le même temps, un acte commandé par la nécessité de la légitime défense d'elle-même ou d'autrui, sauf s'il y a disproportion entre les moyens de défense employés et la gravité de l'atteinte »*. Selon ce même article, la responsabilité pénale de la personne est aussi écartée lorsque, pour interrompre l'exécution d'un crime ou d'un délit contre un bien, cette personne *« accomplit un acte de défense, autre qu'un homicide volontaire, lorsque cet acte est strictement nécessaire au but poursuivi dès lors que les moyens employés sont proportionnés à la gravité de l'infraction »*. La légitime défense assure donc l'irresponsabilité de celui qui, pour repousser une agression actuelle et injuste le menaçant ou menaçant autrui, est amené à commettre une infraction lésant l'auteur du péril, et suppose ainsi un acte d'agression suivi d'un acte de défense[3062]. L'objet de l'agression peut être un danger d'ordre physique, tel que la mise en péril de la vie, de l'intégrité corporelle[3063], de la liberté locomotrice, un danger de caractère sexuel, ou un danger d'ordre patrimonial, pourvu que l'agression soit de nature criminelle ou correctionnelle[3064]. Les caractères de l'agression tendent à ce que cette agression soit injuste et actuelle, c'est-à-dire immédiate, instantanée, présente[3065], car seule une agression de cette nature empêche l'agressé de se placer sous la protection de l'autorité publique. L'acte de défense, quant à lui, doit répondre, selon l'article 122-5 du Code pénal, à trois caractères. Premièrement, la

---

[3058] M.-L. RASSAT, Erreur sur le droit, *op. cit.*, n° 40.

[3059] C. MASCALA, *Faits justificatifs. - Généralités. - Ordre de la loi et commandement de l'autorité légitime*, J.-Cl. Pénal Code, Fasc. n° 20, déc. 2012, n° 74 et s.

[3060] *Ibid.*, n° 79 et s.

[3061] *Ibid.*, *loc. cit.* ; V. aussi en ce sens : Cass. crim., 27 oct. 2015, n° 14-84.952, JurisData n° 2015-023962, *Gaz. pal.* janv. 2016, n° 4, p. 50, note S. DETRAZ.

[3062] C. MASCALA, *Faits justificatifs. - Légitime défense*, J.-Cl. Pénal Code, Fasc. n° 20, juin 2020, n° 1 et s.

[3063] Cass. crim., 9 sept. 2014, n° 13-85.502 ; Cass. crim., 12 juill. 2016, n° 15-83.582 ; Cass. crim., 8 nov. 2016, n° 16-81.993.

[3064] Cass. crim., 2 sept. 2014, n° 12-86.618.

[3065] Cass. crim., 18 mars 2014, n° 13-84.228 ; Cass. crim., 6 mai 2014, n° 14-81.285.

défense doit être nécessaire en ce sens que la légitime défense ne saurait être admise si celui qui l'invoque pouvait échapper à l'agression en quittant les lieux de l'agression ou en alertant les autorités compétentes[3066]. Deuxièmement, elle doit être mesurée, c'est-à-dire proportionnée à la gravité du danger[3067]. Troisièmement, elle doit enfin être intentionnelle, l'idée de défense étant apparue incompatible avec celle d'imprudence[3068]. Sur ce dernier caractère, dans la mesure où l'actuel article 122-5 du Code pénal se réfère à « un acte » sans précision supplémentaire, la jurisprudence a la possibilité d'évoluer vers la prise en compte d'actes non intentionnels[3069]. La particularité de cette cause d'irresponsabilité pénale est d'exclure toute action en responsabilité civile[3070], ce qui peut être objectivement critiquable[3071]. Toutefois, si les conditions strictes imposées par la loi ne sont pas entièrement respectées ou bien s'il est relevé une faute d'imprudence distincte de l'infraction justifiée, certaines Cours d'assises peuvent être tentées de condamner, par arrêt civil, à des dommages et intérêts un accusé acquitté au pénal parce qu'il est retenu la légitime défense[3072]. Le bailleur aura manifestement du mal à plaider la légitime défense puisque la mise en danger se fait par le biais de la chose louée.

Enfin, l'état de nécessité dans lequel peut se trouver une personne pour commettre sciemment une infraction préjudiciable à autrui pour éviter un péril qui la menace ou qui menace un tiers tel qu'un vol d'aliments pour ne pas mourir de faim justifie un abandon de la responsabilité pénale. Effectivement, l'article 122-7 du Code pénal décide que *« n'est pas pénalement responsable la personne qui, face à un danger actuel ou imminent qui menace elle-même, autrui ou un bien, accomplit un acte nécessaire à la sauvegarde de la personne ou du bien, sauf s'il y a disproportion entre les moyens employés et*

3066 Cass. crim., 23 févr. 2010, n° 09-84.220, JurisData n° 2010-002009 ; Cass. crim., 18 mai 2010, n° 09-85.559 ; Cass. crim., 24 févr. 2015, n° 14-80.222, JurisData n° 2015-003487, *Dr. pén.* mai 2015, n° 5, comm. 65, p. 28, note M. VÉRON ; Cass. crim., 6 déc. 2016, n° 15-80.816, JurisData n° 2016-026007 ; Cass. crim., 30 mai 2017, n° 16-82.470, JurisData n° 2017-010406 ; Cass. crim., 9 janv. 2018, n° 16-86.552, Bull. crim., JurisData n° 2018-000042, *RSC* mai 2018, n° 1, p. 87, obs. Y. MAYAUD.

3067 Cass. crim., 26 juin 2012, n° 11-86.809, JurisData n° 2012-016229, *Dr. pén.* nov. 2012, n° 11, comm. 139, p. 22, note M. VÉRON ; Cass. crim., 6 mai 2014, n° 14-81.285 ; Cass. crim., 18 juin 2014, n° 14-82.339 ; Cass. crim., 21 oct. 2014, n° 13-88.445 ; Cass. crim., 24 févr. 2015, n° 14-80.222, JurisData n° 2015-003487, *Dr. pén.* mai 2015, n° 5, comm. 65, p. 28, note M. VÉRON ; Cass. crim., 25 oct. 2016, n° 15-87.076, JurisData n° 2016-022363 ; Cass. crim., 27 juill. 2016, n° 16-83.012 ; Cass. crim., 17 janv. 2017, n° 15-86.481, Bull. crim., JurisData n ° 2017-000582, *Dr. pén.* avr. 2017, n° 4, comm. 54, p. 25, note P. CONTE ; *Gaz. pal.* avr.2017, n° 16, p. 43, obs. E. DREYER ; *Gaz. pal.* janv. 2017, n° 5, p. 33, obs. C. BERLAUD ; Cass. crim., 7 nov. 2017, n° 16-83.202 ; Cass. crim., 9 janv. 2018, n° 16-86.552, Bull. crim., JurisData n° 2018-000042, *RSC* mai 2018, n° 1, p. 87, obs. Y. MAYAUD ; Cass. crim., 30 janv. 2018, n° 17-81.706, JurisData n° 2018-000960, *Gaz. pal.* avr. 2018, n° 16, p. 53, obs S. DETRAZ.

3068 Cass. crim., 16 févr. 1967, n° 66-92.071, Bull. crim., n° 70, *JCP G* 1967, comm. II, 15034 ; Cass. crim., 17 janv. 2017, n° 16-80.691.

3069 V. en ce sens : Cass. crim., 21 févr. 1996, n° 95-82.305.

3070 Cass. crim., 17 janv. 2017, n° 16-80.691 ; Cass. crim., 30 mai 2017, n° 16-82.470, JurisData n° 2017-010406.

3071 V. sur une critique de ce principe : J. PELISSIER, « Faits justificatifs et action civile », *D.* 1963 p. 121.

3072 C. MASCALA, *Faits justificatifs. - Légitime défense*, *op. cit.*, n° 118 et s. ; Comp. Cass. crim., 19 avr. 2017, n° 16-86.133 : dans cet arrêt, la chambre criminelle relève d'une part la relaxe du prévenu en raison du fait justificatif de légitime défense et d'autre part l'existence d'une faute de la victime, totalement exonératoire de la responsabilité civile du prévenu.

la gravité de la menace »[3073]. Il ressort de cette disposition des conditions spécifiques pour établir l'état de nécessité : le péril doit menacer l'agent[3074], un tiers ou un bien, sachant qu'il peut être physique, moral ou matériel et qu'il ne doit pas être dû à une faute antérieure de l'agent ; l'acte justifié doit être nécessaire[3075] et proportionné à la gravité du mal évité, dans les mêmes termes que ceux déjà envisagés à propos de la légitime défense ; le danger à éviter doit être actuel et imminent[3076]. Dans cette situation, le bailleur pourrait prétendre à une exonération de sa responsabilité pénale s'il parvient à prouver qu'il n'a pas réalisé certains travaux parce qu'il se trouvait face à un danger actuel ou imminent qui le menaçait lui-même, autrui ou un bien. Un tel cas semble rare en pratique, car on voit difficilement quel mal pourrait peser sur le bailleur pour qu'il ne délivre pas un bien sécurisé.

Au-delà de l'inadaptation des causes exonératoires de responsabilité, ce sont les règles de prescription de l'action qui rendent encore plus difficile une exonération de la responsabilité pénale du bailleur.

B - La prescription de l'action en responsabilité pénale

673. Délai de droit commun. Le délai de prescription applicable à l'action en responsabilité fondée sur le délit de mise en danger de la vie d'autrui ou sur le délit d'atteinte à la dignité humaine est le délai de droit commun, conformément à l'article 8 du Code de procédure pénale, qui est de six années révolues computées à partir du jour où l'infraction a été commise[3077].

674. Appréciation du délai : mode de calcul et point de départ. Tel qu'il ressort de l'article 8 du Code de procédure pénale, le délai de prescription de l'action publique commence à courir à partir du jour de la commission de l'infraction. Ce jour n'est pas exactement pris en compte en ces termes par la jurisprudence qui comptabilise le délai à compter du lendemain à zéro heure[3078], selon la locution *« dies a quo non computative in termino »*[3079]. Au contraire, le dernier jour du terme (*dies ad quem*) est compris dans le délai d'expiration à partir duquel la prescription est acquise[3080]. Aussi, le délai de prescription se comptabilise par échéance consécutive de mois ou d'années, et non par jours, ce qui implique que le délai est expiré à l'anniversaire de la date à laquelle la prescription a commencé, sans avoir à

[3073] C. MASCALA, *Faits justificatifs. - État de nécessité*, J.-Cl. Pénal Code, Fasc. n° 20, juin 2020, n° 1.

[3074] Cass. crim., 25 oct. 2016, n° 15-84.682.

[3075] Cass. crim., 1er juin 2005, n° 05-80.351, JurisData n° 2005-028908, *Dr. pén.* sept. 2005, n° 9, comm. 121, p. 11, note M. VÉRON ; Cass. crim., 26 juin 2012, n° 11-85.919 ; Cass. crim., 16 déc. 2015, n° 14-86.860, JurisData n° 2015-028258 ; Cass. crim., 11 janv. 2017, n° 16-80.610, JurisData n° 2017-000182.

[3076] Cass. crim., 16 févr. 2016, n° 15-82.732, Bull. crim., n° 48, JurisData n° 2016-002494, *Constr.-urb.* avr. 2016, n° 4, comm. 53, p. 25, note P. CORNILLE.

[3077] C. COURTIN, *Prescription de l'action publique*, Rép. pénal Dalloz, mars 2019, n° 15.

[3078] *Ibid.*, n° 25.

[3079] Cass. crim., 8 sept. 1998, n° 98-80.742, Bull. crim., n° 227, JurisData n° 1998-004138, *Dr. pénal* 1999, comm. 17, obs. A. MARON ; Cass. crim., 28 juin 2000, n° 99-85.381, Bull. crim., n° 255, JurisData n° 2000-003146, *JCP* 2000, IV, 2692.

[3080] C. COURTIN, *Prescription de l'action publique*, *op. cit.*, n° 29.

retrancher le nombre de jours que pouvaient contenir les mois ou les années intermédiaires[3081]. Le délai de prescription se calcule de quantième à quantième et expire le dernier jour à minuit.

Quant au point de départ du délai de prescription, le principe veut qu'une distinction soit faite eu égard à la nature instantanée ou continue de l'infraction. De la sorte, en matière pénale immobilière, les délits de mise en danger de la vie d'autrui et d'atteinte à la dignité humaine se prolongeant dans le temps[3082], la prescription ne court qu'à partir du jour où l'état délictueux a pris fin dans ses actes constitutifs et dans ses effets[3083]. Cela peut donc amener à repousser de façon importante la prescription de l'action en responsabilité pénale.

3081 *Ibid.*, *loc. cit.*

3082 M. DONNIER, « Les infractions continues », *RSC* oct.-déc. 1958, n° 4, p. 749.

3083 C. COURTIN, *Prescription de l'action publique*, *op. cit.*, n° 41 et s. : v. notamment l'exemple en matière d'urbanisme.

Conclusion du chapitre 2

675. Une sanction adaptée de la non-réalisation de la finalité du bail commercial mais parfois mal utilisée. En quelques mots, lorsque l'objectif de se prémunir du risque attaché à l'obligation de délivrance, à savoir celui de la non-réalisation de la finalité du bail commercial, n'est pas atteint parce que l'anticipation de sa mise en œuvre n'est pas efficace, diverses sanctions vont pouvoir être prononcées. La fonction de l'obligation de délivrance, qui définit cette obligation comme un instrument de réalisation de la finalité du bail commercial, permet d'identifier les sanctions encourues en cas de manquement à cette obligation et surtout, elle permet de mesurer leur efficacité pratique.

La fonction de l'obligation de délivrance met en avant deux grandes catégories de sanctions : les sanctions civiles qui sont les plus répandues et les sanctions pénales qui sont plus rares. Les premières, qui peuvent être prononcées tant lorsque le manquement à l'obligation de délivrance résulte de son inexécution pure et simple que lorsqu'il ressort d'un aménagement contractuel inefficace ou invalide de celle-ci, se présentent comme des remèdes adaptés dans le sens où elles contribuent toutes à leur manière, à deux exceptions près, à une préservation de l'activité économique. En effet, qu'il s'agisse de la responsabilité civile contractuelle du bailleur ou d'autres remèdes tels que l'exécution forcée, la réfaction du prix, l'exception d'inexécution, la révision ou adaptation du contrat ou encore l'éradication des clauses litigieuses, toutes ces sanctions, en ce qu'elles assurent à la fois le maintien du bail commercial et un rétablissement de l'équilibre dans la relation contractuelle, semblent animées par cet objectif de pérennisation de l'activité économique. Même les sanctions qui conduisent à la disparition du bail commercial peuvent satisfaire cet objectif, lorsqu'elles sont choisies par le preneur et s'accompagnent d'une indemnisation adaptée. Pareillement, l'admission de l'action en responsabilité du tiers intéressé au contrat paraît contribuer à ce même objectif puisque celle-ci permet à celui qui exerce effectivement l'activité économique, et pas seulement au titulaire du bail, de se prévaloir de l'obligation de délivrance, normalement réservée à ce fameux titulaire. Qui plus est, la diversité des sanctions civiles et leur combinaison accroissent les possibilités de rétablir la réalisation de la finalité du bail commercial ou de la compenser. Les secondes sanctions, de nature pénale, interviennent moins directement dans la préservation de l'activité, mais y participent par leur effet dissuasif. Qu'il s'agisse du délit de mise en danger de la vie d'autrui ou du délit d'atteinte à la dignité humaine, la responsabilité pénale qui en découle incite le bailleur à faire une correcte délivrance de la chose louée.

En outre, cette référence à la fonction de l'obligation de délivrance montre que, si les sanctions sont adaptées au regard de l'objectif qu'elles poursuivent, leur efficacité n'est pas toujours optimale parce qu'elles ne sont pas forcément bien utilisées en pratique. Il se peut, en effet, que la sanction n'atteigne pas l'objectif qui lui assigné parce que les circonstances du cas d'espèce dans lequel elle est appliquée ne s'y prêtent pas et auraient justifié l'attribution d'une autre sanction ou une adaptation de ladite sanction en procédant, par exemple, à une évaluation plus élevée des dommages et intérêts ou un calcul plus équilibré d'une réduction de loyer. Le large panel de sanctions civiles est donc en adéquation avec la préservation de l'activité économique, mais pourrait être mis en place en considérant davantage le critère de la réalisation de la finalité du bail commercial. Ce ne sont pas, pour nous, les sanctions qui sont à modifier dans leur nature, mais c'est plutôt leur mise en place qui pourrait être améliorée en utilisant justement ce critère. Le choix et l'attribution des sanctions pourraient ainsi se faire en se demandant si la sanction prononcée va bien conduire, dans le cas d'espèce considéré, à la préservation de l'activité économique et ce, de manière suffisante.

Par ailleurs, la fonction de l'obligation de délivrance permet encore de justifier la lourdeur des sanctions d'un manquement à l'obligation de délivrance. Effectivement, c'est parce que l'on protège l'exercice de l'activité économique du preneur, que les sanctions sont sévères et que le débiteur bailleur peut difficilement s'en exonérer. Aussi, certains développements du présent chapitre ont illustré la lourdeur de ces sanctions lorsqu'elles aboutissent, par retournement, à la mise en cause de la responsabilité du rédacteur d'actes. Là encore, cette sévérité matérialisée par la multiplicité des préjudices pouvant être invoqués et les montants des réparations alloués, se trouve justifiée dans la mesure où le rédacteur est finalement le garant de la contractualisation de la réalisation de l'activité économique.

La prévisibilité des sanctions de l'obligation de délivrance permise grâce à l'approche fonctionnelle semble rétablir définitivement et complètement la sécurité juridique qui manquait au régime de cette obligation.

Conclusion du titre 2

676. La référence à la fonction de l'obligation de délivrance : une méthode efficace pour prévoir des sanctions cohérentes de cette obligation. De façon synthétique, la référence à la fonction de l'obligation de délivrance permet de prévoir les sanctions auxquelles est exposé le débiteur de cette obligation, et ainsi de rétablir la sécurité juridique qui manquait à l'obligation de délivrance dans les applications diverses de ses sanctions. En plus de permettre l'identification des sanctions, la fonction de l'obligation de délivrance montre que celles-ci sont adaptées compte tenu de l'objectif qu'elles poursuivent, mais pas toujours bien utilisées en pratique, et laisse même entrevoir les améliorations qui pourraient justement être faites dans l'utilisation de ces sanctions. La sanction cohérente de l'obligation de délivrance offre une clarification du deuxième élément du régime de cette obligation.

La cohérence de la sanction de l'obligation de délivrance repose sur deux postulats. D'une part, pour sanctionner la non-réalisation de la finalité du bail commercial, il faut en rapporter la preuve. Cette preuve porte d'abord sur le contenu et l'existence de l'obligation de délivrance et ensuite sur son exécution. Si la preuve de l'existence et du contenu demeure à la charge du preneur, celle de son inexécution est facilitée puisqu'elle se trouve inversée, de sorte que l'inexécution est établie dès lors que le preneur n'est pas en mesure d'exercer son activité économique à cause du bailleur et qu'il appartient en réalité au bailleur de prouver qu'il a exécuté son obligation. En effet, dès lors que ce résultat n'est pas atteint, à moins que la délivrance ne puisse être qualifiée d'obligation de moyens, l'inexécution est établie. Cette inversion se trouve en adéquation avec la fonction de l'obligation de délivrance. Puisqu'il est question de privilégier l'exercice de l'activité économique, il est bienvenu que la preuve nécessaire à la sanction d'un défaut de réalisation de la finalité du bail commercial soit facilement établie dès le constat de cette non-réalisation.

D'autre part, la portée de la sanction de l'obligation de délivrance montre que celle-ci est adéquate au regard de la définition fonctionnelle de cette obligation. Effectivement, les sanctions de l'inexécution de l'obligation de délivrance, qu'elles soient civiles ou pénales, s'inscrivent, à deux exceptions près, dans une logique de préservation et de pérennisation de l'activité économique. Toutefois, si la nature de ces sanctions semble bien en cohérence avec cette logique qui tend à privilégier l'activité économique, leur mise en application n'est pas toujours adaptée. Ainsi, l'objectif de protection de l'activité économique n'est pas toujours atteint en pratique. En ce sens, la sanction peut dans sa nature tendre vers une préservation de l'activité économique, mais ne pas atteindre ce résultat dans son application parce qu'elle est inadaptée aux circonstances considérées. À ce titre, les critères de choix, d'évaluation et de hiérarchie des sanctions du manquement à l'obligation de délivrance pourraient être améliorés pour que la cohérence soit totale. Peut-être faudrait-il davantage considérer l'activité économique en privilégiant la ou les sanctions qui permettent au mieux de la préserver.

CONCLUSION DE LA PARTIE 2

677. Confirmation de la généralisation de l'approche fonctionnelle de l'obligation de délivrance. Pour clore la démonstration de l'utilité et de l'intérêt de l'approche fonctionnelle de l'obligation de délivrance, il nous faut confirmer la généralisation de cette approche. Celle-ci semble bien se présenter comme l'élément de clarification d'une théorie de l'obligation de délivrance à deux titres. En effet, alors qu'elle a d'abord permis de révéler l'unicité de cette obligation en dégageant une définition fonctionnelle qui érige la délivrance en un instrument de réalisation de la finalité du bail commercial, elle offre un moyen de prévoir un régime cohérent de cette obligation. C'est l'utilisation du critère de la réalisation de la finalité du bail commercial qui rend cohérent le régime de cette obligation. Cette cohérence de régime se justifie à deux niveaux. Elle repose à la fois sur un aménagement contractuel anticipé dans le contrat de bail commercial et sur l'attribution de sanctions adaptées.

L'utilité du critère issu de l'approche fonctionnelle, en ce qu'il permet une anticipation précise et cohérente du régime de l'obligation de délivrance, se vérifie d'abord dans l'aménagement contractuel de cette obligation. Alors que la question du sort des clauses était jusqu'à lors une préoccupation constante tant pour les contractants que pour les rédacteurs, elle se trouve résolue grâce au critère de la réalisation de la finalité du bail commercial. À ce titre, cette approche offre une perspective de sécurisation des contrats de baux commerciaux, bénéfique pour les contractants et pour les rédacteurs.

Cette utilité se vérifie encore dans la sanction de l'inexécution de l'obligation de délivrance. Celui-ci répond au besoin de sécurité juridique, qui faisait défaut à l'obligation de délivrance dans les applications diverses de ses sanctions. Outre l'identification des sanctions, la fonction de l'obligation de délivrance montre que celles-ci sont adaptées, mais pas toujours bien utilisées en pratique. Celle-ci laisse même apercevoir les améliorations qui pourraient justement être faites dans l'utilisation de ces sanctions.

L'approche fonctionnelle a mis en lumière le nouveau visage de la notion d'obligation de délivrance, ce qui a permis d'y voir plus clair au sein des règles gouvernant son régime. Cette seconde partie fait apparaître qu'il est possible, contrairement aux apparentes incohérences de mise en œuvre, de prévoir une exécution sécurisée de l'obligation de délivrance qui découle précisément de la définition fonctionnelle. Cette méthode permet d'anticiper les risques que cette obligation est susceptible de faire courir aux contractants et plus indirectement aux rédacteurs de baux commerciaux, en proposant des procédés pour les éradiquer ou les atténuer. Elle trace ainsi les perspectives d'une exécution efficace de l'obligation de délivrance. Elle apparaît comme une méthode pérenne d'exécution de l'obligation de délivrance et semble donc être l'approche à privilégier pour appréhender clairement cette obligation.

CONCLUSION GÉNÉRALE

678. L'élaboration d'une théorie de l'obligation de délivrance dans les baux commerciaux. Au terme de cette démonstration, nous espérons avoir convaincu d'une possible et cohérente clarification de la situation de l'obligation de délivrance. Il s'agissait là de l'ambition précise de cette étude : proposer une théorie de l'obligation de délivrance.

679. Positions de thèse. Au terme de nos recherches, nous soutenons que :

Premièrement : L'obligation de délivrance peut être étudiée selon une approche analytique, qui repose sur la conception classique du contrat, et être définie comme la mise à disposition de la chose convenue. Cette approche permet de démontrer que l'objet de l'obligation de délivrance dans le bail commercial correspond à une double prestation de mise à disposition et de mise en état qui tend vers une combinaison d'actions diverses visant à assurer un autre objet, la chose promise. Cette approche rend ainsi compte du contenu protéiforme de l'obligation de délivrance et met en lumière ses différentes composantes. Son contenu peut se décomposer selon une structure générale invariable qui découle de la combinaison de cette approche et de la gradation de l'objet de cette obligation.

Si cette analyse est utile et nécessaire, en ce qu'elle permet de décrire le contenu de cette obligation, elle se révèle toutefois insuffisante en ce qu'elle ne révèle que partiellement l'unicité de la notion, laissant de nombreuses difficultés en suspens.

Deuxièmement : L'obligation de délivrance peut aussi être étudiée selon une approche fonctionnelle, qui repose sur la conception finaliste du contrat, et être définie comme la mise en capacité d'exercice du droit de jouissance du preneur et plus concrètement comme la mise en capacité d'exercice de l'activité économique. Cette approche permet de renouveler la définition de l'obligation de délivrance et par là même de proposer des solutions aux difficultés restées en suspens à l'étape précédente. D'une part, elle met en exergue son utilité tant pour les contractants que pour l'intérêt général dans la mesure où cette obligation permet l'exercice de l'activité économique des preneurs. Elle permet ainsi de justifier son caractère continu ainsi que son étendue nécessaire au regard des contractants mais aussi à l'aune de l'intérêt général et plus précisément de la protection de l'ordre public dont elle est investie. D'autre part, elle rend possible la détermination d'une marge de liberté contractuelle dans l'aménagement de cette obligation, sous réserve tout de même de respecter quelques conditions.

Cet éclairage nouveau de l'obligation de délivrance révèle la pleine unicité de cette notion et s'inscrit comme l'analyse à privilégier pour appréhender totalement cette obligation.

Troisièmement : L'obligation de délivrance peut être mise en œuvre de façon prévisible, car il est possible de connaître le risque d'inexécution de celle-ci ou d'inefficacité de son aménagement contractuel précisément en se référant à la fonction de cette obligation. Cette prévention du risque d'inexécution ou d'exécution imparfaite de l'obligation de délivrance est possible d'une part, grâce à un choix de modalités de mise en œuvre efficaces et d'autre part, au moyen d'une insertion judicieuse de ces modalités dans le contrat de bail commercial. C'est précisément sur l'utilisation du critère de la réalisation de la finalité du bail commercial, ou plus exactement de la réalisation de la mise en capacité d'exercice de l'activité économique, que repose ce choix. La sécurité juridique se trouve ainsi optimisée.

La référence à la fonction de l'obligation de délivrance permet de prévoir de façon cohérente le régime de cette notion spécifiquement dans sa mise en œuvre contractuelle et confirme ainsi la préférence pour cette analyse dans l'optique d'appréhender totalement cette obligation.

Quatrièmement : Dès lors que la mise en œuvre de l'obligation de délivrance empêche la réalisation de la finalité du bail commercial, le débiteur de cette obligation sera précisément sanctionné pour ce défaut de réalisation de la finalité du contrat. L'inexécution de l'obligation de délivrance, qu'elle soit pure et simple ou qu'elle résulte d'un aménagement inefficace de celle-ci, expose le débiteur a de lourdes sanctions tant civiles que pénales. Le recours au critère fonctionnel permet non seulement de prévoir les sanctions auxquelles est exposé le débiteur de l'obligation de délivrance, mais encore de mesurer l'efficacité de celles-ci. Ce critère démontre que les sanctions sont adaptées dans leur nature en ce qu'elles s'inscrivent dans une logique de préservation ou de pérennisation de l'activité économique, mais qu'elles ne sont pas toujours bien utilisées en pratique. Il laisse alors entrevoir les améliorations qui pourraient justement être faites dans la mise en place de ces sanctions.

La référence à la fonction de l'obligation de délivrance, en ce qu'elle permet de prévoir de façon cohérente le régime de cette notion précisément dans l'anticipation de sa sanction, s'inscrit définitivement comme l'analyse à retenir pour appréhender totalement cette obligation.

680. L'avenir de la délivrance. Pour parachever cette démonstration et répondre à la question de savoir comment appréhender l'obligation de délivrance, nous conclurons qu'une théorie de l'obligation de délivrance existe bien. En effet, il est possible de convenir que, malgré la géométrie variable de l'obligation de délivrance et l'apparent désordre qui régnait autour d'elle, une logique unique est capable d'absorber ses fluctuations.

Aussi, l'obligation de délivrance est une notion en prise avec les mutations du droit privé contemporain qui doit conduire les contractants à s'adapter, en faisant évoluer la rédaction des baux commerciaux. Cela doit également amener les rédacteurs à adapter leur technique rédactionnelle et les conseils qu'il donne aux cocontractants

Plus encore, c'est peut-être le droit écrit, celui du Code civil et du Code de commerce, qui adaptera ses textes en créant un véritable droit de la délivrance, c'est du moins le vœu que nous formulons à l'issue de notre étude.

PROPOSITIONS DE THÈSE

Si la présente étude a tenté de faire apparaître l'obligation de délivrance de façon cohérente, il n'en demeure pas moins que des perfectionnements pourraient être apportés principalement par le législateur en réécrivant certaines dispositions ou en créant de nouveaux articles. Dès lors, certaines modifications législatives peuvent être envisagées.

Proposition n° 1 : réécriture des articles 1719, 1° et 1720 alinéa 1er du Code civil. Pour une meilleure lisibilité de l'obligation de délivrance et de son régime, et par là même une meilleure application tant par les contractants que par les rédacteurs, les articles 1719, 1° et 1720 alinéa 1er du Code civil doivent fusionner en un seul article et être réécrits. L'article unique relatif à l'obligation de délivrance du bailleur pourrait se présenter de la façon suivante : « Le bailleur, aussi dénommé loueur, est tenu d'une obligation de délivrance de la chose louée qui consiste à mettre le preneur, aussi dénommé locataire, en capacité d'exercer son droit de jouissance.

La chose louée s'entend d'une chose identifiée, présente ou future, et conforme aux stipulations contractuelles ainsi qu'à toutes autres normes légales en vigueur. Plus précisément, la chose conforme est celle qui se trouve en bon état, exempte de dangerosité et qui peut accueillir la destination déterminée par les parties. Lorsque la chose louée ou une partie de celle-ci est à usage d'habitation principale, la conformité implique une exigence de décence.

À ce titre, l'obligation de délivrance a pour objet une prestation de mise à disposition et une prestation de mise en état de cette chose. Ces prestations visent à assurer la conservation de la chose existante, la construction de la chose future, le dessaisissement de la chose ainsi que le maintien en l'état ou la modification de l'état de celle-ci.

L'obligation de délivrance est une obligation essentielle et continue du contrat de bail. ».

Proposition n° 2 : insertion d'un article spécifique à l'obligation de délivrance dans le statut des baux commerciaux. En vue d'une harmonisation des dispositions communes au droit commun du bail et au droit spécial des baux commerciaux, il serait opportun d'insérer un article spécifique à l'obligation de délivrance dans le statut des baux commerciaux. Partant, celui-ci pourrait disposer : « Le bailleur est tenu d'une obligation de délivrance des locaux loués qui consiste à mettre le preneur en capacité d'exercer son droit de jouissance et plus précisément d'exercer son activité économique.

Les locaux loués doivent être identifiés et conformes aux stipulations contractuelles ainsi qu'à toutes autres normes légales en vigueur. Plus précisément, les locaux conformes sont ceux qui sont aptes à abriter l'activité économique du preneur et en permettre l'exercice, qui se trouvent en bon état et exempts de dangerosité. Les locaux peuvent être en état futur d'achèvement. Lorsqu'une partie des locaux loués est à usage d'habitation principale, la conformité implique une exigence de

décence. Si les locaux loués sont intégrés dans un centre commercial ou une galerie commerciale, ou tout ensemble assimilé, le bailleur ne doit rien entreprendre qui pourrait nuire à la commercialité des locaux.
À ce titre, l'obligation de délivrance a pour objet une prestation de mise à disposition et une prestation de mise en état des locaux. Ces prestations visent à assurer la conservation des locaux existants, la construction des locaux futurs, le dessaisissement des locaux ainsi que le maintien en l'état ou la modification de l'état de ceux-ci.
L'obligation de délivrance est une obligation essentielle et continue du contrat de bail commercial.
Lorsqu'un changement de destination des locaux s'opère à l'initiative du locataire, celui-ci ne pourra invoquer un éventuel manquement à l'obligation de délivrance du bailleur. Lorsque le changement de destination résulte d'un accord des parties, l'obligation de délivrance pesant sur le bailleur s'étend à la nouvelle destination convenue, sauf clause contraire, à condition que cette dernière ne porte pas atteinte à la substance de ladite obligation.
Lorsque l'exercice de l'activité économique est rendu difficile par un manquement du bailleur à son obligation de délivrance, le preneur peut, en l'absence d'urgence et en vue d'éviter que l'exercice de l'activité ne devienne impossible, après sommation restée infructueuse, faire réaliser les travaux nécessaires aux frais du bailleur informé de ceux-ci. ».

Proposition n° 3 : réécriture de l'article 1709 du Code civil. Dans un souci de cohérence avec les suggestions précédentes, la définition du contrat de bail envisagée en droit commun devra être reprise comme suit : « Le contrat de bail est celui par lequel le bailleur, aussi dénommé loueur, confère au preneur, aussi dénommé locataire, un droit de jouissance sur un bien en contrepartie du paiement d'un loyer. ».

Proposition n° 4 : réécriture de l'article 1719, 2° du Code civil. Dans la suite logique, les obligations voisines de l'obligation de délivrance doivent être délimitées. À ce titre, une réécriture de l'article 1719, 2° devra être envisagée : « Le bailleur aussi dénommé loueur, est tenu d'une obligation d'entretien de la chose louée qui consiste à maintenir la mise en capacité d'exercice du droit de jouissance du preneur, aussi dénommé locataire.
Celle-ci fait suite à l'obligation de délivrance. ».

Proposition n° 5 : réécriture des articles 1719, 3° et 1721 du Code civil en un seul article. De la même manière, la réécriture des articles 1719, 3° et 1721 du Code civil pourrait se faire en un seul article et reprendre, à quelques détails près, celle de l'avant-projet de réforme : « Le bailleur aussi dénommé loueur, est tenu d'une garantie contre les troubles apportés au droit de jouissance du preneur, aussi dénommé locataire.
Celle-ci garantit spécifiquement les troubles dus à l'éviction et aux vices affectant la chose louée dès lors qu'ils étaient méconnus au moment de la conclusion du bail. Elle fait suite à l'obligation de délivrance. ».

ANNEXE

Proposition d'un recueil de clauses relatives à l'obligation de délivrance dans les baux commerciaux et mixtes

Il s'agit d'un simple recueil de clauses non exhaustif et dont les formulations ne sont pas universelles, de sorte qu'il convient de se reporter aux paragraphes de la thèse afin d'apprécier la mesure dans laquelle ces clauses peuvent être valables et efficaces.

EXEMPLES DE FORMULES DE CLAUSES	TYPES DE BAUX ET DE LOCAUX	N° § DANS LA THÈSE
I - Les clauses d'aménagement de l'obligation de délivrance 1 - Les clauses d'aménagement des sujets de l'obligation de délivrance		
Désignation du bailleur personne morale : *…………., société ……….. au capital social de …… Euros, immatriculée au registre du commerce et des sociétés de ………….. sous le numéro SIRET …………….., dont le siège social est sis ……………………………………...., représentée par Madame/Monsieur ……………., agissant en sa qualité de gérant de ladite société en vertu des pouvoirs qui lui ont été conférés. La personne identifiée ci-dessus est dénommée dans le corps du présent acte "le bailleur".*	**Tout type de baux et de locaux**	**417**
Désignation du bailleur personne physique : *Madame/Monsieur ………. demeurant ……………, personnes physiques, désignés ci-après "le bailleur".*	**Tout type de baux et de locaux**	**417**
Désignation du bailleur représenté par son mandataire : *Madame/Monsieur ………………….. demeurant ………………., personnes physiques, représentées par son mandataire, la société …………………… au capital social de …………….. Euros, immatriculée au registre du commerce et des sociétés de ………….. sous le numéro SIRET ……………., dont le siège social est sis……………………………………..., représentée par Monsieur/Madame ………., agissant en sa qualité de gérant de ladite société en vertu des pouvoirs qui lui ont été conférés. La personne identifiée ci-dessus est dénommée dans le corps du présent acte "le bailleur".*	**Tout type de baux et de locaux**	**455**
Désignation du locataire : *…………………..., société ……… au capital social de …… Euros, immatriculée au registre du commerce et des sociétés de ………….. sous le numéro SIRET ……………., dont le siège social est sis …………...,*	**Tout type de baux et de locaux**	**417**

représentée par Monsieur ...., agissant en sa qualité de gérant de ladite société en vertu des pouvoirs qui lui ont été conférés. La personne identifiée ci-dessus est dénommée dans le corps du présent acte "le locataire".		
2 - Les clauses d'aménagement de l'objet de l'obligation de délivrance		
a - Les clauses aménageant la chose louée		
α - Les clauses de détermination matérielle de la chose louée		
Désignation de la chose louée : *Le présent contrat de bail commercial porte sur des locaux situés..................(adresse, références cadastrales et localisation au sein d'un ensemble immobilier). Les locaux se composent comme suit....................(description des locaux et locaux accessoires et de leurs équipements).* *Le locataire déclare parfaitement connaître les locaux loués pour les avoir vus et visités en vue de la conclusion du présent bail.*	**Tout type de baux et de locaux**	**395** **396**
Sinistres : *□ Le bailleur déclare, conformément aux dispositions de l'article L. 125-1, IV du Code de l'environnement, que l'immeuble loué n'a, à sa connaissance, subi aucun sinistre ayant donné lieu au versement d'une indemnité en application de l'article L. 125-2 ou de l'article L. 128-2 du Code des assurances, pendant la période où il en a été propriétaire, ou dont il a été lui-même informé en application du texte précité.* *□ Existence d'un ou plusieurs sinistres :.................*	**Tout type de baux et de locaux**	**396**
État du sol et du sous-sol : *Le terrain d'assiette des locaux loués est situé en secteur d'information sur les sols mentionné à l'article L. 125-6 du Code de l'environnement :* *□ Oui □ Non*	**Tout type de baux et locaux situés en secteur concerné**	**396**
Agencement des locaux : *Les locaux sont composés et agencés de la manière suivante..................(pièces, niveaux).* *Les locaux bénéficient..................(infrastructures, équipements et services dont bénéficient les locaux).*	**Tout type de locaux**	**397**
Désignation sommaire des lieux loués : *Le présent contrat de bail commercial porte sur des locaux situés .... (adresse, références cadastrales et localisation au sein d'un ensemble immobilier). Le locataire déclare parfaitement connaître les locaux loués pour les avoir vus et visités en vue de la conclusion du présent bail.*	**Tout type de baux et de locaux**	**429**
Exclusion de certains accessoires : *Lesdits locaux ne comprennent en aucun cas le(s) .... (parking attenant à l'immeuble, cave, remise, etc.) celui-ci(ceux-ci) étant réservé(s) à un autre usage.*	**Tout type de baux et locaux multiples**	**430**

Surface des lieux loués : *Les locaux s'étendent sur une surface totale de……m².*	**Tout type de baux et de locaux**	**398** **468**
Modalités contractuelles de mesurage de la surface : *Le preneur reconnaît ici expressément que la totalité de la surface ainsi déterminée constituera une surface utile à son exploitation commerciale.* *La surface, dite "GLA", prend en compte les surfaces hors œuvre nette des locaux commerciaux augmentée des auvents, paliers extérieurs, gaines techniques.* *Local n° ….. en niveau : ….. m² ;* *Local n° ….. en R+1 : …. m² ;* *Local n° ….. en R-1 : …. m².*	**Tout type de baux et locaux de centres commerciaux**	**399**
Désignation de la chose future : *Les locaux loués étant pris à bail en état futur d'achèvement, ceux-ci devront être conformes aux termes du contrat de vente en état futur d'achèvement, à ses annexes et aux documents visés par celui-ci, auxquels les parties entendent se référer expressément. Le bailleur s'interdit d'accepter ou d'apporter toute modification, par voie d'avenant ou autres, aux stipulations du contrat de vente en état futur d'achèvement et de ses annexes sans avoir obtenu l'accord exprès, préalable et écrit du preneur.* *En application du contrat de vente en état futur d'achèvement, les locaux loués seront réputés achevés lorsque les ouvrages seront édifiés et les éléments d'équipement qui sont indispensables à l'utilisation seront installés, conformément à leur destination. Pour l'appréciation de cet achèvement, les défauts de conformité avec les prévisions des présentes ne seront pas pris en considération lorsqu'ils n'ont pas un caractère substantiel ni les malfaçons qui ne rendent pas les ouvrages ou éléments ci-dessus précisés impropres à leur utilisation. Aux termes du contrat de vente en état futur d'achèvement, la constatation de l'achèvement et de la livraison au bailleur des locaux loués résultera de la signature par le preneur, en qualité de représentant du bailleur, et par le vendeur d'un procès-verbal constatant l'achèvement et la livraison (en ce compris la remise des clés), à l'issue de différentes opérations de livraison. Le bailleur donne expressément mandat irrévocable au preneur de le représenter lors des opérations de livraison des locaux loués et pour la signature du procès-verbal. En cas désaccord avec le vendeur sur l'achèvement des locaux loués, celui-ci sera constaté par une personne qualifiée désignée dans les termes prévus par le contrat de vente en état futur d'achèvement.*	**Bail commercial en état futur d'achèvement et locaux futurs**	**466 et s.**
β - Les clauses de détermination fonctionnelle de la chose louée		
Affectation à un usage unique : *Le locataire ne pourra utiliser les lieux loués qu'à usage :* □ *commercial* □ *industriel* □ *artisanal*	**Tout de type de baux et spécialement**	**401** **402**

et plus précisément de.................................. *Les lieux loués ne pourront être affectés, même temporairement, à un autre usage et il ne pourra y être exercé aucune autre activité que celle(s) indiquée(s) ci-après.* *Le locataire déclare qu'il entend exercer dans les lieux l'activité ou les activités suivante(s) : ....*	**les locaux à destination restreinte**	
Titre : *Bail à usage mixte, commercial et d'habitation, soumis pour le tout au statut des baux commerciaux.*	**Bail mixte et locaux à usage mixte**	**403**
Bail à usage mixte, commercial et d'habitation : *L'immeuble loué comporte :* □ *une partie de .... m² destinée à l'usage commercial située : ....* □ *une partie de .... m² destinée à l'usage d'habitation située : ....* *La location sera considérée pour le tout et indivisiblement à usage commercial. Il est interdit au locataire d'utiliser à un titre quelconque la partie « habitation » des locaux loués pour les besoins de son commerce.*	**Bail mixte et locaux à usage mixte**	**403**
Destination restrictive : *Le locataire ne pourra utiliser les lieux loués qu'à usage commercial et plus précisément de....................*	**Tout type de baux et locaux concernés**	**431**
Clause d'activité(s) exclusive(s) : *Le Preneur est autorisé à utiliser les lieux loués pour y exercer l'(es) activité(s) suivante(s) : ...., à l'exclusion de toute autre activité.*	**Tout type de baux et locaux concernés**	**432**
Les locaux au sein de l'ensemble immobilier : *Les locaux se trouvant dans un immeuble soumis au régime de la copropriété, le locataire se gardera d'encombrer les parties communes.* *Le locataire se conformera aux restrictions du règlement de copropriété annexé au présent contrat de bail commercial.*	**Tout type de baux et locaux situés au sein d'un ensemble immobilier (copropriété)**	**404**
Servitude(s) et renseignements d'urbanisme : □ *Le bailleur déclare que l'immeuble loué n'est grevé d'aucune d'aucune autre servitude que celles pouvant résulter de la situation naturelle des lieux, de la loi ou de la réglementation d'urbanisme.* □ *Le bailleur déclare que l'immeuble loué est grevé d'une servitude :........................., au profit du fonds désigné comme suit :....................* *L'assiette et les modalités d'exercice de cette servitude ont été fixées de la manière suivante dans le titre constitutif :........*	**Tout type de baux et de locaux**	**404**
Clause de commercialité : *Le bailleur s'engage à entretenir les parties communes du centre commercial et à mettre tout en œuvre pour maintenir l'attractivité et la fréquentation dudit centre.*	**Tout type de baux et locaux situés au sein d'un centre commercial**	**405**

Clause d'implantation ou de localisation : *Les locaux pris à bail sont situés dans le magasin hypermarché à l'enseigne "………", lot n°….., dans l'aile nord-est dudit hypermarché.*	**Tout type de baux et locaux situés au sein d'un centre commercial**	**406**
Clause d'exclusivité : *Le bailleur s'engage à ne pas créer, exploiter ou donner à bail, directement ou indirectement, un fonds de commerce de même nature dans un rayon de …………km à vol d'oiseau des locaux pendant la durée du bail et de ses éventuels reconductions ou renouvellements.*	**Tout type de baux et locaux situés au sein d'un centre commercial**	**407**
Clause de non-exclusivité : *Il est précisé ici que l'obligation imposée au preneur d'exercer exclusivement dans les lieux le commerce de ………………………………, n'entraîne aucune restriction aux droits du bailleur. Celui-ci se réserve expressément le droit de louer ou d'occuper lui-même tout ou partie du surplus de l'immeuble dont font partie les locaux objets du présent bail à qui bon lui semblera et même pour y exercer un commerce similaire à celui du preneur.*	**Tout type de baux et locaux situés au sein d'un centre commercial**	**407**
Concurrence exercée par le bailleur : *Le bailleur s'interdit formellement d'exploiter, directement ou indirectement, dans le surplus de l'immeuble dont font partie les locaux objet du présent bail, ou de louer à qui que ce soit, dans le surplus dudit immeuble, pour y exploiter une activité similaire à celles des colocataires ou susceptible de les concurrencer, à peine de tous dommages-intérêts envers les colocataires et sans préjudice du droit qu'auraient ces derniers de faire fermer l'établissement concurrent.* *Les colocataires se trouvent ainsi avoir l'exclusivité pour l'exercice des activités sus-indiquées, dans l'immeuble dont font partie les lieux loués.*	**Tout type de baux et locaux généralement situés dans un centre commercial**	**407**
Clause "tous commerces" : *Le locataire est expressément autorisé à exercer toute activité entrant dans le champ d'application du décret du statut des baux commerciaux, tel qu'il est édicté par les articles L. 145-1 et suivants du Code de commerce.*	**Tout type de baux et locaux susceptibles d'accueillir diverses activités**	**433**
Clause "tous commerces" avec interdiction : *Le locataire est expressément autorisé à exercer toute activité, à l'exception des activités de …………………….. qui sont strictement interdites.*	**Tout type de baux et locaux susceptibles d'accueillir diverses activités**	**433**
Clause "tous commerces" implicite : *Le preneur exercera dans les lieux loués l'activité de ………………….. et d'une façon générale toutes les activités résultant de son objet social.*	**Tout type de baux et locaux susceptibles d'accueillir**	**433**

	diverses activités	
Clause d'usage commercial avec interdictions : *Les locaux sont destinés à usage commercial. Sont interdites dans lesdits locaux les activités suivantes :* ……………………………………………...	**Tout type de baux et locaux concernés**	**434**
Clause d'enseigne restrictive : *Les preneurs ne pourront installer ni plaque ni enseigne, store ou installation quelconque intéressant l'aspect extérieur de l'immeuble sans l'accord préalable et écrit du bailleur.*	**Tout type de baux et de locaux**	**435**
Clause d'enseigne souple : *Le preneur pourra installer l'enseigne de son commerce au droit des locaux loués.* *Une enseigne lumineuse ne pourra être utilisée qu'après approbation expresse du bailleur, sous réserve des autorisations administratives requises, dont le preneur fera son affaire personnelle.* *Le preneur sera seul responsable des accidents occasionnés par les enseignes placées par lui. Il devra s'assurer à ce titre et en justifier au bailleur.*	**Tout type de baux et de locaux**	**435**
Utilisation spécifique des lieux loués : *Dans le cadre du présent bail, le locataire bénéficiera des services et équipements suivants :* *- de l'intervention d'un agent d'entretien qui procèdera au nettoyage des locaux une fois par semaine ;* *- de la prestation de secrétariat assurée chaque matin du lundi au vendredi ;* *- du numéro de téléphone commun aux exploitants du « Pôle Immobilier » pour recevoir des appels le matin du lundi au vendredi ;* *- du réseau Internet Wifi, à charge d'y relier leurs ordinateurs personnels ;* *- de la centrale imprimante/copieur pour y imprimer leurs documents à charge de fournir le matériel nécessaire (papier et cartouches) ;* *- de l'accès aux sanitaires ainsi qu'à la salle de détente/déjeuner et ses équipements ;* *- de la salle de réunion et de ses équipements sous réserve de l'avoir préalablement réservée en informant le bailleur par mail ou grâce au planning disponible au secrétariat ;* *- d'un bureau gris ainsi que deux armoires blanches qui resteront la propriété du bailleur en fin de bail ;* *- de tous les équipements électriques (prises et points d'éclairage) à charge de remplacer les ampoules toutes les fois que cela sera nécessaire ;* *- de deux places de stationnement de véhicules ;* *- du badge du portail automatique ;*	**Tout type de baux et locaux bénéficiant de services et équipements particuliers**	**404**

du code d'accès aux locaux 24h/24h ainsi que du système d'alarme. *La clientèle éventuellement reçue par le locataire bénéficiera du parc de stationnement attaché au « Pôle Immobilier » sous réserve que celui-ci dispose de places disponibles. À défaut, les colocataires devront informer leur clientèle de l'impossibilité de stationner à l'intérieur du parc de stationnement.* *Il est précisé que le locataire bénéficie d'un accès illimité aux lieux loués, même en dehors des jours et heures d'ouverture du « Pôle immobilier ».*		
b - Les clauses aménageant les prestations **α - Les clauses aménageant la prestation de mise à disposition de la chose louée**		
Remise des clés : *Le bailleur a remis les clés au preneur à .... [date] et en .... exemplaires.*	**Tout type de baux et de locaux**	**411**
Remise des outils d'accès aux lieux loués : *Le bailleur a remis le badge du portail automatique et a communiqué le code d'accès n° .... aux locaux 24h/24h ainsi que le code n° ...... du système d'alarme.*	**Tout type de baux et de locaux**	**411**
Clause de tolérance d'occupation anticipée des lieux loués : *Exceptionnellement, le bailleur autorise le preneur à entrer dans les lieux avant la prise d'effet du bail et y entreposer ses effets. Toutefois, il ne s'agit là que d'une tolérance dont le preneur ne saurait se prévaloir à l'encontre du bailleur pour invoquer un quelconque défaut de délivrance conforme.*	**Tout type de baux et de locaux**	**415**
Clause d'exécution différée : *Le bailleur s'engage à réaliser les travaux relatifs à .... au cours de la première période triennale.*	**Tout type de baux et de locaux**	**416**
Travaux que le locataire doit subir : *Le locataire souffrira sans indemnité toutes les constructions, surélévations et tous les travaux quelconques qui seront exécutés dans les locaux loués ou dans l'immeuble et il ne pourra demander aucune diminution de loyer quelle qu'en soit l'importance. Il devra également souffrir tous travaux, intéressant les parties communes ainsi que toutes réparations et tous travaux relatifs à l'aménagement d'autres parties privatives de l'immeuble ; le tout sous réserve des dispositions de l'article 1724 du Code civil.* *Toutefois, cette clause ne s'appliquerait pas si les travaux entraînaient un arrêt de l'activité du locataire ou une gêne excessive dans l'exercice de cette activité ou encore une baisse notable de son chiffre d'affaires. Il pourrait alors prétendre à une diminution du loyer, en fonction de la durée des travaux et du degré de la privation de jouissance éprouvée par lui, sans préjudice de l'éventuelle action en dommages-intérêts à l'encontre de tiers dont la responsabilité serait engagée.*	**Tout type de baux et de locaux**	**437**

Le locataire supportera sans indemnité de la part du bailleur, tous travaux qui seraient exécutés sur la voie publique, alors même qu'il en résulterait une gêne pour son exploitation.		
Visite des lieux loués : *Les colocataires devront laisser le bailleur, son représentant, leur architecte et tous entrepreneurs et ouvriers, pénétrer dans les lieux loués et les visiter, pour constater leur état, toutes les fois que cela paraîtra utile, sans que les visites puissent être abusives, à charge, en dehors des cas urgents, de prévenir au moins vingt-quatre heures à l'avance. Ils devront également laisser pénétrer dans les lieux les ouvriers ayant à effectuer les travaux.*	**Tout type de baux et de locaux**	**436**
Clause de mise à disposition de la chose future : *Le bailleur envisage de réaliser un projet immobilier conforme à la description contenue à l'article .... et donner à bail au preneur, les locaux réalisés. Le bailleur es-qualité donne à bail au preneur qui l'accepte les locaux désignés à l'article .... qu'il s'engage à construire sur un terrain d'une surface d'environ .... m², sis ...., cadastré Section ... n° .....* *À cette fin, le bailleur a d'ores et déjà obtenu un permis de construire, purgé de tout recours et/ou retrait, délivré le .... par la Mairie de .... sous le n° .... et dont une copie est jointe en annexe des présentes.*	**Bail commercial en état futur d'achèvement**	**467**
β - Les clauses aménageant la prestation de mise en état de la chose louée		
Clause d'obtention d'autorisations administratives : *Le bailleur se charge d'obtenir les autorisations nécessaires à l'exercice de l'activité du preneur.*	**Tout type de baux et de locaux**	**412**
Travaux que le locataire peut effectuer : □ *Si l'immeuble n'est pas en copropriété, le locataire pourra effectuer dans les lieux loués tous les travaux de mise en place de nouveaux équipements ou installations qui lui paraîtraient nécessaires, à la condition que ces travaux ne puissent ni changer la destination de l'immeuble, ni nuire à sa solidité.* *Tous les travaux comportant changement de distribution, démolition ou percement de murs, de poutres ou de planchers, devront faire l'objet d'une autorisation préalable et écrite du bailleur.* *Il en sera de même pour les travaux ou installations affectant l'aspect extérieur de l'immeuble et, notamment, dans le cas d'installation nouvelle de stores, bannes, marquises, véranda ou autres en saillie.* *Outre l'accord du bailleur, le locataire devra justifier qu'il a reçu toutes les autorisations nécessaires pour réaliser ces travaux.*	**Tout type de baux et de locaux**	**445**

□ *Si l'immeuble est en copropriété, il est rappelé, en tant que de besoin au locataire, que les travaux affectant les parties communes de l'immeuble et son aspect extérieur doivent faire l'objet d'une autorisation préalable de l'assemblée générale des copropriétaires que le bailleur, à partir du moment où il aura donné son accord sur les travaux envisagés, devra solliciter dans les meilleurs délais.* *Les travaux devront être exécutés aux frais, risques et périls exclusifs du locataire et sous la surveillance de l'architecte du bailleur ou celui de la copropriété, dont les honoraires seront supportés par le locataire.* *Tous les travaux, embellissements, améliorations, installations et constructions quelconques, y compris, le cas échéant, ceux qui pourraient être imposés par les dispositions législatives ou réglementaires, faits par le locataire en cours de bail, deviendront lors de son départ, ou du départ de ses ayants cause, la propriété du bailleur sans indemnité.*		
Prise des lieux en l'état : *Le preneur prend les lieux dans l'état où ils se trouvent lors de la prise d'effet du bail. En conséquence, le preneur assumera, aux lieu et place du bailleur, toutes réparations et opérations d'entretien, sans exception, nécessaires à l'utilisation de l'immeuble conformément à l'usage auquel il est destiné. Il assumera également tous travaux de mise en conformité ou de mise aux normes propres à l'activité qu'il envisage d'exercer, sauf s'ils constituent de grosses réparations. Au jour de la prise de possession des locaux par le preneur, un état des lieux sera dressé amiablement et contradictoirement entre les parties ou par un tiers mandaté par eux et sera annexé au présent bail.*	**Tout type de baux et locaux susceptible d'accueillir l'activité**	**440**
Exclusion de travaux autres que les travaux de structure et de mise en conformité à la destination contractuelle : *Le bailleur assumera les travaux touchant à la structure des locaux loués ainsi que les travaux de mise en conformité desdits locaux pour leur exploitation conformément à leur destination contractuelle. En conséquence, le preneur devra assumer l'intégralité des autres travaux, notamment les travaux de mise en conformité ou de mise aux normes spécifiques à l'activité qu'il envisage d'exercer, sauf s'il constituent de grosses réparations.*	**Tout type de baux et de locaux**	**441**
Transfert des travaux d'aménagement des locaux ou de mise en conformité ou de mise aux normes propres à l'activité commerciale du locataire : *Le locataire prend les lieux loués dans leur état actuel et supportera l'ensemble des travaux de mise en conformité ou de mise aux normes propres à l'activité qu'il envisage d'exercer. Le bailleur conserve la charge de l'ensemble des*	**Tout type de baux et de locaux**	**442**

travaux qui ne sont pas directement imposés par l'activité qui sera exercée dans les lieux loués.		
Transfert de travaux de mise en conformité ou de mise aux normes avec une réglementation ou prescrits par l'administration non spécifiques à l'activité commerciale du locataire : *Sous réserve des dispositions de l'article R. 145-35 du Code de commerce, les travaux de ravalement, y compris ceux prescrits par une autorité administrative, seront à la charge du locataire.*	**Tout type de baux et de locaux**	**443**
Travaux d'équipement et d'amélioration : *Sous réserve des dispositions de l'article R. 145-35 du Code de commerce, les travaux d'équipement et d'amélioration seront à la charge du locataire.*	**Tout type de baux et de locaux**	**444**
Répartition des charges : *Le locataire s'oblige à rembourser au bailleur en sus du loyer, chaque trimestre, les charges ci-dessous énumérées, cette énumération devant être considérée comme limitative :* *Nature des charges : Montant des charges :* *………… ………………..* *………… ………………..* *Total des charges récupérables : ………………... Euros.* *Si les lieux loués font partie d'un ensemble immobilier, la répartition des charges collectives entre les locaux loués et les autres locaux dont le bailleur est propriétaire dans l'immeuble sera opérée au prorata des surfaces exploitées par chacun des locataires. Ces surfaces sont les suivantes : ……………..* *En conséquence, la contribution des locaux loués est chiffrée à la somme totale de ………….. Euros.* *Le locataire acquittera tous impôts, contributions et taxes, fiscales ou parafiscales, auxquels il est et sera assujetti personnellement. En ce qui concerne les impôts contributions ou taxes dont le propriétaire pourrait être responsable pour lui au titre des articles 1686 et 1687 du Code général des impôts ou à tout autre titre quelconque, il devra justifier de leur acquit au bailleur à toute réquisition et, notamment, à l'expiration du bail, avant tout enlèvement d'objets mobiliers, de matériel et marchandises.* *Le locataire remboursera au bailleur : ………………....*	**Tout type de baux et de locaux**	**446** **471**
Transfert d'obtention des autorisations : *Le preneur se charge d'obtenir les autorisations nécessaires à l'exercice de son activité, à l'exception de celles qui seraient délivrées exclusivement au bailleur ou propriétaire de l'immeuble.*	**Tout type de baux et locaux concernés**	**447**
Locaux "bruts de béton" : *Le bailleur livrera au preneur un local, murs, plafonds et sols bruts, sprinklé, mais ni clos, ni aménagé, ni raccordé à*	**Tout type de baux et spécialement les baux en état**	**448**

aucun réseau, les canalisations d'eau, d'électricité et de téléphone étant en attente. *Le locataire renonce aux aménagements des locaux pouvant être réalisés par le bailleur car il souhaite conserver la maîtrise exclusive de l'aménagement desdits locaux loués.*	**futur d'achèvement Tout type de locaux et spécialement situés dans un ensemble immobilier (centre commercial)**	
Condition suspensive : *La présente convention est soumise à la condition suspensive que le bénéficiaire puisse mettre en place sur le mur aveugle constituant la façade nord de l'immeuble une enseigne lumineuse, selon le plan d'implantation ci-annexé. L'installation de cette enseigne est d'ores et déjà expressément autorisée par le promettant. Cependant, le bénéficiaire de la promesse doit également obtenir les autorisations administratives prévues par le Code de l'environnement (actuellement, C. env., art. R. 581-6 et s.). La présente promesse est conclue sous la condition suspensive de l'obtention de ces autorisations par le bénéficiaire de la promesse. La condition suspensive ainsi stipulée sera considérée comme réalisée à la date de l'obtention d'une décision favorable du maire (ou : du préfet), ou, dans le cas de non-réponse, après expiration d'un délai de deux mois après réception du dossier complet de demande (C. env., art. R. 581-13). Le bénéficiaire de la présente promesse devra informer immédiatement le promettant des suites réservées à sa demande, et donc de la réalisation ou de la non-réalisation de la condition, par lettre recommandée avec demande d'avis de réception. Cette condition suspensive, qui n'aura pas d'effet rétroactif, devra être réalisée au plus tard le..., faute de quoi la présente promesse deviendra de plein droit caduque, chacune des parties reprenant alors sa liberté sans qu'il soit nécessaire d'effectuer des formalités particulières et sans indemnité de part ni d'autre, la somme versée par le bénéficiaire de la promesse devant lui être restituée. La condition suspensive ci-dessus est stipulée dans l'intérêt exclusif du bénéficiaire de la présente promesse. Celui-ci pourra y renoncer, tant que la condition ne sera pas accomplie, pourvu que cette renonciation soit portée à la connaissance du promettant au plus tard le …………………… (reprendre la date ultime de réalisation de la condition contractuellement prévue).*	**Tout type de baux et locaux concernés**	**452**
Condition suspensive liée à la chose future : *Le présent bail est conclu sous la condition suspensive que le bailleur soit devenu propriétaire et définitivement titré sur*	**Bail commercial en état futur d'achèvement**	**470**

le terrain d'assiette du projet immobilier tel que décrit en préambule des présentes. *Ladite condition suspensive devra avoir été réalisée au plus tard le ……………, sauf prorogation convenue entre les parties. Le bailleur notifiera au preneur, par lettre recommandée avec demande d'avis de réception, la réalisation de ladite condition suspensive dans les ………………jours de cette réalisation.* *Si cette condition suspensive n'était pas réalisée dans le délai imparti et sauf prorogation convenue entre les parties, le bailleur devra en aviser le preneur par lettre recommandée avec demande d'avis de réception et le bail sera alors considéré comme caduc et non avenu, sans indemnité de part ni d'autre.*		
Clause prévoyant un terme : *Le bailleur s'engage à mettre aux normes le système d'assainissement (ou autre……………) lorsqu'une telle prescription deviendra obligatoire au regard de la réglementation d'urbanisme.*	**Tout type de baux et locaux concernés**	**453**
3 - Les clauses de gestion des risques liés à l'obligation de délivrance **a - Les clauses de prévention des risques** **α - Les clauses prévenant le risque probatoire de l'exécution de l'obligation de délivrance**		
État des lieux : *Le locataire déclare bien connaître l'état des locaux qui lui sont loués et qu'il a visités. En ce sens, il reconnaît avoir pris connaissance des divers documents et renseignements qui lui ont été communiqués et dont certains sont annexés au présent contrat.* *Un état des lieux doit être établi lors de la prise de possession des locaux par le locataire, contradictoirement et amiablement par les parties ou par un tiers mandaté par elles, et annexé au présent contrat. À défaut d'accord entre les parties, l'état des lieux est établi par un huissier de justice, sur l'initiative de la partie la plus diligente, à frais partagés par moitié entre le bailleur et le locataire conformément à l'article L. 145-40-1 du Code de commerce.* *L'état des lieux pourra être complété par des renseignements concernant d'autres aspects de l'état du bien.*	**Tout type de baux et de locaux**	**541**
Remise des clés : *Le bailleur a remis les clés au preneur à X [date] et en X exemplaires.*	**Tout type de baux et de locaux**	**411** **534**
Remise des outils d'accès aux lieux loués : *Le bailleur a remis le badge du portail automatique et a communiqué le code d'accès n° …..... aux locaux 24h/24h ainsi que le code n° ………… du système d'alarme.*	**Tout type de baux et de locaux**	**411** **534**

Clause visant des documents annexes : *Le bailleur atteste avoir communiqué au locataire les documents suivants et lui avoir délivré toutes les informations qui en résultent :* □ *État des lieux* □ *État des risques naturels et technologiques* □ *Diagnostic de performance énergétique* □ *Dossier technique amiante et sa fiche récapitulative* □ *État relatif à la présence de termites* □ *et de mérule* □ *Mesures de la concentration de radon* □ *Informations rendues publiques par l'État sur l'état des sols* □ *Audit du sol* □ *Constat de risque d'exposition au plomb* □ *Annexe environnementale* □ *État récapitulatif des travaux que le bailleur a réalisés dans les trois années précédentes, précisant leur coût* □ *État prévisionnel des travaux que le bailleur envisage de réaliser dans les trois années à venir, assorti d'un budget prévisionnel* □ *Copie du règlement de copropriété ou* □ *cahier des charges* □ *Autres :……………………..*	**Tout type de baux et de locaux**	**546**
β - Les clauses prévenant les risques internes et externes		
Clause de révision, de renégociation ou d'imprévision : *1. Toute partie est tenue d'exécuter ses obligations contractuelles même si les circonstances en rendent l'exécution plus onéreuse qu'on aurait raisonnablement pu le prévoir au moment de la conclusion du contrat.* *2. Sans préjudice du paragraphe 1 de la présente clause, lorsqu'une partie contractante établit que :* *[a] l'exécution de ses obligations contractuelles est devenue excessivement onéreuse en raison d'un événement hors de son contrôle et ne pouvant être raisonnablement prévu au moment de la conclusion du contrat, et que ;* *[b] cette partie ne pouvait raisonnablement éviter ou surmonter cet événement ou ses effets ;* *les parties s'obligent, dans un délai raisonnable après que la présente clause ait été invoquée, à négocier de nouvelles conditions contractuelles prenant raisonnablement en compte les conséquences de l'événement.* *Lorsque le paragraphe 2 de la présente clause est applicable, mais que des stipulations contractuelles alternatives prenant raisonnablement en compte les effets de l'événement invoqué n'ont pas été acceptées, comme prévu au paragraphe précédent, la partie ayant invoqué la présente clause est en droit de prononcer la résolution du contrat.*	**Tout type de baux et de locaux**	**601**
Clause de renonciation à la révision : *Les parties, d'un commun accord, renoncent expressément aux dispositions de l'article 1195 du Code civil et acceptent*	**Tout type de baux et de locaux**	**647**

en conséquence, en cas d'imprévision telle que définie par ledit article, d'en supporter toutes les conséquences économiques et financières.		
b - Les clauses de répartition des risques		
Solidarité active : *Les obligations nées du présent contrat de bail commercial sont dues solidairement aux preneurs. Chaque preneur peut en exiger la totale et pleine exécution.*	**Tout type de baux et de locaux**	**416**
Solidarité passive : *Les bailleurs sont engagés solidairement dans l'exécution des obligations nées du présent contrat de bail commercial. Le locataire peut poursuivre chacun d'eux pour le tout.* *Chaque cobailleur peut se prévaloir des exceptions inhérentes à la dette pour faire obstacle à la demande en paiement, ainsi que des exceptions qui lui sont personnelles. Chaque cobailleur peut se prévaloir des exceptions personnelles à un autre cobailleur pour diminuer le paiement du montant de la part de ce dernier dans la dette, quand bien même ces exceptions n'auraient pas été invoquées par le cobailleur à qui elles sont personnelles.*	**Tout type de baux et de locaux**	**416**
II - Les clauses d'aménagement de l'appréciation judiciaire de l'obligation de délivrance **1 - Les clauses d'aménagement de l'interprétation judiciaire de l'obligation de délivrance** **a - Les clauses limitatives d'interprétation**		
Préambule : *Le preneur est celui qui garantit le bail en Ehpad. Il a pour activité principale d'exploiter et de gérer l'ensemble immobilier dont dépend le bien loué, sous forme de résidence destinée à l'hébergement des personnes âgées dépendantes, en offrant les locaux d'habitation, en vue de leur utilisation permanente ou temporaire, et en proposant aux résidents un ensemble de services propres à l'hébergement des personnes âgées dépendantes, ainsi que des équipements communs. Pour ce faire, il se propose de louer les appartements auprès des propriétaires intéressés afin de les sous-louer librement et de leur offrir, en contrepartie, une garantie de services. Le bailleur s'oblige à respecter la destination des lieux loués et à laisser le preneur y exercer son activité. Le Bailleur adhère complètement à ce principe, et consent, pour ce faire, au présent bail.*	**Tout type de bail et vivement recommandée lorsque les conditions de l'activité sont particulières**	**458**
Clause de référence à un avant-contrat : *S'agissant des conditions particulières de délivrance des lieux loués, les parties s'en remettent à l'article …… de la promesse de bail commercial en date du ……………..…..*	**Bail ayant fait l'objet d'un avant-contrat**	**459**
Clause de sincérité : *Par le présent contrat, le bailleur donne à bail commercial au preneur, qui accepte, pour la durée et aux charges, clauses*	**Tout type de baux et de locaux**	**460**

et conditions ci-après mentionnées qui ont été négociées librement et de bonne foi entre les parties, les lieux ci-dessous désignés.		
Clause de préambule et de hiérarchisation : *Par les présentes, le bailleur donne à bail au preneur, qui l'accepte, les locaux loués considérés en leur état futur d'achèvement. Le présent bail en l'état futur d'achèvement est divisé en conditions générales (Titre 1) et en conditions particulières (Titre 2). En cas de contradiction entre elles, les conditions particulières prévaudront sur les conditions générales.*	**Bail en état futur d'achèvement et locaux futurs**	472
b - Les clauses directives d'interprétation		
Clause d'intégralité : *Le présent contrat, qui exprime l'intégralité de l'accord des parties relativement à son objet, annule et remplace tous précédents engagements, déclarations, promesses ou accords intervenus entre elles en relation avec cet objet, notamment à propos des travaux à réaliser dans les lieux loués.*	**Baux négociés et ayant fait l'objet d'avant-contrat**	464
2 - Les clauses d'aménagement de la résolution du litige relatif à l'obligation de délivrance **a - Les clauses de l'inexécution de l'obligation de délivrance**		
Clause pénale : *Au cas où le retard de délivrance des locaux entraînerait directement ou indirectement, soit un retard de mise en exploitation, soit un arrêt de l'exploitation, le montant du préjudice subi par le preneur est fixé à ….. euros.*	**Tout type de baux et de locaux**	590
Clause d'astreinte : *À défaut de délivrance conforme de la chose louée dans les délais prévus au présent contrat, le bailleur sera redevable envers le preneur, d'une somme de 1 % par mois de retard et sous réserve des droits du preneur à tous dommages-intérêts et à la réparation intégrale du préjudice par lui subi en raison du retard de délivrance conforme de la chose louée.*	**Tout type de baux et de locaux**	590
Clause résolutoire : *Dans le cas où le bailleur n'exécuterait pas les obligations qui lui sont imparties par le présent bail ou par la législation ou la réglementation en vigueur, les colocataires pourraient également, s'ils estiment y avoir intérêt, se prévaloir de la clause résolutoire de plein droit. Un mois après un commandement d'exécuter ou une injonction de faire resté sans effet, le présent bail serait résolu de plein droit. La résiliation serait constatée par simple ordonnance de référé rendue par le Président du tribunal de grande instance territorialement compétent, à qui compétence de juridiction est expressément attribuée.*	**Tout type de baux et de locaux**	607
Clause d'exécution forcée en nature : *Les engagements énoncés au présent contrat constituent des obligations dont les parties conviennent expressément*	**Tout type de baux et de locaux**	584

qu'elles pourront faire l'objet d'une exécution forcée en nature en cas de manquement de la partie qui s'est engagée.		
Clause de réfaction du prix : *Si la surface effective des lieux loués se révélait inférieure à la surface stipulée dans le contrat de bail commercial, le montant du loyer subirait une diminution de …….. par mètre carré de surface en moins.*	**Tout type de baux et de locaux**	**587**
Clause de non-recours contre le bailleur : *Le preneur renonce à tous recours en responsabilité ou réclamation contre le bailleur, tous mandataires du bailleur, leurs assureurs et s'engage à obtenir les mêmes renonciations de tous assureurs en cas d'irrégularités ou d'interruption des ascenseurs ainsi qu'en cas de modification ou de suppression des prestations communes, notamment du gardiennage ou du service de concierge.*	**Tout type de baux et de locaux**	**644**
Clause de prescription : *Les parties au présent contrat de bail commercial décident que l'action en responsabilité dirigée contre le bailleur se prescrira à l'issue d'un délai de ……….. (indiquer la durée précise en années ou en mois), conformément au minima posé à l'article 2254 du Code civil, à compter de la prise d'effet du bail.*	**Tout type de baux et de locaux**	**659**
b - Les clauses de règlement des litiges nés de l'obligation de délivrance		
Recours à un médiateur : *En cas de différend naissant à propos de la délivrance des lieux loués, les parties s'obligent à recourir à la médiation avant toute saisine du juge ou de l'arbitre. Monsieur ……… est désigné médiateur par les parties. Il sera saisi par la partie la plus diligente et disposera d'un délai de ……….. mois pour mener à bien la médiation. Ce délai pourra être prorogé par commun accord des parties.*	**Tout type de baux et de locaux**	**650**
Recours à un conciliateur : *Les parties s'engagent à résoudre à l'amiable tout différend susceptible d'intervenir entre elles à l'occasion du présent contrat. À défaut, les parties conviennent que le différend sera soumis à la juridiction du siège du défendeur.*	**Tout type de baux et de locaux**	**651**
Recours spécifique à un conciliateur : *En cas de litige relatif à …………………………..,* *les parties s'engagent à se rapprocher en vue de résoudre à l'amiable ledit litige. Si elles n'y parviennent pas, le différend sera alors soumis à la juridiction du siège du défendeur afin qu'elle désigne toute personne de son choix pour faire office de conciliateur. La conciliation se déroulera au siège social ou dans tout autre endroit à la convenance des parties. Pendant la conciliation, les parties prévoient de n'exercer aucune procédure judiciaire à l'encontre de l'autre. Les seules demandes autorisées sont celles qui tendent à conserver une preuve ou à protéger un droit à titre conservatoire. En tout*	**Tout type de baux et de locaux**	**651**

état de cause, la procédure de conciliation prend fin à l'expiration d'un délai de …… mois sans qu'une solution définitive ait été constatée. Les frais de la conciliation seront à la charge des deux parties qui les supporteront chacune à hauteur de la moitié.		
Clause compromissoire : *Les parties conviennent de soumettre à l'arbitrage tous différends qui ne relèvent pas de l'ordre public du statut des baux commerciaux. En cas de litige, chaque partie désignera son arbitre et en informera son cocontractant par lettre recommandée avec accusé de réception. À compter de la réception de ladite lettre, le cocontractant dispose d'un délai de …... jours pour procéder à la désignation de son arbitre et en aviser dans les mêmes formes l'autre partie.*	**Tout type de baux et de locaux**	**653**

BIBLIOGRAPHIE

I - Dictionnaires généraux, lexiques juridiques et ouvrages non juridiques

ALLAND D. (dir.), RIALS S. (dir.) *et alii*

- *Dictionnaire de la culture juridique*, 1e éd., PUF, coll. Quadrige, 2003.

ARISTOTE

- *Les parties des animaux*, trad. P. LOUIS, Les Belles lettres, Paris, 1990.

AZARIAN A. et POLLET Y.

- *Analyse fonctionnelle des systèmes*, Presses des Mines, coll. Les Cours, 2016.

BLIN-LACROIX J. L. et ROY J.-P.

- *Le dictionnaire professionnel du BTP*, 3e éd., Eyrolles, 2011.

BLOCH O. et VON WARTBURG W.

- *Dictionnaire étymologique de la langue française*, 1e éd., PUF, 2002.

CORNU G. (dir.) *et alii*

- *Vocabulaire juridique*, 12e éd., PUF, coll. Quadrige, 2018.

DE ROSNAY J.

- *Le macroscope, Vers une vision globale*, Editions du Seuil, 1975.

GAFFIOT F.

- *Dictionnaire Latin Français*, Hachette, 1934.

LE FUR D.

- *Le Robert dictionnaire de synonymes, nuances et contraires*, Le Robert, Library edition, coll. Les usuels, 2011.

LITTRÉ P.-E.

- *Littré. Dictionnaire*, t. 2, Gallimard, Hachette, 1967.
- *Littré. Dictionnaire de la langue française*, t. 2, t. 3, t. 4, Encyclopaedia Britannica Inc. (Chicago), 1982.

LITTRÉ E., WALTER H. et ROUSSINEAU G.

- *Littré étymologies : Dictionnaire étymologique*, Garnier, 2015.

REY A.

- *Le Robert. Dictionnaire historique de la langue française*, t. 1, Dictionnaires Le Robert - Paris, 1992.
- *Le grand Robert de la langue française*, t. 1, t. 2, t. 4, t. 6, 2e éd., Dictionnaires Le Robert - Vuef, 2001.

II - Traités, manuels, cours et ouvrages généraux juridiques

ABELENDA C. A.

- *Derecho civil argentino y comparado. Teoria general de los contratos, Corrientes*, ed. Nueva Etapa, 1984.

ACCARIAS C.

- *Précis de droit romain*, t. 1, 3e éd., A. Cotillon et Cie, Librairie du Conseil d'État, 1879.

ANTONMATTEI P.-H. et RAYNARD J.
- *Droit civil. Contrats spéciaux*, 7e éd., LexisNexis, coll. Manuel, 2013.

ASSOCIATION CAPITANT
- *La bonne foi*, t. XLIII, Litec, 1994.

ATTIAS B. *et alii*
- *Droit des contrats. Bilan de la réforme et loi de ratification*, Editions législatives, 2018.

AUBERT J.-L. et CRÔNE R.
- *La responsabilité civile des notaires*, 5e éd., Defrénois, 2008.

AUBRY C. et RAU C.
- *Cours de droit civil français*, t. 3, 3e éd., Imprimerie et Librairie Générale de Jurisprudence, 1856.
- *Cours de droit civil français*, t. 4, 5e éd., Imprimerie et Librairie Générale de Jurisprudence, 1902.
- *Cours de droit civil français d'après la méthode de Zachariae*, t. 4, *Obligations*, par BARTIN, 6e éd., Paris Librairie Marchal et Billard, 1935.

AVRIL Y.
- *Responsabilité des avocats*, 3e éd., Dalloz, 2014.

BARBIERI J.-J.
- *Contrats civils, contrats commerciaux*, Masson-A. Colin (Paris), 1995.

BATIFFOL H.
- *Les conflits de lois en matière de contrats*, Recueil Sirey, 1938.

BAUDRY-LACANTINERIE G. et BARDE L.
- *Traité théorique et pratique de droit civil*, t. XII, *Des obligations*, 3e éd., L. Larose & L. Tenin, 1906.

BAUDRY-LACANTINERIE G. et SAIGNAT L.
- *Traité théorique et pratique de droit civil*, t. XVII, *De la vente et de l'échange*, L. Larose, 1900.

BAUDRY-LACANTINERIE G. et WAHL A.
- *Traité théorique et pratique de droit civil*, t. XVIII, *Du contrat de louage*, 2e éd., Librairie de la société du recueil général des lois et des arrêts, 1900.

BECCARIA C.
- *Le Traité des délits et des peines*, intro. M. ANCEL et G. STEFANI, Cujas, 1966.

BECHMANN A.
- *Der Kauf Nach Gemeinem Recht*, Erlangen, A. Deichert, 1876.

BEIGNIER B. et BINET J.-R.
- *Droit des personnes et de la famille*, 4e éd., L.G.D.J., coll. Cours, 2019.

BÉNABENT A.
- *Droit civil. Les obligations*, 12e éd., Montchrestien, coll. Précis Domat, sous coll. Droit privé, 2010.
- *Droit des contrats spéciaux civils et commerciaux*, 11e éd., L.G.D.J., coll. Précis Domat, sous coll. Droit privé, 2015.
- *Droit des obligations*, 18e éd., Montchrestien, coll. Précis Domat, sous coll. Droit privé, 2019.

- *Droit des contrats spéciaux civils et commerciaux*, 13e éd., L.G.D.J., coll. précis Domat, sous coll. Droit privé, 2019.

BENSOUSSAN A.
- *L'acte d'avocat*, Francis Lefebvre, 2014.

BERGEL J.-L.
- *Les ventes d'immeubles existants*, Litec, 1983.
- *Théorie générale du droit*, 5e éd., Dalloz, coll. Méthodes du droit, 2012.
- *Méthodologie juridique Fondamentale et appliquée*, 3e éd., PUF, coll. Thémis, 2018.

BERGEL J.-L., CIMAMONTI S., ROUX J.-M. et TRANCHANT L.
- *Traité de droit civil. Les biens*, 3e éd., L.G.D.J., coll. Traités, sous coll. Traité de droit civil, 2019.

BEUDANT C., LEREBOURS-PIGEONNIÈRE P. et LAGARDE G. (collab.)
- *Cours de droit civil français*, t. VIII, *Les contrats et les obligations*, 2e éd., Rousseau et Cie (Paris), 1936.

BIGOT J. (dir.), KULLMAN J. et MAYAUX L.
- *Traité de droit des assurances. Les assurances de dommages*, préf. G. DURRY, t. 5, L.G.D.J., 2017.

BLIN-FRANCHOMME M.-P., DESBARRATS I., JAZOTTES G. et VIDALENS V.
- *Entreprise et développement durable - Approche juridique pour l'acteur économique du XIXe siècle*, Lamy, coll. Axe Droit, 2011.

BOILEUX J.-M.
- *Commentaire sur le Code civil*, t. 2, 5e éd., Joubert, 1843.

BONFANTE P.
- *Istituzioni di diritto romano*, F. Vallardi (Milan), 1925.

BORTOLUZZI S., PIAU D., WICKERS T., ADER H. et DAMIEN A.
- *Règles de la profession d'avocat*, 16e éd., Dalloz, 2018/2019.

BOULLÉ B., GROSSE D. et GUINOT V.
- *L'urbanisme commercial, Planification - AEC - Commissions d'aménagement commercial*, Le Moniteur, 2015.

BOUTELET M. et FRITZ J.-C. (dir.)
- *L'ordre public écologique*, Bruylant, 2005.

DE POULPIQUET J., CRÖNE R., BRUN P., et PIERRE P.
- *Responsabilité des notaires 2019-2020*, 3e éd., Dalloz, coll. Dalloz référence, 2018.

BUERES A. J.
- *Objeto del negocio juridico*, ed. Hammurabi, Buenos Aires, 1986.
- *Objeto del negocio juridico*, ed. Paredes, Caracas, Venezuela, Buenos Aires, 1990.

BUFNOIR C.
- *Propriété et contrat - Théorie des Modes d'acquisition des droits réels et des Sources des Obligations*, A. Rousseau, Paris, 1900.

BUY F., LAMOUREUX M., MESTRE J., RODA J.-C. *et alii*
- *Les principales clauses des contrats d'affaires*, 2e éd., L.G.D.J., 2018.

CABRILLAC R.

- *Droit européen comparé des contrats*, 2e éd., L.G.D.J., coll. Systèmes, 2016.
- *Introduction générale au droit*, 13e éd., Dalloz, coll. Cours, 2019.

CADIET L. et CLAY T.

- *Les modes alternatifs de règlement des conflits*, 3e éd., Dalloz, coll. Connaissance du droit, 2019.

CAPITANT H.

- *De la cause des obligations (Contrats, Engagements unilatéraux, Legs)*, 3e éd., réimp. éd. 1927, Editions La Mémoire du Droit, 2012.

CARBONNIER J.

- *Droit civil*, t. 3, *Les biens - Monnaie, immeubles, meubles*, 19e éd., PUF, coll. Thémis Droit privé, 2000.
- *Droit civil*, t. 4, *Les obligations*, 22e éd., PUF, coll. Thémis Droit privé, 2000.

CARON C. et LECUYER H.

- *Le droit des biens*, Dalloz, 2002.

CASTALDO A. et LEVY J.-P.

- *Histoire du droit civil*, 2e éd., Dalloz, coll. Précis Dalloz, 2010.

CAZEAUX P. N.

- *Derecho de las obligaciones*, La Plata, ed. Platense, 1969.

CENDRIER G.

- *Le fonds de commerce. Traité général théorique et pratique avec formulaires et textes législatifs*, par R MARTIN et R. MAUS, 6e éd., Dalloz, 1934.

CHABAS F.

- *Introduction à l'étude du droit*, 12e éd., Montchrestien, coll. Leçons de droit civil, 2000.

CHANTEPIE G. et LATINA M.

- *La réforme du droit des obligations - Commentaire théorique et pratique dans l'ordre du Code civil*, Dalloz, 2016.
- *Le nouveau droit des obligations - Commentaire théorique et pratique dans l'ordre du Code civil*, 2e éd., Dalloz, 2018.

CHÉNEDÉ F.

- *Le nouveau droit des obligations et des contrats, Consolidations - Innovations - Perspectives*, Dalloz, 2016.

CHEVREAU E., MAUSEN Y. et BOUGLÉ C.

- *Introduction historique au droit des obligations*, LexisNexis, coll. Litec, 2007.

COHEN A.

- *Traité théorique et pratique des fonds de commerce*, 2e éd., Sirey, 1948.

COLLART-DUTILLEUL F. et DELEBECQUE P.

- *Contrats civils et commerciaux*, 10e éd., Dalloz, coll. Précis, 2015.
- *Contrats civils et commerciaux*, 11e éd., Dalloz, coll. Précis, 2019.

COLLINET P. et GIFFARD A.-E.

- *Précis de droit romain*, Dalloz, 1929.

COSTA E.
- *Storia delle fonti, Del diritto romano*, 2e éd., Fratelli Bocca Editori, 1925.

CUQ M.
- *Manuel des Institutions juridiques des Romains*, 2e éd., Plon et L.G.D.J., 1928.

DABIN J.
- *Le droit subjectif*, préf. C. ATIAS, réimp. 1952, Dalloz, 2008.

DE JUGLART M. et IPPOLITO B
- *Traité de droit commercial*, t. 1, par E. DU PONTAVICE et J. DUPICHOT, 4e éd., Montchestien, 1988.

DELEBECQUE P. et PANSIER J.-F.
- *Droit des obligations, Responsabilité civile, Délit et quasi-délit*, 8e éd., LexisNexis, coll. Objectif droit - Cours, 2019.
- *Droit des obligations, Contrat et quasi-contrat*, 8e éd., LexisNexis, coll. Objectif droit - Cours, 2018.

DELVINCOURT M.
- *Cours de Code civil*, t. II, Videcocq, 1819.

DEMANTE A.-M.
- *Programme du cours de droit civil français fait à l'école de Paris*, t. II, 3e éd., Gustave Thorel (Paris), 1840.

DEMOGUE R.
- *Traité des obligations en général. Sources des obligations*, t. II, Rousseau et Cie, 1923.
- *Traité des obligations en général. Sources des obligations (suite et fin)*, t. V, Rousseau et Cie, 1925.
- *Traité des obligations en général. Effets des obligations*, t. VII, Rousseau et Cie, 1933.

DEMOLOMBE C.
- *Cours de Code Napoléon. Traité des contrats ou des obligations conventionnelles en général*, t. 1, L. Auguste Durand et L. Hachette et Cie, 1868.

DE RICHEMONT J.
- *Les modifications du droit en matière de baux ruraux : commentaire juridique de la loi du 13 avril 1946*, Fédération nationale de la propriété agricole (Paris), 1947.

DEROUSSIN D.
- *Histoire du droit des obligations*, 2e éd., Economica, coll. Corpus, sous coll. Histoire du droit, 2012.

DE SAVIGNY M. F.-C.
- *Traité de droit romain*, t. 5, trad. M.-CH. GUENOUX, 2e éd., Firmin Didot Frères, Fils et Cie, 1858.
- *Traité de la possession en droit romain*, trad. H. STAEDTLER, par M. Ad. Fr. RUDORFF, 2e éd., A. Durand & Pedone Lauriel, 1870.

DEVILLENEUVE L.-M. et GILBERT P.
- *Jurisprudence du XIXe siècle*, t. 1, Sirey, 1850.

DE WOLFF C.
- *Principes du droit de la nature et des gens*, trad. M. FORMEY, Marc Michel Rey (Amsterdam), 1758.

DISSAUX N. et JAMIN C.

- *Réforme du droit des contrats, du régime général et de la preuve des obligations (Ordonnance n° 2016-131 du 10 février 2016), Commentaire des articles 1100 à 1386-1 du Code civil*, Dalloz, 2016.

DOMAT J.

- *Les lois civiles dans leur ordre naturel*, *Œuvres complètes de J. Domat*, t. I, par M. CARRÉ, Kleffer, 1821.
- *Œuvres complètes*, t. I, par J. REMY, nouv. éd., Firmin Didot père et fils (Paris), 1828.

DOMENGET M. L.

- *Institutes de GAIUS*, 6e éd., par E. DUBOIS, A. Marescq Aîné, 1881.

DOUVILLE T. (dir.) *et alii*

- *La réforme du Droit des contrats - Commentaire article par article - Ordonnance du 10 février 2016 portant réforme du droit des contrats, du régime général et de la preuve des obligations*, Gualino Lextenso, 2016.

DROSS W.

- *Droit civil, Les choses*, L.G.D.J., 2012.
- *Clausier. Dictionnaire des clauses ordinaires et extraordinaires des contrats de droit privé interne*, 3e éd., LexisNexis, 2016.
- *Clausier. Dictionnaire des clauses ordinaires et extraordinaires des contrats de droit privé interne*, 4e éd., LexisNexis, 2020.
- *Droit des biens*, 4e éd., L.G.D.J., coll. précis Domat, 2019.

DUGUIT L.

- *Traité de droit constitutionnel*, t. 1, *La règle de droit - Le problème de l'État*, 3e éd., E. de Boccard (Paris), 1927.

FABRE-MAGNAN M.

- *Les obligations*, 1e éd., PUF, coll. Thémis Droit privé, 2004.
- *Droit des obligations, 1 - Contrat et engagement unilatéral*, 5e éd., PUF, coll. Thémis, sous coll. Droit, 2019.

FAGES B.

- *Droit des obligations*, 10e éd., L.G.D.J., coll. Manuel, 2020.

FARJAT G.

- *Droit privé de l'économie, Théorie des obligations*, t. 2, PUF, 1975.

FENET P.-A.

- *Recueil complet des travaux préparatoires du Code civil*, t. 1, Videcoq (Paris), 1836.
- *Recueil complet des travaux préparatoires du Code civil*, t. 14, Videcoq (Paris), 1836.

FIJALKOW Y.

- *Sociologie du logement*, La Découverte, 2011.

FLOUR J., AUBERT J.-L. et SAVAUX E.

- *Droit civil. Les obligations. 3. Le rapport d'obligation*, t. III, 7e éd., Sirey, 2011.
- *Droit civil. Les obligations. 1. L'acte juridique*, 16e éd., Sirey, 2014.
- *Droit civil. Les obligations. 3. Le rapport d'obligation*, 9e éd., Sirey, 2015.

GAUDEMET J. et CHEVREAU E.

- *Droit privé romain*, 3e éd., Montchrestien, coll. Domat, 2009.

GAUDEMET E., DESBOIS H. et GAUDEMET J.
- *Théorie générale des obligations*, réimp. éd. 1937, Sirey, 1965.

GAZZANIGA J.-L.
- *Introduction historique au droit des obligations*, 1e éd., PUF, coll. Droit fondamental, 1992.

GERMAIN L.
- *Les origines helléniques de la notion de contrat*, t. 1, Etudes Kayser, 1979.

GHESTIN J., BARBIER H. et BERGÉ J.-S. (conc.)
- *Traité de droit civil*, t.1, *Introduction générale*, 5e éd., L.G.D.J., 2018.

GHESTIN J., BILLIAU M. et LOISEAU G.
- *Traité de droit civil. Le régime des créances et des dettes*, L.G.D.J., 2005.

GHESTIN J. (dir.) et HUET J.
- *Traité de droit civil. Les principaux contrats spéciaux*, 2e éd., L.G.D.J., 2001.

GHESTIN J., HUET J., DECOCQ G et LÉCUYER H.
- *Traité de droit civil. Les principaux contrats spéciaux*, 3e éd., L.G.D.J., 2012.

GHESTIN J. (dir.), JAMIN C. et BILLIAU M.
- *Traité de droit civil. Les effets du contrat*, 3e éd., L.G.D.J., 2001.

GHESTIN J., LOISEAU G. et SERINET Y.-M.
- *Traité de droit civil. La formation du contrat*, t. 1, *Le contrat, le consentement*, 4e éd., L.G.D.J., 2013.
- *Traité de droit civil. La formation du contrat*, t. 2, *L'objet et la cause - Les nullités*, 4e éd., L.G.D.J., 2013.

GHESTIN J. (dir.), VINEY G., JOURDAIN P. et CARVAL S. (collab.)
- *Traité de droit civil. Les conditions de la responsabilité*, 4e éd., L.G.D.J., 2013.
- *Traité de droit civil. Les effets de la responsabilité*, 4e éd., L.G.D.J., 2017.
- *Traité de droit civil. Les régimes spéciaux et l'assurance de responsabilité*, 4e éd., L.G.D.J., 2017.

GIRARD P.-F.
- *Manuel élémentaire de droit romain*, 5e éd., Arthur Rousseau (Paris), 1911.

GROTIUS H.
- *Le droit de la guerre et de la paix*, t. 1, trad. J. BARBEYRAC, Centre de philosophie politique et juridique, Université de Caen, 1984.

GRYNBAUM L. *et alii*
- *Le solidarisme contractuel*, Economica, 2004.

GUILLOUARD L.
- *Traités de la vente et de l'échange*, t. 1, A. Durand et Pedone-Lauriel (Paris), 1889.

HALPERIN J.-L.
- *L'impossible Code civil*, PUF, 1992.

HOUTCIEFF D.
- *Droit commercial*, 4e éd., Sirey, 2016.
- *Droit des contrats*, 5e éd., Bruylant, coll. Paradigme, 2020.

HUC T.
- *Commentaire théorique et pratique du Code civil*, t. 7, F. Pichon (Paris), 1894.

HUET J.
- *Contrats civils et commerciaux. Responsabilité du vendeur et garantie contre les vices cachés*, Litec, coll. Connaissance et pratique du droit, 1987.

HUVELIN A.
- *Etudes d'histoire du droit commercial romain*, par H. LÉVY-BRUHL, Sirey (Paris), 1929.

JOSSERAND L.
- *Cours de droit civil positif français*, t. II, *Théorie générale des obligations - Les principaux contrats du droit civil - Les sûretés*, 3e éd., Recueil Sirey (Paris), 1939.

JOURDAIN P.
- *Les principes de la responsabilité civile*, 9e éd., Dalloz, coll. Connaissance du droit, 2014.

JUSTINIEN
- *Les cinquante livres du Digeste*, t. 6, par H. HULOT, Behmer et Lamort (Metz) et Rondonneau (Paris), 1804.

JUSTINIEN Ier
- *Les Institutes de l'empereur Justinian, avec des observations pour l'intelligence de ce qui est obscur ou de ce qui a été abrogé par le Droit des Novelles*, t. 2, par M. CLAUDE DE FERRIERE, 2e éd., D. Thierry (Paris), 1962.

KARLOWA O.
- *Römische Rechtsgeschichte*, Verlag von vert & Comp., 1901.

KELSEN H.
- *Théorie pure du droit*, trad. C. EISENMANN, 2e éd., Dalloz (Paris), 1962.

KOEHL J.-L.
- *Les centres commerciaux*, 1e éd., PUF, coll. Que sais-je ?, 1990.

LAFOND J., VIAL-PEDROLETTI B., KENDERIAN F, CHAVANCE E. et COUTANT-LAPALUS C. (part.)
- *Code des baux*, LexisNexis, 2017.
- *Code des baux*, LexisNexis, 2020.

LARGUIER J., CONTE P. et MAISTRE DU CHAMBON P.
- *Droit pénal général*, 23e éd., Dalloz, coll. Mémentos, 2018.

LAROMBIÈRE M.-L.
- *Théorie et pratique des obligations ou commentaire des titres III et IV, livre III du code civil*, t. I, nouv. éd., A. Durand et Pédone-Lauriel (Paris), 1885.
- *Théorie et pratique des obligations ou commentaire des titres III et IV, livre III du code civil*, t. II, nouv. éd., A. Durand et Pédone-Lauriel (Paris), 1885.

LARROUMET C.
- *Droit civil*, t. 3, *Les obligations. Le contrat*, vol. 2, 6e éd., Economica, 2007.

LARROUMET C. et BROS S.
- *Traité de droit civil*, t. 3, *Les obligations, Le contrat*, 8e éd., Economica, 2016.
- *Traité de droit civil*, t. 3, *Les obligations, Le contrat*, 9e éd., Economica, 2018.

LAURENT F.
- *Principes de droit civil français*, t. 24, Bruylant-Christophe et Comp. (Bruxelles) et A. Durand et Pedone-Lauriel (Paris), 1877.

LE TOURNEAU P.

- *La responsabilité civile*, 3e éd., Dalloz, 1982.

LE TOURNEAU P. (dir.) *et alii*

- *Droit de la responsabilité et des contrats 2021/2022*, 12e éd., Dalloz, coll. Dalloz Action, 2020.

LOUSSOUARN Y.

- *Le transfert de propriété par l'effet des contrats,* Cours doctorat de droit privé, Paris, 1969-1970.

MACKAAY E. et ROUSSEAU S.

- *Analyse économique du droit*, 2e éd., Dalloz, coll. Méthodes du droit, 2008.

MACKELDEY F.

- *Manuel de droit romain contenant la théorie des institues, précédé d'une introduction à l'étude du droit romain*, trad. J. BEVING, 3e éd., Société typographique Belge, Ad. Wahlen et Cie, 1846.

MAINGUY D.

- *Contrats spéciaux*, 12e éd., Dalloz, coll. Cours, 2020.

MALAURIE P. et AYNÈS L.

- *Droit civil. Les biens*, 8e éd., L.G.D.J., coll. Droit civil, 2019.

MALAURIE P., AYNES L. et GAUTIER P.-Y.

- *Les contrats spéciaux*, 7e éd., L.G.D.J., coll. Droit civil, 2014.
- *Droit des contrats spéciaux*, 11 éd., L.G.D.J., coll. Droit civil, 2020.

MALAURIE P., AYNÈS L. et STOFFEL-MUNCK P.

- *Les obligations*, 5e éd., Defrénois, coll. Droit civil, 2011.
- *Droit des obligations*, 11e éd., L.G.D.J., coll. Droit civil, 2020.

MALINVAUD P., FENOUILLET D. et MEKKI M.

- *Droit des obligations*, 15e éd., LexisNexis, 2019.

MALINVAUD P. (dir.) et *alii*

- *Droit de la construction 2018/2019*, 7e éd., Dalloz, coll. Dalloz Action, 2018.

MARCADÉ V.-N.

- *Explication théorique et pratique du Code Napoléon*, t. 6, 6e éd., Delamotte, 1868.

MARTIN R.

- *Déontologie de l'avocat*, 11e éd., LexisNexis, coll. Droit & Professionnels, sous coll. Responsabilités et assurances, 2013.

MARTY G. et RAYNAUD P.

- *Droit civil,* t. II, vol. I, *Les obligation*, Sirey (Paris), 1962.
- *Droit civil. Les obligations*, t. 1, *Les sources*, 2e éd., Sirey (Paris), 1988.
- *Droit civil, Les Biens*, par P. JOURDAIN, Dalloz, 1995.

MAZEAUD H., L., J. et F.

- *Leçons de droit civil,* t. II, *Obligations, théorie générale*, par F. CHABAS, 9e éd., Montchrestien, 1998.

MAZEAUD V. H., J. et L.

- *Leçons de droit civil,* t. 3, par M. DE JUGLART, 6e éd., Montchrestien, 1984.

MAZEAUD H.-L. et TUNC A.

- *Traité théorique et pratique de la responsabilité civile délictuelle et contractuelle*, t. I, 6e éd., Montchrestien, 1965.

MERCHIERS Y.

- *Le bail en général*, Larcier, 1997.

MESTRE J. (dir.), RODA J.-C. (dir.) *et alii*

- *Les principales clauses des contrats d'affaires*, Lextenso éditions, 2011.

MONÉGER J., DAMAS N., THIOYE M. et ROUQUET Y.

- *Code des baux*, 31e éd., Dalloz, coll. Codes Dalloz Professionnels, 2020.

MORAND-DEVILLER J. et FERRARI S.

- *Droit de l'urbanisme*, 10e éd., Dalloz, coll. Mémentos, 2018.

MOSSET ITURRAPSE J.

- *Teoria general del contrato*, Rosario, ed. Orbir, 1970.

MOUGENOT D.

- *Droit des obligations. La preuve*, 3e éd., Larcier, 2002.

MOUSSERON J.-M., IZORCHE M.-L., MOUSSERON P. et RAYNARD J.

- *Technique contractuelle*, 2e éd., Francis Lefebvre, 1999.

MOUSSERON J.-M., MOUSSERON P., RAYNARD J. et SEUBE J.-B.

- *Technique contractuelle*, 4e éd., Francis Lefebvre, 2010.
- *Technique contractuelle*, 5e éd., Francis Lefebvre, 2017.

OPPETIT B.

- *Droit et modernité*, PUF, 1998.

OURLIAC P. et DE MALAFOSSE J.

- *Histoire du droit privé, 1/ Les obligations*, 2e éd., PUF, coll. Thémis, 1969.

PEROZZI S.

- *Istituzioni di diritto romano*, 2e éd., Athenaeum (Roma), 1928.

PIN X.

- *Droit pénal général 2021*, 12e éd., Dalloz, coll. Cours, 2020.

PLANIOL M.

- *Traité élémentaire de droit civil*, t. II, 9e éd., L.G.D.J., 1923.
- *Traité élémentaire de droit civil*, t. I, *Principes généraux. Les personnes - Les biens*, par G. RIPERT et J. BOULANGER (conc.), R. Pichon et R. Durand-Auzias (Paris), 1942.

PLANIOL M. et RIPERT G. (collab.)

- *Traité élémentaire de droit civil*, t. I, 11e éd., L.G.D.J., 1928.
- *Traité pratique de droit civil français*, t. X, par J. HAMEL, F. GIVORD et A. TUNC, 2e éd., L.G.D.J., 1956.

PLANIOL M., RIPERT G. et PICARD M.

- *Traité élémentaire de droit civil*, par G. RIPERT et J. BOULANGER, L.G.D.J., 1926.

POSNER R. A.

- *Economic Analysis of Law*, Little Brown, Boston, 1972.

POTHIER R.-J.

- *Traité du contrat de louage selon les règles tant du for de la conscience que du for extérieur*, Debure l'Aîné (Paris) et J. Rouzeau-Montaut (Orléans), 1764.
- *Œuvres de Pothier, Traité des obligations*, t. 1, nouv. éd., M. Siffrein (Paris), 1824.
- *Traité des obligations*, t. 1, préf. J.-L. HALPÉRIN, rééd. 1821, Dalloz, 2011.

POUPARD J.-M.

- *Les centres commerciaux. De nouveaux lieux de socialité dans le paysage urbain*, L'Harmattan, coll. Logiques sociales, 2005.

PUFENDORF S.

- *Le droit de la nature et des gens*, t. 2, trad. J. BARBEYRAC, J. Nours (Londres), 1740.

PUIG P.

- *Contrats spéciaux*, 8e éd., Dalloz, coll. HyperCours, 2019.

RABEL E.

- *Die Haftung des Verkäufers wegen Mangels im Rechte*, Leipzig, Von Veit, 1902.

RAYNARD J. et SEUBE J.-B.

- *Droit civil, Contrats spéciaux*, 8e éd., LexisNexis, 2015.
- *Droit des contrats spéciaux*, 10e éd., LexisNexis, coll. Manuels, 2019.

REBOUL-MAUPIN N.

- *Droit des biens*, 8e éd., Dalloz, coll. HyperCours, 2020.

RIPERT G. et BOULANGER J.

- *Traité de droit civil d'après le traité de Planiol*, t. 2, *Obligations, Contrats, Responsabilité, Droits réels, Biens, Propriété*, L.G.D.J., 1957.

ROBAYE R.

- *Le droit romain*, Bruxelles, 3e éd, Bruylant, 2005.

ROUZET G.

- *Précis de déontologie notariale*, préf. J. DERRUPPÉ, 3e éd., Presses universitaires de Bordeaux, 1999.

SALEILLES R.

- *Essai d'une théorie générale de l'obligation d'après le projet de Code civil allemand*, F. Pichon, 1890.
- *Etude sur la théorie générale des obligations dans la seconde rédaction du projet du Code civil pour l'Empire d'Allemagne*, F. Pichon, 1895.

SAVATIER R.

- *Traité de la responsabilité civile en droit français civil, administratif, professionnel, procédural*, t. 1, *Les sources de la responsabilité civile*, préf. G. RIPERT, réimp. 2e éd. 1951, L.G.D.J., coll. Anthologie du Droit, 2016.

SCHILPEROORT G.

- *Le commerçant dans la littérature française du Moyen-âge (caractère, vie, position sociale)*, J. B. Wolters (Groningue-La Haye), 1933.

SCHLECHTRIEM P. et WITZ C.

- *Contrats de vente internationale de marchandises*, Dalloz, 2008.

SCHLUMBERGER E.

- *Les contrats préparatoires à l'acquisition de droits sociaux*, Dalloz, 2013.

SÉRIAUX A.
- *Droit des obligations*, 2e éd., PUF, coll. Droit fondamental, 1998.
- *Contrats civils*, PUF, coll. Droit fondamental, 2001.
- *Manuel de droit des obligations*, 4e éd., PUF, coll. Droit fondamental, 2020.

SZRAMKIEWICZ R. et DESCAMPS O.
- *Histoire du droit des affaires*, 3e éd., Montchrestien, coll. précis Domat, 2019.

TERRÉ F. (dir.) *et alii*
- *Pour une réforme du droit des contrats*, Dalloz, 2008.
- *Pour une réforme du droit de la responsabilité civile*, Dalloz, 2011.
- *Pour une réforme du régime général des obligations*, Dalloz, 2013.

TERRÉ F. et FENOUILLET D.
- *Droit civil. Les personnes*, 8e éd., Dalloz, coll. Précis, 2012.

TERRÉ F., SIMLER P. et LEQUETTE Y.
- *Droit civil. Les obligations*, 11e éd., Dalloz, coll. Précis, 2013.

TERRÉ F., SIMLER P., LEQUETTE Y et CHÉNEDÉ F.
- *Droit civil. Les obligations*, 12e éd., Dalloz, coll. Précis, 2018.

THIOYE M.
- *Droit des intermédiaires immobiliers, Activités et opérations d'entremise et de gestion, Achats ou ventes, échanges et locations*, 4e éd., LexisNexis, coll. Droit & professionnels, sous coll. Droit immobilier, 2020.

TOULLIER C.-B.-M.
- *Le droit civil français, suivant l'ordre du code*, t. 16, par J.-B. DUVERGIER, Jules Renouard (Paris), 1835.

TROPLONG R.-T.
- *Droit civil expliqué. De l'échange et du louage. Commentaires des Titres VII et VIII du Livre III du Code civil*, t. 1, C. Hingray (Paris), 1852.
- *De la vente ou Commentaire du titre VI du livre III du Code Napoléon*, t. 1, 5e éd., C. Hingray (Paris), 1856.

VAN WETTER P.
- *Les obligations en droit romain*, t. 1, A. Hoste (Gand) et A. Durand et Pedone-Lauriel (Paris), 1883.

VÉRON M.
- *Droit pénal spécial*, 17e éd., Sirey, coll. Université, 2019.

VILLEY V. M.
- *Seize essais de philosophie du droit*, Dalloz, 1968.

VON JHERING R.
- *Du fondement de la protection possessoire. Révision de la théorie de la possession*, trad. O. MEULENAERE, 2e éd., F. Clemm (Gand) et A. Marescq Aîné (Paris), 1875.
- *Études complémentaires de l'esprit du droit romain, II Fondement des interdits possessoires, Critique de la théorie de Savigny*, trad. O. MEULENAERE, 2e éd., A. Marescq Aîné, 1880.
- *L'esprit du droit romain dans les diverses phases de son développement*, t. IV, trad. O. DE MEULENAERE, A. Marescq Aîné, 1880.

- *Études complémentaires de l'esprit du droit romain, III Du rôle de la volonté dans la possession*, trad. O. MEULENAERE, A. Marescq Aîné, 1891.

VON MAYR R.

- *Römische Rechtsgeschichte*, Leipzig, G.J. Göschen, 1912-1913.

ZACHARIAE K. S.

- *Handbuch des Französischen Civilrechts*, Heidelberg, 1827.

ZENATI-CASTAING F. et REVET T.

- *Les biens*, 3e éd., PUF, coll. Droit fondamental, 2008.

III - Monographies, thèses et ouvrages spéciaux

AKPACA J.-D.

- *La livraison de marchandises dans les contrats internationaux de vente, de transport et d'assurance*, th. Aix-Marseille, 1992.

ALEXANDRE J.-J.

- *La prestation de conseil juridique en droit français*, t. I et II, th. Aix-Marseille, 1990.

ALTER M.

- *L'obligation de délivrance dans la vente de meubles corporels*, préf. P. CATALA, L.G.D.J., 1972.

ANCEL M.-E.

- *La prestation caractéristique du contrat*, préf. L. AYNÈS, Economica, 2002.

ARSAC-RIBEYROLLES A.

- *Essai sur la notion d'économie du contrat*, th. Clermont I, 2005.

ATIAS C.

- *Le transfert conventionnel de propriété immobilière*, th. Poitiers, 1974.

AUQUE F.

- *Les baux commerciaux. Théorie et pratique*, L.G.D.J., 1996.

AYNÈS L.

- *La cession de contrat et les opérations juridiques à trois personnes*, préf. P. MALAURIE, Economica, 1984.

BAHANS J.-M.

- *Théorie générale de l'acte juridique et droit économique*, th. Bordeaux IV, 1998.

BALMACEDA J.

- *La vente de marchandises dans les systèmes de droit civil et de common law. Une étude des droits anglais, chilien et français*, th. Paris I, 2017.

BARBAUD M.-O.

- *La notion de contrat unilatéral : analyse fonctionnelle*, préf. B. TEYSSIÉ, L.G.D.J., 2014.

BARRY B.

- *La réparation en nature*, préf. M. POUMARÈDE, Presses de l'Université de Toulouse 1 Capitole, 2016.

BIGUNET-MAUREL C.
- *Le devoir de conseil des notaires*, préf. J. DE POULPIQUET, Defrénois, coll. Doctorat & Notariat, 2006.

BITAN H.
- *L'obligation de délivrance en matière de logiciels*, th. Orléans, 1994.

BLANLUET G.
- *Essai sur la notion de propriété économique en droit privé français, Recherche au confluent du droit fiscal et du droit civil*, préf. P. CATALA et M. COZIAN, L.G.D.J., 1999.

BLATTER J.-P.
- *Droit des baux commerciaux*, 1e éd., Le Moniteur, 1994.

BLATTER J.-P. et BLATTER-HODARA W. (collab.)
- *Traité des baux commerciaux*, préf. P. CHAUVIN, 6e éd., Le Moniteur, 2018.
- *Droit des baux commerciaux*, préf. J.-F. WEBER, 4e éd., Le Moniteur, coll. Analyse juridique, 2006.

BLOCH C.
- *L'obligation contractuelle de sécurité*, préf. R. BOUT, PUAM, 2001.

BOFFA R.
- *La destination de la chose*, préf. M.-L. MATHIEU-IZORCHE, Defrénois, coll. Doctorat & Notariat, 2008.

BONNET D.
- *Cause et condition dans les actes juridiques*, préf. P. DE VAREILLES-SOMMIÈRES, L.G.D.J., 2005.

BOURGEOIS C.
- *Essai de classification des obligations naissant d'un contrat*, th. Bordeaux IV, 2006.

BOUVIER-BANGILLON A.-E.
- *De la tradition considérée comme mode translatif de propriété en Droit romain et dans l'Ancien droit français - De la transmission de la propriété par l'effet des conventions en droit français actuel*, th. Paris, F. Pichon, 1877.

BRANCHUT J.-M.
- *L'évolution de la norme environnementale dans le secteur immobilier : l'exemple du bail vert*, th. Paris II, 2015.

BRAULT P.-H., BARBIER J.-D. *et alii*
- *Le statut des baux commerciaux*, Gazette du palais, 2009.

BRENAC C.
- *La coprise à bail en droit privé français*, th. Toulouse I, 2011.

BUSSMANN M.
- *L'obligation de délivrance du vendeur en droit romain classique*, th. Lausanne, C. Risold et fils, 1933.

CABRILLAC R.
- *L'acte juridique conjonctif en droit privé français*, préf. P. CATALA, L.G.D.J., 1990.

CARDOSO-ROULOT N.
- *Les obligations essentielles en droit privé des contrats*, préf. E. LOQUIN, L'Harmattan, 2009.

CAYRON J.

- *La location de biens meubles*, préf. P. DELEBECQUE, PUAM, 1999.

CESARO F.-F.

- *Le doute en droit privé*, préf. B. TEYSSIÉ, L.G.D.J., 2003.

CHALVIGNAC F.

- *La rédaction d'un acte juridique : le bail commercial*, préf. J.-P. MARTY, L.G.D.J., 1999.

CHATTY A.

- *Les baux commerciaux*, 4e éd., Légis-France, 2015.

CHAUVIRÉ P.

- *L'acquisition dérivée de la propriété - Le transfert volontaire des biens*, préf. T. REVET, L.G.D.J., 2013.

CHAZAL J.-P.

- *De la puissance économique en droit des obligations*, t. 2, th. Grenoble II, 1996.

CHÉNEDÉ F.

- *Les commutations en droit privé. Contribution à la théorie générale des obligations*, préf. A. GHOZI, Economica, 2008.

COLIN P.

- *Théorie de la cause des obligations conventionnelles*, th. Paris, 1896.

COMPARATO F. K.

- *Essai d'analyse dualiste de l'obligation en droit privé*, préf. A. TUNC, Dalloz, 1964.

CONFINO A., CONFINO J.-P., FIGARO A. et TINGUELY B.

- *Baux commerciaux - Ce qui change en pratique*, Editions législatives, 2016.

CONFINO A., CONFINO J.-P. *et alii* (collab.)

- *Baux commerciaux - Les dernières actualités*, Editions législatives, 2018.
- *Baux commerciaux - L'essentiel de l'actualité*, Editions législatives, 2020.

CORBET M.

- *De la garantie d'éviction dans la vente*, th. Paris, 1867.

COUDERT-PIATKOWSKI S.

- *La mise à disposition d'une chose*, th. Montpellier, 2016.

COURDIER-CUISINIER A.-S.

- *Le solidarisme contractuel*, préf. E. LOQUIN, LexisNexis Litec, 2006.

DELEBECQUE P.

- *Les clauses allégeant les obligations dans les contrats*, thèse Aix-Marseille, 1981.

DENIZOT C.

- *Droit civil et bail commercial*, th. Paris XI, 2003.

DERRUPÉ J.

- *La nature juridique du droit du preneur à bail et la distinction des droits réels et des droits de créance*, th. Toulouse, 1952.

DESGORCES R.

- *La bonne foi dans le droit des contrats : rôle actuel et perspectives*, th. Paris II, 1992.

DEVÈZE J.
- *Contribution à l'étude de la charge de la preuve en matière civile*, th. Toulouse, 1980.

DIJON X.
- *Le sujet de droit en son corps - Une mise à l'épreuve du droit subjectif*, préf. F. RIGAUX, Mon Ferdinand Larcier, 1982.

DO V. D.
- *Le rôle de l'intérêt privé dans le contrat en droit français*, PUAM, 2004.

DORVILLE A.
- *De l'intérêt moral dans les conventions*, th. Paris, 1901.

DUBARRY J.
- *Le transfert conventionnel de propriété - Essai sur le mécanisme translatif à la lumière des droits français et allemand*, préf. B. DAUNER-LIEB et R. LIBCHABER, L.G.D.J., 2014.

DUCLOS J.
- *L'opposabilité (essai d'une théorie générale)*, préf. D. MARTIN, L.G.D.J., 1984.

DUMONT M.-P. (dir.), KENFACK H. (dir.) *et alii*
- *Droit et pratique des baux commerciaux 2021/2022,* 6e éd., Dalloz, coll. Dalloz Action, 2020.

DUPRE M.
- *Contribution à une théorie générale des contrats spéciaux (Apports du principe de liberté contractuelle tempérée)*, th. Toulouse I, 2011.

DURAND P.
- *Les conventions d'irresponsabilité*, th. Paris, 1931.

ETIENNEY A.
- *La durée de la prestation, Essai sur le temps dans l'obligation*, préf. T. REVET, L.G.D.J., 2008.

FABRE-MAGNAN M.
- *De l'obligation d'information dans les contrats, Essai d'une théorie*, préf. J. GHESTIN, L.G.D.J. coll. Anthologie du droit, 2014.

FAHIM NIA M.
- *Les obligations de livraison et de conformité du vendeur dans les contrats de vente internationale de marchandises : (étude comparative de la Convention de Vienne du 11 avril 1980 et du droit français des ventes internes)*, th. Paris I, 2011.

FARES O.
- *Les nouvelles formes de distribution et le statut des baux commerciaux*, th. Clermont I, 2004.

FIECHTER-BOULVARD F.
- *La transmission de l'engagement dans les contrats en chaîne*, th. Grenoble, 1992.

FOREST G.
- *Essai sur la notion d'obligation en droit privé*, préf. F. LEDUC, L.G.D.J., 2012.

GAUDEMET S.
- *La clause réputée non écrite*, préf. Y. LEQUETTE, Economica, 2006.

GELOT B.

- *Finalités et méthodes objectives d'interprétation des actes juridiques, Aspects théoriques et pratiques*, préf. Y. FLOUR, L.G.D.J., 2003.

GOUNOT E.

- *Le principe de l'autonomie de la volonté en droit privé, Contribution à l'étude critique de l'individualisme juridique*, th. Dijon, A. Rousseau, 1912.

GRAS N.

- *Essai sur les clauses contractuelles*, préf. M. MEKKI, Centre Michel de l'Hospital (P.U. Clermont), 2017.

GROSS B.

- *La notion d'obligation de garantie dans le droit des contrats*, préf. D. TALLON, L.G.D.J., 1964.

HAMEL J.

- *La notion de cause dans les libéralités*, th. Paris, 1920.

HAMELIN J.-F.

- *Le contrat-alliance*, préf. N. MOLFESSIS, Economica, 2012.

HELLERINGER G.

- *Les clauses du contrat - Essai de typologie*, préf. L. AYNÈS, postf. F. TERRÉ, L.G.D.J., 2012.

HENRY X.

- *La technique des qualifications contractuelles*, th. Nancy II, 1992.

HERRO R.

- *Vente et transport : Indépendance ou interdépendance ?*, préf. P. DELEBECQUE, PUAM, 2011.

HOUTCIEFF D.

- *Le principe de cohérence en matière contractuelle*, t. 1, préf. H. MUIR-WATT, PUAM, 2001.

HUET J.

- *Responsabilité contractuelle et responsabilité délictuelle : essai de délimitation des deux ordres de responsabilité*, th. Paris II, 1978.

JABBOUR R.

- *La bonne foi dans l'exécution du contrat*, préf. L. AYNÈS, L.G.D.J., 2016.

JALUZOT J.

- *La bonne foi dans les contrats. Étude comparative de droit français, allemand et japonais*, Dalloz, 2001.

JEAN S.

- *La protection des droits subjectifs par la responsabilité civile*, th. Toulouse I, 2012.

KENDÉRIAN F.

- *L'évolution contemporaine du statut des baux immobiliers d'exploitation*, préf. B. SAINTOURENS, Litec, 2003.

KHORIATY R.

- *Les principes directeurs du droit des contrats, Regards croisés sur les droits français, libanais, européen et international*, préf. D. MAZEAUD, PUAM, 2014.

LABARTHE F.
- *La notion de document contractuel*, préf. J. GHESTIN, L.G.D.J., 1994.

LAGARDE X.
- *Réflexion critique sur le droit de la preuve*, préf. J. GHESTIN, L.G.D.J., 1994.

LAITHIER Y.-M.
- *Étude comparative des sanctions de l'inexécution du contrat*, préf. H. MUIR WATT, L.G.D.J., 2004.

LAMAZEROLLES E.
- *Les apports de la convention de Vienne au droit interne de la vente*, préf. P. REMY, L.G.D.J., 2003.

LAMOUREUX M.
- *L'aménagement des pouvoirs du juge par les contractants. Recherche sur un possible imperium des contractants*, préf. J. MESTRE, P.U.A.M., coll. Institut de Droit des Affaires, 2006.

LAROCHE H.
- *Les concours de responsabilités civiles*, th. Tours, 2014.

LATINA M.
- *Essai sur la condition en droit des contrats*, préf. D. MAZEAUD, L.G.D.J., 2009.

LAURENT J.
- *La propriété des droits*, préf. T. REVET, L.G.D.J., 2012.

LAVEFVE-LABORDERIE A.-S.
- *La pérennité contractuelle*, préf. C. THIBIERGE, L.G.D.J., 2005.

LE BOURG J.
- *La remise de la chose : Essai d'analyse à partir du droit des contrats*, th. Savoie, 2010.

LE FLOCH M.-A.
- *Le bail commercial dans les centres commerciaux*, th. Paris II, 2018.

LE GAC-PECH S.
- *La proportionnalité en droit privé des contrats*, préf. H. MUIR-WATT, L.G.D.J., 2000.

LE GALL J.-P.
- *L'obligation de garantie dans le louage de choses*, R. Pichon et P. Durand-Auzias (Paris), 1962.

LEQUETTE S.
- *Le contra-coopération. Contribution à la théorie générale du contrat*, préf. C. BRENNER, Economica, 2012.

LEVENEUR-AZÉMAR M.
- *Étude sur les clauses limitatives ou exonératoires de responsabilité*, préf. Y. LEQUETTE, L.G.D.J., 2017.

LUCAS-PUGET A.-S.
- *Essai sur la notion d'objet du contrat*, préf. M. FABRE-MAGNAN, L.G.D.J., 2005.

MAGHIA Q.
- *Le nouvel équilibre du bail commercial, depuis les dernières réformes (2014 - 2018)*, th. Toulouse I, 2018.

MARTIN DE LA MOUTTE J.
- *L'acte juridique unilatéral, Essai sur sa notion et sa technique en droit civil*, th. Toulouse, 1951.

MAZAEUD D.
- *La notion de clause pénale*, préf. F. CHABAS, L.G.D.J., 1992.

MBOTAINGAR A.
- *Statut des baux commerciaux et concurrence*, préf. J. MONÉGER, Litec, 2007.

MEKKI M.
- *L'intérêt général et le contrat, Contribution à une étude de la hiérarchie des intérêts en droit privé*, préf. J. GHESTIN, L.G.D.J., 2004.

MIGNOT M.
- *Les obligations solidaires et les obligations in solidum en droit privé français*, préf. E. LOQUIN, Dalloz, coll. Nouvelle Bibliothèque de Thèses, 2002.

MILHAC O.
- *La notion de condition dans les contrats à titre onéreux*, préf. J. GHESTIN, L.G.D.J., 2001.

MIRON E.
- *Le statut des baux commerciaux à l'épreuve des réalités économiques*, L'Harmattan, 2015.

MONÉGER J. *et alii*
- *Douze ans de baux commerciaux - 1993 - 2005, Sélection des principaux arrêts et commentaires*, 2e éd., LexisNexis, coll. Litect Immo, 2006.

MONÉGER J. (dir.) *et alii*
- *Pour un bail commercial adapté aux réalités économiques, Aspects juridiques, financiers, fiscaux et urbanistiques*, LexisNexis Litec, 2010.

MOULY-GUILLEMAUD C.
- *Retour sur l'article 1135 du Code civil - Une nouvelle source du contenu contractuel*, préf. D. FERRIER, L.G.D.J., 2006.

OVERSTAKE J.-F.
- *Essai de classification des contrats spéciaux*, préf. J. BRETHE DE LA GRESSAYE, L.G.D.J., 1969.

PARAISO F.
- *Le risque d'inexécution de l'obligation contractuelle*, préf. C. ATIAS, PUAM, 2011.

PASQUIER T.
- *L'économie du contrat de travail, Conception et destin d'un type contractuel*, préf. A. LYON-CAEN, L.G.D.J., 2010.

PATARIN J.
- *Le problème de l'équivalence juridique des résultats*, th. Paris, 1952.

PÉDAMON M.
- *Baux commerciaux*, Litec, 1979.

PENIN O.
- *La distinction de la formation et de l'exécution du contrat, Contribution à l'étude du contrat acte de orévision*, préf. Y. LEQUETTE, L.G.D.J., 2012.

PÉRÈS-DOURDOU C.
- *La règle supplétive*, préf. G. VINEY, L.G.D.J., 2004.

PICOD Y.
- *Le devoir de loyauté dans l'exécution du contrat*, préf. G. COUTURIER, L.G.D.J., 1989.

PIETTE G.
- *La correction du contrat*, préf. M. MENJUCQ, t. 1 et 2, PUAM, 2004.

PIMONT S.
- *L'économie du contrat*, préf. J. BEAUCHARD, PUAM, 2004.

PINNA A.
- *La mesure du préjudice contractuel*, préf. P.-Y. GAUTIER, L.G.D.J., 2007.

POUGHON J.-M.
- *Histoire doctrinale de l'échange*, préf. J.-P. BAUD, L.G.D.J., 1987.

POUMARÈDE M.
- *Régimes de droit commun et régimes particuliers de responsabilité civile*, th. Toulouse 1, 2003.

PRADEL X.
- *Le préjudice dans le droit civil de la responsabilité*, avant-propos J.-L. BAUDOUIN et P. DESLAURIERS, préf. P. JOURDAIN, L.G.D.J., 2004.

RAULT J.
- *Le contrat d'édition en droit français, Etude de jurisprudence française*, thèse Paris, Dalloz, 1927.

RAVIER DU MAGNY P.
- *Droit romain : les origines de la vente et du louage, Droit français : le contrat de fondation*, th. Grenoble, X. Jevain, 1894.

REGNAULT-MOUTIER C.
- *La notion d'apport en jouissance*, préf. J. PRIEUR, L.G.D.J., 1994.

ROCHFELD J.
- *Cause et type de contrat*, préf. J. GHESTIN, L.G.D.J., 1999.

ROUHETTE G.
- *Contribution à l'étude critique de la notion de contrat*, th. Paris, 1965.

ROUJOU DE BOUBÉE G.
- *Essai sur l'acte juridique collectif*, L.G.D.J., 1961.

ROUVIÈRE F.
- *Le contenu du contrat : essai sur la notion d'inexécution*, préf. C. ATIAS, PUAM, 2005.

RUET L.
- *Les baux commerciaux*, 5e éd., Defrénois, coll. Expertise notariale, 2020.

SA'ED ABDUL HAFEZ AL-MUHTASEB
- *L'obligation de conformité dans le contrat de vente internationale : étude comparée du droit français, du droit jordanien et de la CVIM*, th. Strasbourg, 1999.

SEFTON-GREEN R.
- *La notion d'obligation fondamentale : comparaison franco-anglaise*, préf. J. GHESTIN, L.G.D.J., 2000.

STOFFEL-MUNCK P.

- *L'abus dans le contrat, Essai d'une théorie*, préf. R. BOUT, L.G.D.J., 2000.
- *Regards sur la théorie de l'imprévision, Vers une souplesse contractuelle en droit privé français contemporain*, avant-propos A. SÉRIAUX, préf. R. BOUT, PUAM, 1994.

TISSEYRE S.

- *Le rôle de la bonne foi en droit des contrats, Essai d'analyse à la lumière du droit anglais et du droit européen*, préf. M. FABRE MAGNAN, PUAM, 2012.

TOURNAFOND O.

- *L'obligation de délivrance dans la vente d'immeuble à construire, Contribution à l'étude de la responsabilité des vendeurs*, th. Paris XII, 1987.

TRIBES A.

- *Le rôle de la notion d'intérêt en matière civile*, th. Paris II, 1975.

VICARI C.

- *L'élasticité du domaine d'application du statut et la notion de commercialité*, th. Montpellier I, 2008.

VOUIN R.

- *La bonne foi. Notions et rôle actuels en droit privé français*, L.G.D.J., 1939.

WESTER-OUISSE V.

- *Convention et juridiction pénale*, th. Nantes, 1999.

IV - Articles de doctrine, colloques, chroniques et notes de jurisprudence

A. P.

- « Bail (Règles générales) », *LPA* mars 1998, n° 37, p. 21.

ABALLEA T.

- « La signature électronique en France, état des lieux et perspectives », *D.* oct. 2001, n° 35, p. 2835.

ABRAM O.

- « Responsabilité du bailleur à l'égard des tiers en cas de troubles de voisinage commis par son locataire », *AJDI* mars 2003, n° 3, p. 162.

AGOSTINI F.-X.

- « Actualité jurisprudentielle des baux d'habitation », *Dr. & patr.* oct. 2015, n° 251, doss. p. 50.

ALFROY D.

- « Dégradation de l'environnement d'un centre commercial et responsabilité du bailleur », *AJDI* mars 2007, n° 3, p. 198.

ANCEL F.

- « La loi n° 2008-561 du 17 juin 2008 portant réforme de la prescription en matière civile », *Gaz. pal.* juill. 2008, n° 194, p. 2.

ANCEL P.

- « Location mobilière de longue durée sans option d'achat : opération de crédit et/ou bail de droit commun », *D.* avr. 1991, n° 17, p. 225.

- « Force obligatoire et contenu obligationnel du contrat », *RTD civ.* déc. 1999, n° 4, p. 771.

ANCEL P. et COTTIN M.

- « L'efficacité procédurale des clauses de conciliation ou de médiation », *D.* juin 2003, n° 21, p. 1386.

ANDREU L.

- « Le nouveau bailleur est tenu de réaliser les travaux non effectués par l'ancien », *La Quotidienne* mars 2019.

ANONYME

- « Actualité », *JCP N* nov. 2004, n° 48, act. 238.
- « 63e session de l'assemblée de liaison des notaires de France. Des débats "collaboratifs et participatifs" sur l'informatisation et la dématérialisation », *Defrénois* déc. 2012, n° 23, p. 1227.
- « Technique contractuelle », *LEDC* avr. 2017, n° 4, p. 8.
- « Bâtiments intelligents : c'est déjà demain ! », *Le Moniteur* juin 2020, publidossier, p. 1 et s.

ANTONIUTTI A.

- « Le déséquilibre significatif ne sera pas celui du code de commerce ! », *AJDI* juill. 2018, n° 7-8, p. 520.

ARNAUD-GROSSI I.

- « Les obligations de l'avocat à la croisée des chemins », *RLDC* mars 2009, n° 58, p. 69.

ASCENSI L.

- « À qui la charge des travaux ordonnés par l'administration incombe-t-elle ? », *AJDI* sept. 2003, n° 9, p. 577.

ASSIMOPOULOS C.

- « Limitation du devoir de conseil du notaire sur l'opportunité économique de l'opération », *LEDIU* janv. 2012, n° 1, p. 3.

ASSOCIATION HENRI CAPITANT

- « Avant-projet de réforme du droit des contrats spéciaux », *D.* sept. 2017, n° 29, p. 1660.

ATIAS C.

- « L'obligation de délivrance conforme », *D.* janv. 1991, n° 1, p. 1.
- « Chronique de jurisprudence », *Defrénois* juin 1996, n° 12, p. 799.
- « Il appartient à une société bailleresse de délivrer à son locataire un local conforme à la destination prévue par le bail », *D.* nov. 1997, n° 40, p. 325.
- « La portée du règlement de copropriété face aux conventions locatives », *AJDI* juill. 2004, n° 7-8, p. 541.
- « Qu'est-ce qu'un contrat ? », *in* C. JAMIN (dir.) *et alii*, *Droit et économie des contrats*, L.G.D.J., 2008, p. 3.

AUBERT J.

- « La pratique de la clause "tout commerce" », *Rev. loyers* nov. 1990, n° 711, p. 432.

AUBERT J.-L.

- « La substance du devoir de conseil du notaire », *Defrénois* mars 1998, n° 5, p. 354.
- « Chronique de jurisprudence », *Defrénois* juin 1998, n° 11, p. 743.

- « Chronique de jurisprudence », *Defrénois* déc. 1999, n° 23, p. 1339.
- « La responsabilité civile professionnelle des notaires », *LPA* juin 2002, n° 116, p. 9.

AUBRY H.

- « Un apport du droit communautaire au droit français des contrats : la notion d'attente légitime », *RIDC* juill.-août 2005, n° 3, p. 627.

AUBRY DE MAROMONT C.

- « Du caractère essentiel de l'obligation de délivrance du bailleur », *JCP E* .mars 2018, n° 13, comm. 1168, p. 47.

AUGÉ G.

- « Le contrat et l'évolution du consensualisme chez Grotius », *Arch. phil. dr.* 1968, t. 13, p. 99.

AUQUE F.

- « Les propositions de réforme du statut des baux commerciaux », *JCP G* juill. 2004, n° 30, act. 371, p. 1065.
- « Le bailleur de centre commercial : un bailleur comme les autres ? », *AJDI* juill. 2007, n° 7-8, p. 536.
- « Les particularités d'application du régime des baux commerciaux dans les centres commerciaux », *RDI* nov. 2007, n° 6, p. 497.
- « L'inexécution du bail commercial ne peut nuire au locataire-gérant », *JCP E* janv. 2007, n° 1, comm. 1000, p. 11.
- « Bail commercial et contrôle du déséquilibre significatif », *Loyers et copr.* oct. 2016, n° 10, doss. 11, p. 41.
- « Le temps et la réforme du droit des contrats - . - Incidences sur les baux commerciaux », *Loyers et copr.* mars 2017, n° 3, doss. 5, p. 28.
- « Quelques remarques sur la location dans l'avant-projet de réforme du droit des contrats spéciaux », *D.* mars 2018, n° 8, p. 423.
- « Ratification de l'ordonnance du 10 février 2016 portant réforme du droit des contrats : impact sur les baux commerciaux », *AJDI* juill. 2018, n° 7-8, p. 497.
- « Les fondamentaux du bail commercial en France », *AJDI* oct. 2018, n° 10, p. 658.

AUTIÉ D, MARREC G., ARNOUX A., JACOMY F., LAGARDÈRE Y. et YDRAC M.-J.

- « Baux commerciaux. - A) Droits et obligations des parties », *JCP G* juin 1993, n° 21, somm. 1343, p. 159.

AVENA-ROBARDET V.

- « Responsabilité du rédacteur d'acte : la Cour en désaccord avec le RIN », *Dalloz actualité* 11 déc. 2008.

AVRIL Y.

- « La responsabilité civile de l'avocat », *Gaz. pal.* déc. 2002, n° 348, p. 2.

AYNÈS A.

- « Responsabilité d'un avocat dans le choix des moyens de défense », *D.* juin 2008, n° 21, p. 1448.

AYNÈS L. et STOFFEL-MUNCK P.

- « Juin 2006 - Juillet 2007, Attaquer la force contractuelle : ce qu'on peut et ce qu'on ne peut pas faire », *Dr. & patr.* sept. 2007, n° 162, chron. p. 82.

AZARIADIS C.

- « Implicit contracts and underemployment equilibria », *Journal of Political Economy* déc. 1975, n° 6, p. 1183.

B. J.-C.

- « Statut des baux commerciaux. - Vitrine d'exposition. - Local accessoire (oui). », *Rev. loyers* févr. 1991, n° 714, p. 76.

BACACHE M.

- « Relativité de la faute contractuelle et responsabilité des parties à l'égard des tiers », *D.* juill. 2016, n° 25, p. 1454.

BACACHE M. et LEROYER A.-S.

- « Acte d'avocat : Acte sous seing privé contresigné par l'avocat - Acte authentique », *RTD civ.* juill. 2011, n° 2, p. 403.

BAILY M. N.

- « Wages and unemployment under uncertain demand », *Review of Economic Studies* janv. 1974, n° 1, p. 37.

BALZANO L. et BILLMANN C.

- « Les apports de la loi "ALUR" dans le domaine des sites et sols pollués », *RDI* sept. 2014, n° 9, p. 432.

BARBIER H.

- « L'indivisibilité de l'ensemble contractuel incluant une location financière », *RTD civ.* oct. 2013, n° 3, p. 597.
- « La valeur constitutionnelle des libertés de choix du cocontractant et du contenu du contrat », *RTD civ.* déc. 2013, n° 4, p. 832.
- « Le bail commercial échappe à l'examen des clauses abusives sur le fondement de l'article L. 442-6 du code de commerce », *RTD civ.* juill. 2018, n° 2, p. 408.
- « La liberté contractuelle d'aménager les effets de l'extinction du contrat », *D.* juin. 2018, n° 21, p. 1185.
- « Le contrat face aux circonstances extraordinaires », *RTD civ.* juill. 2020, n° 2, p. 363.

BARBIER J.-D.

- « Le loyer entre plafond et marché », *AJDI* juin 2000, n° 6, p. 495.
- « Baux commerciaux », *Gaz. pal.* oct. 2003, n° 291, p. 24.
- « Jurisprudence - Baux commerciaux », *Gaz. pal.* févr. 2003, n° 32, p. 24.
- « Baux commerciaux », *Gaz. pal.* déc. 2005, n° 344, p. 22.
- « Jurisprudence - Baux commerciaux », *Gaz. pal.* juill. 2008, n° 190, p. 30.
- « Ordre public, ordre privé, en droit des baux commerciaux », *Gaz. pal.* sept. 2012, n° 273, p. 7.
- « L'obligation d'entretien du bailleur d'un centre commercial », *Adminstrer* févr. 2013, n° 462, p. 31.
- « Interprétation restrictive des clauses du bail concernant la charge de travaux de ravalement, de toiture et de chaudière », *Gaz. pal.* avr. 2013, n° 110, p. 18.
- « Déséquilibres », *Gaz. pal.* mars 2016, n° 258, p. 59.
- « Application du nouveau droit des contrats aux baux commerciaux : le contrat d'adhésion », *Gaz. pal.* juill. 2016, n° 25, p. 55.
- « Application du nouveau droit des contrats aux baux commerciaux : l'obligation essentielle », *Gaz. pal.* juill. 2016, n° 25, p. 53.

- « Des travaux de mise en conformité relèvent de l'obligation de délivrance », *Gaz. pal.* juill. 2017, n° 26, p. 55.
- « Obligation de délivrance et désamiantage de la toiture », *Gaz. pal.* mars 2018, n° 11, p. 55.
- « Le déconfinement du bail commercial », *Gaz. pal.* juin 2020, n° 24, p. 54.

BARBIER J.-D. et BRAULT C.-E.
- « Chronique de jurisprudence », *Gaz. pal.* mars 2011, n° 71, p. 20.

BARBIERI J.-J.
- « Pour une théorie spéciale des relations contractuelles », *RDC* avr. 2006, n° 2, p. 621.
- « Le seing et le sceau », *BJS* déc. 2010, n° 12, p. 969.
- « L'obligation de délivrer un logement décent comporte la fourniture des appareils de chauffage », *JCP N* déc. 2014, n° 49, comm. 1353, p. 27.

BARRAUD B.
- « L'analyse économique du droit », *in La recherche juridique (les branches de la recherche juridique), L'Harmattan*, coll. Logiques juridiques, 2016, p. 141.

BARTHELEMY J.
- « L'ingénierie juridique : un concept ; le juriste organisateur : son prêtre », *LPA* janv. 2005, n° 3, p. 8.
- « Le concept de garantie sociale confronté à l'article L. 1 du code du travail et à la décision des sages du 13 juin 2013 », *Dr. soc.* sept. 2013, n° 9, p. 673.

BAUCOMONT M.
- « La qualité d'exploitant d'installation classée : ombres et lumières », *BDEI* nov. 2012, n° 42 suppl., chron. 1502, p. 30.

BAUDIN-MAURIN M.-P.
- « Pour une approche empirique de la notion d'obligation essentielle du contrat. (À partir de l'exemple du contrat Chronopost) », *RRJ* 2002-4, n° 95, p. 1859.

BAUFUMÉ V.
- « Une technologie qui répond "à une vraie demande et procure gain de temps et de sécurité" », *JCP N* nov. 2019, n° 48, act. 915, p. 15.

BEAUGENDRE S.
- « Une clause de localisation dans un centre commercial n'est pas une clause de garantie d'un environnement commercial stable », *AJDI* déc. 2002, n° 12, p. 851.
- « La responsabilité du fait du vide », *D.* févr. 2004, n° 8, p. 523.
- « Location avec piscine et périmètre de l'obligation de sécurité du bailleur », *AJDI* févr. 2004, n° 2, p. 113.

BECQUÉ-ICKOWICZ S.
- « L'impact de la future réforme des effets de la responsabilité civile et des causes d'exonération », *RDI* déc. 2017, n° 12, p. 588.

BEHAR-TOUCHAIS M.
- « Le déséquilibre significatif dans le Code civil », *JCP G* avr. 2016, n° 14, 391, p. 662.

BEIGNIER B.
- « Responsabilité professionnelle de l'auxiliaire de justice », *RLDC* juill. 2008, n° 51, chron. 3078, p. 61.

BEJAT O.
- « Les obligations du bailleur en cas de désamiantage », *AJDI* avr. 2004, n° 4, p. 266.

BELLEY J.-G.
- « Une typologie sociojuridique du contrat », *Sociologie du travail* oct.-déc.1996, n° 4, p. 465.

BÉNABENT A.
- « Responsabilité civile, Responsabilité contractuelle, Maître de l'ouvrage, Chose livrée, Non-conformité, Action directe contre le fabricant. », *D.* 1986, p. 293.
- « L'action en garantie des vices cachés ne donne pas ouverture à une action en responsabilité contractuelle », *D.* oct. 1993, n° 35, p. 506.
- « Conformité et vices cachés dans la vente : l'éclaircie », *D.* avr. 1994, n° 15, p. 115.

BÉNABENT A. et AYNÈS L.
- « Réforme du droit des contrats et des obligations : aperçu général », *D.* févr. 2016, n° 8, p. 434.

BÉNÉJAT-GUERLIN M.
- « L'immeuble en droit pénal », *AJ pénal* févr. 2016, n° 2, p. 56.

BENICHOU M.
- « Acte contresigné par l'avocat », *JCP G* avr. 2011, n° 15, 437, p. 722.
- « Acte d'avocat, histoire d'une loi », *Le magasine du conseil national des barreaux*, Hors-série spécial acte d'avocat, mai 2011, p. 4.
- « La conservation de l'acte d'avocat », *Le magasine du conseil national des barreaux*, Hors-série spécial acte d'avocat, mai 2011, p. 14.

BENILSI S.
- « Indécente mise en demeure ! », *Rev. loyers* juill. 2014, n° 949, jur. 1870, p. 356.

BENOIT-CATTIN P.
- « Subventions et incitations à la mise aux normes de l'immeuble », *Defrénois* juill. 2004, n° 13, p. 927.

BENSOUSSAN A. et BENSOUSSAN-BRULÉ V.
- « Chronique de jurisprudence », *Gaz. pal.* oct. 2010, n° 296, p. 32.

BERGEL J.-L.
- « Différence de nature égale différence de régime », *RTD civ.* janv.-mars 1984, n° 1, p. 255.
- « L'impact de la loi "Grenelle 2" sur la vie de l'immeuble (vente, bail et copropriété) », *RDI* janv. 2011, n° 20, p. 50.
- « Droits réels de jouissance et valorisation des biens : les propositions de réforme du droit des biens », *in Droit civil, civilité des droits, Mélanges en l'honneur de Jean-Louis Mouralis*, PUAM, 2011, p. 19.

BERLAUD C.
- « Jurisprudence - Baux d'habitation et professionnels », *Gaz. pal.* févr. 2010, n° 49, p. 27.
- « Jurisprudence - Baux en général », *Gaz. pal.* juin 2010, n° 154, p. 26.
- « Jurisprudence - Avocats », *Gaz. pal.* juill. 2010, n° 182, p. 26.
- « Jurisprudence - Baux commerciaux », *Gaz. pal.* oct. 2010, n° 287, p. 26.
- « Jurisprudence - Avocats », *Gaz. pal.* déc. 2010, n° 336, p. 24.

- « Jurisprudence - Notaires », *Gaz. pal.* nov. 2011, n° 328, p. 27.
- « Les charges mises à la charge du locataire, par dérogation aux dispositions habituelles, doivent êtres expressément stipulées », *Gaz. pal.* mars 2013, n° 80, p. 1250.
- « L'obligation de délivrance du bailleur est absolue », *Gaz. pal.* juill. 2013, n° 192, p. 26.
- « L'indemnisation du préjudice de jouissance pour logement insalubre », *Gaz. pal.* juin 2014, n° 177, p. 22.
- « Remplacement d'une chaudière et intention des parties », *Gaz. pal.* déc. 2014, n° 338, p. 25.
- « Conséquence pour le technicien d'un diagnostic erroné sur la présence d'amiante », *Gaz. pal.* juin 2016, n° 22, p. 39.
- « La responsabilité du notaire n'est pas subsidiaire », *Gaz. pal.* oct. 2016, n° 34, p. 32.
- « Le devoir d'information du notaire : l'art de la divination ? », *Gaz. pal.* oct. 2016, n° 38, p. 52.
- « Indemnisation du préjudice lié à la présence de termites dans l'immeuble vendu », *Gaz. pal.* janv. 2017, n° 2, p. 39.
- « Légitime défense : c'est l'action de défense qui compte et non son résultat », *Gaz. pal.* janv. 2017, n° 5, p. 33.
- « Nullité du bail de locaux à usage d'office notarial : conséquences », *Gaz. pal.* juin 2018, n° 23, p. 38.

BERNARD M. et VAYR J.

- « L'innovation technologique dans le droit : vers une révolution des pratiques ? », *LPA* sept. 2016, n° 187, p. 4.

BERNAT L.

- « BIM - Quels impacts juridiques ? », *Qualité construction* mai-juin 2017, n° 162, p. 73.

BERNHEIM-DESVAUX S.

- « Clauses relatives à la durée de la prescription extinctive », *CCC* août-sept. 2014, n° 8-9, form. 8, p. 35.
- « La clause de prise en l'état des lieux loués », *Resp. civ. et assur.* juill.-août 2016, n° 7-8, form. 7, p. 35.

BERREBI G.

- « Vers un renouveau de l'article 606 du code civil », *AJDI* déc. 2016, n° 12, p. 826.

BESSON M.-L.

- « Le devoir de conseil du notaire : un devoir non absolu face aux déclarations inexactes du vendeur », *LEDIU* janv. 2015, n° 1, p. 6.
- « Responsabilité du notaire pour manquement à son obligation de prudence et de diligence », *LEDIU* juill. 2015, n° 7, p. 4.
- « Obligation d'appliquer le droit positif : la Cour de cassation accorderait-elle l'immunité aux notaires ? », *LEDIU* déc. 2016, n° 11, p. 1.
- « Diagnostic immobilier : plus qu'une information, une garantie… », *LEDIU* févr. 2017, n° 2, p. 7.
- « Défaut d'information du notaire et mensonge du vendeur : responsabilité partagée », *LEDIU* mars 2017, n° 3, p. 6.
- « Devoir d'information du notaire et de l'agent immobilier, encore et toujours… », *LEDIU* févr. 2018, n° 2, p. 3.
- « Responsabilité du notaire pour destination illégale des lieux loués : prescription de l'action en paiement de l'indemnité d'occupation et préjudice réparable », *LEDIU* sept. 2018, n° 8, p. 5.

BIGOT R.

- « Le prolongement de la mission de rédaction d'actes : nouveau critère pour la responsabilité notariale », *RLDC* janv. 2008, n° 45, act. 2810, p. 16.

BIGOT R. et ROGER P.

- « L'assurance des professionnels du procès », *RGDA* juill. 2010, n° 2010-03, p. 904.

BILLIAU M.

- « Quand le bail perpétuel ne peut être annulé, comment sortir de l'impasse ? », *JCP N* mars 2000, n° 13, p. 559.
- « Le tiers à un contrat peut invoquer, sur le fondement de la responsabilité délictuelle, un manquement contractuel dès lors qu'il lui a causé un dommage », *JCP G* nov. 2006, n° 46, comm. II 10181, p. 2111.

BLAISE F. et VAN PARYS A.

- « La Belgique, pays de compromis », *AJDI* oct. 2018, n° 10, p. 673.

BLANC N.

- « Le devoir d'investigation du notaire », *Gaz. pal.* oct. 2016, n° 34, p. 29.

BLATTER J.-P.

- « Baux d'habitation. - Lois du 22 juin 1982 et du 23 décembre 1986. - Champ d'application. - Personnes morales (non) », *AJDI* juin 1994, n° 6, p. 455.
- « Bail en général. - Ravalement. - Prescription administrative. - Obligation du bailleur », *AJDI* nov. 1994, n° 11, jur. 128, p. 835.
- « Baux commerciaux. - Décret du 30 septembre 1953. - Locaux accessoires. - Emplacements de stationnement (non) », *AJPI* mai 1995, n° 5, p. 409.
- « Synthèse de jurisprudence 1994-1995. Baux commerciaux », *AJDI* déc. 1995, n° 12, p. 949.
- « La délivrance de la chose louée et la responsabilité du bailleur », *Loyers et copr.* nov. 2000, hors série, p. 4.
- « Les modifications apportées par la loi SRU à la loi du 6 juillet 1989 et au droit commun du bail d'habitation et mixte », *AJDI* mars 2001, n° 3, p. 210.
- « Le bailleur qui n'exécute pas les prescriptions de la commission de sécurité peut voir le bail résilié à ses torts », *AJDI* mai 2001, n° 5, p. 424.
- « Baux commerciaux », *AJDI* déc. 2001, n° 12, p. 958.
- « Liberté contractuelle dans la rédaction des baux commerciaux, et modes alternatifs de règlement des conflits », *AJDI* déc. 2003, n° 12, p. 921.
- « Baux commerciaux : chronique d'actualité législative et jurisprudentielle », *AJDI* déc. 2004, n° 12, p. 942.
- « Sous-location partielle et étendue du droit au renouvellement », *AJDI* avr. 2007, n° 4, p. 303.
- « Chronique d'actualité législative et jurisprudentielle », *AJDI* déc. 2011, n° 12, p. 910.
- « Chronique d'actualité législative et jurisprudentielle », *AJDI* déc. 2012, n° 12, p. 886.
- « Chronique d'actualité législative et jurisprudentielle », *AJDI* déc. 2013, n° 12, p. 882.
- « Le bail commercial dans le projet de loi relatif à l'artisanat, au commerce et aux TPE », *AJDI* févr. 2014, n° 2, p. 118.
- « Chronique d'actualité législative et jurisprudentielle », *AJDI* déc. 2014, n° 12, p. 898.
- « La loi du 18 juin 2014 ou la grande cuisine des baux commerciaux », *Dr. & patr.* oct. 2015, n° 251, doss. p. 28.
- « Chronique d'actualité législative et jurisprudentielle », *AJDI* déc. 2015, n° 12, p. 890.
- « Chronique d'actualité législative et jurisprudentielle », *AJDI* déc. 2017, n° 12, p. 886.

- « Transfert partiel au locataire de l'obligation de délivrance », *AJDI* juin 2018, n° 6, p. 437.
- « À la recherche de l'ordre public des baux commerciaux », *Loyers et copr.* oct. 2018, n° 10, doss. 10, p. 10.
- « Déséquilibre significatif et compétence juridictionnelle », *AJDI* sept. 2018, n° 9, p. 601.
- « Chronique d'actualité législative et jurisprudentielle », *AJDI* déc. 2018, n° 12, p. 898.
- « Charges locatives et égalité devant la loi : irrecevabilité d'une QPC », *AJDI* mars 2019, n° 3, p. 205.
- « Quatre ans d'existence de la loi Pinel et son application dans le temps », *AJDI* mai 2019, n° 5, p. 340.
- « Le bail, le covid-19 et le schizophrène », *AJDI* avr. 2020, n° 4, p. 245.

BLIN-FRANCHOMME M.-P.

- « Revirement jurisprudentiel et responsabilité notariale », *LPA* oct. 1998, n° 122, p. 7.
- « Le droit économique au soutien de la protection de l'environnement, Les apports de la loi Grenelle 2 à la gouvernance des entreprises et des consommateurs », *RJE* mai 2010, n° spécial, p. 129.
- « L'avènement d'une reddition environnementale de nature contractuelle : l'annexe "verte" du bail commercial », *RLDA* sept. 2012, n° 74, rep. 4241, p. 85.

BLOCH L.

- « Relative relativité de la faute contractuelle ou absolue généralité de la faute délictuelle ? », *Resp. civ. et assur.* nov. 2006, n° 11, étude 17, p. 5.
- « Responsabilité d'un contractant envers les tiers », *Resp. civ. et assur.* sept. 2017, n° 9, comm. 212, p. 18.

BLOCH P.

- « L'obligation de transférer la propriété dans la vente », *RTD civ.* oct.-déc. 1988, n° 4, p. 673.

BOCCARA B.

- « Baux commerciaux. La modification des facteurs locaux de commercialité », *AJDI* juill. 1993, n° 7-8, p. 494.
- « Pistes sur la responsabilité des rédacteurs d'actes et conseils », *JCP G* févr. 1993, n° 7, doctr. I 3651, p. 77.
- « Un statut des baux commerciaux, pour quelles raisons ? », *AJDI* juin 2000, n° 6, p. 493.

BOCCARA B. et LIPMAN-BOCCARA D.

- « Bail (en général) - Droits et obligations des parties - Obligation de délivrance du bailleur - Clause d'acceptation des lieux dans l'état où ils se trouvent - Circonstance indifférente », *Administrer* août-sept. 2002, n° 347, p. 44.

BOCOBZA-BERLAUD G.

- « Portée de la clause de transfert de charge des grosses réparations », *RLDA* déc. 2010, n° 55, act. 3152, p. 27.

BOLLAND-BLANCHARD A.

- « Le bail vert ou une place nécessaire au déséquilibre significatif dans les baux commerciaux ? », *LPA* juill. 2011, n° 131, p. 3.

BOMBLED M.

- « Dégradation involontaire par explosion ou incendie », *Dalloz actualité* 27 janv. 2012.

BONNET E.

- « Le vendeur obligé de donner », *in Mélanges GERARDIN*, L. Larose & L. Tenin (Paris), 1907, p. 43.

BORÉ J.

- « Les limites du devoir de conseil du rédacteur d'actes », *in Études offertes à Jacques Ghestin, Le contrat au début du XXIe siècle*, L.G.D.J., 2001, p. 139.

BORGHETTI J.-S.

- « L'avant-projet de réforme de la responsabilité civile », *D.* juill. 2016, n° 25, p. 1386.
- « La responsabilité des contractants à l'égard des tiers dans le projet de réforme de la responsabilité civile », *D.* sept. 2017, n° 32, p. 1846.
- « Responsabilité des contractants à l'égard des tiers : Boot shop en bout de course ? », *RDC* sept. 2017, n° 3, p. 425.

BORIES S.-C.

- « Réflexions sur l'aide à la rédaction des actes notariés », *Defrénois* oct. 2013, n° 20, p. 1039.

BOSVIEUX H.

- « Assistance juridique et rédaction des actes notariés (Informatique et traitement de texte) », *JCP N* avr. 1990, n° 17, doctr. 100506, p. 150.
- « Informatique et sécurité juridique (De l'apport de l'intelligence artificielle dans la rédaction des actes notariés) », *JCP N* avr. 1993, n° 13, doctr. 100530, p. 147.

BOUCARD H.

- « Le nouveau régime de l'inexécution contractuelle », *in* R. SCHULZE (dir.), G. WICKER (dir.), G. MÄSCH (dir.), D. MAZEAUD (dir.) *et alii*, *La réforme du droit des obligations en France, 5e journées franco-allemandes*, Société de législation comparée, 2015, p. 153.

BOUCOBZA X. et SERINET Y.-M.

- « À propos de l'erreur sur la rentabilité », *in* F. TERRÉ, D. MAZEAUD, D. FENOUILLET, P. RÉMY-CORLAY, V. MAGNIER, N. THOMASSIN, L. ANDREU *et alii*, *Mélanges en l'honneur du Professeur Didier R. Martin*, L.G.D.J., 2015, p. 85.

BOULANGER D.

- « États, diagnostics, informations et baux d'immeubles », *JCP N* juill. 2007, n° 28, act. 512, p. 3.

BOULET B.

- « Coworking et centres d'affaires : des espaces à conquérir pour les avocats », *D. avocats* 2019, p. 317.

BOULOC B.

- « Domaine d'application de la loi du 10 janvier 1978 ; exclusion des achats suivis de location sans option d'achat », *RTD com.* juin 1990, n° 2, p. 244.
- « Vente. Garantie, Vices cachés, Action rédhibitoire, Différence avec l'action en inexécution de contrat », *RTD com.* déc. 1991, n°4, p. 637.

- « Vente. Garantie, Vices cachés, Action rédhibitoire, Délai, Application, Chose conforme au contrat », *RTD com.* juin 1992, n° 2, p. 442.
- « Vente. Résolution, Causes, Non conformité de la chose livrée, Chose non conforme à l'usage auquel elle est destinée », *RTD com.* déc. 1992, n° 4, p. 856.
- « Vente. Garantie, Vices cachés, Action rédhibitoire, Différence avec l'action en inexécution du contrat », *RTD com.* sept. 1994, n° 3, p. 544.
- « Vente. Garantie, Vices cachés, Action rédhibitoire ou estimatoire, Fondement unique, Dommages-intérêts sur le fondement d'une erreur, Impossibilité », *RTD com.* mars 1997, n° 1, p. 134.
- « Contrats et obligations. Cause, Absence, Défaut de contrepartie effective », *RTD com.* juin 1997, n° 2, p. 308.
- « Transports terrestres. Marchandises, Responsabilité, Clause limitative, Exclusion, Faute lourde, Spécialiste du transport rapide, Tardiveté de la livraison », *RTD com.* juin 1997, n° 2, p. 319.
- « Définition de l'infraction continue : hébergement contraire à la dignité humaine », *RSC* déc. 1998, n° 4, p. 763.
- « Vente. Garantie. Vices cachés. Action rédhibitoire. Réduction du prix. Restitution partielle. Préjudice indemnisable (non) », *RTD com.* juin 2001, n° 2, p. 498.
- « Résolution de la vente, caducité du crédit-bail », *RTD com.* juill. 2018, n° 2, p. 450.

BOURDIN S.

- « Immeuble connecté, droit déconnecté ? », *Le Moniteur* août 2018, n° 5988, p. 1.

BOURDOISEAU J.

- « L'office notarial et le risque de responsabilité », *LPA* juill. 2007, n° 137, p. 6.

BOUTONNET M.

- « Étendue de la responsabilité du contrôleur technique en matière de termites », *Environnement* févr. 2007, n° 2, comm. 36, p. 38.
- « Le contrat et le droit de l'environnement », *RTD civ.* mars 2008, n° 1, p. 1.
- « Quand le droit de l'environnement invite à clarifier les obligations issues d'un contrat de bail », *Environnement* oct. 2009, n° 10, comm. 114, p. 29.
- « La rencontre fructueuse des contrats de vente et de bail et de la législation environnementale », *D.* déc. 2009, n° 44, p. 2976.
- « Le bail en état futur d'achèvement ou le bail sous conditions suspensives », *Rev. loyers* avr. 2010, n° 906, entr. 1159, p. 152.
- « Des obligations environnementales spéciales à l'obligation environnementale générale en droit des contrats », *D.* févr. 2012, n° 6, p. 377.
- « Jurisprudence civile », *BDEI* juill. 2012, n° 40, p. 37.
- « a) De l'obligation d'information "sur l'environnement" à l'obligation d'information "pour l'environnement", entre intérêt des parties et intérêt général », *RDC* juill. 2012, n° 3, p. 908.
- « L'obligation de délivrance confrontée à la vente d'immeubles pollués, une nouvelle technique de gestion du risque environnemental ? », *Environnement* nov. 2013, n° 11, étude 24, p. 17.

BOUTONNET M. et NEYRET L.

- « La consécration du concept d'obligation environnementale », *D.* juin 2014, n° 23, p. 1335.

BOUYEURE J.-R.

- « Les modifications apportées par les copropriétaires de boutiques à la façade de l'immeuble en copropriété », *AJPI* sept. 1973, n° 9, p. 786.

BOUYSSOU F.

- « Centre commercial et champ d'application de l'autorisation d'équipement commercial », *RDI* déc. 1994, n° 4, p. 548.

BRAULT C.-E.

- « SP. Baux commerciaux », *Gaz. pal.* déc. 2005, n° 344, p. 24.
- « Jurisprudence - Baux commerciaux », *Gaz. pal.* mai 2007, n° 142, p. 17.
- « Jurisprudence - Baux commerciaux », *Gaz. pal.* oct. 2011, n° 295, p. 47.
- « Obligations du bailleur d'un centre commercial », *Gaz. pal.* avr. 2013, n° 110, p. 17.
- « Étendue de l'obligation de délivrance du bailleur d'un centre commercial », *Gaz. pal.* août 2013, n° 215, p. 30.
- « Vers un nouvel équilibre contractuel », *Gaz. pal.* juill. 2016, n° 25, p. 49.
- « Obligation de délivrance et absence d'une stipulation expresse mettant certains travaux à la charge du preneur », *Gaz. pal.* nov. 2018, n° 40, p. 62.

BRAULT P.-H.

- « La destination des lieux et la déspécialisation », *AJDI* mars 1992, n° 3, p. 190.
- « Bail commercial : les grosses réparations et les obligations d'entretien du preneur », *Loyers et copr.* janv. 2006, n° 1, étude 1, p. 5.
- « Étendue du droit du locataire principal au renouvellement en cas de sous-location partielle », *Loyers et copr.* mars 2007, n° 3, comm. 57, p. 20.
- « Jurisprudence - Baux commerciaux », *Gaz. pal.* juill. 2007, n° 207, p. 21.
- « Sur les modalités d'application de l'obligation de délivrance d'un logement décent à l'égard des baux commerciaux mixtes », *Loyers et copr.* janv. 2010, n° 1, étude 1, p. 8.
- « Obligations du bailleur : sur l'obligation de délivrance d'un logement décent pour la partie des locaux à usage d'habitation », *Loyers et copr.* janv. 2010, n° 1, comm. 14, p. 17.
- « Obligation de délivrance : enseigne », *Loyers et copr.* mars 2012, n° 3, comm. 78, p. 24.
- « Obligation de délivrance du bailleur : commerce implanté dans une galerie marchande », *Loyers et copr.* mai 2012, n° 5, comm. 142, p. 24.

BRAULT P.-H., MONÉGER J. et SAINTURAT M.-L.

- « Actualité des baux commerciaux », *Cah. dr. entr.* mai-juin 2010, n° 3, entr. 3, p. 9.

BRAULT P.-H. et MUTLET C.

- « Détermination de l'indemnité d'éviction de locaux à usage mixte », *Loyers et copr.* mars 1998, n° 12, comm. 72, p. 14.

BRAULT P.-H. et PEREIRA P.

- « Les dispositions de l'article 1719 du Code civil doivent s'interpréter strictement à l'égard du bailleur d'une galerie marchande », *Loyers et copr.* déc. 2000, n° 12, comm. 274, p. 11.
- « Sur les conséquences de la conclusion d'un bail commercial en contravention des dispositions de l'article L. 631-7 du Code de la construction et de l'habitation », *Loyers et copr.* nov. 2001, n° 11, comm. 259, p. 14.

BRENA S.

- « Obligation de délivrance du bailleur », *Rev. loyers* déc. 2016, n° 972, jur. 2471, p. 480.

- « Réduction du loyer faute de délivrance de la surface prévue au contrat », *Rev. loyers* janv. 2016, n° 963, jur. 2231, p. 559.

BRENNER C.
- « Chronique de jurisprudence », *Gaz. pal.* mai 2011, n° 123, p. 15.

BRIAND E.
- « Bail et changement d'usage », *Rev. loyers* avr. 2012, n° 926, doctr. 1432, p. 146.

BRIAND P.
- « Portée de la clause du bail selon laquelle le locataire prend les lieux dans l'état où ils se trouvent », *AJDI* nov. 2002, n° 11, p. 759.

BRIÈRE DE L'ISLE G. et DERRUPPÉ J.
- « Loyers civils et commerciaux », *RDI* avr.-juin 1988, n° 2, chron. p. 250.
- « Loyers civils : chronique de jurisprudence et de législation », *RDI* juin 1991, n° 2, chron. p. 264.
- « Baux en général. Inexécution des travaux prescrits par l'administration, Perte de la chose louée, Coût des travaux et valeur de la chose louée », *RDI* déc. 1991, n° 4, p. 514.
- « Baux commerciaux. Grosses réparations. Charge. Toiture », *RDI* mars 1992, n° 1, p. 124.
- « Le ravalement imposé par l'autorité administrative est, sauf stipulation expresse contraire, à la charge du bailleur », *RDI* sept. 1993, n° 3, p. 433.
- « La condamnation du bailleur à des dommages-intérêts pour inexécution de travaux lui incombant, n'empêche pas que la résiliation du bail avec de nouveaux dommages-intérêts soit ultérieurement prononcée aux torts de ce bailleur pour ce même motif », *RDI* mars 1994, n° 1, p. 112.
- « Exception d'inexécution invoquée par le preneur », *RDI* juin 1994, n° 2, p. 308.

BROUANT J.-P.
- « La loi SRU et l'habitat », *AJDA* janv. 2001, n° 1, p. 56.

BROUSSEAU E.
- « L'économiste, le juriste et le contrat », *in Études offertes à Jacques Ghestin, Le contrat au début du XXIe siècle*, L.G.D.J., 2001, p. 153.

BROUSSOLLE Y.
- « L'extension du droit de préemption aux terrains destinés à l'aménagement commercial et les nouvelles règles d'implantation commerciale », *Defrénois* déc. 2008, n° 21, p. 2382.

BRUN P., DUBOIS A. et PIMONT S.
- « Actes courants de la pratique notariale (janvier - juin 2015) », *RLDC* sept. 2015, n° 129, chron. 5959, p. 70.

BRUSCHI M.
- « L'assurance et la responsabilité civile professionnelle », *LPA* juill. 2001, n° 137, p. 70.

BUCHER C.-E.
- « La caducité du contrat de crédit-bail, nouvelle conséquence de l'anéantissement de la vente du bien financé », *Aj contrat* juin 2018, n° 6, p. 277.

BUGNICOURT J.-P.
- « Le notaire mal informé », *RLDC* juill. 2012, n° 95, act. 4735, p. 26.

BURGARD M.

- « L'avènement de la notion d'obligation essentielle dans le contrat », *LPA* sept. 2010, n° 189, p. 7.
- « Une nouvelle application de la théorie de l'obligation essentielle dans un contrat de licence de logiciel ; suites de l'arrêt Faurecia », *LPA* oct. 2010, n° 204, p. 8.

BUS J.-P.

- « La remédiation des sites pollués à l'épreuve des évolutions juridiques récentes (le bail, la vente) », *AJDI* avr. 2019, n° 4, p. 259.

BUY F.

- « Le notaire et la jurisprudence », *JCP N* juin 2006, n° 24, comm. 1217, p. 1141.
- « Responsabilité civile : l'avocat, l'avoué et le moyen de défense inopérant », *JCP E* juin 2008, n° 23, comm. 1742, p. 15.
- « L'interdépendance contractuelle à l'honneur », *JCP G* juin 2013, n° 24, comm. 673, p. 1155.

C. G.

- « Restitution du dépôt de garantie par le notaire en cas de nullité du bail », *RLDC* janv. 2016, n° 133, act. 6080, p. 25.

C. L. G.

- « Le bailleur d'un local situé dans un centre commercial dont il est propriétaire doit en entretenir les parties communes », *Dr. & patr. L'hebdo* janv. 2013, n° 904, p. 2.
- « Dans un bail commercial, les parties peuvent imposer au preneur la charge de la toiture et du chauffage collectif, mais expressément », *Dr. & patr. L'Hebdo* mars 2013, n° 913, p. 2.
- « Indemnisation du preneur pour manquement du bailleur à l'obligation de délivrance d'un logement décent : pas de mise en demeure nécessaire », *Dr. & patr. L'Hebdo* juin 2014, n° 972, p. 1.
- « Les obligations du promoteur envers le preneur, au titre des travaux de réhabilitation d'un immeuble loué, n'exonèrent pas le bailleur », *Dr. & patr. L'Hebdo* janv. 2018, n° 1131, p. 2.
- « Si l'immeuble loué est devenu, par un incendie fortuit, impropre à l'exploitation prévue au bail, celui-ci est résilié de plein droit », *Dr. & patr. L'Hebdo* mars 2018, n° 1138, p. 1.

CABRILLAC R.

- « Les clauses abusives appréhendées par le droit civil français », *in* Y. PICOD, D. MAZEAUD et E. LAUROBA, *Les clauses abusives, Approches croisées franco-espagnole*, Société de législation comparée, 2013, p. 23.

CABRILLAC S. et JAQUET C.

- « La preuve de la date de l'acte », *JCP N* févr. 2013, n° 5, doss. 1015, p. 33.

CADIET L.

- « La preuve », *in* DE F. FERRAND (dir.) *et alii*, *La procédure civile mondialisée*, éd. Juridiques et techniques, 2004, p. 119.

CALAIS-AULOY J.

- « Ne mélangeons plus conformité et sécurité », *D.* mai 1993, n° 18, p. 130.

CALVEYRA E. et TOURNOIS M.
- « La clause résolutoire dans les différents types de baux », *Gaz. pal.* août 2007, n° 216, p. 2.

CAMPELS C.
- « Le statut des baux ruraux : un véritable contrat de mariage pour l'agriculteur ? », *RLDC* nov. 2006, n° 32, act. 2281, p. 46.

CANU V.
- « Bail commercial : preuve d'un commencement d'exécution », *Rev. loyers* juin 2002, n° 828, p. 337.

CAPOULADE P. et ATIAS C.
- « Droit de la copropriété », *D.* sept. 2007, n° 31, chron. p. 2184.

CAPOULADE P. et GIVERDON C.
- « Modification par le cédant de la consistance du lot vendu et responsabilité du notaire en cas de manquement à son obligation de conseil », *RDI* mars 1998, n° 1, p. 130.

CARBONNIER J.
- « Introduction », *in L'évolution contemporaine du droit des contrats, Journées René Savatier*, PUF, 1986, p. 29.

CARVAL S.
- « Obligation de conseil et incertitude du droit positif », *RDC* oct. 2006, n° 4, p. 1234.

CASSARD-VALEMBOIS A.-L.
- « L'utilisation renouvelée de la jurisprudence "État d'urgence en Nouvelle-Calédonie" au profit de la liberté contractuelle et de la liberté d'entreprendre », *Constitutions* nov. 2013, n° 3, p. 400.

CASTELA C.
- « Conditions du remboursement des travaux avancés », *AJDI* mai 2016, n° 5, p. 359.

CAUSSE H.
- « Baux en général », *Gaz. pal.* mai 2004, n° 139, p. 9.

CAYOL A.
- « Application aux baux en cours de la loi Pinel et imprescriptibilité du réputé non écrit », *Dalloz actualité* 4 janv. 2021.

CENTRE DE DROIT DE LA CONCURRENCE YVES SERRA
- « Concurrence interdite - Concurrence déloyale et parasitisme », *D.* déc. 2013, n° 42, p. 2812.

CENTRE DE RECHERCHE DE DROIT PRIVÉ DE NANCY II
- « Ne peut être qualifié de bail l'engagement par lequel une personne consent gracieusement un droit d'usage et d'habitation à une autre personne, et ce, jusqu'au décès de cette dernière », *D.* nov. 1996, n° 40, p. 363.
- « C'est au bailleur d'assumer l'alimentation normale en eau des lieux loués ; Tout manquement à cette obligation peut se traduire par une réduction de loyer pour assurer la répartition du préjudice né des troubles de jouissance subis par la locataire de ce fait », *D.* déc. 1996, n° 42, p. 378.

CERATI-GAUTHIER A.
- « Apport partiel d'actif contenant un bail commercial », *RLDA* juin 2007, n° 17, act. 1003, p. 28.
- « Transfert de la charge des grosses réparations », *Ann. loyers* déc. 2010, n° 12, p. 3172.

CERDA A.
- « Les charges récupérables sur le locataire d'un bail commercial », *LEDIU* mai 2013, n° 5, p. 2.

CÉRÉ J.-P., HERZOG-EVANS M. et PÉCHILLON E.
- « Exécution des peines », *D.* mai 2009, n° 20, p. 1376.

CHAGNY M., CLARET H., FORRAY V., PAISANT G., PIMONT S. et PIGNARRE G.
- « Chronique de contrats spéciaux », *LPA* oct. 2004, n° 203, p. 5.

CHAIX-BRYAN S.
- « Pour la possibilité de déroger conventionnellement, dans des hypothèses particulières, à certaines dispositions de la loi du 10 juillet 1965 », *RDI* nov. 2007, n° 6, p. 493.

CHALVIGNAC F.
- « La répartition des travaux dans le bail commercial : appel à une réforme législative », *D.* oct. 2004, n° 36, p. 2637.

CHAMBEL B.
- « L'acte d'avocat et le droit des contrats », *Le magasine du conseil national des barreaux* mai 2011, hors-série spécial acte d'avocat, p. 18.

CHANTEPIE G.
- « L'efficacité attendue du contrat », *RDC* janv. 2010, n° 1, p. 347.
- « L'exigence de clarté dans la rédaction du contrat », *RDC* juill. 2012, n° 3, p. 989.
- « Les diagnostics préalables à la vente immobilière », *AJDI* déc. 2012, n° 12, p. 821.
- « La rédaction enseignée : l'enseignement des formules notariales », *JCP N* mai 2015, n° 21, étude 1157, p. 26.

CHAOUI H.
- « L'activité professionnelle des parties : condition de validité de la clause compromissoire », *Rev. loyers* avr. 2012, n° 926, jur. 1435, p. 164.
- « L'obligation de délivrance du bailleur de centre commercial », *Rev. loyers* févr. 2013, n° 934, jur. 1536, p. 76.
- « Le bail commercial et la sanction du déséquilibre significatif », *Rev. loyers* mai 2018, jur. 2865, n° 987, p. 242.

CHAUVEL P.
- « Rupture des pourparlers et responsabilité délictuelle », *D.* janv. 1998, n° 4, p. 45.
- « Rupture des pourparlers », *Dr. & patr.* sept. 1999, n° 74, jur. 2375, p. 97.
- « Baux commerciaux », *Dr. & patr.* déc. 2000, n° 88, jur. 2706, p. 74.
- « Renouvellement d'un bail commercial », *Dr. & patr.* sept. 2002, n° 107, jur. 3143, p. 106.
- « Changement de destination des lieux », *Dr. & patr.* déc. 2002, n° 110, jur. 3211, p. 88.
- « Rupture des pourparlers », *Dr. & patr.* janv. 2003, n° 111, jur. 3211, p. 114.

CHAUVIRÉ P.

- « Les effets du contrat dans le projet d'ordonnance portant réforme du droit des obligations », *Gaz. pal.* avr. 2015, n° 120, p. 29.
- « Présentation de l'avant-projet de réforme du droit des contrats spéciaux de l'Association Henri Capitant », *RDC* déc. 2017, n° 4, p. 43.

CHAVANCE E.

- « Preuve de l'affectation commerciale d'un local et conséquences d'un bail consenti en violation de l'article L. 631-7 du Code de la construction et de l'habitation », *Loyers et copr.* mars 2008, n° 3, comm. 57, p. 16.
- « Sur l'obligation de délivrance et la clause de prise des locaux en l'état », *Loyers et copr.* mars 2009, n° 3, comm. 63, p. 17.
- « Sur la perte économique de la chose louée », *Loyers et copr.* févr. 2010, n° 2, comm. 45, p. 24.
- « Sur l'interprétation restrictive d'une clause transférant au preneur la charge des grosses réparations et celle du clos et couvert », *Loyers et copr.* déc. 2010, n° 12, comm. 317, p. 19.
- « La clause faisant interdiction au preneur d'apposer une enseigne ou une plaque constitue un facteur de minoration de la valeur locative », *Loyers et copr.* janv. 2011, n° 1, comm. 18, p. 26.
- « Sur l'enseigne et l'obligation de délivrance », *Loyers et copr.* mars 2011, n° 3, comm. 82, p. 21.
- « Obligation d'entretien. Réparations », *Loyers et copr.* nov. 2011, n° 11, comm. 302, p. 26.
- « Travaux », *Loyers et copr.* oct. 2012, n° 10, comm. 280, p. 27.
- « Sur la résiliation d'un bail aux torts exclusifs du bailleur pour abandon du centre commercial ayant entraîné un dépérissement général de l'immeuble », *Loyers et copr.* févr. 2013, n° 2, comm. 47, p. 26.
- « Les travaux du preneur », *Ann. loyers* mai 2014, n° 5, p. 694.
- « Sur l'obligation de délivrance », *Loyers et copr.* janv. 2015, n° 1, comm. 14, p. 27.
- « Sur la notion de local », *Loyers et copr.* mars 2015, n° 3, comm. 68, p. 23.
- « Sur le remboursement des travaux exécutés par le preneur au nom du bailleur », *Loyers et copr.* févr. 2016, n° 2, comm. 42, p. 38.
- « Délivrance », *Loyers et copr.* janv. 2020, n° 1, comm. 13, p. 42.
- « Sur les conséquences de l'obligation de délivrance et d'entretien en cas de vente des locaux loués », *Loyers et copr.* mars 2020, n° 3, comm. 36, p. 36.

CHAZAL J.-P.

- « Théorie de la cause et justice contractuelle À propos de l'arrêt Chronopost », *JCP G* juill. 1998, n° 29, doctr. 152, p. 1315.
- « Enseignements épistémologiques de l'affaire Chronopost », *in* C. JAMIN (dir.) *et alii*, *Droit et économie des contrats*, L.G.D.J., 2008, p. 233.

CHAZAL J.-P. et VICENTE S.

- « Le transfert de propriété par l'effet des obligations dans le Code civil », *RTD civ.* sept. 2000, n° 3, p. 477.

CHEMIN D.

- « Responsabilité du notaire pour défaut d'inscription hypothécaire », *RLDA* juill. 2005, n° 84, jur. 5257, p. 29.

CHÉNEDÉ F.

- « L'équilibre contractuel dans le projet de réforme », *RDC* sept. 2015, n° 3, p. 655.
- « La réduction du prix », *RDC* sept. 2017, n° 3, p. 571.

CHENU D.

- « Perte totale de la chose louée à raison du coût des travaux de remise en état », *Dalloz actualité* 11 janv. 2010.
- « Bail : délivrance sur délivrance ne vaut ! », *Dalloz actualité* 15 juin 2010.

CHEVREAU E.

- « La cause dans le contrat en droit français : une interprétation erronée des sources du droit romain », *RDC* janv. 2013, n° 1, p. 11

CHEVRIER E.

- « La prescription conventionnelle est indifférente à la faute lourde », *D.* sept. 2004, n° 30, p. 2231.

CHONÉ-GRIMALDI A.-S.

- « Le projet de réforme de la responsabilité civile : observations article par article », *Gaz. pal.* juin 2017, n° 23, p. 16.

CLEMENT J.-N.

- « L'immeuble au carrefour des polices environnementales », *Dr. & patr.* juin 2010, n° 193, p. 56.

COHEN D.

- « Contrats et obligations. - Clause limitative de responsabilité. Clause réputée non écrite. Transport rapide dans un délai déterminé. Non-respect de l'obligation essentielle. Clause contraire à la portée de l'engagement. », *JCP* G juill. 1997, n° 28-29, jur. 22881, p. 336.
- « La bonne foi contractuelle : éclipse et renaissance », *in 1804-1904, Le Code civil, un passé, un présent, un avenir*, Dalloz, 2004, p. 517.

COHET F.

- « Responsabilité du diagnostiqueur et préjudice de l'acquéreur », *AJDI* déc. 2015, n° 12, p. 868.
- « La spécificité de la responsabilité des auteurs de diagnostics immobiliers confirmée », *AJDI* mai 2017, n° 5, p. 375.

COHET-CORDEY F.

- « L'obligation de délivrance du bailleur dans les contrats de location d'un immeuble », *AJDI* déc. 1998, n° 12, p. 1014.
- « Obligation d'information du bailleur », *AJDI* mars 2001, n° 3, p. 240.

COLLARD F.

- « 3 questions à Bernard Abry, directeur général du Cridon-Lyon », *JCP N* juill. 2012, n° 28, act. 725, p. 10.

COLLART-DUTILLEUL F.

- « c) Le rôle respectif des parties et des techniciens dans la recherche des désordres affectant l'immeuble mis en vente », *RDC* avr. 2007, n° 2, p. 366.

COLLART-DUTILLEUL F. et DERRUPPÉ J.

- « Nécessité d'un "local" », *RDI* sept. 1995, n° 3, p. 602.

- « L'obligation de délivrance peut avoir un objet qui va au-delà du bien prévu et désigné au contrat », *RDI* déc. 1995, n° 4, p. 801.
- « La prolongation d'un bail dérogatoire ne procure le bénéfice du statut que si les conditions d'application de ce statut sont réunies », *RDI* mars 1996, n° 1, p. 117.
- « Condition d'affectation à un usage professionnel exclusif d'un bail mixte », *RDI* juin 1997, n° 2, p. 299.
- « Question de l'exécution forcée de l'obligation de délivrance du bien donné en location », *RDI* juin 1998, n° 2, p. 303.
- « L'obligation de délivrance contraint le bailleur à obtenir les autorisations nécessaires pour user des lieux loués conformément à leur destination », *RD*I sept. 1998, n° 3, p. 428.

CONFINO A.

- « Obligations et précautions documentaires dans la rédaction du bail commercial », *AJDI* déc. 2011, n° 12, p. 858.
- « Réflexions sur le réputé non écrit dans le bail commercial après la loi Pinel », *AJDI* juin 2015, n° 6, p. 407.
- « L'article 1195 nouveau du code civil et le bail commercial : imprévision ou imprécision ? », *AJDI* mai 2016, n° 5, p. 345.

CONFINO A. et CONFINO J.-P.

- « Les baux commerciaux malades de la peste... », *AJDI* mai 2020, n° 5, p. 326.

CONSEIL R.

- « L'étendue de l'obligation de clos et de couvert à la charge du bailleur », *Gaz. pal.* juill. 2017, n° 298, p. 77.

CONTE P.

- « Agression sexuelle : la contrainte morale peut être déduite de la différence d'âge entre la victime et le prévenu », *Dr. pén.* févr. 2016, n° 2, comm. 24, p. 30.
- « Bande organisée : la commission d'une infraction en bande organisée est une circonstance aggravante réelle », *Dr. pén.* mars 2017, n° 3, comm. 39, p. 33.
- « Proportionnalité », *Dr. pén.* avr. 2017, n° 4, comm. 54, p. 25.

CORGAS-BERNARD C.

- « Le diagnostiqueur diagnostiqué », *RLDC* déc. 2015, n° 132, act. 6030, p. 17.

CORNATON M. et BLATTER J.-P.

- « Au commencement... était la destination », *AJDI* déc. 2000, n° 12, p. 1091.

CORNETTE F.

- « Indemnisation de l'acheteur par le diagnostiqueur immobilier en cas d'erreur de diagnostic », *Rev. loyers* juin 2016, n° 968, jur. 2373, p. 286.
- « Caractère certain du préjudice en présence de termites et réparation du préjudice par le diagnostiqueur », *RLDC* janv. 2017, n° 973, jur. 2500, p. 24.

CORNILLE P.

- « Valeur contractuelle du cahier des charges : responsabilité du notaire, mais pas du Cridon », *Constr.-urb.* janv. 2006, n° 1, comm. 23, p. 29.
- « Habitation illicite en zone agricole, état de nécessité et droits conventionnels fondamentaux », *Constr.-urb.* avr. 2016, n° 4, comm. 53, p. 25.

CORNU G.

- « L'évolution du droit des contrats en France », *RIDC* avr-juin 1979, n° 2, p. 447.

- « Les définitions dans la loi », *in Mélanges dédiés à Jean Vincent*, Dalloz, 1981, p. 77.

COURDIER-CUISINIER A.-S.

- « Nouvel éclairage sur l'énigme de l'obligation de donner : Essai sur les causes d'une controverse doctrinale », *RTD civ.* sept. 2005, n° 3, p. 521.

COURNEROUX J.

- « La destination du bail : une liberté encadrée », *AJDI* juill. 2009, n° 17, p. 430.
- « Le bail "tous commerces" : un contrat méconnu », *AJDI* avr. 2013, n° 2, p. 184.

COUTANT-LAPALUS C.

- « Délivrance d'un logement décent : champ d'application et sanctioné », *Loyers et copr.* févr. 2005, n° 2, comm. 29, p. 14.
- « L'amélioration de la clarté du contrat : l'influence de la responsabilité civile du rédacteur d'actes », *RDC* mars 2015, n° 1, p. 182.
- « L'impact des règles relatives à l'effet du contrat », *RDI* juin 2016, n° 6, p. 348.

CREVEL S.

- « Solidarité. Si tous les bailleurs du monde... », *Dr. rur.* juin-juill. 2006, n° 344, comm. 162, p. 23.
- « De l'influence de la volonté du preneur sur la dévolution du droit au bail pour cause de mort », *Dr. rur.* oct. 2006, n° 346, comm. 234, p. 35.

CROZE H.

- « Absence de responsabilité de l'avocat ou de l'avoué qui n'a pas soulevé le moyen inopérant tendant à l'annulation d'un prêt pour défaut d'agrément de l'établissement prêteur », *Procédures* mai 2008, n° 5, comm. 144, p. 19.
- « L'affaire du numéro de pourvoi », *JCP G* mai 2011, n° 22-23, 633, p. 1074.

D. S.

- « Commerçant… », *Le magasine du conseil national des barreaux*, mai 2011, hors-série spécial acte d'avocat, p. 17.

DAGORNE-LABBE Y.

- « L'étendue de l'obligation de conseil du notaire », *Defrénois* févr. 2012, n° 3, p. 146.
- « Quand le devoir de conseil, d'absolu, devient relatif », *JCP N* juin 2015, n° 24, comm. 1185, p. 17.
- « Un notaire peut-il ignorer un arrêt de la Cour de cassation non publié ? », *Defrénois* janv. 2017, n° 2, p. 141.
- « La responsabilité du notaire en présence d'un dol de son client », *Defrénois* mars 2017, n° 6, p. 379.

DAMAS N.

- « Bail d'habitation : panorama 2005 », *D.* avr. 2006, n° 14, p. 958.
- « Loi ENL : relance de l'offre locative et modifications du statut des baux d'habitation », *AJDI* oct. 2006, n° 10, p. 706.
- « Bail d'habitation », *D.* mars 2007, n° 13, p. 903.
- « Responsabilité du débiteur contractuel envers les tiers », *AJDI* avr. 2007, n° 4, p. 295.
- « Les baux d'habitation à l'épreuve de la loi "Logement et exclusion" du 25 mars 2009 », *AJDI* avr. 2009, n° 4, p. 274.
- « Bail d'habitation », *D.* mai 2010, n° 19, p. 1168.
- « Logement décent et liberté contractuelle », *AJDI* sept. 2010, n° 9, p. 640.
- « Obligation de délivrance et perte de la chose louée », *AJDI* févr. 2014, n° 2, p. 130.

- « Logement indécent et mise en demeure », *AJDI* déc. 2014, n° 12, p. 872.
- « Bail d'habitation », *D.* juin 2015, n° 20, chron. p. 1178.
- « Logement décent et installation de chauffage », *AJDI* déc. 2014, n° 12, p. 873.
- « Changement d'usage : autorisation préalable », *AJDI* nov. 2015, n° 11, p. 773.
- « Bail d'habitation », *D.* mai 2018, n° 20, chron. p. 1117.
- « Travaux de réhabilitation et obligation de délivrance », *AJDI* juin 2018, n° 6, p. 432.
- « Situations assimilées à la perte de la chose louée », *AJDI* sept. 2018, n° 9, p. 593.
- « La loi ELAN et les baux d'habitation », *AJDI* janv. 2019, n° 1, p. 26.
- « Sort des restitutions consécutives à la nullité du bail », *AJDI* mars 2019, n° 3, p. 201.

DANTI-JUAN M.

- « La notion de dignité humaine en droit pénal », *in* J. PRADEL (dir.) *et alii*, *Questions contemporaines de science criminelle*, Travaux de l'Institut de sciences criminelles de Poitiers, Cujas, 1996, p. 99.

DAUDRE G. et WALLUT P.

- « De l'affectation, de l'usage et de la destination des immeubles », *Defrénois* juill. 2012, n° 13-14, p. 679.

DAUMAS C.

- « L'obligation de délivrance : pilier du contrat de bail », *Administrer* févr. 2010, n° 429, p. 32.

DAVIAUD P.

- « Diagnostic électricité. À conseiller à vos clients bailleurs », *DIMAG* août 2009, n° 9, p. 8.

DE ALMEIDA L.

- « L'application du statut des baux commerciaux à la location de bureaux : prolégomènes à une définition des locaux à usage exclusif de bureaux », *LPA* janv. 2020, n° 5, p. 7.

DEBEAURAIN J.

- « Propos introductifs », *Ann. loyers* mai 2014, n° 5, p. 669.

DECOOPMAN N.

- « La notion de mise à disposition », *RTD civ.* avr.-juin 1981, n° 4, p. 300.

DE FONTMICHEL M.

- « Les nouvelles actions interrogatoires », *D.* août 2016, n° 8, p. 1665.

DEJOIE L.

- « Avant-propos », *in* L. DEJOIE *et alii*, *94e congrès des notaires de France, Le contrat, Liberté contractuelle et sécurité juridique*, Maury-Eurolivres, 1998, p. 3.

DEJOIE A. et PHAN THANH F.

- « Les relations financières entre bailleur et preneur à bail commercial », *AJDI* avr. 2009, n° 4, p. 289.

DE LA ASUNCION PLANES K.

- « Quelle est la nature de l'obligation de compétence de l'avocat ? », *D.* janv. 2010, n° 3, p. 183.

DE LAPARRE M.

- « Etendue de l'obligation de conseil du notaire », *RLDA* juin 2001, n° 39, jur. 2364, p. 31.

DELASALLE T.

- « Du droit à la technique (du bâtiment), à vous de jouer ! », *JCP N* juin 2017, n° 26, act. 669, p. 5.

DE LA TOUANNE S.

- « Substitution de mandataire en matière d'acceptation de donation et responsabilité du notaire », *Dalloz actualité* 31 janv. 2008.
- « Le notaire doit veiller à l'accomplissement des formalités nécessaires à la mise en place des sûretés », *Dalloz actualité* 28 oct. 2008.
- « Dettes d'une SCI et responsabilité du notaire qui succède à son confrère », *Dalloz actualité* 5 déc. 2008.
- « Les obligations de l'avocat quant au renouvellement des inscriptions hypothécaires », *Dalloz actualité* 29 juin 2010.

DE LA VAISSIÈRE F.

- « Charges récupérables : quelques précisions », *AJDI* juin 2006, n° 6, p. 468.
- « Renaissance de l'exception d'inexécution dans la clause résolutoire », *AJDI* nov. 2006, n° 11, p. 828.
- « Révision du loyer et honoraires de rédaction d'actes », *AJDI* mai 2007, n° 5, p. 382.
- « Promesse de bail : force obligatoire du contrat », *AJDI* mai 2013, n° 5, p. 347.
- « Occupation des locaux par un tiers : manquement à l'obligation de délivrance », *AJDI* juin 2016, n° 6, p. 423.
- « Encore l'obligation de délivrance ! », *AJDI* mai 2017, n° 4, p. 270.
- « Le repérage « amiante » n'incombe pas à l'agent immobilier », *AJDI* févr. 2019, n° 2, p. 145.

DELCONT C.

- « Mise aux normes de l'immeuble et obligations du propriétaire : l'état des lieux », *Defrénois* juin 2004, n° 11, p. 763.

DELEBECQUE P.

- « La clause limitative de responsabilité contenue dans un contrat de transport rapide ne saurait porter sur l'obligation essentielle du transporteur à savoir le délai d'acheminement prévu au contrat », *D.* juin 1997, n° 22, p. 175.
- « Nature et régime des clauses de prescription », *D.* sept. 2004, n° 31, p. 2296.
- « Prérogative contractuelle et obligation essentielle », *RDC* avr. 2011, n° 2, p. 681.
- « Article 1168 : clause privant de sa substance l'obligation essentielle du contrat », *RDC* sept. 2015, n° 3, p. 759.

DELEBECQUE P., BRETZNER J.-D. et VASSEUR T.

- « Droit de la preuve », *D.* nov. 2008, n° 40, chron. p. 2820.

DELEBECQUE P. et MAZEAUD D.

- « Les clauses de responsabilité : clauses de non-responsabilité, clauses limitatives de réparation, clauses pénales », *in* M. Fontaine et G. Viney, (dir.), *Les sanctions de l'inexécution des obligations contractuelles, Études de droit comparé*, Bruylant, L.G.D.J., 2001, p. 361.

DELEBECQUE P., REVET T., CHARRIERE-BOURNAZEL C. et ROGER P.

- « Les nouvelles missions de l'avocat », *Dr. & patr.* juill. 2011, n° 205, p. 18.

DELPECH X.

- « Clause limitative de réparation et obligation essentielle », *D.* juill. 2010, n° 28, p. 1832.
- « Bail - Réglementation - Litige entre une association et son bailleur », *JA* févr. 2018, n° 573, p. 11.

DELPECH X., PASTOR J.-M. et ROUQUET Y.

- « Présentation du projet de loi sur l'artisanat, le commerce et les très petites entreprises », *Dalloz actualité* 2 sept. 2013.
- « Projet de loi "artisanat, commerce et TPE" : les apports du Sénat », *Dalloz actualité* 30 avr. 2014.

DELPÉRIER J.-M.

- « Le rôle du professionnel dans la mise aux normes de l'immeuble », *Defrénois* juill. 2004, n° 13, p. 938.

DEL SOL M.

- « Les conséquences de la résolution de la vente sur le contrat de crédit-bail », *Revue juridique de l'Ouest* janv. 1993, n° 1., p. 1.

DELZANNO C.

- « Les avocats et notaires "agents immobiliers" », *Dr. & patr.* déc. 2010, n° 198, p. 6.
- « Le rêve de la profession du droit unique », *Dr. & patr.* sept. 2014, n° 239, p. 6.

DE MATHAREL L.

- « D'ici à 2030, des processeurs d'intelligence artificielle remplaceront les avocats, prédit un rapport », www.usine-digitale.fr., 4 déc. 2014.

DEMPURÉ F.

- « Grâce au RSS, laissez l'info venir à vous », *JCP N* mars 2007, n° 11, étude 1132, p. 48.

DENIZOT C.

- « Interprétation d'une clause exonérant le bailleur des travaux prescrits par l'autorité administrative », *AJDI* mars 2005, n° 3, p. 213.
- « Baux commerciaux et logement décent », *AJDI* déc. 2007, n° 12, p. 922.
- « Responsabilité du bailleur pour le fait des tiers et obligation de délivrance », *AJDI* mai 2009, n° 5, p. 355.
- « Bail commercial et copropriété », *AJDI* juin 2010, n° 6, p. 456.
- « Travaux de mise aux normes », *AJDI* déc. 2011, n° 12, p. 865.
- « Pose d'enseigne et autorisation du bailleur », *AJDI* déc. 2009, n° 12, p. 863.
- « Les nouvelles dispositions révolutionnaires sur les charges », *AJDI* sept. 2014, n° 9, p. 591.

DENIZOT C. et TRAUTMANN G.

- « La clause de souffrance dans les baux commerciaux », *AJDI* nov. 2014, n° 11, p. 779.

DEPADT-SEBAG V.

- « Les conventions sur la preuve », *in* C. PUIGELIER (dir.) *et alii*, *La preuve*, Economica, coll. Etudes juridiques, t. 19, 2004, p. 13.
- « La distinction entre la responsabilité contractuelle et délictuelle : une nouvelle étape », *LPA* mai 2007, n° 98, p. 16.

DE PANAFIEU L.

- « Le mythe de la propriété de la clientèle dans les centres commerciaux » *AJDI* déc. 2001, n° 12, p. 1062.

DEPEYROT R., AUTIÉ D., DANIEL F., LAGARDÈRE Y., MAREC G. et YDRAC M.-J.

- « Baux commerciaux », *JCP G* mai 1985, n° 20, jur. IV, p. 159.

DE PLATER P.

- « Point d'étape sur l'appréhension de la décence au regard du décret du 30 janvier 2002 et des règlements sanitaires départementaux », *AJDI* déc. 2018, n° 12, p. 837.

DEPREZ D.

- « Droit des sites et sols pollués : impact de la loi Alur », *BDEI* mai 2014, n° 51, p. 11.

DE RAVEL D'ESCLAPON T.

- « La responsabilité de l'avocat et le devoir d'efficacité dans l'accomplissement de sa mission », *Dalloz actualité* 25 oct. 2010.
- « Saisies immobilières : responsabilité de l'avocat dans la rédaction du cahier des charges », *Dalloz actualité* 8 déc. 2010.
- « Notaire : responsabilité en cas d'omission dans une convention définitive homologuée », *Dalloz actualité* 15 janv. 2013.

DERRUPPÉ J.

- « Baux commerciaux. Pratique et avenir du statut face à la dynamique européenne », *AJDI* mars 1993, n° 3, p. 161.
- « La vie du centre commercial », *RDI* déc. 1994, n° 4, p. 565.
- « Obligation du bailleur d'un centre commercial », *RDI* déc. 2000, n° 4, p. 613.

DE RUSQUEC E.

- « Sommaires annotés de la Cour de cassation », *Gaz. pal.* oct. 2000, n° 288, p. 10.

DESHAYES O.

- « Clauses limitatives de responsabilité contractuelle et répartition des risques d'inexécution », *RDC* juill. 2008, n° 3, p. 1008.
- « Faurecia II : le retour en grâce (relatif) des clauses limitatives de responsabilité », *RDC* sept. 2010, n° 8, p. 1.
- « c) Victoire d'étape pour les clauses limitatives de responsabilité contractuelle », *RDC* oct. 2010, n° 4, p. 1253.
- « L'acte contresigné par avocat est né (conjugaison à l'imparfait du législatif) », *LEDC* mai 2011, n° 5, p. 1.
- « Diagnostic immobilier : les conseilleurs sont les payeurs ! », *RDC* déc. 2015. n° 4, p. 848.
- « … mais le notaire fautif est « garant subsidiaire » des restitutions consécutives à la nullité de l'acte (envers le seul créancier) », *RDC* juin 2016, n° 2, p. 224.
- « La nouvelle mouture de l'avant-projet de loi de réforme de la responsabilité civile : retour sur la responsabilité des parties à l'égard des tiers », *RDC* juin 2017, n° 2, p. 238.

DESHAYES O., GENICON T. et LAITHIER Y.-M.

- « Ratification de l'ordonnance portant réforme du droit des contrats, du régime général et de la preuve des obligations », *JCP G* avr. 2018, n° 18, doctr. 529, p. 885.

DESLAURIERS-GOULET C.

- « L'obligation essentielle dans le contrat », *Les Cahiers de Droit* déc. 2014, n° 4, p. 923.

DESPOTOPOULOS C.

- « La notion du Synallagma chez Aristote », *Arch. phil. dr.* 1968, t. 13, p. 115.

DESSUET P.
- « De l'immeuble écoresponsable à l'immeuble connecté », *RDI* juill. 2019, n° 7-8, p. 376.

DETRAZ S.
- « Culpabilité de l'autorité légitime », *Gaz. pal.* janv. 2016, n° 4, p. 50.
- « Dol général : veut qui ne veut pas savoir », *Gaz. pal.* oct. 2016, n° 34, p. 46.
- « Telle est l'agression, telle est la (légitime) défense », *Gaz. pal.* avr. 2018, n° 16, p. 53.

DEUMIER P.
- « La formation de la jurisprudence vue par elle-même », *RTD civ.* sept. 2006, n° 3, p. 521.
- « Identification d'un revirement de jurisprudence : de l'évolution presque prévisible au vrai faux revirement », *RTD. civ.* déc. 2009, n° 3, p. 493.

D' HEUCQUEVILLE R.
- « La notion de centre commercial », *RDI* déc. 1994, n° 4, p. 531.

DIDIER P.
- « Brèves notes sur le contrat-organisation », *in L'avenir du droit, Mélanges en hommage à François Terré*, Dalloz, PUF, Éditions du Juris-Classeur, 1999, p. 635.

DION N.
- « Responsabilité d'un parc de stationnement automobile à la suite d'une inondation », *D.* avr. 1995, n° 14, p. 214.

DISSAUX N.
- « Délivrance ou garantie, comment choisir ? », *AJ contrat* févr. 2017, n° 2, p. 93.

DJIGO A.
- « Garantie des voies de fait commises par un colocataire », *JCP N* oct. 2005, n° 40, comm. 1400, p. 1617.
- « Le bailleur d'un centre commercial doit veiller à l'existence d'un environnement commercial favorable au preneur », *JCP N* mars 2007, n° 12, comm. 1137, p. 35.

DOGNIAUX L.
- « Responsabilité notariale : diligences requises », *RLDC* mai 2005, n° 16, jur. 652, p. 24.

DONNIER M.
- « Les infractions continues », *RSC* oct.-déc. 1958, n° 4, p. 749.

DORSNER-DOLIVET A.
- « Responsabilité médicale : le renversement de la charge de la preuve de l'obligation d'information », *LPA* juill. 1997, n° 85, p. 17.

DOUCET J.
- « La mise aux normes et le bail commercial », *Defrénois* juin 2004, n° 12, p. 843.

DREVEAU C.
- « Portée des clauses relatives aux travaux », *AJDI* mai 2014, n° 5, p. 376.
- « Responsabilité du diagnostiqueur : nature du préjudice de l'acquéreur », *Dalloz actualité* 4 sept. 2015.
- « Notion de perte de la chose louée », *Dalloz actualité* 28 mars 2018.

- « Nullité du bail : prescription de l'action en paiement d'une indemnité d'occupation et préjudice réparable », *Dalloz actualité* 5 juill. 2018.

DREYER E.

- « Le coup de la panne devant la haute juridiction », *Gaz. pal.* oct. 2013, n° 288, p. 3240.
- « La légitime défense s'apprécie indépendamment de ses suites », *Gaz. pal.* avr. 2017, n° 16, p. 43.

DROSS W.

- « Le transfert de propriété en droit français », *RDC* oct. 2013, n° 4, p. 1694.
- « L'obligation réelle peut-elle se concevoir indépendamment du service d'un droit réel démembré ? », *RTD civ.* oct. 2014, n° 3, p. 684.
- « La déception contractuelle, Proposition d'un droit commun », *RTD civ.* déc. 2018, n° 4, p. 787.

DUFFAURE-GALLAIS I.

- « Installations électriques : la réglementation s'émancipe de la norme NF C 15-100 », *Le Moniteur* 9 août 2016, http://www.lemoniteur.fr/article/installations-electriques-la-reglementation-s-emancipe-de-la-norme-nf-c-15-100-32883776.

DUGUÉ M. et PRÉTOT S.

- « Regards sur le projet de réforme de la responsabilité civile », *Dr. & patr.* mai 2017, n° 269, an. p. 25.

DULAU I., GONI P., MILLIARD J.-B. et PEIGNOT B.

- « Jurisprudence - Baux ruraux », *Gaz. pal.* juill. 2006, n° 206, p. 24.

DUMONT-LEFRAND M.-P.

- « Preuve d'un bail commercial verbal », *AJDI* juin 2002, n° 6, p. 453.
- « La force créatrice de la jurisprudence en question ? », *AJDI* mai 2007, n° 5, p. 353.
- « Bail commercial et vice de construction », *AJDI* juill. 2009, n° 7-8, p. 539.
- « L'obligation d'exploiter du preneur », *D.* nov. 2009, n° 42, p. 2839.
- « Baux commerciaux », *D.* juill. 2011, n° 26, chron. p. 1786.
- « Baux commerciaux », *D.* juill. 2012, n° 28, chron. p. 1844.
- « L'annexe environnementale : un risque de performance énergétique à géométrie variable », *D.* juin 2012, n° 22, p. 1472.
- « Baux commerciaux », *D.* juill. 2013, n° 26, chron. p. 1794.
- « Bail commercial et nullité pour erreur sur les qualités substantielles », *AJDI* juill. 2014, n° 7, p. 519.
- « L'avant bail commercial », *in* D. ABARCHI *et alii*, *Liber amicorum en l'honneur du Professeur Joël Monéger*, LexisNexis, 2017, p. 165.
- « Baux commerciaux, juin 2017 - juin 2018 », *D.* juill. 2018, n° 27, p. 1511.
- « Bail commercial et mise en œuvre des nouvelles normes spéciales dans le temps », *Loyers et copr.* oct. 2018, n° 10, doss. 11, p. 15.

DUMONT-LEFRAND M.-P., DAMAS N., DENIZOT C. et ROUQUET Y.

- « L'obligation de délivrance en matière de bail commercial », *in* J. MONÉGER (dir.) *et alii*, *États généraux des baux commerciaux*, LexisNexis, 2014, p. 35.

DUMUR J.-P.

- « Étude de droit comparé sur le statut des baux commerciaux, France, Belgique, Grand-Duché de Luxembourg, Principauté de Monaco », *AJDI* oct. 2013, n° 10, p. 651.

DUPONT-LE BAIL N.
- « Nouvelles précisions concernant le régime des clauses limitatives de responsabilité », *LPA* août 2010, n° 162, p. 7.

DURAND-PASQUIER G.
- « De nouvelles obligations du propriétaire d'immeuble face aux risques de santé présentés par le bien », *Constr.-urb.* nov. 2009, n° 11, alerte 55, p. 3.
- « L'obligation d'installer des détecteurs de fumée dans les lieux d'habitation : fin de la valse hésitation et édiction d'une nouvelle norme obligatoire », *Constr.-urb.* mai 2010, n° 5, alerte 39, p. 3.
- « Certifications, attestations et diagnostics au service des objectifs du Grenelle », *RDI* janv. 2011, n° 17, p. 15.
- « Un renforcement sensible de l'encadrement de la vente d'immeuble », *JCP N* avr. 2014, n° 15, étude 1155, p. 21.
- « L'incidence de la future réforme des conditions de la responsabilité civile sur le droit immobilier et de la construction », *RDI* déc. 2017, n° 12, p. 579.
- « L'incidence de la loi ELAN sur les normes et les règles de construction », *RDI* janv. 2019, n° 1, p. 8.

ENCINAS DE MUNAGORRI R.
- « Kelsen et la théorie générale du contrat », *in* C. M. HERRERA (dir.) *et alii*, *Actualité de Kelsen en France*, L.G.D.J., coll. La pensée juridique, 2001, p. 109.
- « L'analyse économique est-elle une source du droit ? Propos sur la doctrine du Premier président de la Cour de cassation », *RTD civ.* sept. 2006, n° 3, p. 505.

ÉTAIN P.
- « L'obligation de maintenir un environnement commercial favorable », *Rev. loyers* janv. 2007, n° 873, jur. 464, p. 19.

ETIENNEY-DE SAINTE MARIE A.
- « Les principes, les directives et les clauses relatives à l'interprétation », *RDC* juin 2016, n° 2, p. 384.

FABRE-MAGNAN M.
- « Le mythe de l'obligation de donner », *RTD civ.* mars 1996, n° 1, p. 85.
- « Des obligations essentielles de Chronopost dans la délivrance des plis : donner et retenir ne vaut », *JCP G* févr. 1997, n° 8, doctr. 4002, p. 88.

FAGES B.
- « De bonnes raisons économiques de rompre des pourparlers avancés », *RTD civ.* mars 2008, n° 1, p. 101.
- « Comment Faurecia 2 renoue avec Chronopost 1 et illustre la nécessité de passer à la saison 4 », *RTD civ.* oct. 2010, n° 3, p. 555.

FAGES B. et BARBIER H.
- « Pas de réputé non écrit partiel ? », *RTD civ.* déc. 2013, n° 4, p. 836.

FARACHE A.
- « Adoption du projet de loi Pinel en première lecture par l'Assemblée nationale », *RLDA* mars 2014, n° 91, act. 4984, p. 22.

FARDOUX O.
- « Conduite malgré un permis annulé et erreur de droit », *JCP G* déc. 2006, n° 51-52, jur. 10207, p. 2391.

FAURE-ABBAD M.

- « Un nouveau système pour l'inexécution du contrat », *in* G. PIGNARRE (dir.) *et alii*, *Le droit des obligations d'un siècle à l'autre, Dialogues autour de la réfrome du titre III du livre III du Code civil*, L.G.D.J., 2016, p. 197.
- « L'impact des règles de conclusion des contrats », *RDI* juin 2016, n° 6, p. 316.
- « L'impact de la loi ELAN sur les contrats spéciaux de construction immobilière », *RDI* janv. 2019, n° 1, p. 17

FAUSSURIER A.

- « Apport partiel d'actif et bail commercial », *RLDA* juill. 2007, n° 18, act. 1064, p. 19.

FAUVARQUE-COSSON B.

- « Le changement de circonstances », *RDC* janv. 2004, n° 1, p. 67.
- « Regards comparatistes sur l'exécution forcée en nature », *RDC* avr. 2006, n° 2, p. 529.

FAVEREAU O.

- « Qu'est-ce qu'un contrat ? La difficile réponse de l'économie », *in* C. JAMIN (dir.) *et alii*, *Droit et économie des contrats*, L.G.D.J., 2008, p. 21.

FAVEREAU O. et PICARD P.

- « L'approche économique des contrats : unité ou diversité ? », *Sociologie du travail* oct.-déc. 1996, n° 4, p. 441.

FERNANDEZ J.-M.

- « L'acte sous signature privée : la faiblesse de sa force probante », *LPA* août 1997, n° 94, p. 9.

FERRANDI X. et SAINTURAT M.-L.

- « A l'éviction... compte la destination », *AJDI* déc. 2000, n° 12, p. 1108.

FERRIER D.

- « La preuve et le contrat », *in Mélanges Michel Cabrillac*, Litec, 1999, p. 105.

FERRIER N.

- « Le renforcement du rôle du juge dans la détermination et la révision du contenu du contrat », *in* R. SCHULZE (dir.), G. WICKER (dir.), G. MÄSCH (dir.), D. MAZEAUD (dir.) *et alii*, *La réforme du droit des obligations en France, 5e journées franco-allemandes*, Société de législation comparée, 2015, p. 73.

FICHET M.-A.

- « Les obligations du bailleur et du preneur au regard du droit de l'environnement », *BDEI* mai 2014, n° 51, 1740, p. 5.

FILIOL DE RAIMOND M.

- « Charge des réparations en présence de vices structurels », *RLDA* oct. 2008, n° 31, act. 1870, p. 43.
- « Répartition des charges locatives entre le bailleur et le locataire et autres dispositions du décret d'application Pinel », *RLDA* déc. 2014, n° 99, act. 5369, p. 23.

FIN-LANGER L.

- « L'équilibre contractuel du bail commercial », *in* D. ABARCHI *et alii*, *Liber amicorum en l'honneur du Professeur Joël Monéger*, LexisNexis, 2017, p. 181.
- « Contrat d'adhésion et déséquilibre significatif », *Loyers et copr.* oct. 2018, n° 10, doss. 15, p. 39.

FISCHER J.

- « Certitude du dommage et éventualité du préjudice », *D.* avr. 2003, n° 15, p. 998.

FOKOU E.

- « L'apport épistémologique de la notion d'économie du contrat en matière d'interprétation », *Les Cahiers de Droit* déc. 2016, n° 4, p. 715.

FONTEIX C.

- « Contrainte morale résultant de l'emprise d'un gourou », *Dalloz actualité* 30 oct. 2017.

FOREST G.

- « Installation classée, demande d'autorisation et responsabilité contractuelle », *D.* juin 2009, n° 16, p. 2976.
- « Amiante : portée de l'obligation d'information du vendeur », *D.* oct. 2009, n° 35, p. 2343.

FORESTIER J.-P.

- « L'acte d'avocat et le droit immobilier », *Le magasine du conseil national des barreaux* mai 2011, hors-série spécial acte d'avocat, p. 17.

FROGER D.

- « Contribution notariale à la définition de la notion d'authenticité », *Defrénois* févr. 2004, n° 3, p. 173.

GAIN M.-O.

- « La fin du bail et le devoir de conseil », *Dr. rur.* mai 2006, n° 343, comm. 124, p. 21.

GALLET C.-H.

- « La promesse de bail commercial vaut bail en cas d'accord des parties sur la chose et le prix », *LPA* avr. 1998, n° 41, p. 17.
- « L'obligation de repérage de l'amiante dans les immeubles collectifs d'habitation ou à usage commercial ou professionnel », *Rev. loyers* nov. 2011, n° 921, doctr. 1342, p. 402.

GALLMEISTER I.

- « Recours de la caution contre le créancier et le notaire ayant rédigé l'acte », *Dalloz actualité* 5 févr. 2007.
- « Incertitude sur l'évolution de la jurisprudence et responsabilité de l'avocat », *Dalloz actualité* 27 mai 2009.

GALLOIS J.

- « Peut-on avoir la certitude de l'irresponsabilité pénale de l'auteur des faits ? », *AJ pénal* juill. 2012, n° 7, p. 416.

GALLOIS-COCHET D.

- « Responsabilité de l'avocat rédacteur d'un acte de cession de parts de SNC », *Dr. sociétés* mars 2009, n° 3, comm. 53, p. 32.
- « Réforme du droit des contrats, pactes de préférence et promesses unilatérales », *Dr. sociétés* avr. 2016, n° 4, rep. 4, p.1.

GARAUD E.

- « La religion du locataire : une donnée normalement extérieure au contrat de bail, mais incorporable à celui-ci », *RJPF* avr. 2003, n° 4, p. 9.

GARBIT P.

- « La loi du 18 juin 2014 et la réforme du statut des baux commerciaux (1e partie) », *RLDA* sept. 2014, n° 96, act. 5231, p. 18.
- « La loi du 18 juin 2014 et la réforme du statut des baux commerciaux (2e partie) », *RLDA* oct. 2014, n° 97, act. 5282, p. 18.

GARBIT P. *et alii*

- « L'adaptation du bail aux contraintes économiques », *RLDA* déc. 2012, n° 77 suppl., colloque 4385, p. 20.

GARIAZZO A.

- « L'exigence de la délivrance au preneur d'un logement décent impose son alimentation en eau courante », *JCP G* janv. 2005, n° 1-2, jur. II 10000, p. 27.

GARNERIE L.

- « L'impossible statu quo », *Gaz. pal.* oct. 2016, n° 38, p. 3.

GARRON F.

- « Article 1370 : "Certains engagements se forment sans qu'il intervienne aucune convention, ni de la part de celui qui s'oblige, ni de la part de celui envers lequel il est obligé. Les uns résultent de l'autorité de la loi ; les autres naissent d'un fait personnel à celui qui se trouve obligé. Les premiers sont les engagements formés involontairement, tels que ceux entre propriétaires voisins, ou ceux des tuteurs et des autres administrateurs qui ne peuvent refuser la fonction qui leur est déférée. Les engagements qui naissent d'un fait personnel à celui qui se trouve obligé, résultent ou des quasi-contrats, ou des délits ou quasi-délits ; ils font la matière du présent titre" », *RLDC* juill.-août 2004, n° 7, 305, p. 64.

GAUDEMET J.

- « Naissance d'une notion juridique, les débuts de l'"obligation" dans le droit de la Rome antique », *Arch. phil. dr.* 2000, t. 44, p. 19.

GAUDIN L.

- « Regards dubitatifs sur l'effectivité des remèdes offerts au consommateur en cas de défaut de conformité de la chose vendue », *D.* mars 2008, n° 28, p. 631.

GAUTIER P.-Y.

- « Où l'on voit que le "labyrinthe" de l'indivisibilité des obligations devrait déboucher sur la conservation par le locataire de sa place de parking », *RTD civ.* juin 1993, n° 2, p. 380.
- « Pour l'abandon d'une trompeuse analogie entre bail et usufruit : à propos des "grosses réparations" », *RTD civ.* déc. 2005, n° 4, p. 795.
- « Le notaire et l'agent immobilier auraient dû mieux connaître l'évolution de la Cour de cassation, dans l'intérêt de leur client », *RTD civ.* sept. 2006, n° 3, p. 580.
- « Existe-t-il un droit de résiliation unilatérale au profit du bailleur d'habitation, le libérant de son obligation de délivrance ? », *RTD civ.* déc. 2006, n° 4, p. 785.
- « Vers un principe de précaution contractuelle : savoir bien rédiger les clauses sensibles (modèles et méthodologie) », *RDC* juill. 2008, n° 3, p. 973.
- « L'obligation de conseil du rédacteur d'acte : un devoir quasi-légal envers toutes les parties », *RTD civ.* mars 2009, n° 1, p. 134.
- « Le "devoir de compétence" de l'avocat, ou l'invitation à être à jour des manuels et revues juridiques », *RTD civ.* déc. 2009, n° 4, p. 744.

- « Du contreseing de l'avocat, "simili-authenticité" : le jeu avec le feu », *RDC* avr. 2010, n° 2, p. 754.
- « Comment s'interprète un contrat de bail ? Comme une vente et strictement », *RTD civ.* déc. 2010, n° 4, p. 797.
- « Diagnostic immobilier erroné : quasi-dette de garantie des vices cachés, réparable à 100 % ? », *RTD civ.* déc. 2015, n° 4, p. 895.

GAYET M.
- « La responsabilité civile du notaire n'est pas subsidiaire », *JCP N* janv. 2017, n° 1, jur. 1000, p. 29.

GEIB T.
- « L'annexe environnementale : un premier bilan », *Énergie - Environnement - Infrastructures* avr. 2016, n° 4, doss. 10, p. 1.

GHESTIN J.
- « La notion de contrat », *D.* juin 1990, n° 23, p. 156.
- « La notion de contrat au regard de la diversité de ses éléments variables. Rapport de synthèse », *in La relativité du contrat*, Travaux de l'association H. Capitant, Journées nationales, Nantes 1999, L.G.D.J., p. 223.
- « Le contrat en tant qu'échange économique », *Rev. éco. ind.* avr.-sept. 2000, n° 92, p. 81.
- « La consécration de la valeur constitutionnelle de la liberté contractuelle », *JCP G* sept. 2013, n° 37, 929, p. 1614.
- « Droit des contrats », *JCP G* janv. 2014, n° 4, chron. 115, p. 162.

GHESTIN J., BARTHEZ A.-S., GROSSER P., LOISEAU G., SAUPHANOR-BROUILLAUD N. et SERINET Y.-M.
- « Droit des contrats », *JCP G* janv. 2014, n° 4, chron. 115, p. 162.

GHIGLINO M.
- « Responsabilité du diagnostiqueur : réparation intégrale du préjudice certain », *Dalloz actualité* 4 janv. 2017.
- « Portée du principe de transmission des droits et obligations du bailleur à l'acquéreur de l'immeuble loué, *Dalloz actualité* 25 mars 2019.

GHILAIN F.
- « Jurisprudence - Notaires », *Gaz. pal.* févr. 2000, n° 39, p. 13.
- « Jurisprudence - Baux en général », *Gaz. pal.* sept. 2000, n° 274, p. 13.
- « Jurisprudence - Notaires », *Gaz. pal.* juin 2001, n° 160, p. 21.
- « Jurisprudence - Baux en général », *Gaz. pal.* sept. 2001, n° 256, p. 9.
- « Jurisprudence - Baux commerciaux », *Gaz. pal.* avr. 2002, n° 101, p. 13.
- « Jurisprudence - Baux en général », *Gaz. pal.* juin 2002, n° 162, p. 17.
- « Jurisprudence - Baux en général », *Gaz. pal.* sept. 2002, n° 255, p. 17.

GIBIRILA D.
- « Panorama de droit des sociétés et autres groupements », *LPA* nov. 2010, n° 227, p. 3.

GIRARD P.-F.
- « La garantie d'éviction dans la vente consensuelle », *Nouvelle Revue historique de droit fr. et étr.* 1884, p. 395.
- « La garantie d'éviction dans la vente consensuelle », *in Mélanges de Droit Romain*, t. 11, Paris, 1923, p. 106.

GIUDICELLI A.

- « L'impartialité personnelle d'une magistrate questionnée par son engagement associatif », *RSC* mai 2015, n° 1, p. 115.

GIVERDON C.

- « Solidarité et renouvellement urbains : les modifications apportées par la loi du 13 décembre 2000 au contrat de location des locaux à usage d'habitation ou à usage professionnel et d'habitation », *Loyers et copr.* févr. 2001, n° 2, chron. 2, p. 5.

GORDON D. F.

- « A neoclassical theory of Keynesian unemployment », *Economic Inquiry* déc. 1974, vol. 12, p. 431.

GORÉ M.

- « La rédaction du contrat », *LPA* mai 1998, n° 54, p. 30.

GOUACHE J.-B.

- « L'annexe environnementale est obligatoire à compter du 1er janvier 2012 : bailleurs et utilisateurs doivent s'y préparer », *RLDA* sept. 2010, n° 52, act. 2996, p. 25.

GOURAUD C.

- « La pratique notariale des baux commerciaux après la loi Pinel du 18 juin 2014 », *Defrénois* sept. 2014, n° 17, p. 902.

GOUT O.

- « La montée de la place de l'unilatéralisme dans les sanctions de l'inexécution du contrat », *in* G. PIGNARRE (dir.) *et alii*, *Le droit des obligations d'un siècle à l'autre, Dialogues autour de la réforme du titre III du livre III du Code civil*, L.G.D.J., 2016, p. 213.

GRIGUER M.

- « Mettre en conformité son site Internet », *Cah. Dr. Entr.* mars-avr. 2013, n° 2, prat. 10, p. 74.
- « Pharmaciens et e-commerce : le nouveau défi », *Cah. Dr. Entr.* janv.-févr. 2014, n° 1, prat. 5, p. 58.

GRIMALDI C.

- « Les clauses portant sur une obligation essentielle », *RDC* oct. 2008, n° 4, p. 1095.
- « La clause de prise des locaux loués en l'état à l'aune de l'obligation de délivrance », *RDC* oct. 2009, n° 4, p. 1495.
- « Les parties à un bail commercial ne sont pas des partenaires commerciaux au sens de l'article L. 442-6, I, 2°, du Code de commerce », *LEDICO* avr. 2018, n° 111, p. 4.

GROSLIÈRE J.-C. et SAINT-ALARY-HOUIN C.

- « Formation de la vente et importance du devoir de conseil », *RDI* mars 1998, n° 1, p. 107.

GROSSI I.

- « L'aménagement conventionnel de la prescription de l'action en responsabilité de l'avocat », Journées d'Eguilles organisée par la Société de Courtage des Barreaux le 7 octobre 2016.

GROUTEL H.

- « Portée du devoir de conseil », *Resp. civ. et assur.* déc. 2004, n° 12, comm. 375, p. 21.
- « État du droit positif à la date de l'intervention du professionnel : 1. Avocat ; 2. Notaire », *Resp. civ. et assur.* janv. 2017, n° 1, comm. 18, p. 21.

GUELLE E.

- « Le réflexe médiation en matière de litiges portant sur les baux commerciaux », https://www.village-justice.com/articles/reflexe-mediation-matiere-litige-portant-sur-les-baux-commerciaux,30565.html.

GUÉRIN O.

- « Liberté religieuse et obligations du bailleur », *AJDI* mars 2003, n° 3, p. 182.

GUERLIN G.

- « Le devoir de conseil du notaire n'est pas absolu ! », *LEDC* janv. 2012, n° 1, p. 3.
- « La faute intentionnelle du vendeur ne dispense pas le notaire de son obligation de conseil », *LEDC* mars 2017, n° 3, p. 4.

GUILLAUME S.

- « Quelques incidences du e-commerce sur les baux commerciaux », *Rev. loyers* févr. 2013, n° 934, doctr. 1535, p. 68.

GUILLUY-FRIANT S.

- « Comment négocier les clauses "travaux" de vos baux commerciaux ? », *Rev. loyers* juin 2003, n° 838, doctr. p. 336.

GUYADER H.

- « Des limites à l'obligation de maintenir un environnement favorable au preneur », *AJDI* juill. 2012, n° 7-8, p. 512.

GUYON Y.

- « Baux commerciaux. - Propriété commerciale. Champ d'application. Emplacement dans un magasin supermarché. D. 30 septembre 1953. Application (non) », *JCP G* oct. 1974, n° 43, jur. 17835.

H. C.

- « Baux en général, Bailleur, Obligations, Réparations, Clause exonératoire, Portée, Travaux de sécurité, Ordre de l'administration, Fonds de commerce. », *D.* 1979, p. 461.

HAAS P.

- « Rôle de l'état des lieux d'entrée dans la preuve de l'obligation de délivrance », *AJDI* juin 2018, n° 6, p. 433.
- « Bail tous commerces et limites à l'obligation de délivrance », *AJDI* déc. 2018, n° 12, p. 856.
- « Rupture abusive de pourparlers contractuels et bail commercial », *AJDI* mai 2019, n° 5, p. 362.

HAAS G. et DE TISSOT O.

- « L'activité de fournisseur d'hébergement à l'épreuve des droits des tiers », *Comm. com. élec.* juill.-août 2000, n° 7-8, chron. 14, p. 16.

HABERER J.

- « Vente du fonds de commerce et inexactitude des mentions obligatoires », *RLDA* avr. 2001, n° 37, jur. 2324, p. 27.
- « Obligations du bailleur d'un local situé dans une galerie marchande », *RLDA* oct. 2001, n° 42, jur. 2649, p. 20.
- « Notion d'usage exclusif de bureaux », *RLDA* juin 2002, n° 50, jur. 3190, p. 21.

HAGE-CHAHINE N.
- « La notion d'obligation dans le projet d'ordonnance portant réforme du droit des contrats, du régime général et de la preuve des obligations », *LPA* nov. 2015, n° 219, p. 7.

HALLARD R.
- « Exploitation d'un manège dans un centre commercial et application du statut : le manège (dés)enchanté », *AJDI* juin 2015, n° 15, p. 359.

HAMELIN J.-F.
- « L'obligation de délivrance du bailleur à l'épreuve des obligations d'un promoteur envers le preneur », *LEDC* mars 2018, n° 3, p. 2.

HARICHAUX M.
- « La recherche juridique sur Internet : limites actuelles et perspectives », *LPA* avr. 1998, n° 46, p. 9.

HÉBERT F.
- « Le notaire, la connaissance du droit positif et la Cour de cassation », *Defrénois* août 2006, n° 15, p. 1200.

HELLERINGER G.
- « Quand les parties font leur loi, Réflexions sur la contractualisation du pouvoir judiciaire d'interprétation », *in* G. LEWKOWICZ (dir.), M. XIFARAS (dir.) *et alii*, *Repenser le contrat*, Dalloz, coll. Méthodes du droit, 2009, p. 275.

HENNION S., DEL SOL M., PIERRE P. ET HALLOPEAU M.
- « Chronique de protection sociale complémentaire », *Dr. soc.* mai 2014, n° 5, p. 464.

HENRIOT J.
- « De l'obligation comme chose », *Arch. phil. dr.* 1979, t. 24, p. 235.

HERRNBERGER O.
- « Les nouvelles obligations pesant sur les rédacteurs d'actes de vente et de bail », *JCP N* sept. 2004, n° 38, étude 1433, p. 1374.
- « Les secteurs d'information sur les sols », *BDEI* déc. 2014, suppl. n° 54, p. 39.
- « VEFA et BEFA : de quelques questions induites par la coexistence du contrat de construction de l'immeuble et du bail en état futur d'achèvement », *Loyers et copr.* févr. 2016, n° 2, dossier 2, p. 8.

HERZOG-EVANS M.
- « Pas d'information ouverte du chef de détention contraire à la dignité humaine », *AJ pénal* mars 2009, n° 3, p. 139.

HEUGAS-DARRASPEN H.
- « Obligation de délivrer un logement décent s'agissant d'un logement de la loi de 1948. Exigence pour le bail en cours », *RDI* mars 2005, n° 2, p. 113.
- « Diagnostic immobilier et responsabilité du contrôleur technique », *AJDI* janv. 2008, n° 1, p. 42.

HINFRAY A.
- « Amiante... "en avant toute" », *Rev. loyers* déc. 2001, n° 822, p. 486.

HLALEH R.
- « La prévention contractuelle des préjudices environnementaux », *LPA* janv. 2018, n° 14, p. 8.

HOCQUET-BERG S.
- « Devoir de conseil quant à une évolution jurisprudentielle acquise », *Resp. civ. et assur.* juill.-août 2009, n° 7-8, comm. 219, p. 24.
- « Diagnostic immobilier : infestation de termites non détectée », *Resp. civ. et assur.* nov. 2015, n° 11, comm. 293, p. 22.

HOUSSIER J.
- « Abandon de famille : "Les femmes et les enfants d'abord !" Les investissements immobiliers ensuite... », *AJ fam.* sept. 2018, n° 9, p. 461

HOUTCIEFF D.
- « L'essentiel est dans la contradiction ! », *JCP G* juill. 2010, n° 28-29, note 787, p. 1450.
- « Loi de ratification de l'ordonnance de réforme du droit des contrats, de la preuve et du régime général des obligations : le droit schizophrène », *Gaz. pal.* avr. 2018, n° 15, p. 14.
- « Clauses réputées non écrites et baux commerciaux », *Loyers et copr.* oct. 2018, n° 10, doss. 14, p. 33.

HOUTMANN M.-A.
- « Prise en considération de l'erreur de droit d'un gérant d'entreprise », *JCP G* déc. 1999, n° 48, comm. II 10208, p. 2141.

HUMBLOT-CATHELAND B.
- « Un bailleur peut-il délivrer un logement dépourvu d'appareil de chauffage ? », *Rev. loyers* juill. 2014, n° 949, jur. 1871, p. 359.

HUMBLOT-GIGNOUX B.
- « Sanction du non-respect de l'obligation de délivrance du bailleur : résiliation ou résolution ? », *Rev. loyers* juill.-sept. 2003, n° 839, p. 407.
- « La résiliation du bail pour indécence du logement : précisions sur la notion de logement décent », *Rev. loyers* févr. 2005, n° 854, jur. 66, p. 88.
- « L'obligation de délivrance du bailleur est-elle d'ordre public ? », *Rev. loyers* oct. 2008, n° 890, jur. 821, p. 432.
- « Bail commercial : la décence peut-elle s'appliquer ? », *Rev. loyers* janv. 2010, n° 903, jur. 1107, p. 10.

INFOREG
- « Local commercial : à qui incombe la charge des travaux prescrits par l'Administration ? », *Cah. dr. entr.* janv.-févr. 2010, n° 1, prat. 3, p. 57.
- « Bail commercial : qui doit payer les travaux de mise en conformité ? », *Cah. dr. entr.* sept. 2012, n° 5, prat. 21, p. 47.

ITEANU O.
- « Les contrats du commerce électronique », *Dr. & patr.* déc. 1997, n° 55, p. 52.

IWEINS D.
- « Les robots sont-ils nos ennemis ? », *Gaz. pal.* juin 2016, n° 24, p. 9.

J. G. L.

- « Propriété commerciale. - Fonds de commerce. Entreprise de publicité. Locaux accessoires. Mur loué pour l'affichage. Loi du 30 juin 1926, art. 1er, modifié par la loi du 13 juillet 1933 », *JCP G* 1949, jur. II 4967, p. 41.

J. V.

- « Valeur locative. - Plafonnement. - Bureaux. - Réception de clientèle. - Déplafonnement. », *Rev. loyers* mars 1976, n° 565, p. 147.
- « Locations visées. - Baraquement sans fondement. - Décret applicable. », *Rev. loyers* avr. 1977, n° 576, p. 217.
- « Valeur locative. - Plafonnement. - Location à usage de bureau. - Partie occupée à usage d'habitation. - Déplafonnement. », *Rev. loyers* avr. 1980, n° 606, p. 205.
- « Valeur locative. - Plafonnement. - Usage exclusif de bureau. - Compatibilité avec la réception de la clientèle. », *Rev. loyers* févr. 1981, n° 614, p. 81.

JACOTOT D.

- « Effectivité des règles de droit, aptitude à la preuve : vers une nouvelle attribution de la charge de la preuve », *in* D'E. DOCKÈS (dir.) *et alii*, *Au cœur des combats juridiques. Pensées et témoignages de juristes engagés*, Dalloz, coll. Thèmes et commentaires, Actyes 2007, p. 277.

JACQUES P.

- « La relativité de la faute contractuelle devant l'Assemblée plénière », *RLDA* déc. 2006, n° 11, étude 656, p. 70.
- « Vers un renouvellement de la conception du contrat ? », *in* G. PIGNARRE (dir.) *et alii*, *Le droit des obligations d'un siècle à l'autre, Dialogues autour de la réforme du titre III du livre III du Code civil*, L.G.D.J., 2016, p. 171.

JACQUIN A.

- « Obligation de délivrance du bailleur : que reste-t-il de la liberté contractuelle ? », *Gaz. pal.* avr. 2013, n° 110, p. 11.
- « Le bail commercial est-il un contrat d'adhésion ? », *L'Argus de L'Enseigne* avr. 2017, n° 52, p. 2.

JACQUINOT N. et MANGIAVILLANO A.

- « Droit constitutionnel », *D.* juill. 2014, n° 26, p. 1516.

JAMIN C.

- « Effet de la résolution judiciaire d'un contrat synallagmatique à exécution successive », *JCP G* mars 2004, n° 10, comm. II 10031, p. 402.
- « La responsabilité de l'avocat unique rédacteur d'un acte juridique », *D.* mars 2009, n° 10, p. 706.

JARROSSON C.

- « La bonne foi, instrument de moralisation des relations économiques internationales », *in L'éthique dans les relations économiques internationales en hommage à Philippe Fouchard*, Pedone, 2006, p. 185.

JAUFFRET-SPINOSI C.

- « Les grands systèmes contractuels européens », *in* R. CABRILLAC, D. MAZEAUD et A. PRÜM, *Le contrat en Europe aujourd'hui et demain,* Société de législation comparée, 2008, p. 9.

JAZOTTES G.

- « Faire du consommateur un acteur du développement durable », *RLDA* sept. 2010, n° 52, p. 81.

JEANNE C.

- « Opposabilité du DPE », *Rev. loyers* déc. 2018, n° 992, p. 571.
- « Vocabulaire de l'aménagement et de l'urbanisme, de l'habitat et de la construction », *Rev. loyers* févr. 2019, n° 994, p. 99

JESTAZ P.

- « L'obligation et la sanction. À la recherche de l'obligation fondamentale », *in Mélanges offerts à Pierre Raynaud*, Dalloz, 1985.
- « L'évolution du droit des contrats spéciaux dans la loi depuis 1945 », *in L'évolution contemporaine du droit des contrats, Journées René Savatier*, PUF, 1986, p. 117.

JEULAND E.

- « L'énigme du lien de droit », *RTD civ.* sept. 2003, n° 3, p. 455.

JOURDAIN P.

- « Responsabilité de l'exploitant d'un parc de stationnement privé : l'obligation de conférer la jouissance paisible », *RTD civ.* sept. 1994, n° 3, p. 616.
- « Renversement de la charge de la preuve de l'exécution de l'obligation d'information. Application à l'obligation du médecin », *RTD civ.* juin 1997, n° 2, p. 434.
- « La preuve de l'exécution du devoir de conseil du notaire et les mentions de l'acte instrumentaire », *RTD civ.* juin 1998, n° 2, p. 381.
- « La responsabilité professionnelle et les ordres de responsabilité civile », *LPA* juill. 2001, n° 137, p. 63.
- « La Cour de cassation consacre en Assemblée plénière le principe d'identité des fautes contractuelle et délictuelle », *RTD civ.* mars 2007, n° 1, p. 123.
- « À la recherche de la réfaction du contrat, sanction méconnue de l'inexécution », *in Mélanges en l'honneur de Philippe Le Tourneau*, Dalloz, 2008, p. 449.
- « La responsabilité de l'avocat et les revirements de jurisprudence », *RTD civ.* déc. 2009, n° 4, p.725.
- « Quel préjudice cause la faute du diagnostiqueur d'immeuble qui ne décèle pas une infestation de termites ? », *RTD civ.* mars 2016, n° 1, p. 130.
- « La responsabilité des professionnels du droit n'a pas un caractère subsidiaire », *RTD civ.* mars 2017, n° 1, p. 154.
- « Responsabilité du notaire et évolution de la jurisprudence », *RTD civ.* mars 2017, n° 1, p. 161.

JOYE J.-F.

- « Intégrer l'urbanisme commercial dans l'urbanisme général », *AJDA* juin 2007, n° 28, p. 1063.

JULIENNE M.

- « Pratique notariale et numérique : état des lieux », *Dalloz IP/IT* févr. 2019, n° 2, p. 96.

JURIS-COMPACT

- « Affectation et destination du local de l'entreprise », *JCP N* mars 2003, n° 11, étude 1216, p. 438.

KEIM-BAGOT M.

- « Santé au travail, multi-factorialité et présomption d'imputabilité : l'équation impossible ? », *Cah. soc.* nov. 2017, n° 121, p. 545.

KELSEN H.

- « Aperçu d'une théorie générale de l'État », *RDP* 1926, t. 43, p. 561.
- « La théorie juridique de la convention », *Arch. phil. dr. soc.* 1940, n° 1-4, Sirey, p. 33.

KENDÉRIAN F.

- « De l'impossibilité pour le bailleur de locaux commerciaux de s'exonérer de son obligation de délivrance par une clause stipulant que le preneur prend les lieux dans l'état où ils se trouvent », *RTD com.* déc. 2009, n° 4, p. 694.
- « De l'obligation pour le bailleur de délivrer au preneur un logement décent même dans le cadre d'un bail à usage mixte commercial et d'habitation soumis pour le tout au statut des baux commerciaux », *RTD com.* mars 2010, n° 1, p. 63.
- « Bail commercial et clause transférant au preneur la charge des grosses réparations et celle du clos et du couvert : la Cour de cassation confirme que cette clause doit être interprétée restrictivement et ne peut inclure la réfection totale de la toiture des locaux loués », *RTD com.* juin 2011, n° 1, p. 63.
- « Bail commercial et droit commun des baux : inefficacité des clauses exonérant le bailleur de son obligation de délivrance d'un bien conforme à sa destination contractuelle », *RTD com.* mai 2013, n° 1, p. 64.
- « De l'exigence d'une stipulation expresse du contrat de bail commercial pour transférer au preneur certains accessoires du loyer », *RTD com.* août 2013, n° 2, p. 231.
- « L'influence de la Convention européenne des Droits de l'Homme sur les baux commerciaux », *in Liber Amicorum en l'honneur du Professeur Joel Monéger*, LexisNexis, 2017, p. 209.
- « Baux commerciaux : application dans le temps de la nouvelle sanction du réputé non écrit et notion de demande nouvelle en appel », *JCP E* sept. 2017, n° 39, comm. 1511, p. 41.
- « Le droit civil des contrats et le bail commercial en temps de crise : l'exemple de la Covid-19 », *RTD com.* août 2020, n° 2, p. 265.

KENDÉRIAN F. et BOURGEOIS C.

- « Le statut français des baux commerciaux face à la problématique européenne », *RID éco.* mars 2013, n° 3, p. 265.

KENFACK H.

- « Baux commerciaux », *JCP E* janv. 2009, n° 3, chron. 1041, p. 14.
- « Obligation de délivrer un logement décent et bail commercial », *RLDA* janv. 2010, n° 45, act. 2651, p. 17.
- « Inefficacité des aménagements conventionnels vidant de tout contenu une obligation essentielle du bailleur de locaux commerciaux », *RLDA* nov. 2008, n° 32, act. 1922, p. 19.
- « Pas d'obligations spécifiques pesant sur le bailleur de locaux situés dans un centre commercial », *RLDA* avr. 2013, n° 81, act. 4523, p. 19.
- « La clause résolutoire des baux commerciaux dans la tourmente du Covid-19 », *Gaz. pal.* sept. 2020, n° 31, p. 14.

KÉRAVEC T.

- « Diagnostics techniques : regroupement dans un dossier unique », *JCP N* juill. 2005, n° 30-34, étude 1358, p. 1356.

KESSLER F. et MEHIER DE MATHUISIEULX S.
- « L'accessibilité : la prise en compte du handicap dans le code de la construction et de l'habitation », *RDSS* mars 1992, n° 1, p. 179.

KILGUS N.
- « Obligation d'information du vendeur et responsabilité du notaire », *Dalloz actualité* 8 déc. 2014.
- « Nullité d'un bail : responsabilité du notaire et restitution du dépôt de garantie », *Dalloz actualité* 17 nov. 2015.
- « Notaire : déclarations des vendeurs et consultation des publications légales », *Dalloz actualité* 8 juill. 2016.
- « Responsabilité du notaire et ignorance d'une évolution de la jurisprudence », *Dalloz actualité* 1er nov. 2016.
- « Responsabilité du notaire et mensonge des parties », *Dalloz actualité* 26 janv. 2017.

KLEITZ C.
- « Recours en garantie réciproques entre notaires et avocats », *RLDC* févr. 2006, n° 24, act. 989, p. 20.
- « Notaires : la vigilance s'impose face aux incertitudes de la jurisprudence ! », *RLDC* mai 2006, n° 27, act. 2046, p. 23.
- « Faute contractuelle invoquée par le tiers au contrat », *RLDC* nov. 2006, n° 32, act. 2258, p. 22.
- « De la perte de chance d'obtenir une cassation », *RLDC* janv. 2007, n° 34, act. 2355, p. 22.
- « Lorsque le notaire est confronté à un montage juridique peu banal... », *RLDC* févr. 2007, n° 35, act. 2396, p. 25.
- « Avocator », *Gaz. pal.* déc. 2014, n° 352, p. 3.

KOERING-JOULIN R.
- « Le développement de la dignité en droit pénal », *in La dignité de la personne humaine*, Economica 1999, p. 67.

KUFF
- « Les intérêts de la société et le juge. L'interprétation du contrat », *in* H. A. SCHWARZ-LIEBERMANN VON WAHLENDORF (dir.) *et alii*, *Exigence sociale, jugement de valeur et responsabilité civile en droit français, allemand et anglais*, L.G.D.J., 1983, p. 272.

LACROIX C.
- « Le tiers à un contrat peut invoquer, sur le fondement de la responsabilité délictuelle, un manquement contractuel dès lors que ce manquement lui a causé un dommage », *LPA* janv. 2007, n° 16, p. 16.

LAFOND J.
- « Baux commerciaux : la charge des travaux exigés par l'administration », *Administrer* oct. 1991, n° 227, p. 10.
- « Les recours des locataires contre le bailleur en cas d'échec d'un centre commercial », *JCP E* oct. 1997, n° 40, étude 688, p. 397.
- « L'adaptation des règlements de copropriété anciens à l'évolution de la législation », *JCP N* sept. 2003, n° 38, étude 1500, p. 1314.
- « Rédiger une promesse de bail commercial synallagmatique », *JCP N* juill. 2016, n° 29, form. 1240, p. 28.

LAITHIER Y.-M.

- « La prétendue primauté de l'exécution en nature », *RDC* janv. 2005, n°1, p. 161.
- « c) L'évaluation des restitutions consécutives à l'annulation du contrat », *RDC* avr. 2008, n° 2, p. 243.
- « Clauses abusives - Les clauses de responsabilité (clauses limitatives de réparation et clauses pénales)* », *RDC* oct. 2009, n° 4, p. 1650.
- « L'avenir des clauses limitatives et exonératoires de responsabilité contractuelle - Rapport français », *RDC* juill. 2010, n° 3, p. 1091.
- « f) L'efficacité retrouvée des clauses limitatives de réparation », *RDC* oct. 2010, n° 4, p. 1220.

LAITHIER Y.-M. et MAZEAUD D.

- « La nature de la sanction : satisfaction du bénéficiaire par des dommages-intérêts ou primauté de l'exécution forcée en nature ? », *RDC* avr. 2012, n° 2, p. 681.

LAPORTE-LECONTE S.

- « Qui doit supporter le coût des travaux de désamiantage ? », *AJDI* juin 2002, n° 6, p. 448.

LARDEUX G.

- « Le caractère d'ordre public de l'obligation de délivrance », *RDC* déc. 2003, n° 1, p. 118.
- « Liberté contractuelle du bailleur et libertés fondamentales du preneur », *RDC* avr. 2004, n° 2, p. 348.
- « a) Statut des baux commerciaux et droit européen des biens », *RDC* juill. 2009, n° 3, p. 1096.
- « c) Le bailleur ne peut, même à titre onéreux, se décharger sur le locataire de son obligation de délivrer un logement décent », *RDC* juill. 2010, n° 3, p. 907.
- « Qu'est-ce que la propriété ? », *RTD civ.* déc. 2013, n° 4, p. 741.
- « Commentaire du titre IV bis nouveau du livre III du code civil intitulé "De la preuve des obligations" ou l'art de ne pas réformer », *D.* avr. 2016, n° 15, p. 850.
- « Bail commercial et droits fondamentaux », *Loyers et copr.* oct. 2018, n° 10, doss. 12, p. 20.

LARROUMET C.

- « Résiliation du crédit-bail après résolution de la vente », *D.* mars 1991, n° 7, p. 121.
- « Obligation essentielle et clause limitative de responsabilité », *D.* mai 1997, n° 19, p. 145.
- « L'intensité de l'obligation dans la responsabilité contractuelle - . - Avant-projet de réforme de la responsabilité civile », *JCP G* oct. 2016, n° 40, 1031, p. 1795.

LASBORDES DE VIRVILLE V.

- « Le point sur les clauses limitatives et exclusives de réparation en droit des contrats », *RLDC* mai 2011, n° 82, act. 4224, p. 7.

LASSERRE-CAPDEVILLE J.

- « Absence d'agrément bancaire et irresponsabilité civile de l'avocat », *LPA* avr. 2008, n° 73, p. 18.
- « Précisions sur la faute constitutive du délit de dégradation involontaire par explosion ou incendie », *AJ pénal* mai 2010, n° 10, p. 239.

LASSERRE-KIESOW V.
- « Commentaire de la loi du 17 juin 2008 portant réforme de la prescription en matière civile », *RDC* oct. 2008, n° 4, p. 1449.

LASSNER M.
- « Les changements d'affectation après la réforme du 8 juin 2005 », *AJDI* avr. 2006, n° 4, p. 265.

LATINA M.
- « Le notaire ne doit son conseil que si les parties l'ont mis en mesure de le donner », *LEDC* juill. 2012, n° 7, p. 4.
- « La clause d'habitation bourgeoise », *LEDC* mai 2016, n° 5, p. 2.
- « Les obligations du notaire en matière de vente immobilière à la lumière de la jurisprudence récente », *Dr. & patr.* juill. 2017, n° 271, doss. p. 46.
- « La responsabilité des notaires est-elle ou non subsidiaire ? », *Defrénois* juin 2016, n° 12, p. 701.
- « L'extension des incidences de l'absence de subsidiarité de la responsabilité des professionnels du droit », *Defrénois* juin 2017, n° 11, p. 701.
- « Infléchissement sur la connaissance du droit positif ? », *Defrénois* juin 2017, n° 11, p. 705.
- « Le notaire, garant des contractants de mauvaise foi ? », *Defrénois* mars 2018, n° 12, p. 32.
- « Bail commercial et bonne foi », *Loyers et copr.* oct. 2018, n° 10, doss. 13, p. 29.

LAUDE A.
- « Contrat de fabrication de produit pharmaceutique. Pourparlers. Rupture abusive (oui) », *RDSS* déc. 1998, n° 4, p. 780.

LAULIER R.
- « La responsabilité du notaire face à la faute intentionnelle de ses clients », *LPA* avr. 2017, n° 75, p. 8.

LAURENT P.
- « Prise de possession des lieux en l'état et obligation d'entretien », *AJDI* déc. 2001, n° 12, p. 977.

LAUVERGNAT L.
- « Huissiers de justice : à la recherche de l'efficacité perdue ! », *Gaz. pal.* janv. 2011, n° 11, p. 11.

LAVABRE C.
- « Éléments essentiels et obligation fondamentale du contrat », *RJDA* avr. 1997, n° 4-97, p. 291.

LAVABRE C. et RIGLET P.
- « Baux commerciaux : chronique jurisprudentielle », *LPA* déc. 2000, n° 256, p. 4.

LEBATTEUX P.
- « Le nouvel article 49 de la loi du 10 juillet 1965 modifiée : la chose la plus étonnante... », *Gaz. pal.* avr. 2003, n° 116, p. 3.

LEBEL C.
- « De la preuve par le bailleur de l'exécution de son obligation de délivrance », *Rev. loyers* déc. 2011, n° 922, jur. 1367, p. 464.

- « Étendue de l'obligation de délivrance du bailleur : mode de chauffage et production d'eau chaude », *Rev. loyers* janv. 2015, n° 953, jur. 1961, p. 29.
- « Étendue de l'obligation de vérification des déclarations faites par le vendeur », *LPA* déc. 2016, n° 246, p. 11.
- « Résiliation du bail de plein droit pour destruction en totalité de la chose louée », *Rev. loyers* mai 2018, n° 987, jur. 2866, p. 244.

LEBLOIS-HAPPE J.
- « Reconnaissance d'une erreur sur le droit due à l'autorité judiciaire », *AJ pénal* sept. 2006, n° 9, p. 358.

LEBLOND N.
- « L'article L. 442-6 du Code de commerce n'est pas applicable au bail commercial », *LEDC* avr. 2018, n° 111, p. 1.

LECOURT A.
- « L'erreur sur les qualités substantielles, cause de nullité du bail commercial », *Dalloz actualité* 11 févr. 2014.

LÉCUYER H.
- « En cas de fusion de sociétés ou d'apport d'une partie de l'actif d'une société réalisée dans les conditions prévues à l'article L. 236-22, la société issue de la fusion ou la société bénéficiaire de l'apport est, nonobstant toute stipulation contraire, substituée à celle au profit de laquelle le bail était consenti dans tous les droits et obligations découlant de ce bail », *Dr. sociétés* juill. 2007, n° 7, comm. 129, p. 16.

LEFÈVRE A.
- « Obligations du bailleur en cas de travaux dans l'immeuble du local donné à bail », *RLDA* oct. 2005, n° 86, jur. 5374, p. 53.
- « Bail commercial et défaut d'entretien », *RLDA* déc. 2006, n° 11, act. 613, p. 21.
- « Sous-location et droit au renouvellement », *RLDA* janv. 2007, n° 12, act. 672, p. 27.

LEFÈVRE A. et LANI F.-P.
- « Clauses limitatives de réparation dans les contrats commerciaux : affaire Faurecia c/ Oracle (suite et... fin ?) », *RLDI* août 2010, n° 63, act. 2076, p. 55.

LEFÈVRE A. et VASA J.
- « Garantie de jouissance paisible à l'égard du preneur », *RLDA* juill. 2005, n° 84, jur. 5245, p. 23.
- « Notion de réparation à la charge du bailleur », *RLDA* déc. 2005, n° 88, jur. 5484, p. 21.

LE GAC-PECH S.
- « Les nouveaux remèdes au déséquilibre contractuel dans la réforme du Code civil », *LPA* août 2016, n° 162-163, p. 7.

LEGARS A.
- « La souveraineté des droits du propriétaire d'un immeuble limitée par le droit de l'environnement », *LPA* déc. 2012, n° 254, p. 9.

LEGEAIS D.
- « Responsabilité du rédacteur d'acte », *RD banc. fin.* janv. 2004, n° 1, comm. 19, p. 23.
- « Responsabilité du notaire », *RD banc. fin.* mars 2007, n° 2, act. 64, p. 20.

- « Devoir d'assurer l'efficacité des sûretés constituées », *RD banc. fin.* nov. 2008, n° 6, comm. 174, p. 45.
- « Responsabilité du professionnel », *RD banc. fin.* janv.-févr. 2012, n° 1, comm. 15, p. 31.
- « Location financière », *RTD com.* oct. 2013, n° 3, p. 569.
- « La caducité est la sanction applicable lorsque le contrat d'achat du bien loué a été résolu », *RTD com.* juill. 2018, n° 2, p. 434.

LE GOUILL S.
- « Le législateur donne de l'ELAN aux créations de surfaces commerciales dans les centres-villes », *LEDICO* janv. 2019, n° 1, p. 1.

LEGRIX DE LA SALLE S.
- « Vers une reconnaissance d'une obligation de commercialité a la charge des bailleurs propriétaires de centres commerciaux ? : la suite ! », *JCP E* oct. 2018, n° 42, comm. 1540, p. 50.

LE GUIDEC R. et BOSSE-PLATIÈRE H.
- « Droit patrimonial de la famille », *Dr. rur.* déc. 2007, n° 358, chron. 2, p. 11.

LEJWI G.
- « Le bailleur est-il tenu par les pratiques religieuses de son locataire ? », *Rev. loyers* avr. 2003, n° 836, p. 217.

LE MASSON J.-M.
- « La mise à jour des règlements de copropriété », *AJDI* déc. 2003, n° 12, p. 837

LE NABASQUE H.
- « Les avant-contrats », *BJS* sept. 2016, n° 115, p. 518.

LE NESTOUR DRELON G.
- « Devoir d'efficacité des avocats et action en responsabilité », *RLDC* janv. 2011, n° 78, act. 4088, p. 26.
- « Des limites à la responsabilité des notaires », *RLDC* avr. 2012, n° 92, act. 4624, p. 22.
- « Devoir de conseil du notaire et compétences personnelles de son client », *RLDC* févr. 2013, n° 101, act. 4975, p. 26.

LEQUETTE S.
- « Le champ contractuel - Réflexions à partir de la rentabilité économique », *RDC* mars 2016, n° 1, p. 135.
- « La notion de contrat », *RTD civ.* oct. 2018, n° 3, p. 541.

LERAY G.
- « Le lieu de travail et l'environnement », *Cah. soc.* nov. 2017, n° 121, p. 553.

LEROUX T.
- « La mise à distance de l'insalubrité et du risque industriel en ville : le décret de 1810 mis en perspectives (1760-1840) », *Histoire et Mesure* févr. 2009, n° 2, p. 31.

LE RUDULIER N.
- « Hypothèque d'un bien inaliénable et responsabilité notariale », *AJDI* juin 2012, n° 6, p. 460.

LES RÉDACTEURS-ANALYSTES JURISDATA et ROUAULT M.-C.

- « Baux (en général) - Droits et obligations des parties - Délivrance de la chose louée - Preuve de l'exécution de l'obligation - Remise des clés - Charge au bailleur (oui), *JCP G* juill. 2008, n° 31-35, pan. IV 2359, p. 89.

LETOURMY M.

- « Quelques modifications en matière de logement par la loi Élan », *Rev. loyers* janv. 2019, n° 993, doctr. 3033, p. 14.

LEVENEUR L.

- « Sort des clauses exclusives ou limitatives de responsabilité », *CCC* févr. 1997, n° 2, comm. 24, p. 9.
- « Promesse de bail vaut bail », *CCC* août-sept. 1997, n° 7, comm. 131, p. 8.
- « Une intéressante précision », *CCC* déc. 2004, n° 12, comm. 169, p. 20.
- « Conséquences de l'inexactitude d'un diagnostic "amiante" », *JCP N* déc. 2009, n° 50, comm. 1332, p. 15.
- « Le vendeur avait mégoté sur le diagnostic parasitaire », *CCC* janv. 2017, n° 1, comm. 4, p. 5.
- « Les parties communes du centre commercial n'étaient pas entretenues », *CCC* févr. 2007, n° 2, comm. 41, p. 15.
- « Manquement contractuel et responsabilité à l'égard des tiers », *CCC* mars 2007, n° 3, comm. 63, p. 11.
- « Preuve de la faute de l'exploitant d'une piste de ski dans l'exécution de son obligation de moyens », *CCC* févr. 2012, n°2, comm. 34, p. 24.
- « Location financière : la clause d'indépendance du contrat n'est pas valable ! », *CCC* août 2013, n° 8-9, comm. 176, p. 19.
- « Erreur du diagnostiqueur termites : le préjudice causé par cette faute est constitué de l'intégralité du montant des travaux de réparation », *CCC* nov. 2015, n° 11, comm. 253, p. 28.
- « Erreur du diagnostiqueur : garantie pour l'acquéreur... », *CCC* août 2016, n° 8-9, comm. 183, p. 17.
- « L'entreprise de climatisation manque à son obligation de livrer un ouvrage conforme et exempt de vices : ne serait-elle pas responsable du dommage que ce manquement a causé à un tiers ? », *CCC* août 2017, n° 8-9, comm. 163, p. 1.

LEVENEUR L. et LECUYER H.

- « Exécution des obligations (art. 1152 à 1156-2) », *in* P. CATALA *et alii*, *in Rapp. Avant-projet de réforme du droit des obligations (Articles 1101 à 1386 du Code civil) et du droit de la prescription (Articles 2234 à 2281 du Code civil)*, Doc. fr., sept. 2005, p. 50.

LEVIS M.

- « Le site Internet : de l'incorporel au virtuel », *AJDI* déc. 2001, n° 12, p. 1073.

LEVY-VROELANT C.

- « Le diagnostic d'insalubrité et ses conséquences sur la ville : Paris 1894-1960 », *Population* juill.-oct. 1999, n° 4-5, p. 707.

LICARI S.

- « Des conditions de travail et d'hébergement incompatibles avec la dignité humaine résultant d'un abus de la situation de vulnérabilité ou de dépendance de la victime », *RSC* sept. 2001, n° 3, p. 553.

LIÈVRE X. et MÜLLER F.

- « Droit de l'environnement et pratique notariale », *JCP N* juill. 2010, n° 30-34, étude 1254, p. 11.

LIPMAN-W. BOCCARA D.

- « Obligation de délivrance et droit d'entrée », *AJDI* juin 2014, n° 6, p. 449.
- « Réparation du préjudice lié à l'impossibilité d'exploiter une salle de restaurant », *AJDI* avr. 2019, n°4, p. 283.

LOISEAU G.

- « Les convictions religieuses du contractant », *Dr. & patr.* juill. 2003, n° 117, p. 85.
- « La divisibilité conventionnelle dans un groupe de contrats », *Comm. Com. élec.* juill.-août 2013, n° 7-8, comm. 76, p. 34.

LUCAS-PUGET A.-S.

- « La clause d'exécution forcée en nature », *Resp. civ. et assur.* mai 2013, n° 5, form. 5, p. 26.

LYON-CAEN G.

- « De l'évolution de la notion de bonne foi », *RTD civ.* 1946, p. 75.

M. L.

- « Responsabilité et déontologie notariales (chronique déc. 2011 - juin 2012) », *Defrénois* juill. 2012, n° 13-14, p. 700.

MACKAAY E.

- « L'efficacité du contrat - une perspective économique du droit », *in* G. LARDEUX (dir.) *et alii*, *L'efficacité du contrat*, Dalloz, 2011, p. 31.

MAGRI S.

- « Les propriétaires, les locataires, la loi. Jalons pour une analyse sociologique des rapports de location, Paris 1850-1920 », *Rev. franç. sociol.* 1996, n° 37-3, p. 397.

MAIGNÉ-GABORIT F. et GUILLEMAIN A.

- « Au renouvellement... est la destination », *AJDI* déc. 2000, n° 12, p. 1096.

MAINGUY D.

- « Le contractant, personne de bonne foi ? », *in* C. ALBIGÈS et E. NÉGRON (dir.), *La réforme du droit des contrats*, Publications de la faculté de droit de Montpellier, 2015, p. 83.
- « Réforme du droit des contrats, du régime général et de la preuve des obligations », *JCP E* févr. 2016, n° 7, act. 151, p. 9.

MALAURIE P.

- « L'accident de quai : obligation de sécurité pendant le transport », *D.* janv. 1991, n° 1, p. 1.
- « La réforme de la prescription civile », *JCP G* avr. 2009, n° 15, doctr. 134, p. 15.

MALAURIE-VIGNAL M.

- « Urbanisme commercial et droit de la concurrence », *JCP E* août 2011, n° 34, étude 1579, p. 26.
- « Les valeurs immatérielles et virtuelles de l'entreprise, entre protection et liberté », *D.* août 2013, n° 28, p. 1919.

MALEVILLE M.-H.

- « La responsabilité civile des intermédiaires professionnels au titre du devoir de conseil », *JCP G* avr. 2000, n° 17, étude I 222, p. 731.

MALINVAUD P.

- « Fabricants et fournisseurs », *RDI* avr.-juin 1986, n° 2, p. 210.
- « Responsabilité des fabricant : garantie des vices ou non-conformité ? », *RDI* juin 1999, n° 2, p. 262.
- « La faute contractuelle est une faute délictuelle à l'égard des tiers qui en subissent un dommage », *RDI* nov. 2006, n° 6, p. 504.
- « Quelles réformes juridiques pour les centres commerciaux ? », *RDI* nov. 2007, n° 6, p. 507.

MALINVAUD P ; et BOUBLI B.

- « Responsabilité à l'égard de l'entrepreneur. Responsabilité civile. Vices cachés », *RDI* mars 1992, n° 1, p. 76.

MAMONTOFF C.

- « Les relations entre petits commerces et grande distribution », *RDI* mars 1998, n° 1, p. 29.

MANCEL D.

- « Obligation d'entretien du bailleur sur les parties communes d'un centre commercial », *LPA* mai 2007, n° 95, p. 12.

MARAIN G.

- « Le transfert de propriété après la réforme du 10 février 2016 », *AJ Contrat* janv. 2016, n° 12, p. 526.

MARÉCHAL J.-Y.

- « Irresponsabilité pénale pour cause de contrainte issue d'une défaillance physique », *JCP G* janv. 2002, n° 3, jur. II 10012, p. 140.

MARGUÉNAUD J.-P.

- « Digicode, liberté de religion et effet horizontal de la Convention européenne des droits de l'Homme », *RTD civ.* juin 2003, n° 2, p. 383.

MARMOZ F.

- « Nul n'est censé ignorer que la jurisprudence peut changer... », *D.* déc. 2006, n° 42, p. 2894.

MARON A.

- « Quand la Cour de cassation tient audience à Strasbourg... », *Dr. pén.* mars 2009, n° 3, comm. 42, p. 44.

MARON A. et HAAS M.

- « La responsabilité reste à trancher », *Dr. pén.* juin 2012, n° 6, comm. 96, p. 47.
- « Revirement subliminal », *Dr. pén.* janv. 2018, n° 1, comm. 16, p. 40.

MARRAUD DES GROTTES G.

- « Faute d'hypothèque valable, un notaire n'a pas à consigner les fonds issus d'une vente », *RLDC* janv. 2009, n° 56, act. 3261, p. 33.

MARTIN F.-O.

- « Des divisions du louage en droit romain », *Revue historique de droit fr. et étr.* 1936, p. 419.

MARTIN R.

- « Le refoulement de la cause dans les contrats à titre onéreux », *JCP G* mars 1983, n° 10, doctr. 3100, p. 3.
- « Droit de la profession d'avocat », *JCP G* oct. 1999, n° 41, chron. 173, p. 1826.

MARTINET M.-C.

- « Baux commerciaux : ordre public et espaces de liberté », *Rev. loyers* oct. 2004, n° 850, p. 534.

MARTINEZ-FRANCO P.

- « Le bail commercial : la position du droit espagnol », *in* F. AUQUE (dir.) *et alii*, *Baux commerciaux, Quel modèle pour l'Europe ?* Larcier, 2009, p. 51.

MAS M., LACOMBE-BRISOU I. et ABRAN N.

- « L'aube d'une mutation culturelle : les avocats s'ouvrent à la transaction immobilière », *JCP G* avr. 2012, n° 14, p. 429.

MASSIP J.

- « Omission de récompenses dans une convention de divorce et responsabilité notariale », *Defrénois* avr. 2013, n° 8, p. 413.

MATHEY N.

- « Délimitation du champ d'application de l'article L. 442-6, I, 2° du Code de commerce », *CCC* août-sept. 2018, n° 8-9, comm. 151, p. 48.

MATHIEU M.-E. et GLASER P.

- « Le réveil des clauses limitatives de responsabilité ou l'équilibre contractuel (enfin !) respecté », *Gaz. pal.* sept. 2010, n° 245, p. 11.

MATHIEU B., VERPEAUX M. et ACAYA A.

- « Jurisprudence constitutionnelle », *JCP G* févr. 2015, n° 6, doctr. 172, p. 271.

MAUGERI V.

- « Aménagement contractuel du bail : toutes les clauses ne sont pas permises », *RLDC* oct. 2008, n° 53, act. 3140, p. 16.
- « Efficacité de l'acte : sévérité à l'égard du notaire instrumentaire », *RLDC* déc. 2008, n° 55, act. 3206, p.10.

MAYAUD Y.

- « Du concept de dignité appliqué aux conditions de travail et d'hébergement », *RSC* sept. 1998, n° 3, p. 541.
- « Précisions substantielles et probatoires sur les conditions de travail et d'hébergement contraires à la dignité de la personne », *RSC* juin 2002, n° 2, p. 324.
- « Une détention en maison d'arrêt est exclusive de la qualification d'hébergement incompatible avec la dignité humaine », *RSC* juin 2009, n° 2, p. 377.
- « L'affaire AZF entre impartialité et légalité ! », *AJ pénal* avr. 2015, n° 4, p. 191.
- « Violences mortelles par un gendarme, ou d'une justification de transition », *RSC* mai 2018, n° 1, p. 87.

MAZEAUD D.

- « Clauses limitatives de réparation : les quatre saisons », *D.* juill. 2008, n° 26, p. 1776.
- « Clauses limitatives de réparation, la fin de la saga ? », *D.* juill. 2010, n° 28, p. 1832.

- « L'important, c'est la clause, l'important… », *D.* juill. 2013, n° 24, p. 1658.
- « Solidarisme contractuel et réalisation du contrat », *in Le solidarisme contractuel,* Economica, 2004, p. 57.
- « L'encadrement des pouvoirs du juge : l'efficacité des clauses relatives à l'interprétation », *RDC* mars 2015, n° 1, p. 187.

MAZEAUD V.
- « Le refoulement de la perte de chance en présence d'un manquement à une obligation d'information », *D.* oct. 2015, n° 37, p. 2155.

MBOTAINGAR A.
- « Délivrance de la chose louée : charge de la preuve », *Dalloz actualité* 21 juill. 2008.

MEILHAC-REDON G.
- « Cause et économie du contrat, un tandem au service de l'interdépendance des contrats », *LPA* déc. 2000, n° 260, p. 12.

MEININGER-BOTHOREL C.
- « La responsabilité de l'avocat mandataire en transactions immobilières - Étude et prospective comparées de la responsabilité de l'avocat et du notaire », *Gaz. pal.* mai 2010, n° 128, p. 20.

MEKKI M.
- « Le nouvel essor du concept de clause contractuelle (1re partie) », *RDC* oct. 2006, n° 4, p. 1051.
- « Le nouvel essor du concept de clause contractuelle (2de partie)* : l'efficacité des clauses contractuelles », *RDC* avr. 2007, n° 2, p. 239.
- « La gestion contractuelle du risque de la preuve (2e partie) », *RDC* avr. 2009, n° 2, p. 453.
- « Les doctrines sur l'efficacité du contrat en période de crise », *RDC* janv. 2010, n° 1, p. 383.
- « Chronique de jurisprudence », *Gaz. pal.* déc. 2010, n° 343, p. 16.
- « Le diagnostiqueur immobilier : garant ou responsable ? », *Gaz. pal.* oct. 2015, n° 295, p. 19.
- « Réforme du droit des obligations : clauses et substance de l'obligation essentielle (C. civ., art. 1170) », *JCP N* nov. 2016, n° 46, act. 1227, p. 5.
- « Le bail en l'état futur d'achèvement (BEFA) : un contrat sur mesure », *Loyers et copr.* févr. 2016, n° 2, doss. 3, p. 14.
- « Les principes généraux du droit des contrats au sein du projet d'ordonnance portant sur la réforme du droit des obligations », *D.* avr. 2015, n° 14, p. 816.
- « Responsabilité du notaire : restituer n'est pas réparer », *Gaz. pal.* janv. 2016, n° 3, p. 39.
- « La responsabilité des professionnels du droit : de la subsidiarité à la prévisibilité », *Gaz. pal.* janv. 2017, n° 2, p. 31.
- « Le projet de réforme du droit de la responsabilité civile : maintenir, renforcer et enrichir les fonctions de la responsabilité civile », *Gaz. pal.* juin 2016, n° 22, p. 17.
- « En matière notariale, trompe qui peut… », *Gaz. pal.* avril 2017, n° 16, p. 27.
- « La loi de ratification de l'ordonnance du 10 février 2016 - Une réforme de la réforme ? », *D.* mai 2018, n° 17, p. 900.

MEKKI M. et SEMERE T.
- « Les contrats préparatoires : un peu de consolidation, beaucoup d'innovations », *JCP N* nov. 2015, n° 47, étude 1208, p. 29.

MELLERAY F.
- « Dans quelles conditions une loi nouvelle s'applique-t-elle immédiatement aux contrats administratifs en cours ? », *Droit Administratif* juin 2009, n° 6, comm. 85, p. 23.

MENDAK P.
- « Le changement d'affectation de locaux : entre certitudes et interrogations », *RLDA* janv. 1998, n° 1, chron. 2, p. 6.
- « Le bailleur n'a pas d'obligations à l'égard des convictions religieuses du locataire », *RLDA* mars 2003, n° 58, jur. 3681, p. 39.
- « L'obligation d'information du notaire », *RLDA* mai 2003, n° 60, act. 3797, p. 43.
- « La garantie par le bailleur des troubles de voisinage causés à un locataire », *RLDA* juin 2005, n° 83, jur. 5245, jur. 5223, p. 42.

MENDOZA-CAMINADE A.
- « La notion de fonds de commerce à l'épreuve de l'Internet : faut-il admettre le fonds de commerce électronique ? », *in Mélanges en l'honneur de Philippe Le Tourneau*, Dalloz, 2008, p. 763.

MENG J.-P.
- « L'application du droit existant des autorisations d'exploitation commerciale depuis la loi Raffarin », *RDI* nov. 2007, n° 6, p. 465.

MERCADAL B.
- « L'ordre public dans la réforme du droit des contrats », *La Quotidienne* mars 2018.

MERLAND L.
- « Le bail commercial électronique ? Du possible à l'impossible... », *Ann. loyers* mai 2014, n° 5, p. 815.

MESTRE J.
- « B. - Obligations et contrats spéciaux », *RTD civ.* janv.-mars 1984, n° 1, p. 706.
- « L'évolution du contrat en droit privé français », *in L'évolution contemporaine du droit des contrats, Journées René Savatier*, PUF, 1986, p. 45.
- « Des clauses déterminant l'étendue des obligations contractuelles des parties », *RTD civ.* mars 1992, n° 1, p. 94.
- « Du droit pour une partie de demander la résolution du contrat après avoir choisi en vain la voie de l'exécution forcée », *RTD civ.* juin 1994, n° 2, p. 354.
- « L'économie du contrat », *RTD civ.* déc. 1996, n° 4, p. 901.
- « L'article 1131 du code civil au service de la lutte contre les clauses abusives dans les relations entre professionnels », *RTD civ.* juin 1997, n° 2, p. 418.
- « D'une rupture fautive de pourparlers », *RTD civ.* sept. 1997, n° 3, p. 651.
- « Le professionnel du droit n'est pas tenu d'un devoir de divination », *RTD civ.* mars 1998, n° 2, p. 367.
- « Actualité de l'obligation d'information et du devoir de conseil », *RTD civ.* mars 1999, n° 1, p. 83.

MESTRE J. et FAGES B.
- « Les pratiques dictées par les convictions religieuses », *RTD civ.* juin 2003, n° 2, p. 290.
- « Le manquement contractuel et les tiers », *RTD civ.* mars 2007, n° 1, p. 115.

- « Le droit de baisser la garde... sauf pour les professionnels du droit ! », *RTD civ.* mars 2007, n° 1, p. 103.

MEUNIER J.-L.
- « Responsabilité de l'avocat et prescription », *JCP G* déc. 2000, n° 50, act. p. 2319.

MICALEF R.
- « La délivrance d'un logement décent n'est pas subordonnée à une mise en demeure du bailleur », *LEDIU* juill. 2014, n° 7, p. 2.

MICHAUD P.
- « Les avocats sont-ils des canards de foire ? En route vers l'acte d'avocat ! », *Gaz. pal.* avr. 1997, p. 3.
- « Assurer le développement économique de nos cabinets d'avocats : l'acte d'avocats », *LPA* oct. 2006, n° 208, p. 3.
- « Acte d'avocat : l'acte de la liberté contractuelle sera-t-il une révolution ?! », *Gaz. pal.* mars 2011, n° 88, p. 11.
- « Responsabilité de l'avocat », Journée sur l'acte d'avocat, Assemblée nationale, 5 mai 2011.

MIGNOT M.
- « Conditions d'existence de l'obligation *in solidum* : le problème de l'unicité du dommage ou de la pluralité des dommages et du choix de la théorie de la causalité », *LPA* déc. 2006, n° 258, p. 12.
- « Les conséquences dommageables du manquement contractuel du diagnostiqueur immobilier », *Gaz. pal.* sept. 2015, n° 267, p. 8.

MOLFESSIS N.
- « La portée des revirements de jurisprudence », *RTD civ.* mars 1998, n° 1, p. 210.
- « Force obligatoire et exécution : un droit à l'exécution en nature ? », *RDC* janv. 2005, n° 1, p. 37.

MOLINER-DUBOST M.
- « Le territoire du risque », *RJE* mars 2016, n° 3, p. 468.

MONÉGER J.
- « Baux commerciaux », *JCP E* déc. 1990, n° 49, chron. 15923, p. 749.
- « Baux commerciaux », *JCP E* 1993, n° 22, p. 284.
- « Baux commerciaux : statut ou liberté contractuelle », *AJDI* juin 2000, n° 6, p. 484.
- « A propos de l'obligation de délivrer un logement décent », *D.* févr. 2005, n° 5, p. 305.
- « Premières réflexions sur les lois estivales en matière de baux », *Loyers et copr.* sept. 2009, n° 9, étude 10, p. 12.
- « De la vulnérabilité en droit des baux », *Loyers et copr.* mai 2010, n° 5, rep. 5, p. 1.
- « L'obligation de délivrance ou la conjonction de l'impératif et de la liberté contractuelle », *Loyers et copr.* févr. 2013, n° 2, rep. 2, p. 1
- « Des charges dans le bail commercial : d'une jurisprudence stricte à un décret équilibré », *RTD com.* déc. 2014, n° 4, p. 779.
- « Les baux dans le projet Pinel : cherche Sénateur linguiste, désespérément ! », *Loyers et copr.* mars 2014, n° 3, rep. 3, p. 7.
- « Prescription biennale et clauses réputées non écrites : une fausse bonne question ? », *Loyers et copr.* juin 2014, n° 6, rep. 6, p. 5.

- « Au croisement des droits : droit des contrats et de la preuve et droit des baux commerciaux : l'ordonnance n° 2016-131 du 10 février 2016, les articles L. 145-1 s. du code de commerce et le bail commercial », *RTD com.* oct. 2016, n° 3, p. 427.
- « Le temps, l'imprévisible et le bail commercial », *Loyers et copr.* mars 2017, n° 3, doss. 6, p. 33
- « Délivrance : à propos de deux arrêts de principe du 18 janvier 2018 », *Loyers et copr.* févr. 2018, n° 2, rep. 2, p. 1.
- « La déspécialisation et les difficultés économiques du locataire », *AJDI* avr. 2018, n° 4, p. 268.
- « Propos conclusifs », *Loyers et copr.* oct. 2018, n° 10, doss. 17, p. 52.
- « Brexit et bail commercial : « frustration », force majeure et imprévision », *AJDI* juin 2019, n° 6, p. 432.

MONÉGER J. et KENDÉRIAN F.
- « Premiers regards sur les dispositions de la loi n° 2014-626 du 18 juin 2014 relatives au bail commercial », *RTD com.* oct. 2014, n° 3, p. 535.

MONÉGER J., KENDÉRIAN F., BRIGNON B., MBOTAINGAR A., CHAVANCE E., COLIN A., PANEPINTO V., REGNAULT S., SAINT-GENIEST C. et SAINTURAT M.-L.
- « Baux commerciaux », *JCP N* sept. 2018, n° 37, chron. 1279, p. 34.

MONÉGER J., KENDÉRIAN F., BRIGNON B., MBOTAINGAR A., CHAVANCE E., PANEPINTO V., REGNAULT S., SAINT-GENIEST C. et SAINTURAT M.-L.
- « Baux commerciaux (1re partie) », *JCP N* juill. 2017, n° 27, chron. 1220, p. 35.
- « Baux commerciaux », *JCP E* juin 2018, n° 24, chron. 1319, p. 37.

MONÉGER J. et KENFACK H.
- « Baux commerciaux », *JCP E* mai 2007, n° 18, chron. 1563, p. 17.
- « Bail commercial », *JCP N* juill. 2009, n° 29, chron. 1241, p. 24.
- « Baux commerciaux », *JCP E* juill. 2013, n° 27, chron. 1410, p. 40.
- « Baux commerciaux », *JCP N* août 2013, n° 35, chron. 1206, p. 41.

MONÉGER J., KENFACK H., MBOTAINGAR A. et YANG TING C.
- « Baux commerciaux », *JCP N* juill. 2006, n° 27, chron. 1235, p. 1295.
- « Baux commerciaux », *JCP E* nov. 2009, n° 47, chron. 2083, p. 15.

MONIER M.
- « Le caractère de bonne foi du contrat de vente et l'obligation de manciper », *in Mélanges de droit romain dédiés à Georges Cornil*, Sirey, 1926, p. 139.

MOULY J.
- « Infraction de mise en danger délibérée d'autrui », *D.* juin 2000, n° 22, p. 227.

MOREAU B.
- « Jurisprudence - Notaires », *Gaz. pal.* juin 2006, n° 173, p. 9.

MORELON P.
- « Quels sont les dangers de la réforme annoncée du droit des contrats pour les professionnels du conseil et de la rédaction d'acte ? », *Dr. & patr.* mai 2015, n° 247, p. 52.

MORENO D. *et alii*
- « L'adaptation du bail aux contraintes d'urbanisme », *RLDA* déc. 2012, n° 77 suppl., colloque 4384, p. 13.

MORGANTE V.
- « Précisions sur les prérogatives de la chambre de l'instruction statuant sur l'irresponsabilité pénale d'un mis en examen », *Dalloz actualité* 4 janv. 2018.

MORIZET-PAVEC C.
- « Environnement urbain et bailleurs », *AJDI* déc. 2000, n° 12, p. 1113.

MOURY J.
- « De l'indivisibilité entre les obligations et entre les contrats », *RTD civ.* juin 1994, n° 2, p. 255.

MOUSSERON P.-H.
- « Le lieu de travail, territoire de l'entreprise », *Droit social* nov. 2007, n° 11, p. 1110.

NIBOYET F.
- « La décence, ordre public du bail d'habitation », *D.* mai 2010, n° 19, p. 1192.

NICOD M.
- « L'omission d'une récompense dans la convention homologuée et la responsabilité du notaire », *JCP N* avr. 2013, n° 16, comm. 1101, p. 53.

NICOLAÏDES N. et PILLEBOUT J.-F.
- « La formule notariale à l'heure de l'informatique », *JCP N* mai 2004, n° 19, étude 1231, p. 805.

NIEL P.-L.
- « Innovation juridique et pratique notariale », *LPA* mai 2014, n° 101, p. 10.

NOBLOT C.
- « Bail commercial : la clause transférant au locataire la charge des travaux de ravalement prescrits par l'administration », *CCC* avr. 2018, n° 4, form. 4, p. 42.

NORMAND J., GRAFTIEAUX C., BAUDIN-VERVAECKE N. et DESPAQUIS J.-M.
- « Baux commerciaux. - Obligations spécifiques du bailleur propriétaire d'une galerie marchande », *JCP G* avr. 1994, n° 15, somm. 798, p. 103.

NUSSENBAUM M.
- « L'analyse économique de la destination », *AJDI* déc. 2000, n° 12, p. 1117.

OPPETIT B.
- « Droit et économie », *Arch. Philo. Dr.* 1992, t. 37, p. 17.

OUDIN M.
- « La rentabilité, une notion juridique en construction », *in* O. SABARD (dir.), J. BOURDOISEAU (dir.) *et alii*, *Hommage en l'honneur de Grégoire Forest*, Dalloz, coll. Thèmes et Commentaires, 2014, p. 165.

P. M.
- « Contrats commerciaux », *LPA* juill. 1994, n° 59, p. 32.
- « Contrats », *LPA* avr. 1997, n° 26, p. 18.

P. P.
- « Le notaire n'est pas, en principe, tenu à une obligation de conseil et de mise en garde en ce qui concerne l'opportunité économique de l'opération », *Dr. & patr. L'Hebdo* nov. 2011, n° 853, p. 2.

PAIN B. et PUYLAGARDE B.
- « Au contrat... d'élargir la destination », *AJDI* déc. 2000, n° 12, p. 1102.

PALAIS G.
- « Risques naturels et technologiques majeurs : encore une obligation légale d'information », *AJDI* nov. 2006, n° 11, p. 808.

PARANCE B.
- « Droit des biens (mai 2009-septembre 2009) », *RLDC* mars 2010, n° 69, chron. 3757, p. 53.

PARMENTIER M.
- « Le diagnostiqueur doit garantir les préjudices certains nés de son erreur de diagnostic », *Gaz. pal.* févr. 2017, n° 9, p. 74.

PATRIS F.
- « Étendue de la responsabilité du diagnostiqueur immobilier », *LEDA* sept. 2015, n° 8, p. 3.

PAULIN A.
- « Constitutionnalité de l'article 918 du Code civil », *RLDC* oct. 2013, n° 108, act. 5248, p. 60.

PÉCHARMAN M.
- « Le contrat comme transfert volontaire de droit, Sur le contrat générique chez Thomas Hobbes », *in* G. LEWKOWICZ (dir.), M. XIFARAS (dir.) *et alii*, *Repenser le contrat*, Dalloz, coll. Méthodes du droit, 2009, p. 39.

PÉDAMON M.
- « Réduction en cours de bail, des surfaces louées et déplafonnement du nouveau loyer pour modification notable des caractéristiques des locaux pris à bail », *RTD com.* déc. 1993, n° 4, p. 635

PEIGNOT B.
- « Cession d'exploitation et responsabilité du notaire », *Rev. loyers* juill. 2006, n° 869, jur. 399, p. 344.
- « De la poursuite du bail rural en cas de décès du preneur », *Rev. loyers* déc. 2006, n° 872, jur. 457, p. 524.

PELISSIER J.
- « Faits justificatifs et action civile », *D.* 1963 p. 121.

PELLEGRINO L.
- « Avocat mandataire en transactions immobilières, la question des assurances », *Le magazine du conseil national des barreaux* 2013, n° 45, p. 14.

PELLET S.
- « Diagnostiqueur, termites et... nez de Cléopâtre ! », *LEDC* oct. 2015, n° 9, p. 7.
- « Responsabilité des professionnels du droit et évolution de la jurisprudence », *LEDC* déc. 2016, n° 11, p. 6.

- « Aucune mansuétude pour les diagnostiqueurs ! », *LEDC* févr. 2017, n° 2, p. 7.
- « Le professionnel du droit face à l'évolution de la jurisprudence ou l'art d'être devin... mais pas trop ! », *RDC* mars 2017, n° 1, p. 48.
- « Recours contre le notaire et faute dolosive du client », *RDC* juin 2017, n° 2, p. 246.

PELLETIER P.
- « 2009-2010 : Un droit trop compliqué », *Dr. & patr.* mars 2011, n° 201, p. 94.

PELLETIER P. et FRAÎCHE-DUPEYRAT S.
- « Le bail et le diagnostic de performance énergétique : questions/réponses », *Rev. loyers* juin 2007, n° 878, doctr. 547, p. 262.
- « Diagnostics et audits », *Rev. loyers* oct. 2010, n° 910, doctr. 1199, p. 354.

PEREIRA-OSOUF P.
- « Sur les obligations du bailleur au regard des dispositions de l'article 1719 du Code civil », *Loyers et copr.* nov. 2005, n° 11, comm. 203, p. 23.
- « Sur la notion de grosses réparations au sens de l'article 606 du Code civil », *Loyers et copr.* janv. 2006, n° 1, comm. 12, p. 18.
- « Sur les obligations du bailleur, copropriétaire d'un centre commercial, au regard des dispositions de l'article 1719 du Code civil », *Loyers et copr.* mars 2007, n° 3, comm. 54, p. 16.

PÉRÈS C.
- « La liberté contractuelle et l'ordre public dans le projet de réforme du droit des contrats de la chancellerie », *D.* févr. 2009, n° 6, p. 381.
- « La liberté contractuelle et le Conseil constitutionnel », *RDC* oct. 2013, n° 4, p. 1285.

PERICAUD J.-F.
- « L'accessibilité au bâti des personnes handicapées et à mobilité réduite », *Gaz. pal.* mai 2013, n° 138, p. 11.

PÉRIGNON S.
- « L'autorisation de changement d'usage d'un local d'habitation est-elle réelle ou personnelle ? », *AJDA* nov. 2008, n° 37, p. 2077.

PEROT-REBOUL C. et PATUREAU N.
- « Périmètre de l'obligation de conseil », *Rev. proc. coll.* janv.-févr.-mars 2008, n° 1, comm. 31, p. 84.

PERROT R.
- « Le devoir de conseil de l'avocat », *Procédures* août-sept. 2009, n° 8-9, comm. 263, p. 12.

PERRUCHOT-TRIBOULET V.
- « Les obligations d'information contractuelles sur les risques technologiques et naturels », *RLD civ.* juin 2004, n° 6, p. 53.
- « Les miscellanées de la première chambre civile sur l'obligation de conseil du notaire », *LPA* mai 2007, n° 97, p. 19.

PEYRON J.-M. et SERBANESCU I.
- « L'annexe environnementale et le bail vert suite au Grenelle », *JCP G* nov. 2011, n° 45, 1229, p. 2016.

PIALOUX M.
- « À défaut de stipulation expresse contraire du bail, le coût du ravalement imposé par l'autorité publique incombe au bailleur », *Rev. loyers* déc. 2005, n° 862, p. 550.

PIBOYEUX A.

- « Performance énergétique des bâtiments : annulation du décret du 9 mai 2017 », *Énergie - Env. - Infrastr.* juill. 2018, n° 7, alerte 146, p. 1.

PIC A., GEORGET V. et GUILLAUDIER V.

- « Chronique de jurisprudence de la Cour de cassation », *D.* nov. 2013, n° 38, p. 2544.

PICARD M. et PRUDHOMME A.

- « De la résolution judiciaire pour inexécution des obligations », *RTD civ.* 1912, p. 66.

PICOD Y.

- « L'exigence de bonne foi dans l'exécution du contrat », *in Le juge et l'exécution du contrat*, PUAM, 1993, p. 57.

PIEDELIÈVRE S.

- « Recherche par les juges du fonds de l'existence d'un mandat donné à un notaire d'effectuer le renouvellement des hypothèques », *D.* oct. 1999, n° 34, p. 303.
- « Plaidoyer pour une application raisonnée du devoir de conseil du notaire », *RLDC* déc. 2006, n° 33, act. 2229, p. 14.
- « Hypothèque judiciaire conservatoire et propriété du bien », *RD banc. fin.* mars 2009, n° 2, comm. 62, p. 54.
- « Responsabilité notariale et publication intercalaire », *Defrénois* déc. 2015, n° 23, p. 1232.

PIERRE P.

- « La responsabilité du notaire à l'épreuve de l'évolution du droit positif », *JCP N* juin 2017, n° 23, comm. 1198, p. 26.
- « Quel devoir d'investigation du notaire en cas d'état de catastrophe naturelle ? », *JCP N* juin 2017, n° 22, doss. 1191, p. 21.

PIGNARRE G.

- « À la redécouverte de l'obligation de praestare », *RTD civ.* mars 2001, n° 1, p. 41.
- « L'obligation de donner à usage dans l'avant-projet Catala - Analyse critique », *D.* févr. 2007, n° 6, p. 384.

PILLEBOUT J.-F.

- « La machine et le notaire ou le JurisClasseur numérique », *JCP N* juill. 1998, n° 28, p. 1072.

PILLET G.

- « Le contreseing de l'avocat et la responsabilité civile professionnelle du rédacteur d'acte », *AJ fam.* juin 2011, n° 6, p. 300.
- « Les clauses dérogeant à l'article 1754 du Code civil doivent être expresses », *LEDC* avr. 2013, n° 4, p. 5.

PIMONT S.

- « Un pas de plus vers la formalisation de la jurisprudence Chronopost », *RLDC* nov. 2010, n° 76, act. 3994, p. 16.

PINET D.

- « Réforme du droit des obligations et des baux commerciaux - Bonne foi, contrat d'adhésion et imprévision : le changement c'est maintenant ? », *L'Argus de L'Enseigne* avr. 2017, n° 52, p. 4.

PLANCKEEL F.

- « L'encadrement des charges exorbitantes en matière de bail commercial », *Rev. loyers* nov. 2013, n° 941, doctr. 1675, p. 434.
- « La loi Pinel et l'ordre public des baux commerciaux », *AJDI* janv. 2015, n° 1, p. 11.
- « L'équilibre du bail commercial. De la loi Pinel à la réforme du droit des contrats : propos introductifs », *Loyers et copr.* oct. 2016, n° 10, p. 9.
- « Retour sur l'inventaire des charges dans les baux commerciaux », *AJDI* juill. 2018, n° 7-8, p. 502.
- « Bail commercial et imprévision », *Loyers et copr.* oct. 2018, n° 10, doss. 16, p. 48.

PLANCQUEEL A.

- « Obligations de moyens, obligations de résultat. Essai de classification des obligations contractuelles en fonction de la charge de la preuve en cas d'inexécution », *RTD civ.* 1972, p. 334.

POIROT S.

- « Risque lié au plomb », *Gaz. pal.* juin 2002, n° 166, p. 40.

PONCELA P.

- « Chronique de l'exécution des peines », *RSC* juin 2009, n° 2, p. 431.

PORCHERON S.

- « La clause par laquelle le locataire prend les lieux dans l'état où ils se trouvent ne décharge pas le bailleur de son obligation de délivrance », *D.* sept. 2002, n° 29, p. 2303.
- « Changement d'affectation des locaux : caractère réel et définitif des autorisations accordées avant l'entrée en vigueur de l'article 58 de la loi du 23 décembre 1986 », *AJDI* déc. 2004, n° 12, somm. p. 882.
- « Clause de prise des lieux dans l'état où ils se trouvent et obligation de délivrance », *AJDI* mars 2009, n° 3, p. 198.

PORTMANN A.

- « Les avocats doivent-ils craindre d'être "robotisés" ? », *Dalloz actualité* 6 mai 2016.
- « Jean-Jacques Urvoas dévoile l'avant-projet de réforme de la responsabilité civile », *Dalloz actualité* 14 mars 2017.

POUGHON J.-M.

- « Une constante doctrinale : l'approche économique du contrat », *Droits* 1990, n° 12, p. 47.

POULIQUEN E.

- « Demande et obtention de l'autorisation administrative de changement d'usage des baux soumis à la loi de 1948 », *Rev. loyers* oct. 2015, n° 960, jur. 2151, p. 397.

POUMARÈDE M.

- « L'immeuble dans son environnement », *Dr. & patr.* juin 2010, n° 193, p. 48.
- « Opportunité économique de l'opération et devoir de conseil et de mise en garde du notaire », *JCP N* févr. 2012, n° 5, étude 1063, p. 23.
- « Le contenu du contrat », *RDI* juin 2016, n° 6, p. 331.

PRIGENT J.

- « Pas de diagnostic obligatoire pour le mérule ! », *AJDI* déc. 2005, n° 12, p. 944.
- « L'obligation de délivrance du bailleur : obligation de résultat », *Rev. loyers* déc. 2005, n° 862, p. 573.
- « L'imprévision et le bail commercial », *Rev. loyers* déc. 2017, n° 982, doss. 2719, p. 462.

PRIGENT S.

- « Responsabilité des diagnostiqueurs immobiliers », *Dalloz actualité* 3 juin 2016.

PUIG P.

- « Pour un droit commun spécial des contrats », *in Le monde du droit. Ecrits rédigés en l'honneur de Jacques Foyer*, Economica, 2008, p. 825.

QUÉMENT C.

- « La remise en état après inondation incombe au bailleur », *Rev. loyers* oct. 2005, n° 860, jur. 191, p. 424.
- « La perte totale de la chose louée s'apprécie par rapport au coût des travaux de remise en état », *Rev. loyers* févr. 2010, n° 904, jur. 1128, p. 65.
- « De la nécessité d'une stipulation expresse pour mettre les réparations collectives à la charge du preneur », *Rev. loyers* avr. 2013, n° 936, jur. 1565, p. 174.
- « Le désamiantage fait partie de l'obligation de délivrance du bailleur », *Rev. loyers* oct. 2003, n° 840, p. 501.

R. D.

- « Bail en général. - Droits et obligations des parties. Bail commercial. Clause. Bailleur. Responsabilité civile. Locataire prenant les lieux en l'état. Bruit. Activité professionnelle du preneur. Boulanger-pâtissier. Troubles de voisinage. Inconvénients anormaux. Travaux d'isolation phonique. Obligation du bailleur (non). Appel en garantie. Rejet. », *JCP G* août-sept. 1972, n° 33, jur. 17176.

R. F.

- « À la Une - Manifestations - Loteries : nul n'est censé ignorer la loi », *JA* sept. 2014, n° 504, p. 11.

RABU G.

- « Périmètre de l'obligation de conseil du notaire », *Dalloz actualité* 23 nov. 2011.
- « Le devoir de conseil et d'information du notaire et le comportement des parties à l'acte », *Dalloz actualité* 11 juin 2012.

RAFFI R.

- « La résiliation du bail pour perte économique totale et perte matérielle partielle de la chose louée », *LPA* juin 2010, n° 117, p. 33.
- « Local et emplacement stable et permanent pour l'application de l'article L. 145-1 du Code de commerce », *LPA* juill. 2014, n° 144, p. 18.

RAFFRAY J.-G.

- « Bail commercial, libres propos sur la rédaction des formules et leur utilisation », *JCP N* janv. 1998, n° 5, p. 163.

RAMPELBERG R.-M.

- « L'obligation romaine : perspective sur une évolution », *Arch. phil. dr.* 2000, t. 44, p. 51.
- « La bonne foi contractuelle : d'un passé glorieux à un avenir contrasté », *in Mélanges en l'honneur de Laurens Winkel, Fundamina : A Journal of Legal History* sept. 2014, n° spécial, Unisa Press, p. 777.

RAYNARD J.

- « Pour une théorie générale des contrats spéciaux : des insuffisances respectives du droit général et du droit spécial », *RDC* avr. 2006, n° 2, p. 597.

REGNAULT H.

- « Les normes environnementales et le bail commercial : l'avenir d'un futur immédiat », *Loyers et copr.* nov. 2011, n° 11, étude 10, p. 9.

REGNAULT S.

- « Superficie des lieux loués inférieure à celle mentionnée dans le bail », *Loyers et copr.* avr. 2016, n° 4, comm. 93, p. 22.

REIGNÉ P.

- « De l'absence de cause à la cause impossible », *D.* nov. 1997, n° 38, p. 500.

REINHARD Y. et BESNARD GOUDET R.

- « Baux commerciaux », *JCP E* janv. 2008, n° 1, pan. IV 1030, p. 54.

RÉMY J.

- « Galerie commerciale : les obligations du bailleur », *Rev. loyers* oct. 2000, n° 810, p. 415.
- « Responsabilité contractuelle du bailleur : la demande de dommages- intérêts ultérieure ne constitue pas une cause nouvelle », *Rev. loyers.* oct. 2003, n° 840, p. 515.
- « Trouble de voisinage : responsabilité du bailleur du fait de son locataire », *Rev. loyers* juill.-sept. 2005, n° 859, jur. 174, p. 386.
- « Le bailleur tenu d'une obligation de délivrance doit prouver qu'il s'est libéré de son obligation en remettant les clés au locataire », *Rev. loyers* oct. 2008, n° 890, jur. 824, p. 436.
- « L'impérative protection contre les risques d'atteinte à la santé et à la sécurité par le bailleur », *Rev. loyers* avr. 2010, n° 906, jur. 1169, p. 173.
- « Accident de douche et responsabilité du bailleur », *Rev. loyers* juin 2010, n° 908, jur. 1174, p. 276.

RÉMY P.

- « La résolution de la vente entraîne nécessairement la résiliation du contrat de crédit-bail, sous réserve de l'application des clauses ayant pour objet de régler les conséquences de cette résiliation, *RTD civ.* juin 1991, p. 360.
- « Critique du système français de responsabilité civile », *Dr. et cult.* janv. 1996, n° 31, p. 31.
- « La "responsabilité contractuelle" : histoire d'un faux concept », *RTD civ.* juin 1997, n° 2, p. 232.
- « La jurisprudence des contrats spéciaux, Quarante ans de chronique à la Revue trimestrielle de Droit Civil », *in L'évolution contemporaine du droit des contrats, Journées René Savatier*, PUF, 1986, p. 103.

REVET T.

- « Objectivation ou subjectivation du contrat, Quelle valeur juridique ? », *in* C. JAMIN (dir.), D. MAZEAUD (dir.) *et alii*, *La nouvelle crise du contrat*, PUAM, 2003, p. 83.

REYGROBELLET A.

- « La problématique environnementale en droit des baux commerciaux », *JCP N* oct. 2011, n° 42, étude 1279, 1, p. 37.
- « La problématique environnementale en droit des baux commerciaux », *Environnement* janv. 2012, n° 1, étude 1, p. 9.
- « Nouvelles dispositions pour le bail commercial : quelles entrées en vigueur ? », *JCP N* août 2014, n° 31-35, étude 1262, p. 35.

- « Bail commercial : important décret d'application de la loi Pinel », *JCP N* nov. 2014, n° 47, 21 act. 1174.

REZEK S.

- « Quelles précautions doivent être prises lorsque le fonds est exploité dans un local soumis au régime de la copropriété ? », *JCP N* nov. 2007, n° 45, chron. 1289, p. 21.

RICHARD D.

- « BIM : analyse et perspectives de l'immeuble numérique », *Constr.-urb.* déc. 2017, n° 12, étude 11, p. 7.

RIGLET P. et TIXIER J.-L.

- « Le bail de locaux en l'état futur d'achèvement », *RDI* nov. 2014, n° 11, p. 546.

ROBERT A.

- « Troubles du voisinage : nuisances excédant les inconvénients normaux (émanations de fumée d'une pizzeria) », *D.* oct. 1991, n° 35, p. 309.

ROBERT J.-H.

- « L'erreur manifeste d'appréciation, nouveau cas d'ouverture à cassation », *Dr. pén.* déc. 2006, n° 12, comm. 155, p. 19.
- « Responsabilité pénale du fait des choses », *Dr. pén.* févr. 2014, n° 2, comm. 24, p. 33.

ROCHFELD J.

- « Les modes temporels d'exécution du contrat », *RDC* janv. 2004, n° 1, p. 47.

ROIGT J. et QUINTIN C.

- « Amiante et obligation de délivrance : une décharge de responsabilité du bailleur impossible ? », *Rev. loyers* mars 2018, n° 985, jur. 2807, p. 141.

ROME F.

- « "Clausons !" », *D.* juill. 2010, n° 27, p. 1697.

ROUBIER P.

- « Le rôle de la volonté dans la création des droits et devoirs », *Arch. Philo. Dr.* 1957, p. 71.

ROUJOU DE BOUBÉE G.

- « L'incendie involontaire de l'immeuble d'autrui », *RDI* mars 2012, n° 3, p. 165.

ROUJOU DE BOUBÉE G., GARÉ T., GOZZI M.-H., MIRABAIL S. et GINESTET C.

- « Droit pénal », *D.* déc. 2014, n° 42, chron. p. 2423

ROUJOU DE BOUBÉE G., GARÉ T., GOZZI M.-H., MIRABAIL S. et POTASZKIN T.

- « Droit pénal », *D.* nov. 2013, n° 41, chron. p. 2713.

ROUQUET Y.

- « Location dans une galerie marchande : quelles obligations pour le bailleur ? », *D. aff.* 1998, n° 139, p. 1843.
- « Le propriétaire d'une galerie marchande est un bailleur comme les autres », *D.* oct. 2000, n° 34, p. 377.
- « Amiante, obligation de délivrance et responsabilité du contrôleur technique », *AJDI* nov. 2003, n° 11, p. 751.

- « Délivrance tardive des locaux et responsabilité du bailleur », *AJDI* nov. 2004, n° 11, p. 803.
- « Etendue et sanction de l'obligation de délivrer un logement décent », *AJDI* févr. 2005, n° 2, p. 125.
- « Le bailleur est responsable des voies de fait causées par un colocataire », *AJDI* juill. 2005, n° 7-8, p. 565.
- « À propos du caractère d'ordre public de l'obligation de délivrance », *AJDI* sept. 2005, n° 9, p. 650.
- « À propos de la notion de "grosse réparation" », *AJDI* nov. 2005, n° 11, p. 828.
- « Obligation de délivrance et occupation illicite des lieux par un tiers », *AJDI* déc. 2005, n° 12, p. 901.
- « Le bailleur doit délivrer les lieux au nouveau locataire même s'il ne paie pas », *AJDI* oct. 2006, n° 10, p. 731.
- « Centre commercial et obligation d'entretien du bailleur », *Dalloz actualité* 5 déc. 2006.
- « Sous-location partielle et assiette du droit au renouvellement », *Dalloz actualité* 5 déc. 2006.
- « Sous-location partielle et assiette du droit au renouvellement », *D.* déc. 2006, n° 43, p. 2985.
- « Arrêté de fermeture du commerce et obligation de délivrance », *Dalloz actualité* 19 déc. 2007.
- « Apport partiel d'actif et obligation de délivrance », *D.* juin 2007, n° 21, p. 1430.
- « Arrêté de fermeture du commerce et obligation de délivrance », *D.* janv. 2008, n° 2, p. 85.
- « Limites au transfert de la charge de l'entretien des lieux loués », *Dalloz actualité* 15 juill. 2008.
- « Limites au transfert de la charge de l'entretien des lieux loués », *D.* sept. 2008, n° 29, p. 1999.
- « Projet de loi "Boutin" à l'Assemblée nationale : gestion immobilière », *Dalloz actualité* 12 févr. 2009.
- « Bail commercial : indécence du local d'habitation », *Dalloz actualité* 22 oct. 2009.
- « Baux commerciaux : indécence du local d'habitation », *D.* oct. 2009, n° 38, p. 2549.
- « Bail d'habitation : limite à la stipulation d'une "clause travaux" », *Dalloz actualité* 15 févr. 2010.
- « Condition de l'indemnisation du locataire victime d'un accident domestique », *Dalloz actualité* 28 avr. 2010.
- « Transfert au preneur de la charge de la réfection de la toiture », *Dalloz actualité* 13 oct. 2010.
- « Condition de l'indemnisation du locataire victime d'un accident domestique », *AJDI* oct. 2010, n° 10, p. 726.
- « Grosses réparations : transfert de la charge au preneur », *D.* oct. 2010, n° 36, p. 2360.
- « Diagnostic de performance énergétique dans les centres commerciaux », *Dalloz actualité* 11 mai 2012.
- « Centre commercial : pas d'obligation de maintien de l'environnement commercial », *D.* juill. 2013, n° 26, p. 1743.
- « Bail commercial : charge des réparations affectant l'immeuble », *Dalloz actualité* 18 mars 2013.
- « Grosses réparations à la charge du preneur : nécessité d'une stipulation expresse », *D.* mars 2013, n° 11, p. 704.
- « Obligations du bailleur de centre commercial », *Dalloz actualité* 23 juill. 2013.

- « Statut des baux commerciaux : pas d'atteinte à la liberté d'entreprendre des commerçants », *Dalloz actualité* 1er avr. 2014.
- « Logement décent : le bailleur n'a pas à être mis en demeure », *Dalloz actualité* 12 juin 2014.
- « Le logement dépourvu d'appareil de chauffage n'est pas décent », *Dalloz actualité* 16 juin 2014.
- « Bail commercial : parution du décret "Pinel" », *Dalloz actualité*, 6 nov. 2014.
- « Bail commercial : lorsque le mode de chauffage entre dans le champ contractuel… », *Dalloz actualité* 26 nov. 2014.
- « Bail d'habitation (logement décent) : nécessité d'une installation de chauffage », *D.* juin 2014, n° 22, p. 1274.
- « Baux commerciaux dans le projet de loi "artisanat, commerce et TPE" : apports du Sénat », *AJDI* mai 2014, n° 5, p. 328.
- « Projet de loi relatif à l'artisanat, au commerce et aux TPE : baux commerciaux », *Dalloz actualité* 18 févr. 2014.
- « Changement d'affectation de locaux d'habitation : autorisation préalable », *Dalloz actualité* 18 juin 2015.
- « Loi "transition énergétique" : gestion immobilière », *Dalloz actualité*, 1er sept. 2015.
- « Contours de l'obligation de délivrance du bailleur », *Dalloz actualité* 25 janv. 2018.

ROUSSEAU S.

- « L'analyse économique du droit », *D.* janv. 2009, n° 3, p. 352.

ROUSSEAU D. et RIGAUD D.

- « Généralisation de la prévoyance complémentaire, Loi et Constitution », *Dr. soc.* sept. 2013, n° 9, p. 680.

ROUVIÈRE F.

- « L'inconstructibilité : entre non-conformité, erreur et vice caché », *RDI* mai 2010, n° 5, p. 253.
- « L'obligation comme garantie », *RTD civ.* avr. 2011, n° 1, p. 1.
- « La remise en cause du contrat par le juge », *in* G. LARDEUX (dir.) *et alii*, *L'efficacité du contrat*, Dalloz, 2011, p. 41.
- « Le revers du principe, Différence de nature (égale) différence de régime », *in* J. CHÉROT *et alii*, *Le Droit entre autonomie et ouverture. Mélanges en l'honneur de Jean-Louis Bergel*, Bruylant, 2013, p. 415.

ROUX J.-M.

- « De la notion d'habitation principale dans la loi du 6 juillet 1989 », *Ann. loyers* avr. 2009, n° 4, p. 589.

ROUX-DEMARE F.-X.

- « La réponse pénale contre l'habitat dégradé », *AJ pénal* févr. 2016, n° 2, p. 63.

ROUZET G.

- « Jusqu'où va la responsabilité du notaire ? », *BJS* févr. 1998, n° 2, p. 159.
- « Responsabilité notariale », *Dr. & patr.* févr. 2000, n° 79, jur. 2500, p. 100.

ROZÈS L.

- « Résolution du bail commercial pour impropriété du local à sa destination et obligation d'information à la charge du bailleur », *D.* sept. 1990, n° 31, p. 259.
- « L'exception locative française », *AJDI* juin 2000, n° 6, p. 480.

- « Obligations du bailleur d'un local loué dans un centre commercial », *D.* déc. 2001, n° 43, p. 3524.
- « Baux commerciaux », *D.* juill. 2007, n° 26, chron. p. 1827.
- « Baux commerciaux », *D.* juill. 2008, n° 24, chron. p. 1645.

RUET L.
- « Baux commerciaux », *Defrénois* mars 2006, n° 5, p. 439.
- « Changement d'affectation des locaux et nullité du bail commercial », *Defrénois* janv. 2016, n° 2, p. 78.
- « Obligation d'entretien par le bailleur d'un centre commercial », *Defrénois* déc. 2006, n° 24, p. 1886.
- « Arbitrage et baux commerciaux : d'utiles précisions », *Defrénois* oct. 2012, n° 19, p. 966.
- « Détermination du tribunal compétent et articulation du statut avec d'autres règles », *Defrénois* oct. 2018, n° 39, p. 26.
- « Obligations du bailleur quant à la délivrance de la chose louée et prise en charge des frais de désamiantage », *Defrénois* oct. 2018, n° 39, p. 27.

S. J.-F.
- « Responsabilité et déontologie notariales (chronique déc. 2011 - juin 2012) », *Defrénois* juill. 2012, n° 13-14, p. 700.

SABARD O.
- « Responsabilité du diagnostiqueur immobilier à l'égard de l'acheteur », *LEDC* juill. 2016, n° 7, p. 6.

SABATIÉ C. et LEPOUTRE U.
- « Diagnostics et obligations du bailleur : contours d'une nouvelle chape de plomb », *Rev. loyers* janv. 2007, n° 873, doctr. 462, p. 2.

SAGAUT J.-F.
- « Le devoir de conseil », *Defrénois* févr. 2013, n° 4, p. 204.

SAINT-ALARY R.
- « Les centres commerciaux (Conclusion du colloque du 23 septembre 1994) », *RDI* déc. 1994, n° 4, p. 587.

SAINT-ALARY-HOUIN C.
- « Réflexions sur le transfert différé de la propriété immobilière », *in Mélanges offerts à Pierre Raynaud*, Dalloz, 1985, p. 733, n° 25.

SAINT GENIEST C.
- « La responsabilité des diagnostiqueurs », *AJDI* mars 2012, n° 3, p. 167.
- « Le bail en l'état futur d'achèvement (BEFA) : l'impossibilité d'établir certaines annexes obligatoires », *Loyers et copr.* févr. 2016, n° 2, dossier 4, p. 20.

SAINTURAT M.-L.
- « La prédominance d'un élément : la protection statutaire du local », *AJDI* sept. 2001, n° 12, p. 1049.
- « Entretien, réparations et mise en conformité de l'immeuble et du local loué », *Loyers et copr.* nov. 2006, n° 11, étude 20, p. 16.

SALVAT O.
- « La garantie spéciale de conformité et l'obligation générale de délivrance conforme : quel choix d'action pour l'acheteur ? », *CCC* août-sept. 2006, n° 8-9, étude 18, p. 10.

SANTRAILLE A.-C.
- « L'acte d'avocat, un nouveau moyen de garantir vos engagements », La Lettre de l'UPP@ juin 2011, n° 17, p. : http://www.univ-pau.fr/live/newsletter/newsletter-n17/avocat?isPdf=1.

SAVAUX E.
- « La notion de théorie générale, son application en droit des contrats. Théorie générale du contrat et théorie générale des contrats spéciaux », *LPA* nov. 2012, n° 238, p. 4.

SCHOETTL J.-E.
- « Le Conseil constitutionnel et la loi relative à la solidarité et au renouvellement urbains », *AJDA* janv. 2001, n° 1, p. 18.

SEIFERT E.
- « Clause pénale et bail commercial », *Resp. civ. et assur.* déc. 2017, n° 12, form. 10, p. 31.

SÉRIAUX A.
- « L'affaire Chronopost : arrêt de principe ou accident de parcours ? Variations sur le bon usage de la notion d'obligation essentielle », *D.* mars 1997, n° 10, p. 121.

SERINET Y.-M.
- « L'erreur du diagnostiqueur sur l'état parasitaire de l'immeuble et la certitude du préjudice causé à l'acheteur », *JCP E* oct. 2015, n° 42, note 1088, p. 1851.

SERROR M., BRIQUET J.-M., GAGNAIRE B. et ROUSSEAU Q.
- « Incendie et bail commercial : tour d'horizon du régime de responsabilité », *AJDI* sept. 2018, n° 9, p. 571.

SEUBE J.-B.
- « La référence dans le bail aux "grosses réparations" de l'article 606 du Code civil est insuffisante pour mettre à la charge du locataire les dépenses relatives au ravalement, à la toiture et au chauffage collectif », *RDC* juill. 2013, n° 3, p. 977.
- « De l'ordre de l'exécution des obligations dans le bail », *RDC* déc. 2014, n° 4, p. 647.
- « La construction prétorienne du "logement décent" », *RDC* déc. 2014, n° 4, p. 648.
- « Au gaz ou électrique, qui du locataire (commercial) ou du bailleur choisit le mode de chauffage ? », *RDC* juin 2015, n° 2, p. 270.
- « Crédit-bail et location financière : semblables et pourtant si différents… », *RDC* sept. 2018, n° 3, p. 367.

SEUBE J.-B., MOUSSERON P., GRIGNON P. et LENOIR R.
- « Technique contractuelle », *JCP E* févr. 2014, n° 7, chron. 1074, p. 30.

SEUVIC J.-F.
- « Variations sur l'humain comme valeurs pénalement protégées », *in Ethique, droit et dignité de la personne, Mélanges Ch. Bolze*, Economica, 1999, p. 339.

SIBONY A.-L. et BARBIER DE LA SERRE E.
- « Charge de la preuve et théorie du contrôle en droit commercial de la concurrence : pour un changement de perspective », *RTD eur.* juin 2007, n° 2, p. 205.

SIDIME K.
- « Le rattachement des restitutions consécutives à l'annulation d'un bail aux règles de la nullité : conséquences sur le délai de prescription », *RLDC* sept. 2018, n° 162, act. 6470, p. 8.

SIMLER P.
- « Propos introductifs - À la recherche des frontières de l'interprétation », *RDC* mars 2015, n° 1, p. 146.

SIMON D.
- « Protection des données personnelles », *Europe* août-sept. 2018, n° 8-9, comm. 298, p. 13.

SIRI R.
- « Nouvel éclairage sur le manquement à une obligation essentielle et la faute lourde », *LPA* sept. 2010, n° 182, p. 6.

SIZAIRE C.
- « Responsabilité du diagnostiqueur et indemnisation intégrale de l'acquéreur du coût des travaux », *Constr.-urb.* oct. 2015, n° 10, comm. 145, p. 29.
- « Responsabilité du diagnostiqueur en présence d'amiante et préjudice réparable », *Constr.-urb.* sept. 2016, n° 9, comm. 127, p. 37.
- « Défaut de conformité et référentiel contractuel », *Constr.-urb.* juill. 2017, n° 7-8, comm. 109, p. 35.

SIZAIRE D.
- « Article 49 de la loi du 10 juillet 1965 : avis de tempête », *Constr.-urb.* mars 2004, n° 3, rep. 3, p. 3.
- « Travaux et autorisation », *Constr.-urb.* janv. 2007, n° 1, comm. 7, p. 16.

SLIM H.
- « La responsabilité notariale et l'inobservation des obligations ne s'inscrivant pas dans le prolongement de la mission de rédaction d'actes », *Rev. Notaires* 2005, n° 5, p. 4.
- « L'avocat n'engage pas sa responsabilité professionnelle s'il omet de soulever un moyen de défense inopérant », *JCP G* avr. 2008, n° 16, comm. II 10074, p. 33.
- « Les avocats rattrapés par les revirements de jurisprudence », *JCP G* juill. 2009, n° 28, note 94, p. 15.

SORDINO M.-C. et PONSEILLE A.
- « Un skieur averti en vaut deux : une décision qui risque de "faire boule de neige" », *D.* janv. 2000, n° 4, p. 81.

STOFFEL-MUNCK P.
- « La fréquentation d'un site Internet n'est-elle pas une qualité naturellement déterminante de son acquisition ? », *Comm. Com. élec.* déc. 2004, n° 12, comm. 159, p. 29.
- « Les répliques contractuelles », *RDC* janv. 2010, n° 1, p. 430.
- « Faurecia 3 : la Cour de cassation restaure l'efficacité des clauses limitatives de réparation dans les contrats de services informatiques », *JCP E* sept. 2010, n° 37, comm. 1790, p. 25.

STOFFEL-MUNCK P. et DECOCQ G.
- « L'avènement du fonds de commerce électronique », *Gaz. pal.* mai-juin 2009, n° 3, p. 1781.

STORCK M.

- « L'application de l'exception d'inexécution en matière de bail », *D.* sept. 1994, n° 33, p. 462.

STOYKOV B. et DEHGHANI-AZAR H.

- « La médiation dans le contentieux des baux commerciaux », *Affiches parisiennes* 30 oct. 2017.

TALAU J.-M.

- « Revue de détail des questions sur l'urbanisme commercial après les lois ALUR et ACTPE », *JCP A* janv. 2015, n° 3, étude 2014, p. 1.

TALLON D.

- « L'inexécution du contrat : pour une autre présentation », *RTD civ.* juin 1994, n° 2, p. 223.
- « Pourquoi parler de faute contractuelle ? », *in* J. BEAUCHARD et P. COUVRAT (dir.), *Droit civil, procédure, linguistique juridique : Écrits en hommage à Gérard Cornu*, PUF, 1994, p. 429.
- « Le surprenant réveil de l'obligation de donner », *D.* mars 1992, n° 9, p. 67.

TEILLIAIS G.

- « Profession. - Notaire. - Devoir de conseil. - Responsabilité. - Modifications non autorisées sur un lot de copropriété. - Non-vérification de la régularité de la modification. - Tiers conseillant l'acquéreur. - Exonération du devoir de conseil (non) », *AJDI* juill. 1998, n° 7-8, p. 630.
- « Profession. - Notaire. - Prêt. - Caution donnée par des tiers par l'intermédiaire d'un mandat. - Redressement judiciaire des emprunteurs. - Mise en demeure des cautions d'avoir à exécuter leurs obligations. - Procuration non valable. - Revirement de la jurisprudence postérieure à la conclusion du prêt. - Responsabilité du notaire (non) », *AJDI* janv. 1999, n° 1, p. 44.

TERRÉ F.

- « Le texte et le contexte », *RDC* avr. 2010, n° 2, p. 762.

TERRIER F.

- « Regards du juge judiciaire sur le droit des sites et sols pollués », *Dr. & patr.* mars 2013, n° 224, doss. p. 52.

TEYSSIÉ B.

- « La preuve en droit du travail », *in* C. PUIGELIER (dir.) *et alii*, *La preuve*, Economica, coll. Etudes juridiques, t. 19, 2004, p. 73.

THIBIERGE L.

- « La clause de hardship », *RLDC* juill.-août 2018, n° 161, 6465, p. 37.

THOUZET P.

- « Améliorer la transparence : un impératif concurrentiel », *Gaz. pal.* 10 janv. 2009, n° 10, p. 4.

THUNIS X.

- « Une notion fuyante : l'obligation essentielle du contrat », *in Mélanges offerts à Marcel Fontaine*, Larcier (Bruxelles,), 2003, p. 521.

TIXIER J.-L.

- « 10 questions sur... Le bail commercial en l'état futur d'achèvement », *Opérations immobilières* avr. 2013, n° 54, p. 26.

TOMASIN D.

- « Devoir de conseil de l'agent immobilier concernant les mentions relatives à la désignation des biens », *RDI* mars 1999, n° 1, p. 134.

TOURNAFOND O.

- « La distinction entre vice caché et défaut de conformité de la chose vendue », *D.* juill. 1993, n° 27, p. 239.
- « Distinction entre vices cachés et défaut de conformité », *D.* juin 1992, n° 21, p. 200.
- « L'action en garantie des vices cachés ne donne pas ouverture à une action en responsabilité contractuelle », *D.* juill. 1993, n° 27, p. 242.
- « Vices cachés et défaut de conformité dans la vente », *D.* sept. 1994, n° 31, p. 239.
- « Les vices cachés sont un défaut rendant la chose impropre à sa destination normale, l'action fondée sur l'erreur n'est pas recevable », *D.* déc. 1997, n° 42, p. 345.

TRANCHANT L.

- « L'impact de la loi ELAN sur les baux civils », *RDI* janv. 2019, n° 1, p. 30.

TRÉBULLE F.-G.

- « La prise en charge par le preneur, de la remise en état d'un terrain souillé par un précédent locataire », *RDI* mai 2003, n° 3, p. 244.
- « La faute du contrôleur qui ne détecte pas la présence d'amiante contribue au préjudice de l'acquéreur de l'immeuble », *RDI* nov. 2003, n° 6, p. 556.
- « Etendue de l'obligation du contrôleur technique dans la recherche d'amiante », *RDI* nov. 2003, n° 6, p. 557.
- « Environnement et santé : le cas de l'amiante », *BDEI* févr. 2004, n° 1, p. 3.
- « États et constats permettant l'information et la protection des acquéreurs et des preneurs de biens immobiliers - Diagnostics de performance énergétique », *RDI* mai 2005, n° 3, p. 191.
- « Prévention du saturnisme, de la légionellose et des risques liés à l'amiante et aux rayonnements non ionisants », *RDI* mai 2005, n° 3, p. 194.
- « Modalités d'établissement d'un diagnostic amiante », *RDI* mai 2006, n° 3, p. 186.
- « Conséquence du nécessaire désamiantage de locaux donnés à bail », *RDI* nov. 2003, n° 6, p. 557.
- « Le notaire et le bailleur peuvent être responsables de l'impossibilité d'exploiter le local loué résultant du voisinage d'une installation classée », *RDI* juill. 2008, n° 6-7, p. 326.
- « Environnement et baux », *Dr. & patr.* juin 2010, n° 193, p. 77.

UETTWILLER J.-J.

- « La responsabilité de l'avocat rédacteur d'acte avant et après la loi n° 2011-331 du 28 mars 2011 », *Le magasine du conseil national des barreaux* mai 2011, hors-série spécial acte d'avocat, p. 6.
- « La responsabilité de l'avocat rédacteur d'acte », *Dr. & patr.* mai 2011, n° 203, doss. p. 66.

UETTWILLER J.-J., G'SELL F. et CHAZAL J.-P.

- « De nouveaux instruments juridiques au service des entreprises : acte d'avocat et procédure participative », *Cah. dr. entr.* nov. 2011, n° 6, entr. 6, p. 9.

UGO E.

- « Vente immobilière : état parasitaire erroné et préjudices réparables », *LEDIU* sept. 2015, n° 8, p. 1.

VAISSIÉ M.-O.

- « La notion de local à usage exclusif de bureau », *Rev. loyers* mai 2002, n° 827, p. 292.
- « Changement d'affectation : l'indispensable autorisation préalable à la signature du bail », *Rev. loyers* juill. 2002, n° 829, p. 410.
- « Une clause relative à l'exécution de travaux ne peut affranchir le bailleur de son obligation de délivrance », *Rev. loyers* juill.-sept. 2005, n° 859, jur. 165, p. 37.
- « Les contours de l'obligation de délivrance du bailleur à la suite d'un apport partiel d'actif », *Rev. loyers* juill. 2007, n° 879, p. 326.
- « L'obligation de délivrance, un puits sans fond ? », *Opérations immobilières* avr. 2012, n° 44, p. 28.

VAISSIÉ M.-O. et PELLETIER P.

- « 2008, l'année des ajustements », *Dr. & patr.* janv. 2009, n° 177, chron. p. 92.

VALEYRE B.

- « La structure juridique du centre commercial », *RDI* déc. 1994, n° 4, p. 577.

VANDERMEEREN R.

- « Une nouvelle réforme pour l'urbanisme commercial », *JCP A* janv. 2019, n° 3, étude 2016, p. 1.

VARAUT J.-M.

- « La déontologie des avocats », Actes du 10e colloque de la Saint-Yves, *Barreau de Saint-Brieuc* mai 2003, p. 10.

VAREILLE B.

- « Régimes conventionnels : limites de la liberté des conventions matrimoniales, règles d'ordre public », *RTD civ.* déc. 2006, n° 4, p. 819.

VAUTHIER M.

- « Les problématiques pratiques de l'activité d'avocat mandataire en transactions immobilières », *Gaz. pal.* mai 2010, n° 128, p. 14.
- « L'activité nouvelle d'avocat mandataire en transactions immobilières : une jeune pousse pleine de promesses », *Gaz. pal.* mai 2012, n° 126, p. 21.

VAUVILLÉ F.

- « Cession de débit de boissons et déclaration mensongère du cessionnaire sur l'absence de condamnation pénale », *Defrénois* avr. 2018, n° 15, p. 34.

VERBIEST T.

- « Le fonds de commerce électronique : vers une reconnaissance juridique ? », *Comm. Com. élec.* avr. 2008, n° 4, étude 10, p. 14.

VERCKEN H.

- « La procédure participative et le bail commercial », http://www.avocatparis.org/system/files/worksandcommissions/Immobilier_baux_commerciaux_11_septembre_2014.pdf.
- « La procédure participative adaptée aux conflits relatifs aux baux et loyers commerciaux », *RLDA* juin 2013, n° 83, p. 4644.

VERGÈS E.

- « Réforme du droit de la preuve civile - . - Quelle perspective après l'échec de l'ordonnance du 10 février 2016 ? », *JCP G* mai 2017, n° 18, doctr. 510, p. 875.

VÉRON M.

- « Le danger simplement éventuel », *Dr. pén.* sept. 2005, n° 9, comm. 121, p. 11.
- « La conduite malgré un permis annulé », *Dr. pén.* sept. 2006, n° 9, comm. 109, p. 28.
- « L'erreur manifeste d'appréciation, nouveau cas d'ouverture à cassation», *Dr. pén.* déc. 2006, n° 12, comm. 155, p. 19.
- « L'incontournable désignation du texte fixant l'obligation de sécurité violée », *Dr. pén.* avr. 2010, n° 4, comm. 44, p. 42.
- « La disproportion entre attaque et riposte », *Dr. pén.* nov. 2012, n° 11, comm. 139, p. 22.
- « L'étendue de la responsabilité du bailleur », *Dr. pén.* mars 2013, n° 3, comm. 38, p. 38.
- « L'étendue de la preuve imposée au bénéficiaire », *Dr. pén.* mai 2015, n° 5, comm. 65, p. 28.

VIAL-PEDROLETTI B.

- « Formation du contrat de bail. - Location d'emplacements dans un parc de stationnement. - Impossibilité d'user des emplacements. - Nullité du bail par défaut d'objet. », *Loyers et copr.* janv. 1993, n° 1, comm. 2, p. 2.
- « Entretien et réparations : changement du chauffe-eau par le preneur », *Loyers et copr.* oct. 2001, n° 10, comm. 220, p. 9.
- « Travaux de désamiantage : débiteur de l'obligation », *Loyers et copr.* mars 2002, n° 3, comm. 56, p. 9.
- « Résiliation judiciaire : portée rétroactive », *Loyers et copr.* oct. 2003, n° 10, comm. 196, p. 10.
- « Obligation de délivrance : inexécution en raison de l'occupation illicite du bien par un tiers », *Loyers et copr.* déc. 2005, n° 12, comm. 215, p. 12.
- « Entretien et réparations : ravalement de façades », *Loyers et copr.* janv. 2006, n° 1, comm. 4, p. 13.
- « Charges locatives : détermination des charges récupérables », *Loyers et copr.* févr. 2006, n° 2, comm. 31, p. 14.
- « Obligation de délivrance : bailleur garant du coût des travaux d'insonorisation réalisés par le locataire », *Loyers et copr.* mars 2009, n° 3, comm. 54, p. 11.
- « Délivrance en bon état : travaux mis à la charge du locataire », *Loyers et copr.* avr. 2010, n° 4, comm. 97, p. 15.
- « Garantie des vices cachés : caractérisation du vice », *Loyers et copr.* juin 2010, n° 6, comm. 156, p. 15.
- « Responsabilité pénale du locataire : dégradation involontaire par incendie », *Loyers et copr.* mars 2012, n° 3, comm. 62, p. 11.
- « Obligation de délivrance : charge de la preuve », *Loyers et copr.* déc. 2013, n° 12, comm. 331, p. 14.
- « Obligation de délivrance : entreposage anticipé des meubles du locataire », *Loyers et copr.* janv. 2014, n° 1, comm. 1, p. 11.
- « Délivrance d'un logement décent : indemnisation du locataire et mise en demeure préalable », *Loyers et copr.* juill. 2014, n° 7-8, comm. 200, p. 12.
- « Réglementation des demandes de changement d'affectation des locaux », *Loyers et copr.* avr. 2017, n° 4, comm. 78, p. 20.

- « Obligation de décence : le Conseil d'État valide les critères de performance énergétique résultant du décret du 9 mars 2017 », *Loyers et copr.* avr. 2019, n° 4, comm. 47, p. 13.

VIGNAL F.

- « La rédaction du contrat », *LPA* mai 1998, n° 54, p. 28.

VIGNAL F. et DUTOUR N.

- « La rédaction du contrat », *in* L. DEJOIE *et alii*, *94e congrès des notaires de France, Le contrat, Liberté contractuelle et sécurité juridique*, Maury-Eurolivres, 1998, p. 237.

VIGNERON G.

- « Installation d'une enseigne », *Loyers et copr.* sept. 2002, n° 9, comm. 214, p. 19.
- « Travaux imposés par l'autorité administrative », *Loyers et copr.* janv. 2007, n° 1, comm. 19, p. 22.
- « Exploitation d'un restaurant », *Loyers et copr.* avr. 2013, n° 4, comm. 125, p. 31.

VINEY F.

- « "Nul professionnel n'est censé ignorer… la jurisprudence ?" », *LPA* mai 2017, n° 101, p. 18.

VINEY G.

- « Responsabilité civile », *JCP G* déc. 1994, n° 50, doctr. 3809, p. 550.
- « Responsabilité civile », *JCP G* mai 1997, n° 22, doctr. 4025, p. 237.
- « La responsabilité contractuelle en question », *in Études offertes à Jacques Ghestin, Le contrat au début du XXIe siècle*, L.G.D.J., 2001, p. 921.
- « Responsabilité civile », *JCP G* avr. 2005, n° 15-16, doctr. 132, p. 727.
- « La responsabilité du débiteur à l'égard du tiers auquel il a causé un dommage en manquant à son obligation contractuelle », *D.* nov. 2006, n° 41, p. 2825.
- « Après la réforme du contrat, la nécessaire réforme des textes du Code civil relatifs à la responsabilité », *JCP G* janv. 2016, n° 4, doctr. 99, p. 169.

VOIRIN P.

- « Testament. - Interprétation. Double legs en usufruit et en nue propriété. », *JCP G* 1942, jur. II 2007.

WEBER J.-F.

- « L'action en annulation d'un contrat entaché d'une nullité absolue se prescrit par trente ans », *JCP G* janv. 2000, n° 4, jur. 10236, p. 151.

WERTENSCHLAG B.

- « La clause de « délivrance en l'état » dans les baux commerciaux », *JCP E* mars 1993, n° 11, act. 100065, p. 110.
- « Succession d'occupants d'un site pollué et obligation de dépollution », *AJDI* févr. 2003, n° 2, p. 105.
- « Amiante et responsabilité du bureau de contrôle », *AJDI* mai 2003, n° 5, p. 373.
- « Propriétaires immobiliers : les réflexes en matière de pollution des sols », *AJDI* janv. 2003, n° 1, p. 20.
- « Les obligations sanitaires du bailleur de locaux commerciaux ou professionnels », *AJDI* sept. 2006, n° 9, p. 627.
- « Haro sur les diagnostiqueurs ! », *AJDI* févr. 2007, n° 2, p. 89.
- « Le dossier de diagnostic technique en matière de vente et de location », *AJDI* févr. 2007, n° 2, p. 113.

- « Le bail vert », *AJDI* oct. 2010, n° 10, p. 693.

WERTENSCHLAG B. et GEIB T.
- « La responsabilité du diagnostiqueur immobilier », *AJDI* juin 2009, n° 6, p. 417.
- « Annexe environnementale : la montagne accouche d'une souris (verte) ! A propos du décret n° 2011-2058 du 30 décembre 2011 », *AJDI* févr. 2012, n° 2, p. 77.
- « Environnement et bail commercial », *AJDI* avr. 2014, n° 4, p. 259.
- « Le volet "environnement" de la loi ALUR », *AJDI* mai 2014, n° 5, p. 372.

WICKER G.
- « La suppression de la cause par le projet d'ordonnance : la chose sans le mot ? », *D.* juill. 2015, n° 27, p. 1557.
- « La suppression de la cause et les solutions alternatives », *in* R. SCHULZE (dir.), G. WICKER (dir.), G. MÄSCH (dir.), D. MAZEAUD (dir.) *et alii*, *La réforme du droit des obligations en France, 5e journées franco-allemandes*, Société de législation comparée, 2015, p. 107.

WICKERS T.
- « L'acte d'avocat, un pas décisif dans la modernisation du droit français », *Le magasine du conseil national des barreaux* mai 2011, hors-série spécial acte d'avocat, p. 3.

ZALEWSKI V.
- « L'obligation de sécurité de moyens du bailleur : une impasse », *AJDI* mars 2005, n° 3, p. 204.
- « Cession de bail et travaux imposés par l'administration », *AJDI* févr. 2006, n° 2, p. 114.
- « L'obligation de délivrance et les vices structurels de l'immeuble », *AJDI* nov. 2008, n° 11, p. 841.
- « Délivrer ou non », *AJDI* janv. 2012, n° 1, p. 32.
- « Le locataire fumeur et fumiste », *AJDI* oct. 2012, n° 10, p. 661.
- « Le BIM : un chantier toujours en cours », *Constr.-urb.* nov. 2019, n° 11, alerte 84, p. 4.

ZALEWSKI-SICARD V.
- « Le SAV de la loi ELAN », *Constr.-urb.* févr. 2019, n° 2, alerte 1, p. 3.

ZAMPIERO BOUQUEMONT M.-F.
- « La technologie doit être une valeur ajoutée de la profession », *JCP N* déc. 2012, n° 51-52, act. 1113, p. 13.

ZENATI F.
- « Droit d'usage et d'habitation », *RTD civ.* déc. 1995, n° 4, p. 921.

ZORGNIOTTI J.
- « Légitime parce qu'utile ! », *Dr. & patr.* févr. 2010, n° 189, p. 16.

V - Encyclopédies et répertoires

AGOSTINI F.
- *Compétence*, Rép. pénal Dalloz, févr. 2005.

ALFROY D.
- *Bail commercial. - Champ d'application du statut. - Définition. Objet du bail*, J.-Cl. Civil Code, Fasc. n° 1240, mai 2018.

ARNAUD V. ***et alii***
- *Le Lamy Droit de la Santé*, 2018.

AUBERT DE VINCELLES C. et NOBLOT C.
- *Bail*, Rép. civ. Dalloz, sept. 2018.

AZEMA J. ***et alii***
- *Le Lamy Baux commerciaux*, 2018.
- *Le Lamy Baux commerciaux*, 2020.

BACACHE M.
- *Indivisibilité*, Rép. civ. Dalloz, janv. 2009.

BARBIER G.
- *Erreur sur le droit*, J.-Cl. Pénal Code, Fasc. n° 20, mars 2014.

BARRET O. et BRUN P.
- *Vente : effets*, Rép. civ. Dalloz, janv. 2020.

BEAULIEU J.-N.
- *Droits et obligations des copropriétaires. - Location de lot*, J.-Cl. Copropriété, Fasc. n° 91-51, juin 2017.

BERGEL J.-L. (dir.) ***et alii***
- *Le Lamy droit immobilier*, 2014.
- *Le Lamy droit immobilier*, 2015.
- *Le Lamy droit immobilier*, 2020.

BLANCHET O. et BARIANI X.
- *Huissiers de justice*, J.-Cl. Responsabilité civile et Assurances, Fasc. n° 395, mars 2011.

BLATTER J.-P.
- *Bail d'habitation - Locations soumises à la loi du 6 juillet 1989 - Domaine d'application*, J.-Cl. Bail à Loyer, Fasc. n° 115, juill. 2013.

BOUCARD H.
- *Responsabilité contractuelle*, Rép. civ. Dalloz, juill. 2018.

BOUT R. ***et alii***
- *Le Lamy droit économique*, 2015.

BOUTONNET M.
- *Contentieux civil - Responsabilité contractuelle*, J.-Cl. Environnement et Développement durable, Fasc. n° 4965, févr. 2014.

BOUTY C.
- *Chose jugée*, Rép. proc. civ. Dalloz, mars 2018.

BOYER L.
- *Contrats et conventions*, Rép. civ. Dalloz, août 1993.

BRAULT P.-H.
- *Bail commercial - Loyer - La valeur locative et ses critères légaux*, J.-Cl. Bail à Loyer, Fasc. n° 1405, nov. 2010.

BRENNER C. et LEQUETTE S.
- *Acte juridique*, Rép. civ. Dalloz, févr. 2019.

BRUN P.
- *Responsabilité du fait personnel*, Rép. civ. Dalloz, mai 2015.

BRUN P. (dir.), PIERRE P. (dir.), LACOSTE-MASSON N. (dir.) *et alii*
- *Le Lamy droit de la responsabilité*, 2014.
- *Le Lamy droit de la responsabilité*, 2020.

CASTAGNÉ S.
- *Fonds de commerce. - Fonds de commerce électronique. - Cession*, J.-Cl. Notarial Formulaire, Fasc. n° 1932, janv. 2014.

GRÉAU F.
- *Force majeure*, Rép. civ. Dalloz, juin 2017.

CHAMOULAUD-TRAPIERS A.
- *Usufruit*, Rép. civ. Dalloz, sept. 2012.

COURTIN C.
- *Prescription de l'action publique*, Rép. pénal Dalloz, mars 2019.

CRUVELIER E.
- *Baux commerciaux (Régime fiscal)*, Rép. civ. Dalloz, janv. 2018.

DAMAS N.
- *Bail d'habitation et mixte : rapports locatifs individuels - Loi du 6 juillet 1989*, Rép. dr. imm. Dalloz, févr. 2020.

DE LAMBERTYE-AUTRAND M.-C. et GIL G.
- *Biens. - Classification tripartite des immeubles. - Immeubles par nature*, J.-Cl. Notarial Répertoire, Fasc. 20, sept. 2020.

DEMEESTER M.-L.
- *Avocat (responsabilité)*, Rép. civ. Dalloz, janv. 2009.

DE POULPIQUET J.
- *Notaire. - Fonction et responsabilité. - Généralités*, J.-Cl. Civil Code, Fasc. n° 420-10, mars 2015.
- *Notaire. - Responsabilité civile. - Situations diverses*, J.-Cl. Responsabilité civile et Assurances, Fasc. n° 420-50, avr. 2019.

DESHAYES O.
- *Exception d'inexécution*, Rép. civ. Dalloz, juill. 2018.

DUMONT-LEFRAND M.-P.
- *Bail commercial*, Rép. civ. Dalloz, sept. 2009.

FAGES B.(dir.), FLEURY P. (dir.) *et alii*
- *Le Lamy Droit du contrat*, 2020.

FERRAND F.
- *Preuve*, Rép. pr. civ. Dalloz, déc. 2013.

GARBIT P. *et alii*
- *Le Lamy Droit commercial*, 2015.
- *Le Lamy Droit commercial*, 2020.

HAUSER J., LEMOULAND J.-J. et PIETTE G.
- *Ordre public et bonnes mœurs*, Rép. civ. Dalloz, févr. 2019.

HONTEBEYRI A.
- *Prescription extinctive*, Rép. civ. Dalloz, févr. 2016.

ISSA-SAYEGH J.
- *Contrats et obligations - Extinction des obligations - Paiement : Caractères généraux. Parties. Effets*, J.-Cl. Civil Code, Fasc. n° 20, déc. 2011.

JOURDAIN P.
- *Droit à réparation. - Lien de causalité. - Détermination des causes du dommage*, J.-Cl. Responsabilité civile et Assurances, Fasc. n° 160, avr. 2011.

KECHICHIAN M.
- *Sécurité du public (Prévention des risques)*, Rép. pénal Dalloz, oct. 2008.

LAFOND J.
- *Bail commercial. - Bail initial. - Formules*, J.-Cl. Bail à Loyer, Fasc. n° 310, janv. 2015.
- *Vente d'un lot - Information de l'acquéreur sur l'état de l'immeuble*, J.-Cl. Notarial Formulaire, Fasc. n° 208, juill. 2014.
- *Bail commercial. - Arrivée du terme*, J.-Cl. Notarial Formulaire, Fasc. n° 350, sept. 2011.

LATINA M.
- *Contrat (Généralités)*, Rép. civ. Dalloz, mai 2017.
- *Bonne foi*, Rép. civ. Dalloz, mai 2017.

LE TOURNEAU P.
- *Responsabilité (en général)*, Rép. civ. Dalloz, mai 2009.
- *Contrats informatiques*, Rép. com. Dalloz, févr. 2019.

MARTIN R. et LANDRY D.
- *Avocats. - Obligations et prérogatives*, J.-Cl. Procédure civile, Fasc. n° 300-90, oct. 2017.

MASCALA C.
- *Faits justificatifs. - Légitime défense*, J.-Cl. Pénal Code, Fasc. n° 20, juin 2020.
- *Faits justificatifs. - État de nécessité*, J.-Cl. Pénal Code, Fasc. n° 20, juin 2020.
- *Faits justificatifs. - Généralités. - Ordre de la loi et commandement de l'autorité légitime*, J.-Cl. Pénal Code, Fasc. n° 20, déc. 2012.

MEHL-SCHOUDER M.-C. et IBANEZ P.
- *Autorisations et déclarations d'urbanisme (Champ d'application des autorisations et déclarations d'urbanisme)*, Rép. imm. Dalloz, juin 2008.

MERLIN P.-A.
- *Répertoire universel et raisonné de jurisprudence*, t. 3, 5e éd., Garnery (Paris), 1827.

MIGNOT M.
- *Contrats et obligations - Diverses espèces d'obligations - Obligations à terme*, J.-Cl. Civil Code, Fasc. unique, déc. 2012.
- *Régime général des obligations. - Pluralité de sujets de l'obligation. - Principe de division*, J.-Cl. Notarial Répertoire, Fasc. n° 1, févr. 2017.

MOURALIS J.-L.
- *Preuve (1°modes de preuve)*, Rép. civ. Dalloz, janv. 2011.

NOGUELLOU R.
- *Urbanisme : responsabilité*, Rép. resp. puiss. publ. Dalloz, avr. 2014.

PICOD Y.
- *Obligations*, Rép. civ. Dalloz, juin 2017.

PIMONT S.
- *Clause pénale*, Rép. civ. Dalloz, avr. 2010.

QUÉMENT C.
- *Bail commercial. - Conclusion. Durée*, J.-Cl. Bail à Loyer, Fasc. n° 1260, oct. 2018.
- *Bail commercial. - Obligations des parties*, J.-Cl. Bail à Loyer, Fasc. n° 1275, févr. 2020.

RADÉ C.
- *Droit à réparation. - Conditions de la responsabilité contractuelle. - Dommage*, J.-Cl. Civil Code, Fasc. n° 10, août 2014.

RASSAT M.-L.
- *Trouble psychique ou neuropsychique. Contrainte*, J.-Cl. Pénal Code, Fasc. n° 20, sept. 2011.

REDON M.
- *Tribunal correctionnel*, Rép. pénal Dalloz, juin 2017.

RETIF S.
- *Droit à réparation. - Conditions de la responsabilité délictuelle. - Le dommage. - Caractères du dommage réparable*, J.-Cl. Notarial Répertoire, Fasc. n° 101, août 2005.

REVILLARD M.
- *Notaire*, Rép. Dr. Int. Dalloz, janv. 2020.

SAINT-PAU J.-C.
- *Droit à réparation - Conditions de la responsabilité contractuelle*, J.-Cl. Civil Code, Fasc. n° 11-10, avr. 2013.
- *Droit à réparation. - Conditions de la responsabilité contractuelle. - Fait générateur. - Inexécution imputable au débiteur*, J.-Cl. Responsabilité civile et Assurances, Fasc. n° 11-20, nov. 2013.

SALVAGE P. et LEROY J.
- *Synthèse - Responsabilité pénale des personnes physiques*, J.-Cl. Pénal Code Synthèse n° 20, sept. 2018.

SANSEAU T. et PIERRE P.
- *Responsabilité notariale. - Assurance*, J.-Cl. Notarial formulaire, Fasc. n° 8, juill. 2014.

SIMLER P.
- *Contrats et obligations. - Causes d'extinction des obligations*, J.-Cl Notarial Répertoire, Fasc. n° 62, juin 2009.

SIZAIRE D. et TRICOIRE J.-P.
- *Vente d'immeubles à construire. - Régime général. - Dispositions communes à la vente à terme et à la vente en l'état futur d'achèvement*, J.-Cl. Construction - Urbanisme, Fasc. n° 82-20, janv. 2014.

TALAU J.-M.
- *Bail commercial. - Droit international privé et droit comparé des baux commerciaux*, J.-Cl. Bail à Loyer, Fasc. n° 1600, oct. 2012.

TOURNAFOND O.
- *Vente d'immeuble à construire*, Rép. civ. Dalloz, mars 2004.

VAILLIER P. et BLOCH L.

- *Avocat*, J.-Cl. Responsabilité civile et Assurances, Fasc. n° 330, sept. 2018.

VEAUX-FOURNERIE P. et VEAUX D.

- *Typologie des obligations*, J.-Cl. Contrats - Distribution, Fasc. n° 85, déc. 2003.

VIAL-PEDROLETTI B.

- *Bail d'habitation. - Locations régies par le droit commun du louage (Code civil). - Obligations du bailleur : délivrance de la chose*, J.-Cl. Bail à loyer, Fasc. n° 260, mars 2015.
- *Bail d'habitation. - Généralités. - Définition du contrat de bail*, J.-Cl. Bail à loyer, Fasc. n° 85, juill. 2016.
- *Bail d'habitation. - Locations soumises à la loi du 6 juillet 1989. - Obligations du bailleur : délivrance*, J.-Cl. Bail à Loyer, Fasc. n° 140-10, juill. 2019.

VIGNERON G.

- *Règlement de copropriété - Établissement - Modification - Force obligatoire*, J.-Cl. Construction - Urbanisme, Fasc. n° 93-20, déc. 2011.
- *Travaux réalisés à l'initiative de copropriétaires. - Règles générales*, J.-Cl. Copropriété, Fasc. n° 98, mars 2013.
- *Travaux à l'initiative de copropriétaires. - Procédure d'autorisation*, J.-Cl. Copropriété, Fasc. n° 99, avr. 2017.
- *Droits et obligations des copropriétaires. - Destination des parties privatives. - Considérations générales*, J.-Cl. Construction - *Urbanisme*, Fasc. n° 91-10, avr. 2019.

VIGNERON G. et COUTANT-LAPALUS C.

- *Travaux réalisés à l'initiative de copropriétaires. - Règles générales*, J.-Cl. Copropriété, Fasc. n° 98, juill. 2018.

VI - Sources diverses

Sources Internet

BARDY D.

- « Choisir un diagnostiqueur : les pièges à éviter » : http://www.preventimmo.fr/comment-choisir-un-diagnostiqueur/.

BRAULT C.-E.

- « La nouvelle méthode générale de pondération » : http://www.cabinetbrault-avocat.com/sites/ default/files/la nouvelle methode de ponderation.pdf.

MERRICHELLI C.

- « Baux commerciaux : les réponses interprofessionnelles à vos questions », *Les petites affiches des alpes maritimes* mai 2015 : https://www.petitesaffiches.fr/actualites,069/droit,044/baux-commerciaux-les-reponses,5320.html.

NEU-JANICKI G.

- « Climatisation et obligation de délivrance du bailleur » : http://www.neujanicki.com/ Climatisation-et-obligation-de-delivrance-du.html.

PINET D.

- « Le bail "tous commerces" : déclinaisons, régime juridique et incidence sur la valeur locative de renouvellement », Compte-rendu de la réunion du 29 janvier 2014 de la Commission de droit immobilier du barreau de Paris, La GBD : http://www.lagbd.

org/index.php/Clause de destination et bail %22 tous commerces%22 (fr).

À la campagne, comme à la ville, des commerces traditionnels proches de la population : https://www.insee.fr/fr/ statistiques/1280728.

Baromètre des réclamations de consommateurs : https://www.economie.gouv.fr/files/files/ directions services/ dgccrf/documentation/barometre/barometre reclamations2016.pdf.

Commentaire sur le projet de Convention sur les Contrats de Vente Internationale de Marchandises, établi par le Secrétariat : https://www.uncitral.org/pdf/french/texts/sales/cisg/a-conf-97-5-f.pdf.

Conseil constitutionnel, Observations du gouvernement - 2000-436 DC : http://www.conseil-constitutionnel.fr/conseil-constitutionnel/francais/les-decisions/acces-par-ate/decisions-depuis-1959/2000/2000-436-dc/observations-du-gouvernement.100830.html.

Etudes économiques - Chriffres clés du commerce : https://www.entreprises.gouv.fr/files/ files/directionsservices/etudes-etstatistiques/Chiffres cles/Commerce/2015-11-Chiffres-cles-commerce.pdf.

In'li signe le premier acte immobilier par la blockchain, https://www.batiactu.com/edito/in-li-signe-premier-acte-immobilier-par-blockchain-57011.php.

La construction de maisons en bois en France est en plein essor : http://www.immobilier-danger.com/La-construction-de-maisons-en-bois-235.html.

La construction en bois en plein essor : http://www.bois.com/construire/choisir-bois/marche-maison-bois.

La R.C. professionnelle : http://www.scb-assurances.com/fr/garanties-votre-barreau/rc-pro.

Le bail commercial à l'épreuve de la mutabilité des immeubles, https://www.cheuvreux.fr/wp-content/ uploads/ 2020/10/LCDJ-1 6.-Le-bail-commercial-%C3%A0-l%C3%A9preuve -de-la-mutabilit%C3%A9.pdf.

L'effondrement d'immeubles à Marseille rappelle que la guerre contre l'insalubrité est sans fin : https://www.lemonde.fr/idees/article/2018/11/13/la-lutte-sans-fin-contre-lestaudis538 2790 3232.html.

Le notariat en chiffres : https://www.notaires.fr/fr/profession-notaire/rapport-annuel-du-notariat/le-notariat-en-chiffres.

Le Sénat adopte le projet de loi relatif à l'artisanat, au commerce et aux très petites entreprises, Comprendre les enjeux : http://www.senat.fr/espace presse/actualites/201404/projet de loi relatif a lartisanat au commerce et aux tres petites entreprises.html#c604709.

Les principales causes de sinistre : http://www.scb-assurances.com/fr/sinistre-rc/principales-causes-sinistre.

Modalités de souscription des garanties RCP complémentaires : https://www.scb-assurances.com/upload/ Modalites de souscription RCP Complementaire 2018.pdf.

Notice d'information RCP complémentaires : http://www.scbassurances.com/upload/Notice_RCP_Complém entaire_2016.pdf.

Plus de souplesse pour les professionnels de l'immobilier : https://www.argusdelassurance.com/tendances/plus-de-souplesse-pour-les-professionnels-de-l-immobilier.49941.

Pourquoi augmenter vos garanties R.C. Pro ? : http://www.scb-assurances.com/fr/comment-mieux-garantir-rc/pourquoi-augmenter-vos-garanties-r-c-pro-.

Quelles sont les surfaces minimales pour un espace de travail ? : http://vosdroits.service-public.fr/professionnels-entreprises/F24505.xhtml.

Responsabilité Civile Professionnelle Complémentaire : https://www.aonassurances.com/Professionnels/ Assurance/Avocat/Avocat_RC_Complementaire.

Transformer un logement en local professionnel : http://vosdroits.service-public.fr/professionnels-entre prises/F2751.xhtml.

Vos bureaux sont-ils aux normes ? : http://lentreprise.lexpress.fr/gestion-fiscalite/immobilier-entreprise/vos-bureaux-sont-ils-aux-normes_1508935.html.

Chartes

Charte de l'environnement, 2005.

Charte de l'expertise immobilière, 2012.

Guides

AGMS *et alii*
- *Guide du Responsable HSE*, Wolters Kluwer, 2019.

ASSOCIATION DES DIRECTEURS IMMOBILIERS
- *Guide pratique du bail commercial*, Le Moniteur, 2016.

CHAVANCE E., COLIN A. et PETIT M.-O.
- *Guide des baux commerciaux 2014*, LexisNexis, 2014.

CONSEIL NATIONAL DES BARREAUX
- *L'activité de l'avocat mandataire en transactions : Le mandat en transactions immobilières. Guide Pratique*, Les cahiers du CNB, 2014.

CRÉHANGE P.
- *Introduction à la rédaction des actes judiciaires et juridiques scripta manent*, préf. J.-M. DARROIS, Guide pratique, Lextenso éditions, 2015.

DEBEAURAIN J. et CERATI-GAUTHIER A.
- *Guide des baux commerciaux*, 18e éd., Edilaix, 2018.

GROUPE REVUE FIDUCIAIRE
- *Le bail commercial*, 7e éd., Groupe Revue Fiduciaire, coll. Les guides de gestion RF, 2017.

ORDRE DES AVOCATS DU BARREAU DE PARIS
- *Guide des assurances des avocats au barreau de Paris*, Aon, mai 2013.

Rapports et avis

ALTHAPÉ L.
- Rapp. Sénat n° 17, session ordinaire 2000-2001, Rapport présenté au nom de la commission des Affaires économiques et du Plan sur le projet de loi, adopté avec modifications par l'assemblée nationale en nouvelle lecture, relatif à la solidarité et au renouvellement urbains.

ASSIÉ M.
- Rapp. C. cass. 2006.

BEHAR-TOUCHAIS M.
- Rapport français sur la responsabilité des professionnels du droit, *in La responsabilité, Aspects nouveaux, Travaux de l'Association Henri Capitant, Journées panaméennes*, t. L, 1999.

BONNEFOY N.
- Avis Sénat n° 446, session ordinaire 2013-2014, 9 avr. 2014, Avis présenté au nom de la commission des lois constitutionnelles, de législation, du suffrage universel, du Réglement et d'administration générale (1) sur le projet de loi, adopté par l'Assemblée Nationale après engagement de la procédure accélérée, relatif à l'artisanat, au commerce et aux très petites entreprises.

BOUT B.
- Avis Sénat n° 10, session 14 oct. 2008, Avis présenté au nom de la commission des Affaires sociales sur le projet de loi (urgence déclarée) de mobilisation pour le logement et la lutte contre l'exclusion.

BRAYE D.
- Rapp. Sénat n° 8, session ordinaire 2008-2009, Rapport fait au nom de la commission des Affaires économiques sur le projet de loi (urgence déclarée) de mobilisation pour le logement et la lutte contre l'exclusion.

CATALA P. *et alii*
- Rapp. Avant-projet de réforme du droit des obligations (Articles 1101 à 1386 du Code civil) et du droit de la prescription (Articles 2234 à 2281 du Code civil), Doc. fr., sept. 2005.

FORMONT C., DI CONCETTO A. et CHERONNET A.
- Rapp. L'innovation dans la profession d'avocat : http://www.sciencespo.fr/ecole-de-droit/sites/sciencespo.fr.ecole-de-droit/files/IBP%20Rapport%20Innovation_decembre2015_0.pdf.

GARIAZZO M
- Avis C. cass. 2006.

JOMATI CONSULTANT
- Rapp. Civilisation 2030 : le futur proche des sociétés juridiques.

KAMARA J.
- Rapp. C. cass. 2013.

LE TOURNEAU P.
- *La responsabilité des professionnels du droit. Rapport général, Rev. notariat* sept. 1999, n° 2, p. 239.

MOURY J. ***et alii***
- *Le risque*, Rapp. C. cass. 2011.

NICOLIN Y.
- Rapp. AN n° 3179, Rapport fait au nom de la commission des lois constitutionnelles, de la législation et de l'administration générale de la République sur le projet de loi (n° 3030), modifié par le Sénat, de modernisation des professions judiciaires ou juridiques et de certaines professions réglementées.

PELLETIER P.
- Rapp. au garde des sceaux, ministre de la justice, avr. 2004, Propositions pour une modernisation du régime juridique des baux commerciaux et professionnels.

PINTE E.
- Avis AN n° 1316, session 10 déc. 2008, Avis présenté au nom de la commission des affaires culturelles, familiales et sociales sur la projet de loi adopté par le Sénat, après déclaration d'urgence de mobilisation pour le logement et la lutte contre l'exclusion.

PIRON M.
- Rapp. AN n° 1357, session 18 déc. 2008, Rapport fait au nom de la commission des affaires économiques, de l'environnement et du territoire sur le projet de loi, adopté par le Sénat, après déclaration d'urgence, de mobilisation pour le logement et la lutte contre l'exclusion.

PIRON M. et BRAYE D.
- Rapp. AN n° 1476 et Sénat n° 224, session 18 fév. 2009, Rapport fait au nom de la commission mixte paritaire chargée de proposer un texte sur les dispositions restant en discussion du projet de loi de mobilisation pour le logement et la lutte contre l'exclusion.

SCELLIER F.
- Avis AN n° 1402, session 21 janv. 2009, Avis présenté au nom de la commission des finances, de l'économie générale et du plan sur le projet de loi de mobilisation pour le logement et la lutte contre l'exclusion.

VAUGRENARD Y.
- Rapp. Sénat n° 440, session 9 avr. 2014, Rapport fait au nom de la commission des affaires économiques sur le projet de loi, adopté par l'assemblée nationale après engagement de la procédure accélérée, relatif à l'artisanat, au commerce et aux très petites entreprises.

VERDIER F.
- Rapp. AN n° 1338, session 29 janv. 2014, Rapport fait au nom de la commission des affaires économiques sur le projet de loi, après engagement de la procédure accélérée, relatif à l'artisanat, au commerce et aux très petites entreprises.

VERDIER F. et VAUGRENARD Y.
- Rapp. CMP n° 557, session 21 mai 2014, Rapport fait au nom de la commission paritaire mixte chargée de proposer un texte sur les dispositions restant en discussion du projet de loi relatif à l'artisanat, au commerce et aux très petites entreprises.

Rapp., Rapport au Président de la République relatif à l'ordonnance n° 2016-131 du 10 février 2016 portant réforme du droit des contrats, du régime général et de la preuve des obligations, JORF n° 0035, 11 févr. 2016, texte n° 25.

TABLE DE JURISPRUDENCE

(les références renvoient aux numéros de paragraphes)

INTRODUCTION

Cour de cassation :

- Cass. 3e civ., 12 nov. 1975, n° 74-14.878, Bull. civ. III, n° 327 **(n° 2)**

- Cass. 3e civ., 10 déc. 2008, n° 07-20.277, JurisData n° 2008-046248, *Loyers et copr.* mars 2009, n° 3, comm. 54, p. 11, obs. B. VIAL-PEDROLETTI ; *RTD com.* déc. 2009, n° 4, p. 694, obs. F. KENDÉRIAN ; *AJDI* mars 2009, n° 3, somm. p. 198, obs S. PORCHERON ; *JCP N* nov. 2009, n° 47, chron. 1316, p. 23, obs. C. YANG-TING **(n° 2)**

- Cass. 3e civ., 5 juin 2002, n° 00-19.037, Bull. civ. III, n° 123, *D.* sept. 2002, n° 29, p. 2303 ; *AJDI* nov. 2002, n° 11, p. 759, obs. P. BRIAND ; *Administrer* août-sept. 2002, n° 347, p. 44, obs. B. BOCCARA et D. LIPMAN-BOCCARA ; *RDC* déc. 2003, n° 1, p. 118, obs. G. LARDEUX ; *Gaz. pal.* sept. 2012, n° 255, p. 17, obs. F. GHILAIN **(n° 2)**

- Cass. 3e civ., 20 janv. 2009, n° 07-20.854, JurisData n° 2009-046681, *RDC* oct. 2009, n° 4, p. 1495, obs. C. GRIMALDI ; *JCP N* nov. 2009, n° 47, chron. 1316, p. 23, obs. A. MBOTAINGAR ; *JCP E* nov. 2009, n° 47, chron. 2083, p. 15, obs. A. MBOTAINGAR ; *Loyers et copr.* mars 2009, n° 3, comm. 63, p. 17, note E. CHAVANCE **(n° 2)**

- Cass. 3e civ., 25 nov. 2009, n° 08-16.734, JurisData n° 2009-050538, *RJDA* févr. 2010, n° 2/10, obs. 123, p. 130 **(n° 4)**

- Cass. 3e civ., 28 nov. 2007, n° 06-17.758, *D.* janv. 2008, n° 2, p. 85 **(n° 4)**

- Cass. 1e civ., 28 oct. 2015, n° 14-17.518, Bull. civ. I, n° 838, JurisData n° 2015-023958, *Resp. civ. et assur.* janv. 2016, n° 1, comm. 17, p. 12 ; *JCP N* nov. 2015, n° 46, act. 1076, p. 5 ; *Defrénois* janv. 2016, n° 2, p. 78, note L. RUET ; *Gaz. pal.* janv. 2016, n° 3, p. 39, obs. M. MEKKI ; *RDC* juin 2016, n° 2, p. 224, obs. O. DESHAYES ; *Defrénois* juin 2016, n° 12, p. 701, obs. M. LATINA ; *RLDC* janv. 2016, n° 133, act. 6080, p. 25, obs. C. G. ; *Dalloz actualité* 17 nov. 2015, obs. N. KILGUS **(n° 4)**

- Cass. 3e civ., 14 juin 2018, n° 17-13.422 et 17-15.498, Publié au bulletin, JurisData n° 2018-010175, *CCC* oct. 2018, n° 10, comm. 172 ; *JCP N* juin 2018, n° 25, act. 561, p. ; *LEDIU* sept. 2018, n° 8, p. 5, obs. M.-L. BESSON ; *Gaz. pal.* juin 2018, n° 23, p. 38, obs. C. BERLAUD ; *RLDC* sept. 2018, n° 162, act. 6470, p. 8, obs. K. SIDIME; *RLDA* sept. 2018, n° 140, act. 6512, p. 11 ; *Dalloz actualité* 5 juill. 2018, obs. C. DREVEAU ; *AJDI* mars 2019, n° 3, p. 201, obs. N. DAMAS **(n° 4)**

Juridiction du 2nd degré :

- CA Aix-en-Provence, 1e civ., 20 mars 2008, n° 06/03667 **(n° 4)**

- CA Paris, 1e ch., sect. A, 3 mars 2003, *Gaz. pal.* juill. 2003, n° 184, p. 29 **(n° 4)**

- CA Paris, 5e ch., sect. B, 20 nov. 2003, n° 2001/16985, JurisData n° 2003-248813, *Comm. Com. élec.* déc. 2004, n° 12, comm. 159, p. 29, note P. STOFFEL-MUNCK **(n° 5)**

PARTIE 1 - L'UNICITÉ DE LA NOTION D'OBLIGATION DE DÉLIVRANCE

Titre 1 - L'unicité insuffisamment révélée par l'approche analytique de la notion d'obligation de délivrance

Chapitre 1 - La détermination du contenu de l'obligation de délivrance dans le bail commercial

Conseil d'État :

- CE 5e et 6e ch. réunies, 20 déc. 2018, n° 414123, JurisData n° 2018-024054, *Loyers et copr.* avr. 2019, n° 4, comm. 47, p. 13, note B. VIAL-PEDROLETTI **(n° 77)**

- CE 5e et 6e ch. réunies, 18 juin 2018, n° 411583, JurisData n° 2018-010723, *Énergie - Env. - Infrastr.* juill. 2018, n° 7, alerte 146, p. 1, veille A. PIBOYEUX **(n° 118)**

Cour de cassation :

- Cass. 3e civ., 19 mai 2004, n° 03-12.541, Bull. civ. III, n° 99, JurisData n° 2004-023636 ; *JCP G* juill. 2004, n° 28, pan. 2408, p. 1292 ; *JCP G* avr. 2005, n° 15-16, chron. 132, p. 727, obs. G. VINEY ; *AJDI* nov. 2004, n° 11, p. 803, obs. Y. ROUQUET **(n° 45 ; n° 50)**

- Cass. 3e civ., 16 oct. 1974, n° 73-13.720, Bull. civ. III, n° 360 **(n° 48 ; n° 81)**

- Cass. 3e civ., 1er oct. 1997, n° 95-14.322, Bull. civ. III, n° 177, *Loyers et copr.* mars 1998, n° 12, comm. 72, p. 14, obs. P.-H. BRAULT et C. MUTELET **(n° 48)**

- Cass. 3e civ., 22 avr. 1971, n° 70-10.242, Bull. civ. III, n° 248 **(n° 48)**

- Cass. 3e civ., 4 janv. 1995, n° 92-21.084, *AJPI* mai 1995, n° 5, p. 409, obs. J.-P. BLATTER **(n° 48)**

- Cass. 3e civ., 6 juill. 1982, n° 80-12.958, Bull. civ. III, n° 167 **(n° 48)**

- Cass. 3e civ., 20 mars 1984, n° 82-12.753, Bull. civ. III, n° 71 **(n° 48)**

- Cass. 3e civ., 4 mars 1987, n° 85-17.137, Bull. civ. III, n° 38 **(n° 48)**

- Cass. 3e civ., 20 juin 1990, n° 89-12.283, Bull. civ. III, n° 152, *RTD com.* juin 1991, n° 2, p. 183, obs. M. PÉDAMON **(n° 48)**

- Cass. 3e civ., 23 mars 1994, n° 92-15.035, Bull. civ. III, n° 60 **(n° 48)**

- Cass. 3e civ., 20 mars 1996, n° 94-13.662, *Gaz. pal.* févr. 1997, n° 2, p. 547, note J.-D. BARBIER **(n° 48)**

- Cass. 3e civ., 8 déc. 1999, n° 98-12.405, *Administrer* mars 2000, n° 320, p. 30 **(n° 48)**

- Cass. 3e civ., 28 oct. 1992, n° 90-16.858, *Loyers et copr.* janv. 1993, n° 1, comm. 2, p. 2, obs. B. VIAL-PEDROLETTI **(n° 49)**

- Cass. 3e civ., 2 juill. 2013, n° 12-20.189, *AJDI* juin 2014, n° 6, p. 449, obs. D. LIPMAN-W. BOCCARA **(n° 50)**

- Cass. 3e civ., 19 mai 2004, n° 03-12.541, Bull. civ. III, n° 99, JurisData n° 2004-023636 ; *JCP G* juill. 2004, n° 28, pan. 2408, p. 1292 ; *JCP G* avr. 2005, n° 15-16, chron. 132, p. 727, obs. G. VINEY ; *AJDI* nov. 2004, n° 11, p. 803, obs. Y. ROUQUET **(n° 50).**

- Cass. 3e civ., 11 févr. 2016, n° 14-25.357, *AJDI* juin 2016, n° 6, p. 423, obs. F. DE LA VAISSIÈRE **(n° 50)**

- Cass. 3e civ., 19 mai 2010, n° 09-12.640, Bull. civ. III, n° 96, JurisData n° 2010-006615, *JCP E* juin 2010, n° 23, pan. 1554, p. 16 ; *Gaz. pal.* juin 2010, n° 154, p. 26, obs. C. BERLAUD ; *Dalloz actualité* 15 juin 2010, obs. D. CHENU **(n° 50)**

- Cass. 3e civ., 24 févr. 1976, n° 74-13.314, Bull. civ. III, n° 80, *JCP G* sept. 1976, n° 39, jur. II, 18427, p. 275, note B. BOCCARA ; *D.* 1976, somm. 20e cah., p. 45 **(n° 52 ; n° 53)**

- Cass. 3e civ., 1er déc. 1976, n° 75-14.592, Bull. civ. III, n° 436, *D.* 1977, inf. rap. 110 **(n° 52)**

- Cass. 3e civ., 20 févr. 1985, n° 83-16.019, Bull. civ. III, n° 38, *JCP G* mai 1985, n° 20, jur. IV, p. 159, obs. R. DEPEYROT, D. AUTIÉ, F. DANIEL, G. MAREC, Y. LAGARDÈRE, et M.-J. YDRAC ; *RDI* avr.-juin 1986, n° 2, p. 254, obs. G. BRIÈRE DE L'ISLE et J. DERRUPÉ **(n° 52 ; n° 53)**

- Cass. 3e civ., 7 oct. 1987, n° 86-11.407, *D.* 1987, 35e cah., inf. rap. 203 **(n° 52)**

- Cass. 3e civ., 25 janv. 1977, n° 74-15.293, Bull. civ. III, n° 38, JurisData n° 1977-098038, *Rev. loyers* avr. 1977, n° 576, p. 217, note J. V. **(n° 53)**

- Cass. 3e civ., QPC, 20 mars 2014, n° 13-24.439, Bull. civ. III, n° 40, JurisData n° 2014-005324, *Adminstrer* juin 2014, n° 477, p. 32, obs. J.-D. BARBIER ; *Dalloz actualité* 1er avr. 2014, obs. Y. ROUQUET ; *AJDI* déc. 2014, n° 12, p. 898, chron. J.-P. BLATTER ; *AJDI* déc. 2015, n° 12, p. 890, chron. J.-P. BLATTER ; *AJDI* juin 2015, n° 15, p. 359, obs. R. HALLARD ; *LPA* juill. 2014, n° 144, p. 18, note R. RAFFI ; *JCP E* mars 2015, n° 11, chron. 1130, p. 38, obs. H. KENFACK ; *RLDA* mai 2014, n° 93, act. 5091, p. 30, obs. A. FARACHE **(n° 53)**

- Cass. com., 23 févr. 1959, *Rev. loyers* avr. 1959, n° 404, p. 229 **(n° 53)**

- Cass. 3e civ., 1er juin 2010, n° 09-65.482, *AJDI* sept. 2010, n° 9, p. 638 ; *AJDI* déc. 2011, n° 12, p. 910, chron. J.-P. BLATTER ; *RJDA* oct. 2010, n° 10/10, obs. 917, p. 882 **(n° 53)**

- Cass. com., 20 juill. 1954, *Gaz. pal.* 1954, sem. 2, p. 134 **(n° 53)**

- Cass. 3e civ., 16 oct. 1979, n° 78-12.010, *Ann. loyers* nov. 1980, n° 11, p. 1173 **(n° 53)**

- Cass. com., 11 mai 1949, *JCP G* 1949, jur. II 4967, p. 41, obs. J. G. L. **(n° 53)**

- Cass. 3e civ., 7 oct. 1987, n° 86-11.901, Bull. civ. III, n° 161, *RDI* avr.-juin 1988, n° 2, p. 250, chron. G. BRIÈRE DE L'ISLE et J. DERRUPÉ **(n° 53)**

- Cass. 3e civ., 5 avr. 1995, n° 93-14.864, *RDI* sept. 1995, n° 3, p. 602, chron. F. COLLART-DUTILLEUL et J. DERRUPÉ **(n° 53)**

- Cass. 3e civ., 5 juill. 1995, n° 93-17.674, Bull. civ. III, n° 166, JurisData n° 1995-001823, *RDI* mars 1996, n° 1, p. 117, obs. F. COLLART-DUTILLEUL et J. DERRUPPÉ **(n° 53)**

- Cass. 3e civ., 13 juill. 1999, n° 98-10.009, JurisData n° 1999-003129, *LPA* sept. 1999, n° 175, p. 5, note A. P. **(n° 60)**

- Cass. 3e civ., 1er févr. 2012, n° 10-28.558, *Rev. loyers* mars 2012, n° 925, p. 104 **(n° 61)**

- Cass. soc., 7 mai 1953, Bull. civ. IV, n° 341 **(n° 61)**

- Cass. soc., 10 déc. 1954, Bull. civ. IV, n° 807 **(n° 61)**

- Cass. 3e civ. 14 nov. 2012, n° 11-21.105, *AJDI* févr. 2014, p. 130, n° 2, obs. N. DAMAS **(n° 65)**

- Cass. 3e civ., 3 mai 2007, n° 06-11.092, Bull. civ. III, n° 66, JurisData n° 2007-038654, *Gaz. pal.* juill. 2007, n° 207, p. 21, note P.-H. BRAULT ; *Rev. loyers* juill. 2007, n° 879, p. 326, an. M.-O. VAISSIÉ ; *D.* juin 2007, n° 21,

p. 1430, obs. Y. ROUQUET ; *D.* juill. 2008, n° 24, p. 1645, chron. L. ROZÈS ; *RLDA* juill. 2007, n° 18, act. 1064, p. 19, obs. A. FAUSSURIER ; *RLDA* juin 2007, n° 17, act. 1003, p. 28, obs. A. CERATI-GAUTHIER ; *Dr. sociétés* juill. 2007, n° 7, comm. 129, p. 16 , obs. H. LÉCUYER **(n° 65)**

- Cass. 3e civ., 26 mars 1997, n° 95-14.103, Bull. civ. III, n° 70, JurisData n° 1997-001375, *JCP N* juill. 1997, n° 30, jur. p. 1043 ; *JCP G* mai 1997, n° 21, somm. 1071, p. 65 ; *D.* nov. 1997, n° 40, p. 325, obs. C. ATIAS **(n° 65)**

- Cass. 3e civ., 11 oct. 2011, n° 10-17.257, JurisData n° 2011-021760, *AJDI* janv. 2012, n° 1, p. 32, obs. V. ZALEWSKI **(n° 65 ; n° 96)**

- Cass. 3e civ., 18 mars 2009, n° 08-11.011, JurisData n° 2009-047515, *AJDI* juill. 2009, n° 7-8, p. 539, obs. M.-P. DUMONT-LEFRAND **(n° 67)**

- Cass. 3e civ., 27 avr. 2017, n° 16-12.434, *Gaz. pal.* juill. 2017, n° 298, p. 77, obs. R. CONSEIL **(n° 67)**

- Cass. 3e civ., 17 juill. 1997, n° 95-19.045 **(n° 67)**

- Cass. 3e civ., 12 mars 1985, n° 83-16.406, Bull. civ. III, n° 48, JurisData n° 1985-000652 **(n° 67)**

- Cass. 3e civ., 10 déc. 2008, n° 07-20.277, JurisData n° 2008-046248, *Loyers et copr.* mars 2009, n° 3, comm. 54, p. 11, obs. B. VIAL-PEDROLETTI ; *RTD com.* déc. 2009, n° 4, p. 694, obs. F. KENDÉRIAN ; *AJDI* mars 2009, n° 3, somm. p. 198, obs. S. PORCHERON ; *JCP N* nov. 2009, n° 47, chron. 1316, p. 23, obs. C. YANG-TING **(n° 75 ; n° 99)**

- Cass. 3e civ., 4 juin 2014, n° 13-17.289, Bull. civ. III, n° 73, JurisData n° 2014-013364, *JCP N* déc. 2014, n° 49, comm. 1353, p. 27, note J.-J. BARBIERI ; *AJDI* déc. 2014, n° 12, p. 873, obs. N. DAMAS ; *Dalloz actualité* 16 juin 2014, obs. Y. ROUQUET ; *D.* juin 2014, n° 22, p. 1274, obs. Y. ROUQUET ; *D.* juin 2015, n° 20, p. 1178, chron. N. DAMAS ; *Rev. loyers* juill. 2014, n° 949, p. 359, an. B. HUMBLOT-CATHELAND **(n° 78)**

- Cass. 3e civ., 14 oct. 2009, n° 08-10.955 et n° 08-17.750, Bull. civ. III, n° 220, JurisData n° 2009-049880, *Loyers et copr.* janv. 2010, n° 1, comm. 14, p. 17, note P.-H. BRAULT ; *Rev.loyers* janv. 2010, n° 903, jur. 1107, p. 10, an. B. HUMBLOT-GIGNOUX ; *RLDA* janv. 2010, n° 45, act. 2651, p. 17, note H. KENFACK ; *RTD com.* mars 2010, n° 1, p. 63, obs. F. KENDÉRIAN ; *Dalloz actualité* 22 oct. 2009, obs. Y. ROUQUET ; *D.* oct. 2009, n° 38, p. 2549, obs. Y. ROUQUET **(n° 79)**

- Cass. 3e civ., 22 juin 2017, n° 15-18.316, *AJDI* déc. 2018, n° 12, p. 898, chron. J.-P. BLATTER **(n° 79)**

- Cass. 3e civ., 15 déc. 2004, n° 02-20.614, Bull. civ. III, n° 239, JurisData n° 2004-026183, *Loyers et copr.* févr. 2005, n° 2, comm. 29, p. 14, note C. COUTANT-LAPALUS ; *JCP G* janv. 2005, n° 1-2, jur. II, 10000, p. 27, comm. A. GARIAZZO ; *Rev. loyers* févr. 2005, n° 854, jur. 66, p. 88, an. B. HUMBLOT-GIGNOUX ; *D.* févr. 2005, n° 5, p. 305, obs. J. MONÉGER ; *RDI* mars 2005, n° 2, p. 113, obs. H. HEUGAS-DARRASPEN ; *AJDI* févr. 2005, n° 2, p. 125, obs. Y. ROUQUET **(n° 80)**

- Cass. com, 5 mai 1966, Bull. civ. III, n° 229 **(n° 81)**

- Cass. 3e civ., 12 janv. 1994, n° 91-22.055, Bull. civ. III, n° 3, JurisData n° 1994-000263, *AJDI* juin 1994, n° 6, p. 455, obs. J.-P. BLATTER **(n° 82)**

- Cass. 3e civ., 7 avr. 2004, n° 02-19.062, JurisData n° 2004-023412, *AJDI* déc. 2004, n° 12, somm. p. 882, obs. S. PORCHERON **(n° 86 ; n° 147)**

- Cass. 3e civ., 2 juill. 1997, n° 95-14.151, Bull. civ. III, n° 159, JurisData n° 1997-003148, *JCP G* sept. 1997, n° 39, somm. 1865, p. 292 ; *JCP E* sept. 1997, n° 39, act. 973, p. 331 ; *AJDI* juin 1994, n° 6, p. 455, obs. J.-P. BLATTER **(n° 87)**

- Cass. 3e civ., 29 avr. 2002, n° 00-20.213, JurisData n° 2002-014264, *Rev. loyers* juill. 2002, n° 829, p. 410, an. M.-O. VAISSIÉ **(n° 87 ; n° 147)**

- Cass. 1e civ., 20 févr. 2001, n° 99-13.848, JurisData n° 2001-008324 **(n° 87)**

- Cass. 3e civ., 25 nov. 2009, n° 08-16.734, JurisData n° 2009-050538, *RJDA* févr. 2010, n° 2/10, obs. 123, p. 130 **(n° 87)**

- Cass. 3e civ., 24 mars 1993, n° 91-18.322, Bull. civ. III, n° 40, JurisData n° 1993-000554, *JCP G* juin 1993, n° 21, somm. 1343, p. 159, obs. D. AUTIÉ, G. MARREC, A. ARNOUX, F. JACOMY, Y. LAGARDÈRE et M.-J. YDRAC ; *RDI* sept. 1993, n° 3, p. 433, obs. G. BRIÈRE DE L'ISLE et J. DERRUPPÉ ; *AJDI* avr. 1994, n° 4, p. 291 **(n° 88)**

- Cass. 3e civ., 22 janv. 2008, n° 06-21.439, *Gaz. pal.* juill. 2008, n° 190, p. 30, note J.-D. BARBIER **(n° 88)**

- Cass. 3e civ., 19 juin 2013, n° 12-18.337, *Gaz. pal.* juill. 2013, n° 192, p. 26, obs. C. BERLAUD ; *RJDA* déc. 2013, n° 12/13, obs. 981, p. 921 **(n° 88)**

- Cass. 3e civ., 28 sept. 2004, n° 03-12.189, *Gaz. pal.* déc. 2005, n° 344, p. 24, note C.-E. BRAULT ; *Rev. loyers* déc. 2004, n° 852, jur. 23, p. 692 **(n° 88)**

- Cass. 3e civ , 19 mars 2003, n° 01-17.187, *Gaz. pal.* oct. 2003, n° 291, p. 24, note J.-D. BARBIER ; *Rev. loyers* juill.-sept. 2003, n° 839, p. 454 **(n° 88)**

- Cass. 3e civ., 28 mai 2003, n° 01-16.992, JurisData n° 2003-019336, *Gaz. pal.* oct. 2003, n° 291, p. 24, note J.-D. BARBIER ; *AJDI* sept. 2003, n° 9, p. 577, obs. L. ASCENSI **(n° 88)**

- Cass. 3e civ., 1er dé. 2016, n° 15-22.248, JurisData n° 2016-025612, *AJDI* mai 2017, n° 4, p. 270, obs. F. DE LA VAISSIÈRE **(n° 88)**

- Cass. 3e civ., 11 oct. 2018, n° 17-18.553, JurisData n° 2018-017536, *Gaz. pal.* nov. 2018, n° 40, p. 62, obs. C.-E. BRAULT **(n° 88)**

- Cass. 3e civ., 28 sept. 2005, n° 04-14.577, Bull. civ. III, n° 183, JurisData n° 2005-029923, *JCP N* juill. 2006, n° 27, chron. 1235, p. 1295, obs. H. KENFACK ; *Loyers et copr.* janv. 2006, n° 1, comm. 4, p. 13, note B. VIAL-PEDROLETTI ; *Gaz. pal.* déc. 2005, n° 344, p. 24, note C.-E. BRAULT ; *AJDI* févr. 2006, n° 2, p. 114, obs. V. ZALEWSKI ; *Rev. loyers* déc. 2005, n° 862, p. 550, an. M. PIALOUX **(n° 88)**

- Cass. 3e civ., 28 sept. 2010, n° 08-20.387, JurisData n° 2010-017255 **(n° 89 ; n° 148)**

- Cass. 3e civ. 28 nov. 2007, n° 06-17.758, Bull. civ. III, n° 213, JurisData n° 2007-041625, *Gaz. pal.* sept. 2008, n° 250, p. 15 ; *JCP N* déc. 2007, n° 50, act. 814, p. 4 ; *JCP E* janv. 2008, n° 3, pan. 1082, p. 21 ; *RDI* juill. 2008, n° 6-7, p. 326, obs. F.-G. TRÉBULLE ; *Rev. loyers* févr. 2008, n° 884, jur. 677, p. 91, note C. QUÉMENT ; *D.* janv. 2008, n° 2, p. 85, obs. Y. ROUQUET ; *Dalloz actualité* 19 déc. 2007, obs. Y. ROUQUET ; *D.* juill. 2008, n° 24, p. 1645, chron. L. ROZÈS **(n° 90 ; n° 107 ; n° 111)**

- Cass. 3e civ., 4 juin 2009, n° 08-12.126, Bull. civ. III, n° 134, JurisData n° 2009-048510, *Environnement* oct. 2009, n° 10, comm. 114, p. 29, note M. BOUTONNET ; *RLDC* mars 2010, n° 69, chron. 3757, p. 53, obs. B. PARANCE ; *D.* juin 2009, n° 16, p. 2976, obs. G. FOREST ; *D.* déc. 2009, n° 44, p. 2976, note M. BOUTONNET **(n° 90)**

- Cass. 3e civ., 28 oct. 2009, n° 08-19.454, JurisData n° 2009-050095, *JCP N* juill. 2010, n° 30-34, étude 1254, p. 11, obs. X. LIÈVRE et F. MÜLLER ; *Rev. loyers* janv. 2010, n° 903, jur. 1113, p. 20 **(n° 90)**

- Cass. 3e civ., 8 nov. 2006, n° 05-19.141, JurisData n° 2006-035845, *Constr.- urb.* janv. 2007, n° 1, comm. 7, p. 16, note D. SIZAIRE ; *Loyers et copr.* janv. 2007, n° 1, comm. 19, p. 22, note G. VIGNERON ; *D.* sept. 2007, n° 31, p. 2184, chron. P. CAPOULADE et C. ATIAS **(n° 93)**

- Cass. 3e civ., 3 mars 2009, n° 08-10.956, *AJDI* juin 2010, n° 6, p. 456, note C. DENIZOT ; *Rev. loyers* mai 2009, n° 897, jur. 979, p. 222 **(n° 94)**

- Cass. 3e civ., 1er oct. 1997, n° 96-11.150, JurisData n° 1997-003915 **(n° 96)**

- Cass. 3e civ., 27 mai 2003, n° 02-11.709, JurisData n° 2003-019337, *AJDI* déc. 2003, n° 12, somm. p.852 **(n° 96)**

- Cass. 3e civ., 25 févr. 1976, n° 75-10.613, Bull. civ. III, n° 91, *Rev. loyers* mars 1976, n° 565, p. 147, note J. V. **(n° 98)**

- Cass. 3e civ., 12 oct. 1976, n° 75-11.166, Bull. civ. III, n° 333, JurisData n° 1976-700333, *Rev. loyers* janv. 1977, n° 573, pp. 41-42 **(n° 98)**

- Cass. 3e iv., 8 janv. 1980, n° 78-13.060, Bull. civ. III, n° 4, *Rev. loyers* avr. 1980, n° 606, p. 205, note J. V. **(n° 98)**

- Cass. 3e civ., 21 oct. 1980, n° 79-13.572, *Rev. loyers* févr. 1981, n° 614, p. 81, note J. V. **(n° 98)**

- Cass. 3e civ., 27 févr. 2002, n° 00-20.380, Bull. civ. III, n° 49, JurisData n° 2002-013241, *JCP E* avr. 2002, n° 15, pan. 604, p. 679 ; *Gaz. pal.* avr. 2002, n° 101, p. 13, obs. F. GHILAIN ; *Rev. loyers* mai 2002, n° 827, p. 292, an. M.-O. VAISSIÉ ; *RLDA* juin 2002, n° 50, jur. 3190, p. 21, obs. J. HABERER ; *Dr. & patr.* sept. 2002, n° 107, jur. 3144, p. 107, obs. P. CHAUVEL **(n° 98)**

- Cass. 3e civ., 16 sept. 2008, n° 07-18.303, *Rev. loyers* déc. 2008, n° 892, jur. 871, p. 549 ; *RJDA* déc. 2008, n° 12/08, obs. 1224, p. 1182 **(n° 98)**

- Cass. 2e civ., 19 nov. 1986, n° 84-16.379, Bull. civ. II, n° 172, JurisData n° 1986-702120 **(n° 98)**

- Cass. 3e civ., 24 oct. 1990, n° 88-19.383, Bull. civ. III, n° 205, JurisData n° 1990-702675, *D.* oct. 1991, n° 35, p. 309, obs. A. ROBERT **(n° 100)**

- Cass. 3e civ., 27 sept. 2011, n° 10-21.550, *Rev. loyers* nov. 2011, n° 921, jur. 1347, p. 412 **(n° 101)**

- Cass. 3e civ., 20 avr. 2005, n° 03-18.390, Bull. civ. III, n° 96, JurisData n° 2005-028171, *JCP N* oct. 2005, n° 40, 1400, p. 1617, comm. A. DJIGO ; *Gaz. pal.* oct. 2005, n° 277, p. 17, obs. ; *Rev. loyers* juill.-sept. 2005, n° 859, jur. 174, p. 386, an. J. RÉMY ; *RLDA* juin 2005, n° 83, jur. 5245, p. 42, obs. P. MENDAK ; *RLDA* juill. 2005, n° 84, jur. 5223, p. 23, obs. A. LEFÈVRE et J. VASA ; *AJDI* juill. 2005, n° 7-8, p. 565, obs. Y. ROUQUET **(n° 102)**

- Cass. 3e civ., 16 avr. 2008, n° 06-21.821, JurisData n° 2008-043712, *AJDI* mai 2009, n° 5, p. 355, note C. DENIZOT ; *Rev. loyers* juin 2008, n° 888, jur. 774, p. 320 **(n° 102)**

- Cass. 3e civ., 21 nov. 1990, n° 89-15.922, Bull. civ. III, n° 236, JurisData n° 1990-703133, *RDI* juin 1991, n° 2, p. 264, chron. G. BRIÈRE DE L'ISLE et J. DERRUPPÉ **(n° 105)**

- Cass. 3e civ., 12 juin 2003, n° 01-13.613, JurisData n° 2003-019571, *D.* févr. 2004, n° 8, p. 523, obs. S. BEAUGENDRE ; *AJDI* févr. 2004, n° 2, p. 113, obs. S. BEAUGENDRE ; *Rev. loyers.* oct. 2003, n° 840, p. 515, an. J. RÉMY **(n° 105)**

- Cass. 2e civ., 2 déc. 1998, n° 96-22.197, *RTD civ.* juin 1999, n° 2, p. 407, obs. P. JOURDAIN **(n° 105)**

- Cass. 3e civ., 8 déc. 2004, n° 03-17.694, *AJDI* mars 2005, n° 3, p. 204, obs. V. ZALEWSKI **(n° 105)**

- Cass. 3e civ., 21 mars 2001, n° 99-14.462, *AJDI* mai 2001, n° 5, p. 424, obs. J.-P. BLATTER **(n° 107)**

- Cass. 3e civ., 3 juill. 2013, n° 12-18.099, Bull. civ. III, n° 88, *D.* juill. 2013, n° 26, p. 1743, obs. Y. ROUQUET ; *Dalloz actualité* 23 juill. 2013, obs. Y. ROUQUET ; *D.* nov. 2013, n° 38, p. 2544, chron. A. PIC ; *AJDI* déc. 2014, n° 12, p. 898, chron. J.-P. BLATTER ; *JCP E* févr. 2014, n° 7, chron. 1074, p. 30, obs. R. LENOIR **(n° 111)**

- Cass 3e civ., 5 sept. 2012, n° 11-17.394, *AJDI* déc. 2012, n° 12, p. 886, chron. J.-P. BLATTER ; *AJDI* déc. 2013, n° 12, p. 882, chron. J.-P. BLATTER ; *JCP N* août 2013, n° 35, chron. 1206, p. 41, obs. J. MONÉGER et H. KENFACK **(n° 111)**

- Cass. 3e civ., 16 nov. 1993, n° 91-21.553, *Rev. loyers* 1994, n° 147 **(n° 111)**

- Cass. 3e civ., 12 juill. 2000, n° 98-23.171, Bull. civ. III, n° 137, JurisData n° 002875, *JCP N* nov. 2001, n° 46, pan. p. 1653 ; *D.* oct. 2000, n° 34, obs. Y. ROUQUET ; *Dr. & patr.* déc. 2000, n° 88, jur. 2706, p. 74, obs. P. CHAUVEL ; *Gaz. pal.* sept. 2000, n° 274, p. 13, obs. F. GHILAIN ; *RDI* déc. 2000, n° 4, p. 613, obs. J. DERRUPÉ ; *Loyers et copr.* déc. 2000, n° 12, comm. 274, p. 11, note P.-H. BRAULT et P. PEREIRA ; *Rev. loyers* oct. 2000, n° 810, p. 415, an. J. RÉMY **(n° 111)**

- Cass. 3e civ., 13 juin 2001, n° 99-17.985, Bull. civ. III, n° 78, *D.* déc. 2001, n° 43, p. 3524, obs. L. ROZÈS ; *RLDA* oct. 2001, n° 42, jur. 2649, p. 20, obs. J. HABERER ; *Gaz. pal.* févr. 2003, n° 32, p. 24, note J.-D. BARBIER ; *Gaz. pal.* juill. 2002, n° 208, p. 10, note S. MORNET ; *Gaz. pal.* sept. 2001, n° 256, p. 9, obs. F. GHILAIN **(n° 111 ; n° 113)**

- Cass. 3e civ., 24 sept. 2002, n° 01-11.334, *AJDI* déc. 2002, n° 12, p. 851, obs. S. BEAUGENDRE **(n° 111 ; n° 113)**

- Cass. 3e civ., 31 oct. 2006, n° 05-18.377, Bull. civ. III, n° 215, JurisData n° 2006-035652, *AJDI* mai 2007, n° 5, p. 353, obs. M.-P. DUMONT-LEFRAND ; *AJDI* mars 2007, n° 3, p. 198, obs. D. ALFROY ; *Dalloz actualité* 5 déc. 2006, obs. Y. ROUQUET ; *JCP N* mars 2007, n° 12, comm. 1137, p. 35, note A. DJIGO ; *Loyers et copr.* mars 2007, n° 3, comm. 54, p. 16, note P. PEREIRA-OSOUF ; *CCC* févr. 2007, n° 2, comm. 41, p. 15, note L. LEVENEUR ; *JCP E* mai 2007, n° 18, chron. 1563, p. 17, obs. H. KENFACK ; *LPA* mai 2007, n° 95, p. 12, note D. MANCEL ; *Defrénois* déc. 2006, n° 24, p. 1886, note L. RUET ; *Gaz. pal.* mai 2007, n° 142, p. 17, note C.-E. BRAULT ; *Rev. loyers* janv. 2007, n° 873, p. 19, an. P. ÉTAIN ; *RLDA* déc. 2006, n° 11, act. 613, p. 21, obs. A. LEFÈVRE **(n° 112)**

- Cass. 3e civ., 5 juin 2013, n° 12-14.227, *Gaz. pal.* août 2013, n° 215, p. 30, obs. C.-E. BRAULT ; *AJDI* déc. 2014, n° 12, p. 898, chron. J.-P. BLATTER **(n° 112)**

- Cass. 3e civ., 19 déc. 2012, n° 11-23.541, Bull. civ. III, n° 190, *Gaz. Pal.* avr. 2013, n° 110, p. 17, note C.-E. BRAULT ; *Loyers et copr.* févr. 2013, n° 2, comm. 47, p. 26, note E. CHAVANCE ; *Administrer* févr. 2013, n° 462, p. 31, note J.-D. BARBIER ; *Gaz. pal.* sept. 2012, n° 273, p. 23, note J.-D. BARBIER et E. TARNAUD ; *RLDA* avr. 2013, n° 81, p. 19, note H. KENFACK ; *Dr. & patr. L'hebdo* janv. 2013, n° 904, p. 2, obs. C. L. G. ; *Rev. loyers* févr. 2013, n° 934, jur. 1536, p. 76, an. H. CHAOUI ; *JCP E* juill. 2013, n° 27, chron. 1410, p. 40, obs. H. KENFACK **(n° 112)**

- Cass. 3e civ., 28 juin 2005, n° 04-14.087, JurisData n° 2005-029226, *Loyers et copr.* nov. 2005, n° 11, comm. 203, p. 23, note

P. PEREIRA-OSOUF **(n° 112)**

- Cass. 3e civ., 14 févr. 2012, n° 11-13.393, JurisData n° 2012-007972, *Loyers et copr.* mai 2012, n° 5, comm. 142, p. 24, note P.-H. BRAULT ; *AJDI* juill. 2012, n° 7-8, p. 512, obs. H. GUYADER ; *D.* juill. 2012, n° 28, p. 1844, chron. M.-P. DUMONT-LEFRAND ; *AJDI* déc. 2013, n° 12, p. 882, chron. J.-P. BLATTER **(n° 113)**

- Cass. 3e civ., 15 déc. 1993, n° 92-12.324, Bull. civ. III, n° 168, JurisData n° 1993-002404, *D.* sept. 1994, n° 33, p. 462, note M. STORCK ; *RDI* juin 1994, n° 2, p. 308, obs. G. BRIÈRE DE L'ISLE et J. DERRUPÉ **(n° 113)**

- Cass. 3e civ. 4 déc. 1991, n° 90-11.569, Bull. civ. III, n° 300, JurisData n° 1991-003044, *JCP G* févr. 1992, n° 7, somm. 458, p. 23 ; *Gaz. pal.* 1992, n° 1, pan. p. 84 **(n° 114)**

- Cass. 3e civ., 28 mai 1974, n° 73-10.047, Bull. civ. III, n° 228, JurisData n° 1974-098228 **(n° 114)**

- Cass. Ass. plén., 29 mai 1970, n° 67-14.497, Bull. Ass. plén., n° 5, *JCP G* avr. 1971, n° 16, jur. 16708, p. 86 **(n° 114)**

- Cass. 3e civ., 19 juill. 2000, n° 98-22.200, JurisData n° 2000-003087, *AJDI* mars 2001, n° 3, p. 240, obs. F. COHET-CORDEY **(n° 115)**

- Cass. 3e civ., 19 nov. 2014, n° 12-27.061, Bull. civ. III, n° 151, JurisData n° 2014-028061, *Loyers et copr.* janv. 2015, n° 1, comm. 14, p. 27, note E. CHAVANCE ; *RDC* juin 2015, n° 2, p. 270, obs. J.-B. SEUBE ; *Gaz. pal.* déc. 2014, n° 338, p. 25, obs. C. BERLAUD ; *Rev. loyers* janv. 2015, n° 953, jur. 1961, p. 29, an. C. LEBEL ; *RLDC* févr. 2015, n° 123, p. 19 ; *Dalloz actualité* 26 nov. 2014, obs. Y. ROUQUET ; *AJDI* déc. 2015, n° 12, p. 890, chron. J.-P. BLATTER **(n° 118 ; n° 119)**

- Cass. 3e civ., 6 mai 1991, n° 89--20.687 **(n° 122)**

- Cass. 3e civ., 2 juill. 2003, n° 01-16.246, Bull. civ. III, n° 141, JurisData n° 2003-019712, *Loyers et copr.* oct. 2003, n° 10, comm. 201, p. 16, note P.-H. BRAULT et P. PEREIRA-OSOUF ; *RDI* nov. 2003, n° 6, p. 557, obs. F.-G. TRÉBULLE ; *AJDI* nov. 2003, n° 11, p. 751, obs. Y. ROUQUET ; *Gaz. pal.* mai 2004, n° 139, p. 9, obs. H. CAUSSE ; *Gaz. pal.* oct. 2003, n° 291, p. 18, note P.-H. BRAULT ; *LPA* oct. 2004, n° 203, p. 5, chron. M. CHAGNY, H. CLARET, V. FORRAY, G. PAISANT, S. PIMONT et G. PIGNARRE ; *Rev. loyers* oct. 2003, n° 840, p. 501, an. C. QUÉMENT **(n° 123)**

- Cass. 1e civ. 11 oct. 1967, Bull. civ. I, n° 290 **(n° 129)**

- Cass. 2e civ., 17 févr. 2005, n° 02-10.770, Bull. civ. II, n° 36, JurisData n° 2005-026976, *AJDI* mai 2005, n° 5, p. 420 ; *Gaz. pal.* août 2005, n° 214, p. 13 **(n° 129)**

- Cass. 3e civ., 27 sept. 2011, n° 10-24.065, *Loyers et copr.* nov. 2011, n° 11, comm. 302, p. 26, obs. E. CHAVANCE ; *Rev. loyers* nov. 2011, n° 921, jur. 1348, p. 414 **(n° 131)**

- Cass. 3e civ., 13 sept. 2011, n° 10-24.626, *AJDI* janv. 2012, n° 1, p. 32, obs. V. ZALEWSKI ; *Rev. loyers* déc. 2011, n° 922, jur. 1367, p. 464, an. C. LEBEL **(n° 139)**

- Cass. 3e civ., 10 mai 2001, n° 96-22.442, JurisData n° 2001-009621, *RJDA* juill. 2001, n° 7/01, obs. 756, p. 673 ; *D.* déc. 2001, n° 43, p. 3523, obs. L. ROZÈS **(n° 139)**

- Cass. 3e civ., 18 déc. 2002, n° 01-00.519, Bull. civ. III, n° 262, JurisData n° 2002-017038, *RTD civ.* juin 2003, n° 2, p. 383, obs. J.-P. MARGUÉNAUD ; *AJDI* mars 2003, n° 3, p. 182, obs.

O. GUÉRIN ; *AJDI* mars 2003, n° 2, p. 182, obs. Y. ROUQUET ; *RTD civ.* juin 2003, n° 2, p. 290, obs. J. MESTRE et B. FAGES ; *RJPF* avr. 2003, n° 4, p. 9, obs. E. GARAUD ; *Rev. loyers* avr. 2003, n° 836, p. 217, an. G. LEJWI ; *Dr. & patr.* juill. 2003, n° 117, p. 85, obs. G. LOISEAU ; *RLDA* mars 2003, n° 58, jur. 3681, p. 39, obs. P. MENDAK ; *RDC* avr. 2004, n° 2, p. 348, obs. G. LARDEUX **(n° 140)**

- Cass. 3e civ., 14 févr. 2012, n° 11-10.559, JurisData n° 2012-002116, *AJDI* avr. 2012, n° 4, p. 269 ; *AJDI* déc. 2013, n° 12, p. 882, chron. J.-P. BLATTER **(n° 147)**

- Cass. 3e civ., 18 mars 1998, n° 96-15.277, JurisData n° 1998-001320, *LPA* mars 1998, n° 37, p. 21 , obs. A. P. ; *RDI* sept. 1998, n° 3, p. 428, obs. F. COLLART-DUTILLEUL et J. DERRUPPÉ **(n° 150)**

- Cass. 3e civ., 24 nov. 1987, n° 86-13.527, *Loyers et copr.* janv. 1988, n° 1, comm. 36, p.13 **(n° 151)**

- Cass. 3e civ., 24 oct. 1990,n° 88-17.514, Bull. civ. III, n° 199, JurisData n° 1990-002674, *JCP G* déc. 1990, n° 50, somm. p. 413 ; *D.* nov. 1990, n° 38, somm. p. 259 **(n° 151)**

- Cass. 3e civ., 30 nov. 2005, n° 04-14.508, Bull. civ. III, n° 232, JurisData n° 2005-031004, *Loyers et copr.* févr. 2006, n° 2, comm. 31, p. 14, note B. VIAL-PEDROLETTI ; *AJDI* juin 2006, n° 6, p. 468, obs. F. DE LA VAISSIÈRE **(n° 153)**

Juridictions du 1er et 2nd degré :

- CA Paris, 5e ch., sect. B, 20 nov. 2003, n° 2001/16985, JurisData n° 2003-248813, *Comm. Com. élec.* déc. 2004, n° 12, comm. 159, p. 29 , note P. STOFFEL-MUNCK **(n° 47)**

- CA Paris, 16e ch., sect. A, 5 nov. 1991, *JCP E* 1993, n° 22, p. 284, note J. MONÉGER **(n° 50)**

- TGI Lyon, 1e ch. civ., 18 févr. 1976, *JCP G* nov. 1976, n° 45, prat. p. 337 ; *Ann. loyers* avr. 1977, n° 4, p. 1351 **(n° 52)**

- CA Rennes, 2e ch., 21 mai 1974, *JCP G* oct. 1974, n° 43, jur. 17835, obs. Y. GUYON **(n° 52)**

- CA Paris, 15 févr. 1982, *Gaz. pal.* 1983, I, somm. p. 16, note P.-H. BRAULT **(n° 53)**

- CA Lyon, 6e ch., 16 nov. 1989, JurisData n° 1989-600239, *Rev. loyers* févr. 1991, n° 714, p. 76, note J.-C. B. **(n° 53)**

- CA Nîmes, 13 déc. 1990, JurisData n° 1990-001493, *Loyers et copr.* juill. 1991, n° 7, comm. 304, p. 7 **(n° 53)**

- CA Paris, 2 oct. 1958, *JCP G* 1959, II, 10920 **(n° 53)**

- CA Paris, 29 juin 1971, *JCP G* 1971, IV, p. 247 **(n° 53)**

- CA Paris, 20 mai 1959, *Rev. loyers* 1959, p. 546 **(n° 53)**

- CA Aix-en-Provence, 11e ch., sect. A, 20 janv. 2015, n° 13/00940, JurisData n° 2015-000699, *Loyers et copr.* mars 2015, n° 3, comm. 68, p. 23, note E. CHAVANCE **(n° 53)**

- CA Amiens, 1e ch., 22 oct. 2002, n° 02/02483, JurisData n° 2002-198171 **(n° 60)**

- CA Colmar, 3e ch. civ., sect. A, 16 nov. 2015, n° 15/01550, *Rev. loyers* janv. 2016, n° 963, jur. 2231, p. 559, obs. S. BRENA **(n° 61)**

- CA Aix-en-Provence, 11e ch., sect. A, 18 déc. 2015, n° 14/09762, JurisData n° 2015-028880, *Loyers et copr.* avr. 2016, n° 4, comm. 93, p. 22, note S. REGNAULT **(n° 61)**

- CA Paris, 1e ch., sect. G, 13 mai 1998,

n° 97/02903, JurisData n° 1998-021446 **(n° 67)**

- CA Aix-en-Provence, ch. 4, sect. C, 6 mars 2008, n° 06/00854 **(n° 70)**

- CA Paris, ch. 16, sect. A, 3 mai 2006, n° 05/03970 **(n° 70)**

- CA Rouen, 2e ch., 22 mars 2007, n° 06/00482, JursiData n° 2007-333402 **(n° 71)**

- CA Paris, 16e ch., sect. B, 28 janv. 2000, n° 1999/05521, JurisData n° 2000-105085 **(n° 71)**

- CA Montpellier, 2e ch., sect. B, 26 mars 2002, n° 01/00827, JurisData n° 2002-187909 **(n° 71 ; n° 113)**

- CA Paris, 5e pôle, 3e ch., 5 janv. 2011, n° 09/12098, JurisData n° 2011-000086, *Loyers et copr.* mars 2011, n° 3, comm. 82, p. 21, note E. CHAVANCE ; *Gaz. pal.* mars 2011, n° 71, p. 20, chron. J.-D. BARBIER et C.-E. BRAULT **(n° 72 ; n° 151)**

- CA Versailles, 12e ch., 2e sect., 29 sept. 2011, n° 10/05949, JurisData n° 2011-022837, *Loyers et copr.* mars 2012, n° 3, comm. 78, p. 24, obs. P.-H. BRAULT ; *Gaz. pal.* févr. 2012, n° 49, p. 46, note C.-E. BRAULT **(n° 72 ; n° 151)**

- CA Paris, 5e pôle, 3e ch., 15 sept. 2010, n° 08/22187, JurisData n° 2010-018352, *Loyers et copr.* janv. 2011, n° 1, comm. 18, p. 26, obs. E. CHAVANCE **(n° 72)**

- CA Paris, 16e ch., sect. A, 1er juill. 2009, n° 06/20191, JurisData n° 2009-007079, *Loyers et copr.* janv. 2010, n° 1, comm. 14, p. 17, note P.-H. BRAULT **(n° 79 ; n° 83)**

- CA Agen, 1e ch., 13 sept. 2006, n° 05/00931, *AJDI* déc. 2007, n° 12, p. 922, obs. C. DENIZOT **(n° 79)**

- CA Paris, 6e ch., sect. B, 17 nov. 2005, n° 04/21820, JurisData n° 2005-287028 **(n° 81)**

- CA Paris, 16e ch., sect. B., 11 oct. 2007, n° 06/10625, JurisData n° 2007-349969, *Loyers et copr.* mars 2008, n° 3, comm. 57, p. 16, note E. CHAVANCE **(n° 87)**

- CA Rouen, 1e et 2e ch. civ. réunies, 15 sept. 1992, n° 3292/89, Juris Data n° 1992-047889, *JCP G* mars 1993, n° 13, jur. 806, p. 91 ; *AJDI* déc. 1995, n° 12, p. 949, chron. J.-P. BLATTER **(n° 88)**

- CA Montpellier, 5e ch., sect. A, 8 oct. 2001, n° 01/00876, JurisData n° 2001-163639 **(n° 88)**

- CA Paris, 17 janv. 2012, *BDEI* juill. 2012, n° 40, p. 37, note M. BOUTONNET **(n° 90)**

- CA Paris, 19 févr. 1997, 23e ch., sect. A, n° 95/24147, JurisData n° 1997-020252 **(n° 93)**

- CA Paris, 16e ch., sect. B, 2 mars 2001, *Rev. loyers* mars 2001, n° 818, p. 302 **(n° 94)**

- CA Paris, 5e pôle, 3e ch., 30 juin 2010, n° 08/23647, *AJDI* déc. 2010, n° 12, p. 882 **(n° 94)**

- CA Paris, 4e pôle, 2e ch., 14 nov. 2012, n° 11/21174, JurisData n° 2012-026067, *Loyers et copr.* avr. 2013, n° 4, comm. 125, p. 31, note G. VIGNERON **(n° 93)**

- CA Montpellier, 1e ch., sect. B, 24 janv. 1996, n° 93/5118, JurisData n° 1996-034039 **(n° 96)**

- CA Paris, 23e ch., sect. B, 31 mai 2000, JurisData n° 2000-109431 **(n° 97)**

- CA Lyon, 1e ch. civ., 7 juin 2007, n° 06/01698, JurisData n° 2007-344989, *JCP E* janv. 2008, n° 1, pan. IV 1030, p. 54, obs. Y. REINHARD et R. BESNARD GOUDET **(n° 98)**

- CA Nîmes, 1e ch. civ., sect. B, 6 janv.

2009, n° 07/04333, JurisData n° 2009-001492 **(n° 101)**

- CA Montpellier, 1e ch., sect. D, 22 janv. 2013, n° 11/04765, *AJDI* sept. 2013, n° 9, p. 608 **(n° 102)**

- CA Paris, 5e pôle, 3e ch., 14 déc. 2011, n° 09/19876, JurisData n° 2011-029102 **(n° 103)**

- CA Paris, 16e ch., sect. A, 14 sept. 2005, n° 03/13912, JurisData n° 2005-281149, *AJDI* nov. 2005, n° 11, p. 830 **(n° 105)**

- CA Colmar, 1e ch. civ., sect. A, 17 oct. 2012, n° 12/00648, JurisData n° 2012-027605 **(n° 108)**

- CA Nancy, 1e ch. civ., 8 déc. 2015, n° 14/02344, JurisData n° 2015-029368, *Loyers et copr.* févr. 2016, n° 2, comm. 42, p. 38, note E. CHAVANCE **(n° 108)**

- CA Paris, 16e ch., sect. A, 7 oct. 1998, n° 1997/14945, JurisData n° 1998-022600, *AJDI* déc. 2001, n° 12, p. 958, chron. J.-P. BLATTER ; *D.* nov. 1998, n° 40, p. 242 ; *D. aff.* 1998, n° 139, p. 1843, obs. Y. ROUQUET ; *JCP E* 1999, n° 47, p. 1869, obs. J. MONÉGER **(n° 111 ; n° 112)**

- TGI Paris, 31 mai 2018, n° 17/04641, JurisData n° 201 8-016993, *JCP E* oct. 2018, n° 42, comm. 1540, p. 50, note S. LEGRIX DE LA SALLE **(n° 112)**

- CA Paris, 16e ch., sect. A, 8 juin 2005, n° 04/03125, JurisData n° 2005-278760 **(n° 113)**

- CA Nancy, 2e ch. com., 26 sept. 2001, n° 00/03157, JurisData n° 2001-198226 **(n° 113)**

- CA Paris, 16e ch., sect. B, 6 juill. 1989, *D.* 1990, p. 254 **(n° 118)**

- CA Metz, 14 juin 2011, n° 06/02262, *Gaz. pal.* oct. 2011, n° 295, p. 47, obs. C.-E. BRAULT **(n° 120)**

- CA Douai, 2e ch., sect. 2, 21 janv. 2010, n° 08/05859 **(n° 122)**

- CA Toulouse, 2e ch., sect. 1, 13 févr. 2013, n° 11/04831 **(n° 122)**

- CA Paris, 5e pôle, 3e ch., 7 mars 2012, n° 10/03744, *BDEI* juill. 2012, n° 40, p. 37, note M. BOUTONNET **(n° 122)**

- CA Paris, 16e ch., sect. A, 5 nov. 2003, *Gaz. pal.* 21 févr. 2004, n° 52, p. 44, note P.-H. BRAULT **(n° 123)**

- CA Versailles, 18 janv. 2002, *RJDA* juill. 2002, n° 8-9/02, obs. 858, p. 734 ; *Administrer* 2003, n° 351, p. 34 **(n° 123)**

- CA Toulouse, 3e ch., sect. 1, 5 avr. 2005, n° 03/04418, JurisData n° 2005-282032 **(n° 128)**

- CA Pau, 2e ch., sect. 1, 29 oct. 2012, n° 11/00916, JurisData, n° 2012-030047 **(n° 128)**

- CA Bordeaux, 1e ch., sect. A, 16 sept. 2004, n° 03/00834, JurisData n° 2004-254830 **(n° 128)**

- CA Paris, 14e ch., sect. B, 2 juill. 2004, n° 04/01512, JurisData n° 2004-245239 **(n° 129)**

- CA Grenoble, 28 juin 2006, *BICC* 1er juin 2007, n° 1217 **(n° 130)**

- CA Paris, 4e pôle, 4e ch., 24 sept. 2013, n° 12/03123, *AJDI* févr. 2014, n° 2, p. 132 **(n° 130)**

- CA Douai, 3e ch., 8 sept. 2011, n° 09/09187 **(n° 130)**

- CA Bourges, ch. civ., 23 mars 2005, n° 04/00710, JurisData n° 2005-282026 **(n° 131)**

- CA Reims, aud. sol., 14 juin 1994, n° 91/2464, JurisData n° 1994-045541, *JCP N* janv. 1996, n° 1, pan. p. 37 **(n° 150)**

- CA Paris, 23e ch., sect. A, 28 juin 1995, n° 94/2431, JurisData n° 1995-021674, *Loyers et copr.* déc. 1995, n° 12, comm. 535, p. 17 **(n° 151)**

- CA Paris, 8e ch., sect. A, 14 nov. 1990, n° 89/11217, JurisData n° 1990-024440 **(n° 151)**

- CA Paris, 23e ch., 8 avr. 1994, *Loyers et copr.* juin 1994, comm. 265, p. 16 **(n° 151)**

- CA Paris, 23e ch., sect. B, 11 avr. 2002, n° 2001/17883, JurisData n° 2002-173805, *Loyers et copr.* sept. 2002, n° 9, comm. 214, p. 19, obs. G. VIGNERON **(n° 151)**

- CA Paris, 14e ch., sect. A, 12 sept. 2007, n° 07/04207, JurisData n° 2007-341289 **(n° 151)**

- CA Paris, 23e ch., sect. A, 29 nov. 1995, *Defrénois* juin 1996, n° 12, art. 36358, p. 799, obs. C. ATIAS **(n° 151)**

- CA Paris, 23e ch., sect. A, 20 mars 1991, *Loyers et copr.* mai 1991, n° 5, comm. 234, p. 14 **(n° 152)**

- CA Versailles, 4e ch., 13 oct. 1998, n° 96/00007480, JurisData n° 1998-046725 **(n° 153)**

Chapitre 2 - La comparaison du contenu de l'obligation de délivrance avec ses formes voisines

Cour de cassation :

- Cass. 1e civ., 20 mars 1989, n° 87-18.517, Bull. civ. I, n° 140, JurisData n° 1989-701599, *D.* 1989, inf. rap., p. 178 **(n° 165 ; n° 190)**

- Cass. req., 6 mars 1861, GAJC, 11e éd., n° 255 **(n° 169)**

- Cass. 3e civ., 15 déc. 1999, n° 98-10.430, Bull. civ. III, n° 242, JurisData n° 1999-004458, *JCP G* janv. 2000, n° 4, jur. 10236, p. 151, concl. J.-F. WEBER ; *JCP N* mars 2000, n° 13, p. 559, étude M. BILLIAU **(n° 169)**

- Cass. 3e civ., 16 janv. 1980, n° 78-12.389, Bull. civ. III, n° 13, *JCP G* mars 1980, n° 12, jur. p. 120 **(n° 169)**

- Cass. 3e civ., 28 sept. 2005, n° 04-13.720, Bull. civ. III, n° 175, JurisData n° 2005-029912, *Loyers et copr.* déc. 2005, n° 12, comm. 215, p. 12, note B. VIAL-PEDROLETTI ; *AJDI* déc. 2005, n° 12, p. 901, obs. Y. ROUQUET ; *D.* oct. 2005, n° 36, p. 2480 ; *D.* avr. 2006, n° 14, p. 958, pan. N. DAMAS ; *Gaz. pal.* déc. 2005, n° 363, p. 11 ; *Rev. loyers* déc. 2005, n° 862, p. 573, an. J. PRIGENT **(n° 169)**

- Cass. 3e civ., 7 avr. 1976, n° 74-14.507, Bull. civ. III, n° 138 **(n° 169)**

- Cass. 3e civ., 20 mai 1992, n° 90-21.109, Bull. civ. III, n° 152, JurisData n° 1992-001825, *JCP G* juill. 1992, n° 31, somm. 2035, p. 23 ; *Gaz. pal.* nov. 1992, n° 318-319, pan. , p. 259 **(n° 169)**

- Cass. 3e civ., 28 mai 1997, n° 95-17.953, Bull. civ. III, n° 116, JurisData n° 1997-002333, *CCC* 1997, n° 131, p. 8, obs. L. LEVENEUR ; *LPA* avr. 1998, n° 41, p. 17, note C.-H. GALLET ; *D.* juill. 1997, n° 24, p. 141 **(n° 169)**

- Cass. 3e civ., 23 sept. 2009, n° 08-13.373, Bull. civ. III, n° 204, JurisData n° 2009-049550, *D.* oct. 2009, n° 35, p. 2343, obs. G. FOREST ; *JCP N* déc. 2009, n° 50, comm. 1332, p. 15, obs. L. LEVENEUR **(n° 172)**

- Cass. 1e civ., 5 nov. 1985, n° 83-12.621, Bull. civ. I, n° 287, JurisData n° 1985-702753 **(n° 190)**

- Cass. 1e civ., 8 nov. 1988, n° 86-19.040, Bull. civ. I, n° 314, JurisData n° 1988-702984 **(n° 190)**

- Cass. 1e civ., 14 févr. 1989, n° 87-13.539, Bull. civ. I, n° 83, JurisData n° 1989-700500 **(n° 190)**

- Cass. 1e civ., 13 déc. 1989, n° 87-14.360, Bull. civ. I, n° 293 **(n° 190)**

- Cass. 1e civ., 29 janv. 1991, n° 88-13.097, Bull. civ. I, n° 41, JurisData n° 1991-000217, *RTD com.* déc. 1991, n°4, p. 637, obs. B. BOULOC **(n° 190)**

- Cass. Ass. plén., 7 févr. 1986, n° 84-15.189, Bull. Ass. plén., n° 2, *JCP G* juin 1986, n° 24, jur. II, 20616 ; *D.* 1986, p. 293, note A. BÉNABENT ; *RDI* avr.-juin 1986, n° 2, p. 210, obs. P. MALINVAUD **(n° 190)**

- Cass. com., 22 mai 1991, n° 89-15.406, Bull. civ. IV, n° 176, JurisData n° 1991-001494, *D.* juin 1992, n° 21, p. 200, obs. O. TOURNAFOND **(n° 190)**

- Cass. com., 18 févr. 1992, n° 89-20.251, Bull. civ. IV, n° 82, JurisData n° 1992-000414, *RTD com.* déc. 1992, n° 4, p. 856, obs. B. BOULOC **(n° 190)**

- Cass. com., 1er déc. 1992, n° 91-10.275, Bull. civ. IV, n° 389, JurisData n° 1992-002698, *D.* juill. 1993, n° 27, p. 240, obs. O. TOURNAFOND **(n° 190)**

- Cass. 3e civ., 25 janv. 1989, n° 86-11.806, Bull. civ. III, n° 20, JurisData n° 1989-700224 **(n° 190)**

- Cass. 3e civ., 27 mars 1992, Bull. civ. III, n° 107 **(n° 190)**

- Cass. 3e civ., 23 oct. 1991, n° 87-19.639, Bull. civ. III, n° 249, JurisData n° 1991-002628, *RDI* mars 1992, n° 1, p. 76, obs. P. MALINVAUD et B. BOUBLI ; *D.* juill. 1993, n° 27, p. 239, obs. O. TOURNAFOND ; *RTD com.* juin 1992, n° 2, p. 442, obs. B. BOULOC **(n° 190)**

- Cass. 1e civ., 8 déc. 1993, n° 91-19.627, Bull. civ. I, n° 362, JurisData n° 1993-002509, *RTD com.* sept. 1994, n° 3, p. 544, obs. B. BOULOC ; *D.* avr. 1994, n° 15, p. 115, obs. A. BÉNABENT **(n° 190)**

- Cass. 1e civ., 5 mai 1993, n° 90-18.331, Bull. civ. I, n° 158, JurisData n° 1993-000889, *D.* oct. 1993, n° 35, p. 506, obs. A. BÉNABENT ; *D.* juill. 1993, n° 27, p. 242, obs. O. TOURNAFOND **(n° 190)**

- Cass. 1e civ., 27 oct. 1993, n° 91-21.416, Bull. civ. I, n° 305, JurisData n° 1993-002066, *D.* avr. 1994, n° 15, p. 115, obs. A. BÉNABENT ; *D.* sept. 1994, n° 31, p. 239, obs. O. TOURNAFOND **(n° 190)**

- Cass. 1e civ., 14 mai 1996, n° 94-13.921, Bull. civ. I, n° 213, JurisData n° 1996-001831, *RTD com.* mars 1997, n° 1, p. 134, obs. B. BOULOC ; *D.* déc. 1997, n° 42, p. 345, obs. O. TOURNAFOND **(n° 190)**

- Cass. 1e civ., 1er déc. 1998, n° 96-21.951, JurisData n° 1998-004666, *RDI* juin 1999, n° 2, p. 262, obs. P. MALINVAUD **(n° 190)**

- Cass. 3e civ., 9 juill. 2008, n° 07-14.631, Bull. civ. III, 2008, n° 121, JurisData n° 2008-044786, *JCP E* sept. 2008, n° 38, pan. 2131, p. 25 ; *JCP N* juill. 2009, n° 29, chron. 1241, p. 24, obs. H. KENFACK ; *AJDI* nov. 2008, n° 11, p. 841, obs. V. ZALEWSKI ; *Dalloz actualité* 15 juill. 2008, obs. Y. ROUQUET ; *D.* sept. 2008, n° 29, p. 1999, obs. Y. ROUQUET ; *RLDA* nov. 2008, n° 32, act. 1922, p. 19, note H. KENFACK ; *RLDA* oct. 2008, n° 31, act. 1870, p. 43, obs. M. FILIOL DE RAIMOND; *Rev. loyers* oct. 2008, n° 890, jur. 821, p. 432, note B. HUMBLOT-GIGNOUX ; *RLDC* oct. 2008, n° 53, act. 3140, p. 16, obs. V. MAUGERI **(n° 191)**

Cour de cassation :

- Cass. ch. mixte, 23 nov. 1990, n° 87-17.044, Bull. ch. mixte, n° 2 **(n° 201)**

- Cass. ch. mixte, 23 nov. 1990, n° 86-19.396, Bull. ch. mixte, n° 3, JurisData n° 1990-003060 **(n° 201)**

Cass. ch. mixte, 23 nov. 1990, n° 88-16.883, Bull. ch. mixte, n° 3 ; *D.* mars 1991, n° 10, p. 121, note C. LARROUMET ; *RTD civ.* juin 1991, n° 2, p. 360, obs. P. RÉMY **(n° 201)**

- Cass. com., 15 févr. 2000, n° 97-19.793, Bull. civ. IV, n° 29, JurisData n° 2000-000488, *LPA* déc. 2000, n° 260, p. 12, note G. MEILHAC-REDON **(n° 201)**

- Cass. com., 9 janv. 1990, n° 87-13.397, Bull. civ. IV, n° 5, JurisData n° 1990-000127, *D.* févr. 1990, n° 8, p. 46 **(n° 201)**

- Cass. ch. mixte, 13 avr. 2018, n° 16-21.345, Publié au bulletin, JurisData n° 2018-005664, *RTD com.* juill. 2018, n° 2, p. 434, obs. D. LEGEAIS ; *RTD com.* juill. 2018, n° 2, p. 450, obs. B. BOULOC ; *D.* juin 2018, n° 21, p. 1185, obs. H. BARBIER ; *AJ contrat* juin 2018, n° 6, p. 277, obs. C.-E. BUCHER ; *RDC* sept. 2018, n° 3, p. 367, obs. J.-B. SEUBE **(n° 201)**

- Cass. 1e civ., 3 juill. 1996, n° 94-14.800, Bull. civ. III, n° 286, JurisData n° 1996-002900, *RTD com.* juin 1997, n° 2, p. 308, obs. B. BOULOC ; *D.* nov. 1997, n° 38, p. 500, obs. P. REIGNÉ ; *RTD civ.* déc. 1996, n° 4, p. 901, obs. J. MESTRE **(n° 201)**

- Cass. ch. mixte, 17 mai 2013, n° 11-22.768 et 11-22.927, Bull. ch. mixte, n° 1, JurisData n° 2013-009388, *CCC* août 2013, n° 8-9, comm. 176, p. 19, note L. LEVENEUR ; *JCP G* juin 2013, n° 24, comm. 673, p. 1155, note F. BUY ; *D.* juill. 2013, n° 24, p. 1658, obs. D. MAZEAUD ; *RTD civ.* oct. 2013, n° 3, p. 597, obs. H. BARBIER ; *RTD com.* oct. 2013, n° 3, p. 569, obs. D. LEGEAIS ; Rapp. cass. 2013, J. KAMARA **(n° 201)**

- Cass. soc., 20 juin 1963, Bull. civ. IV, n° 531 **(n° 230)**

- Cass. req., 6 mars 1861, GAJC, 11e éd., n° 255 **(n° 230)**

- Cass. 3e civ., 18 mai 1994, n° 92-16.570, Bull. civ. III, n° 106, *D.* nov. 1996, n° 40, p. 363, obs. CENTRE DE RECHERCHE DE DROIT PRIVÉ DE NANCY II ; *RTD civ.* déc. 1995, n° 4, p. 921, obs. F. ZENATI **(n° 230)**

- Cass. 3e civ., 20 mai 2014, n° 13-11.801, *RTD civ.* oct. 2014, n° 3, p. 684, obs. W. DROSS **(n° 230)**

- Cass. 3e civ., 10 juin 2009, n° 07-18.618 et 08-14.422, *D.* nov. 2009, n° 42, p. 2839, note M.-P. DUMONT-LEFRAND **(n° 247)**

Chapitre 2 - L'utilisation privilégiée de la fonction de l'obligation de délivrance

Conseil constitutionnel :

- Cons. const., 13 juin 2013, n° 2013-672 DC, JO 16 juin 2013, p. 9976, JurisData n° 2013-023077, *D.* juill. 2014, n° 26, p. 1516, obs. N. JACQUINOT et A. MANGIAVILLANO ; *D.* oct. 2013, n° 36, p. 2405 ; *Dr. soc.* sept. 2013, n° 9, p. 673, note J. BARTHÉLÉMY ; *RTD civ.* déc. 2013, n° 4, p. 832, obs. H. BARBIER ; *Dr. soc.* sept. 2013, n° 9, p. 680, étude D. ROUSSEAU et D. RIGAUD ; *Dr. soc.* mai 2014, n° 5, p. 464, chron. S. HENNION, M. DEL SOL, P. PIERRE et M. HALLOPEAU ; *Constitutions* nov. 2013, n° 3, p. 400, chron. A.-L. CASSARD-VALEMBOIS ; *RDC* oct. 2013, n° 4, p. 1285, note C. PÉRÈS ; *JCP G* sept. 2013, n° 37, 929, p. 1614, note J. GHESTIN **(n° 350)**

- Cons. const., 1er août 2013, n° 2013-337 QPC, JurisData n° 2013-016269, *JCP G* févr. 2015, n° 6, doctr. 172, p. 271, chron. B. MATHIEU, M. VERPEAUX et A. MACAYA ; *RLDC* oct. 2013, n° 108, act. 5248, p. 60, obs. A. PAULIN **(n° 350)**

Cour de cassation :

- Cass. 3e civ., 31 oct. 2012, n° 11-12.970, JurisData n° 2012-024521, *RTD com.* mai 2013, n° 1, p. 64, obs. F. KENDÉRIAN ; *AJDI* déc. 2013, n° 12, p. 882, chron. J.-P. BLATTER **(n° 284)**

- Cass. com., 22 oct. 1996, n° 93-18.632, Bull. civ. IV, n° 261, JurisData n° 1996-003942, *RTD com.* juin 1997, n° 2, p. 319, obs. B. BOULOC ; *D.* mars 1997, n° 10, p. 121, note A. SÉRIAUX ; *D.* juin 1997, n° 22, p. 175, obs. P. DELEBECQUE ; *D.* mai 1997, n° 19, p. 145, obs. C. LARROUMET ; *RTD civ.* juin 1997, n° 2, p. 418, obs. J. MESTRE ; *JCP G* mai 1997, n° 22, doctr. 4025, p. 237, obs. G. VINEY ; *JCP G* févr. 1997, n° 8, doctr. 4002, p. 88, obs. M. FABRE-MAGNAN ; *JCP G* juill. 1997, n° 28-29, jur. 22881, p. 336, note D. COHEN ; *JCP G* juill. 1998, n° 29, doctr. 152, p. 1315, chron. J.-P. CHAZAL ; *CCC* févr. 1997, n° 2, comm. 24, p. 9, note L. LEVENEUR **(n° 286 ; n° 291)**

- Cass. com., 9 juill. 2002, n° 99-12.554, Bull. civ. IV, n° 121, JurisData n° 2002-015210, *CCC* janv. 2003, n° 1, comm. 2, p. 18, note L. LEVENEUR **(n° 286)**

- Cass. com., 29 juin 2010, n° 09-11.841, Bull. civ. IV, n° 115, JurisData n° 2010-010628, *RDC* oct. 2010, n° 4, p. 1220, obs. Y.-M. LAITHIER ; *RDC* oct. 2010, n° 4, p. 1253, obs. O. DESHAYES ; *Gaz. pal.* déc. 2010, n° 343, p. 16, chron. M. MEKKI ; *Gaz. pal.* oct. 2010, n° 296, p. 32, chron. A. BENSOUSSAN et V. BENSOUSSAN-BRULE ; *Gaz. pal.* sept. 2010, n° 245, p. 11, note M.-E. MATHIEU et P. GLASER ; *LPA* sept. 2010, n° 182, p. 6, note R. SIRI ; *LPA* oct. 2010, n° 204, p. 8, note M. BURGARD ; *RDC* sept. 2010, n° 8, p. 1, obs. O. DESHAYES ; *LPA* août 2010, n° 162, p. 7, note N. DUPONT-LE BAIL ; *D.* juill. 2010, n° 28, p. 1832, obs. D. MAZEAUD ; *RTD civ.* oct. 2010, n° 3, p. 555, obs. B. FAGES ; *D.* juill. 2010, n° 28, p. 1832, obs. X. DELPECH ; *D.* juill. 2010, n° 27, p. 1697, obs. F. ROME ; *JCP G* juill. 2010, n° 28-29, 787, p. 1450, note D. HOUTCIEFF ; *JCP E* sept. 2010, n° 37, comm. 1790, p. 25, note P. STOFFEL-MUNCK ; *RLDC* nov. 2010, n° 76, act. 3994, p. 16, note S. PIMONT ; *RLDI* août 2010, n° 63, act. 2076, p. 55, note A. LEFÈVRE et F.-P. LANI **(n° 291)**

- Cass. req., 19 janv. 1863, DP 1863, 1, 248 **(n° 292 ; n° 318)**

- Cass. 3e civ., 16 juill. 1951, *JCP G* 1952, jur. 6717, note ESMEIN **(n° 292)**

- Cass. 1e civ., 23 févr. 1994, n° 92-11.378, Bull. civ. I, n° 76, JurisData n° 1994-000493, *JCP G* mai 1994, n° 20-21, somm. 1124, p. 146 ; *JCP G* déc. 1994, n° 50, doctr. 3809, p. 550, obs. G. VINEY ; *RTD civ.* sept. 1994, n° 3, p. 616, obs. P JOURDAIN ; *D.* avr. 1995, n° 14, p. 214, obs. N. DION **(n° 292 ; n° 323)**

- Cass. 3e civ., 1er juin 2005, n° 04-12.200, Bull. civ. III, n° 119, JurisData n° 2005-028690, *Rev. loyers* juill.-sept 2005, n° 859, jur. 165, p. 37, an. M.-O. VAISSIÉ ; *RLDA* oct. 2005, n° 86, jur. 5374, p. 53, obs. A. LEFÈVRE et J. VASA ; *AJDI* sept. 2005, n° 9, p. 650, obs. Y. ROUQUET **(n° 310 ; n° 314 ; n° 344)**

- Cass. 1e civ., 11 oct. 1989, n° 88-14.439, Bull. civ. I, n° 317, JurisData n° 1989-703115, *D.* avr. 1991, n° 17, p. 225, note P. ANCEL ; *RTD com.* juin 1990, n° 2, p. 244, obs. B. BOULOC **(n° 310 ; n° 314)**

- Cass. 3e civ., 8 févr. 1972, n° 70-13.514, Bull. civ. III, n° 89, *JCP G* août-sept. 1972, n° 33, jur. 17176, note R. D. **(n° 310)**

- Cass. 3e civ., 12 nov. 1975, n° 74-14.878, Bull. civ. III, n° 327 **(n° 310 ; n° 330)**

- Cass. 3e civ., 28 mai 1997, n° 95-17.953, Bull. civ. III, n° 116, JurisData n° 1997-002333, *CCC* 1997, n° 131, p. 8, obs. L. LEVENEUR ; *LPA* avr. 1998, n° 41, p. 17, note C.-H. GALLET ; *D.* juill. 1997, n° 24, p. 141 **(n° 311)**

- Cass. com., 1er juin 2010, n° 09-15.151, JurisData n° 2010-008040, *AJDI* déc. 2011, n° 12, p. 910, chron. J.-P. BLATTER **(n° 313)**

- Cass. 3e civ., 30 avr. 2003, n° 01-14.890, Bull. civ. III, n° 87, JurisData n° 2003-018805, *Loyers et copr.* oct. 2003, n° 10, comm. 196, p. 10, note B. VIAL-PEDROLETTI ; *JCP G* mars 2004, n° 10, comm. II 10031, p. 402, note C. JAMIN ; *D.* juin 2003, n° 21, p. 1408 ; *Ann. loyers* mai 2003, n° 5, p. 750, note C. ATIAS ; *Rev. loyers* juill.-sept. 2003, n° 839, p. 407, note B. HUMBLOT-GIGNOUX **(n° 314)**

- Cass. 3e civ., 19 mai 2004, n° 03-12.541, Bull. civ. III, n° 99, JurisData n° 2004-023636 ; *JCP G* juill. 2004, n° 28, pan. 2408, p. 1292 ; *JCP G* avr. 2005, n° 15-16, chron. 132, p. 727, obs. G. VINEY ; *AJDI* nov. 2004, n° 11, p. 803, obs. Y. ROUQUET **(n° 314)**

- Cass. 3e civ., 16 mai 2007, n° 06-18.286 **(n° 314)**

- Cass. 3e civ., 9 juill. 2008, n° 07-14.631, Bull. civ. III, 2008, n° 121, JurisData n° 2008-044786, *JCP E* sept. 2008, n° 38, pan. 2131, p. 25 ; *JCP N* juill. 2009, n° 29, chron. 1241, p. 24, obs. H. KENFACK ; *AJDI* nov. 2008, n° 11, p. 841, obs. V. ZALEWSKI ; *Dalloz actualité* 15 juill. 2008, obs. Y. ROUQUET ; *D.* sept. 2008, n° 29, p. 1999, obs. Y. ROUQUET ; *RLDA* nov. 2008, n° 32, act. 1922, p. 19, note H. KENFACK ; *RLDA* oct. 2008, n° 31, act. 1870, p. 43, obs. M. FILIOL DE RAIMOND; *Rev. loyers* oct. 2008, n° 890, jur. 821, p. 432, note B. HUMBLOT-GIGNOUX ; *RLDC* oct. 2008, n° 53, act. 3140, p. 16, obs. V. MAUGERI **(n° 316 ; n° 327)**

- Cass. 3e civ., 2 juill. 2013, n° 11-28.496, JurisData n° 2013-013964, *Loyers et copr.* oct. 2013, n° 10, comm. 280, p. 27, obs. E. CHAVANCE ; *AJDI* mai 2014, n° 5, p. 376, obs. C. DREVEAU **(n° 316)**

- Cass. 3e civ., 6 mars 2012, n° 11-14.156, *AJDI* mai 2012, n° 5, p. 348 **(n° 316)**

- Cass. 3e civ., 25 mars 2014, n° 13-11.322, *AJDI* déc. 2015, n° 12, p. 890, chron. J.-P. BLATTER **(n° 317)**

- Cass. 3e civ., 5 juin 2002, n° 00-19.037, Bull. civ. III, n° 123, *D.* sept. 2002, n° 29,

p. 2303 ; *AJDI* nov. 2002, n° 11, p. 759, obs. P. BRIAND ; *Administrer* août-sept. 2002, n° 347, p. 44, obs. B. BOCCARA et D. LIPMAN-BOCCARA ; *RDC* déc. 2003, n° 1, p. 118, obs. G.LARDEUX ; *Gaz. pal.* sept. 2012, n° 255, p. 17, obs. F. GHILAIN **(n° 323 ; n° 328 ; n° 330)**

- Cass. 3e civ., 3 nov. 2016, n° 15-10.036, *AJDI* déc. 2016, n° 12, p. 837, obs. ; *AJDI* déc. 2017, n° 12, p. 886, chron. J.-P. BLATTER **(n° 324)**

- Cass. 3e civ., 6 mars 2013, n° 11-27.331, Bull. civ. III, n° 34, JurisData n° 2013-003778, *JCP N* août 2013, n° 35, chron. 1206, p. 41, obs. J. MONÉGER ; *RDC* juill. 2013, n° 3, p. 977, obs. J.-B. SEUBE ; *Dr. & patr. L'Hebdo* mars 2013, n° 913, p. 2, obs. C. L. G. ; *Rev. loyers* avr. 2013, n° 936, jur. 1565, p. 174, an. C. QUÉMENT ; *LEDC* avr. 2013, n° 4, p. 5, obs. G. PILLET ; *Gaz. pal.* avr. 2013, n° 110, p. 18, obs. J.-D. BARBIER ; *Gaz. pal.* mars 2013, n° 80, p. 1250, obs. C. BERLAUD ; *LEDIU* mai 2013, n° 5, p. 2, obs. A. CERDA ; *Dalloz actualité* 18 mars 2013, obs. Y. ROUQUET ; *D.* mars 2013, n° 11, p. 704, obs. Y. ROUQUET ; *D.* juill. 2013, n° 26, p. 1794, chron. M.-P. DUMONT-LEFRAND ; *RTD com.* août 2013, n° 2, p. 231, obs. F. KENDÉRIAN **(n° 325 ; n° 383)**

- Cass. 3e civ., 4 juin 2009, n° 08-12.126, Bull. civ. III, n° 134, JurisData n° 2009-048510, *Environnement* oct. 2009, n° 10, comm. 114, p. 29, note M. BOUTONNET ; *RLDC* mars 2010, n° 69, chron. 3757, p. 53, obs. B. PARANCE ; *D.* juin 2009, n° 16, p. 2976, obs. G. FOREST ; *D.* déc. 2009, n° 44, p. 2976, note M. BOUTONNET **(n° 326)**

- Cass. 3e civ., 29 avr. 2002, n° 00-20.213, JurisData n° 2002-014264, *Rev. loyers* juill. 2002, n° 829, p. 410, an. M.-O. VAISSIÉ **(n° 326 ; n° 371)**

- Cass. 3e civ., 23 nov. 1993, n° 92-16.508 **(n° 326)**

- Cass. 3e civ., 29 avr. 2002, n° 00-20.213, JurisData n° 2002-014264 **(n° 326)**

- Cass. 3e civ., 12 juin 2001, n° 00-12.634, Bull. civ. III, n° 123, JurisData n° 2001-010216, *AJDI* déc. 2001, n° 12, p. 977, obs. P. LAURENT **(n° 328)**

- Cass. 3e civ., 18 janv. 2018, n° 16-26.011, JurisData n° 2018-000293, *JCP N* sept. 2018, n° 37, chron. 1279, p. 34, obs. S. REGNAULT ; *D.* févr. 2018, n° 4, p. 167 ; *Loyers et copr.* févr. 2018, n° 2, rep. 2, p. 1, obs. J. MONÉGER ; *JCP E* .mars 2018, n° 13, comm. 1168, p. 47, note C. AUBRY DE MAROMONT ; *AJDI* juin 2018, n° 6, p. 432, obs. N. DAMAS ; *D.* juill. 2018, n° 27, p. 1511, obs. M.-P. DUMONT-LEFRAND ; *Dalloz actualité* 25 janv. 2018, obs. Y. ROUQUET ; *JA* févr. 2018, n° 573, p. 11, obs. X. DELPECH ; *Dr. & patr. L'Hebdo* janv. 2018, n° 1131, p. 2, obs. C. L. G. ; *Rev. loyers* mars 2018, n° 985, jur. 2807, p. 141, an. J. ROIGT et C. QUINTIN ; *RLDA* mars 2018, n° 135, act. 6407, p. 10 ; *Defrénois* oct. 2018, n° 39, p. 27, obs. L. RUET ; *Gaz. pal.* mars 2018, n° 11, p. 55, obs. J.-D. BARBIER ; *LEDC* mars 2018, n° 3, p. 2, obs. J.-F. HAMELIN **(n° 328)**

- Cass. 3e civ., 18 janv. 2018, n° 16-25.126, *AJDI* juin 2018, n° 6, p. 437, obs. J.-P. BLATTER **(n° 328)**

- Cass. soc., 11 oct. 1962, Bull. civ. IV, n° 709 **(n° 328)**

- Cass. 3e civ., 6 juin 1978, n° 77-11.020, Bull. civ. III, n° 237, *D.* 1979, p. 461, note H. C. **(n° 328)**

- Cass. 3e civ., 21 nov. 2001, n° 00-13.170 et 00-13.870, JurisData n° 2001-011945, *Loyers et copr.* mars 2002, n° 3, comm. 56, p. 9, note B. VIAL-PEDROLETTI ; *AJDI* juin 2002, n° 6, p. 448, obs. S. LAPORTE-LECONTE **(n° 328 ; n° 329)**

- Cass. 3e civ., 17 juin 2014, n° 13-14.759,

Ann. loyers 2015, p. 2943, obs. A.-CERATI-GAUTHIER **(n° 328)**

- Cass. 3e civ., 2 juill. 1997, n° 95-14.151, Bull. civ. III, n° 159, JurisData n° 1997-003148, *JCP G* sept. 1997, n° 39, somm. 1865, p. 292 ; *JCP E* sept. 1997, n° 39, act. 973, p. 331 ; *AJDI* juin 1994, n° 6, p. 455, obs. J.-P. BLATTER **(n° 328)**

- Cass. 3e civ., 12 juin 2001, n° 00-12.150, *AJDI* oct. 2001, n° 10, p. 792 **(n° 329)**

- Cass. 3e civ., 10 déc. 2008, n° 07-20.277, JurisData n° 2008-046248, *Loyers et copr.* mars 2009, n° 3, comm. 54, p. 11, obs. B. VIAL-PEDROLETTI ; *RTD com.* déc. 2009, n° 4, p. 694, obs. F. KENDÉRIAN ; *AJDI* mars 2009, n° 3, somm. p. 198, obs. S. PORCHERON ; *JCP N* nov. 2009, n° 47, chron. 1316, p. 23, obs. C. YANG-TING **(n° 330)**

- Cass. 3e civ., 20 janv. 2009, n° 07-20.854, JurisData n° 2009-046681, *RDC* oct. 2009, n° 4, p. 1495, obs. C. GRIMALDI ; *JCP N* nov. 2009, n° 47, chron. 1316, p. 23, obs. A. MBOTAINGAR ; *JCP E* nov. 2009, n° 47, chron. 2083, p. 15, obs. A. MBOTAINGAR ; *Loyers et copr.* mars 2009, n° 3, comm. 63, p. 17, note E. CHAVANCE **(n° 330)**

- Cass. 3e civ., 24 sept. 2002, n° 01-11.248, JurisData n° 2002-015841 **(n° 330)**

- Cass. 3e civ., 14 mars 2019, n° 17-31.122, *AJDI* juin 2019, n° 6, p. 447 **(n° 330)**

- Cass. 3e civ., 17 déc. 2002, n° 01-11.704, *RDI* mai 2003, n° 3, p. 244, obs. F.-G. TRÉBULLE ; *AJDI* févr. 2003, n° 2, p. 105, obs. B. WERTENSCHLAG **(n° 330)**

- Cass. 3e civ., 28 mai 2020, n° 19-14.230, JurisData n° 2020-007399 **(n° 330)**

- Cass. 3e civ., 2 oct. 2013, n° 12-13.302, *JCP G* janv. 2014, n° 4, doctr. 115, p. 162, chron. J. GHESTIN ; *AJDI* juill. 2014, n° 7, p. 519, obs. M.-P. DUMONT-LEFRAND ; *Dalloz actualité* 11 févr. 2014, obs. A. LECOURT ; *D.* déc. 2013, n° 42, p. 2812, obs. CENTRE DE DROIT DE LA CONCURRENCE YVES SERRA **(n° 332)**

- Cass. 3e civ., 26 mars 1997, n° 95-14.103, Bull. civ. III, n° 70, JurisData n° 1997-001375, *JCP N* juill. 1997, n° 30, jur. p. 1043 ; *JCP G* mai 1997, n° 21, somm. 1071, p. 65 ; *D.* nov. 1997, n° 40, p. 325, obs. C. ATIAS **(n° 332)**

- Cass. 3e civ., 19 juill. 2000, n° 98-22.200, JurisData n° 2000-003087, *AJDI* mars 2001, n° 3, p. 240, obs. F. COHET-CORDEY **(n° 332)**

- Cass. 3e civ., 10 janv. 1996, n° 94-11.065, JurisData n° 1996-000199 **(n° 332)**

- Cass. 1e civ., 3 juill. 1962, Bull. civ. III, n° 339 **(n° 332)**

- Cass. 3e civ. 20 févr. 1991, n° 89-16.959, JurisData n° 1991-000520 **(n° 333)**

- Cass. 3e civ. , 28 nov. 2019, n° 18-18.862, JurisData n° 2019-021414, *Loyers et copr.* janv. 2020, n° 1, comm. 13, p. 42, obs. E. CHAVANCE **(n° 344)**

- Cass. civ., 6 mars 1876, *D.* 1876, 1, 193, note GIBOULOT **(n° 348)**

- Cass. 3e civ., 10 sept. 2020, n° 18-21.890, JurisData n° 2020-013113 **(n° 348)**

- Cass. 3e civ., 8 mars 2018, n° 17-11.439, Publié au bulletin, JurisData n° 2018-003154, *JCP N* sept. 2018, n° 37, chron. 1279, p. 34, obs. E. CHAVANCE ; *Dr. & patr. L'Hebdo* mars 2018, n° 1138, p. 1, obs. C. L. G. ; *Rev. loyers* mai 2018, n° 987, jur. 2866, p. 244, an. C. LEBEL ; *RLDA* avr. 2018, n° 136, act. 6426, p. 11 ; *D.* juill. 2018, n° 27, p. 1511, obs. M.-P. DUMONT-LEFRAND ; *AJDI* sept. 2018, n° 9, p. 593, obs. N. DAMAS ; *Dalloz actualité* 28 mars 2018, obs.

C. DREVEAU ; *AJDI* sept. 2018, n° 9, p. 571, chron. M. SERROR, J.-M. BRIQUET, B. GAGNAIRE et Q. ROUSSEAU ; *D.* mai 2018, n° 20, p. 1117, chron. N. DAMAS **(n° 349)**

- Cass. 3e civ., 12 juin 1991, n° 90-12.140, Bull. civ. III, n° 169, JurisData n° 1991-002038, *RDI* déc. 1991, n° 4, p. 514, obs. G. BRIÈRE DE L'ISLE et J. DERRUPPÉ **(n° 349)**

- Cass. 3e civ., 8 déc. 1993, n° 91-10.034, Bull. civ. III, n° 160, JurisData n° 1993-002511 **(n° 349)**

- Cass. 3e civ., 9 déc. 2009, n° 08-17.483, Bull. civ. III, n° 269, JurisData n° 2009-050667, *D.* mai 2010, n° 19, p. 1168, chron. N. DAMAS ; *Dalloz actualité* 11 janv. 2010, obs. D. CHENU ; *Loyers et copr.* févr. 2010, n° 2, comm. 45, p. 24, note E. CHAVANCE ; *LPA* juin 2010, n° 117, p. 33, obs. R. RAFFI ; *Rev. loyers* févr. 2010, n° 904, jur. 1128, p. 65, an. C. QUÉMENT **(n° 349)**

- Cass. 3e civ., QPC, 14 juin 2018, n° 18-40.013, Bull. civ. , n° , JurisData n° 2018-010161, *AJDI* mars 2019, n° 3, p. 205, obs. J.-P. BLATTER **(n° 353)**

- Cass. 3e civ., 13 juill. 2005, n° 04-13.764, Bull. civ. III, 2005, n° 155, JurisData n° 2005-029471, *Loyers et copr.* janv. 2006, n° 1, comm. 12, p. 18, note P. PEREIRA-OSOUF ; *Gaz. pal.* déc. 2005, n° 344, p. 22, chron. J.-D. BARBIER ; *Rev. loyers* oct. 2005, n° 860, jur. 191, p. 424, an. C. QUÉMENT ; *RLDA* déc. 2005, n° 88, jur. 5484, p. 21, obs. A. LEFÈVRE et J. VASA ; *RTD civ.* déc. 2005, n° 4, p. 795, obs. P.-Y. GAUTIER ; *AJDI* nov. 2005, n° 11, p. 828, obs. Y. ROUQUET; *Loyers et copr.* janv. 2006, n° 1, étude 1, p. 5, obs. P.-H. BRAULT **(n° 359)**

- Cass. 3e civ., 29 sept. 2010, n° 09-69.337, JurisData n° 2010-017037, *D.* oct. 2010, n° 36, p. 2360, obs. Y. ROUQUET **(n° 359 ; n° 363)**

- Cass. 3e civ., 10 mai 1991, n° 89-18.165, *RDI* mars 1992, n° 1, p. 124, obs. G. BRIÈRE DE L'ISLE et J. DERRUPPÉ **(n° 359)**

- Cass. 3e civ. 8 déc. 2004, n° 03-18.361, *AJDI* mars 2005, n° 3, p. 213, obs. C. DENIZOT **(n° 363)**

- Cass. 3e civ., 3 nov. 2016, n° 15-18.014, *AJDI* déc. 2016, n° 12, p. 837 ; *AJDI* déc. 2017, n° 12, p. 886, chron. J.-P. BLATTER **(n° 364)**

- Cass. 3e civ., 19 avr. 1989, n° 87-14.535, Bull. civ. III, n° 82, JurisData n° 1989-701218, *JCP E* déc. 1990, n° 49, chron. 15923, p. 749, obs. J. MONÉGER **(n° 368)**

- Cass. 3e civ., 3 nov. 2016, n° 15-21.799, *AJDI* déc. 2016, n° 12, p. 836 **(n° 370)**

- Cass. 3e civ., 12 avr. 2018, n° 17-11.833, *AJDI* déc. 2018, n° 12, p. 856, obs. P. HAAS **(n° 370)**

- Cass. 3e civ., 14 févr. 2012, n° 11-10.559, JurisData n° 2012-002116, *AJDI* avr. 2012, n° 4, p. 269 ; *AJDI* déc. 2013, n° 12, p. 882, chron. J.-P. BLATTER **(n° 371)**

- Cass. 3e civ., 7 avr. 2004, n° 02-19.062, JurisData n° 2004-023412, *AJDI* déc. 2004, n° 12, somm. p. 882, obs. S. PORCHERON **(n° 371)**

- Cass. 3e civ., 15 févr. 2018, n° 17-11.329, Publié au bulletin, JurisData n° 2018-001969, *CCC* août-sept. 2018, n° 8-9, comm. 151, p. 48, note N. MATHEY ; *Defrénois* oct. 2018, n° 39, p. 26, obs. L. RUET ; *LEDICO* avril 2018, n° 111, p. 4, obs. C. GRIMALDI ; *LEDC* avril 2018, n° 111, p. 1, obs. N. LEBLOND ; *Rev. loyers* mai 2018, jur. 2865, n° 987, p. 242, obs. H. CHAOUI ; *RLC* mai 2018, n° 72, jur. 3384, p. 9 ; *RTD civ.* juill. 2018, n° 2, p. 408, obs. H. BARBIER ; *AJDI* sept. 2018, n° 9, p. 601, obs. J.-P. BLATTER ; *AJDI* juill. 2018, n° 7-8, p. 520, note

A. ANTONIUTTI **(n° 373)**

- Cass. 3e civ., 3 juin 1992, n° 90-13.006 **(n° 375)**

- Cass. 3e civ., 16 oct. 1973, n° 72-13.464, Bull. civ. III, n° 528, JurisData n° 1973-000528 **(n° 376)**

- Cass. 3e civ., 13 juill. 1994, n° 91-22.260, Bull. civ. III, n° 143, JurisData n° 1994-001381, *Loyers et copr.* oct. 1994, n° 10, comm. 373, p. 5 ; *AJDI* nov. 1994, n° 11, jur. 128, p. 835, obs. J.-P. BLATTER **(n° 383)**

Juridictions du 1er et 2nd degré :

- CA Colmar, 29 juin 2011, n° 10/03615, JurisData n° 2011-016343 **(n° 284)**

- CA Paris, 5e pôle, 3e ch., 18 mai 2011, n° 09/06869, JurisData n° 2011-009292, *AJDI* juin 2012, n° 6, p. 427 ; *AJDI* déc. 2013, n° 12, p. 882, chron. J.-P. BLATTER **(n° 284 ; n° 384)**

- CA Paris, 16e ch., sect. A, 5 juill. 2006, n° 04/03538, *AJDI* nov. 2006, n° 11, p. 816 **(n° 284)**

- CA Paris, 5e pôle, 3e ch., 11 sept. 2013, n° 11/19440, JurisData, n° 2013-019303 **(n° 314)**

- CA Pau, 2e ch., sect. 1, 29 oct. 2012, n° 11/00916, JurisData, n° 2012-030047 **(n° 314)**

- CA Rennes, 7e ch., 25 mai 2011, n° 09/06927, *AJDI* juin 2012, n° 6, p. 430 ; *AJDI* déc. 2013, n° 12, p. 882, chron. J.-P. BLATTER **(n° 314)**

- CA Paris, 16e ch., sect. B, 21 nov. 1997, n° 98/86030, JurisData, n° 1997-023784 **(n° 314)**

- CA Paris, 4e pôle, 6e ch., 24 janv. 2014, n° 11/20794, JurisData n° 2014-001244, *AJDI* nov. 2014, n° 11, p. 779, obs. C. DENIZOT et G. TRAUTMANN ; *AJDI* déc. 2015, n° 12, p. 890, chron. J.-P. BLATTER **(n° 314)**

- CA Montpellier, 2e ch., sect. B, 26 mars 2002, n° 01/00827, JurisData n° 2002-187909 **(n° 315 ; n° 367)**

- CA Paris, 1er juin 2011, n° 10/03286, *AJDI* juin 2012, n° 6, p. 427 **(n° 316)**

- CA Paris, 5e pôle, 3e ch., 16 janv. 2013, n° 10/23656, JurisData n° 2013-000446, *AJDI* sept. 2013, n° 9, p. 612 ; *AJDI* déc. 2014, n° 12, p. 898, chron. J.-P. BLATTER **(n° 316)**

CA Paris, 3e ch., 12 janv. 2017, n° 15/17010, JurisData n° 2017-000356, *Loyers et copr.* avr. 2017, n° 4, comm. 78, p. 20, note B. VIAL-PEDROLETTI **(n° 326)**

- CA Paris, 1er pôle, 8e ch., 20 janv. 2017, n° 16/03145, *Gaz. pal.* juill. 2017, n° 26, p. 55, obs. J.-D. BARBIER **(n° 328)**

- CA Paris, 16e ch. sect. B, 2 avr. 2009, JurisData n° 2009-377614 **(n° 328)**

- CA Paris, 16e ch., sect. A, 28 juin 1994, n° 93/12351, JurisData n° 1994-022828, *Loyers et copr.* oct. 1994, n° 10, comm. 387, p. 9 **(n° 332)**

- CA Versailles, ch. réunies, 15 déc. 1993, n° 3648/92, JurisData n° 1993-050593, *Administrer* sept. 1994, n° 259, p. 49 **(n° 332)**

- CA Paris, 16e ch., sect. B, 11 mai 2001, n° 1999/21014, JurisData n° 2001-144106, *Loyers et copr.* nov. 2001, n° 11, comm. 259, p. 14, note P. PEREIRA **(n° 332)**

- CA Paris 16e ch., sect. B, 31 mai 2002, n° 2000/11556, JurisData n° 2002-181045, *JCP N* nov. 2007, n° 45, chron. 1289, p. 21, note S. REZEK **(n° 332)**

- CA Paris, 16e ch., sect. A, 12 sept. 2001, n° 2000/21477 et 2001/00497, JurisData n° 2001-152212 **(n° 332)**

- CA Nîmes, 12e ch., 8 juin 1988, JurisData n° 1988-000579, *Loyers et copr.* avr. 1989, n° 4, comm. 175, p. 10 **(n° 333)**

- CA Reims, ch. civ., sect. 2, 1er avr. 1993, n° 1025/91, JurisData n° 1993-043657, *JCP G* avr. 1994, n° 15, somm. 798, p. 103, note J. NORMAND, C. GRAFTIEAUX, N. BAUDIN-VERVAECKE et J.-M. DESPAQUIS **(n° 333)**

- CA Paris, 5e pôle, 3e ch., 10 nov. 2016, n° 14/20320, JurisData n° 2016-024147, *AJDI* déc. 2017, n° 12, p. 886, chron. J.-P. BLATTER ; *Rev. loyers* déc. 2016, n° 972, jur. 2471, p. 480, obs. S. BRENA **(n° 344)**

- CA Aix-en-Provence, 11e ch., sect. B, 2 févr. 2017, n° 15/17218, *JCP E* juin 2018, n° 24, chron. 1319, p. 37, obs. S. REGNAULT **(n° 344)**

- TGI Paris, 18e ch., sect. 2, 30 mars 2017, n° 17/00540 **(n° 344)**

- CA Orléans, ch. com. éco. et fin., 12 mai 2011, n° 10/02813, JurisData n° 2011-009777, *AJDI* juin 2012, n° 6, p. 428 ; *AJDI* déc. 2013, n° 12, p. 882, chron. J.-P. BLATTER **(n° 348)**

- CA Douai, 23 janv. 2020, n° 19/01718, *RTD civ.* juill. 2020, n° 2, p. 363, note H. BARBIER **(n° 348)**

- CA Versailles, 12 déc. 2019, n° 18/07183, *RTD civ.* juill. 2020, n° 2, p. 363, note H. BARBIER **(n° 348)**

- CA Aix-en-Provence, 11e ch., sect. A, 8 juill. 2011, n° 09/10794, *AJDI* juill. 2012, n° 7-8, p. 516 **(n° 359)**

- CA Paris, 23e ch., sect. B, 31 mai 2000, JurisData n° 2000-109431 **(n° 367)**

- CA Rouen, ch. civ. et com., 24 févr. 2011, n° 10/00971, JurisData n° 2011-006284 **(n° 368)**

- CA Montpellier, 1e ch., sect. B, 6 janv. 2009, n° 08/00212, JurisData n° 2009-001200 **(n° 370)**

- CA Toulouse, 2e ch., sect. 2, 19 nov. 2002, n° 2001/04736, JurisData n° 2002-197164 **(n° 370)**

PARTIE 2 - LA COHÉRENCE DU RÉGIME DE L'OBLIGATION DE DÉLIVRANCE

Titre 1 - La cohérence de la mise en œuvre de l'obligation de délivrance par référence à sa fonction

Chapitre 1 - L'adaptation de l'instrument contractuel en vue d'organiser la réalisation de la finalité du bail commercial

<u>Conseil constitutionnel :</u>

- Cons. const., 10 juin 1998, n° 98-401 DC, JO 14 juin 1998, n° 136, p. 9033, consid. 10 **(n° 390)**

- Cons. const., 27 nov. 2001, n° 2001-451 DC, JO 1er déc. 2001, n° 279, pp. 19112-19115, consid. 13, cité *in* G. CHANTEPIE, « L'exigence de clarté dans la rédaction du contrat », *RDC* juill. 2012, n° 3, p. 989 **(n° 390)**

<u>Cour de cassation :</u>

- Cass. com., 12 janv. 1999, n° 96-14.604, *Dr. & patr.* sept. 1999, n° 74, jur. 2375, p. 97, obs. P. CHAUVEL **(n° 390)**

- Cass. com., 4 mai 2010, n° 09-14.415, JurisData n° 2010-005488 **(n° 390)**

- Cass. com., 17 oct. 2000, n° 98-13.176, JurisData n° 2000-006464 **(n° 390)**

- Cass. 3e civ., 9 févr. 2017, n° 15-28.039, *JCP N* juill. 2017, n° 27, chron. 1220, p. 35, obs. J. MONÉGER **(n° 390)**

- Cass. com., 20 juin 2000, n° 96-16.497, *RJDA* déc. 2000, n° 12/00, obs. 1068, p. 853 **(n° 390)**

- Cass. com., 17 mars 2009, n° 08-12.830 **(n° 390)**

- Cass. com., 20 déc. 2012, n° 11-27.340 **(n° 390)**

- Cass. 2e civ., 5 janv. 1994, n° 92-13.856, JurisData n° 1994-000039 **(n° 390)**

- Cass. 2e civ., 4 mars 2004, n° 02-14.022, JurisData n° 2004-022781 **(n° 390)**

- Cass. com., 4 oct. 1982, n° 80-16.177 **(n° 390)**

- Cass. com., 20 nov. 2007, n° 06-20.332, JurisData n° 2007-041586, *RTD civ.* mars 2008, n° 1, p. 101, obs. B. FAGES **(n° 390)**

- Cass. 3e civ., 27 mai 2003, n° 01-15.099, *AJDI* sept. 2003, n° 9, p. 586 **(n° 390)**

- Cass. 3e civ., 25 oct. 2018, n° 17-24.024, JurisData n° 2018-018830, *AJDI* mai 2019, n° 5,
p. 362, obs. P. HAAS **(n° 390)**

- Cass. com., 3 oct. 1978, n° 77-10.915, Bull. civ. IV, n° 208, *D.* 1980, p. 55, note J. SCHMIDT-SZALEWSKI **(n° 390)**

- Cass. com., 12 oct. 1993, n° 91-19.456 **(n° 390)**

- Cass. com., 7 janv. 1997, n° 94-21.561, *D.* janv. 1998, n° 4, p. 45, obs. P. CHAUVEL **(n° 390)**

- Cass. 2e civ., 10 oct. 2002, n° 01-03.079, *Dr. & patr.* 2003, n° 111, p. 114, obs. P. CHAUVEL **(n° 390)**

- Cass. com., 22 févr. 1994, n° 91-18.842, Bull. civ. IV, n° 79, JurisData n° 1994-000347, *LPA* juill. 1994, n° 59, p. 32, obs. P. M. **(n° 390)**

- Cass. com., 22 avr. 1997, n° 94-18.953, *RTD civ.* sept. 1997, n° 3, p. 651, obs. J. MESTRE ; *D.* janv. 1998, n° 4, p. 45 **(n° 390)**

- Cass. com., 7 avr. 1998, n° 95-20.361, *RDSS* déc. 1998, n° 4, p. 780, obs. A. LAUDE ; *D.* oct. 1999, n° 36, p. 514 **(n° 390)**

- Cass. 1e civ., 19 nov. 1996, n° 94-18.502, JurisData n° 1996-004403, *D.* janv. 1997, n° 2, p.14 **(n° 409)**

- Cass. com, 24 nov. 1959, Bull. civ. III, n° 396 **(n° 414)**

- Cass. 3e civ., 16 janv. 1980, n° 78-12.389, Bull. civ. III, n° 13, *JCP G* mars 1980, n° 12, jur. p. 120 **(n° 414)**

- Cass. 3e civ., 28 sept. 2005, n° 04-13.720, Bull. civ. III, n° 175, JurisData n° 2005-029912, *Loyers et copr.* déc. 2005, n° 12, comm. 215, p. 12, note B. VIAL-PEDROLETTI ; *AJDI* déc. 2005, n° 12, p. 901, obs. Y. ROUQUET ; *D.* oct. 2005, n° 36, p. 2480 ; *D.* avr. 2006, n° 14, p. 958, pan. N. DAMAS ; *Gaz. pal.* déc. 2005, n° 363, p. 11 ; *Rev. loyers* déc. 2005, n° 862, p. 573, an. J. PRIGENT **(n° 414)**

- Cass. civ., 28 juill. 1908, DP 1908, 1, 461 **(n° 414)**

- Cass. civ., 24 févr. 1948, S. 1949, 1, 108 **(n° 414)**

- Cass. 3e civ., 21 févr. 2019, n° 18-11.553, Bull. civ. , n° , JurisData n° 2019-002433, *JCP N* mars 2019, n° 10, act. 284, p. 11 ; *D.* mars 2019, n° 8, p. 430 ; *La Quotidienne* mars 2019, obs. L. ANDREU ; *Dalloz actualité* 25 mars 2019, obs. M. GHIGLINO **(n° 417)**

- Cass. 3e civ., 23 janv. 2020, n° 18-19.589, JurisData n° 2020-002134, *Loyers et copr.* mars 2020, n° 3, comm. 36, p. 36, note E. CHAVANCE **(n° 417)**

- Cass. soc., 8 mars 1956, Bull. civ. IV, n° 232 **(n° 419)**

- Cass. req., 15 déc. 1880, DP 1881, 1, 37 **(n° 420)**

- Cass. 3e civ., 30 avr. 1969, Bull. civ. III, n° 346 **(n° 420)**

- Cass. 3e civ., 19 oct. 1983, n° 82-13.338, Bull. civ. III, n° 191 **(n° 420)**

- Cass. 3e civ., 17 juill. 1992, n° 90-19.333, Bull. civ. III, n° 252, JurisData n° 1992-001774, *RTD civ.* juin 1993, n° 2, p. 380, obs. P.-Y. GAUTIER **(n° 421)**

- Cass. 3e civ., 3 juill. 2013, n° 12-18.099, Bull. civ. III, n° 88, *D.* juill. 2013, n° 26, p. 1743, obs. Y. ROUQUET ; *Dalloz actualité* 23 juill. 2013, obs. Y. ROUQUET ; *D.* nov. 2013, n° 38, p. 2544, chron. A. PIC ; *AJDI* déc. 2014, n° 12, p. 898, chron. J.-P. BLATTER ; *JCP E* févr. 2014, n° 7, 1074, p. 30, chron. R. LENOIR **(n° 422)**

- Cass. 3e civ., 15 nov. 2006, n° 05-17.572, Bull. civ. III, n° 225, JurisData n° 2006-035901, *Loyers et copr.* mars 2007, n° 3, comm. 57, p. 20, note P.-H. BRAULT ; *Gaz. pal.* sept. 2007, n° 256, p. 15, obs. ; *RLDA* janv. 2007, n° 12, act. 672, p. 27, obs. A. LEFÈVRE ; *D.* déc. 2006, n° 43, p. 2985, obs. Y. ROUQUET ; *Dalloz actualité* 5 déc. 2006, obs. Y. ROUQUET ; *AJDI* avr. 2007, n° 4, p. 303, obs. J.-P. BLATTER ; *D.* juill. 2007, n° 26, p. 1827, chron. L. ROZÈS **(n° 422)**

- Cass. 3e civ., 28 juin 2006, n° 05-20.860, Bull. civ. III, n° 161, JurisData n° 2006-034263, *Dr. rur.* déc. 2007, n° 358, chron. 2, p. 11, obs. R. LE GUIDEC et H. BOSSE-PLATIÈRE ; *Dr. rur.* oct. 2006, n° 346, comm. 234, p. 35, note S. CREVEL ; *Gaz. pal.* janv. 2007, n° 6, p. 33 ; *Rev. loyers* déc. 2006, n° 872, jur. 457, p. 524, an. B. PEIGNOT ; *RLDC* nov. 2006, n° 32, act. 2281, p. 46, obs. C. CAMPELS ; *RTD civ.* déc. 2006, n° 4, p. 819, obs. B. VAREILLE **(n° 423)**

- Cass. civ., 8 juin 1915, DP 1920, 1, p. 103 **(n° 424)**

- Cass. 3e civ., 12 mai 1975, n° 74-11.154, Bull. civ. III, n° 165, JurisData n° 1975-098165, *JCP G* 1975, IV, 210 **(n° 424)**

- Cass. soc., 27 juill. 1951, n° 40.632, Bull. civ. III, n° 621 **(n° 424)**

- Cass. 3e civ., 8 févr. 1989, n° 87-12.134, Bull. civ. III, n° 34, JurisData n° 1989-700407 **(n° 424)**

- Cass. 1e civ., 3 avr. 2002, n° 99-17.694, JurisData n° 2002-013877 **(n° 424)**

- Cass. 3e civ., 16 mai 2007, n° 06-18.286 **(n° 437)**

- Cass. 3e civ., 1er juin 2005, n° 04-12.200, Bull. civ. III, n° 119, JurisData n° 2005-028690, *Rev. loyers* juill.-sept. 2005, n° 859, jur. 165, p. 37, an. M.-O. VAISSIÉ ; *RLDA* oct. 2005, n° 86, jur. 5374, p. 53, obs. A. LEFÈVRE et J. VASA ; *AJDI* sept. 2005, n° 9, p. 650, obs. Y. ROUQUET **(n° 437)**

- Cass. 3e civ., 27 oct. 2009, n° 08-19.972, *Rev. loyers* janv. 2010, n° 903, jur. 1112, p. 20 **(n° 437)**

- Cass. 3e civ., 29 sept. 2015, n° 14-17.913, *AJDI* mai 2016, n° 5, p. 359, obs. C. CASTELA **(n° 457)**

Juridictions du 2nd degré :

- CA Toulouse, 21 févr. 1984, *RTD civ.* janv.-mars 1984, n° 1, p. 706, obs. J. MESTRE **(n° 390)**

- CA Paris, 16e ch., sect. B, 13 déc. 2002, n° 2001/18540, JurisData n° 2002-200306, *AJDI* avr. 2003, n° 4, p. 266 ; *AJDI* déc. 2004, n° 12, p. 942, chron. J.-P. BLATTER **(n° 390)**

- CA Aix-en-Provence, 11e ch., sect. A, 20 sept. 2013, n° 2013/465, JurisData n° 2013-021164, *Loyers et copr.* janv. 2014, n° 1, comm. 1, p. 11, note B. VIAL-PEDROLETTI **(n° 414)**

- CA Amiens, 1e ch., sect. 1, 26 mai 2011, n° 10/04553, *AJDI* juin 2012, n° 6, p. 429 **(n° 437)**

- CA Paris, 5e pôle, 3e ch., 11 sept. 2013, n° 11/19440, JurisData, n° 2013-019303 **(n° 437)**

- CA Paris, 4e pôle, 6e ch., 24 janv. 2014, n° 11/20794, JurisData n° 2014-001244, *AJDI* nov. 2014, n° 11, p. 779, obs. C. DENIZOT et G. TRAUTMANN ; *AJDI* déc. 2015, n° 12, p. 890, chron. J.-P. BLATTER **(n° 437)**

- CA Paris, 16e ch., sect. B, 21 nov. 1997, n° 98/86030, JurisData, n° 1997-023784 **(n° 437)**

- CA Rennes, 7e ch., 25 mai 2011, n° 09/06927, *AJDI* juin 2012, n° 6, p. 430 ; *AJDI* déc. 2013, n° 12, p. 882, chron. J.-P. BLATTER **(n° 437)**

- CA Paris, 16e ch., sect. A, 30 janv. 2008, n° 05/24326, *AJDI* oct. 2008, n°10, p. 757, obs. S. PORCHERON **(n° 437)**

- CA Paris, 6e ch., sect. B, 3 mai 2001, n° 1999/17918, *AJDI* sept. 2001, n° 9, p. 697 **(n° 454)**

Chapitre 2 - Le recours à d'autres instruments en vue d'organiser la réalisation de la finalité du bail commercial

Cour de cassation :

- Cass. 3e civ., 28 mai 1997, n° 95-17.953, Bull. civ. III, n° 116, JurisData n° 1997-002333, *CCC* août-sept. 1997, n° 7, comm. 131, p. 8, obs. L. LEVENEUR ; *LPA* avr. 1998, n° 41, p. 17, note C.-H. GALLET ; *D.* juill. 1997, n° 24, p. 141 **(n° 479)**

- Cass. req., 21 mars 1921, *D.* 1921, 1, 166 **(n° 480)**

- Cass. 3e civ., 23 janv. 2013, n° 11-25.676, JurisData n° 2013-000920, *AJDI* mai 2013, n° 5, p. 347, obs. F. DE LA VAISSIÈRE **(n° 480 ; n° 483)**

- Cass. 3e civ., 2 juill. 2013, n° 12-20.189, *AJDI* juin 2014, n° 6, p. 449, obs. D. LIPMAN-W. BOCCARA **(n° 481)**

- Cass. 3e civ., 18 mai 2017, n° 16-16.627, Publié au bulletin, *Constr.- urb.* juill. 2017, n° 7-8, comm. 109, p. 35, note C. SIZAIRE **(n° 491)**

Juridictions du 1er et 2nd degré :

- CA Nîmes, 1e ch., sect. A, 17 nov. 1998, n° 97/4312, JurisData n° 1998-031053 **(n° 479)**

- CA Paris, 16e ch., sect. B, 9 mai 2003, n° 2002/04076, JurisData n° 2003-214887 **(n° 482)**

- CA Paris, 16e ch., sect. A, 2 déc. 1998, n° 1996/17131 et 1996/19146, JurisData n° 1998-023226 **(n° 482)**

- CA Paris, 3 oct. 1957, *JCP N* 1958, II, 10469 **(n° 489)**

- CA Angers, 1e ch., sect. A, 17 mai 2011, n° 10/01124 **(n° 490)**

Titre 2 - La cohérence de la sanction de l'obligation de délivrance par référence à sa fonction

Chapitre 1 - La preuve nécessaire à la sanction du défaut de réalisation de la finalité du bail commercial

Cour de cassation :

- Cass. 3e civ., 15 mars 2000, n° 98-11.855 et 98-13.028, Bull. civ. III, n° 54, JurisData n° 2000-000964, *JCP E* mai 2000, n° 20, p. 775 **(n° 505)**

- Cass. 3e civ., 13 mars 2002, n° 00-15.194, Bull. civ. III, n° 59, JurisData n° 2002-013509, *Administrer* janv. 2003, n° 350, p. 32, note J.-D. BARBIER ; *Gaz. pal.* juin 2002, n° 162, p. 17, obs. F. GHILAIN ; *Rev. loyers* juin 2002, n° 828, p. 337, an. V. CANU ; *AJDI* juin 2002, n° 6, p. 453, obs. M.-P. DUMONT-LEFRAND **(n° 505)**

- Cass. 3e civ., 13 mars 1974, n° 73-10.473, Bull. civ. III, n° 116, *JCP G* 1977, II, 18686, note B. BOCCARA **(n° 510)**

- Cass. com., 25 avr. 1983, n° 81-16.804, Bull. civ. IV, n° 122, *D.* 1984, p. 1, note P. JOURDAIN **(n° 515)**

- Cass. 1e civ., 27 févr. 2001,n° 98-21.725 **(n° 521)**

- Cass. 1e civ., 27 nov. 2008, n° 07-18.142, Bull. civ. I, n° 267, JurisData n° 2008-045973, *Dr. sociétés* mars 2009, n° 3, comm. 53, p. 32, obs. D. GALLOIS-COCHET ; *JCP G* janv. 2009, n° 1-2, pan. IV 1013, p. 49 ; *D.* mars 2009, n° 10, p. 706, obs. C. JAMIN ; *RTD civ.* mars 2009, n° 1, p. 134, obs. P.-Y. GAUTIER ; *Dalloz actualité* 11 déc. 2008, obs. V. AVENA-ROBARDET **(n° 521)**

- Cass. 3e civ., 30 oct. 1972, n° 71-13.384, Bull. civ. III, n° 563, JurisData n° 1972-000563 **(n° 528)**

- Cass. 3e civ., 25 juin 2008, n° 07-14.341, Bull. civ. III, n° 111, JurisData n° 2008-044532, *JCP G* juill. 2008, n° 31-35, pan. IV 2359, p. 89, obs. LES RÉDACTEURS-ANALYSTES JURIS DATA et M.-C. ROUAULT ; *Gaz. pal.* sept. 2008, n° 271, p. 15 ; *Dr. & patr.* janv. 2009, n° 177, p. 92, chron. M.-O. VAISSIÉ et P. PELLETIER ; *Rev. loyers* oct. 2008, n° 890, jur. 824, p. 436, an. J. RÉMY ; *D.* sept. 2008, n° 29, p. 2000, obs. S. PORCHERON ; *Dalloz actualité* 21 juill. 2008, obs. A. MBOTAINGAR ; *D.* nov. 2008, n° 40, p. 2820, chron. P. DELEBECQUE, J.-D. BRETZNER et T. VASSEUR **(n° 528 ; n° 533)**

- Cass. 3e civ., 13 sept. 2011, n° 10-24.626, *AJDI* janv. 2012, n° 1, p. 32, obs. V. ZALEWSKI ; *Rev. loyers* déc. 2011, n° 922, jur. 1367, p. 464, an. C. LEBEL **(n° 528 ; n° 533)**

- Cass. 3e civ., 21 nov. 1990, n° 89-15.922, Bull. civ. III, n° 236, JurisData n° 1990-703133, *RDI* juin 1991, n° 2, p. 264, chron. G. BRIÈRE DE L'ISLE et J. DERRUPPÉ **(n° 529)**

- Cass. 3e civ., 21 juill. 1999, n° 97-13.322, JurisData n° 1999-003140, *Loyers et copr.* 1999, comm. 257 **(n° 529)**

- Cass. 3e civ., 14 févr. 2012, n° 11-13.393, JurisData n° 2012-007972, *Loyers et copr.* mai 2012, n° 5, comm. 142, p. 24, note P.-H. BRAULT ; *AJDI* juill. 2012, n° 7-8, p. 512, obs. H. GUYADER ; *D.* juill. 2012, n° 28, p. 1844, chron. M.-P. DUMONT-LEFRAND ; *AJDI* déc. 2013, n° 12, p. 882, chron. J.-P. BLATTER **(n° 529)**

- Cass. 3e civ., 22 mars 2018, n° 17-17.194, *AJDI* juin 2018, n° 6, p. 435 **(n° 530)**

- Cass. 3e civ., 15 oct. 2013, n° 12-20.993, JurisData n° 2013-022913, *Loyers et copr.* déc. 2013, n° 12, comm. 331, p. 14, note

B. VIAL-PEDROLETTI **(n° 533)**

- Cass. 3e civ., 18 janv. 2018, n° 16-18.895, JurisData n° 2018-001743, *AJDI* juin 2018, n° 6, p. 433, obs. P. HAAS **(n° 539)**

Juridictions du 2nd degré :

- CA Nîmes, 2e ch., sect. A, 25 avr. 1997, n° 96/459, JurisData n° 1997-030049 **(n° 505)**

- CA Nancy, 2e ch., 10 oct. 1996, n° 2102/96, JurisData n° 1996-049905 **(n° 505)**

- CA Versailles, 1e ch., sect. B, 7 nov. 1997, n° 95/00003631, JurisData n° 1997-046518 **(n° 505)**

- CA Paris, 6e ch., sect. B, 11 sept. 2003, n° 2002/08815, *AJDI* nov. 2003, n° 11, p. 752, obs. S. PORCHERON **(n° 509)**

- CA Limoges, 14 déc. 1842, S. 1842, 2, p. 7 ; DP 1844, 2, p. 86 **(n° 525)**

Chapitre 2 - La portée de la sanction du défaut de réalisation de la finalité du bail commercial

Conseil constitutionnel :

- Cons. const., 22 juill. 1980, n° 80-119 DC, JO 24 juill. 1980, p. 1868 **(n° 567)**

Conseil d'État :

- CE 28 avr. 1971, Berger-Sabatel, Lebon 313 **(n° 634)**

- CE 23 oct. 1974, *Min. Aménagement du territoire c/ Cts Cadiou et Cts Jagou*, Lebon 509 **(n° 634 ; n° 637)**

- CE 13 juin 1980, *Poisson*, Lebon 876 **(n° 634 ; n° 637)**

- CE 24 juin 1988, *Épx Bobin c/ Min. Urbanisme*, Lebon 259 **(n° 634 ; n° 637)**

- CE 3 oct. 1990, req. n° 96666, *Min. Équipement et logement c/ M. et Mme Valleret* **(n° 634 ; n° 637)**

- CE ass., 8 avr. 2009, n° 271737 et n° 271782, *Droit Administratif* juin 2009, n° 6, comm. 85, p. 23, note F. MELLERAY **(n° 567)**

Cour de cassation :

- Cass. 3e civ., 1er juin 2005, n° 04-12.200, Bull. civ. III, n° 119, JurisData n° 2005-028690, *Rev. loyers* juill.-sept. 2005, n° 859, jur. 165, p. 37, an. M.-O. VAISSIÉ ; *RLDA* oct. 2005, n° 86, jur. 5374, p. 53, obs. A. LEFÈVRE et J. VASA ; *AJDI* sept. 2005, n° 9, p. 650, obs. Y. ROUQUET **(n° 561 ; n° 564)**

- Cass. 3e civ., 9 juill. 2008, n° 07-14.631, Bull. civ. III, 2008, n° 121, JurisData n° 2008-044786, *JCP E* sept. 2008, n° 38, pan. 2131, p. 25 ; *JCP N* juill. 2009, n° 29, chron. 1241, p. 24, obs. H. KENFACK ; *AJDI* nov. 2008, n° 11, p. 841, obs. V. ZALEWSKI ; *Dalloz actualité* 15 juill. 2008, obs. Y. ROUQUET ; *D.* sept. 2008, n° 29, p. 1999, obs. Y. ROUQUET ; *RLDA* nov. 2008, n° 32, act. 1922, p. 19, note H. KENFACK ; *RLDA* oct. 2008, n° 31, act. 1870, p. 43, obs. M. FILIOL DE RAIMOND ; *Rev. loyers* oct. 2008, n° 890, jur. 821, p. 432, note B. HUMBLOT-GIGNOUX ; *RLDC* oct. 2008, n° 53, act. 3140, p. 16, obs. V. MAUGERI **(n° 561 ; n° 562)**

- Cass. 3e civ., 2 juill. 2013, n° 11-28.496, JurisData n° 2013-013964, *Loyers et copr.* oct. 2013, n° 10, comm. 280, p. 27, obs.

E. CHAVANCE ; *AJDI* mai 2014, n° 5, p. 376, obs. C. DREVEAU **(n° 562)**

- Cass, avis, 16 févr. 2015, n° 14-70.011, Bull. civ. II, *D.* 2015, p. 489 **(n° 567)**

- Cass. 3e civ., 19 nov. 2020, n° 19-20.405, Publié au bulletin, *Dalloz actualité* 4 janv. 2021, obs. A. CAYOL **(n° 567)**

- Cass. 3e civ., 3 févr. 2010, n° 08-21.205, Bull. civ. III, n° 28, JurisData n° 2010-051406, *Loyers et copr.* avr. 2010, n° 4, comm. 97, p. 15, note B. VIAL-PEDROLETTI ; *Gaz. pal.* févr. 2010, n° 49, p. 27, obs. C. BERLAUD ; *Dr. & patr.* mars 2011, n° 201, p. 94, chron. P. PELLETIER ; *Rev. loyers* avr. 2010, n° 906, jur. 1169, p. 173, an. J. RÉMY ; *D.* mai 2010, n° 19, p. 1192, note F. NIBOYET ; *Dalloz actualité* 15 févr. 2010, obs. Y. ROUQUET ; *AJDI* sept. 2010, n° 9, p. 640, obs. N. DAMAS ; *RDC* juill. 2010, n° 3, p. 907, obs. G. LARDEUX **(n° 569)**

- Cass. 3e civ., 2 oct. 2013, n° 12-13.302, *JCP G* janv. 2014, n° 4, doctr. 115, p. 162, chron. J. GHESTIN ; *AJDI* juill. 2014, n° 7, p. 519, obs. M.-P. DUMONT-LEFRAND ; *Dalloz actualité* 11 févr. 2014, obs. A. LECOURT ; *D.* déc. 2013, n° 42, p. 2812, obs. CENTRE DE DROIT DE LA CONCURRENCE YVES SERRA **(n° 572)**

- Cass. 3e civ., 26 mars 1997, n° 95-14.103, Bull. civ. III, n° 70, JurisData n° 1997-001375, *JCP N* juill. 1997, n° 30, jur. p. 1043 ; *JCP G* mai 1997, n° 21, somm. 1071, p. 65 ; *D.* nov. 1997, n° 40, p. 325, obs. C. ATIAS **(n° 572 ; n° 621)**

- Cass. 3e civ., 19 juill. 2000, n° 98-22.200, JurisData n° 2000-003087, *AJDI* mars 2001, n° 3, p. 240, obs. F. COHET-CORDEY **(n° 572)**

- Cass. 3e civ., 10 janv. 1996, n° 94-11.065, JurisData n° 1996-000199 **(n° 572)**

- Cass. 1e civ., 3 juill. 1962, Bull. civ. III, n° 339 **(n° 572)**

- Cass. 3e civ., 13 juill. 1999, n° 98-10.009, JurisData n° 1999-003129, *LPA* sept. 1999, n° 175, p. 5, note A. P. **(n° 573 ; n° 621)**

- Cass. 3e civ. 20 févr. 1991, n° 89-16.959, JurisData n° 1991-000520 **(n° 574)**

- Cass. 3e civ., 24 juin 1992, n° 90-21.276, Bull. civ. III, n° 219, p. 134 **(n° 576)**

- Cass. ch. mixte, 9 nov. 2007, n° 06-19.508, *RDC* avr. 2008, n° 2, p. 243, obs. Y.-M. LAITHIER **(n° 577)**

- Cass. 3e civ., 10 juin 2015, n° 14-15.961, Bull. civ. III, n° 58, JurisData n° 2015-013854, *Rev. loyers* oct. 2015, n° 960, jur. 2151, p. 397, obs. E. POULIQUEN ; *AJDI* nov. 2015, n° 11, p. 773, obs. N. DAMAS ; *Dalloz actualité* 18 juin 2015, obs. Y. ROUQUET ; *D.* juin 2015, n° 23, p. 1319 **(n° 577)**

- Cass. 3e civ., 14 juin 2018, n° 17-15.426, *AJDI* sept. 2018, n° 9, p. 607 **(n° 581)**

- Cass. 3e civ., 16 déc. 1997, n° 96-11.411, JurisData n° 1997-005390, *RDI* juin 1998, n° 2, p. 303, obs. F. COLLART-DUTILLEUL et J. DERRUPPÉ **(n° 583 ; n° 585)**

- Cass. 3e civ., 4 juill. 1968, Bull. civ. III, n° 319 **(n° 583)**

- Cass. 3e civ., 6 mars 1984, n° 82-15.817, Bull. civ. III, 1984, n° 59 **(n° 583)**

- Cass. soc, 8 juin 1956, Bull. civ. IV, n° 535 **(n° 585)**

- Cass. soc., 20 juin 1963, Bull. civ. IV, n° 531 **(n° 585 ; n° 594**

- Cass. 3e civ., 8 juin 1995, n° 93-14.869, JurisData n° 1995-001489, *D.* déc. 1996, n° 42, p. 378, obs. CENTRE DE RECHERCHE DE DROIT PRIVÉ DE NANCY II ; *RDI* déc. 1995, n° 4, p. 801, obs. F. COLLART-DUTILLEUL et J. DERRUPPÉ **(n° 588)**

- Cass. 2e civ., 3 sept. 2015, n°14-20.431, Juris-Data n° 2015-019449 **(n° 590)**

- Cass. 3e civ. 4 juin 2014, n° 13-12.314, Bull. civ. III, n° 74, JurisData n° 2014-013365, *Loyers et copr.* juill. 2014, n° 7-8, comm. 200, p. 12, note B. VIAL-PEDROLETTI ; *JCP E* juill. 2014, n° 28-29, pan. 1391, p. 44 ; *Gaz. pal.* juin 2014, n° 177, p. 22, obs. C. BERLAUD ; *LEDIU* juill. 2014, n° 7, p. 2, obs. R. MICALEF ; *RDC* déc. 2014, n° 4, p. 648, obs. J.-B. SEUBE ; *Dr. & patr. L'Hebdo* juin 2014, n° 972, p. 1, C. L. G. ; *Rev. loyers* juill. 2014, n° 949, jur. 1870, p. 356, an. S. BENILSI ; *Dr. & patr.* oct. 2015, n° 251, doss. p. 50, obs. F.-X. AGOSTINI ; *AJDI* déc. 2014, n° 12, p. 872, obs. N. DAMAS ; *Dalloz actualité* 12 juin 2014, obs. Y. ROUQUET **(n° 592)**

- Cass. 3e civ., 6 sept. 2018, n° 17-21.630, *AJDI* avr. 2019, n°4, p. 283, obs. D. LIPMAN-W. BOCCARA **(n° 593)**

- Cass. 3e civ., 8 juill. 2009, n° 08-15.158, *Rev. loyers* oct. 2009, n° 900, jur. 1052, p. 391 **(n° 593)**

- Cass. 1e civ., 9 févr. 1965, n° 62-10.478, Bull. civ. I, n° 108 **(n° 593)**

- Cass. 3e civ., 6 nov. 2013, n° 12-25.816, JurisData n° 2013-025153, *JCP N* nov. 2013, n° 47, act. 1133 ; *Resp. civ. et assur.* févr. 2014, n° 2, comm. 55, p. 17 **(n° 593)**

- Cass. 3e civ., 30 juin 2010, n° 09-15.308 **(n° 593)**

- Cass. 3e civ., 8 avr. 2010, n° 08-21.410, Bull. civ. III, n° 73, JurisData n° 2010-003394, *Loyers et copr.* juin 2010, n° 6, comm. 156, p. 15, note B. VIAL-PEDROLETTI ; *Rev. loyers* juin 2010, n° 908, jur. 1174, p. 276, obs. J. RÉMY ; *AJDI* oct. 2010, n° 10, p. 726, obs. Y. ROUQUET ; *Dalloz actualité* 28 avr. 2010, obs. Y. ROUQUET **(n° 594)**

- Cass. 3e civ., 2 juill. 1997, n° 95-14.151, Bull. civ. III, n° 159, JurisData n° 1997-003148, *JCP G* sept. 1997, n° 39, somm. 1865, p. 292 ; *JCP E* sept. 1997, n° 39, act. 973, p. 331 ; *AJDI* juin 1994, n° 6, p. 455, obs. J.-P. BLATTER **(n° 594 ; n° 621)**

- Cass. 3e civ., 31 oct. 1978, n° 77-11.355, Bull. civ. III, n° 329 **(n° 598)**

- Cass. 3e civ., 12 janv. 2001, n° 99-21.127, JurisData n° 2001-010212, *Loyers et copr.* oct. 2001, n° 10, comm. 220, p. 9, note B. VIAL-PEDROLETTI **(n° 598)**

- Cass. 3e civ., 24 nov. 1993, n° 91-15.295, Bull. civ. III, n° 151, JurisData n° 1993-002313, *RTD civ.* juin 1994, n° 2, p. 354, obs. J. MESTRE ; *RDI* mars 1994, n° 1, p. 112, obs. G. BRIÈRE DE L'ISLE et J. DERRUPPÉ **(n° 604)**

- Cass. 3e civ., 30 avr. 2003, n° 01-14.890, Bull. civ. III, n° 87, JurisData n° 2003-018805, *Loyers et copr.* oct. 2003, n° 10, comm. 196, p. 10, note B. VIAL-PEDROLETTI ; *JCP G* mars 2004, n° 10, comm. II 10031, p. 402, note C. JAMIN ; *D.* juin 2003, n° 21, p. 1408 ; *Ann. loyers* mai 2003, n° 5, p. 750, note C. ATIAS ; *Rev. loyers* juill.-sept. 2003, n° 839, p. 407, note B. HUMBLOT-GIGNOUX **(n° 605)**

- Cass. 3e civ., 15 oct. 2014, n° 13-24.285, JurisData n° 2014-024369, *AJDI* janv. 2015, n° 1, p. 43 **(n° 608)**

- Cass. Ass. plén., 7 févr. 1986, n° 84-15.189, Bull. Ass. plén., n° 2, *JCP G* juin 1986, n° 24, jur. II, 20616 ; *D.* 1986, p. 293, obs. A. BÉNABENT ; *RDI* avr.-juin 1986, n° 2, p. 210, obs. P. MALINVAUD **(n° 614)**

- Cass. civ., 8 mars 1988, n° 86-18.182, Bull. civ. I, n° 69, JurisData n° 1988-000835, *JCP G* 1988, 21070, note P. JOURDAIN ; *RTD civ.* 1988, p. 551, obs. P. RÉMY ; *RTD civ.* 1988, p 741, obs. J. MESTRE ; *GAJC*, n° 171, obs. F. TERRÉ et Y. LEQUETTE **(n° 614)**

- Cass. civ., 21 juin 1988, n° 85-12.609, Bull. civ. I, n° 202, JurisData n° 1988-703474, *D.* 1989, somm. p. 232, note J.-L. AUBERT ; *D.* 1989, p. 5, note C. LARROUMET ; *JCP G* 1988, 21125, npte P. JOURDAIN **(n° 614)**

- Cass. Ass. plén., 6 oct. 2006, n° 05-13.255, Bull. Ass. plén., n° 9, JurisData n° 2006-035298, Rapp. C. cass. 2006, M. ASSIÉ ; Avis C. cass. 2006, M. GARIAZZO ; *CCC* mars 2007, n° 3, comm. 63, p. 11, note L. LEVENEUR ; *JCP E* janv. 2007, n° 1, comm. 1000, p. 11, note F. AUQUE ; *Resp. civ. et assur.* nov. 2006, n° 11, étude 17, p. 5, note L. BLOCH ; *LPA* mai 2007, n° 98, p. 16, note V. DEPADT-SEBAG ; *LPA* 22 janv. 2007, n° 16, p. 16, note C. LACROIX ; *RLDC* nov. 2006, n° 32, act. 2258, p. 22, obs. C. KLEITZ ; *Dr. & patr.* sept. 2007, n° 162, p. 82, chron. L. AYNÈS et P. STOFFEL-MUNCK ; *RLDA* déc. 2006, n° 11, étude 656, p. 70, note P. JACQUES ; *RDI* nov. 2006, n° 6, p. 504, obs. P. MALINVAUD ; *D.* nov. 2006, n° 41, p. 2825, note G. VINEY ; *AJDI* avr. 2007, n° 4, p. 295, obs. N. DAMAS ; *RTD civ.* mars 2007, n° 1, p. 123, obs. P. JOURDAIN ; *RTD civ.* mars 2007, n° 1, p. 115, obs. J. MESTRE et B. FAGES ; *D.* juill. 2007, n° 26,.p 1827, chron. L. ROZÈS **(n° 615 ; n° 617)**

- Cass. com., 18 janv. 2017, n° 14-16.442 et 14-18.832, *RDC* sept. 2017, n° 3, p. 425, obs. J.-S. BORGHETTI **(n° 615)**

- Cass. 3e civ., 18 mai 2017, n° 16-11.203, Bull. civ. , n° , JurisData n° 2017-009410, *RDC* sept. 2017, n° 3, p. 425, obs. J.-S. BORGHETTI ; *Resp. civ. et assur.* sept. 2017, n° 9, comm. 212, p. 18, note L. BLOCH ; *CCC* août 2017, n° 8-9, comm. 163, p. 1, note L. LEVENEUR **(n° 615)**

- Cass. 1e civ., 24 mai 2017, n° 16-14.371, *RDC* sept. 2017, n° 3, p. 425, obs. J.-S. BORGHETTI **(n° 615)**
- Cass. 1e civ., 9 juin 2017, n° 16-14.096, JurisData n° 2017-011703, *RDC* sept. 2017, n° 3, p. 425, obs. J.-S. BORGHETTI **(n° 615)**

- Cass. 3e civ., 28 sept. 2005, n° 04-13.720, Bull. civ. III, n° 175, JurisData n° 2005-029912, *Loyers et copr.* déc. 2005, n° 12, comm. 215, p. 12, note B. VIAL-PEDROLETTI ; *AJDI* déc. 2005, n° 12, p. 901, obs. Y. ROUQUET ; *D.* oct. 2005, n° 36, p. 2480 ; *D.* avr. 2006, n° 14, p. 958, pan. N. DAMAS ; *Gaz. pal.* déc. 2005, n° 363, p. 11 ; *Rev. loyers* déc. 2005, n° 862, p. 573, an. J. PRIGENT **(n° 621 ; n° 628)**

- Cass. 3e civ., 21 nov. 1990, n° 89-15.922, Bull. civ. III, n° 236, JurisData n° 1990-703133, *RDI* juin 1991, n° 2, p. 264, chron. G. BRIÈRE DE L'ISLE et J. DERRUPPÉ **(n° 529 ; n° 622)**

- Cass. 1e civ., 7 mars 1989, n° 87-11.493, Bull. civ. I, n° 118, JurisData n° 1989-000881, *D.* janv. 1991, n° 1, p. 1, note P. MALAURIE **(n° 622)**

- Cass. 1e civ., 4 nov. 2011, n° 10-20.809, JurisData n° 2011-024576, *CCC* févr. 2012, n°2, comm. 34, p. 24, note L. LEVENEUR **(n° 622)**

- Cass. 3e civ., 12 juin 2003, n° 01-13.613, JurisData n° 2003-019571, *D.* févr. 2004, n° 8, p. 523, obs. S. BEAUGENDRE ; *AJDI* févr. 2004, n° 2, p. 113, obs. S. BEAUGENDRE ; *Rev. loyers.* oct. 2003, n° 840, p. 515, an. J. RÉMY **(n° 622)**

- Cass. 3e civ., 29 avr. 1987, n° 84-10.558, Bull. civ. III, n° 90, JurisData n° 1987-000762 **(n° 622)**

- Cass. 3e civ., 21 juill. 1999, n° 97-13.322, JurisData n° 1999-003140, *Loyers et copr.* 1999, comm. 257 **(n° 623)**

- Cass. 3e civ., 14 févr. 2012, n° 11-13.393, JurisData n° 2012-007972, *Loyers et copr.* mai 2012, n° 5, comm. 142, p. 24, note P.-H. BRAULT ; *AJDI* juill. 2012, n° 7-8, p. 512, obs. H. GUYADER ; *D.* juill. 2012, n° 28, p. 1844, chron. M.-P. DUMONT-LEFRAND ; *AJDI* déc. 2013, n° 12,

p. 882, chron. J.-P. BLATTER **(n° 624)**

- Cass. 3e civ. 28 nov. 2007, n° 06-17.758, Bull. civ. III, n° 213, JurisData n° 2007-041625, *Gaz. pal.* sept. 2008, n° 250, p. 15 ; *JCP N* déc. 2007, n° 50, act. 814, p. 4 ; *JCP E* janv. 2008, n° 3, pan. 1082, p. 21 ; *RDI* juill. 2008, n° 6-7, p. 326, obs. F.-G. TRÉBULLE ; *Rev. loyers* févr. 2008, n° 884, jur. 677, p. 91, note C.QUÉMENT ; *D.* janv. 2008, n° 2, p. 85, obs. Y. ROUQUET ; *Dalloz actualité* 19 déc. 2007, obs. Y. ROUQUET ; *D.* juill. 2008, n° 24, p. 1645, chron. L. ROZÈS **(n° 624 ; n° 627 ; n° 631 ; n° 632)**

- Cass. 3e civ., 28 juin 2006, n° 05-10.137, Bull. civ. III, n° 161, p. 133, *D.* mars 2007, n° 13, p. 903, chron. N. DAMAS ; *AJDI* oct. 2006, n° 10, p. 731, obs. Y. ROUQUET ; *RTD civ.* déc. 2006, n° 4, p. 785, obs. P.-Y. GAUTIER **(n° 641)**

- Cass. 3e civ., 15 déc. 1993, n° 92-12.324, Bull. civ. III, n° 168, JurisData n° 1993-002404, *D.* sept. 1994, n° 33, p. 462, note M. STORCK ; *RDI* juin 1994, n° 2, p. 308, obs. G. BRIÈRE DE L'ISLE et J. DERRUPÉ **(n° 642)**

- Cass. 3e civ., 3 mai 2006, n° 05-12.995, JurisData n° 2006-033364, *AJDI* nov. 2006, n° 11, p. 828, obs. F. DE LA VAISSIÈRE **(n° 642)**

- Cass. 3e civ., 16 janv. 1980, n° 78-12.389, Bull. civ. III, n° 13, *JCP G* mars 1980, n° 12, jur. p. 120 **(n° 628)**

- Cass. 3e civ., 19 mai 2004, n° 03-12.541, Bull. civ. III, n° 99, JurisData n° 2004-023636 ; *JCP G* juill. 2004, n° 28, pan. 2408, p. 1292 ; *JCP G* avr. 2005, n° 15-16, chron. 132, p. 727, obs. G. VINEY ; *AJDI* nov. 2004, n° 11, p. 803, obs. Y. ROUQUET **(n° 628)**

- Cass. 3e civ., 16 avr. 2008, n° 06-21.821, JurisData n° 2008-043712, *AJDI* mai 2009, n° 5, p. 355, note C. DENIZOT ; *Rev. loyers* juin 2008, n° 888, jur. 774, p. 320 **(n° 628)**

- Cass. 1e civ., 17 juin 2010, n° 09-15.697, Bull. civ. I, n° 135, JurisData n° 2010-009350, *JCP E* août 2010, n° 34, pan. 1717, p. 21 ; *Gaz. pal.* juill. 2010, n° 182, p. 26, obs. C. BERLAUD ; *Dalloz actualité* 29 juin 2010, obs. S. DE LA TOUANNE **(n° 630)**

- Cass. 1e civ., 21 mai 1996, n° 94-12.974, JurisData n° 1996-002134 **(n° 631)**

- Cass. 1e civ., 8 juill. 1994, n° 92-16.217, Bull. civ. I, n° 238, JurisData n° 1994-001649 **(n° 631)**

- Cass. 1e civ., 5 févr. 1991, n° 89-13.528, Bull. civ. I, n° 46, JurisData n° 1991-700258 **(n° 631)**

- Cass. 1e civ., 24 juin 1997, n° 95-11.380, Bull. civ. I, n° 210, JurisData n° 1997-002979, *JCP G* 1997, II, n° 22914, note R. MARTIN **(n° 631)**

- Cass. 1e civ., 23 mars 2004, n° 01-03.903 **(n° 631)**

- Cass. 1e civ., 5 mai 2004, n° 01-11.196 **(n° 631)**

- Cass. 1e civ., 31 mai 2007, n° 05-20.437, JurisData n° 2007-039057, *Rev. proc. coll.* janv.-févr.-mars 2008, n° 1, comm. 31, p. 84, note C. PEROT-REBOUL et N. PATUREAU **(n° 631)**

- Cass. 1e civ., 14 oct. 2010, n° 09-13.840, Bull. civ. I, n° 196, *BJS* déc. 2010, n° 12, p. 969, note J.-J. BARBIERI ; *LPA* nov. 2010, n° 227, p. 3, note D. GIBIRILA ; *RLDC* janv. 2011, n° 78, act. 4088, p. 26, obs. G. LE NESTOUR DRELON ; *Dalloz actualité* 25 oct. 2010, obs. T. DE RAVEL D'ESCLAPON **(n° 631)**

- Cass. 1e civ., 19 mars 2002, n° 99-17.886, JurisData n° 2002-013630 **(n° 631)**

- Cass. 1e civ., 25 nov. 2010, n° 09-70.767, Bull. civ. I, n° 243, JurisData n° 2010-021932, *Gaz. pal.* mai 2011, n° 123, p. 15, chron. C. BRENNER ;

Gaz. pal. déc. 2010, n° 336, p. 24, obs. C. BERLAUD ; *Dalloz actualité* 8 déc. 2010, obs. T. DE RAVEL D'ESCLAPON **(n° 631)**

- Cass. 1e civ., 3 juill. 2013, n° 12-22.665, JurisData n° 2013-013931 **(n° 631)**

- Cass. 1e civ., 28 oct. 2015, n° 14-17.518, Bull. civ. I, n° 838, JurisData n° 2015-023958, *Resp. civ. et assur.* janv. 2016, n° 1, comm. 17, p. 12 ; *JCP N* nov. 2015, n° 46, act. 1076, p. 5 ; *Defrénois* janv. 2016, n° 2, p. 78, note L. RUET ; *Gaz. pal.* janv. 2016, n° 3, p. 39, obs. M. MEKKI ; *RDC* juin 2016, n° 2, p. 224, obs. O. DESHAYES ; *Defrénois* juin 2016, n° 12, p. 701, obs. M. LATINA : *RLDC* janv. 2016, n° 133, act. 6080, p. 25, obs. C. G. ; *Dalloz actualité* 17 nov. 2015, obs. N. KILGUS **(n° 631)**

- Cass. 1e civ., 9 nov. 1999, n° 97-14.521, Bull. civ. I, n° 299, JurisData n° 1999-003915, *Gaz. pal.* févr. 2000, n° 39, p. 13, obs. F. GHILAIN ; *Defrénois* avr. 2018, n° 15, p. 34, obs. F. VAUVILLÉ ; *Dr. & patr.* févr. 2000, n° 79, jur. 2500, p. 100, obs. G. ROUZET ; *D.* déc. 1999, n° 44, p. 278 **(n° 631)**

- Cass. 3e civ., 24 oct. 1990, *Rev. loyers* 1991, n° 137 **(n° 631)**

- Cass. 1e civ., 12 janv. 1982, n° 80-16.456, Bull. civ. I, n° 11, JurisData n° 1996-002134 **(n° 631)**

- Cass. 1e civ., 7 juill. 1998, n° 96-15.330, JurisData n° 1998-003310 **(n° 631)**

- Cass. 1e civ., 21 janv. 2003, n° 00-19.522, JurisData n° 2003-017680, *Resp. civ. et assur.* avr. 2003, n° 4, comm. 109, p. 25 ; *RD banc. fin.* janv. 2004, n° 1, comm. 19, p. 23, obs. D. LEGEAIS **(n° 631)**

- Cass. 1e civ., 30 sept. 1997, n° 95-10.973, JurisData n° 1997-003798 **(n° 631)**

- Cass. 1e civ., 28 nov. 1995, n° 93-15.659, *Defrénois* 1996, art. 36272, n° 22 **(n° 631)**

- Cass. 1e civ., 25 nov. 1997, n° 95-18.618, Bull. civ. I, n° 329 **(n° 631)**

- Cass. 1e civ., 19 mai 1999, n° 96-22.892, Bull. civ. I, n° 166, JurisData n° 1999-001935, *Defrénois* déc. 1999, n° 23, p. 1339, chron. J.-L. AUBERT ; *D.* juin 1999, n° 23, p. 159**(n° 631)**

- Cass. 1e civ., 14 mars 2000, n° 97-19.813, Bull. civ. I, n° 92 **(n° 631)**

- Cass. 1e civ., 3 avr. 2007, n° 06-12.831, Bull. civ. I, n° 142, *D.* mai 2007, n° 19, p. 1271 **(n° 631)**

- Cass. 1e civ., 22 juin 1999, n° 96-22.358, JurisData n° 1999-002653, *JCP G* oct. 1999, n° 41, doctr. 173, p. 18, étude R. MARTIN **(n° 631)**

- Cass. 1e civ., 10 déc. 2002, n° 00-17.562 **(n° 631)**

- Cass. 1e civ., 8 mars 1977, n° 75-15.363, Bull. civ. I, n° 121 **(n° 631)**

- Cass. 1e civ., 25 nov. 1997, n° 95-22.240, Bull. civ. I, n° 328, JurisData n° 1997-004652, *Defrénois* janv. 2017, n° 2, p. 141, obs. Y. DAGORNE-LABBE ; *LEDC* déc. 2016, n° 11, p. 6, obs. S. PELLET ; *LPA* oct. 1998, n° 122, p. 7, note M.-P. BLIN-FRANCHOMME ; *Defrénois* mars 1998, n° 5, p. 354, obs. J.-L. AUBERT ; *BJS* févr. 1998, n° 2, p. 159, note G. ROUZET ; *RTD civ.* mars 1998, n° 1, p. 210, obs. N. MOLFESSIS ; *RTD civ.* mars 1998, n° 2, p. 367, obs. J. MESTRE ; *AJDI* janv. 1999, n° 1, p. 44, obs. G. TEILLIAIS **(n° 631)**

- Cass. 1e civ., 31 janv. 2008, n° 04-20.151, Bull. civ. I, n° 31, JurisData n° 2008-042514, *JCP E* juin 2008, n° 23, comm. 1742, p. 15, note F. BUY ; *Procédures* mai 2008, n° 5, comm. 144, p. 18, note H. CROZE ; *JCP G* avr. 2008, n° 16, comm. II 10074, p. 33, note H. SLIM ; *LPA* avr. 2008, n° 73, p. 18, note J. LASSERRE-CAPDEVILLE ; *RLDC* juill. 2008, n° 51, chron. 3078, p. 61, obs.

B. BEIGNIER ; *D.* juin 2008, n° 21, p. 1448, note A. AYNÈS **(n° 631)**

- Cass. 1e civ., 7 mars 2006, n° 04-10.101, Bull. civ. I, n° 136, JurisData n° 2006-032548, *D.* déc. 2006, n° 42, p. 2894, note F. MARMOZ ; *AJDI* juill. 2006 n° 7-8, p. 587 ; *RTD civ.* sept. 2006, n° 3, p. 521, note P. DEUMIER ; *RTD civ.* sept. 2006, n° 3, p. 580, obs. P.-Y. GAUTIER ; *RTD civ.* mars 2007, n° 1, p. 103, obs. J. MESTRE et B. FAGES ; *JCP N* juin 2006, n° 24, comm. 1217, p. 1141, note F. BUY ; *Dr. rur.* mai 2006, n° 343, comm. 124, p. 21, note M.-O. GAIN ; *RDC* oct. 2006, n° 4, p. 1234, obs. S. CARVAL ; *Defrénois* août 2006, n° 15, p. 1200, obs. F. HÉBERT ; *Gaz. pal.* juill. 2006, n° 206, p. 24, obs. I. DULAU, P. GONI, J.-B. MILLIARD et B. PEIGNOT ; *Rev. loyers* juill. 2006, n° 869, jur. 399, p. 344, obs. B. PEIGNOT ; *RLDC* mai 2006, n° 27, act. 2046, p. 23, obs. C. KLEITZ **(n° 631)**

- Cass. 1e civ., 14 mai 2009, n° 08-15.899, Bull. civ. I, n° 92, JurisData n° 2009-048152, *Procédures* août-sept. 2009, n° 8-9, comm. 263, p. 12, R. PERROT ; *Resp. civ. et assur.* juill.-août 2009, n° 7-8, comm. 219, p. 24, note S. HOCQUET-BERG ; *JCP G* juill. 2009, n° 28, note 94, p. 15, H. SLIM ; *RTD civ.* déc. 2009, n° 4, p. 744, obs. P.-Y. GAUTIER ; *RTD civ.* déc. 2009, n° 4, p.725, obs. P. JOURDAIN ; *RTD. civ.* déc. 2009, n° 3, p. 493, obs. P. DEUMIER ; *D.* janv. 2010, n° 3, p. 183, obs. K. DE LA ASUNCION PLANES ; *Dalloz actualité* 27 mai 2009, obs. I. GALLMEISTER **(n° 631)**

- Cass. 1e civ., 22 sept. 2016, n° 15-13.840, Bull. civ. , n° , JurisData n° 2016-019069, *JCP N* janv. 2017, n° 1, jur. 1000, p. 29, comm. M. GAYET ; *Gaz. pal.* janv. 2017, n° 2, p. 31, note M. MEKKI ; *Defrénois* juin 2017, n° 11, p. 701, obs. M. LATINA ; *Gaz. pal.* oct. 2016, n° 34, p. 32, obs. C. BERLAUD ; *RLDC* nov. 2016, n° 142, p. 5 ; *RTD civ.* mars 2017, n° 1, p. 154, obs. P. JOURDAIN **(n° 631)**

- Cass. 1e civ., 12 oct. 2016, n° 15-18.659, Publié au bulletin, JurisData n° 2016-021178, *JCP N* juin 2017, n° 23, comm. 1198, p. 26, note P. PIERRE ; *Resp. civ. et assur.* janv. 2017, n° 1, comm. 18, p. 21, note H. GROUTEL ; *Gaz. pal.* janv. 2017, n° 2, p. 31, obs. M. MEKKI ; *Defrénois* janv. 2017, n° 2, p. 141, obs. Y. DAGORNE-LABBE ; *Defrénois* juin 2017, n° 11, p. 705, obs. M. LATINA ; *LPA* mai 2017, n° 101, p. 18, note F. VINEY ; *RDC* mars 2017, n° 1, p. 48, obs. S. PELLET ; *LEDIU* déc. 2016, n° 11, p. 1, obs. M.-L. BESSON ; *Gaz. pal.* oct. 2016, n° 38, p. 52, obs. C. BERLAUD ; *RTD civ.* mars 2017, n° 1, p. 161, obs. P. JOURDAIN ; *Dalloz actualité* 1er nov. 2016, obs. N. KILGUS **(n° 631)**

- Cass. 1e civ., 30 mai 2012, n° 11-18.166, Bull. civ. I, n° 115, JurisData n° 2012-011454, *Resp. civ. et assur.* oct. 2012, n° 10, comm. 274, p. 23 ; *LEDC* juill. 2012, n° 7, p. 4, obs. M. LATINA ; *RLDC* juill. 2012, n° 95, act. 4735, p. 26, obs. J.-P. BUGNICOURT ; *Dalloz actualité* 11 juin 2012, obs. G. RABU **(n° 631)**

- Cass. 1e civ., 15 mars 2005, n° 03-11.823, Bull. civ. I, n° 132, JurisData n° 2005-027572, *JCP G* mai 2005, n° 18-19, pan. IV 1965 ; *Gaz. pal.* mai 2005, n° 123, p. 17 ; *RLDC* mai 2005, n° 16, jur. 652, p. 24, obs. L. DOGNIAUX ; *D.* mai 2005, n° 16, p. 1052 **(n° 631)**

- Cass. 1e civ., 28 juin 2012, n° 11-17.347, JurisData n° 2012-021604, *Defrénois flash* 16 juill. 2012, n° 28 **(n° 631)**

- Cass. 1e civ., 15 mai 2015, n° 14-14.988 et 14-19.724, JurisData n° 2015-011366, *Resp. civ. et assur.* sept. 2015, n° 9, comm. 235, p. 71 ; *Defrénois* déc. 2015, n° 23, p. 1232, obs. S. PIEDELIÈVRE ; *LEDIU* juill. 2015, n° 7, p. 4, obs. M.-L. BESSON ; *RLDC* sept. 2015, n° 129, chron. 5959, p. 70, obs. P. BRUN, A. DUBOIS et S. PIMONT ; *AJDI* juill. 2015, n° 7-8, p. 535 **(n° 631)**

- Cass. 1e civ., 27 févr. 2001, n° 98-10.756, JurisData n° 2001-008453, *Resp. civ. et assur.* mai 2001, n° 5, comm. 150, p. 26 **(n° 631)**

- Cass. 1e civ., 27 nov. 2008, n° 07-18.739, Bull. civ. I, n° 271, JurisData n° 2008-045975, *RD banc. fin.* mars 2009, n° 2, comm. 62, p. 54, note S. PIEDELIÈVRE ; *Gaz. pal.* févr. 2009, n° 36, p. 19 ; *RLDC* janv. 2009, n° 56, act. 3261, p. 33, obs. G. MARRAUD DES GROTTES ; *Dalloz actualité* 5 déc. 2008, obs. S. DE LA TOUANNE **(n° 631)**

- Cass. 1e civ., 4 mars 1997, n° 95-12.609, JurisData n° 1997-001118, *JCP N* 1997, comm. II, p. 1397 **(n° 631 ; n° 634)**

- Cass. 1e civ., 26 nov. 1996, n° 94-13.989, Bull. civ. I, n° 418, JurisData n° 1996-004477 **(n° 631)**

- Cass. 1e civ., 22 juin 1999, n° 96-22.358, JurisData n° 1999-002653, *JCP G* oct. 1999, n° 41, doctr. 173, p. 18, étude R. MARTIN **(n° 631)**

- Cass. 1e civ., 14 janv. 1997, n° 94-16.769, Bull. civ. I, n° 18, JurisData n° 1997-000081 **(n° 631)**

- Cass. 1e civ, 24 mars 1987, n° 85-11.576, Bull. civ. I, n° 104, JurisData n° 1987-000605 **(n° 631)**

- Cass. 1e civ., 27 févr. 2001, n° 98-21.725 **(n° 631)**

- Cass. req., 1er juin 1932, DP 1932, 1, 102 **(n° 632)**

- Cass. 1e civ., 16 juin 1998, n° 96-15.437, Bull. civ. I, n° 216, p. 149, JurisData n° 1998-002738, *D.* juill. 1998, n° 28, p. 180 **(n° 632)**

- Cass. 1e civ., 21 nov. 2006, n° 05-15.674, Bull. civ. I, n° 498, JurisData n° 2006-036009, *JCP G* déc. 2006, n° 51, pan. IV 3475 ; *Gaz. pal.* avr. 2007, n° 116, p. 24 ; *RLDC* janv. 2007, n° 34, act. 2355, p. 22, obs. C. KLEITZ ; *D.* déc. 2006, n° 44, p. 3013 **(n° 632)**

- Cass. 3e civ., 21 nov. 2001, n° 99-20.985, JurisData n° 2001-011940 **(n° 632)**

- Cass. 3e civ., 2 juill. 2013, n° 12-20.189, *AJDI* juin 2014, n° 6, p. 449, obs. D. LIPMAN-W. BOCCARA **(n° 632)**

- Cass. 3e civ., 7 mars 2006, n° 04-19.639, *AJDI* juin 2006, n° 6, p. 467 **(n° 632)**

- Cass. 1e civ., 3 févr. 1998, n° 96-13.201, Bull. civ. I, n° 44, JurisData n° 1998-000428, *JCP N* juill. 1998, n° 28, p. 1072, obs. J.-F. PILLEBOUT ; *Defrénois* juin 1998, n° 11, p. 743, chron. J.-L. AUBERT ; *RTD civ.* juin 1998, n° 2, p. 381, obs. P. JOURDAIN ; *RTD civ.* mars 1999, n° 1, p. 83, obs. J. MESTRE **(n° 634)**

-Cass. 1e civ., 25 févr. 1997, n° 94-19.685, Bull. civ. I, n° 75, JurisData n° 1997-000781, *LPA* juill. 1997, n° 85, p. 17, note A. DORSNER-DOLIVET ; *RTD civ.* juin 1997, n° 2, p. 434, obs. P. JOURDAIN **(n° 634)**

- Cass. 1e civ., 19 déc. 2006, n° 04-14.487, Bull. civ. I, n° 556, JurisData n° 2006-036607, *RD banc. fin.* mars 2007, n° 2, act. 64, p. 20, note D. LEGEAIS ; *LPA* mai 2007, n° 97, p. 19, note V. Perruchot-Triboulet ; *RLDC* 2007, n° 35, act. 2396, p. 25, obs. C. KLEITZ ; *Dalloz actualité* 5 févr. 2007, obs. I. GALLMEISTER **(n° 634)**

- Cass. 1e civ., 28 avr. 1986, n° 84-17.542, Bull. civ. I, n° 104, JurisData n° 1986-700835 **(n° 634)**

- Cass. 1e civ., 13 nov. 1997, n° 95-20.123, Bull. 1997 I, n° 308, JurisData n° 1997-004413, *RDI* mars 1999, n° 1, p. 134, obs. D. TOMASIN ; *RDI* mars 1998, n° 1, p. 130, obs. P. CAPOULADE et C. GIVERDON ; *AJDI* juill. 1998, n° 7-8, p. 630, obs. G. TEILLIAIS ; *RDI* mars 1998, n° 1, p. 107, obs. J.-C. GROSLIÈRE et C. SAINT-ALARY-HOUIN **(n° 634)**

- Cass. 1e civ., 2 juill. 2002, n° 99-20.968, JurisData n° 2002-015213 **(n° 634)**

- Cass. 1e civ., 22 oct. 1996, n° 94-19.828, Bull. civ. I, n° 365 **(n° 634)**

- Cass. 1e civ., 4 févr. 2003, n° 99-17.013, Bull. civ. I, n° 38, JurisData n° 2003-017450, *JCP G* mars 2003, n° 13, pan. 1559 ; *Gaz. pal.* mai 2003, n° 123, p. 17 ; *RLDA* mai 2003, n° 60, act. 3797, p. 43, obs. P. MENDAK **(n° 634)**

- Cass. 1e civ., 17 déc. 1996, n° 95-13.091, Bull. civ. I, n° 458, JurisData n° 1996-004957, *LPA* avr. 1997, n° 26, p. 18, obs. P. M. ; *D.* janv. 1997, n° 4, p. 24 **(n° 634)**

- Cass. 1e civ., 16 janv. 2001, n° 98-15.048, Bull. civ. I, n° 4, JurisData n° 2001-007792, *Gaz. pal.* juin 2001, n° 160, p. 21, obs. F. GHILAIN ; *RLDA* avr. 2001, n° 37, jur. 2324, p. 27, obs. J. HABERER ; *RTD com.* juin 2001, n° 2, p. 498, obs. B. BOULOC **(n° 634)**

- Cass. 1e civ., 4 nov. 2011, n° 10-19.942, Bull. civ. I, n° 193, JurisData n° 2011-024369, *JCP N* févr. 2012, n° 5, étude 1063, p. 23, note M. POUMARÈDE ; *RD banc. fin.* janv.-févr. 2012, n° 1, comm. 15, p. 31, note D. LEGEAIS ; *Defrénois* févr. 2012, n° 3, p. 146, obs. Y. DAGORNE-LABBE ; *LEDC* janv. 2012, n° 1, p. 3, obs. G. GUERLIN ; *LEDIU* janv. 2012, n° 1, p. 3, obs. C. ASSIMOPOULOS ; *Gaz. pal.* nov. 2011, n° 328, p. 27, obs. C. BERLAUD ; *Dr. & patr. L'Hebdo* nov. 2011, n° 853, p. 2, obs. P. P. ; *Dalloz actualité* 23 nov. 2011, obs. G. RABU **(n° 634)**

- Cass. 1e civ., 1er déc. 1998, n° 96-17.974, JurisData n° 1998-004668 **(n° 634)**

- Cass. 1e civ., 4 juin 1996, n° 94-12.170, JurisData n° 1996-002293, *Resp. civ. et assur.* 1996, comm. 325 **(n° 634)**

- Cass. 1e civ., 4 avr. 2001, n° 98-19.925, Bull. civ. I, n° 104, JurisData n° 2001-009013, *RLDA* juin 2001, n° 39, jur. 2364, p. 31, obs. M. DE LAPARRE **(n° 634)**

- Cass. 1e civ., 12 juill. 2005, n° 03-19.321, Bull. civ. I, n° 323, JurisData n° 2005-029595, *Resp. civ. et assur.* oct. 2005, n° 10, comm. 294, p. 26 ; *JCP N* sept. 2005, n° 39, act. 482 ; *Gaz. pal.* juin 2006, n° 173, p. 9, obs. B. MOREAU ; *AJDI* oct. 2005, n° 10, p. 758 **(n° 634)**

- Cass. 1e civ., 14 mai 2009, n° 08-12.093, JurisData n° 2009-048178, *AJDI* sept. 2009, n° 9, p. 649 **(n° 634)**

- Cass. 1e civ., 5 avr. 2012, n° 11-15.056, JurisData n° 2012-007061, *Resp. civ. et assur.* juill.-août 2012, n° 7-8, comm. 211 ; *JCP N* avr. 2012, n° 16, act. 462 ; *Defrénois* juill. 2012, n° 13-14, p. 700, chron. J.-F. S. ; *AJDI* juin 2012, n° 6, p. 454 **(n° 634)**

- Cass. 1e civ., 13 déc. 2012, n° 11-19.098, Bull. civ. I, n° 258, JurisData n° 2012-029111, *JCP N* avr. 2013, n° 16, comm. 1101, p. 53, note M. NICOD ; *Defrénois* avr. 2013, n° 8, p. 413, obs. J. MASSIP ; *Defrénois* févr. 2013, n° 4, p. 204, obs. J.-F. SAGAUT ; *RLDC* févr. 2013, n° 101, act. 4975, p. 26, obs. G. LE NESTOUR DRELON ; *Dalloz actualité* 15 janv. 2013, obs. T. DE RAVEL D'ESCLAPON **(n° 634)**

- Cass. 1e civ., 16 oct. 2008, n° 07-14.695, Bull. civ. I, n° 226, *RD banc. fin.* nov. 2008, n° 6, comm. 174, p. 45, note D. LEGEAIS ; *RLDC* déc. 2008, n° 55, act. 3206, p.10, obs. V. MAUGERI ; *Dalloz actualité* 28 oct. 2008, obs. S. DE LA TOUANNE ; *AJDI* déc. 2008, n° 12, p. 962 ; *D.* févr. 2009, n° 9, p. 602 **(n° 634)**

- Cass. 1e civ., 12 janv. 1999, n° 96-18.775, Bull. civ. I, n° 15, *Gaz. pal.* oct. 2000, n° 288, p. 10, obs. E. DE RUSQUEC ; *D.* oct. 1999, n° 34, p. 303, obs. S. PIEDELIÈVRE **(n° 634)**

- Cass. 1e civ., 19 mai 1999, n° 96-20.332,

Bull. civ. I, n° 164, JurisData n° 1999-001936, *D.* avr. 2000, n° 15, somm. p. 153 **(n° 634)**

- Cass. 1e civ., 7 mai 2002, n° 99-12.907, JurisData n° 2002-014283 **(n° 634)**

- Cass. 1e civ., 27 mai 2003, n° 01-14.517, JurisData n° 2003-019320 **(n° 634)**

- Cass. 1e civ., 27 nov. 2008, n° 07-18.142, Bull. civ. I, n° 267, JurisData n° 2008-045973, *Dr. sociétés* mars 2009, n° 3, comm. 53, p. 32, obs. D. GALLOIS-COCHET ; *JCP G* janv. 2009, n° 1-2, pan. IV 1013, p. 49 ; *D.* mars 2009, n° 10, p. 706, obs. C. JAMIN ; *RTD civ.* mars 2009, n° 1, p. 134, obs. P.-Y. GAUTIER ; *Dalloz actualité* 11 déc. 2008, obs. V. AVENA-ROBARDET **(n° 634)**

- Cass. 1e civ., 28 juin 2012, n° 11-18.968, JurisData n° 2012-021603, *Resp. civ. et assur.* oct. 2012, n° 10, comm. 270, p. 21 **(n° 634)**

- Cass. 1e civ., 26 nov. 2014, n° 13-27.965, Bull. civ. I, n° 197, JurisData n° 2014-028858, *JCP N* juin 2015, n° 24, comm. 1185, p. 17, note Y. DAGORNE-LABBE ; *LEDIU* janv. 2015, n° 1, p. 6, obs. M.-L. BESSON ; *Dalloz actualité* 8 déc. 2014, obs. N. KILGUS **(n° 634)**

- Cass. 1e civ., 23 févr. 2012, n° 09-13.113, Bull. civ. I, n° 39, JurisData n° 2012-002550, *Defrénois* juill. 2012, n° 13-14, p. 700, chron. M. L. ; *RLDC* avr. 2012, n° 92, act. 4624, p. 22, obs. G. LE NESTOUR DRELON ; *AJDI* juin 2012, n° 6, p. 460, obs. LE RUDULIER **(n° 634)**

- Cass. 1e civ., 11 janv. 2017, n° 15-22.776, Bull. civ. , n° , JurisData n° 2017-000204, *JCP N* juin 2017, n° 22, doss. 1191, p. 21, note P. PIERRE ; *Defrénois* mars 2018, n° 12, p. 32, obs. M. LATINA ; *Gaz. pal.* avril 2017, n° 16, p. 27, obs. M. MEKKI ; *Defrénois* mars 2017, n° 6, p. 379, obs. Y. DAGORNE-LABBE ; *RDC* juin 2017, n° 2, p. 246, obs. S. PELLET ; *LPA* avr. 2017, n° 75, p. 8, note R. LAULIER ; *LEDIU* mars 2017, n° 3, p. 6, obs. M.-L. BESSON ; *LEDC* mars 2017, n° 3, p. 4, obs. G. GUERLIN ; *Dalloz actualité* 26 janv. 2017, obs. N. KILGUS **(n° 634)**

- Cass. 1e civ., 29 juin 2016, n° 15-17.591, Publié au bulletin, JurisData n° 2016-012776, *Resp. civ. et assur.* nov. 2016, n° 11, comm. 311, p. 20 ; *LPA* déc. 2016, n° 246, p. 11, obs. C. LEBEL ; *Gaz. pal.* oct. 2016, n° 34, p. 29, obs. N. BLANC ; *Dalloz actualité* 8 juill. 2016, obs. N. KILGUS ; *D.* juill. 2016, n° 26, p. 1498 **(n° 634)**

- Cass. 1e civ., 12 déc. 1995, n° 93-18.753 et 93-19.460, Bull. civ. I, n° 459, JurisData n° 1995-003716, *Resp. civ. et assur.* 1996, comm. n° 98 **(n° 634)**

- Cass. 1e civ., 29 nov. 2005, n° 02-13.550, Bull. civ. I, n° 451, JurisData n° 2005-031020, *JCP N* janv. 2006, n° 1, act. 106, p. ; *LPA* déc. 2006, n° 258, p. 12, obs. M. MIGNOT ; *RLDC* févr. 2006, n° 24, act. 989, p. 20, obs. C. KLEITZ ; *AJDI* févr. 2006, n° 2, p. 149 **(n° 634)**

- Cass. 1e civ., 26 nov. 1991, n° 90-14.875, JurisData n° 1991-003879 **(n° 634)**

- Cass. 3e civ., 11 sept. 2013, n° 12-20.894, JurisData n° 2013-019206, *Defrénois flash* oct. 2013, n° 40 ; *JCP N* oct. 2013, n° 43, act. 1047, p. 13 ; *AJDI* déc. 2013, n° 12, p. 862 **(n° 634)**

- Cass. 1e civ., 26 oct. 2004, n° 03-16.358, JurisData n° 2004-025402, *Resp. civ. et assur.* déc. 2004, n° 12, comm. 375, p. 21, note H. GROUTEL **(n° 634)**

- Cass. 3e civ., 14 déc. 2017, n° 16-24.170, Publié au bulletin, *LEDIU* févr. 2018, n° 2, p. 3, obs. M.-L. BESSON **(n° 634)**

- Cass. 1e civ., 13 févr. 1974, n° 72-14.322, Bull. civ. I, n° 53, *Gaz. pal.* 1974, p. 123 **(n° 634)**

- Cass. 2e civ., 2 oct. 2007, n° 06-16.936, JurisData n° 2007-040651, *Resp. civ. et assur.*

déc. 2007, n° 12, comm. 357 **(n° 634)**

- Cass. 1e civ., 24 juin 1997, n° 95-18.540, *JCP E* 9 oct. 1997, n° 41, 999 **(n° 634)**

- Cass. 1e civ., 22 nov. 2007, n° 05-11.350, JurisData n° 2007-041506, *Resp. civ. et assur.* févr. 2008, n° 2, comm. 69, p. 23 **(n° 634)**

- Cass. 1e civ., 23 janv. 2008, n° 06-17.489, Bull. civ. I, n° 27, JurisData n° 2008-042366, *Resp. civ. et assur.* mars 2008, n° 3, comm. 108, p. 32 ; *JCP G* févr. 2008, n° 8, pan. IV 1353, p. 51 ; *Gaz. pal.* mars 2008, n° 64, p. 20 ; *D.* févr. 2008, n° 8, p. 483 ; *Dalloz actualité* 31 janv. 2008, obs. S. DE LA TOUANNE **(n° 634)**

- Cass. 2e civ., 29 mars 2006, n° 05-10.533, JurisData n° 2006-032987 **(n° 634)**

- Cass. 1e civ., 19 sept. 2007, n° 04-16.086, JurisData n° 2007-040464, *RLDC* janv. 2008, n° 45, act. 2810, p. 16, note R. BIGOT **(n° 634)**

- Cass. 1e civ., 12 avr. 2005, n° 03-14.842, Bull. civ. I, n° 178, JurisData n° 2005-028003, *Resp. civ. et assur.* juin 2005, n° 6, comm. 191 ; *RLDA* juill. 2005, n° 84, jur. 5257, p. 29, obs. D. CHEMIN ; *AJDI* juill. 2005, n° 7-8, p. 592 ; *D.* mai 2005, n° 18, p. 1180 **(n° 634)**

- Cass. civ., 11 janv. 1943, *D.* 1943, jur. p. 95 **(n° 634)**

- Cass. 1e civ., 19 nov. 1985, n° 84-11.322, Bull. civ. I, n° 308, JurisData n° 1985-703091, *JCP G* 1986, jur. IV, p. 49 **(n° 634)**

- Cass. civ., 16 janv. 1865, S. 1865, 1, p. 80 ; DP 1865, 1, p. 12 **(n° 634)**

- Cass. civ., 4 déc. 1895, *DP* 1896, 1, p. 241, note SARRUT **(n° 634)**

- Cass. civ., 31 janv. 1950, *JCP G* 1950, II, 5541, note WEILL ; *D.* 1950, jur. p. 261, note LEREBOURS-PIGEONNIERE **(n° 634)**

- Cass. com., 12 juill. 2004, n° 03-10.547 à 03-10.891, Bull. civ. IV, n° 162, JurisData n° 2004-024687, *D.* sept. 2004, n° 30, p. 2231, obs. E. CHEVRIER ; *D.* sept. 2004, n° 31, p. 2296, obs. P. DELEBECQUE ; *CCC* déc. 2004, n° 12, comm. 169, p. 20, note L. LEVENEUR **(n° 634)**

- Cass. com., 24 mai 2005, n° 03-21.021, JurisData n° 2005-028611 **(n° 634)**

- Cass. ch. mixte, 8 juill. 2015, n° 13-26.686, Publié au bulletin, JurisData n° 2015-016734, *Resp. civ. et assur.* nov. 2015, n° 11, comm. 293, p. 22, note S. HOCQUET-BERG ; *JCP E* oct. 2015, n° 42, note 1088, p. 1851, Y.-M. SERINET ; *CCC* nov. 2015, n° 11, comm. 253, p. 28, note L. LEVENEUR ; *Constr.-urb.* oct. 2015, n° 10, comm. 145, p. 29, note C. SIZAIRE ; *RTD civ.* mars 2016, n° 1, p. 130, obs. P. JOURDAIN ; *D.* oct. 2015, n° 37, p. 2155, note V. MAZEAUD ; *AJDI* déc. 2015, n° 12, p. 868, obs. F. COHET ; *RTD civ.* déc. 2015, n° 4, p. 895, obs. P.-Y. GAUTIER ; *Dalloz actualité* 4 sept. 2015, obs. C. DREVEAU ; *Gaz. pal.* oct. 2015, n° 295, p. 19, obs. M. MEKKI ; *RDC* déc. 2015. n° 4, p. 848, obs. O. DESHAYES ; *Gaz. pal.* sept. 2015, n° 267, p. 8, note M. MIGNOT ; *LEDC* oct. 2015, n° 9, p. 7, obs. S. PELLET ; *LEDA* sept. 2015, n° 8, p. 3, obs. F. PATRIS ; *LEDIU* sept. 2015, n° 8, p. 1, obs. E. UGO ; *RLDC* déc. 2015, n° 132, act. 6030, p. 17, note C. CORGAS-BERNARD **(n° 635)**

- Cass. 3e civ., 8 déc. 2016, n° 15-20.497, Publié au bulletin, JurisData n° 2016-026285, *Resp. civ. et assur.* mars 2017, n° 3, comm. 83, p. 34 ; *Gaz. pal.* févr. 2017, n° 9, p. 74, obs. M. PARMENTIER ; *Gaz. pal.* janv. 2017, n° 2, p. 39, obs. C. BERLAUD ; *LEDC* févr. 2017, n° 2, p. 7, obs. S. PELLET ; *LEDIU* févr. 2017, n° 2, p. 7, obs. M.-L. BESSON ; *RLDC* janv. 2017, n° 973, jur. 2500, p. 24, an. F. CORNETTE ; *RLDC* févr. 2017, n° 145, act. 6273, p. 4 ; *AJDI* mai 2017, n° 5, p. 375 ; *D.* déc. 2016, n° 44, p. 2567 ;

Dalloz actualité 4 janv. 2017, comm. M. GHIGLINO ; *AJDI* mai 2017, n° 5, p. 375, obs. F. COHET **(n° 635)**

- Cass. 3e civ., 19 mai 2016, n° 15-12.408, Publié au bulletin, JurisData n° 2016-009317, *Dalloz actualité* 3 juin 2016, comm. S. PRIGENT ; *Constr.-urb.* sept. 2016, n° 9, comm. 127, p. 37, note C. SIZAIRE ; *CCC* août 2016, n° 8-9, comm. 183, p. 17, note L. LEVENEUR ; *Gaz. pal.* juin 2016, n° 22, p. 39, obs. C. BERLAUD ; *LEDC* juill. 2016, n° 7, p. 6, obs. O. SABARD ; *Rev. loyers* juin 2016, n° 968, jur. 2373, p. 286, an. F. CORNETTE ; *Dalloz actualité* 3 juin 2016, obs. S. PRIGENT **(n° 635)**

- Cass. 3e civ., 2 juill. 2003, n° 01-16.246, Bull. civ. III, n° 141, JurisData n° 2003-019712, *Loyers et copr.* oct. 2003, n° 10, comm. 201, p. 16, note P.-H. BRAULT et P. PEREIRA-OSOUF ; *RDI* nov. 2003, n° 6, p. 557, obs. F.-G. TRÉBULLE ; *AJDI* nov. 2003, n° 11, p. 751, obs. Y. ROUQUET ; *Gaz. pal.* mai 2004, n° 139, p. 9, obs. H. CAUSSE ; *Gaz. pal.* oct. 2003, n° 291, p. 18, note P.-H. BRAULT ; *LPA* oct. 2004, n° 203, p. 5, chron. M. CHAGNY, H. CLARET, V. FORRAY, G. PAISANT, S. PIMONT et G. PIGNARRE ; *Rev. loyers* oct. 2003, n° 840, p. 501, an. C. QUÉMENT **(n° 635)**

- Cass. 3e civ., 27 sept. 2006, n° 05-15.924, Bull. civ. 2006 III, n° 194, JurisData n° 2006-035152 ; *AJDI* janv. 2008, n° 1, p. 42, obs. H. HEUGAS-DARRASPEN ; *Environnement* févr. 2007, n° 2, comm. 36, p. 38, note M. BOUTONNET ; *CCC* janv. 2017, n° 1, comm. 4, p. 5, note L. LEVENEUR ; *RDC* avr. 2007, n° 2, p. 366, obs. F. COLLART-DUTILLEUL **(n° 636)**

- Cass. 3e civ., 7 déc. 2005, n° 04-17.919, JurisData n° 2005-031226, *RDI* mai 2006, n° 3, p. 186, obs. F.-G. TRÉBULLE **(n° 636)**

- Cass. 3e civ., 28 janv. 2003, n° 01-13.875, JurisData n° 2003-017742, *RDI* nov. 2003, n° 6, p. 556, obs. F.-G. TRÉBULLE ; *AJDI* mai 2003, n° 5, p. 373, obs. B. WERTENSCHLAG **(n° 636)**

- Cass. 3e civ., 24 sept. 2002, n° 01-11.248, JurisData n° 2002-015841 **(n° 639 ; n° 644)**

- Cass. 3e civ., 17 mai 2018, n° 17-11.760, *AJDI* févr. 2019, n° 2, p. 145, obs. F. DE LA VAISSIÈRE **(n° 638)**

- Cass. 3e civ., 19 avr. 2000, n° 98-19.187, JurisData n° 2000-001517, *JCP E* 2000, p. 918 ; *JCP N* 2000, p. 1291 **(n° 639)**

- Cass. 3e civ., 14 mars 2019, n° 17-31.122, *AJDI* juin 2019, n° 6, p. 447 **(n° 644)**

- Cass. ch. mixte, 14 févr. 2003, n° 00-19.423, Bull. mixte, n° 1, JurisData n° 2003-017812, *D.* juin 2003, n° 21, p. 1386, note P. ANCEL et M. COTTIN **(n° 651)**

- Cass. 1e civ., 29 févr. 2012, n° 11-12.782, Bull. civ. I, n° 40, JurisData n° 2012-003221, *Defrénois* oct. 2012, n° 19, p. 966, note L. RUET **(n° 653)**

- Cass. 3e civ., 1er févr. 1983, n° 81-10.317, Bull. civ. III, n° 31 **(n° 657)**

- Cass. crim., 20 janv. 2009, n° 08-82.807, Bull. crim., n° 18, JurisData n° 2009-046739, *Dr. pén.* mars 2009, n° 3, comm. 42, p. 44, note A. MARON ; *RSC* juin 2009, n° 2, p. 431, obs. P. PONCELA ; *AJ pénal* mars 2009, n° 3, p. 139, obs. M. HERZOG-EVANS ; *D.* mai 2009, n° 20, p. 1376, obs. J.-P. CÉRÉ, M. HERZOG-EVANS et E. PÉCHILLON ; *RSC* juin 2009, n° 2, p. 377, obs. Y. MAYAUD **(n° 662 ; n° 668)**

- Cass. crim., 9 mars 1999, n° 98-82.269, Bull. crim., n° 34, *D.* janv. 2000, n° 4, p. 81, note M.-C. SORDINO et A. PONSEILLE ; *D.* juin 2000, n° 22, p. 227, obs. J. MOULY **(n° 664)**

- Cass. crim., 20 nov. 2012, n° 11-88.059, JurisData n° 2012-029125, *Dr. pén.* mars 2013, n° 3, comm. 38, p. 38, obs. M. VÉRON ; *D.* nov. 2013, n° 41, p. 2713, chron. G. ROUJOU DE BOUBÉE, T. GARÉ, M.-H. GOZZI, S. MIRABAIL et T. POTASZKIN **(n° 664)**

- Cass. crim., 27 janv. 2012, n° 11-81.324, Bull. crim., n° 17, JurisData n° 2012-000386, *Loyers et copr.* mars 2012, n° 3, comm. 62, p. 11, note B. VIAL-PEDROLETTI ; *AJDI* oct. 2012, n° 10, p. 661, obs. V. ZALEWSKI ; *RDI* mars 2012, n° 3, p. 165, obs. G. ROUJOU DE BOUBÉE ; *Dalloz actualité* 27 janv. 2012, obs. M. BOMBLED **(n° 666)**

- Cass. crim., 12 janv. 2010, n° 09-81.936, Bull. crim., n° 3, JurisData n° 2010-051510, *AJ pénal* mai 2010, n° 10, p. 239, obs. J. LASSERRE-CAPDEVILLE ; *Dr. pén.* avr. 2010, n° 4, comm. 44, p. 42, note M. VÉRON **(n° 666)**

- Cass. crim., 11 févr. 1998, n° 96-84.997, Bull. crim., n° 53, JurisData n° 1998-000906, *RSC* sept. 1998, n° 3, p. 541, obs. Y. MAYAUD ; *RSC* déc. 1998, n° 4, p. 763, obs. B. BOULOC ; *D.* mars 1998, n° 12, p. 89 **(n° 668)**

- Cass. crim., 21 mars 2012, n° 12-80.178, Bull. crim., n° 77, JurisData n° 2012-006985, *Dr. pén.* juin 2012, n° 6, comm. 96, p. 47, note A. MARON et M. HAAS ; *AJ pénal* juill. 2012, n° 7, p. 416, obs. J. GALLOIS **(n° 671)**

- Cass. crim., 4 mars 2015, n° 13-86.954 **(n° 671)**

- Cass. crim., 18 nov. 2015, n° 14-84.586 **(n° 671)**

- Cass. crim., 11 juill. 2017, n° 17-82.652, JurisData n° 2017-016043 **(n° 671)**
- Cass. crim ., 29 nov. 2017, n° 16-85.490, Bull. crim., JurisData n° 2017-024148, *Dr. pén.* janv. 2018, n° 1, comm. 16, p. 40, note A. MARON et M. HAAS ; *Dalloz actualité* 4 janv. 2018, obs. V. MORGANTE **(n° 671)**

- Cass. crim., 13 févr. 2018, n° 17-86.952 **(n° 671)**

- Cass crim, 19 oct. 1922, DP 1922, 1, 233 **(n° 671)**

- Cass. crim., 28 déc. 1900 **(n° 671)**

- Cass. crim., 8 févr. 1936, *D.* 1936, 1, p. 44 **(n° 671)**

- Cass. crim., 21 févr. 2017, n° 15-86.977, JurisData n° 2017-002882 **(n° 671)**

- Cass. crim., 20 juin 2018, n° 17-86.732, JurisData n° 2018-016163, *AJ fam.* sept. 2018, n° 9, p. 461, obs. J. HOUSSIER **(n° 671)**

- Cass. crim., 26 juin 2013, n° 12-86.941, JurisData n° 2013-017288, *Gaz. pal.* oct. 2013, n° 288, p. 3240, obs. E. DREYER **(n° 671)**

- Cass. crim., 6 nov. 2013, n° 12-82.182, Bull. crim., n° 215, JurisData n° 2013-024879, *Dr. pén.* févr. 2014, n° 2, comm. 24, p. 33, note J.-H. ROBERT ; *D.* déc. 2014, n° 42, p. 2423, chron. G. ROUJOU DE BOUBÉE, T. GARÉ, M.-H. GOZZI, S. MIRABAIL et C. GINESTET **(n° 671)**

- Cass. crim., 12 nov. 2014, n° 14-80.155, JurisData n° 2014-027445 **(n° 671)**

- Cass. crim., 18 nov. 2015, n° 14-86.100, JurisData n° 2015-029658, *Dr. pén.* févr. 2016, n° 2, comm. 24, p. 30, obs. P. CONTE **(n° 671)**

- Cass. crim., 17 avr. 1956, Bull. crim., n° 310 **(n° 671)**

- Cass. crim., 25 juin 2014, n° 13-85.506, JurisData n° 2014-014226, *JA* sept. 2014, n° 504, p. 11, obs. R. F. **(n° 671)**

- Cass. crim., 25 juin 2014, n° 13-85.507, *JA* sept. 2014, n°504, p. 11, obs.

- Cass. crim., 27 juill. 2016, n° 16-83.012 **(n° 672)**

- Cass. crim., 17 janv. 2017, n° 15-86.481, Bull. crim., JurisData n ° 2017-000582, *Dr. pén.* avr. 2017, n° 4, comm. 54, p. 25, note P. CONTE ; *Gaz. pal.* avr.2017, n° 16, p. 43, obs. E. DREYER ; *Gaz. pal.* janv. 2017, n° 5, p. 33, obs. C. BERLAUD **(n° 672)**

- Cass. crim., 7 nov. 2017, n° 16-83.202 **(n° 672)**

- Cass. crim., 30 janv. 2018, n° 17-81.706, JurisData n° 2018-000960, *Gaz. pal.* avr. 2018, n° 16, p. 53, obs S. DETRAZ **(n° 672)**

- Cass. crim., 16 févr. 1967, n° 66-92.071, Bull. crim., n° 70, *JCP G* 1967, comm. II, 15034 **(n° 672)**

- Cass. crim., 17 janv. 2017, n° 16-80.691 **(n° 672)**

- Cass. crim., 21 févr. 1996, n° 95-82.305 **(n° 672)**

- Cass. crim., 30 mai 2017, n° 16-82.470, JurisData n° 2017-010406 **(n° 672)**

- Cass. crim., 19 avr. 2017, n° 16-86.133 **(n° 672)**

- Cass. crim., 25 oct. 2016, n° 15-84.682 **(n° 672)**

- Cass. crim., 1er juin 2005, n° 05-80.351, JurisData n° 2005-028908, *Dr. pén.* sept. 2005, n° 9, comm. 121, p. 11, note M. VÉRON **(n° 672)**

- Cass. crim., 26 juin 2012, n° 11-85.919 **(n° 672)**

- Cass. crim., 16 déc. 2015, n° 14-86.860, JurisData n° 2015-028258 **(n° 672)**

- Cass. crim., 11 janv. 2017, n° 16-80.610, JurisData n° 2017-000182, *Dr. pén.* mars 2017, n° 3, comm. 39, p. 33, note P. CONTE **(n° 672)**

- Cass. crim., 16 févr. 2016, n° 15-82.732, Bull. crim., n° 48, JurisData n° 2016-002494, *Constr.-urb.* avr. 2016, n° 4, comm. 53, p. 25, note P. CORNILLE **(n° 672)**

- Cass. crim., 8 sept. 1998, n° 98-80.742, Bull. crim., n° 227, JurisData n° 1998-004138, *Dr. pénal* 1999, comm. 17, obs. A. MARON **(n° 674)**

- Cass. crim., 28 juin 2000, n° 99-85.381, Bull. crim., n° 255, JurisData n° 2000-003146, *JCP* 2000, IV, 2692 **(n° 674)**

<u>Juridictions du 1er et 2nd degré :</u>

- CA Paris, 14e ch., sect. A, 6 juin 2001, n° 2001/01959, *AJDI* oct. 2001, n° 10, p. 975 **(n° 557)**

- CA Paris, 1e ch., sect. D, 27 juin 2001, *Loyers et copr.* 2001, comm. 291 **(n° 557)**

- CA Paris, 16e ch., sect. A, 4 juin 2009, *Loyers et copr.* 2009, comm. 237, note E. CHAVANCE **(n° 557)**

- CA Paris, 3e et 5e ch., 25 sept. 2013, n° 12/20684, *Loyers et copr.* 2013, comm. 307, note E. CHAVANCE **(n° 557)**

- CA Paris, 5e pôle, 3e ch., 18 mai 2011, n° 09/06869, JurisData n° 2011-009292, *AJDI* juin 2012, n° 6, p. 427 ; *AJDI* déc. 2013, n° 12, p. 882, chron. J.-P. BLATTER **(n° 561)**

- CA Paris, 5e pôle, 3e ch., 28 janv. 2015, n° 14/06230, JurisData n° 2015-001452, *JCP E* sept. 2017, n° 39, comm. 1511, p. 41, note F. KENDÉRIAN **(n° 567)**

- CA Versailles, ch. réunies, 15 déc. 1993, n° 3648/92, JurisData n° 1993-050593, *Administrer* sept. 1994, n° 259, p. 49 **(n° 572)**

- CA Paris, 16e ch., sect. B, 11 mai 2001, n° 1999/21014, JurisData n° 2001-144106, *Loyers et copr.* nov. 2001, n° 11, comm. 259, p. 14, note P. PEREIRA **(n° 572)**

- CA Paris 16e ch., sect. B, 31 mai 2002, n° 2000/11556, JurisData n° 2002-181045, *JCP N* nov. 2007, n° 45, chron. 1289, p. 21, note S. REZEK **(n° 572)**

- CA Paris, 16e ch., sect. A, 12 sept. 2001, n° 2000/21477 et 2001/00497, JurisData n° 2001-152212 **(n° 572)**

- CA Paris, 16e ch., sect. A, 28 juin 1994, n° 93/12351, JurisData n° 1994-022828, *Loyers et copr.* oct. 1994, n° 10, comm. 387, p. 9 **(n° 572)**

- CA Nîmes, 12e ch., 8 juin 1988, JurisData n° 1988-000579, *Loyers et copr.* avr. 1989, n° 4, comm. 175, p. 10 **(n° 574)**

- CA Reims, ch. civ., sect. 2, 1er avr. 1993, n° 1025/91, JurisData n° 1993-043657, *JCP G* avr. 1994, n° 15, somm. 798, p. 103, note J. NORMAND, C. GRAFTIEAUX, N. BAUDIN-VERVAECKE et J.-M. DESPAQUIS **(n° 574)**

- CA Paris, 3e ch., 12 janv. 2017, n° 15/17010, JurisData n° 2017-000356, *Loyers et copr.* avr. 2017, n° 4, comm. 78, p. 20, note B. VIAL-PEDROLETTI **(n° 576)**

- CA Paris, 16e ch., sect. A, 22 févr. 1994, n° 91/17773, JurisData n° 1994-020212 **(n° 577 ; n° 631)**

- CA Paris, 16e ch., sect. B, 28 juin 2002, n° 2001/09501, JurisData n° 2002-187659, *AJDI* oct. 2002, n° 10, p. 689 **(n° 585)**

- CA Montpellier, 5 mars 2008, n° 06/7156 **(n° 585)**

- CA AixenProvence, 11e ch., sect. A, 18 déc. 2015, n° 2015/648, JurisData n° 2015-028880, *Loyers et copr.* avr. 2016, n° 4, comm. 93, p. 22, note S. REGNAULT **(n° 588)**

- CA Aix en Provence, 11e ch., sect. B, 3 sept. 2015, n° 14/12792 **(n° 593)**

- CA Pau, 2e ch., sect. 1, 29 oct. 2012, n° 11/00916, JurisData, n° 2012-030047 **(n° 593)**

- CA Douai, 3e ch., 8 sept. 2011, n° 09/09187 **(n° 593)**

- CA Paris, 5e pôle, 3e ch., 19 oct. 2011, n° 09/29065, JurisData n° 2011-022843 **(n° 593)**

- CA Versailles, 12e ch., 9 oct. 2012, n° 11/05172, JurisData n° 2012-023720 **(n° 593)**

- CA Aix-en-Provence, 10e ch., 23 avr. 2015, n° 14/00203, JurisData n° 2015-011825 **(n° 593)**

- CA Caen, 2e ch. civ. et com., 24 mars 2016, n° 14/02419, JurisData n° 2016-009201 **(n° 593)**

- CA Orléans, 10 avr. 2013, n° 12/02592, *Rev. loyers* juin 2013, n° 938, p. 283, obs. S. BRENA **(n° 593)**

- CA Toulouse, 2e ch., sect. 2, 21 juin 2011, n° 09/00284 **(n° 594)**

- CA Paris, 6e pôle, 12e ch., 1er juin 2011, n° 10/03286, *AJDI* juin 2012, n° 6, p. 427 **(n° 594)**

- CA Paris, 16e ch., sect. A, 27 nov. 2002 **(n° 598)**

- CA Versailles, 4 juill. 2017, n° 17/00244 **(n° 601)**

- CA Paris, 16e ch., sect. A, 20 déc. 2006, n° 06/01512, JurisData n° 2006-333321, *AJDI* mai 2007, n° 5, p. 380 **(n° 605)**

- CA Paris, 6e ch., sect. B, 12 juin 2003, *Rev. loyers* janv. 2004, n° 843, p. 42 **(n° 622)**

- CA Paris, 6e ch., sect. C, 1er juin 1999, *AJDI* oct. 1999, n° 10, p. 926 **(n° 622)**

- CA Paris, 16e ch., sect. A, 10 oct. 2007, n° 06/13507, JurisData n° 2007-356692, *AJDI* mai 2008, n° 5, p. 388 **(n° 622)**

- CA Paris, 16e ch., sect. A, 18 janv. 2006, n° 04/23402, JurisData n° 2006-295901, *AJDI* mai 2006, n° 5, p. 379 **(n° 624)**

- CA Paris, 1e ch., sect. A, 2 févr. 2005, *Gaz. pal.* 23 avr. 2005, n° 113, p. 23 **(n° 631)**

- CA Paris, 1e ch. A, 3 mars 2003, *Gaz. pal.* juill. 2003, n° 184, p. 29 **(n° 631)**

- CA Rouen, 24 juin 1998, *in* J.-P. BLATTER, *Loyers et copr.* nov. 2000, hors série, p. 4 **(n° 632)**

- CA Paris, 12 mars 1999, *in* J.-P. BLATTER, *Loyers et copr.* nov. 2000, hors série, p. 4 **(n° 632)**

- CA Paris, 13 janv. 1999, *in* J.-P. BLATTER, *Loyers et copr.* nov. 2000, hors série, p. 4 **(n° 632)**

- CA Paris, 16e ch., sect. A, 31 mai 2006, n° 03/08274, JurisData n° 2006-311742, *AJDI* nov. 2006, n° 11, p. 825 **(n° 632)**

- CA Paris, 5e pôle, 3e ch., 23 sept. 2016, n° 14/13608, JurisData n° 2016-019722, *AJDI* janv. 2017, n° 1, p. 39, obs. S. PORCHERON ; *AJDI* déc. 2017, n° 12, p. 886, chron. J.-P. BLATTER **(n° 632)**

- CA Versailles, 14 déc. 1989, *Rev. loyers* févr. 1992, n° 724, p. 98 **(n° 632)**

- CA Versailles, 12e ch., 14 déc. 1989, *D.* sept. 1990, n° 31, p. 259, obs. L. ROZÈS **(n° 632)**

- CA Paris, 16 sept. 2002, *in* P. BRUN (dir.) *et alii*, *Le Lamy droit de la responsabilité*, *op. cit.*, n° 432-48 **(n° 634)**

- CA Paris, 16e ch., sect. A, 8 sept. 1999, n° 1996/88829, JurisData n° 1999-024794, *AJDI* nov. 1999, n° 11, p. 1043 **(n° 634)**

- CA Paris, 16e ch., sect. A, 20 sept. 2006, n° 05/13517, JurisData n° 2006-336422, *AJDI* déc. 2006, n° 12, p. 907 **(n° 634)**

- CA Aix-en-Provence, 1e ch., sect. D, 19 mai 2005, n° 01/04853, JurisData n° 2005-282499, *Constr.-urb.* janv. 2006, n° 1, comm. 23, p. 29, note P. CORNILLE **(n° 634)**

- CA Paris, 5e pôle, 8e ch., 13 oct. 2015, n° 14/22142, *BRDA* 1/16, n° 8, p. 8 **(n° 634)**

- CA Douai, 3e ch., 19 nov. 1998, n° 96/10903, JurisData n° 1998-049301 **(n° 639)**

- CA Lyon, 6e ch., 8 juill. 1998, n° 96/04265, JurisData n° 1998-055864 **(n° 639)**

- CA Pau, 2e ch., 16 févr. 1995, n° 867/95, JurisData n° 1995-041972 **(n° 639)**

- CA Rouen, 1e ch. civ., 8 déc. 1999, JurisData n° 1999-114833 **(n° 639)**

- CA Paris, 16e ch., sect. B, 4 oct. 2007, n° 06/03867, *AJDI* juill. 2008, n° 7-8, p. 584 **(n° 642)**

- CA Paris, 6e ch., sect. C, 13 janv. 2009, n° 07/02301, *AJDI* avr. 2009, n° 4, p. 296 **(n° 642)**

- CA Douai, 6e ch. corr., 24 oct. 2000, n° 00/01052, JurisData n° 2000-140144, *JCP G* janv. 2002, n° 3, jur. II 10012, p. 140, note J.-Y. MARÉCHAL **(n° 671)**

Juridictions pénales :

- Cour d'assises Rennes, 29 sept. 2017, n° 38/2017, *Dalloz actualité* 30 oct. 2017, obs. C. FONTEIX **(n° 671)**

INDEX ALPHABÉTIQUE

(les numéros renvoient aux numéros de paragraphes)

D

E

M

N

O

P

R

S

T

U

V

TABLE DES MATIÈRES

Structures éditoriales du groupe L'Harmattan

L'Harmattan Italie
Via degli Artisti, 15
10124 Torino
harmattan.italia@gmail.com

L'Harmattan Hongrie
Kossuth l. u. 14-16.
1053 Budapest
harmattan@harmattan.hu

L'Harmattan Sénégal
10 VDN en face Mermoz
BP 45034 Dakar-Fann
senharmattan@gmail.com

L'Harmattan Cameroun
TSINGA/FECAFOOT
BP 11486 Yaoundé
inkoukam@gmail.com

L'Harmattan Burkina Faso
Achille Somé – tengnule@hotmail.fr

L'Harmattan Guinée
Almamya, rue KA 028 OKB Agency
BP 3470 Conakry
harmattanguinee@yahoo.fr

L'Harmattan RDC
185, avenue Nyangwe
Commune de Lingwala – Kinshasa
matangilamusadila@yahoo.fr

L'Harmattan Congo
67, boulevard Denis-Sassou-N'Guesso
BP 2874 Brazzaville
harmattan.congo@yahoo.fr

L'Harmattan Mali
ACI 2000 - Immeuble Mgr Jean Marie Cisse
Bureau 10
BP 145 Bamako-Mali
mali@harmattan.fr

L'Harmattan Togo
Djidjole – Lomé
Maison Amela
face EPP BATOME
ddamela@aol.com

L'Harmattan Côte d'Ivoire
Résidence Karl – Cité des Arts
Abidjan-Cocody
03 BP 1588 Abidjan
espace_harmattan.ci@hotmail.fr

Nos librairies en France

Librairie internationale
16, rue des Écoles
75005 Paris
librairie.internationale@harmattan.fr
01 40 46 79 11
www.librairieharmattan.com

Librairie des savoirs
21, rue des Écoles
75005 Paris
librairie.sh@harmattan.fr
01 46 34 13 71
www.librairieharmattansh.com

Librairie Le Lucernaire
53, rue Notre-Dame-des-Champs
75006 Paris
librairie@lucernaire.fr
01 42 22 67 13

www.ingramcontent.com/pod-product-compliance
Lightning Source LLC
LaVergne TN
LVHW011213061026
849535LV00001BA/7
* 9 7 8 2 3 4 3 2 2 3 8 0 3 *